苏州大学年鉴

SOOCHOW UNIVERSITY YEARBOOK

2022

张晓宏　主编

苏州大学档案馆　编

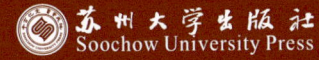

2021年1月29日,教育部党组成员、副部长翁铁慧莅临苏州大学调研

2021年5月27日,教育部思想政治工作司司长魏士强莅临苏州大学考察调研并召开座谈会

2021年5月26日,江苏省教育厅厅长、党组书记、江苏省委教育工委书记葛道凯一行莅临苏州大学调研

2021年6月3日,江苏省人大常委会副主任、江苏省社科联主席曲福田莅临苏州大学调研

2021年8月16日,江苏省委常委、苏州市委书记许昆林一行莅临苏州大学调研

2021年12月23日,苏州市委书记曹路宝莅临苏州大学调研

2021年1月26日,苏州大学与张家港高新区举行联合办学签约仪式

2021年3月16日,苏州大学召开党史学习教育动员大会

2021年3月23日,苏州大学与中国驻波黑大使馆开展党支部共建活动

2021年4月19日,苏州大学附属吴江学校及苏州大学附属吴江幼儿园签约揭牌仪式

2021年4月29日,苏州大学独墅湖校区体育馆与学生中心建设项目正式开工

2021年5月8日,苏州大学、百色市人民政府、右江民族医学院合作框架协议签约仪式举行

2021年5月17日，苏州大学附属沧浪实验小学校、苏州大学附属平江实验学校、苏州大学附属带城实验小学校签约挂牌仪式举行

2021年6月21日，苏州大学举行"光荣在党50年"纪念章颁发仪式

2021年6月22日,苏州大学2021年毕业典礼暨学位授予仪式举行

2021年6月23日,献礼建党百年,苏州大学原创话剧《丁香,丁香》在学校精彩上演

2021年6月28日,"伟大征程"——苏州大学庆祝中国共产党成立100周年交响音乐会上演

2021年7月1日,苏州大学组织召开学生代表学习座谈会,学习贯彻习近平总书记在庆祝中国共产党成立100周年大会上的重要讲话精神

2021年7月2日，苏州大学庆祝中国共产党成立100周年表彰大会召开

2021年7月5日，苏州大学与扬州市江都区人民政府签署合作框架协议

2021年7月7日,江苏省教育厅、江苏省卫生健康委员会、苏州市人民政府与苏州大学四方共建苏州大学苏州医学院及附属医院签约仪式举行

2021年9月2日,苏州大学第六次发展战略研讨会召开

2021年9月9日,苏州大学举行庆祝第37个教师节表彰大会暨教职工荣休仪式

2021年10月25日,苏州大学举行2021级学生开学典礼

2021年11月5日，"传承·立德"苏州大学2021年度新教师始业培训暨入职宣誓仪式举行

2021年11月8日，苏州大学未来校区首期正式启用

2021年11月12日，苏州大学党委理论学习中心组召开党的十九届六中全会精神专题学习会

2021年11月29日，苏州大学召开第二届学生参事聘任仪式

2021年12月22日，苏州大学党委副书记邓敏转交中央统战部致迟力峰院士的贺信

2021年12月23日，2021苏州大学东吴海外高层次人才学术交流会开幕式举行

苏州大学党委荣获"全国先进基层党组织"称号

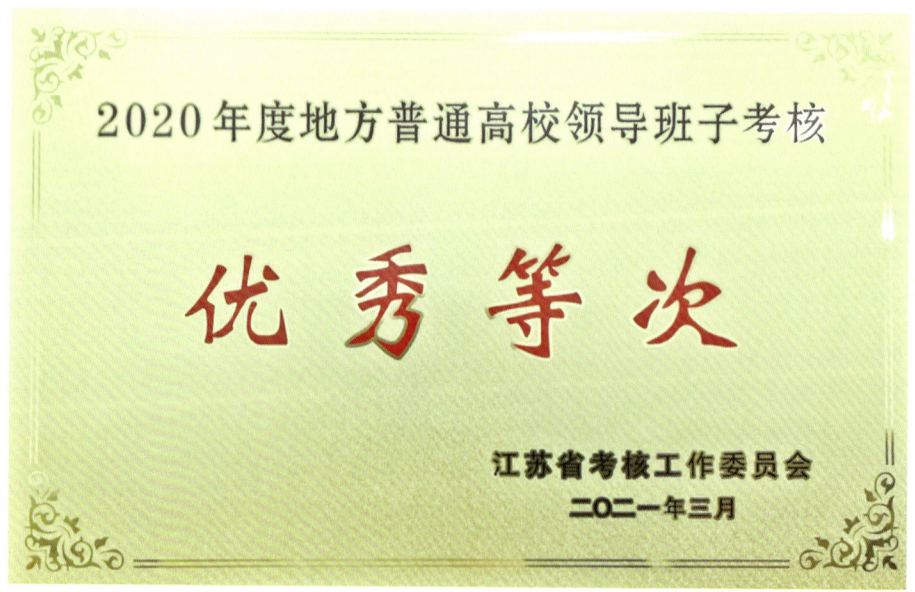

苏州大学领导班子在江苏省普通高校领导班子考核中获"优秀等次"

苏州大学年鉴

2022

张晓宏 主编
苏州大学档案馆 编

苏州大学出版社

图书在版编目（CIP）数据

苏州大学年鉴.2022／张晓宏主编；苏州大学档案馆编.－－苏州：苏州大学出版社，2023.12
　　ISBN 978－7－5672－4564－8

Ⅰ.①苏… Ⅱ.①张… ②苏… Ⅲ.①苏州大学－2022－年鉴 Ⅳ.①G649.285.33－54

中国国家版本馆CIP数据核字（2023）第207509号

书　　名	苏州大学年鉴2022 SUZHOU DAXUE NIANJIAN 2022
主　　编	张晓宏
编　　者	苏州大学档案馆
责任编辑	杨　柳
装帧设计	吴　钰
出版发行	苏州大学出版社 （地址：苏州市十梓街1号　邮编：215006）
印　　刷	苏州工业园区美柯乐制版印务有限责任公司
开　　本	787 mm×1 092 mm　1/16
字　　数	1561千
印　　张	62.5　插页10
版　　次	2023年12月第1版 2023年12月第1次印刷
书　　号	ISBN 978－7－5672－4564－8
定　　价	188.00元

图书若有印装错误，本社负责调换
苏州大学出版社营销部　电话：0512-67481020
苏州大学出版社网址　http://www.sudapress.com
苏州大学出版社邮箱　sdcbs@suda.edu.cn

《苏州大学年鉴2022》编委会名单

主　　编　张晓宏
执行主编　徐云鹏
副 主 编　刘春雷　于毓蓝　卜谦祥　庄刘成
编　　委　（以姓氏笔画为序）
　　　　　王凝萱　叶晓静　刘　萍　张志平
　　　　　曹　晨　崔瑞芳

目录 Contents

学校沿革示意图

学校综述

 苏州大学概况 ………………………………………………………………（3）
 苏州大学2021年度工作总结 ………………………………………………（6）

重要文献

 苏州大学2021年度工作要点 ………………………………………………（13）
 苏州大学2021年度工作要点（补充部分）………………………………（20）
 在学校党史学习教育总结会议上的讲话 …………………………………（24）
 扛起光荣使命　谱写奋进篇章　以优异成绩迎接党的二十大胜利召开
  ——校党委书记江涌在十二届十五次全会上的报告 ………………（32）
 在党史学习教育动员会议上的讲话 ………………………………………（42）
 奋斗"十四五"　奋进新征程
  ——校长熊思东在苏州大学八届二次教职工代表大会上的工作报告
  ………………………………………………………………………（47）
 于不确定中寻找确定
  ——校长熊思东在2021年毕业典礼暨学位授予仪式上的讲话 ……（57）
 校长熊思东在四方共建苏州大学苏州医学院签约仪式上的讲话 ………（61）
 党委常委会工作报告
  ——校党委书记江涌在十二届十三次全体会议上的报告 …………（63）
 大学的色彩
  ——校长熊思东在2021级学生开学典礼上的讲话 …………………（70）

2021年大事记

1月	(75)
2月	(79)
3月	(79)
4月	(83)
5月	(88)
6月	(92)
7月	(97)
8月	(101)
9月	(104)
10月	(107)
11月	(111)
12月	(115)

各类机构设置、机构负责人及有关人员名单

苏州大学党群系统机构设置	(123)
苏州大学行政系统、直属单位机构设置	(127)
苏州大学中层及以上干部名单	(136)
苏州大学第十四届工会委员会及各分工会主席名单	(168)
2021年苏州大学共青团组织干部名单	(170)
苏州大学有关人士在各级人大、政协、民主党派及统战团体任职名单	(175)
苏州大学有关人员在校外机构任职名单	(181)
党政常设非编机构	(235)
2021年苏州大学及各校友分会主要负责人情况	(238)

院（部）简介

文学院	(245)
传媒学院	(248)
社会学院	(251)
政治与公共管理学院	(254)
马克思主义学院	(257)

教育学院 ……………………………………………………… (260)
东吴商学院（财经学院）……………………………………… (263)
王健法学院 …………………………………………………… (266)
外国语学院 …………………………………………………… (269)
金螳螂建筑学院 ……………………………………………… (272)
数学科学学院 ………………………………………………… (275)
物理科学与技术学院 ………………………………………… (278)
光电科学与工程学院 ………………………………………… (281)
能源学院 ……………………………………………………… (284)
材料与化学化工学部 ………………………………………… (287)
纳米科学技术学院 …………………………………………… (290)
计算机科学与技术学院 ……………………………………… (293)
电子信息学院 ………………………………………………… (296)
机电工程学院 ………………………………………………… (299)
沙钢钢铁学院 ………………………………………………… (302)
纺织与服装工程学院 ………………………………………… (305)
轨道交通学院 ………………………………………………… (308)
体育学院 ……………………………………………………… (311)
艺术学院 ……………………………………………………… (314)
音乐学院 ……………………………………………………… (317)
苏州医学院 …………………………………………………… (320)
苏州医学院基础医学与生物科学学院 ……………………… (323)
苏州医学院放射医学与防护学院 …………………………… (326)
苏州医学院公共卫生学院 …………………………………… (329)
苏州医学院药学院 …………………………………………… (332)
苏州医学院护理学院 ………………………………………… (335)
巴斯德学院 …………………………………………………… (338)
东吴学院 ……………………………………………………… (341)
红十字国际学院 ……………………………………………… (344)
师范学院 ……………………………………………………… (347)
未来科学与工程学院 ………………………………………… (350)
敬文书院 ……………………………………………………… (352)

唐文治书院 …………………………………………………………………… (355)

应用技术学院 …………………………………………………………………… (358)

老挝苏州大学 …………………………………………………………………… (361)

附属医院简介

苏州大学附属第一医院 …………………………………………………………… (367)

苏州大学附属第二医院 …………………………………………………………… (370)

苏州大学附属儿童医院 …………………………………………………………… (372)

表彰与奖励

2021年度学校、部门获校级以上表彰或奖励情况 …………………………… (377)

2021年度教职工获校级以上表彰或奖励情况 ………………………………… (381)

2021年度学生集体、个人获校级以上表彰或奖励情况 ……………………… (388)

苏州大学2020—2021学年各学院（部）获捐赠奖学金情况 ………………… (447)

重要资料及统计

办学规模 …………………………………………………………………… (451)

教学单位情况 ………………………………………………………………… (451)

全校各类学生在校人数情况 ………………………………………………… (453)

研究生毕业、入学和在校人数情况 ………………………………………… (453)

全日制本科学生毕业、入学和在校人数情况 ……………………………… (453)

成人学历教育学生毕业、在读人数情况 …………………………………… (454)

全日制各类在校学生的占比情况 …………………………………………… (454)

2021年各类外国留学生人数情况 …………………………………………… (454)

2021年港澳台地区各类学生人数情况 ……………………………………… (455)

2021年毕业的研究生、本科生（含成人学历教育、结业）名单 ………… (455)

办学层次 …………………………………………………………………… (578)

2021年苏州大学博士后流动站及博士生、硕士生学位授权点名单 ……… (578)

苏州大学各学院（部）全日制本科专业/专业方向设置情况 …………… (583)

苏州大学成人学历教育专业情况 …………………………………………… (587)

教学质量与学科实力 (589)

 国家基础科学研究与教学人才培养基地情况 (589)

 国家级大学生校外实践教学基地情况 (589)

 国家创新人才培养示范基地情况 (589)

 苏州大学国家级、省（部）级重点学科，国家一流学科，优势学科，重点实验室，协同创新中心，公共服务平台，工程（技术）研究中心，重点研究基地及实验室教学示范中心 (590)

 苏州大学2021年度国家、省教育质量工程项目名单 (598)

 苏州大学2021年全日制本科招生就业情况 (614)

 苏州大学科研机构情况 (624)

科研成果与水平 (636)

 2021年度苏州大学科研成果情况 (636)

 2021年度苏州大学科研成果获奖情况 (637)

 2021年度苏州大学科研成果知识产权授权情况 (656)

 2021年度苏州大学软件著作权授权情况 (768)

 2021年度苏州大学国家标准发布情况 (805)

 2021年度苏州大学承担的省（部）级以上项目 (806)

教职工队伍结构 (885)

 教职工人员情况 (885)

 专任教师学历结构情况 (885)

 专任教师年龄结构情况 (886)

 2021年获副高级及以上技术职称人员名单 (887)

 2021年聘请讲座教授、客座教授、兼职教授名单 (894)

 院士名单 (896)

 2021年入选省级及以上人才工程人员名单 (897)

 2021年博士后出站、进站和在校人数情况 (904)

 2021年博士后在站、出站人员情况 (905)

 2021年人员变动情况 (910)

 2021年离休干部名单 (923)

 2021年退休人员名单 (924)

办学条件 (925)

 苏州大学办学经费投入与使用情况 (925)

  2021年苏州大学总资产情况 …………………………………………………………（926）
  苏州大学土地面积和已有校舍建筑面积 ………………………………………………（927）
  苏州大学实验教学示范中心情况 ………………………………………………………（928）
  苏州大学图书馆馆藏情况 ………………………………………………………………（930）

海外交流与合作 ……………………………………………………………………………（931）
  2021年公派出国（境）人员情况 ………………………………………………………（931）
  2021年在聘语言文教专家和外籍教师情况 ……………………………………………（933）
  2021年苏州大学与国（境）外大学交流合作情况 ……………………………………（937）
  2021年苏州大学举办各类短期汉语培训班情况 ………………………………………（940）
  2021年各类外国留学生人数情况 ………………………………………………………（940）
  2021年港澳台地区各类学生人数情况 …………………………………………………（940）
  2021年港澳台地区各类单位校际来访情况 ……………………………………………（941）
  2021年各类国外单位校际来访情况 ……………………………………………………（942）

2021年教师出版书目 ………………………………………………………………………（943）

2021年苏州大学规章制度文件目录 ………………………………………………………（962）

2021年市级及以上媒体关于苏州大学的报道部分目录 …………………………………（967）

后　记 …………………………………………………………………………………………（985）

学校综述

苏州大学概况

(2021 年 12 月)

苏州大学坐落于素有"人间天堂"之称的历史文化名城苏州，是国家"211 工程""2011 计划"首批入列高校，是教育部与江苏省人民政府共建"双一流"建设高校、国家国防科技工业局和江苏省人民政府共建高校，是江苏省属重点综合性大学。苏州大学的前身是东吴大学（Soochow University，1900 年创办），东吴大学开现代高等教育之先河，融中西文化之菁华，是中国最早以现代大学学科体系举办的大学。在中国高等教育史上，东吴大学是最早开展研究生教育并授予硕士学位、最先开展法学（英美法）专业教育的大学，也是第一家创办学报的大学。1952 年，全国高等学校院系调整，由东吴大学的文理学院、苏南文化教育学院、江南大学的数理系合并组建苏南师范学院，同年更名为江苏师范学院。1982 年，学校更名为苏州大学。其后，苏州蚕桑专科学校（1995 年）、苏州丝绸工学院（1997 年）和苏州医学院（2000 年）等相继并入苏州大学。从民国时期的群星璀璨到中华人民共和国时代的开拓创新，从师范教育的文脉坚守到综合性大学的战略转型与回归，从多校合并的跨越发展到争创一流的重塑辉煌，苏州大学在中国高等教育史上留下了浓墨重彩的一笔。

一个多世纪以来，一代代苏大人始终秉承"养天地正气，法古今完人"的校训，坚守学术至上、学以致用，倡导自由开放、包容并蓄、追求卓越，坚持博学笃行、止于至善，致力于培育兼具"自由之精神、卓越之能力、独立之人格、社会之责任"的模范公民，在长期的办学过程中为社会输送了 50 多万名各类专业人才，包括许德珩、周谷城、费孝通、雷洁琼、孙起孟、赵朴初、钱伟长、董寅初、李政道、倪征燠、郑辟疆、杨铁梁、查良镛（金庸）等一大批精英栋梁和社会名流；谈家桢、陈子元、郁铭芳、宋大祥、詹启敏等 50 多位"两院"院士，为国家建设与社会发展做出了重要贡献。

苏州大学现有哲学、经济学、法学、教育学、文学、历史学、理学、工学、农学、医学、管理学、艺术学等十二大学科门类。学校设有 36 个学院（部），拥有全日制本科生 27 897 人、硕士生 15 943 人、博士生 5 061 人、留学生 1 271 人。学校现设 132 个本科专业；49 个一级学科硕士点，33 个专业学位硕士点；31 个一级学科博士点，1 个专业学位博士点，30 个博士后流动站。学校现有 1 个国家一流学科，4 个国家重点学科，20 个江苏高校优势学科，9 个"十三五"江苏省重点学科。2021 年，学校化学、物理学、材料科学、临床医学、工程学、药学与毒理学、生物与生物化学、神经科学与行为科学、分子生物与遗传学、免疫学、数学、计算机科学、农业科学、环境科学与生态学、一般社会科学共 15 个学科进入全球基本科学指标（Essential Science Indicator, ESI，以下简称"ESI

全球")前1%,化学、材料科学2个学科进入ESI全球前1‰。

学校现有2个国家级人才培养基地,3个国家级实验教学示范中心,1个国家级虚拟仿真实验教学示范中心,2个国家级人才培养模式创新实验区,1个国家级大学生校外实践教学基地,1个国家"2011计划"协同创新中心(牵头单位),1个教育部人文社会科学重点研究基地,1个省部共建国家重点实验室,1个国家工程实验室,2个国家地方联合工程实验室,2个国家级国际合作联合研究中心,1个国家临床医学研究中心,1个"一带一路"联合实验室,1个国家创新人才培养示范基地,3个国家级公共服务平台,1个国家大学科技园,1个江苏省高校国家重点实验室培育建设点,4个江苏省高校协同创新中心,24个省部级哲学社会科学重点研究基地,33个省部级重点实验室,7个省部级公共服务平台,5个省部级工程中心。

全校现有教职工5 847人,其中,专任教师3 319人,包括1位诺贝尔奖获得者、10位"两院"院士、8位发达国家院士、34位国家杰出青年基金获得者、42位国家优秀青年基金获得者、1位"万人计划"杰出人才、13位"万人计划"科技创新领军人才、4位"万人计划"青年拔尖人才、14位"百千万人才工程"国家级人选等各类国家级人才近300人次,一支力量雄厚、结构合理、充满活力的人才队伍已初步形成。

苏州大学将人才培养作为学校的中心工作,以立德树人为根本,以培养具备责任感、创新性、应用性和国际性的卓越型人才为定位,以通识教育与专业教育相融合为指导,以提升学生综合素质、夯实专业基础、培养创新创业能力为重点,积极深化人才培养系统化改革,不断提升人才培养质量。学校纳米科学技术学院被列为全国首批17所国家试点学院之一,成为高等教育体制机制改革特区之一;学校设立了3个书院,积极探索人才培养新模式,其中,敬文书院定位于专业教育之外的"第二课堂",唐文治书院在"第一课堂"开展博雅教育,紫卿书院致力于打造"新工科"拔尖创新人才的试验场。2021年,学校获批国家级一流本科专业建设点28个、省级一流本科专业建设点5个,23门课程获批国家级一流本科课程,41门课程被认定为省级一流本科课程。近年来,苏大学子每年有700余人次获得国家级奖项,在全国"挑战杯"、奥运会等国内外各类大赛中屡屡折桂,有在校硕士生以第一作者在Nature上发表论文,相关成果入选"2018年度中国光学十大进展"。

学校实施"顶天立地"科技创新战略,科研创新工作取得累累硕果。截至2021年12月,人文社会科学领域,获批国家社会科学基金项目45项,其中,艺术学重大项目1项、艺术学年度项目3项,位列全国第5位;国家社会科学基金后期资助项目14项,位列全国第8位,且连续3年位列江苏省首位;获教育部第八届高等学校科学研究优秀成果奖(人文社会科学)14项,一等奖获奖数位列全国第11位。自然科学领域,获批国家自然科学基金项目317项,国家重点研发计划重点专项项目1项,国防重大项目1项;获2020年度国家科学技术进步奖二等奖1项,2020年度中华人民共和国国际科学技术合作奖1项(第一合作单位),第八届"树兰医学奖"1项,第三届"科学探索奖"1项;2021年度,学校最新自然指数(Nature Index)排名位列全球高校第41位、全国高校第14位;23人次入选2021年度"全球高被引科学家",位列全国高校第5位。2021年,学校师生发表三大检索论文4 774篇,其中,SCIE收录3 085篇,位列全国高校第26位;授权知识产权1 390项,其中,国内发明专利授权681项、国际专利授权29项,实现知识产权转让和许可使用210件。此外，苏州大学还入选科技部、教育部首批专业化国家技术转移机构建设试点高校。

学校按照"以国际知名带动国内一流"的发展思路，全面深入推进教育国际化进程。学校先后与30多个国家（地区）的200余所高校和研究机构建立了校际交流关系，拥有来华留学生千余人。2010年，学校入选教育部"中非高校20+20合作计划"，援建尼日利亚拉各斯大学；2011年，在老挝成功创办中国第一家境外高校——老挝苏州大学，该校现已成为国家"一带一路"倡议上的重要驿站和文化名片；2018年，学校发起成立中国-东盟医学教育大学联盟，打造中国-东盟健康命运共同体，助推"一带一路"建设；2019年，全球首家红十字国际学院在苏州大学挂牌成立，助力人类命运共同体建设；2020年，学校获批建立中国-葡萄牙文化遗产保护科学"一带一路"联合实验室。

苏州大学现有天赐庄校区、独墅湖校区、阳澄湖校区、未来校区四大校区，占地面积4 586亩（约为3 057 333平方米），建筑面积166万余平方米；学校图书资料丰富，藏书超450万册；拥有丰富的中外文数据库资源，电子图书215万余册，电子期刊192万余册，电子学位论文1 225万余册。学校主办有《苏州大学学报（哲学社会科学版）》《苏州大学学报（教育科学版）》《苏州大学学报（法学版）》三本学报及《代数集刊》《现代丝绸科学与技术》《中国血液流变学》《语言与符号学研究》等专业学术期刊。其中，《苏州大学学报（哲学社会科学版）》刊文被《新华文摘》和《中国人民大学复印报刊资料》等权威二次文献转载摘编，其转载量一直位列综合性大学学报排名的前十位。2018年，《苏州大学学报（哲学社会科学版）》和《苏州大学学报（教育科学版）》双刊同时被评为中国人文社会科学期刊核心期刊，2021年同时入编北大图书馆主持研制的《中文核心期刊要目总览》（2020年版），《苏州大学学报（哲学社会科学版）》是CSSCI核心（2021—2022版）来源期刊，《苏州大学学报（教育科学版）》和《苏州大学学报（法学版）》为CSSCI扩展版（2021—2022版）来源期刊。

新时代，孕育新机遇，呼唤新作为。全体苏大人正以昂扬的姿态、开放的胸襟、全球的视野，顺天时、乘地利、求人和，坚持人才强校、质量强校、文化强校，依托长三角地区雄厚的经济实力和优越的人文、地域条件，努力将学校建设成为国内一流、国际知名的高水平研究型大学，成为区域高素质创新创业人才培养、高水平科学研究和高新技术研发、高层次决策咨询的重要基地，成为一所更有格局、更有情怀、更有作为的大学。

苏州大学 2021 年度工作总结

2021 年，苏州大学坚持以习近平新时代中国特色社会主义思想为指导，深入学习贯彻党的十九大和十九届历次全会精神，坚决落实中央和江苏省委的决策部署，扎实开展党史学习教育，纵深推进高水平研究型大学建设。学校在教育部首轮"双一流"建设成效评估中整体发展水平、可持续发展能力、成长提升程度均处于第一档次，入选江苏高水平大学 A 类建设高校，在江苏省属高校综合考核中荣获第一等次"三连冠"。校党委荣获"全国先进基层党组织"荣誉称号，受到党中央表彰，并在第二十七次全国高校党的建设工作会议上做大会交流发言，"十四五"实现高质量开局。

一、党对学校工作的全面领导持续加强，高质量发展新蓝图科学擘画

全面推行"第一议题"学习制度，创新开展党委理论学习中心组模块化学习、结构化研讨，及时跟进学习习近平总书记"七一"重要讲话精神、党的十九届六中全会精神、江苏省第十四次党代会精神等重点内容，不断提高政治判断力、政治领悟力、政治执行力，坚定捍卫"两个确立"，坚决做到"两个维护"。严格执行党委领导下的校长负责制，全年召开党委常委会会议 53 次，就学校重大事项进行研究决策，支持校长依法独立负责地行使职权。第六次发展战略研讨会成功召开，"十四五"规划、"双一流"方案，以及"江苏高水平大学建设高峰计划"精心编制。健全完善"省考"与"校考"相连贯通的年度综合考核工作机制，首次组织开展立德树人专项考核，校内综合考核工作入选江苏组工百年百个典型案例。学校八届二次教代会、十七次团代会成功召开，学术委员会、学位评定委员会的作用得以充分发挥。学校入选江苏省高校统一战线同心教育实践基地联盟首批成员单位，学校关心下一代工作委员会获评"江苏省关心下一代工作优秀集体"。组织开展政治建设"回头看"专项工作、贯彻落实党的教育方针自查专项行动等专项监督检查。常态化开展意识形态领域的分析研判和情况报告，意识形态领域"固本强基"专项行动深入实施。学校领导班子在江苏省综合考核中蝉联"优秀等次"。

二、党史学习教育扎实开展，"两在两同"建新功行动融合推进

贯彻"学史明理、学史增信、学史崇德、学史力行"的目标要求，将党史学习教育与立德树人相结合、与服务师生相结合、与推动发展相结合、与从严治党相结合，切实落实"六专题一实践"重点任务。庆祝中国共产党成立 100 周年系列活动精彩纷呈，"学党史·祭英烈"等主题活动直抵人心，铸牢中华民族共同体意识教育活动深入开展，毕业

典礼、开学典礼"万人思政课"奏响"请党放心、强国有我"的时代强音。成立由校党委书记任团长的宣讲团,十九届六中全会精神、江苏省第十四次党代会精神宣传宣讲深入开展。融合推进"我为群众办实事"和"两在两同"建新功行动,"一单三办""马上就办""三个一批"工作机制探索建立,独墅湖校区体育场馆建设、广西百色地区地贫(地中海贫血)患儿救治等15个校级重点实事项目和114个院级实事项目稳步推进,年度重点工作全面完成。校党委领导班子召开党史学习教育专题民主生活会,江苏省委教育工委党史学习教育第三指导组同志到会指导并做点评讲话,充分肯定学校党史学习教育及专题民主生活会取得的成效。

三、立德树人改革不断深化,人才培养质量稳步提高

实施"铸魂逐梦"工程,"三全育人"、"五育"并举有力推进,学校入选教育部"一站式"学生社区综合管理模式建设试点单位。马克思主义学院的思政课教师和辅导员队伍建设不断加强,"思政田园"名师工作室入选"全国高校思政名师工作室",2门思政微课入选教育部"'七一'重要讲话精神进思政课"示范"金课"。课程思政教学研究与实践中心成立,2个专业入选江苏省课程思政示范专业,3门课程获批江苏省课程思政示范课程。学校在全国第六届大学生艺术展演中摘得包括4个一等奖在内的8项大奖,1名学生入选第二批全国高校"百名研究生党员标兵"名单。一流本科和卓越研究生教育改革深入推进,教材建设与管理工作领导小组成立,"习近平总书记关于教育的重要论述""四史"、专业劳动教育实践等相关课程纳入人才培养方案。新增一级学科博士点3个,获批教育部首批特色化示范性软件学院1个、教育部首批新文科研究与改革实践项目2项。荣获首届全国优秀教材奖(高等教育类)2项,江苏省教学成果奖特等奖2项、一等奖4项,首届江苏省高校教师教学创新大赛特等奖1项。适应新高考改革,稳妥有序地做好招生工作。学校在江苏招生3 870名,较2020年增加86名,研究生招生人数突破7 000大关。坚持毕业—就业"双业联动",本科生升学率提升5%,学校毕业生报考西部计划、苏北计划等项目人数较2020年实现翻番。

四、师德专题教育部署开展,高端人才培育成效显著

举办教师节表彰大会、"传承·立德"新教师入职宣誓仪式、东吴大师讲坛,首次设立"青年教师领航"实践团,评选师德建设优秀工作案例,广泛开展科学家精神、"我身边的好老师"先进典型宣传,《聚焦星空的科学家》获评教育部2021年"新时代教师风采"短视频优胜作品。出台《师德考核评价实施办法》,强化宣传教育、过程把关、问题查处、督查治理。贯彻国家和江苏省人才工作会议精神,推出顶尖人才(自然科学)培育工程、人文社会科学领域讲席教授遴选工作等创新举措,扎实推进海外引才、培青培优等工作。1人当选中国科学院院士,1人当选中国工程院外籍院士,31人次入选国家级人才计划,江苏特聘教授和江苏省"双创人才"入选人数位列全省高校第1位。省部共建放射医学与辐射防护国家重点实验室获评"江苏省教育系统先进集体"。纳米材料科学教师团队入选"全国高校黄大年式教师团队"。纳米科学技术学院荣获第六届"全国专业技术人才先进集体"。

五、一流学科建设再攀高峰，原创科研成果纷纷涌现

新增一般社会科学学科进入 ESI 全球前 1%，15 个学科位列 ESI 全球前 1%，其中，2 个学科稳居前 1‰，位列全国高校第 20 位。4 个学科位列 U. S. News 世界大学学科前 10 名，2 个交叉学科位列"软科中国"世界一流学科全球前 10 名。聚焦"四个面向"，推进科研创新，获批国家人类遗传资源共享服务平台表型组联合研究中心（苏州创新中心）1 个、国家重点研发计划项目 7 项，获国家科学技术进步奖二等奖 1 项、国际科学技术合作奖 1 项，13 项成果获得 2021 年度江苏省科学技术奖。一批教师获得"中国青年五四奖章""树兰医学奖""科学探索奖"等殊荣。国家自然科学基金项目立项 350 项，连续 5 年超过 300 项，资助经费首次突破 2 亿元。全球首款向量光场全息 3D 显示器、全球新一代"植入式左心室辅助系统"、"风云三号"温室气体监测仪光学系统等科技成果不断涌现，学校入选科技部、教育部首批高校专业化国家技术转移建设试点单位。国家社会科学基金项目共立项 47 项、国家艺术基金项目立项 2 项，再创历史最好成绩，后期资助项目连续 3 年位列江苏高校首位。获教育部全国教育科学研究优秀成果奖 3 项，《百年中国通俗文学价值评估（五卷本）》等精品力作相继面世。

六、开放办学迈出更大步伐，服务高质量发展拓展新局

成立国际化战略中心，与德国学术交流中心、法国使领馆、丹麦创新中心等建立合作关系，与美国匹兹堡大学、都柏林圣三一大学等高校机构签署合作协议，学校当选国际胜任力培养专业委员会秘书处单位，荣获"江苏省来华留学生教育先进集体"称号。未来校区首期工程投入使用，苏州大学—亨通未来信息与人工智能研究院等 8 个校企研究院成立。学校与江苏省教育厅、江苏省卫生健康委员会、苏州市人民政府签约，四方共建苏州大学苏州医学院及附属医院。全国红十字系统骨干培训、国际人道合作交流深入开展。712 名医务人员参与南京、扬州等地的抗疫斗争。东吴智库完成"新时代苏州精神"重大课题研究，举办 2021"对话苏州·新制造"活动、长三角一体化战略研讨会，多篇决策咨询报告获国家领导人批示。学校入选江苏省退役军人成教培养单位。落实江苏省委、省政府支持宿迁"四化同步"集成改革，推进现代化建设，与宿迁学院签署对口援建协议。文正学院成功转设苏州城市学院。与姑苏区、吴江区、张家港高新区签约共建 6 所附属学校与实验学校。

七、内部治理体系更趋完善，师生服务保障不断优化

《苏州大学章程》修订工作部署启动，《规范性文件管理暂行办法》制定实施，校级规范性文件完成清理。内控建设不断深化，建立实施财政专项资金使用定期通报制度，江苏省教育厅专项审计反馈问题整改全面完成，所属企业改革稳妥推进。人员总量管理改革工作稳步推进，党政管理部门和直属单位机构改革方案正式出台。加大民生投入力度，安排专项资金用于发放综合考核奖励、午餐补贴，提高住房公积金和房贴标准，退休"中人"养老保险改革稳步推进。学校资助工作连续 10 年获江苏省学生资助绩效评价"优

秀"。独墅湖校区学生中心、天赐庄校区学生宿舍项目开工建设，独墅湖校区环湖健身步道等新建项目和文成楼等一大批维修改造项目完工并投入使用，原南校区实验室搬迁工作顺利完成。上线"云中苏大"APP，完成数据资源目录一期建设，学校荣获2021全国智慧高校综合实力卓越奖等荣誉奖项。贯彻习近平总书记关于安全生产的重要论述，部署推进安全专项整治三年行动，健全校园安全防控体系。落实党管保密，通过保密"双随机"抽查。坚持校园封闭管理，完善常态化疫情联防联控机制，做好师生疫苗接种和常态化核酸检测工作。

八、全面从严治党纵深推进，党建发展根基筑牢夯实

学习贯彻《中国共产党普通高等学校基层组织工作条例》《普通高等学校院（系）党委会会议和党政联席会议议事规则示范文本》，增强院级党组织的政治功能。推进"对标争先""强基创优"建设，培育校级党支部书记示范工作室，开展院级党组织书记抓基层党建工作述职评议，推动党建与事业发展深度融合。学校标准党支部实现全覆盖，优质党支部超过10%，2个党支部获评"江苏高校特色党支部"。2021年，学校发展党员1 738名，其中，高知识群体党员110名。"红色党建网络"建成上线，《新时代苏州大学基层党建的创新与实践》出版发行，2个案例入选江苏高校党建典型案例，一批党组织和党员获得省、市表彰。结合人员总量管理改革特别是"三定"工作，组织开展机关部门群直单位领导班子集中任聘。在新提任的17名正处级干部中，年轻干部有6名，占35.3%，全校中层正职干部中年轻干部占比达15.8%。组织"砥砺信仰·勇开新局"中层干部专题培训和2021年青年管理骨干培训班集中学习，选派年轻干部挂职服务，不断提高领导干部抓改革、促发展、保稳定的水平和能力。贯彻落实全面从严治党战略方针，制定实施全面从严治党主体责任清单，建立党委、纪委定期协商机制，压实党群部门、行政部门、纪检监察机构、院级党组织四大主体的监督责任，健全并完善监督体系，持续增强监督治理效能。校十二届党委第六轮巡察工作稳步推进，实现本届党委任期内巡察全覆盖。"作风建设十条"制定实施，为基层减负的硬核举措得到落实。领导和支持纪委查办案件，1个案件获评高质量案件（全省高校唯一）。

重要文献

苏州大学 2021 年度工作要点

一、总体要求

以习近平新时代中国特色社会主义思想为指导，全面贯彻落实党的十九大和十九届二中、三中、四中、五中全会精神，贯彻落实习近平总书记关于教育工作的重要论述和江苏省委、省政府的重要决策部署，启动实施"十四五"规划，聚焦立德树人，聚力改革创新，服务国家和区域重大战略，深入推进"双一流"建设，推动内涵发展、特色发展、高质量发展，为学校新征程开好局、起好步，以优异成绩庆祝建党 100 周年。

二、主要内容

（一）全面加强党的建设

1. **学习贯彻习近平新时代中国特色社会主义思想**。组织推动全校党员干部、师生深入学习贯彻习近平新时代中国特色社会主义思想，坚持"第一议题"学习制度，增强"四个意识"，坚定"四个自信"，做到"两个维护"；学习贯彻全国"两会"精神；落实中共中央办公厅印发的《关于巩固深化"不忘初心、牢记使命"主题教育成果的意见》，巩固主题教育成果；利用好"学习强国"平台，建设好"苏州大学"学习强国号和思政在线专题网。（责任单位：党委办公室、校长办公室、党委宣传部、党委组织部、党校；责任人：薛辉、吴鹏、陈晓强、周玉玲、唐文跃）

2. **组织开展庆祝建党 100 周年系列活动**。认真学习贯彻习近平总书记在庆祝建党 100 周年大会上的重要讲话精神；贯彻落实教育部迎接建党 100 周年"百年行动"，广泛开展庆祝中国共产党成立 100 周年系列活动。（责任单位：党委办公室、校长办公室、党委组织部、党委宣传部、党校及相关部门和学院〈部〉；责任人：薛辉、吴鹏、周玉玲、陈晓强、唐文跃及相关部门和学院〈部〉主要负责人）

3. **开展党史学习教育**。学习贯彻习近平总书记在党史学习教育动员大会上的重要讲话，扎实开展党史学习教育，切实引导广大师生坚定理想信念，做到学史明理、学史增信、学史崇德、学史力行，践行学党史、悟思想、办实事、开新局。（责任单位：党委办公室、校长办公室、党委宣传部、党委组织部、党校及相关部门和学院〈部〉；责任人：薛辉、吴鹏、陈晓强、周玉玲、唐文跃及相关部门和学院〈部〉主要负责人）

4. **抓好意识形态与精神文明建设工作**。落实意识形态工作责任制，加强意识形态领域的分析研判，牢牢把握意识形态领域的主导权和话语权；继续开展"我说社会主义核心价值观"等系列活动；凝练、弘扬新时代苏大精神，奋力书写苏大人的新征程、新故事；持续推进文明校园建设。（责任单位：意识形态工作领导小组成员单位；牵头单位：党委宣传部；牵头单位责任人：陈晓强）

5. **激发管理队伍干事创业的活力**。落实选人用人政治标准，着力选用忠诚、干净、担当的干部；做好中层干部、新提任干部、年轻干部、党外干部教育培训；对照江苏省委年度综合考核的工作要求，做好二级单位领导班子、处级领导职务干部和聘任制干部任期考核工作；持续推动"三项机制"落实，综合运用年度综合考核结果，激发干部干事创业的积极性、创造性；统筹做好处级干部与科级干部队伍建设，加强年轻干部队伍建设。（责任单位：党委组织部、党委统战部、党校、人力资源处、审计处；责任人：周玉玲、薛辉、唐文跃、朱巧明、徐昳荃）

6. **提升基层党组织的组织力**。学习贯彻《中国共产党党员权利保障条例》；完善院级党组织党建考核评价体系；健全党员发展质量保障体系，重点做好在大学生、高知识群体中发展党员的工作；遴选推荐"特色党支部"，做好第三批新时代高校党建示范创建和质量创优遴选申报工作；加强教职工党支部书记示范培训和集中轮训，开展第二批"双带头人"教师党支部书记示范工作室申报和创建工作；加强离退休干部党组织建设；继续加强专兼职组织员队伍建设。（责任单位：党委办公室、党委组织部、党委教师工作部、党委研究生工作部、学生工作部〈处〉、离退休工作部〈处〉、人力资源处及相关学院〈部〉党委；责任人：薛辉、周玉玲、何峰、吴雪梅、董召勤、余宏明、朱巧明及相关学院〈部〉党委主要负责人）

7. **深入推进党风廉政建设**。深入贯彻《党委（党组）落实全面从严治党主体责任规定》，推动全面从严治党向纵深发展、向基层延伸；锲而不舍地贯彻中央八项规定及其实施细则精神，持续纠治形式主义、官僚主义，持续整治群众身边的腐败问题和不正之风；深化纪检监察体制改革，高质量推进巡察全覆盖，强化对"一把手"和领导班子的监督制约；探索"三不"贯通融合有效载体，将正风、肃纪、反腐与深化改革、完善制度、促进治理相贯通，用好"四种形态"，综合发挥惩治震慑、惩戒挽救、教育警醒的功效；不断增强宗旨意识、服务意识，加强作风效能建设。（责任单位：党委办公室、校长办公室、纪委办公室〈巡察办公室〉、机关党工委、群团与直属单位党工委；责任人：薛辉、吴鹏、陶培之、张振宇、杨清）

8. **开创统战和群团工作新局面**。学习贯彻新修订的《中国共产党统一战线工作条例》，加强党外代表人士队伍建设；指导帮助民主党派加强思想和组织工作；召开八届二次教职工代表大会和第十七次团代会。（责任单位：党委统战部、工会、团委、党委研究生工作部；责任人：薛辉、王永山、于潜驰、吴雪梅）

（二）推进学校治理体系和治理能力现代化

1. **制订实施"十四五"发展规划**。在广泛听取意见、集中师生智慧的基础上，完成苏州大学"十四五"发展规划编制工作，明确学校"十四五"乃至中长期发展目标、发展战略、发展举措与保障措施；切实抓好规划落实工作，制订并实施分项规划、专项规

划、学院（部）规划，确保发展规划落实到位。（责任单位："十四五"改革发展规划编制起草工作小组及各职能部门和各学院〈部〉；责任人：薛辉、吴鹏及各职能部门主要负责人和各学院〈部〉主要负责人）

2. **提升内部治理能力**。认真落实党委领导下的校长负责制，完善党委统一领导、党政分工合作、协调有序运行的工作机制；贯彻落实教育部《关于进一步加强高等学校法治工作的意见》，继续组织开展省依法治校改革试点工作；完善以章程为龙头的规范统一、分类科学、运行高效的规章制度体系；探索学术事务与行政事务相对分离、相互配合的运行机制，支持学术委员会行使学术事务的决策、审议、评定和咨询等职权；完善民主参与的工作机制，加强工会、团委、教职工代表大会、学生代表大会等群团组织的建设，支持学生参事参与学校治理；探索"院办校"、医学教育体制机制改革。（责任单位：党委办公室、校长办公室、党委宣传部、校学术委员会及相关部门和学院〈部〉；责任人：薛辉、吴鹏、陈晓强、王尧及相关部门和学院〈部〉主要负责人）

（三）着力提高人才培养质量

1. **加强和改进思想政治工作**。深化"三全育人"，打造"铸魂逐梦"工程；加强马克思主义学院建设，加强思政课程建设，打造"信仰公开课"品牌；做好省级课程思政示范专业和示范课程建设申报工作；加强思政课教师和辅导员队伍建设。（责任单位：党委宣传部、学生工作部〈处〉、党委研究生工作部、党委教师工作部、人力资源处、教务部、团委、艺术教育中心、马克思主义学院；责任人：陈晓强、董召勤、吴雪梅、何峰、朱巧明、周毅、于潜驰、吴磊、陈建军、田芝健）

2. **扎实推进一流本科教育**。加强本科专业建设，做好国家级一流本科专业建设及申报工作；做好文科、理科专业认证迎评工作；深化课程项目建设，力争国家级五类"金课"实现新突破；做好教学成果奖项目培育申报和本科生毕业论文抽检工作；落实教育部-华为"智能基座"产教融合协同育人项目；着力提高本科生的升学率。（责任单位：教务部及相关学院〈部〉；责任人：周毅及相关学院〈部〉主要负责人）

3. **大力推进卓越研究生教育**。落实《苏州大学研究生培养质量提升行动计划》，深入实施研究生培养模式改革，推动本硕博一体化人才培养；优化专业学位研究生培养方案，加强产教融合培养研究生基地建设；加强导师培训，夯实研究生导师在研究生培养中的"第一责任人"责任；强化交叉学科培养研究生工作；加强研究生学位论文的全过程管理，显著提高学位论文质量和抽检合格比例。（责任单位：研究生院、党委研究生工作部、校学位评定委员会、国际合作交流处；责任人：曹健、吴雪梅、郎建平、王尧）

4. **构建有特色的"双创"教育**。推进学习工作坊建设，实施本科生创新能力培养计划；精心组织学生参加国际"互联网+"大学生创新创业大赛和第十七届"挑战杯"全国大学生课外学术科技作品竞赛及江苏省选拔赛，力争实现新突破。（责任单位：学生工作部〈处〉〈学生创新创业教育中心〉、教务部、团委；责任人：董召勤、周毅、于潜驰）

5. **构筑全面发展的育人体系**。组织实施"五育"并举融合育人计划和"8+N"融通计划；推进体育美育浸润行动计划试点，建好教育部中华优秀传统文化传承基地（江南丝竹）；加强大学生生命教育和健康教育，关注学生心理健康；做好国防教育和征兵工作。（责任单位：学生工作部〈处〉〈大学生心理健康教育研究中心〉、教务部、党委研究生工作部、团委、人民武装部、艺术教育中心、东吴学院；责任人：董召勤、王清、周毅、吴雪梅、于潜驰、张镇华、吴磊、刘枫、张健）

6. 高质量做好招生、就业工作。 主动应对高考综合改革，做好本科招生计划编制及招生录取工作，进一步提升生源质量；持续加强就业指导工作，提高毕业生对就业指导服务工作的满意度、用人单位对就业服务工作的满意度。（责任单位：招生就业处、研究生院、党委研究生工作部；责任人：查佐明、曹健、吴雪梅）

7. 加快继续教育转型升级。 稳步推进继续教育体制试点改革，建立多元化的高质量继续教育体系；强化各培训学院的品牌化、专业化建设；布局网络安全培训等新兴培训项目；加强继续教育国际交流与合作；推进全省"一市一教学点"；努力实现继续教育年度收入超过2.5亿元。（责任单位：继续教育处〈继续教育学院〉；责任人：缪世林）

（四）深化人才强校战略

1. 深化人才评价改革。 强化师德师风建设，完善评价考核机制；认真落实《深化新时代教育评价改革总体方案》，完善多元分类发展通道和人才服务保障机制，完善"特聘教授"考核管理办法，探索构建专任教师"预聘—长聘"机制，推进完善教师岗位供给侧结构性改革试点工作，完善学校薪酬体制与分配制度改革；完善专任教师职称评聘办法，健全代表性学术成果评价制度；完善退休和返聘管理办法及编外劳动合同制、派遣制人员管理办法。（责任单位：人力资源处、党委教师工作部；责任人：朱巧明、何峰）

2. 加强人才引育工作。 举办"国际青年学者东吴论坛"和"东吴海外高层次人才学术交流会"；修订高端人才计划实施办法，加大引才力度，全年新进高层次人才200名；加强人才培育，做好"仲英青年学者""优秀青年学者"遴选工作；加大博士后工作力度，招录博士后200人，力争获国家级科研项目及国家博士后科研项目50项。（责任单位：人力资源处、党委教师工作部；责任人：朱巧明、何峰）

（五）提高学科建设与科研创新水平

1. 提高学科建设水平。 加强学科建设顶层设计，优化学科建设生态；凝练学科特色，促进学科交叉融合，加强交叉学科建设；系统总结首轮"双一流"建设经验，充分发挥一流学科的引领示范和辐射带动作用；有序推进新医科、新工科、新文科建设工作，培育一流学科新的增长点；做好第五轮学科评估相关工作；继续做好现有学位点调整及学位点申报的后续工作。（责任单位：学科建设办公室、教务部、研究生院及相关部门与学院〈部〉；责任人：沈明荣、周毅、曹健及相关部门与学院〈部〉主要负责人）

2. 推动科技创新发展。 坚持"四个面向"，做好各级各类项目、奖项培育和申报工作，确保获批项目持续增长；获省部级以上科技奖项25项；加大专利申报推进力度，新增转化或推广项目400项，提升国家技术转移中心和大学科技园的服务能力；推进校企联合创新体建设；积极培育军工科研平台和团队，谋划申请重大项目；全面总结国家级协同创新中心建设经验，推进省级协同创新中心建设；加强校科学技术协会工作。（责任单位：科学技术研究部、"2011计划"办公室、校科学技术协会；责任人：郁秋亚、钱福良、许继芳、龚学锋、仇国阳）

3. **繁荣人文社会科学**。以重大理论和现实问题为科研主攻方向，促进高水平科研成果产出，做好各级各类社会科学项目的培育和申报工作；完善科研平台和学术团队运行评价机制，支持交叉研究和特色研究学术团队建设；做好各类文化人才申报工作；举办"社会科学名家苏大行"系列专题工作坊；加强东吴智库、北京研究院、大运河文化带建设研究院苏州分院等平台建设；做好校社会科学联工作。（责任单位：人文社会科学处、党委宣传部、校社会科学联；责任人：于毓蓝、陈晓强）

（六）打造开放办学新格局

1. **推动校地融合发展**。深化名城名校融合发展战略，加强与苏州市及下辖各市、区的战略合作；加快推进未来校区建设；主动对接长三角一体化、粤港澳大湾区等国家战略需求，广聚办学资源；积极参与环太湖高校联盟、独墅湖高校发展联盟、"一带一路"标准化教育与研究大学联盟等高校联盟；拓展与中国核工业集团、中国广核集团、华为公司、西门子公司、中科院等企事业单位的合作；创新校友服务机制，争取更多社会捐赠，助推学校事业发展；建设和管理好苏州大学实验学校；做好贵州医科大学、铜仁学院、拉萨师范高等专科学校等高校对口帮扶工作。（责任单位：校长办公室、学科建设办公室、国内合作办公室、信息化建设与管理中心、发展委员会办公室、未来校区管理委员会；责任人：吴鹏、沈明荣、吉伟、张庆、胡新华、陈炳亮）

2. **拓展国际合作交流**。聚焦"一带一路"倡议，与澳门城市大学等高校共同发起组建都会型大学联盟；拓展高水平的国际合作关系，新增境外友好合作伙伴 15 家；推进教育部"国际组织人才培养基地"建设；积极建立国际名校中国学习中心；加强老挝苏州大学和"中国-老挝绿色丝绸研究中心"建设；开展第四届国际周活动。（责任单位：国际合作交流处、港澳台办公室、海外教育学院、老挝苏州大学；责任人：王及四、夏骏、黄兴）

（七）完善资源保障体系

1. **做好学术研究支撑工作**。推进数字化图书馆建设，强化文献资源保障和特色资源建设；加强学校档案资源的数字化和信息化建设，逐步提升档案数字化率；加强期刊内涵建设，不断提升期刊学术质量和影响；拓展优质出版资源，保障重点出版项目组织实施；拓宽藏品征集渠道，举办丰富多彩、品位高雅的展览；做好校史档案中红色主题革命故事档案材料的研究和发掘、整理工作。（责任单位：图书馆、博物馆、档案馆、学报编辑部、出版社；责任人：唐忠明、冯一、石明芳、江波、盛惠良）

2. **加快"云中苏大"建设**。制定《苏州大学数据资源管理办法》《苏州大学信息化项目建设管理办法》；建立"云中苏大"建设工作专班制度，加快推进 360 教室、智能运营中心、物联感知平台等重大项目建设；编制学校全量数据资源目录，推进数据共享，做好数据治理；牵头做好全国云中大学联盟建设工作。（责任单位：数据资源管理办公室、信息化建设与管理中心；责任人：吴鹏、张庆）

3. **强化财务管理与服务**。执行好 2021 年预算，加快预算执行进度，提高资金使用效益；制定《苏州大学预算绩效管理办法》，开展项目绩效评价工作；加强收入合同管理；深化科研经费"放管服"，持续提升财务服务效能；持续优化内控环境，完善内控体系；

加强学校全资及控股企事业单位财务管理和内控建设;强化日常财务监督,落实预决算审计问题整改。(责任单位:财务处、审计处、国有资产管理处、江苏苏大投资有限公司;责任人:孙琪华、徐昳荃、陈永清、蒋敬东)

4. 加强国有资产管理。完成南校区土地收储和相关实验室的搬迁工作;完成95家所属企业改革任务,脱钩剥离企业国有股权转让和清算注销工作,做好相关保留企业股权划转和公司制改革任务;出台《苏州大学国有资产管理绩效评价实施办法》,提高资产使用绩效,优化配置各类资产;盘活学校产权存量住房,加强资产保值增值;推进仪器设备开放使用和共享;规范和优化采购与招投标管理。(责任单位:国有资产管理处、财务处、江苏苏大投资有限公司、后勤管理处、实验室与设备管理处、分析测试中心、工程训练中心、采购与招投标管理中心;责任人:陈永清、孙琪华、蒋敬东、王云杰、魏永前、姚志刚、邵剑平、刘丽琴)

5. 提高审计工作水平。开展领导干部经济责任审计,力争将审计项目数提升20%;落实工程项目管理审计全覆盖要求,将工程结算审计年度完成率提升至80%以上;开展有关教育方针政策落实情况审计、大学生心理健康专项资金审计、应对疫情防控资金和捐赠款物审计;做好审计整改后续工作,强化审计结果运用。修订《苏州大学内部审计工作规定》《苏州大学领导干部经济责任审计办法(暂行)》等文件;召开全校审计工作大会。(责任单位:审计处、财务处、国有资产管理处;责任人:徐昳荃、孙琪华、陈永清)

6. 做好基本建设工作。制定《基本建设管理办法》,加快推进独墅湖校区的体育馆和学生活动中心、天赐庄校区的学生宿舍和体育馆改扩建工程;加快推进独墅湖校区唐楼内装工程和体育场项目等立项建设;完成独墅湖校区一期健身步道、二期新建球场工程;推进全国重点文物保护单位东吴大学旧址修缮工程建设。(责任单位:后勤管理处;责任人:王云杰、仇玉山)

7. 夯实校园服务保障。稳步推进学生宿舍、教学设施、实验楼、体育场馆、专业设备、电力保障、安全隐患整改等维修改造工作;深化教学科研用房改革,优化配置相关学院部门用房;加强便利校园建设,提升学生食堂品质。(责任单位:后勤管理处、国有资产管理处、信息化建设与管理中心;责任人:王云杰、陈永清、张庆)

8. 提高保障和改善民生水平。稳步推进养老保险制度改革;修订《苏州大学教职工医疗爱心互助基金管理办法》;举办退休教职工荣休仪式,表彰从事教育工作满30年的教职工;保障离退休老同志的政治待遇和生活待遇;推进老职工房改补贴落实工作;做好师生体检和新生参保工作;继续推进关工委优质化建设。(责任单位:人力资源处、工会、离退休工作部〈处〉、后勤管理处〈校医院〉、学生工作部〈处〉;责任人:朱巧明、王永山、余宏明、王云杰、朱旻、董召勤)

(八)切实加强安全工作

1. 抓好常态化疫情防控。统筹推进疫情防控和学校事业改革发展,科学、精准地做好新冠疫情常态化防控;不断完善校园疾病预防控制体系,完善应对局地、局部聚集性疫情应急预案;开展新时代校园爱国卫生运动,启动"无烟校园"建设。做好留学生、在校港澳台师生、外籍教师等群体的管理与服务,关爱海外留学人员的健康与安全。(责任单位:校新冠疫情防控工作领导小组办公室及相关职能组、后勤管理处;责任人:薛辉、吴鹏、朱旻、王云杰)

2. **推进校园安全防控体系建设**。完善安全稳定形势分析研判制度，认真落实《苏州大学校园安全专项整治方案》；持续完善人防、技防、设施防、制度防"四位一体"的大防控体系，提高校园安全管理智能化水平；进一步加强保密教育，推进工作秘密管理，加强研究生入学自主命题、特殊类型招生考试、重点要害部位保密管理，层层落实保密责任；进一步加强实验室安全管理专业队伍建设，持续开展实验室安全准入管理、教育培训、隐患治理和保障能力建设，健全和完善实验室安全管理体制机制，提升安全治理能力；健全网络信息安全防护体系，加强校园网络安全防护工作；保障食品、消防、设施、能源和医疗等安全。（责任单位：保卫部〈处〉、保密委员会办公室、后勤管理处〈校医院〉、实验室与设备管理处、信息化建设与管理中心；责任人：黄水林、薛辉、王云杰、魏永前、张庆）

3. **做好其他重点专项工作**。贯彻落实国务院办公厅《关于加快医学教育创新发展的指导意见》，制订实施《苏州大学医教协同发展行动计划（2021—2025年）》，进一步争取地方政府支持，推进医学教育改革与附属医院高质量发展。（责任单位：医院管理处、医学部及各附属医院；责任人：徐小乐、邹学海、徐广银及各附属医院主要负责人）推进原文正学院转设后平稳过渡的各项事宜。（责任单位：独立学院理事会；牵头单位：学科建设办公室、国内合作办公室；牵头单位责任人：沈明荣、吉伟）

苏州大学 2021 年度工作要点
（补充部分）

根据上级组织的最新工作部署，结合学校改革发展实际及《苏州大学 2021 年度工作要点》（苏大委〔2021〕20 号）执行与督查反馈情况，现将年度工作要点补充如下。

一、提高党建工作水平

认真学习贯彻党的十九届六中全会精神；认真学习贯彻《中国共产党组织工作条例》《中国共产党普通高等学校基层组织工作条例》、第二十七次全国高校党的建设工作会议精神；推进《新时代江苏高校三级党组织"固本强基"五年建设计划（2021—2025年）》；修订完善 2021 年度综合考核工作实施办法及方案；配合地方政府做好人大换届选举工作。（责任单位：党委办公室、校长办公室、党委组织部、党委宣传部、学生工作部〈处〉、党委研究生工作部、人力资源处）

二、加强思想政治引领

认真学习贯彻习近平总书记在庆祝中国共产党成立 100 周年大会上的重要讲话，把党史学习教育、"四史"学习教育推向深入；开展"两在两同"建新功行动；做好铸牢中华民族共同体意识教育实践活动试点工作；完善"三全育人"机制，推进"铸魂逐梦"工程；开展党的优良传统和作风教育，积极培育思政工作精品项目；学习贯彻《关于新时代加强和改进思想政治工作的意见》，修订《苏州大学党委（党组）意识形态工作责任制实施细则》，抓好"固本强基"专项行动整改工作；精心组织开展新生"开学第一课"；开展师德专题教育。（责任单位：党委办公室、校长办公室、党委宣传部、学生工作部〈处〉、党委研究生工作部、党委教师工作部）

三、深化党风廉政建设

突出政治监督重点，抓好常态化疫情防控监督，持续开展对落实加强马克思主义学院建设、二级单位领导班子政治建设情况的监督；有序推进对 7 家二级党组织的政治巡察，实现巡察全覆盖；深化专项监督，增强监督治理效能；深化政治生态监测评估，持续净化政治生态。（责任单位：党委办公室、纪委办公室、党委组织部、巡察办公室）

四、完善人才培养方案

积极申报并推进高素质复合型硕士层次高中教师培养试点工作；开展本科专业人才培养方案的调研、修订，完善本科专业课程结构体系；修订推免硕士生工作条例；完成专业劳动教育课程管理平台建设，开展首轮劳动教育实践课程教学；修订《苏州大学研究生学籍管理办法》《苏州大学研究生思想政治课教学改革方案》，制定《苏州大学关于研究生申请硕士、博士学位科研训练积分制的规定》；推动"一站式"学生社区综合管理模式建设试点工作；推进"就业思政"体系建设；完善学历继续教育学生毕业论文（设计）指导及答辩管理办法、自学考试阅卷工作管理办法。（责任单位：教务部、研究生院、党委研究生工作部、学生工作部〈处〉、招生就业处、继续教育处）

五、增强人才队伍活力

制订"铸魂润心"三年强师行动计划，强化价值引领；进一步加强新形势下引才工作，重点引进学术领军人才和青年拔尖人才；完善人才培育支持体系，开展校内特聘教授和"优秀青年学者"遴选工作；制定《苏州大学仲英青年学者管理办法》；完善柔性引进人才体系，制定《苏州大学特邀文化名家管理办法》《苏州大学外聘教师管理办法》，修订《苏州大学讲座教授和兼职教授管理办法》；完善管理人员和其他专业技术人员发展通道，制定《苏州大学管理岗位职员制实施办法》，修订《苏州大学人事代理制人员管理办法》《苏州大学派遣制人员管理办法》。（责任单位：人力资源处、党委教师工作部）

六、不断优化学科布局

全面总结首轮"双一流"周期建设工作经验，谋划编制新一轮"双一流"建设方案；明确新一轮高水平大学"六高一化"建设任务；根据"十四五"学科与专业建设分项规划，优化学科结构，合理规划未来校区学科布局。（责任单位：学科建设办公室、教务部、研究生院、国际合作交流处、未来校区管理委员会、未来科学与工程学院）

七、优化科研创新环境

探索制定新形势下科研成果激励办法及重点重大项目培育机制；持续优化完善科研管理服务体系，深化科研工作过程管理；根据《赋予科研人员职务科技成果所有权或长期使用权试点实施方案》，制定赋权政策及实施细则；贯彻落实上级部门关于科研评价改革及"破五唯"要求，扎实推进文科科研成果评价、核心期刊目录等管理文件修订工作；探索文科"试验区"体制机制改革，加强高水平综合性文科平台建设；持续推进北京研究院、重庆研究院等建设工作。（责任单位：科学技术研究部、人文社会科学处）

八、深化对外交流合作

持续推动江苏省教育厅、江苏省卫生健康委员会、苏州市人民政府与学校共建苏州大学苏州医学院及附属医院工作，落实落细各项共建措施，加强医教协同；深化与苏州市教育局合作；推进与苏州高铁新城管委会新一轮合作办学；根据疫情与国际形势变化，继续拓展教育国际合作新领域、新方向，着力发展"一带一路"沿线友好国家教育合作交流；加快成立国际化战略中心；筹备2022年度校友返校日活动。（责任单位：校长办公室、国内合作办公室、国际合作交流处、发展委员会办公室）

九、提高内部治理水平

加快修订《苏州大学章程》；启动"三定"工作；深化"院办校"改革试点；制定《苏州大学全面预算绩效管理办法》《苏州大学2021年内部控制缺陷整改方案》；推进财务系统与合同管理系统对接，提高财务智能化水平；出台国有资产绩效考核管理办法；督促检查上级单位对学校各项审计整改落实情况，创新开展有关教育方针政策落实情况审计；启用"云中苏大"APP，启动"苏大脸书"项目研发；制定数据资源目录和数据资源管理办法，建立数据资源开放共享考核机制，运用大数据思维和手段提升治理能力。（责任单位：党委办公室、校长办公室、党委组织部、人力资源处、财务处、国有资产管理处、审计处、数据资源管理办公室、信息化建设与管理中心）

十、提升保障服务效能

认真贯彻落实党中央、国务院和江苏省委、省政府关于疫情防控工作的部署要求，把疫情防控作为头等大事、第一要务，毫不松懈、从紧从严、细而又细地把一系列防控政策措施抓实、抓到位，确保校园安全，确保师生安全；加强全校宿舍资源分析应对工作，提高学生宿舍管理服务水平；加强学生食堂规范化管理工作，出台《学生食堂管理办法》；加快推进独墅湖校区体育馆与学生中心项目、天赐庄校区学生宿舍项目建设；制定《苏州大学实验室安全"三违一冒"责任追究实施细则》，推进实验室安全"党政同责、一岗双责"责任清单制定工作落实落细落地；依托"云中苏大"建设，提高校园安全管理智能化水平。（责任单位：校新冠疫情防控工作领导小组办公室及相关职能组、后勤管理处、基本建设处、实验室与设备管理处、保卫部〈处〉、信息化建设与管理中心）

附件：

有关名词解释

1. "四史"学习教育："党史、新中国史、改革开放史、社会主义发展史"学习教育。

2. "两在两同"建新功行动：为响应党中央号召，江苏省委决定在全省党员干部中开展"同人民想在一起、干在一起，风雨同舟、同甘共苦，在现代化国家新征程上建新功"行动。

3. "三全育人"：《关于加强和改进新形势下高校思想政治工作的意见》中提出的基本原则之一，坚持全员、全程、全方位育人，使思想价值引领贯穿教育教学全过程和各环节，形成教书育人、科研育人、实践育人、管理育人、服务育人、文化育人、组织育人长效机制。

4. "一站式"学生社区综合管理模式：为提高新时代高校党建和思想政治工作系统化、精细化水平，根据教育部统一部署，学校获批第二批建设试点高校。以书院、学生宿舍为基础，建设学生生活园区，建设线上与线下学生服务大厅，组织相关工作队伍入驻，推动校院领导力量、管理力量、思政力量、服务力量深入学生一线，打通思政教育"最后一公里"。统筹推进教育培养模式、管理服务体制、协同育人体系、支撑保障机制改革，打造学生党建前沿阵地、"三全育人"实践园地、平安校园样板高地。

5. "六高一化"建设：《江苏高水平大学建设方案（2021—2025年）》中提出的七项主要任务，即培养高质量创新人才、建设高素质师资队伍、开展高层次科学研究、提供高水平社会服务、建设高品位优秀文化、推动高品质国际合作交流、构建现代化治理体系。

6. "破五唯"：在新时代教育评价改革工作中，坚决克服"唯分数、唯升学、唯文凭、唯论文、唯帽子"的顽瘴痼疾。

7. "三定"工作：机构改革工作中"定职能、定机构、定编制"工作。

8. "苏大脸书"项目：为学生、教师、辅导员、管理者提供一个看得见的苏州大学，通过场景、实体、事件三个维度进行画像，实现科学的评价、精准的预测、智能的引导。

9. "三违一冒"：在实验室开展实验活动时，严禁"违法、违规、违章和冒险作业"。

在学校党史学习教育总结会议上的讲话

党委书记　江　涌

（2022年1月13日）

尊敬的各位领导，老师们、同志们：

大家下午好！

根据中央和江苏省委的统一部署，经江苏省委教育工委党史学习教育第三巡回指导组同意，今天下午，我们在这里召开学校党史学习教育总结会议。会议的主要任务是：深入学习贯彻习近平总书记关于党史学习教育的重要指示、重要讲话精神，学习贯彻党史学习教育总结会议精神和全省党史学习教育总结会议精神，全面回顾、总结学校党史学习教育，巩固拓展党史学习教育成果，不断把学习教育成效转化为扛起新使命、奋进新征程、谱写新篇章的实际行动，以优异成绩迎接党的二十大胜利召开。

在全党开展党史学习教育，是以习近平同志为核心的党中央立足百年党史新起点、着眼开创事业发展新局面做出的一项重大战略决策。一年来，习近平总书记高度重视，亲自谋划、亲自部署、亲自推进，为全党开展党史学习教育指明了方向。总书记关于"抓好后继有人这个根本大计""抓好青少年学习教育，让红色基因、革命薪火代代传承"等的要求，更是为教育系统开展好党史学习教育提供了根本遵循。

自2021年3月16日学校党史学习教育动员会召开以来，在以陈章龙书记为组长的江苏省委教育工委党史学习教育第三巡回指导组全过程指导下，全校44个党委、587个党支部、1.4万余名党员、5万余名师生，认真落实"学史明理、学史增信、学史崇德、学史力行"的目标要求，扎实推进"六专题一实践"重点任务，融合推进"两在两同"建新功行动，受到了全面深刻的历史自信、理论自觉、政治意识、性质宗旨、革命精神、时代责任的教育，学校党组织的组织力、领导力，党员干部的创造力、战斗力大大提升，可以说是达到了学党史、悟思想、办实事、开新局的目的。

今天上午，校党委领导班子召开了党史学习教育专题民主生活会，班子成员聚焦会议主题，认真查找5个方面存在的问题，开展了严肃的批评和自我批评，进行了积极健康的思想斗争。陈章龙书记做了精彩点评，就持续深入学习贯彻习近平新时代中国特色社会主义思想和党的十九届六中全会精神，始终牢记我们党是什么、要干什么这个根本问题，扎扎实实抓好问题整改，努力把党史学习教育成果转化为开创新局的强大动能提出了明确要求，为我们进一步加强领导班子建设、巩固拓展党史学习教育成果提供了指导。

下面，根据党史学习教育总结工作的要求，我就一年来学校党史学习教育的情况做一个整体汇报，就下一步工作提出几点要求。

一、主要做法

学校党委高度重视党史学习教育，自觉将党史学习教育作为贯穿全年的一项政治任务来抓紧抓实，坚持做到"四个相结合"，即将党史学习教育与立德树人相结合、与服务师生相结合、与推动发展相结合、与从严治党相结合，一体推进"六专题一实践"，推动党史学习教育做到专题学习"深"、专题培训"精"、专题党课"红"、专题研究"透"、专题宣讲"广"、组织生活"严"、实践活动"好"、苏大特色"浓"。

（一）加强组织领导，确保守正笃实

学校党委认真学习贯彻习近平总书记在党史学习教育动员大会上的重要讲话精神，结合中央、江苏省委的部署要求，第一时间成立党史学习教育领导小组，研究并制订党史学习教育实施方案、专题学习方案、专题宣讲方案等一揽子工作方案，并将党史学习教育纳入学校2021年度工作要点、纳入校党委落实全面从严治党主体责任清单、纳入校纪委落实全面从严治党监督责任清单、纳入学校年度综合考核，有机构建了"党史学习教育领导小组—院级单位党组织—基层党支部"三级抓党史学习教育的工作格局，推动党史学习教育各项任务和工作要求细化到点、落实到人、贯穿到底。自2021年3月16日学校党史学习教育动员会召开以来，学校党委先后召开全委会、常委会、党史学习教育领导小组专题会议、党务工作例会等各类会议60余次，全面系统地抓好协调部署、指导检查等各项工作，有力推动党史学习教育步步深入、高质推进。

此外，学校还借鉴江苏省委教育工作巡回指导组的有效经验，抽调精干力量，成立9个校内巡回指导组。各指导组通过列席专题学习研讨会、专题党课、专题组织生活会等形式，常态化深入各学院、部门单位，分阶段、分层次、有重点地开展日常指导监督，在传导压力、压实责任方面发挥了重要作用。

（二）抓实专题学习，确保入脑入心

学校党委坚持把学习党史、学习党的创新理论作为核心要务，从中心组"领学促学"，到主题活动"活学乐学"，努力做到学深悟透、真信笃行。

一是聚焦重点学。校党委通过加强"第一议题"学习和组织理论学习中心组专题读书班、青年管理骨干培训班等形式，及时跟进学习习近平总书记在党史学习教育动员大会和在庆祝中国共产党成立100周年大会上的重要讲话精神，学习习近平总书记关于党史、党史学习教育的最新重要讲话、重要文章、重要指示批示，全面系统地学习《中国共产党简史》《中共中央关于党的百年奋斗重大成就和历史经验的决议》等指定教材，自觉做到读原著、学原文、悟原理，不断加深对百年党史的理解和领会，加深对"两个确立"决定性意义的领悟，坚决做到捍卫"两个确立"，做到"两个维护"。

二是结合专业学。学校党委充分发挥学校红色资源优势、学科专业优势，充分发挥基层党组织和干部、师生的积极性、主动性，组织开展了"党史学习教育接力行"活动，推动专题学习丰富开展，努力在及时跟进学中保持学习"热度"，在专题研讨学中拓展学习"深度"，在联系实际学中增强学习"信度"。王健法学院党委"中国共产党依法治国方略进程回顾"系列党课、金螳螂建筑学院党委"匠心党史"专题活动、光电科学与工程学院党委"传承科学家精神　坚定爱国奋斗心"主题党日活动、医学部放射医学与防护学院党委"建党百年创伟业，大国底气从'核'来"主题学习等，主题鲜明，亮点迭出。

三是透过校史学。学校把百廿办学中的红色资源作为开展党史学习教育的生动教材，通过评选表彰"王晓军精神文明奖"、策划馆藏红色书籍展等方式，发挥好党员英烈生平事迹展览馆、博物馆、图书馆、档案馆等阵地的宣教功能，以沉浸体验的方式，讲好党的故事、革命的故事、英雄的故事。2021年清明节，学校组织开展"学党史·祭英烈"主题党日活动，该活动作为南京市雨花台烈士陵园管理局和江苏省广播电视总台推出的《百年风华　盛世如愿》"云祭扫"直播活动的分会场，引起较大的社会反响。师生原创话剧《丁香，丁香》入选"江苏省庆祝中国共产党成立100周年舞台艺术精品创作工程"，并在"七一"前夕成功公演。

四是贯通"四史"学。学校党委在全面加强党史学习教育的同时，进一步加强对新中国史、改革开放史、社会主义发展史的教育。专门成立"四史"教研室，开设了4门"四史"选择性必修课。马克思主义学院及广大思政课教师采用案例分析、视频展播、课题讨论、辩论演讲等多种方式，进一步创新教学方式方法，打造了一批"四史"学习教育特别思政课。在第二课堂中，我们的辅导员以看、听、说、唱、演、赛等形式将"四史"教育融入日常教育。"百名学子看百企""行走的思政课"等"四史"学习教育活动丰富开展，"学习苏州'三大法宝'，传承新时代苏州精神""桥见历史　瞰见未来"等微课不断推出。

（三）做好宣传宣讲，确保学深悟透

学校党委建立"三讲"机制，用好新语态，打造新形态，提升新状态，努力用红色基因熔铸新人，用党的创新理论凝心聚力。

一是深学原文集中讲。学校党委专门成立党史学习教育宣讲团，制订专题宣讲方案，认真学习和研读重要讲话、规定教材，组织专家学者做好集中辅导、集体备课、试讲点评等基础工作，努力把党百年奋斗的光辉历程、辉煌成就、历史经验讲清楚，把新时代的历史性成就和历史性变革讲透彻，把以史为鉴、开创未来的重要要求讲明白，引导和推动党员师生进一步增强历史自信和历史自觉。学校宣讲团累计开展集中专题宣讲59场，党员领导干部、先进典型、党支部书记上专题党课1 700余场，7位教师入选省、市宣讲团。

二是深化效果创新讲。学校党委结合庆祝中国共产党百年华诞，举办"永远跟党走"师生大合唱比赛、"伟大征程"交响音乐会、"讲红色故事，学百年党史"演讲比赛等系列活动，毕业典礼、开学典礼策划"万人思政课"，奏响"强国有我，请党放心"时代最强音。2021年暑假，学校共青团组织开展"永远跟党走　奋进新时代"暑期"三下乡"社会实践活动，选拔、组织89支青年红色宣讲团，深入乡镇街道、社区学校开展"党史""四史"宣讲活动,将理论宣讲与调查研究、社会实践、公益服务相结合,相关工作被中央党史学习教育简报摘录。

三是深耕云端接力讲。学校上线党史学习教育专题网、苏州大学红色党建网络,借助微信、抖音等新媒体平台,开展立体生动的多矩阵、全媒体宣讲传播,让党史学习教育更加鲜活、更富成效。学校累计开展"新生第一课"等网上宣讲121场,吸引12余万人次听讲。马克思主义学院党委"百年·百人·百集"党史系列人物故事"百堂微党课"推出35期,传媒学院师生制作的"口播党史""图说党史""剧说党史"党史微宣讲推出42期,展播建党百年优秀作品22期、"声音中的党史"16期,总浏览量超过13万人次。

(四)办好民生实事,确保见行见效

学校党委结合年度重点任务,集中办好15件民生实事,带动全校更好地践行以师生为中心的发展理念,努力让全校师生感受到党史学习教育带来的新气象、新变化。

一是"一单三办"求实效。学校坚持把党史学习教育同解决实际问题相结合,构建"领导领办、部门专办、纪监督办"的"一单三办"工作机制,推动各项实事落地落实。学校15项校级重点实事项目均由学校领导班子成员牵头领办,同时明确相关职能部门具体负责落实。在"关爱教职工 提升幸福感计划"工作中,人力资源处、财务处根据上级部门有关政策,在广泛调研、周密论证、统筹安排的基础上,研究提出有关工作方案,并提交学校会议研究审议。自2022年以来,学校安排专项经费,发放江苏省高校综合考核奖励4 260万元、午餐补贴3 360万元、增发校综合考核奖励1 442万元、增加住房公积金和逐月住房补贴2 500万元、离退休人员房贴5 000万元,有力提升教职工的获得感、幸福感。招生就业处、学生工作部(处)创新推出一系列促进就业的工作举措,稳步推进"高质量就业计划",2021届研究生、本科生初次就业去向落实率较2021年同期分别提高6.68%、5.97%,毕业生报考西部计划、苏北计划等项目人数较上一年实现翻番,《中国教育报》头版专题报道苏州大学毕业—就业"双业联动"主题活动。校纪委充分发挥监督保障执行、促进完善发展的作用,严督实导,确保各项工作稳步推进。截至目前,15项校级重点实事项目和学院、二级单位实事项目年度任务已全部完成。

二是"马上就办"提质效。针对师生"急难愁盼"事,学校大力提倡"马上就办"的工作精神,讲求工作时效,提高办事效率。2021年暑期,针对学生及学生家长反映独墅湖校区学生宿舍条件欠佳、洗漱排队时间长的问题,后勤管理处等相关部门快速反应,急事急办,紧急启动相关工程,有力改善卫浴条件,让学生开学入住就能体会到新变化。此外,学校在"云中苏大"APP中设计了"公开议案""一键通"栏目,努力为师生提供更为便捷的信息反馈渠道。

三是"三个一批"促长效。按照"落实一批、谋划一批、增列一批"的"三个一批"工作思路,积极构建、完善"我为群众办实事"长效机制,促进民生服务常态化、递进式、长效化解决。目前,共征集到融合推进"两在两同"建新功行动与"我为群众办实事"实践活动新项目82个、党史学习教育长效机制建设项目81个。如材料与化学化工学部党委构建"制度、队伍、准入、评估、检查、应急"等六大机制,全流程监管实验室运行管理,全覆盖加强安全隐患摸排处置力度;苏州大学附属儿童医院党委打造"童彤"党建品牌,深入开展千名医生走基层、小丁青年志愿者营等实事项目,更好地践行医务人员的初心使命。

（五）推动改革发展，确保良好开局

学校党委坚持用百年党史映照现实、远观未来，引导全体党员干部从百年党史中汲取智慧和力量，自觉胸怀"两个大局"、牢记"国之大者"，坚决扛起"争当表率，争做示范，走在前列"的三大光荣使命。

一是更高起点谋划学校改革发展。自2021年以来，学校在广泛征求意见、深入研究论证的基础上，组织完成了学校"十四五"规划、"双一流"建设方案及江苏高水平大学高峰计划建设方案三份行动方案的编制工作，鲜明提出新时代人才强校、特色发展、协同发展、文化引领、国际化等五大战略，明确高峰计划"六高一化"重点工作。2021年暑假，学校又以"奋进十四五——守正与创新"为主题召开第六次发展战略研讨会，深入思考事关学校改革发展的"九大问题"，明确提出了面向未来的八项任务、七条路径。

二是更高质量落实立德树人根本任务。学校深入推进一流本科和卓越研究生教育改革，成立教材建设与管理工作领导小组，研究、制定《本科人才培养质量评价实施办法》《推进新时代一流研究生教育实施意见》等一系列文件，推进智工舍等新工科书院建设，进一步完善立德树人工作机制。同时，围绕加强高水平师资队伍建设，学校深入贯彻中共中央、江苏省委人才工作会议精神，进一步部署实施新时代人才强校战略，推进顶尖人才（自然科学）培育工程、人文社会科学领域讲席教授遴选工作，扎实做好海外引才、培青培优等工作，不断厚植教书育人的人才基础。

三是更高水平服务经济社会发展。学校与苏州市人民政府深入实施名城名校融合发展战略，做好共引创新资源、共育创新人才、共建产业高地、共助民生发展的各项工作，在服务高质量发展中积极争取地方政府对学校建设发展更大力度的支持。苏州市十三届二次全会、苏州市2022年开年第一会——数字经济时代产业创新集群发展大会，就支持苏州大学建设中国特色世界一流的高水平研究型大学做出安排部署，学校很多教师也在朋友圈进行了转发、点赞。近期，姑苏区、吴江区等地方政府密集来校调研，就加快推进未来校区二期建设、推进环苏州大学文创生态圈建设等工作进行接洽、会商。

二、主要成效

通过党史学习教育，学校党员受到全面深刻的政治教育、思想淬炼、精神洗礼，自觉弘扬伟大建党精神，进一步增加历史自信、增进团结统一、增强斗争精神，鼓舞攻坚克难、爬坡过坎的强大斗志，凝聚起奋进新征程、建功新时代的强大力量。

一是在学史明理上有新升华，新思想的学思践悟更加系统深入。通过党史学习教育，学校"第一议题"学习制度、政治学习制度得到更有力的贯彻执行，党委理论中心组模块化学习、结构化研讨的学习方式不断丰富，领学、讲学、研学、巡学、督学的"五学"长效机制进一步健全，学校党员生平事迹展览馆学习教育被纳入新生入学教育环节，一批优秀的党课、思政课脱颖而出，2门思政课入选教育部学"七一"重要讲话联学联讲联研活动示范"金课"。在前期民主生活会征求意见工作中，学院党委书记、支部书记普遍反映，这一次党史学习教育，为加强领导班子和领导干部政治建设、推进思政课程和课程思政建设、加强教师师德师风建设提供了有力抓手，党史学习教育真正成为全体党员师生修身立德、干事创业的"必修课"，成为广大青年师生成长路上的"营养剂"。

二是在学史增信上有新收获，捍卫"两个确立"更加坚定坚决。通过党史学习教育，学校领导班子和党员干部充分认识到，坚决维护党中央的核心、全党的核心是党在重大时刻凝聚共识、果断抉择的关键，是党团结统一、胜利前进的重要保证；习近平新时代中国特色社会主义思想是当代中国马克思主义、21世纪马克思主义，是中华文化和中国精神的时代精华，实现了马克思主义中国化新的飞跃，党确立习近平同志的党中央的核心、全党的核心地位，确立习近平新时代中国特色社会主义思想的指导地位，反映了全党全军全国各族人民的共同心愿，对新时代党和国家事业发展、对推进中华民族伟大复兴历史进程具有决定性意义；新的征程上，必须坚持不懈用习近平新时代中国特色社会主义思想武装头脑、指导实践、推动工作，坚决捍卫"两个确立"，做到"两个维护"。

三是在学史崇德上有新强化，为党育人、为国育才更加走实走深。通过党史学习教育，学校党员干部进一步牢记"中国共产党是什么、要干什么"这个根本问题，进一步筑牢为党育人、为国育才的初心使命，进一步站稳师生立场、人民立场。学校思政课教师队伍、专职辅导员队伍建设得到空前加强，意识形态"固本强基"不断深化。学校入选教育部一站式学生社区综合管理改革试点，是江苏省属高校中唯一入选该计划的单位。广大教师教书育人的使命自觉更加坚定，省部共建放射医学与辐射防护国家重点实验室获"江苏省教育系统先进集体"荣誉称号，纳米材料科学的教师团队入选教育部第二批"全国高校黄大年式教师团队"。民生投入力度进一步加大，体育场、学生活动中心、学生宿舍等民生工程开工建设，师生的获得感、幸福感、安全感不断提升。

四是在学史力行上有新成效，推进"双一流"建设更加高质高效。学校党委充分运用党史学习教育成果，将其转化为推进改革发展、开新局、谋新篇的思路举措和生动实践。学校与江苏省教育厅、江苏省卫生健康委员会、苏州市人民政府签约，四方共建苏州大学苏州医学院及附属医院。未来校区首期工程投入使用，亨通未来信息与人工智能研究院等8个校企研究院（协同创新中心）揭牌成立。教学科研等工作喜获丰收，新增一级学科博士点3个，获批教育部首批特色化示范性软件学院1个、教育部首批新文科项目2项，荣获首届全国优秀教材奖2项；获批国家自然科学基金项目350项、国家社会科学基金项目47项，向量光场全息3D显示器等重大成果不断涌现，斩获国家科学技术进步奖、国际科学技术合作奖、"树兰医学奖""科学探索奖""中国青年五四奖章"等重要荣誉；迟立峰教授当选中国科学院院士，詹启敏院士受聘苏州医学院院长，31人次入选国家级人才项目，江苏特聘教授和江苏省"双创"入选人数列全省第一；纳米科学技术学院荣获"全国专业技术人才先进集体"，学校成为全省唯一入选高校。2021年"七一"前夕，学校党委更是荣获"全国先进基层党组织"荣誉称号，受到了中共中央的表彰。

在充分肯定成绩的同时，我们也要清醒地看到，在党史学习教育中，我们的工作也客观存在着一些不足，党的创新理论的学习仍须持续用力，距离学深悟透、融会贯通还有差距，理论宣讲的针对性、实效性还有待进一步提升，我们的学生更多的还是当听众；基层党组织党史学习教育的进展不平衡，少数单位党史学习教育抓得不够实，有形式主义、走过场的情况；为师生办实事、为群众解难事还须统筹加强、协调用力，常态化、长效化的工作机制还须进一步健全完善；我们的专题民主生活会也对照查摆出了一些问题，等等。

对于这些问题，我们要高度重视，切实加以整改，努力做到固强补弱、提质增效，善始善终、善做善成。

三、下一步工作要求

党史学习教育是一项长期的重大政治任务，"学党史、悟思想、办实事、开新局"永远在路上。习近平总书记的重要指示和在中央政治局党史学习教育专题民主生活会上的重要讲话精神、在省部级主要领导干部学习贯彻党的十九届六中全会精神专题研讨班开班式上的重要讲话精神，充分肯定了党史学习教育的显著成效和重大成果，对深入学习贯彻党的十九届六中全会精神及推动党史学习教育常态化、长效化提出了明确要求，为我们总结好、巩固好、拓展好党史学习教育成果指明了方向，提供了根本遵循。

下一步，我们要坚持以习近平新时代中国特色社会主义思想为指导，认真贯彻落实中共中央和江苏省委的部署，巩固拓展好党史学习教育成果，自觉把学习党史作为共产党人一生的必修课，把党史学习教育、"四史"学习教育作为铸魂育人的重大任务，大力弘扬伟大建党精神，坚持和发展党的百年奋斗的历史经验，坚定历史自信，践行时代使命，厚植为民情怀，勇于担当作为，团结带领全校师生走好一流大学建设的赶考之路。我们要重点做好以下几个方面的工作。

一是要持续强化理论学习，坚决捍卫"两个确立"，做到"两个维护"。我们要深入学习贯彻习近平新时代中国特色社会主义思想和党的十九届六中全会精神，进一步加强校院领导班子政治建设，胸怀"两个大局"，牢记"国之大者"，切实提高政治判断力、政治领悟力、政治执行力，以实际行动坚定捍卫"两个确立"，坚决做到"两个维护"。要进一步抓紧抓实"第一议题"的学习，巩固拓展党委理论中心组学习模块化学习、结构化研讨等好的做法，完善领学、讲学、研学、巡学、督学的"五学"长效机制，不断提升学习质效。要推进全国重点马克思主义学院建设，加强思政课教师队伍和专职辅导员队伍配备培养，做好思政课程和课程思政项目建设，推进习近平新时代中国特色社会主义思想进课堂、进师生头脑的工作。

二是要持续聚焦立德树人，培养担当民族复兴大任的时代新人。要以"铸魂逐梦"工程为统揽，以推进教育部"一站式"学生社区综合管理模式改革试点工作为契机，深入实施辅导员"1+N"领航计划、"五育"融合计划、"8+N"融通计划、"成长陪伴"计划等"四大计划"，更高标准地落实"三全育人"、"五育"并举，更大力度地推进思政工作项目建设、平台建设、队伍建设，构建完善"大学工"体系，进一步完善立德树人落实机制。要强化基层党组织在教师思想政治和师德师风建设中的作用，健全完善"学校党委—院级单位党组织—教师党支部"三级联动的教师工作机制，实施"铸魂润心"强师行动计划，建设政治素质过硬、业务能力精湛、育人水平高超的高素质教师队伍。

三是要持续坚守师生中心，巩固发展近悦远来、干事创业的氛围。要进一步健全完善联系师生等工作制度，更好地践行一线规则，巩固拓展党史学习教育"我为群众办实事"工作中探索出的"一单三办""马上就办""三个一批"等长效机制。要持续加大民生投入力度，确保天赐庄校区东区学生宿舍、独墅湖体育场和学生活动中心等重点民生工程按期完工，加快推进独墅湖校区学生宿舍立项建设，系统推进平安校园建设，进一步提升广大师生的获得感、幸福感、安全感。要统筹抓好校十二届党委第六轮巡察机关专项巡察发现问题反馈和问题整改工作,加强模范机关建设,持续深化整治形式主义、官僚主义,在合并套开会议、减少报告报表、推进数据共享等方面出硬招、实招,更好地为基层"松绑"、减负。

当前,新的变异毒株在全球快速传播,国内疫情多点散发,加上临近学校放假,疫情防控形势严峻复杂。要坚决贯彻习近平总书记关于疫情防控的重要指示精神和中共中央、国务院的决策部署,坚持人民至上、生命至上,时刻绷紧疫情防控这根弦,树牢忧患意识,坚持底线思维,坚决克服麻痹思想、厌战情绪、侥幸心理、松劲心态,坚决把各项责任和措施再落细、再落实,坚决守护师生生命安全和身体健康。

四是要持续勇毅担当作为,以"双一流"建设服务高质量发展。要聚焦新时代新征程对学校改革发展提出的新课题,组织开好学校第十三次党代会,深入学习贯彻党的十九大和十九届历次全会精神,发扬民主、集思广益,努力在贯彻新发展理念、构建新发展格局、推动高质量发展上提出更多的新招、硬招、实招。要根据《党政管理部门和直属单位等机构改革方案》,深入推进"三定"工作,加快推进机构、职能、权限、程序、责任法定化,全面推行部门权责清单制度,不断优化部门职责体系、提高管理服务效能。要深入贯彻江苏省第十四次党代会精神和苏州市委十三届二次全会精神,加强与地方政府、行业企业的主动对接,深入实施名城名校融合发展战略,加快推进苏州大学苏州医学院、未来校区二期工程、环苏大文创生态圈等重点建设,积极争取外部资源对国家重点实验室、大科学装置等重点建设的支持。

五是要持续坚持从严从实,深入贯彻全面从严治党的战略方针。要深入推进《中国共产党普通高等学校基层组织工作条例》《普通高等学校院(系)党委会会议和党政联席会议议事规则示范文本》贯彻落实工作,抓好基层党组织"强基创优"培育建设,进一步健全优化学校党的组织体系、制度体系和工作机制,推动党的建设更好地与教学科研工作深度融合。要认真抓好《中国共产党纪律检查委员会工作条例》的学习宣传和贯彻落实,深化纪检监察体制改革,领导和支持纪委工作,充分发挥好纪委监督保障执行、促进完善发展的作用。要高质量开好这次党史学习教育专题民主生活会、组织生活会,把党史学习教育的成果充分体现到加强党性检视、开展批评与自我批评和各项整改措施上来,始终保持"全面从严治党永远在路上"的清醒和坚定,全面提高学校各级党组织的建设质量。

最后,在这里,请允许我代表学校领导班子,代表全校党员干部师生,向江苏省委教育工委党史学习教育第三巡回指导组的各位同志,一年来对学校党史学习教育的悉心指导表示最崇高的敬意和最衷心的感谢!一年来,指导组的各位同志先后5次来校现场指导工作,为我们扎实做好各阶段工作提供精准的指导。我们将切实抓好党史学习教育总结工作,巩固用好党史学习教育的重要成果,努力将指导组对苏州大学的殷切期望转化为深化改革、推动发展的强大动力,踔厉奋发,笃行不息,全力书写"双一流"建设的新篇章,以优异成绩迎接党的二十大胜利召开!

扛起光荣使命　谱写奋进篇章
以优异成绩迎接党的二十大胜利召开

——校党委书记江涌在十二届十五次全会上的报告

（2022 年 3 月 18 日）

各位委员，同志们、老师们：

现在，受校党委常委会委托，我向全会报告工作。

全会的主要任务是：以习近平新时代中国特色社会主义思想为指导，深入贯彻党的十九大和十九届历次全会精神，贯彻江苏省第十四次党代会精神，回顾总结 2021 年工作，研究确定 2022 年的工作思路和重点任务，团结和动员全校各级党组织、党员干部和师生员工，更高质量落实立德树人根本任务，更高水平推进"双一流"建设，更严要求贯彻全面从严治党战略方针，以实际行动和优异成绩迎接党的二十大胜利召开。

一、真抓实干，取得实效，"十四五"改革发展实现高质量开局

刚刚过去的 2021 年，是党和国家历史上具有里程碑意义的一年。一年来，学校党委常委会团结带领全校师生员工，坚持以习近平新时代中国特色社会主义思想为指导，认真贯彻落实中共中央和江苏省委的决策部署，扎实开展党史学习教育，落实立德树人根本任务，纵深推进高水平研究型大学建设，发挥全面从严治党引领保障作用，"十四五"发展实现高质量开局起步。在教育部首轮"双一流"建设成效评估中，学校整体发展水平、可持续发展能力、成长提升程度均被评为第一档次。学校入选教育部"一站式"学生社区综合管理模式建设试点单位和教育部、科技部首批高校专业化国家技术转移建设试点单位、江苏高水平大学 A 类建设高校。学校党委荣获"全国先进基层党组织"荣誉称号，受到中共中央表彰，并在第二十七次全国高校党的建设工作会议上做交流发言。

1. **全面加强政治建设，坚决筑牢立德树人初心使命。** 坚持把学习贯彻习近平新时代中国特色社会主义思想作为首要政治任务，落实"第一议题"学习制度，探索党委理论学习中心组模块化学习、结构化研讨等学习形式，及时跟进学习习近平总书记"七一"重要讲话精神、党的十九届六中全会精神、江苏省第十四次党代会精神等重点内容，部署开展政治建设"回头看"、贯彻落实党的教育方针自查等专项工作，不断提高政治判断

力、政治领悟力、政治执行力,坚定捍卫"两个确立",坚决做到"两个维护"。常态化开展意识形态领域分析研判和情况报告,意识形态领域"固本强基"专项行动深入实施。

严格执行党委领导下的校长负责制,落实党委常委会、校长办公会议事规则和"三重一大"决策制度,全年召开党委常委会会议53次,就学校重大事项进行研究决策,支持校长依法独立负责地行使职权。学习贯彻《中国共产党普通高等学校基层组织工作条例》《普通高等学校院(系)党委会会议和党政联席会议议事规则示范文本》,推进党政管理部门和直属单位等机构改革。加强依法治校工作,深化学院内控建设,全面完成江苏省教育厅专项审计反馈问题整改。校内综合考核工作入选江苏组工百年百个典型案例,在2021年度校内综合考核工作中首次探索开展立德树人专项考核。学校八届二次教代会、十七次团代会成功召开,学术委员会、学位评定委员会作用充分发挥,学校入选江苏高校统一战线同心教育实践基地联盟首批成员单位,学校关心下一代工作委员会(以下简称"关工委")获评"江苏省关心下一代工作优秀集体"。

实施"铸魂逐梦"工程,推进"一站式"学生社区综合管理模式改革,成立课程思政教学研究与实践中心,做好专职思政课教师队伍建设和专职辅导员招聘、转编等工作,更实举措推进"三全育人"、"五育"并举,心理健康工作持续加强。"思政田园"名师工作室入选"全国高校思政名师工作室",2门思政微课入选教育部学"七一"重要讲话联学联讲联研活动示范"金课"。学校获得全国第六届大学生艺术展演一等奖4项,1名教师荣获"中国青年五四奖章",1名同学入选"全国高校百名研究生党员标兵"。

2. 扎实开展党史学习教育,持续增强历史自信、历史自觉。贯彻"学史明理、学史增信、学史崇德、学史力行"的目标要求,将党史学习教育与立德树人相结合、与服务师生相结合、与推动发展相结合、与从严治党相结合,切实落实"六专题一实践"重点任务,融合推进"两在两同"建新功行动。庆祝中国共产党成立100周年系列活动精彩纷呈,毕业典礼、开学典礼"万人思政课"奏响"请党放心、强国有我"时代强音。独墅湖校区体育场馆建设、关爱教职工提升幸福感计划等15个校级重点实事项目稳步实施。苏州大学附属儿童医院支援广西百色,建设了桂西地区首家造血干细胞移植病区,春节前夕,右江民族医学院附属医院完成首例地贫患儿骨髓移植手术。通过党史学习教育,全校各级党组织和干部师生受到了一次全面深刻的历史自信、理论自觉、政治意识、性质宗旨、革命精神、时代责任的教育。

2022年1月13日,校党委领导班子以"大力弘扬伟大建党精神,坚持和发展党的百年奋斗历史经验,坚定历史自信,践行时代使命,厚植为民情怀,勇于担当作为,团结带领人民群众走好新的赶考之路"为主题,召开党史学习教育专题民主生活会。会上,班子成员联系党委常委会工作,联系贯彻落实习近平新时代中国特色社会主义思想和党的十九届六中全会精神情况,联系"学党史、悟思想、办实事、开新局"实际,联系征求意见情况,深入进行对照检查,严肃认真地开展批评和自我批评。江苏省委教育工委党史学习教育第三巡回指导组同志到会指导并做点评讲话,充分肯定学校党史学习教育及专题民主生活会取得的成效。

3. 深入推进研究型大学建设,不断厚植争创一流坚实基础。成功召开学校第六次发展战略研讨会,学校"十四五"规划、"双一流"建设方案及江苏高水平大学高峰计划"六高一化"建设方案精心编制。学校新增一般社会科学学科进入ESI全球学科排名前

1%，现有15个学科位列全球学科前1%、2个学科稳居全球学科前1‰，综合排名位列全国高校第19位。4个学科位列U.S. News世界大学学科前10名，2个交叉学科位列"软科中国"世界一流学科全球前10名。43个学科进入"软科中国"最好学科排名。

一流本科和卓越研究生教育改革深入推进，"习近平总书记关于教育重要论述"、"四史"、专业劳动教育实践等相关课程纳入人才培养方案。学校新增一级学科博士点3个，获批教育部首批特色化示范性软件学院1个、教育部首批新文科项目2项。荣获首届全国优秀教材（高等教育类）二等奖2项，江苏省教学成果奖特等奖2项、一等奖4项，在首届江苏省高校教师教学创新大赛中获特等奖1项。本科生升学率提升5个百分点，毕业—就业"双业联动"等特色做法得到教育部关注。

贯彻中共中央和江苏省委人才工作会议精神，深入开展师德专题教育，扎实推进海外引才、培青培优等工作。迟力峰教授当选中国科学院院士、讲座教授，孙学良当选中国工程院外籍院士；1人入选江苏省先进工作者，31人次入选国家级领军人才和青年人才，"江苏特聘教授"和江苏省"双创人才"入选人数均位居全省第一。省部共建放射医学与辐射防护国家重点实验室获"江苏省教育系统先进集体"荣誉称号。纳米科学技术学院荣获"全国专业技术人才先进集体"。

聚焦"四个面向"推进科研创新，获批国家人类遗传资源共享服务平台表型组联合研究中心（苏州创新中心）1项、国家重点研发计划项目7项。国家自然科学基金项目立项350项，连续五年超过300项，资助经费首次突破2亿元。获国家科学技术进步奖二等奖1项、国际科学技术合作奖1项，1人获"树兰医学奖"，1人获"科学探索奖"。"全球高被引科学家"名单入选人数连续四年位列全国高校第5位、省内高校第1位。国家社会科学基金立项47项，再创历史最好成绩，后期资助项目连续三年位列江苏高校首位。获教育部全国教育科学研究优秀成果奖3项，《百年中国通俗文学价值评估（五卷本）》等精品力作相继面世。

4. 更大力度推进开放办学，巩固拓展高质量发展新局。成立国际化战略中心，与美国匹兹堡大学、都柏林圣三一大学等高校机构签署合作协议，学校当选国际胜任力培养专业委员会秘书处单位，荣获"江苏省来华留学生教育先进集体"称号。红十字国际学院全国红十字系统骨干培训、国际人道合作交流广泛开展。

未来校区首期工程投入使用，亨通未来信息与人工智能研究院等8个校企研究院揭牌成立。学校与江苏省教育厅、江苏省卫生健康委员会、苏州市人民政府签约，四方共建苏州大学苏州医学院及附属医院。712名医务人员参与南京、扬州等地的抗疫斗争。东吴智库完成"新时代苏州精神"重大课题研究，举办2021"对话苏州·新制造"活动、长三角一体化战略研讨会，多篇决策咨询报告获国家领导人批示。学校入选江苏省退役军人成教培养单位。落实江苏省委、省政府支持宿迁"四化"同步集成改革推进现代化建设，与宿迁学院签署对口援建协议。

5. 不断优化师生服务保障，有力维护校园安全稳定。践行以师生为中心的发展理念，持续加大民生投入力度，安排专项资金用于发放综合考核奖励、午餐补贴，提高住房公积金和房贴标准，退休"中人"养老保险改革稳步推进。学校资助工作连续10年获江苏省学生资助绩效评价"优秀"。独墅湖校区学生中心、天赐庄校区学生宿舍项目开工建设，独墅湖校区环湖健身步道等新建项目、文成楼等一大批维修改造项目完工投用，原南校区实验室搬迁工作顺利完成。上线"云中苏大"APP，完成数据资源目录一期建设，学校荣获2021年全国智慧高校综合实力卓越奖。贯彻习近平总书记关于安全生产重要论述，召开安全稳定工作会议及网络安全、消防安全、实验室安全等专题会议，部署推进安全专项整治三年行动，健全校园安全防控体系。落实党管保密，通过保密"双随机"抽查。坚持校园封闭管理，完善常态化疫情联防联控机制，积极协调对接卫生主管部门，在校内设点做好师生疫苗接种和常态化核酸检测工作。

6. 进一步夯实党建基础，更好地发挥全面从严治党引领保障作用。 推进"对标争先""强基创优"建设，培育第二批校级党支部书记示范工作室，推广"六七八"工作法，开展院级党组织书记抓基层党建工作述职评议，推动党建与事业发展深度融合。学校标准党支部实现全覆盖，优质党支部超过10%，2个党支部获评"江苏高校特色党支部"。全年发展党员1738名，其中，高知识群体党员110名。"苏州大学红色党建网络"建成上线，《新时代苏州大学基层党建的创新与实践》出版发行，2个案例入选江苏高校党建典型案例，一批党组织和党员获省、市表彰。

结合人员总量管理改革特别是"三定"工作，组织开展机关部门群直单位领导班子集中任聘。在新提任的17名正处级干部中，年轻干部6名，约占35.3%，全校中层正职干部中年轻干部占比达15.8%。组织"砥砺信仰·勇开新局"中层干部专题培训和2021年青年管理骨干培训班集中学习，选派年轻干部参加"第一书记""科技镇长团"等挂职服务，不断提高领导干部抓改革、促发展、保稳定的水平和能力。

贯彻落实全面从严治党战略方针，制定实施全面从严治党主体责任清单，建立党委纪委定期协商机制，压实党群部门、行政部门、纪检监察机构、院级党组织四大主体监督责任，健全完善监督体系，持续增强监督治理效能。校十二届党委第六轮巡察工作稳步推进，实现本届党委任期内巡察全覆盖。"作风建设10条"制定实施，为基层减负硬核举措得到落实。领导和支持纪委查办案件，1个案件获评高质量案件（全省高校唯一）。

各位委员，同志们、老师们，这些成绩的取得，充分展现了学校干部师生奋发向上的精神风貌，充分展现了全校上下团结拼搏的强大力量，充分展现了开局即决战、起跑即冲刺的昂扬斗志。这些成绩的取得，为学校"双一流"建设添上了浓墨重彩的"奋进之笔"，也极大地增强了全体苏大人奋进新征程、建功新时代、再创新辉煌的自信与底气。这些成绩的取得，是坚持以习近平新时代中国特色社会主义思想为指引的结果，是江苏省委、省政府、省委教育工委、省教育厅正确领导的结果，是全校各级党组织、党员干部及全体苏大人锐意进取、真抓实干的结果。在此，我代表校党委常委会，代表学校领导班子，向各位委员，同志们、老师们，并通过你们向全校师生员工，致以衷心的感谢和崇高的敬意！

在总结成绩的同时，对照党的十九届六中全会、江苏省第十四次党代会的部署要求，对照师生的期待，我们也清醒地认识到，全面增强党组织政治功能和组织力凝聚力、推动党的建设与事业发展深度融合依然任重道远，优化学科专业生态体系、完善高水平人才培养体系依然任重道远，加快战略科技力量建设、显著增强服务重大战略能力依然任重道远，根本改善学校办学条件、更好满足师生美好生活需要依然任重道远，压紧压实管党治党责任、健全完善学校监督体系依然任重道远。要时刻保持清醒头脑，自觉弘扬伟大建党精神，坚定信心、勇毅前行、攻坚克难、开拓创新，努力办好人民满意、国际认可、世界尊重的大学。

二、统一思想，提高站位，坚决扛起"争当表率、争做示范、走在前列"光荣使命

党的十九届六中全会，是在中国共产党成立100周年之际，是在党领导人民胜利实现第一个百年奋斗目标、向着实现第二个百年奋斗目标迈进的重大历史关头召开的一次具有里程碑意义的会议。全会通过的《中共中央关于党的百年奋斗重大成就和历史经验的决议》，回顾党走过的百年奋斗历程，总结党的百年奋斗重大成就和历史经验，着重阐释自党的十八大以来党和国家事业取得的历史性成就、发生的历史性变革，对实现第二个百年奋斗目标提出明确要求。

2021年年底，江苏省第十四次党代会胜利召开，大会深入学习贯彻党的十九大和十九届历次全会精神，紧紧围绕"扛起新使命、谱写新篇章"这一主题主线，明确了当前及今后一个时期的主要目标任务，强调要坚决扛起"三大光荣使命"，在改革创新、推动高质量发展上争当表率，在服务全国构建新发展格局上争做示范，在率先实现社会主义现代化上走在前列。

经过一代代苏大人的接续奋斗，当前苏州大学迎来了历史发展的最好时期。特别是从外部发展环境来看，江苏省、苏州市对学校建设发展所给予的重视和支持前所未有。吴政隆同志去年来校调研时强调，苏州大学要胸怀"两个大局"、心系"国之大者"，进一步找准定位、发挥特色，为构建新发展格局、推动高质量发展多做贡献，为全省"争当表率、争做示范、走在前列"提供有力支撑。许昆林同志来江苏工作以来更是11次来学校及附属医院调研考察，指导推动了四方共建苏州大学苏州医学院及附属医院的工作。曹路宝同志履新不久就专程来校调研，要求苏州大学要做全市最重要的创新策源地，并在苏州市委十三届二次全会上强调要加强市域统筹，支持苏州大学建设成为中国特色世界一流的高水平研究型大学。

面对新征程对高等教育的期待，面对当前难得的历史发展机遇，我们要起而行之、勇挑重担，用硬脊梁、铁肩膀、真本事构筑起争创一流的坚强堡垒，努力在大有可为的新时代里大有作为。

1. 扛起光荣使命，建设一流大学，我们要做捍卫"两个确立"、践行"两个维护"的表率。自党的十八大以来，以习近平同志为核心的党中央，以伟大的历史主动精神、巨大的政治勇气、强烈的责任担当，解决了许多长期想解决而没有解决的难题，办成了许多过去想办而没有办成的大事，推动党和国家事业取得历史性成就、发生历史性变革。党确立习近平同志党中央的核心、全党的核心地位，确立习近平新时代中国特色社会主义思想的指导地位，对新时代党和国家事业发展、对推进中华民族伟大复兴历史进程具有决定性意义。社会主义大学培养的是担当民族复兴大任的时代新人，必须始终坚持马克思主义指导地位，始终坚持社会主义办学方向，始终同党中央保持高度一致，对党中央精神深入学习、融会贯通，对"国之大者"了然于胸，始终做习近平新时代中国特色社会主义思想的坚定信仰者、忠实实践者，擦亮"全国先进基层党组织"金字招牌，让党旗始终在育人一线高高飘扬。

2. 扛起光荣使命，建设一流大学，我们要做贯彻新发展理念、服务高质量发展的表率。教育是国之大计、党之大计。要深刻认识和把握在中华民族伟大复兴历史进程中教育

的先导地位，深刻认识和把握百年变局给教育带来的外部挑战，深刻认识和把握现代化经济体系转型升级对高等教育的迫切需求，深刻认识和把握人民群众不断提高的教育期盼，深刻认识和把握学校当前改革发展面临的问题、短板、瓶颈，始终保持只争朝夕、奋发有为的奋斗姿态和越是艰险越向前的斗争精神，准确识变、科学应变、主动求变。要推动学科专业结构调整、质量提升，加强科研资源整合、关键布局，形成适应高质量发展要求、强化服务导向、突出质量绩效的科研评价体系，深化"放管服"改革，推动创新人才培养能力、基础研究水平和原始创新能力、服务重大需求能力、内部治理能力再上新台阶。

3. 扛起光荣使命，建设一流大学，我们要做担当作为、真抓实干、狠抓执行落实的表率。从来就没有等出来的成功，只有干出来的精彩。要以"咬定青山不放松"的执着和"行百里者半九十"的清醒不懈奋斗、艰苦奋斗，拿出真抓的实劲、敢抓的狠劲、善抓的巧劲、常抓的韧劲，把雷厉风行和久久为功有机结合起来，努力在解决问题的过程中把工作做成精品、创出特色，以"干在实处"推动"走在前列"。学校领导干部要带领班子成员、部门同事一起定好盘子、理清路子、开对方子，不能简单地将开会发文、台账记录、工作笔记等作为工作落实的标准，不能将说了当成做了、将布置了当成完成了。

三、踔厉奋发，笃行不怠，确保完成全年目标任务

2022年是进入全面建设社会主义现代化国家、向第二个百年奋斗目标进军新征程的重要一年，是党的二十大召开之年，是贯彻落实党的十九届六中全会精神和江苏省第十四次党代会精神的开局之年，也是学校第十三次党代会召开之年。做好今年工作，任务重、要求高、责任大。

日前，经国务院批准，"双一流"建设高校及建设学科名单更新公布，新一轮建设正式启动，苏州大学顺利入选第二轮"双一流"建设高校，"材料科学与工程"学科入选世界一流学科建设名单。经中共中央全面深化改革委员会第二十三次会议审议通过，教育部、财政部、国家发展改革委印发了《关于深入推进世界一流大学和一流学科建设的若干意见》，强调要牢牢抓住人才培养这个关键，坚持为党育人、为国育才，坚持服务国家战略需求，瞄准科技前沿和关键领域，优化学科专业和人才培养布局，打造高水平师资队伍，深化科教融合育人，为加快建设世界重要人才中心和创新高地提供有力支撑。

2022年年初召开的全国教育工作会议，进一步明确要创新发展支撑国家战略需要的高等教育，推进人才培养服务新时代人才强国战略，推进学科专业结构适应新发展格局需要，建设高素质专业化教师队伍，以高质量的科研创新创造成果支撑高水平科技自立自强，推动"双一流"建设高校为加快建设世界重要人才中心和创新高地提供有力支撑。日前召开的江苏省教育工作会议就2022年全省教育重点工作做出安排，强调要以迎接学习贯彻党的二十大为主线，坚持"稳"字当头、"进"字为要、"准"字求效，高标准建设教育强省。我们要坚决把思想和行动统一到上级的决策部署上来，胸怀大局、把握大势，着眼长远、狠抓落实，奋力开创学校事业发展新局面。

2022年学校工作的总体思路是：以习近平新时代中国特色社会主义思想为指导，深入学习贯彻党的十九大和十九届历次全会精神，大力弘扬伟大建党精神，完整、准确、全面贯彻新发展理念，以迎接党的二十大、学习宣传贯彻党的二十大精神为主线，以推动内

涵发展、特色发展、高质量发展为主题，以深化重要改革、推进重大建设、服务构建新发展格局为重点，加快推进"双一流"建设，为谱写"强富美高"新江苏现代化建设新篇章做出新的更大贡献。

2022年要着重做好以下九个方面的工作：

1. **坚持和加强党对学校工作的全面领导**。把学习贯彻习近平新时代中国特色社会主义思想作为首要政治任务，紧扣迎接党的二十大、学习宣传贯彻党的二十大精神工作主线，深入贯彻党的十九届六中全会和江苏省第十四次党代会精神，深刻领悟"两个确立"的决定性意义，增强"四个意识"，坚定"四个自信"，把做到"两个维护"贯彻到学校改革发展各领域、全过程。筹备召开学校第十三次党代会，在"十四五"规划的基础上，进一步锚定一流大学的奋斗目标，汇聚全校干部师生的智慧力量，形成一份贯彻中央精神、体现苏大特点、经得起历史和实践检验的党代会报告，推动学校高质量发展。

2. **毫不放松抓好疫情防控和安全稳定工作**。深入贯彻习近平总书记关于疫情防控的重要讲话和指示批示精神，落实中共中央、国务院决策部署，根据江苏省委、省政府，苏州市委、市政府的部署要求，树牢底线思维、增强风险意识，坚持师生至上、生命至上，坚持守土有责、守土负责，严把疫情防控校门关，加强师生员工健康监测，教育引导师生员工加强个人防护，强化食堂、宿舍、教室、图书馆、体育馆、实验室等重点场所疫情防控，坚持多病共防和人、物、环境同防。全面提升应急处置能力，健全完善学校突发新冠疫情应急处置预案。加强疫情防控督促检查，查漏洞、补短板，确保师生员工返校、教育教学、考试活动、管理服务等各项工作的开展符合疫情防控规定。持续深化平安校园建设，巩固校园安全专项整顿成效，健全大安全防控体系，强化实验室安全管理、安全检查、隐患整改和安全教育，筑牢校园安全防线。

3. **深化教育教学改革**。深入实施"铸魂逐梦"工程，推进教育部"一站式"学生社区综合管理模式建设试点工作。发挥思政课铸魂育人主渠道作用，推动课程思政与思政课程同抓共促，争创全国重点马克思主义学院，强化思政课教师和辅导员队伍建设。深入推进一流本科教育改革，优化专业布局、课程体系、教学资源，筹备"双万计划"结项和新一轮本科教育教学审核评估工作。深入实施"一流研究生教育30条"，加强研究生培养过程管理特别是学位论文质量监控。持续加强体育、美育和劳动教育，成立江苏学校美育研究中心，做好学生心理健康关爱工作。筹建"双创学院"，备战"挑战杯""互联网+"等创新创业大赛。稳妥有序地做好招生录取工作，促进毕业生更加充分、更高质量就业。推动师范学院实体化运行，提高师范生培养质量。推进继续教育管办分离，构建与新发展阶段相适应的继续教育办学管理体系。

4. **加强学科体系建设**。推进"双一流"建设、江苏高水平大学高峰计划"六高一化"建设任务，强化高峰学科建设，筹划新一轮一流学科培育点，不断完善世界一流建设学科、江苏高校优势学科、江苏省重点学科和校特色学科四级学科体系。充分运用第五轮学科评估结果，针对性地研究提出人文、社会科学、理工、医学等不同学科发展规划，推进学科结构适应新发展格局需要。完善学科建设管理办法，促进学科绩效管理规范化、科学化。探索建立跨学科、跨学院合作机制，推进学科交叉融合。

5. **加强师资队伍建设**。坚持师德师风第一标准，把牢入口政治关，深入实施"铸魂润心"强师行动计划。深入贯彻中共中央和江苏省委人才工作会议精神，组织召开学校人才发展大会，谋划实施新时代人才强校战略，打造"人才强校2.0"。主动加强校地联动，办好国际青年学者东吴论坛、海外高层次人才学术交流会，加大海外引才力度。修订完善高层次人才计划实施办法，做好顶尖人才（自然学科）培育、人文社会科学领域讲席教授聘任、优秀青年学者聘任等工作。研究制定管理岗位职员制实施办法，完善发展通道。深入推进人员总量管理改革特别是"三定"工作，整体优化机构职责体系。

6. 提升科研创新能力。坚持自由探索和有组织科研双轮驱动，持续做好重大科研项目、科研奖项的培育申报工作，积极争取大项目、立项大平台、承接大任务、产出大成果。围绕党的二十大等重大主题开展相应的理论研究阐释。持续深化科研管理评价改革，完善高质量科研创新制度体系。争取国家和省、市等各方面支持，推进中能多粒子超导加速器大科学装置、先进负碳省重点实验室等的建设。支持东吴智库建设成江苏省高端智库。推进国家大学科技园及国家、省、校三级协同创新中心高质量发展。

7. 积极推进开放办学。深化国际化战略中心建设，大力发展与"一带一路"沿线国家及地区的教育合作交流，搭建国际联合实验室平台，推进国际组织人才培养工作。积极推动在地国际化，与爱尔兰皇家外科医学院合作设立国际联合学院。深入实施名城名校融合发展战略，深化四方共建苏州大学苏州医学院，推进江苏省教育厅、财政厅和学校三方共建苏州大学商学院，稳妥开展应用技术学院转设工作调研论证，支持附属医院创建国家医学中心、区域医学中心、国家临床医学研究中心。加强校友会、基金会建设，办好医学教育110周年庆祝活动，持续汇聚发展力量。做好贵州医科大学、拉萨师范高等专科学校、宿迁学院等对口支援帮扶工作。

8. 强化内部治理体系建设。完成《苏州大学章程》的修订，进一步健全现代大学制度，充分发挥统战群团组织及学术委员会、学位评定委员会作用，开好八届三次教代会，推进依法治校、科学发展和民主管理。统筹推进"院办校"改革。加强预算绩效管理，深化学院（部）内控建设，推进资产配置管理与预算管理相衔接。加强国有资产管理绩效评估工作，盘活产权存量住房。做好内部审计。

9. 优化师生服务保障。制订学校中长期建设总体方案，积极争取地方政府支持，不断优化校区功能布局。按期完成未来校区一期工程和天赐庄校区东区学生宿舍、独墅湖校区体育馆学生活动中心等重点工程建设，启动未来校区二期建设，加快推进独墅湖校区学生宿舍立项建设、东区体育馆改扩建、唐仲英医学研究大楼内部装修及全国重点文物保护单位东吴大学旧址维修改造，深化"云中苏大"重点项目建设，改善师生学习工作生活条件。整合资源，稳妥有序地做好学生住宿安排工作。推进养老保险制度改革，做好困难帮扶和资助育人工作。

四、健全体系，压实责任，坚持不懈把党建工作推向更高水平

2022年，大事要事多，工作任务重，师生期盼高。日前，教育部办公厅公布了第三批全国党建工作示范高校、标杆院系、样板支部培育创建单位名单，校党委正式入选"全国党建工作示范高校"培育创建单位（全省首个，也是全省唯一），学校唐仲英医学研究院第一党支部、机关党工委招生就业处党支部、苏州大学附属第一医院门急诊医技党总支入选"全国党建工作样板支部"培育创建单位。这对全校各级党组织和广大党员干

部提出了新的更高要求。要深入贯彻全面从严治党战略方针，深入落实新时代党的建设总要求和新时代党的组织路线，贯彻《中国共产党普通高等学校基层组织工作条例》，巩固拓展党史学习教育成果，健全学校党建工作体系，压实党建工作政治责任，增强基层党组织政治功能和组织力、凝聚力，全力推进"全国党建工作示范高校"培育创建工作，为学校改革发展提供坚强的政治保证。

1. **始终把政治建设摆在首位**。深入贯彻《关于加强高校党的政治建设的若干措施》，持续加强校院领导班子政治建设，坚持和完善党委领导下的校长负责制，健全议事规则和决策程序，坚持民主集中制，贯彻"三重一大"集体决策制度。坚持和执行学院党政共同负责制，增强基层党组织政治功能。进一步严明党的政治纪律和政治规矩，严格执行新形势下党内政治生活的若干准则，增强党内政治生活的政治性、时代性、原则性、战斗性，不断提高政治判断力、政治领悟力、政治执行力。

2. **加强党的创新理论武装**。组织开展迎接党的二十大、学习贯彻党的二十大精神专项行动，全力营造浓厚氛围和学习热潮。深入学习贯彻党的十九届六中全会精神，弘扬伟大建党精神，推动党史学习教育常态化、长效化，巩固拓展党史学习教育成果，深化"四史"教育，推进习近平新时代中国特色社会主义思想进教材、进课堂、进头脑。深化社会主义核心价值观培育践行，加强新时代学校文化精神和文化体系建设，巩固提高全国文明校园建设水平。贯彻《全省教育系统贯彻落实〈党委（党组）意识形态工作责任制实施办法〉的实施细则》，严格落实意识形态工作责任制，加强意识形态阵地管理。强化保密宣传教育。

3. **增强基层党组织政治功能和组织力、凝聚力**。根据《第三批新时代高校党建"双创"工作重点任务指南》要求，坚持软件建设和硬件建设相结合、统筹规划和分步实施相结合、整体提升和品牌塑造相结合，纵深推进学校党建示范创建和质量创优。抓好基层党组织"强基创优"培育建设，深入实施三级党建书记项目，扎实开展党组织书记抓基层党建述职评议，健全优化学校党的组织体系、制度体系和工作机制，推动党建更好地与教学科研工作等深度融合，切实把党的政治优势、组织优势转化为改革发展效能。加强专职组织员、教师党支部书记"双带头人"队伍和支部委员专业能力建设，做好在高知群体中发展党员工作，锻造听党号令、信念坚定、素质优良、纪律严明、作用突出的党员队伍，示范带动广大师生投身"双一流"建设。

4. **建设高素质专业化干部队伍**。配合上级党组织做好学校领导班子换届工作，加强学校领导班子建设。坚持以政治标准统领干部的"育选管用"，坚持"信念坚定、为民服务、勤政务实、敢于担当、清正廉洁"的新时代好干部标准，坚持德才兼备、以德为先，坚持以事择人、人岗相适，坚持个体强整体优、结构服从功能，修订完善干部工作相关制度，做好任期届满处级领导班子、院级党组织换届工作，着力增强班子整体功能和活力。加强干部特别是年轻干部的教育培训，强化思想淬炼、政治历练、实践锻炼、专业训练，增强政治领导、改革创新、驾驭风险、科学决策、师生工作、狠抓落实的本领和能力。重视党外干部队伍建设，进一步加强对党外中青年骨干的锻炼培养。持续优化年度综合考核，激励干部积极作为、争先进位。

5. **坚定不移推进全面从严治党**。深入学习贯彻中共十九届中央纪委六次全会精神和十四届江苏省纪委二次全会精神，自觉从"六个必须""九个坚持"的系统阐述中深刻领

会以伟大自我革命引领伟大社会革命的实践内涵，准确把握新时代推进自我革命的路径要求，组织开好学校全面从严治党工作会议，制定实施2022年度全面从严治党主体责任清单，纵深推进党风廉政建设和反腐败斗争，健全完善学校监督体系。各党（工）委要履行党内监督的主体责任，突出加强对"一把手"和领导班子的监督、加强对年轻干部的监督。纪委要充分发挥监督专责机关作用，协助党委全面从严治党，推动党内监督和其他各类监督贯通协同，使各项监督更加规范、有力、有效。聚焦"两个维护"，推动政治监督具体化、常态化，确保中共中央和江苏省委的部署要求执行不偏向、不变通、不走样。组织做好校十二届党委第六轮巡察发现问题反馈和整改落实工作，扎实开展巡视整改落实情况专项督查和巡察"回头看"，全面总结校十二届党委巡察工作，巩固拓展巡视巡察整改成效。严格落实中央"八项规定"及其实施细则精神，切实加强模范机关建设。强化系统思维和科学谋划，在优化会议安排、减少报告报表、推进数据共享等方面出硬招、实招，更好地为基层减负、为发展赋能。根据试行情况，调整优化无会日设置，实行"周一无会日"制度。认真抓好《中国共产党纪律检查委员会工作条例》的学习宣传和贯彻落实工作，深化纪检监察体制改革，锻造纪检监察"铁军"，充分发挥好纪委监督保障执行、促进完善发展的作用。

各位委员，同志们、老师们，新的一年里，党的二十大举世瞩目、万众期待，将为党和国家事业擘画更加宏伟、更加壮阔的新蓝图。我们要更加紧密地团结在以习近平同志为核心的党中央周围，全面贯彻习近平新时代中国特色社会主义思想，弘扬伟大建党精神，勿忘昨天的苦难辉煌，无愧今天的使命担当，不负明天的伟大梦想，以虎虎生威的雄风、生龙活虎的干劲、气吞万里如虎的精神，共扛新使命、共谱新篇章，一起向未来、再创新辉煌！

在党史学习教育动员会议上的讲话

党委书记 江 涌

(2021年3月16日)

同志们，老师们，同学们：

根据安排，今天下午我们在这里召开学校党史学习教育动员会议。刚才，我们组织收看了江苏省教育系统党史学习教育动员视频会议，江苏省委教育工委、省教育厅就全省教育系统开展党史学习教育进行了动员部署，对落实好各项工作提出了明确要求。

下面，结合学校实际，就组织开展好学校党史学习教育，我再强调四个方面的意见。

一、深入学习贯彻习近平总书记重要讲话精神，增强开展好党史学习教育的政治自觉、思想自觉和行动自觉

在庆祝我们党百年华诞的重大时刻，在"两个一百年"奋斗目标历史交汇的关键节点，党中央决定在全党开展党史学习教育，这是以习近平同志为核心的党中央，立足党的百年历史新起点、统筹中华民族伟大复兴战略全局和世界百年未有之大变局、为动员全党全国满怀信心投身全面建设社会主义现代化国家而做出的重大决策，对于总结历史经验、认识历史规律、掌握历史主动，对于传承红色基因、牢记初心使命、坚持正确方向，对于深入学习领会习近平新时代中国特色社会主义思想，进一步统一思想、统一意志、统一行动，建设更加强大的马克思主义执政党，在新的历史起点上奋力夺取新时代中国特色社会主义伟大胜利，具有重大而深远的意义。

习近平总书记在党史学习教育动员大会上，用"三个必然要求"（是牢记初心使命、推进中华民族伟大复兴历史伟业的必然要求，是坚定信仰信念、在新时代坚持和发展中国特色社会主义的必然要求，是推进党的自我革命、永葆党的生机活力的必然要求）深刻阐述了开展党史学习教育的重大意义，对新时代学习党的历史、弘扬党的传统、开启新的征程、创造新的伟业做出重要部署，为我们开展党史学习教育指明了方向、提供了根本遵循。我们要深入学习习近平总书记在党史学习教育动员大会上的重要讲话精神，深入学习贯彻全省党史学习教育动员会议、全省教育系统党史学习教育动员会议精神，进一步提高政治判断力、政治领悟力、政治执行力，自觉把思想和行动统一到习近平总书记重要讲话

精神和中共中央决策部署上来，深刻领会在新时代"为什么学党史、从党史中学什么、如何学党史"等重大命题，深刻领会学党史、悟思想、办实事、开新局的重大要求，自觉在学思践悟中用党的奋斗历程和伟大成就鼓舞斗志、明确方向，用党的光荣传统和优良作风坚定信念、凝聚力量，用党的实践创造和历史经验启迪智慧、砥砺品格，勇做"争当表率、争做示范、走在前列"的排头兵，奋力开启学校高水平研究型大学建设的新征程。

二、对标"六个进一步"要求，自觉做到学史明理、学史增信、学史崇德、学史力行

一是要坚决落实"进一步感悟思想伟力"的要求，坚定不移地学懂、弄通、做实习近平新时代中国特色社会主义思想。马克思主义深刻改变了中国，中国也极大丰富了马克思主义。我们要通过党史学习教育，进一步从党的非凡历程中领会马克思主义是如何深刻改变中国、改变世界的，感悟马克思主义的真理力量和实践力量，深化对中国化马克思主义既一脉相承又与时俱进的理论品质的认识。我们要更加自觉地认识到习近平新时代中国特色社会主义思想是当代中国马克思主义、21世纪马克思主义，坚持不懈用习近平新时代中国特色社会主义思想武装头脑、指导实践、推动工作，始终在思想上、政治上、行动上同以习近平同志为核心的党中央保持高度一致。

二是要坚决落实"进一步把握历史规律和大势"的要求，抢抓发展机遇，努力开创高水平研究型大学建设新局面。了解历史才能看得远，理解历史才能走得远。我们要通过党史学习教育，进一步深刻感悟我们党科学把握历史规律和世界大势的宝贵经验，树立大历史观，因势而谋，应势而动，顺势而为，乘势而上。我们要深入贯彻党的十九届五中全会和习近平总书记视察江苏省重要讲话指示精神，心怀"国之大者"，立足新发展阶段、贯彻新发展理念、构建新发展格局，加强对学校改革发展根本性、全局性、长远性问题的分析和研究，不断增强工作的系统性、预见性、创造性，扎实推进内涵发展、特色发展、高质量发展。

三是要坚决落实"进一步认识党的性质、宗旨"的要求，牢记初心使命，贯彻以师生为中心的办学理念。为人民而生，因人民而兴，始终同人民在一起，为人民利益而奋斗，是我们党立党、兴党、强党的根本出发点和落脚点。我们要通过党史学习教育，进一步深刻认识党的性质宗旨，进一步深刻领悟习近平总书记坚持人民至上、紧紧依靠人民、不断造福人民、牢牢植根人民的要求，更加深刻地体悟"民之所望就是政之所向"的道理，进一步筑牢为党育人、为国育才的初心使命。我们要自觉践行以师生为中心的办学理念，在联系服务师生上多用情，在宣传教育师生上多用心，在组织凝聚师生上多用力，不断增强师生的获得感、幸福感、安全感。

四是要坚决落实"进一步总结党的历史经验"的要求，不断提高应对风险挑战的水平。我们党一步步走过来，很重要的一条就是不断总结经验、提高本领，不断提高应对风险、迎接挑战、化险为夷的能力水平。我们要通过党史学习教育，从历史中获得启迪，从历史经验中提炼出攻坚克难的法宝，不断增强斗争意识、丰富斗争经验、提升斗争本领。我们要充分发扬"为有牺牲多壮志，敢教日月换新天"的奋斗精神，永葆"闯"的精神、

"争"的劲头和"干"的作风，努力做到在复杂形势面前不迷航、在困难挑战面前不绕行、在激烈竞争面前不退缩，在新起点上不断把学校各项事业推向前进。

五是要坚决落实"进一步发扬革命精神"的要求，砥砺锤炼不懈奋斗的优秀品格。我们党之所以历经百年而风华正茂、饱经磨难而生生不息，就是凭着那么一股革命加拼命的强大精神。我们要通过党史学习教育，大力发扬红色传统、传承红色基因，赓续共产党人精神血脉，增强开拓前进的力量和勇气，鼓起迈进新征程、奋进新时代的精气神。我们要始终保持艰苦奋斗的昂扬精神，以"功成不必在我"的精神境界和"功成必定有我"的历史担当，保持历史耐心，发扬钉钉子精神，"一张蓝图绘到底"，一任接着一任干，扎实做好让师生看得见、摸得着、得实惠的实事，接续做好为后人做铺垫、打基础、利长远的好事。

六是要坚决落实"进一步增强党的团结和集中统一"的要求，强化"两个维护"的政治自觉。旗帜鲜明讲政治、保证党的团结和集中统一是党的生命，也是我们党能成为百年大党、创造世纪伟业的关键所在。我们要通过党史学习教育，从党史中汲取正、反两方面的历史经验，不断提高政治判断力、政治领悟力、政治执行力，不断提高学校党的建设质量，充分发挥全面从严治党引领保障作用，更好地把"两个维护"的要求贯彻落实到管党治党、办学治校工作的全过程、各方面，确保学校各项工作始终沿着习近平总书记指引的方向笃定前行。

三、抓好"六专题一实践"，努力把学党史、悟思想、办实事、开新局贯穿党史学习教育全过程

根据中共中央统一部署，党史学习教育贯穿2021年全年，主要环节包括"六专题一实践"，即开展专题学习、专题培训、专题党课、专题宣讲、专题研究宣传阐释、专题民主生活会和组织生活会及"我为群众办实事"实践活动等内容。学校党史学习教育实施方案即将印发，请各单位认真对照方案，结合实际切实抓好贯彻落实。

一是要抓好专题学习。要原原本本学习习近平总书记在党史学习教育动员大会上的重要讲话精神，学习习近平《论中国共产党历史》《毛泽东邓小平江泽民胡锦涛关于中国共产党历史论述摘编》《习近平新时代中国特色社会主义思想学习问答》《中国共产党简史》等指定学习材料，列出学习计划，加强领学促学，确保学深悟透、融会贯通。

二是要做好专题培训。党校培训、干部培训、思政课教学和课程思政建设要增加相关内容，精心设计课程，把单向培训与双向互动结合起来，把线下学习与线上交流结合起来，切实增强吸引力和感染力。要充分利用好江苏省及苏州本地革命遗址遗迹、纪念馆、学校党员英烈事迹展览馆等红色资源，以及"学习强国""江苏移动课堂""江苏先锋"等新媒体平台，让党史学习教育可观可感。

三是要上好专题党课。"七一"前后，党员领导干部、基层党支部书记要在深入学习调研、广泛征求意见的基础上上好专题党课。党课要紧密联系实际，要讲清楚学习收获、认识感悟，讲清楚信仰信念、忠诚担当，讲清楚开新局、谱新篇的思路举措。

四是要组织专题宣讲。要成立由专家学者、领导干部、思政教师、辅导员等组成的宣讲团，面向全校师生开展广泛宣讲，讲清楚中国共产党为什么"能"、马克思主义为什么

"行"、中国特色社会主义为什么"好"等重大问题，进一步坚定全校师生对中国特色社会主义的道路自信、理论自信、制度自信、文化自信。

五是要加强专题研究宣传阐释。要组织召开全校庆祝建党100周年表彰大会，举办庆祝中国共产党成立100周年系列座谈会、理论研讨会，总结历史经验，深化规律性认识。马克思主义学院、基层党建研究所等文科学院和科研机构要充分发挥优势，围绕党的百年奋斗史，组织实施一批重点研究项目，争取推出一批重点理论成果和精品力作。

六是要组织召开专题民主生活会和组织生活会。处级以上领导班子要对标对表习近平总书记在党史学习教育动员大会上的重要讲话和庆祝中国共产党成立100周年大会上的重要讲话精神，严肃认真地召开专题民主生活会，充分运用学习教育成果，深入检视反思存在的问题，开展批评与自我批评，明确整改措施和努力方向。各基层党支部要组织召开专题组织生活会，开展党性分析，深化思想教育。

七是要开展"我为师生办实事"实践活动。要把党史学习教育同解决实际问题结合起来，推动党员干部发扬党的优良传统，围绕立德树人根本任务，围绕教学科研管理工作实际，深入基层为广大师生群众办实事、解难事，切实让全校师生感受到党史学习教育带来的新气象、新变化，增强广大师生员工的获得感、幸福感、安全感。

四、学用结合，守正创新，确保党史学习教育取得扎实成效

党史学习教育贯穿2021年全年，任务重、要求高，全校各级党组织要提高政治站位，迅速把思想和行动统一到中共中央决策部署上来，立足实际，学用结合，守正创新，确保党史学习教育取得扎实成效。

一是要加强组织领导。校党委成立了由我担任组长，邓敏副书记担任副组长的党史学习教育领导小组，领导开展学校党史学习教育。领导小组下设办公室，设在党委宣传部，负责日常工作。学校将组建巡回指导组，采取巡回指导、随机抽查、调研访谈等方式，对各党（工）委进行督促指导。各党（工）委要把开展党史学习教育作为当前的一项重大政治任务，迅速抓好传达学习和动员部署，广泛调动党员师生的积极性、主动性、创造性；各级党组织书记要切实履行第一责任人责任，领导干部要先学一步、学深一层、学做结合，示范带动全校师生员工学党史、感党恩、听党话、跟党走。

二是要把握正确导向。要发扬马克思主义学风，坚持问题导向、效果导向，力戒形式主义、官僚主义，防止为完成任务应付了事，防止照本宣科，防止肤浅化和碎片化。要牢固树立正确的党史观，牢牢把握党的历史发展的主题和主线、主流和本质，旗帜鲜明地反对历史虚无主义，坚决抵制歪曲和丑化党的历史的错误倾向。要严格遵守党的政治纪律、宣传纪律，压紧压实意识形态工作责任制。遇到把握不准的重大问题，要及时请示报告。

三是要营造良好氛围。要建好苏州大学强国号、"苏州大学"思政在线专题网站、"苏州大学"微信公众号等线上主阵地，发挥校园网、校报校刊、广播、宣传栏等的作用，深入宣传中共中央精神和江苏省委决策部署，及时宣传我校开展学习教育的好做法、好经验、好成果，营造浓厚的党史学习氛围。要借鉴运用自党的十八大以来党的历次主题教育经验做法，把握党史学习教育的特点和规律，积极创新内容、形式和方法，确保

"规定动作"做到位、有深度,"自选动作"做出彩、有特色。

同志们!百年征程波澜壮阔,百年初心历久弥坚,百年成就催人奋进!让我们紧密团结在以习近平同志为核心的党中央周围,在习近平新时代中国特色社会主义思想科学指引下,扎实开展党史学习教育,切实把学习教育的成果转化为攻坚克难、争创一流的强大动力和实际成效,以更加优异的成绩迎接建党100周年!

奋斗"十四五" 奋进新征程

——校长熊思东在苏州大学八届二次教职工代表大会上的工作报告

（2021年4月14日）

各位代表：

现在，我代表学校向校八届二次教职工代表大会做工作报告，请予以审议。

第一部分 2020年学校事业发展情况

2020年，面对突如其来的新冠疫情和国内外形势的复杂变化，学校坚决贯彻落实习近平总书记关于疫情防控工作的重要讲话精神和江苏省委、省政府的决策部署，始终把师生的生命安全与身体健康放在第一位，统筹做好疫情防控和教育教学工作，复工复学有序推进，校园生活逐步进入新常态。一年来，全校师生以强烈的"收官"意识和"开好局、开新局"的决心投身发展，学校各项事业持续推进，重点工作多点突破，发展势头保持良好。下面，我着重报告八个方面的工作。

一、推进教育教学改革，人才培养质量稳步提高

一流本科教育加速推进。新增14个国家级一流本科专业建设点、11门国家级一流本科课程，现有28个国家级一流本科专业建设点、23门国家级一流本科课程；"人工智能"专业获批并招生，"建筑学"专业通过专业评估，"历史学"专业完成师范类专业认证考查；启动并完成5个微专业、31门示范课程立项建设；制订《苏州大学课程思政建设与管理办法》，立项建设27个课程思政教学团队、66门示范课程；出台加强美育工作实施意见，健全美育工作体系；出台劳动教育课程建设指导意见，开展专业劳动教育实践必修课程建设；本科生获各类国家级学科竞赛一等奖64项、二等奖184项、三等奖300项。

研究生教育改革不断深化。召开全校研究生教育会议，系统谋划当前和"十四五"时期研究生教育的发展方向与路径，坚持德政引领，优化学科专业结构，注重全过程管

理，打造卓越研究生教育；深化研究生教育综合改革，全面实施博士生"申请—考核"制，赋予导师（导师组）和专家考核小组更大考核自主权；制定实施《苏州大学关于进一步加强研究生学位论文质量全过程管理的意见》，首次开展论文全盲审工作，加强学位论文质量把关；加强导师队伍建设，健全导师培训机制；全面实施德政导师制度，研究生思政教育相关成果获江苏省教育改革成果一等奖。

学生管理工作创新开展。实施辅导员领航计划、学生工作专项团队建设计划，健全辅导员工作室；实施成长陪伴计划，创新导师陪伴模式，构建学院（部）多层面导师团队；加强生涯规划指导，制订个性化、规范化、精细化、系统化培养方案；学生资助工作效果显著，连续第九次获江苏省学生资助绩效评价"优秀"等第。

招生就业工作稳步推进。本科生招生6 675人，招生人数保持稳定，其中，在江苏省内招生3 799人，约占56.9%；本科生源质量稳中有升，在尚未实施高考改革的23个省份中，普通类文理科分数线上升的省份分别有19和16个；2020年报考学校硕士生人数达32 341人，连续多年位列江苏高校首位；研究生招生6 807人，"双一流"高校生源比例达32.4%；积极做好疫情之下学生的就业工作，畅通信息渠道，开启线上招聘，开展个性化辅导，稳就业调研报告获江苏省政府主要领导批示肯定，本科生和研究生年终就业率分别为92.96%和94.36%。

二、深化人才强校战略，人才工作水平全面提高

人才引育工作成效显著。出台拓宽引才渠道实施方案，创新人才招聘形式，举办4次"云宣讲"，全年新进教学科研人员245人，柔性引进海内外知名学者40名；2人当选欧洲科学院院士，1人当选俄罗斯工程院院士；27人次入选国家级人才计划，均为自主培养，较上一年增加27.27%；19人次入选"全球高被引科学家"名列，位列全国高校第5位、江苏高校首位；开展"仲英青年学者""优秀青年学者"等人才项目遴选工作，聘任优秀青年学者41名，从政策、资金、平台等方面给予精准支持；出台博士后管理工作实施办法及绩效考核办法，全年招收博士后160人，在站博士后获国家自然科学基金青年项目31项，高于全国平均资助率。

人事制度改革有序实施。根据《深化新时代教育评价改革总体方案》等文件精神，系统推进人才分类评价改革，设置多样化考量指标，重点考察师德师风、人才实际水平、发展潜力及岗位匹配度，逐步建立与岗位特点、学科特色、研究性质相适应的评价标准；稳步推进"三定"工作，成立工作小组，对全校各类机构、人员编制、配备情况、岗位职责进行梳理，并制作学院（部）人力资源报告书；遴选5家学院作为推进教师岗位供给侧结构性改革试点学院；以第四轮岗位聘用合同签订为契机，完善全员合同聘用制。

教职员工待遇稳步提高。根据上级文件精神，自2020年1月起，提高老职工房贴（含离退休人员）缴存比例，从24%增至26%，全年增加投入1 400万元；自2020年7月起，提高在职人员公积金及房贴缴存基数，半年增加投入4 800万元；完成2019年度学校综合考核（师资队伍建设考核）相关工作，根据考核结果发放奖励2 870万元；年终分配时调整奖励性绩效工资标准，增加投入3 700万元；关爱教职工身体健康，升级体检套餐，增加相应检查项目，及时向困难教职工发放大病补助或爱心基金。

三、聚焦创新驱动发展，科研创新能力持续增强

学科建设水平进一步提高。在"物质科学与工程"一流学科的引领下，"纳米科学与技术""化学工程"2个学科进入U.S.News世界大学学科排名前10名；现有ESI前1%学科14个，前1‰学科2个，"农业科学""环境生态学"相继入选前1%学科，ESI综合排名位列全国高校第19位、江苏高校第2位；加强学科交叉融合，在教育部备案自主设置交叉学科8个，根据2020年"软科中国"世界一流学科排名，学校"生物医学工程""纳米科学与技术""能源科学与工程"等3个交叉学科分别位列全球第5位、第8位、第19位。

科技创新能力进一步提高。制订落实《苏州大学关于树立正确科研评价导向的意见》等文件，进一步深化科技管理体制机制改革，营造良好的创新环境；获批310项国家自然科学基金项目，资助直接费用1.67亿元，位列省属高校第1位；获批国家重点研发计划项目7项；牵头申报的中国-葡萄牙文化遗产保护科学"一带一路"联合实验室成果获批；获国家科学技术进步奖二等奖1项、"何梁何利基金奖"2项、全国创新争先奖1项、"吴阶平医学奖"1项、"吴文俊人工智能科学技术"一等奖1项，实现新突破；获第十六届中国青年科技奖2项，位列全国高校第5位、江苏高校首位；2020年，学校自然指数综合排名位列全球高校第39位、全国高校第11位。

人文社会科学研究进一步加强。获批国家社会科学基金各类项目43项，保持高位运行；获批教育部人文社会科学项目24项，位列全国高校第11位、江苏高校首位；获教育部第八届高等学校科学研究优秀成果奖（人文社会科学）14项，一等奖获奖数位列全国高校第11位；获江苏省第十六届哲学社会科学优秀成果奖37项，较第十五届增长76%；获批江苏高校哲学社会科学重点研究基地、优秀创新团队各1个；积极建言献策，14篇次决策咨询报告获省部级领导批示，成功举办"对话苏州"高阶论坛。

成果转化工作进一步推进。知识产权授权1 287件，转让和许可使用202件，专利转让累计达702项，位列全国高校第10位；学校先后入选国家知识产权局和教育部"国家知识产权试点高校"、科技部"赋予科研人员职务科技成果所有权或长期使用权试点单位"；在科技部火炬中心开展的国家技术转移机构考核评价中获评"优秀"，国家大学科技园连续三年获江苏省科技企业孵化器绩效评价"优秀（A类）"。

四、优化办学资源配置，充分释放办学活力

校地合作开拓新空间。深化名城名校融合发展战略，附属独墅湖医院正式启用，文正学院完成转设，积极参与姑苏实验室建设；融入"长三角一体化"战略，推动与上海市"大院大所"对接；与湖州市共建太湖实验室，与常熟市政府、苏州科技局、西门子医疗器械有限公司共建"智慧医疗创新中心"；成立北京研究院、重庆研究院；与上海、浙江、贵州、新疆、江西等地的相关单位签署战略合作协议，促进教育、科技、卫生等资源开放共享；对口援扶贵州医科大学、贵州健康职业学院、铜仁学院、拉萨师范高等专科学校、新疆师范大学等高校。

国际交流扩大新版图。与新加坡国立大学、加拿大滑铁卢大学、澳大利亚西澳大学等

国际知名院校新签和续签交流协议48项；成功申报教育部中外人文交流中心"国际组织人才培养创新实践基地"项目；成立苏州大学驻日本办事机构和西澳大学中国学习中心，吸纳优质海外教育资源；学校荣获"江苏省外国文教专家管理工作先进单位"称号。

"云中苏大"建设开启新模式。组建"云中苏大"建设工作专班，成立云中大学联创中心；制定全国首套《云中大学智慧教室建设标准》，获华为年度行业解决方案优胜奖；打造"云中苏大"运营中心，提升学校数字治理能力；举办首届"云中苏大——全国智慧校园建设峰会"，牵头发起云中大学联盟，并发布《云中大学苏州共识》；学校先后获全国首届云中大学"戴胜奖"特别贡献奖和全国智慧高校综合实力卓越奖。

继续教育探索新思路。不断开拓新领域，与苏州市退役军人事务局、淮安市委组织部等4家单位新建培训基地，推动成立退役军人事务研究院、应急管理研究院；与6家知名海外高校新建合作项目，国际硕士项目顺利启动，教育部出国留学培训基地办学层次再提升；2020年学历继续教育招生11 522人，出国留学培训招生184人，非学历培训190 957人次，继续教育服务收入突破2.3亿元。

五、持续加强内控建设，内部管理水平全面提高

高效配置校内资产。有序推进所属企业改革，50家重点清理企业已全部完成处置，22家脱钩剥离企业已提交江苏省产权交易所挂牌交易，14家已签订转让协议；积极探索大型仪器绩效管理，组织对全校607台（套）单价50万元以上大型仪器设备的使用、管理情况进行绩效核查，提高使用效率。

有序开展内部审计。着力做好工程管理、领导干部经济责任、科研经费等日常审计，完成高校学生资助政策落实情况、工会经费、疫情防控捐赠资金、建校120周年纪念活动经费报销同步审计等专项审计；聚焦合同管理，自主完成2020年内部控制评价工作。

六、落实以人为本理念，校园育人环境持续优化

办学条件不断改善。完成天赐庄校区学生食堂、学生宿舍、博远楼、独墅湖校区放射医学与辐射防护国家重点实验室、恩玲广场、阳澄湖校区教室等22项重点改造项目；存菊堂、东吴学院用房、材料与化学化工学部、纳米科学技术学院、纺织与服装工程学院实验楼等18个重点改造项目进展顺利；推进便利校园建设，完善校区间财务报销和图书通借通还物流配送服务，在教学楼引入自助打印机，在阳澄湖校区引入24小时全家便利店，方便师生生活。

校园安全工作提档升级。建立校园驻警机制，加强校警联动，形成了预警预防、综合研判、应急处置、责任追究、技术保障机制和重点人管控的"5+1"工作机制；完善人防、技防、设施防、制度防"四位一体"的防控体系建设，智能识别系统完成初期功能验收，校园防入侵联网报警系统正式投入使用；出台《苏州大学安全风险专项整治工作实施方案》，在全校范围内开展"横向到边、纵向到底"安全风险专项整治。

"双甲子"庆祝活动成功举办。在全校师生、广大校友和社会各界的支持下，成功举办庆祝建校120周年发展大会，受到广泛好评和诚挚祝福；在建校120周年之际，*Nature*

以特刊形式深入报道苏州大学事业发展情况，赢得广泛国际声誉；成功举办纪念费孝通诞辰110周年学术研讨会、"双一流"高阶专家咨询会、全国九所地方综合性大学协作会等系列活动，取得良好社会反响。此次"双甲子"庆祝活动的成功举办，增强了凝聚力，激发了向心力，扩大了影响力，坚定了师生争创一流的信心和决心，营造了政府、社会、兄弟高校多方支持学校发展的良好氛围。

七、弘扬生命至上思想，疫情防控工作平稳有序

做好校园疫情防控。在校园管控方面，严格实行校园封闭管理，建立健全师生返校、进出校园、教职工出差等审批制度，与地方政府相关部门成立工作专班，建立校地联防联控机制；在人文关怀方面，及时发布疫情防控政策和信息，宣传防控知识，为需要帮助的师生、兄弟高校提供力所能及的帮助；在复工复学方面，按照教育部"停课不停教不停学"的要求，精心筹备"云中课堂"，99.51%的课程实现在线教学。

助力国家疫情防控。学校附属医院先后选派204名医护人员奔赴援鄂一线，占江苏援鄂医护人员总数的6.42%。其中，省内其他附属医院共派出180人。4人荣获"全国抗击新冠疫情先进个人"称号、5人荣获"全国卫生健康系统新冠疫情防控工作先进个人"称号，125人次获得各类省部级表彰、记功奖励；苏州大学附属第一医院援鄂医疗队和附属传染病医院荣获"江苏省抗击新冠先进集体"表彰；附属医院还积极选派医护人员支援苏州、北京、喀什等地的防控工作。同时，根据上级统一安排，选派医护人员赴国外参与疫情防控。

八、加强党的全面领导，学校治理体系加快完善

党的政治建设不断加强。认真学习贯彻习近平新时代中国特色社会主义思想，增强"四个意识"，坚定"四个自信"，做到"两个维护"；以政治建设为统领，把政治标准和政治要求贯穿党的思想建设、组织建设、作风建设、纪律建设及制度建设、反腐败斗争始终，以政治上的加强推动全面从严治党向纵深发展，引领带动党的建设质量全面提高；全面提高班子政治建设、思想建设、作风建设水平，以能力建设为重点，通过中心组学习、专题调研、召开务虚会等形式，全面提高政治能力、治理能力和专业能力；认真履行从严治党政治责任，落实"一岗双责"，实现党建与业务工作同步计划、同步部署、同步实施、同步检查。

内部治理能力持续提升。按照《关于加强省属高校领导班子政治建设的若干措施》有关要求，制订并落实提升学校内部治理能力专题推进项目方案；严格贯彻落实党委领导下的校长负责制，认真落实党委决策部署，把握正确发展方向；启动章程修订工作，已完成前期调研论证；尊重并支持学术委员会统筹行使学术事务决策、审议、评定和咨询等职权；以国家试点学院为载体，积极推动"校办院"向"院办校"转变，将人事、财务、学科建设等决策权的终点下移至学院；召开依法治校试点改革工作推进会，压紧压实各项工作；首批聘任13位学生参事，邀请参事列席校长办公会专题会议、院长会议、教学工作会议、学生工作会议等会议，参与学校治理与管理；依托"云中苏大"数据中心，对

数据进行深度挖掘和分析，为决策提供服务；不断健全完善督查、评估和反馈机制，加强督查督办，确保各项决策落地见效。

各位代表，过去一年，在全校师生员工的共同努力下，学校综合实力不断提升。在江苏省委、省政府组织的2020年省属高校综合考核工作中，学校再次荣获第一等次。其中，高质量发展成效得分、党的建设成效得分、办学治校满意度调查得分、综合考核总得分均列本科高校（高水平高校）首位。在第六届全国精神文明建设表彰大会上，学校荣获"全国文明校园"荣誉称号。回首"十三五"特别是极不平凡的2020年，我们不会忘记，全校师生员工齐心协力、辛勤奉献，每一个人都了不起，每一场战"疫"都不简单，每一份付出都很宝贵。在此，我谨代表学校，向各位代表，并通过大家向全校师生员工、离退休老同志和海内外校友表示最诚挚的感谢！

在取得成绩的同时，我们也深知学校还面临一些短板和不足，特别是面对世界百年未有之大变局，面对错综复杂的国际环境带来的新情况、新挑战，面对新一轮"双一流"建设的激烈竞争态势，学校发展不平衡不充分的问题还比较突出，主要表现在：解放思想、抢抓机遇、争创一流的责任感、使命感有待激发；一流本科教育、卓越研究生教育和拔尖创新人才培养还须加强；舍我其谁、不可替代的高峰学科有待突破，部分学科师资队伍存在结构性短缺，高层次人才队伍建设的可持续性、稳定性面临挑战；大团队、大平台建设还须加大力度，原创性与标志性科研成果较少，国际学术话语权较弱；服务国家战略和区域经济社会发展的能力有待增强，资源汲取和保障面临较大压力；治理体系和治理能力现代化还须向纵深推进，决策科学、执行坚决、监督有力的权力运行机制尚未完全形成；重点领域关键环节改革任务尚须系统谋划、合力推进，全面从严治党引领保障作用发挥还不够充分。对于困扰和制约学校发展的这些问题，要认真分析、未雨绸缪、积极应对。我们要继续保持战略定力，推动学校各项事业始终沿着正确的方向前进，推动"双一流"建设取得新突破。

第二部分　2021年学校主要任务

2021年是"十四五"和新一轮"双一流"建设的开局之年，苏州大学开启了中国特色一流大学建设新征程。我们将坚持以习近平新时代中国特色社会主义思想为指导，全面贯彻落实党的十九大和十九届二中、三中、四中、五中全会精神，贯彻落实习近平总书记关于教育工作的重要论述和江苏省委、省政府关于高等教育发展的重要决策部署，启动实施"十四五"规划，聚焦立德树人，聚力改革创新，服务国家和区域重大战略，深入推进"双一流"建设，推动内涵发展、特色发展、高质量发展，为学校新征程开好局、起好步，以优异成绩庆祝建党100周年。2021年和接下来一阶段主要任务有以下十项。

一、全面加强党的建设

学习贯彻习近平新时代中国特色社会主义思想。组织推动全校党员干部、师生深入学习贯彻习近平新时代中国特色社会主义思想，增强"四个意识"，坚定"四个自信"，做到"两个维护"；落实中共中央办公厅《关于巩固深化"不忘初心、牢记使命"主题教育成果的意见》，巩固主题教育成果。

开展庆祝建党100周年系列活动。及时学习贯彻习近平总书记在庆祝建党100周年大会上的重要讲话精神；贯彻落实教育部迎接建党100周年"百年行动"，组织开展庆祝中国共产党成立100周年系列活动。

开展党史学习教育。学习贯彻习近平总书记在党史学习教育动员大会上的重要讲话精神，扎实开展党史学习教育，切实引导广大师生坚定理想信念，做到学史明理、学史增信、学史崇德、学史力行，践行学党史、悟思想、办实事、开新局。

深化全面从严治党。深入贯彻《党委（党组）落实全面从严治党主体责任规定》，推动全面从严治党向纵深发展、向基层延伸；锲而不舍地贯彻中央"八项规定"及其实施细则精神，持续纠治形式主义、官僚主义，持续整治师生身边的腐败问题和不正之风；深化纪检监察体制改革，推进巡察全覆盖，将正风、肃纪、反腐与深化改革、完善制度、促进治理相贯通。

二、制订实施"十四五"规划

高质量完成"十四五"规划编制。把握新时代我国高等教育的历史方位和发展走向，坚持用大格局、大视野谋划学校发展，全面梳理发展底数，厘清优势和短板，对标国家、地方发展战略，对接《中国教育现代化2035》和其他教育规划，完成校"十四五"总体规划编制，统筹推进各专项规划编制，实现学校规划与分项规划、专项规划、学院（部）规划衔接。

切实抓好规划落实工作。将规划年度目标和任务分解到各职能部门和学院（部）年度工作计划，明确各职能部门和学院（部）主要负责人推进任务落实的"第一责任人"责任，并将关键目标任务落实情况作为年终考核的主要依据。

三、完善全链条人才培养体系

推进一流本科教育。优化本科人才培养方案，将习近平总书记关于教育的重要论述和劳动教育等内容嵌入课程和培养方案；落实国务院办公厅《关于加快医学教育创新发展的指导意见》，完善高水平医学人才培养体系；加强本科专业建设，全面启动文科、理科专业认证准备工作；深化课程项目建设，力争国家级五类"金课"建设实现新突破；做好教学成果奖项目申报工作。

推进卓越研究生培养计划。推动本硕博一体化人才培养，深入实施研究生培养模式改革，加快本硕衔接、硕博贯通，贯通学科专业、培养方案、课程体系、教学运行、导师制培养等；严肃规范和严格执行研究生指导教师上岗招生申请制，不断优化导师遴选标准，落实导师育人责任；加强导师培训，打造导师学院升级版，提高导师岗位胜任力；强化研究生培养全过程管理，提升学位论文质量，降低学位论文抽检不合格率；强化产教融合育人机制，与企事业单位、科研院所合作共建研究生工作站和研究生实践基地。

推进创新创业教育。推进学习工作坊建设，实施本科生创新能力培养计划，通过创新创业课程教学、创新创业实践、创新创业基地建设、大学生创客空间建设和各类创新创业竞赛等，有意识、有计划地引导和唤醒学生内在的创新潜能；精心组织学生参加各类学科竞赛，力争实现新的突破。

四、着力提高师资队伍水平

加强人才引育工作。把握后疫情时代海外人才"回流"的重大机遇，继续办好海外高层次人才学术交流会、国际青年学者东吴论坛等引才品牌活动；发挥海外归国人员的桥梁纽带作用，用好其学术资源，促进人才国际交流与合作；坚持让高端更尖端、让青年更拔尖原则，精准关注人才上升通道和实际困难，在政策、经费、平台、生活等方面给予关心支持。

深化人才评价改革。强化师德师风建设，完善评价考核机制；加快推进教师岗位供给侧结构性改革，科学合理设置符合学校工作任务需要的各类岗位，分别提出相应岗位胜任力要求，明确教师职业发展目标和努力方向；持续推进破"五唯"工作，构建国际化、多元化的评价指标体系，形成基于学术影响、价值贡献的分类评价机制。

五、提升科研工作品质

推动科技创新发展。坚持"四个面向"，向科学技术广度和深度进军。加强前瞻性基础研究、引领性原始创新、关键共性技术研究，做好各级各类项目、奖项培育及申报工作；加强校内校外协同、国内国际协同，打破学科壁垒，以学术大师和领军人才为核心，组建更多旗舰式团队，同时在政策、资金方面鼓励交叉研究，打造国际一流的交叉团队；布局和建好重大学生创新创业训练新平台，在中能多粒子超导医学研究加速器等重大平台建设方向上发力；提升国家技术转移中心和大学科技园的服务能力；推进校企联合创新体建设；全面总结国家级协同创新中心建设经验，推进省级协同创新中心建设。

繁荣人文社会科学。以重大理论和现实问题为科研主攻方向，以产出高端研究成果和提供优质社会服务为核心，以培育高水平学术队伍和创新团队为重点，以创新平台体系建设为依托，持续提升哲学社会科学相关学科的学术声誉和学术影响力。促进高水平科研成果产出，在国家社会科学基金立项、重要奖项申报、高水平论文发表方面保持住良好发展势头，争取更大突破；完善科研平台和学术团队运行评价机制，支持交叉研究和特色研究学术团队建设；加强东吴智库、大运河文化带建设研究院苏州分院等重点平台建设。

六、提升学科建设显示度

加强高峰学科建设。秉持"提内涵、重生态、强效率、建高峰"的学科建设思路，持续推进有显示度和有识别度的学科建设，争取在"高原"上竖起更多"高峰"；加强交叉学科建设，争取"平地"起"高楼"；持续丰富学科内涵、优化学科结构、凸显学科特色，整合资源组建相关学科群，优化文、理、工、医协调发展的学科生态；系统总结首轮

"双一流"建设经验，做好第五轮学科评估相关工作。

谋划新兴学科布局。瞄准国家战略目标需求和国际学术前沿主流发展方向，积极拓展学科发展空间，提前布局新兴学科；将人才队伍、研究方向、资源配置进行融合，梳理下一步的主攻方向，打造并培育新的学科增长点；打破院部、院系界限，加强学科之间横向联系，进行大跨度、多层次的学科整合。

七、拓展开放办学新空间

推动校地融合发展。深化名城名校融合发展战略，加快推进未来校区建设，建设好苏州大学实验学校，推进实验学校品牌建设与推广；推动学校与江苏省教育厅、江苏省卫生健康委员会、苏州市人民政府共建苏州大学苏州医学院；积极对接长三角一体化、京津冀协同发展、粤港澳大湾区建设等国家重大战略布局，加快推进北京研究院、重庆研究院建设；深入推进与中核集团、中广核集团、华为、西门子、中科院等企业和"大院大所"的战略合作。

拓展国际合作交流。开拓后疫情时代国际交流新渠道，重点聚焦"一带一路"沿线国家、中东欧及亚洲国家布局，拓展国际关系；打造"留学苏大"品牌，加强国际名校苏大学习中心建设，吸引优秀外国学生来校攻读学位、从事博士后研究；利用已有国际优质教育资源积极推进"在地国际化"，提升学生的国际化素养和跨文化能力。

八、加强办学资源保障

强化财务管理与审计监督。执行好2021年预算，加快预算执行进度，提高资金使用效益；制定《苏州大学预算绩效管理办法》，开展项目绩效评价工作；加强收入合同管理；深化科研经费"放管服"，提升财务服务效能；持续优化内控环境，完善内控体系；加强学校全资及控股企事业单位财务管理和内控建设；强化日常财务监督；做好学校"三公"经费支出管理情况、学生食堂公益性政策落实情况、2017—2020年经济活动内部控制建设情况等专项审计。

加强国有资产管理。完成南校区土地收储和相关实验室搬迁工作；完成95家所属企业改革任务，脱钩剥离企业国有股权转让和清算注销工作；出台《苏州大学国有资产管理绩效评价实施办法》，提高资产使用绩效，优化配置各类资产；盘活学校产权存量住房，加强资产保值增值；推进仪器设备的开放使用和共享；规范和优化采购与招投标管理。

做好基本建设和服务保障。加快推进独墅湖校区体育馆和学生活动中心、天赐庄校区学生宿舍和体育馆改扩建工程，完成独墅湖校区一期健身步道、二期新建球场工程；推进全国重点文物保护单位东吴大学旧址修缮工程建设；继续推进后勤社会化改革，深化教学科研用房改革；稳步推进养老保险制度改革；修订《苏州大学教职工医疗爱心互助基金管理办法》；举办退休教职工荣休仪式，表彰从事教育工作满30年教职工；保障离退休老同志的政治待遇和生活待遇；推进老职工房改补贴落实工作；做好师生体检和新生参保工作。

九、推进治理体系现代化

完善内部治理体系。认真贯彻落实党委领导下的校长负责制,完善党委统一领导、党政分工合作、协调有序运行的机制;完善以章程为龙头的规范统一、分类科学、运行高效的规章制度体系;探索学术事务与行政事务相对分离、相互配合的运行机制;落实教育部《关于进一步加强高等学校法治工作的意见》,继续开展江苏省依法治校改革试点;加强工会、团委、教代会、学代会等群团组织建设,支持学生参事参与学校治理;着力探索"院办校"、医学教育体制机制改革。

提升内部治理能力。加强干部队伍建设,落实选人用人政治标准,选用忠诚干净担当的干部;持续推动"三项机制"落实,综合运用年度综合考核结果,激发干部干事创业的积极性、创造性;加强年轻干部队伍建设。加强作风效能建设,推动全面从严治党向纵深发展、向基层延伸,深入贯彻中央"八项规定"及其实施细则精神,持续纠治形式主义、官僚主义等;持续整治师生身边的腐败问题和不正之风,增强宗旨意识、服务意识;打通校内数据壁垒,提高精准管理水平。

十、做好疫情常态化防控

全面贯彻中共中央、国务院,教育部,江苏省委、省政府决策部署,落实"外防输入、内防反弹"总体要求,提前筹谋、应势而动,科学精准做好疫情常态化防控;完善校园疾病预防控制体系,完善应对局地局部聚集性疫情应急预案;开展新时代校园爱国卫生运动,开展生命教育、健康教育、科学教育;做好留学生、港澳台师生、外籍教师等群体的管理与服务;维护海外留学人员的健康与安全。

各位代表、同志们,2021年既是机遇大年,也是挑战大年,对全校师生来说更是一个大考之年。这一年是"十四五"开局之年,如何布好局、谋好篇,决定着学校未来发展的前景和高度,学校面临的硬目标、硬任务非常多。这一年也是学校第三个甲子开启之年,学校已迈入接续奋斗、爬坡过坎、增压提速的新阶段。我们要坚定不移地贯彻新发展理念,构建新发展格局,下好落子先手棋、跑好接力第一棒,坚守战略定力、释放改革活力,凝聚攻坚合力,以"开局即是决战"的信念,切实推动关键性、引领性的发展任务率先起步、率先落地,以优异成绩庆祝建党100周年!

于不确定中寻找确定

——校长熊思东在2021年毕业典礼暨学位授予仪式上的讲话

（2021年6月22日）

亲爱的同学们：

又到了要告别的日子了，就在一星期甚至两天前，我们仍然无法确定这场首次在户外，也是首次在夜空下举办的毕业典礼能否顺利举行。我们不确定天公是否作美，不确定你们是否喜欢以地为席、济济一堂的感觉。幸运的是，这些不确定此刻都既成为确定。都说夕阳有诗情、黄昏有画意，今天我们万余名师生齐聚恩玲广场，吹着天赐莳溪、阳澄湖畔的晚风，共赏独墅湖上日落月升，这是苏大人独有的诗情画意。在日月星辰的见证下，我们共同祝贺顺利完成学业的6 639位2021届本科生、4 251位研究生，祝贺你们毕业！我们还特别高兴，今晚与如约归来的623位2020届毕业生再相遇，欢迎你们回家！

还记得四年前钟楼南草坪上的开学典礼，一场突如其来的大雨打乱了我们的节奏，但雨中的你们保持着整齐的队形，洋溢着无惧风雨的笑容。确认过眼神，你们就是踏着雨后的七彩祥云，来到"天堂学府"的苏大人。通过这场被称为"魔法学校开学典礼"的大学第一课，或许你们更加明白，生活并非确定的一成不变，不确定的瞬息万变是为常态。从此，你们打开了一个个时间的"盲盒"，与不确定一次次不期而遇，又在不确定中一次次寻找确定。

也许你们不确定初识的苏大是不是传闻中的"天堂学府"。王者段位的天赐校园与青铜段位的草根宿舍，门前的炳麟馆与屋后的"野性芦苇荡"，"姑苏八点半"的繁华与阳澄湖畔的"孤独寂寞冷"，这样的落差是否曾让你们怀疑走错了片场？你们在爱与痛的边缘探索着苏大，感受着荷花池边的和煦晨光、文星阁下的钟声悠扬、图书馆里的缕缕书香，见证她变得更好，"云中苏大"、紫卿书院、恩玲艺术中心成为苏大"颜值新担当"，ins风（网络用语，指的是Instagram上的图片风格）食堂里的烤鱼、沸腾鸡、旋转小火锅，让你们直呼美食自由，95.3%的同学自豪地称自己为"苏大干饭人"。你们确定，所谓"天堂"，就在身旁。

也许你们不确定是否能适应大学生活。告别了按部就班的课表，没有了固定的教室，远离了师长的耳提面命，你们的生活从曾经的"填空题"变成了没有标准答案的"思考题"。面对前所未有的自由，"佛系""躺平"不是你们的选择，自律和自立是最佳拍档。你们在新生研讨课畅谈感想，在360教室翻转课堂，在慕课平台尽情徜徉。65.7%的同学为了赶早八点的课，练就了从起床到出门只需5分钟的特技，成就了"苏大速度"。31.7%的同学GPA（Grade Point Average，平均学分绩点）超过3.6，比上一届高出了2.33个百分点，你们用华丽的转身向我们验证了什么是"快乐星球"。你们确定，所谓"适应"，持续前行。

也许你们不确定所学专业是否能成为一生所爱。专业是一份你与大学的约定，也许因为父母选定或是人云亦云，也许因为无心插柳或是一见钟情，你们做出了最初的选择。几年来，每一点知识的积累、每一个技能的习得、每一次实习的收获，都使你们朝着所爱更近一步。96.2%的同学对所学专业从一而终，3.8%的同学通过转专业找到了挚爱，更有3.2%的同学选择辅修了双学位，虽然牺牲了周末休息时间，但你们表示，同时拥有"白月光"和"朱砂痣"的feel（感觉）真好。你们确定，所谓"所爱"，便是所学。

也许你们不确定大学老师是否高深莫测。学校里是否有开宗立派的"张三丰"，是否有英雄出少年的"张无忌"，是否有传说中的"扫地僧"、开场就满级的"乔峰"、中途开挂的"段誉"、直接充了个满级号的"虚竹"、移动武学数据库"王语嫣"，抑或志同道合的"神雕侠侣"，都让你们充满期待。我不确定你们有没有得到真传，但是可以确定的是，老师们的"聪明绝顶"的颜值变化换来了你们挂在"高数"上的比例降至历史新低点，换来了450多位同学傲视"国际武林"，展现出青出于蓝而胜于蓝的"苏大气象"。你们确定，所谓"高深"，在于认真。

也许你们不确定是否能踏足科技前沿。科学不断追寻确定，但过程和结果充满着不确定。你们每个idea（想法）的实现平均要经过6.7次组会的折磨，每篇论文平均需要修改18.7次，大约每做5次实验就会遇到1次意想不到的结果，55.2%的同学常常怀疑为什么研究得了高深的学术问题，却总也守护不了节节败退的发际线。历经种种"渡劫"，你们将一个个不确定变成了"小确幸"。物理学院刘洋同学，你沉浸于描绘美丽新世界的拓扑领域，没有豪言壮语，唯有默默坚守，媒体眼中你是"95后"Nature一作，大家眼里你是越优秀越努力的"一哥"。你们确定，所谓"前沿"，倾力钻研。

也许你们不确定实践活动是否值得付出。大学课堂与社会课堂孰轻孰重？知识积累与能力提升谁先谁后？几年来，你们有了自己的答案，既在课堂内仰望星空，也在课堂外脚踏实地。从30秒抢空的"校马"席位，到"手慢无"的炫舞门票；从央视《五月的鲜花》的惊鸿一瞥，到勇夺全国首届大学生橄榄球联赛冠军的一鸣惊人；从走进大山的非遗传承，到守护腾格里沙漠1.7万平方米的"苏大林"，超过50%的同学志愿服务时长超200小时，97.6%的同学曾参与过各类创新创业活动。你们才不是没有故事的男同学、女同学，人间处处都有你们的传奇。你们确定，所谓"实践"，山河踏遍。

也许你们不确定是否能找到知心朋友。来自天南海北的你们，也许会担心"早起的鸟儿"和"夜猫子"能不能和睦相处，常有甜咸之争的友谊小船会不会说翻就翻。但你们留意同学的小习惯，包容室友的小任性，一起熬过军训，一起参加"百团大战"，一起玩"剧本杀"，一起喂苏大猫，还相互督促，书写了40多个"学霸"宿舍的佳话。我不确定你们都结识了铁杆好友，但82%的男生认为，骑上心爱的小摩托，前筐装着知识、后座载着兄弟的梦幻联动才是真香！你们确定，所谓"朋友"，志趣相投。

也许你们不确定是否能遇到唯美的爱情。都说校园爱情是最美的，是一切随缘、越挫越勇，还是水到渠成？有的同学"凡尔赛"，他们说"专业选得好，脱单就能早"；有的同学很无奈，他们说不太均衡的性别比让人"无爱可恋"，尤其是阳澄湖校区男女生比例从3∶1升高至5∶1，让原本令人心忧的牵手率变得更加扑朔迷离，其中，94.1%的同学有望成为先立业后成家的典范。有的同学"很有爱"，电子信息学院的张子丞、陈颖同学，你们在同一天入党、在同一场国家级竞赛上获得大奖、在同一天收到名校的 Offer（录取通知书），祝愿你们这对"学霸"情侣继续收获稳稳的幸福！也愿所有苏大有情人终成眷属！你们确定，所谓"爱情"，心心相印。

也许你们不确定是否能适应疫情下的学习生活。2020年是你们求学时光中不确定性浓度最高的一年，你们不确定来势汹汹的疫情何时消散、散落世界各地的师生是否平安、何时能回到心心念念的东吴园。但是，你们把云中课堂作为战场，始终保持"先行主咖"的学习状态，还积极投入这场战"疫"。你们尽己所长，用7种语言向国际友人提供及时的防疫知识，化身小老师帮助家乡高考学子复习，48.2%的同学曾在社区防控一线贡献力量。这些跨越山川、与子同袍的行动，是我们战胜疫情的坚固防线和最大底气。你们确定，所谓"考验"，团结应变。

也许你们不确定毕业后能否各成精彩。你们时常担心，选择就业能否大展身手？继续求学能否更进一步？投身创业能否独占鳌头？请相信你们在苏大的积累，一定能够帮助你们追逐梦想。四年前的开学典礼上，我们曾提到文学院展望未来同学，四年来她热心公益，毕业后选择成为一名儿童工作者，希望和她一样选择就业的同学，有一分热发一分光，成为光荣的新时代劳动者。敬文书院许致文同学，四年前你把所有的志愿都填为苏州大学，四年来你追逐追踪科学前沿，毕业后将进入知名学府深造。你们中有2 388位同学像他一样，将继续探索未知的边界，希望你们用学术成果让世界变得更精彩。你们中有1 446位同学在苏大光荣入党，希望你们不忘初心，永葆本色，引领时代潮流。我们确定，你们一定各有千秋、各领风骚、各成精彩！

此刻，在浩瀚无垠的星空下回首过往时光，我想或许正是上述十大不确定，甚至更多你们曾经历过而我曾未列出的不确定，指引着你们在东吴园里行你所行、爱你所爱，将"Nothing is impossible"变成最爱的座右铭，将一个个不确定变成了确定。今天你们将去往更加不确定的未来寻找新的确定，出征前夕，我有几点想法与大家分享。

面对不确定的选择，众里寻他千百度，"心之所向"是最大的确定。心之所向，是一种源自内心的坚定力量，它让我们在面对人生中的起伏、诱惑、坎坷时，始终保持正确的方向。我们的学长李政道先生，在东吴附中求学时就对物理产生了浓厚的兴趣。抗战时期，艰难困苦的环境并没有消磨他对于物理学的向往之心，一路奔走一路求学。在31岁获得诺贝尔物理学奖后，先生仍六十多年如一日潜心研究，探索未知，成为"一代宗师"。同学们，你们走出校园，面对单选、多选，甚至不定项选时，希望你们坚定"心之所向"，专注内心的热爱，不惧风雨、不畏骄阳。

面对不确定的边界，行到深处是坚持，"身之所往"是最大的确定。人生价值的飞跃，在于对边界的突破与拓展，这固然离不开关键一击，但更重要的则是持之以恒的行动。我们的学长费孝通先生，一生致力于解读乡土中国。从1936年到2002年，他先后26次到访苏州的江村，最后一次到访时已是92岁的高龄。他用脚步反复丈量村里的每一寸土地，写下了享誉世界的《江村经济》。同学们，当今世界正呈现指数级变化，与其观望，不如行动。望你们处优而不养尊、受挫而不志短，走出舒适区、勇闯无人区，敢于冲破人生的极点。驰而不息、久久为功，终能抵达想去的地方。

面对不确定的竞争，乱云飞渡仍从容，"扬己所长"是最大的确定。当优秀的定义变得多样，当竞争变得高级，当"内卷"变成常态，我们似乎很难避开"你追我赶"的竞争现状。但竞争不仅是人与人之间对抗，更是不断地自我超越、成就彼此。要得到他人和组织的认可，最重要的并不是事事追求完美，而是拥有难以替代的特点。同学们，当前社会分工越来越细，一个人很难补齐所有的短板，我们能做到的就是不断延长自己的长板，与他人的长板组合在一起，共同拼成一个更高的"木桶"，拼出更广阔的未来。

面对不确定的分歧，风物长宜放眼量，"想人所想"是最大的确定。今后无论是在家庭还是在职场，他人的言行未必和你期待的一致，在没有亲身经历或充分调研前，不要轻易地指责和反对。生活中不只有对与错，很多时候我们需要换位思考。一个真正成熟的人不会只利己，而常常从利他角度考虑问题。同学们，你们面对分歧时，要学会使用"理性思维"代替"情绪表达"，用"求同存异"取代"零和博弈"，想他人之想。看到别人的不容易，自己方能走得更远。

面对不确定的世界，自是青年当有为，"国之所昌"是最大的确定。当今世界变幻莫测，不确定性与日俱增，只有祖国强大了，我们才能感受到一种确定、可信赖、有足够底气的力量。习近平总书记曾指出：爱国，是人世间最深层、最持久的情感。在五四运动中，东吴师生始终走在爱国队伍的前列；在解放战争时，爱国学生上演了一幕幕"隐秘而伟大"的革命故事；在社会主义建设期，物理学院乔登江、姜世勇、魏品良、薛惠钰老师深藏功名40年，将最美好的青春年华献给了我国第一艘核潜艇研制和"两弹一星"的事业。同学们，我们要为"我有祖国"而自豪，更要为"祖国有我"而奋进，连缀每一次奋斗，汇聚每一点成绩，携手开启祖国更加美好的明天。

同学们，100年前，面对内忧外患，面对中华民族历史命运的巨大不确定性，一批"90后""00后"做出了他们的选择，创建了中国共产党，给中国带来了希望。百年青春，一脉相承。100年后，面临百年未有之大变局，同样身为"90后""00后"的你们，肩负着实现中华民族伟大复兴的使命。站在前人的肩膀上，你们不再是一抬头就看到天花板，你们推开窗就有望不尽的星辰大海。你们终将走在大路上，这是潮流，也是方向。

同学们，五天前，神舟十二号载人飞船稳稳地、快速地抵达终点，与天和核心舱成功对接。辉煌的背后，有一批勇敢无畏的先行者，在持续不懈地探索。真实的人生如同航天探险一样，充满着各种不确定性，作为万众瞩目的苏大新甲子"首发号"飞船，愿你们于"准备段"敏锐感知不确定，于"上升段"及时洞察不确定，于"运行段"稳健掌控不确定，让梦想绽放天际，照亮星辰大海。

今天，同学们的苏大时光将告一段落。无论你们的征程充满多少不确定，我们可以确定的是，你们将走上更加宽广的舞台、更加精彩的赛道。无论母校的未来充满多少不确定，我们可以确定的是，她会默默地守望着你们。天下道路千万条，无法踏遍，回家的路走过千遍万遍，也不会厌倦，希望你们常回十梓街1号看看。在2022年校庆返校日，母校将为苏大学子举办集体婚礼，欢迎大家参加，愿那时的你们有爱可携手，亦有岁月可回首。

日子永远崭新，远方还在路上。愿你们披着星光，从不懈怠，永远心怀期待；愿你们穿越山海，续写热爱，激荡青春时代，将一切不确定都变成确定、肯定，以及一定！谢谢大家！

校长熊思东在四方共建苏州大学苏州医学院签约仪式上的讲话

（2021年7月7日）

尊敬的许书记、马省长、葛厅长、谭主任、李市长、詹院士，

各位领导，老师们、同志们：

大家上午好！在这个既是收获也是播种的季节里，我们欢聚在美丽的独墅湖畔，举行四方共建苏州大学苏州医学院及附属医院签约仪式，既共同收获百年苏大医学的麦浪金黄，也一起播种未来发展的绿草茵茵。在此，我代表苏州大学，向一直以来给予学校关心支持的省、市各级领导，表示衷心的感谢和崇高的敬意！

东吴盛学，百廿兴医。苏州大学不仅是我国医学教育的亲历者和见证者，更是推动者和引领者。学校医学教育源远流长，最早可追溯到我国著名实业家和教育家张謇先生于1912年创办的私立南通医学专门学校，1957年迁址苏州后更名为苏州医学院。从更宽的范围来讲，学校生命科学教育则可追溯到创办于1901年的东吴大学生物学系。2000年，应国家高等教育改革之需，苏州医学院并入苏州大学，于2008年成立苏州大学医学部，开启了综合性大学举办医学教育的全新探索。近年来，苏州大学医学发展理念深入人心：坚持立德树人、提升培养质量，整合学科资源、形成学科优势，搭建交叉平台、协同创新引领，对接国家需求、促进成果转化，汇聚了一大批国内外知名医学教育、科研、临床方面的专家，获批放射医学与辐射防护国家重点实验室、血液学国家临床医学研究中心等国家级创新平台，在造血干细胞移植、人工心脏研制、靶向治疗新冠病毒、椎体骨折治疗等领域取得了一批原创性成果，培养了一批医学拔尖创新人才，医学教育综合实力和国际影响力不断提升。

百余年来，不断变化的是苏大医学发展的速度与广度，不变的则是苏大医学人勤于治学、兼容并蓄的科学精神，是苏大医学人悬壶济世、兼济苍生的价值取向，更是苏大医学俊采星驰、人才辈出的有口皆碑。今天，我们四方共建苏州大学苏州医学院，推动苏大医学教育在更高层次、更大格局下转型和发展，这是对百年苏大医学教育的传承、苏医精神的弘扬，也是深化医学教育改革的重要探索，更是面向健康中国战略，更好地服务区域生物医药产业发展和百姓健康的积极作为，是苏大医学发展历程中的一个重要里程碑。

面向未来，苏州大学定将倍加珍惜此次四方共建机遇，进一步凝聚共识、凝聚智慧、

凝聚力量，加快推进医学教育内涵式发展。

一是顶层设计往"高"里转，让四方共建的政策优势成为苏医发展的"领航标"。四方共建，花开四瓣，瓣瓣不同，却瓣瓣同心。我们将整合政策资源，增强对医学教育发展的战略指导和宏观调控，促进机制体制创新，提升办学资源获取和配置能级，布局和优化医学科研力量，激活融合发展活力。

二是医教协同往"优"里转，让综合性大学办医学院的制度优势成为苏医发展的"强引擎"。未来医学发展更具有系统性、技术依赖性、异质性等特点，在这样的大背景下，我们将充分尊重医学学科发展的特殊性，主动发挥综合性、研究型大学多学科、多种技术优势，支持医学学科在多学科交叉与融合中升华，全面提升原始创新能力，加速成为世界一流学科。

三是大医学体系往"强"里转，让苏大医学的资源优势转化为服务社会的"金招牌"。我们将坚持以临床需求为导向，合力推动标志性医学科研成果的生成和应用，以及具有国际视野的卓越医学人才的培养，以学科、科研、人才、附属医院等大医学体系为支撑，提升社会服务能力，有效对接国际学术前沿和国家战略需求。

道阻且长，行则将至。苏州大学全体师生员工、海内外校友一定齐心协力，共同担负起职责使命，以更坚实有力的步伐，加快推动苏州医学院实现跨越式发展，努力成为国家医学发展教育和改革的一面旗帜，成为医学精英人才集聚和卓越人才培养的高地，成为医学科技创新、重大疾病防控与治疗、国际医学交流的中心，在创建一流医学院和一流大学进程中再创辉煌！

党委常委会工作报告

——校党委书记江涌在十二届十三次全体会议上的报告

（2021年9月7日）

各位委员、同志们：

受党委常委会的委托，我向大家报告2021年上半年党委常委会工作。

2021年是中国共产党成立100周年，也是"十四五"开局之年，大事、要事多，改革发展稳定任务重。党委常委会坚持以习近平新时代中国特色社会主义思想为指导，全面贯彻党的十九大和十九届二中、三中、四中、五中全会精神，贯彻落实习近平总书记"七一"重要讲话精神和关于教育的重要论述，认真履行把方向、管大局、做决策、抓班子、带队伍、保落实的职责，从严抓好常态化疫情防控工作，扎实开展党史学习教育，纵深推进高水平研究型大学建设，有力实现"十四五"发展高质量开局。学校在江苏省属高校年度综合考核中蝉联第一等次第一名，学校领导班子获评"优秀等次"。学校党委荣获"全国先进基层党组织"荣誉称号，受到中共中央表彰；在第二十七次全国高校党的建设工作会议上做交流发言。

一、强化政治引领，筑牢铸魂育人的初心使命

一是系统推进党的政治建设。坚持把学习贯彻习近平新时代中国特色社会主义思想作为首要政治任务，严格执行"第一议题"学习制度，上半年组织开展校党委理论学习中心组集体学习9次，及时跟进学习习近平总书记"七一"重要讲话精神等重点内容，系统深入学习《习近平新时代中国特色社会主义思想学习问答》《中国共产党普通高等学校基层组织工作条例》等重要文献和重要制度，不断增强政治判断力、政治领悟力、政治执行力。组织开展政治建设"回头看"专项工作和贯彻落实党的教育方针自查专项行动，深入查找问题偏差，推动完善制度机制和政策举措。贯彻落实《深化新时代教育评价改革总体方案》部署，统筹做好校级规范性文件清理，持续推进"破五唯"改革。开展2021级本科专业人才培养方案修订工作，将习近平总书记关于教育重要论述、"四史"学习及专业劳动教育实践等相关课程纳入最新版人才培养方案。常态化开展意识形态领域分析研判和情况报告工作，部署推进江苏省高校意识形态领域"固本强基"专项行动实地

督查整改落实，加强培训指导、督促检查和审核把关。

二是坚持和完善党委领导下的校长负责制。召开党委常委会会议32次，就党的建设、改革发展、疫情防控等方面的重大事项进行研究决策，支持校长依法独立负责地行使职权。推进《普通高等学校院（系）党委会会议和党政联席会议议事规则示范文本》贯彻落实工作，规范学院（部）党委会、党政联席会议事决策制度。纵深推进"十四五"规划编制工作，组织召开学校第六次发展战略研讨会，进一步解放思想、凝聚共识、守正创新、攻坚克难，《苏州大学"十四五"改革发展规划纲要》即将提交全委会审定。全面加强综合考核工作，开展2019、2020年度江苏省属高校综合考核和校内综合考核数据分析，修订完善2021年度校内综合考核实施办法及有关实施方案，首次运用综合考核管理系统为26家学院（部）提供"个性化体检式"分析报告，强化对标找差"答卷意识"，健全完善检查督促机制。加强对学校群团组织、学术组织和教职工代表大会的领导，第八届教职工代表大会第二次会议成功召开，工会在联系、服务教职工方面发挥积极作用，学术委员会、学位评定委员会就学校发展、学科建设、人才培养等方面提出评价和建议。坚持党建带团建，深化学生会、研究生会改革，1人荣获"中国青年五四奖章"，1人获评"全国优秀共青团员"，1人获评"全国优秀共青团干部"。支持各民主党派依照各自章程开展活动，各级人大代表、政协委员积极参政议政、建言献策，3项成果获得全国统战理论政策研究创新成果奖。用心用情做好离退休老同志工作，严格落实离退休老同志的政治待遇和生活待遇，关工委优质化建设深入推进。

三是扎实开展党史学习教育。召开党史学习教育动员大会，成立党史学习教育工作领导小组，组建党史学习教育宣讲团和校内巡回指导组，将党史学习教育与立德树人、服务师生、推动发展相结合，一体推进"六专题一实践"，教育引导党员干部师生学史明理、学史增信、学史崇德、学史力行。紧扣铸魂育人，将党史学习教育作为重点内容全面嵌入政治学习、思政课程、师德教育等工作，通过"党史学习教育接力行"、开学典礼"万人思政课"等推动党史学习教育丰富开展。充分挖掘121年办学历程中的红色资源，开展"学党史·祭英烈"主题党日活动，策划推出图书馆馆藏红色文献展、红色记忆展、中国共产党创建历史图片展等主题展览，原创话剧《丁香，丁香》成功公演。举办庆祝中国共产党成立100周年表彰大会、"永远跟党走"师生大合唱、"伟大征程"交响音乐会等全校性庆祝活动，为全校493名老党员颁发"光荣在党50年"纪念章，积极营造庆祝中国共产党成立100周年的喜庆氛围。组织师生集中收看庆祝中国共产党成立100周年大会，召开师生座谈会、组织生活会等，引导师生深刻学习领会习近平总书记"七一"重要讲话精神的核心要义与实践要求，坚定不移听党话、跟党走。立项实施15个校级实事重点项目和114个院级实事项目，着力解决师生急难愁盼的问题，让师生切身感受到学习教育带来的新气象、新变化。

二、推进改革发展，厚植争创一流坚实基础

一是深入实施教育教学改革。布局"铸魂逐梦"工程，推进领航计划、融合计划、融通计划，试点建设阳澄湖校区新工科书院"一站式"学生社区服务中心，加强思政课教师发展中心建设，4门课程入选江苏省高校课程思政示范课程。学生在全国第六届大学

生艺术展演活动中摘得4项一等奖,再捧全国学生运动会"校长杯",18名大学生应征入伍。深入实施一流本科教育改革行动计划,新增国家级一流专业建设点14个、省级一流专业建设点3个,1个专业通过专业认证,2个专业完成联合认证现场考查;2本教材获首届全国教材建设奖;2个项目获教育部首批新文科研究与改革实践项目立项;41门课程被认定为首批省级一流本科课程,其中,23门课程被推荐申报国家级一流本科课程;1个项目荣获首届江苏省高校教师教学创新大赛特等奖。学生数学、物理、化学、计算机、医学等多项学科竞赛成绩取得历史性突破。适应新高考改革,稳妥有序做好本科招生工作,录取2021级本科新生6 690名,其中,江苏考生3 870名,生源数量充足,生源质量稳定。文正学院转设为苏州城市学院工作稳妥有序推进。制定出台《苏州大学全面推进一流研究生教育实施意见》等"一揽子"文件,明确新时代学校卓越研究生教育改革发展基本框架。组织开展学术型研究生培养方案修订工作,优化课程设置,将论文写作、读书报告、实验室组会、博士生助教、国际交流列为必修环节,推进硕博课程贯通。组织做好教育部2020—2025年学位授予点合格评估工作,新增"教育学""生物学""信息与通信工程"3个一级学科博士点(已公示)。招收2021级研究生7 107人,首次突破7 000人大关。

二是推进"高峰计划"建设。组织开展江苏高水平大学"高峰计划"编制和专家论证工作,明确"六高一化"21项重点建设任务,学校入选江苏高水平大学"高峰计划"A类建设高校。9个省重点学科通过终期验收。一般社会科学学科首次进入ESI全球学科前1%,目前,学校共有15个学科位列全球前1%,2个学科稳居全球前1‰。7个学科位列"软科中国"世界一流学科全球前100名,其中,"纳米科学与技术""生物医学工程"学科名列全球前10名。

三是着力提高科学研究水平。自然科学方面,出台《关于支持科研团队建设新型研发机构管理办法》《校地共建产业技术研究院管理办法》,获批建设国家人类遗传资源共享服务平台表型组联合研究中心(苏州创新中心),新增国家重大人才工程B类3项、省级国防创新平台1个、校企共建科研平台19个、校级协同创新中心10个。国家自然科学基金集中受理期申报1 788项,首批获批立项315项,连续五年超过300项,其中,国家杰出青年基金项目4项、国家优秀青年基金项目3项、重点项目3项、重点国际合作项目2项。师生为"天问一号"探测器火星车GNC地面测试设备、世界首颗民用晨昏轨道气象卫星风云三号E星等研制做出重要贡献,获第22届中国专利优秀奖1项,首次实现千万级专利许可使用1项。国家大学科技园获得江苏省科技企业孵化器绩效评价"四连冠"。

人文社会科学方面,健全完善科研平台和学术团队运行评价机制,鼓励交叉研究和特色研究学术团队建设,支持建设省部级科研平台16家,遴选人文社会科学跨学科团队11个,立项文科科研项目培育团队62个,资助出版学术著作21部,申报各级各类纵向项目673项、奖项87项。截至目前,国家社会科学基金项目获批立项30项。其中,艺术学重大项目1项;人文社会科学到账科研经费同比增长172%,横向项目到账经费同比增长192.5%。加强江南文化研究,组织做好《苏州运河史》《江南文化概论》等专著出版工作。东吴智库完成"新时代苏州精神"重大课题研究;北京研究院5篇咨政报告获国家领导同志批示。《苏州大学学报(教育科学版)》入编《中文核心期刊要目总览》。《苏州与中国小康社会建设》等一批主题出版物出版发行。

四是积极拓展外部办学资源。学校与江苏省教育厅、江苏省卫生健康委员会、苏州市人民政府四方共建苏州大学苏州医学院及附属医院，系统构建拔尖医学人才培养新模式。与百色市人民政府、右江民族医学院签署合作协议，充分发挥血液系统疾病诊治方面的优势，全力支持广西百色地贫患儿救治工作。未来校区首期工程即将落成并投入使用，4个专业招收首届学生，未来科学与工程学院、苏州大学—亨通未来信息与人工智能研究院成立。与姑苏区、吴江区、张家港市高新区签约共建6所附属学校、实验学校。第70家校友分会——高管教育校友联盟成立，"东吴相对论——苏州大学·企业家高峰论坛"活动成功举办。成立网络安全培训学院、乡村振兴培训学院，入选江苏省退役军人成教培养单位，联合发起"助力乡村振兴，千门优课下乡"活动，首批25门入选江苏省教育厅在线开放课程，助力学习型社会建设。对口支援贵州医科大学、青海民族大学、拉萨师范高等专科学校、铜仁学院、淮阴师范学院等工作稳步推进。

积极参加"中英人才培养计划"项目启动会、THE泰晤士高等教育亚洲大学峰会等国际活动，建立与法国使领馆、丹麦创新中心、新西兰教育部、德国学术交流中心的合作关系，拓展全球教育合作资源。加强与爱尔兰皇家外科医学院、美国罗切斯特大学伊斯曼音乐学院等沟通洽谈，推进中外合作办学机构建设。与伦敦大学学院、俄罗斯科学院等签署合作协议17份，加入苏港澳高校合作联盟，获批国家留学基金委高校研究生项目、丝绸之路项目等多个重点项目，获批江苏省国际合作联合实验室1个、江苏省高校国际化人才培养品牌专业建设项目1个。加入中国教育发展战略学会国际胜任力培养专业委员会，推进教育部"国际组织人才培养基地"建设。红十字国际学院"国际人道工作实务"本科微专业正式招生、研究生培养全面启动，全国红十字系统骨干培训、国际人道合作交流深入开展。

五是全面加强内部控制体系建设。启动学院内控建设试点工作，制订《二级学院（部）内控建设工作实施方案》，完善机关职能部门业务流程，推动内控建设向基层拓展。率先研发启用一门式财务智能服务平台，实现酬金发放和校内转账业务零投递，推进财务系统与业务系统数据共享、互联互通，学校内控信息化水平进一步提高。建立财政专项资金使用定期通报制度，开展2020年度省级财政支出绩效自评价和预算支出绩效评价试点工作，发挥预算绩效指挥棒作用。稳妥推进所属企业改革，47家清理关闭企业已完成处置45家，31家脱钩剥离企业已完成处置18家。原南校区实验室搬迁工作顺利完成。召开审计工作会议，修订出台《内部审计工作规定》《领导干部经济责任审计办法》，进一步规范内部审计工作，强化审计结果运用，推进审计整改闭环管理。

六是持续优化师生服务保障。加大民生投入力度，安排专项资金用于省属高校年度综合考核奖励、发放午餐补贴，提高校内综合考核奖励标准，学生宿舍、文成楼、存菊堂、东吴学院、本部教工餐厅、天赐庄校区运动场等一批维修改造项目和独墅湖校区休闲健身塑胶步道、篮球场、网球场等新建项目顺利完工，独墅湖校区体育馆及学生中心建设加快推进，天赐庄校区新建学生宿舍项目正式启动。通过宿舍改造扩容和优化住宿方案等措施，积极妥善解决独墅湖校区2021年新生入住床位紧张问题。加快推进"云中苏大"APP、"苏大脸书"SEE等集成性数字平台建设，加强学校数据目录、研究生管理系统、大学工系统、红色党建网络等系统模块开发，"云中苏大"入围2021年THE泰晤士高等教育亚洲大奖年度技术创新奖。举办就业体验周、名校进名企、职业体验营等系列活动，加大就业指导帮扶，推进毕业—就业"双业联动"。2021届研究生、本科生初次去向落实率较2020年同期分别提高6.68%、5.97%；本科生出国升学率首次突破40%，达到40.08%；毕业生报考西部计划、苏北计划等项目人数较2021年实现翻番。召开全校安全工作会议、网络安全工作专题会议，深化校园安全专项整治，推进落实预警预防、综合研判、应急处置、责任追究、技术保障工作机制，不断优化安全管理智能化系统、实验室安全管理体系和网络信息安全防护体系。坚持党管保密，拓宽保密教育培训覆盖面，加强保密日常管理，组建兼职保密员队伍，夯实各级保密责任。

七是从严抓好常态化疫情防控。认真贯彻习近平总书记关于疫情防控工作的重要指示精神，坚持封闭校园管理和健康监测"日报告""零报告"制度，坚持人物同防，完善常态化疫情联防联控机制，有序推进新冠病毒疫苗接种工作，切实维护师生员工的生命安全和身体健康。新一轮本土疫情发生以来，学校严格贯彻上级关于疫情防控的决策部署，加强重点场所防疫管控，建立校园进出"白名单"管理制度，先后开展29轮全员信息排查，科学规范做好校内隔离点隔离医学观察和居家健康监测。积极贡献抗疫苏大力量，各附属医院先后派出712名医护人员奔赴南京、扬州等地支援抗疫，737名大学生积极参与疫情防控志愿服务，科研团队在靶向治疗新冠病毒方面取得系列研究成果。

三、推进从严治党，发挥引领保障作用

一是整体推进基层组织对标争先建设。坚持抓基层、打基础，实施校、院、支部三级党建"书记项目"，立项"庆祝建党100周年"专项党建研究校级科研项目41项，开展首批校级"双创"培育项目中期答辩，推进党建和业务深度融合。全校"双肩挑"型教职工党支部书记比例达70%，《新时代苏州大学基层党建的创新与实践》出版。1个院级党委获评"全省高校先进基层组织"，2个党支部获评"江苏高校特色党支部"，2个创新项目获评江苏高校党建工作创新奖，2个党日活动获评江苏高校"最佳党日活动"优胜奖，2个案例入选《江苏高校党建工作典型案例100例》。做好在优秀青年教师和大学生中发展党员工作，上半年发展党员1 014名，其中，高知识群体42名，1人入选第二批全国高校百名研究生党员标兵。强化党代表在选人用人、党风廉政建设等方面的监督作用，完成我校出席苏州市第十三次党代会代表选举工作。

二是持续加强高素质干部队伍建设。坚持党管干部，完成2家学院（部）行政领导班子换届，新提拔任用中层干部20人，其中，党外干部1人。评选2020年度综合考核第一等次单位、高质量发展及党的建设先进单位30家，优秀干部23位，充分发挥综合考核正向激励作用。组织全校领导干部参加江苏省高校院系党政负责人培训班学习，开展"砥砺信仰·勇开新局"中层干部专题培训，不断提高领导班子和干部适应新时代新要求抓改革、促发展、保稳定的水平和专业化能力。组织开展2021年青年管理骨干培训班，推荐一批年轻干部参加校内外挂职锻炼、跟岗学习，选派17名同志参加江苏省第十四批"科技镇长团"挂职服务，持续加强年轻干部选拔培养力度，新提拔使用7名年轻干部。严格执行领导干部个人有关事项报告制度，规范做好处级干部档案核查、兼职管理等工作。

三是稳步推进高水平师资队伍建设。严把师德关，制定《师德考核评价实施办法》，部署开展师德专题教育，首次设立"青年教师领航"实践团，评选"高尚师德奖""我身边的好老师"先进典型。坚持精准引才、精心育才，举办"2021 国际青年学者东吴论坛"、优秀青年学者受聘仪式，做好专业技术职务评聘工作。强化教师队伍科学管理，出台《关于教师延长退休年龄暂行规定》。上半年，新增国家级、省级人才 21 人，新进教学科研人员 119 人；8 人入选 2021 年"江苏特聘教授"，8 人获江苏省"青蓝工程"项目资助，1 个团队入选江苏省"青蓝工程"优秀教学团队，4 人入选"博士后创新人才支持计划"；5 人入选"仲英青年学者"，28 人受聘优秀青年学者。1 名教师入选"2020 江苏教师年度人物"，1 名教师被评为"苏州市劳动模范"。

四是巩固发展风清气正政治生态。组织召开全面从严治党工作会议，制定实施校党委落实全面从严治党主体责任清单，组织开展专题调研，做好履责纪实，推进"四责"协同。用好监督执纪"四种形态"，精准化、常态化开展纪律教育和警示教育，召开"新任职、新转岗、新提拔"中层干部集中廉政谈话，组织开展 2020 年度党员领导干部民主生活会和受处分（理）党员干部回访教育。制定实施"作风建设 10 条"，推行周五"无会日"，通过合并套开会议、减少报告报表等，落实为基层减负的各项要求。校党委常委会专题研究纪检监察工作，领导和支持纪委履行监督执纪问责职责，建立"季度会商"、"1+X"监督、联合监督等工作机制，推动校党委、纪委、职能部门、院级党组织各监督主体贯通联动，构建完善学校监督体系。部署开展对 1 个院级党组织巡察整改"回头看"，完成校十二届党委第五轮巡察意见反馈，推动职能部门与被巡察党组织对前四轮巡察发现共性问题上下联动、同题共答、一体整改。

各位委员、同志们，以上成绩的取得，是在以习近平同志为核心的党中央的正确领导下，上级党组织关心支持、班子成员同心同德、全校师生员工接续奋斗的结果。在此，我代表党委常委会，向各位委员和全校师生员工对常委会工作的大力支持表示衷心的感谢，向所有为学校事业发展付出辛劳和智慧的同志们致以崇高的敬意！

在总结工作的同时，我们也清醒地认识到，面对建设社会主义现代化强国对高水平研究型大学的期待，面对上级要求和广大师生对一流大学建设的期盼，我们的工作还存在许多不足，也面临不少困难和挑战，主要表现为：党建与事业发展有机融合还有待深入推进，组织体系还须不断健全完善，全面从严治党引领保障作用发挥不够充分；教学科研重点领域关键环节改革任务仍然艰巨，破立并举还须不断探索，一流学科建设、国家级教改项目争取有待持续加力，人才队伍引育并举须进一步做好，基础研究和协同创新有待加强，原始创新能力、重大项目科研攻关能力、服务发展能力还不能满足高质量发展需求，与国际一流院校与研究机构的合作须进一步加强，师生国际化能力水平、学校国际学术话语权仍须提升；学生宿舍存在一定缺口，基本建设投入和改善民生对学校财经工作提出较大考验；等等。对这些问题，我们在今后的工作中将着力加以解决。

下半年，我们将坚持以习近平新时代中国特色社会主义思想为指导，更加紧密地团结在以习近平同志为核心的党中央周围，从党的百年奋斗征程中汲取不断前行的奋斗伟力，大力弘扬伟大建党精神，为党育人、为国育才、攻坚克难、奋进一流，推动学校各项事业努力打开新局面、取得新成效、再上新台阶。我们将在上半年工作的基础上，重点做好以下几个方面的工作。

一是深入学习贯彻习近平总书记"七一"重要讲话精神，学习贯彻党的十九届六中全会精神，组织实施"两在两同"建新功行动，推动党史学习教育走深走实。

二是认真学习贯彻第二十七次全国高校党的建设工作会议精神和《中国共产党普通高等学校基层组织工作条例》，推进实施"固本强基"五年建设计划，组织开展校十二届党委第六轮巡察，系统总结十二届党委巡察工作，推进发现问题整改落实，巩固深化巡视巡察整改成效。

三是做好"十四五"规划分解落实，开展新一轮"双一流"建设方案编制，推进江苏高水平大学高峰计划"六高一化"任务建设和首轮"双一流"建设成效评价专家组反馈问题整改。

四是统筹做好对接省属高校年度综合考核和完善校内综合考核工作，发挥综合考核"指挥棒"和促进发展完善的作用。

五是推进实施"铸魂逐梦"工程，组织做好"新生第一课"，加强辅导员、思政课教师队伍建设，推进"一站式"学生社区服务中心建设。跟进做好教学成果奖申报培育、"双万计划"建设及新一轮申报工作。组织实施《苏州大学全面推进一流研究生教育实施意见》，研究制订研究生学位论文质量提升工作方案。

六是深入开展师德专题教育，组织做好第37个教师节宣传庆祝工作，制订实施"铸魂润心"三年强师行动计划，全面加强教师思想政治教育。引育并举，加强人才队伍建设，推进职员制及第五轮岗位设置与聘用工作，跟进做好人才项目申报和培育工作。

七是深化科研体制机制改革，建立健全高质量科学研究综合评价激励机制，推进科技部"赋予科研人员职务科技成果所有权或长期使用权"试点工作。加强科研大平台建设，推进重点科研平台布局建设。探索文科"试验区"体制机制改革，建强综合性文科平台。精心筹备第八届"对话苏州"活动。

八是做好《苏州大学章程》修订工作，统筹推进"三定"工作，深化"放管服"改革。

九是加快推进独墅湖校区体育馆与学生中心、天赐庄校区新建学生宿舍等在建项目建设，积极推进唐仲英医学研究大楼内装设计、独墅湖校区学生宿舍新建项目等前期工作。

十是把疫情防控摆在突出位置，从严从紧落实国家的疫情防控决策部署和江苏省、苏州市的疫情防控措施，确保师生健康安全。

衷心希望各位委员、同志对党委常委会的工作提出宝贵意见和建议，帮助我们把工作做得更好。

大学的色彩

——校长熊思东在2021级学生开学典礼上的讲话

（2021年10月25日）

亲爱的同学们：

　　晨安！

　　初秋的校园，晨曦染露，银杏渐黄，微风中轻摇的不只有常青绿叶，更闪烁着学子的无限憧憬；晨光下映彩的也不仅是丹桂飘香，更折射出青年的斑斓梦想。同学们，今天早晨五点起床时，天光云影还是一片朦胧，当第一缕阳光洒下，一草一木、一人一物，都染附上了最美的色彩，此时的校园宛如一幅缤纷灿烂的画作，充满诗情画意！

　　色彩，不仅留于画作，也见之诗文、染就霓裳，更让人类的想象力走向诗意的远方。我们一直尝试着用不同的色彩去描绘现实的世界和理想的天堂：从"红杏枝头春意闹"，到"雪晴云淡日光寒"，我们在观察四季变化中，勾勒自然之美，沉淀岁月之悟；从"土豪金"的调侃到"天使白"的赞歌，我们搭建现实世界的色彩系统，思考社会发展，彰显人性高光；从屈原"天问"里的想象到神秘"黑洞"的曝光，我们探索未知世界的色彩，不断延展认知，定义人类的未来。各种色彩在时光交错中组合变幻，向我们展现出广阔历史的多元面貌和社会发展的正道沧桑。

　　作为人类历史文化重要组成的大学，更是一幅传世近千年的多彩画卷。展开这幅画卷，我们看到了历史与时代赋予大学的底色。1088年，"世界大学之母"博洛尼亚大学诞生，她挣脱了宗教桎梏，为大学镀上了象征光明的白色，成为"黑暗中世纪"一道夺目的亮光。从此，大学在塑造历史和引领时代中不断传承。展开这幅画卷，我们也看到了世界与民族赋予大学的特色。1810年，威廉·洪堡（Wilhelm von Humboldt）创办柏林大学，为大学涂画了象征创新的蓝色，推动德国一步步成为世界科学中心，在一定程度上改变了民族和世界的命运。展开这幅画卷，我们看到了大学和师生追求卓越而赋予她的亮色。2018年，苏州大学与华为合作，集中师生智慧，创建全球首家"云中大学"，迈出探索未来大学新形态的第一步，为大学加深了象征生机的绿色。回望大学漫长的发展史，既有纵笔挥洒的写意，也有严谨细腻的写实，色彩在变与不变中层层堆叠，产生了美妙的"颜色反应"。

　　漫步苏大，这座跨越三个世纪的大学，俨然是被打翻了调色盘，各色颜料倾情洒下，晕染了校园的"十二时辰"。东方将白，校园渐渐苏醒，此刻的东吴门尤为夺目，明暗交错间犹若白宣与黑墨，记录了历史脉络，延续着大学精神。红日高升，无数青春热血沸腾：尊师轩边书声琅琅，"早八人"用诗意唤醒黎明；阳澄湖畔步履匆匆，科研人用奋进追赶日月。一批批赤诚学子，推动着苏大朝着更有格局、更有情怀、更有作为的目标迈进，在办好社会主义大学的新征程上行稳致远。黄昏余晖，天赐庄的建筑群闪耀着金色霞光，古典与现代在斑驳光影里交叠，是凝固的色彩，也是信念的传承。明月半墙，夜色如墨，校园的色彩最为饱和，散发出迷人的光芒，照向炳麟馆夜读的学子，也照向那屏息深思的灵魂。百廿苏大，一时一刻，色彩变换，皆非凡境。

毛泽东同志曾经写下："赤橙黄绿青蓝紫，谁持彩练当空舞？"当今的苏大之所以五光十色，我想正是因为一代代青年学子来到苏大，用青春之笔为她添加了明亮动人的色彩。敬文书院丰云同学，不知你是否还记得，十四年前就读于苏大幼儿园时校园里的主色调，今天作为"老生"，希望你循着色彩记忆，续写动人青春故事；光电学院周玉晟同学，你曾投笔从戎，在训练场摸爬滚打，练就了坚韧不拔的意志，以"橄榄绿"为底色的青春，足以刻骨铭心；东吴商学院朱晋弘同学，高考结束后你与父母一起担任抗疫志愿者，登记排查，出入核验，用心守护着家乡，让我们看到了最美的"赤忱红"；文学院和金螳螂建筑学院"祺祾"姐妹、"霞盈"姐妹，纺织与服装工程学院"璇璟"姐妹，考试是一个人的战斗，但求学是两个人的征途，你们三对姐妹花相惜相伴，成为彼此心底最暖的光，希望你们继续携手成就更多的"好柿橙"。我知道，每位同学都身着色彩而来，学校也自有纸笔铺开，你们激情挥洒，校园生活将炫目多彩。

同学们，现实中大学的色彩，藏在红墙黛瓦、绿树紫花中，藏在琅琅书声、淡淡墨香中，捕捉到它们，便能尝到知其然、知其所以然的酣畅淋漓；理想中大学的色彩，孕育于师生的生命情感中，伴随他们的成长起承转合、千变万化。在大学，做什么样的事，成为什么样的人，都将为大学调和出不同的色彩。同学们是大学的主人，大学的色彩史应由你们续写，大学的千色千面也应由你们来点缀。中国传统的"黄、青、白、黑、赤"五色，描绘着"天人合一"的美好境界，从今天开始，我们将共同为传统五色赋予新的内涵。

"迎春黄"，朝气满盈，为大学勾勒欣欣向荣。明黄的迎春花是春天的使者，见花便能识春；你们是大学的使者，见人便能识色。你们有了朝气，大学就有了活力；青春有了色彩，大学就更加绚丽。来到大学，愿你们朝气满满，尽情涂画求知的色彩，不断拓展知识色域的宽度，加深知识色阶的深度，在知识的调色板上任意撷取，绘就好自己的知识色彩体系。来到大学，愿你们朝气满满，尽情涂画好奇的色彩，保持对知识的渴求，敢于试色、大胆用色，在广阔天地中填涂属于自己的颜色。来到大学，愿你们朝气满满，尽情涂画使命的色彩，既要加深"上下五千年"的民族色彩，也要调和"纵横八万里"的世界颜色，成为具有中国情怀、全球视野的拔尖创新人才。你们挥洒蓬勃朝气，大学将轻舞飞扬、激情涌动。

"天霁蓝"，青出于蓝，为大学渲染海阔天空。"天霁蓝"，蓝如深海，象征智慧与创新，这正是理想中大学永恒的底色。青年学子来到大学，在前人打下的底色上添色加彩，大学的格局将会被打开。希望你们尽情渲染深邃高远的"天霁蓝"，使其成为大学之旅的主色。要常常凝视这一抹蓝，冷却一下因单调科研产生的躁动，坚持把"冷板凳"坐热。要时时保鲜这一抹蓝，努力追逐前沿，坚持原始创新，努力实现"从0到1"的突破。要习惯渐变这一抹蓝，突破思想疆界，在博采众长、融会贯通中融合成更深的蓝。你们尽管天马行空、不拘陈规、拥抱挑战，多一些不一样的烟火，才会涌现出"青出于蓝而胜于蓝"的壮观景象。你们解锁无限可能，大学的光芒将洒满大地、闪耀星空。

"瑞雪白"，心贯白月，为大学点画向真而动。天赐庄校区有一座方塔，它的历史比苏大更为久远，曾是名儒文士讲学会文的胜地。皑皑方塔伫立天地，用"瑞雪白"的身影讲述修身求真的大学之道，让一代代学子频频回眸。白色映衬着内心的纯净，愿你们在大学抓住修身立德的关键期，系好人生第一粒扣子，辨是非、走正道，开阔自己的胸怀，提升自己的境界，让内心如白月般皎洁。白色蕴含着无限添色的可能，愿你们坚持为学求真的态度，接受并倾听不同声音，提高在多元信息中识别真伪的能力，不畏权威、不畏传统，养成批判性思维，洞察问题真相。你们明辨浊泾清渭，大学将勾勒万千、一秉至公。

"墨金黑"，大处落墨，为大学叠积坚毅厚重。古典绘画，用水墨绘就彩色的世界，墨色浑厚壮丽，尽显雄浑之势。"吟安一个字，捻断数茎须。"愿你们大处落墨、持之以恒，一步一个脚印，一笔一个画迹，用润含春泽、干裂秋风的笔墨，刻画出梦想的轮廓，并以此为基础，或自由挥洒，或反复点染，锲而不舍地加色添彩；愿你们于隽永之中弥漫自由挥洒的气势，于含蓄之中孕育气吞山河的磅礴，不因一时之利而狂妄，不因一时之倦而急躁，耐得住寂寞，守得住底线，为理想涂画一生。你们笃定前行方向，大学将沉静庄严、气势恢宏。

"霞光红"，热血丹心，为大学绘就气贯长虹。"霞光红"意味着生生不息，成就了中国人生命里最重要的底色。回顾苏大的历史，无数矢志报国的苏大人，闪烁着至诚报国的热血之色，印刻着先忧后乐的家国情怀。曾在法学院传道授业的陈望道先生，他首译《共产党宣言》，擦亮中国革命的第一盏指路明灯，把旧中国的寒夜彻底照亮。今天，当个人的成长节奏与国家的发展脉搏不期而遇时，定会碰撞出更加灿烂的火光，这是一代更比一代强的青春责任。希望同学们心怀"国之大者"，敢于担当，善于作为，将个人理想与家国担当融为一体，奋力扛起国家的前途、民族的命运、人民的幸福，让世界看到新时代中国青年的崭新模样。你们奉献青春热血，大学将日出东方、气贯长虹。

同学们，习近平总书记在亚洲文明对话大会上指出："如果人类文明变得只有一个色调、一个模式了，那这个世界就太单调了，也太无趣了！"大学的色彩亦是如此。大学里不仅有黄、青、白、黑、赤等主色，还有数不胜数的间色和辅助色，它们共同组成了大学的"色彩系统"。希望你们在大学学会做人做事做学问，尽心尽力尽责任，用色彩浇灌自己的成长。你们不断更新色彩，苏大也将变得更加缤纷灿烂，成为你们梦想中的模样，成为国家和社会期待的模样，成为引领世界未来的模样！

此刻，环顾苏大校园，炳麟巍巍、红旗飘扬，独墅湖青、碧空湛蓝，阳光打在脸上，色彩映入眼中，温暖充满心间。大学的画卷已伴随着朝阳徐徐展开，希望同学们以智慧为笔，以汗水为彩，尽情挥毫、恣意上色，成为"最出色"的苏大人，让世界永远记得你们的色彩，记得苏大的色彩！

谢谢大家！

2021年大事记

1 月

2 日 △ 学校血液和血管疾病诊疗药物技术教育部工程研究中心发展战略研讨会暨第二届技术委员会成立会议在独墅湖校区召开。

4 日 △ 学校党委副书记王鲁沛调研校园安全工作。
△ 学校党委常委、总会计师周高赴江苏苏大投资有限公司调研。
△ 学校党委常委、总会计师周高赴采购与招投标管理中心调研。
△ 学校党委常委、总会计师周高赴外国语学院调研。

5 日 △ 学校党委常委、副校长姚建林赴继续教育处调研。
△ 学校党委副书记王鲁沛赴招生就业处调研。

6 日 △ 中共苏州大学委员会批复《关于中共苏州大学王健法学院委员会选举结果的报告》《关于中共苏州大学王健法学院委员会委员分工的报告》《关于中共苏州大学沙钢钢铁学院委员会选举结果的报告》《关于中共苏州大学沙钢钢铁学院委员会委员分工的报告》《关于中共苏州大学电子信息学院委员会选举结果的报告》《关于中共苏州大学电子信息学院委员会委员分工的报告》。
△ 学校与江苏固德威技术股份有限公司合作共建的"苏州大学—固德威清洁电力协同创新中心"揭牌仪式在阳澄湖校区举行。
△ 学校党委常委、总会计师周高赴苏州大学出版社有限公司调研。

7 日 △ 经研究决定，授予学术学位研究生温祥国等 2 人哲学博士学位，严晶等 4 人法学博士学位，赵凡等 2 人教育学博士学位，王晓伟等 3 人文学博士学位，曾军等 20 人理学博士学位，彭啸峰等 17 人工学博士学位，郑汉城等 22 人医学博士学位，王蕴锦等 2 人艺术学博士学位；授予专业学位研究生石岩等 79 人临床医学博士学位。
△ 经研究决定，授予学术学位研究生齐成建等 2 人哲学硕士学位，陈一民经济学硕士学位，张巩轶法学硕士学位，马敏等 3 人教育学硕士学位，韩春梅等 27 人理学硕士学位，庄涛等 15 人工学硕士学位，王燕琳等 2 人医学硕士学位，陈小涵管理学硕士学位。
授予专业学位研究生王善伟等 2 人金融硕士学位，何菲等 5 人法律硕士学位，宋洁社会工作硕士学位，沈妙妙等 4 人教育硕士学位，王玉姣等 6 人体育硕士学位，高建民等 28 人工程硕士学位，邱小亮等 2 人农业硕士学位，蒋雁茹等 2 人风景园林硕士学位，赵文豪等 11 人临床医学硕士学位，郭屹彬等 2 人公共卫生硕士学位，洪勇等 2 人护理硕士学位，杨乃霖等 34 人工商管理硕士学位，孙思维等 22 人公共管理硕士学位，朱雅菁等 3 人会计硕士学位，张莹等 2 人艺术硕士学位。
授予同等学力人员张震等 101 人医学硕士学位。

8日
△ 学校附属医院19名医务人员赴河北支援当地核酸检测工作。
△ 经研究决定，调整苏州大学招投标工作领导小组，组长：周高。
△ 经研究决定，调整苏州大学国有资产管理委员会成员，主任：熊思东。
△ 学校学生参演的原创话剧《丁香，丁香》获2020紫金文化艺术节大学生戏剧展特等奖，学校获评"优秀组织奖"。

11日
△ 中共苏州大学委员会批复《关于中共苏州大学附属儿童医院委员会选举结果的报告》《关于中共苏州大学附属儿童医院委员会委员分工的报告》《关于中共苏州大学附属儿童医院纪律检查委员会选举结果的报告》《关于中共苏州大学附属第二医院委员会选举结果的报告》《关于中共苏州大学附属第二医院委员会委员分工的报告》《关于中共苏州大学附属第二医院纪律检查委员会选举结果的报告》。
△ 经研究决定，王殳凹同志任国际合作交流处处长兼港澳台办公室主任，张增利同志任医学部公共卫生学院院长，免去张桥同志国际合作交流处处长兼港澳台办公室主任职务。
△ 经研究决定，龚呈卉同志任光电科学与工程学院党委书记，免去陈建军同志光电科学与工程学院党委书记职务。
△ 经研究决定，新闻中心增设新媒体中心，正科级建制，编制2名。校团委增设学生社团管理部，正科级建制，编制2名。财务处会计核算科增设副科长岗位1名。保卫部（处）内设的调查研究科更名为政治保卫科。成立苏州大学重庆研究院，该研究院为学校实体性科研机构，不设行政建制。

12日
△ 经研究决定，授予孙艺轩等15名普通高等教育全日制本科毕业生学士学位。
△ 经研究决定，授予潘忠忠等7名成人高等教育本科毕业生学士学位。
△ 经研究决定，授予郭晓倩等290名高等教育自学考试本科毕业生学士学位。
△ 经研究决定，授予PRONINA KRISTINA等8名外国留学本科毕业生学士学位。
△ 经研究决定，撤销崔峻峰等13名学生的学士学位。
△ 经研究决定，调整学校安全工作委员会，主任：江涌、熊思东。
△ 经研究决定，成立苏州大学—润碧泓水生态修复协同创新中心，挂靠医学部基础医学与生物科学学院，聘任凌去非教授担任该协同创新中心主任。
△ 经研究决定，成立苏州大学—创芯国际类器官药物评价协同创新中心，挂靠医学部药学院，聘任张熠教授担任该协同创新中心主任。
△ 学校印发《苏州大学实验室危险化学品使用安全专项治理行动实施方案（2020—2022年）》。

△学校2021年安全工作委员会第一次会议暨期末安全工作会议在红楼201会议室召开。

△苏州中吴绿能科技有限公司向学校捐助的"点点教育助学基金"捐赠仪式在苏州市慈善总会举行。

△12—15日，学校科技创新工作现场调研会分别在天赐庄校区和独墅湖校区召开。

△12—15日，学校青年科学家论坛暨国家杰出青年、国家优秀青年申报交流会分别在天赐庄校区和独墅湖校区召开。

13日

△经研究决定，成立苏州大学—苏州纳普乐思柔性透明导电薄膜协同创新中心，挂靠材料与化学化工学部，聘任李耀文教授担任该协同创新中心主任。

△经研究决定，成立苏州大学—四海通智能仪器联合研发中心，该研发中心为学校与企业合作共建科研平台，聘任赵雷为研发中心主任。

△经研究决定，成立苏州大学—刘燕酿制联合研究中心，该研究中心为学校与企业合作共建人才培养、科研平台，挂靠医学部药学院，聘任李笃信副教授为该研究中心主任。

△学校2020年度综合考核工作汇报会在天赐庄校区敬贤堂召开。

△学校研究生支教团2020年度工作总结会在天赐庄校区360教室举行。

15日

△学校党委第四轮巡察整改督查推进会在钟楼303会议室召开。

△学校纪委第二十二次全委（扩大）会在继续教育处106会议室举行。

△学校归国华侨联合会全体委员扩大会暨2021迎春座谈会在红楼会议中心举行。

16日

△学校党委副书记王鲁沛一行检查全校安全保障工作。

△学校欧美同学会（留学人员联谊会）理事会议在红楼会议中心201会议室召开。

△16—17日，学校召开团干部增能计划暨团委书记专题培训会议。

18日

△经研究决定，成立苏州大学消化系统疾病研究所，为校级非实体性科研机构，挂靠苏州大学附属第一医院，聘任陈卫昌教授担任该研究所所长。

19日

△中共苏州大学委员会批复《关于中共苏州大学机电工程学院委员会选举结果的报告》《关于中共苏州大学机电工程学院委员会委员分工的报告》。

20日

△学校教学成果培育工作推进会在红楼会议中心召开。

△由学校物理科学与技术学院蒋建华教授参与的，以苏州大学为第一署名单位的题为"Bulk-disclination correspondence in topological crystalline insulators"的学术论文在 Nature 上正式发表（DOI：10.1038/s41586-020-03125-3）。

△学校印发《苏州大学关于促进2021届本科毕业生就业创业的意见》。

21 日	△ 学校党委理论学习中心组召开专题学习会。
	△ 学校党委巡察工作领导小组在钟楼 303 会议室召开第八次会议。
22 日	△ 学校印发《苏州大学举办国际会议管理办法》《苏州大学社会服务管理和收益分配暂行办法》。
25 日	△ 学校党委领导班子召开 2020 年度民主生活会。
	△ 学校领导班子务虚会在红楼 217 会议室召开。
26 日	△ 学校与张家港高新区联合办学签约仪式举行。
	△ 学校内部控制建设领导小组会议在钟楼 303 会议室召开。
28 日	△ 学校接中共江苏省委组织部通知（苏组干〔2020〕584 号），杨一心同志退休。
29 日	△ 学校 2021 年挂职干部新春座谈会在红楼会议中心举行。
	△ 教育部党组成员、副部长翁铁慧莅临学校调研。
31 日	△ 学校印发《苏州大学总值班工作管理办法（暂行）》。
1 月	△ 学校纳米科技协同创新中心获江苏高校协同创新中心第二建设期绩效评价 A+ 等次，血液学协同创新中心、放射医学协同创新中心获 A 等次，新型城镇化与社会治理协同创新中心获 B 等次。
	△ 学校获 2020 年度江苏省科学技术奖 13 项，其中，一等奖 4 项、二等奖 1 项、三等奖 8 项。
	△ 学校牵头申报的中国-葡萄牙文化遗产保护科学"一带一路"联合实验室获科技部批准建设。
	△ 学校能源学院晏成林教授团队发表在 *Nature Communications* 上的论文 "Over 56.55% Faradaic efficiency of ambient ammonia synthesis enabled by positively shifting the reaction potential" 入选 "2019 年中国百篇最具影响国际学术论文"。
	△ 学校传媒学院王国燕教授领衔的科技传播创新团队对中国的转基因漫画展开研究，以 "Food to politics: Representations of genetically modified organisms in cartoons on the internet in China" 为题，发表于 *Public Understanding of Science*（译作：《公众理解科学》）上。
	△ 学校放射医学与辐射防护国家重点实验室分子影像与核医学研究中心在"大成若缺"超小仿生纳米颗粒治疗帕金森病方面取得新进展。相关成果以 "Targeting microglia for therapy of parkinsons disease by using biomimetic ultrasmall nanoparticles" 为题发表在 *J. Am. Chem. Soc.* 杂志上。
	△ 学校东吴智库召开"十四五"发展规划研讨会暨首批智库专家聘任仪式。
	△《苏州大学学报（哲学社会科学版）》"东欧马克思主义研究"和《苏州大学学报（教育科学版）》"学术关注"入选华东地区期刊"优秀栏目"。
	△ 学校校党员教育微视频《看见大山》荣获第十五届江苏省党员教育作品观摩交流活动三等奖。

2月

1日 △ 苏州市河北商会刘志强秘书长一行莅临学校调研。

△ 1—5日，学校招生就业处查佐明处长一行赴苏州工业园区人力资源管理服务中心、苏州高新区（虎丘区）人力资源开发管理中心、苏州吴江区人力资源管理服务中心及华为苏州研究所、苏州长光华芯光电技术股份有限公司、恒力集团等6家重点合作用人单位调研。

2日 △ 经研究决定，成立苏州大学文化与旅游发展研究院。该研究院为基础研究类校级非实体科研机构，挂靠社会学院，聘任黄泰为该研究院院长。

△ 学校印发《苏州大学教师岗位供给侧结构性改革试点细则》。

5日 △ 学校研究生教育高质量发展务虚会在蕴秀楼311会议室召开。

10日 △ 学校党委书记江涌一行检查寒假期间校园安全工作，并慰问坚守岗位的教职员工及留校学生。

△ 学校印发《苏州大学服务型机构和非自由支配学院（部）社会服务工作奖励暂行办法》。

23日 △ 学校举行2021年专职辅导员专题培训。

25日 △ 中共苏州大学委员会批复《关于中共苏州大学医学部公共卫生学院委员会选举结果的报告》《关于中共苏州大学医学部公共卫生学院委员会委员分工的报告》。

△ 中共苏州大学十二届委员会第十一次全体会议暨干部大会在敬贤堂召开。

26日 △ 学校纪委第二十三次全委（扩大）会在红楼201会议室召开。

2月 △ 学校金融工程研究中心教师徐玉红副研究员最新研究成果《基于对数收益的动态均值方差分析》（A dynamic mean-variance analysis for log returns）发表在 Management Science 2021年2月刊上。

△ 学校计算机科学与技术学院张民教授，苏州大学附属第一医院（医学部第一临床医学院）陈苏宁教授、缪丽燕教授入选江苏2020年度享受政府特殊津贴人员名单。

3月

1日 △ 原"苏州大学医学部公共卫生学院"印章因年久使用，磨损严重，影响正常使用，现已重新刻制。经研究决定，即日起启用新制的"苏州大学医学部公共卫生学院"印章，原印章停止使用。

△ 华为中国政企教育业务部周红权总经理一行莅临学校调研。

△ 学校举行2021年度教育部人文社会科学研究项目申报辅导报告会。

	△ 经研究决定，唐文跃同志任党校常务副校长，免去戴佩良同志党校常务副校长职务。
2日	△ 学校继续教育工作会议在继续教育处南楼202会议室召开。
3日	△ 原"中国共产党苏州大学体育学院委员会"印章因年久使用，磨损严重，影响正常使用，现已重新刻制。经研究决定，即日起启用新制的"中国共产党苏州大学体育学院委员会"印章，原印章停止使用。
	△ 3—9日，学校党委完成第五轮巡察意见反馈。
4日	△ 学校党委理论学习中心组召开专题学习会。
5日	△ 武汉纺织大学外经贸学院党委常务副书记邓茂林一行莅临学校调研。
8日	△ 学校2021年欢送援藏教师座谈会在红楼201会议室召开。
	△ "巾帼心向党，奋斗新征程"学校第二期青年教师沙龙庆祝国际专场活动在盛风苏扇艺术馆举行。
	△ 学校印发《苏州大学2021年度工作要点》。
9日	△ 江苏省高考综合改革专题调研会在学校红楼会议中心召开。
	△ 学校党委第五轮巡察7个巡察组意见反馈工作完成。
	△ 学校2021年本科招生就业工作会议在红楼会议中心召开。
	△ 学校第八届教职工代表大会执行委员会召开第三次全体会议。
	△ 学校印发《2020—2021学年度第二学期苏州大学党委理论学习中心组学习计划》《2020—2021学年度第二学期双周三下午政治学习和组织活动安排表》《关于开展中国共产党成立100周年庆祝活动的通知》。
10日	△ 由苏州市委党史工办和中共一大会址纪念馆共同主办，学校群团与直属单位党工委与学校博物馆联合推行的"伟大开端——中国共产党创建历史图片展"在博物馆开幕。
	△ 华为企业BG OpenLab部部长白建华一行莅临学校调研。
11日	△ 学校召开各民主党派、统战团体负责人会议。
	△ 江苏省瑞华慈善基金会副理事长史兆荣一行莅临学校调研。
	△ 学校团委组织召开苏州大学团干部增能计划专题培训暨团干部工作会议。
	△ 学校印发《苏州大学纪委、派驻监察专员办2021年工作计划》。
12日	△ 经研究决定，王云杰同志任人力资源处处长，免去朱巧明同志人力资源处处长职务。仇玉山同志任后勤管理处处长，免去王云杰同志后勤管理处处长职务。
	△ 经研究决定，成立中共苏州大学委员会党史学习教育领导小组，组长：江涌。
	△ 江苏省教育厅研究生处党支部与学校联合开展党史学习教育主题活动。
15日	△ 学校党校工作会议在红楼会议中心召开。
16日	△ 学校召开党史学习教育动员大会。

17日	△学校全国"两会"精神学习报告会暨党委理论学习中心组（扩大）学习会在天赐庄校区敬贤堂召开。
	△学校2020年度教学科研工作总结暨2021年度工作推进大会在敬贤堂召开。
	△江苏省委副书记、省长吴政隆莅临学校调研。
18日	△学校国际培训学院在天赐庄校区（北区）举行揭牌仪式。
	△学校印发《苏州大学师范生免试认定中小学教师资格教育教学能力考核实施方案（试行）》。
19日	△"百校千企万岗"2021年江苏大学生就业帮扶"国聘春招"集中行动暨"送岗直通车"直播荐岗活动（苏州大学苏州团市委专场）在天赐庄校区举办。
	△学校印发《苏州大学国家知识产权试点高校工作方案》。
22日	△经研究决定，调整苏州大学党的建设与全面从严治党工作领导小组成员，组长：江涌。
	△经研究决定，生物医学研究院增设行政副院长1名，为副处职；可根据工作需要，聘任学术性副院长若干名。红十字国际学院增设常务副院长1名，为正处职；撤销专职副院长（副处职）岗位。
	△学校印发《中共苏州大学纪律检查委员会2020年度工作报告》《中共苏州大学第十二届委员会常务委员会2020年度工作报告》。
23日	△经研究决定，调整苏州大学关心下一代工作委员会成员，主任：江涌。
	△经研究决定，成立苏州大学—亚科股份先进材料协同创新中心，挂靠材料与化学化工学部，聘任路建美教授担任该协同创新中心主任。
	△经研究决定，成立苏州大学—兴丰强科技功能服装产业技术创新中心，该研发中心为学校与企业合作共建科研平台，聘任卢业虎为该技术创新中心主任。
	△学校与中国驻波黑大使馆开展党支部共建活动。
	△学校印发《江涌同志在中国共产党苏州大学十二届委员会第十一次全体会议上的讲话》。
24日	△经研究决定，即日起启用"苏州大学未来校区管委会"印章。
	△学校召开党史学习教育专题报告会。
	△学校"信仰公开课"暨2021年原创话剧《丁香，丁香》启动仪式在天赐庄校区学术报告厅举行。
	△陕西安康市委副书记、市长赵俊民一行莅临学校调研。
	△学校举行庆祝2021年"三八"国际劳动妇女节趣味运动会。
25日	△经研究决定，撤销苏州大学研究生支教团招募工作领导小组、苏州大学大学生暑期社会实践活动领导小组、苏州大学大学生志愿服务西部计划苏北计划实施工作领导小组、苏州大学对外投资管理工作领导小组、苏州大学党委换届监督工作领导小组、苏州大学校领导经济责任审计整改

工作领导小组、苏州大学党建工作领导小组、苏州大学军工保密资格认定工作领导小组、苏州大学维护稳定工作领导小组、苏州大学安全生产大检查工作领导小组、苏州大学校园治安综合治理工作委员会、苏州大学"作风建设自查自纠专项行动"领导小组苏大委、苏州大学处级干部人事档案专项审核工作领导小组、苏州大学征兵工作领导小组、苏州大学国防教育（学生军训）工作领导小组、苏州大学定密工作领导小组、苏州大学校园安全专项整治领导小组等17个非常设机构。

△ 江苏省普通高校（苏州片区）毕业生就业工作座谈会在学校独墅湖校区召开。

26日

△ 经研究决定，调整苏州大学"双一流"建设领导小组成员，组长：江涌、熊思东。

△ 法国驻上海领事馆总领事纪博伟一行莅临学校调研。

△ 新时期高校学报数字化平台建设学术研讨会暨文科学报常务理事（单位）扩大会议在学校召开。

△ 江苏省心理学会社区心理学专业委员会副秘书长、苏州大学苏南地区大学生心理健康教育研究中心王平老师莅临学校讲座。

27日

△ 学校2021届毕业生春季校园招聘会在独墅湖校区公体楼举行。

28日

△ "苏州大学—创芯国际类器官药物评价协同创新中心"揭牌仪式暨类器官在抗肿瘤治疗中的应用研究学术研讨会在苏州独墅湖世尊酒店举行。

△ 学校后勤管理处获"2020全国学校物业管理机构50强"称号。

29日

△ 经研究决定，陆岸同志任东吴学院党委书记，免去刘枫同志东吴学院党委书记职务。

30日

△ 经研究决定，授予学术学位研究生徐兴霞等11人理学硕士学位，葛安磊等7人工学硕士学位；授予专业学位研究生严加力等4人法律硕士学位，姚雅洁教育硕士学位，于雷等12人工程硕士学位，陈莉娜等4人艺术硕士学位。

△ 经研究决定，授予学术学位研究生王蓓蕾哲学博士学位，汪芳久等2人法学博士学位，金安教育学博士学位，赵韧等2人文学博士学位，刘健工学博士学位，宋琳等5人医学博士学位，杨子墨艺术学博士学位。

△ 经研究决定，调整第四届研究生教育督查与指导委员会委员，主任：姜建成。

△ 经研究决定，调整苏州大学保密委员会成员，主任：江涌。调整江苏省干部教育培训苏州大学基地领导小组成员，组长：江涌。调整苏州大学民族宗教工作领导小组成员，组长：邓敏。调整苏州大学党委统一战线工作领导小组成员，组长：江涌。调整苏州大学老干部工作委员会成员，主任：江涌。调整苏州大学党委人才（知识分子）工作领导小组成员，组长：江涌。调整苏州大学少数民族学生教育管理服务工作领导小组成员，组长：王鲁沛。调整苏州大学易班建设领导小组成员，组长：江

涌。调整苏州大学国防教育（征兵工作、军训工作）领导小组成员，组长：江涌。调整苏州大学国家安全人民防线建设小组成员，组长：江涌。调整苏州大学党委外事工作领导小组成员，组长：江涌。

△ 中共苏州大学委员会批复《关于中共苏州大学外国语学院委员会选举结果的报告》《关于中共苏州大学外国语学院委员会委员分工的报告》。

△ 苏州市退役军人事务局局长王俊一行莅临学校，调研规划编制和示范市建设。

31日

△ 学校"习近平总书记在福建考察期间重要讲话精神"专题学习会在红楼217会议室举行。

△ 学校党委召开第154次常委会会议，专题调研纪检监察工作。

△ 学校2021年全面从严治党工作会议在敬贤堂召开。

△ 由学校东吴智库与西交利物浦大学西浦智库共同主办的"数字赋能 打造苏州制造新品牌"第十五期东吴智库学者沙龙暨第九期西浦智库对话西浦活动。

△ 腾讯教育大智汇—商学院专场活动在学校东吴商学院举行。

△ 河南省郑州市第九中学师生一行莅临学校调研。

3月

△ 学校《苏州大学学报（哲学社会科学版）》和《苏州大学学报（教育科学版）》同时入编《中文核心期刊要目总览》2020年版（第9版）核心期刊。

△ 学校法学、教育学、汉语言文学、英语、高分子材料与工程、电子信息工程、化学工程与工艺、服装设计与工程、建筑学、放射医学、法医学、护理学、档案学、美术学等14个专业新增入选2020年国家级一流本科专业建设点。

△ 学校召开"十四五"改革发展规划征求意见座谈会。

△ 学校获江苏省年度综合考核第一等次。

△ 学校获2020年江苏省高校毕业生就业工作量化考核A等次。

△ 学校获2021智慧高校综合实力卓越奖。

4月

1日

△ 经研究决定，调整苏州大学文化建设委员会成员，主任：江涌、熊思东。调整苏州大学机关作风效能建设领导小组成员，组长：江涌、熊思东。调整苏州大学干部人事档案专项审核工作小组成员，组长：邓敏、姜建明。调整苏州大学"三定"工作小组成员，组长：姜建明、邓敏。调整苏州大学师德建设委员会成员，主任：江涌、熊思东。调整苏州大学网络安全与信息化工作领导小组成员，组长：江涌、熊思东。调整苏州大学美育工作领导小组成员，组长：江涌、熊思东。

	△ 经研究决定，成立数码激光成像与显示教育部工程研究中心技术委员会，主任：崔一平（东南大学教授）。
	△ 经研究决定，调整苏州大学年度综合考核工作领导小组成员，组长：江涌、熊思东。
	△ 经研究决定：潘志娟同志任学科建设办公室主任，免去沈明荣同志学科建设办公室主任职务。
3日	△ 学校"学党史·祭英烈"主题党日活动在校博物馆举行。
5日	△ 校党委副书记王鲁沛慰问学校原创话剧《丁香，丁香》临时团支部成员。
	△ 经研究决定，王季魁同志任后勤党委书记。
	△ 经研究决定，顾建忠同志任基本建设处处长。
	△ 经研究决定，调整学校安全工作委员会成员，主任：江涌、熊思东。
	△ 经研究决定，免去仇玉山同志后勤党委书记职务。
6日	△ 学校团干部增能计划暨团干部工作会议在红楼217会议室举行。
	△ 经研究决定，成立苏州大学体外造血研究中心，为校级非实体性科研机构，挂靠唐仲英医学研究院。聘任王建荣担任该研究中心主任。
	△ 江苏省政协第15届"戏曲走近大学生"活动——原创大型锡剧《泰伯》在学校恩玲艺术中心演出。
	△ 学校物理科学与技术学院方亮老师领衔的"现代物理学在创新创业中的应用"课程团队获首届江苏省高校教师教学创新大赛（本科）暨首届全国高校教师教学创新大赛选拔赛地方高校正高组特等奖，同时荣获"教学活动创新奖"。
7日	△ 学校校长熊思东一行莅临医学部公共卫生学院指导工作。
	△ 党史学习教育省委宣讲团莅临学校开展专题宣讲。
	△ 广东省政协系统干部党史学习教育与履职能力提升研修班开班仪式在学校红楼学术报告厅举行。
	△ 第十六期东吴智库学者沙龙在独墅湖校区1005-5536会议室举行。
8日	△ 学校印发《苏州大学思想政治理论课教师发展中心建设与管理办法》。
	△ 学校纪委第二十四次全委（扩大）会在红楼201会议室召开。
9日	△ 南京艺术学院党委书记杨明一行莅临学校调研。
10日	△ 学校电子信息学院陈新建教授团队牵头完成的"智能医学影像分析及其临床诊断应用"项目获"吴文俊人工智能科学技术"一等奖。
	△ 由中国社会科学出版社和学校主办，学校出版社、人文社会科学处、外国语学院共同承办的"讲好中国故事，构建中国学术对外传播话语体系"研讨会在红楼会议中心召开。
	△ 国家社会科学基金重大项目"新时代市场监管权力配置研究"开题报告会在学校王健法学院举行。
	△ 10—11日，江苏省高等教育自学考试在学校举行。
11日	△ 由学校季进教授担任首席专家的国家社会科学基金重大项目"中

国当代文学海外传播文献整理与研究（1949—2019）"（项目编号20&ZD287）开题报告会在学校召开。

12日　　△学校党史学习教育领导小组会议在红楼201会议室召开。

△由北京将相红色文化交流中心、苏州成楚建筑工程有限公司、学校财务处、博物馆联合主办的"中华人民共和国当代将军书法展"在博物馆开幕。

13日　　△经研究决定，授予张秀秀同学教育学（双学位）专业教育学学士学位。

△经研究决定，授予时锁银等97名高等教育自学考试本科毕业生学士学位。

△经研究决定，授予马壮等154名普通高等教育全日制本科毕业生学士学位。

△经研究决定，授予ABISHEK RAJENDIRAN等4名临床医学专业外国留学本科毕业生医学学士学位。

△经研究决定，即日起启用"苏州大学基本建设处"印章。

△苏州大学、苏州市教育科学研究院合作框架协议签约仪式暨苏州大学实验学校管理办公室专家委员会委员聘任仪式在学校红楼学术报告厅举行。

14日　　△江苏省政协第十五届"戏曲走近大学生"启动仪式在学校恩玲艺术中心举行。

△经研究决定，方亮同志任教务部部长，免去周毅同志教务部部长兼教务部教学运行处处长职务。

△14—15日，学校第八届教职工代表大会第二次会议在敬贤堂召开。

△学校保卫部（处）王健同志获得江苏省维护国家安全先进个人（重大贡献奖）。

15日　　△经研究决定，胡晓玲同志任音乐学院党委书记，免去陆岸同志音乐学院党委书记职务。

△教育部国际合作与交流司副司长方军莅临学校调研指导工作。

△2021苏州大学国际青年学者东吴论坛开幕式暨苏州市顶尖人才培养资助颁授仪式在学校传媒学院1号演播厅举行。

△学校优质生源基地授予仪式在红楼会议中心举行，安徽、贵州、吉林、内蒙古、山东、四川、重庆、江西等8个省份的19所中学成为学校优质生源基地。

16日　　△经研究决定，免去姚建林同志材料与化学化工学部主任职务。

△经研究决定，沈明荣同志任未来校区管理委员会主任（兼）。免去杨一心同志未来校区管理委员会主任职务。

△经研究决定，设立苏州大学附属独墅湖医院学位评定分委员会，主席：周亚峰。

△经研究决定，调整学校第十届理工学部学位评定委员会成员，主

席：袁银男。调整医学与生命科学学部学位评定委员会成员，主席：陈卫昌。调整医学部第一临床医学院学位评定分委员会成员，主席：陈卫昌。

△ 经研究决定，调整苏州大学第十届校学位评定委员会成员，主席：熊思东。

△ 中国电信集团教育行业事业部聂筠炅总裁一行莅临学校调研。

△ 由苏州市公安局、苏州市教育局和学校联合举办的"反诈你我他，平安靠大家"苏州大学反诈宣传主题活动在炳麟图书馆学术报告厅启动。

△ 由学校联合中国教育在线共同举办的"新高考 新探索 新征程——2021年高考改革高峰论坛"在苏州召开。

△ 16—18日，由江苏省物理学会主办，学校物理科学与技术学院、苏州市物理学会承办的江苏省高校物理教学与人才培养研讨会在苏州举办。

18日

△ 学校举办第四届戏曲广播体操比赛。

△ 学校高管教育校友联盟成立大会在苏州大学天赐庄校区敬贤堂举行。

△ 2021年社会主义核心价值观校园明辨会暨"苏州银行"杯苏州大学第十九届辩论赛在学校炳麟图书馆举行。

19日

△ 苏州大学附属吴江学校及附属吴江幼儿园签约揭牌仪式举行。

20日

△ 学校印发《2021年度苏州大学无评审权的相关系列专业技术职务推荐工作实施细则》《2021年度苏州大学学生思想政治教育教师、教育管理研究人员专业技术职务评聘工作实施细则》《2021年度苏州大学实验技术人员专业技术职务评聘工作实施细则》《2021年度苏州大学教师专业技术职务评聘工作实施细则》。

△ 经研究决定，成立苏州大学—益诚隆可持续针织协同创新中心，挂靠纺织与服装工程学院，聘任薛哲彬副教授担任该协同创新中心主任。

△ 江苏省委教育工委党史学习教育第三巡回指导组莅临学校指导工作。

△ 第二期全国省、市级红十字会新任职领导干部培训班在学校红十字国际学院开班。

△ 昆山市委副书记、市长陈丽艳一行莅临学校调研。

△ 20—21日，全国人大常委会副委员长、中国红十字会会长陈竺莅临学校调研。

21日

△ 江苏高等学校科研管理研究会张竹繁理事长一行莅临学校开展江苏省教育厅2021年科研实验室安全现场检查工作。

△ 张家港市人才工作领导小组办公室、共青团张家港市委员会、共青团苏州大学委员会联合举办"青聚港城"校园大使选聘活动在学校独墅湖校区传媒学院演播厅举行。

22日

△ 学校党委理论学习中心组在天赐庄校区图书馆召开党史学习教育专题学习会。

23日　　　　△ 经研究决定，后勤管理处增设场馆管理中心，人员编制增加5名。后勤管理处增设副处长1名，兼任场馆管理中心主任；场馆管理中心设副主任1名，为正科职，设副科职干事1名。体育学院减少1个副院长岗位，撤销体育学院内设的学校体育与场馆管理办公室。后勤纪委增设正科职干事1名。能源学院增设学生工作办公室，设主任1名，为正科职。

　　　　　　△ 23—25日，由中国力学学会等离子体科学与技术专业委员会与中国物理学会等离子体物理分会共同主办，学校物理科学与技术学院承办的第二届低温等离子体基础研讨会暨第七届全国复杂等离子体物理研讨会在苏州举办。

24日　　　　△ 经研究决定，中国-葡萄牙文化遗产保护科学"一带一路"联合实验室为学校实体科研机构，不设行政建制，挂靠金螳螂建筑学院。聘任吴永发为该实验室主任。

　　　　　　△ 经研究决定，实验室与设备管理处设处长1名，为正处职；设副处长1名，为副处职；内设综合科、实验室建设管理科、技术安全科、仪器设备管理科，均为正科级建制。人员编制保持不变。撤销实验材料与设备管理中心。

　　　　　　△ 首届长三角播音与主持艺术专业人才教育研讨会在学校召开。

25日　　　　△ 学校网络安全工作专题会议在红楼115会议室召开。

　　　　　　△ 华为全球政府业务部总裁岳坤一行莅临学校调研。

　　　　　　△ 学校党委组织部组织开展"学习党史铭初心　淬炼本领开新局"——2021年专兼职组织员集中培训。

26日　　　　△ 学校传媒学院在苏州市吴江区平望镇召开"数字营销时代广告人才培养与一流专业、一流课程建设研讨会"。

　　　　　　△ 学校校长熊思东一行莅临国际合作交流处、港澳台办公室指导工作。

27日　　　　△ 经研究决定，成立苏州大学竞争政策与反垄断研究中心。该研究中心为人文社会科学基础研究类校级非实体科研机构，挂靠王健法学院，聘任周高为中心主任。

28日　　　　△ 经研究决定，即日起启用"苏州大学国际培训学院"印章。

　　　　　　△ 学校2021青年管理骨干培训班开班。

　　　　　　△ 学校"学党史、强信念、跟党走"五四特别团日活动暨"信仰公开课"示范课在天赐庄校区激光楼116室和WeLink客户端线下线上同步举行。

　　　　　　△ 苏州大学附属第二医院"科研门诊"正式揭牌。

29日　　　　△ 学校独墅湖校区体育馆与学生中心建设项目正式开工。

　　　　　　△ 上海市教卫工作党委书记沈炜一行莅临学校调研。

　　　　　　△ 苏州市外国专家局工作站实地考察专家组一行莅临学校，对学校医学部药学院前期申报的"John L. Waddington Office in China"苏州市外籍院士工作站进行实地考察。

4月

△ 学校陈林森研究员荣获第四届"杰出工程师奖"。

△ 学校医学部放射医学与防护学院高明远教授牵头项目"肿瘤多模态诊疗一体化探针相关基础研究"、光电科学与工程学院陈林森研究员牵头项目"双面纳米压印技术与高光效超薄导光器件的产业应用"和苏州大学附属儿童医院朱雪萍教授牵头项目"早产儿营养支持策略的创新及其并发症靶向治疗的转化应用"等3项成果获2020年度高等学校科学研究优秀成果奖（科学技术）。

△ 学校博士生导师、苏州大学附属第一医院内科主任、呼吸与危重症医学科主任黄建安教授入选"2020江苏教师年度人物"。

△ 学校医学部放射医学与防护学院高明远教授团队完成的"肿瘤多模态诊疗一体化探针相关基础研究"项目获2020年度高等学校科学研究优秀成果奖（科学技术）自然科学一等奖。

△ 学校康振辉教授、邵名望教授与刘阳教授合作在 Nature Communications 上发表论文。

△ 学校东吴智库调研基地揭牌仪式在太仓市双凤镇举行。

△ 由中国社会科学院《文学遗产》编辑部、学校文学院主办，苏州市唐文治国学研究会、虎丘书院协办的"无锡国专"与中国古代文学的教学与研究学术论坛在苏州金陵南林饭店召开。

△ 学校校长熊思东应邀访问澳门大学和澳门城市大学。

△ 学校领导班子在江苏省综合考核中获"优秀等次"。

△ 学校医学部放射医学与防护学院王殳凹教授荣获第25届"中国青年五四奖章"。

△ 第十届全国大学生金相技能大赛动员大会在学校沙钢钢铁学院3102会议室举行。

△ 学校获"苏州市反恐工作先进单位"荣誉称号。

△ 学校举办"学党史、强信念、跟党走"团干部思政技能大比武基层团支部书记专项赛。

△ 学校团委获评"2020年度江苏省共青团工作先进单位""2020年度苏州共青团工作先进单位"。

5 月

5日

△ 经研究决定，张克勤同志任纺织与服装工程学院院长，免去潘志娟同志纺织与服装工程学院院长职务。

6日

△ 经研究决定，即日起启用"中国-葡萄牙文化遗产保护科学'一带一路'联合实验室"印章。

△ 学校党史学习教育专题报告会在红楼学术报告厅举行。

7日	△ 原"中国共产党苏州大学委员会教师工作部"印章因年久使用，磨损严重，影响正常使用，现已重新刻制。经研究决定，即日起启用新制的"中国共产党苏州大学委员会教师工作部"印章，原印章停止使用。 △ 江苏省教育考试院施邦晖副院长一行莅临学校调研继续教育招考改革工作。
8日	△ 学校与百色市人民政府、右江民族医学院合作框架协议签约仪式在百色市举行。
9日	△ 9—14日，由江苏省委教育工委主办的第三十五期全省高校院（系）党政负责人培训在学校天赐庄校区举行。
10日	△ 学校学习"习近平总书记在清华大学考察时的重要讲话精神"座谈会在红楼217会议室召开。 △ 学校放射医学与辐射防护国家重点实验室"以核济世护健康"——全科技创新周暨实验室开放日活动入围2020年度"典赞·科普苏州"十大科普活动。 △ 南京理工大学钱学森学院张琨院长一行莅临学校敬文书院调研。
11日	△ 经研究决定，居颂光任苏州大学医学生物技术研究所所长。
12日	△ 学校2021年青年管理骨干培训班集中学习在天赐庄校区敬贤堂举行。 △ 苏州市人大常委会副主任周昌明一行莅临学校专题调研东吴智库建设情况。 △ 学校"大学生青年马克思主义者培养工程"精英人才计划第一次集中授课在炳麟图书馆学术报告厅举行。 △ 2019—2020学年三井住友银行奖学金颁奖典礼在红楼201会议室举行。 △ 生态环境部华东核与辐射安全监督站（华东站）莅临学校开展核与辐射安全管理工作调研与现场检查。 △ 学校东吴智库执行院长段进军教授带领东吴智库研究员团队赴恒力集团参观交流学习。 △ 学校印发《苏州大学研究生学业行为规范》《苏州大学研究生导师指导行为规范》《苏州大学全面推进一流研究生教育实施意见》《苏州大学国（境）外博士生联合培养管理办法（2021年修订）》。 △ 12—14日，住房和城乡建设部高等教育城乡规划专业评估委员会组织专家组对学校城乡规划专业开展专业评估入校考查。
13日	△ 经研究决定，谢岳同志任政治与公共管理学院院长。
14日	△ 学校党史学习教育领导小组会议在钟楼303会议室召开。 △ 学校学习"习近平总书记关于教育的重要论述"专题讲座在独墅湖校区举行。 △ 学校与姑苏区教育合作重点项目签约仪式在姑苏区政府举行。
15日	△ 学校纪念建校120周年活动表彰大会暨2021年校友返校日活动启

动仪式在恩玲艺术中心举行。

△ 由学校校友总会主办、学校苏州校友会承办的"东吴相对论——苏州大学·企业家高峰论坛"在苏州尼依格罗酒店116层举办。

△ 学校光学工程重点实验室举办2021年开放日。

16日

△ 苏州大学-香港新华集团座谈会暨战略合作备忘录签订仪式举行。

△ 中国国际"互联网+"大学生创新创业大赛苏州大学选拔赛决赛在炳麟图书馆学术报告厅举行。

17日

△ 学校印发《苏州大学征兵工作办法》。

18日

△ 学校辅导员"丹心"微党课评比决赛暨党史学习教育辅导员宣讲团成立仪式在敬贤堂举行。

19日

△ 学校纪委召开第二十五次全委(扩大)会暨全校纪检监察干部党史学习教育专题学习会。

△ 学校东吴智库与苏州市人大常委会研究室签署合作备忘录。

△ 学校2020—2021学年第二学期本科教学工作推进会在天赐庄校区激光实验楼116室召开。

△ 学校"学史明理,传承'真理火炬'"主题团日活动暨"信仰公开课"校级示范课在炳麟图书馆学术报告厅举行。

△ 学校印发《苏州大学校地共建产业技术研究院管理办法》《苏州大学关于支持科研团队建设新型研发机构管理办法》。

20日

△ 原"中国共产党苏州大学委员会党校"印章因年久使用,磨损严重,影响正常使用,现已重新刻制。经研究决定,即日起启用新制的"中国共产党苏州大学委员会党校"印章,原印章停止使用。

△ 学校食堂管理工作会议在天赐庄校区东区教工之家会议室召开。

△ 学校党委理论学习中心组党史学习教育专题学习会在钟楼303会议室召开。

△ 学校新任职、新提拔、新转岗中层干部集中廉政谈话会在红楼115会议室召开。

△ 徐州工程学院党委常委、副校长张宁一行莅临学校检查指导安全工作。

21日

△ 由学校图书馆主办的苏州大学2021年读书节系列活动之一"云手世界,太极风采——太极文化专题讲座"在红楼学术报告厅举行。

24日

△ 贵州医科大学罗鹏校长一行莅临学校调研。

25日

△ 江苏科技大学深蓝学院杨建超院长一行莅临学校敬文书院调研。

△ 学校国际培训学院2019级学生结业典礼在天赐庄校区(北区)工科楼一楼报告厅举行。

26日

△ 江苏省教育厅厅长、党组书记、江苏省委教育工委书记葛道凯一行莅临学校调研。

△ "同心铸辉煌——苏州大学统一战线庆祝中国共产党成立100周年艺术作品展开幕式暨江苏省高校统一战线同心教育实践基地"揭牌仪式在

学校博物馆举行。

△"讲红色故事，学百年党史"——庆祝中国共产党成立100周年演讲比赛在炳麟图书馆学术报告厅举行。

△学校党委书记江涌调研本部学生事务与发展大厅。

27日　△教育部思想政治工作司司长魏士强一行莅临学校调研。

△苏州大学2020年度优秀专职辅导员评选述职大会在红楼学术报告厅召开。

△共青团中央与江苏定点联系高校就业工作座谈会在学校红楼201会议室召开。

△学校与苏州工业园区艾思科技有限公司合作共建的"苏州大学—艾思科技电机驱动协同创新中心"揭牌仪式在阳澄湖校区举行。

△学校2021届本科毕业生就业工作推进会在凌云楼901会议室召开。

28日　△江苏省委教育工委党史学习教育第三巡回指导组莅临学校指导。

△学校离退休工作部部长、离休党工委书记余宏明参加江苏省离退休干部基层党建工作推进会并交流发言。

29日　△华东师范大学光华书院团委书记尹强一行莅临学校敬文书院调研。

30日　△学校举办"石榴花红心向党　青春逐梦我担当"民族文化节系列活动。

△学校放射医学与辐射防护国家重点实验室主办的"2021年全国科技活动周暨国家重点实验室开放日活动"开幕式在独墅湖校区举行。

31日　△经研究决定，即日起启用"苏州大学呼吸疾病研究所"印章。

△学校印发《苏州大学关于教师延长退休年龄暂行规定》。

△5月31日—6月2日，苏州市基层疫情防控能力提升项目实验室检测能力培训在学校举行。

5月　△学校机电工程学院孙立宁教授团队与新加坡国立大学电气与计算机工程系李正国教授团队合作研究成果以"Low cost exoskeleton manipulator using bidirectional triboelectric sensors enhanced multiple degree of freedom sensory system"为题在 Nature Communications 上发表，机电工程学院陈涛教授为共同通信作者。

△学校团委在全校范围内举办"学党史、强信念、跟党走"五四特别团日活动。

△河北正定中学、胶南第一高级中学、青岛市第十九中学、平度市第九中学、莱西市实验学校、随州市第一中学、随州市第二中学、郑州第九中学等8所中学成为学校优质生源基地。

△《苏州大学学报（哲学社会科学版）》入选《CSSCI来源期刊目录（2021—2022）》，《苏州大学学报（教育科学版）》和《苏州大学学报（法学版）》入选《CSSCI扩展版来源期刊目录（2021—2022）》。

6月

1日　　　△ 学校在职教职工和退休教职工两场健康体检工作座谈会在红楼201会议室召开。

△ 学校印发《苏州大学"高尚师德奖教金"实施办法》。

2日　　　△ 学校2021年度安全稳定工作会议在敬贤堂召开。

△ 经研究决定，调整苏州大学"双拥"工作领导小组成员，组长：王鲁沛。调整苏州大学本科招生领导小组成员，组长：王鲁沛。调整苏州大学体育运动委员会成员，主任：王鲁沛。调整苏州大学辐射防护领导小组成员，组长：张晓宏。调整苏州大学实验动物管理委员会成员，主任：张晓宏、陈卫昌。调整苏州大学计划生育委员会成员，组长：姜建明。调整苏州大学防汛防灾领导小组成员，组长：姜建明。调整苏州大学公用房管理工作领导小组成员，组长：姜建明、周高。调整苏州大学基本建设与维修改造工程管理委员会成员，主任：姜建明。调整苏州大学艾滋病防控工作领导小组成员，组长：王鲁沛。调整苏州大学医改领导小组成员，组长：姜建明。调整苏州大学爱国卫生工作委员会成员，主任：姜建明。调整苏州大学绿化委员会成员，主任：姜建明。调整苏州大学《本科教学质量报告》编制工作小组成员，组长：姚建林。调整苏州大学实验教学示范中心建设领导小组成员，组长：姚建林。调整苏州大学全国大学外语四、六级考试工作领导小组成员，组长：姚建林。调整苏州大学语言文字工作委员会委员成员，主任：姚建林。调整苏州大学推免生遴选工作领导小组成员，组长：姚建林。调整苏州大学实验室生物安全指导委员会成员，主任：张晓宏、陈卫昌。调整苏州大学图书情报委员会成员，主任：姚建林。调整苏州大学全日制本科生奖助学金工作领导小组成员，组长：王鲁沛。调整苏州大学研究生奖助学金工作领导小组成员，组长：沈明荣。调整苏州大学政府会计制度实施领导小组、工作小组成员，组长：周高。调整苏州大学食堂管理委员会成员，主任：姜建明。调整苏州大学深化后勤社会化改革工作小组成员，组长：姜建明、周高。调整苏州大学养老保险制度改革工作领导小组成员，组长：姜建明。调整苏州大学科研平台建设管理委员会成员，主任：张晓宏。调整纳米科技协同创新中心管理委员会成员，主任：张晓宏。调整血液学协同创新中心管理委员会成员，主任：张晓宏。调整放射医学协同创新中心管理委员会成员，主任：张晓宏。

△ 经研究决定，撤销苏州大学信息化建设工作领导小组、苏州大学大学生创新性实验训练计划领导小组、苏州大学大学生创新性实验计划专家委员会、苏州大学"卓越工程师教育培养计划"工作领导小组、苏州大学教学委员会、苏州大学本科课程改革与建设领导小组、苏州大学全日制本科生奖学金管理委员会、苏州大学MPA教学指导委员会、苏州大学非

全日制攻读硕士学位全国统一考试保密及考试工作领导小组、苏州大学学术道德规范工作领导小组、苏州大学研究生国家奖学金评审工作领导小组、苏州大学贯彻新高等学校会计制度工作领导小组、苏州大学博物馆馆务委员会、苏州大学"小金库"治理工作领导小组等14个非常设机构。

3日　　　△ 江苏省人大常委会副主任、江苏省社科联主席曲福田一行莅临学校调研。

△ 学校印发《苏州大学审计整改工作实施办法（2021年修订）》《苏州大学内部审计工作规定（2021年修订）》《苏州大学领导干部经济责任审计办法（2021年修订）》。

4日　　　△ 学校政治与公共管理学院政治科学系成立大会在独墅湖校区举行。

△ 学校"东吴大师讲坛"第七讲在独墅湖校区炳麟图书馆报告厅举行。

△ 4—6日，由江苏省教育厅、江苏省高等教育学会指导，江苏高校外语教学研究会、外语教学与研究出版社华东信息中心共同主办，学校东吴学院、外国语学院共同承办的2021年外研社"教学之星"大赛江苏赛区半决赛和决赛在学校举办。

5日　　　△ 学校东吴智库2021年重点课题推进会在南京召开。

△ 学校组织开展第三届课程思政课堂教学竞赛。

6日　　　△ 学校"永远跟党走"庆祝建党100周年师生大合唱比赛在独墅湖校区恩玲艺术中心举办。

△ 6—8日，教育部高等教育教学评估中心委托中国工程教育专业认证协会组织专家组对学校"电子信息工程""交通运输"两个专业进行联合认证现场考查。

7日　　　△ 经研究决定，调整苏州大学招生委员会成员，主任：熊思东。调整苏州大学化解基本建设债务工作领导小组成员，组长：江涌、熊思东。调整苏州大学内部控制建设监督检查工作小组成员，组长：熊思东。调整苏州大学财经领导小组成员，组长：熊思东。调整苏州大学档案工作委员会成员，主任：熊思东。调整苏州大学校园规划建设委员会成员，主任：熊思东。调整苏州大学校园建设工作小组成员，组长：姜建明。调整苏州大学建设节约型校园工作领导小组成员，组长：熊思东。调整苏州大学健康教育领导小组成员，组长：江涌。调整苏州大学公共卫生工作领导小组成员，组长：熊思东。调整苏州大学"箐政基金"管理委员会成员，主任：熊思东。调整苏州大学"箐政基金"评选委员会成员，主任：姚建林。调整苏州大学本科专业建设委员会成员，主任：熊思东。调整苏州大学建行奖教金管理委员会成员，主任：熊思东。调整苏州大学周氏教育科研奖管理委员会成员，主任：周薇薇、熊思东。调整苏州大学教职工奖励管理委员会成员，主任：熊思东。调整苏州大学实验室安全工作委员会成员，主任：江涌、熊思东。调整苏州大学实验室安全检查领导小组成员，组长：江涌、熊思东。调整苏州大学创新创业教育改革领导小组成员，组长：熊思东。调整苏州大学学科建设与发展领导小组成员，组长：熊思东。调整苏州大学研究生就业指导工作委员会成员，主任：江涌、熊思东。调整苏州大学研究生招生工作领导小组成员，组长：熊思东。调整苏州大学全日制本科生就业指导委员会成员，主任：江涌、熊思东。调整苏州大学内部控制建设领导小组、工作小组成员，组长：熊思东。调整苏州大学绩效工资实施工作领导小组成员，组长：熊思东。调整苏州大学知识产权管理委员会成员，主任：熊思东。调整苏州大学科技成果转移转化领导小组成员，组长：熊思东。

△ 经研究决定，成立苏州大学—艾思科技电机驱动协同创新中心，挂靠轨道交通学院，聘任杨勇副教授担任该协同创新中心主任。

8日

△ 学校党史学习教育"我为群众办实事"专题会议在红楼115会议室召开。

△ 原"苏州大学工程训练中心"印章因年久使用，磨损严重，影响正常使用，现已重新刻制。经研究决定，即日起启用新制的"苏州大学工程训练中心"印章，原印章停止使用。

9日

△ "青春献礼祖国，吹响出征号角"——苏州大学2021年研究生支教团、西部计划、苏北计划出征仪式在天赐庄校区博远楼301室召开。

△ 学校举办党员领导干部党史学习教育专题读书班暨保密教育培训会。

10日

△ 经研究决定，修改规范性文件102份，废止规范性文件208份。

△ 经研究决定，成立苏州大学—金庭生态涵养大数据协同创新中心，挂靠计算机科学与技术学院，聘任王宜怀教授担任该协同创新中心主任。

△ 学校审计工作会议在红楼学术报告厅举行。

△ 江苏省人力资源和社会保障厅党组成员、副厅长朱从明一行莅临学校调研。

11日

△ 学校印发《苏州大学深化实验室安全综合治理实施方案》。

△ 学校党委副书记王鲁沛一行赴陕慰问"惠寒"研究生支教团。

△ 2021年藤原信光先生捐赠书籍仪式在学校敬文书院内苑积学书房举行。

15日

△ 经研究决定，成立苏州大学—苏州凯航电机有限公司无刷电机风机联合研发中心，该研发中心为学校与企业合作共建科研平台，聘任耿文骥为研发中心主任。

△ 学校党委理论学习中心组学习会在钟楼303室召开。

△ 学校安全工作专题会议在红楼217会议室召开。

16日

△ 经研究决定，成立苏州大学未来校区项目建设领导小组，第一组长：李铭（吴江区委书记），江涌（苏州大学党委书记）；组长：王国荣（吴江区委副书记、区长），熊思东（苏州大学校长）。

成立综合协调组，组长：钱宇（吴江区委常委、区政府副区长），陈建忠（吴江区政府副区长），吉伟（吴江区政府副区长），沈明荣（苏州大学党委常委、副校长)。

成立学科设置组,组长:汤卫明(吴江区政府副区长),沈明荣(苏州大学党委常委、副校长),姚建林(苏州大学党委常委、副校长)。

成立规划建设组,组长:朱建文(吴江区政府副区长),姜建明(苏州大学党委常委、副校长),沈明荣(苏州大学党委常委、副校长)。

△ 学校举办党史学习教育专题党课和主题宣讲。

△ 学校举办"奋斗百年路,启航新征程"党史知识竞赛。

△ 学校召开后勤物业管理工作会议。

△ 由共青团中央、全国青联主办,共青团江苏省委、江苏省青联承办,学校协办的中国·江苏"青年五四奖章"获得者事迹分享会暨苏州大学"信仰公开课"示范课在阳澄湖校区图书馆报告厅举行。

△ 江苏省委教育工委党史学习教育第三巡回指导组副组长、江苏联合职业技术学院原院长晏仲超一行莅临学校,开展党史学习教育巡回指导。

17日

△ 学校2021届毕业生恳谈会在红楼会议中心举行。

△ 2021年江苏高校协同创新中心管理委员会在红楼会议中心召开。

18日

△ 经研究决定,授予张鹏等54名七年制临床医学专业毕业生医学专业硕士学位。

△ 经研究决定,授予学术学位研究生徐正兴等3人哲学博士学位,丁彩霞等13人法学博士学位,卢凤等10人教育学博士学位,王福来等13人文学博士学位,申海涛等2人历史学博士学位,肖淳等66人理学博士学位,蒋周颖等48人工学博士学位,张云山等2人农学博士学位,李华善等77人医学博士学位,邵巍巍等4人艺术学博士学位,授予专业学位研究生庞昆等135人临床医学博士学位。

△ 经研究决定,授予学术学位研究生李子林等12人哲学硕士学位,刘逗逗等18人经济学硕士学位,蒋姗姗等89人法学硕士学位,类玉洁等66人教育学硕士学位,徐飞等90人文学硕士学位,刘辰等15人历史学硕士学位,马泽涛等435人理学硕士学位,李朝琪等355人工学硕士学位,王从梅等6人农学硕士学位,张晓春等185人医学硕士学位,韩慧茹等73人管理学硕士学位,赵姝颖等35人艺术学硕士学位。

授予专业学位研究生刘真铭等61人金融硕士学位,余冰冰等20人应用统计硕士学位,余敏杰等8人税务硕士学位,吉靓等10人国际商务硕士学位,顾峰等173人法律硕士学位,王妍等27人社会工作硕士学位,掌明星等203人教育硕士学位,孙跃等66人体育硕士学位,杨长元等53人汉语国际教育硕士学位,王秦雨等37人应用心理硕士学位,郑子怡等48人翻译硕士学位,吴晨琛等62人新闻与传播硕士学位,张银虎等12人出版硕士学位,韩润民等447人工程硕士学位,魏旭等7人农业硕士学位,杨洁等33人风景园林硕士学位,尹德佩临床医学硕士学位,陈玮绚等33人公共卫生硕士学位,崔伶伶等44人护理硕士学位,周静雅等42

人药学硕士学位，冯岳等209人工商管理硕士学位，杨珮梦等184人公共管理硕士学位，王若浩等130人会计硕士学位，许灵敏等120人艺术硕士学位。

授予同等学力人员顾莉等124人医学硕士学位。

△广西壮族自治区妇女联合会副主席、党组副书记、一级巡视员陈映红一行莅临学校调研。

△学校2021届选调生座谈会在红楼会议中心召开。

△学校2021届毕业生校友联络员聘任仪式暨工作培训会在天赐庄校区本部学术报告厅举行。

△学校安全稳定工作会议在红楼115会议室召开。

19日　△国家社会科学基金重大招标项目"近代以来至二战结束期间日本涉华宣传史料的整理与研究"开题报告会在学校举办。

20日　△学校传媒学院主办的"数字化转型与城市艺术传播"研讨会暨苏州大学网络视听创研中心成立仪式于西交利物浦国际会议中心举行。

21日　△学校举行"光荣在党50年"纪念章颁发仪式。

22日　△学校举行2021年毕业典礼暨学位授予仪式。

△学校阳澄湖校区专场毕业音乐会在恩玲艺术中心举行。

△学校2021届毕业生毕业—就业"双业联动"主题活动在独墅湖校区"云中苏大"会议室举行。

△学校传媒学院举办的"书信鉴党史"诵演活动在学院1号演播厅举行。

23日　△学校党委理论学习中心组召开专题学习会。

△学校教育学院与拉萨师范高等专科学校开展"联学联讲党史，共话教育发展"活动。

△学校材料与化学化工学部与昆山张浦镇开展产学研对接活动。

△由学校电子信息学院承办的首届光连接前沿科技青年论坛在金鸡湖国际会议中心举办。

25日　△由江苏省委宣传部指导，共青团江苏省委和江苏省广播电视总台主办，学校承办的青年学党史大型全媒体系列活动"青年讲师团全省行——'百年党史青春说'苏州大学站活动"在敬贤堂举行。

△学校东吴智库、苏州市发展规划研究院联合举办第三届长三角一体化战略研讨会。

△学校放射医学与辐射防护国家重点实验室助力企业抗疫，获中国同位素与辐射行业协会表彰。

△学校机关党工委"光荣在党50年"纪念章颁发仪式暨"两优一先"表彰总结会在红楼217会议室举行。

△学校团干部增能计划暨团干部工作会议在博习楼327会议室举行。

△学校印发《苏州大学实验学校校级干部管理暂行办法》。

△25—28日，由学校政治与公共管理学院、马克思主义学院共同主

办，苏州大学老挝-大湄公河次区域国家研究中心承办的"第三届苏州大学老挝-大湄公河次区域（GMS）国家研究高层论坛"在苏州举办。

28 日 △"伟大征程"——苏州大学庆祝中国共产党成立 100 周年交响音乐会在独墅湖校区恩玲艺术中心音乐厅举办。

△ 学校印发《苏州大学"美德学生奖学金"实施办法》。

△ 学校党委获"全国先进基层党组织"称号。

△ 江苏省安全生产第五督导组代表江苏省委、省政府莅临学校检查实验室安全管理情况。

29 日 △ 学校公布《苏州大学学位评定委员会章程（2021 年修订）》。

△ 第九届全国高校数字艺术设计大赛（NCDA）江苏赛区评审专家委员成立大会在学校独墅湖校区炳麟图书馆学术报告厅举行。

△ 学校第七期东吴智库思享汇在凌云楼智库会议室举行。

30 日 △ 学校 2020—2021 学年第二学期第二次本科教学工作推进会在红楼 217 会议室召开。

6 月 △ 学校研究生院获江苏高校 2020 年度研究生教育工作综合评价 A 等次。

△ 由学校离休党工委、群团与直属单位党工委、档案馆、关工委和博物馆 5 家单位联合主办的"星火燎原——苏州大学红色记忆展"在博物馆司马德体育馆二楼临展厅开展。

△ 学校国家大学科技园获江苏省科技企业孵化器绩效评价优秀等第。

△ 由学校化学电源研究所参与修订的 8 项国内外标准获批发布。

△ IBMS 熊思东教授课题组在药物递送领域顶刊 *Journal of Controlled Release* 在线发表了针对靶向治疗 COVID-19 的最新研究成果。

△ 学校马韬老师团队研制的避障相机、导航地形相机地面模拟器，为"天问一号"探测器火星车 GNC 地面测试设备研制做出贡献。

7 月

1 日 △ 经研究决定，调整学校第十届理工学部学位评定委员会成员，主席：袁银男。调整纺织与服装工程学院学位评定分委员会成员，主席：张克勤。调整材料与化学化工学部学位评定分委员会成员，主席：张正彪。

△ 学校党委学习贯彻习近平总书记在庆祝中国共产党成立 100 周年大会上的重要讲话精神座谈会在红楼会议中心召开。

△ 经研究决定，调整新型城镇化与社会治理协同创新中心管理委员会成员，主任：张晓宏。

2 日 △ 原"血液学协同创新中心"印章因年久使用，磨损严重，影响正常使用，现已重新刻制。经研究决定，即日起启用新制的"苏州大学血液学协同创新中心"印章，原印章停止使用。

△ 经研究决定，冯博同志任东吴商学院院长。

△ 学校举行《新时代苏州大学基层党建的创新与实践》及"苏州大学红色党建网络"发布仪式。

△ 经研究决定，调整江苏高校协同创新中心负责人。李述汤院士任江苏高校纳米科技协同创新中心主任，阮长耿院士任江苏高校血液学协同创新中心主任，柴之芳院士任江苏高校放射医学协同创新中心主任，钱振明同志任江苏高校新型城镇化与社会治理协同创新中心主任。

△ 学校党委常委会召开学习贯彻习近平总书记在庆祝中国共产党成立100周年大会上的重要讲话精神专题学习会。

△ 学校艺术学院方敏教授申报的"中国品牌形象设计与国际化发展研究"获国家社会科学基金艺术学重大项目立项。

△ 学校印发《苏州大学师德专题教育实施方案》。

5日　　△ 经研究决定，成立苏州大学—亨通未来信息与人工智能研究院，该研究院为学校与企业合作共建的科技创新、人才培养、社会服务平台，聘任沈纲祥为该研究院院长。

△ 苏州大学—扬州市江都区人民政府合作框架协议签约仪式在红楼学术报告厅举行。

△ 学校团委学习贯彻习近平总书记在庆祝中国共产党成立100周年大会上的重要讲话精神座谈会在红楼会议中心召开。

△ 经研究决定，成立苏州大学常州老年病研究所，为学校与附属常州老年病医院合作共建科研平台，聘任张增利为该研究所所长。

6日　　△ 学校召开期末暨暑期安全工作（扩大）会议。

7日　　△ 江苏省教育厅、江苏省卫生健康委员会、苏州市人民政府与学校共建苏州大学苏州医学院及附属医院签约仪式在独墅湖校区金螳螂建筑学院学术交流中心举行。

△ 校党委理论学习中心组学习习近平总书记在庆祝中国共产党成立100周年大会上的重要讲话精神专题学习会在钟楼303会议室召开。

△ 学校师德专题教育动员部署会在红楼学术报告厅举行。

△ 学校2021年优秀青年学者聘任仪式在红楼学术报告厅举行。

△ 学校东吴智库发布"法治力指数""文化力指数"和中国100个主要城市"法治力""文化力"排行榜，举行了《法治力：基层社会治理法治化的苏州样本》《文化力：苏州古城保护的价值》新书首发。

△ 学校出版社国家出版基金资助项目——八卷本《祝嘉书学论著全集》新书发布会暨"祝嘉风骨"学术对话活动在苏州国际博览中心第十一届江苏书展中心舞台举行。

8日　　△ 经校党委研究并报苏州市委同意，召开苏州大学出席苏州市第十三次党代会代表选举大会。

△ 学校纪委第二十六次全委（扩大）会暨全校纪检监察干部培训会

在继续教育处 205 会议室召开。

△ 学校生物医学研究院周芳芳教授课题组在国际知名学术期刊 *Nature Cell Biology* 上发表了拮抗 SARS-CoV-2 衣壳蛋白（nucleocapsid protein，NP）的液液相分离以提升抗病毒天然免疫的研究成果 "Targeting liquid-liquid phase separation of SARS-CoV-2 nucleocapsid protein promotes innate antiviral immunity via elevating MAVS activity"。

9 日 △ 学校团委召开团干部增能计划之集中学习贯彻习近平总书记"七一"重要讲话精神专题座谈会暨学期工作总结会。

△ "永远跟党走　奋进新时代"苏州大学 2021 年暑期社会实践出征仪式在红楼学术报告厅举行。

△ 由学校与相城区人民政府、著名科普公众号"知识分子"、苏州市科学技术协会联合主办的首届"赛先生"科学传播苏州论坛暨科学与医学公共传播奖颁奖典礼在苏州举行。

△ 学校 2021 年本科招生录取工作启动。

10 日 △ 中国科学院院士、中国科学技术协会名誉主席韩启德一行莅临学校调研。

△ 学校印发《苏州大学立德树人之本科生成长陪伴计划指导方案》《苏州大学教职工申诉处理暂行办法》。

11 日 △ 学校印发《苏州大学师德考核评价实施办法》。

12 日 △ 学校 2021 年青年管理骨干培训班结业仪式在红楼会议中心学术报告厅举行。

13 日 △ 经研究决定，钱万里同志任图书馆馆长，免去唐忠明同志图书馆馆长职务。

14 日 △ 江苏高校新型城镇化与社会治理协同创新中心发展战略研讨会暨首席科学家和主任聘任仪式在学校举行。

16 日 △ 经研究决定，免去沈学伍同志医学部基础医学与生物科学学院党委书记职务。

△ 学校副校长姜建明带队检查暑期后勤安全保障工作。

△ 经研究决定，成立苏州大学—赛伍技术生命健康协同创新中心，挂靠纺织与服装工程学院，聘任吕强教授担任该协同创新中心主任。

△ 经研究决定，成立苏州大学—东菱振动新型电气装备协同创新中心，挂靠轨道交通学院，聘任杨勇副教授担任该协同创新中心主任。

17 日 △ 学校附属理想眼科医院加入全国大学生近视防控宣讲团联盟。

19 日 △ 民盟苏州大学委员会第五次代表大会在红楼会议中心举行。

20 日 △ 经研究决定，授予徐薛晗等 406 名成人高等教育本科毕业生学士学位。

△ 经研究决定，授予陈冠英等 11 名高等教育自学考试本科毕业生学士学位。

△ 经研究决定，撤销武博工学学士学位。

	△ 学校"东吴杯"第十届全国中学生辩论赛落幕。
	△ 学校印发《〈苏州大学本科生出国（境）交流经费资助实施细则（2017年修订）〉的补充规定》。
21日	△ 学校与苏州长光华医生物医学工程有限公司正式签署院企合作协议。
22日	△ 学校印发《苏州大学关于深化后勤社会化改革的实施意见》。
23日	△ 经研究决定，聘任陈文亮教授为苏州大学人类语言技术研究所所长，免去张民教授苏州大学人类语言技术研究所所长职务。
	△ 经研究决定，聘任孙靖宇教授为江苏省先进碳材料与可穿戴能源技术重点实验室主任，免去彭扬教授江苏省先进碳材料与可穿戴能源技术重点实验室主任职务。
	△ 经研究决定，成立苏州大学信息材料与电子对抗研究中心，为校级非实体性科研机构，挂靠电子信息学院，聘任羊箭锋担任该研究中心主任。
	△ 学校防汛防灾工作会议在红楼201会议室召开。
25日	△ 经研究决定，张正彪同志任材料与化学化工学部主任。
26日	△ 经研究决定，授予张希等350名双学位专业学生学士学位。
	△ 经研究决定，授予林梦晗等6 055名2021届普通高等教育全日制本科毕业生学士学位。
	△ 经研究决定，授予TOULAPHANH PHETSAKHONE等63名外国留学本科毕业生学士学位。
27日	△ 经研究决定，调整学校第十届相关学部学位评定委员会及相关院（部、所、中心）学位评定分委员会成员：
	苏州大学第十届学部学位评定委员会人文社会科学学部，主席：张晓宏；苏州大学第十届学部学位评定委员会理工学部，主席：袁银男；政治与公共管理学院学位评定分委员会，主席：谢岳。
	△ 经研究决定，成立苏州大学—帕拉森丝素蛋白载药给药协同创新中心，挂靠纺织与服装工程学院，聘任卢神州教授担任该协同创新中心主任。
28日	△ 经研究决定，授予学术学位研究生沈怡佳教育学硕士学位，王新佳等21人理学硕士学位，朱峰极等8人工学硕士学位，许琦等8人医学硕士学位，邢道航艺术学硕士学位。
	授予专业学位研究生叶天等2人金融硕士学位，谢红霞教育硕士学位，唐旭斌等8人体育硕士学位，严思佳汉语国际教育硕士学位，陈颖思等2人风景园林硕士学位，王晓飞等10人临床医学硕士学位。
	△ 经研究决定，授予学术学位研究生秦琦峰教育学博士学位，王莹文学博士学位，马亮理学博士学位，张倩等2人医学博士学位。
	△ 经研究决定，授予张稼辛医学专业硕士学位。
30日	△ 沈新鲁先生捐赠签约仪式在学校红楼会议中心举行。

31日	△ 学校2021年全日制普通本科招生录取工作结束。
7月	△ 学校召开统一战线学习习近平总书记在庆祝中国共产党成立100周年大会上的重要讲话精神座谈会。
	△ 学校获全国第十四届学生运动会"校长杯"。
	△ 学校科学技术研究部获评"首届江苏省科技创新发展奖先进单位（集体）"。
	△ 学校国家大学科技园运营的苏州大学大学生创业孵化基地获评"苏州市A级创业孵化基地"。
	△ 学校财务处研发一门式财务智能服务平台。
	△《苏州大学学报（哲学社会科学版）》《苏州大学学报（教育科学版）》获评"最受欢迎期刊"。
	△ 学校沈为民研究员团队为"风云四号B星"快速成像仪研制做出贡献。
	△ 学校功能纳米与软物质研究院马万里教授、刘泽柯副教授合作在 Nature communications 上发表题为"The effect of water on colloidal quantum dot solar cells"的论文。
	△ 学校功能纳米与软物质研究院刘庄教授、冯良珠副研究员合作在 Nature communications 上发表题为"Tumor-killing nanoreactors fueled by tumor debris can enhance radiofrequency ablation therapy and boost antitumor immune responses"的论文。
	△ 学校王国燕教授在科技艺术顶刊 Leonardo 上发表题为"A computational study of empty space ratios in Chinese landscape painting from 618-2011"的论文。

8月

1日	△ 经研究决定，组建未来科学与工程学院，为学校直属二级学院，正处级建制。成立未来科学与工程学院党委，设党委书记1名、党委副书记1名。同时，成立工会、共青团等群团组织。学院设院长1名、副院长2—3名。学院内设综合办公室、教学科研办公室、学生工作办公室、团委等4个科级机构，行政管理人员编制暂定6名，专职辅导员编制按规定配备。学院可根据教学科研工作需要，内设教学机构、科研机构和学术支撑机构。学院建立学术委员会、学位评定委员会，按学校有关规定组建和开展工作。
2日	△ 经研究决定，授予冯钰捷等15名普通高等教育全日制本科毕业生学士学位。
	△ 学校召开疫情防控领导小组办公室会议。

3日	△ 经研究决定，启用"苏州大学江苏省临床免疫学重点实验室"印章。
	△ 学校党委书记江涌、校长熊思东带队检查学校疫情防控工作。
6日	△ 接中共江苏省委通知（苏委〔2021〕431号）：免去芮国强同志的苏州大学纪委书记、党委常委、委员职务。
	△ 经研究决定，成立苏州大学麻醉学研究所，为校级非实体性科研机构，挂靠苏州大学附属第一医院，聘任嵇富海担任该研究所所长。
	△ 经学校研究决定，成立苏州大学民办教育研究中心，为基础研究类校级非实体科研机构，挂靠教育学院，聘任王一涛为该研究中心主任。
10日	△ 经研究决定，曹永罗同志任数学科学学院院长，免去张影同志数学科学学院院长职务。
12日	△ 接中共江苏省委组织部通知（苏组干〔2021〕295号）：免去周玉玲同志的苏州大学党委常委、委员职务。
	△ 经研究决定，免去周玉玲同志党委组织部部长及其兼任的校内其他职务，免去胡剑凌同志电子信息学院党委书记及其兼任的校内其他职务。
	△ 经研究决定，免去芮国强同志巡察工作领导小组办公室主任及其兼任的校内其他职务。
	△ 经研究决定，吉伟同志任未来科学与工程学院党委书记。
14日	△ 经研究决定，免去高雷同志物理科学与技术学院院长及其兼任的职务。
16日	△ 江苏省委常委、苏州市委书记许昆林一行莅临学校调研。
17日	△ 第二十七次全国高校党的建设工作会议在北京召开，学校党委做交流发言。
19日	△ 学校党委常委会召开传达学习第二十七次全国高校党的建设工作会议精神专题会议。
20日	△ 经研究决定，成立苏州大学—和谦体育工程研发中心，为学校与企业合作共建科研平台，聘任雍明为该研发中心主任。
	△ 学校艺术学院李海明（李正）教授申报的"江浙沪高校博物馆馆藏清代苏绣服饰研究"（项目批准号21BB034，一般项目）、文学院束霞平教授申报的"清代皇家仪仗用具研究"（项目批准号21BG106，一般项目）、文学院艾立中教授申报的"民国戏曲同业组织与戏曲生态之关系研究"（项目批准号21BG124，一般项目）获国家社会科学基金艺术学项目立项。
	△ 学校印发《苏州大学顶尖人才（自然学科）培育工程实施办法（试行）》。
23日	△ 经研究决定，授予专业学位研究生陈月等408人临床医学硕士专业学位。
	△ 23—24日，学校召开第六次发展战略研讨会及干部大会第一阶段会议。

24 日 △ 学校"百名学子看百企"理论宣讲与实践调研团队赴央企中建四局六公司江苏分公司开展理论宣讲与实践主题活动。

25 日 △ 经研究决定,中国特色城镇化研究中心为学校直属实体性科研机构,不设行政建制,聘任钱振明同志为该中心主任。

△ 经研究决定,授予段玉冰医学专业硕士学位。

△ 接中共江苏省纪委、江苏省监委通知(苏纪干〔2021〕38 号):免去芮国强同志省监委派驻苏州大学监察专员职务。

△ 学校"百名学子看百企"理论宣讲与实践调研团队赴航空工业长风(苏州长风航空电子有限公司)开展理论宣讲与实践调研系列活动。

26 日 △ 经研究决定,授予学术学位研究生张潆深法学硕士学位,周岩等 12 人理学硕士学位,嵇锦鹏等 12 人工学硕士学位,樊钱海等 10 人医学硕士学位。

授予专业学位研究生程千千等 9 人法律硕士学位,李香香等 3 人教育硕士学位,房若山等 3 人汉语国际教育硕士学位,林雅萍等 2 人工程硕士学位,刘子宁等 6 人临床医学硕士学位,林晨药学硕士学位,姚洋艺术硕士学位。

授予同等学力人员徐钰锋法学硕士学位,吕莹等 2 人医学硕士学位。

△ 经研究决定,授予学术学位研究生刘超等 2 人哲学博士学位,裴梓婷经济学博士学位,戴玥等 2 人理学博士学位,高亮等 2 人医学博士学位,商燕劼管理学博士学位。

27 日 △ 经研究决定,启用"中共苏州大学未来科学与工程学院委员会"印章。

29 日 △ 经研究决定,茅海燕同志任党委研究生工作部部长,吴鹏同志任纳米科学技术学院党委书记,何峰同志任苏州医学院基础医学与生物科学学院党委书记。免去吴雪梅同志党委研究生工作部部长职务、洪晔同志纳米科学技术学院党委书记职务。

△ 经研究决定,洪晔同志任校长办公室主任兼数据资源管理办公室主任,吴雪梅同志任物理科学与技术学院院长。免去吴鹏同志校长办公室主任兼数据资源管理办公室主任职务。

30 日 △ 经研究决定,启用"苏州大学未来科学与工程学院"印章。

△ 经研究决定,成立苏州大学—德龙激光智能制造信创软件协同创新中心,挂靠计算机科学与技术学院,聘任赵雷教授担任该协同创新中心主任。

31 日 △ 学校"百名学子看百企"理论宣讲与实践调研团队赴苏州市无锡商会开展商会会员企业党建高质量引领企业发展高质量专题调研活动。

8 月 △ 学校高雷、徐亚东教授团队在 *Nature communications* 上发表题为"Geometry symmetry-free and higher-order optical bound states in the continuum"的研究论文。

△ 学校放射医学与辐射防护国家重点实验室博士后团队在美国化学

会旗舰期刊 ACS Central Science 上发表题为"Task-specific tailored cationic polymeric network with high base-resistance for unprecedented 99TcO4-cleanup from alkaline nuclear waste"的论文。

△ 学校能源学院晏成林教授在 Nat. Catalysis 上发表绿色低碳合成氨新进展相关论文。

△ 学校获第十四届全国大学生节能减排大赛优秀组织奖。

9 月

1 日 △ 学校校长熊思东一行到应用技术学院调研。

3 日 △ 3—4 日，学校召开第六次发展战略研讨会及干部大会第二阶段会议。

6 日 △ 高文彬先生书籍史料捐赠仪式在学校博物馆三楼会议室举行。

△ 学校传媒学院程曦和王国燕教授在 Nature 旗下的 SSCI 健康政策和服务领域一区期刊 Health Research Policy and Systems 上发表题为"Coevolution of COVID-19 research and China's policies"的论文。

7 日 △ 中国共产党苏州大学第十二届委员会第十三次全体会议在红楼 217 会议室召开。

8 日 △ 江苏国泰华盛实业有限公司朱荣华总经理一行莅临学校调研。

△ 学校党委常委、副校长姚建林莅临艺术学院调研。

9 日 △ 学校庆祝第 37 个教师节表彰大会暨教职工荣休仪式在敬贤堂召开。

△ 学校庆祝第 37 个教师节教师座谈会在红楼会议中心召开。

△ 苏州市委常委、统战部部长姚林荣一行莅临苏州大学附属第一医院调研。

△ 学校印发《苏州大学 2021 年度工作要点（补充部分）》。

10 日 △ 学校本科学生工作会议在红楼学术报告厅召开。

△ 学校党委常委、副校长姚建林莅临敬文书院调研。

△ 学校省部共建放射医学与辐射防护国家重点实验室被授予"江苏省教育系统先进集体"称号。

△ 学校印发《苏州大学推荐优秀应届本科毕业生免试攻读研究生工作实施办法（2021 年修订）》《2021—2022 学年度第一学期双周三下午政治学习和组织活动安排表》。

11 日 △ 学校巴斯德学院吴小惠教授课题组在国际著名期刊 Nucleic Acids Research 上发表题为"scAPAdb：a comprehensive database of alternative polyadenylation at single-cell resolution"的研究论文。

12 日 △ 学校印发《苏州大学铸牢中华民族共同体意识教育实践活动实施办法》《党委常委会工作报告》。

| 13 日 | △ 学校功能纳米与软物质研究院刘庄教授获第三届"科学探索奖"。
△ 学校党委书记江涌、校长熊思东在博远楼 360 教室在线为 2021 级新生专题讲授"大学第一课"。 |
| 14 日 | △ 江苏省委常委、苏州市委书记许昆林一行莅临学校未来校区调研。
△ 学校团委召开团干部增能计划专题培训暨团委书记工作会议。
△ 学校纪委第二十七次全委(扩大)会在红楼会议中心召开。
△ 学校民主党派和统战团体负责人会议在红楼会议中心召开。
△ 学校招生就业处召开新学期工作会议。
△ 学校校长熊思东一行莅临东吴学院调研。
△ 深圳市委统战部副部长唐向群一行莅临学校调研。
△ 学校印发《2021—2022 学年度第一学期苏州大学党委理论学习中心组学习计划》。 |
| 15 日 | △ 学校继续教育处召开新学期全体教职工大会。 |
| 16 日 | △ 经研究决定,成立苏州大学—帕诺米克代谢组学协同创新中心,挂靠苏州医学院公共卫生学院,聘任张永红教授担任该协同创新中心主任。 |
| 17 日 | △ 澳门城市大学校长刘骏莅临学校调研。
△ 澳门科技大学校长李行伟一行莅临学校调研。 |
18 日	△ 经研究决定,成立苏州大学—元德维康出血性疾病诊断技术研发中心,为学校与苏州元德维康生物科技有限公司合作共建科研平台,聘任何杨为该研发中心主任。
20 日	△ 中共苏州大学委员会印发《关于在全校党员干部中开展"两在两同"建新功行动的实施方案》。
22 日	△ 学校党委理论学习中心组党史学习教育第三期专题读书班暨中心组学习会在阳澄湖校区举行。
23 日	△ 苏州大学附属第二医院浒关院区二期项目开工奠基。
△ 学校党委常委、副校长姚建林莅临纺织与服装工程学院调研。
△ 由文化和旅游部、江苏省人民政府主办,文化和旅游部艺术司、江苏省文化和旅游厅、苏州市人民政府与学校共同承办,江苏省昆剧研究会、苏州市文化广电和旅游局、中国昆曲研究中心共同实施的第九届中国昆曲学术座谈会在苏州举办。
24 日	△ 学校校长熊思东受邀参加由外交部、教育部和贵州省人民政府共同主办的 2021 中国—东盟教育交流周系列活动,并分别出席"新时代中西部高等教育服务能力提升"论坛和首届"马来西亚—中国(贵州)教育合作"论坛。
25 日	△ 学校与张家港市人力资源和社会保障局联合举办"就有道"党建联盟成立仪式暨张家港市重点企业苏州大学专场招聘会。
26 日	△ 经研究决定,成立苏州大学课程思政教学研究与实践中心,主任:姚建林、沈明荣。

27日　　　△ 经研究决定，聘任钟志远教授为江苏省先进功能高分子材料设计及应用重点实验室主任，原江苏省先进功能高分子材料设计及应用重点实验室相关人员职务自然免除。

28日　　　△ 经研究决定，聘任严锋教授为江苏省新型高分子功能材料工程实验室主任，原江苏省新型高分子功能材料工程实验室相关人员职务自然免除。

　　　　△ 学校新冠疫情防控应急演练在天赐庄校区举行。

　　　　△ 经研究决定，成立苏州大学—宝丽迪纤维材料协同创新中心，挂靠材料与化学化工学部，聘任路建美教授担任该协同创新中心主任。

　　　　△ 学校关心下一代工作会议在红楼会议中心召开。

　　　　△ 学校2022届本科教育实习动员大会暨师范生宣誓仪式在敬贤堂举行。

　　　　△ 学校科技创新工作推进会暨2022年国家自然科学基金申报启动会在敬贤堂举行。

　　　　△ 苏州大学—帕诺米克代谢组学协同创新中心揭牌。

29日　　　△ 学校与中国经济体制改革研究会战略合作签约仪式暨苏州大学竞争政策与反垄断研究中心成立仪式在独墅湖校区举行。

　　　　△ 学校"同心向党迎国庆，百廿育人启新程——统一战线代表人士国庆茶话会"在怡远楼会议室举行。

　　　　△ 国家自然科学基金委员会副主任、党组成员陆建华院士一行莅临学校调研。

　　　　△ 29—30日，由中国通信学会主办，《中国通信》杂志社承办，学校与中国移动研究院、华为技术有限公司共同协办的2021年中国通信学会环球科学家蓝海论坛暨《中国通信》科技前沿研讨会在苏州举行。

30日　　　△ 经研究决定，授予学术学位研究生杨青云法学硕士学位，朱心薇教育学硕士学位，王纬等21人理学硕士学位，胡安等12人工学硕士学位，曹誉等3人医学硕士学位，饶煜菡管理学硕士学位。

　　　　授予专业学位研究生孔纹婧金融硕士学位，黄聪应用统计硕士学位，刘雯等3人法律硕士学位，戚华梅等2人社会工作硕士学位，李思音汉语国际教育硕士学位，柯可等2人新闻与传播硕士学位，苗教伟等8人工程硕士学位，李倩慧等2人临床医学硕士学位，是子豪等3人公共卫生硕士学位，缪同庆会计硕士学位。

　　　　授予同等学力人员宋洁等4人医学硕士学位。

　　　　△ 授予学术学位研究生马景阳法学博士学位，罗雯瑶等2人教育学博士学位，谭飞文学博士学位，束江涛历史学博士学位，米小娜等5人理学博士学位，陈辉等2人工学博士学位，赵晓阳等5人医学博士学位。

　　　　授予专业学位研究生严斌临床医学博士学位。

　　　　△ 学校智工舍建设推进会在阳澄湖校区行政楼210会议室举行。

　　　　△ "苏州市侨联+苏州大学侨联+苏州大学校友会"工作机制座谈会在

9月

△ 学校教育学院曹永国教授的著作《自我的回归——大学教师自我认同的逻辑》、李西顺教授的著作《叙事德育模式：理念及操作》获第六届全国教科学研究优秀成果奖二等奖，冉云芳副教授的著作《企业参与职业教育办学的成本收益研究》获第六届全国教科学研究优秀成果三等奖。

△ 学校博物馆校史陈列馆入选江苏省首批同心教育实践基地。

10 月

5日

△ 国际著名医学期刊 *JAMA* 在线发表了学校苏州医学院公共卫生学院流行病与卫生统计学系青年教师朱正保博士与美国杜兰大学公共卫生学院何江教授的合作研究成果 "Trends in cardiovascular risk factors in US adults by race and ethnicity and socioeconomic status, 1999–2018"。

6日

△ 学校"百名学子看百企"理论宣讲与实践调研团队赴常熟蒋巷村常盛集团开展企业高质量发展与乡村治理现代化调研实践活动。

△ 教育部教师工作司司长任友群莅临学校调研。

9日

△ 经研究决定，成立苏州大学区人大换届选举工作领导小组，组长：邓敏。

11日

△ 经研究决定，成立苏州大学绿色建筑国际研究中心，为校级非实体性科研机构，挂靠金螳螂建筑学院，聘任沈景华担任该研究中心主任。

△ 经研究决定，成立苏州大学离子通道病研究中心，为校级非实体性科研机构，挂靠苏州医学院，聘任陶金担任该研究中心主任。

12日

△ 学校思想政治理论课教育教学研讨会在马克思主义学院召开。

△ 学校召开文科科研工作推进会暨2022年国家社会科学基金申报启动会。

△ 苏州大学敬文书院院长钱振明教授一行赴南京大学匡亚明学院考察。

13日

△ 学校功能纳米与软物质研究院陈倩教授荣获 Biomaterials Diversity Award for Young Investigator。

△ 学校计算机科学与技术学院举行2021年秋季IT联盟单位招聘会。

14日

△ 经研究决定，成立苏州大学核医学与分子影像临床转化研究所，为校级非实体性科研机构，挂靠苏州大学附属第三医院，聘任王跃涛担任该研究所所长。

△ 中国文化艺术发展促进会主席、全国政协委员、中国国家画院原院长杨晓阳一行莅临学校调研。

△ 教育部高等学校社会学类专业教学指导委员会全体会议暨全国社会学类专业教学单位负责人联席会议在学校召开。

△ 学校机关作风效能建设巡视员会议在红楼201会议室召开。

△ 苏州大学—益诚隆可持续针织协同创新中心揭牌仪式在苏州益诚隆纺织科技有限公司举行。

△ 14—16日，学校招生就业处副处长靳葛一行赴陕西参加招生工作交流座谈会及"江苏好大学"精准助学"起点行动"等招生宣传活动。

15日

△ 学校发布《苏州大学关于参加苏州市姑苏区人民代表大会代表选举工作的实施意见》。

△ 经研究决定，成立苏州大学东亚历史文化研究中心，为人文社会科学基础研究类校级非实体科研机构，挂靠社会学院，聘任武向平为该研究中心主任。

△ 经研究决定，成立苏州大学—安贝斯玩具纳米多功能毛绒纤维协同创新中心，挂靠材料与化学化工学部，聘任王作山教授担任该协同创新中心主任。

△ 江苏高校纳米科技协同创新中心第三期建设启动交流会召开。

△ 15—17日，由江苏省政治学会主办、学校政治与公共管理学院承办的首届江苏青年政治学论坛"大变局时代的政治与政治学"在苏州召开。

16日

△ 红十字国际学院人道事务高级研修二期班开班仪式在红楼学术报告厅举行。

△ 16—17日，全国教育社会学专业委员会第十六届年会在学校召开。

18日

△ 经研究决定，高雷不再担任苏州大学第十届学位评定委员会物理科学与技术学院学位评定分委员会委员、学位评定分委员会主席及理工学部学位评定委员会委员职务，吴雪梅任苏州大学第十届学位评定委员会物理科学与技术学院学位评定分委员会委员、学位评定分委员会主席及理工学部学位评定委员会委员职务。

△ 由教育部主办，江苏省教育厅和学校承办的2021年全国普通高校音乐教育专业本科学生和教师基本功展示开幕式在独墅湖校区恩玲艺术中心举行。

△ 学校放射医学与辐射防护国家重点实验室、苏州医学院放射医学与防护学院特聘教授何亦辉获2021年IEEE核与等离子体学会（Nuclear and Plasma Sciences Society）辐射仪器青年科学家奖。

△ 学校2021年"随锐少年图灵奖"颁奖大会在理工楼504室举行。

△ 第八期东吴智库思享汇在凌云楼智库会议室举行。

△ 18—19日，全国教育专业学位研究生教育指导委员会专家组莅临学校开展教育硕士实践教学质量专项巡查。

19日

△ 经研究决定，授予徐子滢等6名普通高等教育全日制本科毕业生学士学位。

△ 经研究决定，授予唐蕴力等198名高等教育自学考试本科毕业生学士学位。

△ 经研究决定，授予 OLAWUYI ADURAGBEMINIYI ISAAC、EFIYE-BRIBENA OYINPRIEBI PREYE 等 2 名临床医学专业外国留学本科毕业生医学学士学位。

△ 学校离退休老同志情况通报会在红楼学术报告厅召开。

△ 学校团干部增能计划专题培训暨团委书记工作会议在华丰楼会议室举行。

20 日　△ 2021—2022 学年第一学期第一次本科教学工作推进会在凌云楼 902 室召开。

21 日　△ 经研究决定，成立苏州大学—亿友慧云产业双循环能力提升大数据技术创新中心，为学校与企业合作共建科研平台，挂靠计算机科学与技术学院，聘任赵朋朋为该创新中心主任。

△ 学校 2021 年"悦动青春　逐梦未来"系列群众性体育锻炼活动启动仪式在天赐庄校区东区田径场举行。

△ 退役军人事务部党组成员、副部长马飞雄一行莅临学校调研。

△ 宿迁学院党委书记徐德一行莅临学校调研。

△ 全国普通高等学校艺术教育专业教学改革研讨会在独墅湖校区炳麟图书馆学术报告厅召开。

△ 招生就业处副处长靳葛一行赴海南开展系列招生宣传活动。

22 日　△ 学校印发《苏州大学网络安全责任制实施细则》《苏州大学网络安全责任制落实考核评价办法》《苏州大学讲座教授和兼职教授管理办法（2021 年修订）》《苏州大学"仲英青年学者"项目实施办法（2021 年修订）》。

△ 深圳大学党委副书记范志刚一行莅临学校调研。

△ 学校传媒学院党委、昆山市融媒体中心（昆山传媒集团有限公司）党委举办党委理论学习中心组联学会议。

△ 22—24 日，由中国科学技术大学、江苏省光学学会、学校共同主办，学校光电科学与工程学院承办的"第六届中国国际纳米制造趋势论坛"在苏州召开。

△ 22—24 日，由中国社会心理学会主办，学校学报编辑部、学校教育学院、江苏省社会心理学学会共同承办的中国社会心理学会 2021 年学术年会在苏州太湖国际会议中心召开。

△ 22—24 日，由学校政治与公共管理学院主办的"'百年未有之大变局'背景下的危机与变革：'东吴政治学'政治思想史学术研讨会"在苏州召开。

23 日　△ 经研究决定，聘任曹炜同志为唐文治书院院长（兼）。

△ 学校材料与化学化工学部召开化学一流本科专业建设研讨会。

25 日　△ 学校召开加强实验室及危化品安全工作部署会。

△ 学校举行 2021 级学生开学典礼。

△ 学校出国留学培训项目工作推进会在校本部继续教育学院召开。

△ 学校印发《苏州大学特邀文化名家管理办法》。

27 日　　　△ 国际学术期刊 Nature Communications 在线发表了学校时玉舫教授团队最新研究成果 "Lung mesenchymal stromal cells influenced by Th2 cytokines mobilize neutrophils and facilitate metastasis by producing complement C3"。

△ 苏州大学"凯达"奖学金设立签约仪式在独墅湖校区 911 号楼 401 室举行。

△ 学校 14 个项目获 2021 年国家社会科学基金后期资助暨优秀博士论文出版项目立项。

△ 学校印发《苏州大学驻校学者管理办法》。

△ 27—28 日，学校开展实验室安全检查工作。

28 日　　　△ 经研究决定，即日起启用"苏州大学长三角绿色供应链研究院"印章，原"苏州大学现代物流研究院"印章停止使用。

△ 校党委理论学习中心组党史学习教育第四期专题读书班暨校党委理论学习中心组学习会在钟楼 303 会议室举行。

△ 苏州大学纳米科学技术学院获第六届"全国专业技术人才先进集体"称号。

△ 由大运河文化带建设研究院苏州分院、苏州大运河文化带建设研究院和学校传媒学院共同承办的第二届"苏州最江南"学术论坛暨苏州运河系列图书首发式举行。

△ 长三角设计学科党建高校联盟"永远跟党走——庆祝建党百年师生作品展（苏州）"在学校艺术学院美术馆开展。

29 日　　　△ 学校党委常委、副校长姚建林赴材料与化学化工学部调研。

△ 学校群直办公室党支部、档案馆党支部、博物馆党支部联合开展"档案文物述校史，明理增信秉初心"主题党日活动。

30 日　　　△ 江苏省 2022 届高校毕业生就业行动计划启动仪式分会场在学校举办。

10 月　　　△ 学校获 2020 年度苏州市"维护国家安全先进示范单位"。

△ 学校王健同志获得江苏省国家安全人民防线重大贡献奖，陈晓刚同志获 2020 年度苏州市"维护国家安全先进个人"称号。

△ 学校获评"全市反恐工作先进单位"。

△ 学校保卫部（处）获 2021 年"百年风华杯"全省国家安全人民防线宣教比赛二等奖。

△ 学校东吴智库入选"2021 年中国智库特色案例（内部治理创新）"。

△ 学校入选科技部、教育部首批高校专业化国家技术转移机构建设试点。

△ 学校王家宏教授主编的《球类运动——篮球（第三版）》、朱栋霖教授主编的《中国现代文学史 1915—2018（第四版）》荣获首届全国优秀教材奖（高等教育类）二等奖。

△ 学校传媒学院王国燕教授课题组在 SSCI 一区期刊 International Journal of Health Policy and Management（IJHPM）上发表题为 "The effect of governmental health measures on public behaviour during the COVID-19 pandemic outbreak"的文章。

△ 学校马克思主义学院《思想道德与法治》教研室选送的2门思政课入选由教育部社会科学司主办的学习贯彻习近平总书记"七一"重要讲话联学联讲联研活动示范"金课"。

△ 学校光电科学与工程学院陈林森研究员、乔文教授的研究团队以"Foveated glasses-free 3D display with ultrawide field of view via a large-scale 2D-metagrating complex"为题在 Light: Science & Applications 上发表文章。

11月

1日

△ 中共苏州大学委员会批复《关于中共苏州大学东吴学院委员会选举结果的报告》《关于中共苏州大学东吴学院委员会委员分工的报告》《关于中共苏州大学东吴学院纪律检查委员会选举结果的报告》。

△ 校纪委第二十八次全委(扩大)会在红楼217会议室召开。

△ 国际顶级期刊 Nature Energy 在线发表了学校材料与化学化工学部李永舫研究团队李耀文教授的题为"A guest-assisted molecular-organization approach for >17% efficiency organic solar cells using environmentally friendly solvents"的研究论文。

△ 1—4日,联合认证专家组一行对学校"汉语言文学""英语""音乐学"3个师范类专业进行了第二级认证现场考查。

2日

△ 经研究决定,成立苏州大学—精源创高精测控与智能系统产业技术创新中心,为学校与企业合作共建科研平台,挂靠轨道交通学院,聘任郑建颖为该创新中心主任。

△ 学校红十字会第六届二次理事会在红楼217会议室召开。

3日

△ 学校党委常委、总会计师周高一行莅临博物馆和档案馆调研。

△ 原"苏州大学学习证明专用章(1)"印章因年久使用,磨损严重,影响正常使用,现已重新刻制。经研究决定,即日起启用新制的"苏州大学学习证明专用章(1)"印章,原印章停止使用。

△ 原"苏州大学教务部"印章因年久使用,磨损严重,影响正常使用,现已重新刻制。经研究决定,即日起启用新制的"苏州大学教务部"印章,原印章停止使用。

4日

△ 学校消防安全工作专题会议在红楼学术报告厅召开。

△ 学校传统文化工作坊专题讲座"观:诗与山水"在拉萨师范高等专科学校学术报告厅举行。

5日

△ 江苏省委教育工委党史学习教育第三巡回指导组莅临学校巡回指导。

	△学校"传承·立德"2021年新教师始业培训暨入职宣誓仪式在敬贤堂举行。
	△学校机电工程学院孙立宁教授团队与上海蓝沙生物科技有限公司联合研发的新冠核酸检测样本移液自动化设备,在第四届中国国际进口博览会现场展出。
	△学校召开2021年新上岗团干部任前集中谈话会。
6日	△"箐政基金"管理委员会第二十三次年会在红楼会议中心开幕。
	△学校"2021年苏州大学人文社会科学青年教师科研能力提升训练营开班仪式暨国家社会科学基金项目申报辅导报告会"在凌云楼902会议室举行。
8日	△学校未来校区首期启用仪式在未来校区举行。
	△第九期东吴智库"解读深圳创新密码"思享汇以"线上+线下"的形式举行。
	△根据《省教育厅关于公布首批省级一流本科课程认定结果的通知》(苏教高函〔2021〕9号),学校共41门本科课程获省级一流本科课程认定。
	△经研究决定,成立苏州大学—佳饰家高端饰面纸协同创新中心,挂靠纺织与服装工程学院,聘任常广涛为该协同创新中心主任。
	△学校心血管病研究所所长、苏州大学附属第一医院心脏大血管外科主任沈振亚教授团队完成的项目"缺血性心脏病细胞治疗关键技术创新及临床转化"获国家科学技术进步二等奖。
	△以苏州大学附属第一医院作为第一合作单位申报的雅克·冈教授获中华人民共和国国际科学技术合作奖。
	△学校与吴江区校地合作座谈会在天赐庄校区召开。
	△学校印发《苏州大学规范性文件管理暂行办法》。
9日	△学校团干部增能计划专题培训暨团委书记工作会议在能源学院新能源大楼102室举行。
	△9—11日,"如何构建中国场景的案例研究"青年研讨会在学校举行。
10日	△学校智工舍建设第二阶段推进会在阳澄湖校区行政楼210会议室举行。
	△江苏苏美达纺织有限公司—苏州大学合作签约仪式在红楼会议中心举行。
	△学校"归国学者讲坛"在独墅湖校区炳麟图书馆学术报告厅举办。
	△学校"百名学子看百企"理论宣讲与实践调研团队赴苏州昆山萨驰智能装备股份有限公司开展党建与智造相融合引领企业高质量发展专题调研活动。
11日	△经研究决定,成立苏州大学顾炎武研究中心,为人文社会科学基础研究类校级非实体科研机构,挂靠政治与公共管理学院,聘任周可真为

该中心主任。

△学校立德树人之本科生成长陪伴计划导师专题培训会在敬贤堂举行。

△学校副校长姚建林赴敬文书院做专题调研。

12日　△学校党委理论学习中心组党的十九届六中全会精神专题学习会在常熟蒋巷村召开。

△学校实验室与设备管理处采取"线上+线下"的方式举办了实验室安全检查与隐患治理工作专家暨研究生兼职实验室安全监督员聘任仪式，并开展研究生兼职实验室安全监督员上岗培训。

△穿戴智能设备学术沙龙活动在东教楼417室举行。

△学校印发《苏州大学实验学校专项资金管理暂行办法》。

13日　△共青团苏州大学第十七次代表大会在存菊堂召开。

△国家社会科学基金艺术学重大项目"中国品牌形象设计与国际化发展研究"开题论证会暨国家社会科学基金艺术学重大项目"设计美学研究"研究推进会在独墅湖校区举行。

△由学校传媒学院主办的第四届国际传播高峰论坛在苏召开。

△13—14日，分子精准合成与碳循环化学国际研究生创新论坛在材料与化学化工学部907号楼1101报告厅举行。

14日　△江苏高校共青团改革研讨推进会在学校红楼会议中心召开。

15日　△学校印发《中共苏州大学纪律检查委员会落实全面从严治党监督责任清单（2021年修订）》。

16日　△原"苏州大学"印章因年久使用，磨损严重，影响正常使用，现已重新刻制。经研究决定，即日起启用新制的"苏州大学"印章，原印章停止使用。

△学校印发《苏州大学深入推进实验室安全隐患排查整改工作方案》。

17日　△经研究决定，陶玉流同志任体育学院院长，免去王国祥同志体育学院院长职务。

△学校党委第六轮巡察工作动员部署会暨巡察工作培训会在红楼会议中心学术报告厅召开。

△学校党委启动第六轮巡察工作。

18日　△学校迟力峰教授当选中国科学院院士。

△江苏省委党史学习教育领导小组办公室实践活动组莅临学校开展"我为群众办实事"实践活动专题调研。

△学校苏州医学院"新星·热点"青年学术沙龙在炳麟图书馆820会议室正式启动。

19日　△2022年度教育部人文社会科学研究项目申报辅导报告会在学校里举行。

△学校传统文化工作坊专题讲座《如在图画中：苏州园林的魅力》在西藏自治区那曲市举行。

20 日 　　　　△学校苏州医学院院长、中国工程院院士詹启敏荣获"树兰医学奖"。
　　　　　　△苏州市委副书记、代市长吴庆文莅临学校慰问迟力峰教授。
　　　　　　△学校"礼颂百年　青春向党"民族音乐会在恩玲广场大草坪举办。

21 日 　　　　△上海校友会考察团一行走访学校。

22 日 　　　　△经研究决定，成立学习宣传贯彻党的十九届六中全会精神宣讲团，团长：江涌。
　　　　　　△红十字国际学院建设发展座谈会在学校红十字国际交流中心举行。
　　　　　　△学校继续教育工作研讨会在继续教育处南楼 202 会议室召开。
　　　　　　△学校印发《苏州大学本科人才培养质量评价实施办法（试行）》。

23 日 　　　　△经研究决定，成立苏州大学—诺米代谢微生物组学协同创新中心，挂靠苏州医学院公共卫生学院，聘任彭浩副教授为该协同创新中心主任。
　　　　　　△经研究决定，成立苏州大学—慧疗 RNA 药物协同创新中心，挂靠苏州医学院基础医学与生物科学学院，聘任赵李祥教授为该协同创新中心主任。
　　　　　　△学校转发《国家社会科学基金项目资金管理办法》。
　　　　　　△学校印发《苏州大学人事代理制人员管理办法》。

24 日 　　　　△学校委常委、副校长姚建林为材料与化学化工学部党委研究生物理化学支部上专题党课。
　　　　　　△"读原著　悟真理　强信心"——一场闪耀真理光芒的读书会在学校召开。
　　　　　　△学校保卫部（处）召开安全工作专题会议。

25 日 　　　　△学校学习贯彻十九届六中全会精神宣讲团动员会暨集体备课会在红楼 201 会议室召开。

26 日 　　　　△中共苏州大学委员会批复《关于共青团苏州大学第十七次代表大会和共青团苏州大学十七届一次全委会选举结果的报告》。
　　　　　　△"侨爱有我——关爱守护老归侨"志愿服务活动启动暨苏州市侨联与学校侨青会共建协议签约仪式在博物馆同心教育实践基地举行。
　　　　　　△苏州大学药学研究生国际学术创新论坛暨药学院第十一届研究生学术论坛在独墅湖校区举行。
　　　　　　△学校团干部增能计划之红十字应急救护技能培训在临床技能中心举行。
　　　　　　△学校印发《苏州大学劳务派遣制人员管理办法》。
　　　　　　△ 26—27 日，由江苏省计算机学会计算机伦理与职业修养专委会主办，学校计算机科学与技术学院承办的江苏省计算机学会计算机伦理与职业修养专委会 2021 年学术年会暨计算机课程思政学术研讨会议，以网络视频的方式召开。
　　　　　　△ 26—28 日，教育部人文社会科学重点研究基地苏州大学中国特色城镇化研究中心、江苏高校协同创新中心—苏州大学新型城镇化与社会治理协同创新中心（合称"苏州大学城镇化中心"）召开"中国城镇化研

究创新发展"主题研讨暨苏州大学城镇化中心科研推进大会。

27日 △学校召开第三十四次学生代表大会暨第三十七次研究生代表大会。

29日 △原"苏州大学金螳螂建筑学院"印章因年久使用，磨损严重，影响正常使用，现已重新刻制。经研究决定，即日起启用新制的"苏州大学金螳螂建筑学院"印章，原印章停止使用。

△学校印发《苏州大学关心下一代工作委员会委员单位工作要求和职责》。

30日 △经研究决定，成立苏州大学—禾素时代特种功能纤维研究所，为学校与企业合作共建科研平台，挂靠纺织与服装工程学院，聘任龙家杰教授为该研究所所长。

△学校印发《苏州大学继续教育合作办学合同管理细则》。

11月 △学校获批新增"教育学""生物学""信息与通信工程"3个一级学科博士点。

△学校关工委获"江苏省关心下一代工作优秀集体"荣誉。

△学校江苏省节能材料测试与技术服务中心、江苏省苏州丝绸技术服务中心、江苏省苏州医疗器械临床前研究与评价公共技术服务中心、江苏省苏州化学电源公共技术服务中心（依托轻工业化学电源研究所）4家平台在科技公共服务平台绩效评估中获评优良等第。

△学校放射医学与辐射防护国家重点实验室获评"2021年度长三角优秀科级志愿服务组织"。

12 月

1日 △校党委理论学习中心组（扩大）学习会在天赐庄校区学术报告厅举行。

△学校材料与化学化工学部党支部书记"共聚"工作室揭牌仪式在独墅湖校区一期907-1101会议室举行。

△学校马克思主义学院田芝健教授负责的"思政田园"名师工作室入选"全国高校思政名师工作室"。

△学习贯彻党的十九届六中全会精神江苏省委宣讲团报告会在红楼学术报告厅举行。

2日 △经研究决定，成立苏州大学智能社会与数据治理研究院，为人文社会科学基础研究类校级非实体科研机构，挂靠社会学院，聘任周毅为该研究院院长。

△苏州市委统战部常务副部长杨新一行莅临学校调研。

3日 △3—5日，学校政治与公共管理学院主办的"基层治理与国家建设"高峰论坛在学校举行。

6日	△ 学校印发《苏州大学基本建设管理办法（试行）》《苏州大学基本建设工程变更及签证实施细则（试行）》。
7日	△ 学校就业工作推进会在凌云楼1700会议室召开。
	△ 2021年姑苏区"菁英姑苏智汇营"结营典礼在红楼学术报告厅举行。
	△ 学校印发《苏州大学"一站式"学生社区综合管理模式建设实施方案》。
	△ 学校发布《关于深入学习贯彻党的十九届六中全会精神的通知》。
8日	△ 学校完成苏州市姑苏区第三届人民代表大会代表选举工作。
	△ 贵州医科大学罗鹏校长一行莅临学校调研。
	△ 学校党委副书记王鲁沛为师范生讲授专题思政课。
	△ 首届江苏省学校美育教学指导委员会第一次全体会议在学校炳麟图书馆学术报告厅召开。
	△ 学校印发《苏州大学教职工医疗爱心互助基金管理办法（2021年修订）》《苏州大学关于促进2022届本科毕业生就业创业实施意见》。
	△ 8—10日，由江苏省教育厅主办、学校承办的首届江苏省高校艺术教师基本功展示在独墅湖校区举办。
9日	△ 学校党委理论学习中心组开展学习贯彻江苏省第十四次党代会精神"学党史　开新局"专题学习交流研讨。
	△ "云中苏大"建设工作研讨会在天源会议室召开。
10日	△ 学校第四届国际周主题论坛"新机遇，新挑战：后疫情时代高等教育国际化工作探索与实践"在红楼学术报告厅举办。
	△ 由学校江苏体育健康产业研究院、东吴智库、体育学院共同主办的"2021体育与健康产业发展论坛"在天赐庄校区举办。
	△ 学校形势与政策大讲堂暨苏州市百名局长"进思政课堂"百场宣讲活动在腾讯会议平台举行。
12日	△ "云中交惠　数享苏大"数字人民币多功能应用场景全面上线暨校园数字人民币活动启动仪式在天赐庄校区举办。
13日	△ 经研究决定，孙庆民同志任苏州大学应用技术学院党委书记，免去浦文偶同志苏州大学应用技术学院党委书记职务。
	△ 经研究决定，钱福良同志任苏州大学苏州医学院党工委书记，免去邹学海同志苏州大学苏州医学院党工委书记职务。
	△ 学校印发《苏州大学预算绩效管理暂行办法》《苏州大学2021年机关部门、群直单位领导班子集中任聘工作实施方案》。
14日	△ 学校苏州医学院在炳麟图书馆学术报告厅召开干部大会。
	△ 学校举办2022年苏州工业园区教育局校园专场教师招聘活动。
15日	△ 学习贯彻十九届六中全会精神宣讲团报告会在天赐庄校区学术报告厅举行。
	△ 学校纪委第二十九次全委（扩大）会在红楼217会议室召开。

	△ 学校2021年新入职辅导员培训暨辅导员领航计划（第二期）启动仪式在红楼217会议室举行。
	△ 学校辅导员读书会启动仪式在红楼217会议室举行。
	△ 学校迎新生专场文艺演出在天赐庄校区存菊堂举行。
16日	△ 学校校长熊思东应邀参加苏港澳高校合作联盟成立大会，并出席联盟的高等教育峰会。
	△ 学校与苏州邮政"伴随种子计划"资助育人项目启动仪式在阳澄湖校区行政楼210会议室举行。
	△ 学校天赐庄校区北区综合治理联席会议在北区自主创新广场2号楼4楼会议室召开。
	△ 盐城市建湖县2022年"名校优生"苏州大学站宣讲会在红楼学术报告厅举行。
17日	△ 学校党委书记江涌主持召开马克思主义学院建设现场办公会。
	△ 学校党委书记江涌出席江苏省工作会议交流苏大就业经验。
	△ 由学校东吴智库与苏州市发展规划研究院联合主办的2021"对话苏州·新制造"活动在线上举行。
	△ 学校印发《苏州大学实验室违法、违规、违章和冒险操作责任追究实施细则（试行）》《苏州大学实验室安全工作责任制实施办法》。
18日	△ 学校校长熊思东应邀参加长江教育创新带科教产教融合发展大会并做专题报告。
21日	△ 经研究决定，成立江苏学校美育研究中心，挂靠音乐学院，与艺术教育中心共建，聘任吴磊为该研究中心主任。
	△ 由学校主办、学校传媒学院承办的第五届国际大学生新媒体节暨新媒体原创作品大赛在苏州开幕。
	△ 由南京市人力资源和社会保障局、玄武区人民政府和学校主办，玄武区人力资源和社会保障局及学校招生就业处、党委研究生工作部承办的"'职等你来·创赢未来'2021年南京市·玄武区·苏州大学府校人才合作启动仪式暨专场就业推介会"在线上举办。
22日	△ 苏州市轨道交通集团有限公司——苏州大学2022届本科毕业生专场招聘会在学校阳澄湖校区交通大楼学术报告厅举办。
	△ 学校2021年科学道德与学风建设博士生宣讲团讲师聘任仪式暨首场宣讲会在敬贤堂举行。
23日	△ 苏州市委书记曹路宝一行莅临学校调研。
	△ 学校2021东吴海外高层次人才学术交流会开幕式在传媒学院1号演播厅举行。
24日	△ 经研究决定，钟志远同志任苏州医学院药学院院长，免去镇学初同志苏州医学院药学院院长职务。
	△ 宿迁市考察团一行莅临学校调研。
	△ 学校放射医学与辐射防护国家重点实验室、放射医学与防护学院

何亦辉教授在 *Nature Photonics* 上发表题为"Detecting ionizing radiation using halide perovskite semiconductors processed through solution and alternative methods"的综述文章。

25日
△ 经研究决定，江波同志任期刊中心主任。
△ 学校 EE 校企合作联盟 2021 年会暨一流本科专业建设下的人才培养研讨会在学校举行。

27日
△ 经研究决定，查佐明同志任党委组织部副部长（主持工作、正处职），吴江同志任党委宣传部副部长（主持工作、正处职），李孝峰同志任党委统战部副部长（主持工作、正处职）。
△ 学校印发《苏州大学党政管理部门和直属单位等机构改革方案》。

28日
△ 学校学习贯彻江苏省第十四次党代会精神报告会在天赐庄校区学术报告厅召开。
△ 四川省教育考试院院长刘敏一行莅临学校调研。

29日
△ 经研究决定，成立苏州大学—昆山市第一人民医院临床医学创新研究院，挂靠苏州医学院，聘任徐广银教授为该研究院院长。
△ 学校形势与政策大讲堂暨苏州市百名局长"进思政课堂"百场宣讲活动在阳澄湖校区交通大楼南楼二楼学术报告厅举行。
△ 学校欧美同学会（留学人员联谊会）举办青年海归学者"扎根苏大　乐活苏州"专题报告会。

30日
△ 经研究决定，唐文跃同志任机关与直属单位党工委书记，免去张振宇同志机关与直属单位党工委书记职务。
△ 学校 2021 年度院级党组织书记抓基层党建工作述职大会在红楼学术报告厅举行。
△ 学校纺织与服装工程学院与江苏国泰华盛实业有限公司在张家港签署合作协议。
△ "缤纷有你　海纳英才" 2022 年江苏省滨海县引进优秀毕业生政策宣讲会在独墅湖校区医学楼四楼报告厅举行。
△ 学校公布《苏州大学学位评定委员会章程（2021 年 12 月修订）》。

31日
△ 经研究决定，杨礼富同志任物理科学与技术学院党委书记，胡新华同志任计算机科学与技术学院党委书记，孙宁华同志任王健法学院党委书记，王季魁同志任后勤基建党委书记。免去孙德芬同志物理科学与技术学院党委书记职务、杨礼富同志计算机科学与技术学院党委书记职务、吴江同志王健法学院党委书记职务、孙宁华同志文学院党委书记职务、王季魁同志后勤党委书记职务。
△ 经研究决定，授予学术学位研究生于国强哲学博士学位，刘力欣等 2 人经济学博士学位，戴梦石等 3 人法学博士学位，赵中等 4 人教育学博士学位，钦佩等 7 人文学博士学位，王萍等 2 人历史学博士学位，荀威等 15 人理学博士学位，冯如妍等 16 人工学博士学位，杨建等 25 人医学博士学位，袁杨等 3 人管理学博士学位。

授予专业学位研究生高芳等 115 人临床医学博士学位。

△ 经研究决定，授予学术学位研究生黄琨经济学硕士学位，朱叶琴文学硕士学位，周丹等 25 人理学硕士学位，李双祺等 15 人工学硕士学位，周欢欢等 13 人医学硕士学位，孙建成管理学硕士学位。

授予专业学位研究生 HAYASHI TAKAMASU 等 3 人国际商务硕士学位，王志锋等 3 人法律硕士学位，胡利萍社会工作硕士学位，朱丽君等 6 人教育硕士学位，李红等 3 人体育硕士学位，戴卓成等 12 人工程硕士学位，赵时迪等 23 人临床医学硕士学位，王文慧等 2 人公共卫生硕士学位，陆晴等 2 人护理硕士学位，王孟雅等 3 人药学硕士学位，朱磊等 58 人工商管理硕士学位，江之浩等 45 人公共管理硕士学位，胡子琦等 2 人会计硕士学位，郭小凡等 10 人艺术硕士学位。

授予同等学力人员王群等 97 人医学硕士学位。

△ 经研究决定，沈明荣同志任导师学院院长（兼），徐小乐同志任科学技术研究院院长。免去蒋星红同志导师学院院长职务，免去钱福良同志科学技术研究部科学技术处处长职务。

△ 经研究决定，蒋敬东同志任科技党委书记，宋清华同志任文学院党委书记。

△ 经研究决定，仇国阳同志任江苏苏大投资有限公司董事长，免去蒋敬东同志江苏苏大投资有限公司董事长职务。

△ 经研究决定，成立苏州大学国际化战略中心。中心下设专家咨询委员会、外事专员小组和办公室。办公室设在国际合作交流处。

△ 经研究决定，成立苏州大学国际化战略实施协调小组，组长：熊思东。

△ 学校师范类专业教师职业技能实训中心揭牌仪式于红楼会议室举行。

△ 由学校东吴智库民办教育研究中心主办的第十九期东吴智库学者沙龙暨首期民办教育东吴论坛在线上举行。

△ 学校第 23 届"惠寒"研究生支教团中期总结汇报活动在线上举行。

△ 学校印发《苏州大学国际化战略实施协调小组议事规则》。

12 月

△ 学校举办 2021 年"冬至有约，情满东吴"系列活动。

△ 学校获第三届智慧高校 CIO 西安论坛"智慧校园—示范高校"称号。

△ 学校"历史学（师范）""计算机科学与技术"2 个专业入选江苏省首批课程思政建设示范专业。

△ 学校获评"江苏省大学生职业生涯教育基地"。

△ 学校召开 3 场科技工作推进会。

△ 学校出版社《苏州通史》（16 卷）、《苏州民族民间音乐集成》（9 卷）获"江苏省新闻出版政府奖（图书类）"，《当代中国器乐创作研究》

（上、下卷）获图书奖提名奖；"东吴阅读"APP获出版传媒融合创新奖提名奖；陈兴昌总编辑获"优秀新闻出版人物奖"。

△ 学校《苏州大学学报（哲学社会科学版）》荣获"江苏省新闻出版政府奖（期刊类）"。

△ 学校机电工程学院特聘教授陈琛创办的苏州同心医疗科技股份有限公司创新产品"植入式左心室辅助系统"获得国家药品监督管理局三类器械注册许可。

△ 学校获2021年全国暑期社会实践活动"优秀单位"称号。

2021年

△ 学校2021年全日制本科学生毕业人数为6 322人，新生入学人数为6 696人，在校人数为27 951人。

硕士生毕业人数为4 459人，新生入学人数为5 920人，授予学位人数为4 555人，在校人数为15 943人。

博士生毕业人数为397人，新生入学人数为484人，授予学位人数为610人，在校人数为1 919人。

各类机构设置、机构负责人及有关人员名单

苏州大学党群系统机构设置（表1）

表1　2021年苏州大学党群系统机构设置一览表

序号	党群部门、党委、党工委名称		所属科室名称	备注
1	中共苏州大学委员会			
2	中共苏州大学纪律检查委员会			
3	党委办公室	合署办公	综合科	
	保密委员会办公室		文秘科	
			机要科	
	规划与政策研究室		党的建设与全面从严治党工作领导小组办公室	2021年12月27日撤销
4	纪委	合署办公	纪委办公室	
			监督检查处	
			审查调查处	
			案件审理处	
	监察专员办		巡察工作领导小组办公室	挂靠在纪委
5	党委组织部	合署办公	干部科	
	党校		组织科	
	社会主义学院		年度综合考核工作领导小组办公室	
	党代表联络办			
6	党委宣传部		理论教育科	
			宣传文化科	
			舆情科	
7	党委统战部			

续表

序号	党群部门、党委、党工委名称		所属科室名称	备注
8	保卫部（处）		综合科	
			政治保卫科	
			消防科	2021年1月7日更名
			校园安全指挥中心	
			校本部治安科	
			东校区治安科	
			北校区治安科	
			独墅湖校区治安科	
			阳澄湖校区治安科	
9	学生工作部（处）	合署办公	综合科	
			思想政治教育科	
			学生资助管理中心	
	人民武装部		学生事务与发展中心	
10	离退休工作部（处）		综合科	
			服务保障科	
	离休党工委		教育活动科	
11	机关党工委		纪工委	
12	群团与直属单位党工委		纪工委	
13	党委教师工作部		综合办公室	与人力资源处合署办公
14	党委研究生工作部			与研究生院合署办公
15	后勤党委		纪委	
16	工会		综合科	
			联络部	

续表

序号	党群部门、党委、党工委名称	所属科室名称	备注
17	团委	组织宣传部	
		创新实践部	
		学生社团管理部	2021年1月7日增设
18	图书馆党委		
19	文学院党委		
20	传媒学院党委		
21	社会学院党委		
22	政治与公共管理学院党委		
23	东吴商学院（财经学院）东吴证券金融学院党委		
24	王健法学院党委		
25	外国语学院党委		
26	教育学院党委		
27	艺术学院党委		
28	音乐学院党委		
29	体育学院党委		
30	数学科学学院党委		
31	物理科学与技术学院党委		
32	光电科学与工程学院党委		
33	能源学院党委		
34	材料与化学化工学部党委	纪委	
35	纺织与服装工程学院党委		
36	计算机科学与技术学院党委		
37	电子信息学院党委		
38	机电工程学院党委		
39	东吴学院党委	纪委	

续表

序号	党群部门、党委、党工委名称	所属科室名称	备注
40	苏州医学院党工委	纪工委	2021年7月28日更名
41	苏州医学院基础医学与生物科学学院党委		
42	苏州医学院放射医学与防护学院党委		
43	苏州医学院公共卫生学院党委		
44	苏州医学院药学院党委		
45	苏州医学院护理学院党委		
46	苏州医学院第一临床医学院党委		
47	苏州医学院第二临床医学院党委		
48	苏州医学院儿科临床医学院党委		
49	金螳螂建筑学院党委		
50	轨道交通学院党委		
51	纳米科学技术学院党委		
52	敬文书院党委		
53	应用技术学院党委	纪委	
54	苏州大学附属第一医院党委	纪委	
55	苏州大学附属第二医院党委	纪委	
56	苏州大学附属儿童医院党委	纪委	
57	未来科学与工程学院党委		2021年8月1日成立

苏州大学行政系统、直属单位机构设置(表2)

表2　2021年苏州大学行政系统、直属单位机构设置一览表

序号	行政部门、学院（系）名称		所属科室名称	备注
1	苏州大学			
2	校长办公室		综合科	
			文秘科	
	法律事务办公室（挂靠校长办公室）			
	督查办公室（挂靠校长办公室）			
	数据资源管理办公室（挂靠校长办公室）			
3	国内合作办公室			
	实验学校管理办公室			
4	发展委员会办公室		联络发展部	
			校友部	
			基金会（董事会）管理部（综合科）	
5	新闻中心		新媒体中心	与党委宣传部合署办公 2021年1月7日增设新媒体中心
6	教务部	综合办公室		2021年12月23日更名为教务处
		教学运行处	学籍管理科	
			课程与考试科	
			专业设置与实践教学科	
			通识教育与大类培养科	
		教学质量与资源管理处	教学质量管理科	
			教学资源管理科	

续表

序号	行政部门、学院（系）名称		所属科室名称	备注
6	教务部	教学改革与研究处	教学改革科	
			特色（创新）培养科	
			科研训练与对外交流科	
	教师教学发展中心		办公室	挂靠教务部
7	招生就业处		综合科	
			招生科	
			学生就业指导科	
			宣传与信息管理科	
8	科学技术研究部			
	校科协秘书处			与科学技术研究部合署办公
	综合办公室			
	科学技术处		基金管理科	
			重点项目管理科	
			成果管理科	
			平台管理科	
	军工科研处		军工科技管理科	
			军工监管科（军工质量管理办公室）	
	科技成果转化处（国家大学科技园管理中心）		知识产权科	
			产学研合作科	
			技术转移管理科	
	"2011计划"办公室			挂靠科学技术研究部
9	人文社会科学处		综合办公室	
			项目管理办公室	
			基地建设办公室	
			成果管理办公室	
			社会服务办公室	

续表

序号	行政部门、学院（系）名称	所属科室名称	备注
9	校社会科学联秘书处		与人文社会科学处合署办公
10	国有资产管理处	综合科	
		产权管理科	
		产业管理科	
		资产管理科	
11	采购与招投标管理中心		
12	实验材料与设备管理中心		2021年4月15日撤销
	实验室与设备管理处	综合科	2021年4月15日内设机构调整
		实验室建设管理科	
		技术安全科	
		仪器设备管理科	
13	人力资源处	综合办公室（战略规划办公室）	
		人才引进与开发办公室	
		博士后管理办公室	
		师资发展与培训办公室	
		资源配置办公室	
		薪酬与福利办公室	
		人事服务办公室	
14	研究生院	综合办公室	
		招生办公室	
		培养办公室 - 教学管理科	
		培养办公室 - 质量监督科	
		培养办公室 - 国际交流科	
		学位管理办公室 - 学位管理科	
		学位管理办公室 - 学位点建设科	
		研究生管理办公室 - 教育与管理科	
		研究生管理办公室 - 就业指导科	

续表

序号	行政部门、学院（系）名称	所属科室名称	备注
14	导师学院		挂靠研究生院
15	学科建设办公室		
16	学位评定委员会秘书处（学位办）		
17	学术委员会秘书处		
18	保卫部（处）	综合科	
		政治保卫科	2021年1月7日更名
		消防科	
		校园安全指挥中心	
		本部治安科	
		东校区治安科	
		北校区治安科	
		独墅湖校区治安科	
		阳澄湖校区治安科	
19	学生工作部（处）	综合科（辅导员发展中心）	
		思想政治教育科（思想政治教育中心）	
		学生资助管理中心（学生劳动教育指导中心）	
		学生事务与管理中心	
	易班发展中心		
	大学生心理健康教育研究中心		挂靠学生工作部（处）
	学生创新创业教育中心		
	人民武装部		与学生工作部（处）合署办公

续表

序号	行政部门、学院（系）名称	所属科室名称	备注
20	国际合作交流处	综合科	
		学生交流科	
		留学生管理科	
		交流与项目管理科	
	港澳台办公室		挂靠国际合作交流处
21	出入境服务中心		
22	离退休工作部（处）	综合科	
		服务保障科	
		教育活动科	
23	财务处	综合科	
		会计核算科	
		会计服务中心	
		财务信息科	
		预算管理科	
		收费管理科	
		稽核科	
		科研经费管理科	
		会计委派科	
24	审计处	综合审计科	
		财务审计科	
		工程审计科	
25	继续教育处（继续教育学院）	综合科	
		网络教育科	
		培训科	
		教学管理科	
		招生与学生管理科	
		留学项目科	

续表

序号	行政部门、学院（系）名称	所属科室名称	备注
26	后勤管理处	综合科	
		公用房管理科	
		住房管理科	
		教室管理科	
		维修管理科	
		医保与计划生育管理科	
		信息管理科	
		校园环境与物业管理科	
		能源管理科	
		场馆管理中心	2021年4月15日增设
		幼儿园	
		膳食管理科	
	基本建设与维修改造工程管理委员会	综合办公室	
	宿舍管理办公室		挂靠后勤管理处
	校医院		
27	基本建设处	综合科	
		计划与造价管理科	
		工程技术科	
		施工管理科	
28	医院管理处		
29	未来校区管理委员会		
30	江苏苏大投资有限公司		
31	苏州大学出版社有限公司		
32	学报编辑部		
33	档案馆		
34	博物馆		
35	图书馆		

续表

序号	行政部门、学院（系）名称	所属科室名称	备注
36	分析测试中心		
37	信息化建设与管理中心		
38	工程训练中心		
39	艺术教育中心		
40	文学院		
41	传媒学院		
42	社会学院		
43	政治与公共管理学院		
44	马克思主义学院		
	思想政治理论课教师发展中心		挂靠马克思主义学院
45	东吴商学院（财经学院）		
46	王健法学院		
47	外国语学院		
48	教育学院		
49	艺术学院		
50	音乐学院		
51	体育学院		
52	数学科学学院		
53	物理科学与技术学院		
54	光电科学与工程学院		
55	能源学院		
56	材料与化学化工学部		
57	纳米科学技术学院		
58	纺织与服装工程学院		"两块牌子，一套班子"
	紫卿书院		
59	计算机科学与技术学院		
60	电子信息学院		
61	机电工程学院		

续表

序号	行政部门、学院（系）名称	所属科室名称	备注
62	沙钢钢铁学院		
63	苏州医学院		
64	苏州医学院基础医学与生物科学学院		2021年7月28日更名
65	苏州医学院放射医学与防护学院		
66	苏州医学院公共卫生学院		
67	苏州医学院药学院		
68	苏州医学院护理学院		
69	巴斯德学院		
70	苏州医学院第一临床医学院		2021年7月28日更名
71	苏州医学院第二临床医学院		
72	苏州医学院儿科临床医学院		
73	金螳螂建筑学院		
74	轨道交通学院		
75	红十字国际学院		
76	师范学院		
77	东吴学院		
78	海外教育学院		
79	敬文书院		
80	唐文治书院		
81	应用技术学院		
82	老挝苏州大学		
83	苏州大学附属第一医院		
	临床医学研究院（正处级建制）		挂靠苏州大学附属第一医院
84	苏州大学附属第二医院		

续表

序号	行政部门、学院（系）名称	所属科室名称	备注
85	苏州大学附属儿童医院		
86	苏州市独墅湖医院、苏州大学附属独墅湖医院		
87	苏州大学实验学校		
88	未来科学与工程学院		2021年8月1日成立

苏州大学中层及以上干部名单

1. 校领导

  党委书记：江 涌
  校 长：熊思东
  党委副书记：邓 敏
       王鲁沛
  纪委书记：芮国强（监察专员）   2021 年 7 月 16 日免
  副校长：姜建明
      陈卫昌
  总会计师：周 高
  副校长：张晓宏
      沈明荣
      姚建林

2. 纪律检查委员会

  书 记：芮国强（监察专员）   2021 年 7 月 16 日免
  副书记：黄志斌

3. 党委办公室、保密委员会办公室（合署）

党委办公室
  主 任：薛 辉   2021 年 12 月 24 日免
      刘春雷   2021 年 12 月 31 日任
  副主任：查晓东
      袁冬梅   2021 年 12 月 31 日免
      卜谦祥

保密委员会办公室
  主 任：薛 辉（兼）   2021 年 12 月 24 日免
      刘春雷   2021 年 12 月 31 日任

副主任：许继芳（兼）　　　　　　　　　　2021 年 12 月 24 日免
　　　　袁冬梅（兼）　　　　　　　　　　2021 年 12 月 31 日免

规划与政策研究室（2021 年 12 月 23 日撤销，苏大委〔2021〕180 号）
主　任：
副主任：卜谦祥

4. 校长办公室、法律事务办公室（挂靠）、督查办公室（挂靠）

校长办公室
主　任：吴　鹏　　　　　　　　　　　　2021 年 8 月 29 日免
　　　　洪　晔　　　　　　　　　　　　2021 年 8 月 29 日任
副主任：陈　美　　　　　　　　　　　　2021 年 4 月 30 日免
　　　　王季魁　　　　　　　　　　　　2021 年 5 月 31 日免
　　　　袁　红　　　　　　　　　　　　2021 年 4 月 30 日任
　　　　杨　炯　　　　　　　　　　　　2021 年 5 月 31 日任

法律事务办公室
主　任：王季魁（兼）　　　　　　　　　2021 年 5 月 31 日免
　　　　杨　炯（兼）　　　　　　　　　2021 年 5 月 31 日任

督查办公室
主　任：陈　美（兼）　　　　　　　　　2021 年 4 月 30 日免
　　　　袁　红（兼）　　　　　　　　　2021 年 4 月 30 日任

5. 校纪委、监察专员办公室（合署）

纪委办公室
主　任：陶培之
副主任：杨志卿
纪委副处级纪检员：俞伟清
纪委纪检员：袁　洁（副处职）　　　　　2021 年 2 月 24 日任

监督检查处
处　长：江建龙

审查调查处
处　长：卢永嘉

案件审理处
处　　长：戴璇颖

巡察工作领导小组办公室
主　　任：芮国强（兼）　　　　　　　　　　　2021年8月12日免
副主任：陶培之（兼）

6. 党委组织部、党校（合署）

党委组织部
部　　长：周玉玲　　　　　　　　　　　　　　2021年8月12日免
副部长：查佐明（正处职、主持工作）　　　　 2021年12月24日任
　　　　张振宇
　　　　程晓军
　　　　刘　慧
党委副处级组织员：李全义

党校
校　　长：江　涌（兼）
常务副校长：戴佩良　　　　　　　　　　　　　2021年2月24日免
　　　　　唐文跃　　　　　　　　　　　　　　2021年2月24日任
　　　　　　　　　　　　　　　　　　　　　　2021年12月24日免
　　　　　张振宇　　　　　　　　　　　　　　2021年12月24日任
调研员：薛　凡
　　　　王剑敏

年度综合考核领导小组办公室
主　　任：
副主任：

党代表联络办（2021年12月23日撤销，苏大委〔2021〕180号）
主　　任：李全义

7. 党委宣传部、新闻与网络信息办公室（合署）

党委宣传部
部　　长：陈晓强
副部长：吴　江（正处职、主持工作）　　　　 2021年12月24日任
　　　　孙　磊　　　　　　　　　　　　　　　2021年12月31日免
　　　　尹婷婷

新闻与网络信息办公室（2021年12月23日成立，与党委宣传部合署办公，正处级建制，苏大委〔2021〕180号）

  主　任：

新闻中心（2021年12月23日撤销，苏大委〔2021〕180号）
  主　任：陈晓强（兼）　　　　　　　　2021年12月24日免
  副主任：丁　姗

8. 党委统战部

  部　长：薛　辉
  副部长：李孝峰（正处职、主持工作）　　2021年12月24日任
     叶明昌（保留正处职待遇）
  调研员：吴建明　　　　　　　　　　　2021年12月2日免
  副处级统战员：刘海平

9. 党委离退休工作部（离退休工作处）、离退休党工委

党委离退休工作部（离退休工作处）
  部（处）长：余宏明　　　　　　　　　2021年12月24日免
      陈彦艳　　　　　　　　　2021年12月31日任
  副部（处）长：陆伟中
       周佳晔
  副调研员：石　健　　　　　　　　　　2021年8月12日免
  五级职员：余宏明

离退休党工委（2021年12月23日，离休党工委更名为离退休党工委，苏大委〔2021〕180号）
  书　记：余宏明　　　　　　　　　　　2021年12月24日免
     陈彦艳　　　　　　　　　　　2021年12月31日任
  副书记：

10. 机关与直属单位党工委（2021年12月23日，机关党工委、群团与直属单位党工委合并，苏大委〔2021〕180号）

  党工委书记：唐文跃　　　　　　　　　2021年12月24日任
  党工委副书记：
  纪工委书记：
  调研员：谭玉坤

机关党工委（2021 年 12 月 23 日撤销，苏大委〔2021〕180 号）

书　记：张振宇　　　　　　　　　　　　　2021 年 12 月 24 日免

副书记：冒维东　　　　　　　　　　　　　2021 年 9 月 1 日免

纪工委书记：夏凤军

群团与直属单位党工委（2021 年 12 月 23 日撤销，苏大委〔2021〕180 号）

书　记：杨　清　　　　　　　　　　　　　2021 年 12 月 24 日免

副书记：朱　今

纪工委书记：杨　菁

11. 学科建设与发展规划处（2021 年 12 月 23 日成立，正处级建制，苏大委〔2021〕180 号）

处　长：潘志娟　　　　　　　　　　　　　2021 年 12 月 24 日任

副处长：

学科建设办公室（2021 年 12 月 23 日撤销，苏大委〔2021〕180 号）

主　任：沈明荣　　　　　　　　　　　　　2021 年 3 月 18 日免

　　　　潘志娟　　　　　　　　　　　　　2021 年 3 月 18 日任

　　　　　　　　　　　　　　　　　　　　2021 年 12 月 24 日免

副主任：杨凝晖

　　　　刘　超　　　　　　　　　　　　　2021 年 6 月 10 日免

　　　　曹光龙　　　　　　　　　　　　　2021 年 6 月 10 日任

12. 人力资源处、党委教师工作部（合署）

人力资源处

处　长：朱巧明　　　　　　　　　　　　　2021 年 3 月 4 日免

　　　　王云杰　　　　　　　　　　　　　2021 年 3 月 4 日任

副处长：何德超

　　　　林　萍

　　　　章　宪

党委教师工作部

部　长：何　峰

13. 财务处

处　长：孙琪华　　　　　　　　　　　　　2021 年 12 月 24 日免

　　　　　陈永清　　　　　　　　　　　　2021年12月24日任
　　副处长：朱　彦
　　　　　　姚红美
　　　　　　施小平
　　副调研员：马智英　　　　　　　　　　2021年11月4日免

14. 审计处

　　处　长：徐眱荃
　　副处长：李　华

15. 教务处、教师教学发展中心（挂靠）、学生创新创业教育中心（挂靠）

教务处（2021年12月23日，教务部更名为教务处，正处级建制，苏大委〔2021〕180号）

　　处　长：方　亮　　　　　　　　　　　2021年12月24日任
　　副处长：

教师教学发展中心

　　主　任：方　亮（兼）　　　　　　　　2021年12月24日任
　　副主任：

学生创新创业教育中心〔2021年12月23日，由挂靠学生工作部（处）调整挂靠至教务处，苏大委〔2021〕180号〕

　　主　任：董召勤（兼）　　　　　　　　2021年12月24日免
　　　　　　方　亮（兼）　　　　　　　　2021年12月24日任
　　副主任：钱春芸
　　　　　　张　芸（兼）
　　　　　　赵一强（兼）
　　　　　　田　天（兼）
　　　　　　陈　一（兼）
　　　　　　李　慧（兼）
　　　　　　严韵致（兼）　　　　　　　　2021年7月7日任

教务部

　　部　长：周　毅　　　　　　　　　　　2021年4月2日免
　　　　　　方　亮　　　　　　　　　　　2021年4月2日任
　　　　　　　　　　　　　　　　　　　　2021年12月24日免

综合办公室
　　主　任：李　振

教学运行处
　　处　长：周　毅　　　　　　　　　　　　2021 年 4 月 2 日免
　　副处长：陆　丽
　　　　　　刘方涛

教学质量与资源管理处
　　处　长：冯志华
　　副处长：常青伟

教学改革与研究处
　　处　长：茅海燕　　　　　　　　　　　　2021 年 8 月 29 日免
　　副处长：李　慧
　　副调研员：于竞红
　　　　　　　蒲曼莉

16. 招生就业处

　　处　长：查佐明　　　　　　　　　　　　2021 年 12 月 24 日免
　　　　　　靳　葛　　　　　　　　　　　　2021 年 12 月 31 日任
　　副处长：张　芸
　　　　　　靳　葛　　　　　　　　　　　　2021 年 12 月 31 日免

17. 党委学生工作部（学生工作处）、人民武装部（合署）、大学生心理健康教育研究中心（挂靠）

党委学生工作部（学生工作处）
　　部（处）长：董召勤
　　副部（处）长：陈　平（调研员）
　　　　　　　　　段永锋
　　　　　　　　　潘爱华
　　　　　　　　　钱春芸（兼）

人民武装部
　　部　长：
　　副部长：张镇华

大学生心理健康教育研究中心
主　任：王　清
调研员：王　静

18. 研究生院、党委研究生工作部（合署）、导师学院（挂靠）

研究生院
院　长：曹　健　　　　　　　　　　　2021 年 12 月 24 日免
　　　　张进平　　　　　　　　　　　2021 年 12 月 31 日任
副院长：张进平　　　　　　　　　　　2021 年 12 月 31 日免
　　　　刘　京
五级职员：曹　健

综合办公室
主　任：王　静

招生办公室
主　任：卢　玮

培养办公室
主　任：张进平（兼）　　　　　　　　2021 年 12 月 31 日免

学位管理办公室
主　任：刘　京（兼）

研究生管理办公室
主　任：赵一强

党委研究生工作部
部　长：吴雪梅　　　　　　　　　　　2021 年 8 月 29 日免
　　　　茅海燕　　　　　　　　　　　2021 年 8 月 29 日任

导师学院
院　长：蒋星红（兼）　　　　　　　　2021 年 12 月 31 日免
　　　　沈明荣（兼）　　　　　　　　2021 年 12 月 31 日任
副院长：曹　健（兼）　　　　　　　　2021 年 12 月 24 日免
　　　　张进平（兼）　　　　　　　　2021 年 12 月 31 日任

19. 科学技术研究院、科技党委

科学技术研究院（2021年12月23日，科学技术研究部更名为科学技术研究院，正处级建制，苏大委〔2021〕180号）

院　　长：徐小乐　　　　　　　　　　　　2021年12月31日任
常务副院长：钱福良（兼）　　　　　　　　2021年12月31日任
内　　设：

综合办公室
主　　任：

基础科研处
处　　长：

军工科研处
处　　长：

产学研合作处
处　　长：
五级职员：郁秋亚
六级职员：周　村
　　　　　张志红

科技党委（2021年12月23日成立，苏大委〔2021〕180号）

书　　记：蒋敬东　　　　　　　　　　　　2021年12月31日任

科学技术研究部
部　　长：郁秋亚　　　　　　　　　　　　2021年12月24日免
下　　设：

综合办公室
主　　任：刘海燕

科学技术处
处　　长：钱福良　　　　　　　　　　　　2021年12月31日免
副处长：张志红
　　　　刘开强

军工科研处

处　　长：许继芳　　　　　　　　　　　　　　2021 年 12 月 24 日免

副处长：陈德斌

科技成果转化处（国家大学科技园管理中心）

处　　长：龚学锋　　　　　　　　　　　　　　2021 年 12 月 24 日免

副处长（副主任）：糜志雄

　　　　　　　　　田　天

副处长：周　村（兼）

"2011 计划"办公室（2021 年 12 月 23 日撤销，苏大委〔2021〕180 号）

主　　任：仇国阳　　　　　　　　　　　　　　2021 年 12 月 31 日免

副主任：董晓惠

20. 人文社会科学处

处　　长：于毓蓝

副处长：徐维英

　　　　　尚　书

　　　　　陈　一

中国特色城镇化研究中心

副主任：钟　静

21. 国内合作发展处、校友工作办公室（合署）

国内合作发展处（2021 年 12 月 23 日成立，正处级建制，苏大委〔2021〕180 号）

处　　长：陆　岸　　　　　　　　　　　　　　2021 年 12 月 24 日任

副处长：

校友工作办公室（2021 年 12 月 23 日成立，与国内合作发展处合署办公，正处级建制，苏大委〔2021〕180 号）

主　　任：陆　岸（兼）　　　　　　　　　　　2021 年 12 月 24 日任

副主任：

国内合作办公室（2021 年 12 月 23 日撤销，苏大委〔2021〕180 号）

主　　任：吉　伟　　　　　　　　　　　　　　2021 年 12 月 24 日免

副主任：刘春雷　　　　　　　　　　　　　　　2021 年 4 月 30 日任

　　　　　　　　　　　　　　　　　　　　　　2021 年 12 月 31 日免

发展委员会办公室（2021年12月23日撤销，苏大委〔2021〕180号）
 主　任：胡新华　　　　　　　　　　　　　　2021年12月24日免
 副主任：张海洋　　　　　　　　　　　　　　2021年9月1日免
    黄文军　　　　　　　　　　　　　　2021年12月31日免

22. 国有资产管理处、采购与招投标管理中心（挂靠）

国有资产管理处
 处　长：陈永清　　　　　　　　　　　　　　2021年12月24日免
    陈中华　　　　　　　　　　　　　　2021年12月31日任
 副处长：沈　军
 副调研员：夏永林
 国有资产管理委员会办公室副主任：陈中华　　2021年12月31日免

采购与招投标管理中心
 主　任：刘丽琴（保留副处职待遇）

23. 国际合作交流处、港澳台办公室（合署）

国际合作交流处
 处　长：王殳凹
 副处长：朱履骅
    资　虹

港澳台办公室
 主　任：王殳凹（兼）
 副主任：高玮玮

出入境服务中心（2021年12月23日撤销，苏大委〔2021〕180号）
 副调研员：吴小春

24. 党委保卫部（保卫处）

 部（处）长：黄水林　　　　　　　　　　　　2021年12月24日免
     严　明　　　　　　　　　　　　2021年12月31日任
 副部（处）长：刘　风
      陈晓刚　　　　　　　　　　　　2021年7月7日免
      周法超
      王瑞成　　　　　　　　　　　　2021年7月7日任

五级职员：黄水林
六级职员：刘　风
副调研员：周伟虎

25. 后勤管理处、校医院（挂靠）、后勤基建党委

后勤管理处

处　　长：王云杰		2021年3月4日免
仇玉山		2021年3月4日任
副处长：顾建忠		2021年3月25日免
朱剑峰		
唐中斌		
王维柱		2021年3月4日免
陈　刚		
殷为民		2021年3月11日任
张鑫华（兼场馆管理中心主任）		2021年4月30日任
副调研员：庄建英		
蒋安平		

校医院

院　　长：朱　旻
副调研员：杨秀丽

后勤基建党委（2021年12月23日，后勤党委更名为后勤基建党委，苏大委〔2021〕180号）

书　　记：王季魁　　　　　　　　　　　　2021年12月24日任
副书记（纪委书记）：

后勤党委

书　　记：仇玉山		2021年3月4日免
王季魁		2021年3月25日任
		2021年12月24日免
副书记：曹金元		2021年3月11日免
陈晓刚		2021年3月11日任
纪委书记：蒋　峰（调研员）		

26. 基本建设处（2020年10月23日成立，正处级建制，苏大委〔2020〕116号）

处　　长：顾建忠　　　　　　　　　　　　2021年3月25日任

副处长：王维柱　　　　　　　　　　　　2021 年 3 月 4 日任

27. 实验室与设备管理处

　　处　　长：魏永前
　　副处长：陈　美　　　　　　　　　　　　2021 年 4 月 30 日任

28. 数据资源与信息化建设管理处（2021 年 12 月 23 日成立，正处级建制，苏大委〔2021〕180 号）

　　处　　长：
　　副处长：

数据资源管理办公室（2021 年 12 月 23 日撤销，苏大委〔2021〕180 号）
　　主　　任：吴　鹏（兼）　　　　　　　　2021 年 8 月 29 日免
　　　　　　　洪　晔（兼）　　　　　　　　2021 年 8 月 29 日任
　　副主任：张　庆（兼）
　　　　　　　张志平

信息化建设与管理中心（2021 年 12 月 23 日撤销，苏大委〔2021〕180 号）
　　主　　任：张　庆
　　副主任：黄　平
　　　　　　　陆剑江
　　调研员：杨季文
　　副调研员：汤晶缨

29. 未来校区管理委员会

　　主　　任：杨一心（兼）　　　　　　　　2021 年 4 月 15 日免
　　　　　　　沈明荣（兼）　　　　　　　　2021 年 4 月 15 日任
　　专职副主任：陈炳亮（保留正处职）　　　2021 年 8 月 29 日免
　　副主任：沈明荣（兼）　　　　　　　　　2021 年 4 月 15 日免
　　　　　　　资　虹（兼）
　　　　　　　刘　超　　　　　　　　　　　2021 年 2 月 24 日任
　　　　　　　王　宇　　　　　　　　　　　2021 年 7 月 7 日任
　　五级职员：邢光晟

30. 校工会

主　　席：王永山
副主席：陈　洁
　　　　顾志勇

31. 校团委

书　　记：于潜驰
副书记：刘春雷　　　　　　　　　　2021年7月7日免
　　　　严韵致　　　　　　　　　　2021年7月7日任
　　　　谢　凯　　　　　　　　　　2021年4月30日任
　　　　徐　娜　　　　　　　　　　2021年7月7日任
　　　　杨　肖（兼）　　　　　　　2021年8月28日免
　　　　张哲源（兼）　　　　　　　2021年8月28日免
　　　　杨　浩（兼）　　　　　　　2021年11月13日当选
　　　　金泽琪（兼）　　　　　　　2021年8月28日任
　　　　尹士林（兼）　　　　　　　2021年8月28日任
　　　　田一星（兼）　　　　　　　2021年12月30日任

32. 图书馆

党委书记：钱万里
馆　　长：唐忠明　　　　　　　　　2021年7月12日免
　　　　钱万里　　　　　　　　　　2021年7月12日任
副馆长：钱万里（兼）　　　　　　　2021年7月12日免
　　　　徐　燕
　　　　丁　瑶
　　　　汪卫东
调研员：周建屏　　　　　　　　　　2021年3月18日免
　　　　郑　红

33. 档案馆

馆　　长：石明芳

34. 博物馆

名誉馆长：张朋川
馆　　长：李超德
常务副馆长：冯　一
调研员：黄维娟

35. 分析测试中心

主　任：姚志刚

36. 工程训练中心

主　任：邵剑平

37. 艺术教育中心

主　任：吴　磊
副主任：褚　玮

38. 期刊中心（2021年12月23日，学报编辑部更名为期刊中心，不设行政建制，苏大委〔2021〕180号）

主　任：江　波　　　　　　　　　　　　　　　2021年12月24日任

学报编辑部
主　任：江　波　　　　　　　　　　　　　　　2021年12月24日免

39. 江苏苏大投资有限公司、企业党委

江苏苏大投资有限公司（不设行政建制）
董事长：蒋敬东　　　　　　　　　　　　　　　2021年12月31日免
　　　　仇国阳　　　　　　　　　　　　　　　2021年12月31日任
总经理：陈彦艳

企业党委（2021年12月23日成立，不设行政建制，苏大委〔2021〕180号）
书　记：
五级职员：杨　清

六级职员：田启明

苏州大学出版社有限公司
社　　长：盛惠良
总编辑：陈兴昌
副调研员：王建珍

东吴饭店
调研员：张荣华

辐照技术研究所
副调研员：刘炳喜

老挝苏州大学
校　　长：熊思东（兼）
副校长：黄　兴　　　　　　　　　　　　2021 年 12 月 31 日免
校长助理：黄文军（主持工作）　　　　　2021 年 12 月 31 日任
　　　　　黄郁健

40. 继续教育学院（2021 年 12 月 23 日撤销继续教育处，正处级建制，苏大委〔2021〕180 号）

院　　长：缪世林　　　　　　　　　　　2021 年 12 月 24 日任
副院长：
五级职员：龚学锋
副调研员：沈文英
　　　　　王　健（保留副处职待遇）
　　　　　陆惠星
　　　　　张　卫

继续教育处
处　　长：缪世林　　　　　　　　　　　2021 年 12 月 24 日免
副处长：胡龙华
　　　　王建凯
　　　　常　静

41. 海外教育学院

院　　长：夏　骏（保留副处职待遇）

副院长：袁　晶（保留副处职待遇）

42. 学术委员会秘书处

秘书长：闫礼芝（保留副处职待遇）
副秘书长：金薇吟（保留副处职待遇）

43. 学位评定委员会秘书处（学位办）

秘书长（主任）：郎建平（保留正处职待遇）

医院管理处（2021年12月23日撤销，苏大委〔2021〕180号）
处　长：徐小乐　　　　　　　　　　　　　　2021年12月23日免

44. 文学院

党委书记：孙宁华　　　　　　　　　　　　　2021年12月24日免
　　　　　宋清华　　　　　　　　　　　　　2021年12月31日任
党委副书记：阴　浩（兼副院长）
院　　长：曹　炜
副院长：束霞平
　　　　周生杰

唐文治书院
院　　长：曹　炜　　　　　　　　　　　　　2021年10月21日任
副院长：曹　炜　　　　　　　　　　　　　　2021年10月21日免
　　　　高　峰
　　　　季　进

45. 传媒学院

党委书记：宁正法
党委副书记：宋海英（兼副院长）
专职组织员：丁新红（保留副处职待遇）
院　　长：陆玉芳
执行院长：陈　龙
副院长：谷　鹏
　　　　徐　冉

46. 社会学院

党委书记：邓国林
党委副书记：郝　珺（兼副院长）
院　　长：高　峰
副 院 长：包　军　　　　　　　　　　　　2021年3月11日免
　　　　　黄鸿山
　　　　　宋言奇
　　　　　裔洪根　　　　　　　　　　　　2021年3月11日任

47. 政治与公共管理学院

党委书记：邢光晟　　　　　　　　　　　　2021年12月31日免
　　　　　孙　磊　　　　　　　　　　　　2021年12月31日任
党委副书记：徐美华（兼副院长）
院　　长：谢　岳　　　　　　　　　　　　2021年4月30日任
副 院 长：吉文灿　　　　　　　　　　　　2021年11月11日免
　　　　　黄建洪　　　　　　　　　　　　2021年11月11日免
　　　　　庄友刚　　　　　　　　　　　　2021年11月11日任
　　　　　周义程　　　　　　　　　　　　2021年11月11日任

48. 马克思主义学院

党委书记：陈建军
党委副书记：田芝健
院　　长：田芝健
副 院 长：朱蓉蓉
　　　　　茆汉成
五级职员：张才君

49. 教育学院

党委书记：赵　阳
党委副书记：朱晨花（兼副院长）
院　　长：冯成志
副 院 长：吴铁钧
　　　　　曹永国
　　　　　冯文锋

副调研员：王　青

50. 东吴商学院（财经学院）　东吴证券金融学院

党委书记：刘志明
党委副书记：董　娜（兼副院长）
专职纪检委员：马龙剑
院　　长：冯　博
副 院 长：袁建新　　　　　　　　　　　2021年5月31日免
　　　　　王要玉
　　　　　徐　涛
　　　　　周中胜　　　　　　　　　　　2021年6月24日任
　　　　　任少华（兼）

51. 王健法学院

党委书记：吴　江　　　　　　　　　　　2021年12月24日免
　　　　　孙宁华　　　　　　　　　　　2021年12月24日任
党委副书记：王振华（兼副院长）　　　　2021年6月10日免
　　　　　朱春霞（兼副院长）　　　　　2021年6月10日任
院　　长：方新军
副 院 长：程雪阳
　　　　　庞　凌
　　　　　沈　晔
　　　　　上官丕亮　　　　　　　　　　2021年6月10日任

知识产权研究院

院　　长：方新军
副 院 长：朱春霞　　　　　　　　　　　2021年7月7日免
　　　　　肖丽娟　　　　　　　　　　　2021年7月7日任

52. 外国语学院

党委书记：严冬生
党委副书记：朱苏静（兼副院长）
院　　长：朱新福
副 院 长：王　军
　　　　　孟祥春
　　　　　王　宇（孔子学院中方院长）　2021年7月7日免

　　　　　陆　洵
　　　　　李　季
　　副调研员：赵　红

53. 金螳螂建筑学院

　　党委书记：陈国凤
　　党委副书记：薛　曦（兼副院长）
　　院　　长：吴永发
　　副院长：王杰祥　　　　　　　　　　2021年12月2日免
　　　　　雷　诚　　　　　　　　　　　2021年6月24日免
　　　　　吴　尧
　　　　　申绍杰
　　　　　朱盘英（兼）

54. 数学科学学院

　　党委书记：逢成华
　　党委副书记：蒋青芳（兼副院长）
　　院　　长：张　影　　　　　　　　　2021年7月12日免
　　　　　曹永罗　　　　　　　　　　　2021年8月1日任
　　副院长：顾振华
　　　　　季利均　　　　　　　　　　　2021年7月12日免
　　　　　翟惠生

55. 物理科学与技术学院

　　党委书记：孙德芬　　　　　　　　　2021年12月24日免
　　　　　杨礼富　　　　　　　　　　　2021年12月24日任
　　党委副书记：谢燕兰（兼副院长）
　　院　　长：高　雷　　　　　　　　　2021年8月12日免
　　　　　吴雪梅　　　　　　　　　　　2021年8月29日任
　　副院长：方　亮　　　　　　　　　　2021年6月24日免
　　　　　赵承良
　　　　　杭志宏
　　　　　周丽萍　　　　　　　　　　　2021年6月24日任

56. 光电科学与工程学院

党委书记：龚呈卉
党委副书记：黄冠平（兼副院长）　　　　　　2021年3月25日任
院　　长：李孝峰
副院长：许宜申
　　　　曲　宏
　　　　陈　煜

57. 能源学院

党委书记：沙丹丹
名誉院长：刘忠范
院　　长：晏成林
副院长：杨瑞枝
　　　　彭　扬
　　　　王海波
　　　　田景华　　　　　　　　　　　　　　2021年6月24日免
　　　　包　军　　　　　　　　　　　　　　2021年3月11日任
副调研员：汝坤林

张家港工业技术研究院
院　　长：晏成林（兼）
副院长：王海波（兼）　　　　　　　　　　　2021年6月10日免
　　　　田景华（兼）　　　　　　　　　　　2021年6月24日免

化学电源研究所
所　　长：王海波

58. 材料与化学化工学部

党委书记：李　翔
党委副书记：王美珠（兼副主任）
纪委书记：李　乐
名誉主任：于吉红
主　　任：姚建林　　　　　　　　　　　　　2021年4月15日免
　　　　张正彪　　　　　　　　　　　　　　2021年7月16日任
副主任：姚英明

　　　　　吴　铎
　　　　　朱　健
　　　　　沈　勤
　　　　　张正彪　　　　　　　　　　　　　2021年7月16日免
　　　　　徐小平
　　　　　李　华　　　　　　　　　　　　　2021年5月13日任

　　化学科学国际合作创新中心（不设行政建制，挂靠材料与化学化工学部）
　　　主　任：于吉红
　　　副主任：徐小平

59. 纳米科学技术学院

　　　党委书记：洪　晔　　　　　　　　　　2021年8月29日免
　　　　　　　吴　鹏　　　　　　　　　　　2021年8月29日任
　　　院　长：李述汤
　　　执行院长：刘　庄
　　　副院长：孙宝全
　　　　　　　王穗东
　　　　　　　李彦光
　　　　　　　彭　睿
　　　　　　　揭建胜
　　　　　　　何　乐

60. 计算机科学与技术学院

　　　党委书记：杨礼富　　　　　　　　　　2021年12月24日免
　　　　　　　胡新华　　　　　　　　　　　2021年12月24日任
　　　党委副书记：沈云彩（兼副院长）
　　　专职组织员：王　栋（保留副处职待遇）
　　　院　长：张　民
　　　副院长：赵　雷
　　　　　　　居　民
　　　　　　　刘纯平

61. 电子信息学院

　　　党委书记：胡剑凌　　　　　　　　　　2021年8月12日免
　　　　　　　袁冬梅　　　　　　　　　　　2021年12月31日任

党委副书记：黄远丰（兼副院长）
名誉院长：潘君骅
院　　长：沈纲祥
副院长：陈小平
　　　　朱颖康
　　　　倪锦根
五级职员：徐群祥
六级职员：马国平
副调研员：刁爱清

62. 机电工程学院

党委书记：刘鲁庆
党委副书记：袁　红（兼副院长）　　2021年6月10日免
　　　　　　解　笑（兼副院长）　　2021年6月10日任
专职纪检委员：姚建萍　　　　　　　2021年3月11日任
院　　长：孙立宁
副院长：陈再良
　　　　孙海鹰
　　　　陈　涛
　　　　王传洋

63. 沙钢钢铁学院

党委书记：宋清华　　　　　　　　　2021年12月31日免
　　　　　沈云彩　　　　　　　　　2021年12月31日任
党委副书记：徐海洋（兼副院长）
院　　长：董元篪
副院长：王德永
　　　　丁汉林

64. 纺织与服装工程学院

党委书记：肖甫青
党委副书记：严　明（兼副院长）
院　　长：潘志娟　　　　　　　　　2021年4月22日免
　　　　　张克勤　　　　　　　　　2021年4月22日任
副院长：关晋平
　　　　严　俊

　　　　　张克勤　　　　　　　　　　　　　2021年4月22日免
　　　　　陈　廷　　　　　　　　　　　　　2021年7月7日任
　　副调研员：司　伟

紫卿书院
名誉院长：
院　　长：
副院长：

现代丝绸国家工程实验室
执行主任：陈国强
副主任：裔洪根　　　　　　　　　　　　2021年3月11日免
　　　　刘欣亮　　　　　　　　　　　　2021年3月31日任

65. 轨道交通学院

党委书记：戴佩良
党委副书记：黄晓辉（兼副院长）
专职组织员：田　雷（保留副处职待遇）
名誉院长：王　炜
院　　长：史培新
副院长：肖为周
　　　　金菊华
　　　　黄伟国
副调研员：蒋志良

66. 体育学院

党委书记：朱建刚
党委副书记：丁海峰（兼副院长）
院　　长：王国祥　　　　　　　　　　　2021年11月4日免
　　　　　陶玉流　　　　　　　　　　　2021年11月4日任
副院长：陶玉流　　　　　　　　　　　　2021年11月4日免
　　　　李　龙　　　　　　　　　　　　2021年11月4日免
　　　　张鑫华　　　　　　　　　　　　2021年4月30日免
　　　　张宗豪　　　　　　　　　　　　2021年11月4日任
　　　　张大志　　　　　　　　　　　　2021年11月4日任

67. 艺术学院

党委书记：顾德学
党委副书记：张　洁（兼副院长）
名誉院长：张道一
院　　长：姜竹松
副院长：卢　朗
　　　　王　鹭
　　　　沈　黔
五级职员：王尔东

68. 音乐学院

党委书记：陆　岸　　　　　　　　　　　　2021年4月2日免
　　　　　胡晓玲　　　　　　　　　　　　2021年4月2日任
党委副书记：胡晓玲（兼副院长）　　　　　2021年4月2日免
　　　　　　杨　燕（兼副院长）　　　　　2021年6月10日任
名誉院长：陈光宪
院　　长：许　忠
执行院长：吴　磊
副院长：顾明高
　　　　魏正启

69. 苏州医学院（2021年7月28日，医学部更名为苏州医学院，苏大委〔2021〕130号）

党工委书记：邹学海　　　　　　　　　　　2021年12月9日免
　　　　　　钱福良　　　　　　　　　　　2021年12月9日任
党工委副书记：黎春虹
　　　　　　　吴德建
纪委书记：李伟文
名誉院长：阮长耿
　　　　　杜子威
院　　长：詹启敏　　　　　　　　　　　　2021年8月12日任
常务副院长：徐广银
副院长：龚　政
　　　　徐小乐（兼）
　　　　田启明　　　　　　　　　　　　　2021年10月21日免

　　　　　　龙亚秋
副调研员：施建亚
办公室主任：彭晓蓓
教学办公室主任：钟　慧
科研办公室主任：龙亚秋
研究生办公室主任：徐小乐（兼）
国际交流与发展办公室主任：宋　军
学生工作办公室主任：温洪波
临床教学质量管理办公室主任：

实验中心
主　任：陈乳胤

实验动物中心
主　任：周正宇

苏州医学院基础医学与生物科学学院

党委书记：沈学伍	2021年7月16日免
何　峰	2021年8月29日任

院　长：吴嘉炜
副院长：杨雪珍
　　　　张洪涛
　　　　陶　金

苏州医学院放射医学与防护学院
党委书记：王成奎
专职组织员：王加华（保留副处职待遇）
院　长：柴之芳
执行院长：高明远
常务副院长：曹建平
副院长：王殳凹
　　　　周光明

苏州医学院公共卫生学院
党委书记：陈　赞
院　长：张增利
副院长：秦立强
　　　　张　洁
副调研员：钟宏良

苏州医学院药学院

党委书记：王　欣

副理事长：顾振纶

院　　长：镇学初　　　　　　　　　　　　2021 年 12 月 16 日免

　　　　　钟志远　　　　　　　　　　　　2021 年 12 月 16 日任

副院长：江维鹏

　　　　黄小波

　　　　许国强

　　　　陈华兵　　　　　　　　　　　　　2021 年 12 月 24 日任

苏州医学院护理学院

党委书记：龚　政

专职组织员：陈向民（保留副处职待遇）

院　　长：李惠玲

副院长：田　利

　　　　姚文英（兼）

　　　　谭丽萍（兼）

　　　　徐　岚（兼）　　　　　　　　　　2021 年 3 月 11 日任

神经科学研究所

所　　长：刘春风

副所长：姚建萍　　　　　　　　　　　　　2021 年 3 月 11 日免

　　　　杭雪花　　　　　　　　　　　　　2021 年 3 月 11 日任

骨科研究所

所　　长：杨惠林

副所长：杭雪花　　　　　　　　　　　　　2021 年 3 月 11 日免

　　　　曹金元　　　　　　　　　　　　　2021 年 3 月 11 日任

心血管病研究所

所　　长：沈振亚

副所长：殷为民　　　　　　　　　　　　　2021 年 3 月 11 日免

　　　　顾闻钟　　　　　　　　　　　　　2021 年 3 月 25 日任

呼吸疾病研究所

所　　长：黄建安

造血干细胞移植研究所

所　　长：吴德沛

副所长：徐　杨

转化医学研究院
院　长：时玉舫
行政副院长：陈永井

生物医学研究院
院　长：熊思东
副院长：陈　军　　　　　　　　　　　　　　　2021年3月31日任

唐仲英医学研究院
党委书记：芮秀文
院　长：
副院长：戴克胜（主持工作）

巴斯德学院（挂靠苏州医学院）
院　长：唐　宏
副院长：陈志欣

70. 未来科学与工程学院（2021年8月1日组建，下设处级建制，苏大委〔2021〕117号）

党委书记：吉　伟　　　　　　　　　　　　　　2021年8月12日任

71. 东吴学院

党委书记：刘　枫　　　　　　　　　　　　　　2021年3月18日免
　　　　　陆　岸　　　　　　　　　　　　　　2021年3月18日任
　　　　　　　　　　　　　　　　　　　　　　2021年12月24日免
　　　　　许继芳　　　　　　　　　　　　　　2021年12月24日任
院　长：张　健
纪委书记：姚永明
副院长：喻翔玮
　　　　江美福
五级职员：刘　枫

72. 红十字国际学院

名誉院长：Francesco Rocca（弗朗西斯科·罗卡）

　　　　陈　竺
　　院　长：王汝鹏（兼）
　　执行院长：杨一心（兼）
　　常务副院长：郑　庚　　　　　　　　　　　　2021年3月31日任
　　副院长：刘选国（兼）
　　　　　　郑　庚　　　　　　　　　　　　　　2021年3月31日免

73. 师范学院、基础教育管理办公室（挂靠）

师范学院
　　副院长：张佳伟
　　　　　　陆　丽（兼）
　　　　　　张进平（兼）　　　　　　　　　　　2021年12月31日免

基础教育管理办公室（2021年12月23日，实验学校管理办公室更名为基础教育管理办公室，挂靠师范学院，苏大委〔2021〕180号）
　　主　任：吉　伟（兼）
　　副主任：周国华（兼）
　　　　　　沈志清（兼）
　　　　　　胡海峰（兼）
　　　　　　王杰祥（兼）　　　　　　　　　　　2021年12月2日任

苏州大学实验学校
　　书　记（校长）：周国华
　　副书记（副校长）：王振华　　　　　　　　　2021年5月31日任

苏州大学第二实验学校
　　书　记：沈志清

苏州大学附属吴江学校
　　校　长：陈炳亮　　　　　　　　　　　　　　2021年8月29日任

苏州大学高邮实验学校
　　书　记：胡海峰　　　　　　　　　　　　　　2021年12月2日免
　　　　　　王杰祥　　　　　　　　　　　　　　2021年12月2日任

74. 敬文书院

　　党委书记：

党委副书记：孟玲玲
名誉院长：朱恩馀
院　　长：钱振明
副院长：孟玲玲

75. 文正学院

党委书记：仲　宏
党委副书记：袁昌兵（兼副院长）
纪委书记：解　燕
院　　长：吴昌政
副院长：施盛威
　　　　朱　跃
副调研员：杜　明
　　　　　钱伟超
　　　　　唐凤珍
　　　　　黄　新
　　　　　葛　军

76. 应用技术学院

党委书记：浦文侗　　　　　　　　　　　2021年12月9日免
　　　　　孙庆民　　　　　　　　　　　2021年12月9日任
党委副书记：钮秀山（兼副院长）
纪委书记：陈　敏
院　　长：傅菊芬
副院长：孙庆民（正处职）　　　　　　　2021年12月9日免
　　　　席拥军
五级职员：浦文侗
副调研员：茹　翔

77. 苏州大学附属第一医院

党委书记：陈卫昌（兼）
党委副书记：刘济生（兼）
　　　　　　王海芳
纪委书记：邱　鸣
院　　长：刘济生
副院长：丁春忠

陈　亮
缪丽燕
时玉舫
方　琪
陈　罡
总会计师：贲能富
调研员：黄恺文
副调研员：洪建娣

血液研究所

苏州医学院第一临床医学院
院　长：刘济生（兼）
副院长：胡春洪

临床医学研究院
院　长：方　琪
副院长：黄建安　　　　　　　　　　　　　　2021年7月7日免
　　　　朱雪松
　　　　李　锐

78. 苏州大学附属第二医院（核工业总医院）

党委书记：徐　博
党委副书记：王少雄（兼）
院　长：王少雄
总会计师：魏钦海
副院长：孙亦晖
　　　　钱志远
　　　　杨　顺
纪委书记：程永志　　　　　　　　　　　　　2021年9月26日免
　　　　田雅君　　　　　　　　　　　　　　2021年9月26日任

苏州医学院第二临床医学院
院　长：徐　博（兼）
副院长：徐又佳（兼）

79. 苏州大学附属儿童医院

党委书记：汪　健

党委常务副书记：
党委副书记：王晓东（兼）
院　　长：王晓东
纪委书记：姚　炜
副院长：田健美
　　　　吕海涛
　　　　严向明
五级职员：卢祖元
副调研员：唐叶枫
　　　　　阐玉英

苏州医学院儿科临床医学院
院　　长：王晓东

80. 苏州医学院第三临床医学院

院　　长：华　飞（兼）
副院长：蒋敬庭（兼）

81. 苏州苏大教育服务投资发展（集团）有限公司

调研员：吴小霞

注：根据苏大委〔2004〕28号文件的精神，学校事业编制人员在被公司借用期间，学校保留其原身份和职级。

苏州大学第十四届工会委员会及各分工会主席名单

一、苏州大学工会委员会委员名单

主　席：王永山
副主席：陈　洁　顾志勇
委　员：王丽晓　王言升　王朝晖　田　飞　付亦宁　包　军
　　　　朱利平　任志刚　庄建英　刘文杰　刘炳喜　祁汝峰
　　　　孙迎辉　杜　明　李丽红　李建祥　何　为　宋滨娜
　　　　张友九　陈　星　陈宇恒　金菊华　胡明宇　夏永林
　　　　奚启超　唐强奎

二、苏州大学各分工会主席名单

机关分工会：夏永林
群团与直属单位分工会：刘炳喜（2021年6月换届）
后勤管理处分工会：庄建英
图书馆分工会：祁汝峰
苏州苏大教育服务投资发展（集团）有限公司分工会：王丽晓（2021年1月撤销）
文学院分工会：王建军
传媒学院分工会：胡明宇
社会学院分工会：裔洪根（2021年7月换届）
政治与公共管理学院分工会：李丽红
马克思主义学院分工会：唐强奎
教育学院分工会：付亦宁
东吴商学院（财经学院）分工会：俞雪华
王健法学院分工会：张　鹏
外国语学院分工会：杨志红
金螳螂建筑学院分工会：陈　星
数学科学学院分工会：陈富军
物理科学与技术学院分工会：朱利平

光电科学与工程学院分工会：陈宇恒
能源学院分工会：孙迎辉
材料与化学化工学部分工会：任志刚
纳米科学技术学院分工会：邵名望
计算机科学与技术学院分工会：朱旭辉
电子信息学院分工会：曹洪龙
机电工程学院分工会：刘文杰
沙钢钢铁学院分工会：宋滨娜
纺织与服装工程学院分工会：戴宏钦
轨道交通学院分工会：金菊华
体育学院分工会：王荷英
艺术学院分工会：王言升
音乐学院分工会：田　飞
苏州医学院分工会：戴建英
苏州医学院基础医学与生物科学学院分工会：王国卿
苏州医学院放射医学与防护学院分工会：张友九
苏州医学院公共卫生学院分工会：李建祥、孙宏鹏（2021年12月换届）
苏州医学院药学院分工会：崔京浩
东吴学院分工会：（2020年9月成立，主席暂无）
文正学院分工会：杜　明
应用技术学院分工会：何　为

2021年苏州大学共青团组织干部名单

校团委

  书　记：于潜驰
  副书记：严韵致
     谢　凯　　　　　　　　2021年4月任
     徐　娜　　　　　　　　2021年7月任
     金泽琪（兼）　　　　　2021年8月任
     尹士林（兼）　　　　　2021年8月任
     杨　浩（兼）　　　　　2021年11月任

研究生团工委

  书　记：胡　玮（兼）

机关团支部

  书　记：葛　露（兼）

文学院团委

  书　记：季鹏飞　　　　　　　　2021年9月任
  副书记：陆亚桢　　　　　　　　2020年12月任

传媒学院团委

  书　记：王雁冰
  副书记：花　雨　　　　　　　　2020年12月任

社会学院团委

  书　记：袁羽琮　　　　　　　　2021年7月任

政治与公共管理学院团委

  书 记：单 杰
  副书记：董筱文

马克思主义学院团委

  书 记：金 鑫

外国语学院团委

  书 记：范 立
  副书记：陈晓宇

东吴商学院（财经学院）团委

  书 记：柯 征　　　　　　　　　　2021 年 9 月任
  副书记：吴 杰

王健法学院团委

  书 记：曹 妍

教育学院团委

  书 记：张旻蕊
  副书记：金利妍　　　　　　　　　　2021 年 7 月任

艺术学院团委

  书 记：沈院生
  副书记：贾扬娣

音乐学院团委

  书 记：于存洋

体育学院团委

  副书记：商　仪

金螳螂建筑学院团委

  副书记：甘　露

数学科学学院团委

  书　记：亓海啸
  副书记：王凯璇

物理科学与技术学院团委

  副书记：单杨杰　　　　　　　　　　　　2021年9月任

光电科学与工程学院团委

  副书记：姚亦洁　　　　　　　　　　　　2021年9月任

能源学院团委

  书　记：张振华
  副书记：严若今
  　　　　胡碧洋

材料与化学化工学部团委

  副书记：刘娴琳（主持工作）

纳米科学技术学院团委

  书　记：蔡梦婷

计算机科学与技术学院团委

  书　记：邝泉声

副书记：徐　超

电子信息学院团委

　　书　记：李　莹
　　副书记：陆鸿飞

机电工程学院团委

　　书　记：李丽红

沙钢钢铁学院团委

　　书　记：成　苗（主持工作）

纺织与服装工程学院团委

　　书　记：蒋闰蕾
　　副书记：孙晓旭

轨道交通学院团委

　　书　记：刘仕晨（主持工作）
　　副书记：梁　畅

苏州医学院团委

　　书　记：王昌伟　　　　　　　　　　　　2021 年 7 月任
　　副书记：李法君
　　　　　　刘　璐
　　　　　　黄　静

敬文书院团委

　　书　记：孙正嘉　　　　　　　　　　　　2021 年 7 月任
　　副书记：孙　放　　　　　　　　　　　　2021 年 7 月任

未来科学与工程学院

　　副书记：陈　恺　　　　　　　　　　　　　　2021 年 9 月任

应用技术学院团委

　　书　　记：严永伟
　　副书记：袁　卓

苏州大学附属第一医院团委

　　书　　记：田一星（兼）

苏州大学附属第二医院团委

　　书　　记：李柳炳（兼）

苏州大学附属儿童医院团委

　　书　　记：凌　靓　　　　　　　　　　　　　　2021 年 11 月任

后勤管理处团委

　　书　　记：鲁　光（兼）

苏州大学有关人士在各级人大、政协、民主党派及统战团体任职名单

全国、省、市、区人大代表、人大常委

第十三届全国人大代表	熊思东
第十三届江苏省人大常委	王卓君
第十三届江苏省人大代表	陈林森　沈振亚　兰　青
第十六届苏州市人大常委	马卫中　黄学贤　邢春根　吴　磊
第十六届苏州市人大代表	姜为民　沈振亚　钱海鑫　路建美　曾一果
姑苏区第二届人大常委	陈红霞
姑苏区第二届人大代表	傅菊芬　李晓强　陈林森　杨旭红　张惠敏
	邓国林　查佐明　吉成元　侯建全　陈　赞
	孙光夏　冯　星

全国、省、市、区政协委员

第十三届全国政协委员	吴德沛
第十二届江苏省政协常委	钱振明　侯建全
第十二届江苏省政协委员	倪才方　陈新建　苏　雄
第十四届苏州市政协副主席	陈林森
第十四届苏州市政协常委	傅菊芬　叶元土　钱振明　吴永发　蒋廷波
	王宜怀　周幽心　陈红霞　程　江　高晓明
第十四届苏州市政协委员	姚传德　李　艺　钱玉英　冯志华　杨　哲
	姜竹松　袁　牧　刘　庄　徐建英　李　纲
	孙　凌　赵鹤鸣　王振欣　唐　文　文万信
	王德山　金成昌　朱雪珍　徐中华　王腊宝
	陈　红　邹贵付　孙立宁　张力元　吴建明
姑苏区第二届政协常委	刘　海　陶　金　朱学新　张力元
姑苏区第二届政协委员	王文利　李明忠　郭凌川　马逸敏　李建国
	郭盛仁　王加俊　薛　群　孔　岩　董启榕
	陈爱萍

全国、省、市各民主党派组织任职

民革十二届苏州市委副主委	庞　凌
民革十二届苏州市委常委	李　艺
民革十二届苏州市委委员	刘　海
民盟十四届苏州市委副主委	傅菊芬　陶　金
民盟十四届苏州市委常委	郭凌川
民盟十四届苏州市委委员	周海斌　居颂光　孙　毅
民建九届江苏省委委员	叶元土
民建十五届苏州市委常委	杨　哲
民建十五届苏州市委委员	张乐帅
民进十届江苏省委副主委	钱振明
民进十届江苏省委委员	姜竹松
民进十二届苏州市委主委	钱振明
民进十二届苏州市委常委	田　利　蒋廷波
民进十二届苏州市委委员	孙茂民　吴玲芳
农工党十二届江苏省委委员	倪才方
农工党十四届苏州市委副主委	陈苏宁
农工党十四届苏州市委委员	李建国　李彦光
致公党六届江苏省委委员	吴　磊
致公党七届苏州市委副主委	吴　磊
致公党七届苏州市委委员	王振欣
九三学社十四届中央副主席	刘忠范
九三学社十四届中央委员	陈林森
九三学社八届省委常委	陈林森
九三学社八届省委委员	陈红霞
九三学社十一届苏州市委副主委	吴嘉炜
九三学社十一届苏州市委常委	苏　雄
九三学社十一届苏州市委委员	方宗豹　杨瑞枝　张进平　徐中华

省、市台联、侨联、无党派知识分子联谊会、欧美同学会任职

江苏省台属联谊会第五届理事	张宏成
苏州市台属联谊会第五届常务理事	张宏成　张　凝
苏州市台属联谊会第五届理事	王文沛
江苏省侨联第六届委员	沈振亚

苏州市侨联第八届常委	沈振亚
苏州市侨联第八届委员	张志琳　王振欣　张永泉
苏州市侨青会副会长	王振欣
苏州市无党派知识分子联谊会副会长	高晓明
江苏省欧美同学会（江苏省留学人员联谊会）副会长	熊思东
江苏省欧美同学会（江苏省留学人员联谊会）理事	苏　雄　申绍杰
苏州市欧美同学会（苏州市留学人员联谊会）会长	李述汤
苏州市欧美同学会（苏州市留学人员联谊会）名誉会长	陈林森
苏州市欧美同学会（苏州市留学人员联谊会）副会长	吴和坤　镇学初　沈振亚　苏　雄　董启榕

校各民主党派基层组织及校归国华侨联合会、侨联青年委员会、台属联谊会、欧美同学会（留学人员联谊会）、无党派知识分子联谊会、东吴大学苏州校友会任职

民革苏州大学基层委员会

主　委	李　艺
副主委	姚传德　刘　海　薛华勇
委　员	王海燕　石　沙　江　牧　李新明　陈卫东 施华珍　戚海娟　谢思明　薛玉坤
秘书长	吴雨平

民盟苏州大学委员会

主　委	陶　金
副主委	郭凌川　甄允方　周海斌　刘耀波　居颂光 朱　谦　宋煜萍　唐人成
委　员	王文利　李菲菲　孙　毅　周正宇　薛　莲 陈　凯　温振科　王兴东　张桂菊　宋　芬
秘书长	郭凌川（兼）
副秘书长	李菲菲

民建苏州大学委员会

主　委	杨　哲
副主委	张乐帅　郑晓玲

委　员	叶元土	陈志强	陈晓红	程雅君	

民进苏州大学委员会

主　委	刘　庄				
副主委	姜竹松	吴玲芳	蒋廷波	马中红	孙茂民
委　员	吴小春	张纪平	张学农	明志君	金　涛
秘书长	赵石言				
副秘书长	徐晓明	尚贵华			

农工党苏州大学委员会

主　委	陈苏宁				
副主委	李建国	李彦光			
委　员	王春雷	叶建新	李　纲	陈光强	孙　凌
秘书长	李彦光				
秘　书	张　敏	徐溢涛	贾俊诚		

致公党苏州大学委员会

主　委	吴　磊			
副主委	张永泉	薛　群		
委　员	王加俊	陈志伟	徐苏丹	詹月红

九三学社苏州大学委员会

主　委	苏　雄				
副主委	张进平	杨瑞枝	浦金贤	王德山	
委　员	付双双	王　芹	杨旭红	黄　坚	徐中华
	程　江				
秘书长	王　艳				
副秘书长	金国庆	方宗豹	苏　敏		

苏州大学归国华侨联合会

名誉主席	陆匡宙	顾振纶			
顾　问	张昌陆	詹月红			
主　席	沈振亚				
副主席	张志琳	倪沛红	王钦华	王振欣	王　鼎

　　　　　　　　　　　　资　虹
　　　秘书长　　　　　资　虹（兼）
　　　委　员　　　　　李　斌　沈百荣　杨　颖　陈　仪　周翊峰
　　　　　　　　　　　周　婷　曹世杰　徐苏丹　徐艳辉　徐博翎

苏州大学侨联青年委员会

　　　名誉会长　　　　沈振亚
　　　会　长　　　　　王振欣
　　　副会长　　　　　王　鼎　李　刚　冒小瑛　周　婷　周翊峰
　　　　　　　　　　　徐博翎　陈　仪　孙靖宇
　　　秘书长　　　　　周　婷
　　　委　员　　　　　张　阳　冯文峰　刘玉龙　李直旭　宋歆予
　　　　　　　　　　　杨　颖　胡士军　李　斌　赵智峰

苏州大学台胞台属联谊会

　　　会　长　　　　　张　凝
　　　副会长　　　　　陈羿君　肖接承　刘彦玲
　　　秘书长　　　　　华　昊
　　　理　事　　　　　张　凝　陈羿君　刘彦玲　肖接承　徐博翎
　　　　　　　　　　　华　昊　何宝申　吴翊丞　宋宏晖　邱馨贤
　　　　　　　　　　　钱昱颖　邹翼波　林洛安

苏州大学欧美同学会（留学人员联谊会）

　　　顾　问　　　　　王卓君　白　伦　张学光　蒋星红
　　　名誉会长　　　　熊思东　姚建林
　　　会　长　　　　　郎建平
　　　常务副会长　　　李孝峰
　　　副会长　　　　　沈振亚　王卫平　汪一鸣　高玮玮
　　　秘书长　　　　　秦炜炜
　　　副秘书长　　　　张　庆　陈伊欢
　　　理　事　　　　　郎建平　李孝峰　沈振亚　王卫平　汪一鸣
　　　　　　　　　　　高玮玮　秦炜炜　张　庆　陈宇岳　贡成良
　　　　　　　　　　　秦正红　冯志华　王　鼎　王钦华　田海林
　　　　　　　　　　　吕　强　黄毅生　任志刚　刘　庄　杨红英
　　　　　　　　　　　曹建平　吴荣先　陈伊欢

苏州大学无党派知识分子联谊会

会　　长　　　　　高晓明
副会长　　　　　　刘跃华　杨季文　杨旭辉　郁秋亚
秘书长　　　　　　周翊峰
理　　事　　　　　陈　瑶　董启榕　傅戈燕　郭辉萍　黄毅生
　　　　　　　　　金薇吟　梁君林　刘　文　钮美娥　屠一锋
　　　　　　　　　吴荣先　吴翼伟　徐艳辉　姚林泉　俞雪华

东吴大学苏州校友会

会　　长　　　　　沈雷洪
副会长　　　　　　徐永春　曹　阳
秘书长　　　　　　徐永春（兼）
副秘书长　　　　　刘涤民
常务理事　　　　　汪为郁　陆忠娥　洪子元　顾镕芬　沈雷洪
　　　　　　　　　徐永春　蔡希杰　刘涤民
理　　事　　　　　刘元侠　刘涤民　仲嘉淦　张文鋆　汪为郁
　　　　　　　　　沈雷洪　陆忠娥　杜　翯　洪子元　顾镕芬
　　　　　　　　　徐永春　陶　钺　曹　阳　谢坚城　程湛田
　　　　　　　　　蔡希杰　程　坚

苏州大学有关人员在校外机构任职名单(表3)

表3 苏州大学有关人员在全国、省(部)级学术机构、团体及国际学术组织任职名单一览表

[据2021年不完全统计,按院(部)排列,按姓氏笔画排序]

姓名	机构名称及职务
1. 文学院	
马亚中	中国韵文学会副会长
王 宁	中国俗文学学会理事
	中国戏曲学会理事
	中国傩戏学研究会理事
王 尧	中国文学批评研究会副会长
	中国当代文学研究会理事
	江苏省文艺评论家协会副主席
	江苏省作家协会副主席
	江苏省当代文学研究会副会长
王建军	江苏省语言学会副会长
王福利	中国乐府学会理事
刘锋杰	中国文艺理论学会常务理事
	中国中外文艺理论学会理事
汤哲声	中国俗文学学会常务理事
	中国武侠文学学会副会长
	江苏省中国现代文学学会副会长
	江苏省现代文学学会常务理事兼副秘书长
李 勇	中国文艺理论学会理事
	江苏省美学学会副会长
杨旭辉	中国骈文学会常务理事

续表

姓名	机构名称及职务
汪卫东	中国鲁迅研究会常务理事
	江苏省鲁迅研究会副会长
邵雯艳	中国高等教育学会影视教育专业委员会理事
季 进	中国比较文学学会青年委员会主任
	江苏省当代文学研究会副会长
钱锡生	中国词学研究会常务理事
徐国源	江苏省写作学会副会长
曹 炜	中国修辞学会副会长
曾维刚	中国宋代文学学会理事
薛玉坤	中国词学研究会常务理事
	中国近代文学学会理事
	中国近代文学学会南社与柳亚子研究会副会长
	江苏省南社研究会副会长

2. 传媒学院

姓名	机构名称及职务
王 静	中国新闻史学会广告与传媒发展史研究委员会常务理事
	中国广告协会广告教育研究会常务理事
王国燕	国际科技传播学会学术委员
	中国科技新闻学会理事
	中国科技新闻学会科技传播理论研究专业委员会副会长兼秘书长
	中国自然辩证法学会科学传播与科学教育专业委员会副会长
	中国科学学与科技政策研究会科技传播与产业融合专业委员会理事
华 昊	中国高校影视学会媒介文化专业委员会理事
杜志红	中国高校影视学会微电影专业委员会理事
	中国高校影视学会媒介文化专业委员会理事
	中国高校影视学会网络视听专业委员会理事
谷 鹏	中国新闻史学会舆论学研究委员会理事
	中国新闻史学会媒介法规与伦理研究委员会常务理事

续表

姓名	机构名称及职务
张 健	美国中国传媒研究会常务理事
	中国新闻史学会理事
	中国新闻史学会新闻传播思想史研究会常务理事
	中国新闻史学会新闻传播教育史研究委员会常务理事
	中国高等教育学会新闻学与传播学专业委员会理事
张梦晗	国际华莱坞学会常务理事
	中国高校影视学会媒介文化专业委员会副秘书长
陈 龙	教育部高等学校高职高专广播影视类专业教学指导委员会委员
	中国新闻史学会传播学研究委员会副会长
	中国高校影视学会媒介文化专业委员会主任
	江苏省传媒艺术研究会副会长
	江苏省新闻传播学会副会长
陈 霖	中国高校影视学会媒介文化专业委员会理事
贾鹤鹏	中国科技新闻学会副秘书长
徐 蒙	中国性学会健康大数据分会副主任委员
董 博	世界经济论坛全球杰出青年基金会董事

3. 社会学院

姓名	机构名称及职务
王 晗	中国历史地理研究会理事
王卫平	教育部高等学校历史学科教学指导委员会委员
	中国地方志协会学术委员会委员
	中国社会史学会常务理事
	中国经济史学会理事
	江苏省历史学会常务理事
	江苏省农史学会副会长
	江苏省经济史学会副会长
	江苏省地域文化研究会副会长
毕建新	中国档案学会第九届档案保护技术委员会委员
	中国图书馆学会图书馆学教育委员会委员

续表

姓名	机构名称及职务
朱从兵	中国太平天国史研究会副秘书长
	江苏省太平天国史研究会副会长
	内蒙古自治区中东铁路历史研究学会副会长
李卓卓	中国图书馆学会信息素养专业委员会委员
	中国图书馆学会儿童与青少年阅读推广专业委员会委员
吴建华	中国社会史学会常务理事
余同元	朱元璋研究会副会长
	中国范仲淹研究会理事
	中国近现代史史料学会理事
	中国明史学会理事
	江苏省郑和研究会常务理事
张照余	教育部高等学校档案学专业教学指导委员会委员
	中国档案学会常务理事
	中国档案学会档案学基础理论学术委员会委员
姚传德	中国日本史学会理事
	民革中央孙中山研究学会常务理事
高峰	教育部高等学校社会学类专业教学指导委员会委员
	中国社会工作教育协会常务理事
	中国社会学会理事
	江苏省邓小平理论研究会常务理事
	江苏省社会学会常务理事
	江苏省城镇化研究会副会长
黄泰	全国普通高校毕业生就业创业指导委员会委员
	江苏省旅游学会青年分会副会长
	江苏省旅游学会研学分会副会长
	江苏省旅游学会旅游产业经济研究分会常务理事
黄鸿山	江苏省中国近现代史学会副会长

续表

姓名	机构名称及职务
臧知非	中国农民战争史研究会常务副会长
	中国秦汉史研究会副会长
	江苏省项羽文化研究会会长
	江苏省汉文化研究会副会长
魏向东	江苏省旅游学会副会长

4. 政治与公共管理学院

姓名	机构名称及职务
车玉玲	全国当代国外马克思主义研究会副会长
	中国俄罗斯哲学学会常务理事
	中国马克思主义哲学史学会理事
叶继红	中国科学学与科技政策研究会理事
	中国社会学会移民社会学专业委员会常务理事
	江苏省政治学会常务理事
朱光磊	江苏省儒学学会常务理事
任 平	中国马克思主义哲学史学会常务理事、马克思恩格斯哲学思想研究分会会长
	中国马克思主义哲学史学会哲学研究分会副会长
	中国马克思主义理论期刊评价专家委员会主任
	中国辩证唯物主义研究会副会长
庄友刚	中国马克思主义哲学史学会马克思恩格斯哲学思想研究分会副会长
	中国辩证唯物主义研究会常务理事
	江苏省哲学学会副会长
	江苏省哲学学科联盟副理事长
李继堂	中国自然辩证法研究会物理学哲学专业委员会委员
杨思基	中国马克思主义哲学史学会理事
吴忠伟	江苏省儒学学会常务理事
沈承诚	中国政治学会理事
陈进华	教育部高等学校政治学类专业教学指导委员会委员
	中国政治学会常务理事
	中国伦理学会常务理事
	江苏省伦理学会副会长

续表

姓名	机构名称及职务
周义程	江苏省中共党史学会常务理事
	江苏省政治学会副会长
	江苏省国旗文化研究会副会长
周可真	中国哲学史学会理事
	中国企业管理研究会常务理事
	中国实学研究会理事
	中华孔子学会理事
钮菊生	中国高等教育学会国际政治研究专业委员会常务理事
	中国国际关系学会理事
	中国高等教育学会"一带一路"研究分会理事
	"一带一路"智库合作联盟理事会理事
	江苏省东南亚研究会副会长
施从美	中国社会保障学会慈善分会理事
	江苏省行政体制改革与机构编制管理研究会副秘书长
桑明旭	中国马克思主义哲学史学会马克思恩格斯哲学思想研究分会副会长兼秘书长
	中国辩证唯物主义研究会理事
	全国当代国外马克思主义研究会理事
	江苏省哲学学会常务理事、副秘书长
黄建洪	中国政治学会理事
程雅君	世界中医药学会联合会中医药文化专业委员会常务理事
	中国哲学史学会中医哲学专业委员会理事
谢 岳	中国政治学会理事
	江苏省政治学会常务理事

5. 马克思主义学院

方世南	中国人学学会常务理事
田芝健	中国高等教育学会马克思主义研究分会常务理事
	江苏省领导学研究会第四届理事会常务理事

续表

姓名	机构名称及职务
李燕	中国家庭教育学会委员
杨渝玲	中国自然辩证法研究会理事
	中国自然辩证法研究会科学文化哲学专业委员会常务理事
	中国自然辩证法研究会问题哲学专业委员会副主任委员
	中国自然辩证法研究会思维科学与认知哲学专业委员会副主任委员
	中国逻辑学会理事
	江苏省逻辑学会常务理事
张晓	中国马克思主义哲学史学会马克思恩格斯哲学思想研究分会理事
张才君	江苏省领导学研究会第四届理事会常务理事
张才国	安徽省科学社会主义学会常务理事
陆树程	世界政治经济学学会理事
	中国辩证唯物主义研究会理事
	中国辩证唯物主义研究会生命哲学专业委员会会长
	中国自然辩证法研究会医学哲学专业委员会理事
姜建成	江苏省马克思主义理论研究会副会长
	江苏省邓小平理论研究会常务理事
臧政	中国社会学会共生社会学专业委员会理事
6. 教育学院	
王一涛	中国教育发展战略学会民办教育专业委员会理事
	中国民办教育协会民办教育研究分会副理事长
付亦宁	中国高等教育学会院校研究分会常务理事
冯文锋	中国心理学会脑电相关技术专业委员会委员
	国际社会神经科学学会中国分会理事
刘电芝	中国心理学会理事
	中国心理学会教育心理专业委员会理事
	中国心理学会心理学质性研究专业委员会会长
	中国教育学会课程专业委员会常务理事

续表

姓名	机构名称及职务
李西顺	全国德育学术委员会理事
肖卫兵	中国高等教育学会高等教育学专业委员会理事
吴继霞	全国人格心理学专业委员会委员
	全国社区心理学专业委员会委员
	中国心理学会心理学质性研究专业委员会副主任
	江苏省心理学会质性研究专业委员会副主任
	江苏省心理学会社区心理学专业委员会主任
余　庆	中国教育学会中青年教育理论工作者分会理事
张功亮	江苏省心理学会认知神经科学专业委员会副主任委员
张　阳	中国认知科学学会情绪与认知专业委员会理事
	江苏省心理学会认知神经科学专业委员会副主任
张　明	中国心理学会常务理事
	中国心理学会普通心理和实验心理专业委员会理事
	中国心理学会心理学教学工作委员会主任
	江苏省心理学会常务理事
张佳伟	中国教育发展战略学会儿童教育与发展专业委员会理事
范庭卫	中国心理学会理论心理学与心理学史专业委员会理事
金　国	中国教育学会比较教育分会理事
周　川	中国高等教育学会高等教育学专业委员会常务理事
	中国高等教育学会院校研究会副理事长
黄启兵	中国高等教育学会高等教育学专业委员会常务理事
曹永国	中国教育学会教育哲学分会理事
	全国教育基本理论学术委员会学术委员
崔玉平	中国教育学会教育经济学分会副理事长
	江苏省高等教育学会教育经济学分会副理事长
	江苏省教育学会教育管理学分会常务理事
彭彦琴	中国心理学会理论心理学与心理学史专业委员会理事

续表

姓名	机构名称及职务
彭彩霞	中华炎黄文化研究会童蒙文化专业委员会理事
童辉杰	国际中华应用心理学会常务理事

7. 东吴商学院（财经学院） 东吴证券金融学院

姓名	机构名称及职务
王要玉	中国优选法统筹法与经济数学研究会服务科学与运作管理分会常务理事、青年工作委员会委员
	中国运筹学会随机服务与运作管理分会常务理事
	江苏自动化学会经济管理委员会副主任委员
	江苏省价格协会第五届理事会副会长
张雪芬	中国会计学会政府及非营利组织会计专业委员会委员
罗正英	《中国会计评论》理事会理事
袁建新	江苏省外国经济学说研究会副会长
魏文斌	中国管理现代化研究会管理案例研究专业委员会委员

8. 王健法学院

姓名	机构名称及职务
丁建安	中国社会法学研究会理事
卜 璐	中国国际私法学会理事
上官丕亮	中国法学会比较法学研究会常务理事
	中国法学会宪法学研究会常务理事
	江苏省法学会廉政法制研究会副会长
	江苏省法学会立法学研究会副会长
	江苏省法学会港澳台法律研究会副会长
王克稳	中国水利学会水法研究专业委员会副主任委员
	中国法学会行政法学研究会常务理事
方新军	中国民法学研究会常务理事
	中国法学会理事
	江苏省法学会法学教育研究会副会长
	江苏省法学会民法学研究会副会长
	江苏省法学会副会长
	江苏省法学会破产法学研究会常务副会长

续表

姓名	机构名称及职务
艾永明	中国法律史学会常务理事
	江苏省法学会法律史学研究会会长
史浩明	中国民法学研究会理事
	江苏省法学会海商法学研究会常务理事
	江苏省法学会民法学研究会副会长
朱 谦	中国环境科学学会环境法学分会副会长
	中国法学会环境资源法学研究会常务理事
	江苏省法学会生态法学研究会副会长
	江苏省法学会环境资源法学研究会副会长
庄绪龙	江苏省法学会案例法学研究会常务理事
刘 文	江苏省法学会刑事诉讼法研究会常务理事
刘思萱	江苏省法学会海商法学研究会常务理事
孙国平	中国法学会社会法研究会理事
	江苏省法学会社会法学研究会常务理事
李 杨	中国法学会知识产权法学研究会理事
	江苏省法学会知识产权法学研究会常务理事
李中原	江苏省法学会民法学研究会常务理事
	江苏省法学会破产法学研究会常务理事
李晓明	国际刑法学协会中国分会理事
	中国犯罪学学会未成年人法制教育专业委员会副主任
	中国青少年犯罪研究会犯罪学基础理论专业委员会常务理事
	中国犯罪学学会常务理事
	中国犯罪学学会预防犯罪专业委员会副主任
	中国检察学研究会金融检察专业委员会理事
	中国刑法学研究会理事
	江苏省刑法学研究会副会长
	江苏省法学会廉政法制研究会副会长

续表

姓名	机构名称及职务
吴　俊	江苏省法学会大数据与人工智能法学研究会常务理事
沈同仙	中国社会法学研究会劳动法学分会副会长
	中国法学会社会法学研究会常务理事
	江苏省法学会社会法学研究会副会长
	江苏省行政与经济法研究会副会长
张　鹏	中国法学会民法学研究会理事
	江苏省法学会农业与农村法治研究会常务理事
	江苏省法学会民法学研究会副秘书长
	江苏省法学会案例法研究会副会长
张永泉	中国法学会民事诉讼法学研究会常务理事
	江苏省法学会民事诉讼法学研究会常务理事
张利民	中国法学会国际私法学研究会常务理事
	江苏省法学会国际法学研究会副会长
张学军	中国法学会婚姻法学研究会副会长
陆永胜	江苏省法学会法理学与宪法研究会常务理事
陈珊珊	中国犯罪学学会理事
	江苏省法学会刑法学研究会常务理事
庞　凌	中国法学会立法学研究会理事
	中国法学会法理学研究会第八届理事会理事
	江苏省法学会法理学与宪法学研究会副秘书长
	江苏省法学会互联网与信息法学研究会副会长
	江苏省法学会法律史研究会副会长
赵　毅	中国法学会体育法学研究会第二届理事会理事
	江苏省法学会互联网与信息法学研究会常务理事
	江苏省法学会大数据与人工智能法学研究会副会长
赵艳敏	中国法学会世界贸易组织法研究会理事

续表

姓名	机构名称及职务
柯伟才	全国外国法制史研究会理事
	江苏省法学会法律史研究会常务理事
施立栋	中国法学会比较法学研究会理事
	江苏省法学会案例法学研究会常务理事
郭树理	中国国际私法研究会常务理事
	中国仲裁法学研究会理事
	中国国际法学会理事
	中国法学会体育法学研究会常务理事
黄学贤	中国法学会宪法学研究会理事
	中国法学会行政法学研究会常务理事
	江苏省法学会行政法学研究会副会长
董学立	中国法学会民法学研究研究会理事
	江苏省法学会房地产法学研究会副会长
	江苏省法学会破产法学研究会副会长
董炳和	中国法学会知识产权法学研究会常务理事
	江苏省法学会知识产权法学研究会副会长
程雪阳	中国法学会海峡两岸法学交流促进会理事
	中国法学会香港基本法澳门基本法研究会理事
	中国法学会宪法学研究会理事
	中国法学会行政法学研究会理事
	江苏省法学会农业与农村法治研究会常务理事
	江苏省法学会行政法学研究会副秘书长
蔡晓荣	中国法律史学会理事
	江苏省法学会法律史研究会副会长
熊赖虎	江苏省法学会法理学与宪法研究会常务理事
瞿郑龙	江苏省法学会法理学与宪法研究会副秘书长

续表

姓名	机构名称及职务
9. 外国语学院	
王宇	中国英汉语比较研究会二语习得研究专业委员会理事
王军	中国逻辑学会符号学专业委员会秘书长
	江苏省外国语言学会副会长
王宏	中国英汉语比较研究会典籍翻译专业委员会副会长
	中国比较文学学会翻译研究会常务理事
	中国翻译协会翻译理论与教学委员会委员
	中国英汉语比较研究会理事
	江苏省翻译协会中华典籍外译专业委员会主任
朴桂玉	中国外国文学学会朝鲜韩国文学研究分会常务理事
朱建刚	全国俄罗斯文学学会理事
	中国外国文学学会文学理论与比较诗学研究分会理事
朱新福	全国美国文学研究会常务理事
	江苏省高校外语教学研究会副会长
	江苏省外国文学研究会副会长
	江苏省翻译协会副会长
刘娟	中国外国文学学会法国文学研究分会理事
孙继强	中国日本史学会常务理事
李晓科	中国外国文学学会西葡拉美文学研究分会理事
	中国拉丁美洲学会理事
杨彩梅	中国英汉语比较研究会形式语言学专业委员会理事
宋艳芳	中国外国文学英语文学研究分会常务理事
张玲	中国英汉语比较研究会典籍英译专业委员会理事
张萍	中国英汉语比较研究会心理语言学专业委员会理事
	中国认知语言学研究会常务理事
	江苏省外国语言学会常务理事

续表

姓名	机构名称及职务
陆 洵	中法语言文化比较研究会理事
	全国法国文学研究会理事
	全国法语教学研究会理事
陈大亮	中国英汉语比较研究会典籍英译专业委员会常务理事
	中国文化对外翻译与传播研究基地主任
孟祥春	中国外国文学学会比较文学与跨文化研究会副秘书长
	江苏省翻译协会青年工作委员会主任
赵爱国	中国俄语教学研究会常务理事
段慧敏	全国法国文学研究会常务理事
	中国语言与符号学研究会理事
	中法语言文化比较研究会理事
施 晖	汉日对比语言学研究会常务理事
	日语偏误与日语教学学会常务理事
顾佩娅	中国英汉语比较研究会语言智能教学专业委员会副会长
	中国英汉语比较研究会外语教师教育与发展专业委员会常务理事
	江苏省外国语言学会常务理事
徐 卫	汉日对比语言学研究会理事
	日语偏误与日语教学学会常务理事、副会长
董成如	中西语言哲学研究会理事
10. 金螳螂建筑学院	
吴永发	中国建筑学会建筑师分会理事
	全国高等学校建筑学学科专业指导委员会委员
汪德根	中国行政区划与区域发展促进会理事、专家委员会委员
	中国行政区划与空间治理专业委员会副主任
	中国自然资源学会旅游资源研究专业委员会委员

续表

姓名	机构名称及职务
郑丽	亚洲园艺疗法联盟首任秘书
	中国建筑文化研究会生态人居及康养专业委员会委员
	中国花卉协会花文化专业委员会常务理事
	中国社工协会心理健康工作委员会园艺治疗学部副主任委员
夏杰	中国城市科学研究会新型城镇化与城乡规划专业委员会委员
	中国城市科学研究会生态城市专业委员会委员
	江苏省城市科学研究会城市更新专业委员会副秘书长
	江苏省旅游学会常务理事

11. 数学科学学院

姓名	机构名称及职务
马欢飞	中国工业与应用数学学会数学生命科学专业委员会理事
	中国运筹学会计算系统生物学分会理事
张影	中国数学会常务理事
	江苏省数学学会副理事长
	江苏省高等学校数学教学研究会副理事长
季利均	国际组合数学及其应用协会理事
	中国数学会组合数学与图论专业委员会秘书长
	江苏省工业与应用数学学会副理事长
周超	中国数学会数学教育分会首届理事
徐稼红	江苏省数学学会数学教育专业委员会副主任
程东亚	全国工业统计学教学研究会青年统计学家协会第一届理事会理事

12. 物理科学与技术学院

姓名	机构名称及职务
李亮	瑞典先进材料联合学会会士
	中国材料研究会理事
杭志宏	全国高等学校电磁学教学研究会常务理事
施夏清	全国统计物理与复杂系统学术委员会委员
高雷	教育部高等学校大学物理课程教学指导委员会委员
	教育部高等学校大学物理课程教学指导委员会华东地区工作委员会副主任委员

续表

姓名	机构名称及职务
陶洪	中国教育学会物理教学专业委员会副理事长
桑芝芳	中国教育学会物理教学专业委员会副理事长
13. 光电科学与工程学院	
王钦华	中国光学学会第八届理事会理事
	中国光学学会全息与光信息处理专业委员会副主任
	江苏省光学学会副理事长
石拓	中国机械工程学会增材制造技术分会委员
乔文	中国光学学会全息与光信息处理专业委员会委员
许宜申	中国仪器仪表学会青年工作委员会委员
	教育部高等学校光电信息科学与工程专业教学指导分委员会协作委员
许峰	中国图象图形学学会视觉传感专业委员会委员
李孝峰	中国光学工程学会团体标准化技术委员会委员
李念强	中国密码学会混沌保密通信专业委员会委员
	中国电子学会电路与系统分会混沌与非线性专业委员会委员
杨晓飞	中国光学学会光学测试专业委员会委员
	中国空间科学学会空间机电与空间光学专业委员会委员
	中国光学工程学会团体标准化技术委员会委员
	全国专业标准化技术委员会委员
吴建宏	中国光学学会光电技术专业委员会委员
余景池	中国光学学会先进光学制造分会副主任委员
	中国空间科学学会委员
沈为民	中国宇航学会空间遥感专业委员会副主任委员
	中国光学工程学会常务理事
陈林森	全国纳米技术标准化技术委员会委员
	中国光学学会全息与光信息处理专业委员会主任
	中国民营科技实业家协会副会长
	国家微纳加工与制造产业技术创新战略联盟副理事长

姓名	机构名称及职务
季轶群	中国仪器仪表学会光机电技术与系统集成分会理事会理事
	中国光学学会光电技术专业委员会委员
胡建军	中国光学学会光学测试专业委员会委员
袁孝	中国光学学会激光专业委员会委员
	中国光学学会光学材料专业委员会委员
顾济华	中国光学学会光学教育专业委员会常务委员
钱煜	中国光学学会光学测试专业委员会委员
	中国宇航学会空间遥感专业委员会委员
郭培基	中国光学学会光学先进制造专业委员会常务委员
	中国计量测试学会计量仪器专业委员会委员
陶智	全国声学标准化技术委员会声学基础分技术委员会委员
14. 能源学院	
马扣祥	全国原电池标准化技术委员会常务副秘书长
王海波	全国原电池标准化技术委员会副主任委员兼秘书长
汝坤林	全国原电池标准化技术委员会委员
15. 材料与化学化工学部	
于吉红	国务院学位委员会第八届学科评议组委员
	中国化学会第三十届理事会副理事长
	中国女科技工作者协会第四届理事会常务理事
	中国高等教育学会理科教育专业委员会副理事长
	中国科协十届常务委员会人才工作专门委员会委员
	中国化学会分子筛专业委员会主任
	中国化学会女化学工作者委员会副主任
	吉林省科学技术协会第十届委员会主席
	吉林省科学技术协会常务委员
	教育部科学技术委员会国际合作学部常务副主任
王伟群	江苏省教育学会化学专业委员会常务理事

续表

姓名	机构名称及职务
邓安平	中国化学会有机分析专业委员会委员
	中国仪器仪表学会化学传感器专业委员会委员
	中国仪器仪表学会食品质量安全检测仪器与技术应用分会第一届理事会理事
李永舫	中国化学会监事
李娜君	中国化工学会委员
傅楠	中国颗粒学会青年理事
	中国畜产品加工研究会青年工作委员会委员
	中国机械工程学会包装与食品工程分会委员

16. 纳米科学技术学院

姓名	机构名称及职务
刘庄	美国医学与生物工程院（AIMBE）会士
	英国皇家化学学会（RSC）会士
	中国生物材料学会纳米生物材料分会主任委员
	中国医药生物技术协会纳米生物技术分会副主任委员
	中国生物材料学会青年委员会副主任委员
	中国生物材料学会第三届理事会理事
孙旭辉	中国物理学会同步辐射专业委员会委员
	国家同步辐射实验室用户委员会副主任
李有勇	中国化学会计算（机）化学专业委员会委员
	中国材料研究学会材料基因组分会委员
何耀	中国光学工程协会理事
汪超	中国生物物理学会纳米生物学分会青年委员
唐建新	国家新型显示技术创新中心专家委员会委员
康振辉	英国皇家化学学会（RSC）会士
	中国化工学会化工新材料专家委员会委员
	中国青年科技工作者协会第五届理事会理事
	中国材料研究学会纳米材料与器件分会首届理事会理事

姓名	机构名称及职务
廖良生	美国信息显示学会有机发光二极管分会委员
	中国有色金属学会宽禁带半导体专业委员会委员
	中国化学会有机固体专业委员会委员

17. 计算机科学与技术学院

姓名	机构名称及职务
马小虎	江苏省计算机学会图形图像专业委员会副主任
王 进	中国计算机学会互联网专业委员会委员
	中国计算机学会普适计算专业委员会委员
	中国计算机学会网络与数据通信专业委员会委员
王宜怀	中国软件行业协会嵌入式系统分会理事
	江苏省计算机学会嵌入式系统与物联网专业委员会主任
付国宏	中国中文信息学会理事
	中国中文信息学会计算语言学专业委员会委员
	中国中文信息学会社会媒体处理专业委员会委员
	中国中文信息学会医疗健康与生物信息处理专业委员会委员
朱巧明	中国中文信息学会常务理事
	中国计算机学会系统软件专业委员会委员
	中国计算机学会信息系统专业委员会委员
刘 全	中国计算机学会委员
	全国石油和化学工业信息技术委员会委员
	中国人工智能学会模式识别专业委员会委员
李凡长	国际计算机学会中国理事会理事
	中国计算机学会理论计算机科学专业委员会委员
	中国计算机学会人工智能与模式识别专业委员会常务委员
	中国人工智能学会理事
	中国人工智能学会粗糙集与软计算专业委员会常务委员
	中国人工智能学会知识工程专业委员会委员
	中国人工智能学会智能系统工程专业委员会委员
	中国人工智能学会机器学习专业委员会常务委员
	中国人工智能学会机器感知与虚拟现实专业委员会委员
	江苏省人工智能学会人工智能基础与应用专业委员会主任

续表

姓名	机构名称及职务
李寿山	中国中文信息学会青年工作委员会委员
	中国中文信息学会社会媒体处理专业委员会委员
张　民	中国新一代人工智能产业技术创新战略联盟专家委员会委员
张　莉	中国人工智能学会机器学习专业委员会委员
	中国人工智能学会粗糙集与软计算专业委员会委员
	江苏省计算机学会青年工作委员会副主任
	江苏省人工智能学会学术工作委员会副主任委员
张广泉	中国计算机学会软件工程专业委员会委员
	中国计算机学会系统软件专业委员会委员
	中国计算机学会理论计算机科学专业委员会委员
	中国计算机学会协同计算专业委员会委员
	全国高等学校计算机教育研究会理事
	中国计算机学会形式化方法专业委员会委员
	中国计算机学会教育专业委员会委员
陈文亮	中国中文信息学会青年工作委员会委员
季　怡	中国图象图形学学会虚拟现实专业委员会委员
周国栋	中国计算机学会中文信息技术专业委员会副主任委员
周经亚	中国计算机学会网络与数据通信专业委员会执行委员
赵　雷	中国人工智能学会智能服务专业委员会委员
	江苏省计算机学会计算机教育专业委员会副主任委员
赵朋朋	中国计算机学会大数据专业委员会通信委员
	中国计算机学会人工智能与模式识别专业委员会委员
钟宝江	中国人工智能学会机器学习专业委员会委员
洪　宇	中国中文信息学会青年工作委员会委员
黄　河	中国计算机学会物联网专业委员会委员
樊建席	中国计算机学会理论计算机科学专业委员会委员

续表

姓名	机构名称及职务
18. 电子信息学院	
刘学观	中国通信学会电磁兼容委员会委员
	全国高等学校电磁场教学与教材研究会常务理事
沈纲祥	美国光学学会（OSA）会士
	中国电子学会通信分会光通信与光网络专业技术委员会委员
	江苏省通信学会光通信与线路专业委员会副主任委员
	江苏省通信学会虚拟现实专业委员会副主任委员
陈新建	中国图象图形学学会理事
	中国生物医学工程学会青年工作委员会副主任委员
	中国图学学会医学图像与设备专业委员会委员
	江苏省人才创新创业促进会双创人才分会常务理事
赵鹤鸣	全国信息与电子学科研究生教育委员会委员
	全国信号处理学会委员
	中国人工智能学会神经网络与计算智能专业委员会委员
	江苏省电子学会常务理事
侯 嘉	中国电子学会网络与数据通信系统专业委员会委员
	中国通信学会青年工作委员会委员
徐大诚	中国仪器仪表学会微纳器件与系统技术分会理事
19. 机电工程学院	
石世宏	中国计量测试学会理事
	中国机械工程学会特种加工分会常务理事
冯志华	江苏省振动工程学会常务理事
匡绍龙	中国医学装备协会智能装备技术分会委员
邢占文	中国机械工程学会增材制造技术分会第二届委员会委员
朱刚贤	中国机械工程学会增材制造（3D打印）技术分会委员
	中国机械工程学会表面工程分会青年工作委员会委员
	中国光学学会激光加工委员会委员

续表

姓名	机构名称及职务
刘会聪	中国仪器仪表学会微纳器件与系统技术分会理事兼副秘书长
	中国微米纳米技术学会微纳执行器与微系统分会理事
	中国微米纳米技术学会微纳米机器人分会理事
孙茜	中国机电一体化技术应用协会智能工厂分会副秘书长
孙立宁	中国微米纳米技术学会常务理事
	中国机械工程学会微纳米制造技术分会副主任委员
	中国自动化学会机器人专业委员会副主任
	中国仪器仪表学会微纳器件与系统技术分会副理事长
	全国微机电技术标准化技术委员会主任
	全国自动化系统与集成标准化技术委员会主任
	全国机器人标准化技术委员会工作组组长
	江苏省自动化学会常务理事
杨湛	中国微米纳米技术学会微纳机器人分会秘书长、常务理事
	中国机械工程学会机器人分会委员
余雷	中国自动化学会青年工作委员会委员
	中国人工智能学会智能空天系统专业委员会委员
陈涛	中国微米纳米技术学会微纳机器人分会副秘书长
	中国机械工程学会生产工程分会精密装配技术专业委员会秘书兼委员
	中国微米纳米技术学会微纳执行器与微系统分会理事
陈琛	中国机械工程学会流体工程分会理事
陈瑶	全国材料新技术发展研究会常务理事
陈长军	中国表面工程协会委员
	中国表面改性技术委员会委员
	中国光学学会激光加工专业委员会委员
	中国宇航学会光电技术专业委员会委员
	中国腐蚀与防护学会涂料涂装与表面保护专业委员会委员
	中国硅酸盐学会测试技术分会理事

续表

姓名	机构名称及职务
陈立国	中国微米纳米技术学会国际合作与交流工作委员会委员
	中国仪器仪表学会微纳器件与系统技术分会理事
金子祺	中国技术经济学会理事
金国庆	中国机械工程学会生产工程分会委员
杨 浩	中国微米纳米技术学会微纳机器人分会理事
俞泽新	中国机械工程学会表面工程分会青年学组委员
高 强	全国环境力学专业委员会委员
郭旭红	江苏省工程图学学会常务理事
傅戈雁	江苏省机械工程学会特种加工分会常务理事
20. 纺织与服装工程学院	
王国和	教育部高等学校纺织类专业教学指导委员会委员
	中国丝绸协会理事
	中国长丝织造协会专家委员会委员
	中国纺织工程学会家用纺织品专业委员会副主任、棉纺织专业委员会委员
王祥荣	中国染料工业协会纺织印染助剂专业委员会副主任
	中国产业用纺织品行业专家委员会委员
	中国保健协会专家委员会委员
	全国专业标准化技术委员会委员
白 伦	中国茧丝绸产业公共服务体系丝绸工业科技转化平台专家委员会主任
左保齐	全国丝绸标准化技术委员会委员
	中国长丝织造协会技术委员会委员
孙玉钗	中国工程教育专业认证协会纺织类专业认证分委员会委员
	中国纺织服装教育学会服装设计与工程教学指导委员会副主任
张克勤	中国功能材料学会理事
陈国强	中国印染行业协会环境保护技术专业委员会秘书
尚笑梅	全国计算机辅助技术认证项目专家委员会委员
	全国专业标准化技术委员会委员
	中国服装协会专家委员会专家委员

续表

姓名	机构名称及职务
唐人成	中国化工学会第八届染料专业委员会副主任
	中国纺织工程学会针织专业委员会染整分会委员
	中国纺织工程学会染整专业委员会委员
眭建华	江苏省纺织工程学会丝绸专业委员会秘书长
潘志娟	第七届国务院学位委员会学科评议组委员
	教育部高等学校纺织类专业教学指导委员会纤维材料分委员会副主任
	江苏省丝绸协会副会长
21. 轨道交通学院	
王 俊	中国振动工程学会故障诊断专业委员会理事
	中国振动工程学会转子动力学专业委员会理事
王 翔	世界交通运输大会交通网络管理与控制技术委员会委员
	中国公路学会自动驾驶工作委员会委员
史培新	江苏省地下空间学会副理事长
	江苏省综合交通运输学会铁路（轨道）分会常务理事
朱忠奎	中国振动工程学会故障诊断专业委员会常务理事
	中国机械工程学会设备与维修分会常务委员
	江苏省仪器仪表学会状态监测与故障诊断仪器专业委员会主任委员
	江苏省综合交通运输学会常务理事
李 成	中国振动工程学会转子动力学专业委员会理事
	中国振动工程学会非线性振动专业委员会委员
杨 勇	中国电工技术学会委员
	中国电源学会青年工作委员会委员
	中国电机工程学会委员
	中国电源学会交通电气化专业委员会委员
杨剑宇	中国计算机学会计算机视觉专业委员会委员
	中国图象图形学学会机器视觉专业委员会委员
	中国人工智能学会模式识别与机器智能专业委员会委员
	中国自动化学会模式识别专业委员会委员
	中国图象图形学学会多媒体专业委员会委员

续表

姓名	机构名称及职务
俄文娟	世界交通运输大会技术委员会运输规划学部委员
黄伟国	中国振动工程学会故障诊断专业委员会理事
	中国振动工程学会转子动力学专业委员会常务理事
樊明迪	世界交通运输大会轨道交通学部牵引传动技术委员会委员
	中国电源学会青年工作委员会委员
	中国电源学会交通电气化专业委员会委员
	中国人工智能学会智能交通专业委员会委员
22. 体育学院	
王 妍	国家体育总局体育文化研究基地秘书
	国际奥委会奥林匹克研究合作伙伴秘书
	中国体育科学学会体育史分会委员
	江苏省体育科学学会体育管理专业委员会秘书长
王国志	中国大学生体育协会武术与民族传统体育分会科研部副主任
	江苏省跆拳道协会副监事长
王国祥	中国康复医学会体育保健康复专业委员会副主任委员
	中国残疾人康复协会康复教育专业委员会副主任委员
	江苏省体育科学学会运动医学专业委员会副主任委员
王家宏	全国高等学校体育教学指导委员会委员
	中国高等教育学会体育专业委员会副理事长
	全国体育专业学位研究生教育指导委员会委员
	全国博士后管理委员会专家组评审专家委员
	国家社会科学基金学科评审组专家委员
	国家教材委员会体育艺术学科专家委员会委员
	中国篮球协会科研委员会副主席
	中国大学生体育协会篮球分会副主席
	中国大学生体育协会网球分会副主席
	中国体育科学学会体育社会科学分会副主任
	中国老年学和老年医学学会运动健康科学分会副主任委员
	江苏省教育学会体育专业委员会理事长
	江苏省高校体育教学指导委员会副主任委员
	江苏省跆拳道协会副主席
	江苏省篮球协会副主席
	江苏省体育科学学会体育法学专业委员会主任委员
李 龙	国家武术研究院青年学者工作委员会委员

续表

姓名	机构名称及职务
吴明方	江苏省体育科学学会运动医学与康复专业委员会副主任委员
张 庆	中华运动康复教育学院委员
张 林	中国体育科学学会运动生理学与生物化学分会委员
	中国体育科学学会运动医学专业委员会委员
	中国生理学会运动生理学专业委员会委员
	中国老年学学会骨质疏松委员会理事
	中国老年保健医学研究会骨与关节病分会理事
	全国高校运动人体科学专业委员会常务委员
	北美医学教育基金会常务理事
陆阿明	中国体育科学学会运动生物力学分会委员
	中国体育科学学会体质与健康分会委员
	中国老年学和老年医学学会运动健康科学分会常务委员
	江苏省体育科学学会常务理事
	江苏省体育科学学会运动生物力学专业委员会主任委员
	江苏省教育学会体育专业委员会副理事长
	江苏省医学会运动医疗分会常务委员
邰崇禧	全国高等院校体育教学训练研究会副理事长
	全国田径理论研究会委员
	江苏省田径运动协会副主席
罗时铭	东北亚体育运动史学会理事
	中国体育科学学会体育史分会常务委员
	江苏省体育科学学会体育管理专业委员会主任委员
胡 原	江苏省体育教育专业校园足球联盟副主席
陶玉流	中国大学生体育协会篮球分会科研委员会副主任
	中国高等教育学会体育专业委员会理事
	江苏省体育科学学会体育法学专业委员会副主任委员
	江苏省龙狮运动协会副秘书长

姓名	机构名称及职务
雍 明	江苏省体育科学学会体育产业分会副主任委员
熊 焰	中国体育科学学会运动训练学专业委员会委员
樊炳有	江苏省体育科学学会第六届体育人文专业委员会副主任委员
戴俭慧	全球健康社区基金会科学咨询委员会委员
	亚洲体育及运动科学学会执行委员
	中国体育科学学会体育社会科学分会委员
	金砖国家体育运动科学学会执行委员

23. 艺术学院

姓名	机构名称及职务
刘 佳	中国文化部青联美术工作委员会副秘书长
	中华全国青年联合会委员
江 牧	中国机械工程学会工业设计分会理事
许 星	中国服装设计师协会理事
	中国服装设计师协会学术委员会委员
李 正	全国艺术专业学位研究生教育指导委员会美术设计分委员会委员
	中国服装设计师协会常务理事、学术委员会主任委员
	中国纺织服装教育学会理事
李超德	亚洲时尚联合会中国委员会理事
	全国艺术专业学位研究生教育指导委员会委员
	教育部高等学校纺织服装教学指导委员会、服装教学指导委员会委员、副主任
	教育部设计学专业教学指导委员会委员
	教育部高等学校美术学类专业教学指导委员会委员
	教育部高等学校纺织类专业教学指导委员会服装表演专业分委员会主任
	中国服装设计师协会副主席
	中国流行色协会色彩教育专业委员会副主任
	中国美术家协会服装设计艺术委员会副主任
沈建国	中国工艺美术学会雕塑专业委员会委员
	江苏省雕塑家协会常务理事

续表

姓名	机构名称及职务
张大鲁	中国包装联合会设计委员会委员
张朋川	中国工艺美术学会理论研究会常务理事
周 晨	中国出版协会书籍设计艺术工作委员会常务委员
	中国美术家协会插图装帧艺术委员会委员
郑丽虹	中国工艺美术学会理论研究会委员
姜竹松	全国艺术专业学位研究生教育指导委员会委员
	中国流行色协会教育委员会委员
高超一	中国建筑师学会室内设计师分会理事
黄 健	中国建筑装饰协会副主任委员
雍自鸿	中国流行色协会教育委员会委员
戴 岗	教育部高等学校纺织类专业教学指导委员会服装表演专业分委员会副主任委员
	全国高等院校服装表演专业委员会副主任委员
24. 音乐学院	
吴 磊	中国音乐家协会理事
	中国昆曲研究中心常务副主任
	全国高校美育教学指导委员会委员
	江苏省音乐家协会钢琴学会副会长兼秘书长
胡清文	中国音乐家协会管乐学会低音铜管专业委员会委员
冒小瑛	江苏省音乐家协会钢琴学会副秘书长
25. 苏州医学院基础医学与生物科学学院	
王 涛	中国微循环学会神经保护与康复专业委员会委员
	海峡两岸医药卫生交流协会法医学分会委员
王国卿	中国中西医结合学会时间生物医学专业委员会常务委员、秘书长
叶元土	中国水产学会水产动物营养与饲料专业委员会副主任委员
	中国饲料工业协会常务理事
朱一蓓	中国研究型医院学会生物治疗学专业委员会常务委员
	江苏省免疫学会副理事长兼秘书长
	江苏省免疫学会常务理事

续表

姓名	机构名称及职务
朱少华	江苏省司法鉴定协会常务理事
贡成良	中国蚕学会常务理事
	江苏省蚕学会副理事长
李立娟	海峡两岸医药卫生交流协会法医学分会委员
吴淑燕	江苏省医学会微生物学与免疫学分会常务理事
	江苏省医学会感染病学分会感染病与免疫学组副组长
	江苏省微生物学会常务理事
吴嘉炜	中国生物化学与分子生物学会常务理事
	中国生物化学与分子生物学会酶学专业委员会副主任委员
	中国生物物理学会分子生物物理分会理事
	中国生物物理学会脂类代谢与生物能学分会理事
	中国生物物理学会女科学家分会理事
	中国计量测试学会生物计量专业委员会委员
	中国病理生理学会内分泌与代谢专业委员会委员
邱玉华	江苏省免疫学学会常务理事
沈颂东	中国藻类学会常务理事兼副秘书长
张志湘	江苏省医学会医事法学分会副主任委员
张国兴	中国生理学会循环专业委员会理事
	江苏省生理学会常务理事
张明阳	中国微循环学会神经保护与康复专业委员会委员
	海峡两岸医药卫生交流协会法医学分会委员
张洪涛	中国细胞生物学学会理事
	中国医学细胞生物学学会常务委员
	中国转化医学联盟第一届理事会常务理事
	中国抗癌协会肺癌专业委员会委员
张焕相	中国细胞生物学学会理事
	江苏省细胞与发育生物学学会副理事长
	江苏省生物技术协会副理事长

续表

姓名	机构名称及职务
罗承良	中国生物物理学会微量元素分会委员
	海峡两岸医药卫生交流协会法医学分会委员
周翊峰	中国抗癌协会肿瘤病因学专业委员会常务委员
	江苏省抗癌协会肿瘤病理专业委员会常务委员
居颂光	江苏省免疫学会常务理事
姜 岩	中国动物学会显微与亚显微形态科学会副秘书长
姜 智	江苏省医学会医学信息学分会秘书长
夏春林	江苏省解剖学会副理事长
夏超明	江苏省预防医学会寄生虫病专业委员会副主任委员
徐世清	中国中西医结合学会时间生物医学专业委员会常务理事
	江苏省昆虫学会常务理事
	江苏省蚕桑学会常务理事
凌去非	江苏省水产学会常务理事
高晓明	江苏省免疫学会副理事长
陶 金	中国生理学会消化与营养专业委员会委员
	中国生理学会疼痛转化医学委员会委员
	中国神经科学学会神经内稳态与内分泌分会委员
	江苏省生理学会常务理事
陶陆阳	中国法医学会法医损伤学专业委员会副主任委员
	海峡两岸医药卫生交流协会法医学分会副主任委员
	江苏省刑事侦查研究会常务理事
黄 瑞	中国微生物学会理事
	江苏省医学会微生物与免疫学分会副主任委员
	江苏省微生物学会医学微生物学专业委员会主任委员
黄鹤忠	中国海洋生物工程学会常务理事
魏文祥	中国微生物学会干扰素与细胞因子专业委员会理事
	中国生物化学与分子生物学会基础医学专业分会理事

续表

姓名	机构名称及职务
26. 苏州医学院放射医学与防护学院	
王殳凹	中国辐射防护学会超铀核素辐射防护分会副理事长
	中国核学会锕系物理与化学分会常务理事
	中国核学会核化工分会理事
	中国核学会核化学与放射化学分会常务理事
	中国化学会分子筛专业委员会委员
	中国化学会奖励推荐委员会委员
	中国化学会晶体化学专业委员会委员
	中国环境科学学会环境化学分会委员
	中国环境科学学会青年科学家分会委员
	中国生物物理学会辐射与环境专业委员会青年委员
王亚星	中国核学会锕系物理与化学分会理事
文万信	中国计量测试学会电离辐射专业委员会委员
	中国辐射防护学会理事
	中国核学会辐射物理分会理事
	中国核仪器行业协会理事
	江苏省计量测试学会电离辐射专业委员会副主任委员
史海斌	中国生物医学工程学会医学影像工程与技术分会委员
	中国抗癌协会纳米肿瘤学专业委员会委员
华道本	教育部高等学校核工程类专业教学指导委员会委员
	中国核学会辐射研究与应用分会理事
	中国核学会核化学与放射化学分会环境放射化学专业委员会委员
	中国生物物理学会辐射与环境专业委员会委员
刘宁昂	中国中西医结合学会时间生物医学专业委员会委员
刘芬菊	中华核医学会辐射研究与辐射工艺学会理事
许玉杰	中国毒理学会放射毒理专业委员会委员
	中国核工业教育学会副理事长
	中国核学会同位素分会委员
	中国生物物理学会辐射与环境专业委员会委员

续表

姓名	机构名称及职务
孙亮	中国核学会教育与科普分会理事、副秘书长
	中国核学会计算物理分会蒙特卡罗方法及其应用专业委员会委员
	中华预防医学会放射卫生专业委员会青年委员会常务委员
	江苏省生物医学工程学会医学物理专业委员会常务委员
闫聪冲	中国辐射防护学会放射生态学青年委员会委员
	中国辐射防护学会辐射环境监测与评价分会理事
	中国辐射防护学会天然辐射防护分会理事
	中国核学会射线束技术分会理事
张友九	中国核学会核化学与放射化学分会委员
	中国核学会同位素分会理事
张乐帅	全国纳米技术标准化技术委员会委员
	中国毒理学会纳米毒理学专业委员会委员
	中国毒理学会中药与天然药物毒理专业委员会青年委员
	中国医疗器械行业协会整形美容外科器材专业委员会委员
张保国	中国核物理学会理事
李明	中国老年医学学会基础与转化医学分会委员
	中国抗癌协会放射医学专业委员会委员
李瑞宾	中国毒理学会纳米毒理学专业委员会委员
	中国生物物理学会纳米酶专业委员会委员
周光明	国际空间研究委员会（COSPAR）F2组副主席
	国际宇航科学院（IAA）生命学部院士
	中国中西医结合学会时间生物医学专业委员会主任委员
	中国生物物理学会辐射与环境专业委员会副会长
	中国核学会核应急医学分会副理事长
	中国环境诱变剂学会辐射与健康专业委员会副主任委员
	中国抗癌协会放射医学专业委员会副主任委员
	江苏省毒理学会常务理事
	江苏省毒理学会放射毒理专业委员会主任委员

续表

姓名	机构名称及职务
胡文涛	中国核学会核应急医学分会理事
柴之芳	英国皇家化学学会（RSC）会士
柴之芳	中国核学会常务理事
高明远	中国同位素与辐射行业协会副理事长
高明远	中美纳米医学与纳米生物技术学会委员
高明远	中国研究型医院学会肿瘤影像诊断学专业委员会常务委员
涂彧	中国医学装备协会医用辐射装备防护与检测专业委员会副主任委员
涂彧	中国辐射防护学会辐射环境监测与评价分会常务理事
涂彧	中国辐射防护学会天然辐射防护分会理事
涂彧	中国计量协会医学计量专业委员会常务委员
涂彧	中国生物物理学会辐射与环境专业委员会委员
涂彧	中华预防医学会放射卫生专业委员会常务委员
涂彧	江苏省预防医学会放射医学与防护专业委员会副主任委员
曹建平	中国毒理学会常务委员
曹建平	中国毒理学会放射毒理专业委员会副主任委员
曹建平	中国辐射防护学会放射卫生分会副主任委员
曹建平	中国核学会理事会理事
曹建平	中国生物物理学会辐射与环境专业委员会副主任委员
曹建平	中国卫生监督协会放射卫生专业委员会常务委员
曹建平	中华医学会放射医学与防护学分会常务委员
曹建平	中华预防医学会放射卫生专业委员会常务委员
曹建平	江苏省核学会常务理事
曹建平	江苏省预防医学会放射医学与防护专业委员会副主任委员
崔凤梅	中国毒理学会放射毒理专业委员会副秘书长
崔凤梅	中华预防医学会放射卫生专业委员会青年委员会副主任委员
崔凤梅	江苏省毒理学会副秘书长
第五娟	中国核学会核化学与放射化学分会环境放射化学专业委员会委员

续表

姓名	机构名称及职务
27. 苏州医学院公共卫生学院	
万忠晓	中国营养学会运动营养分会常务委员、神经营养分会委员
马亚娜	中国母婴健康专家委员会委员
	中华医学会健康管理学分会第四届委员会社区健康管理学组委员
	中华预防医学会行为健康分会委员
	中华预防医学会卫生事业管理分会委员
	江苏省高等学校医药教育研究会医学人文素质教育专业委员会常务理事
左 辉	中国学生营养与健康促进会营养监测与评价分会理事
田海林	中国环境科学学会环境医学与健康分会委员
	江苏省预防医学会环境卫生专业委员会常务委员
仲晓燕	中国生物物理学会自由基生物学与自由基医学分会青年委员
仲崇科	中国卒中学会青年理事
汤在祥	中国统计教育学会委员
	中国卫生信息学会卫生统计理论与方法专业委员会委员
	中国医药教育协会医药统计专业委员会委员
	江苏省健康管理学会常务委员
安 艳	亚洲砷与健康研究联盟理事
	中国环境诱变剂学会环境与神经退行性疾病专业委员会委员
	中国环境诱变剂学会活性氧生物学效应专业委员会委员
	中国生物物理学会自由基生物学与自由基医学分会理事
	中国中西医结合学会时间生物医学专业委员会委员
	中华预防医学会卫生毒理分会委员
	江苏省毒理学会基础毒理学专业委员会副主任委员
	江苏省预防医学会职业健康专业委员会常务委员
许 锬	中国医药质量管理协会临床研究质量与评价专业委员会常务委员
	江苏省卒中学会卒中预防与控制专业委员会常务委员
孙宏鹏	国际生物统计学会中国分会青年委员会理事
	中华医学会预防医学卫生事业分会青年委员会委员
	中华预防医学会健康保险专业委员会委员

续表

姓名	机构名称及职务
李红美	中国卫生信息学会卫生统计学教育专业委员会委员
李建祥	中国环境诱变剂学会致癌专业委员会常务理事
	江苏省预防医学会卫生毒理与风险评估专业委员会副主任委员
	江苏省毒理学会常务理事
李新莉	中国营养学会营养与保健食品分会委员
沈月平	中国卫生信息学会卫生统计学教育专业委员会委员
	中国医药教育协会医药统计专业委员会委员
张 洁	中国毒理学会分子与生化专业委员会委员
	中国中西医结合学会时间生物医学专业委员会秘书长、常务委员
	江苏省毒理学会青年委员会副主任委员
	江苏省预防医学会卫生毒理与风险评估专业委员会常务委员
张天阳	中国优生优育协会儿童成长教育专业委员会委员
	江苏省健康教育协会社区健康教育与促进专业委员会常务委员
张永红	中国卒中学会脑血管病高危人群管理分会委员
	中华预防医学会心脏病预防控制专业委员会常务委员
	江苏省卒中学会常务理事
	江苏省卒中学会卒中预防与控制专业委员会主任委员
	江苏省预防医学会流行病学专业委员会副主任委员
张增利	中国营养学会营养流行病分会委员
	中国医促会公共卫生与预防医学分会常务委员
	中国毒理学会放射毒理专业委员会委员
	中国毒理学会免疫毒理专业委员会副主任委员
	中国骨质疏松学会常务委员
	中华预防医学会卫生毒理分会委员
	中华预防医学会公共卫生教育分会委员
	江苏省毒理学会专业委员会副主任委员
	江苏省毒理学会工业毒理专业委员会主任委员
	江苏省预防医学会职业健康专业委员会副主任委员

续表

姓名	机构名称及职务
陈 涛	中国动物学会细胞与分子显微技术学分会委员
	中国毒理学会工业委员会委员
	中国环境科学学会环境医学与健康分会委员
	中国环境诱变剂学会致癌专业委员会常务委员
陈婧司	江苏省诱变剂学会青年委员会副主任委员
武 婧	中国生物物理学会自由基生物学与自由基医学分会青年委员
	中国中西医结合学会时间生物医学专业委员会青年委员
	江苏省第五届预防医学会卫生毒理与风险评估专业委员会常务委员
信丽丽	中国环境诱变剂学会青年委员会委员
	中国环境诱变剂学会生物标志物专业委员会青年委员
秦立强	中国营养学会理事
	中国营养学会营养转化医学分会常务委员
	中国抗癌协会肿瘤营养专业委员会常务委员
	中国医药教育协会临床抗感染药物评价与管理分会常务委员
	江苏省营养学会副理事长
	江苏省环境诱变剂学会副理事长
聂继华	中国毒理学会毒性病理学专业委员会委员
	中国环境诱变剂学会委员
	中国中西医结合学会时间生物医学分会青年委员
徐 勇	中国卫生监督协会团体标准学校卫生标准委员会副主任委员
	中华预防医学会儿少卫生分会常务委员
	江苏省预防医学会学校卫生学分会副主任委员
曹 毅	中国生物医学工程学会生物电磁学专业委员会委员
	中国中西医结合学会时间生物医学专业委员会委员
	中国毒理学会毒理学教育专业委员会常务委员
	中国环境诱变剂学会理事
	中国毒理学会遗传毒理专业委员会委员
	中国毒理学会神经毒理专业委员会委员
	中华医学会医史学分会委员
	江苏省毒理学会放射毒理学专业委员会副主任委员

续表

姓名	机构名称及职务
彭 浩	江苏省卒中学会青年委员会副主任委员
董 晨	中国医师协会公共卫生医师分会委员
	中华预防医学会生物资源管理与利用研究分会委员
	江苏省预防医学会第六届流行病学专业委员会常务委员
	江苏省预防医学会第三届慢性非传染病专业委员会常务委员
蒋 菲	中国医促会公共卫生与预防医学分会委员
舒啸尘	国家药品监督管理局医疗器械技术审评专家咨询委员会委员
	中国抗癌协会肿瘤流行病学专业委员会委员
	中国中药协会专业委员会常务委员
潘臣炜	中国医师协会循证医学专业委员会常务理事
	中华预防医学会儿少卫生分会常务理事
	中华预防医学会公共卫生眼科学分会常务理事
	江苏省预防医学会儿少卫生分会常务理事
28. 苏州医学院药学院	
王 燕	中国药理学会生化与分子药理学专业委员会委员
王光辉	中国神经科学学会理事
	中国神经科学学会胶质细胞分会主任委员
	中国细胞生物学学会神经细胞生物学分会副主任委员
	中国病理生理学会蛋白质修饰与疾病专业委员会副主任委员
王剑文	中国植物学会植物化学与资源学专业委员会委员
刘 密	中国药理学会抗炎与免疫药理专业委员会委员
	中国药理学会抗炎与免疫药理青年委员会常务委员
刘江云	世界中医药学会联合会中药新药创制专业委员会理事
许国强	中国神经科学学会儿童认知与脑功能障碍分会理事
	中国病理生理学会蛋白质修饰与疾病专业委员会委员
	江苏省细胞与发育生物学学会常务理事

续表

姓名	机构名称及职务
杨 红	世界中医药学会联合会中药新药创制专业委员会理事
	中国颗粒学会生物颗粒专业委员会委员
	全国中医药院校中药标本馆专业委员会常务理事
汪维鹏	中国高等教育学会医学教育专业委员会药学教育研究会理事
	中国药理学会药物代谢专业委员会常务委员
	江苏省执业药师协会副会长
张 熠	中国药理学会肾脏药理学专业委员会委员
张学农	世界中医药学会联合会中药新药创制专业委员会常务理事
	中国药学会药剂专业委员会委员
	江苏省药学会药剂学分会副主任委员
张洪建	中国药理学会药物代谢专业委员会理事
张真庆	中国药学会药物分析专业委员会委员
	中国医药生物技术协会药物分析技术分会常务委员
张慧灵	国际医学教育分会专家委员会委员
	全国卫生产业企业管理协会细胞治疗产业与临床研究分会副会长
	中国药理学会来华留学生（医学）教学专业委员会常务委员
	中国药理学会抗炎免疫药理专业委员会委员
陈华兵	中国抗癌协会纳米肿瘤学专业委员会青年主委
秦正红	中国老年学和老年医学学会抗衰老分会副主任
	中国药理学会生化与分子药理学专业委员会常务委员
	中国神经科学学会神经精神药理分会委员
盛 瑞	中国药理学会青年委员会委员
	江苏省药理学会青年工作委员会副主任
崔京浩	世界中医药学会联合会中药新药创制专业委员会常务理事
谢梅林	中国药理学会抗炎免疫药理专业委员会委员
	中国老年学和老年医学学会抗衰老分会委员

续表

姓名	机构名称及职务
缪丽燕	中国药理学会治疗药物监测研究专业委员会主任委员
	中国药学会医院药学专业委员会副主任委员
	中国医院协会药事专业委员会副主任委员
	江苏省医院协会药事管理专业委员会主任委员
	江苏省医学会临床药学专业委员会主任委员
镇学初	中国神经科学学会理事
	江苏省药理学会副理事长

29. 苏州医学院护理学院

姓名	机构名称及职务
王丽	江苏省护理学会基层护理专业委员会副主任委员
王方星	中国生命关怀协会人文护理专业委员会常务委员
田利	中华护理学会护理管理专业委员会青年委员
	中华医学会临床流行病学和循证医学分会委员
	中国研究型医院学会护理教育专业委员会常务委员
	中国整合医学心身整体护理专业委员会委员
	中国生理学会人体微生态专业委员会委员
	中国老年学和老年医学学会护理和照护分会委员
李惠玲	教育部高等学校护理学类专业教学指导委员会委员
	中华护理学会护理教育专业委员会委员
	中国生命关怀协会常务理事、人文护理专业委员会候任主任委员及理论学组组长
	中国老年学和老年医学学会护理与照护分会副主任委员
	中国医院协会护理管理专业委员会委员
	江苏省医院协会护理管理专业委员会主任委员
	江苏省护理学会第九届理事会专家咨询委员会副主任
	江苏省护理学会护理教育专业委员会副主任委员
张雪琨	中国优生优育协会护理学专业委员会委员
孟红燕	中国生命关怀协会人文护理专业委员会常务委员
	江苏省健康管理学会人才培养与职业发展分会副主任委员

续表

姓名	机构名称及职务
赵 鑫	中国研究型医院学会护理分会健康管理与延续护理学组青年委员
姚文英	江苏省护理学会儿科专业委员会副主任委员
姚文英	江苏省中西医结合学会护理专业委员会副主任委员
徐 岚	江苏省护理学会神经内科专业委员会副主任委员
徐 岚	江苏省卒中学会护理专业委员会副主任委员

30. 苏州大学附属第一医院

姓名	机构名称及职务
于亚峰	江苏省医学会耳鼻咽喉-头颈外科学分会第十届委员会常务委员
马海涛	江苏省医学会胸外科分会第二届委员会副主任委员
王 中	江苏省医学会数字医学分会第三届委员会副主任委员
王 中	江苏省医学会神经外科学分会第十届委员会候任主任委员
方 琪	江苏省医学会微循环学分会第七届委员会前任主任委员
方 琪	江苏省医学会神经病学分会第十届委员会副主任委员
方 琪	江苏省医学会罕见病学分会第一届委员会副主任委员
甘建和	江苏省医学会感染病学分会第十届委员会前任主任委员
卢国元	江苏省医学会肾脏病学分会第九届委员会副主任委员
成兴波	江苏省医学会糖尿病学分会第五届委员会前任主任委员
朱东明	江苏省医学会胰腺病学分会第三届委员会常务委员
朱晓黎	江苏省医学会介入医学分会第三届委员会常务委员
刘济生	江苏省医学会耳鼻咽喉-头颈外科学分会第十届委员会现任主任委员
许 津	江苏省医学会健康管理分会第二届委员会副主任委员
许春芳	江苏省医学会消化内镜学分会第七届委员会副主任委员
孙 淼	中华医学会病理学分会第四届委员会委员
李 锐	江苏省医学会消化内镜学分会第七届委员会常务委员
李 锐	江苏省医学会消化病学分会第十届委员会副主任委员
杨卫新	江苏省医学会物理医学与康复医学分会第十届委员会前任主任委员
杨建平	江苏省医学会麻醉学分会第十一届委员会前任主任委员
吴爱勤	中华医学会心身医学分会第六届委员会主任委员

续表

姓名	机构名称及职务
吴德沛	中华医学会血液学分会第十一届委员会主任委员
	中华医学会内科学分会第十四届委员会常务委员
	江苏省医学会血液学分会第九届委员会名誉主任委员
	江苏省医学会内科学分会第八届委员会前任主任委员
何 军	江苏省医学会检验学分会第十届委员会常务委员
余云生	江苏省医学会心血管外科学分会第二届委员会常务委员
闵 玮	江苏省医学会变态反应学分会第三届委员会常务委员
沈振亚	中华医学会组织修复与再生分会第二届委员会候任主任委员
	中华医学会胸心血管外科学分会第十届委员会常务委员
	江苏省医学会心血管外科学分会第二届委员会前任主任委员
陆士奇	江苏省医学会灾难医学分会第三届委员会副主任委员
陈 凯	江苏省医学会肿瘤学分会第九届委员会常务委员
陈 亮	江苏省医学会骨科学分会第十届委员会副主任委员
陈卫昌	中华医学会消化病学分会第十一届委员会常务委员
	江苏省医学会消化病学分会第十届委员会前任主任委员
	江苏省医学会内科学分会第八届委员会副主任委员
陈友国	江苏省医学会妇产科学分会第十届委员会副主任委员
陈苏宁	中华医学会血液学分会第十一届委员会委员
	江苏省医学会血液学分会第九届委员会候任主任委员
林 伟	江苏省医学会整形烧伤外科学分会第八届委员会副主任委员
武 剑	江苏省医学会风湿病学分会第十一届委员会常务委员
金晓红	江苏省医学会疼痛学分会第四届委员会副主任委员
茅彩萍	江苏省医学会医学遗传分会第八届委员会副主任委员
	江苏省医学会生殖医学分会第二届委员会副主任委员
周菊英	江苏省医学会放射肿瘤治疗学分会第九届委员会现任主任委员
孟 斌	江苏省医学会骨科学分会第十届委员会常务委员
赵卫峰	江苏省医学会感染病学分会第十届委员会副主任委员
	江苏省医学会肝病学分会第一届委员会候任主任委员

续表

姓 名	机构名称及职务
胡春洪	江苏省医学会医学教育分会第一届委员会副主任委员
	江苏省医学会放射学分会第十一届委员会现任主任委员
侯建全	江苏省医学会泌尿外科学分会第十一届委员会前任主任委员
秦 磊	江苏省医学会外科学分会第九届委员会副主任委员
钱齐宏	中华医学会激光医学分会第九届委员会委员
	江苏省医学会激光医学分会第三届委员会常务委员
倪才方	江苏省医学会介入医学分会第三届委员会候任主任委员
徐 峰	江苏省医学会创伤医学分会第三届委员会现任主任委员
郭凌川	中华医学会病理学分会第四届委员会委员
	江苏省医学会病理学分会第十一届委员会现任主任委员
浦金贤	江苏省医学会男科学分会第七届委员会常务委员
	江苏省医学会泌尿外科学分会第十一届委员会副主任委员
陶 敏	江苏省医学会肿瘤化疗与生物治疗分会第四届委员会常务委员
桑士标	江苏省医学会核医学分会第九届委员会候任主任委员
黄建安	江苏省医学会呼吸医学分会第十届委员会现任主任委员
蒋廷波	江苏省医学会心电生理与起搏分会第二届委员会常务委员
蒋 敏	江苏省医学会输血分会第九届委员会副主任委员
韩 悦	中华医学会血液学分会第十一届委员会委员
嵇富海	江苏省医学会麻醉学分会第十一届委员会候任主任委员
鲁 燕	江苏省医学会糖尿病学分会第五届委员会常务委员
谢道海	江苏省医学会数字医学分会第三届委员会副主任委员
虞正权	江苏省医学会神经外科学分会第十届委员会常务委员
缪丽燕	江苏省医学会医学伦理分会第二届委员会副主任委员
	江苏省医学会临床药学分会第三届委员会现任主任委员
31. 苏州大学附属第二医院	
尤寿江	中国卒中学会第二届青年理事会理事
毛成洁	中华医学会神经病学分会第八届委员会青年学组委员

续表

姓名	机构名称及职务
邓晔坤	中国康复医学会修复重建外科专业委员会基础与材料学组第二届委员
白旭明	中国医药教育协会介入微创治疗专业委员会第二届常务委员
兰　青	国家卫健委能力建设和继续教育神经外科专家委员会委员
兰　青	国家卫健委医院管理研究所脑出血外科诊疗能力提升项目专家委员会副主任委员
邢春根	中华医学会肠外肠内营养学分会第六届委员会委员
邢春根	江苏省中西医结合学会普通外科专业委员会副主任委员
朱　卿	国家卫健委医院管理研究所脑出血外科诊疗能力提升项目专家委员会青年委员
朱雅群	中国临床肿瘤学会肿瘤放射治疗专家委员会委员
庄志祥	长江三角洲城市经济协调会智慧医疗发展联盟第一届肿瘤专科联盟理事
庄志祥	江苏省抗癌协会肿瘤复发与转移专业委员会第二届常务委员
庄志祥	江苏省康复医学会肿瘤康复专业委员会第二届常务委员
刘玉龙	江苏省预防医学会放射医学与防护专业委员会副主任委员
刘玉龙	江苏省核学会放射医学与防护专业委员会副主任
刘志纯	江苏省医学会风湿病学分会第十一届委员会常务委员
刘慧慧	中国卒中学会青年理事会第二届常务理事
杜　鸿	中国微生物学会分析微生物学专业委员会委员
吴曙华	江苏省预防医学会老年病防治专业委员会常务委员
谷春伟	江苏省医师协会外科医师分会第三届委员会疝与腹壁外科学组副组长
谷春伟	中国人体健康科技促进会疝与腹壁外科专业委员会常务委员
沈光思	中华医学会运动医疗分会上肢学组第二届青年委员会委员
沈光思	中国医药教育协会肩肘运动医学专业委员会第二届委员
沈明敬	中国康复医学会修复重建外科专业委员会康复学组第一届委员
张　霞	江苏省卒中学会卒中血管超声专业委员会常务委员
张力元	中国抗癌协会胃癌专业委员会第六届委员
张力元	中国抗癌协会肿瘤放射治疗专业委员会第三届青年委员会委员
张力元	中国肿瘤放射治疗联盟放射免疫工作委员会第二届副主任委员

续表

姓名	机构名称及职务
张玉松	江苏省预防医学会放射医学与防护专业委员会常务委员
陈延明	中国卒中学会复合介入神经外科分会第二届委员会委员
范国华	江苏省中西医结合学会影像诊断专业委员会胸部学组组长
范国华	江苏省中西医结合学会影像诊断专业委员会常务委员
范国华	江苏省医学会放射学分会第十一届委员会腹部影像学组副组长
范国华	江苏省研究型医院学会感染与炎症放射学专业委员会副主任委员
周演玲	中国医疗保健国际交流促进会护理学分会常务委员
胡展红	江苏省药师协会药物评价与政策研究分会第一届常务委员
施敏骅	江苏省医师协会呼吸医师分会第三届委员会肺癌学组组长
栗先增	中国康复医学会疼痛康复专业委员会科普学组委员
钱志远	江苏省医学会显微外科学分会副主任委员
徐炜	中国医师协会骨科医师分会青年委员会髋关节学组委员
徐炜	江苏省医师协会骨科医师分会第三届委员会关节镜外科学组副组长
徐亮	江苏省医学会放射学分会第十一届委员会头颈学组副组长
徐又佳	中国医师协会骨科医师分会继续教育学组委员
徐又佳	中国医师协会骨科医师分会第五届委员会骨质疏松学组委员
徐又佳	江苏省预防医学会骨质疏松症和骨关节病专业委员会副主任委员
曹勇军	中国医师协会神经内科医师分会第五届委员会脑血管病学组委员
潘杰	中国医学装备协会药学装备分会第三届委员
潘杰	江苏省免疫学会放射与免疫专业委员会副主任委员
32. 苏州大学附属儿童医院	
丁欣	中国研究型医院学会儿科学专业委员会青年委员
丁欣	中华医学会儿科学分会新生儿青年学组委员
丁欣	中华医学会儿科学分会第十八届委员会青年委员会委员、新生儿青年学组副组长
丁欣	江苏省医学会儿科学分会第十届青年委员会副主任委员
王莹	中国医药教育协会早产儿管理分会委员
王莹	江苏省医师协会新生儿科医师分会第一届委员会新生儿营养消化学组副组长

续表

姓名	机构名称及职务
王 梅	中国优生科学协会医学遗传学专业委员会首届小儿药物基因组学学组委员
王 琪	中国研究型医院学会感染与炎症放射专业委员会儿童感染放射诊断学组委员
王 静	中国妇幼保健协会妇幼微创专业委员会微创护理学组全国委员
王宇清	中国研究型医院学会儿科学专业委员会青年委员
王宇清	中国研究型医院学会过敏医学专业委员会儿童过敏学组副组长
王宇清	中华医学会变态反应学分会青年委员、呼吸过敏学组委员
王宇清	中华医学会儿科学分会呼吸学组青年委员、专科培训协作组副组长
王宇清	中华医学会变态反应学分会第六届委员会青年委员会副主任委员
王宇清	江苏省医学会变态反应学分会第三届委员会常务委员
王红英	中国妇幼保健协会精准医学专业委员会委员
王晓东	中华医学会小儿外科学分会骨科学组委员
王晓东	江苏省医学会小儿外科学分会第十届委员会副主任委员
王晓东	江苏省医师协会小儿外科医师分会第三届委员会副会长
王晓东	江苏省医学会骨科学分会第十届委员会常务委员
王晓东	江苏省中西医结合学会骨伤科专业委员会副主任委员
古桂雄	江苏省医学会儿科学分会儿童保健学组副组长
卢 俊	中国抗癌协会小儿肿瘤专业委员会青年委员会委员
卢 敏	中国妇幼保健协会妇幼微创专业委员会微创护理学组全国委员
田健美	中华医学会儿科学分会感染学组委员
田健美	江苏省医学会儿科学分会感染学组组长
冯 星	中华医学会儿科学分会第十七届委员会围产医学专业委员会主任委员
冯 星	中华医学会儿科学分会第十八届委员会常务委员
冯 星	中华医学会儿科学分会新生儿学组副组长
冯 星	江苏省医师协会新生儿科医师分会会长
冯 星	江苏省医院协会儿童医院分会副主任委员
成芳芳	中华医学会儿科学分会第十八届委员会感染青年学组委员
师晓燕	中华医学会儿科学分会第十八届委员会罕见病青年学组委员

续表

姓名	机构名称及职务
吕海涛	国家心血管病专家委员会先天性心脏病专业委员会委员
	中国医师协会儿科医师分会常务委员
	中国医师协会儿科医师分会心血管学组、川崎病协作组组长
	中国妇幼保健协会精准医学专业委员会常务委员
	中华医学会儿科学分会第十七届、第十八届委员会心血管学组委员
	中华医学会儿科学分会川崎病协作组委员
	中华医学会儿科学分会新生儿心脏病协作组组长
	江苏省医学会医学信息与智能健康分会副主任委员
	江苏省医学会罕见病学分会副主任委员
	江苏省医学会儿科学分会副主任委员、心血管学组组长
	江苏省研究型医院学会罕见病专业委员会主任委员
	江苏省医师协会儿科医师分会副会长
朱宏	中华医学会儿科学分会第十七届委员会临床检验学组委员
朱杰	中华医学会小儿外科学分会第九届委员会肝胆外科学组委员
	中国妇幼保健协会妇幼微创专业委员会小儿普外微创学组委员
朱雪明	中国抗癌协会小儿肿瘤专业委员会病理学组委员
	中华医学会病理学分会第十二届委员会儿科学组委员
朱雪萍	中国医师协会儿童重症医师分会第二届重症营养专业委员会委员
	中国医师协会新生儿科医师分会第三届呼吸专业委员会委员
	中国医药教育协会新生儿感染与感染控制分会副主任委员
	全国卫生产业企业管理协会细胞治疗产业与临床研究分会理事
	中华医学会儿科学分会儿童保健学组委员
	中华医学会儿科学分会第十八届委员会儿童保健学组委员
	江苏省医学会围产医学分会第七届委员会副主任委员
朱慧娥	中国中药协会耳鼻咽喉药物研究专业委员会委员
华军	中华医学会急诊医学分会儿科学组委员
	江苏省医学会儿科学分会急救学组副组长

续表

姓名	机构名称及职务
刘玉奇	中国抗癌协会小儿肿瘤专业委员会影像学组委员
刘高金	江苏省康复医学会儿童康复专业委员会常务委员
刘殿玉	中国中医药信息研究会儿科分会第一届常务理事
	中国医药卫生文化协会中医儿科文化分会常务委员
	中国中药协会儿童健康与药物研究专业委员会委员
江文婷	中华医学会心胸外科协作组委员
汤继宏	中华医学会儿科学分会第十七届、第十八届委员会罕见病学组委员
	江苏省抗癫痫协会第一届理事会常务理事
孙凌	中国医学救援协会儿科分会救援组织专业委员会委员
	中国水利电力医学科学技术学会心电学分会小儿心电图专业委员会常务委员
	中华医学会儿科学分会心血管学组青年委员会委员
	江苏省医学会医学信息学分会转化医学学组副组长
孙庆林	中华医学会小儿外科学分会第七届委员会肝胆外科专业学组委员
	中华医学会小儿外科学分会第七届委员会内镜外科专业学组委员
	江苏省医学会小儿外科学分会副主任委员
严文华	江苏省医学会儿科学分会心血管学组副组长
严永东	中国微生物学会人兽共患病病原学专业委员会委员
	中国妇幼保健协会妇幼微创专业委员会儿科呼吸介入学组委员
	中华医学会儿科学分会第十八届呼吸学组呼吸道微生态协作组委员
严向明	中华医学会小儿外科学分会小儿泌尿外科学组委员
李岩	中国抗癫痫协会第一届理事会理事
	中华医学会儿科学分会第十五届、第十六届、第十七届委员会神经学组委员
	江苏省医学会儿科学分会小儿神经学组组长
	江苏省抗癫痫协会第一届理事会副会长
	江苏省康复医学会儿童专业委员会副主任委员
李炘	中华医学会小儿外科学分会小儿心胸外科学组委员

续表

姓名	机构名称及职务
李莺	中国医师协会儿童重症医师分会第二届委员会委员
	中国医师协会儿童重症医师分会重症营养专业委员会第二届委员
	中华医学会儿科学分会急救学组重症消化和体外营养协作组委员
李捷	中国妇幼保健协会儿童疾病和保健分会儿童血液疾病与保健学组委员
	中国研究型医院学会儿童肿瘤专业委员会委员
李静	中国妇幼保健协会妇幼微创专业委员会微创护理学组委员
李巍	中国中西医结合学会医学美容专业委员会激光与皮肤美容专家委员会第一届委员
	中国老年医学学会数字诊疗分会第一届委员会委员
李艳红	中华医学会儿科学分会肾脏专业学组委员
李晓忠	中国医师协会儿科医师分会儿童风湿免疫专业委员会常务委员
	中华医学会儿科学分会免疫学组委员
	中华医学会儿科学分会第十八届委员会免疫学组委员
	江苏省医学会儿科学分会肾脏学组副组长
杨晓蕴	中国中西医结合学会变态反应专业委员会儿科专业组委员
吴缤	中华医学会小儿外科学分会小儿内镜外科学组委员
吴志新	中国医药教育协会新生儿影像学分会委员
吴继志	中国医学装备协会磁共振应用专业委员会影像技术学组委员
吴嘉伟	江苏省医学会麻醉学分会小儿麻醉学组副组长
何海龙	中国抗癌协会小儿肿瘤专业委员会委员
闵月	中华医学会儿科学分会免疫学组青年学组委员
汪健	中国医师协会小儿外科医师分会常务委员
	中国医师协会儿童健康专业委员会常务委员
	中国抗癌协会小儿肿瘤专业委员会委员
	中华医学会小儿外科学分会第九届委员会常务委员
	中华医学会小儿外科学分会第十届委员会新生儿外科学组组长
	中华医学会儿科学分会第十八届委员会营养学组副组长
	中华医学会儿科学分会临床营养学组副组长
	中华医学会肠外肠内营养学分会儿科学组委员
	中华医学会小儿外科学分会新生儿外科学组组长
	江苏省医学会小儿外科学分会第九届委员会前任主任委员
	江苏省医师协会小儿外科医师分会第三届委员会候任会长
	江苏省抗癌协会小儿肿瘤专业委员会主任委员
	江苏省中西医结合学会普通外科专业委员会常务委员

续表

姓名	机构名称及职务
沈闵	全国抗癌协会小儿肿瘤护理学组副组长
	中华医学会儿科学分会血液学组儿童舒缓治疗亚专业组秘书
宋晓翔	中华医学会儿科学分会第十八届委员会风湿病青年学组委员
张芳	中国生命关怀协会人文护理专业委员会委员
	中华医学会小儿外科学分会护理专业协作组委员
张利亚	中华医学会儿科学分会第十八届委员会神经学组委员
张兵兵	中华医学会儿科学分会第十八届委员会神经青年学组委员
张春旭	中国医师协会儿童重症医师分会医护协作组织委员
陆双泉	中国医师协会新生儿科医师分会第二届超声专业委员会委员
	中国医药教育协会超声医学专业委员会儿童超声学组常务委员
	中国超声医学工程学会第一届儿科超声专业委员会委员
陈艳	中华预防医学会儿童保健分会第六届委员会委员
陈婷	中华医学会儿科学分会第十八届委员会内分泌遗传代谢青年学组委员
陈文娟	中国妇幼保健协会母胎影像医学专业委员会委员
陈正荣	中国医师协会变态反应医师分会青年委员会副主任委员
	江苏省免疫学会青年工作委员会常务委员
陈旭勤	中国妇幼保健协会儿童疾病和保健分会儿童神经疾病与保健学组委员
	中华医学会儿科学分会第十七届委员会青年委员会委员
	江苏省医学会儿科学分会小儿神经学组副组长
	江苏省抗癫痫协会青年委员会副主任委员
陈建雷	中国妇幼保健协会妇幼微创专业委员会小儿普外微创学组青年委员
陈临琪	中国医师协会青春期医学专业委员会第二届委员会委员
	中国医师协会儿科医师分会儿童内分泌遗传代谢专业委员会委员
	中国出生缺陷干预救助基金会儿童内分泌代谢病防治专家委员会委员
	中国儿童青少年肥胖糖尿病联盟专家委员会委员
	中华医学会儿科学分会遗传代谢内分泌学组委员
	中华医学会儿科学分会青春期医学委员会委员
	江苏省医学会儿科学分会内分泌学组组长

续表

姓　名	机构名称及职务
陈海燕	中国医师协会儿科医师分会心血管专业委员会护理学组委员
季　伟	江苏省医学会儿科学分会呼吸学组副组长
金忠芹	中国妇幼保健协会妇幼微创专业委员会小儿消化微创学组委员
金忠芹	中国医师协会小儿消化内镜学组委员
金忠芹	中国中药协会儿童健康与药物研究专业委员会委员
金忠芹	中华医学会儿科学分会消化学组委员
金忠芹	中华医学会儿科学分会第十八届委员会消化学组委员
金忠芹	江苏省医学会儿科学分会消化学组组长
金慧臻	中国优生科学协会医学遗传学专业委员会首届小儿药物基因组学学组委员
周　云	中国医师协会小儿外科医师协会委员
周　云	中华医学会小儿外科学分会小儿泌尿外科专业学组委员
周　云	中华医学会泌尿外科学分会第十二届委员会小儿泌尿外科学组委员
周　云	江苏省中西医结合学会外科分会常务委员
封其华	中华医学会儿科学分会全科医学学组委员
封其华	中华医学会儿科学分会第十八届委员会风湿病学组委员
封其华	江苏省医学会儿科学分会风湿病学组组长
郝创利	中国哮喘联盟委员
郝创利	中国儿童呼吸基层联盟副主席
郝创利	中国医师协会变态反应医师分会常务委员
郝创利	中国医师协会整合医学分会儿科专业委员会常务委员
郝创利	中国妇幼保健协会儿童疾病和保健分会儿童呼吸疾病与保健学组副组长
郝创利	中华医学会变态反应学分会第六届委员会委员
郝创利	中华医学会变态反应学分会儿童过敏和哮喘学组副组长
郝创利	中华医学会儿科学分会第十六届、第十八届委员会呼吸学组委员
郝创利	中华医学会儿科学分会呼吸学组慢咳协作组副组长
郝创利	中华医学会儿科学分会呼吸学组毛支协作组副组长
郝创利	江苏省医学会变态反应学分会候任主任委员
郝创利	江苏省医学会儿科学分会呼吸学组组长

续表

姓名	机构名称及职务
胡水根	中国医师协会人文医学专业委员会第二届委员会智慧医疗与医学人文工作委员会委员
胡绍燕	国家卫健委儿童血液病专家委员会委员
	中国研究型医院学会儿童肿瘤专业委员会常务委员
	中华医学会儿科学分会血液学组副组长
	江苏省医学会儿科学分会第十届委员会常务委员、小儿全科医学学组副组长
	江苏省医学会儿科学分会小儿血液学组组长
柏振江	中华医学会儿科学分会感染专业青年学组委员
	中华医学会儿科学分会第十八届委员会急救青年学组委员
闻 芳	中国研究型医院学会儿童肿瘤专业委员会委员
姚文英	中华医学会儿科学分会第十八届委员会护理筹备学组委员
贾慧惠	中国抗癌协会肿瘤影像专业委员会儿科肿瘤学组委员
	中华医学会儿科学分会第十七届委员会放射青年学组委员
	中华医学会儿科学分会第十八届呼吸学组影像协作组委员
顾 琴	中国妇幼保健协会儿童疾病与保健分会儿童发育障碍与干预学组副主任委员
	中国康复医学会重症康复专业委员会第一届委员会儿童重症康复学组委员
	中华医学会儿科学分会第十七届委员会康复医学学组委员
	中华医学会物理医学与康复学分会第十一届委员会疗养康复学组委员
	江苏省康复医学会儿童康复专业委员会常务委员
顾志成	中华医学会小儿外科学分会小儿肿瘤外科学组委员
顾秀萍	中国妇幼保健协会妇幼微创专业委员会委员
钱 华	中华医学会儿科学分会皮肤学组委员
	中华医学会儿科学分会第十八届委员会皮肤与性病筹备学组委员
倪 宏	中国微循环学会第一届神经保护与康复专业委员会常务委员
	中国研究型医院学会神经再生与修复专业委员会常务委员
	中华医学会行为医学分会青年委员会秘书长
	中华医学会儿科学分会第十七届脑科学委员会委员
	江苏省康复学会儿童康复专业委员会常务委员

续表

姓名	机构名称及职务
徐永根	江苏省医学会胸外科学分会第七届委员会先心外科学组副组长
徐洪军	中华医学会小儿心血管协会委员
凌 婧	中华医学会儿科学分会第十八届委员会血液青年学组副组长
郭万亮	中国抗癌协会肿瘤介入学专业委员会儿童肿瘤专家委员会委员
郭万亮	中华医学会放射学分会介入专业委员会妇儿介入组委员
唐叶枫	中国医师协会儿童健康专业委员会儿童单纯性肥胖症防治学组委员
诸 俊	中国心胸血管麻醉学会医疗信息技术专业委员会青年委员会委员
陶燕芳	中国中医药研究促进会肝胆病分会委员
黄 洁	中国妇幼保健协会儿童疾病和保健分会青年学组委员
黄 洁	中华医学会儿科学分会第十七届委员会医学教育委员会委员
黄 洁	中华医学会儿科学分会第十八届委员会心血管青年学组副组长
黄 洁	中华医学会儿科学分会心血管学组先心病围产期诊治协作组委员
黄 洁	中华医学会儿科学分会心血管学组先心病影像学及介入协作组委员
黄志见	中国医师协会美容与整形医师分会小儿整形外科专业委员会第一届委员会委员
黄志见	中国整形美容协会血管瘤与脉管畸形整形分会委员
黄志见	中华医学会小儿外科分会烧伤整形外科学组委员
黄志见	江苏省整形美容协会颅面与儿童整形专业分会副主任委员
黄顺根	中华医学会小儿外科学分会第十届委员会小儿肛肠外科学组委员
黄莉莉	中国分析测试协会标记免疫分析专业委员会第二届委员会委员
黄雅青	中国中药协会儿童健康与药物研究专业委员会青年委员
盛 茂	中国医师协会青春期医学专业委员会第一届青春医学临床影像学组委员
盛 茂	中国医师协会儿科医师分会儿科影像专业委员会第四届委员会委员
盛 茂	中国医师协会儿科医师分会儿童影像专业委员会华东协作组组长
盛 茂	中国医学装备协会磁共振成像装备与技术专业委员会第二届常务委员
盛 茂	中国妇幼保健协会母胎影像医学专业委员会委员
盛 茂	中华医学会放射学分会第十五届委员会儿科学组委员
盛 茂	中华医学会儿科学分会第十七届委员会放射学组委员
盛 茂	中华医学会儿科学分会第十八届委员会放射医学筹备学组委员
盛 茂	江苏省医学会放射学分会第十届委员会儿科学组副组长
盛 茂	江苏省医师协会放射医师分会第三届委员会儿科学组组长
盛 茂	江苏省中西医结合学会影像诊断专业委员会儿科学组副组长

续表

姓名	机构名称及职务
阐玉英	中国生命关怀协会人文护理专业委员会委员
	中华医学会儿科学分会第十七届委员会护理学组委员
	江苏省中西医结合学会护理专业委员会副主任委员
梁冠军	中国康复医学会创伤康复专业委员会创伤重症学组候选委员
梁培荣	中华护理学会第二十七届理事会儿科护理专业委员会青年委员
储 矗	中国中药协会儿童健康与药物研究专业委员会青年委员
鲁 慧	中国中药协会儿童健康与药物研究专业委员会青年委员
甄允方	中国中西医结合学会骨伤科分会第八届委员会肢体矫形功能重建与康复专家委员会委员
窦训武	中华医学会儿科学分会小儿耳鼻咽喉头颈外科学组委员
廖健毅	中国妇幼保健协会妇幼微创专业委员会小儿胸外微创学组委员
	中华医学会小儿外科学分会第十届委员会青年委员
	中华医学会小儿外科学分会小儿心胸外科学组青年委员
缪美华	中华医学会儿科学分会第十八届委员会免疫学组青年委员
樊明月	中国妇幼保健协会妇幼微创专业委员会儿童耳鼻咽喉头颈外科微创学组青年委员
潘 江	中国妇幼保健协会妇幼微创专业委员会小儿普外微创学组青年委员
潘 健	江苏省免疫学会第二届青年工作委员会常务委员
霍洪亮	中华医学会儿科学分会第十七届委员会康复学组青年委员
魏 来	中国康复医学会物理治疗专业委员会第一届儿童物理治疗学组常务委员
	中国康复医学会手功能康复专业委员会第一届儿童手功能康复学组委员

33. 机关与其他部门

姓名	机构名称及职务
马卫中	中国近代文学学会副会长
	中国近代文学学会中国南社与柳亚子研究分会副会长
石明芳	江苏省高校档案研究会常务理事
朱绍昌	江苏省出版物发行业协会常务理事
	江苏省印刷行业协会常务理事

续表

姓名	机构名称及职务
池子华	中国社会史学会慈善史专业委员会副会长
	中国太平天国史研究会常务理事
	中国红十字会第十一届理事会理事
	江苏省孙中山研究会副会长
	江苏省红十字会第十届理事会常务理事
张 庆	中国高等教育学会教育信息化分会理事会理事
	江苏省高等学校网络技术专业委员会副理事长
	江苏省高等学校教育信息化研究会理事会副秘书长
张志强	全国高等院校计算机基础教育研究会理工专业委员会委员
李强伟	江苏省高校金属工艺教学研究会第十届理事会副秘书长
罗时进	中国唐代文学学会副会长
	中国唐代文学学会唐诗之路研究会副会长
	中国明代文学学会理事
邵剑平	江苏省高校金属工艺教学研究会第十届理事会副理事长
姚志刚	中国分析测试协会高校分析测试分会常务理事
	中国分析测试协会理事
	江苏省分析测试协会副理事长
钱振明	江苏省统一战线理论研究会副会长
徐云龙	江苏省应用型本科高校计算机学科联盟秘书长
盛惠良	中国大学出版社协会理事
傅菊芬	全国纺织服装职业教育教学指导委员会委员
	江苏省服装设计师协会常务理事
谢志余	华东高校工程训练金工教学研究会副理事长、秘书长
	江苏省高校金属工艺教学研究会副理事长
缪世林	江苏省成人教育协会副会长

党政常设非编机构

苏州大学国有资产管理委员会

（苏大国资〔2021〕3号）2021年1月8日

主　　任：熊思东

副 主 任：周　高　姜建明

委　　员：校长办公室、纪委（监督检查处）、人力资源处、财务处、审计处、教务部、科学技术研究部、人文社会科学处、国有资产管理处、后勤管理处、实验室与设备管理处（实验材料与设备管理中心）、信息化建设与管理中心、图书馆、江苏苏大投资有限公司等部门主要负责人。

委员会下设办公室于国有资产管理处，由国有资产管理处处长兼任办公室主任。

苏州大学招投标工作领导小组

（苏大招标〔2021〕1号）2021年1月8日

组　　长：周　高

副 组 长：姜建明

成　　员：校长办公室、财务处、审计处、国有资产管理处、后勤管理处、实验室与设备管理处（实验材料与设备管理中心）、采购与招投标管理中心等部门主要负责人。

苏州大学安全工作委员会

（苏大委〔2021〕6号）2021年1月16日

主　　任：江　涌　熊思东

副 主 任：王鲁沛　张晓宏　姜建明

委　　员：党委办公室、校长办公室、党委宣传部、团委、人力资源处、党委教师工作部、财务处、教务部、学生工作部（处）、研究生院、党委研究生工作部、科学技术研究部、人文社会科学处、实验室与设备管理处、继续教育处、国际交流合作处（港澳台办公室）、海外教育学院、保卫部（处）、后勤管理处、图书馆、档案馆、信息化建设与管理中心等部门主要负责人及各学院（部）院长（主任）、书记。

安全工作委员会办公室设在保卫部（处），部（处）长兼任办公室主任。

苏州大学委员会党史学习教育领导小组

（苏大委〔2021〕30号）2021年3月12日

组　　长：江　涌
副组长：邓　敏
组　　员：陈晓强　周玉玲　薛　辉　黄志斌　吴　鹏　唐文跃　卜谦祥　刘　慧
　　　　　程晓军　孙　磊　丁　姗　尹婷婷　陶培之　陈建军
领导小组下设办公室，负责日常工作。
办公室主任：陈晓强
办公室副主任：周玉玲　薛　辉　黄志斌　陈建军

党的建设与全面从严治党工作领导小组

（苏大委〔2021〕37号）2021年3月18日

组　　长：江　涌
副组长：邓　敏　王鲁沛　芮国强
成　　员：党委办公室、党委组织部、党委宣传部、党委统战部、纪委办公室、党校、
　　　　　党委离退休工作部、党委学生工作部、党委研究生工作部、党委教师工作
　　　　　部、党委保卫部等部门主要负责人。
领导小组办公室设在党委办公室，办公室主任由党委办公室主任兼任。

苏州大学关心下一代工作委员会

（苏大委〔2021〕40号）2021年3月18日

主　　任：江　涌
常务副主任：王鲁沛　吴俊生
副主任：学生工作部（处）、离退休工作部（处）主要负责人，朱心行
委　　员：党委办公室、校长办公室、党委组织部、党委宣传部、离退休工作部
　　　　　（处）、团委、党委教师工作部、教务部、学生工作部（处）和党委研究生
　　　　　工作部等部门主要负责人，戴苏明、陈亦红、徐福。
关心下一代工作委员会秘书处设在学生工作部（处）。

苏州大学"双一流"建设领导小组

（苏大委〔2021〕43号）2021年3月18日

组　　长：江　涌　熊思东
副组长：邓　敏　王鲁沛　芮国强　姜建明　陈卫昌　周　高　张晓宏　沈明荣

姚建林

成　员：党委办公室、校长办公室、国内合作办公室、纪委办公室、党委宣传部、学科建设办公室、人力资源处、财务处、教务部、学生工作部（处）、研究生院、科学技术研究部、人文社会科学处、国际合作交流处等部门主要负责人。

领导小组办公室设在学科建设办公室，学科建设办公室主任兼任领导小组办公室主任。

苏州大学安全工作委员会

（苏大委〔2021〕58号）2021年3月18日

主　任：江　涌　熊思东

副主任：王鲁沛　邓　敏　张晓宏　姜建明

委　员：党委办公室、校长办公室、党委宣传部、党委统战部、离退休工作部（处）、工会、团委、人力资源处、党委教师工作部、财务处、教务部、学生工作部（处）、研究生院、党委研究生工作部、科学技术研究部、人文社会科学处、实验室与设备管理处、继续教育处、国际交流合作处、港澳台办公室、海外教育学院、保卫部（处）、后勤管理处、基本建设处、图书馆、档案馆、信息化建设与管理中心等部门主要负责人。

安全工作委员会负责全校范围的校园治安综合治理、校园反恐、安全稳定、安全生产大检查和校园安全专项整治等安全工作。原苏州大学维护稳定工作领导小组、苏州大学安全生产大检查工作领导小组、苏州大学校园治安综合治理工作委员会、苏州大学校园安全专项整治领导小组等非常设机构相应撤销，其职能一并纳入安全工作委员会。

安全工作委员会办公室设在保卫部（处），办公室主任由保卫部（处）部（处）长兼任。

新型城镇化与社会治理协同创新中心管理委员会

（苏大科技〔2021〕41号）2021年6月23日

主　任：张晓宏

副主任：任　平　钱振明　于毓蓝（兼）

委　员："2011计划"办公室、人力资源处、财务处、教务部、研究生院、审计处、国有资产管理处、国际合作交流处等部门相关负责人，新型城镇化与社会治理协同创新中心负责人。

2021年苏州大学及各校友分会主要负责人情况

一、苏州大学第五届理事会成员

会　　长：熊思东
副 会 长：沈明荣
常务理事：（按姓氏笔画排列）
　　　　　于潜驰　王殳凹　沈明荣　陈晓强　茅海燕　胡新华　查佐明
　　　　　洪　晔　黄文军　董召勤　熊思东　缪世林　薛　辉
理　　事：（按姓氏笔画排列）
　　　　　于潜驰　王殳凹　沈明荣　陈晓强　茅海燕　胡新华　查佐明
　　　　　洪　晔　黄文军　董召勤　熊思东　缪世林　薛　辉
　　　　　及校内外各校友分会会长
监　　事：（按姓氏笔画排列）
　　　　　徐跃荃　陶培之　黄志斌
秘 书 长：胡新华
副秘书长：张海洋　黄文军

二、苏州大学各校友分会主要负责人情况（按成立时间排序）

北美校友会	会　长	陶福明	美国加利福尼亚州立大学化学与生物化学系教授
	秘书长	李　凯	无锡药明生物技术股份有限公司高级主任
新疆校友会	会　长	张自力	乌鲁木齐市科协主席
陕西校友会	会　长	刘曼丽	陕西省纺织行业协会副秘书长
	秘书长	张志安	陕西德鑫隆物资贸易有限公司高级工程师
广东校友会	会　长	柯惠琪	广东省丝绸纺织集团有限公司原董事长
	秘书长	张秀萍	广州医科大学附属肿瘤医院放疗科主任
苏州校友会	会　长	庄　志	苏州市英格玛人力资源集团董事长、总裁
	秘书长	朱昊翔	苏州市英格玛人力资源集团政府及公共事务部总监

日本校友会	会　长	郭试瑜	日本昭和大学医学部教授、原中国留日同学总会会长
四川校友会	会　长	胡元遂	四川民康印染有限公司总经理
	秘书长	卜献鸿	四川省丝绸科学研究院有限公司高级工程师
山东校友会	会　长	高亚军	山东省丝绸集团有限公司总工程师
	秘书长	何　斌	山东广润丝绸有限公司董事长
北京校友会	会　长	何加正	邻里中国网总裁、原人民网总裁
	秘书长	任　洁	中国丝绸进出口总公司原总经理助理
上海校友会	会　长	钱天东	上海交大产业投资管理（集团）有限公司董事长兼党委书记
	秘书长	周桂荣	上海万序计算机科技有限公司副总经理
辽宁校友会	会　长	于有生	辽宁省丹东丝绸有限责任公司总经理
	秘书长	张　夏	辽宁辽东学院高职处原处长
南京校友会	会　长	葛韶华	江苏省委宣传部原副部长、省老龄协会常务副会长
	秘书长	陈建刚	江苏省政府秘书长、省政府办公厅党组书记
盐城校友会	会　长	谷汉先	盐城卫生学校原校长
	秘书长	盛同新	盐城市政府接待办原副主任
淮安校友会	会　长	荀德麟	淮安市政协原副主席
	秘书长	秦宁生	淮安市委党校原副校长
镇江校友会	会　长	尹卫东	句容市原市委书记
	秘书长	徐　萍	镇江市人大常委会原副秘书长
广西校友会	会　长	邓新荣	广西产品质量检验研究院高级工程师
扬州校友会	会　长	颜志林	扬州市文广新局原党委书记、副局长
	秘书长	周　彪	扬州市老干部活动中心原主任
江西校友会	会　长	刘琴远	南昌解放军第94医院肛肠外科主任
	秘书长	郭　斌	南昌大学第二附属医院骨科主任
常熟校友会	会　长	殷东明	常熟市教育局局长
	秘书长	顾伟光	江苏省常熟中学原党委书记
徐州校友会	会　长	宋农村	徐州工程学院原副院长
	秘书长	李昌昊	徐州市委改革办副主任
南通校友会	会　长	娄炳南	南通市人大常委会原副秘书长
	秘书长	景　迅	南通市人大研究室主任
吴江校友会	会　长	王海鹰	苏州市吴江区政协原秘书长
	秘书长	朱金兆	苏州市吴江区政协经济科技委员会主任
无锡校友会	会　长	周解清	无锡市人大常委会原主任
	秘书长	任明兴	无锡市滨湖区城市管理局原局长
常州校友会	会　长	冯国平	常州纺织服装职业技术学院原院长
	秘书长	李沛然	常州市机关事务管理局原局长

连云港校友会	会　长	李宏伟	连云港市教育局副局长
	秘书长	龚建华	连云港市台办主任
泰州校友会	会　长	周书国	泰州市政协原副主席、市委统战部原部长
	秘书长	封桂林	福融投资名誉董事长
太仓校友会	会　长	邱震德	太仓市政协党组书记
	秘书长	陈　伟	太仓市委党校原常务副校长
内蒙古校友会	会　长	红　胜	内蒙古锡林郭勒职业学院原副院长
	秘书长	吴和平	内蒙古锡林郭勒盟医院原院长
浙江校友会	会　长	李建华	浙江万事利集团总裁
	秘书长	周　颖	浙江丝绸科技有限公司高级工程师
安徽校友会	会　长	陶文瑞	安徽省天彩丝绸有限公司原总经理
	秘书长	张　颖	安徽省天彩丝绸有限公司副总经理
张家港校友会	会　长	钱学仁	张家港市政协原主席
	秘书长	张明国	张家港市政府原副秘书长
湖北校友会	会　长	朱细秋	湖北省武汉女子监狱副监狱长
	秘书长	王克作	湖北省纤维制品检测中心专职主任、高工
湖南校友会	会　长	李　平	湖南中医药大学第一附属医院放射科主任
	秘书长	刘卫平	中铁建电气化局四公司经理
甘肃校友会	会　长	张义江	兰州石化总医院原院长
	秘书长	米泰宇	兰州市第二人民医院普外科主任
天津校友会	会　长	崔笑飞	天津市滨海新区纪委常委、监委委员
	秘书长	孟令慧	天津市电信公司四分公司副总经理
山西校友会	会　长	常学奇	中国辐射防护研究院院长
	秘书长	赵向南	《山西日报》政法部记者
重庆校友会	会　长	黄义奎	重庆威琅人力资源服务有限公司董事长兼总裁
	秘书长	张　玲	重庆市纤维织品检验所科长
福建校友会	会　长	苏庆灿	华夏眼科医院集团董事长
	秘书长	叶　玲	中国农业银行厦门市分行个人业务处经理
河北校友会	会　长	刘立文	中国联通河北省分公司经理
	秘书长	石　嵘	石家庄市医疗保险管理中心运管五处处长
宿迁校友会	会　长	贡光治	宿迁市政协原副主席
	秘书长	刘立新	宿迁学院党委常委、纪委书记
爱尔兰校友会	会　长	汪江淮	爱尔兰国立科克大学医学院外科学教研室主任
	秘书长	陈　刚	都柏林大学附属医院临床外科研究室博士、教授
英国校友会	会　长	叶　兰	英国威尔士大学职员
	秘书长	卜庆修	英国贝尔法斯特女王大学法学院博士

各类机构设置、机构负责人及有关人员名单

法国校友会	会　长	陆肇阳	蒙彼利埃大学医学院血液研究所副主任、教授、博士
黑龙江校友会	会　长	冯　军	哈医大肿瘤医院原党委书记
	秘书长	邵玉彬	哈尔滨麻绢纺厂职工
河南校友会	会　长	李晓春	河南工程学院副院长
	秘书长	陶建民	河南农业大学教务处副处长
新西兰校友会	会　长	王小选	奥克兰 Brand Works 公司总经理
	秘书长	范士林	新西兰华文文化沙龙理事、总编辑
云南校友会	会　长	余化霖	昆明医科大学第一附属医院微创神经外科主任、博导
澳大利亚校友会	会　长	陈宝南	阿德莱德大学医学院教授
	秘书长	殷建林	悉尼大学医学院教授
贵州校友会	会　长	赵继勇	贵州省遵义市红花岗区科技局原局长
	秘书长	李　钦	贵州省遵义市红花岗区财政局政府采购科主任
海南校友会	会　长	孙　武	海口市科学技术工业信息化局信息化处副处长
	秘书长	魏承敬	海南千家乐贸易有限公司副总经理
德国校友会	会　长	施晶丹	中德医养结合咨询培训有限公司总经理
印度校友会	会　长	KARTIKEYA CHATURVEDI	Chaturvedi Hospital Nagpur 医生
	秘书长	MOHIT PAREKH	Medanta Hospital Delhi 医生
青岛校友会	会　长	张声远	青岛科技大学艺术学院艺术设计系主任
	秘书长	栾强军	青岛汇邦家纺有限公司经理
宁波校友会	会　长	覃进钊	宁波朗易金属制品有限公司总经理
	秘书长	董肖宇	浙江纺织服装职业技术学院艺术与设计学院教师
MBA 校友会	会　长	田柏忠	苏州渠道通网络科技有限公司董事长
	秘书长	姚　远	苏州半杯水投资管理有限公司总经理
尼日利亚校友会	会　长	金　凯	暂无
	秘书长	欧莎莉	暂无
青创校友联盟	会　长	吴志祥	同程集团创始人兼董事长
	秘书长	姚　远	苏州半杯水投资管理有限公司总经理
湖州校友会	会　长	张伟华	浙江水乡人律师事务所合伙人
	秘书长	俞根华	湖州市中心医院医生
建筑与房地产校友会	会　长	吴永发	苏州大学金螳螂建筑学院院长
	秘书长	付正乔	《苏州楼市》主编
台湾校友会	会　长	柴御清	台湾中州科技大学董事长
	秘书长	谢清隆	台湾中州科技大学副校长

上海青创校友联盟	会　长	钱天东	上海交大产业投资管理（集团）有限公司董事长兼党委书记
	秘书长	陈建江	上海梓兴实业有限公司总经理
轨道交通校友会	会　长	王妤岌	南通市规划编制研究中心科员
	秘书长	陈俊玮	常州市新北区委组织部人才工作处科员
光伏校友会	会　长	吴小平	苏州赛伍应用技术股份有限公司董事长
	秘书长	刘俊杰	上海朔日太低碳科技有限公司市场总监
生物校友会	会　长	陆　挺	苏州大学药学院教授
	秘书长	韩金星	南京百思勤科学仪器有限公司总经理
文艺校友会	会　长	龚　园	男高音歌唱家
	秘书长	王小林	苏州市文化市场综合执法支队支队长
韩国校友会	会　长	崔桐熏	应用材料（中国）有限公司认证工程师
物理校友会	会　长	王振明	江苏捷美投资发展集团有限公司董事长
医学校友会	会　长	郁霞秋	长江润发集团董事局副主席、总裁
	秘书长	陈伟华	上海百谷源网络科技有限公司总经理
加拿大校友会	会　长	余　梅	多伦多大学分子医学研究院原研究员
	秘书长	李渊顺	加拿大瑞尔森大学金融系副教授
高管教育校友联盟	会　长	窦保华	江苏艾锐博精密金属科技有限公司董事长
	秘书长	应辉杰	苏州赛格电子市场管理有限公司董事长

院(部)简介

文 学 院

一、学院概况

　　文学院坐落于苏州工业园区风景如画的独墅湖畔。在文学院100多年的办学历史中，章炳麟、唐文治、钱仲联等一批学术大师曾在此执教，使文学院积淀了深厚文脉。学院现有中文系、汉语国际教育系、秘书学系3个系，汉语言文学（基地）、汉语言文学（师范）、汉语国际教育、秘书学4个本科专业（方向），1个海外教育中心，1个省级重点研究基地（江苏当代作家研究基地），并设有10多个校级、院级研究中心。1981年，中国古代文学专业被国务院批准为首批博士点。学院现有1个一级学科博士点（中国语言文学），设有1个博士后流动站、10个博士点（含方向）；1个一级学科硕士点（中国语言文学），8个学术型学位硕士点，2个专业学位硕士点。学院拥有1个国家文科基础学科人才培养和科学研究基地，1个国家特色专业（汉语言文学）。中国语言文学一级学科连续承担了三期"211工程"重点学科建设项目。在原有的中国古代文学、中国现当代文学、文艺学3个省级重点学科的基础上，中国语言文学一级学科2008年被批准为省级重点学科，2009年被遴选为江苏省国家一级重点学科培育建设点，2014年获批省优势学科重点序列学科，2018年被列入江苏省优势学科专项工程三期项目。汉语言文学专业2015年被遴选为江苏省品牌专业，2020年获评国家级一流专业建设点。

　　多年来，学院教学与科研协调发展，为国家培养了长江学者、国家级和省级教学名师、"鲁迅文学奖"获得者、"紫金文化奖章"获得者在内的万余名学子，办学声誉日隆。

二、教学工作

1. 本科生教学工作

　　学院牢固树立发展为要的理念，努力开拓学科资源。为进一步提升学院专业建设水平，学院领导集体前往南京师范大学和江苏师范大学交流学习学科专业建设经验。同时，还邀请北京大学、中国社会科学院、南京大学、复旦大学、兰州大学、安徽大学、上海师范大学等高校和科研机构的多位著名学者来学院开展讲座，介绍学科专业建设经验。

　　学院抓紧抓牢本科教学工作，积极组织申报一流专业、各类课程、教改项目及精品教材建设项目。2021年，学院圆满完成师范认证，汉语国际教育专业获得省级一流专业；教师获全国优秀教材（高等教育奖）二等奖1项（朱栋霖）；获江苏省高等学校重点教材建设项目1项（王建军）；获省级一流本科课程2项（汤哲声、王尧/陈子平）；获江苏省高校微课教学比赛二等奖1项（姜晓）；获校级第三届课程思政课堂教学竞赛二等奖1项

（陶家骏）、三等奖1项（张学谦）；获校教改项目立项1项（莫娲、陶家骏）；江学旺副教授指导的本科毕业论文获江苏省优秀毕业论文一等奖。2021年，学院教师发表教学研究论文10余篇。

学院积极鼓励学生参加第七届中国国际"互联网+"大学生创新创业大赛项目，在创新创业训练计划中，国家级项目立项1项，校级项目立项2项。在大学生创新创业训练项目中，有国家级项目2个、省级项目1个、校级项目2个。在苏州大学课外学术基金项目中，学院成功申报4个重点项目和58个一般项目。

学院以生为本，切实加强学风建设。第一，继续完善院领导联系专业制度。曹炜院长联系汉语言文学（基地）专业，孙宁华书记联系汉语国际教育专业，阴浩副书记联系秘书学专业，束霞平和周生杰两位副院长联系汉语言文学（师范）专业。第二，继续提升国家文科基地专业建设。为了加强文科汉语言文学（基地）专业建设，探索综合素养高的人才培养模式，学院提出更加明确和更高要求的人才建设目标。第三，深化本科生导师制。学院以汉语言文学（基地）专业为试点，每5位学生聘请1名导师，学院和导师签订合同，并为其颁发聘书。下一步要将这一制度向各个专业推广。第四，规范管理本科生必读书。完善本科生必读书管理制度，组织教师为70种必读书撰写导读，并予以出版。第五，继续举办高端学术讲坛。为打造最高水平的学术交流名片，促进学生对学术界的认识和与学术界的交流，学院创办仲联学术讲坛和东吴语文教学论坛，着力打造比肩国内知名大学的学术高地，让学生在校园内就可以聆听到国内外学术大师的讲座，开阔学术眼界，培养科研兴趣和能力，提升综合素质。2021年，学院共举办仲联学术讲坛7场次，东吴语文教学论坛6场次，普通学术讲座17次。

2. 研究生教学工作

学院党政领导高度重视研究生培养管理工作，导师与行政教辅人员全力保障，落实立德树人根本任务，开展研究生思想政治教育工作。面向研究生开展培育和践行社会主义核心价值观教育，全面推进研究生"三全育人"工作。

2021年，学院获苏州大学研究生课程思政示范课程立项1项；获江苏省高校研究生科研与实践创新计划项目6项；获江苏省第五届教育学类研究生教学实践创新能力大赛特等奖1项、一等奖1项；获全国第二届"汉语+"国际中文教育教学技能大赛特等奖1项、一等奖1项；获第五届"中学西渐杯"全国汉语国际教育综合技能大赛一等奖1项；获"沃动杯"第六届江浙沪国际汉语教学硕士教学技能大赛一等奖1项、三等奖1项；获2021年江苏省研究生汉语国际教学技能暨中华才艺大赛二等奖2项；获江苏省研究生"后疫情时代的国际中文教学研究"主题研讨会优秀论文二等奖1项。

三、科研工作与学术交流

1. 科研项目及成果

学院获得国家社会科学基金艺术学重大项目1项［汪卫东"域外鲁迅传播和研究文献的搜集、整理与研究（1909—2019）"］、一般项目2项，后期资助一般项目2项，国家社会科学重大项目子课题1项；获得省部级项目4项、市厅级项目5项。发表核心期刊论文113余篇（《中国社会科学》1篇，SSCI收录1篇，A&HCI收录1篇，权威8篇），出版专著、教材共 36 部。

2. 国内外学术交流情况

2021 年，学院的尼日利亚拉各斯大学、韩国大真大学、老挝苏州大学项目，通过"1+2+1""2+2"等丰富多样的联合培养模式，继续稳步推动国际化人才培养。疫情常态化下为了更好地服务于学院的国际学生，学院采用"线上+线下"授课结合的方式，利用腾讯会议、Zoom、微信群及发送邮件等方式，打造互联网沟通平台，把留学生线上教学、管理和校园生活充分融合。2021 年，学院汉语国际教育专业邵传永老师继续常驻老挝苏州大学开展汉语教学工作。

四、学院重大事项

（1）在苏州大学 2020 年度教学科研工作总结大会上，文学院荣获 4 项表彰：汉语言文学获立国家级一流本科专业建设点、2020 年苏州大学人文社会科学科研贡献奖、2020 年苏州大学本科教学工作考评教改教研成果奖、获立首批国家级一流课程"江南古代都会建筑与生态美学"等。

（2）文学院"中国盒子"团队喜获第七届中国国际"互联网+"大学生创新创业大赛总决赛金奖。

（3）文学院顺利完成汉语言文学（师范）专业第二级认证专家组现场考查工作。

（4）由中国社会科学院《文学遗产》编辑部、苏州大学文学院主办，苏州市唐文治国学研究会、虎丘书院协办的"无锡国专"与中国古代文学的教学与研究学术论坛在苏州金陵南林饭店召开。

（赵　曜）

传媒学院

一、学院概况

学院现有二级学科博士点1个：媒介与文化产业；一级学科硕士点1个：新闻传播学；专业学位硕士点1个：新闻与传播；本科专业4个：新闻学、广告学、播音与主持艺术、网络与新媒体。

学院现有教职工76人，其中，教授12人，副教授17人；拥有江苏省"333工程"青年科技带头人1人，江苏省"青蓝工程"优秀青年骨干教师2人，东吴中青年学者1人，姑苏宣传文化领军人才1人，教育部、中宣部新闻媒体机构与高校互聘"千人计划"2人。学院还聘请了5位讲座教授、3位客座教授和30余位海内外知名的新闻传播学者和业界人士担任学院的兼职教授或兼职导师。学院现有在校全日制本科生800余人，硕士、博士生280余人；各类继续教育学生1000余人。

学院建有江苏省省级实验教学示范中心——传媒与文学实验教学中心，拥有演播厅、摄影棚、录音棚、新媒体实验室、播音主持语言实验室、电视摄像实验室、计算机图文设计实验室、电视鉴赏实验室、非线性编辑实验室、达·芬奇影视后期调色实验室、动漫游戏制作实验室、电视节目制作室、数码艺术工作室、影视艺术工作室、网络与新媒体工作室、数字人文交叉学科实验中心。学院在新华报业传媒集团、苏州广播电视总台、苏州报业传媒集团等多个媒体单位建立了实践实习基地，并主动对接相关高层次媒体和企业平台，为学生实习、就业提供了更多的高层次平台和机会。学院每年举办国际大学生新媒体节，激发学生的创新精神和创意思维；定期聘请学界知名学者和业界资深人士来校举办专题讲座。

二、教学工作

1. 本科生教学工作

学院新闻学和广告学专业顺利通过高等学校专业综合评估。广告学专业被推荐为省级一流本科专业建设点；获教育部第二批国家级一流本科课程1门、首批省级一流本科课程1门；获江苏省教学成果奖二等奖1项；获教育部产学合作协同育人项目1项、省级重点大学生创新创业训练项目2项、省级大学生创新创业训练项目2项；获批"箐政基金"项目1项；获省级高等教育教改研究课题1项；获省级高等学校重点新编教材1部；获省级优秀毕业论文1篇；获苏州大学第三届"课程思政"课堂教学竞赛一等奖1项、二等奖1项、三等奖1项；获校级高等教育教改研究课题2项，校级精品教材1部，"苏大课程

2021-3I"混合式教学课程1门。完成国内5家双一流高校新闻传播学院人才培养方案调研工作；学院获苏州大学本科教学工作"人才培养贡献奖"。

2021年，学院本科生参与竞赛共获奖193项，其中，国家级奖项35项，省级奖项67项，校级奖项91项；科研项目立项50项；发表论文58篇。本科生就业率为93.33%。

2. 研究生教学工作

学院完成2021年度全国研究生教育评估监测专家库更新与报送工作；获批江苏省研究生工作站1项，完成研究生工作站年报与验收1项；获江苏省研究生培养创新工程研究生科研与实践创新计划2项；获2021年苏州大学优秀学位论文1篇；获2021年研究生课程思政示范课程1项。研究生就业率为94.32%。

三、科研工作与学术交流

1. 学科建设

学院获批苏州大学数字人文交叉学科实验中心，为促进交叉学科、新文科背景下的学科融合提供了必要条件；牵头成立了苏州大学网络视听创研中心，用数字时代的视听传播工具更好地服务于国家软实力建设工程。

2. 科研项目及成果

1位教师获国家社会科学基金重点项目，1位教师获得国家社会科学基金后期资助项目，3位教师获得国家社会科学基金一般项目、青年项目，1位教师获得中国博士后科学基金面上项目。学院获市厅级项目10项，其中，重大项目1项；获横向项目15项。教师发表核心论文112篇，其中，A&HCI、SSCI 4篇，一类核心期刊28篇，二类核心刊物以上论文共40余篇；出版著作12部。学院获得各级部委领导批示、采纳专报、咨询类5项，获市厅级奖项10余项。学院获学校人文社会科学科研工作"最佳进步奖"。

3. 国内外学术交流情况

学院主办第五届国际大学生新媒体节，召开"智媒时代的新闻传播学术创新：问题、路径与方法"会议、"文明交流互鉴视域下的国际传播"高峰论坛、"全球公共危机中的科技传播"圆桌论坛会议、公共卫生危机专题论坛、"数字时代的文化生产与文化实践"圆桌会议、新文科建设与新闻传播人才培养模式创新研讨会、第十届新闻学与传播学博士生国际学术研讨会。学院连续开展"科技传播与新媒体"系列学术报告，争取将其打造成品牌学术活动项目。

四、学院重大事项

（1）4月24日，学院成功举办首届长三角地区播音与主持艺术专业人才教育研讨会。

（2）4月30日，学院荣获2021年度苏州大学综合考核第一等次，荣获"高质量发展先进单位"称号。

（3）6月19日，学院党委荣获"先进基层党组织"称号。

（4）6月20日，学院成功举办数字化转型与城市艺术传播研讨会暨苏州大学网络视听创研中心成立仪式。

（5）8月12日，学院研究生马国元荣获全国高校"百名研究生党员标兵"称号。

（6）10月22日，学院党委、昆山市融媒体中心（昆山传媒集团）党委举办党委理论学习中心组联学会议。

（7）11月8日，学院胡明宇教师的课程"创意、视觉、营销、传播——理解广告"获苏州大学首批省级线上线下混合式一流课程。

（8）11月13日，学院成功主办第四届国际传播高峰论坛。

（9）11月21日，学院成功举办第五届国际大学生新媒体节。

（10）11月28日，学院召开新文科建设与新闻传播人才培养模式创新研讨会。

（11）12月12日，学院举办首届智能传播时代新闻传播学科建设国际论坛。

（黄艳凤）

社 会 学 院

一、学院概况

苏州大学社会学院是苏州大学下属的二级学院之一，其前身可以追溯到东吴大学时期。1953年，江苏师范学院设立历史专修科；1955年，著名历史学家柴德赓教授受命创建历史学系；1995年，历史学系更名为社会学院。

学院现设历史学系［含历史学、历史学（师范）专业］、档案与电子政务系（含档案学、图书馆学、信息资源管理专业）、社会学与社会工作系（含社会学、社会工作专业）、旅游管理系、劳动与社会保障系共5个系、8个本科专业。学院现有中国史一级学科博士点，旅游管理二级学科博士点，中国史博士后流动站；4个一级学科硕士点、13个二级学科硕士点、4个专业学位硕士点。中国史是江苏省重点学科，历史学是江苏省品牌专业，历史学（师范）专业是国家级一流本科专业建设点，档案学是国家级特色专业。江苏省哲学社会科学重点研究基地"吴文化研究基地"、江苏省大运河文化带建设研究院苏州分院暨苏州大运河文化带建设研究院、江苏红十字运动研究基地，以及苏州大学（苏州市）人口研究所、苏州大学吴文化国际研究中心、社会与发展研究所等省、校级科研机构附设于本院。

学院现有教职工108人，其中，专任教师91人。学院专任教师中具有副高及以上技术职务者63人（教授29人，副教授34人），正、副教授占专任教师的69.23%；有博士生导师18人，硕士生导师64人。学院还聘任多位国内外著名的专家学者为兼职教授。

学院秉承"养天地正气，法古今完人"的校训，全面贯彻党的教育方针，落实立德树人根本任务，以人才培养为中心，注重科学研究、社会服务和文化传承创新高质量发展。迈入新时代，学院正以昂扬的姿态、开放的胸襟、全球的视野，顺天时、乘地利、求人和，积极投身学校"双一流"建设，努力提升学院各项工作的能力和水平，为社会输送更多德智体美劳全面发展的社会主义建设者和接班人。

二、教学工作

1. 本科生教学工作

历史学（师范）专业顺利通过教育部师范专业二级认证；周毅教授主持的"数字化转型背景下新兴文科专业体系构建与实践探索"入选教育部首批新文科研究与改革实践项目；学院成功举办教育部高等学校社会学类专业教学指导委员会全体会议暨全国社会学类专业教学单位负责人联席会议；社会学、信息资源管理两个专业入选省级一流本科专业建设点，历史学（师范）专业入选首批江苏省课程思政示范专业；周毅教授牵头的"深耕内涵　促进交叉　创新治理——地方综合性大学课程重构与改革的苏大实践"项目荣获2021年江苏省教学成果奖（高等教育类）特等奖，王卫平教授牵头的"立足区域、彰显特色、打造精品：苏州大学吴文化一流课程群建设的探索与实践"项目荣获2021年江苏省教学成果奖（高等教育类）二等奖；吴文化史教学团队荣获"苏州大学一流本科教学团队"称号，《吴文化的精神传承》荣获2021年苏州大学精品教材奖。

学院本科生新立项国家级大学生创新创业训练项目2项、江苏省大学生创新创业训练项目4项、苏州大学大学生创新创业训练项目4项。第二十三批大学生课外学术科研基金重点及以上立项4项，一般项目15项；第二十一届"挑战杯"共46个参赛作品获奖，其中，特等奖3个、一等奖6个、二等奖14个、三等奖23个。徐瑾瑜同学获得2021年全国大学生英语竞赛特等奖，杨昕濛、施展、瞿滢孜、包晗4名同学获得2021年全国大学生英语竞赛三等奖。

2. 研究生教学工作

学院教师陈红霞获首届"全国MSW研究生案例大赛"优秀指导教师。硕士生徐寅洁的"改革开放以来的巨大成就"获长三角历史学师范生"四史"教学技能大赛二等奖。博士生洪怡的《宋明福清王氏家学之变及传承》获江苏省哲学社会科学界第十五届学术大会（文学与历史专场）优秀论文二等奖。博士生夏雪的毕业论文《北洋时期铁路警察研究》获2021年江苏省优秀博士论文。硕士生季芳的毕业论文《独居老人居家养老的个案管理实务研究》获2021年江苏省优秀专业硕士论文。另有1篇博士论文获苏州大学优秀博士论文，6篇硕士论文获苏州大学优秀硕士论文。

三、科研工作与学术交流

1. 科研项目及成果

2021年，学院申报国家级项目8项，省部级项目10项，市厅级项目多项。纵向经费到账254.5万元，横向经费到账665万元。全院教师出版学术著作9部，在SSCI等顶级刊物、一类核心刊物上发表论文10篇，在二类刊物上发表论文24篇；获省部级领导批示2项；主办2次高层次学术研讨会。

2. 国内外学术交流情况

2021年，学院邀请国内外知名专家来学院进行学术交流并做学术报告，北京大学经济学院经济史学系主任周建波教授、中国社会科学院历史理论研究所徐志民研究员、华东师范大学历史学系博士生导师孟钟捷教授、华东师范大学社会发展学院院长文军教授、吉林大学哲学社会学院院长田毅鹏教授、中国人民大学社会与人口学院院长冯仕政教授、中国人民大学社会与人口学院李路路教授、中山大学社会学与人类学学院王宁教授等20余人次来院。

四、学院重大事项

（1）历史学（师范）专业顺利通过教育部师范专业二级专业认证。

（2）周毅教授申报的"数字化转型背景下新兴文科专业体系构建与实践探索"入选教育部首批新文科研究与改革实践项目名单。"吴文化的精神传承"课程入选首批省级课程思政示范课程，历史学（师范）专业入选首批江苏省课程思政示范专业。

（3）社会学、信息资源管理两个专业入选省级一流本科专业建设点。

（4）周毅教授牵头的"深耕内涵　促进交叉　创新治理——地方综合性大学课程重构与改革的苏大实践"获2021年江苏省教学成果奖（高等教育类）特等奖；王卫平教授牵头的"立足区域、彰显特色、打造精品：苏州大学吴文化一流课程群建设的探索与实践"获2021年江苏省教学成果奖（高等教育类）二等奖。

（5）武向平教授入选江苏省"双创人才"。2021年，学院引进特聘教授1名，引进副教授2名，师资博士后1名。

（6）学院承办学术会议2次：2021年教育部高等学校社会学类专业教学指导委员会全体会议暨全国社会学类专业教学单位负责人联席会议、江苏省世界史学会2021年学术年会。

（7）国家级科研项目立项8项，其中，国家社会科学基金一般项目3项，国家社会科学基金后期资助项目5项（其中，重点项目1项）；省部级项目10项。

（8）学院获评2021年度苏州大学综合考核第一等次，荣获"高质量发展先进单位"称号，社会科学科研工作获"科研贡献奖"。

（顾颖莹）

政治与公共管理学院

一、学院概况

学院最早可追溯到 20 世纪 20 年代东吴大学创办的政治学科（东吴政治学），1995 年，学院由学校政治系与马列部合并组建而成。其后，苏州蚕桑专科学校、苏州丝绸工学院、苏州医学院相关系科专业先后并入，形成了全新意义上的政治与公共管理学院。学院现有 2 个一级学科博士点、2 个一级学科博士后流动站，4 个一级学科硕士点和公共管理硕士（MPA）一级专业学位硕士点，以及 16 个二级硕士点；地方政府与社会管理为江苏省首期优势学科，政治学为江苏省二期优势学科；哲学为江苏省一级重点学科。学院拥有老挝-大湄公河次区域国家研究中心等省部级研究基地和东吴哲学研究所等 10 多个校级研究院/所/中心。目前学院在读全日制本科生 1 300 多人、研究生（博士、硕士、专业型学位）1 000 多人，基本形成了研究型学院的发展态势。

学院下设哲学、公共管理、管理科学、政治科学 4 个系科，共有 9 个本科专业。教职工 150 人，其中，专业教师 104 人（教授 33 人、副教授 38 人），博士后 10 人。

二、教学工作

1. 本科生教学工作

学院抓牢立德树人根本任务，坚持"以人为本"的办学理念，积极整合教学资源，扎实推进一流本科、一流课程建设，抓好在线开放课程和虚拟仿真实验教学项目建设，持续推进教育教学改革研究和教师教学水平提高。2021 年，哲学专业获省一流本科专业建设点（省特色专业）认定，"公共管理学"获省一流本科课程认定，2 门课程获校课程思政示范项目立项；获教育部产学合作协同育人项目 2 项，获校高等教育教改研究课题 2 项；4 人获江苏省微课教学比赛奖项，2 人获校教师教学创新大赛奖，4 人获"校优秀实习指导教师"称号；学院荣获"教学实习先进单位"称号。学院积极推进学生创新创业教育，学院团队荣获第十七届江苏省大学生课外学术科技作品竞赛暨"挑战杯"全国竞赛江苏省选拔赛决赛一等奖 1 项、二等奖 2 项；荣获第十一届全国大学生电子商务"创新、创意及创业"挑战赛决赛总决赛二等奖、全国大学生人力资源管理知识技能竞赛特等奖等荣誉。

2. 研究生教学工作

学院抓好常规课程管理，强化学术导师和德政导师"双导师"制作用发挥，重视研究生教育教学质量的把控，坚持"质量建设、过程管理、机制激励"三位一体协同发展模式，围绕开题、中期考核、预答辩、答辩制定了4个流程规范，全方位把控培养环节质量，扎实推进研究生质量的提升。2021年，学术型学位研究生学位论文外审合格率为100%，其中，良好率占比35%，江苏省学位论文抽检合格率达100%，学位论文质量较前有大幅度提升。MPA学位论文的盲审不合格率显著下降，相较2020年下降了近一半。1个省级研究生工作站获批，5人获江苏省研究生科研与实践创新立项，获"江苏省研究生公共管理案例分析大赛"奖2项，获第十一届"江苏MPA论坛"征文奖4项，切实通过学科竞赛、项目立项等形式促进研究生学术进步，提升其综合素质和创新实践能力。在2021年研究生工作考评中，学院获2021年度苏州大学"研究生教育教学管理质量奖"。

三、学科建设和科研工作

学院坚持学科建设龙头地位，完成4个一级学科的第五轮学科评估工作。加强科研基地和平台建设，推进苏州大学顾炎武研究中心等校级研究机构建设。主办第一届江苏青年政治学论坛、"'东吴政治学'政治思想史""如何构建中国场景的案例研究""基层治理与国家建设"等高端学术会议，举办东吴哲学系列讲座10场、东吴政治学系列讲座8场、东吴公共管理系列讲座12场、东吴管理学系列讲座1场。在研项目147项。新增省部级以上项目16项，其中，国家社会科学基金项目4项，省部级项目9项。新增中国博士后科学基金面上资助项目2项、江苏省博士后资助项目2项。年度所有科研项目到账经费1596.1万元。学院获得2021年度苏州大学人文社会科学科研工作"服务地方奖"。2021年，学院教师发表论文198篇；发布决策咨询报告14项；获教育部第八届高等学校科学研究优秀成果奖（人文社科）二等奖1项、中央统战部全国统战理论政策研究创新成果二等奖1项、江苏省哲学社会科学联合会2020年度江苏省社科应用研究精品工程奖二等奖1项、江苏省委统战部2020江苏全省统战理论政策研究创新成果奖三等奖2项。

四、学院重大事项

（1）5月12日，学院召开全院教职工大会，宣布校党委关于院长聘任的决定。

（2）6月4日，政治科学系成立大会在独墅湖校区6317会议室召开。

（3）6月25—28日，第三届苏州大学老挝-大湄公河次区域国家研究高层论坛在姑苏城外太湖之滨举办。论坛主题为"加强澜湄合作研究，推动澜湄国家命运共同体建设"。

（4）10月15—17日，由江苏省政治学会主办、苏州大学政治与公共管理学院承办的第一届江苏青年政治学论坛"大变局时代的政治与政治学"在苏州胜利召开。

（5）10月22—24日，由学院主办的"'百年未有之大变局'背景下的危机与变革：'东吴政治学'政治思想史"学术研讨会在苏州召开。

（6）11月9—11日，"如何构建中国场景的案例研究"青年研讨会在苏州大学举行。

（7）11月24日，学院召开了全院教职工大会，校党委副书记邓敏、党委组织部副部长程晓军来院宣布庄友刚、周义程副院长任命决定,免去吉文灿、黄建洪副院长职务。

(8) 12月3—5日,学院主办的"基层治理与国家建设"高峰论坛在学校隆重举行。

(9) 12月29日,学院召开五届三次教职工代表大会,审议通过院长工作报告和《苏州大学政治与公共管理学院绩效工资实施方案(2021修订版讨论稿)》、增选教代会执委会委员名单,审议通过了会议决议草案。

(曾永安)

马克思主义学院

一、学院概况

马克思主义学院成立于 2011 年 3 月。2016 年 5 月，中国社会科学院马克思主义研究院与苏州大学签署合作协议共建马克思主义学院，2020 年 6 月，江苏省委宣传部、苏州市委宣传部和苏州大学签署合作协议共建马克思主义学院。学院先后于 2016 年、2018 年、2020 年获评"江苏省高校示范马克思主义学院"，拥有江苏省中国特色社会主义理论体系研究中心苏州大学基地、江苏省高校人文社会科学校外研究基地（苏州基层党建研究所）及苏州大学马克思主义研究院、社会主义现代化与江苏发展研究院等。

马克思主义理论学科入选江苏省"十三五"重点学科、江苏省优势学科第三期建设项目，2018 年，获批一级学科博士点。学院设有马克思主义理论学科博士后（科研）流动站。2018 年，学院入选教育部高等学校思想政治理论课教师后备人才专项计划培养单位。学院现有马克思主义理论学科各类硕士生、博士生 200 余人。

学院努力构建"名师+团队+梯队"的师资队伍。学院现有专任思想政治理论课教师 119 名，拥有高级职称者 77 人。学院设有马克思主义基本原理概论、毛泽东思想和中国特色社会主义理论体系概论、中国近现代史纲要（"四史"）、思想道德与法治、形势与政策、军事理论、博士生思想政治课、硕士生思想政治课等教研室，以及思政名师工作室和思想政治理论课实践教研中心等 10 个教学机构；设有马克思主义政党与国家治理研究中心、马克思主义生态文明理论与绿色发展研究中心、社会主义协商民主理论与实践研究中心、中国近现代商会与社会发展研究中心、中国近现代民间外交与和平发展研究中心、马克思主义创新理论与创新创业实践研究中心等 6 个研究中心，致力于培养从事马克思主义理论研究与教学、思想政治工作、党的建设与国家治理等方面的高级专门人才。

学院围绕立德树人根本任务，努力推进思想政治理论课教学改革，深化马克思主义理论科学研究和人才培养，持续推进马克思主义理论学科和马克思主义学院高质量发展。

二、教学工作

1. 教学改革

学院为全校本科生、硕士生、博士生开设思想政治理论课，同时开设新生研讨课、通识选修课和公共选修课，博士生思政课教学改革试点稳步推进。学院承担马克思主义理论学科博士生、硕士生课程教学任务。

学院高度重视思想政治理论课教育教学改革，所有教授都面向本科生开设了新生研讨课。2021年，田芝健教授的"思政田园"名师工作室获批教育部全国高校思想政治理论课名师工作室，其主持的"'五+'合力　协同创新：构建高质量思政课实践教学体系"荣获2021年江苏省教学成果二等奖。林慧平副教授在教育部办公厅第二届全国高校思想政治理论课教学展示暨优秀课程观摩活动评选中荣获本科"思想道德与法治"课程组全国二等奖；林慧平副教授和顾宏松老师的2门思想政治理论课视频入选教育部"七一"重要讲话精神进思政课示范"金课"。

2. 思政课教学工作与研究生培养

学院严格落实教育部高校思想政治理论课队伍后备人才培养专项支持计划，学院创新马克思主义理论学科建设和研究生培养模式，探索实行"学术导师+教学导师+德政导师"制，组成导师组实行全面指导，"读书·研究·写作"报告会成为研究学术交流模拟训练平台，思政课教师后备人才和各专业研究生培养不断提质增效。

2021年，学院招收硕士生86人、博士生8人，招收推免研究生12人，毕业博士生4人、硕士生35人。2021年，毕业生就业率为博士生100%、硕士生100%，总就业率达100%。学位论文抽检合格率达100%。学院举办"读书·研究·写作"报告会7场。

2021年度，学院研究生共发表论文66篇，其中，核心期刊20篇。参与申报省部级以上科研项目3人次。研究生提交会议论文20余篇，获奖2篇。

学院成功申报2021年度江苏省研究生科研创新计划项目和实践创新项目共3项，苏州大学第二十三批大学生课外学术基金立项82项。

学院研究生获得"挑战杯"奖72项，15人获苏州大学优秀研究生干部、优秀研究生、优秀毕业生、学术标兵、苏州大学研究生会先进个人、优秀学生社团骨干等荣誉。

三、科研工作与学术交流

1. 科研项目及成果

2021年，学院获得国家级项目3项、省部级项目4项，中国博士后科学基金第70批面上项目资助3项；教师发表核心论文93篇、决策咨询类11篇，出版专著5本；科研获奖13项。

2. 国内外学术交流情况

2021年，学院以"线上+线下"相结合的方式开展学术交流与合作。学院邀请中国人民大学、中山大学、党史学习教育省委宣讲团等的专家教授来院进行专题讲座，开展苏州大学形势与政策大讲堂暨苏州市百名局长"进思政课堂"百场宣讲活动，对苏州市中小学开展了广泛的调研和交流，搭建起了一批大中小学思想政治理论课一体化建设平台。学院组织教师赴省内多地开展研修活动，拓宽视野，交流互补。学院于5月8日承办了第十一届马克思主义中国化学术论坛，为全国的专家学者搭建了一个线上线下的双通道交流平台。

3. 社会服务

学院积极开展咨政服务，有效发挥智库功能，产生了明显的社会效益；积极开展宣讲活动，组建了党史学习教育宣讲团、党的十九届六中全会精神宣讲团，充分发挥马克思主义理论专业师生在基层思想宣传工作中的优势；积极开展培训教育活动，截至12月，培训人数已达4 000多人。

四、学院重大事项

（1）1月12日，学院分工会获评苏州大学2019—2020年度工会"先进集体"。

（2）2月20日，学院召开"十四五"规划专题会议。

（3）3月1日，校党委副书记邓敏莅临学院调研指导，并主持召开座谈会。

（4）4月17日，学院召开2021年度教职工大会，对学院绩效工资实施细则进行修订。

（5）5月8日，学院承办的第十一届马克思主义中国化学术论坛在苏州圆满举行，会上"中国社会科学院马克思主义研究院马克思主义中国化研究部、马克思主义原理部专家工作室（苏州大学）"揭牌。

（6）6月6日，学院师生参加苏州大学"永远跟党走"庆祝建党100周年师生大合唱比赛，荣获优秀奖。

（7）7月1日，学院师生共同收看庆祝中国共产党成立100周年大会。会后分组开展学习讨论。

（8）7月30日，学院与贵州医科大学马克思主义学院签署合作共建框架协议。

（9）10月12日，校长熊思东在学院主持召开思想政治理论课教育教学研讨会。

（10）12月17日，校党委书记江涌主持召开马克思主义学院建设现场办公会。

（刘慧婷）

教育学院

一、学院概况

教育学院成立于1999年。2021年，学院共有教职工85人（含6位师资博士后），专任教师64名，其中，教授24名、副教授28名、讲师12名。2021年，学院引进5位师资博士后，1位补充性师资教授；2位教师晋升副高职称，1位教师晋升正高职称。学院始终坚持"立德树人、育人为本"的办学宗旨，现有教育学（师范）、应用心理学和教育技术学（师范）3个本科专业，教育学和心理学2个一级学科硕士点，教育硕士、应用心理硕士和职业技术教育硕士3个专业学位硕士点，教育学一级学科博士点，以及教育学一级学科博士后流动站，形成了从本科到博士的完整人才培养体系，并长期承担全国骨干教师培训、江苏省骨干教师培训等方面的继续教育，为国家和社会培养了大批教育类和心理学类优秀人才。

学院现有实验室面积2 396平方米，仪器设备总价值达1 462万元，拥有37万册中外文藏书、125种国内期刊、28种外文期刊和70余个中外文数据库，拥有教育与心理综合实验室（中央与地方高校共建）、苏州大学心理与教师教育实验教学中心（江苏省高校实验教学示范中心）、智慧教育研究院（校级研究机构）、新教育研究院（校级研究机构）、苏州大学民办教育研究中心（校级研究机构）、叶圣陶基础教育发展研究院（院级研究机构）及认知与行为科学研究中心（院级研究机构）等教学科研平台。

二、教学工作

1. 本科生教学工作

教育学专业被遴选为国家一流专业、省级品牌专业，教育学入选江苏省"十四五"重点学科；心理学被遴选为江苏省一流专业并获推荐国家一流专业申报；教师教育技术课程入选江苏省首批一流课程并获省推国立项；2项成果获江苏省教改成果奖，其中，"深耕内涵　促进交叉　创新治理——地方综合性大学课程重构与改革的苏大实践"获省级特等奖，"优化素养　强化实践　深化研学：综合性大学卓越教师培养模式探索与实践"获省级一等奖；获苏州大学教学改革项目5项，其中，重点项目3项、一般项目2项；3项课题入选江苏省教学改革项目，居全校第一；获江苏省省优论文奖二等奖1项。

学院顺利完成各种教学常规性工作，教学事宜平稳进行。制定关于教学工作和管理的制度7项，包括教学委员会、教材、课程、推优、导师制、教研室制度、师德师风管理办法等。改善办学条件，投入18万元改善重点学科办学条件，投入8万元购买各类图书资料。每月至少组织1次学术沙龙。《中国教育报》等主流媒体报道了学院人才培养的成果。

学院持续推进本科生导师制，发挥学院教师在本科生学业、生活上的指导作用。2021年，学院举办2季5场学术大课堂，2期经典名著读书会；开展读书笔记大赛1场，优良学风班评比1场；在全校范围内组织承办3项学科竞赛，营造优良学风，学院学生创新创业意识强烈，成果显著。学院举办"乐享苏州杯"读书征文活动，最终有14名学生分别获得一、二、三等奖及优秀奖，其中，一等奖和二等奖分别获得1 000元和800元奖励。

学院提高学生创新创业能力。27位本科生获得创新学分认定，共发表SCI论文1篇（第一作者）、CPCI论文1篇、中文核心期刊论文1篇，其他期刊论文6篇；申报大学生创新创业训练项目省级4项、校级3项，"箐政基金"项目2项，课外学术科研基金资助项目重大项目1项、重点项目4项、一般项目90项；在中国大学生计算机设计大赛、"iTeach"全国大学生数字化教育应用创新大赛、全国"互联网+化学反应工程"课模设计大赛、全国大学生英语竞赛、江苏省高等数学竞赛等学科竞赛中，26人获国家级、省级奖项。15个作品参加校第七届"互联网+"大学生创新创业大赛，获二等奖1项；121个作品参加校"挑战杯"，获一等奖1项。1篇论文获评"江苏省优秀本科毕业论文（设计）"，1位学生获评"苏州大学本科毕业实习优秀实习生"，3项设计获评"苏州大学本科生优秀毕业设计（论文）"，15名学生获评"苏州大学优秀毕业生"。

学院加强实践教学，精心组织暑期社会实践活动，组建重点团队6个，获得立项资助B类1个、C类1个，荣获优秀组织奖1项、优秀团队6个、优秀个人2名、优秀调研报告1篇。

2. 研究生教学工作

2021年，学院共招收各类全日制硕士生131名，博士生9名，留学生2名；毕业各类硕士生128名，博士生10名。受疫情等因素影响，硕士延迟毕业32人，博士延迟毕业12人。2021年，学院成功申报省研究生创新计划7项，获应用心理硕士问卷大赛一等奖1项、二等奖1项，获"长三角MAP实践技能大赛"三等奖1项，建立校级研究生工作站3个、专业学位实践基地1个。

三、科研工作

学院获批国家级项目5项，其中，国家社会科学类基金项目2项、国家自然科学类基金项目3项；获得省部级项目5项。学院教师共发表SSCI、SCI、EI论文41篇，中文权威期刊论文6篇，中文一类、二类核心刊物论文36篇。朱永新教授的论文《我国家校共育的问题及对策》发表于教育学权威期刊《教育研究》；黄启兵教授等的论文《"新文科"的来源、特性及建设路径》被《新华文摘》全文转载；张明教授等的论文《试次历史对跨通道非空间返回抑制的影响》发表于心理学权威期刊《心理学报》。

学院获教育部第六届全国教育科学研究优秀成果奖二等奖2项、三等奖1项，获江苏省教育厅颁发的江苏省教育研究成果奖二等奖1项，获江苏省高等学校哲学社会科学研究成果奖二等奖、三等奖共2项。

学院多项成果获得省部级领导批示或被决策部门采纳。余庆副教授撰写的《农村中小学思政教师队伍存在若干问题亟待重视》获中央政治局委员批示；冉云芳副教授等撰写的《"国有型"独立学院转设风险多发，亟待稳妥应对》刊发于《光明日报内参》；王一涛教授等撰写的《规范和引导义务教育阶段民办学校健康发展的思考和建议》刊发于《国务院发展研究中心调研报告》。

四、学院重大事项

（1）开展党史学习教育和十九届六中全会精神学习，举办"请党放心，强国有我""铸牢中华民族共同体意识"等主题活动，1名学生获苏州大学"讲红色故事，学百年党史"——庆祝中国共产党成立100周年演讲比赛一等奖。

（2）认真组织招生宣传，2021年荣获本科招生"宣传标兵"单位。开展"花开满院，青春绽放"优秀毕业生就业经验分享等就业讲座5场，举办简历大赛、教育实习准备周、职业体验周等活动。获苏州大学第十六届大学生职业规划大赛优秀奖1项，师范生教学基本功大赛暨"明日之师"系列活动一等奖3个、二等奖3个、三等奖6个。

（3）积极应对疫情影响，拓展多元培训渠道。拓展江浙沪地区教师培训班，开发学院在组织行为学等学科的教学科研优势、管理者培训、企业"隐形冠军"新型培训。2021年，学院共举办培训班44个，培训金额达800余万元。

（4）瞄准教育改革趋势，研发全新培训课程。关注"义务教育优质均衡"、"双减政策"落地、大单元教学、优秀传统文化传承等教育改革热点，研发新课程5门，新建培训参访基地1个、教师培训实习实践基地2个。全年完成"国培计划"项目投标98项，中标65项；江苏省"省培计划"项目投标7项，中标3项。

（王　青）

东吴商学院（财经学院）

一、学院概况

苏州大学东吴商学院（财经学院）前身为1982年苏州财校并入苏州大学时成立的财经系。1985年6月，经江苏省政府批准，由江苏省财政厅参与投资建设，财经系更名为苏州大学财经学院。财经学院也是苏州大学建立最早的二级学院之一，2002年更名为苏州大学商学院。2010年4月，苏州大学与东吴证券股份有限公司签订协议共建苏州大学商学院，苏州大学商学院更名为苏州大学东吴商学院。

学院下设经济系、财政系、金融系、经贸系、工商管理系、会计系、电子商务系7个系科，乡镇经济研究所、世界经济研究所、财务与会计研究所3个研究所，以及智能供应链研究中心、MBA（工商管理硕士）中心。学院现有博士后流动站2个（应用经济学、工商管理），一级博士点2个（应用经济学、工商管理），二级博士点4个（金融学、财政学、区域经济学、企业管理学），硕士点14个［金融学、财政学、企业管理、世界经济、区域经济、政治经济学、产业经济学、国际贸易、会计学、工商管理硕士、会计专业硕士、金融专业硕士、税务专业硕士、国际商务专业硕士］，学院拥有金融学、财政学、会计学、经济学、工商管理、财务管理、电子商务、国际经济与贸易、市场营销9个本科专业和国际会计（CGA）专业方向；2011年，经教育部批准，开设金融学（中外合作）本科专业。金融学为省级重点学科、省级品牌专业，会计学为省级特色专业。

学院现有教职工170人，其中，教师139人（教授27人，副教授64人，讲师47人），取得博士学位和正在攻读博士学位的教师90人，国家优秀青年基金获得者1人，入选教育部新世纪优秀人才计划2人，省"333工程"培养对象4人，省特聘教授1人，东吴学者高层次人才计划1人，省"青蓝工程"培养对象8人。学院还聘请国内外30多名专家、学者为兼职教授。目前在读全日制本科生近2500人，双学位学生400多人，在籍博士生、硕士生1000多人。

二、教学工作

1. 本科生教学工作

工商管理专业入选江苏省一流本科专业，实现学院一流本科建设零的突破，并已申请国家一流本科专业。"基于大数据的智能推荐虚拟仿真教学""创业101"等课程获省一流课程，实现历史性突破。"政治经济学"获苏州大学课程思政示范项目。2021年，学院获省部级课题5项，创下历史之最。其中，"一纵四维新商科课程体系建设实践"获批江苏省新文科建设重点项目,"云财务实践教学平台建设项目"等4项研究入选2021年教育部产学合作协同育人项目,"新文科建设背景下思政引领、科技赋能、产教融合的商科人才培养转型升级实践探索"入选苏州大学2021年校级高等教育教改研究一般课题。《国际贸易:理论、政策与实践》获批2021年苏州大学校级精品教材。为进一步探索人才培养模式创新,自2021年起,学院开始实行大类招生。

2. 研究生教学工作

2021年,学院进一步完善研究生课程综合改革方案,根据标准对现有研究生课程进行了调研与梳理;持续推进研究生课程思政建设,"统计与计量应用"获批苏州大学研究生课程思政示范课程;推进专硕教育与产业界的融合,推动校外导师、社会力量、产业行业与课程的结合,获得教育部产学合作协同育人教改项目1项;注重案例教学,开发苏州本土企业案例,新沙盘模拟实验室投入使用。

三、科研工作与学术交流

1. 科研项目及成果

获批国家社会科学基金项目4项,其中,3项一般项目、1项青年项目;获批国家自然科学基金项目3项,其中,1项面上项目、2项青年项目;获批1项国家自然科学外国学者研究基金外国青年学者项目。获批省部级项目9项,其中,重点项目3项;市厅级项目14项,其中,重大项目2项。获批苏州大学人文社会科学优秀学术科研项目团队(项目培育)5项,苏州大学人文社会科学青年跨学科研究团队1项,苏州大学海内外学术交流种子基金项目1项。发表55篇SSCI、SCI、CSSCI期刊论文,其中,SSCI期刊论文26篇,中文一类核心期刊论文6篇,FMS国际期刊A类2篇、B类10篇。获得省部级科研奖项4项、市厅级科研奖项12项。

2. 国内外学术交流情况

学院举办了苏州大学交叉科学论坛(第三期)——"智能商务"主题论坛、数字转型与供应链风险专题讨论会和中加合作智慧供应链管理国际会议。其中,中加合作智慧供应链管理国际会议得到了"江苏-加拿大高校合作联盟暨2021年度苏州大学海内外学术交流种子基金"项目资助支持。2021年,学院开展了东吴学术大讲堂70余场,与台湾地区东吴大学商学院联合主办了第25届海峡两岸财经与商学研讨会。

四、学院重大事项

(1)3月31日,由腾讯教育主办、苏州大学MBA中心协办的教育大智汇-商学院专场活动在学院顺利举行。

(2)4月18日,苏州大学总裁班校友联盟成立大会在苏州大学天赐庄校区敬贤堂隆重举行。

(3)6月23日,学院党委举行"光荣在党50年"纪念章颁发仪式。

(4)10月17—18日,中加合作智慧供应链管理国际会议通过腾讯会议平台线上举行,院长冯博担任大会主席,苏州大学副校长张晓宏在开幕式上致辞。

（5）11月12日，由苏州大学东吴商学院、台湾地区东吴大学商学院、东吴证券股份有限公司和江苏现代金融研究基地联合主办的2021年第25届海峡两岸财经与商学研讨会通过腾讯会议平台在线上顺利举行，会议主题为"可持续发展下全球经济管理"。

（袁　楠）

王健法学院

一、学院概况

苏州大学王健法学院坐落在素有"人间天堂"美誉的古城苏州，其前身为蜚声海内外的东吴大学法科。1915年9月，在东吴大学任教政治学并兼任东吴大学附属中学校长的美籍律师查尔斯·兰金（Charles Rankin），为能在中国培养法律人才，以苏州东吴大学为本，于上海创设东吴大学法学院，专以讲授"比较法"为主，因而东吴大学法学院又称"中华比较法律学院"。学院教学突出"英美法"内容，兼顾大陆法系教学，其明确的专业意识与科学的培养目标，使东吴大学的法学教育在当时享誉海内外，有"南东吴，北朝阳"之称，又被誉为"华南第一流的而且是最著名的法学院"。国内现代法学大师中，王宠惠、董康、吴经熊、盛振为、丘汉平、孙晓楼、王伯琦、杨兆龙、李浩培、倪征燠、潘汉典等诸位先生，或执教东吴以哺育莘莘学子，或出身东吴而终成法学名宿。"人人握灵蛇之珠，家家抱荆山之玉"，法界才俊汇集于斯，可谓极一时之盛。1952年院系调整时，东吴大学易名为江苏师范学院，法学院随之并入华东政法学院；1982年，经国务院批准改名为苏州大学，同时恢复法学教育，设法律系；1986年，扩建为法学院。2000年，原东吴大学法学院校友王健先生捐资支持法学院建设，苏州大学法学院更名为苏州大学王健法学院。

学院现有教职员工89名，其中，专任教师69名，包括教授24名、副教授28名、讲师17名；博士生导师24名，硕士生导师52名。

王健法学楼建筑面积16 000平方米，教室设备一流，并设有中式模拟法庭、西式模拟法庭、国际学术会议厅等，同时为全体教师配备独立的研究室。院图书馆面积3 600平方米，现有藏书8万余册，中外文期刊600多种，电子图书30多万种，并收藏、保留了颇多港台地区法学期刊、图书。

自1982年以来，法学院已为全国培养博士生、硕士生、本科生、专科生等各类层次的专门人才20 000余人，成为重要的法学人才培养基地，许多校友已成为国家政法部门和法学教育的中坚力量。

"养天地正气，法古今完人。"我们深知，与东吴大学法学院的先贤们所创造的成就与辉煌相比，眼下法学院所取得的成绩还微不足道。2021年，全院教师在重温东吴法学精神的同时，力求在教学、科研方面更加精益求精，以踵继前人的事业。

二、教学工作

1. 本科生教学工作

2021年，学院招收法学专业本科生156人，知识产权专业本科生36人，法学辅修84

人，通过转专业进入学院学习的学生有 2020 级法学 15 人、知识产权 4 人，2019 级法学 16 人、知识产权 4 人，2018 级法学 14 人、知识产权 1 人。法学专业入选 2020 年度国家级一流本科专业建设点，同时入列江苏高校品牌专业建设工程二期项目（二批）。"面向科技创新的'知识产权法+工科'复合型人才培养模式创新与实践"项目获批教育部首批新文科研究与改革实践项目。2 门课程被认定为首批省级一流本科课程。学院积极申报教学项目，获校级高等教育教改研究课题青年项目 2 项、校级课程思政示范项目 1 项。学院支持专业教师参与教学比赛，2 位教师分获校级思政教学竞赛一等奖、二等奖。1 篇本科毕业论文获江苏省普通高等学校本科优秀毕业论文（设计）一等奖。学院鼓励学生参与公益诉讼实践，《江苏教育报》对学院教学成果进行专题报道。

2. 研究生教学工作

2021 年，学院共招收博士生 9 人，全日制硕士生 251 人，非全日制硕士生 91 人。学院积极推动研究生招生改革，全面修订博士生、硕士生各课程教学大纲，顺利完成非全日制法律硕士学费调整工作。学院积极提升研究生毕业论文质量，博士毕业论文盲审合格率为 100%，硕士毕业论文省抽检合格率为 100%。1 篇专业学位硕士论文获省级优秀论文。研究生在 C 刊及以上核心刊物发表论文 12 篇，在 C 扩及其他刊物上发表论文 18 篇；获得省级科研项目立项 9 项。与苏州工业园区人民法院合作开展法律硕士法律实务课程改革，讲授"模拟审判"课程，相关活动被新华社、《人民法院报》等媒体报道。截至 2020 年年底，学院研究生就业率达 88.48%。

三、科研工作与平台建设

1. 科研项目及成果

2021 年，学院获得国家社会科学基金一般项目、青年项目、后期资助项目立项共 5 项，国家社会科学基金重大项目子课题立项 2 项。学院教师在一类期刊上发表论文 7 篇，在二类期刊上发表论文 31 篇，在三类期刊上发表论文 21 篇；在北图核心期刊上发表论文 8 篇；出版专著 6 部。学院获得江苏省高等学校哲学社会科学研究成果奖三等奖 1 项，江苏省哲学社会科学界联合会"社科应用研究精品工程"优秀成果奖二等奖 1 项，中国法学会"董必武青年法学成果奖"提名奖 1 项。1 篇决策咨询报告获中央领导同志批示，1 篇决策咨询报告获国家体育总局主要领导批示，1 篇咨询报告被国务院参事室采纳。

学院教师近 3 年荣获江苏省哲学社会科学优秀成果奖二等奖 2 项、三等奖 3 项；中国法学会"董必武青年法学成果奖"三等奖 1 项。获得国家社会科学基金项目 18 项（包括 3 项重大项目）；省部级科研项目 25 项。在 CLSCI 刊物上发表论文 34 篇，在中国法学权威类刊物《法学研究》《中国法学》上发表论文 3 篇，出版专著、教材共 25 部，在国内法学院中科研能力靠前。

2. 学科及平台建设

苏州大学与中国经济体制改革研究会签署战略合作协议，合作成立苏州大学竞争政策与反垄断研究中心，中心挂靠王健法学院。推进知识产权研究院入选江苏省高级人民法院平台名录及国家知识产权信息公共服务网点，组织"苏说版权""姑苏知律""太湖知英"等多场品牌活动。《苏州大学学报（法学版）》成功入选《CSSCI 扩展版来源期刊目录（2021—2022）》。与江苏明台律师事务所、姑苏区司法局、苏州市律师协会、苏州市人力资源和社会保障局、苏州相城区人民法院、常熟市律师协会、贵州盐业集团等签署战略合作协议，进一步加强与实务部门之间的合作。2021年度，学院共推出20多期学术讲座，为师生搭建学术交流平台。承办江苏省法学会担保物权法研究中心2021年年会暨学术研讨会、《中华人民共和国监察法实施条例（草案）》征求意见工作与理论研讨会暨苏州大学国家监察研究院第二届学术论坛、第三届"适应新时代市场监管需要的权力配置研究"研讨会等各类学术会议，不断扩大学院学术知名度和影响力。

四、学院重大事项

（1）3月，学院法学专业入选国家级和省级一流本科专业建设点名单。

（2）5月，《苏州大学学报（法学版）》首度入选《CSSCI扩展版来源期刊目录（2021—2022）》。

（3）7月，召开学院第四届教职工代表大会第二次会议。

（4）7月，通过《王健法学院"十四五"改革发展规划纲要》。

（5）11月，学院上官丕亮团队的"宪法入门——基本权利篇"和吴俊团队的"法律文书写作"两门课程分别入选省级线上一流课程和社会实践一流课程。

（6）11月，教育部办公厅发布了《教育部办公厅关于公布首批新文科研究与改革实践项目的通知》（教高厅函〔2021〕31号），学院方新军教学团队的项目"面向科技创新的'知识产权法+工科'复合型人才培养模式创新与实践"成功获批。

（7）11月，校党委第六轮巡察第四巡察组对学院党委开展巡察工作。

（8）程雪阳教授获评"长江学者奖励计划"青年学者，王俊副教授、施立栋副教授获评"苏州大学优秀青年学者"。

（9）上官丕亮教授获评"苏州市劳动模范"荣誉称号，胡亚球教授获评"2021年度苏州大学高尚师德奖"。

（10）引进特聘教授蔡晓荣，优秀青年学者薛艳华，师资博士后马勤、区树添，本科生辅导员吴凯。

（11）任命上官丕亮为学院副院长，试用期一年；任命朱春霞为学院党委副书记兼副院长；任命肖丽娟为知识产权研究院执行院长，试用期一年。范茜被聘为学院综合办公室副主任；郭凤云、支劲松被聘为学院教学与科研办公室副主任。

（范　茜）

外国语学院

一、学院概况

学院现有教职工130名,其中,教授22名,副教授34名,博士生导师18名,硕士生导师49名;学院现设英、日、俄、法、韩、德、西班牙等7个语种、8个专业。2010年,外国语言文学学科整体获批一级学科博士点和一级学科硕士点。2021年3月,英语专业被评为国家级一流本科英语专业建设点。2021年7月,英语专业被认定为江苏省品牌专业。2021年11月,英语(师范)专业通过普通高等学校师范类专业认证。学院现有全日制本科生1 100多名,各类在读博士生、硕士生共近330名。

二、教学工作

1. 本科生教学工作

2021年度,学院获首批省级一流本科课程认定1门、校级教改项目3项、校级教学课程4门,1位老师获首届苏州大学教师教学创新大赛暨第二届全国高校教师教学创新大赛选拔赛二等奖,2位老师获校级第三届课程思政课堂教学竞赛奖。全院8个专业均通过江苏省本科专业综合评估。

2021年,学院进一步优化师资团队。孟祥春、陆洵晋升教授,张大群被聘为特聘教授,引进师资博士后彭玉洁、娜斯佳。

学校于2021年4月公布了2020—2021学年第一学期本科课程教学质量网络测评数据,全校本科教学测评平均分为94.92分,外国语学院为96.38分,在全校27个学院(部)中排名第2。学校于2021年10月公布了2020—2021学年第二学期本科课程教学质量网络测评数据,全校本科教学测评平均分为94.92分,外国语学院为95.66分,在全校27个学院(部)中排名第4。

学院构建了课堂发掘、兴趣小组历练、重点指导、赛练结合的学生学科竞赛模式。2021年,学院7个语种的本科生共91人次获得省级及以上各类学科竞赛奖项,其中,参与教务部认定的省级及以上竞赛的学生获奖人数45人。

接受转专业的2020级和2019级本科生23人(其中5人是本院学生,转入本院其他语种专业),16名学院学生申请转出学院。

2021届本科毕业生共265人,其中,录取国内高校研究生的有47人,出国(境)留学深造人数25人。2021届本科毕业生总就业率为86.42%,有36名毕业生因二次考研、考公或考编,暂不就业。

2. 研究生教学工作

2021年度，学院录取博士生 8 名；录取硕士生（含推免录取 50 人）140 名，其中，学术型学位录取 45 人，专业学位录取 95 人。

2021年度，学院共有 128 名研究生顺利毕业；共有 4 名硕士生、博士生达到最长学习年限，主动申请退学。学院顺利完成 2022 年硕士生全国统招考试命题工作，完成 2021 年校优秀博士硕士学位论文评选和江苏省优秀学位论文推荐工作。

2021年，学院新增苏州市相城区人民政府外事办公室（MTI）实践基地和苏州市吴江高级中学学科教学英语实践基地。

三、科研工作与学术交流

1. 科研项目及成果

国家社会科学基金（含后期及中华学术外译）共 6 项。赵爱国教授的"多维视域下的俄罗斯文化符号学研究"获 2021 年国家社会科学重大项目立项（外国文学）；黄芝教授的"当代印度英语小说的城镇化书写研究"获 2021 年国家社会科学一般项目立项（外国文学）；陆一琛老师的"跨媒介视域下法国当代小说中的影像叙事与视觉修辞研究"获 2021 年国家社会科学青年项目立项（外国文学）；陆洵教授主持的中华学术外译项目"苏州与徽州——16—20 世纪两地互动与社会变迁的比较研究"成功立项（立项编号：2OWZSB00）；张乃禹教授的"中国与朝鲜半岛近现代文学关系研究（1894—1949）"获 2021 年度国家社会科学基金后期资助一般项目立项；毛眺源教授的"生物语言学视域下语用能力整合模型多维建构与实验研究"获 2021 年度国家社会科学基金后期资助一般项目立项。

陈宁阳老师的"中国人文社会科学学者汉英双语学术写作实践研究"获 2021 年度教育部青年基金一般项目立项（立项编号：21YJC740005）。

张萍教授的"英语复合词加工中的语义和词素位置影响"获 2021 年江苏省社会科学联应用精品工程外语类课题一般资助项目立项。毕鹏老师的"基于语料库的我国高中英语教材词汇特征研究"获江苏省教育厅一般项目；陆一琛老师的"跨媒介视域下杜拉斯小说与电影关系研究"获江苏省教育厅一般项目。

2021 年，学院新增科研获奖 7 项。王军教授获 2021 年江苏省高等学校哲学社会科学研究成果奖（一等奖），张萍教授获 2021 年江苏省高等学校哲学社会科学研究成果奖（三等奖）；张萍教授获 2021 年江苏省社会科学应用研究精品工程奖（二等奖）；张乃禹教授、杨欣文老师获 2021 年苏州市"社会科学应用研究精品工程"优秀成果奖（二等奖）；程家钧教授、薛静芬老师获 2021 年第十六届上海图书奖（二等奖）；黄芝教授获 2020 年江苏"紫金文化人才培养工程"社会科学优秀青年（2020 年未统计）；张乃禹教授申报的"中国与朝鲜半岛近现代文学关系研究（1894—1949）"获 2021 年苏州大学博瑞人文奖教金优秀成果奖（后期资助培育）。

由黄芝教授主持的"数字人文背景下的当代英语文学大数据分析研究"团队入选 2021 年苏州大学人文社会科学青年跨学科研究团队。孙继强教授的国家社会科学基金项目结项，结项等级为"优秀"。

2021年度，学院共发表一类及以上核心、权威及SSCI期刊论文21篇，二类核心期刊论文36篇，咨询报告1篇（孙继强），三类期刊论文21篇；出版专著7部、译著7部、教材2部。

2. 学术交流和对外合作

2021年，学院继续拓展对外学术交流，支持教师外出参加各类各级学术活动并邀请一大批中外著名学者来院讲学。

学院成功举办首届东北亚区域研究学术共同体联席会议暨苏州大学国别与区域研究院学术论坛、第四届"高校法语专业课程设计与教学方法"研讨会、"中国文化翻译与传播"高层论坛、全国高校英语教师"教学之星"大赛江苏赛区决赛、"新文科视野下的外国文学研究"高层论坛。

学院继续大力推进学术交流，各语种均邀请一些学者以线上或线下的形式前来讲学，商务部翻译处副处长王健卿、大连外国语大学潘智丹教授、南京大学艺术学院院长、南京大学外国语学院何成洲教授、南开大学张文忠教授、华中科技大学李成陈博士、中国社会科学院陈众议研究员、广东外语外贸大学卢植教授、中国翻译协会常务副会长黄友义教授、上海外国语大学许慈惠教授等多位著名专家来院讲学。

2021年，学院还接待大连外国语大学欧洲语言学院等兄弟院校来访交流。

四、重大事项

（1）学院完成固定资产第三方审计工作。
（2）学院完成2018—2020年度领导班子经济审计工作。

（朱　颖）

金螳螂建筑学院

一、学院概况

苏州大学金螳螂建筑学院秉承"江南古典园林意蕴、苏州香山匠人精神",肩负延续中国现代建筑教育发端的历史使命,是苏州大学依托长三角经济发达的地域优势,为主动适应21世纪中国城市发展需求,与社会共创、共建、共享而探索出来的具有新型办学模式的学院,是我国现代高等教育校企合作的典范。

学院已具有完整的建筑学科专业,具备本科、硕士、博士完整的培养链。学院设有建筑学、城乡规划、风景园林、历史建筑保护工程4个本科专业,设有1个二级学科博士点(建筑与环境设计及其理论)、2个一级学科硕士点(建筑学、风景园林学)、1个专业学位硕士点(风景园林)。建筑学、城乡规划2个本科专业通过国家教育评估,建筑学本科专业获国家级一流本科专业建设。

学院现有在校全日制本科生707名,研究生265名;教职工104名(不含外聘);80名专任教师中有65名博士(占81.25%),有国外工作、学习经历的教师49名(占61.25%),有高级职称的教师47名(占58.75%)。

学院的发展定位和目标:以工科为基础,以建筑为主导,以设计为特色,匠心筑品,通过差异化的发展道路和"产学研用"的融合模式,发展成为国际化、职业化的一流设计学院。

学院强调"匠心筑品"的院训、"静净于心,精敬于业"的教风、"学思于勤,善建于行"的学风。

二、教学工作

1. 本科生教学工作

城乡规划本科专业通过全国高等学校本科教育评估,风景园林本科专业入选2021年度省级一流本科专业建设点。学院获首批省级一流本科课程认定1门。学院教师编写的教材中有4本入选住房和城乡建设部"十四五"规划教材,1本入选国家林业和草原局"十四五"规划教材。学院获"苏大课程2021-3I工程"立项课程2项;获批2021年校级课程思政示范课程立项2项;获2020年度江苏省优秀本科毕业论文(设计)三等奖1篇。5篇毕业设计(论文)被评为校级优秀毕业设计(论文),其中1篇被推荐参加2021年度江苏省优秀论文遴选,2个毕业设计团队被评为校级优秀毕业设计团队。

学生获2021年美国景观设计师协会大奖综合设计类荣誉奖1项、城市设计类荣誉奖

1项、分析规划类荣誉奖1项;教师中1人获2021年苏州大学周氏教育科研奖教学奖类别优秀奖;3人获校第三届课程思政课堂教学竞赛三等奖。

2021年,学院学生参加全国大学生英语竞赛获C类(非英语专业类)特等奖1项、三等奖4项;参加第七届两岸新锐设计竞赛·华灿奖全国赛(华东赛区)获二等奖4项、三等奖5项;参加全国大学生国土空间规划设计竞赛获佳作奖1项;参加2021 WUPENiCity城市设计学生作业国际竞赛获提名奖1项,参加2021 WUPENiCity城市可持续调研报告国际竞赛获提名奖1项;参加江苏省第十二届大学生知识竞赛(理工科组)获三等奖1项、优秀奖10项;参加第八届"紫金奖·建筑及环境设计大赛"获学生组优秀作品奖二等奖2项、三等奖4项、入围奖1项;参加2020年"Garden"花园杯植物景观设计竞赛获三等奖2项、优秀奖3项;参加2021年中国大学生杜鹃花主题设计大赛获优秀奖1项;参加第四届黄公望两岸文创设计大赛获人气潜力奖1项;参加扬州世园会园艺微景观创作国际竞赛获银奖2项、铜奖1项;参加2021年大学生创新创业训练项目,获批国家级(省级重点)立项项目1项、省级立项项目2项、校级立项项目3项。1人获"箬政基金"项目。

2. 研究生教学工作

2021年,学院共招收研究生94名,其中,学术型硕士生40名,风景园林专业型硕士生50名,学术型博士生4名。

学院成功举办了春季和秋季学术沙龙。师生暑期赴美国、意大利、英国、日本、新加坡等国外一流建筑设计院学习、交流。1名博士生参与境外长期交流学习项目。

学院再次获IFLA、ASLA等国际设计竞赛奖项,风景园林专业研究生设计作品荣获3项ASLA竞赛荣誉奖、1项IFLA竞赛荣誉奖。4名研究生获批创新计划省级项目;19名研究生参与的19项国家发明专利、实用新型专利获得了授权。

三、科研工作与学术交流

1. 科研项目及成果

学院荣获苏州大学2021年度"科技类最佳进步奖";获批国家重点研发计划项目1项,国家自然科学基金项目3项,江苏省自然科学基金、江苏省社会科学基金、中国博士后科学基金等省部级项目共6项,苏州市科学技术局、苏州市哲学社会科学界联合会等市厅级项目共9项。2021年,民口纵向到账经费363.25万元,民口横向到账经费789.65万元。教师设计作品获省部级、市厅级奖共17项;三大检索收录论文6篇(含SSCI与SCI双收录2篇);教师发表三大检索论文27篇,发表建筑类核心期刊论文、北图核心期刊论文67篇,发表普通期刊论文53篇;教师出版专著5部、作品集1部,主编教材1部,参编教材1部;教师获得授权专利45项,其中,发明专利3项、实用新型专利26项、计算机软件著作权6项、外观设计专利10项。

2. 国内外学术交流情况

ACG系列学术讲座100场圆满收官,悉地讲堂接力举办,2021年,学院共举办38场学术讲座;成功主办了第一届中葡遗产研究国际论坛,顺利承办2021年中国城市规划学会国外城市规划学术委员会年会、中国农村发展高层论坛(2021)乡村规划与建设分论坛等重要学术会议。

学院与威尼斯建筑大学正式建立友好合作关系，双方拟开展深度合作。学院13名师生代表苏州市"云端"亮相2021国际友城青年论坛活动，向各国青年们展示苏州历史水街的历史人文特色、生态宜居特点及独特魅力。

四、学院重大事项

（1）2月10日，建筑学本科专业入选2020年度国家级一流本科专业。

（2）4月23日，中国勘察设计协会施设理事长一行莅临学院视察指导。

（3）5月24日，学院荣获苏州大学年度综合考核第一等次，荣获"党的建设先进单位"荣誉称号。

（4）5月29—30日，中国城市规划学会国外城市规划学术委员会年会在学院成功召开。

（5）6月2日，学院成功主办第一届中葡遗产研究国际论坛。

（6）6月15日，学院城乡规划本科专业通过全国高等学校本科教育评估。

（7）6月，学院党委荣获江苏高校党建工作创新奖一等奖。

（8）9月17日，澳门城市大学刘骏校长访问中国-葡萄牙文化遗产保护科学"一带一路"联合实验室。

（9）9月22日，校党委副书记王鲁沛来学院调研学生工作。

（10）10月9日，苏州大学绿色建筑国际研究中心立项申请正式批复。

（11）10月20日，熊思东校长一行于中国-葡萄牙文化遗产保护科学"一带一路"联合实验室召开现场办公会。

（王俊帝）

数学科学学院

一、学院概况

苏州大学数学科学学院的前身是1928年东吴大学文理学院设立的数学系。几十年来，学院一贯坚持严谨治学、精心育人的优良传统，为江苏省和国家培养了一大批中学数学特级教师和教授级高级教师、中小学名校校长、优秀企业家和金融精英。学院院友中走出了一批卓有成就的数学家、科学家和知名学者，包括中科院院士1名，日本工程院院士1名，欧洲科学院院士1名，国家级人才计划入选者8名，国家级青年人才计划入选者4名，国家优秀青年基金获得者3名。"华罗庚数学奖"获得者姜礼尚教授，华人第一位国际组合数学终身成就奖——"欧拉奖"获得者朱烈教授，中华人民共和国首批18位博士之一、"全国优秀教师"称号获得者谢惠民教授，国内一般拓扑学研究先驱之一高国士教授等知名教授在学院长期执教，是学院的荣耀。

学院拥有数学和统计学2个一级学科博士点和博士后流动站，数学一级学科设有基础数学、应用数学、计算数学、概率论与数理统计、运筹学与控制论、数学教育等6个二级学科博士、硕士点，统计学一级学科设有数理统计、应用概率、金融风险管理、生物统计、经济统计等5个二级学科博士、硕士点；此外，还有应用统计、金融工程、学科教育（数学）3个专业硕士点；设有全国省属高校中唯一的国家理科基础科学研究和教学人才培养基地（数学）；数学与应用数学为国家"211工程"重点建设学科；数学、统计学均为江苏省一级重点学科，其中，数学获得江苏高校优势学科建设工程三期项目资助。

学院设有数学与应用数学系、计算科学系、统计系和大学数学部，同时还设有数学研究所、应用数学研究所、高等统计与计量经济中心、金融工程研究中心、设计与编码研究中心、系统生物学研究中心、数学与交叉科学研究中心等8个研究机构。

学院现有教职工105人，其中，专任教师79人（其中，教授38人、副教授33人），专任教师中73人具有博士学位。学院有国家杰出青年基金获得者2人、国家优秀青年基金获得者3人、国家级人才计划入选者8人、国际组合数学霍尔奖获得者1人、享受国务院政府特殊津贴者2人、教育部跨世纪优秀人才2人、全国优秀教师2人、江苏省高等学校教学名师1人、江苏省数学杰出成就奖获得者1人、江苏省数学成就奖获得者4人、江苏省"333工程"培养对象5人、江苏省"青蓝工程"中青年学术带头人2人、江苏省"青蓝工程"优秀青年骨干教师9人。

学院建有国家理科基础科学研究和教学人才培养基地（全国19个数学与应用数学基地之一），设有数学与应用数学（基地）、数学与应用数学（师范）、信息与计算科学、金融数学4个本科专业方向。自2009年参加第一届全国大学生数学竞赛起，学院学生累计获得全国决赛数学专业类一等奖 4 人、二等奖 12 人、三等奖 2 人。在全国大学生数学建模、美国大学生数学建模、国家级大学生创新创业训练计划、"箬政基金"等课外科技活动中，学院参赛学生表现突出，深受好评。学院设置本科生数学专业竞赛奖励金和学生境外交流资助，从品牌专业建设经费中专设经费奖励获奖同学和参加境外研学学生。2019 年，学院被列为学校"本科生成长陪伴计划"试点学院。

学院在组合设计、常微与动力系统、代数、微分几何、函数论、拓扑学等方面的科学研究处于国际知名、国内一流水平。2012 年，学院数学学科在教育部学位与研究生教育发展中心的第三轮学科评估中并列全国第 20 名，在 2016 年第四轮学科评估中获评 B+ 等级（并列第 19 名）。自 2019 年 3 月起，数学学科进入 ESI 指标全球前 1%。

二、教学工作

1. 本科生教学工作

2021 年，学院开设专业课 123 门，并协助东吴学院完成公共课的托底工作。数学分析获评省级一流本科课程，参评国家级一流课程；抽象代数获评校级研究性教学标杆课程项目；概率论与数理统计获苏州大学课程思政示范项目。学院推进国家一流专业数学与应用数学建设工作；推进数学师范专业认证工作，完成和提交了认证申请；统计学专业获评江苏省一流本科专业。学院组织申报江苏省教学成果奖、国家理科基础人才拔尖基地。13 位同学参加新加坡国立大学"3+2"项目；新增苏州大学-新加坡国立大学-新加坡国立大学苏州研究院的"3+1+1"合作办学项目，1 名 2018 级同学参加此项目。

唐复苏、徐稼红老师参编的 2 部教材获得全国优秀教材（基础教育类）二等奖；严亚强老师的《高等数学》获苏州大学第九批出版省重点教材。学院教师获得省级教改项目 1 项、高等学校大学数学教学研究与发展中心课程思政教学设计研究项目 1 项、校级教改项目 1 项。

学院学生参加大学生创新创业训练计划项目，共获得国家级项目 2 项、省级项目 2 项；获得省级优秀本科毕业论文三等奖 1 篇。学院组织完成了各类学科竞赛的组织培训工作。2021 年，学院学生获奖情况如下：建模国赛二等奖 1 队，省一等奖 5 队、省二等奖 2 队、省三等级 4 队；美赛 F 奖 3 队，M 奖 1 队，H 奖 21 队；数学竞赛数学类省一等奖 11 人、非数学类省一等奖 6 人；大数据挑战赛获国家级二等奖 1 人；市场调查大赛获国家级三等奖 4 队、省二等奖 2 队。

2. 研究生教学工作

2021 年录取全日制硕士生 104 人，博士生 14 人。毕业学术型硕士生 41 人，专业型硕士生 42 人，学术型博士生 12 人（其中，留学生博士 2 人），均授予毕业证书和学位证书。

学院组织学生申请研究生创新项目，2 人获批江苏省研究生科研创新实践项目；继续推进研究生国际交流和海外研修，2 人获 2021 年国家公派研究生项目。

三、科研工作

学院新增国家级科研项目 9 项，其中，国家自然科学优秀青年基金 1 项（另有 2 项项目正等待结果）；省级项目2项，其中，江苏省自然科学优秀青年基金1项。季利均获江苏省高校自然科学二等奖1项；赵云、莫仲鹏、沈玉良分别获江苏省数学学会优秀论文二等奖。学院教师以苏州大学为第一单位发表SCI论文68篇。

四、学院重大事项

（1）4月28日，2019级研究生张子璐获得苏州大学研究生微党课竞赛理工组二等奖。

（2）5月，廖刚副教授入选2021年苏州大学"仲英青年学者"项目。

（3）6月6日，学院参加苏州大学"永远跟党走"——庆祝中国共产党成立100周年师生大合唱比赛。

（4）6月22日，学院隆重举行2021届毕业生毕业典礼。

（5）7月1日，季利均老师获江苏省高等学校自然科学基金项目二等奖；学院研究生第三党支部获得"苏州大学先进基层党组织"荣誉称号。

（6）8月，廖刚副教授获国家自然科学优秀青年基金。

（7）10月，学院唐复苏、徐稼红老师参编的《义务教育教科书数学七年级上、下册》《普通高中课程标准实验教科书数学选修2-2》荣获首届全国优秀教材奖（基础教育类）二等奖。

（8）10月26日，学院在读本科生张天阳创业项目获评2021年首届沪苏同城国际挑战赛"最佳开放式创新企业奖"。

（9）11月29日，校党委副书记王鲁沛来到学院精正楼二楼报告厅，与2021级新生班级学生代表进行座谈交流。

（金　贤）

物理科学与技术学院

一、学院概况

苏州大学物理科学与技术学院前身为东吴大学1914年创办的物理系。经过100多年的发展，学院在学科建设、科学研究、师资队伍、人才培养和社会服务等方面取得了良好的办学声誉。学院下设理论与应用物理研究所、凝聚态物理与新材料研究所、光学与光子学研究所、等离子体物理与技术研究所、物理教育研究所和物理国家级实验教学示范中心，苏州大学软凝聚态物理及交叉研究中心和苏州大学高等研究院挂靠学院运行。

学院现有物理学博士后流动站，物理学一级学科博（硕）士点，材料物理与化学、课程与教学论（物理）二级学科硕士点，学科教学（物理）专业学位硕士点，物理学及物理学（师范）2个本科专业及方向，等等。

学院师资力量雄厚，拥有一支包括"长江学者"、国家杰出青年基金获得者等在内的高水平师资队伍。现有教职工111人，高级职称以上教师67人，其中，国家级、省部级人才20余人。2017年5月，诺贝尔物理学奖得主迈克尔·科斯特利茨（John Michael Kosterlitz）加盟苏州大学，受聘为苏州大学讲座教授，并作为荣誉院长领衔组建"苏州大学高等研究院"。

学院拥有国家级实验教学示范中心、江苏省优势/重点学科及江苏省薄膜材料重点实验室、基础物理（实验）国家优秀教学团队；"普通物理学"获批国家精品资源共享课、国家级精品课程和江苏省高等学校在线开放课程立项建设项目。物理学专业为2019年首批国家级一流本科专业建设点、2020年江苏省高校品牌建设工程二期入选专业。

学院积极主动地服务地方区域经济发展，与苏州阿特斯阳光电力集团合作建立苏州大学光伏研究院和企业研究生工作站，推动产学研合作。与江苏省苏州中学校、苏州大学附属中学开展物理拔尖人才的培养工作。学院编辑出版北图核心期刊《物理教师》。

二、教学工作

1. 本科生教学工作

学院加强一流本科课程建设，推动教育教学模式改革创新。"强激光下材料超快动力学虚拟仿真实验"获批江苏省虚拟仿真实验教学一流课程，"量子力学"获批江苏省线下一流课程；"《费曼物理学讲义》选读""热学""电磁学"入选"苏大课程2021-3I工程"立项建设课程；"光学""电动力学"课程入选2021年苏州大学课程思政示范课程。

教师教学研究水平和学生创新能力进一步提升。加强3个校级教学团队的建设工作，并积极搭建教师教学经验交流和教学风采展示平台，充分发挥基层教学组织的重要作用，2021年，学院在教师教学竞赛、教材出版、教改项目等方面成果丰硕。"现代物理学在创新创业中的应用"课程团队在首届江苏省高校教师教学创新大赛（本科）中获得地方高校正高组特等奖，同时荣获教学活动创新奖，并在首届全国高校教师教学创新大赛中获得三等奖；1人获江苏省高校微课教学比赛一等奖；3人分获苏州大学第三届课程思政课堂教学竞赛一、二、三等奖；2部教材正式出版；1部教材获批2021年江苏省重点教材立项建设；获得教育部产学合作协同育人项目3项、苏州大学2021年高等教育教改研究课题2项。

2. 研究生教学工作

2021年，3门研究生课程获批苏州大学研究生课程思政示范课程。研究生参与科研创新活动并取得了丰厚成果：获批江苏省研究生科研与实践创新计划3项；获得各类国家级竞赛一等奖4项、二等奖2项、三等奖5项；获得省部级学科竞赛一等奖2项、二等奖1项、三等奖1项。学院强化产教融合育人机制，1家工作站获评"江苏省优秀研究生工作站"，并成功获批苏州大学硕士专业学位研究生实践基地3家、第十三批研究生工作站1家。

学院成立督导小组，严格管理研究生课程、科研记录、开题/中期/（预）答辩等各个环节。2021年，学院研究生的论文中，1篇获评"江苏省优秀专业学位硕士论文"，3篇获评"苏州大学优秀博士学位论文"，5篇获评"苏州大学优秀硕士学位论文"。学院完成教育部全日制教育硕士专业学位研究生实践教学专项巡查工作，做好学科教学（物理）专业学位培养的下一步规划。

三、科研工作与学术交流

物理学科为江苏省"十三五"重点学科、江苏省优势学科和国家一流学科"物质科学与工程"的5个主要支撑学科之一。物理学位居ESI全球前1%的排名百分比位置进一步靠前，达到60.55%；Nature Index物理学科全球排名第38位、国内高校第10位。学科建设整体处于国内物理学科第一梯队。2021年，学院顺利完成了年度优势学科报告的填报工作。

1. 科研项目及成果

学院获批17项国家级自然科学基金项目，其中，蒋建华教授获批国家杰出青年基金项目，游陆教授获批海外优秀青年基金项目，此外，获面上项目11项、青年基金项目1项、理论专项1项。

蒋建华教授以苏州大学为第一单位在 Nature 上发表论文，第一时间收到了《中国科学报》和 Nature News 的报道，在学术圈内引起较大影响。此外，学院教师在 Nature Materials、Nature Physics、Nature Communications、PRL、Science Advance 等期刊上发表高质量论文10余篇。

学院全年共授权国家发明专利19项、实用新型专利2项。吴雪梅教授的2项专利成功实现专家转化，取得了较好的经济效益和社会效益。学院教师共签订产学研合作协议10项，其中，苏晓东教授再次实现100万元企业横向课题的签订；辛煜教授的产学研合作成果成功在小天鹅股份有限公司新出品的洗衣机上实现量产。

2. 国内外学术交流情况

依托科斯特利茨教授继续推进苏州市外籍院士工作站开展工作，邀请30多人次开展科研交流。科斯特利茨教授也获颁"2021年度苏州市外籍荣誉市民"。学院全年申请各类国际合作项目4项，并与西班牙皇家科学院 Luis M. Liz-Marzán 院士达成加盟意向，并将开展纳米生物显微成像及光谱的合作研究。

四、学院重大事项

（1）1月20日，学院蒋建华教授以苏州大学为第一署名单位在 Nature 上发表学术论文。这是物理科学与技术学院首次在 Nature 这一国际顶级学术期刊上发表学术论文，代表学院在基础科学研究领域取得了重大科研突破。

（2）4月6日，在首届江苏省高校教师教学创新大赛（本科）暨首届全国高校教师教学创新大赛选拔赛决赛上，方亮教授领衔"现代物理学在创新创业中的应用"课程团队（翁雨燕、董裕力、杨俊义）荣获地方高校正高组特等奖，同时荣获教学活动创新奖，并被推荐参加首届全国高校教师教学创新大赛。

（3）4月16—18日，由苏州大学物理科学与技术学院承办的江苏省高校物理教学与人才培养学术研讨会在苏州成功举办。

（4）6月1日，学院和吴江区乔芮幼儿园开展"'党建+科普'大手拉小手 科普零距离"活动暨苏州大学物理科学与技术学院科普教育基地签约、揭牌、党史学习报告、党史书籍和科普书籍赠送、科普进校园等活动。

（5）10月15日上午，学院与苏州工业园区领科海外教育学校共建创新人才培养基地签约仪式在苏州领科报告厅隆重举行。

（6）10月30日—11月2日，学院成功举办江苏国际光电科学与前沿技术研究生创新论坛。

（7）11月，学院2门课程被认定为首批省级一流本科课程。方亮教授的"强激光下材料超快动力学虚拟仿真实验"和高雷、周丽萍教授的"量子力学"分别被认定为江苏省虚拟仿真实验教学一流课程和线下一流课程。

（8）蒋建华教授获批国家杰出青年基金项目，李亮教授获批科技部重点研发项目。

（9）学院党政领导调整，吴雪梅教授任学院院长，周丽萍教授任副院长。

（10）学院获2021年度苏州大学综合考核第一等次，获"立德树人先进单位"荣誉称号。

（王迎春）

光电科学与工程学院

一、学院概况

学院前身为创办于 1979 年的江苏师范学院激光研究室。2014 年 1 月，在原现代光学技术研究所、原信息光学工程研究所和原物理科学与技术学院光电技术系的基础上，合并组建了物理与光电·能源学部光电信息科学与工程学院。2018 年 5 月，学院独立设置，并更名为光电科学与工程学院。

学院现有 3 个本科专业、4 个硕士学位点、1 个一级学科博士点、1 个博士后流动站。在校本科生近 600 人，研究生 300 余人。学院师资力量雄厚，现有教职工 120 余名，其中，专任教师 80 余名，高级职称教师 70 余名。学院拥有一大批高层次人才，包括院士 1 名（获国际永久性小行星命名专家）、国家级人才 5 名、国家科技进步奖获得者 2 名、全国模范教师 1 名、全国先进工作者 1 名，以及省部级高层次人才计划入选者近 20 名。

光学工程学科是国家重点学科培育建设点、国家一流学科支撑学科、省一级重点学科、省优势学科、国防特色学科，拥有国家重点实验室培育建设点 1 个、省部级重点实验室 3 个、省部级工程研究中心 2 个、国家首批 2011 协同创新中心分中心。

二、教学工作

1. 本科生教学工作

（1）人才培养稳质提优。

学院 3 篇毕业设计获评 "2021 年苏州大学优秀本科毕业设计"（1 篇推省优），1 人获评 "苏州大学优秀本科毕业设计指导教师"；获 2020 年江苏省本专科优秀毕业设计二等奖 1 项、江苏省优秀本科毕业设计团队 1 个；3 人获校本科 "优秀实习生" 称号，1 人获校 "优秀实习指导教师" 称号。获大学生创新创业训练项目国家级 3 项、省级 2 项。获学科竞赛国家级奖项 12 项、省级奖项 70 余项。毕业生就业率居全校第四、出国升学率居全校前五。

（2）教学改革获得突破。

学院获 2021 年江苏省高等教育教改研究课题（重中之重）1 项，获教育部 2021 年产学协同育人项目 4 项、教育部高等学校光电信息科学与工程专业教学指导分委员会 2020 年教育教学研究项目 2 项、校青年教改项目 1 项。获江苏省一流课程（虚拟仿真实验教学）1 项、校课程思政示范项目 1 项。获全国高校电子信息类专业课程实验教学案例设计竞赛国家级二等奖 1 项、校级课程思政课堂教学竞赛三等奖 2 项。

（3）专业建设成效初显。

学院完成光电信息科学与工程专业国家级一流本科专业建设点申报和江苏高校品牌专业建设工程二期项目建设方案。完成光电信息科学与工程、电子信息科学与技术2个专业的江苏省本科专业综合评估自评报告和相关数据信息统计提交。完成江苏省学位委员会办公室光电信息科学与工程专业"理转工"学士学位授予申报。1名教师获评江苏省本科产业教授。

2. 研究生教学工作

（1）培养过程管理强化。

学院招收2021级博士生8名、硕士生110名；录取2022级推免硕士生13名；授予博士学位研究生3名、硕士学位研究生71名。2021级学术型研究生全面实施硕博贯通一体化培养方案，首次引入校外产业教授作为研究生导师，与院内导师进行联合培养；实现全年研究生学位论文盲审不合格"清零"；完成光学工程博士学位点自我评估方案。

（2）科研创新能力提升。

学院获江苏省研究生科研与实践创新计划1项，校研究生课程思政示范课程1门、研究生精品课程1门，校研究生教育改革成果奖培育项目1项，校优秀博士生论文1篇、优秀硕士生论文3篇；获学科竞赛省级奖项3项。1名博士生参与编译专业教材《光子晶体：控制光流》。

（3）研究生国际视野拓宽。

学院重视教育国际化，鼓励研究生积极对外开展学术交流。在全年疫情常态化管理的特殊时期，112人次参加了国内外学术会议，其中，参与国际学术会议的有88人次。

三、科研工作与学科建设

1. 科研项目及成果

学院获批国家自然科学基金项目14项，其中，面上项目6项、青年项目5项、外国资深学者研究基金项目1项、国际（地区）合作与交流项目1项、重点国际（地区）合作项目1项。学院获江苏省自然科学青年基金项目2项，江苏省高校重大项目3项、面上项目1项，江苏省产业前瞻与关键核心技术重点项目课题2项，江苏省科技副总项目2项，苏州市前瞻性应用研究项目2项，苏州市政策性资助项目1项，姑苏领军人才计划——青年领军人才专项2项。全年科研到账经费7 922.35万元。

研制的避障相机、导航地形相机地面模拟器，用于"天问一号"探测器火星车GNC地面测试设备；参与的"风云四号"B星成功获取首批高精度高实效可见光观测图像；多个课题组成为WQZB质量管理体系供应商。2021年，学院教师发表SCIE、EI、CPCI-S论文121篇，其中，OE、OL、APL期刊20篇，SCI一区11篇，影响因子超过10的论文6篇。

陈林森研究员荣获第四届"杰出工程师奖"，其团队荣获第二十二届中国专利奖优秀奖1项，并获批江苏省高价值专利培育示范中心；菲涅尔浮雕技术用于2022年冬奥会纪念邮票《北京2022年冬奥会——竞赛场馆》中的《国家速滑馆》，这也是我国邮票史上首次应用该技术；裸眼3D显示技术取得新进展，以该技术为基础的全球首款向量光场全息3D显示器受邀在华星光电全球伙伴大会上亮相。

2021年，学院申请国内专利114项，国际专利12项；授权专利108项，其中，发明专利36项、韩国专利1项、转让专利24项。

2. 学科建设及学术交流

2021年，学院柔性引进兼职教授3人，讲席教授1人。入职特聘教授2名、特聘副教授1名，统招博士后1名。1人晋升正高，2人晋升副高。新增国家级人才3人、省级人才2人。设立省级重点实验室自主研究课题6项、开放课题11项，省部级工程中心自主课题8项、开放课题2项。完成3个省部级重点实验室及2个省部级工程中心年度运行报告。完成2个省部级重点实验室网站升级调整。教育部工程研究中心召开技术委员会年会，完成绩效评估材料报送和第一轮答辩。协同中心完成二期评估和三期规划工作。学院紧扣学校"双一流"建设目标任务和学院发展目标，认真做好"十三五"发展规划总结和"十四五"改革发展规划编制工作；积极参与下一轮"一流学科"、省级重组重点实验室申报。

学院承办、协办2021微纳先进光电子材料与器件学术研讨会、第六届中国国际纳米制造趋势论坛、第八届国际新型光电探测技术及其应用研讨会等国内外学术会议。完成光学工程优势学科三期项目2020年度报告、苏州大学光学工程学位授权点发展报告、国防特色学科"十三五"总结报告。

学院组织"追光逐梦 雏鹰展翅"开放日活动。乔文教授在苏州科学文化讲坛"赛先生说"开讲，并登上首档科技短视频栏目——"唠科"，他本人荣获"苏州科普大使"荣誉称号。学院策划、组织科普活动10余次，获"名城苏州"等媒体报道，获批市科普项目1项。

四、学院重大事项

（1）3月，乔文教授登上苏州科学文化讲坛"赛先生说"并受聘为"苏州科普大使"。

（2）4月，陈林森研究员荣获第四届"杰出工程师奖"。

（3）6月，我国第二代静止轨道气象卫星首发业务星——"风云四号"B星成功发射。沈为民研究员团队为该卫星快速成像仪的研制做出贡献。

（4）6月，"天问一号"探测器首批科学影像图发布，标志着我国首次火星探测任务取得圆满成功。马韬团队为"天问一号"探测器火星车GNC地面测试设备研制做出贡献。

（5）7月，学院联合苏大维格科技集团股份有限公司，运用具有发明专利的菲涅尔浮雕技术呈现"中国梦"微纳3D印刷纪念卡，献礼建党百年。2022年冬奥会纪念邮票《北京2022年冬奥会——竞赛场馆》中的《国家速滑馆》在我国邮票史上首次应用菲涅尔浮雕技术支持设计。

（6）9月，陈林森研究员受聘为《光学学报》第八届编委会编委。

（7）10月，陈林森研究员、乔文教授研究团队的裸眼3D显示技术取得新进展，在 $Light：Science \& Applications$ 上发表文章，以此研究成果为基础的全球首款向量光场全息3D显示器受邀在华星光电全球伙伴大会上亮相。

（8）学院有国家级人才头衔获得者3人，包括"长江学者"特聘教授1人、国家青年科技人才支持计划1人、国家自然科学基金外国资深学者研究基金项目获得者1人。

（陈巧巧）

能 源 学 院

一、学院概况

苏州大学能源学院成立于2009年，前身是1983年成立的物理系能源利用教研室，是全国最早创建和发展的能源学院之一。

学院以刘忠范院士为核心，汇聚了一支学术声望高、专业理论水平扎实、实践教学经验丰富的精英师资队伍。学院现有教职工90余名，其中，中国科学院院士1名，国家"万人计划"领军人才入选者1名、科技部中青年领军人才计划入选者1名、国家"四青"人才9名，江苏省"双创人才"10名、江苏省"双创团队"2个、江苏省杰出青年基金获得者2人，江苏省特聘教授6名，江苏省"333工程"培养对象4名，"六大人才高峰"高层次人才5名，"六大人才高峰"创新人才团队1个，以及校级特聘教授20名。

学院设有2个博士点：新能源科学与工程、能源与环境系统工程；4个硕士点：新能源科学与工程、能源与环境系统工程、材料与化工（专业学位）、能源与动力（专业学位）；3个本科专业：新能源材料与器件、新能源材料与器件（中外合作）、能源与动力工程，其中，新能源材料与器件（中外合作）是苏州大学-加拿大维多利亚大学"3+2"联合办学本科专业；1个省级教学示范中心：江苏省新能源材料与器件教学示范中心。学院现有学生800余名，其中，博士生、硕士生200余名，本科生620余名。学院重视学生创新能力的培养，实行本科生导师制项目，遴选优秀本科生自第三学期开始进入课题组学习、参与科学研究；定期组织优秀本科生夏令营，促进全国各地本科生学习交流；注重营造国际化人才培养氛围，大力招收留学生，现有20余名留学生在学院攻读硕士、博士学位。

学院以苏州大学能源与材料创新研究院为基础研究创新平台，以先进碳材料与可穿戴能源技术、太阳能利用与转化、高效动力储能电池、氢能源与燃料电池、理论计算、能源与环境系统工程、低碳节能技术作为重点研究方向，集中力量攻克重要、重大科学问题。学院现有省级重点实验室1个（江苏省先进碳材料与可穿戴能源技术重点实验室），内设大型分析测试中心1个，拥有大型分析测试仪器和设备20余套，总价值超5 000万元，包括球差透射电镜、SEM、XRD、XPS、Raman、AFM、ICP-OES元素分析仪等一批先进新能源材料与器件分析和测试的仪器设备。近5年来，学院获得各类科研项目150余项（其中，国家重点研发计划子课题5项，国家自然科学基金项目50余项），总经费达6 200余万元。在 *Nature Catalysis*、*Nature Communications*、*Adv. Mater*、*J. Am. Chem. Soc* 等顶级期刊上发表学术论文560余篇，授权专利80余件。

学院以苏州大学-北京石墨烯研究院产学研协同创新中心、轻工业化学电源研究所与张家港工业技术研究院为产学研协同发展基地，以新能源、新材料等领域作为切入点，致力于协同地方、高校与企业紧密合作,开创刘忠范院士提出的"研发代工"产学研协同创新新模式,实现从基础研究到产业化落地的无缝衔接。现拥有国家化学电源产品质量监督检验中心等11个国家及省部级以上重要技术平台。

学院重视文化建设,各类学术活动和师生课余活动丰富多彩。学院每月举办东吴新能源论坛,邀请来自全球各地的学术大师到学院做学术讲座;每月举办学术午餐交流会,加强导师之间的交流与合作;每年举办研究生学术嘉年华,给学生搭建展示自我的舞台,并颁发各类捐赠奖学金近50项。能源学院贯彻以学者为中心的管理机制和体制,形成崇尚真理、自由民主的学术氛围,是青年才俊成长的沃土、优秀人才培养的摇篮。

二、教学工作

1. 本科生教学工作

学院新能源材料与器件专业获批省级一流本科专业建设点。学院学生获大学生创新创业训练项目国家级2项,国家重点领域推荐项目1项,大学生创新创业训练项目省级1项;获"箐政基金"项目1项。学生参加中国国际"互联网+"大学生创新创业大赛获省级二等奖1项、三等奖1项。在各项学科竞赛中,学院共获得国家级一等奖1项,省级以上奖项27项。

学院获批教育部产学合作协同育人项目1项,校级教改项目2项,校级课程思政示范项目1项,校第三届课程思政课堂教学竞赛中级组二等奖1项,获"苏大课程2021-3I工程"研究性教学标杆课程1项,在首届苏州大学教师教学创新大赛暨第二届江苏省高校教师教学创新大赛选拔赛中分别获正高组三等奖、副高组三等奖、中级组二等奖。3位教师获校"教学先进个人"称号。

学院承办校全国大学生节能减排大赛,获国家一等奖1项,省级二等奖2项、三等奖2项,同时苏州大学作为参赛单位获优秀组织奖。

2. 研究生教学工作

2021年,学院招收博士生13人、硕士生60人,顺利完成16名博士生和35名硕士生的毕业答辩工作。

学院"能源强国大家谈"获苏州大学2021年研究生思政示范课程立项;获批江苏省研究生科研实践创新类项目1项,结题验收1项;获批2021年研究生教育改革成果奖培育项目与研究生精品课程项目1项;获2021年校博士、硕士优秀学位论文各1篇。

学院制订了新能源科学与工程、能源与环境系统工程两个学术型专业的培养方案,制订了能源动力专业学位培养方案,编制了2021年来华留学研究生招生计划、港澳台招生专业目录。

三、科研工作与学术交流

1. 科研项目及成果

学院共获得省部级以上纵向科研项目16项(国家自然科学基金项目10项,其中,重点项目2项;江苏省杰出青年基金项目1项),获资助1327万元。同时,国防项目获批2

项（国家级重大项目和国家级重点项目各1项），总经费超2 000万元。横向项目24项（到账经费373.70万元），其中，13项专利实现转化。学院教师发表高水平论文163篇，获2021年度江苏省科学技术三等奖1项、2021年度江苏省高等学校科学技术研究成果奖三等奖1项。新认定1个行业重点实验室：石油和化工行业高比能电池核心技术与关键材料重点实验室。

轻工业化学电源研究所颁布国际标准4项、国家标准3项、行业标准1项；报批行业标准7项；预研国家和行业标准4项；组织审查行业标准1项、外文版标准1项；召开标准制定工作研讨会和原电池系列标准宣贯讨论会各1次；参与国际标准投票7次，参与国际标准修订6项。全年经营收入增长20%，达730余万元。

苏州大学-张家港工业技术研究院新增孵化企业4家，签订横向项目合同4项，服务企业300余家。新申请专利14项（其中，发明专利10项），新授权专利21项（其中，发明专利17项），签订项目申报合作协议1项。2021年，收入总计195万元，所有孵化企业实现主营收入总计928万元。

苏州大学-北京石墨烯研究院产学研协同创新中心实现了石墨烯晶圆材料及石墨烯羊毛复合纤维材料的批量控制合成项目。

2. 国内外学术交流情况

学院与英国、加拿大高校线上召开了国际先进催化技术研讨会、国际先进能源技术研讨会，参加北京石墨烯研究院"BGI孵烯论坛"，同时协同中国化学会积极筹备中国化学会首届全国能源化学学术会议。

四、学院重大事项

（1）3月，澳大利亚蒙纳士大学副校长余艾冰院士一行来访。

（2）5月，成功召开苏州大学-香港新华集团座谈会并签订苏州大学-香港新华集团战略合作备忘录。

（3）12月，刘忠范院士会见Truls Norby院士并颁发讲座教授聘书。

（李梦溪）

材料与化学化工学部

一、学部概况

材料与化学化工学部由苏州大学原化学化工学院和原材料工程学院的材料学科合并组建而成。原化学化工学院历史悠久、源远流长，其前身是创建于1914年的东吴大学化学系，创始人是东吴大学第一位理科教师、美国生物学家祁天锡教授（美国范德比尔特大学硕士生毕业）和东吴大学第一位化学教师、美国化学家龚士博士（1913年来自美国范德比尔特大学）。1917年，龚士博士指导的两名研究生获得化学硕士学位，他们是中国高校授予的第一批硕士学位的研究生。材料学科有近40年的办学历史，目前已成为国内重要的材料科学研究和人才培养基地之一。

学部拥有化学、材料科学与工程、化学工程与技术3个一级学科博士点和博士后流动站。化学、材料科学与工程为一流学科主要支撑学科；化学、化学工程与技术是江苏高校优势学科建设项目。

学部专业覆盖面广，设有化学、应用化学、化学（师范）、高分子材料与工程、材料科学与工程、功能材料、化学工程与技术、环境工程等本科专业。化学专业为国家一流本科专业建设点、江苏省"十二五"高等学校重点建设专业和江苏省品牌专业，高分子材料与工程专业为江苏省一流本科专业并入选江苏省特色专业、教育部"卓越工程师"计划并通过工程教育认证；化学实验教学中心为江苏省实验示范中心。目前，在校本科生、研究生约2700人。

学部下设化学学院、材料科学与工程学院、化工与环境工程学院和实验教学中心、测试中心。化学学院下设无机化学系、有机化学系、分析化学系、物理化学系；材料科学与工程学院下设高分子科学与工程系、材料科学与工程系。学部现有在职教职员工280余人，其中，中国科学院院士2人，发达国家院士4人，国家杰出青年基金获得者7人，"百千万人才工程"国家级培养对象3人，"万人计划"科技创新领军人才3人及其他国家级人才20人，另有省部级人才20余人。同时还聘请了包括诺贝尔奖获得者在内的30余位外籍名誉教授、讲座教授、客座教授。

学部拥有新型功能高分子材料国家地方联合工程实验室、环保功能吸附材料制备技术国家地方联合工程实验室、智能纳米环保新材料及检测技术国际联合研究中心、江苏省有机合成重点实验室、江苏省先进功能高分子材料设计及应用重点实验室、江苏省新型高分子功能材料工程实验室、江苏省水处理新材料与污水资源化工程实验室及其他20余个省、市、校级重点实验室。

二、教学工作

1. 本科生教学工作

材料与化学化工学部以一流本科建设为契机，进一步深化教育教学改革，突出教学中心地位，全面提高人才培养质量。2020年，"无机及分析化学"获批"线上+线下"混合式国家一流本科课程；"高分子化学"获批苏州大学研究性教学标杆课程项目；"材料科学与工程基础""无机及分析化学"获批苏州大学混合式教学课程项目；"有机化学""有机合成"获批苏州大学全英文在线开放课程项目。学部教师出版4本教材，包括《无机化学》《高等仪器分析》《化学与生活》《大学化学学习指导》，《无机化学（上、下）》入选"十三五"江苏省高等学校重点教材，《大学化学实验》《高校实验室安全通用教程》获得苏州大学教材培育项目立项。学部获得江苏省优秀本科毕业设计（论文）三等奖1项，10篇论文获评"苏州大学优秀本科毕业论文"，1个团队获得"苏州大学优秀毕业设计（论文）团队"称号；获第十四届全国大学生化工设计竞赛国家二等奖、东赛区一等奖各1项；获江苏省第九届大学生化工设计竞赛团体一等奖2项；获江苏省大学生创新创业大赛"青年红色筑梦之旅"赛道团队二等奖1项；获批大学生创新创业训练计划国家级项目6项、省级一般项目6项、校级项目1项。

学部教师在《大学化学》《教育教学论坛》《化学教育》《化学教与学》《化学教学》《山东化工》等省级及以上期刊发表9篇教改论文；荣获苏州大学青年教师课堂竞赛一等奖1项、二等奖2项；荣获苏州大学课程思政课堂教学竞赛二等奖2项。

2. 研究生教学工作

2021年，学部有5名博士生、3名硕士生获江苏省研究生培养创新工程立项并获得资助；1名博士生的论文、3名硕士生的论文获2021年度江苏省优秀博（硕）士学位论文，2名博士生的论文、6名硕士生的论文获苏州大学2021年度优秀博（硕）士学位论文；1名博士生入选博士后创新人才支持计划。全国博士学位论文抽检合格率达100%。学部获批国家建设高水平大学公派研究生项目17项，其中，攻读博士学位项目13项，联合培养博士项目4项。

2021年，学部建设苏州大学研究生工作站6家、苏州大学硕士专业学位研究生实践基地5家。

2021年，学部共督导研究生入学试题命题3次，研究生阅卷工作1次，研究生论文开题报告、中期考核、（预）答辩和博士学位论文回头看共50余次；督导学部硕士生线上复试全过程；督导研究生课堂教学12次，走访谈话研究生30人次，并将督导情况向研究生院做了详细通报。

三、科研工作与学术交流

2021年，化学、材料学两个学科在ESI全球排名1‰内持续攀升：化学从1月的第74位提高到11月的第64位，材料学从1月的第37位提高到11月的第28位；2021年"软科中国"世界一流学科国内排名中，化学处于第8位，材料学处于第4位，化学工程与技术处于第15位。

2021年度，学部有1人当选发达国家院士，1人获国家自然科学基金优秀青年项目，2人入选国家青年学者计划，1人获江苏省杰出青年基金项目，1人获江苏省特聘教授。引进校特聘教授精英人才2人、学术骨干1人、学科方向带头人1人、苏州大学优秀青年学者5人。

1. 科研项目及成果

学部荣获"何梁何利基金科学与技术创新奖"1项；获批科技部国家重点研发计划2项、课题2项，国家自然科学基金项目23项，其中，重点项目1项，优秀青年项目1项；获批江苏省科技厅项目6项，包括1项江苏省杰出青年基金项目；获批江苏省高校项目及苏州市科技计划项目11项。2021年度，学部获批各级纵向项目总经费超6 200万元。

学部激励教师发表高水平科研论文，全年发表影响因子大于5.0的论文共126篇，其中，发表在 *Nature communications*、*JACS*、*Angew. Chem. Int. Ed.*、*Adv. Mater.* 等期刊上的论文有23篇。授权国内发明专利134项、PCT专利5项，知识产权转化（让）21件。横向项目立项31项，到账1 400万元，建立100万元以上校企平台5个。

2. 国内外学术交流情况

2021年，学部主办了多场线上线下学术会议，组织学术报告40余场。与国外合作高校开展线上交流，为加快国际化发展进程蓄力。学部积极与美国阿克隆大学、新加坡国立大学、澳大利亚蒙纳士大学、英国利兹大学等合作高校开展线上交流，就联合培养学生项目进行沟通。1名研究生赴国（境）外参加学术交流活动，2名本科生分别通过美国阿克隆大学、美国伊利诺理工大学的"3+2"项目继续深造。2021年，学部新聘、续聘2位外籍教授为讲座教授。

四、学院重大事项

（1）4月，苏州大学先进材料国际合作联合中心更名为化学科学国际合作创新中心。

（2）5月，完成学部行政领导班子换届选举。选举产生苏州大学第八届教代会、第十四次工代会学部代表。

（3）6月，获批科技部国家重点研发计划"变革性技术关键科学问题"重点专项1项，实现学部重大研发计划项目新突破。

（4）11月，学部路建美教授荣获"何梁何利基金科学与技术创新奖"，也是我校首次获得该奖项。

（5）11月，"无机及分析化学"获批"线上+线下"混合式国家一流本科课程。

（6）12月，完成学部党委换届选举和学部纪委选举，成为苏州大学纪检监察体制改革以来，首家选举产生的二级纪委。

（7）12月，学部获批科技部国家重点研发计划"场地土壤污染成因与治理技术"重点专项1项，是学部本年度获得的第2项国家重大研发计划项目。

（蔡　琪）

纳米科学技术学院

一、学院概况

苏州大学纳米科学技术学院成立于2010年12月，2011年10月成功获批为教育部首批设立的17所国家"试点学院"之一。学院与功能纳米与软物质研究院融合发展，先后获批首批国家级"2011计划"协同创新中心、高等学校学科创新引智基地和科技部创新人才培养示范基地，牵头负责苏州大学"双一流"学科——"材料科学与工程"学科建设重任。

学院目前拥有唯一的本科专业"纳米材料与技术"，是与国家战略性新兴产业相关的本科新专业，先后入选江苏省高校品牌专业、国家级一流本科专业建设点、江苏省高校国际化人才培养品牌专业。学院形成了纳米专业创新人才的"三融合"（教科融合，学科融合，国际融合）培养模式，并荣获2018年国家级教学成果奖二等奖。学院现有各类在籍学生1 045名，其中，本科生418名，硕士生487名，博士生140名。

学院现有教职工130余人，其中，中国科学院院士2人、欧洲科学院外籍院士1人、国家级重点人才计划入选者17人次、国家级重点青年人才计划入选者36人次。学院组建了阵容强大的学术支撑团队，学术委员会专家由20人组成，其中，17人为院士。此外，还聘请了国内外30余名著名学者担任学院的名誉教授、国际顾问、讲座教授或客座教授。

二、教学工作

1. 本科生教学工作

2021年，学院引进5位特聘教授、6位副教授、2位讲师、2位全职外籍讲师；开设32门在线教学课程；获批省级一流本科课程1门、校级课程思政示范项目专业教育课程2门；获校级课程思政课堂教学竞赛三等奖1项；获批江苏省重点教材立项建设1项；正式出版教材1部。本科生获批国家级、省级大学生创新创业训练项目4项、校级项目1项、"箐政基金"项目1项、大学生课外学术科研基金项目37项、江苏省普通高校高等数学竞赛等各类竞赛46项，本科生发表SCI论文18篇。

学院获批校级教育教改研究课题项目4项；3篇本科生毕业设计获校级优秀毕业设计（论文），2名教师获评"苏州大学本科毕业设计（论文）优秀指导教师"，1名教师获评"苏州大学2021届本科毕业实习优秀实习指导教师"；学院教师发表教学教改论文12篇。本科生获批省级及以上出国（境）交流项目共计6项。同时，学院教师踊跃参加纳米材料领域人才培养教学研讨会，交流本专业建设经验，进一步扩大一流本科专业的影响力。

西卡（中国）有限公司获批成为学院的校外重点教学实习基地；新聘请 2 位科技领域的高新技术企业负责人作为本科生的"企业导师"。

学院继续采用"线上+线下"相结合的方式，着力提升招生宣传工作质量。荣获本科招生宣传"先进单位"称号，1 名教师荣获本科招生宣传"先进个人"称号。

2. 研究生教学工作

2021 年，学院进一步完善了"材料科学与工程"本硕博一体化培养实施细则和培养方案，从培育阶段的 28 名本科生中最终选拔出 6 名正式进入本硕博一体化培养计划，成为校内首家正式实施本硕博一体化计划的学院。完善了 ELC 语言中心（The English Language Centre）授课课程体系，更好地提高学院研究生的整体外语水平。

学院研究生共发表 SCI 论文 335 篇，其中，第一作者论文 288 篇；参与发明专利 42 项，申请专利 69 项。获国家奖学金 11 人次，江苏省优秀毕业生 1 人次，江苏省优秀学生干部 1 人次，苏州大学"王晓军精神文明奖"1 人次，苏州大学优秀共青团员 3 人次；获第十七届"挑战杯"江苏省大学生课外学术科技作品竞赛"黑科技"专项赛三等奖 2 项，苏州大学第六届"互联网+"大学生创新创业大赛三等奖 2 项，第十二届"苏大天宫杯""挑战杯"苏州大学大学生创业计划竞赛一等奖 1 项、三等奖 1 项；获苏州大学第二十二批大学生课外学术科研基金项目 8 项；获江苏省优秀博士论文 2 篇、优秀硕士论文 4 篇。

通过开展线上夏令营活动，学院进一步提升影响力。2021 年，学院录取推免生 55 人，其中，有 17 名外校推免生来自夏令营。2021 届硕士生就业率 96.46%，博士生就业率 96.97%。

三、学科建设与科研工作

1. 学科建设

2021 年 7 月，苏州大学材料科学学科位列全球第 26 位，中国内地排名第 9 位。根据 U. S. News 2021 年发布的世界大学排名，苏州大学材料科学学科全球排名第 13 位、中国排名第 6 位。作为学院特色学科，纳米科学与技术在 2021"软科中国"世界一流学科排名中，名列世界第 5 位、中国第 4 位。

2. 科研项目及成果

2021 年，学院教师共发表学术论文 340 篇，其中，高水平论文 145 篇，包括在国际顶级期刊，在 *Nature Energy*、*Nature Electronics* 上各发表 1 篇，在 *Nature Communications* 上发表 6 篇，在 *Science Advances* 上发表 1 篇，等等；出版英文专著 1 部；申请中国专利 48 项、国际专利 8 项，授权国家发明专利 49 项、实用新型专利 2 项，14 项中国专利成功实现成果转化；获批各类纵向科研项目 83 项，总科研经费逾 4 700 万元；获批横向科研项目 13 项，到账经费 204.8 万元；获 2020 年度江苏省科学技术奖一等奖 1 项、2021 年度江苏省高等学校科学技术研究成果奖二等奖 1 项。此外，1 人入选中国科学院院士，1 人入选英国皇家化学会会士，1 人获"科学探索奖"，1 人获"中国化学会第四届纳米化学新锐奖"，1 人获"国际先进材料学会（IAAM）奖"，1 人获 Biomaterials Diversity Award for Young Investigator，1 人入选"*Journal of Materials Chemistry C* 2021 年度新锐科学家"，1 人获"35 岁以下科技创新 35 人"（TR35）亚太地区名单。11 人（12 人次）入选"2021 年全球高引用科学家名录",8人入选"2020年中国高被引学者榜单"。本年度,学院新获批建设"苏州市纳米技术与生物医药重点实验室";"苏州市功能纳米与软物质(材料)重点实验室"顺利完成绩效评估,获滚动资助。

3. 国内外学术交流情况

学院与加拿大滑铁卢大学、韦仕敦大学、魁北克大学国家科学研究院,德国图宾根大学建立了"2+2"博士生联合培养项目,已联合培养博士生20名。学院与德国慕尼黑工业大学合作的国家留学基金委创新型人才国际合作培养项目完成首轮三年期考核,并获滚动资助。该项目已累计录取15人,2021年度派出7人。

学院获批省级及以上国际合作项目4项,总经费507万元;获批江苏省"十四五"国际化人才培养品牌专业首批立项建设重点项目。学院先后完成了高等学校学科创新引智基地(国家"111计划")验收、江苏省外国专家工作室绩效评估等工作,并提交了纳入国家级国际科技合作平台信息管理的申请。此外,作为金砖国家材料科学与纳米技术工作组中方牵头单位(两家)之一,学院代表参加了工作组2021年度会议,参与了相关规章制度和研究规划的制定讨论,并代表中方发言,同时提交了2022年度工作组会议主办权的申请。

四、学院重大事项

(1) 1月,江苏省级纳米科技协同创新中心在江苏高校协同创新中心第二建设期绩效评价中获评A+等次(全省前6),并获滚动资助。揭建胜教授团队的研究成果"大面积有机微纳单晶结构及其高性能光电器件"荣获2020年度江苏省科学技术奖一等奖。

(2) 7月,学院获批"苏州市纳米技术与生物医药重点实验室"。

(3) 8月,学院纳米材料与技术专业入选江苏省"十四五"国际化人才培养品牌专业首批立项建设重点项目。

(4) 9月,学院获批"江苏省侨联新侨创新创业基地"。刘庄教授荣获前沿交叉领域"科学探索奖",成为学校首位获得此项奖励的科研人员。

(5) 10月,学院荣获第六届"全国专业技术人才先进集体"称号,江苏省共有两家单位入选"全国专业技术人才先进集体",学校是省内唯一入选的高校。

(6) 10月,学院有6名学生正式入选首批本硕博一体化培养计划,推动了学校拔尖创新人才培养模式和教育教学改革工作。

(7) 11月,学院12人次(含学院自主培养的5位毕业生)入选2021年度全球高被引科学家。学院已累计51人次(含学院自主培养的毕业生/博士后20人次)入选全球高被引科学家。

(8) 11月,迟力峰教授当选中国科学院院士,是学院首位自主培养的院士;讲座教授、苏州大学-韦仕敦大学同步辐射联合研究中心创始成员孙学良教授当选中国工程院外籍院士。

(杨 娟)

计算机科学与技术学院

一、学院概况

苏州大学计算机相关专业开设至今已35年，苏州大学是江苏省较早开设计算机专业的高校之一。1987年，应苏州市社会发展需要组建工学院；2002年，正式成立苏州大学计算机科学与技术学院；2003年，成立苏州大学中创软件工程学院（现更名为苏州大学软件学院）。2021年，学院被评为"国家级特色化示范性软件学院"。

学院秉承"养天地正气，法古今完人"的校训和"厚德博学，敬业求真"的院训，形成了从本科、硕士（计算机科学与技术、软件工程2个一级学科硕士点和电子信息专业学位硕士点）、博士（计算机科学与技术、软件工程2个博士点）到博士后（计算机科学与技术、软件工程2个流动站）的完整人才培养体系，已为国家培养了8 000余名信息产业的高端人才，成为长三角区域高层次创新人才培养的重要基地。

学院拥有计算机科学与技术、软件工程2个江苏省优势学科和计算机信息技术处理江苏省重点实验室、江苏省网络空间安全工程实验室、江苏省大数据智能工程实验室。

学院现设计算机科学与技术（"双万计划"国家一流专业建设点、江苏省品牌专业、江苏省重点专业）、软件工程（"双万计划"国家一流专业建设点、国家特色专业建设点及教育部"卓越工程师教育培养计划"专业、江苏省重点专业）、人工智能（2020年新增专业）3个本科专业。其中，计算机科学与技术和软件工程专业双双通过国际实质等效的工程教育专业认证。学院软件工程专业评估结果为A-，计算机科学与技术专业在ESI全球排名中进入前1%。

目前，学院共有全日制学生1 861人，其中，本科生1 213人，硕士生601人，博士生47人。

学院现有教职工146人，其中，教授31人、副教授41人、博士生导师23人、硕士生导师46人。教师中有加拿大工程院院士1名，国家人才项目专家3人、"国家级有突出贡献的专家"2人、江苏省高校教学名师1人，多人次获得江苏省"青蓝工程"学术带头人和江苏省"333工程"中青年科学技术带头人等称号。

二、教学工作

学院教学科研条件先进，实践环节渠道多。现包括计算机与信息技术国家级实验教学示范中心、"苏州大学-方正国际软件有限公司"国家级工程实践教育中心、苏州大学IT校企合作联盟（包括微软、西门子、百度在内的83家企业）。

教学方法特色鲜明。学院以培养高素质创新人才为宗旨，组建了人工智能实验班、卓越班、图灵班，培养基础扎实、视野开阔、专业精深、勇于创新的高水平拔尖人才。

学院积极构建校企联合培养机制，以"项目导入，任务驱动"模式进行教学改革，依托产学研平台有序落实"卓越人才教育培养计划"，组建了校企合作创新实验室，着力培养学生的工程素养、创新意识和创新能力。

学院推行本科生"双导师"制度的实践教学模式，安排高校和企业指导教师共同指导本科生实践课题研究，实现了教学和社会需求的完美结合。

1. 本科生教学工作

积极推进课程思政建设。计算机科学与技术专业成为江苏省课程思政示范专业，成功获批江苏省课程思政示范课程1门、学校课程思政示范课程3门和示范团队1个，2人分别获得学校课程思政教学竞赛一等奖、二等奖；成功举办学院第三届课程思政教学竞赛。

深入实施教育教学改革。对标专业认证要求和国家级一流专业建设目标，加强人才培养方案的修订、课程体系的调整和教学团队的建设，加强校企人才培养的合作，组织召开学院教学研讨会议，落实工程认证中期考核任务，压实人才培养的责任。学院入选"国家级特色化示范软件学院名录"，成功申报国家在线课程1门、教育部协同育人项目3项，获批省级高校"青蓝工程"优秀教学团队1个、省级教改项目1项、省级教材项目3项和省级一流课程建设项目3项，获批校级教改项目13项、结题4项。

2. 研究生教学工作

深入推进"三全育人"综合改革，制订并完善本硕博一体化人才培养计划，打通各类型研究生课程设置，规范研究生选课制度，严格研究生毕业设计流程管理，提高研究生培养质量。2021年，学院获得省级优秀硕士学位论文2篇、江苏省计算机学会优秀学位论文1篇，获得校级研究生精品课程1门。

三、科研工作与学术交流

1. 科研项目及成果

近5年，学院教师获得国家级项目65项、省部级项目14项、市厅级项目27项，年均科研经费2 800余万元；发表CCF A类期刊/会议论文87篇、CCF B类期刊/会议论文203篇、CCF C类期刊/会议论文271篇，SCI一区论文12篇、二区论文93篇、三区和四区论文127篇，发表论文被SCI、EI、ISTP三大检索收录522余篇；授权发明专利290项，获得软件著作权881项。相关成果获江苏省科技进步奖三等奖1项。

2. 国内外学术交流情况

学院邀请美国纽约州立大学布法罗分校、美国蒙特克莱尔州立大学、澳大利亚昆士兰大学、香港城市大学等著名高校的专家学者讲学100余次；除学校设立的本科生海外交流奖学金外，学院还设立专项经费资助研究生参与国内外学术交流和出国（境）短期学习。60余名学生赴上述国家和地区参加研修和学术交流；学院还与美国、德国、澳大利亚、加拿大等国家的知名高校建有学生互派计划或联合培养项目，为学生的国际化培养开辟了渠道。

四、学院重大事项

(1) 围绕建党百年纪念主题开展学习、教育和庆祝活动。
(2) 计算机科学与技术专业成为江苏省课程思政示范专业。
(3) 学院被评为"国家级特色化示范软件学院"。

（俞莉莹）

电子信息学院

一、学院概况

学院覆盖 2 个一级学科：信息与通信工程、电子科学与技术，其中，信息与通信工程被列为江苏省"十三五"重点学科；学院拥有信息与通信工程博士后流动站，1 个一级学科博士点（信息与通信工程），2 个一级学科学术型学位硕士点（信息与通信工程、电子科学与技术），1 个专业学位硕士点（电子信息）。现有电子信息工程、电子科学与技术、通信工程三个本科专业，其中，通信工程、电子信息工程专业双双入选国家一流本科专业建设点，均通过中国工程教育专业认证，电子科学与技术专业入选江苏省一流本科专业建设点。

学院师资力量雄厚，中国工程院院士潘君骅先生为名誉院长。学院现有教职员工 123 人，其中，专任教师 89 人，教授 24 人（含特聘教授 7 人、全职外籍教授 2 人）、副教授 51 人，具有博士学位的教师比例超过 70%，拥有海外经历的教师比例达 50%。学院拥有国家级人才 5 人，省级人才近 20 人；电气与电子工程师协会会士、杰出讲师各 1 人，美国光学学会会士 2 人，高被引学者 2 人；另有外聘院士 3 人，讲座教授 6 人，兼职教授 10 余人。

学院拥有江苏省新型光纤技术与通信网络工程研究中心、电工电子实验教学省级示范中心等 3 个苏州市重点实验室，与中国兵器工业 214 研究所共建江苏省 MEMS 工程技术研究中心；拥有"光网络与通信"江苏高校优秀科技创新团队。

学院与多家高新技术企业建立了人才培养、项目合作关系，建有苏州大学—亨通未来信息与人工智能研究院、恩智浦半导体协同创新中心、美国 TI 联合实验室等，与 60 余家企业建立了"苏州大学 EE 校企合作联盟"，形成了校内外创新人才协同培养的新格局。开发了苏州普源精电科技有限公司、科沃斯机器人科技（苏州）有限公司、苏州科达通信技术发展有限公司等 10 家校级实习基地及 50 余家院级实习基地，保障了校内外教学实践的顺利开展。

学院积极开展科学研究和科技创新活动，近几年承担了包括科技部重点研发计划（含国际合作项目）、国家自然科学基金（含优秀青年基金、重点项目）、青年"973 计划"等在内的一大批高水平科研项目，并在光网络与通信、无线通信、信号与语音处理、图像处理、智能仪器、生物医学信息处理、微纳传感器、大规模集成电路设计、半导体器件、射频与微波技术等方面取得了一系列创新成果。近年来，学院获得包括"江苏省科学技术奖"（一等奖、二等奖、三等奖）、"吴文俊人工智能技术发明奖"一等奖、"中国光学工程学会科技进步奖"一等奖、"中国通信学会自然科学奖"二等奖、"中国专利奖"

优秀奖、"中国产学研合作促进奖"等省部级奖项共10项。

学院十分注重学生科研创新能力的培养,先后获得了以培养创新人才为目标的省卓越工程师计划、校级专业综合改革试点等项目,积极组织学生参加各类学科竞赛等活动。近5年,学院研究生有3篇论文获"中国电子学会优秀硕士学位论文奖",5篇论文获评"江苏省优秀硕士学位论文",8篇论文获评"国际会议优秀论文",研究生以第一作者发表SCI二区以上期刊论文50余篇。近3年,本科生在全国大学生电子设计竞赛、全国软件与信息技术专业人才大赛、江苏省"TI杯"电子设计大赛、全国大学生英语竞赛、全国大学生数学竞赛等大赛中屡获大奖,包括全国大学生电子设计竞赛一等奖3项、二等奖2项,"挑战杯"全国大学生课外学术科技作品竞赛全国二等奖1项。学院多个班级被授予全国或省的"先进班集体"光荣称号。

近年来,学院研究生、本科生的毕业率和学位授予率在全校一直位居前列,年终就业率接近100%,就业质量更是不断攀升。毕业生普遍得到社会的欢迎,初次毕业去向落实率和就业平均年薪在全校各专业中也名列前茅。本科生升学率接近50%,多人赴双一流高校或国(境)外高水平大学继续深造。学院与新加坡国立大学建立"3+1+1"本硕联合培养项目,近70名学生成功通过该项目出国深造。学院与意大利都灵理工大学建立"1.5+1.5"博士联合培养项目,与美国新泽西理工学院建立"1+1"硕士联合培养项目,与英国伯明翰大学建立"2+2"双本和"3+2"本硕连读项目,为学生的进一步深造提供了平台。

二、教学工作

1. 本科生教学工作

学院获省级教学成果奖二等奖1项、省级一流本科课程3门;获第八届全国高等学校电工电子基础课程实验教学案例设计竞赛(鼎阳杯)全国一等奖2项。

电子信息工程专业认证完成专家入校考查;电子科学与技术专业自评报告通过评审,待专家入校考查。电子科学与技术专业获批省级一流本科专业建设点。

学院加强学科竞赛工作,荣获包括全国大学生电子设计竞赛全国一等奖2项、"挑战杯"全国大学生课外学术科技作品竞赛全国二等奖1项、全国大学生智能汽车竞赛全国二等奖3项、全国大学生嵌入式芯片与系统设计竞赛全国二等奖1项等省级以上奖项350项。

学院开展多层次、多方位的实习、实践、实训工作,推进实习、实践基地建设,强化毕业设计过程监控,培育优秀毕业设计论文。获江苏省优秀毕业设计论文三等奖1项。

学院提升学生科研能力,完善和改进院科研能力提升计划,做好大学生创新创业训练项目、"箸政基金"项目的组织申报和实施工作。大学生创新创业训练项目新立项10项,新获批"箸政基金"项目2项。

2. 研究生教学工作

研究生发表高水平学术论文83篇,获授权发明专利47件;获得江苏省优秀硕士学位论文1篇;获批研究生创新实践计划2项,获省部级以上竞赛三等奖以上22项;获批江苏省研究生工作站1个、第九批产业教授项目1项;荣获苏州大学研究生工作综合考评优秀奖。

三、学科建设与科研工作

1. 学科建设

学院成功获批信息与通信工程一级学科博士点。学院积极迎接第五轮学科评估，2个一级学科信息与通信工程、电子科学与技术参加学科评估。信息与通信工程完成省"十三五"重点学科结题考核和"十四五"重点学科申报工作。

2. 科研项目及成果

学院获批国家自然科学基金项目4项，江苏省自然科学基金面上项目1项、江苏省自然科学基金青年基金项目2项、江苏省高校自然科学基金项目2项，苏州市自然科学基金项目2项，签订横向项目60项（到账经费超过1000万元）；获授权发明专利60件（其中，国际发明专利4件）、实用新型专利28件、软件著作权83件。学院教师在国内外各类学术期刊或会议上发表论文189篇，出版专著1部；获江苏省科学技术二等奖1项，市厅级一、二等奖3项，光网络团队获"国家专利奖"优秀奖，沈纲祥教授获"中国产学研合作促进奖（个人）"。

3. 国内外学术交流情况

学院在加强教学及科研工作的同时注重开展国内外学术交流活动，邀请了国内外光通信等领域的20余名知名专家学者在线上或来院做学术报告；举办中国通信学会环球科学家蓝海论坛、第五届光通信前沿论坛；承办首届光连接前沿科技青年论坛等学术会议。

四、学院重大事项

（1）4月28日，学院召开五届三次教职工代表大会。

（2）6月1日，苏州亿马涂装工程有限公司捐赠签约仪式举行。

（3）6月23—25日，学院承办的首届光连接前沿科技青年论坛在金鸡湖国际会议中心举办。

（4）6月，光网络团队获第二十二届"国家专利奖"优秀奖。

（5）8月31日，学院召开发展战略研讨会。

（6）9月29—30日，2021年中国通信学会环球科学家蓝海论坛在苏州召开。

（7）11月，学院成功获批信息与通信工程一级学科博士点。

（8）12月19日，第五届光通信前沿论坛在苏州召开。

（9）12月25日，苏州大学EE校企合作联盟2021年会暨一流本科专业建设下的人才培养研讨会在苏州清山会议中心召开。

（刁爱清）

机电工程学院

一、学院概况

机电工程学院是苏州大学建院较早、实力较强的工科学院之一，其前身是始建于1977年的苏州丝绸工学院机电系。

学院现有教职工193人，其中，专任教师147人，教授31人、副教授77人，校级特聘教授11人，校级优秀青年学者11人。2021年上岗博士生导师17人，硕士生导师73人。教授和副教授占专任教师总人数的73.5%，专任教师中具有博士学位的人数占比为68%。拥有国家级人才项目获得者3人，教育部"新世纪优秀人才支持计划"2人，享受国务院政府特殊津贴2人，"何梁何利基金科学与技术创新奖"获得者1人，全国创新争先奖状获得者1人，以及省级各类人才14人。学院团队获得"江苏省创新团队""科技部先进机器人技术重点领域创新团队"等团队称号。学院聘请姚建铨院士为名誉教授，聘请多名国内外知名学者和企业家为客座教授、兼职教授和讲座教授。

学院现有智能机器人技术、激光制造工程、数字化纺织与装备技术3个二级学科博士点。拥有机械工程（学术型）、控制科学与工程（学术型）2个硕士学位点。拥有机械工程、电气工程及其自动化、智能制造工程3个本科专业，其中，机械工程专业为江苏省特色专业，机械类专业（机械工程）为江苏省"十二五"高等学校重点建设专业；电气工程及其自动化专业通过了中国工程教育专业认证，入选教育部第三批"卓越工程师教育培养计划"专业、江苏省高校品牌专业特色项目、江苏省一流本科专业、苏州大学一流本科专业；2019年经教育部审批通过设立智能制造工程专业并招生。2021年，在校全日制本科生1 400余名，在校研究生500余名。

学院围绕先进制造技术领域的前沿发展趋势，形成了智能机器人和微纳制造、生物制造、新型纺织技术与装备、激光加工与表面技术、超精密加工与检测技术、机械系统动力学及控制、信息检测与处理技术、传感与测控技术等具有特色的研究方向。

学院建有江苏省先进机器人技术重点实验室、江苏省机器人技术及智能制造装备工程实验室、江苏省军民融合创新平台、国家"2011"纳米协同创新中心—纳米机电制造研究中心、苏州市先进制造技术重点实验室及4个校级科研机构等科研平台，并与苏州相城区合作成立了政产学研平台——苏州大学相城机器人与智能装备研究院，该研究院自2015年成立以来，已引进海内外机器人与智能装备领域企业近40家，累计产值近1.5亿元，税收超1 000万元，2021年实现新增孵化企业3家，新增产学研合作平台1个，获评苏州市产学研创新载体绩效评估A类载体、相城区"高质量发展新经济创新平台奖"等。

学院继承与发扬"厚基础、重实践、求创新"的办学传统，培养具有扎实的学科基础和宽厚的专业知识、动手能力及创新能力强的学生。学院学生在国家级各类学科竞赛中屡获大奖，获全国第十二届、第十三届、第十五届、第十六届、第十七届"挑战杯"大学生课外科技作品竞赛的特等奖、一等奖、二等奖、三等奖，中国国际"互联网+"大学生创新创业大赛银奖、铜奖，第十二届"挑战杯"中国大学生创业计划赛铜奖，创历史最好成绩。

学院重视优化师资队伍结构，积极引进高水平人才。2021年引进专任教师6名，1名教师入选2021年度"仲英青年学者"，1名教师入选苏州大学优秀青年学者。学院积极强化青年教师队伍建设，开展师德师风专题教育，全力支持青年教师的发展。

学院积极开展对外交流与合作，重视产学研合作。目前拥有本科生实习实践基地24家、省级研究生工作站49家、校级研究生工作站36家、硕士专业学位实践基地24家。

二、教学工作

1. 本科生教学工作

电气工程及其自动化专业入选2020年江苏省高校品牌专业特色项目，该专业已通过专业认证中期检查。2021年，学院学生获批大学生创新创业训练项目9项，11项结题；获苏州大学"箐政基金"项目2项；获苏州大学课程思政示范课程立项建设2项；获江苏省高等教育教改研究课题1项。

2. 研究生教学工作

学院成功举办2021年暑期优秀本科生网上夏令营，通过专题网络培训等定期开展导师日常培训。2021年，共招收博士生5名、全日制硕士生169名；硕士毕业生142名，博士毕业生7名。

2021年，研究生参与发表SCI、EI论文106篇，授权专利132项，2人次获2021年江苏省研究生科研与实践创新计划，1名博士生赴加拿大多伦多大学公派留学，研究生线上、线下参加国际学术会议和学术交流共计25人次。毕业生中获苏州大学优秀硕士学位论文的有4人次，其中，获江苏省优秀学位论文的有2人次。2021年，学院获批江苏省企业研究生工作站5家，聘任江苏省研究生导师类产业教授1名。

三、科研工作

2021年，学院共计承担各级各类科技项目352项，年度到账经费共计6 028.07万元。民口纵向项目105项，民口横向项目239项；国防纵向项目9项，国防横向项目7项。其中，民口纵向项目立项56项，立项金额2 515.00万元，到账金额2 675.15万元。民口横项到账金额2 894.79万元。国防纵向项目到账金额310.35万元，国防横向项目到账金额147.77万元。

项目方面，学院获批国家重点研发计划课题主持2项、省部级重点参与项目1项；承担国家重点研发计划项目16项，承担江苏省重点项目4项；获批国家自然科学基金项目8项，江苏省自然科学基金项目6项，江苏省科技支撑项目1项，江苏省重点研发计划项目1项，江苏省政策引导类计划项目1项，江苏省高校自然科学基金面上项目2项、重大项目 1 项,中国博士后科学基金项目 3 项。

2021 年,学院授权专利 121 件,其中,发明专利 42 件、实用新型专利 35 件、软件著作权 44 件;专利转让 46 件。学院发表论文共 244 篇,其中,SCI 论文 126 篇、EI 论文 49 篇、核心期刊论文 18 篇、普通论文 51 篇。

四、学院重大事项

(1) 5 月 24 日,揭牌成立 6 个产学研合作平台——微创手术机器人技术协同创新中心、梓英医疗科技协同创新中心、智能人工器官技术创新平台联合实验室、碳中和一体化智能技术产业创新中心、绿色智慧厨房联合实验室、智能微装配产业创新中心。

(2) 5 月,学院团委获"江苏省五四红旗团委(团工委)"荣誉称号。

(3) 11 月 2 日,揭牌成立学院首批"五百万"校级研究院——数字化智能足球研究院、磁性芯片智能制造研究院。

(4) 11 月 5 日,学院校企联合研发的新冠核酸检测样本移液自动化设备在中国国际进口博览会(上海)首次展出。

(5) 12 月 8 日,学院召开四届三次教职工代表大会。

(薛旭宁)

沙钢钢铁学院

一、学院概况

沙钢钢铁学院以冶金工程和金属材料工程专业为特色，致力于培养具有现代工程意识和创新能力的复合型人才。学院现有冶金工程、金属材料工程 2 个本科专业，设有冶金工程、材料冶金、材料与化工、资源与环境 4 个硕士点和材料冶金 1 个博士点，已建成完备的本硕博一体化人才培养体系。学院在校生人数达 600 余人。学院现有教职工 65 人，包括国家级人才特聘教授 1 人，苏州大学特聘教授 4 人，江苏省人才计划 8 人，苏州大学优秀青年学者 8 人。专任教师 100%拥有博士学位，全部来自国内外名校，超过 70%的教师具有海外工作经历。

"十四五"期间，学院将进一步加强学科内涵建设，凝练学科方向，加强师资队伍与平台建设，不断改善办学条件，加快国际化步伐，提高学科建设水平，努力把学院建成国内一流、国际知名的高水平研究型学院，成为长三角地区具有引领作用的高水平人才培养基地和科学研究基地。

二、教学工作

（1）对标"双万计划"的建设要求，实现了一流专业和一流课程的"零的突破"。

2021 年，学院金属材料工程专业在"软科中国"世界一流大学专业排名中位列第 10 位，金属材料工程专业获批省级一流本科专业、"高端钢铁材料转炉炼钢虚拟仿真实验"获批省级一流本科课程，实现了本科专业和课程建设在省级层面上的"零的突破"。2021 年，金属材料工程专业和"高端钢铁材料转炉炼钢虚拟仿真实验"课程已进入国家级一流专业和一流课程的评审阶段。

（2）以工程认证为抓手，不断加强本科教育教学的规范化建设。

2021 年，学院完成了冶金工程和金属材料工程两个本科专业的专业认证申请工作，同时将专业认证的核心思想逐步落实到人才培养全过程，推动专业建设与改革的持续改进，不断加强本科教育教学的规范化建设，进一步夯实了学院的本科教育基石。

（3）坚持立德树人根本任务，持续推进本科教育教学改革。

2021 年，学院加强课程思政建设，在苏州大学第三届课程思政课堂教学竞赛中获二等奖 2 项、三等奖 1 项。积极参与学校智工舍建设，将新工科建设理念拓展到智工舍课程体系设计和新文科项目的申报工作中，参与申报并获批国家首批新文科项目 1 项、校级教改项目 1 项。

（4）以学位点建设为契机，不断提升学院研究生培养质量。

2021届研究生毕业论文盲审一次通过率达100%。学院加强4个硕士点的招生宣传工作，2021年入学研究生新生36人，2022年硕士生报考数量达65人，在研究生入学和报考数量上均创新高。积极推动专业学位研究生实践基地和研究生工作站的申请与建设工作，2021年获批省级研究生工作站1个，申请校级研究生工作站7个、专业学位研究生实践基地5个。

（5）以学科竞赛为载体，切实推进创新创业能力培养工作。

2021年，学院学生中获全国大学生英语竞赛三等奖1人、中国大学生计算机设计竞赛全国二等奖1人、江苏省第十八届高等数学竞赛一等奖1人、美国大学生数学建模竞赛三等奖1项。学院承办和组织了第十届全国大学生金相技能大赛、第七届全国大学生热处理大赛、第四届全国大学生冶金科技竞赛等榜单赛事的校内选拔赛，并在全国比赛中获得一等奖1项、二等奖3项、三等奖7项的优异成绩。认真做好大学生创新创业训练项目的申请和推进工作，2021年共申请大学生创新创业训练项目9项，另有8个项目顺利结题，其中，3个国家级大学生创新创业训练项目以优秀成绩结题。

三、加大学科建设力度，提高科学研究水平

（1）学位点与学科建设。

2021年，学院全力做好冶金工程一级学科博士点、资源与环境专业博士点的申报工作，力争在博士点建设上有新突破。定位金属材料学科重点发展方向，有利支持了苏州大学材料科学与工程学科第五轮评估冲A工作，体现了金属材料学科的贡献度。

（2）科研平台建设。

2021年，学院整合资源，加强学科方向凝练，以江苏省重大战略需求为导向，联合高性能金属材料结构研究院，继续冲击江苏省工程研究中心或其他省部级科研平台，力争实现在省级科研平台上零的突破，以支撑冶金工程与金属材料工程学科高水平发展。

（3）科学研究。

2021年，学院获批国家自然科学基金外国资深学者研究基金项目1项、面上项目5项、青年基金项目5项，整体资助率达44%，创学院历史新高。获批江苏省自然科学基金项目4项。纵向项目科研进款630万元，横向项目科研进款1 350万元，科研总经费接近2 000万元，为历史新高。发表高水平学术论文84篇，其中，SCI论文74篇；授权发明专利27件；获中国钢铁工业协会科技进步一等奖1项、江苏省高校科学技术三等奖1项。均超额完成目标。

（4）产学研平台建设。

2021年，学院加强现有产学研平台内涵建设，深挖潜力，增强效能，提高产出；秉承"请进来，走出去"的理念，与相关企业新建产学研联合研发中心4个，合作经费1 000万元。校企平台的建立推动了产学研的高水平发展，学院任务超额完成。

（5）人才队伍建设。

2021年，学院师资队伍建设取得新成效，引进青年教师2人；1人晋升教授，1人晋升副教授。现42位专任教师中有教授12人、副教授18人、兼职教授10人。学院教师在

苏州大学第三届课程思政课堂教学竞赛中获二等奖2项、三等奖1项。

四、学院重大事项

（1）学院金属材料工程专业在"软科中国"世界一流大学专业排名中位列第10位，金属材料工程专业获批省级一流本科专业、"高端钢铁材料转炉炼钢虚拟仿真实验"获批省级一流本科课程，实现了本科专业和课程建设在省级层面上的"零的突破"。

（2）完成了冶金工程和金属材料工程2个本科专业的专业认证申请工作。

（3）积极参与学校智工舍建设，将新工科建设理念拓展到智工舍课程体系设计和新文科项目的申报工作中，参与申报并获批国家首批新文科项目1项、校级教改项目1项。

（4）获批省级研究生工作站1个，申请校级研究生工作站7个、专业学位研究生实践基地5个。

（5）集全院力量做好冶金工程一级学科博士点、资源与环境专业博士点的申报工作。

（6）获批国家自然科学基金外国资深学者研究基金项目1项、面上项目5项、青年基金项目5项，整体资助率达44%，创学院历史新高。

（郑彦之）

纺织与服装工程学院

一、学院概况

纺织与服装工程学院（兼丝绸科学研究院）成立于2008年7月，由原材料工程学院按纺织科学与工程一级学科单独组建而成。学院现设有纺织工程系、轻化工程系、服装设计与工程系、非织造材料与工程系、院总实验室、《现代丝绸科学与技术》编辑部。学院拥有涵盖纺织服装全产业链的人才培养体系，现有纺织科学与工程一级学科博士点、博士后流动站。纺织工程是国家重点学科，纺织科学与工程学科连续三次获批为江苏高校优势学科，学科综合实力位居全国第三、江苏第一。纺织工程专业为国家特色专业建设点、教育部"卓越工程师教育培养计划"专业、江苏省品牌专业。学院现有现代丝绸国家工程实验室、纺织与服装设计国家级实验教学示范中心、纺织与服装工程国家级虚拟仿真实验教学中心等3个国家级平台，以及江苏省产业技术研究院南通纺织丝绸产业技术研究院、江苏省丝绸工程重点实验室等7个省级平台。

学院师资力量雄厚，现有教职工138人，其中，教授33名、副教授33名，专任教师中博士学位率达92%。学院现有国家级人才计划入选者4名，国务院学科评议组成员1名，教育部"新世纪优秀人才"1名，省级教学名师1名，"双创人才""青蓝工程""333工程""六大人才高峰"等省级人才计划获得者24名，省级科技创新团队2个，江苏省产业教授9名，双师型教师60多名。学院先后承担了国家"863计划""973计划"高新技术项目、国家科技支撑计划、国家重点研发计划等国家级重大科研项目，获得多项国家级科技成果奖、国家级教学成果奖，多门课程入选国家级课程。

2021年，学院在册全日制本科生1 239人，博士生66人（其中，留学生12人），硕士生485人（其中，留学生2人）。

二、教学工作

1. 本科生教学工作

学院高度重视本科生教学工作。继服装设计与工程专业获批国家级一流本科专业建设点后，轻化工程专业获批省级一流本科专业建设点，并被推荐申报国家级一流本科专业建设点。新增工程教育认证专家4人。教育教学研究及改革创新成果丰硕，获批江苏省高等教育教改研究课题1项、中国纺织工业联合会高等教育教学改革项目20项、苏州大学高等教育教改研究课题3项。学院教师获江苏省教学成果奖一等奖1项，中国纺织工业联合会高等教育教学成果奖8项（其中，特等奖3项、一等奖2项、二等奖3项）。本科教学改革扎实推进，教育教学质量稳步提升，学院获批首批江苏省一流本科课程3门，获推荐申报第二批国家级一流本科课程1门，获批"苏大课程2021-3I"课程1门；出版部委级规划教材5本，获批"十四五"部委级规划教材24本，获批江苏省重点教材1本；获江苏省高校微课教学比赛三等奖1项，获苏州大学课程思政课堂教学竞赛二等奖1项、三等奖1项，获首届苏州大学教师教学创新大赛暨第二届江苏省高校教师教学创新大赛选拔赛二等奖1项。

2. 研究生教学工作

学院设置纺织科学与工程一级学科博士点，纺织工程、纺织材料与纺织品设计、纺织化学与染整工程、服装设计与工程、非织造材料与工程5个二级硕士、博士点。2021年，学院录取学术型硕士生57人、专业型硕士生127人，其中，推免研究生9人；录取博士生13名。研究生发表SCI论文141篇，申请发明专利104件。毕业升学方面，9人获得博士学位；35人获得学术型硕士学位，82人获得专业型硕士学位。研究生学位授予率达94.2%，就业率达95%。研究生学位论文盲审通过率达96.8%，江苏省学位论文抽检通过率达100%，1篇硕士论文获评"江苏省优秀硕士学位论文"，2篇博士论文获"王善元优博基金"。

三、科研工作与学术交流

1. 科研项目及成果

2021年，学院新增国家级科研项目4项（国家重点研发计划2项），省部级项目9项，市厅级项目9项，纵向项目到账经费477.40万元。新增横向项目85项，横向项目到账经费2 001.80万元。新增军工项目3项，军工科研到账经费520.85万元。开放课题项目9项。获省部级科学技术奖15项，其中，一等奖2项、二等奖9项、三等奖4项。获省部级发明专利奖1项。

加强平台建设，突出特色研究。2021年，学院新增省部级平台1个，验收平台4个，其中，江苏省纺织印染节能减排与清洁生产工程中心验收通过，江苏省苏州丝绸技术服务中心验收良好，苏州市生物组织工程材料与技术重点实验室、苏州市丝绸文物测试与复制保护技术重点实验室验收结果良好。

不断加强青年教师科研培训。2021年，学院针对国家自然科学基金申报、专利申请和报奖召开2场专题辅导，资助青年教师参加国内外纺织相关学术会议。张克勤教授被列入科睿唯安2021年度"高被引科学家"名单，3名教授在国际学术组织中任职。2021年，学院教师累计发表SCI论文173篇，其中，一区论文27篇，二区论文71篇，EI论文36篇，CSCD论文28篇；申请国际发明专利34件、中国发明专利102件，授权中国发明专利111件、国际发明专利6件。

2. 国内外学术交流情况

2021年，学院深化产教融合，紧密联系行业企业，加入中国产业用纺织品行业协会，成为理事单位。1项成果经中国纺织工业联合会鉴定，鉴定成果水平为"国际先进"。主导制定国家标准2项、地方标准1项、团体标准5项。新增4家校企协同创新中心，累计到账横向经费2 001.80万元；本年度转让专利18件，转让金额132万元。

四、学院重大事项

（1）6月4日,"蚕丝蛋白材料研究及转化"研讨会在独墅湖校区苏州大学现代丝绸国家工程实验室908号楼二楼会议室召开。

（2）6月19日,在第三届全国大学生绿色染整科技创新竞赛中,学院（紫卿书院）荣获特等奖1项、一等奖1项、二等奖1项、三等奖3项。

（3）8月,在第九届全国高校数字艺术设计大赛江苏赛区的比赛F类时尚设计赛道中,学院斩获11个奖项,包括5个一等奖、3个二等奖、3个三等奖。在第七届中国国际"互联网+"大学生创新创业大赛江苏省选拔赛中,荣获一等奖1项、二等奖3项。其中,"'天生丽织'——免印染结构色纤维全球领航者"项目通过省赛排位赛,被推荐参加国赛。

（4）9月25日,中国纺织工业联合会副秘书长、纺织之光科技教育基金会理事长叶志民来学院调研基金会资助的中国纺织工业联合会应用基础研究项目进展情况。

（5）11月10日,江苏苏美达纺织有限公司—苏州大学合作签约仪式在苏州大学天赐庄校区红楼会议中心举行。

（6）12月1日,纺织类一流本科专业建设研讨会在苏州大学北校区工科楼后座422会议室召开,教育部高等学校纺织类专业教学指导委员会成员和主要纺织类高校、纺织学院的领导参加了会议。

（7）12月17日,在第五届中国纺织类高校大学生创意创新创业大赛全国总决赛上,学院（紫卿书院）"'不染'——仿生结构色纤维开拓者"项目荣获特等奖,"生命卫士——智能热防护服革新者""牙乐宝——口腔黏膜修复领军者""从废气到能源—印染VOCs降解技术的引领者"3个项目荣获三等奖。

（8）12月30日,学院与江苏国泰华盛实业有限公司签署合作签约仪式在张家港举行。江苏国泰华盛实业有限公司出资100万元资助学院人才培养工作。

（9）在第七届中国国际"互联网+"大学生创新创业大赛全国总决赛中,学院（紫卿书院）"天生丽织——免印染结构色纤维全球领航者"项目荣获高等教育主赛道银奖。

（司　伟）

轨道交通学院

一、学院概况

轨道交通学院是 2008 年 5 月成立的新型工科学院。2012 年 8 月，学院整体迁入阳澄湖校区，原南京铁道职业技术学院苏州校区城市轨道交通系、建筑环境与设备工程系整体并入。2016 年 6 月，交通大楼正式落成启用，完善的教学科研场所为学院一流建设和长远发展奠定了基础。2017 年 8 月，学院由苏州大学城市轨道交通学院更名为苏州大学轨道交通学院。

学院现有教职工 113 名，包括专任教师 89 名，其中，教授 13 名、副教授 43 名，教师中拥有博士学位者 59 名。现有全日制本科生 1 015 名、全日制硕士生 101 名、在校博士生 23 名。学院拥有交通运输、车辆工程、工程管理、轨道交通信号与控制、电气工程与智能控制、建筑环境与能源应用工程 6 个本科专业，具有非常显著的轨道交通特色。学院拥有智能交通科学与技术博士点、交通运输工程一级学科硕士点，下设道路与铁道工程、交通信息工程及控制、交通运输规划与管理、载运工具运用工程、交通能源与环境 5 个二级硕士点，以及车辆工程、模式识别与智能系统硕士点。

学院设土木与环境调控工程系、交通运输工程系、车辆工程系、信号与控制工程系、总实验室、车辆动力学与控制研究所、交通运输规划研究所、地下空间研究所、建筑环境与安全研究所等部门，拥有苏州市轨道交通关键技术重点实验室、苏州大学未来交通联合实验室、苏州大学交通工程研究中心、苏州大学工业测控与设备诊断技术研究所、江苏省轨道交通实践教育中心、苏州市轨道交通视频大数据云平台、苏州大学军民融合物联网协同创新中心、苏州大学固德威清洁电力协同创新中心等 8 个省、市、校级科研机构和科研平台。

学院现有总面积 3 000 平方米的总实验室，建有省级教学实践中心——江苏省轨道交通实践教育中心，设立以轨道车辆、电气控制、交通运输规划与运营、列车运行控制、地下工程等为核心内容的教学实验室；学院还建有铁路机车司机培训基地和国家节能型空调实训基地。

二、教学工作

1. 本科生教学工作

学院组织并实施教学质量的全面监控、教学管理及专业认证工作。通过专业认证工作，建立了轨道交通专业人才培养质量保证体系。

资助参与教研活动的教职工开展各类课程建设。2021年，学院共资助12万元用于专业教师的专业建设工作，包括专业认证、课程思政教学团队及示范课程建设项目、"苏大课程2021-3I"工程建设项目。教师发表教改论文7篇，主持教改项目2项。

以教学竞赛为抓手，着力培养青年骨干教师成才成长。2021年，学院蔡琦琳老师、李成老师分获苏州大学第三届课程思政课堂教学竞赛一等奖、三等奖，江星星老师获评2021年"苏州大学优秀青年学者"。

紧抓教育教学全过程，学生培养质量持续提升。2021年，学院获得省级以上奖项79项，其中，参加国家级交通科技大赛获奖1项；参加省级交通科技大赛获奖3项，参加省级大学生电子设计竞赛获奖5项，参加省级大学生高等数学竞赛获奖12项；参加全国周培源大学生力学竞赛获奖45项，参加中国大学生计算机设计大赛获奖1项，参加第十二届"蓝桥杯"全国软件和信息技术专业人才大赛获奖12项。

2. 研究生教学工作

2021年，学院获得省级优秀硕士学位论文1篇，有3人出国攻读博士学位，其中，1人获得国家公派留学基金资助。学院获得江苏省研究生培养创新工程（研究生科研与实践创新计划）项目1项；新增江苏省研究生工作站1个；获得苏州大学研究生课程思政示范课程项目1项。研究生参与发表SCI、EI检索论文86篇。竞赛获奖方面，研究生获得第四届全国大学生冶金科技竞赛三等奖1项、第二届全国大学生智能建造与管理创新竞赛二等奖1项、第二届江苏省研究生智慧交通运输创新实践大赛三等奖1项、全国智慧城市与智能建造大学生创新创业竞赛三等奖1项、2021亚太经济合作组织公共交通科技创新竞赛（APEC INPUT）优胜奖1项等。

学院依托学校研究生督导及学院学位委员会对研究生实行从招生到培养全过程管理，主要督查研究生培养方案的组织与实施、课程课堂教学的组织与实施，督查研究生读书报告、科研记录等过程的规范性，监督开题报告、中期检查、（预）答辩等环节，督查研究生教风学风建设、学术规范建设。整体上，学院研究生教育工作教风学风优良，尤其注重强化研究生培养过程的质量管控，以达到研究生培养质量提升、研究生工作提质增效的目标。

三、科研工作与学术交流

1. 科研项目及成果

学院继续优化交通运输工程一级学科，协调发展车辆工程、模式识别与智能系统二级学科方向。继续深化学科、科研工作齐头并进、相互融合、相互促进的发展思路。2021年，学院获批5项国家自然科学基金，其中，面上项目2项，青年基金项目3项，立项总经费211万元；获批江苏省自然科学基金4项，其中，江苏省优秀青年基金项目1项，青年基金项目3项；获批江苏省高校面上项目2项、中国博士后科学基金5项，资助总金额40万元；获批国家重点实验室开放课题4项，立项总经费14万元；纵向项目到账经费504万元。2021年，新立项横向项目70余项，合同金额1928万元，其中，合同金额超过100万元的项目有8项，单项最高合同金额440万元，横向到账总经费1833万元。本年度授权各类知识产权94项（其中，25项发明专利、18项实用新型专利、51项计算机软件著作权），实现知识产权转让6项；学院教师发表高水平论文116篇，其中，SCI一区22篇、二区25篇。学院教师获省部级三等奖1项，市厅级一等奖1项，市厅级二等奖、三等奖各3项。2021年，学院科研到账经费创历史新高，学院将继续围绕"交通强国"战略，不遗余力地致力于学科、科研平台申请规划，深耕行业，融于地方，实现高质量发展。

2. 国内外学术交流情况

2021年，学院共发表了36篇学术会议论文。学院本着"走出去，引进来"的发展思路，全年开展了各方面的讲座30余次，并继续承办了中国实验交通研究联盟学术论坛（第二届）。学院将继续积极努力地推进学术交流活动，进一步提升组织与筹办学术会议的能力。

四、学院重大事项

（1）5月31日，学院举办2021年姑苏区人才服务直通车进苏州大学（阳澄湖校区）活动。

（2）6月20日，2021亚太经合组织公共交通科技创新竞赛颁奖仪式暨交流会在上海工程技术大学松江校区召开。学院2020级道路与铁道工程专业硕士生管浩和2019级交通运输专业本科生高荣环、缪灵一、王航远、唐浩5位同学组成代表队，刘维老师和赵华菁老师参与指导，向组委会提交的APEC学术研究成果文件（中英文）《城市轨道交通盾构施工智能监测及风险预警系统》获得专家团的认可，最终取得优秀奖。

（3）11月27日，由苏州市综合交通运输学会、苏州大学轨道交通学院共同承办的中国实验交通研究联盟第二届学术论坛（2021）暨长三角大学群实验交通联合实验室创建会议在线上举行。

（尉迟志鹏）

体育学院

一、学院概况

体育学院的办学历史可以追溯到1924年的东吴大学体育专修科、1952年的江苏师范学院体育系、1982年的苏州大学体育系，从1924年至今已有近百年的办学历史。体育学院于1997年成立，学院现有体育教育、武术与民族传统体育、运动训练、运动人体科学、运动康复5个本科专业；拥有体育学博士后科研流动站和体育学一级学科博士点、体育学一级学科硕士点、体育专业学位硕士点。

学院拥有国家体育总局体育社会科学重点研究基地、国家体育总局机能评定与体能训练重点实验室、国家体育总局体育产业研究基地等科研平台；国家级一流专业、国家级精品资源共享课、国家级在线开放课程、省级重点专业、省级品牌专业、省级特色专业等优质教学资源；学院也是全国学校体育联盟（体育教育）江苏分联盟盟主单位和江苏省体育教育联盟盟主单位。长期以来，学院致力于培养高素质体育人才，为国家和社会输送了包括奥运会冠军陈艳青、吴静钰、孙杨在内的一大批高水平体育专业人才，为我国体育事业做出了应有的贡献。在1997年全国首届体育教育专业大学生基本功大赛中获得团体总分第一名，2019年代表江苏参赛再次获得团体一等奖第一名。

学院现有教职员工近百人，其中，高级职称及以上者近50人。有博士生导师20余人，硕士生导师近70人，国际级裁判2人，国家级裁判10人，另有柔性引进教授、兼职教授、客座教授共20余名。2021年，学院全日制在校学生1 000余名。

学校与江苏省体育局签署战略合作框架协议，联合组建江苏体育产业协同创新中心，在科学研究、人才培养、高水平运动队建设等方面全面合作、深度融合。成立"苏州大学江苏体育健康产业研究院"，发挥省校共建的决策优势，全力打造体育健康产业高端智库和体育产业人才培养基地。学院响应"健康中国2030"号召，服务大众运动健身和康复需求，与苏州市卫生健康委员会、苏州市体育局合作成立"运动云医院"。

学院以各级各类赛事为平台，以赛促学，彰显体教结合特色。孙杨、吴静钰、王振东3位运动员在里约奥运会上表现出色，为学校争得了荣誉。张华同学在第二十八届世界大学生夏季运动会跆拳道女子62公斤级比赛中夺冠。郭丹同学在平昌冬奥会上获女子速度滑冰集体出发第十名，创造了中国轮滑人转战冬奥会的历史。在第十三届全国学生运动会上，苏州大学位居参赛高校第七，获得"校长杯"奖。学院学生参加全国田径锦标赛、全国青年运动会、全国大学生田径锦标赛、全国大学生游泳锦标赛、全国高校健身气功比赛、全国高校啦啦操比赛、江苏省大学生田径比赛、江苏省大学生游泳比赛、江苏省"省长杯"大学生足球联赛、第十八届CUBA中国大学生篮球联赛、全国高校舞龙舞狮锦标赛、龙舟比赛、国际剑道公开赛等国际国内重大赛事，均取得优异成绩，为学校、学院增光添彩，继续保持了苏州大学的竞技体育水平，巩固了苏州大学"江苏一流、全国领先"的地位。

二、教学工作

1. 本科生教学工作

2021年，学院招生168名（含基地生）。学院坚持以立德树人为宗旨，以学风建设为中心，推进本科教育"四个回归"的办学目标。依照国家和学校加强本科教育与提升本科教学质量的指示精神，把本科专业建设改革和本科教学质量提升作为领导班子年度工作的重中之重。

体育教育专业成功获批苏州大学一流本科专业、江苏省一流本科专业，目前正在参加国家一流专业的参评工作。学院以体育教育品牌专业建设为契机，开展了系列课程资源与教材建设工作。王国祥老师主编的《运动损伤与康复》教材获得2021年苏州大学精品教材奖。王家宏老师主编的《球类运动——篮球（第三版）》获全国优秀教材（高等教育类）二等奖。杨青老师获得苏州大学第三届课程思政课堂教学竞赛副高组一等奖。

学院举办了"一流本科专业建设和教学质量促进"专项研讨会议，全面推进本科教育工作。学院积极组织并开展了体育教育专业认证的调研工作，积极配合学校对运动训练专业人才培养工作进行认真梳理与整改，完成运动康复专业的省内学位评估工作。陈瑞琴、陆阿明、钟华3位教师获得2022届教育实习校内"优秀指导老师"称号。学院荣获苏州大学2022届教育实习"先进单位"称号。学院组织学生参加第四届全国高校运动康复专业学生技能大赛并获得一等奖，参加体育教育专业基本功大赛并获得2个二等奖。

2. 研究生教学工作

2021年，学院招收博士生8人、全日制硕士生128人（含尼日利亚留学生1人），共授予硕士学位105人、博士学位9人。本年度学院顺利完成博士生、硕士生的招生、培养和学位授予工作；承办了第四届东吴体育博士论坛，促进了国内专家学者、博士生之间的相互交流和学习，打造了更加开阔的学术交流平台，整合了优质研究资源，为进一步提高华东地区体育学博士生的科研水平起到了积极作用。2021年，学院研究生年终就业率为96.36%。

三、科研工作与学术交流

2021年，学院师生共获批各级各类研究课题29项，其中，国家社会科学基金项目3项（新增一般项目2项，国家社会科学重大项目子课题1项），省部级研究项目2项，市厅级项目7项，横向或纵向委托项目17项，科研经费达307.99万元；共发表核心期刊学术论文50篇（其中，SCI论文3篇、SSCI论文5篇、一类核心期刊论文8篇、二类核心期刊论文21篇）；主编、参编教材及出版专著7部，获得发明专利3项、实用新型专利8项；获得第六届全国教育科学研究优秀成果奖一等奖1项，江苏省高校哲学社会科学研究成果三等奖1项，江苏省体育科学学会科学技术奖二等奖1项；举办了2021体育与健康产业发展论坛、第四届东吴体育博士论坛，以及国内外专家学术讲座20余场；资助教师和研究生参加国际国内会议40余人次。

四、学院重大事件

（1）3月17日，学院党史学习教育动员大会在文辉楼220室举行。

（2）3月31日，学院师生党员代表、国旗班学生和苏州市姑苏区葑门派出所党支部的党员代表共同前往苏州烈士陵园，祭奠英灵，缅怀先辈。

（3）4月21日，学院五届二次教职工代表大会在文辉楼220室成功召开。

（4）6月6日，苏州大学"永远跟党走"——庆祝中国共产党成立100周年师生大合唱比赛在独墅湖恩玲艺术中心顺利举行，学院获三等奖。

（5）7月5日，国家体育总局冬季运动管理中心举行冰雪项目2020—2021赛季表彰大会暨中国冰雪科学顾问等证书颁发仪式。学院研究生蔡春艳荣获"2020—2021赛季科医服务先进个人"称号。

（6）7月17日，学校13名体育健儿代表江苏省、苏州大学参加第十四届全国学生运动会，共获得150分，为江苏省大学生代表团荣获团体总分第三名、江苏省大学生田径代表队荣获团体总分第二名并获"体育道德风尚奖运动队"荣誉称号做出重要贡献，苏州大学再次捧得"校长杯"奖。

（7）10月17日，学院研究生何冰娇在丹麦举行的世界女子羽毛球团体锦标赛"尤伯杯"决赛中获得冠军。

（8）10月22—25日，学院学生参加第四届全国高校运动康复专业学生技能大赛并获得团体一等奖，沈翔宇和陈博诚获得个人一等奖，钱颖秋获得个人二等奖。

（10）12月5日，学院学生参加2021年新生舞蹈大赛并获得一等奖，捧得"传承杯"。

（刘晓红）

艺术学院

一、学院概况

艺术学院始创于1960年，现已发展为师资力量雄厚、专业方向比较齐全的综合性艺术学院。学院现有教职工134人，其中，专任教师98人，博士生导师10人、硕士生导师43人，教授20人、副教授29人，海外专家6人，江苏省教学名师1人。学院还聘请了多名国内外著名画家、设计师担任讲座教授、客座教授、兼职教授。在校博士生、硕士生、本科生和成人教育学生总计约3 300人。学院设有产品设计、服装与服饰设计、视觉传达设计、环境设计、数字媒体艺术、美术学（美术教育、插画）、艺术设计学7个专业；拥有一级学科设计学博士点和博士后科研流动站，一级学科设计学、美术学硕士点，艺术硕士（MFA）专业学位硕士点；是国际艺术、设计与媒体学院联盟会员。2010年，艺术学学科获得首批江苏高校优势学科建设工程项目立项；2014年、2018年，设计学学科先后获批为江苏高校优势学科建设工程第二期、第三期项目立项。2017年，在教育部第四次学科评估中，设计学学科被认定为A类（A-）学科，排名全国并列第五；在2018年"软科中国"世界一流学科排名中，设计学学科排名全国前5%。艺术设计学为江苏省高等学校重点专业（类），服装与服饰设计、美术学专业为国家级一流本科专业建设点。多年来，学院培养了马可、吴简婴、王新元、赵伟国、邱昊、逄增梅等一大批优秀的艺术与设计人才，毕业生遍及海内外。

二、教学工作

1. 本科生教学工作

学院进一步加强组织机构建设。为应对新冠疫情，有效推动学院疫情防控期间在线教学工作，成立学院在线教学工作小组，指导在线教学各环节的运行与教研工作的开展。学院教师获得教育部产学合作协同育人项目2项，获"纺织之光"中国纺织工业联合会纺织高等教育教学成果奖特等奖1项、一等奖2项、二等奖2项，获"纺织之光"教育教学改革项目4项，获"纺织之光"教师奖1人、学生奖5人。教师积极参加各级教学竞赛，获得苏州大学第三届课程思政课堂教学竞赛正高组一等奖、中级组二等奖；2位教师在首届江苏省高校艺术教师基本功展演中分别获得个人全能第一、第二的好成绩，美术师范类获得团体第三，取得2022年全国艺术教师基本功展演的国赛资格。

学生科研成绩优越，竞赛积极性持续升温。完成2019年国家级、省级、校级大学生创新创业训练项目结题7项，国家级、省级、校级大学生创新创业训练项目中期检查6

项。成功申报国家级、省级大学生创新创业训练项目4项。学院累计在研高水平学生科研项目共计17项。参加全国大学生广告艺术大赛、江苏省"紫金奖"中国（南京）大学生设计展、江苏省第六届大学生艺术展演等各类专业赛事的本科生达562人次，累计获奖470项。通过"苏州大学艺术学院"公众号平台如期举办了2021届本科毕业作品线上展览，将学院的育人成果和教研探索在兄弟院校和社会同仁中做了一次精彩的汇报，取得了较好的效果。

2. 研究生教学工作

为应对对正常开学和课堂教学造成的影响，根据学校安排，详细制订艺术学院研究生招生、教学、送审、（预）答辩、学位授予工作等具体工作方案；认真开展全国专业学位水平评估信息公示、提异议及信息核查与公示异议情况反馈工作；研究生日常教学工作有序开展，科研工作收获新成绩。学院获批苏州大学海内外学术交流种子基金项目和江苏省研究生创新论坛、苏州大学研究生国际学术创新论坛项目。"镌绘之美——桃花坞木版年画的传承与活化"艺术实践工作坊荣获江苏省第六届大学生艺术展演特等奖、全国第六届大学生艺术展演活动（艺术实践工作坊）一等奖，实现了艺术学院在该奖项上的"零的突破"。

三、学科建设与科研工作

学院聚焦"双一流"建设方向，按照"加强顶层设计，强化目标管理，打造学科高峰"的思路，大力推动学科建设与科研工作，成效显著，亮点突出。学院在苏州大学2021年综合考核中再次获得人文社会科学科研工作"最佳进步奖"。

第一，继续高质量推进江苏高校优势学科建设工程三期项目建设。完成江苏省优势学科三期项目2020年度报告工作，做好迎接江苏省优势学科三期项目验收工作，就未完成的建设任务或须重点推进的标志性成果倒排时间表，集中资源推进任务的完成。结合学院的资助条例，积极采取措施加快资金执行进度，确保2021年年底完成专项经费使用。

第二，以江苏省优势学科三期项目资助为抓手，持续推进科研工作再上新台阶。以优势学科三期项目任务书为依据，继续高质量推进优势学科三期项目建设工作，逐一梳理每个指标体系的定性、定量任务达成情况，客观检视建设过程，总结成效与不足，并就未完成的任务或须重点推进的标志性成果倒排时间表，集中资源推进建设工作。2021年，各类项目及奖项申报数稳中有升，申报质量大大提高，获批国家级项目4项，其他各类项目近30项。其中，国家社会科学基金艺术学重大项目1项，这是继2019年学院在国家社会科学基金艺术学重大项目实现突破后的又一斩获。同时，学院立项苏州大学首个国家艺术基金传播交流推广项目1项、国家社会科学基金艺术学项目和后期资助项目各1项。另，自学院青年教师研究基金条例实施以来，在22项青年教师培育项目中，获市厅级及以上项目9项。

四、学院重大事项

（1）3月3日，学院美术学专业入选国家级一流本科专业建设点。

(2) 3月24日,学院三届五次教职工代表大会在独墅湖校区603幢三楼图书资料室召开。

(3) 5月6日,"镌绘之美——桃花坞木版年画的传承与活化"艺术实践工作坊亮相由教育部和四川省政府主办的全国第六届大学生艺术展演活动(艺术实践工作坊)暨艺术作品展览。

(4) 5月7日,学院"无远弗届"2021届研究生毕业作品展开幕式于苏州大学美术馆隆重举行。

(5) 5月25日,"突维"——2021届苏州大学艺术学院本科设计作品展暨2021届服装与服饰设计专业设计SHOW在苏州大学美术馆拉开序幕。

(6) 6月25日,学院开展走访慰问活动。学校党委副书记王鲁沛、党委办公室查晓东副主任,学院党委书记顾德学、院长姜竹松走访了获得"光荣在党50年"纪念章的党员、生活困难的老党员等。

(7) 6月29日,第九届全国高校数字艺术设计大赛江苏赛区评审专家委员成立大会在苏州大学独墅湖校区炳麟图书馆学术报告厅举行。

(8) 7月5日,学院方敏教授的"中国品牌形象设计与国际化发展研究"课题中标2021年度国家社会科学基金艺术学重大项目。

(9) 10月28日,长三角设计学科党建高校联盟"永远跟党走——庆祝建党百年师生作品展(苏州)"在学院美术馆开展。

(10) 11月22日,明基友达基金会名下"贺野艺术教育基金"在艺术学院设立"贺野艺术教育新秀奖学金"并举行捐赠签约仪式。

(卢海栗)

音乐学院

一、学院概况

音乐学院的前身为创建于1998年的艺术学院音乐系。2012年10月，苏州大学音乐学院正式组建。学院现有音乐与舞蹈学一级学科硕士点，音乐学（师范）、音乐表演、作曲与作曲技术理论3个本科专业。学院设有4个专业系部：作曲与理论系、钢琴系、声歌系、管弦系；2个专业管理机构：音乐教育发展与研究中心、音乐表演发展与研究中心；2个教学科研支撑机构：场馆管理中心、音乐图书馆；3个学生乐团：苏州大学交响乐团、苏州大学合唱团、苏州大学交响管乐团。教育部中华优秀传统文化传承基地、江苏学校美育研究中心、江苏省高校美育教学指导委员会政策与理论研究中心、中国昆曲评弹研究院均设在音乐学院。

学院现有专任教师38名，其中，教育部高校美育教学指导委员会委员1名，教授5名、副教授10名、讲师23名，外籍及港澳台地区教员12名。52.6%的教师具有博士学位，68%的教师具有一年以上留学经历。学院还聘任一大批有着丰富舞台经验的国内著名乐团中的演奏家和经验丰富的中小学音乐教师担任兼职教师。目前境外教师多来自国际顶尖大学和音乐学院，如曼哈顿音乐学院、辛辛那提大学音乐学院、茱莉亚音乐学院、巴黎国立高等音乐学院、科隆音乐学院、索菲亚王后高等音乐学院等。

近年来，学院围绕"构建新发展格局，争创一流音乐学院"的总体奋斗目标，明确学院发展的三大定位：一是坚持"以美育人、培根铸魂"，发挥学科优势引领学校美育工作，做高校美育育人的先行者和排头兵；二是坚持"育人为本、教学为重"，提高人才培养质量，打造卓越教师和拔尖英才的高素质人才培育基地；三是坚持"文化传承、协同发展"，立足江南音乐文化，整合内外优质资源，做服务地方发展的文艺高地。学院坚持党的全面领导，以新发展理念为引领，以双循环发展为导向，以高质量发展为目的，不断推陈出新，陆续出台一系列改革、发展措施，在多个领域取得不俗成绩。

二、教学工作

1. 本科生教学工作

学院承办教育部全国普通高等学校艺术教育专业教学改革研讨会，校党委副书记王鲁沛做"谋大局，应变局，开新局，扎实推进艺术教育专业创新发展"发言，介绍学校和学院推进艺术教育专业改革发展的经验。音乐学（师范）专业在二级认证申请中脱颖而出，作为江苏省音乐专业师范类认证试点专业之一，接受现场考查。已通过2021年省级一流本科专业建设点推荐公示，拟推荐国家级一流本科专业。在课程思政建设中，吴磊的"钢琴即兴伴奏"获江苏省教育厅课程思政示范课程，冒小瑛的"钢琴教学法"获苏州大学2021年课程思政示范项目。张尧老师获苏州大学课程思政课堂教学竞赛一等奖，学院教师连续三年在该项比赛中斩获佳绩。吴磊等于2021年12月获江苏省教学成果奖一等奖，吴磊、冒小瑛出版中小学音乐教材《自弹自唱教程》"十三五"江苏省高等学校重点教材（新编）6部，唐荣出版《杨立青音乐创作研究》专著1部。学院交响乐团演奏由孔志轩创作的校庆作品《东吴畅想》获得全国一等奖，苏州大学获优秀组织奖，展演成绩在全国高校中名列前茅。李长松指导的合唱团荣获江苏省第五届紫金合唱节比赛高校B组金奖。1名学生获第十三届全国大学生广告艺术大赛全国总决赛三等奖，2名学生获亚洲（国际）音乐大赛中国赛区一等奖，1名学生获2021"李斯特纪念奖"国际钢琴公开赛中国赛区一等奖，1名学生获2021"肖邦纪念奖"国际钢琴公开赛中国赛区一等奖。1名学生获批苏州大学"箐政基金"项目，4支团队成功申报大学生课外学术科研基金重点项目、10支团队成功申报一般项目并结题。此外，学院推出"淬金计划"——打造"金课"，培养"金师"，造就"金生"。4个系科积极响应"淬金计划"，分别举办公开课、音乐会等教学交流活动，营造培优争先的良好氛围。

2. 研究生教学工作

2021年，学院继续做好学术型硕士（音乐与舞蹈学）、艺术硕士（音乐专业）的培养工作，提高生源质量，完善培养过程，指导就业。完成申报2020年全国第五轮学科评估。2021上半年，根据全国艺术专业学位研究生教育指导委员会文件，完成对艺术硕士培养方案的修订，同时按照学校要求对"音乐与舞蹈学"学术型硕士生培养方案进行修订。音乐学院与苏州市工业园区景城学校、尹山湖大剧院签订协议，建立研究生专业实践基地。研究生就业率达90%。

三、科研工作与学术交流

1. 科研项目及成果

学院教师发表核心论文6篇，其中，CSSCI一类核心1篇、二类核心1篇、三类核心3篇，北图核心刊物1篇；出版中文学术著作5部。科研项目获得国家艺术基金立项1项，江苏省高校哲学社会科学研究重大项目立项1项、江苏省高校哲学社会科学研究一般项目立项3项，苏州市委宣传部项目1项。科研成果获江苏省高校哲学社会科学研究成果奖二等奖1项、苏州市优秀音乐创作推优2项。

2. 国内外学术交流情况

学院承办中国音乐家协会西方音乐学会第四届青年学者研讨会，举办由"江苏—英国高校合作联盟"暨"2021年度苏州大学海内外学术交流种子基金项目"支持的首届苏州大学国际钢琴教学法研讨会，对于学科建设起到推动作用，会议影响力大，受到学术界的广泛好评。

学院积极贯彻国际化办学方针，开展国际化合作办学，加强与已签署合作协议大学之间的合作；做好招生宣传，招收优质国际学生。目前正与英国女王大学洽谈合作项目，合作模式拟定为"2+2"双学位项目及"3+1+1"本硕连读项目。

四、学院重大事项

（1）4月10日，苏州大学交响乐团亮相上海东方艺术中心·音乐厅，演绎《红楼梦》主题歌曲·交响合唱音乐会。

（2）4月21日，学院党委召开党史学习教育动员大会，对党史学习教育进行全面动员和部署。

（3）5月12日，全国第六届大学生艺术展演出活动在成都圆满落幕，苏州大学成绩名列前茅，摘得4个一等奖，音乐学院交响乐合奏《东吴畅想》荣列其中。

（4）5月14日起，学院党委开展"初心向党 乐颂百年"——庆祝中国共产党成立100周年系列活动。

（5）6月22日，苏州大学交响管乐团成功举办苏州大学2021年毕业典礼暨学位授予仪式系列活动——阳澄湖校区专场音乐会。

（6）6月28日，"伟大征程"——苏州大学庆祝中国共产党成立100周年交响音乐会在恩玲艺术中心上演。

（7）7月30日，2021年全国普通高等学校音乐教育专业、美术教育专业本科学生和教师基本功展示第一次秘书长视频会议召开。教育部体育卫生与艺术教育司副司长万丽君出席会议，会议由万丽君主持。

（7）7—8月，学院领导班子数次召开高质量发展研讨会，充分调研、讨论并制订学院"十四五"发展规划。

（9）10月18—22日，由教育部主办，江苏省教育厅、苏州大学承办的2021年全国普通高等学校音乐教育专业本科学生和教师基本功展示于独墅湖校区圆满举办。

（10）11月1—4日，教育部师范类专业认证联合专家组一行对学院师范类专业进行第二级认证现场考查。

（11）12月9—10日，由江苏省教育厅主办、苏州大学承办的首届江苏省高校艺术教师基本功展示在学院成功举办。

（12）12月30日，苏州大学2022新年音乐会在恩玲艺术中心奏响。

（蔡云颖）

苏州医学院

一、学院概况

苏州大学苏州医学院现有基础医学与生物科学学院、放射医学与防护学院、公共卫生学院、药学院、护理学院和巴斯德学院等6个学院、4个临床医学院和10个研究院所。现有在校研究生4 000余名，全日制本科生5 000余名，外国留学生近400名。

苏州医学院现有教职工850余人，4家直属附属医院具有教学职称的教师有1 080人。"两院"院士4人，欧洲科学院院士1人，国际宇航科学院院士2人；国家级人才计划获得者27人，"新世纪优秀人才支持计划"5人；人力资源和社会保障部"百千万人才工程"培养对象（国家级）4人；国务院学位评定委员会学科评议组成员4人；国家杰出青年基金获得者16人，优秀青年基金获得者11人；"973计划"首席科学家7人，重大科技专项首席科学家1人，国家重点研发计划项目负责人10人。

苏州医学院现拥有博士后流动站7个，一级学科博士点8个，一级学科专业学位博士点1个；一级学科硕士点9个，专业学位硕士点6个；有国家级重点学科3个，国家重点临床专科8个，国防科工委重点学科2个，江苏省一级学科和二级学科重点学科各4个，江苏省优势学科一期2个、二期3个、三期4个。现有学术型博士生导师203人（含临床52人），临床专业学位型博士生导师94人；硕士生导师510人（含临床205人），临床专业学位型硕士生导师197人。

苏州医学院现有省部共建放射医学与辐射防护国家重点实验室1个、国家国际科技合作基地（国家级国际联合研究中心类）1个、国家临床医学研究中心（血液系统疾病领域）1个、教育部创新团队2个、教育部工程技术研究中心1个、科技部创新人才推进计划重点领域创新团队1个，江苏省部级重点实验室7个，省级科技公共服务平台1个，江苏省高校优秀科技创新团队1个、协同创新中心2个，江苏省"双创计划"团队12个。截至2021年，共有8个属于苏州医学院或医学相关学科进入ESI全球前1%：临床医学、药学与毒理学、生物与生物化学、神经科学与行为科学、分子生物与遗传学、免疫学、农学、环境与生态科学。

苏州医学院现有本科专业16个，其中，有国家一流本科专业建设点7个，国家级特色专业建设点1个，江苏省一流本科专业建设点1个；江苏省"十二五"重点专业1个，江苏省品牌专业1个，江苏省特色专业3个；省级实验教学与实践教育中心5个；国家来华留学生英语授课品牌课程2门，国家级双语教学示范课程2门，国家级精品在线开放课程3门，江苏省精品课程1门，江苏省英文授课精品课程7门；普通高等教育本科国家级规划教材2部，省级重点/精品教材7部；国家级虚拟仿真实验教学项目2项，获国家级教学成果二等奖1项。附属医院21所（其中，直属附属医院4所），教学实习点100多个；生物类校外实习基地18个。

苏州医学院积极开展国内外学术交流与合作，先后与美国、英国、法国、德国、日本、韩国、澳大利亚、新加坡等国家及中国香港、台湾等地区的高校、科研机构建立了广泛的交流与长期的合作关系。

二、教学工作

1. 本科生教学工作

苏州医学院举办首届苏州大学基于问题的学习（PBL）导师培训会，选派30名教师参加校外教学培训。承办长三角医学教育联盟"与你谈科学"在线系列课程第二季11—12讲。成功新增儿科专业。成功申报省级虚拟教研室培育点——医学机能学虚拟教研室。获江苏省医药教育研究会"医学人文教育优秀教学成果奖"3项，省级本科优秀培育教材1部、省级一流课程8门；虚拟仿真实验教学一流课程2门，线下一流课程及"线上+线下"混合式一流课程各1门；省级教改研究课题1项、省级重点教材立项2项、江苏省重点教材1部。

持续推进、完善"学校—医院双聘教授制"，推动"一院一所"项目。3月，唐仲英医学研究院与苏州市第九人民医院签约合作。更新及新增实验教学仪器设备242台（套），新建9门虚拟仿真实验教学课程，获批江苏省首批虚拟仿真实验教学一流课程2门。此外，新的笼位管理系统、小鼠驿站、北校区实验动物屏障设施投入运行。

2. 研究生教学工作

苏州医学院招收硕士生623名（含推免生63人）、博士生107名。江苏省优秀博士、硕士学位论文共12篇，入选2021年苏州大学研究生课程思政示范课程7门、教育成果培育项目3项、精品课程2门。在"江苏省研究生培养创新工程"中获批研究生科研与实践创新项目16项、研究生学术创新论坛1项。

学院学生在第七届中国国际"互联网+"大学生创新创业大赛中斩获高等教育主赛道国赛银奖1项、红旅赛道铜奖1项，高等教育主赛道省赛二等奖2项；在2021年"挑战杯"系列竞赛中获得主体赛国赛三等奖1项，"黑科技"专项赛国赛二等奖1项，"红色"专项赛省赛一等奖1项、二等奖1项、三等奖1项。

三、科研工作与学术交流

1. 科研项目及成果

学院获批国家自然科学基金项目186项，资助经费约11 589.70万元，其中，面上项目95项，青年项目71项，重点国际合作交流项目1项，重点项目2项，杰出青年基金项目3项（占全校获批总数的75%），优秀青年基金项目2项（占全校获批总数的66%），联合基金重点支持项目1项，重大项目重点课题1项，原创探索项目1项，外国资深学者研究基金项目1项，重大研究计划重点支持项目1项，优秀青年基金项目（海外）2项。另获批科技部重点研发计划项目3项、课题2项，资助经费约3 021万元。

学院获批江苏省科技厅面上项目 5 项、青年项目 8 项、江苏省杰出青年基金项目 4 项、江苏省优秀青年基金项目 1 项，江苏省教育厅高校自然科学研究重大项目 8 项、面上项目 16 项；获批苏州市科技发展计划项目 18 项；获批"姑苏领军人才"项目 4 项。

学院获江苏省科学技术奖一等奖 2 项、二等奖 2 项、三等奖 2 项；获江苏省教育科学研究成果奖二等奖 1 项；获华夏医学科技奖三等奖 5 项；获全国妇幼健康科学技术奖二等奖 2 项、三等奖 1 项。

学院批准立项建设江苏省工程研究中心 4 个，新增江苏省教育厅高校国际联合实验室 1 个；徐璎教授获批国家人类遗传资源共享服务平台表型组联合研究中心（苏州创新中心）。

2. 国内外学术交流情况

学院举办了 5 期"东吴·谈家桢讲坛"，把各领域学术发展前沿带入苏州医学院，为实现学院发展战略目标建构良好学术生态。学院面向青年科技人员的交流和成长，设立"热点·新星"青年学术沙龙，邀请各单位青年教授分享前沿研究方向和新概念、新方法、新技术，为苏州医学院新医科建设及教学科研高质量发展提供平台支撑和人才储备。

四、学院（部）重大事项

（1）1 月 6 日，校党委副书记王鲁沛调研学生工作，医学部党工委书记邹学海、医学部常务副主任徐广银、医学部党工委副书记黎春虹及全体本科生辅导员出席了调研座谈会。

（2）1 月 14 日，医学部 2020 年度工作总结表彰大会在炳麟图书馆一楼学术报告厅举行。

（3）1 月 19 日，校党委常委、副校长姚建林一行来医学部调研。学部党政领导班子、各学院和临床医学院的主要领导及相关职能部门领导与工作人员参加调研会。

（4）3 月 3 日，校党委第五轮巡察第一巡察组巡察医学部党工委情况反馈会议在医学楼 4 楼学术报告厅召开，医学部全体在职教职工参加了反馈会。

（5）7 月 7 日，江苏省教育厅、江苏省卫生健康委员会、苏州市人民政府、苏州大学共建苏州大学苏州医学院及附属医院签约仪式在独墅湖校区金螳螂建筑学院学术交流中心举行。

（6）8 月 6 日，熊思东校长、姜建明副校长、陈卫昌副校长、沈明荣副校长莅临苏州医学院，专题调研苏州医学院建设情况。

（7）12 月 14 日，苏州大学苏州医学院在炳麟图书馆学术报告厅召开干部大会。校长熊思东，校党委副书记邓敏，校党委常委、副校长陈卫昌，中国工程院院士、苏州医学院院长詹启敏，欧洲科学院院士时玉舫，苏州医学院党工委原书记邹学海，苏州医学院党工委书记钱福良出席会议。参加会议的还有苏州医学院领导班子成员、各办公室（中心）主任、所属各学院领导班子成员、各直属附属医院主要党政领导、各科研院所负责人、医学院学术委员会代表及教代会代表等。

（姜雪芹）

苏州医学院基础医学与生物科学学院

一、学院概况

基础医学与生物科学学院于2008年年初由基础医学系和生命科学学院合并组建而成。学院下设13个系、8个校级研究院（所）。现有教职工221人，其中，专任教师173人（正高59人、副高85人、中级29人），150人具有博士学位，博士生导师33人、硕士生导师65人。学院有中国科学院院士1人、教育部"长江学者"2人、国家杰出青年基金获得者5人、国家优秀青年基金获得者2人、青年"千人计划"项目获得者1人、教育部"新世纪优秀人才支持计划"获得者2人、农业农村部岗位科学家2人、江苏省"高层次创新创业人才引进计划"资助者3人、江苏省"333工程"培养对象12人、江苏省"青蓝工程"培养对象16人。学院聘请了英国皇家科学院院士刘富友教授、桑福德·佰纳姆普瑞比斯医学研究所Muthu Periasamy教授、新南威尔士大学杨洪远教授、伦敦大学学院副院长Peter Delves教授、佛罗里达州立大学虞献民教授、匹兹堡大学卢斌峰教授等一批国际知名专家担任学院讲座教授、客座教授。

学院承担所有医学相关专业本科生基础课程教学；负责法医学、生物科学、生物技术、食品质量与安全、生物信息学等5个本科专业建设和800余名本科生的培养任务。目前已建成国家级一流本科专业建设点1个、国家级一流本科课程1门、国家级虚拟仿真课程1门、国家级双语教学示范课程2门，省级精品课程3门、省级一流本科课程2门、江苏省品牌特色专业和国防科工委重点建设专业点1个、省级实验教学示范中心2个。学院负责基础医学、生物学、畜牧学3个一级学科建设。现有博士后流动站2个、一级学科博士点3个、二级学科博士点10个，一级学科硕士点3个、二级学科硕士点22个，农业硕士专业学位硕士点2个。在读研究生360余人。

学院拥有江苏省一级学科重点学科1个（基础医学）、一级学科重点学科培育点1个（畜牧学）、二级学科重点学科2个（免疫学、特种经济动物饲养），教育部"长江学者"和创新团队发展计划"创新团队"1个，江苏省重点实验室4个，苏州市重点实验室3个。同时，学院积极参与国家"211工程"重点学科建设1个，共建国家"211工程"重点建设实验室1个。

近年来，学院促进学科交叉，加强国内外的学术交流与合作，提升学科内涵，获批项目层次不断提升，重点、重大项目取得突破，科研成果不断丰富。承担国家级重点、重大和面上项目100余项。2021年，学院师生共发表SCI论文96篇，授权知识产权72项。

学院秉承"养天地正气，法古今完人"的校训精神，坚持"教学科研并重，基础应用结合"的理念,以人才培养为中心,加强教学质量管理与改革,努力培养基础扎实、综合素质好、实践能力强的医学及生物学专门人才。

二、教学工作

1. 本科生教学工作

学院承担292门课程、591个班次、29 348学时的教学任务,全面推进临床专业卓越班、药学院全英文授课等医学教学改革;组织完成2020级本科生导师制双选和2021级临床医学"5+3"一体化专业基础导师推荐;成立了12支本科生陪伴计划团队,组织院士、教授共同参与本科陪伴活动30多场次;继续推进"科研训练"课程计划,加强实习实践和毕业设计指导。

法医学专业获评国家级一流本科专业建设点;生物技术专业申报国家一流本科专业。学院获批首批省级一流本科课程2门,江苏省高等教育教改研究项目1项,苏州大学2021年高等教育教改研究项目2项,"苏大课程2021－3I"工程之新生研讨课程2门,苏州大学课程思政示范课程4门,苏州大学第三届课程思政课堂教学竞赛一等奖、二等奖各2项,医学院本科教学示范课堂1个。教改方面,参与获得江苏省高等教育教学成果特等奖、一等奖各1项。学院教师全年发表教学论文26篇,登记教学软件1个,担任主编或副主编的教材4部,参编教材6部。获得省级在线开放课程5门(农业类);获苏州大学教材培育项目1项、江苏省本科优秀培育教材1部、江苏省重点教材1部、大学精品教材奖1项。全年组织26次学系观摩课及课后集体研讨,做好青年教师授课技能培训,及时反馈教学质量的测评结果和意见,引领年轻教师提高教学水平。

2021年,学院获苏州大学"箦政基金"项目2项、大学生创新创业训练项目5项、苏州大学第二十二批大学生课外学术科研基金资助项目5项、2021年度医学院学生课外科研项目15项。本科生中,获评"苏州大学优秀毕业设计(论文)"3人、"优秀毕业设计(论文)团队"2个、"优秀毕业实习小组"2个。指导教师中,获评"苏州大学教学先进个人"3人、"本科毕业实习优秀实习指导教师"2人、"本科毕业设计(论文)优秀指导教师"1人。

2. 研究生教学工作

2021年,学院共招收研究生130人(其中,博士生17人),毕业取得学位的研究生共有135人(包括博士生22人)。获评江苏省研究生科研与实践创新计划项目3项,江苏省优秀硕士学位论文1篇,苏州大学优秀博士学位论文2篇、优秀学术型硕士学位论文2篇、优秀专业学位硕士论文2篇,江苏省"互联网+"大学生创新创业创意大赛二等奖1项。

学院聚焦研究生成长成才,结合校本文化和历史传承,开展各种主题思想教育活动。通过开展专题讲座、安全培训、保密教育宣传等活动,加强对研究生的学业指导、创新培养和日常管理。高度关注疫情防控期间学生身心健康状态,全过程关心、关注学生成长;开展多种人文关怀活动,提升学生的幸福感和获得感。

三、科研工作与学术交流

1. 科研项目及成果

2021年,学院组织申报国家自然科学基金项目58项,获资助16项(其中,国家杰出青年基金项目1项);获批江苏省自然科学基金面上项目1项、江苏省高校面上项目2项,其他市厅级项目7项。累计民口纵向项目新立项4项,到账经费2 000万元;横向项目新立项68项,到账经费1 069万元;成立校级协同创新中心2个。

全院教职工共发表三大检索论文96篇,其中,一区论文10篇,二区论文54篇,三区、四区论文32篇;中文核心期刊17篇;出版专著7部;参与获得省部级及以上奖励1项;获批知识产权72项。

2. 国内外学术交流情况

学院举办东吴青年学者国际论坛、青年学者论坛和院系科研讲座等多场线上、线下交流活动,拓展师生的科研视野,增进学术交流。

四、学院重大事项

(1) 2月26日,学院完成系主任换届,发文公布新一届学系主任、副主任名单。

(2) 3月3日,学院组织召开苏州大学党委第五轮巡察第四巡察组巡察医学部基础医学与生物科学学院党委情况反馈会议。

(3) 4月1日,江苏苏豪控股集团有限公司副总裁、江苏省蚕桑学会理事长周谦先生等一行访问学院,就江苏蚕丝业发展、校企科研合作等方面进行了深入交流。

(4) 4月21日,山东大学基础医学院赵福昌书记一行莅临学院考察交流。

(5) 5月20日,学院举办庆祝"学党史 颂党恩 跟党走"——热烈庆祝中国共产党百年华诞系列活动及庆祝晚会。

(6) 5月28日,由学院承办的"苏州·代谢"学术研讨会在苏州大学医学楼一楼会议厅举行。该研讨会由苏州市生物学会、苏州市科学技术协会、九三学社苏州大学委员会及苏州大学医学部基础医学与生物科学学院联合主办。

(7) 8月31日,学院在独墅湖校区403楼3119会议室召开干部宣布会议,学院新任党委书记何峰同志到任。

(8) 9月5日,国家自然科学基金项目资助情况公布,学院共获得16项资助,其中,青年项目7项,面上项目8项。周翊峰教授获得国家杰出青年基金项目资助。

(9) 9月11日,学院蚕桑研究所所长李兵教授主持的江苏省农业科技自主创新资金项目"家蚕人工饲料产业化关键技术及设备的创新"启动会在苏州胜利召开。

(10) 12月15日,苏州市科学技术协会党组书记、主席程波一行来学院调研苏州市生物学会工作开展情况。

(陈玉华)

苏州医学院放射医学与防护学院

一、学院概况

放射医学与防护学院的前身是创建于1964年的隶属于原核工业部的苏州医学院放射医学系；2000年，放射医学系随苏州医学院并入苏州大学，成立苏州大学核医学院；2002年，更名为放射医学与公共卫生学院；2011年，成立放射医学与防护学院；2012年，成立放射医学及交叉学科研究院。2018年，省部共建放射医学与辐射防护国家重点实验室获批。2019年，江苏省、苏州市科普教育基地获批。

放射医学学科是放射医学领域唯一的国家重点学科，也是江苏省和国防科工委重点学科及"211工程"重点建设学科；特种医学是江苏高校优势学科；2020年放射医学专业获批国家一流本科专业建设点；"放射医学协同创新中心"2021年获得江苏高校协同创新中心第三期资助。现有特种医学博士点和博士后流动站、放射医学博士点，生物医学工程硕士点，放射医学五年制本科专业。

学院现有教师112人，专任教师94人，形成以柴之芳院士为学科带头人的高水平师资队伍，包括中国科学院院士、国际宇航科学院院士、"973计划"首席科学家、"万人计划"入选者、国家杰出青年基金获得者等20余人次，江苏省杰出青年基金获得者、江苏省特聘教授、江苏省"六大人才高峰"、中科院"百人计划"等20余人次；2009年获批教育部"长江学者"和"创新团队发展计划"创新团队，2020年获批科技部创新人才推进计划重点领域创新团队，2017年、2020年获江苏省"双创团队"。师资涵盖医学、物理、化学、生物医学工程、原子能科学技术、纳米材料和计算生物学等不同学科，体现多学科交叉融合、协同创新的优势。

二、教学工作

1. 本科生教学工作

学院召开本科生教学工作会议，大力推进课程负责人制。深入推进2021本科生导师制，实施本科生陪伴计划。"放射卫生学"入选江苏省一流课程。《载人航天放射医学》获评江苏省重点教材；《医教研协同融通的放射医学卓越人才培养模式研究与实践》获评江苏省高等教育教学成果二等奖。"中国大学MOOC"线上开放的放射医学慕课，目前是第九次开课，全年选课人数累计达3 157人。

修订放射医学人才培养方案，全面提升教学质量。2016级放射医学专业学生93人顺利毕业并取得学士学位（第一批），其中，59人升学读研，升学率达63.44%。2021年，学院有23名学生转专业进入放射医学专业学习。本科生获全国优秀科普微视频一等奖1项,第六届全国大学生课外"核+X"创意大赛二等奖、三等奖各1项;2021年大学生创新创业训练项目共立项9项,其中,国家级2项、省级5项、校级2项。柴之芳院士继续出资设立奖学金,相关合作公司等先后设立奖学金,对品学兼优的学生、优秀青年教师、优秀教学教师进行嘉奖。放射医学专业入选"软科中国"世界一流大学专业A+专业,为学校唯一A+专业。

2. 研究生教学工作

学院完成2021年研究生招生工作,录取硕士生85名(含专硕14名)、博士生23名。"肿瘤放疗基础与临床""核事故医学应急""辐射剂量与医学物理""分子放射生物学"4门研究生课程立项为苏州大学2021年研究生课程思政示范课程;获批2021年江苏省研究生科研与实践创新计划项目2项。2021年毕业博士生14人,毕业硕士生54人。获评2021年江苏省优秀硕士学位论文1篇,2021年苏州大学优秀博士学位论文3篇、优秀硕士学位论文5篇。

三、学科建设与科研工作

特种医学优势学科三期建设工作稳步推进。2021年,学院召开特种医学优势学科推进会,讨论学科建设中遇到的问题,总结学科努力的方向。特种医学学科在2021年"软科中国"世界一流大学专业排名中居全国前10%,名列全国第一。

2021年,获批科技部国家重点研发计划重大和重点项目各1项,资助经费1 150万元,也是学院首次作为牵头单位获批科技部重大项目;国家自然科学基金项目26项,其中,重大项目1项,优秀青年基金项目1项,资助经费2 087万元;江苏省自然科学基金项目7项,其中,杰出青年基金项目2项、优秀青年基金项目1项,学院首次获批博士后创新人才支持计划1项,纵向项目资助经费合计3 645万元。横向项目29项,合同金额778.72万元。高明远教授团队完成的"肿瘤多模态诊疗一体化探针相关基础研究"项目获2020年度高等学校科学研究优秀成果奖(科学技术)自然科学一等奖。

从2012年至2021年11月19日,学院师生累计发表论文1 318篇,总引用43 269次(去除自引后引用40 364次),每项平均引用次数为32.83(去除自引后每项平均引用次数为30.63),远远高于日本放射医学研究所(每项平均引用次数为11.23,去除自引后为9.69)和中国人民解放军军事医学科学院(每项平均引用次数为15.39,去除自引后为12.37)。数据明显表示出学院的论文质量越来越好,研究领域比较活跃且研究成果非常丰硕,并得到了广泛的认可。

6月,学院召开了放射医学协同创新中心第三建设期发展规划专家咨询论证会,编制协同中心(2021—2024年)发展规划并通过专家论证上报上级管理部门。召开了放射医学协同创新中心三期建设启动会,总结了协同创新中心2021年的建设进展,研讨了三期建设规划和下一步工作推进。是月,学院还协办了中国(国际)核技术应用产业发展论坛"核技术(质子重离子)助力肿瘤患者新生活"主题分会,柴之芳院士当选中国同位素与辐射行业协会高级顾问,高明远教授当选协会副理事长。为生态环境部核与辐射安全中心政策法规研究所调研核与辐射安全创新研究提交4份建议报告。上海东方肝胆外科医院、南阳市第一人民医院、飞利浦医疗（苏州）有限公司、上海西门子医疗器械有限公司、中核安科锐（天津）医疗科技有限责任公司等单位专家来学院洽谈科研合作。

四、学院重大事项

（1）1月29日，教育部党组成员、副部长翁铁慧莅临放射医学与辐射防护国家重点实验室调研考察。

（2）2月10日，放射医学专业入选2020年国家级一流本科专业建设点。

（3）3月24日，高明远教授团队完成的"肿瘤多模态诊疗一体化探针相关基础研究"项目获2020年度高等学校科学研究优秀成果奖（科学技术）自然科学一等奖。

（4）5月，王殳凹教授荣获第25届"中国青年五四奖章"。

（5）5月，"以核济世护健康"——全科技创新周暨实验室开放日活动入围2020年度"典赞·科普苏州"十大科普活动。

（6）6月15日，江苏高校放射医学协同创新中心第三建设期发展规划专家咨询论证会召开。

（7）6月29日，放射医学与辐射防护国家重点实验室、中国疾病预防控制中心辐射防护与核安全医学所共同主办的 Radiation Medicine and Protection 英文期刊获国家新闻出版署创刊批复，国内统一连续出版物号为 CN10-1773/R。

（8）6月，学院党委获评江苏省教育工委"先进基层党组织"称号；教工第一党支部获评"江苏省教育工委特色党支部"；教工第二党支部主题党日活动获江苏省教育工委最佳党日活动优胜奖。

（9）6月，放射医学与辐射防护国家重点实验室获评中国同位素与辐射行业协会"全国在核技术领域做出突出贡献的33家抗击新冠疫情会员单位"。

（10）7月6日，《新华日报》以"用更多科研成果表达对党的热爱"为题报道学院王殳凹教授投身科研的事迹。

（11）7月16日下午，国家发展和改革委员会社会司副司长孙志诚等一行莅临调研放射医学与辐射防护国家重点实验室。

（12）10月18日，江苏高校放射医学协同创新中心2021年推进会在青岛召开。

（朱本兴）

苏州医学院公共卫生学院

一、学院概况

公共卫生学院是在原苏州医学院于1964年创建的卫生学系的基础上发展建立起来的，1985年筹建预防医学系，1986年开始招收五年制预防医学专业学生。学院历来坚持"人才兴院、质量强院、合作旺院、特色建院"的发展理念，目前学院已发展成为国内公共卫生与预防医学的主要教学、科研和人才培养基地之一。公共卫生与预防医学专业已形成从本科到博士后乃至就业后继续教育的完整培养体系。

学院现有公共卫生与预防医学博士后流动站、一级学科博士点、一级学科硕士点、公共卫生硕士（MPH）专业学位授权点，预防医学本科专业（校特色专业）。公共卫生与预防医学是"十四五"江苏省重点学科（A类），也是国家重点学科（放射医学）和江苏省优势学科（特种医学、系统生物学）的支撑学科。学院是中国中西医结合学会时间生物医学专业委员会的主任委员单位和挂靠单位。

学院现有教职工69人，其中，专任教师61人。专任教师中，有教授25名、副教授23名。设有预防医学五年制本科专业，该专业为苏州大学特色专业。2021年，在校生854人，其中，本科生487人，学历教育硕士生、博士生367人。本科生和研究生培养质量好、就业率高、就业前景好。

学院通过多种方式引导学生积极参与课堂内外学习，引领学生实现"上医治未病"的人生理想。学院学生曾获得全国大学生技能大赛一等奖、二等奖。近年来，预防医学本科毕业生供不应求，具有较强的就业竞争力，读研率和就业率名列前茅。2021年，研究生年终就业率达100%。

二、教学工作

1. 学院严格执行学校的有关规定，做好本科生和研究生教学工作

2021年度，本科教学共完成6 363学时的理论教学和610学时的实验教学；完成398学时的研究生课程教学。全年无教学事故。加强与实习点沟通，确保了2017级65名本科生的专业实习工作顺利完成。

2. 积极推进实施本科生成长陪伴计划

2021年，学院设置了6个导师组，配备优秀研究生作为导生，服务于2021级预防医学本科生成长成才。

3. 推进课程思政建设

教工第一党支部的论文《高校教师党支部推动公共卫生专业"课程思政"教学改革探讨》发表在国家级刊物上；在校第三届课程思政课堂教学竞赛中，张洁、韩淑芬分别获得一等奖、二等奖；张增利、张洁负责的"卫生毒理学"和"环境与健康"获校2021年度课程思政示范立项；张洁领衔获得校师德建设优秀案例并被收录于《高校教师党支部党建创新案例精选》丛书。2017级预防班获得江苏省"先进集体"称号，2018级预防一班获校"先进班集体"称号；2018级研究生团支部获评校"优秀团支部"称号。

4. 采取多种措施提高研究生生源质量和培养质量

学院于2021年8月2—3日举办线上全国优秀大学生夏令营；11月1日，学院举行研究生培养和研究生站建设研讨会，专题讨论人才培养工作；11月20—21日、27—28日，承办全国新时期公共卫生专硕培养和发展模式研讨会，云集专家共商研究生培养和公共卫生发展。

在学校和学院的帮助与支持下，预防医学已经被江苏省推荐参评国家级一流本科专业。荣获教育部主办的第十届中国大学生医学技术技能大赛预防医学专业赛道华东分区赛二等奖1项、2021年全国大学生健康科普大赛优秀奖1项；1项国家级大学生创新创业训练项目获得立项；1篇博士论文、3篇硕士论文获评2021年苏州大学优秀学位论文，1篇硕士论文获评江苏省优秀硕士论文；2门线上课程、1门虚拟仿真实验教学课程获批省级一流本科课程，3门课程获批省级在线开放课程。获2021年江苏省研究生科研与实践创新计划项目1项；3项江苏省大学生创新创业训练项目获得立项；获2021年苏州大学研究生教育改革成果奖培育项目1项；获2021年"箐政基金"项目1项；1名本科生获评"苏州大学美德学生"。学院荣获医学院优秀教学单位三等奖。

三、学科建设和科研工作

2021年9月，学院完成了第五轮学科评估材料整合上报工作；11月，完成了江苏省"十四五"重点学科材料整合申报工作并获批。2021年，学院获批国家自然科学基金项目面上项目7项，青年项目3项；获批国家优秀青年基金项目1项；获批江苏省青年基金项目2项、江苏省高校重点项目1项、江苏省高校面上项目1项，苏州市项目1项。在研纵向总经费741万元。主持横向项目42项，合同总经费1 482万元，其中，到账经费740万元。发表SCI收录论文143篇，其中，一区论文10篇、二区论文44篇；获得国家专利授权29项，其中，发明专利7项、实用新型专利21项、计算机专利1项；发表北图核心期刊论文22篇；获得华夏医学科技奖三等奖1项。

2021年，学院新进特聘教授1名、优秀青年学者（讲师）1名、师资博士后2名、科研博士后1名。2名教师晋升正高；1名教师入选中华预防医学会公共卫生教育分会委员；1名教师获评"世界屈光不正前0.1%学者"；1名教师入选"全国老年医学领域专家国际论文学术影响力"百强排名榜；1名教师获评江苏省"双创博士"；1名教师获校周氏教育科研奖优胜奖1项。

2021年，学院获批校协同创新中心2个。与常州第七人民医院建立了合作关系，共建"苏州大学常州老年病研究所"。承办了2021年贵州省食品安全标准跟踪评价暨能力提升培训班和温州市营养高技能人才能力提升班。组织师生参加了苏州市预防医学会举办的苏州市疫情防控能力提升项目实验室核酸检测能力和贮备力量培训。

四、学院重大事项

（1）学院成立2个协同创新中心（苏州大学—帕诺米克代谢组学协同创新中心、苏州大学—诺米代谢微生物组学协同创新中心），实现"零的突破"。

（2）潘臣炜教授获得国家优秀青年基金项目资助，是学院本土培养的获此殊荣的第一人。

（3）张明芝教授领衔的团队负责的课程"常见慢性病的防治知识"、曹毅教授领衔的团队负责的课程"抗生素滥用害处多"、蒋菲副教授等领衔的团队负责的课程"乡村水污染防治"等3门课程（全校25门课程）入选江苏高校"助力乡村振兴，千门优课下乡"大型公益教育行动省级在线开放课程。

（4）5月20日，学院领导赴常州第七人民医院开展合作，签订相关合作协议，于6月成立"苏州大学常州老年病研究所"。

（5）10月15日，教工第一党支部荣获"2021年全民营养周活动创新示范单位"并在北京举行的2021年全民营养周总结交流会做交流发言。

（6）11月1日，学院举行研究生工作站建设暨公共卫生专业学位研究生培养研讨会，提高公共卫生专硕人才培养质量。

（7）11月20—21日、27—28日，学院举行全国新时期公共卫生专项培养和发展模式研讨会，促进研究生培养质量的提高。

（8）11月，教工第一党支部获评"江苏省党建工作样板支部"。

（9）12月4日，学院举行教职工代表大会，对学院工会进行改选并审议学院"十四五"规划和相关规定。

（饶永华）

苏州医学院药学院

一、学院概况

苏州大学药学教育最早可追溯至原东吴大学1949年创办的药学专修科。1952年，全国院系调整，药学专修科并入华东药学专科学校。1993年，在原苏州医学院药理学学科基础上成立苏州医学院药学系，2000年并入苏州大学。依托综合性大学的学科优势，药学学科获得新的发展契机，2005年，药学院成立。

学院拥有药学一级学科博士点、药学一级学科硕士点、药学专业硕士学位点和工程硕士（制药工程领域）学位点，拥有药学博士后科研流动站。建有1个省级重点实验室、2个市级重点实验室、3个校级研究机构。药学学科为江苏省高校优势学科建设工程项目立项学科、"十三五"江苏省重点学科，在全国第四轮学科评估中位列全国B+等级。药理学与毒理学学科跻身ESI全球前1%行列，2021年12月进入ESI全球1.39‰。2015年，学院入选汤森路透《开放的未来：2015全球创新报告》全球制药领域"最具影响力科研机构"，位列第7位。

学院设有药学、中药学、生物制药3个本科专业，其中，药学专业入选首批国家一流专业建设点和江苏省高校品牌专业建设工程项目。学院拥有1个省级学科综合训练中心，1门教育部来华留学生英语授课品牌课程，2门国家级"金课"，1个全英文授课教改班和1个整合药学教改班。2021年，全院在校学生1 088人，其中，全日制本科生703人，硕士生327人，博士生58人，在站博士后15人。

学院现有教职工123人，专任教师95人，其中，正高44人，副高34人，中级17人，集聚了一支包括享受国务院政府特殊津贴专家、国家杰出青年基金获得者、国家优秀青年基金获得者、中国科学院"百人计划"项目入选者、国家"千人计划"青年项目入选者、教育部"长江学者奖励计划"青年学者、"高层次留学人才回国资助人选"、江苏"双创计划"入选者、江苏特聘教授、江苏省有突出贡献的中青年专家等杰出人才的高层次人才队伍，拥有江苏省"双创团队"2个。2021年，学院引进特聘教授4人（李盛亮、卢传介、邓泮、杨涛），优秀青年学者2人（陆朦辰、陈东星），已到岗4人。持续加强博士后培养，本年度共进站6名博士后，完成4名博士后年度绩效考核工作。加大柔性人才引进力度，讲座教授（John L. Waddington）牵头的"John L. Waddington Office in China"接受苏州市外籍院士工作站专家组实地考察，并获批外籍院士工作站。做好学院教师专业技术职务评定工作，共有3名教师聘任教授职务，2名教师聘任副高职称。

二、教学工作

1. 本科生教学工作

2021年10月，学院迎接教育部高等教育教学评估中心专业认证现场考察组现场考察，并顺利通过专业认证；陈华兵教授负责的"药剂学"荣获江苏省线上一流课程，张慧灵教授负责的"药理学（一）"荣获江苏省"线上+线下"混合式一流课程；持续开展本科生导师制人才培养模式，继续探索推行整合药学教改班，举办第三届药用植物标本制作创意大赛，举办第七届药学知识与技能竞赛活动，着力培养基础厚、口径宽、视野广的创新药物研发型专业人才。

汪维鹏教授指导的本科生项目"非编码小RNA分子miR-1307同步促进肠癌增殖转移和帕金森氏症发生发展"荣获第十七届"挑战杯"全国大学生课外学术科技作品竞赛江苏省选拔赛一等奖；李环球副教授指导的项目"AI+Innovative Drug Discovery"荣获第七届中国国际"互联网+"大学生创新创业大赛铜奖；国家级大学生创新创业训练项目立项2项、结题2项，省级、校级、院级获批的项目数也较往年有较大幅度的提升。

2. 研究生教学工作

汪维鹏和邓益斌教授主持的"校外实习基地建设模式和运行机制的研究与实践"教改项目获校级高等教育教改研究课题立项；张小虎和季兴跃教授获批苏州大学研究生教育成果培养奖培育项目；张学农老师申报的课程获批苏州大学研究生精品课程。王剑文教授等4名教师分别获评"苏州大学毕业设计（论文）优秀指导教师"。

2021年，学院获得全国2021年创新型人才国际合作培养项目资助项目1项；11月26—27日，组织开展苏州大学药学研究生国际学术创新论坛暨药学院第十一届研究生学术论坛，学校与韩国岭南大学、日本东北大学、纽约州立大学布法罗分校、澳大利亚蒙纳士大学、澳大利亚西澳大学、英国贝尔法斯特女王大学、澳门大学、中山大学等国内外多个单位的6位教授、140余位博士生和硕士生做了邀请报告、口头报告和墙报交流，进一步开拓了学生的科研视野，提升了学生的科研素养。

2021年，学院获得国家留学基金管理委员会资助苏州大学—爱尔兰皇家外科医学院和医学健康大学国际合作培养创新型药学人才培养项目，完成遴选联合培养博士生1名、攻读学位博士生1名，2名博士生于10月赴爱尔兰；与爱尔兰皇家外科医学院和医学健康大学及澳门大学开展联合博士生培养计划，分别有4名和3名研究生被录取为博士生，并入选苏州大学联合培养博士生计划，于8月和10月赴澳门大学、爱尔兰皇家外科医学院和医学健康大学。完成联合培养博士生的年度考核。

2021年，学院研究生获得江苏省优秀硕士学位论文2篇；获得苏州大学优秀博士学位论文2篇，优秀硕士学位论文5篇；获得1项江苏省博士生创新计划，2项江苏省硕士生创新计划；1名研究生在第十九届全国神经精神药理学学术交流会上获得"青年学术推广优秀奖"。

三、科研工作与学术交流

药学学科在2021"软科中国"世界一流学科排名中跻身世界前100名和中国内地前5

名。"药理学与毒理学"进入 ESI 全球排名前 1.39‰。

2021年，学院师生发表 SCI 论文 102 篇，申请专利 72 项，授权专利 42 项，出版专著 3 部，获省部级以上奖项 4 项。获得国家重点研发计划课题 3 项，国家自然科学基金项目、海外优秀青年基金项目共 14 项（其中，1 项国家杰出青年基金项目，10 项国家自然科学基金面上项目，1 项青年项目，1 项外国青年学者研究基金项目，1 项海外优秀青年基金项目）；尤其是陈华兵教授获国家杰出青年基金项目资助，学院国家杰出青年基金获得者增至 4 人。

以苏州市政府打造世界级生物医药产业地标为契机，积极参与苏州大学未来校区建设，主动作为、协调配合、扎实推进药学学科发展事业新局面。组织与爱尔兰皇家外科医学院和医学健康大学多轮合作洽谈，深入推进国际药学院建设。

7月初，学院应邀参加由 THE 泰晤士高等教育主办的大学影响力论坛。协同爱尔兰皇家外科医学院和医学健康大学共同承办分论坛"Innovation, Impact and Internationalization: The RCSI-Soochow Experience"（译作"创新、影响和国际化：RCSI-苏州大学经验"），探讨高等教育机构在全球卫生与健康事业中发挥的作用及 RCSI-苏州大学合作交流经验。

四、学院重大事项

（1）3月3日，校党委第五轮巡察第七巡察组巡察药学院党委情况反馈会议在药学院召开。

（2）5月9日，药学院专家团赴张家港开展产学研合作交流。

（3）5月28日，药学院党委赴济川药业开展党建交流活动。

（4）6月25日，药学院成功举办2021年度教师荣休仪式。

（5）6月30日，药学院召开研究生工作研讨会，交流研究生培养经验。

（6）8月9日，药学院与浒墅关经济技术开发区签订战略合作协议。

（7）10月22—24日，药学院参加江苏省研究生药学类学术创新论坛暨药学研究与转化前沿姑苏论坛取得优异成绩。

（8）10月25日，药学院镇学初教授、陈华兵教授入选全球顶尖前10万科学家排名。

（9）11月26—27日，苏州大学药学研究生国际学术创新论坛暨药学院第十一届研究生学术论坛胜利召开。

（10）12月27日，药学院召开干部宣布会议，宣布钟志远教授的院长任命。

（金雪明）

苏州医学院护理学院

一、学院概况

护理学院1985年开始进行成人护理学专升本教育。1997年，苏州大学建立护理系，1999年开始本科招生。2008年，护理学院成立。护理学院现有一级学科博士、硕士点，临床护理为国家级重点专科。1999年，开设以心血管专科护理为特色的五年制护理本科教育，2009年，改为四年制护理本科教育。学院是"江浙沪闽研究生导师沙龙"发起单位和"华夏地区高等护理教育联盟"组建院校之一。2015年，学院通过了教育部高等学校护理学专业认证，并获批江苏省省级实验教学示范中心。2017年，学院荣获第二届全国护理专业本科临床技能大赛三等奖。2019年，学院获批护理学博士后科研流动站、全国首批中国老年学和老年医学学会护理和照护分会"护理与照护教育实践基地"。2020年，学院成为中国南丁格尔志愿护理服务总队苏州大学医学部护理学院研究生分队。2021年，护理学专业入选2020年国家级一流本科专业建设点，获教育部主办的第十届中国大学生医学技术技能大赛护理学专业赛道华东赛区一等奖、全国总决赛铜奖；获2021年江苏省教学成果奖二等奖。

学院下设护理人文学系、基础护理学系、临床护理学系、社区护理学系和护理实践中心、护理研究中心。学院现有教职工21人，其中，苏州大学附属第一医院编制10人、苏州大学编制11人，专任教师14人，教授和主任护师4人，副教授和副主任护师11人；具有博士学位者6人。另有海内外客座教授48人，其中，2人为国际"南丁格尔奖章"获得者，7人为美国护理科学院院士。

二、教学工作

1. 本科生教学工作

2021年，学院共承担课程32门、6 893学时（含理论930学时，带教5 963学时），为99名本科生顺利配备了导师，辅助学生完成本科生科研训练及毕业论文撰写。2021年上半年，学院有48名学生顺利毕业，下半年2018级34名学生顺利开展毕业实习工作。

学院进一步在教学过程中强调教学规范，加强对系、中心的统筹管理。《健康中国背景下专业与人文并蓄的卓越护理人才培育模式研究与实践》获2021年江苏省教学成果奖二等奖。李惠玲教授的"高级护理实践"获首批江苏省高校课程思政示范课程。林璐老师获得苏州大学第三届课程思政课堂教学竞赛二等奖。"老年护理学"获2021年苏州大学课程思政示范项目。孟红燕老师获2021年周氏教育科研奖——教学优秀奖。

"基于6S管理模式的护理实践中心运行机制探索"获苏州大学2021年高等教育教改研究课题立项。学院学生获第十届中国大学生医学技术技能大赛护理学专业赛道全国总决赛铜奖、华东赛区一等奖、华东赛区吸痰术操作项目单项奖，取得了我校在此项全国赛事上历史性的突破。学院通过"博习讲堂"为师生开展10次人文教育主题活动，同时引导学生到养老机构、社区等进行志愿服务，这些举措均在一定程度上促进了师生人文综合素质的提升。

2021年，学院共组织开展观摩教学活动3次，其中，2次为学部示范性观摩教学，1次为院级观摩教学。每次观摩教学均组织苏州大学附属第一医院、苏州大学附属第二医院、苏州大学附属儿童医院的青年教师进行听课，共约200人次参加。校督导、医学院督导对整个活动的基本情况，主讲教师的教案、授课计划、教学大纲等教学文件的完成情况及存在的问题、改进措施等做出详细的点评，使在座的教师尤其是年轻教师受益匪浅，切实提高了青年教师的课堂教学基本功。

2. 研究生教学工作

学院党委狠抓研究生学术道德规范，重视研究生培养，加强导师培训。新上岗的导师必须完成学校、学院的导师上岗培训后方可申请指导研究生；已上岗导师，定期组织强化，并提供全国性培训的机会。高度重视研究生安全教育，改制院研究生会，创立"苏大护理研究生会"公众号。

学院高度重视研究生的推免、面试等工作，坚持"按需招生、德智体全面衡量、择优录取、保证质量、宁缺毋滥"的原则，制订公平、公开、公正、合理、规范的复试方案。同时，加强对研究生的教学管理，着重抓好论文开题和答辩工作，提高研究生学位论文质量。2021年，学院硕士学位授予率达100%。

开展特色思政活动。为庆祝中国共产党建党100周年，牢记初心使命，重温党的光辉历程，也为进一步弘扬南丁格尔救死扶伤、无私奉献的人道主义精神，学院举办"守望党史初心，传承红烛精神"——2021年苏州大学医学部护理学院护士节庆祝活动暨2018级毕业生授帽仪式。

三、科研工作与学术交流

1. 科研项目及成果

郭道遐获国家自然科学基金项目1项、江苏省青年基金项目1项、中国博士后科学基金第69批面上项目一等资助；李惠玲的"健康中国背景下老年照护质量保障体系的理论、实践和政策研究"获中国老年学和老年医学学会《老年健康促进行动（2021—2025年）》第一批筛选立项；李惠玲与中国人民解放军海军军医大学、复旦大学联合申报国家社会科学基金重大项目获得立项。学院获中国健康长寿国际项目1项，同时获得首届中国健康长寿创新大赛一等奖1项。

2. 学术交流情况

2021年，在疫情常态化的背景下，学院积极探索线上学术交流形式，共邀请了程瑜等十几位护理行业专家为全院师生开展学术讲座。

四、学院重大事项

（1）1月6日，学院举办全国高等医学院校大学生临床综合技能大赛选手遴选。

（2）5月9日，学院举办护士节线上庆祝大会，并开展东吴首届卓越护理名师、大学生护理技能首届优秀指导教师和优秀带教教师评选工作。

（3）10月29—30日，学院举办临床带教师资教学方法培训班暨护理专业建设研讨及教学持续改进委员会会议（线上会议）。

（4）11月5日，学院为中国药科大学江程教授举行客座教授受聘仪式。

（王方星）

巴斯德学院

一、学院概况

学院成立于2019年9月,是苏州大学与中国科学院上海巴斯德研究所合作共建的苏州大学二级学院。现有教职工13人,本科生56人,硕士生19人。学院坚持"四个面向",坚持科教强国和科技创新驱动发展战略,显著提升基础研究水平与瓶颈技术突破能力,传承和发扬上百年的"巴斯德精神"——卓越研究、精英教育和专业培训,支撑和服务公共健康事业。学院的使命是汇聚和培养一批专业化、国际化的高端人才队伍,持续培养生命科学与公共健康创新人才,开展有特色、有应用前景的前沿基础研究,为把苏州大学建设成为高水平研究型大学不懈努力。学院将整合中科院、巴斯德国际网络和苏州大学的优势资源,探索科教融合办学新范式,发展前沿交叉新学科,开创"教研医企"协同创新研究型学院新模式。

学院以习近平新时代中国特色社会主义思想为指导,全面落实党的十九大和十九届五中全会精神,围绕学校"人民满意,国际认可,世界尊重"的办学方针,实施"科教融合,前沿交叉,教研医企协同创新"的办院方针。以"两个能力"和"四个面向"为基本原则,提升微生物感染和病原微生物传染领域的人才培养能力和科技创新能力,坚持"面向世界科技前沿、面向经济主战场、面向国家重大需求、面向人民生命健康",完善制度设计、加强基础教育、优化资源配置、提高合作水平,力争实现"政府支持、人民满意、国际认可、世界尊重"的建设目标,服务"生命安全"和"生物安全"的国家战略目标。

二、教学工作

1. 本科生教学工作

完善奖优助学体系。学院在上海巴斯德健康研究基金会的支持下,设立"巴斯德英才"本科生奖学金,每学期进行奖学金评选,覆盖面超过50%,奖项包含学业奖学金、勤学自强奖学金、国际交流奖学金。

开展"第二课堂"活动。按照《巴斯德英才班"第二课堂"实施方案》的要求,学院本学期邀请了多位不同学科背景的教授、学者开设了不同系列的讲座。"第二课堂"活动从学习生涯规划、科研素质培养、国际交流和科研竞赛四个方面渗透学生的日常生活和学习,为全方位培养具备国际视野的行业人才不懈努力。

发挥导师制指导作用。学院积极制订并部署本科生"成长陪伴计划"方案,从思想引领、学业指导、生活帮扶等方面陪伴学生成长。为每一位大一新生配备了学业成长陪伴导师，并督促学生进入学业成长陪伴导师的实验室中，参与一线科学研究工作，实现从课桌到实验桌的衔接，锻炼专业学习与实践能力、人际关系处理能力、团队合作能力。

学院注重培养学生的科研竞赛意识，组织特聘教授周哲敏、优秀青年学者李恒以自身科研课题为基础，指导学生参加第七届中国国际"互联网+"大学生创新创业大赛项目1项、第十二届"苏大天宫杯""挑战杯"大学生创业计划竞赛项目2项、苏州大学第二十二届"苏大天宫杯""挑战杯"大学生课外学术科技作品竞赛项目1项、2021年医学院学生课外科研项目9项（获批）。

2020级英才班周舟、赵启帆、黄翔的项目获江苏省高等学校大学生创新创业训练项目国家级重点项目立项；2020级英才班赵启帆、余逸参与第十七届"挑战杯"全国大学生课外学术科技作品竞赛红色专项活动，获江苏省三等奖；2020级英才班李峰回获2021年第二届全国大学生组织管理能力竞技活动校级赛三等奖；2020级英才班闵晟一获第七届全国大学生基础医学创新研究暨实验设计论坛全国总决赛银奖。

联系并建立实践实习基地。学院领导走访苏州缔因安生物科技有限公司、昆山生物医药产业园、苏州万维生命科学技术有限公司、冠科生物技术（苏州）有限公司，就学院学生课外实习和专业实践等方面进行沟通交流洽谈，在科学研究方面开展合作。

2. 研究生教学工作

2021年，学院招收学术型硕士生10名，本年度学院在学研究生总人数为19人。

学院重视研究生的思想政治教育工作，除了开学初对新生开展入学系列讲座、实验安全培训和心理健康培训之外，学院领导及辅导员长期一对一进行思想动态调查与思想政治教育工作，使学生明确树人先立德的原则，树立正确的人生观、科研价值观等。

为了提高研究生培养水平，学院于暑假期间安排2021级10名新生赴上海巴斯德研究所实习，预先学习实验技能、融入集体，为后续培养工作打下了坚实的基础。

学院研究生培养工作稳步进行，双方单位共同培养的模式在学生中接受度与认同度较高。未来在培养过程中，学院将进一步完善研究生培养体系，进一步优化研究生培养过程。

三、学科建设和科研工作

2021年，学院新聘任1位来自上海巴斯德研究所的兼职教授陈昌斌，以合作方式推动学院全面发展。学院大力引进精英化、国际化、研究型、交叉型师资队伍。围绕免疫学、微生物学和生物信息学三大研究方向，招聘能实现神经科学、免疫学、发育学、微生物学的有机融合，人工智能与大数据分析、转化医学、同一健康等协同创新研究的全球英才。本年度，学院面试并向学校推荐聘任教师5名。另外，2020年获批引进的2位特聘教授周哲敏、吴小惠已于2021年正式入职。初步落实讲座教授、兼职教授博士生招生资格及招生名额，为讲座教授、兼职教授培养研究生创造了条件。

学院积极推进科学研究工作，截至2021年已获得国家自然科学基金面上项目1项（周哲敏），江苏省自然科学基金面上项目1项（周哲敏），苏州市农业项目1项（李恒）。获批2021年度苏州市科技计划（医疗卫生科技创新）示范项目"基于单分子测序的重大传染病暴发应急监测及溯源应用示范"（周哲敏参与）。

四、学院重大事项

（1）1月18日，经上级党组织批准，成立苏州大学医学部巴斯德学院党支部，夏淑婷担任党支部书记。

（2）12月11日，苏州大学第一届国际基因组流行病学论坛通过Zoom会议平台举行。学院特聘教授周哲敏担任大会主席。

（夏淑婷）

东吴学院

一、学院概况

为进一步落实立德树人根本任务,全面深化本科人才培养改革,努力提高学校人才培养质量,苏州大学于 2020 年 5 月正式成立东吴学院(英译名:Soochow College)。东吴学院是苏州大学直属公办二级学院,由大学外语、大学数学、大学计算机、大学物理、公共化学和公共体育 6 个学系组成,面向全校本科生、研究生实施公共基础课教学。

学院现有在职教职工 220 名,国家级教学团队 1 个("大学物理"教学团队),国家一流课程 2 门(线上一流课程"英语影视欣赏"、"线上+线下"混合式一流课程"无机及分析化学"),国家精品课程 2 门("大学英语应用类课程""普通物理学"),国家精品资源共享课 2 门("大学英语应用类课程""普通物理学"),教育部教改示范点 1 个(大学英语),省级"线上+线下"混合式一流课程 1 门("中国地方文化英语导读"),"十二五"国家规划教材 2 部(《大学物理实验教程》《线性代数》),江苏省重点教材 3 部(《中国特色文化英语教程》《英语口语新教程:成功交流》《物理学简明教程》),江苏省教学成果一等奖、二等奖多项(大学英语),江苏省"青蓝工程"优秀教学团队 1 个("大学英语"教学团队)。大学计算机系教师开发的多种教学辅助软件被国内多所院校采用。实验室实行共享共建机制,普通物理教学中心是国家级教学实验中心,计算机公共基础教学实验室是江苏省计算机基础教学实验示范中心建设点。

学院自成立以来,始终坚持以师生为中心的理念,坚持质量立院、人才强院的方针,以打造公共基础课教学的品牌团队,推动公共基础课改革、提升公共基础课教学质量和人才培养质量为宗旨,在课程思政、课程资源、教材研发、教学模式改革、教学评价创新、学科竞赛、教师专业发展等方面取得了丰硕的成果,共获得立项及奖项国家级 15 项、省级 32 项、市厅级 48 项。

二、教学工作

学院坚守"以师生为中心"的人才本位理念,坚持"以本为本"的原则,完善了"学院—学系—教研室"三级管理模式,开展了 80 余次多种形式的教研教改活动,12 门课程采用了新型教学模式,探索出一条提升本科教学质量、科学管理课堂、挖掘学生潜力的有效路径。

学院邀请国内著名学者,如上海交通大学杨立教授、上海体育学院刘志民教授、南京大学王海啸教授、河南大学武术学院田文波教授、苏州大学体育学院李龙教授、扬州大学俞洪亮教授等来院讲学。接待江苏科技大学深蓝学院、桂林理工大学外国语学院、北京化工大学文法学院来院交流互学。召开公共基础课教学质量提升工作推进会，深刻解读《关于加强东吴学院公共基础课程教学质量保障与提升的实施意见（试行）》《东吴学院项目管理办法》，注重全院教师在一流课程建设、课程思政建设、项目申报及教师发展等方面的深化与提升，推动教学质量建设。

学院"十四五"改革发展规划编制工作领导小组把加强顶层设计和坚持问计于师统一起来，深入研判发展环境，准确研判发展机遇，透彻分析困难、挑战，编制了学院"十四五"发展规划。同时，邀请人力资源处、教务部共同召开发展研讨会，研讨学院"十四五"总体发展思路，剖析目标指标，划拨重点任务。

三、教师发展与教学研究工作

2021年度，学院有1位教师评聘教授，5位教师评聘副教授。新增专业教师6位，其中，博士生5位。11月下旬组织补充性师资招聘面试，共有6位应聘者通过面试。

学院共有20余项教改项目立项，其中，教育部产学合作协同育人项目3项，省级教研项目3项，市厅级教研项目11项，校级项目7项，教材奖6项。江美福、张卓、王益3位教师分别获得教育部2021年产学合作协同育人项目立项。大学外语系顾卫星、叶建敏2位教师负责的"中国地方文化英语导读"课程获首批省级一流本科课程认定，并被推荐参加第二批国家级一流本科课程认定。"高等数学（一）上""计算机信息技术（计算思维）""物理与文化""程序设计及应用（C语言）"4门课程入选2021年苏州大学课程思政示范项目。学院师生在SCIE、EI、CPCI上发表论文4篇，在北图中文核心期刊发表论文4篇，在省级期刊发表论文12篇，申请发明专利和软件著作权9项。

学院教师参加教学竞赛获得国家级三等奖1项，省级一等奖1项、二等奖1项，校级一等奖2项、三等奖1项。大学外语系王静、张卓、高燕红、陈隽、周行团队在2021年外研社"教学之星"大赛决赛中获得全国三等奖。何芊蔚、张卓、王静、高燕红团队在第十二届"外教社杯"全国高校外语教学大赛江苏赛区决赛中获得二等奖。

学院教师积极参与指导学科竞赛，获国际奖项13项、国家级奖项22项、省级奖项78项。大学数学系顾莉洁老师指导学生在2021年美国大学生数学建模竞赛中获一等奖，大学计算机系卢晓东老师在2021年全国计算机设计大赛省赛中指导4支团队脱颖而出，斩获全国二等奖3项、三等奖1项。大学物理系葛水兵老师参与指导并获得第七届全国大学生物理实验竞赛二等奖。公共体育系刘卫东老师指导的女子组获得橄榄球赛华东赛区冠军。大学外语系教师团队在2021年外研社"教学之星"大赛江苏赛区决赛中获特等奖。在大学外语系承办的首届"外教社·词达人杯"全国大学生英语词汇能力大赛中，24名学生在国赛中获奖。

四、学院重大事项

（1）3月5日，学院召开2020年度东吴学院"落实立德树人　潜心教书育人"年度人物颁奖仪式，12位教师获奖。

（2）4月21日，学院召开公共基础课教学质量提升工作推进会。

（3）4—6月，大学外语系承办首届"外教社·词达人杯"全国大学生英语词汇能力大赛。

（4）6月3日，学院成功承办全国高校英语教师外研社杯"教学之星"大赛江苏赛区半决赛。

（5）6月23日，学院召开"十四五"发展规划研讨会。

（6）10月15日，学院召开教研教改培育项目推进会。

（段文文）

红十字国际学院

一、学院概况

在中国红十字会总会和苏州大学的正确领导下,在中国红十字基金会和社会各界的大力支持下,学院认真贯彻落实总会党组要求,进一步厘清合作各方和理事会、院务会的权责。召开一届理事会第二次会议,选举孙硕鹏为理事长、沈明荣为副理事长,增补贝晓超、齐敦品、严晓凤为理事,王爻凹接替张桥担任理事。

学院高度重视规章制度建设,先后制定了《红十字国际学院奖教金管理办法(试行)》等规范性文件,修订了《红十字国际学院兼职教授、客座教授和客座研究员聘任管理办法》,保障了学院工作规范运行、行稳致远。

学院不断加强高水平人才和基本师资引进工作:聘请任浩为"一带一路"人道合作教研中心主任,聘请金锦萍为学院兼职教授;以院聘方式聘请朱文奇等19名国内外知名专家学者担任学院客座教授,聘请马强等12名红十字系统内外部实务工作者担任学院客座研究员;开发建设红十字国际学院云教育平台,聘请许凌担任中心主任。截至2021年年底,学院专兼职教学科研和行政人员团队近50人。

二、教学工作

1. 本科生教学工作

2021年4月17日,"国际人道工作实务"微专业正式开班,来自苏州大学13个学院(部)的64名二年级本科生成为首期班学生。该班是国内首个国际人道事务方向的本科微专业课程,学制一年,将在本科三四年级阶段,从中择优推荐一部分学生到相关国际组织工作、实习。

2. 人道教育在职培训

红十字系统领导人培训。2021年4月20日,第二期全国省、市级红十字会新任职领导干部培训班在红十字国际交流中心正式开班,陈竺会长出席开班式并主讲第一课。此后,学院继续举办包括青海、广西等省、市(区)的红十字系统干部培训班,承办总会筹财部的两期全国红十字会财会系统应用培训班,合计培训红十字系统领导干部600余名。

人道事务高级研修班(ECH)开班。人道事务高级研修班先后在北京、苏州、无锡3地进行现场教学,共计集中授课160课时。2021年10月17日,首期人道事务高级研修班60多名学员正式结业。10月16日,第二期人道事务高级研修班正式开班,该班招收学员

76 名，包括省、市级红十字会负责人，公益慈善组织负责人，企业和媒体高管等。二期班已在学院本部、海南博鳌完成二次授课。

人道工作方向学位教育。学院与社会学院合作开办的社会学（人道工作方向）硕士学位课程研修班，2021 年继续完成主干课程的学习，并在学期末由苏州大学研究生院举行学位课程考试，教学计划顺利推进。

国际人道法暑期班开班。2021 年 7 月 12—16 日，由红十字国际委员会东亚代表处和学院联合举办的第十届国际人道法暑期班成功开班，40 名来自各相关政府部门、军事单位、研究机构和高等院校的学员参加了为期 5 天的培训交流。

三、教学研究与合作交流

1. 教学研究工作

2021 年 6 月 16—19 日，学院召开第二次教材编写（译）委员会会议及改稿会。11 月 24—26 日，学院召开第三次教材编写（译）委员会会议及改稿会。目前，学院资助出版的《慈善筹款原理与实践》已于 2021 年年初正式出版发行；《中国红十字运动简史》书稿已经提交出版社进行编审；《中国特色红十字事业概论》《国际红十字运动概论》经过两次专题讨论，已完成第三稿的收集和初审；《人道经济学》《人道伦理学》进入出版审查环节。

此外，学院承担编写的 5 本中国红十字救援队培训教材均已完成初稿，进入审稿阶段。

2021 年度，学院承接了中国红十字会总会 4 个重点课题。目前已完成课题主持人及课题组遴选、课题研究提纲和课题研究工作计划制订，召开项目开题会等，研究工作已陆续启动。

为充分发挥红十字人道事业的智库作用，结合各教研中心主责主业和学院建设发展的紧迫需求，2021 年学院下达了 8 个研究课题。课题分别由各中心专兼职教授、客座教授、客座研究员担任主持人。8 月 22 日，学院召开各教研中心主任视频会议，对课题研究工作进行部署和督导。目前，各课题研究工作正在有序推进。

2. 合作交流

学院领导班子成员王汝鹏、沈明荣、刘选国、郑庚等先后或分别赴广西百色、江苏南京和常州等地进行工作调研，开展合作交流，先后授牌盛宣怀故居和辽宁营口市"中国红十字运动发源地纪念馆"为学院教学研究基地，探访陆树藩故居，调研爱德基金会等地及多地的红十字救护站和博爱家园，走访了伟东云教育基地等十几家合作企业和机构，推动建立更紧密的战略合作关系。2021 年，学院新增 7 家联合发起（共建）人。截至 2021 年年底，共有 25 家机构或个人成为学院联合发起（共建）人。

2021 年 10 月 16 日，学院与联合会所属的索尔费里诺学院签署了战略合作协议。12 月，王汝鹏院长带队先后赴红十字国际委员会、国际联合会东亚地区代表处，进行工作拜访和会谈，积极探讨进一步合作，争取其对学院的长期支持。

学院积极开展与国内公益慈善教育领域的交流合作。2021 年 10 月 23 日，在珠海举办的"中国慈善教育专业化"高峰论坛上，王汝鹏院长发表了主旨演讲。11 月 6 日，"清华-敦和中国高校公益慈善教育发展论坛"在京召开,王汝鹏院长、刘选国副院长应邀出席论坛,并会同国内 40 家院校在论坛联合发起《中国高校公益慈善教育倡议》。12 月 18 日,王汝鹏院长应邀出席第十一届中国社会治理论坛,并发表主题演讲。

2021 年 3 月,学院举办"月引潮汐、红暖她心"女生用品发放活动,学院还与校团委、中国红十字基金会联合开展了"安心校园,救在身边"众筹自动体外除颤仪(AED)、应急救护培训等活动。5 月 8 日,学院组队参加了由中国红十字基金会举办的"红气球"定向越野赛暨京津冀应急救护达人大赛。6 月 20 日、11 月 26 日和 12 月 8 日,学院分别与苏州市红十字会、校团委在红十字国际交流中心联合举办 3 次主题为"救在身边,你也可以"的学校红十字志愿者和苏州大学研究生支教团队应急救护培训。

四、学院重大事项

(1) 4 月 21 日,在学院工作汇报会上,陈竺会长指出,要认真学习贯彻新发展理念,创新办学模式,充分发挥好学院平台作用,积极拓展海内外合作伙伴,加强与各省(市、区)红十字会的合作,共同推进红十字人道教育事业发展。

(2) 10 月 16 日,学院召开第二次专家咨询委员会会议,第九届全国人大常委会副委员长、中国红十字会原会长彭珮云出席并讲话,希望学院当前紧紧抓好专兼结合的教学科研和管理队伍建设,抓紧基本教材的编写工作,强调既要有高瞻远瞩的顶层设计,也要有切实可行的路线图。

(3) 11 月 22 日,学院召开建设发展座谈会,陈竺会长出席并讲话,希望学院深入贯彻落实党的十九届六中全会精神和中央人才工作会议精神,积极推进红十字交叉学科创建,尽快完成规模化专职师资及管理人员队伍的组建,初步形成系统化人才培养体系。

(丁红元)

师范学院

一、学院概况

苏州大学办师范教育的历史悠久。1952年，苏南师范学院建立，同年更名为江苏师范学院。在1952—1982年这30年里，江苏师范学院为国家培养了15 000余名师范生，为江苏省中等教育事业的发展做出了重要贡献。2019年9月16日，苏州市教育局与苏州大学经友好协商达成协议共建苏州大学师范学院，共同开启苏州大学师范教育改革发展新篇章。2020年3月13日，苏州大学印发《苏州大学师范教育卓越教师培养计划2.0实施方案》，标志着苏州大学在师范教育人才培养方面步入新的历史发展阶段。

学校现有师范类专业12个，专业涉及中小学课程相关学科，包括汉语言文学（师范）、思想政治教育、历史学（师范）、英语（师范）、美术学（师范）、体育教育、教育学（师范）、教育技术学（师范，隔年招生）、音乐学（师范）、数学与应用数学（师范）、化学（师范）、物理学（师范）。截至2021年，学校共有教师教育实践实习基地100个，师范教育培养体系日臻成熟。学院受到田家炳基金会支持，以全校所有师范专业为基础，在不改变现行专业学院办师范专业教育模式的前提下，负责统筹协调全校师范专业教育，充分发挥综合性大学在师范办学特色打造、师范专业能力培养及师范人才培育上的引领作用，通过创新管理模式，着力造就一批师德高尚、专业扎实、创新教学、能力卓越的现代化教师。

二、教学工作

1. 课程建设

学院强化师德课程建设，举办"学习习近平总书记关于教育的重要论述"专题讲座，深入贯彻习近平总书记关于教育的重要论述精神，该课程作为公共基础课，以讲座的形式纳入高年级本科专业人才培养方案中，共800多名学生参加了此次讲座；开展以"党的教育方针与教育改革发展历程"为题的专题思政课，强化师范生政治责任和"四有"好老师的理想信念。

"教育领导+"微专业共招生27人，包括师范专业及非师范专业。2021年秋季完成"新课改与名师说课""STEAM-创新项目设计""教育法律案例与管理实务"3门课程授课。"教育创业+"课程获"苏大课程2021－3I"课程立项。

2. 师范教育教学改革探索

学院完成综合性大学本硕一体化"实践反思型"高中教师培养实践研究项目的中期

评估材料;推进"苏州大学开展高素质复合型硕士层次高中教师培养试点"项目申报工作,与教育部线上召开"苏州大学关于开展高素质复合型硕士层次高中教师培养试点的请示"汇报会2次,充分贯彻落实教育部重要指示精神,继续推动改革试点工作;2019年校级高等教育教改课题"综合性大学开展师范教育的体制机制探索研究"顺利结项;参与学校高等教育教学成果奖师范教育方面的申报,参与申报的"优化素养 强化实践 深化研学:综合性大学卓越教师培养模式探索与实践"获一等奖;协助开展教育类研究生免试认定中小学教师资格教师职业能力测试工作,共22名教育类研究生报名,21名学生合格并获得《师范生教师职业能力证书》。

3. 师范类竞赛指导及就业指导

学院打造"云师说"品牌活动。开展就业、技能指导培训课8次,邀请校内外名师、专家参与指导师范生,传授教学经验,提升师范生职场竞争力,上线至2021年年底播放量达到6 629次,受到学生的广泛好评;举办2021年师范生教学基本功大赛暨"明日之师"系列活动,共228人次参加,115人次获奖;举办师范生模拟授课指导会,邀请中小学一线名师为参加第十届江苏省师范生教学基本功大赛和"田家炳杯"全日制教育硕士教学技能大赛的30名选手进行一对一竞赛指导,帮助师范生夯实教学基本功,最终学校师范生在第十一届江苏省师范生教学基本功大赛中获得4个一等奖、5个二等奖和12个三等奖;在第三届长三角师范生教学基本功大赛中获得1个二等奖、1个三等奖;在"田家炳杯"全日制教育硕士专业学位研究生教学技能大赛中获得2个二等奖、4个三等奖。组织开展招聘会,协助苏州市教育局、苏州高新区教育局、苏州工业园区教育局、苏州相城区教育局开展招聘工作。

4. 实训中心的建设与运行

"苏州大学师范类专业教师职业技能实训中心"建设完成,服务各师范专业,配合师范类专业第二级认证工作及各类课程录制,并在江苏省的6所中小学同步配备远程教学观摩设备,开展5次涵盖中小学不同年级、不同学科的远程观摩课程与教研活动,共计850余人次参与,实现了互联网与教育的有效融合,助推了学校间、区域间的教学联动与资源共享,有效提高了师范生的教学水平。

三、对外交流与合作

1. 积极拓展校地合作

一是与苏州地方中学开展合作,与江苏省黄埭中学签约共建,在课程改革、师范生培养、教师业务培训等多方面合作,建立与中学协同培养新机制。开展教育研究基地研讨会,与苏州市田家炳实验初级中学、江苏省震泽中学、昆山市花桥高级中学、江苏省黄埭中学领导共同探索"中学—高校—教育行政"三方协同发展的新模式;与江苏省苏州中学、苏州市实验小学校和苏州大学实验学校共建"师范学院教育研究基地",拉开3所学校深入合作新篇章。二是与南京市玄武区教育局合作建立"区域教育研究基地",在南京科利华中学、南京市第九初级中学、南京市第十三中学建立苏州大学双师教学互动系统,打破区域限制,实现教学资源互通。三是与苏州市教育局、苏州市电化教育馆合作,在教学资源共享、中小学教学模式探索、师范生实习实践等方面共同探讨合作事项,达成合作意向。四是与苏州市教育质量监测中心合作共建教育研究基地，促进教育教学改革，提高师范生教育质量监测研究水平。

2. 开展师范类职业体验暨教学观摩活动

学院组织学生前往相城区陆慕实验小学、张家港市江帆小学、苏州湾实验小学、吴江经济技术开发区山湖花园小学等15所学校观摩苏州市优秀一线语文、数学、英语学科教师授课，累计967人次参与活动，累计听课53节。

3. 开展苏州市吴中区藏南学校支教活动

在学院的指导下，苏州大学第23届、24届研究生支教团、"明日之师"团队的学生于苏州市吴中区藏南学校开展"七彩四点半·三学课堂"授课活动，研究生支教团累计授课74次，"明日之师"团队累计授课26次，课程覆盖2 930人次，充分提升了学生的教学能力与实践水平，同时为地方基础教育改革与发展服务。

四、学院重大事项

（1）3—11月，学院开展苏州市吴中区藏南学校支教活动。

（2）4月，学院开展2021届教育类研究生免试认定中小学教师资格教师职业能力测试工作，与江苏省黄埭中学签约合作。

（3）5—11月，学院开展"云师说——师范生空中就业指导课"、"云师说——师范生空中技能培训课"、师范类职业体验暨远程教学观摩活动。

（4）5月，学院开展"学习习近平总书记关于教育的重要论述"专题讲座，制作《苏州大学师范教育人物小传》。

（5）6月，学院召开"苏州大学关于开展高素质复合型硕士层次高中教师培养试点的请示"汇报会。

（6）7月，苏州大学师范类专业教师职业技能实训中心验收完成。

（7）9月，"教育领导+"微专业启动招生，开展2022届本科教育实习动员大会暨师范生宣誓仪式、"师心启航"就业指导项目启动仪式。

（8）10月，学院开展教育研究基地研讨会、师范生模拟授课指导会。

（9）11月，学院协助开展汉语言文学、英语、音乐学师范类专业第二级认证现场考查工作，苏州大学2019年高等教育教改课题"综合性大学开展师范教育的体制机制探索研究"项目结项。

（10）12月，与苏州市教育质量监测中心，江苏省苏州中学、苏州市实验小学校、苏州大学实验学校合作共建教育研究基地，举办苏州大学师范类专业教师职业技能实训中心揭牌仪式。

（顾正磊）

未来科学与工程学院

一、学院概况

苏州大学未来科学与工程学院成立于2021年8月，主要聚焦数字与人工智能、信息与智能系统等领域，以统计学为学理基础，以人工智能为核心，跨越院系界别，构建贯通新工科的交叉创新平台，培养符合时代发展与国家未来需求的国际化、复合型拔尖创新人才，打造创新链与产业链深度融合的实践载体。2021年，学院有教职工3人，其中，党委书记1人，专职辅导员2人。现有统计学、人工智能、集成电路设计与集成系统、机械电子工程4个本科专业，2021级本科生319人。

二、教学工作

2021年，学院成功申报数据科学与大数据技术、机器人工程2个本科专业。

三、学院重大事项

（1）8月3日，学院发布《关于组建未来科学与工程学院的实施意见》（苏大委〔2021〕117号），未来科学与工程学院为学校直属二级学院，正处级建制。成立未来科学与工程学院党委，设党委书记1名、党委副书记1名。同时，成立工会、共青团等群团组织。学院设院长1名、副院长2—3名。学院内设综合办公室、教学科研办公室、学生工作办公室、团委等4个科级机构，行政管理人员编制暂定6名，专职辅导员编制按规定配备。学院可根据教学科研工作需要，内设教学机构、科研机构和学术支撑机构。学院建立学术委员会、学位评定委员会，按学校有关规定组建和开展工作。

（2）8月12日，学院发布《关于吉伟等同志职务任免的通知》（苏大委〔2021〕123号），经校十二届党委第175次常委会研究决定：吉伟同志任未来科学与工程学院党委书记。

（3）9月20日，学院发布《关于钱成一等同志职务任免的通知》（苏大委组〔2021〕4号），经研究决定：陈贝贝同志任未来科学与工程学院学生工作办公室主任；陈恺同志任未来科学与工程学院团委副书记。

（4）10月9日，未来科学与工程学院2021级本科生到校报到。2021级本科生共录取321人，319名本科生报到，2位本科生自愿放弃入学，其中，2021级统计学专业80人，2021级人工智能专业81人，2021级集成电路设计与集成系统专业78人，2021级机械电子工程专业 80 人。

（5）11 月 8 日上午，苏州大学未来校区首期启用仪式在未来校区举行。苏州市副市长曹后灵，学校领导江涌、熊思东、姜建明、周高、张晓宏、沈明荣、姚建林，吴江区领导李铭、王国荣、钱宇、汤卫明、朱建文、吉伟、吴吉祥，首批入驻未来校区校企研究机构企业方面代表，以及苏州大学、吴江区各有关单位负责同志参加启用仪式。

（6）11 月 10 日，学院邀请青年海归学者讲师团成员陈涛教授于阳澄湖校区图书馆大报告厅为学院 2021 级本科生开展题为"创新无止境，实践出真知"的科研讲座。

（7）12 月 8 日，苏州市姑苏区第三届人民代表大会代表选举投票，未来科学与工程学院 304 位师生选民履行法律赋予的民主权利，积极参与新一届人大代表换届选举投票工作，学院选民到站投票率达 100%。

（8）12 月 9 日，苏州大学党委常委、副校长姜建明在阳澄湖校区图书馆大报告厅为学院 2021 级本科生讲授以"奋斗百年路，启航新征程"为主题的形势与政策课。

（陈贝贝）

敬 文 书 院

一、学院概况

为积极推进人才培养改革，顺应高等教育改革需要，苏州大学借鉴剑桥大学、哈佛大学等国外著名大学"住宿学院制"及香港中文大学"书院制"等管理模式，结合学校实际情况，于2011年6月成立了以香港爱国实业家朱敬文先生的名字命名的书院——敬文书院。

作为江苏省首家培养高素质学生的住宿学院，敬文书院坐落于粉墙黛瓦、绿树葱郁、古韵悠然的苏州大学本部校园东北侧。书院每年从苏州大学天赐庄校区各学院录取的新生中选拔100名左右的优秀学生。截至2021年，书院汇聚了具有40多个学科专业背景的441名学生，除设置常任导师、德政导师、助理导师、社区导师、校外导师外，还聘有近百名学业导师，形成了一个多方面服务学生的导师群体。

书院以培养德智体美劳全面发展的研究型、国际化、高素质创新人才为目标，提出"育人为本、德育为先、个性培养、全面发展"的理念；以"为国储材，自助助人"的敬文精神为院训，倡导"明德至善、博学笃行"的院风，实施四大核心计划，人才培养特色鲜明、成效显著。

敬文书院成立10多年来，已培养出七届共741名优秀毕业生，其中，70%的毕业生进入世界著名学府深造，包括推荐免试至北京大学、清华大学、复旦大学、上海交通大学、南京大学、浙江大学、中国科学技术大学、东南大学、中国人民大学、武汉大学、同济大学、厦门大学、华东师范大学、中国政法大学等学校攻读硕士或直接攻读博士学位；被美国约翰霍普金斯大学、芝加哥大学、杜克大学、纽约大学、南加州大学，英国帝国理工大学、伦敦大学国王学院、曼彻斯特大学，新加坡国立大学，日本东京大学、京都大学，澳大利亚悉尼大学，以及中国的香港大学、香港中文大学等著名学府录取。直接就业的学生也深受用人单位欢迎，相当比例的毕业生进入世界500强企业就职。

二、学习社区温馨家园

作为苏州大学的"一站式"学习社区，书院将学习社区和温馨家园合而为一，不仅有着园林式的院落环境，而且在宿舍区还有供书院师生研讨、生活的各类功能室，如党建工作室、导师工作室、学业讨论室、积学书房、劳动体验馆、咖啡吧、自修室、书画演习室、钢琴房、健身房、洗衣房、厨房等，满足学生多元化、个性化的学习、生活需求。书院以多元、兼容、开放为特征，为学生提供了心灵交流、思维碰撞、潜能拓展的平台。敬文冬至节、师生共膳等活动更是彰显了书院对学生生活与学习细节的关怀和浓厚的情谊。

三、文理渗透学科交叉

学校每年从天赐庄校区不同学院的本科新生申请者中选拔优秀学生加盟书院。每一个加盟书院的学生都有双重身份：他们既是敬文书院的学生，也是所在专业学院的学生。其"第一课堂"的专业学习主要由各自所在学院负责，"第一课堂"以外的学习和生活，包括党团组织生活和学生活动的开展等主要由书院负责。来自不同学科专业背景的学生在书院组建了四大学生组织——学生会、科协、分团校、青年传媒中心，以及独立乐队——Neverland。书院学生在各类比赛中屡创佳绩，充分彰显了书院文理渗透、学科交叉的育人特点。

四、教授博士领衔导师

书院实行导师制。常任导师、社区导师、助理导师常驻书院，为学生的成长成才提供全天候、个性化的指导和服务。德政导师由院内外政治素养高、思想政治教育经验丰富的领导同志、优秀党务工作者和有关专业教师担任，通过开设思想政治理论课程或专题讲座，进班级、进宿舍、进社团，并兼任班主任或社团顾问、指导教师等，以多种形式开展指导，引导学生树立正确的世界观、人生观、价值观，增强社会责任感。学业导师作为书院导师队伍的核心力量，由学校选聘教学工作突出、研究能力强、具有高级职称或博士学位的优秀在职教师担任，还选聘了部分资深教授作为公共基础课学业导师常驻书院，推行"小班化、个性化"辅导；其余学业导师每两周至少与学生互动一次，在大学适应、论文写作、科研项目等方面为学生做有效而切实的指导。校外导师是具有学术水平和专业技能的各界社会精英，他们以"单独辅导+集中辅导+导师讲堂+走进导师单位"等模式，致力于帮助学生完善职业规划，明确目标与方向；促进理论学习和实践需求的有效融合，培养学以致用的治学态度。通过导师制，书院拉近了传统教育中渐行渐远的师生关系，在更高层次上重构了密切互动、教学相长、和谐相容的新型师生关系。

五、通识教育塑造全人

书院精心设计通识教育课程，倡导"全人教育"理念，鼓励学生探索专业以外的领域，拓宽视野，培养人文素养与科学精神。书院邀请各领域高水平名家开设系统化通识教育课程——"敬文讲堂"，主要包括文化传承、经典会通、艺术审美、创新探索等系列内容，由此打破了传统教育中科学与人文分割的格局，彰显了既重学科专业，又重人文情智的特色。此外，书院开设以书院学生为教学单位的小班应用英语、第二外语及跨文化素养等具有针对性的教学课程，赋予学生感悟语言之美、培养世界之情的全新体验，书院学生在全国大学生英语竞赛中屡获殊荣，获奖数在全校名列前茅。

六、创新驱动引领成长

书院构建并实施了融导师制、"线上+线下"联动课程、"苏大课程2021-3I"课程项目、创意大赛、创业计划五大元素于一体的创新创业金字塔体系。书院累计有600余人次成功申报以苏州大学"箸政学者"为龙头的各类学术科研基金资助项目；有270余人次参与国家级、省级大学生创新创业训练项目；590余人次在国家级、省级的创业计划大赛和学科竞赛中获奖；200余人在省级以上学术刊物发表研究成果，其中包括SCI一区顶级、EI、ISTP和国家级学术刊物论文。

七、海外研修奖助优先

敬文书院自建院以来，一直以培养研究型、国际化、高素质创新人才为目标，着力打造跨专业、跨文化、跨国界的学习环境。书院高度重视学生外语应用能力的培养、对外交流高层次项目的拓展、奖助研修体系的不断完善。2021年，书院已经有超过60%的学生获得海外研修的机会，分别前往QS世界大学排名前50的美国哈佛大学、斯坦福大学、加州大学伯克利分校、英国剑桥大学等众多国际名校研修交流、留学深造。

书院现已有包括东吴大学老校友李乃果、沈曾苏伉俪捐赠设立的"沈京似奖助学金"、苏州日电波电子工业有限公司总经理藤原信光先生捐赠设立的"未来卓越领导人奖学金"、苏州新东方学校捐赠设立的"新东方国际化人才奖学金"在内的各类捐赠奖学金。此外，社会各界也在书院的办学过程中提供了物质方面的帮助。

八、书院重大事项

（1）3月9日，校党委书记江涌来到敬文书院，参加师生共膳活动，了解书院学生的学习、生活状况及未来规划，听取学生对书院建设和学校发展的意见、建议。

（2）5月27日，教育部思想政治工作司司长魏士强莅临敬文书院，专题调研书院制管理模式和学生思想政治工作。

（3）5月29—30日，敬文书院与来自长三角高校书院联盟的百余名师生齐聚江苏师范大学，联合举办党史学习教育主题活动。

（4）6月20日，敬文书院2021届毕业生典礼在校本部敬贤堂举行。

（5）9月27日，敬文书院院长钱振明教授为2021级新生讲授"大学第一课"——"走向卓越"，激励新生与时代同行，走向卓越。

（6）10月27日，敬文书院2021级学生开学典礼在校本部红楼学术报告厅举行。

（7）11月5日，江苏省委教育工委党史学习教育第三巡回指导组前往敬文书院进行实地调研，听取"一站式"学生社区综合管理模式改革试点工作汇报。

（8）12月1日，校第十二届党委第六轮巡察第七巡察组巡察敬文书院党委工作动员会在敬文书院召开，校党委书记、第七巡察组组长江涌出席会议。

（9）12月15日，校宣讲团团长、党委书记江涌教授做客敬文讲堂，宣讲党的十九届六中全会精神。

（10）12月19日，苏州大学2021"敬文·冬至节"温暖启幕。

（孙　放）

唐文治书院

一、学院概况

为进一步推进苏州大学"卓越人文学者教育培养计划",苏州大学借鉴剑桥大学、哈佛大学等国外著名大学的书院制,参照西方文理学院的本科培养模式,于2011年成立了"唐文治书院"(简称"文治书院")。书院以著名教育家唐文治先生的名字命名,突出民主办学、敬畏学术、教学相长、自我发展的特征,秉承"尊德性而道问学,致广大而尽精微"的院训精神,积极探索打通文史哲基础的人才培养模式,积极引导学生建立科学、合理、全面的知识结构,积极培养具有世界情怀和人文情怀,传承苏大精神和文治精神的复合型、学术型拔尖文科人才,努力实践新理念,探索新模式,形成新机制。

二、强化文史哲专业融通,培养高水平文科人才

书院采取注重"第一课堂"的培养模式,始终将培养从事文史哲研究的高素质学术型专门人才作为目标,探索学科交叉创新人才培养。每年从中国语言文学、历史学(师范)、哲学、思想政治教育4个专业的新生中,择优选拔30名左右的学生进入唐文治书院。学生被录取之后学籍即转入书院,由书院进行"小班化"管理。

书院在课程设置上打通文史哲,回到文史哲专业的基本面,回到中国文化的"原典",强调经典研读,从传统出发并对传统进行创造性的转换,以现代的立场阐释经典,夯实学生的文史哲基础教育。书院设置通识教育、大类基础、专业选修和专业必修4大类70余种课程,努力处理好"专"与"博"的关系,为学生构建"底宽顶尖"的金字塔形知识结构。除部分通识课程外,主体课程都是单独编班授课。书院注重发挥学生的学习自主性,着力训练学生发现问题和研究问题的能力。除课堂教学外,书院特别重视阅读、讨论、作业等环节,部分课程采取以学生为主体的专题报告、课题讨论等方式,强调学生自主性的发挥。

三、注重国际化人文培养,厚植新时代世界情怀

书院始终坚持"国际化"培养,鼓励学生"走出去"交流学习、"带回来"经验体会,引导学生用世界眼光思考问题、用世界思维解决问题,激发学生引领人类文明进步、担当人类命运重任的信心和潜力。书院第一学年特别设置每周10节的英语课,强化英语训练,使学生真正掌握英语的听、说、读、写能力,打好"国际化"的基本功。

书院不断提高对外交流的层次和水平，与部分国际名校建立了长期合作交流的机制。一方面是"请进来"，聘请海外人文领域知名学者、教授为学生开设系列讲座，与学生直接交流与探讨，极大地拓展了书院学生的国际视野。另一方面是"走出去"，积极推荐优秀学生到国外一流大学研修。书院学生分别赴剑桥大学、杜克大学、爱丁堡大学等国际知名学府游学，参与了美国俄亥俄州立大学暑期研习班、意大利威尼斯大学暑期研习班、英国剑桥大学暑期研习班、日本宫崎公立大学暑期语言文化研修项目，以及江苏高校学生境外学习政府奖学金项目等交流项目10余项。

四、配备强大师资阵容，发挥大师引领作用

书院采取教授联合授课的方式，高薪聘请、遴选配备文史哲一流师资为书院学生授课。以小班授课、小班研讨为特色，师生之间互通无间。教师注重研究性教学，鼓励学生参与科研项目训练、自主深度学习。

除本校文史哲专业的一流师资外，书院还延聘海内外著名教授或著名作家主持常设性的讲座课程，已达90余场，进一步优化了学生的知识结构，拓展了课堂的广度和深度。

与此同时，书院始终实行全程导师制，聘请文史哲院系中学识渊博、品德高尚的教师担任导师，负责在大学阶段对学生进行全程指导。导师制强调导师和学生平等交流，尊重学生个性，关注师生共同发展，从而实现教学方式上的因材施教、教育内容上的德智并重和教学环境上的宽松自由。

五、营造立德树人氛围，提升学生综合素养

书院始终将立德树人作为根本任务，将思想引领作为学生管理的重中之重，注重学生的价值塑造和人格养成。书院坚持引导学生以马克思主义为指导，扎根中国大地，了解国情民情，践行社会主义核心价值观，传承中华优秀传统文化，举办各类读书沙龙、文化参访、郊游踏青、社团组织、暑期社会实践活动等；组织成立文和爱心学社，在敬老院、孤儿院和图书馆开展大量志愿服务工作，拓宽了学生的社会视野。

书院鼓励学生进行自我管理。在学习方面，每一届学生均拥有一间固定教室；在生活方面，实行"集中住宿制"，学生享有相对独立、比较优越的住宿条件，男女生宿舍区各有专门的活动中心、阅览中心、生活间等设施。集中住宿拉近学生间的距离，增进学生的同窗感情，增加学术交流的机会。

学生事务中心发挥了服务书院、沟通师生的功能。连续举办七年"文治读书会"，将阅读文史哲经典的习惯融入书院学生的生活中；由学生主编的《文治学刊》已印刷、发布19期，刊发书院导师、学生撰写的学术论文和文学创作；以学生为主体运营的"文治"微信公众号，以互联网为载体，以新媒体的方式记录书院生活的方方面面，展现学生成长过程中的所思所想。

经过十年的改革与发展，书院培养了一批又一批优秀的学术研究人才，他们拥有以下几项卓越的能力。

1. 出色的科研实践能力

书院学生先后参与了100余项国家、省、市（校）级科研科创项目，其中，7个项目入选国家级（省级重点）大学生创新创业训练项目。王宇林同学获2015年度江苏省普通高等学校本专科优秀毕业设计（论文）评选二等奖，白新宇同学获2019年度江苏省普通高等学校本专科优秀毕业设计（论文）评选三等奖。"重探红色载体，挖掘红色基因——再走三城红色初心之路，争做新时代红色传承人"项目获"传承红色基因·践行初心使命"——第十七届"挑战杯"全国大学生课外学术科技作品竞赛红色专项活动省级二等奖。

2. 卓越的写作能力

王宇林同学获得第五届"新纪元全球华文青年文学奖"短篇小说组二等奖，张煜楱同学在《钟山》杂志发表小说《没有手腕的河》，许非同学获得了十九届"中国少年作家杯"一等奖、"中国青年作家杯"二等奖，许非和汪祖康2名同学分别获得了第七届"新纪元全球华文青年文学奖"短篇小说组冠军及一等奖。

3. 优秀的英语水平

书院学子在各级各类英语竞赛中屡次斩获佳绩，李嘉铭同学获得第五届全国口译大赛（英语）华东区大赛一等奖；张煜楱同学获2016年"外研社杯"全国英语演讲大赛全国三等奖、2016年"外研社杯"全国英语演讲大赛江苏赛区一等奖；张菁宸同学获2019年"外研社·国才杯"全国英语阅读大赛省级二等奖。在历届全国大学生英语竞赛中，书院学子屡次斩获佳绩，1名同学获C类一等奖，4名同学获C类二等奖，9名同学获C类三等奖。另外在"LSCAT杯"江苏省翻译竞赛中，书院同学共获得省级一等奖1次、省级二等奖3次、省级三等奖及优秀奖9次。另有8名同学在其他英语竞赛中获奖。

4. 高比例的深造学习

近3年的毕业生中，43.9%的学生成功推免至南京大学、复旦大学、南开大学、中山大学等国内双一流高校，73.2%的学生进入国内外知名高校继续硕士生阶段的深造。

（胡月华）

应用技术学院

一、学院概况

苏州大学应用技术学院位于中国第一水乡——昆山周庄，地处长三角区域一体化发展地带，距苏州大学独墅湖校区 20 千米，毗邻苏州工业园区、昆山经济技术开发区、花桥国际商务城和吴江高新技术产业开发区。校园环境优美、空气清新、设施一流，体现了"小桥、流水、书院"的建筑风格，是莘莘学子理想的求学场所。

学院创办于 1997 年，2005 年经教育部批准确认为独立学院，举办高校为苏州大学。学院设有 31 个本科专业，其中，服装设计与工程、电气工程及其自动化 2 个专业被评为省级一流本科专业建设点。学院有在校生 9 500 多人。2021 年，学院有江苏省"青蓝工程"优秀教学团队 1 个、中青年学术带头人 2 人、优秀青年骨干教师 10 人。

学院秉承发扬苏州大学百年办学传统，坚持"能力为本创特色"的办学理念，优化专业设置，加强课程建设，强化实践教学，重视师资建设，深化校政企合作，改革、创新、奋斗 20 多年，形成了依托行业、强化应用、开放办学、高效管理的办学特色。由社会各界和高校专家组成的专业教学指导委员会，在学院专业设置、师资聘请、教学计划审定、实习基地提供、学生就业指导、就业推荐等方面发挥了重要作用。

学院始终坚持以培养高层次应用型人才为宗旨，坚持"加强理论、注重应用、强化实践、学以致用"的人才培养思路，依托苏州大学雄厚的师资力量和本院的骨干教师，利用灵活的办学机制，在加强基础理论教育的同时，突出学生实践能力与现场综合处理问题能力的培养。

学院 2018 年获评苏州市质量奖，2021 年获评江苏省"2021 年高校毕业生就业工作量化督导 A 等高校"。近年来，学院教师荣获省部级及以上教育教学奖 24 项、市厅级教育教学奖 12 项；学生在国家级、省级各级各类专业技能和学科竞赛中荣获奖项 453 项，其中，国家级奖项 69 项，省级奖项 384 项。学院积极拓展国际交流，与美国、英国、法国、加拿大、澳大利亚、日本、韩国等国的 20 余所大学建立了合作关系。获得教育部批准的中外合作办学项目 2 项。

近年来，学院积极把握国家引导一批普通本科高校向应用技术型高校转型的战略机遇，统筹推行 ISO9001 质量管理体系和卓越绩效管理模式，以获批加入应用技术大学联盟，入选首批教育部-中兴通讯 ICT 产教融合创新基地院校、"互联网+中国制造 2025"产教融合促进计划试点院校为契机，积极配合昆山转型升级创新发展六年行动计划，实施创新驱动发展战略，探索为经济建设和社会发展服务的有效途径，坚持走应用型本科教育的发展之路，将应用型本科教育办出特色、办出品牌，构建完善的应用型创新人才培养体系，力争将学院办成特色鲜明的高水平应用技术大学。

二、教学工作

以专业建设为龙头，强化内涵建设。学院完成第二批应用型课程 14 个项目的验收工作，对《苏州大学应用技术学院应用型课程建设实施方案（试行）》（苏大应教〔2018〕15 号）进行了修订。完成第三批应用型课程建设项目的立项，共批准 10 个项目进入立项名单，并根据最新的应用型课程建设实施方案进行过程管理。研究开展学院首批课程思政示范课程建设项目验收工作，并计划于下学期初完成项目验收。研究、制订学院一流专业建设实施方案，拟于 2022 年上半年发布。研究教学管理系统的升级工作，将人才培养方案、课程大纲、课表编排、教学进度表等在系统中细化，强化教学管理，提高教学信息化管理水平，为专业建设服务。

学院开展课程思政建设，把思想政治工作贯穿教育教学全过程作为人才培养的重中之重，探索建立交叉融合协同育人新模式。同时，全面梳理并修订教学大纲、教学进度表，在教学设计中注重融入思政元素，并在教学过程中加强对思政教育的引导。根据教育部《高等学校课程思政建设指导纲要》、江苏省教育厅《关于深入推进全省高等学校课程思政建设的实施意见》，按照《苏州大学应用技术学院关于全面实施课程思政的指导意见》的要求，组织开展 2021 年课程思政示范课程立项建设工作。经二级学院申报、学院组织专家评审和校务会审议，共批准课程思政示范课程立项建设项目 37 项，其中，重点项目 1 项、一般项目 29 项、自筹项目 7 项。裴丽霞老师在"赋能增权外语教学"公众号平台发表 2 篇教学总结，获"2021 年高等学校（本科）外语课程思政优秀教学案例征集与交流活动"江苏省优秀教学案例一等奖。

三、科研工作与学术交流

1. 科研项目及成果

2021 年，教师申报立项各级各类教科研项目 48 项，其中，省部级项目 5 项（中国纺织工业联合会高等教育教学改革立项项目 3 项，江苏省教学改革研究项目 1 项，江苏省自然科学基金项目 1 项），市厅级项目 32 项，区县级项目 11 项。2021 年度各类教科研成果奖取得重大突破。由傅菊芬老师牵头申报的"基于专业思政理念的服装类专业人才培养体系构建与实践"获得 2021 年度中国纺织工业联合会高等教育教学成果奖一等奖，"能力导向、课程贯通、思政赋能：服装专业 3+4 应用型人才培养的探索与实践"获得 2021 年江苏省教育教学成果奖二等奖；李国杰老师参与申报的"堆取料机及其系统智能化协同技术研究与应用"获得 2021 年中国机械工业科学技术进步二等奖；刘洪老师申报的"独立学院转设的困境与路径创新"获得 2021 年度江苏省教育研究成果奖三等奖；王巧老师申报的"苏杭丝绸产业高质量发展比较研究"获得苏州市第五届"社会科学应用研究精品工程"优秀成果奖三等奖。

2. 国内外学术交流情况

面对新冠疫情的冲击及国际局势的影响，学院着力在拓宽合作领域、创新合作模式、提高合作质量等方面下功夫。一方面立足学院师生的实际情况,做好既有海外交流项目及中外合作办学项目的管理工作;另一方面积极探索"在地国际化"发展的模式与平台,进一步整合资源、提高效率、强化能力。开展海外交流项目宣讲会,邀请美国俄勒冈州立大学、乔治梅森大学、阿拉巴马大学伯明翰分校等外方友好高校的代表来学院宣传各类海外交流项目。在海外交流项目的推广与宣讲方面,通过"线上+线下"相结合的模式,推出线上寒假海外交流项目、海外名校硕士线上线下联合项目等。与韩国大邱大学签订了学术合作交流协议及中韩校际交流共同教育项目合作协议,填补了学院与韩国高校交流的空白。加强与港澳台地区高校的交流与合作,在澳门科技大学保荐硕士生项目的基础上,开设了澳门科技大学交换生项目,推出台湾地区高校公派生项目。

四、学院重大事项

（1）4月20日,昆山市委副书记、市长陈丽艳一行深入学院工学院精益实训中心和文旅学院,实地调研、指导产教融合工作。

（2）6月21日,学院党委与中国银行股份有限公司昆山分行党委举行了党建共建签约仪式。

（3）9月1日,苏州大学熊思东校长一行来学院调研。

（4）9月,学院学子在第七届中国国际"互联网+"大学生创新创业大赛中勇创佳绩,创历史最好成绩,获奖总数在江苏省独立学院中名列前三。

（5）11月,学院2019级服装专业的4名学生参加由中国纺织服装教育学会、全国纺织服装职业教育教学指导委员会联合主办的第十一届全国大学生纺织贸易与商业策划创新能力大赛,3名学生荣获二等奖。

（6）12月,学院学子在2021年"高教社杯"全国大学生数学建模竞赛中获得江苏省三等奖1项。

（7）12月,学院团委在2021年全国大中专学生志愿者暑期"三下乡"社会实践"镜头中的'三下乡'"活动中荣获全国"优秀组织单位"称号。

（8）12月,学院学子在第十三届全国大学生数学竞赛中取得重大突破,获得佳绩,其中,荣获省级二等奖2名、省级三等奖1名;学院QC小组荣获"2021年江苏省优秀质量管理小组"称号;学院工学院师生在2021年江苏省大学生机器人大赛中获省级一等奖1项,其他5支队伍获得省级三等奖;学院艺术系学生在第十三届全国大学生广告艺术大赛中荣获省级二等奖和三等奖。

（王颖昇）

老挝苏州大学

一、基本概况

老挝苏州大学成立于2011年，是老挝政府批准设立的第一所外资大学，也是中国政府批准设立的第一所境外大学，由苏州大学投资创办，校址位于老挝首都万象市郊赛色塔县香达村，占地面积22公顷。

1. 办学历程

2006年，作为政府行为，中国国家开发银行邀请苏州工业园区承担万象新城的开发建设，并提供融资支持。苏州工业园区邀请苏州大学加盟，在万象新城筹建高等学校。2008年5月，苏州大学设立老挝代表处，开始筹建老挝苏州大学。2009年1月，苏州大学获得老挝国家投资与计划委员会颁发的"老挝苏州大学设立许可证"。2011年6月，苏州大学获得中国教育部《关于同意设立老挝苏州大学的批复》。2011年7月，老挝苏州大学正式成立。

2. 办学现状

2012年9月，苏州大学与万象市政府签署土地租赁协议，并随即启动了校园建设的各项准备工作。

老挝苏州大学先后于2012年7月和2013年8月获得老挝教育与体育部批准，设立国际经济与贸易、国际金融、中国语言、计算机科学与技术等4个本科专业并先后开始招生。

由于校园尚未建成，临时租用的办学场地设施有限，为了能保证正常教学和培养质量，经老挝教育与体育部同意，老挝苏州大学采用"1+3"培养模式，与苏州大学联合培养学生，学生最终可获得由中国苏州大学和老挝苏州大学分别颁发的毕业证。老挝苏州大学至2021年已有5届本科毕业生。

除了开展本科教育外，老挝苏州大学于2012年7月成立汉语培训中心，为老挝人民提供不同级别的汉语培训课程。经过向国家汉办申请，老挝苏州大学于2012年4月获得中国国家汉语推广委员会批准，在老挝万象设立汉语水平考试（HSK）考点，每年组织多次HSK考试。

作为连接苏州大学和老挝的桥梁和纽带，老挝苏州大学还积极推进苏州大学与老挝在科技、人文等领域的合作与交流，协助苏州大学与老挝科技部合作成立了"中老绿色丝绸研究中心"，并启动了"蚕桑示范园"建设项目。推动苏州大学"一带一路"发展研究院（老挝研究中心）与老挝社会科学院、老挝国家经济研究院等机构的交流。

老挝苏州大学的管理人员由苏州大学选派的干部和在老挝招聘的本地员工组成，老挝苏州大学校园一期工程于 2015 年启动，共计 6 000 平方米的土建工程已基本结束。但由于种种原因，房屋内部装修和水电等配套设施建设尚未完成，校园至今没有投入使用。

二、招生和培训工作

学校的汉语教学从 2012 年开展以来，稳中有进，在近年社会上汉语培训机构增多的情况下，一直以师资优良和教学正规著称于老挝社会。汉语培训班截至 2021 年年底，参加学习的学员累计超过 3 649 人次。至 2021 年 12 月，我校共组织了 37 次汉语水平考试，参考总人数达到 8 174 人次。

除了每年组织多次考试外，2021 年，学校继续派员赴老挝琅南塔省教育厅分考点和沙湾拿吉崇德学校分考点上门送考，为众多外省考生解决了往返万象考试的困难，受到考生的衷心赞扬和感谢。

三、对外交流

2 月 17—18 日，学校参加老挝教育与体育部在沙湾拿吉省举办的全国高等教育管理者会议。

5 月 20 日，学校参加由老挝教育与体育部高等教育司举办的关于疫情防控期间特殊情况的教学工作线上交流会。学校中、老方校长助理黄郁健、冯温格作为代表参加。与会期间，学校代表介绍了中国苏州大学在疫情暴发特殊时期的疫情防控和教学管理工作经验，老挝苏州大学在严格执行老挝政府相关规定的同时，疫情防控和教学管理参照了中国苏州大学的经验及做法，自 2020 年新冠疫情暴发以来，学校本科教学工作未受影响。此外，学校就新生入学选拔考试的分批组织、分专业安排提出建议。

6—11 月，为了让更多的老挝民众了解中国和中国文化，为了在新冠疫情防控期间丰富学校的教学手段，经过前期多次改稿、试讲、调试，在主讲教师的不断努力和所有任课教师的积极配合下，5 期主题各异、生动有趣的老挝苏州大学"云上识中国"文化大讲堂顺利录制完毕，并在学校脸书（Facebook）主页播放，获得了老挝民众的一致好评。

7 月 15 日下午，学校副校长黄兴和老方校长助理冯温格出席由万象市计划与投资厅副厅长 Mr. SINLAPAKONE PHOMMAXAISY 在万象市计划与投资厅主持的会议。本次会议汇报了老挝苏州大学项目建设及运营情况、面临的困难及希望政府提供的帮助，探讨了关于土地租赁协议调整的相关事宜。

7 月 19 日，"天下一家"第二十届"汉语桥"世界大学生中文比赛老挝赛区决赛如期在老挝国立大学孔子学院举行。学校推选的 2018 级本科生林素光、2019 级本科生卫同参加了本次比赛，充分展示了自己的汉语学习成果和个人独特魅力，分获三等奖。林素光同学的舞蹈《左手指月》，舞姿优美灵动，获得了"最佳才艺奖"的肯定。

四、学院重大事项

（1）1—8 月，学校在老挝不同考点分别组织了 5 次汉语水平考试（线下），共计有

1 192名考生参加。其中，4月10日，线下考试在老挝沙湾拿吉崇德学校分考点举行，这也是在老挝开辟的第二个HSK分考点。

（2）6月5日，共享基金会总干事、香港中文大学陈英凝教授等一行6人来学校交流。双方就"一带一路"倡议下交流互动、服务老挝民生等相关合作达成初步共识。

（3）7月起，为了做好新校区校园和地块的保护，防范外人侵入、违章搭建、非法占用土地，在一期校园和二期未开发土地原围墙已被破坏的地方安装铁丝围栏247米，修复部分被破坏的水泥砌块围墙44米。

（4）10月30日，学校入选教育部中外语言交流合作中心和汉考国际教育科技（北京）有限公司第一批HSK留学中国合作伙伴（2022—2023年），全球共27家，是老挝唯一向中国顶尖优秀大学推荐免费留学的高校。

（5）12月，学校2019年组织的苏大学子老挝青春营活动入选《"一带一路"教育国际交流优秀案例选集》。

（茅磊闽）

附属医院简介

苏州大学附属第一医院

一、医院概况

苏州大学附属第一医院始创于清光绪九年（1883），时称"博习医院"，1954年6月易名为苏州市第一人民医院，1957年成为苏州医学院附属医院，2000年苏州医学院并入苏州大学，医院更名为苏州大学附属第一医院。医院本部坐落于古城区东部十梓街188号，占地面积约64 960平方米；建设中的总院坐落在苏州城北平江新城内，核定床位3 000张，将分二期建设，其中，一期建设床位1 200张，建筑面积20.16万平方米，已于2015年8月28日正式投入使用；二期规划床位1 800张，建筑面积21.84万平方米。医院实际开放床位3 161张，职工4 835人。

医院于1994年通过江苏省首批卫生部三级甲等医院评审，并成为苏南地区医疗指导中心。医院系江苏省卫生厅直属的集医疗、教学、科研、预防、保健于一体的综合性医院，并被设为卫生部国际紧急救援网络中心医院，2012年被确认为省级综合性紧急医学救援基地，苏州大学苏州医学院第一临床医学院、护理学院设在医院，江苏省血液研究所、江苏省临床免疫研究所挂靠在医院。在复旦大学医院管理研究所发布的"中国最佳医院排行榜"中，医院排名前50强；在最佳专科排行榜中，血液科排名全国并列第二。在香港艾力彼发布的"中国地级城市医院100强排行榜"中，医院连续七年雄踞榜首，并在"中国顶级医院排行榜"中名列第32位。在2019年国家三级公立医院绩效考核中，成绩为A+，位列全国第41位；在中国医院排行榜中上升6位，跃居第43位，位列华东地区第18位、江苏省第3位。

二、党建工作

把全面加强党的领导、坚持和完善党委领导下的院长负责制写进"十四五"发展规划。修订并完善医院党委会、院长办公会议事规则，制定落实《党委书记和院长定期沟通制度》；强化政治建设，严格执行"第一议题"学习制度，学习贯彻习近平总书记重要讲话、重要指示精神共35次；开展理论学习中心组学习12次；及时传达"两会"、江苏省党代会精神。成立党史学习教育领导小组，扎实开展党史学习教育。坚持党管人才、党管干部，规范完成96个教研室集中换届工作。完善机关党支部架构，新成立3个研究生支部，基层党支部从77个增加到81个，标准党支部占比100%；优质党支部26个。"红细胞党群工作室"入围江苏省教育工委党建工作"样板支部"名单。坚持党建引领宣传，形成医院官微、院网、院报、视频号等全媒体宣传格局，官微粉丝数突破140万人。承办党史学习教育"我为群众办实事"2021全国医院党建工作交流会（江苏站），在人民网等平台点击观看量达103万人次。自觉落实公立医院党建的各项要求，制定并实施主体责任清单、监督责任清单。全年组织召开2次专题党委会，研究全面从严治党工作；召开2021年度全面从严治党工作大会；召开党风廉政专题讲座，开展新任职中层干部集中廉政谈话、警示教育等，深化日常廉政教育。部署推进腐败风险专项清理整顿工作，对基建工程、设备采购、药品遴选、职称聘任等采取"嵌入式"监督，强化监督执纪问责。

三、医疗工作

医院完成诊疗总量361.4万人次，同比增加15.3%；出院16.0万人次，同比增加19.7%；患者平均住院日6.7天，同比减少0.4天；实施手术5.9万例，同比增加22.5%；床位使用率达94.3%。新冠疫情防控期间派出98人驰援南京等地，组织医务护理8 300余人次支援方舱、社区疫苗接种。派出9人参加第31期中国援桑给巴尔医疗队、第17期援马耳他医疗队；5人赴克州人民医院、伊犁哈萨克自治州友谊医院、石河子人民医院支援；派出3批次36名专家赴贵州石阡县人民医院帮扶。严格落实疫情防控，成立疫情防控联合督查小组；改建两院区发热门诊，增设CT、核酸快速检测仪等设备，保障24小时正常运转，完善就诊流程；做好核酸检测，成立采样应急突击队，缩短患者等待时间；十梓街院区设置24小时采样点；扩建核酸检测实验室，日均检测3 000余例，最高时达8 000余例；全院全员全覆盖采样，累计近28万人次，为学校学生、姑苏区安全生产监督管理局、姑苏区民政局等完成2万余人次的上门采样。设置医院临时新冠疫苗接种点，完成9 551人的接种工作。

四、教学、科研工作

2021年，医院完成40个班级3 500余名学生的教学任务，其中，理论教学6 517学时，见习带教8 648学时。举办"临床教学周"活动；完成实习教学任务；通过课堂听课督导、教学行政联合查房、教学评价等举措提高教学质量；继续深化PBL/CBL、SP教学模式改革。采取"线上+线下"混合式教学方法，开展院内培训讲座50场；加强继续教育管理，获批项目共计162项，其中，国家级44项。加强临床技能中心建设，做好住院医师、专科医师规范化培训工作。出台《研究生工作管理办法（试行）》和管理暂行规定，做好研究生教育及进修生管理工作。获批苏州市临床医学中心4个，苏州市医学重点学科1个、苏州市医学重点扶持学科1个，获批学科建设经费580万元。临床营养科、输血科申报苏州市重点专科。获得各级科技奖励49项，其中，国际合作奖1项、国家科技进步奖二等奖1项（沈振亚项目组）、江苏省科学技术奖一等奖2项；获国家自然科学基金项目47项，其中，重大项目首次突破3项，获批科研经费4 000余万元。

五、人才、国际化工作

2021年，医院出台《人才引进暂行办法（修订版）》《高级专业技术职务聘任试行办法》《博士后绩效考核实施办法》等文件，完善评聘制度，加强博士后管理。引进各类人才286人，研究生学历占比42.3%。1人荣获江苏省脱贫攻坚暨对口帮扶支援合作先进个人，心脏大血管外科获江苏省事业单位脱贫攻坚专项记大功奖励。医院有国家级有突出贡献中青年专家1人，江苏省有突出贡献中青年专家1人，江苏省"双创人才"1人、"双创博士"18人，江苏省特聘医学专家1人。为中心实验室、心脏大血管外科、超声科、胎儿医学研究所成功引进4名高端人才。持续推进中法交流、合作与发展，血液科作为第一合作单位荣获国际科学技术合作奖，法国驻上海总领事馆科技领事等多次到访，见证医院血液ICU/血液净化病房启用、中国血液学博物馆落成等。以视频会议的形式，同援助对象桑给巴尔阿卜杜拉·姆才医院联合举办住院医师培训班，践行中国医疗精神。加强国际交流，赴境外研修参加学术交流的约10人次。

六、管理工作

十梓街院区改造项目成功申报江苏省区域医疗中心，加快推进"一院多区"建设布局，提升医疗服务整体能力。编制完成医院"十四五"发展规划，完善发展顶层设计。加快推进总院二期建设，东区主体部分最高已完成至13层，西区主体结构已全部封顶，二期项目计划2024年竣工。创新发展临床转化平台，药物临床试验机构2021年全年新增临床试验183项，其中，一类新药115项，牵头58项，国内试验116项，国际多中心35项，器械项目22项，组长单位项目7项。项目数量和占比均有跨越式提高，与中国医药工业研究总院等国内外科研院所、企业签约战略合作。位列全国药物/器械临床试验机构药物临床试验量值第29位。全力推动医嘱一体化和移动护理药品执行的全覆盖，高效推进国家血液病临床医学研究中心大数据平台；试点基于护理管理和物联网技术的智慧病房；升级视频会议系统，推进人脸识别签到模式；互联网医院建设获得江苏省卫生健康委员会正式授牌；完成国家医保平台切换对接工作，完成"一平台四系统"的DRGs医保管理平台一期建设。推进公立医院绩效考核数据在医院管理中的运用；不断完善绩效考核方案和全面预算管理，成立医院全面预算管理委员会、价格管理委员会；创新构建医疗服务价格管理MDT（多学科联合诊疗）模式；关心职工，大幅度提升职工值班绩效等福利待遇。

（邵 翀）

苏州大学附属第二医院

一、医院概况

苏州大学附属第二医院始建于1988年，又名核工业总医院、中法友好医院，是一所集医疗、教学、科研、预防、核应急等于一体的三级甲等医院，也是苏州大学苏州医学院第二临床医学院、国家卫生健康委核事故医学应急中心第四临床部。医院设有国家临床医学博士后流动站，临床医学一级学科博士、硕士点，是国家药物临床试验基地、国家住院医师规范化培训基地、国家核应急医学救援基地、国家级卒中中心、国家级胸痛中心。医院设有放射医学与辐射防护国家重点实验室临床中心、放射医学转化中心、核技术临床研究中心、苏州市神经疾病临床医学中心、苏州市肿瘤放射治疗医学中心、苏州市骨质疏松临床医学中心，共有4个苏州大学研究所、10个市重点实验室。

医院现由三香路院区、络香路院区、浒关院区和西环路院区组成，共设床位2 050张。2021年，医院有职工3 000余人，博士生导师54名，硕士生导师161名，高级专家600余人，58个省、市重点学专科，与法国、美国、日本等国家和地区的医院有深入、广泛合作。

医院深入贯彻习近平新时代中国特色社会主义思想和党的十九大精神，以社会主义核心价值观为导向，大力弘扬新时代核工业精神和新时代医疗卫生职业精神，秉持"服务百姓健康，承载社会责任"的办院理念，被评为"全国模范职工之家"，蝉联省、市文明单位，多次荣获"中核集团'四好'领导班子"等称号。

二、医疗工作

2021年，医院诊疗总人次较2020年增长35.98%；出院人数较2020年增长14.37%；手术操作人数较2020年增长22.53%；床位使用率达89.31%，床位周转次数达49.04次/年，患者平均住院日6.86天。全国公立医院绩效考核位列全国无年报组第三，总分进入全省前5。

三、科研、教学工作

2021年，医院新增苏州市重点学科3个、苏州市重点扶持学科5个，苏州市学科重点实验室1个，苏州市临床医学中心3个。全年获批各级科研项目252项，其中，国家级项目24项（其中，国家自然科学基金项目21项），省部级项目18项，市厅级项目128

项。全年科研获奖 65 项，发表 SCI 论文 399 篇、核心期刊论文 49 篇，授权专利 141 项（其中，发明专利 10 项）。全年共申请国家继续医学教育项目 19 项、江苏省继续医学教育项目 41 项、苏州市继续医学教育项目 55 项。

医院医学检验技术专业获 2021 年省级一流本科专业建设点。全年共有 16 名学术型学位博士生指导教师、53 名专业学位博士生指导教师、68 名学术型学位硕士生指导教师、158 名专业学位硕士生指导教师取得 2022 年上岗招生资格。全年共招收硕士生、博士生 348 名，其中，全日制统招博士生 15 名，在职临床专业博士生 127 名。全年完成 8 826 学时授课任务，完成总计 17 个班级、96 门课程的教学和考核任务，完成 157 名在院实习生的轮转培养工作。

2021 年，8 篇博士学位论文、7 篇硕士学位论文获苏州大学优秀学位论文奖。在 2021 年江苏省优秀博士、硕士学位论文评选工作中，2 篇博士学位论文获奖、2 篇硕士学位论文获奖，位居附属医院首位。2021 年，医院获江苏省研究生培养创新工程项目 8 项，连续 7 年位居附属医院首位。2021 年，专硕住培结业考核通过率为 95.7%，在附属医院中保持前列。

四、核医学应急救援与核技术医学应用

应急救援、急救与危重症救治是医院的责任，也是医院的重点发展方向，有利于核工业强国战略，有利于长三角一体化发展国家战略，有利于苏州建成国际化大都市战略。医院全面推进核应急能力基础建设，在苏州市政府的规划、引领、支持下，应急急救与危重症救治中心大楼等重点项目相继开工建设。

医院作为核事业发展的医学保障基地，是国家核应急医学救援技术支持分中心、国家核应急医学救援分队、国家核应急医学救援培训基地。放射治疗科和核医学科等核技术医学应用达到国内先进水平。医院有放射医学与辐射防护国家重点实验室临床中心、国际原子能机构辐射应急准备与响应能力建设中心、放射医学转化中心、核技术临床研究中心、核素诊疗中心、辐射损伤救治科。2021 年，医院国家核辐射紧急医学救援基地建设项目通过国家级专家组预评审；核应急组织管理架构全面优化，建成江苏省核应急军民融合公共服务平台和动员中心；医院荣获中国核学会核科技成果奖。医院成功举办"神盾-2021""雷霆-2021"核应急医学救援演习，并作为国家核应急医学救援技术支持分中心参加国际原子能机构 ConvEx-2b&3 国际核应急网络演习。

五、国际合作

作为国内第一个挂牌的中法友好医院，医院与法国巴黎公共卫生管理局，蒙彼利埃大学、斯特拉斯堡大学、南特大学、格勒诺布尔-阿尔卑斯大学等大学均有着密切的深入交流与合作；与日本广岛大学在核医学应急、辐射损伤领域开展全方位的基础和临床的合作；与日本癌研有明医院在胃肠肿瘤领域深度合作，癌研有明医院胃肠肿瘤多学科诊疗团队是苏州"531 工程"引进的国际团队；与美国、德国、荷兰等国家在多个领域进行了广泛的交流与合作。

（李 雯）

苏州大学附属儿童医院

一、医院概况

苏州大学附属儿童医院建于1959年，在原苏州医学院附属第一医院儿科基础上独立组建。经过60多年的发展，现已成为一所集医疗、教学、科研、预防于一体的三级甲等综合性儿童医院，隶属江苏省卫生健康委员会，是苏州大学直属附属医院，苏州大学苏州医学院儿科临床医学院和苏州大学儿科临床研究院设在医院。苏州大学附属儿童医院是国家儿童区域医疗中心创建单位，江苏省儿童血液肿瘤中心、江苏省儿科类紧急医学救援基地、省级新生儿危急重症救治指导中心、江苏省儿童早期发展基地、全国"肺功能单修基地"、苏州市危重新生儿救治中心、苏州市儿童健康管理中心、苏州市新生儿急救分站、苏州市儿童创伤救治中心、苏州市儿童友好型试点医院。

医院有总院和景德路院区两个院区，总院占地面积近6万平方米，建筑面积13.3万平方米；景德路院区占地面积1.8万平方米，建筑面积4.5万平方米。医院核定床位1 500张，实际开放床位1 306张，现有职工2 168名。

二、医疗工作

2021年，医院完成门急诊总量260.55万人次，出院病人7.74万人次，实施手术2.84万例，患者平均住院日5.8天，床位使用率达89.3%。医院儿童血液科被确定为国家临床重点专科建设单位。全年完成造血干细胞移植223例、细胞免疫治疗难治复发畸形白血病30例、心导管介入手术263例、心脏外科手术273例、体外膜肺氧合14例、神经外科脊髓栓系手术300例、肿瘤外科手术358例、复杂手足畸形手术100余例。医院获批省级儿科慢病专科护士培训基地。完成国家级和省、市级儿科护理专科护士62名学员的专科培训；承接进修护理人员38名、实习人员459名。新增多学科综合门诊7个，新增专科专病门诊30个，进一步提高专科诊疗水平。持续推进互联网医院建设，互联网医院线上接诊514人次，开具处方97张，药品配送到家58例。新增医联体成员单位3家，已与11家医疗机构实现远程医疗服务平台对接。完成门急诊及住院结构化、一体化电子病历部署并实施上线。完成江苏省云影像平台对接，官方微信公众号对接苏州市医疗影像云平台，提供"云胶片"调阅服务。全年，医院组织群发伤演练3次，处理卫生应急事件5起，救治患儿21人次；派出支援基层医疗单位医师52名，参与指令性对口支援任务医师10名，践行公益使命。

三、教学工作

严格执行学校的教学规定，常态化疫情防控形势下继续采用"停课不停学"线上方式进行授课，保质保量地完成教学任务，无教学事故发生。做好招生与就业工作，招收临床医学（含儿科医学"5+3"一体化）本科生74名，全日制儿科学硕士生118名、博士生71名；为91名研究生授予学位；2021届本科毕业班总升学率为72.7%，在学校各专业中排名前列。按要求落实导师申请上岗制，新增博士生导师15名。完成全英文在线课程"后新冠时代整合儿科学"录制，开展"儿童保健学""线上+线下"混合教学；"后疫情时代小儿传染性疾病线上线下混合教学策略研究"获苏州大学2021年高等教育教改研究课题立项。

2021年，医院首次分类别设立住院规培医师教学研究项目，荣获苏州市卫生健康委员会2021年度住培现场调研评估第一。组建28人的模拟教学师资团队，并在全国形成性评价联盟DOPS比赛中荣获第二名。组织青年教师课堂教学竞赛、PBL授课、SP（标准化病人）案例编写大赛、"成长陪伴计划"导师培训等，加强师资队伍建设。院内开展各类专题讲座44期，技能模块、基础生命支持（BLS）、儿科高级生命支持（PALS）等培训232场，逐步构建多层次、多形式的继续教育体系。持续推进国家基层儿科医护人员培训项目苏州基地建设，完成34项精品课程录制上线，900名基层医护人员参加。

四、科研、学术交流情况

2021年，医院获批国家自然科学基金项目15项，江苏省重点研发计划项目4项、江苏省卫生健康委员会科研项目7项（含重点项目2项）；获全国妇幼健康科学技术奖4项、江苏省科学技术奖2项。2021年，医院公开发表SCI论文107篇，包括国际权威肿瘤期刊论文2篇；获批江苏省儿童恶性肿瘤诊疗技术工程研究中心，新增2个苏州市临床医学中心（含建设单位）——苏州市小儿普通外科临床医学中心、苏州市儿童罕见病临床医学中心（建设单位），创建医院"遗传咨询人工智能联合实验室"。2021年，引进博士生20名，全年获江苏省"双创博士"4名，新增江苏省"333工程"培养对象第二层次1名、第三层次进入第二轮者4名，新增姑苏区卫生特聘B类人才1名、C类人才3名、D类人才1名。全职引进泌尿外科主任毕允力，血液科胡绍燕教授获评"江苏省留学回国先进个人"。

2021年，医院获批各类继续医学教育项目50项，其中，国家级19项。举办第四届泛太湖儿科学术会议，线上、线下2 000余人次参加。承办福棠儿童医学发展研究中心第四期基层医院管理培训班，15个省、自治区、直辖市的39家医院的基层医院院级领导参加培训。承办福棠儿童医学发展研究中心第二届理事会第二次会议，全国28个省、自治区、直辖市的36家理事成员医院代表及非医院理事单位代表近百人参会。承办江苏省医学会儿童医院分会2021年学术年会，江苏省内儿童医院院领导、职能部门负责人和综合医院儿科主任等70余人参加会议，进一步加强地区儿科学术交流和互动。

（马新星）

表彰与奖励

2021年度学校、部门获校级以上表彰或奖励情况（表4）

表4　2021年度学校、部门获校级以上表彰或奖励情况一览表

受表彰、奖励的集体	被授予的荣誉称号与奖励	表彰、奖励的单位与时间
苏州大学党委	全国先进基层党组织	中共中央　2021-06
苏州大学附属儿童医院（新生儿科）	全国青年文明号	国家卫健委、共青团中央　2021-08
苏州大学附属第一医院 苏州大学附属第一医院药学部 苏州大学附属儿童医院	2018—2020年改善医疗服务先进典型	国家卫生健康委员会办公厅　2021-01
苏州大学团委	2020年全国大中专学生志愿者暑期"三下乡"社会实践活动"镜头中的三下乡"优秀组织单位	共青团中央青年发展部、中国青年报社　2021-01
苏州大学团委	2021年全国大中专学生志愿者暑期"三下乡"社会实践活动优秀单位	共青团中央青年发展部、中国青年报社　2021-12
苏州大学团委 苏州大学应用技术学院团委	2021年全国大中专学生志愿者暑期"三下乡"社会实践活动"镜头中的三下乡"优秀组织单位	
苏州大学团委	2020年江苏省大中专学生志愿者暑期文化科技卫生"三下乡"社会实践活动先进单位	中共江苏省委宣传部、江苏省文明办、江苏省教育厅、共青团江苏省委、江苏省学生联合会　2021-03

续表

受表彰、奖励的集体	被授予的荣誉称号与奖励	表彰、奖励的单位与时间
苏州大学团委	2021年全省大中专学生志愿者暑期文化科技卫生"三下乡"社会实践活动先进单位	中共江苏省委宣传部、江苏省文明办、江苏省教育厅、共青团江苏省委、江苏省学生联合会　2021-12
苏州大学	"2020江苏教师年度人物"推选活动优秀组织奖	江苏省教育厅、江苏省教育科技工会　2021-04
苏州大学	2020紫金文化艺术节大学生戏剧展演优秀组织奖	江苏省委宣传部、江苏省教育厅　2021-01
苏州大学	2020紫金文化艺术节大学生戏剧展演风华特等奖	
苏州大学	2020年高校毕业生就业工作量化考核A等高校	江苏省教育厅　2021-03
苏州大学	江苏省第七届"互联网+"大学生创新创业大赛优秀组织奖	江苏省教育厅　2021-12
苏州大学	江苏省第七届"互联网+"大学生创新创业大赛"青年红色筑梦之旅"赛道优秀组织奖	
苏州大学	第十七届"挑战杯"全国大学生课外学术科技作品竞赛优胜杯	共青团中央、中国科协、教育部、中国社会科学院、中华全国学生联合会、四川省政府　2021-03
苏州大学	第十七届"挑战杯"全国大学生课外学术科技作品竞赛专项活动优秀组织奖	
纳米科学技术学院	第六届"全国专业技术人才先进集体"	中共中央组织部、中共中央宣传部、人力资源和社会保障部、科技部　2021-10
医学部放射医学与防护学院党委	2021年度江苏省高校先进基层党组织	江苏省教育工委　2021-06

续表

受表彰、奖励的集体	被授予的荣誉称号与奖励	表彰、奖励的单位与时间
机电工程学院团委	江苏省五四红旗团委（团工委）	共青团江苏省委　2021-04
医学部临床2017级儿科班团支部	江苏省五四红旗团支部（团总支）	
物理科学与技术学院社会学院	苏州大学2020年学院本科教学工作综合考评优秀奖	苏州大学　2021-01
体育学院	苏州大学2020年学院本科教学工作考评单项奖（专业建设质量奖）	
外国语学院	苏州大学2020年学院本科教学工作考评单项奖（课程建设推进奖）	
电子信息学院	苏州大学2020年学院本科教学工作考评单项奖（实验教学示范奖）	
文学院	苏州大学2020年学院本科教学工作考评单项奖（教改教研成果奖）	
艺术学院	苏州大学2020年学院本科教学工作考评单项奖（人才培养贡献奖）	
音乐学院	苏州大学2020年学院本科教学工作考评单项奖（年度卓越创新奖）	

续表

受表彰、奖励的集体	被授予的荣誉称号与奖励	表彰、奖励的单位与时间	
功能纳米与软物质研究院 医学部 物理科学与技术学院	苏州大学2020年研究生工作综合考评优秀奖	苏州大学	2021-02
金融工程研究中心	苏州大学2020年研究生工作考评特色奖（招生贡献奖）		
体育学院	苏州大学2020年研究生工作考评特色奖（教学管理质量奖）		
材料与化学化工学部	苏州大学2020年研究生工作考评特色奖（培养质量奖）		
纺织与服装工程学院	苏州大学2020年研究生工作考评特色奖（立德树人成就奖）		
王健法学院	苏州大学2020年研究生工作考评特色奖（最佳进步奖）		
党委组织部（党代表联络办公室、党校） 党委办公室（规划与政策研究室、保密委员会办公室） 招生就业处 人文社会科学处 科学技术研究部（"2011计划"办公室） 教务处 保卫部（处） 信息化建设与管理中心 团委 工会 学术委员会秘书处	2020年度机关作风效能建设考评优秀	苏州大学	2021-04

2021年度教职工获校级以上表彰或奖励情况（表5）

表5 2021年度教职工获校级以上表彰或奖励情况一览表

受表彰者姓名	被授予的荣誉称号与奖励	表彰、奖励的单位与时间
王殳凹	第25届"中国青年五四奖章"	共青团中央、全国青联　2021-04
田一星	全国优秀共青团干部	共青团中央　2021-04
惠品晶	国家卫健委脑卒中防治工作"精英楷模奖"	国家卫健委脑卒中防治工程委员会　2021-05
汪　健　陈　蓉	2018—2020年改善医疗服务先进典型个人	国家卫生健康委员会办公厅　2021-01
严韵致	2020年全国大中专学生志愿者暑期"三下乡"社会实践活动"镜头中的三下乡"优秀指导教师	共青团中央青年发展部、中国青年报社　2021-01
王冬悦	2021年全国大中专学生志愿者暑期"三下乡"社会实践活动优秀指导教师	共青团中央青年发展部、中国青年报社　2021-12
顾雁飞	2021年全国大中专学生志愿者暑期"三下乡"社会实践活动"镜头中的三下乡"优秀指导教师	
黄　河	2021年度江苏省高校优秀共产党员	江苏省教育工委　2021-06
黄建安	2020江苏教师年度人物	江苏省教育厅、江苏省教育科技工会　2021-04

续表

受表彰者姓名	被授予的荣誉称号与奖励	表彰、奖励的单位与时间
于潜驰	江苏省优秀共青团干部	共青团江苏省委 2021-04
胡绍燕	2021年度江苏留学回国先进个人	江苏省政府 2021-11
祁 琪	全省机关团体企业事业单位内部治安保卫工作成绩突出个人	江苏省公安厅 2021-12
邱浣敏	2020年度"健康江苏"优秀新闻作品二等奖	江苏省卫生健康委员会 2021-05
曹 戌	第21批援青服务优秀博士	青海省委组织部、共青团青海省委 2021-12
孙亦晖 石怡珍 刘励军 田凤美	中国宝原2020年度先进工作者	中国宝原投资有限公司 2021-02
史 明	特殊贡献奖	中共中国核工业集团有限公司党组 2021-04
李柳炳	青年岗位能手	共青团中国核工业集团有限公司委员会 2021-05
王昌伟 邝泉声	2021年江苏省高校红十字会"博爱青春"暑期志愿服务项目优秀指导老师	江苏省红十字会、江苏省文明办、江苏省教育厅、江苏省卫生健康委员会、共青团江苏省委 2021-03
金 鑫 刘娴琳 孟玲玲 姚剑文 王雁冰	2020年江苏省大中专学生志愿者暑期文化科技卫生"三下乡"社会实践活动社会实践先进工作者	中共江苏省委宣传部、江苏省文明办、江苏省教育厅、共青团江苏省委、江苏省学生联合会 2021-03
毕建新 田芝健 曹 妍 周 扬 胡 玮	2021年江苏省大中专学生志愿者暑期文化科技卫生"三下乡"社会实践活动社会实践先进工作者	中共江苏省委宣传部、江苏省文明办、江苏省教育厅、共青团江苏省委、江苏省学生联合会 2021-12
纪金平 张克勤 赵 伟 郭炯炯 夏心蕾 刘 璐 陈 红 王 蕾 权丽君 张 星	江苏省第七届"互联网+"大学生创新创业大赛优秀指导教师	江苏省教育厅 2021-12

续表

受表彰者姓名	被授予的荣誉称号与奖励	表彰、奖励的单位与时间
刘庄	苏州市"激励干事创业、奉献火红年代"先进个人	苏州市政府 2021-01
Angela Cholakian	2021年"苏州之友纪念奖"	苏州市政府 2021-09
张新星	2020年度"苏州市杰出青年岗位能手"	共青团苏州市委、苏州市人力资源和社会保障局 2021-03
赵亮	2020年度"苏州市青年岗位能手"	
沈振亚 上官丕亮	苏州市劳动模范	中共苏州市委 2021-04
范嵘	苏州市优秀党务工作者	中共苏州市委 2021-06
马桂林	苏州市优秀共产党员	
杨亚萍 孙豪杰	苏州市知识产权保护工作先进个人	苏州市政府 2021-07
周晔雯	2021年苏州市妇幼健康服务技能个人优秀奖	苏州市卫生健康委员会、苏州市人力资源和社会保障局、苏州市总工会 2021-10
王俊 刘明星 孙蔚 苏楠 张之蕙 张玉坤 张晓辉 陈成 陈青皓 赵瑶 俞喆珺 祝皓	助力海外中资机构和华人华侨抗疫工作表现突出个人	江苏省卫生健康委员会 2021-03
赵晓阳 王英 方晨 张增利 施晓松 邱菁华 尤寿江 仇志清 石怡珍 包闰 冒勇 姜江 贾亮 马翠英 许成玲 冯雨辉 吾为一 詹周兵 镇巍光 吴雪玲 张国霞 王荣 樊启明 徐英伯 刘晓旭 薛雷喜 洪智慧 黄宏 申咏梅 金星 胡可伟 姜鹏飞 高晨慧 倪凯茹 潘雪 颜士健 张爱娟 周旭平 刘文群 陈琦 裴永坚 宁雨佳 王蓉蓉 孙超	抗击新冠疫情先进个人、优秀共产党员和一线医务人员(第二批)	中共中国核工业集团有限公司党组 2021-01

续表

受表彰者姓名	被授予的荣誉称号与奖励	表彰、奖励的单位与时间	
蔡立春 刘文群 赵晓阳 钱雪峰 张玉坤 张　钰 穆传勇 周明元 王　峄 连一新 范国华 张新星 朱安秀 韩　珺	全市抗击新冠疫情先进个人	苏州市政府	2021-01
纪金平 余　雷 杨歆豪 高　瑜 杨　浩 孙立宁 赵　栋 王明娣 张克勤 赵　伟 卢业虎 祁　宁 张　岩 姚建林 袁亚仙 徐敏敏 陈　红 王　蕾 路建美 李　华 谢洪德 余嘉斌 刘娴琳 许桂英 李耀文 李永舫 郭炯炯 徐　杨 张　星 胡小龙 夏心蕾 刘　璐 宋学宏 张　琦 肖　灿 曹建平 汪维鹏 张海洋 王　殳凹 王亚星 黄文彬 黄　敏 周孝进 吴　玺 沙丹丹 孙　放 由骁迪 沈纲祥 徐　祥 徐大诚 权丽君 刘晓升 范炜焱 郑丽虹 王　拓 马　双 袁建宇 张　晨 曹　妍 刘　海	苏州大学教学先进个人	苏州大学	2021-12
赵　伟 董筱文 郑　蕾 孙正嘉 郭永坤 张　晶 俞仁琰 郁佳莉 彭陈诚 金　鑫	2020年度苏州大学优秀专职辅导员	苏州大学	2021-06
李　飞	2021年苏州大学王晓军精神文明奖（特别奖个人）	苏州大学	2021-06
马亚琴	2021年苏州大学王晓军精神文明奖先进个人		

续表

受表彰者姓名	被授予的荣誉称号与奖励	表彰、奖励的单位与时间
王　宁　蒋建华　高明远	2021年周氏教育科研奖（科研优异奖）	苏州大学　　　　2021-07
谌　宁　张晓霞　钟英斌	2021年周氏教育科研奖（科研优秀奖）	
张　斌　程　亮　雷署丰	2021年周氏教育科研奖（科研优胜奖）	
徐俊丽　卢　朗　孟红燕	2021年周氏教育教学奖（教学优秀奖）	
罗喜召　夏超明　熊福松	2021年周氏教育教学奖（教学优胜奖）	
程晓军　席　建　刘慧婷 高　珊　马晓钰	2021年周氏卓越管理奖	
王　芹　王　鼎　方　亮 汤哲声　李　成　李孝峰 李　桢　吴　磊　张海方 张　熠　胡化刚　钟　华 顾媛娟　曹海霞　廖良生	2020年建设银行奖教金（教书育人一等奖）	苏州大学　　　　2021-03
王文利　陈　廷　王雪峰 田芝健　冯　洋　刘会聪 刘　亮　许玉杰　孙迎辉 李凡长　李　正　李新莉 杨　玲　张　晨　姜　敏 郭明友　章顺虎　程振平 程雪阳　管贤强	2020年建设银行奖教金（教书育人二等奖）	

续表

受表彰者姓名	被授予的荣誉称号与奖励	表彰、奖励的单位与时间	
尹洪英 朱明德 伍 凌 华道本 刘江岳 李莹丽 齐 菲 汤在祥 许小亮 孙 兵 李建国 李淑瑾 杨 勇 陶砚蕴 杨 哲 黄 河 吴 迪 张桂菊 汪德根 张大鲁 张志强 顾卫星 陆 叶 陆 洵 孟晓华 赵建庆 侯云英 唐明务 黄鸿山 曹晓燕 董裕力 蒋佐权 熊瑛子 薛 征 薛胜利	2020年建设银行奖教金 （教书育人三等奖）	苏州大学	2021-03
马静娴 毛建萍 羊箭锋 祁 宁 吴海华 张应子 张建明 张莉华 陈羿霖 周 亮 赵 亮 胡沁涵 徐旭光 翁雨燕 韩凤选	2020年建设银行奖教金 （学术支撑类）		
王 园 尹 奎 田 天 夷 臻 朱 颖 严丽娟 李 睿 陈兰芬 陈 军 陈晓刚 和天旭 周佳晔 周 毅 郑明莉 袁冬梅 顾建忠 郭文娟 常 赛 崔苏妍 管 森	2020年建设银行奖教金 （管理服务类）		
马亚中 和 汇 胡亚球 孟祥春 苏晓东 樊建芬 朱晓旭 俞一彪 方 敏 朱永进	2021年度"高尚师德奖教金"	苏州大学	2021-07
丁海峰 孔凡立 王明明 王晓蕾 朱培培 成 龙 孙琪华 刘 慧 刘金光 李 乐 陈贝贝 宋海英 杜鹏伟 范敏华 杨舒婷 胡 玮 胡 洋 胡小君 袁 红 钱 骏	2021年度苏州大学"兴育新"宣传思想政治工作奖	苏州大学	2021-06

续表

受表彰、奖励的集体	被授予的荣誉称号与奖励	表彰、奖励的单位与时间	
蔡田怡　王　妍　朱光磊 骆海飞　刘琳娜　王大慧 卫功元	苏州大学2021年江苏省高校微课教学比赛一等奖	苏州大学	2021-12
姜　晓　张建晓　林慧平 王晓蕾　陈　磊	苏州大学2021年江苏省高校微课教学比赛二等奖		
程雅君　魏真真　戴　岗	苏州大学2021年江苏省高校微课教学比赛三等奖		
戴　岗　陈小平　张　洁 杨　青　凌　琳　罗晓琴 翁雨燕　王　静　莫俊华 梁合兰　陆薇薇　卢　然 张　雪　刘　仪　王　悦 张　尧　钟　铃　蔡琦琳	苏州大学第三届课程思政课堂教学竞赛一等奖		
上官丕亮　卢业虎　赵　蓓 李　明　朱永进　韩　琴 朱刚贤　吴小津　陶家骏 王　涛　宋滨娜　冯　雨 罗喜召　韩淑芬　茆晓颖 束慧娟　高　瑜　赵　亮 张庆宇　吴莹莹　张　亮 陈　娇　郜珺超　马　双 林　璐　岳　军	苏州大学第三届课程思政课堂教学竞赛二等奖	苏州大学	2021-06
陈　康　李　成　贾定先 朱伟芳　詹耀辉　陈丹丹 李媛媛　马艳芸　许继芳 肖湘东　张桂菊　徐敏敏 汪　馨　单　超　徐亦舒 戴晓莉　谭林丽　范莉莉 钱晓冬　尹梦婉　黄建平 张学谦　白春风　邵　华	苏州大学第三届课程思政课堂教学竞赛三等奖		

2021年度学生集体、个人获校级以上表彰或奖励情况（表6）

表6 2021年度学生集体、个人获校级以上表彰或奖励情况一览表

受表彰、奖励的集体或个人	被授予的荣誉称号与奖励	表彰、奖励的单位与时间
金泽琪	全国优秀共青团员	共青团中央　2021-04
杨肖	江苏省优秀共青团员	共青团江苏省委 2021-04
于洁心　苏迎奥	2021年江苏省高校红十字会"博爱青春"暑期志愿服务项目优秀大学生志愿者	江苏省红十字会、江苏省文明办、江苏省教育厅、江苏省卫生健康委员会、共青团江苏省委 2021-03
小城后浪疫时回忆录实践团队 "让流动摊位不再流浪"暑期实践团 "习近平总书记关于疫情防控工作重要论述"研究生宣讲团 "微光计划"普法实践调研团队 "资源寻家计划"垃圾分类科普宣讲团 "绿丝带"公益团	2020年江苏省大中专学生志愿者暑期文化科技卫生"三下乡"社会实践活动优秀团队	中共江苏省委宣传部、江苏省文明办、江苏省教育厅、共青团江苏省委、江苏省学生联合会 2021-03
瞿天一　黄升睿　史童月 任　爽　陈佳林　华梓淳 张文娴　钱　昕	2020年江苏省大中专学生志愿者暑期文化科技卫生"三下乡"社会实践活动社会实践先进个人	
苏州大学王健法学院法律援助中心	2020年江苏省大中专学生志愿者暑期文化科技卫生"三下乡"社会实践活动优秀社会实践基地	

续表

受表彰、奖励的集体或个人	被授予的荣誉称号与奖励	表彰、奖励的单位与时间
"融通中外·探寻名城苏州发展的城市脉络"实践团队 "踏山河千里，传百年薪火"实践团队 "百名学子看百企"理论宣讲与实践调研团队 慕康（公益康复诊疗）实践团队 "助禾计划"支教团队 "苏州大学医学部健康情报局"实践团队	2021年江苏省大中专学生志愿者暑期文化科技卫生"三下乡"社会实践活动优秀团队	中共江苏省委宣传部、江苏省文明办、江苏省教育厅、共青团江苏省委、江苏省学生联合会 2021-12
杜　智　姚苏笑　余宁静 梅　涛　施张璟　王文妍 高子晗　周笑波	2021年江苏省大中专学生志愿者暑期文化科技卫生"三下乡"社会实践活动社会实践先进个人	中共江苏省委宣传部、江苏省文明办、江苏省教育厅、共青团江苏省委、江苏省学生联合会 2021-12
计算机科学与技术学院 苏州星儿计划教育科技有限公司	2021年江苏省大中专学生志愿者暑期文化科技卫生"三下乡"社会实践活动优秀社会实践基地	
曾晨欣　高　恒　王诗雨 任　爽	2021年苏州大学王晓军精神文明奖先进个人	苏州大学　　　　2021-06
外国语学院学生会青年志愿者服务中心 金螳螂建筑学院"微草支教"团队 苏州大学交响乐团（音乐学院）	2021年苏州大学王晓军精神文明奖先进集体	

续表

受表彰、奖励的集体或个人	被授予的荣誉称号与奖励	表彰、奖励的单位与时间
李文钰　龚欣怡　杨智惠	第七届中国国际"互联网+"大学生创新创业大赛全国总决赛高教主赛道金奖	
徐浩楠　侯君怡　范传留 黄承嫒　赵晨希　苏　焱 付晓凡　王　强　张　昊 潘子豪　李　政　孙　青 王浩宇　刘怡明　陆星竹 韩　颖　周　宁　白　钰 吴　铮　邱心怡　张素铭 顾　佳　轩子诺　李林娟 林浩伦　李青松　李梓旗 吴玉婷　拜凤姣　郭清华 印　璐　姚思韵　吴　千 韩欣悦　张晨杰　卢贝贝 陈明智　曾自强　朱　煜 秦海敬　魏玉兰　杨　青 刘　安　金佳颖　冷　萌 阙秀佶　陈锦华　王嘉雪 朱世祺　丁文泉　李真桢 吴　昊　张邵懿　岑　瑶 唐子杰　陈志毅　李如一	第七届中国国际"互联网+"大学生创新创业大赛全国总决赛高教主赛道银奖	教育部　　　2021-10
杨　贺　王亦陈　仇嘉浩 李昕睿　高怡澜　杜嘉琪 唐鹤鸣　余文卓　马晓亮 王　蕾	第七届中国国际"互联网+"大学生创新创业大赛全国总决赛高教主赛道铜奖	
徐龙行　张　栩　黄盛华 余家慧　李佳雯　李子轩 陈沈燕　肖可儿　马　琴 施　秀　李　坤　顾宇超	第七届中国国际"互联网+"大学生创新创业大赛全国总决赛"青年红色筑梦之旅"铜奖	教育部　　　2021-10

续表

受表彰、奖励的集体或个人	被授予的荣誉称号与奖励	表彰、奖励的单位与时间
李文钰　龚欣怡　杨智惠 韩　颖　李林娟　白　钰 周　宁　张素铭　顾　佳 林浩伦　轩子诺　吴　铮玮 邱心怡　李梓旗　胡　桢 刘　安　陈锦华　李　真 阚秀佶　金佳颖　王嘉雪 丁文泉　岑　瑶　冷　萌 吴　昊　张邵懿　朱世祺 陈志毅　唐子杰　杨　贺 王亦陈　仇嘉浩　高怡澜 李昕睿　郁李胤　唐鹤鸣 冯　鉴	第七届江苏省"互联网+"大学生创新创业大赛高教主赛道一等奖	
郭清华　印　璐　姚思韵 吴　千　韩欣悦　张晨杰 卢贝贝　陈明智　曾自强 朱　煜　秦海敬　魏玉兰 杨　青　潘梦娇　黄　杨 宋慧慧　王丽君　吴天宇 孟　晶　牛蒙蒙　孟　竹 马妮妮　沈佳昱　吴佳辰 刘欣怡　徐忻怡　刘晓同 承　诺　王子睿　何加钦 黄舒婷　崔徐阳　高诗逸 蔡哲凡　朱泽斌　朱若瑾 戴渝璇　王芷仰　曲家福 王萌萌　周元博　李勋勋 沈　宇　赖昶志　唐心怡 张　岂　端木瑾　张銮石 杨旭东　朱柯羽　曹邵文 范廷慧　田丹阳　关　杰 史唯科　陆　威　吴月粤 菅攀阳　韩盼盼　寇海燕 邵文珺　江　源　徐明嘉 茅乐天　倪思悦　安　璐 任华健　张慧琳　熊超然 姜子乐　韩奕然　沈　源 俞力宁　郁　暐　沈希彦 张雪野　佘文轩　刘东滟	第七届江苏省"互联网+"大学生创新创业大赛高教主赛道二等奖	江苏省教育厅　2021-12
杨　朔　朱元皓　朱利丰 靳　然　朱　舒　孙晓悦 张宇浩　王　月　徐子豪	第七届江苏省"互联网+"大学生创新创业大赛高教主赛道三等奖	

续表

受表彰、奖励的集体或个人	被授予的荣誉称号与奖励	表彰、奖励的单位与时间
李麟青　何如吉　刘佳文 王晶玥　李　研　刘田田 李凯龙　夏文心　徐龙行 余家慧　张　栩　黄盛华 马　琴　陈沈燕　李子轩 肖可儿　李佳雯	第七届江苏省"互联网+"大学生创新创业大赛"青年红色筑梦之旅"赛道一等奖	
矫宇洋　任　政　徐雅璐 马博赞　沈佳欣　范冰瑶 姜玉恒　陆贝妮　芦益珉 宋子涵　王芷柔　方涵英 卫钰倩　余文卓　曲文龙 费宇成　刘家文 迪丽胡玛尔·曹达诺夫 孙小诗　戈　颖　黄诗鸿 徐　磊　许　愿 图尔荪阿依·吾拉伊木 卜萨热姆·吾拉依木江 古丽米热·麦木力 戚欣然　王晶玥　王怡暄 杜嘉琪　钱映夷　杭　航 汤　健　黄秋子　薛　瑞	第七届江苏省"互联网+"大学生创新创业大赛"青年红色筑梦之旅"赛道二等奖	江苏省教育厅　2021-12
施张璟　赵雅童　史童月 华君逸　王骏昌　施冒杰	第七届江苏省"互联网+"大学生创新创业大赛"青年红色筑梦之旅"赛道三等奖	
王　丹　罗　帆　吴家隆 蒋奕晨　王艺洁　张晓斌 欧阳嘉跃　夏雨帆　赖耿昌 许琪瑄　张嘉锦　赵卡裕 汪志伟　胡跃龙　沙　辰 周天一　赵晓阳	第七届江苏省"互联网+"大学生创新创业大赛"产业命题赛道"二等奖	江苏省教育厅　2021-12
张书琪　芦　政　戎欣圆 张志卿　李惟嘉　程潇逸	第七届江苏省"互联网+"大学生创新创业大赛"产业命题赛道"三等奖	

续表

受表彰、奖励的集体或个人	被授予的荣誉称号与奖励	表彰、奖励的单位与时间
陈潇斌　刘　硕　吴晓晓 孙巍巍　张　奔　陈　扬	第十七届"挑战杯"全国大学生课外学术科技作品竞赛主体赛特等奖	共青团中央、中国科学技术协会、教育部、中国社会科学院、中华全国学生联合会、四川省政府 2021-03
袁　鑫　冯逸丰　杨　帆 王珂盈	第十七届"挑战杯"全国大学生课外学术科技作品竞赛主体赛一等奖	
邹文婧　李志伟　郑昕宇 杨馥与　张星辰　朱辰霄 裘红翠　申佼杰　戴瑄辰 刘东滟　郭泽涛　陈慧鑫	第十七届"挑战杯"全国大学生课外学术科技作品竞赛主体赛二等奖	
刘心畅　李阳婧　刘栗杉 姚怡辰　魏若男　张胜江 尹梓航　林　瑶　徐悠源	第十七届"挑战杯"全国大学生课外学术科技作品竞赛主体赛三等奖	
邹文婧　李志伟　杨馥与 郑昕宇　张星辰　陶怡雯 袁思淼　吴梦琪　董雪纯 汪艺晞	第十七届"挑战杯"全国大学生课外学术科技作品竞赛"黑科技"专项赛江苏省选拔赛恒星奖（一等奖）	共青团中央、中国科学技术协会、教育部、中国社会科学院、中华全国学生联合会、四川省政府 2021-03
梁城瑜　程丽葳	第十七届"挑战杯"全国大学生课外学术科技作品竞赛"黑科技"专项赛江苏省选拔赛行星奖（二等奖）	
刘梓瑞　李嘉诚　王伟奇 刘菁华　冯春惠　俞文捷 吕朱颖　贡艺匀　时星宇 杨正凯　潘梦娇　沈佳昱 孟　竹　徐汀婕　王丽君 蔡凯豪　宋慧慧　吴天宇 朱　珩　韩　颖　白　钰 轩子诺　李林娟　郎鸿裕 张博津　周　宁　顾　佳 汤添益　赵婷婷　刘怡明 戈　颖　王梓兆　李斯文 徐　怅　张雨佳　侯　诚 黄曼娟　冯孝为　王凯瑶 李寒阳　范传留　张　昊	第十二届"挑战杯"江苏省大学生课外学术科技作品竞赛金奖	共青团江苏省委、江苏省教育厅、江苏省人力资源和社会保障厅、江苏省科学技术协会、江苏省学生联合会、盐城市人民政府 2022-01

续表

受表彰、奖励的集体或个人	被授予的荣誉称号与奖励	表彰、奖励的单位与时间
孙业旺　马亦明　卞潇谦 张荣伟　顾陆婧　张　琪 金　磊　李天奕　夏文心 陈一豪　袁　浩　丁俊哲 王　阳　李庆洋　王雨瑶 罗佩玉　邵雨桐　吴　茜 吴佳佳　蔡兴强　周兴朝 姜　苏　徐爱琦　李天颖 周欣雨　张泽鹏　张洪振 沈泽恩　徐龙行　任玉莹 范雨萌　黄曼莹　杨佳乐 张正梁　甄　璇　洪影珊 陶雨然　代敏丽　叶文涛 刘中华　李　苗　赵　澄 夏　威　董流浩　刘雨桐 王浩波　方缘恒　章开宇	第十二届"挑战杯"江苏省大学生课外学术科技作品竞赛银奖	共青团江苏省委、江苏省教育厅、江苏省人力资源和社会保障厅、江苏省科学技术协会、江苏省学生联合会、盐城市人民政府 2022-01

苏州大学优秀共产党员、优秀党务工作者、先进基层党组织名单

苏大委〔2021〕95号

一、优秀共产党员（75人）

文学院党委	田　毓（学生）
传媒学院党委	黄艳凤　刘娇娇（学生）
社会学院党委	崔恒秀
政治与公共管理学院党委	庄友刚　刘涵怡（学生）
马克思主义学院党委	罗志勇　毛瑞康（学生）
教育学院党委	李西顺　熊文文（学生）
东吴商学院（财经学院）党委	周中胜
王健法学院党委	瞿郑龙　华　蕊（学生）
外国语学院党委	刘芝钰（学生）
金螳螂建筑学院党委	雷　诚
数学科学学院党委	沈玉良　任　杰（学生）
物理科学与技术学院党委	李　亮
光电科学与工程学院党委	张晓俊

能源学院党委	金　霞
材料与化学化工学部党委	马桂林　徐敏敏　杨茗琛（学生）
纳米科学技术学院党委	孙宝全
计算机科学与技术学院党委	章晓芳
电子信息学院党委	刘学观　孟亚婷（学生）
机电工程学院党委	孙承峰　鞠刘燕（学生）
沙钢钢铁学院党委	侯纪新
纺织与服装工程学院党委	卢业虎　吴玉婷（学生）
体育学院党委	商　仪
艺术学院党委	沈　黔
音乐学院党委	顾明高　罗霄霄（学生）
苏州医学院党工委	郑　慧　李恩秀　李如一（学生）
苏州医学院基础医学与生物科学学院党委	陶陆阳　龚　珊
苏州医学院放射医学与防护学院党委	周光明　陈俊畅（学生）
苏州医学院公共卫生学院党委	张明芝
苏州医学院药学院党委	崔京浩
苏州医学院护理学院党委	王方星
东吴学院党委	吴　亮
敬文书院党委	柯　征
唐仲英医学研究院党委	王文洁
文正学院党委	周文军　余亚荣
应用技术学院党委	宋天麟　钱继兵
苏州大学附属第一医院党委	杨惠林　赵　军　史进方　王　俊 周　群　蒋文平
苏州大学附属第二医院党委	王少雄　杜　鸿　马翠英　孙　谕
苏州大学附属儿童医院党委	朱玲琍　宗健阳　马亚琴
机关党工委	陈中华　吴　奇　刘　京
群团与直属单位党工委	张　凝　陈　晶
离休党工委	周佳晔
图书馆党委	徐　燕
后勤党委	仇玉山　王斯亮

二、优秀党务工作者（40人）

文学院党委	王建军
传媒学院党委	王雁冰
社会学院党委	郝　珺
马克思主义学院党委	李文娟
教育学院党委	陈贝贝

东吴商学院（财经学院）党委	缪爱国
王健法学院党委	范 茜
外国语学院党委	杨志红
物理科学与技术学院党委	孙德芬
光电科学与工程学院党委	秦琳玲
材料与化学化工学部党委	王美珠
纳米科学技术学院党委	洪 晔
计算机科学与技术学院党委	弋维君
机电工程学院党委	陈 涛
沙钢钢铁学院党委	郑彦之
轨道交通学院党委	刘仕晨
体育学院党委	丁海峰
艺术学院党委	卢海栗
苏州医学院放射医学与防护学院党委	王加华
苏州医学院药学院党委	王 燕
苏州医学院护理学院党委	陈向民
东吴学院党委	陆 岸　虞 虹
敬文书院党委	孙正嘉
文正学院党委	陈 波
应用技术学院党委	钮秀山
苏州大学附属第一医院党委	穆传勇　张新梅　范 嵘
苏州大学附属第二医院党委	陈勇兵　潘 杰
苏州大学附属儿童医院党委	林妍妍　毛晨梅
机关党工委	华 乐　戴璇颖　李全义　何 峰 李晓佳
群团与直属单位党工委	王 璐
图书馆党委	钱万里

三、先进基层党组织（40个）

文学院党委
传媒学院党委
教育学院党委
计算机科学与技术学院党委
敬文书院党委
苏州大学附属儿童医院党委
社会学院党委历史系党支部
马克思主义学院党委纲要党支部
王健法学院党委法律硕士（非法学）第二党支部

金螳螂建筑学院党委本科生第二党支部
数学科学学院党委研究生第三党支部
物理科学与技术学院党委交叉中心党支部
光电科学与工程学院党委本科生党支部
能源学院党委行政党支部
材料与化学化工学部党委高分子系教工党支部
材料与化学化工学部党委研究生高分子第二党支部
纳米科学技术学院党委教工第一党支部
电子信息学院党委电子信息工程党支部
沙钢钢铁学院党委教工第三党支部
纺织与服装工程学院党委研究生第四党支部
艺术学院党委研究生党总支
音乐学院党委本科生党支部
苏州医学院党工委剑桥—苏大基因组资源中心党支部
苏州医学院基础医学与生物科学学院党委生理学与神经生物学系党支部
苏州医学院放射医学与防护学院党委教工第二党支部
苏州医学院药学院党委中药学系教工党支部
东吴学院党委大学物理党支部
唐仲英医学研究院党委第三党支部
文正学院党委经济系第二党支部
应用技术学院党委机关党总支
苏州大学附属第一医院党委门急诊医技党总支
苏州大学附属第一医院党委内科党总支感染病科党支部
苏州大学附属第二医院党委外科第六党支部
苏州大学附属第二医院党委行政第二党支部
机关党工委招生就业处党支部
机关党工委继续教育处党支部
群团与直属单位党工委工会党支部
群团与直属单位党工委团委党支部
图书馆党委第四党支部
后勤党委第四党支部

苏州大学纪念建校 120 周年活动
先进集体、先进个人、优秀志愿者名单

苏大委〔2021〕7 号

一、先进集体（5 个）

发展委员会办公室
社会学院
物理科学与技术学院
材料与化学化工学部
音乐学院·艺术教育中心

二、先进个人（78 人）

序号	姓名	序号	姓名	序号	姓名	序号	姓名
1	丁宁	16	任凤然	31	杨炯	46	张骏
2	丁姗	17	华乐	32	杨舒婷	47	张璐
3	卜谦祥	18	刘子静	33	杨燕	48	陆伟中
4	王方星	19	刘仕晨	34	吴义	49	陈巧巧
5	王玉明	20	刘海燕	35	吴多闻	50	陈希
6	王帅	21	刘娴琳	36	吴晓琴	51	尚书
7	王国栋	22	刘晶晶	37	辛慧	52	罗心璞
8	王明明	23	汤松	38	沈为民	53	周婷
9	王磊	24	汤晶缨	39	沈红明	54	孟良荣
10	尹奎	25	孙磊	40	沈玮	55	赵承良
11	尹喆	26	严韵致	41	宋言奇	56	赵曜
12	孔志轩	27	李华	42	宋雨婷	57	胡玥
13	石明芳	28	李映杏	43	张东润	58	施小平
14	朱苏静	29	李睿	44	张浩	59	姜享旭
15	朱旻	30	杨伟	45	张海洋	60	姚臻

续表

序号	姓名	序号	姓名	序号	姓名	序号	姓名
61	顾小霞	66	黄溪丹	71	蒋 敬	76	管文文
62	徐 飞	67	崔昭新	72	程 彦	77	颜廷锴
63	高玮玮	68	章 宪	73	谢 凯	78	魏垂涛
64	郭明凯	69	商 仪	74	蔡 琪		
65	黄怡然	70	蒋彩萍	75	蔡燊冬		

三、优秀志愿者（173 人）

（一）教师志愿者（14 人）

序号	姓名	序号	姓名	序号	姓名
1	王昌伟	6	陈 恺	11	顾子豪
2	卢昕婵	7	林焰清	12	钱成一
3	朱利平	8	周 扬	13	管 淼
4	朱 颖	9	胡汉坤	14	魏 敏
5	李 良	10	姚晓玲		

（二）学生志愿者（159 人）

序号	学院（部）	志愿者姓名	序号	学院（部）	志愿者姓名
1	文学院	杨伊琳	13	传媒学院	沈文乾
2	文学院	李沛琪	14	传媒学院	陈欣仪
3	文学院	孙雨涵	15	传媒学院	毛陆凡
4	文学院	谭宸宝	16	传媒学院	段鑫玥
5	文学院	韦懿洲	17	传媒学院	李亚萱
6	文学院	钱君茹	18	传媒学院	仲娜蓉
7	文学院	倪 裳	19	传媒学院	韦 琴
8	文学院	陈晓冉	20	传媒学院	李菲池
9	文学院	张珺涵	21	传媒学院	郑 雯
10	传媒学院	于飞鸿	22	传媒学院	李怡晓
11	传媒学院	潘可颖	23	传媒学院	沈晨跃
12	传媒学院	钱 琪	24	传媒学院	巫婷婷

续表

序号	学院（部）	志愿者姓名	序号	学院（部）	志愿者姓名
25	传媒学院	周俊崧	52	东吴商学院（财经学院）	任晨苗
26	传媒学院	张珂玮	53	东吴商学院（财经学院）	熊齐扬
27	传媒学院	赵钰洁	54	东吴商学院（财经学院）	镇王潇
28	传媒学院	杨雨晗	55	东吴商学院（财经学院）	沙志芸
29	传媒学院	郭新卓	56	东吴商学院（财经学院）	党媛悦
30	社会学院	陈曦悦	57	东吴商学院（财经学院）	施天旭
31	社会学院	姬梦凡	58	东吴商学院（财经学院）	郭怡宁
32	社会学院	宋宇新	59	东吴商学院（财经学院）	张懿文
33	社会学院	李敏	60	东吴商学院（财经学院）	曾子宜
34	社会学院	齐佳丽	61	王健法学院	严润
35	政治与公共管理学院	田家璇	62	王健法学院	石婕
36	政治与公共管理学院	吉蓉	63	王健法学院	王淑丽
37	政治与公共管理学院	黄宋靓	64	外国语学院	陆奇
38	政治与公共管理学院	肖洋	65	外国语学院	任文一
39	政治与公共管理学院	王晨晖	66	外国语学院	李琼
40	政治与公共管理学院	赵希玉	67	外国语学院	贺嘉琪
41	政治与公共管理学院	丁轶群	68	外国语学院	邵梦倩
42	政治与公共管理学院	张文娴	69	外国语学院	王歆
43	政治与公共管理学院	宋嘉铭	70	外国语学院	李星宇
44	政治与公共管理学院	葛尤进	71	外国语学院	徐紫炜
45	政治与公共管理学院	杨肖	72	外国语学院	刘安妮
46	政治与公共管理学院	华梓淳	73	外国语学院	朱孟秋
47	马克思主义学院	孟新颖	74	外国语学院	王刘燕
48	教育学院	尹佳	75	外国语学院	何怡扬
49	教育学院	罗蒙蒙	76	外国语学院	周亚迪
50	教育学院	刘雨青	77	金螳螂建筑学院	李学桐
51	东吴商学院（财经学院）	陈琪	78	数学科学学院	高天翔

续表

序号	学院（部）	志愿者姓名	序号	学院（部）	志愿者姓名
79	数学科学学院	王艺霏	106	纺织与服装工程学院	祁　凯
80	数学科学学院	谌子佳	107	纺织与服装工程学院	钱晓斌
81	数学科学学院	任　杰	108	纺织与服装工程学院	刘俊业
82	物理科学与技术学院	冯赵然	109	纺织与服装工程学院	张昱旻
83	光电科学与工程学院	周　舟	110	纺织与服装工程学院	王博安
84	光电科学与工程学院	管玉祥	111	轨道交通学院	陈柏彰
85	能源学院	朱瑜婕	112	轨道交通学院	程基烜
86	能源学院	任　爽	113	轨道交通学院	马阳阳
87	能源学院	刘郑灏	114	轨道交通学院	张哲源
88	材料与化学化工学部	陈冬浩	115	体育学院	钱颖秋
89	材料与化学化工学部	葛　翰	116	体育学院	史　雨
90	材料与化学化工学部	陈　潇	117	体育学院	吕　靓
91	材料与化学化工学部	张晨阳	118	体育学院	姚思远
92	材料与化学化工学部	顾富杰	119	体育学院	陈美琪
93	材料与化学化工学部	雷雨珩	120	体育学院	刘子吟
94	材料与化学化工学部	郭　兴	121	体育学院	沈翔宇
95	纳米科学技术学院	朱元皓	122	体育学院	吴义康
96	纳米科学技术学院	严宇辰	123	体育学院	施毅鹏
97	纳米科学技术学院	杨　帆	124	体育学院	夏梦晗
98	计算机科学与技术学院	徐浩哲	125	体育学院	储辰飞
99	计算机科学与技术学院	田　朔	126	体育学院	李木子
100	电子信息学院	曾勇达	127	体育学院	邵文彦
101	电子信息学院	孙学良	128	体育学院	李倩倩
102	电子信息学院	徐浩然	129	体育学院	蒋书奇
103	机电工程学院	蒋志坤	130	体育学院	刘书瑞
104	沙钢钢铁学院	谭淳予	131	体育学院	牛子孺
105	沙钢钢铁学院	张恒梓	132	体育学院	徐晶晶

续表

序号	学院（部）	志愿者姓名	序号	学院（部）	志愿者姓名
133	体育学院	李 欢	147	苏州医学院	杨 艳
134	体育学院	马方正	148	苏州医学院	李子萌
135	体育学院	冯高桐	149	苏州医学院	刘欣婷
136	体育学院	陈 莹	150	苏州医学院	靳二锁
137	艺术学院	刘思好	151	苏州医学院	张源元
138	艺术学院	范丁萍	152	苏州医学院	王 洋
139	艺术学院	苏霁虹	153	苏州医学院	钱艾伦
140	艺术学院	葛竹一	154	苏州医学院	闫治霖
141	音乐学院	王熙彤	155	苏州医学院	马钰涵
142	音乐学院	高 雪	156	苏州医学院	程亨衢
143	苏州医学院	彭小灵	157	唐文治书院	邹雯倩
144	苏州医学院	毕芮淇	158	唐文治书院	陈子瑜
145	苏州医学院	张蕊娟	159	敬文书院	金可馨
146	苏州医学院	马 琴			

2020年度江苏省普通高校省级三好学生、优秀学生干部、先进班集体、优秀毕业生名单

一、江苏省三好学生（36人）

本科生（27人）

文学院	杨智惠
传媒学院	蒋艺瑶
社会学院	仲晓莹
政治与公共管理学院	徐鹿童
教育学院	张冰烨
东吴商学院（财经学院）	沙煜晗　董流浩
外国语学院	陈青乔
王健法学院	陈 灵
金螳螂建筑学院	刘逸灵
数学科学学院	朱轶萱
光电科学与工程学院	吴蒋晨
能源学院	李思洁

材料与化学化工学部	曹馨尹
纳米科学技术学院	王树状
计算机科学与技术学院	史童月
电子信息学院	井　开
机电工程学院	刘怡明
纺织与服装工程学院	韩　颖
轨道交通学院	丁雅雯
体育学院	黄佳蕾
艺术学院	张　钰
音乐学院	李欣颖
苏州医学院	胡彦宁　姚怡辰
敬文书院	胡　昊
唐文治学院	黄奕扬

研究生（9人）

政治与公共管理学院	胡　雯
教育学院	唐　植
电子信息学院	朱乾龙
材料与化学化工学部	包淑锦
功能纳米与软物质研究院	杨乃霖
金螳螂建筑学院	王梓羽
苏州医学院	葛剑娴　王　进　李雨宸

二、江苏省优秀学生干部（40人）

本科生（22人）

文学院	董晚雨
传媒学院	钱　昕
社会学院	陆笑笑
政治与公共管理学院	李　尧
教育学院	刘雨青
东吴商学院（财经学院）	孙亦凡　张若昕
外国语学院	马依然
物理科学与技术学院	汤星辉
光电科学与工程学院	金　越
能源学院	高欢欢
纳米科学技术学院	杨　帆
材料与化学化工学部	洪宇轩
计算机科学与技术学院	王艺洁

电子信息学院	裘红翠
纺织与服装工程学院	王天骄
体育学院	汤滨雁
艺术学院	蒋圣煜
音乐学院	高雪
苏州医学院	高佳怡　解懿
唐文治书院	钱婧

研究生（18人）

政治与公共管理学院	蒋可炎
教育学院	印苏
传媒学院	洪图　马国元
马克思主义学院	张雪薇
社会学院	王泽元
外国语学院	沈冰洁
文学院	范佳玥
艺术学院	李奕霖
材料与化学化工学部	陶倩艺
纺织与服装工程学院	葛灿
轨道交通学院	宋泽树
能源学院	沈俊勇
研究生会	罗茜茜　蔡家轩　李文成
研究生团工委	蒋晓亮　蒯玥

三、江苏省先进班集体（20个）

文学院	2019级汉语言文学（基地）班
传媒学院	2020级新闻传播学类一班
政治与公共管理学院	2019级思想政治教育班
王健法学院	2020级知识产权班
金螳螂建筑学院	2019级城乡规划班
数学科学学院	2019级统计班
物理科学与技术学院	2018级物理学（师范）班
光电科学与工程学院	2019级测控技术与仪器班
能源学院	2018级新能源材料与器件班
材料与化学化工学部	2019级英语强化班
电子信息学院	2018级通信工程二班
机电工程学院	2018级机械电子工程班
沙钢钢铁学院	2018级金属材料工程一班

纺织与服装工程学院	2019级非织造材料与工程班
轨道交通学院	2019级电气工程与智能控制班
音乐学院	2018级音乐学（师范）班
苏州医学院	2019级临床医学"5+3"一体化一班
	2018级临床医学"5+3"一体化一班
敬文书院	2019级明德班
唐文治书院	唐文治书院2019级

四、江苏省优秀毕业生（25人）

本科生（16人）

文学院	徐成煜
教育学院	尹　佳
东吴商学院（财经学院）	熊齐扬
王健法学院	王晶妍
外国语学院	王潇苒
金螳螂建筑学院	刘雨萱
数学科学学院	梅子健
物理科学与技术学院	代龙飞
纳米科学技术学院	高文萍
计算机科学与技术学院	徐卫伟
机电工程学院	邹文婧
沙钢钢铁学院	朱　磊
轨道交通学院	吴志豪
艺术学院	苏霁虹
苏州医学院	张　恬
唐文治书院	邹雯倩

研究生（9人）

政治与公共管理学院	杨　肖
王健法学院	黄一豪
文学院	田　毓
轨道交通学院	吴　茜
机电工程学院	李　奇
沙钢钢铁学院	李　俊
数学科学学院	陈　锷
苏州医学院	刘航航　王若沁

2020—2021学年苏州大学校级三好学生、三好学生标兵、优秀学生干部、优秀学生干部标兵名单

文学院

三好学生（39人）

宋欣燃	周泊辰	杨心怡	卢雨霏	黄宇宇	李清越	毛 岑
徐成煜	张淑琳	邓媛媛	鞠 燃	程博雯	孙雨涵	王涵怡
郭彦彤	王 静	胡睿洁	龚欣怡	董怡雯	陆怡雯	殷子惠
彭雨晨	李惠娴	董晚雨	邵沁怡	刘欣源	王筱烨	吴紫璇
赵钰晗	蔡妍薇	刘苏航	张 婷	王一洲	孙潘懿	倪润梅
龚陶莯	邵思敏	李佳芮	周 靓			

三好学生标兵（1人）

毛 岑

优秀学生干部（31人）

王文宇	叶小舟	吕 晨	张容溪	杜馨雨	赵 萌	沈欣燕
谢 颖	李心怡	王雨婷	张嘉琳	石蓉蓉	蒋梦涵	王虹媛
邱 琳	钱子涵	韩炳楠	杨智惠	陈 瑶	潘家仪	张馨忆
张 怡	孙容川	徐 迅	李倩倩	姜雨彤	沈竹君	周雨微
夏平平	管浩彤	李雨露				

优秀学生干部标兵（1人）

杜馨雨

传媒学院

三好学生（41人）

赵红娇	陈雨薇	曾嘉琪	唐梓烨	赵 珺	肖云翔	沈雪漪
黄凤仪	曹宁粤	章子怡	徐成欣	杜嘉琪	卢海慧	李星宇
李若溪	陈启源	刘 蕾	陆文灏	蔡擎宇	林文静	蒋艺瑶
张涵月	李昊宸	付润典	孟 楠	徐景辉	杜明欣	刁 卓
施媛媛	彭思佳	余君榕	吴可欣	陈 渡	蔡 进	王紫璇
吴易阳	王亮宇	孙 萌	李丽莎	汪乐桐	俞 睿	

三好学生标兵（1人）
　　蒋艺瑶

优秀学生干部（34人）
　　杨睿一　　李乐辰　　吴霜　　　庄圆　　　钱昕　　　陈欣仪　　柳嘉慜
　　施馨羽　　许可　　　沈晨跃　　廖亚蝶　　蔡星怡　　宗小桐　　吴若晗
　　杨定一　　蔡诗颖　　薛柯　　　莫雅晴　　邓晚晴　　崔雪婷　　严舒
　　周沈洁　　荣思霁　　卢紫仪　　姬沁茹　　王惠雯　　石文清　　李忱欣
　　郑佳琳　　沈誉　　　周宸庆　　李奕纯　　徐帜　　　季周宇

优秀学生干部标兵（1人）
　　钱昕

社会学院

三好学生（42人）
　　孙沁璇　　任姝菡　　季阳　　　苏子乐　　杨添翼　　裴培　　　周婷月
　　顾浚轩　　张炜文　　杜冰艳　　叶子　　　王瑜悦　　曹世婧　　周焦
　　马博赟　　顾博文　　李珺涵　　冯笑寒　　巢漪　　　刘玥　　　黄少雯
　　郭鑫榕　　李梦柯　　任优　　　郑依凡　　毕煊焓　　陆蕴佳　　潘小婷
　　王紫嫣　　王孟婕　　金怡雯　　张文慧　　翟文青　　夏雨萌　　谢亚彤
　　金莹婕　　顾佳榕　　李心诺　　周梦寒　　徐瑾瑜　　任宁萱　　王钰蕴

三好学生标兵（1人）
　　仲晓莹

优秀学生干部（35人）
　　华伊纯　　冯凯鹃　　唐子婷　　石珺玥　　方茵　　　邬静娴　　邵至央
　　赵子瑜　　仲晓莹　　周旭雯　　陆笑笑　　魏如连　　陈昱彤　　侯清婧
　　王怡婷　　赵荣耀　　刘缘　　　陈玉琴　　杨金泽　　张倍嘉　　杨怡葳
　　李思琪　　冯昊昱　　柯嘉睿　　李昕辰　　廖景儿　　金宇鸥　　陈宇阳
　　郭梓笑　　庄宇瑄　　徐文迪　　焦圣兰　　丁戎轩　　金雨　　　胡鑫悦

优秀学生干部标兵（1人）
　　陆笑笑

政治与公共管理学院

三好学生（60人）

李莎莎	何彬彬	廖 蕊	向娅兰	郭隽瑶	张文娴	李逢雨
汪孝云	邱 天	裴 凡	段琦琦	沈昀函	李晨曦	袁 泉
鹿心怡	徐丝雨	李梓嫣	包丹丹	赵 阳	陈 佩	陈心怡
曹梦杰	王 薇	马秋芝	洪影珊	徐鹿童	顾佳蕾	曹雨馨
张雪廷	耿子涵	汪心韵	马静雯	后梦雪	陶雨然	李宗宇
丁定川	周雨婷	钱 程	王 艺	冯 淇	李佳荣	陆佳玉
杜凤歌	吴雨彤	赵雨彤	戴子仪	王思云	王 晴	姚佳成
徐易菲	徐艺玲	赵华楠	刘欣怡	樊茜雯	伍嘉婧	刘星雨
谢 柔	羊佳璐	秦 尧	何青蔓			

三好学生标兵（1人）
李莎莎

优秀学生干部（50人）

梁垚凌	刘 畅	裴新宇	环文丽	邵 杰	张 妍	吴 盈
于子恒	丁玉婷	杨 奕	沈天一	蒋 渊	刘泽远	梁 晨
许 可	杨雨静	邓霓冉	李 尧	郑佳祺	袁 婷	朱昕雨
徐馨蕊	董泓玮	王诗睿	王紫纯	范淑婷	徐飞越	侯 勇
卢诗雨	刘珂曼	李 婧	沈鸿瑞	鞠婉婷	郭佳涵	陆文清
张 尧	张雨萱	卢茜茜	胡 越	顾 帆	姚睿婧	廖 慧
占李洋	杨 澜	谢沛霖	伍启月	安嘉仪	龚婧岚	叶 佳
徐夕然						

优秀学生干部标兵（1人）
李宗宇

教育学院

三好学生（21人）

冯楚瑶	钟 声	刘鑫雨	许昕玙	刘雨青	费 煜	张秀娟
张冰烨	施煜丰	张傲雪	郁高昕	陆莹绮	陈 希	许婧娴
景 晨	俞铭华	徐文庭	袁晨晖	徐 颖	杜美瑾	徐 佳

三好学生标兵（1人）
张冰烨

优秀学生干部（17人）
徐仪舫　　夏小雅　　穆佳欣　　余　红　　周芷莹　　张歆雨　　陈　静
李雨秋　　刘鹏佳　　张佳丽　　范华琴　　武宇杰　　李静静　　王　婷
朱佳丽　　吴雨晗　　高　雅

优秀学生干部标兵（1人）
刘雨青

东吴商学院（财经学院）

三好学生（95人）
谢　颖　　顾　婕　　屈佳欣　　张语涵　　孙　娟　　徐　蕾　　生　婧
嵇月明　　窦文欣　　李敏芳　　郭　燕　　孙家乐　　胡舒芹　　李奕凡
唐倚晴　　卞静姝　　许波雯　　王怡暄　　徐　磊　　沈黎珂　　李梦瑄
周香香　　姜佩言　　王雨薇　　施昊天　　黄　杨　　胡蓉芬　　褚欣玥
胡塬炜　　赵　跃　　刘睿琦　　杨雨昕　　熊齐扬　　姚思韵　　薛晓宇
李子轩　　丁佳一　　徐　伟　　戴嘉宜　　宋亚琪　　严　浩　　黄曼莹
梅张妍　　戈　颖　　姚屹嵩　　李斯文　　蔡昕玥　　薛欣驰　　王诗艳
叶佳仪　　朱　柳　　董流浩　　王子怡　　余宁静　　高　璟　　温　昕
董文璐　　俞力宁　　张殷璇烨　张　璐　　张子欣　　孟　竹　　朱若瑾
齐　妙　　张嘉珩　　申　霖　　沈心安　　纪　畅　　缪婷玉　　张雨佳
唐萌萌　　张晗越　　徐幸蕾　　许佳盈　　杨　梓　　薛奇骏　　朱　嫒
赵彩燕　　苏伟民　　王雨瑶　　沙　辰　　洪宇扬　　崔馨丹　　陈逸文
王紫樱　　张文倩　　蓝潘燕　　鞠　妍　　刘静怡　　徐爱琦　　邵雨桐
张子云　　周天颐　　汤　昊　　吴　凡

三好学生标兵（2人）
徐　蕾　　董流浩

优秀学生干部（75人）
陈帅全　　陈瑞祺　　镇王潇　　邵佳卿　　李昕睿　　翟惠芃　　王　艺
徐诗怡　　吉　欣　　张　也　　周燕伟　　黄东旭　　徐　佳　　孙　原
费　一　　肖晨光　　崔徐阳　　沙煜晗　　高怡澜　　张云欢　　马月婷
顾莉莉　　李贝西　　李敏佳　　孙天怡　　殷俪菲　　龚蕊芯　　黄琳琳
孙亦凡　　沈宇辰　　郭怡宁　　史唯科　　沈泽儒　　刘苏皖　　倪心乐
王秋宇　　顾　微　　张志莹　　陆亚强　　彭钰茹　　葛　妍　　白　钰
陈晓雅　　李苏皖　　张若昕　　李亚霓　　邹忆琦　　王晶玥　　唐心怡
于宛灵　　李成海　　顾心洁　　焦安东　　张晓凡　　任晓宇　　史　韵
夏春晓　　金惠婷　　洪雯雯　　曹　玥　　戴薛亮　　朱恒佳　　高心怡

王艺涵　　何昱佳　　胡芷清　　杨　力　　马亦明　　周伊婷　　顾嘉琪
汪溢能　　汪欣然　　葛　阳　　程子凌　　王雨函

优秀学生干部标兵（2人）
孙亦凡　　李成海

王健法学院

三好学生（37人）
陈　灵　　高　洁　　顾政昇　　顾书凝　　吴婕妤　　吴明韬　　周　宸
练宸睿　　王晶妍　　赵卓妍　　薛玉瑶　　周鑫宇　　谌鑫雨　　邹易晏
钟成昊　　王　喆　　吴翊文　　邹芦羽　　沈家妮　　朱雨娴　　沈舒婷
诸昌盛　　张昱洁　　洪诗涵　　金乐怡　　徐若寒　　朱忆寒　　蔡于洁
蔡依辰　　周明慧　　李蕊江　　朱星宇　　周芷悦　　丁　宁　　陶　远
唐诗怡　　吴正维

三好学生标兵（1人）
邹芦羽

优秀学生干部（31人）
王　位　　黄伊雯　　朱安琪　　周冰蟾　　白逸凡　　孙　洁　　王雪涵
余佳薇　　朱雨婷　　章婧婷　　周　颖　　曹梓怡　　钱君博　　孙墨涵
李洛垚　　刘佳乐　　杜　薇　　梁津梅　　方潇颖　　闵欣怡　　金雨凌
孙静逸　　马卓尔　　卢靖萱　　李艳娇　　戈梓欣　　朱欣妮　　徐璟琦
张　璟　　李　邦　　郑　翰

优秀学生干部标兵（1人）
吴明韬

外国语学院

三好学生（45人）
赵一丹　　史明璐　　缪薛鹏　　壮欣溢　　蒋潇雪　　朱丹枫　　吉珂娜
王婧雯　　张佳佳　　狄陈静　　刘佳艺　　谈　真　　刘子怡　　汤慧桃
任泽琪　　刘希辰　　金天宇　　陈思嘉　　彭晓雨　　宋　双　　孔颖萍
黄羽琪　　钱婧瑜　　沈欣怡　　陈青乔　　刘　畅　　王雨轩　　程　琦
樊　蓉　　王志君　　林　琳　　戴佳琪　　平思佳　　许嘉禾　　高烨泠
陈　晓　　施　意　　吕湃瑶　　吴宇征　　钟恬静　　盛笑凡　　曹婧婧

沈思涵　　蔡铭静　　张逸飞

三好学生标兵（2人）
　　壮欣溢　　陈青乔

优秀学生干部（36人）
　　马逸凡　　孙文青　　王宏天　　徐　杰　　周启航　　王潇苒　　李梦源
　　宋悦怡　　马依然　　周洋洋　　孙　倩　　蔡皓卿　　高成晨　　邹双宇
　　邬子萱　　赵婷婷　　谢丹玲　　高　杰　　贺嘉琪　　董悦薇　　江　南
　　李依婷　　卢　娴　　黄嘉怡　　许惠星　　赵颖莹　　黄　平　　顾语婷
　　刘　鑫　　袁艺文　　吴卓娴　　郭雯悦　　姚嘉威　　刘立凡　　吴雨菲
　　薛　群

优秀学生干部标兵（1人）
　　马依然

金螳螂建筑学院

三好学生（32人）
　　　肖雯娟　　汪千琦　　陈　可　　刘　倩　　王奕澄　　李姝诺　　唐晓雪
　　　刘思洁　　王　言　　黄诗雯　　刘　婷　　徐睿铌　　高子涵　　陈思婷
　　　倪心怡　　周心悦　　程希圆　　谢宇虹　　沈雨霏　　吴雯冰　　冯靖茹
　　　刘佳怡　　姜於能　　谢丛朵　　吉宇轩　　赵无极　　孙世嫒　　彭语典
　　　冯茂桓　　王舒捷　　严梦玲　　朱　喆

三好学生标兵（1人）
　　刘　婷

优秀学生干部（27人）
　　李明哲　　汪纯欣　　胡子鸿　　刘雨萱　　王玥迪　　叶芊蔚　　郭　烁
　　刘逸灵　　陈俊燚　　王子涵　　李学桐　　成宇晴　　李硕星　　钟诺亚
　　王轩浩　　敖嘉鲜　　陈　扬　　李怡蓉　　王汝昊　　裴梦瑶　　韩睿琦
　　吴泽瑜　　张晣森　　蒋柠潞　　肖　骏　　刘福琳　　全　瑞

优秀学生干部标兵（1人）
　　刘逸灵

数学科学学院

三好学生（40人）

杨成慧　林可心　李　晴　顾辰菲　张　越　于丽影　徐浩翔
陈泓媛　徐子昂　刘倩雯　叶子欣　李　莹　黄涵琪　庄启明
薛嘉华　涂洛瑜　朱文杰　薛立诺　丁　瑜　徐星语　朱轶萱
张　月　周　妍　张　开　陈思蓉　夏　雨　滕子麒　孙嘉浚
陈林一　张绍易　王语同　徐浏畅　陈玺安　张晨曦　蔡佳佳
杨世峥　王子涵　陆子晗　沈语恒　姜邹洲

三好学生标兵（1人）

朱轶萱

优秀学生干部（30人）

姚康飞　欧勇涛　谈婧怡　姜海云　张海燕　吴婧婧　刘博扬
黄思咏　吴紫涵　沈栩臣　谢宇欣　王邵懿琳　姜嘉伟　张　彤
孔德溯　陆橡羽　孙禧龙　陈炜杰　方　鹏　吴萃艳　雷少龙
谷佳怡　卢　毅　韩子成　戴　阳　张若轩　曹佳怡　唐冉青
王志鹏　陈峻纬

优秀学生干部标兵（1人）

薛立诺

能源学院

三好学生（26人）

刘悟雯　郭文奕　施　怡　黄浩航　李思洁　许雨荻　吴宇轩
王晓天　高欢欢　虞小玉　周伊静　朱瑜婕　叶炳光　胡嫣然
邹瑷吉　刘欣然　任宇轲　黄天辰　华天骄　孙　宇　王骏昌
华君逸　张静如　桂宇昂　翟康旭　左　骁

三好学生标兵（1人）

刘悟雯

优秀学生干部（23人）

姜千怿　田　宇　刘鹏江　吕佳泽　顾嘉禧　沈　霖　刘祺敏
吴炜民　邱泽翔　孙　彬　陈诸杰　徐　渭　范顾越　王晓毅
樊思远　李丹阳　朱烨琳　谈奕辰　沈瑞诚　王英瑞　曹祎珊

吴陈扬　　陆兆琪

优秀学生干部标兵（2人）

姜千怿　　田　宇

物理科学与技术学院

三好学生（22人）

尹志珺　　林桐玉　　代龙飞　　司志青　　袁龙凤　　吕诗语　　孟维权
吴丞霖　　刁文奕　　侯艳妃　　杨　晨　　马郅恺　　许一唯　　何晓东
陆　瑶　　庞静怡　　杜姜平　　倪天旸　　李　冰　　张玉淳　　章　浩
朱施帆

三好学生标兵（1人）

杜姜平

优秀学生干部（18人）

顾　颖　　汤星辉　　刘奕辰　　张秀秀　　潘星海　　冯赵然　　唐　悦
孙　曦　　张书琪　　范伟杰　　贡小婷　　周　璨　　马媛芳　　程欣妍
徐廷昊　　顾浩正　　吴朝欢　　李　亮

优秀学生干部标兵（1人）

汤星辉

光电科学与工程学院

三好学生（27人）

刘晓同　　吴舒彤　　吴佳辰　　张　哲　　鲍温霞　　林立澄　　周心雨
周　响　　唐志伟　　任焕宇　　吴　迪　　郑润琦　　王一鸣　　王志杰
吴蒋晨　　刘晨阳　　陶昕辰　　周嘉成　　陆　尚　　戈杉杉　　马衍骏
戈静怡　　王　勐　　曹　水　　王　鑫　　司俊文　　李　鼎

三好学生标兵（1人）

吴蒋晨

优秀学生干部（23人）

谢溢锋　　金　越　　范宸逸　　徐忻怡　　王新文　　杨智勇　　王　靖
孙金龙　　姚　郅　　李若男　　刘世奇　　胡　益　　黄亮杰　　林锦江

朱　涛　　陈彦州　　黄玉玲　　颜明轩　　李文静　　张雅丽　　周轩宇
胡紫厚　　徐顺旭

优秀学生干部标兵（1人）

王志杰

材料与化学化工学部

三好学生（68人）

杨睿祺　　孙蓓蓓　　覃玉珊　　刘桀曦　　蔡美琪　　师　燕　　蔡翼亮
丁叶薇　　华　辰　　王孟宇　　宋惠其　　吉金龙　　王施霁　　刘佳慧
宋雨阳　　王苏健　　窦雨欣　　成中涵　　陈明智　　朱　煜　　郭佳伟
张铭予　　郑欣雨　　杨舒婷　　周心怡　　黄琳琳　　杜昕蔚　　郭子峰
包予晗　　蔡嘉跞　　孙纪豪　　高海博　　陶虹秀　　乔一恒　　喻　情
董　川　　刘　源　　孙天宇　　曹馨尹　　李　可　　侯羽飞　　季诗尧
沈凯男　　邹翙博　　金昱彬　　蒋茅帅　　高婧恩　　戚程宁　　史芘涵
俞嘉尧　　王艺璇　　张璟怡　　程玉兰　　王嘉怡　　苏子怡　　王煜璐
潘　栩　　童子洲　　祝雪烨　　葛予琳　　时睿霄　　侯竺雨　　范段琪
张琳惠　　郑迪元　　柴骏杰　　陈辉辉　　张佳辰

三好学生标兵（1人）

曹馨尹

优秀学生干部（57人）

费宇成　　罗　婧　　曹建磊　　苗冠乾　　韩　月　　程秋爽　　黄思怡
侯天新　　朱泽斌　　刘伟名　　何昊泽　　游良鹏　　乔利鹏　　陈玉洁
刘家文　　郭　兴　　许天宇　　雷雨珩　　韩　爽　　贾思瑶　　文　昭
陆卓蓉　　谢振彪　　喻培森　　张　潼　　罗鹏珍　　杜　瀚　　柏维维
于　洁　　雷　杰　　虞宗豪　　洪宇轩　　许　嫣　　陈颖川　　李鹏星
宋雨桐　　安仁杰　　高　博　　陈欣然　　卢文彬　　韩成浩　　尹　涵
刘　莉　　汪　鑫　　曹明明　　殷立阳　　施祥航　　郭景昱　　金雨彤
黄怡蕊　　姚文吉　　宋东来　　杨佳梁　　黄子慕　　王彤西　　许子宁
王　战

优秀学生干部标兵（1人）

洪宇轩

纳米科学技术学院

三好学生（14人）
邵 铭　　姚晨璐　　靳 然　　朱 舒　　潘嘉琳　　裴馨仪　　王树状
王 泽　　张昕蔚　　陈娇雨　　于 俏　　徐家铭　　冯骞阅　　高 璇

三好学生标兵（1人）
王树状

优秀学生干部（12人）
周杨楷　　戴一帜　　高文萍　　李玉涵　　王 欢　　张潋潋　　徐慧中
李桑爽　　翁晨卉　　穆航帆　　陆天行　　邵媛喆

优秀学生干部标兵（1人）
戴一帜

计算机科学与技术学院

三好学生（54人）
张维维　　魏 然　　叶苏青　　朱泽楷　　陆嘉炜　　许 愿　　吴青洭
徐邵洋　　纪一心　　裴皓辰　　陈可迪　　蒋雨昊　　徐卫伟　　薛 琦
朱晨清　　冯泽森　　罗 帆　　杨双林　　张 昊　　钟恒恺　　王品正
管新岩　　金 颖　　杜林鸽　　张丁伟　　万晨蔚　　蒋奕晨　　程敬德
姚星凯　　邢寰宇　　魏愉城　　叶皓然　　李 捷　　陆宇慧　　毛叶暄
邱 天　　周夏卿　　陈泽豪　　张子恒　　张方舟　　吴世杰　　谢欣欧
杨哲元　　陈惟一　　胡 睿　　王鑫语　　孙广杰　　张 琦　　仇忠骏
侯熙致　　梁嘉琛　　张天翼　　徐佳蕊　　张顾潇

三好学生标兵（1人）
杜林鸽

优秀学生干部（40人）
武 瑕　　杨雨佳　　赵子萱　　顾宇浩　　张逸康　　陈孜卓　　宋则铭
赖丹玲　　孙泽辰　　陆宇星　　韩轶凡　　徐乐怡　　华玥莹　　马 标
鲁 游　　谈志鹏　　林婉清　　王艺洁　　乔子恒　　史童月　　周柯言
李亦晨　　朱国迎　　方缘恒　　谢雨潼　　岳鹏飞　　王嘉睿　　王力擎
黎 杨　　邹宗霖　　高 睿　　徐若溪　　陈 琦　　蔡泽坤　　徐友烨
邢彦妮　　胡 训　　宋邦奥　　杨昕尔　　周雨佳

优秀学生干部标兵（1人）
王艺洁

电子信息学院

三好学生（54人）

丁一鸣　井　开　裘红翠　朱辰霄　永敬磊　程明林　苏柔羽
卜倩倩　李开映　于倩慧　钱加尧　吴应睿　郑文韬　刘雨寒
毛晏平　孙宇晨　李天昊　李子豪　王雨航　洪健根　刘源祯
蒋丽莲　刘鑫儿　宋　炎　刘东潋　范佳敏　蔡华洁　吴宋垚
李郅昊　吕　远　熊超然　金　轩　钱蔡宇　肖　汉　杨梦瑶
张骁宇　刘子宸　陈　龙　吴　波　仲　易　温亚欣　王玮卿
马　瑞　胡玉枫　季嘉伟　乔洪煜寒　许暄莹　陈子昂　李昱汶
吴子竞　严　敏　丁　征　徐贾乐　向雨婷

三好学生标兵（1人）
井　开

优秀学生干部（45人）

邓伟业　蒋婧玮　王一龙　张子琪　王佳宝　任　锐　姚炜然
徐杰星　高翔宇　姜　涛　颜陆胜　于竹颖　任哲峰　陈茂杰
欧阳康奥　杨　成　陈雪梅　任　彤　朱　晔　周奕斐　戴瑄辰
龚　逸　夏　涛　刘益麟　包文翰　潘振标　姜宇杰　王宇轩
李浩川　吕晓琪　王昕宇　周雨晴　冯泽宇　常语涵　杜昊坤
王雅思　徐　坚　邢丁仪　田冰冰　胡跃骞　麦锐志　王文妍
赵雨蓉　杨欣奕　王砚钦

优秀学生干部标兵（1人）
刘益麟

机电工程学院

三好学生（58人）

邵宇秦　张玉蓉　董雪纯　金昊阳　顾　凡　范淑娴　刘金玲
陈国庆　田　爽　田　霞　王思喆　张皓宇　傅思捷　管　理
曹紫琦　魏　千　董依菲　李政辰　吴雨洁　鄢鹏程　陈梦鑫
陈治宇　沙晓龙　肖　遥　袁思淼　王梓杰　凡义超　陶怡雯
韩琪隆　董文洁　李家伟　管浩宇　许永跃　张海翔　陈　翀

王梓荻	张 艳	刘怡明	刘昌林	朱心茹	闵颢翰	周远恒
王 坤	杨承昀	丁 泽	孟 非	张露文	周云杰	吴 岘
龙为杰	吴乐乐	黄忠楠	陆星竹	梁浩然	黄骏来	李梦莲
徐 扬	李翔飞					

三好学生标兵（1人）
刘怡明

优秀学生干部（39人）
朱欣怡	黄升睿	吴梦琪	李志伟	赵青爱	邹文婧	徐 虎
石一凡	潘 康	李 怡	徐加开	薛凯阳	钱 龙	陈 慧
卢 帆	王彦旸	成豪杰	薛祎怡	王 义	戚一舟	王浩阳
何 涛	王雅琴	蒋紫晶	郭子健	杨 晨	罗松石	王成伟
刘浩宇	方华青	陈天洒	孙铭远	徐 豪	孙齐政	陈德枫
张芯杰	杨子昂	何思园	何彦欣			

优秀学生干部标兵（1人）
王浩阳

沙钢钢铁学院

三好学生（25人）
郭雅茹	赵 静	王东升	阿丽米热·依米提	胡 鑫	高 翔
柳祥渊	孙子昂	王亚婧	方超彦	王景琦	王 燕	白 露
陈 阳	周徐尹	卜丽丽	宋虎翼	李钊逸	许国瑞	张 毅
施 熠	祁杨帆	张 艺	李淑静	王冰滨		

三好学生标兵（1人）
郭雅茹

优秀学生干部（8人）
| 朱 杰 | 朱小宇 | 陈季娇 | 黄圣珑 | 张志文 | 柴彤宁 | 黄鹏宇 |
| 陈志贤 | | | | | | |

优秀学生干部标兵（1人）
朱 杰

纺织与服装工程学院

三好学生（57人）

高 蓉	陈怡君	陈宇晨	赵 芳	肖姗姗	赵明明	李林卫
尹翌凤	李 欣	杨雨航	徐若杰	王天骄	张舒洋	孟靖达
戚欣然	张昱旻	陈少莉	孙玉蓉	韦兰飞	徐 诺	安松元
徐佳雯	沈佳昱	马 玲	闫 妍	韩 颖	罗震伟	常思琪
余璐阳	谈至元	李家仪	徐 琛	李森妍	朱周宇	潘嵩玥
王沂沨	韩 愈	张 悦	刘凤彩	董书戎	祖拉兰·艾买江	
陈 珂	陈 浩	李秀珍	韩 冰	范宇航	徐 婷	华英孜
成馨雨	朱柏融	张 杰	唐蔚然	王婧怡	杨帅康	钱 妍
程悦悦	吕继发					

三好学生标兵（1人）

孟靖达

优秀学生干部（50人）

吴 卉	王燚若男	徐梦琪	王一磊	吴佳阳	李卉馨	杨嘉豪
冯雅茹	赵经天	唐梦瑶	陈镜宇	卢书晴	吴嘉宝	董奥晴
郭 瑞	白洁青	王博安	孟 言	金震宇	吴诗婷	杨 琪
张 敏	章宇慧	高可馨	哈里萨·哈里斯		尚 荣	轩子诺
孙清逸	张静宜	曹亦佳	甄 璇	周汶静	贾奕帆	杨雅茹
卞宗瑞	陈雅琪	吴 瑞	薛兹键	高畅畅	廖文怡	孙其安
金羽彦	臧艺鐔	何怡慧	胡文君	刘晶梅	卜萨热姆·吾	
拉依木江	黄 壹	张哲宇				

优秀学生干部标兵（1人）

吴佳阳

轨道交通学院

三好学生（46人）

张颖欣	田文婧	管红飞	刘永辉	车浩远	吴志豪	陈伟斌
宫梓洋	陆宇轩	夏凡珺	陈君婷	高荣环	刘蒙永	康静燕
刘培玥	张天野	赵子健	康梓溪	杨烨飞	金永泰	高 瑞
周艳琳	许培洣	谢世君	陶旭阳	刘 春	盛立源	钱静雯
吴沛如	赵雅茹	朱江楠	唐维轩	廖宇轩	邬明骋	杨嘉祺
郑子瑞	郑舒颖	李子牛	殷九思	许 臻	蔡博威	孙依萌

张骏杰　　郭　帅　　高诗倩　　潘晓龙

三好学生标兵（1人）
　　田文婧

优秀学生干部（32人）
　　李翌辰　　董彩银　　蒋竹君　　林荷洁　　闫子珏　　丁雅雯　　王铀程
　　王召阳　　郭信来　　刘亚茹　　王　雨　　缪灵一　　佟嘉鑫　　田嘉豪
　　徐佩琪　　任冠宇　　刘天晗　　曹海朝　　徐吾淼　　周柯宇　　顾靖婷
　　李星星　　刘柏延　　袁　鹏　　朱璠宇　　赵一帆　　程基烜　　韩淑凡
　　苏泓州　　刘子墨　　王奕豪　　盛鑫悦

优秀学生干部标兵（1人）
　　董彩银

体育学院

三好学生（31人）
　　陆子怡　　王小军　　代向楠　　夏梦晗　　盈　昕　　彭嘉欣　　沈翔宇
　　陈欣忆　　陆　洋　　徐梦琴　　曾兴隆　　黄佳蕾　　黄龙乾　　吴珈蓝
　　林晨丽　　李　欢　　吕　靓　　朱桂鸣　　施春燕　　何逸凡　　吕泽涛
　　徐晓桐　　孙宇盟　　沈雯佳　　孟子慷　　潘龙玥　　杨一琳　　陈　澄
　　李　颖　　李珈萱　　陈志灏

三好学生标兵（1人）
　　黄佳蕾

优秀学生干部（27人）
　　陆　健　　邵文彦　　褚慧龙　　王一然　　王啸林　　张雨婷　　刘雨欣
　　任　玉　　丁　力　　包嘉宁　　李婉菁　　马鑫宇　　张家伟　　黄璀珺
　　牛子孺　　杨宝仪　　汤滨雁　　杨喆琨　　徐晓彤　　戴小蝶　　徐伊林
　　刘　好　　王一帆　　吴义康　　王依然　　杨　曼　　智若愚

优秀学生干部标兵（1人）
　　汤滨雁

艺术学院

三好学生（31人）

蒋　玲　　吴梦琪　　王安娜　　成　宇　　高若瑜　　缪丹沁　　扈冰玉
杨靖仪　　王东荃　　何思哲　　吕东隽　　张婷钰　　寿艺珏　　张晓妍
王译函　　冯　缘　　赵昱婷　　李思睿　　厉梦婷　　许琪瑄　　司芫芳
杜天骄　　王佳瑞　　许寅斟　　童　钰　　缪亦蕊　　夏雨萱　　章　谊
缪新怡　　孟莞祺　　王奕萱

三好学生标兵（1人）

张　钰

优秀学生干部（36人）

蒋博全　　徐雅璐　　谷泽辰　　鲁采菲　　周　忆　　李　娜　　林雨君
贾　艳　　吴宇聪　　董　涵　　骆春蕊　　齐宸漪　　杨薪茹　　冯澳杰
孙晓龙　　叶哲如　　严雨涵　　张艺萱　　栗星然　　李怡彤　　金俣岑
黄　迅　　周莎莎　　邹慧婷　　王婧涵　　赵卡裕　　邱芳希子　李佳航
李昕桐　　刘天琪　　庄　佳　　李雨轩　　庄其晔　　李佳明　　张秋爽
钟冰儿

优秀学生干部标兵（1人）

吴宇聪

音乐学院

三好学生（10人）

余　洁　　孔维玮　　刘雨佳　　吴昕怡　　李欣颖　　杨哲远　　陆丹妮
杨颖洁　　蔡灵杰　　付绎如

三好学生标兵（1人）

刘雨佳

优秀学生干部（6人）

洪浪淘沙　赵成宇　　高　雪　　丁玉婷　　孙　康　　王彦希思

优秀学生干部标兵（1人）

余　洁

苏州医学院

三好学生（241人）

李芸倩	胡雨晨	沙婧涵	余 佳	邓婧蓉	赵玉虎	包文欣
罗郸琳	胡卓萌	翟进阳	徐佳露	殷芸菲	陈晓雯	张蓉菊
杨碧霞	杨濡嫦	孙 榕	张 恬	雷 婧	谭燕君	付海燕
王银秋	张晓培	武 钰	马钰涵	胡双玉	杨梦梦	赵 涛
王子萌	赵桐欣	张香香	刘逸凡	刘梦宁	宋顺晨	温 越
赵诗雨	蔡佳洁	张皓丹	管锡菲	傅靖淘	陈家敏	彭茜雅
刘一字	张婧雯	吴文婷	粟文秀	王鹤晶	许 错	张培林
戴其灵	朱世祺	周丹虹	何欣怡	贾晋婧	黎秋红	吴春雨
董旭宸	梅 颖	施 秀	韦语晗	吴文雪	缪小赟	朱明芮
王雨梵	赵 影	金启渊	翟雅轩	郝心仪	彭文文	李安安
易 婷	胡妃妃	干若秋	夏 鑫	杨 春	周钰雯	刘 雨
朱文韫	周滋翰	陶智丽	蒋韵纯	蔡 靖	胡彦宁	谷冰姿
郑亚雯	姚怡辰	吕 赫	韩劝劝	张劲松	刘 蕾	马凯威
陈海畅	郭昱菲	周荷蜓	武怡宁	于慧敏	王 楠	杨智怡
吴雨佳	章姝涵	周亚娜	金怡卿	蔡陆威	龚明月	张宇娴
时 雨	季允淇	董文菁	汪艺晞	王 飞	李 全	陈汉钦
金 怡	周雨佳	凌 易	马胤光	郑昕宇	刘天姝	张欣童
马 赫	张青烨	张孟澂	郑子妍	王 玲	李 雯	黄 瑶
董昕怡	庄红梅	孟 叶	刘 哲	刘仲玥	严嘉敏	陈忆缘
张宇杨	翟旺松	崔依琳	高志飘	易 晨	覃虹瑜	刘尚海
刘 蓉	宋依婷	张 慧	李金津	吴梦瑶	李 霞	陈 瑶
陈玥彤	秦伟民	金哲宇	罗 越	刘晓彤	张文芳	陈益杨
邵梦成	黄馨颖	姚 娜	吴 研	高 尚	李欣然	李玥臻
开佳妍	张艳孜	刘 珍	成佳丽	陈 静	张杨宇	杨 洋
王 露	关薇薇	黄名萱	王艺涵	余浩沄	兰 斓	严 瑾
卞凯乐	勾 娟	陈苏睿	焦亚薇	聂锦宜	王冉冉	巢竹均
包宛玉	陈雨莹	顾㷫平	王思仪	钱程真	周 忱	杨鹏珠
顾雨风	张议丹	孟晗玉	张 玥	王鑫雨	万沁琳	杨 茜
蔡韶华	钟 睿	李 欣	陈馨蕊	陈馨怡	陈志伟	李佳潇
徐 丹	陈晓晓	潘暖暖	相婉婷	严 慧	卢宇昊	周竞妍
马 赫	林轩熠	李欣蕾	刘语诺	岳明萱	徐思羽	刘鲜景
贾晓佳	范鸣宇	张正梁	吴家瑶	王遐坤	宋祎一	顾欣然
崔 珥	邹梦婷	张小娅	郝彤怡	黄巧婷	孙 博	李嘉堃
聂鑫凯	徐明璨	张 婷	杨乐乐	冀品轩	邹金妍	汤景婷
许艺华	刘 祺	买迪努尔·买买提艾则孜				

三好学生标兵（4人）

　　管锡锴　　陈家敏　　朱明芮　　张欣童

优秀学生干部（202人）

舒铭锴	黄心茹	范嘉慧	杨轶凡	罗朝忠	郭相东	张天成
李增洋	葛家濠	齐志翔	俞　婷	丁　薇	沈志佳	钱承博
刘梓瑞	简金刚	于林蝉	孙　颖	肖呈琦	孙　越	边愉涵
江　源	李茉研	邵文珺	张安琪	张蕊娟	杨　凡	刘沅鑫
王雨昊	樊超宇	李艳蓉	武一帆	刘　婷	侯娇娇	何　钰
王　洋	陈锦华	巫浩东	樊一铭	黄睿哲	赵悦宁	顾思渊
杨婷婷	金佳颖	郭涵沐	展　沁	万思岑	朱晓龙	刘雨辰
解　懿	赵　征	王品博	陈薇好	麻舒琳	陈静怡	刘宸佑
孙　颖	高佳怡	陆　威	杨　慧	殷瞳瞳	张　雨	邢中旭
苑文森	狄　青	范龙飞	吴月粤	李梦娟	何秋瑾	马志学
卯升江	秦琳琳	李　洁	刘嘉鹏	赵　倩	毛瑞婷	张筱嘉
刘　宁	张　昊	刘清泓	刘佳美	环冬香	梁　睿	鲍昕怡
郜沁文	田美娟	闫　湘	周申悦	王莹莹	汤婕冉	黄吴思弦
杨梦菲	吴雨欣	彭宇浩	刘旻昊	孙巧奕	巢　悦	宋　颖
杨溢甜	沈思琪	王子妍	王　鑫	卢奕霏	陆弈成	杨翰麟
王静宜	邓　怡	蔡欣忆	吴德礼	俞王剑飞	杨冠宇	张隽秋
庞　莉	李佳欣	沈旭雯	周顺琪	刘欣雨	陈秋星	武潇潇
王艺璇	林陈心子	缪可言	蔡含佳	徐　畅	许　晴	丁　一
黄海桐	汤天璐	何向阳	张峪绮	辛　敏	司　想	吉庆敏
毛新旗	蔡名悦	肖晓依楠	岑　翠	叶雨岚	贺语妍	李奕璇
唐柳健	陈雨萱	刘晓仟	马梓倩	吴　颖	黄　棋	戴晓茹
姜东娟	王敬源	黄心语	余　恋	周　蕾	钱　睿	徐嘉婕
秦铭雨	曲依萌	杨博文	温世博	马郑俊延	唐子杰	杨　陈
郭芷琪	王伟奇	崔　浩	张博涵	韩子成	梅雅琦	过一贝
阮丽楠	董　弈	郭　琪	谢小彬	王怡婷	陈博文	张紫陌
凌子恒	焦敬雅	胥　琦	杨　雯	邓安琪	周雅洁	王　举
季雨荷	王军红	郑心怡	唐　娟	高雨馨	任雨萱	杨　博
唐雨霏	王轶杰	董　尧	张益嘉	胡笑笑	朱梦婷	高梦筠
张　浩	王逸扬	王　晗	刘　佳	麦迪乃姆·麦提亚森		季亚妮

优秀学生干部标兵（4人）

　　舒铭锴　　邢中旭　　李　洁　　成佳丽

巴斯德学院

三好学生（2人）
　　闵晟一　　孙宇轩

优秀学生干部（2人）
　　周　舟　　黄　翔

唐文治书院

三好学生（6人）
　　邹雯倩　　陈泽浦　　黄奕扬　　朱天怡　　黄　今　　高　乐

三好学生标兵（1人）
　　黄奕扬

优秀学生干部（5人）
　　陈子瑜　　马怡宁　　张艺鑫　　钱　婧　　钱佳琪

优秀学生干部标兵（1人）
　　马怡宁

2020—2021学年苏州大学校级先进班集体名单

校级本科生先进班集体（31个）

文学院	2019级汉语言文学（基地）班
传媒学院	2020级新闻传播学类一班
社会学院	2019级社会学班
政治与公共管理学院	2019级思想政治教育班
教育学院	2019级应用心理学班
东吴商学院（财经学院）	2018级电子商务班
	2020级电子商务班
王健法学院	2020级知识产权班
外国语学院	2019级翻译班
金螳螂建筑学院	2019级城乡规划班

数学科学学院	2018级金融数学班
能源学院	2018级新能源材料与器件班
光电科学与工程学院	2019级测控技术与仪器班
物理科学与技术学院	2018级物理学（师范）班
材料与化学化工学部	2019级英语强化班
纳米科学技术学院	2018级纳米材料与技术专业一班
计算机科学与技术学院	2019级人工智能二班
电子信息学院	2019级通信工程二班
机电工程学院	2018级机械电子工程班
沙钢钢铁学院	2018级金属材料工程一班
纺织与服装工程学院	2019级非织造材料与工程班
轨道交通学院	2019级电气工程与智能控制班
体育学院	2019级运动康复班
艺术学院	2019级美术（师范）国画班
音乐学院	2018级音乐学（师范）班
苏州医学院	2018级预防医学一班
	2018级临床医学（"5+3"一体化）一班
	2019级临床医学（"5+3"一体化）一班
	2019级预防医学二班
唐文治书院	唐文治书院2019级
敬文书院	2019级明德班

2020—2021学年苏州大学研究生学术标兵名单

校级研究生学术标兵（35人）

文学院	袁　也
传媒学院	沈建霞
社会学院	周　祺
政治与公共管理学院	胡　雯
马克思主义学院	林于良
外国语学院	李凌飞
东吴商学院（财经学院）	于双丽
王健法学院	梁晓莹
教育学院	赵　松
艺术学院	李奕霖
音乐学院	孙菲昳

体育学院	蔡朋龙
金螳螂建筑学院	代鹏飞
数学科学学院	陈 锷
金融工程研究中心	刘金凡
物理科学与技术学院	许卫卫
光电科学与工程学院	安怡澹
能源学院	易雨阳
材料与化学化工学部	任勇源　冯勇刚
功能纳米与软物质研究院	王咸文
计算机科学与技术学院	张 妍
电子信息学院	彭圆圆
机电工程学院	陈 龙
沙钢钢铁学院	叶霖海
纺织与服装工程学院	李晓霞
轨道交通学院	花泽晖
苏州医学院基础医学与生物科学学院	陆政廷
苏州医学院放射医学与防护学院	叶舒岳
苏州医学院公共卫生学院	郑小巍
苏州医学院药学院	涂佳林
苏州大学附属第一医院	柏家祥
苏州大学附属第二医院	任 超
苏州大学附属第三医院	韩 炜
苏州大学附属儿童医院	孙喻晓

2020—2021学年苏州大学优秀研究生名单

文学院（17人）

张　英　　袁　也　　刘双双　　唐胜琴　　尹改荣　　柯爱凤　　谢淑芬
赵　晨　　李青睿　　缪之淇　　刘欣叶　　陈淼淼　　丁小珊　　崔淑萍
徐　雪　　李　丽　　张亚慧

传媒学院（11人）

纪诗雨　　雷凯虹　　李　超　　张　悦　　郑思琦　　高　姝　　孔一诺
金心怡　　刘爱渝　　宣勇捷　　李亚萱

社会学院（10人）

王永康　　王扬扬　　商东惠　　潘　婷　　李晓梅　　李　越　　翁　静
赵梓屹　　张英杰　　王泽元

政治与公共管理学院（8人）

胡　雯　　施瑶瑶　　唐哲嘉　　赵春琰　　黄泽成　　周金山　　孙莎莎
杨思羽

马克思主义学院（6人）

林于良　　杨　静　　陆佳妮　　张云婷　　王东旭　　夏　雪

外国语学院（13人）

来岑岑　　王昊宸　　颜　蓉　　梁会莹　　鄢　淇　　陈昕宇　　李凤知
赵玉蓉　　沈冰洁　　赵家诚　　王天艺　　张润朝　　常可蕊

东吴商学院（财经学院）（23人）

辛莹莹　　马旻敏　　熊　璇　　王青松　　李梓旗　　姚孟超　　赵继欣
杜　月　　宫晓云　　赵万甜　　黄　奕　　张金康　　潘　琼　　王巧玉
杨　洁　　谢佳佳　　王子冉　　王明月　　苍　晗　　王　睿　　海　蓉
李爱平　　李桢杰

王健法学院（26人）

沈颖尹　　于晶晶　　王玉玲　　高子璇　　黄一豪　　杨　楠　　唐　语
王艺澄　　杭广远　　田　水　　吴佳祺　　黄燕花　　赵俊均　　阮紫晴
李起龙　　李楠楠　　张文心　　张柳新　　王天瑞　　赵婧萱　　赵　坦
朱文欣　　朱亦彤　　王钟辉　　华婷婷　　施金花

教育学院（11人）

谭成慧　　潘　枫　　李智鑫　　印　苏　　李　莹　　王崇志　　唐　植
严纯顺　　江茂欣　　熊文文　　王　婷

艺术学院（12 人）

姜玉恒　　陈恬恬　　周子妍　　卫钰倩　　余巧玲　　朱思豪　　薛奕珂
朱柯霓　　张雨星　　宋　雪　　赵梦菲　　姚　洋

音乐学院（2 人）

张译舟　　曲玥玥

体育学院（12 人）

潘辰鸥　　周　晟　　姜静远　　李孟蓉　　谢天威　　江　雅　　黄　红
代争光　　丁金艳　　周　宇　　潘立成　　李玉琴

金螳螂建筑学院（8 人）

方晓璐　　徐紫璇　　龚惠莉　　任　敬　　王梓羽　　嵇康轩　　李淑怡
秦慕文

数学科学学院（10 人）

钱怡然　　陈　锷　　罗炽逸　　赵亚坤　　段星月　　杜　悦　　纪新如
王志文　　杨林怡　　刘　翠

金融工程研究中心（5 人）

胡　敏　　李玉屏　　钱家瑗　　卫　硕　　张　燕

物理科学与技术学院（11 人）

许卫卫　　王以春　　陈佳丽　　刘　坤　　李　洵　　葛文宣　　夏　雨
居　露　　肖　月　　王芳苏　　蒋昱宸

光电科学与工程学院（9 人）

李青青　　王晨乾　　范子琦　　江均均　　伍远博　　周长伟　　李沁熠
管玉祥　　方　琪

能源学院（7人）

曾　楷　　佟晓玲　　苏艳慧　　邵妍妍　　李　硕　　赵　宇　　张文珺

材料与化学化工学部（38人）

高　飞　　王　成　　程笑笑　　刘　启　　杨　航　　包淑锦　　江　帅
郭　敏　　李欣琪　　俞志勇　　王　昊　　周元博　　袁振亭　　张雅文
王　佳　　田文柔　　张渴望　　袁梦雨　　尤华明　　韦佳梁　　倪靖阳
李勋勋　　任婷婷　　刘东梅　　谢登炳　　马国雨　　王　远　　白　菊
焦梦琦　　彭　程　　程高标　　彭　露　　成沁蓉　　沈莙皓　　梁馨怡
王恒晓　　段志丽　　孟芳菲

功能纳米与软物质研究院（20人）

王　肖　　阳生熠　　麻庆乐　　郁友军　　王雪祺　　赵雅洁　　谢凤鸣
陈慕超　　吴俊杰　　刘　言　　王珍珍　　沈　阳　　王春杰　　周　睿
张　洁　　刘　俊　　袁　程　　雷华俐　　梅建军　　曹俊杰

计算机科学与技术学院（18人）

于厚舜　　徐婷婷　　干　敏　　蒋　峰　　王嘉晨　　徐小童　　吕　垚
袁　琳　　吴　臻　　徐晟辉　　陈嘉俊　　范耀文　　周晨娣　　聂良鹏
闫磊磊　　王佳安　　刘　凯　　章　红

电子信息学院（13人）

彭圆圆　　周　钰　　杨　蕾　　曲铭雯　　刘　铭　　陈鸿海　　许智航
朱乾龙　　孙学良　　汪恋雨　　王婷婷　　丁广刘　　黄　迎

机电工程学院（14人）

李　燊　　金一凡　　杨　林　　管怀俊　　汤添益　　李光强　　张　敏
孔德瑜　　郭敏超　　张　珂　　张嘉慧　　梅　旭　　范传留　　苏　焱

沙钢钢铁学院（2人）

陈夏明　　杨晨曦

纺织与服装工程学院（17 人）

顾嘉怡　张　昕　李武龙　何鸿喆　郭雪松　王玉婷　王亚辉
张志颖　成　晨　刘雪平　吴玉婷　汤　健　薛如晶　雷　雪
葛　灿　潘梦娇　杨振北

轨道交通学院（5 人）

宋泽树　张　凯　刘双劼　吴　茜　杨　雅

苏州医学院基础医学与生物科学学院（11 人）

孙兰清　潘　俊　王　光　王　练　王　岩　周丽婷　张　萌
卞丹丹　李江岚　孙慎青　优鲁吐孜阿依·日夏提

苏州医学院放射医学与防护学院（10 人）

刘航航　裴　佩　印　佳　侯振宇　郭洪娟　王渟雅　张艳香
刘　畅　刘　坤　姚　磊

苏州医学院公共卫生学院（9 人）

杨嫔妮　杨友静　田　顺　乔亚南　车碧众　李德明　费文静
耿毅然　肖　月

苏州医学院药学院（14 人）

王晓卉　王丹丹　刘　娜　闫　娜　唐　婕　杨嘉文　秦望智
林苗苗　王步淞　郭　妍　王中敏　王天宇　唐　婉　毛光慧

苏州医学院护理学院（5 人）

马　霏　李雨宸　冯倩倩　杨紫薇　赵丽爽

唐仲英血液学研究中心（3 人）

乔映南　张沂凯　魏　雯

生物医学研究院（4人）

陈相洁　蒋曼曼　任腾飞　冯张洋

神经科学研究所（2人）

王　银　李永昌

苏州大学附属第一医院（37人）

李雪伟　王若沁　马云菊　张　磊　蒋　威　李伟生　杨　萌
袁娇娇　许　杰　王　贺　卢金鑫　张雨萌　钱慧雯　何雨欣
陆佳洁　赵子璇　朱心煜　徐姜南　李翰文　王　庆　王　浩
盛祖凤　周　弘　王　伟　孙琳青　陈雨琪　梁楹宽　张一健
徐　婷　鲁礼魁　钮婧歆　王嘉禾　王紫兰　严泽亚　杨思源
孙嘉乐　郑宗清

苏州大学附属第二医院（17人）

刘宝山　姚平安　王爱飞　朱　婕　章少典　余琪峰　王智君
谢伟晔　赵　莹　花孙雨　赵向荣　马一夫　张金宝　胡雅琪
高志翔　左　伟　傅　翔

苏州大学附属儿童医院（8人）

谭兰兰　王娜娜　褚思嘉　杨紫浩　朱晓雨　毛广惠　费崇汇
孟　娜

苏州医学院第三临床医学院（7人）

郭　会　程港丽　金溢聪　梅洋样　王佩佩　王婷婷　徐佳妮

苏州医学院（10人）

丁凤枝　谷夏冰　马进进　刘　旭　戴雪琴　庄楠楠　柳志锦
成　希　常天棋　宣　和

2020—2021学年苏州大学优秀研究生干部名单

文学院（4人）

徐 婷　蒋 玲　范佳玥　李婉如

传媒学院（2人）

洪 图　马国元

社会学院（2人）

张书言　姜筱瑾

政治与公共管理学院（2人）

杨 肖　刘涵怡

马克思主义学院（1人）

林心杰

外国语学院（3人）

朱杭慧　王 倩　章早园

东吴商学院（财经学院）（5人）

陶翰林　虎雪艳　沈晓彤　唐 晨　王倩倩

王健法学院（7人）

刘玉绰　王英恺　唐亚楠　吴润泽　潘敏慎　何之翊　侯 睿

教育学院（3人）

赵 源　黄 霞　陈梦雪

艺术学院（4人）

赵雯婷　郭子明　宋桢甫　王　琦

音乐学院（1人）

孙菲昳

体育学院（3人）

刘　雅　刘　望　汪紫珩

金螳螂建筑学院（2人）

孙　壮　王港迪

数学科学学院（3人）

周慧玲　张　颖　丁秀婷

金融工程研究中心（1人）

范孜奕

物理科学与技术学院（3人）

于乃夫　冯　诚　刘文韬

光电科学与工程学院（3人）

刘　强　潘佳瑶　华敏杰

能源学院（2人）

杨世齐　王鹤翔

材料与化学化工学部（11人）

胡　寅　周　舟　赵海涛　陶倩艺　韩　旭　崔　耀　甘紫旭

吴　千　　李　珂　　夏　杰　　徐　想

功能纳米与软物质研究院（7人）

　　陈　静　　费姿颖　　沈万姗　　杨乃霖　　喻　姣　　薛冰岩　　张陆威

计算机科学与技术学院（5人）

　　潘志勇　　吴素英　　李金亮　　周仕林　　吕星林

电子信息学院（4人）

　　姚辰璞　　朱华清　　蔡港成　　卜欣欣

机电工程学院（4人）

　　李　奇　　徐易芸　　丁智宇　　华日升

沙钢钢铁学院（1人）

　　李　俊

纺织与服装工程学院（5人）

　　闵小豹　　柯文涛　　吴天宇　　张　悦　　赵甜甜

轨道交通学院（1人）

　　徐亚萍

苏州医学院基础医学与生物科学学院（3人）

　　钟志豪　　王恒达　　孙晓宁

苏州医学院放射医学与防护学院（3人）

　　葛剑娴　　张思达　　杨　悦

苏州医学院公共卫生学院（3人）

唐　帆　　张育玮　　段程成

苏州医学院药学院（3人）

祁子严　　齐若含　　高　叶

苏州医学院护理学院（1人）

李泽青

唐仲英血液学研究中心（1人）

吴丽丽

生物医学研究院（1人）

周梦圆

神经科学研究所（1人）

闫　蕊

苏州大学附属第一医院（10人）

谈辰欢　　管鸣诚　　徐　岚　　朱　焱　　李　浩　　柏家祥　　魏　仑
王　朔　　王佐翔　　陈维凯

苏州大学附属第二医院（5人）

安　璐　　李皓然　　陈　滢　　马佳玲　　欧　丽

苏州大学附属儿童医院（2人）

杨然栋　　蔡凯旋

苏州大学附属第三医院（2人）

杨　晏　　周　庆

苏州医学院（3人）

颜世平　苏　晓　袁桂强

2020—2021学年苏州大学优秀毕业研究生名单

文学院（24人）

李　璐	明子奇	孙　霞	徐　文	王向宇	张琳琳	许陈颖
吴埼昀	刘一心	唐庆红	徐　颠	朱君霞	曹宇薇	王艳梅
袁嘉烨	周逸欣	王彦婷	夏漩漩	王佳鸣	和苗苗	高　妍
谈嘉悦	马鹏飞	牛　艳				

传媒学院（13人）

刘泽宇	张　旺	赵姝颖	沈建霞	李佳倩	乐美真	凌加胜
史梦蕾	赵健强	洪梦琪	钟　婷	倪娴慧	季群雅	

社会学院（15人）

周　祺	马　丽	汪子璇	邓景峰	路雨洁	蒋姗姗	王文珂
袁成成	吴湉甜	韩慧茹	康　琳	吴永强	李　荣	卜泓瑄
丁文文						

政治与公共管理学院（32人）

张咪咪	晏　闪	孙崇明	马玉杰	卜鹏程	张爱静	胡懿茹
黄青青	陆梦怡	刘宏玉	王梦可	黄家诚	吴　江	钱宇阳
诸成杰	王　宇	李一骏	支耀周	郭宇娴	钱　隆	冯旻姝
苗经纬	王　一	杨智勇	伍　静	邵鑫源	吴震华	刘苗苗
吴　乂	卢　银	王　骏	方云卿			

马克思主义学院（6人）

于　佳　孙昃怿　周心欣　王　欢　张洁钰　徐亚宁

外国语学院（19人）

成贤婷　许冰超　黄　睿　张婷婷　张　彤　周影星　夏　爽
惠欣雨　裴语昕　章惠宇　王丹丹　杨　晟　胡晗敏　管丽楠
郑子怡　常　芸　赵　璐　王泽宇　朱　楚

东吴商学院（财经学院）（44人）

徐树奇　徐逸骢　侯雅婷　孙旭安　倪佳慧　刘逗逗　戴雁南
陈一亮　周赫儒　李昌盛　袁一君　杨　悦　周于峰　张　萌
曹　南　刘　睿　张　盟　邵梦逸　杨　玥　蒋雪柔　吉　靓
陈　璞　徐　言　孙飞虎　徐文君　汤依凡　尹　喆　裴月雯
夏旭诚　周佳卉　项雪颖　俞橙澄　徐　芬　刘　叶　何林霞
田勤燕　徐　超　黄敏捷　张　华　李佰桥　张　悦　全　真
黄　娟　戚娅婷

王健法学院（34人）

聂春阳　梁晓莹　赵伟中　储贝贝　邢焱鹏　周彦旭　吴晶晶
李博文　刘琳琳　陈　红　徐佳缘　黄冰冰　陈　聪　臧　莉
王　瑶　冯紫榆　信煜璇　高九阳　孙　悦　徐　翔　王文萍
吴丹凤　周慎智　王　雪　潘海龙　程　霞　储伊宁　顾培尧
邱康平　李凌云　陈春旭　谌　杨　赵方铃　方修涵

教育学院（14人）

赵　松　谭子妍　韩　俊　朱　宁　左晓扬　夏晓彤　蒋天柔
姜　珊　王秦雨　陈慧欣　陈亦宣　秦　川　汪文怡　杨玮莹

艺术学院（19人）

陆　婷　马铁亮　王晨露　王胜伟　聂玉莹　周诗航　岳　满
梁宝莹　刘紫薇　康玉娟　于舒凡　石　洋　王文杰　吴　艳
徐欣娴　朱松岩　梁若翔　吴秀珍　龙微微

音乐学院（3人）

梁心慧　吴嘉威　刘　颖

体育学院（16人）

任园园　王庭晔　赵双迎　韩朝一　翟　童　潘善瑶　彭　勇
唐梦巍　张　磊　李其祥　刘小慧　杜慧敏　孙　玥　杨　洁
李　建　祁　豫

金螳螂建筑学院（10人）

曾敏姿　孙泽宇　沙梦雨　李　锦　李　响　杨　柳　朱思宇
张海强　徐家明　古笑卿

数学科学学院（14人）

吴辛未　周　同　马泽涛　薛苏岳　吴科科　王依若　麻世超
谢盼盼　高雪森　陆坚清　裴敏敏　马思柳　刘秀文　张诗芸

金融工程研究中心（6人）

丁盼盼　符婉玲　马　琪　邱凯婷　孙银雨　张丁根

物理科学与技术学院（15人）

孟林兴　周胜林　胡一波　季佩宇　俞海洋　闵亮亮　丁　夏
张　琴　王富永　宋祥燕　陈志鹏　朱静燕　王　雨　许月仙
朱伊尼

光电科学与工程学院（12人）

蒋周颖　谭海云　安怡澹　徐　倩　梅　颢　陈　成　蒋　培
施佳成　马鸿晨　赵海鹏　彭　婉　李加慧

能源学院（8人）

蔡京升　孙志辉　衡　帅　卢　晨　孙家文　顾银冬　樊赵地
吴琦琪

材料与化学化工学部（49人）

徐　辉　张顾平　王　娟　冯勇刚　任勇源　陈炜杰　尚红园

吴　月	朱大亮	曹文斌	郁　闯	范巍泰	叶　文	刘利利
周　倩	朱一鸣	吴思捷	沙新龙	陈潇斌	陈春艳	沈宸棋
宋童欣	王雅南	王萌萌	卢　博	李琪龙	万海波	魏育芳
陈　佳	王晓丽	汪东杰	李鹏程	刘　奇	李雪晴	韩　俊
王贝贝	黄萌辉	耿燕娴	曹开磊	丁亚运	尚婧睿	吴怡檠
王海丽	刘新业	赵子青	晋美和	张朝军	罗　妍	刘　硕

功能纳米与软物质研究院（23人）

王咸文	凌旭峰	吴清瑶	张梦玲	文　超	彭琛琛	王　耀
胡永攀	魏国庆	王慧博	陈　敏	吴之怡	郭　为	杨文樊
余　悦	周炫坊	黄思益	翟宁宁	董　翀	朱文祥	管文浩
童恺宁	王　鑫					

计算机科学与技术学院（25人）

王家琪	徐　石	许赛君	陈　嘉	李　颖	全　俊	罗安靖
胡晓娇	张正齐	庞晴晴	郑晓晗	周新宇	宦　敏	高晓雅
尉桢楷	张　宇	史小静	徐东钦	朱　杰	陈昕宇	彭　湃
祝启鼎	刘成浩	李志峰	徐牧洲			

电子信息学院（16人）

吴　倩	张永亮	宋国栋	董忠銮	罗高辉	唐玉玲	沙炎平
吉　双	吴雯秀	王　磊	张　涛	韩淑莹	陈　敏	倪珅晟
叶妍青	卢龙进					

机电工程学院（19人）

方一凡	耿江军	车浩池	杨　明	董　斌	严　欣	韩玉杰
王佳乐	林起航	李广琪	安锦涛	倪玉吉	李　亮	文晨锐
刘　峰	房　艳	薛宇程	王　鹏	丁　宁		

沙钢钢铁学院（2人）

施嘉伦　邓　磊

纺织与服装工程学院（20人）

| 谢旭升 | 李晓霞 | 高承永 | 徐晶晶 | 赵俊涛 | 方翠翠 | 吴　优 |

| 张慧梅 | 宋广州 | 汪　屹 | 陈健亮 | 纪丹丹 | 莫晓璇 | 王慧云 |
| 吴燕祥 | 牛梦雨 | 苏文桢 | 王丽君 | 王　倩 | 宋开梅 | |

轨道交通学院（6人）

汪海恩　黄　瑶　雷　飘　王　旭　张　萍　胡蔡飞

苏州医学院基础医学与生物科学学院（17人）

杨娟娟	芮同宇	邓奇峰	陆政廷	李梦雪	张云山	刘婧琳
王艺蓉	陈雨婷	方羿龙	王国梁	王　慧	张　宇	於大春
倪　沁	邵喜喜	夏　颖				

苏州医学院放射医学与防护学院（11人）

| 周　红 | 叶舒岳 | 肖雨霁 | 郭子扬 | 杨　森 | 马琳琳 | 梁城瑜 |
| 程丽葳 | 李道昌 | 顾黎明 | 陈俊畅 | | | |

苏州医学院公共卫生学院（9人）

| 郑小巍 | 钱思凡 | 章　宏 | 卫昕童 | 刘　芳 | 王馨婧 | 冯贵娟 |
| 高　慧 | 邹惠莹 | | | | | |

苏州医学院药学院（14人）

| 吴书伟 | 孟凡义 | 涂佳林 | 夏凯江 | 徐　晨 | 王　钰 | 陈银霜 |
| 邱飘飘 | 章铭辉 | 陈　磊 | 周静雅 | 王一菲 | 王维维 | 刘　帅 |

苏州医学院护理学院（7人）

任梦晓　解聪艳　马铮铮　莫圆圆　董　贝　张伊洁　吴燕铭

唐仲英血液学研究中心（2人）

朱灵江　赵珍珍

生物医学研究院（5人）

苗　迎　杨　洋　张谨瑜　张红光　黄　帆

神经科学研究所（3人）

田原青　　董安琦　　王俊杰

苏州大学附属第一医院（45人）

陆慧敏	张　灵	王谈真	辛天闻	陶震楠	陈春阳	魏　祥
尹　娜	刘延平	张维东	魏　星	梅晓飞	张昕悦	张　锐
陈姝君	纪逸群	王　瑶	边　疆	葛高然	梁天宇	李　欢
黄跃麟	顾　洁	黎逢源	奚黎婷	杨　奕	严力远	张紫妍
刘思宁	孟桐言	郭效宁	路　悦	许眙昌	郑　恺	张韦成
李　宁	颜　奇	周　奇	韩　未	薛　韬	徐　悦	陆宇杰
齐俊芳	王　谦	蒋艺枝				

苏州大学附属第二医院（23人）

任　超	张　辉	单华建	孙莉莉	吴华蔓	张懿恋	张淑晨
徐国莉	吴泽恩	谢黎伟	李俊彦	翁程骅	黄佳亮	李　一
王业青	冯嵩崴	马　超	李叶骋	吴　涛	吴雪杰	王文佳
高光宇	姚　振					

苏州大学附属儿童医院（10人）

黄佳杞	孙喻晓	陈　伟	张佳惠	闵　婕	蒋小露	高振鹏
王莉莉	徐鑫星	李　宇				

苏州大学附属第三医院（9人）

韩　炜	王文秀	俞雯吉	黄小丽	晁　策	邓鹏程	陈子俊
丁莉欣	周　影					

苏州医学院（14人）

吴　永	孙拾进	陈咪咪	蒋东鹏	邹思蕴	杨雁博	高比昔
米利杰	李家颖	张乘鹏	苏文星	魏钰倩	任重远	韩　康

苏州大学 2021 届本科优秀毕业生名单

文学院（33 人）

郭婧祎	欧阳思齐	田家琪	严子豪	杨伊雯	缪 蔚	范 伟
钱湘蓉	林菲钒	方礼蕊	沈天娇	黄晓雯	周雨欣	张雨欣
谢宇红	吴欣容	汪 楠	马亚文	吴秋阳	杨 涵	李 涵
孙 彤	韦俐汕	郭 颖	吕富利	余若思	陈丽莎	胡 婷
王 姝	崔小语	徐锬蓉	潘 玥	李 寅		

传媒学院（32 人）

邵昱诚	秦 悦	万旭琪	王 聪	葛家明	董思彤	蒋雨恬
张 静	邱帆帆	周陈莹	宋 冰	徐 妍	王雨晨	章歆烨
汤秀慧	张馨月	周紫涵	朱家辉	李思琪	刘娇娇	张一弛
陈廷轩	姚沁怡	袁 湘	曹 薇	王书琳	王瑜嘉	钟威虎
杨逸楚	王子涵	史凯文	陈依柠			

社会学院（31 人）

马婉婷	李宇晴	李恩乐	孙滢琪	周子仪	王圣云	王姿倩
苏广新	吴芷婧	叶子佳	孙一鸣	徐雨晴	汤 毓	钟雪晴
唐金文	苗佳慧	曹 蓉	姚 莹	朱心语	彭羽佳	雷悦橙
周慧芳	刘 莉	第 尔	陈 恬	邢 璐	杨美美	楼旻安
户潇赟	王钰嘉	涂溛浸				

政治与公共管理学院（50 人）

王淑芮	崔湘乡	黄璐雪	李宇琦	施 琦	许周洲	高璟妍
夏佳欣	何颖珊	王竟熠	帅朝阳	丁香予	胥璐瑶	李冠秋
梁幸贤	吴云云	李嘉宁	张卉妍	李 杨	史云亭	王霄旸
蔡 昳	程逸君	刘秋阳	郭旭峰	沈晶莹	杨文颖	李京芳
姚 麒	胡蕴慧	何 炜	易彦知	李梦妹	杨 敏	毛 琳
俞天娇	陈欣怡	付 丽	王芷玥	王子川	蔡 延	陈 逸
王晨欢	封若兮	陈淑一	陈 菲	赵 萱	陶润杰	乔已芫
赵希玉						

教育学院（15人）

柏　静　　徐　菁　　夏美茹　　张艺珂　　王　佳　　王碧茹　　杜　靖
朱　悦　　郭晶铭　　张子玉　　顾心语　　张　城　　何诗颖　　吴　冰
钟思雨

东吴商学院（财经学院）（82人）

陈　萌　　张书瑄　　乔苗苗　　陈　琪　　兰　晨　　马礼军　　陈俊龙
赵君巧　　杨筱丽　　房文韬　　袁可晗　　魏秋晨　　韩健东　　白文婷
蔡倩玥　　张曼玉　　陆玲波　　曹　彦　　邵天钰　　葛心宇　　杨克威
刘崔明　　曹李强　　樊夏羽芊　冯雨薇　　张　迪　　姚磊磊　　江金菁
程梦迪　　朱　旭　　郭　琳　　胡若涵　　吴筱璠　　孙　青　　倪雅彤
韩雪庆　　刘晓彤　　向旭萩　　杨婷婷　　陈　洋　　林业莲　　鲍栩凡
施丽娟　　饶斯玄　　陈　银　　卢语琦　　潘　倍　　陶文倩　　朱子雯
赵　珂　　游望铭　　李　妍　　杜一鸣　　周梦晨　　赵　明　　陈蓓尔
张　越　　赵思琪　　黄　莹　　林　蕾　　朱雅婷　　杨宇轩　　尚明峰
钱　煦　　王心怡　　尹雨昕　　杨　航　　刘心仪　　吴岑烨　　王剑波
成　诺　　陆毅凌　　白祺超　　郭可钦　　许雅淞　　尹　靓　　王　菁
钟　巧　　王　晗　　周宇轩　　张盛宇　　钱定坤

王健法学院（24人）

赵虹霞　　赵晶洁　　殷　玥　　刘　会　　陈加一　　嵇弈清　　张　泰
钮　璇　　卞心怡　　胡韬相　　陈　媛　　潘子路　　徐　艳　　聂梦梦
沈梓言　　陈冠宇　　陈智伟　　韩丹枫　　张惠雯　　李南希　　胡　月
吕纯顺　　杨　沛　　叶羽宸

外国语学院（31人）

袁双双　　张秀妹　　秦思佳　　倪　佳　　朱韫婕　　付佳琪　　王依涵
章露萍　　蔡玮晗　　曾若彤　　郁林音　　陆柯伊　　尚子涵　　杨刘晶
吴子凡　　张哲闻　　俞　月　　李　颖　　郭金欣　　罗一蒙　　李　娜
陆尚薇　　刘芝钰　　袁千惠　　彭金旖　　袁昕彤　　庞邵婕　　易　艳
吴周燕　　黄文然　　朱镇颖

金螳螂建筑学院（25人）

宋　科　　潘　妍　　沈梦帆　　郭斯琦　　徐　静　　杨　敏　　曹　畅

成玲萱	陈秋杏	黄　楠	施佳蕙	李香凝	安可欣	蒙晓雨
孙庆颖	朱予楠	潘俊瑶	罗海瑞	唐　令	东　方	谭洽菲
陈　红	还凯洁	王毓烨	高　鑫			

数学科学学院（34人）

马越纪	周　啸	魏　寅	张　崧	丁　力	刘轶凡	黄宇辰
范紫月	陈慧敏	陈子怡	孔雯晴	许滢莹	戴乐萱	戴啸天
严珮锦	阳祎婷	苏慧敏	俞鸿飞	方雨晔	徐欣彤	陈　曦
林　澄	陈美欣	孙忠奎	黄嘉伟	张煦程	王冰冰	朱逸舟
胡咏嘉	黄　一	易涵仪	智星瑞	钱怡萱	朱　璇	

能源学院（24人）

刘　畅	张德仲	包晋榕	姚雨柔	樊　开	张嘉鹏	杨智慧
宫啸宇	施可飞	席晓柯	陆奕霏	单晨曦	郭馨蔚	凡雨鑫
杨佳慧	沈丹妮	胡雪纯	陆　佳	黄　蓉	唐佳易	叶婉琪
夏　弦	袁宇航	牛　峥				

光电科学与工程学院（15人）

郑徽羽	张伟强	郭佳洁	吕林焰	袁子佩	梁怀乐	王嘉仪
张锦艳	眭博闻	张子茜	王薪贵	赵登煌	李　振	杨梦涛
王晗宇						

物理科学与技术学院（14人）

| 夏月星 | 单倩雪 | 张天一 | 陈中山 | 毛丹健 | 余博丞 | 刘宏芳 |
| 郭　瑞 | 秦嘉政 | 武清锋 | 陈周艺 | 张雨晴 | 周珂儿 | 杨庭妍 |

材料与化学化工学部（52人）

章江虹	李　雅	熊联虎	朱筱妍	钱伊琳	张龙龙	张衷硕
李星池	吴　昊	鲍优卉	张鸿越	何　成	王睿思	谢琦皓
魏猷昊	王舒娴	李海姣	张文欣	顾若凡	卞翔宇	高　洁
施清韵	宇文李焰	许　雯	蒋俊辉	张胜寒	李幸佳	杨茗琛
朱晓莉	蒋　鑫	弋子淇	周暮兰	陆靖秋	黄雨婷	夏钰莹
鲁雪松	曹　杰	郑　浩	吴晓晓	吉　波	李悦鹏	刘嘉美
贺子娟	裴润博	卫锟锟	汤雄凯	缪婧琪	陈屹婷	孙启文

樊玥欣　　袁先荣　　庄雅灵

纳米科学技术学院（13 人）

赵　璁　　刘文萱　　孙晓悦　　冯逸丰　　杨茜雅　　师广益　　蒋丰鸢
吕乃欣　　刘天齐　　朱　洁　　王旖华　　倪滟雯　　文　欣

计算机科学与技术学院（52 人）

罗　燕　　李　霞　　郑天翼　　谈川源　　于露群　　王懿丰　　邝逸伦
钱　煜　　黄赛豪　　尤逸飞　　曾连杰　　吴忆凡　　钱　能　　肖义胜
章　岳　　徐航慈　　陈　晨　　郭静文　　王博宇　　戴　彧　　邓文韬
王　越　　司马清华　娄　陈　　李林钦　　韦思义　　徐鸿渊　　宋典城
赵章虎　　任建宇　　耿　皓　　张照苋　　崔秀莲　　田新宇　　王　浩
徐嘉诚　　熊　伟　　赵津艺　　肖子恒　　诸葛子英　文誉颖　　蔡玉林
周京晶　　李天镜　　陈月明　　赵　洁　　陈　强　　李长江　　龙　超
王　晨　　万　蓉　　冯春惠

电子信息学院（44 人）

程佳鑫　　申秋雨　　吴天韵　　孟亚婷　　姜旭婷　　赵慧瑶　　郭泽涛
周帅阳　　张　蔚　　黄明靖　　王　祥　　梁姝璇　　李原百　　陈　颖
马旺健　　徐圣阳　　燕　南　　庄　悦　　徐晟开　　王　通　　孙晓雨
周　婷　　奚雅楠　　叶志丹　　邵　锐　　李青卉　　吕诚名　　张静静
曹非凡　　王　庚　　郝志苋　　曹　超　　马一鸣　　高　珂　　张子丞
汤　慧　　黄小航　　张晨瑞　　谭志苇　　李顾凯　　陈岩松　　赵文翔
朱瑞凯　　沈星月

机电工程学院（51 人）

王亚飞　　张　宁　　高逸帆　　王文飞　　张　婷　　敬诗呈　　周豆敏
刘　畅　　张昊阳　　张星辰　　张拯燊　　沈佳瑜　　邹俊杰　　沈子薇
钱津洋　　孙　飞　　文　晓　　骆　萍　　乔　伟　　李海诺　　王欣玥
张　昊　　陈　智　　黄勃宁　　朱姝燊　　陈睿卿　　黎雯馨　　刘阳萍
钱新宇　　衷佳美　　梁业丰　　魏敏华　　刘文齐　　孙嘉伟　　张　奎
陆嘉成　　陈龙飞　　段维旺　　金　鑫　　胡雨薇　　谢雨君　　寇青明
鞠刘燕　　周培清　　袁志超　　符俊臣　　厉国强　　王开金　　纪广东
王志兴　　余　琴

沙钢钢铁学院（14人）

张元元	叶锦涛	史长鑫	丁彬程	林 杰	王佳乐	卢中阳
王远明	刘一汉	李寅雪	蒋文娟	杨 彬	戴文萱	张 进

纺织与服装工程学院（44人）

顾梦溪	梁雯宇	张 轩	俞杨销	郭 逍	陈卓韵	徐芳丹
张羽彤	郑翩翩	房孟琪	张 艳	薛萧昱	朱 笛	余律安
李上军	弓 菊	叶文静	杨欣蓓	张晴晴	樊晨昱	孙 玥
朱慧娟	吴昕蒙	马胜雨	刘海涓	席瑞凡	齐淑媛	卢海樱
白雪菲	金格羽	阮玉婷	孔昱莹	王睿娜	程 瑾	吴岱琳
关诗陶	潘翔宇	张子怡	马 越	黄慧琴	姚若彤	闫一欣
赵婧媛	段立蓉					

轨道交通学院（32人）

黄 锐	闵睿朋	王 祺	丁俊哲	郁佳怡	牛昕羽	陈胜伟
史 记	林楚迪	印 咏	王浩然	马晨阳	李一凡	滕景佳
张轩瑜	于昕涛	赵天宇	侯天祥	许学石	陈梓康	费 越
张昀枫	董 澳	陈桂泉	张镡月	李修齐	干文涛	王可馨
黎怡彤	马世威	陈 舜	孟繁瑞			

体育学院（25人）

顾恩丽	徐 洁	尚 梅	纪露露	张巧语	徐洪敏	赵婧纯
许佳怡	苏凤凤	孙安琪	吴小萌	刘秀征	杨昊平	王雪颖
王 君	季雨聪	沈 俊	朱宝军	卞 玥	秦 菲	刘卓筱
丛之力	吴嘉欣	陈 志	张 燕			

艺术学院（37人）

于雅淇	李扬意	石雨檬	姚子杨	刘媛园	陈韩琪	李逸叶
叶思彤	李缘琳灿	杜超君	李雨婷	张家铭	吴 同	唐亨达
张慧子	李欣然	杨思璇	方可可	龚雨欣	李烨梓	林艺涵
龙俊成	武 茜	王熠昕	闫璐瑶	王 璨	朱桂均	余彦沁
郑丹杨	钱 婧	罗 毅	高艺炜	陈俊松	蔡亦帅	陈丛汝
吴程称	张 涵					

音乐学院（14人）

罗丹岑　韩唯艺　黎可欣　彭涵宇　王依然　洪　端　唐　宇
韩铧震　誉玮婧　林舒仪　荀　杰　郭芫辰　栾奕萱　李梦瑶

苏州医学院（154人）

徐正辉　周　亮　过沄杰　李一丹　褚梦倩　崔宇睫　宋子玥
何　静　卢思慧　邵汉成　陈莉聪　许吴双　喻子林　相柏杨
宿天虹　许钱苇　张　瑾　邓子澄　李晓宇　杨婧怡　余　越
陈颖杰　周　森　谢建昊　左文婷　张晓芙　孙一丹　顾沁源
李艳博　贺　伟　尚金伟　余心童　张　婉　张颖莹　杨　岚
段佩辰　邓悦婷　顾璎珞　张静宇　李可萌　魏语佳　梁　欢
冯星星　史忆萌　周吉全　丁　思　相丹丹　成若菲　郭　欣
单甜甜　钱心远　徐　颖　金伟秋　周　轩　何梦竹　蒋岚欣
陈旭亚　葛晓丽　孙思敏　钱雅楠　王艺博　刘紫涵　谭盈盈
娄嘉豪　郭宇昕　施江南　徐　敏　刘婕好　张珊珊　王蕊蕊
张　悦　李如一　陆加文　鲁嘉楠　陈秋宇　董兴璇　张　莉
杨　旸　徐　笛　靳晓娅　闫玉洁　黄　琳　殷瑞琪　金晓旎
许筱炎　赵文玉　朱洁丽　崔星月　杨志敏　任　娜　宋佳音
肖晓棠　钱思玉　李　姝　王　璐　马紫嘉　郭欣怡　赖凤霞
陈启珍　唐燕瑶　卢向敏　王　晶　吴　琴　张继尹　李宏诚
刘心畅　叶怡麟　沈　翠　刘文月　茆　顺　李阳婧　龚黎明
罗浩元　龙佳沁　张　娟　杨丹颜　黄　珊　吉兴芳　陈芷青
赵雪晴　牛宇清　潘怡瑶　魏军芬　吉严蓉　陆飞虎　王子璇
曹焰妮　尚史蓓蕾　杨　琪　周琪琪　张梦瑶　冯超桦　王瑞敏
薛　源　孟云鹤　李心月　周　冬　成津燕　邱雨莎　王淑颖
刘馨元　陈文清　孙久远　韩晓阳　朱沛杰　奚佳辰　汤天禹
余天成　严　敏　武　奕　谢陈瑶　韩淑清　罗晓琦　朱泽峰

唐文治书院（4人）

钱毅珺　陆心尧　徐凯悦　田壮志

苏州大学 2020—2021 学年各学院（部）获捐赠奖学金情况（表7）

表7　苏州大学 2020—2021 学年各学院（部）获捐赠奖学金情况一览表

序号	学院（部）	获捐赠奖学金金额/元
1	文学院	11 000
2	传媒学院	30 000
3	社会学院	16 000
4	政治与公共管理学院	19 000
5	教育学院	15 000
6	东吴商学院（财经学院）	190 882
7	王健法学院	39 700
8	外国语学院	71 800
9	金螳螂建筑学院	23 000
10	数学科学学院	29 000
11	物理科学与技术学院	26 000
12	光电科学与工程学院	17 500
13	能源学院	7 000
14	材料与化学化工学部	122 000
15	计算机科学与技术学院	98 000
16	电子信息学院	171 600
17	机电工程学院	67 000
18	纺织与服装工程学院	227 500

续表

序号	学院（部）	获捐赠奖学金金额/元
19	轨道交通学院	29 000
20	体育学院	18 500
21	艺术学院	17 000
22	苏州医学院	305 000
23	纳米技术学院	27 500
24	音乐学院	3 000
25	唐文治书院	8 000
26	沙钢钢铁学院	12 000
	合计	1 601 982

重要资料及统计

办 学 规 模

教学单位情况（表8）

表8 教学单位情况一览表

单位
文学院
传媒学院
社会学院
政治与公共管理学院
马克思主义学院
外国语学院
东吴商学院（财经学院）
王健法学院
教育学院
艺术学院
音乐学院
体育学院
金螳螂建筑学院
数学科学学院
物理科学与技术学院
光电科学与工程学院
能源学院
材料与化学化工学部
纳米科学技术学院

续表

单位	
计算机科学与技术学院	
电子信息学院	
机电工程学院	
沙钢钢铁学院	
纺织与服装工程学院（紫卿学院）	
轨道交通学院	
苏州医学院	基础医学与生物科学学院
	放射医学与防护学院
	公共卫生学院
	药学院
	护理学院
	第一临床医学院
	第二临床医学院
	儿科临床医学院
	第三临床医学院
巴斯德学院	
东吴学院	
师范学院	
敬文书院	
唐文治书院	
工程训练中心	
艺术教育中心	
海外教育学院	
继续教育学院	
文正学院	
应用技术学院	
老挝苏州大学	

全校各类学生在校人数情况（表9）

表9　全校各类学生在校人数一览表　　　　　　　　单位：人

类别		人数
研究生	博士生	1 919
	硕士生	15 943
全日制本科生		27 951
外国留学生		1 271
成教	函授生	3 466
	业余	4 262
	脱产	0
总计		54 812

研究生毕业、入学和在校人数情况（表10）

表10　研究生毕业、入学和在校人数一览表　　　　　　单位：人

类别	毕业生数	授学位数	招生数	在校研究生数
博士生	397	610	484	1 919
硕士生	4 459	4 555	5 920	15 943
总计	4 856	5 165	6 404	17 862

全日制本科学生毕业、入学和在校人数情况（表11）

表11　全日制本科学生毕业、入学和在校人数一览表　　　　单位：人

类别	毕业生数	招生数	在校本科生数
总计	6 322	6 696	27 951

注：全日制本科毕业生数为实际毕业人数。

成人学历教育学生毕业、在读人数情况（表12）

表12　成人学历教育学生毕业、在读人数一览表　　　　单位：人

类别	在读学生数			毕业生数		
	总计	本科	专科	总计	本科	专科
总计	7 728	7 728	0	3 652	3 652	0

注：此表中成人学历教育学生数未包括自学考试学生。

全日制各类在校学生的占比情况（表13）

表13　全日制各类在校学生的占比情况一览表

类别	合计/人	占学生总数的比例/%
研究生	17 862	37.94
本科生	27 951	59.36
外国留学生	1 271	2.70
总计	47 084	100.00

注：总计中不含成人教育学生。

2021年各类外国留学生人数情况（表14）

表14　2021年各类外国留学生人数一览表

总人数/人	男/人	女/人	国家、地区数/个	高级进修生/人	普通进修生/人	本科生/人	硕士研究生/人	博士研究生/人	短期生/人
1 271	581	690	73	0	20	504	118	97	532

2021年港澳台地区各类学生人数情况（表15）

表15　2021年港澳台地区各类学生人数一览表

总人数/人	男/人	女/人	地区数/个	交换生/人	本科生/人	硕士生/人	博士生/人
162	95	67	3	4	94	28	40

2021年毕业的研究生、本科生（含成人学历教育、结业）名单

2021年毕业的学术型博士生名单

文学院

比较文学与世界文学（2人）
　　赵　韧　　周春霞

戏剧影视文学（1人）
　　王福来

中国古代文学（5人）
　　陈文瑛　　王志刚　　李　静　　蒋淑香　　闫　丽

中国现当代文学（6人）
　　沈　杰　　王布新　　吕　洁　　明子奇　　谭　飞　　钦　佩

汉语言文字学（1人）
　　李　璐

通俗文学与大众文化（2人）
　　王　莹　　张　媛

文艺学（1人）
　　彭　晴

传媒学院

媒介与文化产业（2人）
　　鲍　鲳　　于莉莉

社会学院

中国史（5人）
　　申海涛　　叶　舒　　束江涛　　王　萍　　罗诗谦

政治与公共管理学院

地方政府与社会管理（3人）
　　余　栋　　孙崇明　　戴梦石

马克思主义哲学（1人）
　　郭一丁

国际政治（2人）
　　任珂瑶　　马景阳

伦理学（1人）
　　王蓓蕾

管理哲学（1人）
　　于国强

中国哲学（4人）
　　徐正兴　　周诗华　　黄小波　　刘　超

政治学理论（4人）
　　汪芳久　　吴海南　　丁彩霞　　李雯雯

马克思主义学院

马克思主义基本原理（3人）
  郭　玙　　辛玉玲　　周心欣

思想政治教育（1人）
  于　佳

外国语学院

外国语言学及应用语言学（1人）
  李　想

俄语语言文学（1人）
  刘　星

英语语言文学（2人）
  施云波　　张丽丽

东吴商学院（财经学院）

金融学（1人）
  刘力欣

企业管理（4人）
  商燕劼　　袁　杨　　于双丽　　李　佳

王健法学院

环境与资源保护法学（2人）
  谌　杨　　吴闻岳

法学理论（1人）
  孙秋玉

国际法学（2人）
  凌　晔　　李睿智

宪法学与行政法学（1人）
　　李凌云

教育学院

高等教育学（9人）
　　卢　凤　　吴晓刚　　张　帆　　赵　松　　赵　源　　罗雯瑶　　吴　颖
　　赵　中　　张　琛

艺术学院

设计学（3人）
　　杨子墨　　邵巍巍　　丁　杰

体育学院

体育教育训练学（1人）
　　张宝峰

体育学（8人）
　　蔡朋龙　　金　安　　刘昌亚　　汪宇峰　　王贵平　　秦琦峰　　雷园园
　　郑　花

金螳螂建筑学院

建筑与环境设计及其理论（2人）
　　杨明慧　　刘馨蕖

数学科学学院

基础数学（5人）
　　吴辛未　　吴朋程　　徐　辉　　秦子杰　　雷东霖

应用数学（2人）
　　周　同　　瞿聪聪

计算数学（2人）
　　肖　淳　　谢长健

运筹学与控制论（1人）
    付文豪

物理科学与技术学院

光学（2人）
    卢兴园　　谢　皓

凝聚态物理（6人）
    邹　帅　　张智强　　孟林兴　　戴　玥　　荀　威　　朱齐山

软凝聚态物理（2人）
    周胜林　　徐　飞

等离子体物理（2人）
    胡一波　　季佩宇

光电科学与工程学院

光学工程（3人）
    蒋周颖　　谭海云　　安怡澹

能源学院

新能源科学与工程（12人）
    蔡京升　　衡　帅　　李　伟　　林艳平　　卢　晨　　齐朋伟　　沈晓魏
    孙志辉　　王梦凡　　周金秋　　袁　权　　马　勇

材料与化学化工学部

材料学（6人）
    李　红　　沙新龙　　罗　妍　　李琪龙　　唐鹤鸣　　冯如妍

分析化学（4人）
    王元红　　尚红园　　徐　辉　　米小娜

高分子化学与物理（10人）
    吴　月　　罗姜姜　　陈炜杰　　任勇源　　殷志红　　张留乔　　王　哲

涂　凯　　魏晶晶　　彭雨冰

无机化学（5人）
殷文宇　　李大伟　　王晓丽　　冯勇刚　　王　娟

物理化学（2人）
杜芳惠　　卢　博

应用化学（7人）
夏　赟　　黄艳梅　　邹思宇　　张　程　　张顾平　　万海波　　张　健

有机化学（11人）
曹文斌　　陈俊波　　董奎勇　　范巍泰　　吉梅山　　马　亮　　苏健洪
陶泽坤　　吴　镇　　郑西洲　　朱大亮

功能纳米与软物质研究院

材料科学与工程（20人）
蔡　磊　　陈　辉　　巩　飞　　胡永攀　　姜天昊　　李建平　　李明通
廖　凡　　刘　成　　罗玉鑫　　聂宇婷　　王咸文　　王　耀　　吴清瑶
吴晓峰　　吴之怡　　严　俊　　尹　奎　　张俊杰　　赵　宇

化学（11人）
蔡木锦　　陈　敏　　程　萍　　范　亲　　葛成龙　　史华意　　史晓斐
孙邦锦　　王慧博　　吴　林　　张梦玲

物理学（2人）
凌旭峰　　叶永春

计算机科学与技术学院

计算机科学与技术（4人）
龙　浩　　胡成祥　　张　力　　王　璞

电子信息学院

信号与信息处理（2人）
唐凤仙　　王　猛

机电工程学院

材料科学与工程（1人）
  谷　森

激光制造工程（5人）
  吉绍山　宋　英　张津超　程东霁　万　乐

物理学（1人）
  林　琳

纺织与服装工程学院

纺织材料与纺织品设计（2人）
  李晓霞　于杨菁华

纺织工程（5人）
  程　燕　付　凡　刘　健　谢旭升　张雨凡

纺织化学与染整工程（2人）
  董　雪　高承永

金融工程中心

金融工程（2人）
  裴梓婷　支康权

轨道交通学院

智能交通科学与技术（2人）
  尤　伟　沈琴琴

苏州医学院

免疫学（3人）
  杨婉琳　蒋东鹏　肖伟玲

人体解剖与组织胚胎学（2人）
　　从　猛　　杨　建

医学细胞与分子生物学（7人）
　　宋　琳　　李华善　　叶领群　　章礼炜　　陈咪咪　　王燕丽　　周康熙

苏州医学院基础医学与生物科学学院

病理学与病理生理学（1人）
　　刘婧琳

病原生物学（3人）
　　刘　磊　　邓奇峰　　杨子吟

法医学（3人）
　　杨真真　　王皓晨　　张　晴

特种经济动物饲养（2人）
　　张云山　　翁渝洁

医学系统生物学（3人）
　　胡　海　　陈亚兰　　杨　岚

医学细胞与分子生物学（7人）
　　崔文沼　　季　源　　王东艳　　王胜洁　　王艺蓉　　杨娟娟　　赵晓阳

苏州医学院放射医学与防护学院

放射医学（10人）
　　陈慧芹　　褚薛刚　　郭子扬　　马荣林　　任　峰　　吴安庆　　肖雨霁
　　徐术娟　　叶舒岳　　周　红

特种医学（3人）
　　杨　森　　何　蕾　　陈　磊

应用化学（2人）
　　李　杰　　谢　健

苏州医学院公共卫生学院

流行病与卫生统计学（2人）
　　王　鹏　　郑小巍

营养与食品卫生学（1人）
　　杨欢欢

儿少卫生与妇幼保健学（1人）
　　李　静

卫生毒理学（1人）
　　杨乾磊

苏州医学院药学院

药物化学（2人）
　　吴书伟　　王　旭

药理学（3人）
　　何远明　　王鑫鑫　　朱永铭

药物分析学（1人）
　　孟凡义

唐仲英血液学研究中心

免疫学（1人）
　　陈　丹

医学细胞与分子生物学（4人）
　　赵珍珍　　牛亚燕　　姚　红　　王　蕾

神经科学研究所

医学神经生物学（3人）
　　苏存锦　　张　倩　　吴艳艳

生物医学研究院

免疫学（6人）
　　曾克勤　　曾园园　　高　亮　　苗　迎　　王春霞　　杨　洋

苏州医学院第一临床医学院

麻醉学（2人）
　　宋绍永　　魏　祥

内科学（16人）
　　陈　丽　　陈义坤　　楚甜甜　　葛鑫鑫　　黄杏梅　　蒋艺枝　　李渭阳
　　李　岳　　刘　洋　　陆慧敏　　王　虹　　王　谦　　王谈真　　杨　静
　　张　灵　　周丽霞

外科学（10人）
　　陈春阳　　陈明伟　　陈腾飞　　陶震楠　　吴飚星　　辛天闻　　余棹晖
　　张维东　　张志伟　　朱　峰

围产医学与胎儿学（3人）
　　尹　娜　　刘延平　　张莹莹

影像医学与核医学（1人）
　　范艳芬

眼科学（3人）
　　刘伟明　　闫梦阳　　金　吉

肿瘤学（1人）
　　李文静

苏州医学院第二临床医学院

神经病学（1人）
　　任　超

外科学（8人）
　　单华建　　李叶骋　　毛宗磊　　施　佳　　孙莉莉　　王海洋　　徐小慧

张　辉

肿瘤学（1人）
　　赵天舒

苏州医学院儿科临床医学院

儿科学（4人）
　　赵　赫　　吴水燕　　全　伟　　宋永瑞

苏州医学院第三临床医学院

肿瘤学（1人）
　　王文秀

海外教育学院

纺织工程（5人）
　　EUTIONNAT DIFFO PRISCA，AUDE　　GIRI CHANDADEVI
　　KARUNASHANKAR MIA MD SHIPAN　　MORSHED MOHAMMAD
　　NEAZMOSLEH SARA

药剂学（1人）
　　IQBAL HAROON

化学（1人）
　　KHAN AZIZ

新能源科学与工程（2人）
　　ALI TARIQ　　SAJJAD SAMAN

应用数学（2人）
　　ANJUM NAVEED　　AIN QURA TUL

2021年毕业的学术型硕士生名单

文学院

课程与教学论（3人）
　　类玉洁　　于海霞　　徐　文

美学（2人）
　　李子林　　梁　昊

中国语言文学（39人）
　　徐　飞　　袁　月　　姜知含　　孙　霞　　杜　晓　　王向宇　　龚韵怡
　　徐登昊　　臧振东　　张孟洋　　许陈颖　　吴埼昀　　游若鱼　　向宁若
　　陈　粟　　刘一心　　韩梦霞　　唐庆红　　丁胤卿　　徐　颠　　蒋　昕
　　王孝利　　周少清　　俞思媛　　朱君霞　　曹宇薇　　彭逸韵　　傅昌艳
　　张笑涵　　林　然　　张艳桃　　王艳梅　　袁嘉烨　　李　珊　　张　婷
　　洪　达　　陈　蓉　　周逸欣　　朱　强

中国语言文学（中国古代文学）（1人）
　　张琳琳

传媒学院

戏剧与影视学（3人）
　　赵姝颖　　倪娴慧　　张　旺

新闻传播学（8人）
　　胡思洁　　江　敬　　刘泽宇　　马姿琪　　沈建霞　　于家豪　　张瀚焜
　　张青松

社会学院

旅游管理（2人）
　　韩慧茹　　路雨洁

社会保障（2人）
　　姜筱瑾　　吴湉甜

社会学（5人）
　　蒋姗姗　　郭应宇　　常　娥　　王文珂　　杨青云

世界史（2人）
　　吴永强　　鲁秋兰

图书情报与档案管理（9人）
　　邓景峰　　康　琳　　马　丽　　庞　艳　　汪子璇　　王李娜　　袁成成
　　周　祺　　饶煜菡

中国史（13人）
　　冯　燕　　洪　怡　　李兵兵　　李伟玲　　梁　爽　　刘　辰　　刘睿真
　　饶万巧　　任惠英　　任婉华　　谭小伟　　张有靖　　钟鑫鑫

政治与公共管理学院

地方政府与社会管理（4人）
　　卜鹏程　　童靖壹　　胡懿茹　　张茜南

管理科学与工程（3人）
　　晏　闪　　张　雨　　丁文忠

逻辑学（1人）
　　马玉杰

管理哲学（1人）
　　周　其

行政管理（24人）
　　陈　芳　　陈　红　　成　静　　耿　莹　　何娇娇　　侯玉芬　　胡显根
　　高云天　　金文婷　　柯　晗　　李　丽　　李　文　　陆梦怡　　马冰婕
　　梅　雪　　彭可欣　　秦子茜　　唐亚岚　　汪佳楠　　王梦可　　王晓敏
　　许梦梅　　杨　烨　　张咪咪

伦理学（2人）
　　黄家诚　　周皓康

社会医学与卫生事业管理（3人）
　　卢佳月　　张爱静　　王　限

土地资源管理（2人）
　　陈迎港　　虞　磊

科学技术哲学（2人）
　　赵艺涵　　成　昇

外国哲学（1人）
　　马子希

政治学（10人）
　　郑　奇　　刘宏玉　　黄青青　　张祎冰　　李梦艺　　廖声莲　　刘子健
　　蒯欣悦　　温双双　　沈梦萍

中国哲学（3人）
　　单珂瑶　　孙犀月　　殷亭亭

马克思主义学院

马克思主义基本原理（6人）
　　刘伟珍　　徐亚宁　　王　欢　　陆倩倩　　刘慧慧　　李　栋

思想政治教育（6人）
　　孙昃怿　　谢瑞莲　　干蒙蒙　　王玉妹　　张洁钰　　孟新颖

外国语学院

俄语语言文学（4人）
　　侯子琦　　张紫珍　　刘俞枚　　徐　进

翻译学（6人）
　　夏　冬　　黄静莉　　张　彤　　俞雅芳　　刘青云　　张婷婷

日语语言文学（5人）
  崔浩月 章早园 黄　睿 杨钰莹 钟清晓

外国语言学及应用语言学（17人）
  孙　盛 成贤婷 程舒琴 高子尧 管　漪 韩　杰 李亚楠
  李　燕 刘　幸 刘影向 刘钰倩 汪　惠 夏　爽 许冰超
  张　勤 周影星 庄铭煜

英语语言文学（11人）
  陈利华 李　迹 李　敏 刘华燕 吕茗涵 邵鑫鑫 苏文蔚
  王丽莎 王秀秀 朱叶琴 庄　严

东吴商学院（财经学院）

工商管理（23人）
  曹　南 陈一亮 邓凯仑 翟金阳 高　丽 郝梦洋 侯雅婷
  李文娟 李　煜 刘紫威 倪佳慧 邵梦逸 史玲华 孙飞虎
  孙建成 吴　蓉 徐树奇 徐逸骢 杨　玥 於楚石 赵　颖
  周赫儒 周佳卉

应用经济学（18人）
  甘　云 高衢毅 李昌盛 李婉妍 李　召 刘逗逗 沈晓萍
  石韩玉 宋　浩 孙旭安 王佳佳 项雪颖 徐　晔 袁一君
  张　惠 张　盟 张　勤 黄　琨

王健法学院

法律史（4人）
  陈　聪 吕治浩 张　萌 张　亮

法学理论（7人）
  方修涵 高婉莹 李晟伊 王庆飞 吴佳昊 阳琪琪 杨芳翠

国际法学（6人）
  卢晓燕 梁晓莹 卢　菊 王一达 王文萍 蔡子鹜

环境与资源保护法学（3人）
  闫　妍 许　蝶 许锦洲

经济法学（6人）
　　储贝贝　　叶子进　　郑燕英　　焦　阳　　徐婕妤　　吴晶晶

民商法学（12人）
　　陈亚为　　杨皓越　　葛晓敏　　陈佳仪　　王吟秋　　邢焱鹏　　田丽君
　　堵　衡　　兰路南　　秦　沙　　刘继超　　王　炎

诉讼法学（7人）
　　程敏君　　倪堃仪　　李逍遥　　肖芷瑶　　高亿霞　　陈春杰　　张潾深

宪法学与行政法学（7人）
　　王德霞　　焦君如　　赵方铃　　朱丽颖　　杨　扬　　欧阳嘉瑶　　李凌慧

刑法学（6人）
　　张雪洁　　侯　磊　　亓　乐　　张　亚　　杨贺凯　　戴　洁

教育学院

教育经济与管理（3人）
　　西　曼　　朱志鹏　　蒋天柔

教育学（17人）
　　成　彬　　韩　俊　　回潇涵　　姜　珊　　蒋　飘　　金彩云　　李银凤
　　刘宝玉　　陆其航　　盛海迪　　宋　羽　　谭子妍　　滕桃琴　　王　洁
　　张　敏　　朱　宁　　朱心薇

心理学（18人）
　　沈怡佳　　陈亦宣　　陈俞西　　翟梦蝶　　丁　杨　　顾　越　　郭昭君
　　刘　明　　孙　铭　　王佳琳　　王　细　　王肖肖　　夏晓彤　　徐　荣
　　杨　静　　余用洁　　朱晓燕　　左晓扬

艺术学院

美术学（4人）
　　孟晓静　　朱松岩　　蒋胥之　　吕怡静

设计学（19人）
　　王宇韬　　周俊俊　　崔　威　　邓　婕　　董馨媛　　胡陈佳　　李乐乐

| 李　莉 | 梁若翔 | 刘璞玮 | 刘晓宁 | 龙微微 | 毛　叶 | 时　宇 |
| 吴秀珍 | 项天舒 | 姚宜玮 | 张　苗 | 张　培 | | |

艺术学理论（4人）
　　史秀海　　刘　馨　　赵雯婷　　秦延然

音乐学院

音乐与舞蹈学（6人）
　　梁心慧　　徐建晔　　徐梦洁　　吴嘉威　　孙嘉敏　　邢逍航

体育学院

体育学（27人）
　　常凤丽　　陈　栋　　翟　童　　高　静　　韩朝一　　韩梦月　　贺　晓
　　李靖飞　　李星蓉　　刘　雅　　马雪琦　　闵　伟　　潘善瑶　　戚世妍
　　秦慧芳　　任园园　　王　晨　　王　坤　　王若霖　　王庭晔　　武　周
　　严　姣　　姚　超　　张新奥　　赵双迎　　郑　娇　　周　囡

体育学（体育人文社会学）（1人）
　　许　悦

金螳螂建筑学院

建筑学（13人）
　　胡思颖　　敬莉萍　　李朝琪　　林姣姣　　蔺　鹏　　刘智涛　　孙　壮
　　许晓航　　杨　柳　　张　慧　　周籽君　　朱祎明　　朱峰极

城乡规划与环境设计（7人）
　　李春红　　刘　敏　　潘子一　　沙梦雨　　施　豪　　徐家明　　许建强

风景园林学（8人）
　　代鹏飞　　李丹芮　　李双祺　　孙　谱　　孙婉蕾　　王从梅　　周思雨
　　朱思宇

数学科学学院

数学（35人）
陈　浩　　陈佩佩　　陈玉荣　　邓乐敏　　傅佳伟　　高雪森　　耿　静
郭志明　　韩　笑　　郝　帅　　孔美杰　　李茂林　　梁嘉欣　　刘甜甜
陆坚清　　麻世超　　马泽涛　　秦立英　　裴敏敏　　任旺达　　王琪琪
王文静　　王彦婷　　王依若　　吴科科　　谢盼盼　　许建明　　薛苏岳
余　琪　　张伽祺　　张孟楠　　赵晓娜　　赵　云　　朱雨姝　　王新佳

统计学（6人）
戚良玮　　李浅屏　　周嘉维　　董　耀　　彭飞跃　　张　萍

物理科学与技术学院

材料科学与工程（1人）
张金玲

材料物理与化学（3人）
涂金星　　胡一奇　　曾寒松

化学（4人）
张嘉鹏　　沈书懿　　郑理方　　胡　骏

物理学（52人）
操礼阳　　陈　聪　　陈泓余　　陈天驰　　陈　雅　　陈志鹏　　陈忠兰
丁　夏　　范存蕊　　高　敏　　韩迪仪　　何科杰　　黄钊锋　　金雪莲
鞠　赟　　李文文　　刘　洋　　刘子安　　陆　垚　　罗　凯　　闵亮亮
钱冰霜　　沈　康　　宋祥燕　　苏彭彭　　谭鑫兰　　王敦建　　王富永
王　康　　王　霖　　王　纬　　王　雨　　王　禹　　吴　兵　　吴华蕊
徐　冲　　徐　磊　　徐思晨　　徐振颖　　杨　博　　姚连丹　　于　航
俞海洋　　袁　梦　　张　琴　　张智宏　　张　周　　周　丹　　周铭杰
周　通　　周　岩　　朱静燕

物理学（软凝聚态物理）（1人）
高翔翔

光电科学与工程学院

光学工程（20人）
陈　成　　陈昱杰　　华　露　　解圳皓　　柯再霖　　李亚雷　　梅　颢
潘世琦　　庆大伟　　沈秋阳　　陶一晨　　王　凡　　项孙林　　徐凡顾
徐　倩　　徐智勇　　张博超　　张昊宇　　周禄为　　庄思怡

检测技术与自动化装置（4人）
程李丹　　张莉丽　　杜雅芝　　倪兆麟

新能源科学与工程（1人）
黄　栋

能源学院

材料科学与工程（2人）
嵇锦鹏　　居　涛

物理学（1人）
宋志龙

新能源科学与工程（27人）
曾雯雯　　樊赵地　　顾银冬　　胡慧敏　　蒋淑莉　　蒋永祥　　金　佳
李巧艳　　李祥意　　陆豪量　　马　良　　潘秉堃　　施强石　　孙家文
孙鹏飞　　孙雅雯　　王顾莲　　王　玮　　吴琦琪　　易四维　　尤宜州
虞　惠　　袁协涛　　袁续周　　张天珩　　张　想　　张　岩

能源与环境系统工程（4人）
李　锴　　徐宇婷　　杨佳金　　朱柯羽

材料与化学化工学部

材料科学与工程（60人）
薄　俊　　曹慧兴　　曾令剑　　陈嘉骏　　丁路光　　高　群　　葛　培
龚　丽　　贺恩杰　　胡　安　　胡　俊　　胡　蒙　　黄佳磊　　黄萌辉
黄秀真　　江　盼　　晋美和　　孔金凤　　李　超　　李曼曼　　林　吉
林晓方　　刘佳迪　　刘　敏　　刘　奇　　刘绍祥　　刘胜杰　　刘　硕
刘艺璇　　刘远哲　　吕晓勐　　马　磊　　孙雅静　　谈启明　　汤天爱

童沁	王劲贸	王俊豪	王韶桢	伍薇纯	谢辉	谢历
谢文庆	徐佳丽	徐志威	叶文	殷杰伟	余娜	展豪
占宇	张爱洋	张德洒	张嘉懿	张晓亮	张雪	周桂桃
朱柳	朱鹏	朱哲宏	祝娇			

化学（162人）

艾晶晶	卞学卫	曹开磊	曹艳萍	陈春艳	陈会	陈佳
陈连敏	陈念念	陈启发	陈潇斌	陈宇杰	陈哲鹏	成子方
程俊	程绍雨	储金铭	崔耀	党燕	丁亚运	杜丹
范冬冬	方安琪	付方方	傅锐	甘紫旭	高艳	高杨
高一鸣	葛登云	耿燕娴	龚婷	郭恩惠	韩楠楠	何馨怡
贺彦哲	胡丹丹	胡蝶	黄程蜜	黄雯	黄亚奎	贾睿
蒋雅琦琪	康子晗	寇璐瑶	李海辉	李杰	李敏	李鹏程
李翔	李亚飞	廉鹏程	刘成栋	刘华伟	刘姣	刘培艺
刘小爽	刘新业	陆燕华	罗振洪	吕昊朋	马慧	马威
孟静	苗莉莉	倪百宁	牛涛	欧阳慧英	潘菁	潘婷婷
裴基玮	裴英琪	钱晨芸	钱伟煜	尚婧睿	邵鑫	沈宸棋
沈恺	时先恒	舒赛	舒显坪	宋超	宋广星	宋凯旋
宋童欣	宋艳玲	苏玉洁	孙鹏鹏	谭玉玲	唐丹丹	陶严会
田海心	田宏瑞	田千	涂艳艳	万雪婷	汪东杰	王典亮
王海丽	王娇	王晶	王莲莲	王顺	王松宁	王雅南
王娅然	王阳	王杨	王叶	王怡琼	王毅杰	王兆红
韦浩浩	魏育芳	闻敏	吴珊珊	吴思捷	吴怡橥	肖阳
熊明海	徐王栋	徐兴霞	徐徐	徐泽	许波韦	许磊
杨红	杨蕾	杨珊	杨闪	杨孝朋	殷立秀	尹宽
于艳林	余齐顺	余帅康	郁闯	张弛	张翠萍	张方翟
张慧慧	张萌萌	张敏	张瑞英	张莎莎	张听雨	张婉
张夏梅	张亚洁	张媛媛	张珍琦	张志兰	赵颖娴	赵子青
郑焱	郑永高	周倩	周婷	朱晓	朱一鸣	朱长磊
姜淼						

化学工程与技术（33人）

毕翔宇	曹斌斌	曹焕	冯钰婷	葛安磊	葛芳子	郭春秀
韩俊	郝凡	江甜甜	荆琦琦	李豪	李雪晴	林雅倩
刘海东	刘利利	陆雯洁	马筱茜	师帅	苏婷	苏艳娜
孙浩鸿	王贝贝	王萌萌	王贞凯	杨宝萍	杨士磊	袁宏宇
岳彩毅	查金平	张朝军	张依	朱海荣		

课程与教学论（1人）
　　糜　佳

功能纳米与软物质研究院

材料科学与工程（53人）
　　陈尚千　　陈　兴　　褚名宇　　狄思嘉　　龚　进　　郭　为　　韩洋洋
　　黄乐伟　　黄思益　　姜慧慧　　姜晓静　　孔宁宁　　李　飞　　刘　浩
　　刘赛男　　刘廷峰　　刘　洋　　吕康孝　　吕　尤　　彭琛琛　　秦　伟
　　师艳迪　　时慧娴　　史　垚　　童恺宁　　汪　慧　　王红颖　　王静杨
　　王　鑫　　王雪纯　　王媛媛　　魏国庆　　吴佳玲　　肖宜平　　谢益鸣
　　徐智超　　闫影影　　杨　霏　　俞子坤　　苑　昊　　张大科　　张琪麟
　　张庆耀　　张绍丽　　张　祥　　张鑫宇　　张杨杨　　张瑶佳　　张　乙
　　赵　静　　周炫坊　　朱鲁南　　朱文祥

化学（28人）
　　柏　上　　曹静静　　翟宁宁　　丁慢玲　　管文浩　　胡　悦　　雷　吉
　　李虹成　　李　欢　　李　静　　李萍萍　　李雪华　　李衍晓　　梁　栋
　　娄德月　　卢　帅　　毛心楠　　闵余翔　　仝锦涛　　王　淼　　肖　劼
　　徐佳斌　　许　洁　　余　悦　　喻　姣　　赵　博　　周小奇　　邹盛南

生物学（12人）
　　储家成　　韩军飞　　李曼婧　　刘佩佩　　马重庆　　沈淑芳　　王　博
　　吴　凡　　徐兆剑　　张志敏　　赵晓东　　赵子印

物理学（20人）
　　安治东　　陈杨凯　　翟天舒　　董　翀　　雷　浩　　李　凌　　李　雅
　　李亚琛　　陆林洋　　宋乳昕　　谭铭涛　　田　宇　　万闪闪　　王超强
　　文　超　　杨佳诚　　杨　锐　　杨文樊　　苑　琦　　张国华

计算机科学与技术学院

计算机科学与技术（44人）
　　敖天宇　　白　岩　　蔡　奇　　昌继青　　陈冬梅　　陈　嘉　　党梦丽
　　方晔玮　　付　颖　　高晓雅　　葛洋洋　　韩高杰　　胡晓娇　　花盛鋆
　　蒋　炜　　金高铭　　李显圳　　李　响　　李　颖　　刘　强　　罗安靖
　　毛晨光　　牛　雷　　庞晴晴　　钱　静　　邵海琳　　盛佳璇　　孙晓雨
　　王海涛　　王　涛　　吴　锟　　吴晓灿　　吴扬红　　邢雨青　　许明宇

　　　　许赛君　　于淳清　　张琳婧　　张伟生　　张燕娟　　张　宇　　张正齐
　　　　郑琦琪　　朱　菲

软件工程（13人）
　　　　曹思远　　陈雨晴　　董婷婷　　李步炜　　刘雨晴　　宁秋怡　　邱嘉作
　　　　申　怡　　王家琪　　武恺莉　　肖　康　　郑晓晗　　祝璐琪

电子信息学院

电子科学与技术（11人）
　　　　陈思帆　　陈婷婷　　杜孟君　　李　斌　　李俊立　　梁乃日　　陆天海
　　　　唐玉玲　　温祖翔　　吴　昊　　尹湘媛

信息与通信工程（25人）
　　　　陈　功　　陈　敏　　耿　乐　　江云飞　　李华阳　　李攀明　　李太超
　　　　李婉悦　　廖　东　　卢龙进　　彭云祯　　钱盈家　　沈　丹　　施若其
　　　　孙梦莉　　王　辉　　王　磊　　王志远　　吴　倩　　吴雯秀　　夏伯钧
　　　　徐　鑫　　杨长兴　　张宁宁　　张永亮

机电工程学院

工业工程（4人）
　　　　吴青松　　杨　倩　　王子阳　　郑佳飞

机械工程（12人）
　　　　房　艳　　何子良　　黄开明　　黄　强　　李　军　　李　亮　　屈嘉琪
　　　　王铭炯　　奚　强　　徐加超　　姚茂云　　张　伟

控制理论与控制工程（5人）
　　　　李雅青　　王佳腾　　车浩池　　吴俊毅　　文晨锐

仪器科学与技术（2人）
　　　　陆腾飞　　董　斌

沙钢钢铁学院

材料冶金（8人）
　　　　曹　健　　陈　琐　　陈小村　　邓　磊　　李　一　　施嘉伦　　闫洞旭

于承斌

冶金工程（3人）
叶霖海　李向阳　李江鹏

纺织与服装工程学院

纺织科学与工程（23人）
陈明强　方　瑛　江　冰　廖　振　蔺亚琴　刘宏霞　牛梦雨
乔　娜　苏文桢　唐婷婷　王丽君　王　倩　王雪婷　王杨阳
王　颖　徐张鹏　颜小洁　杨奉娟　姚雪烽　张　悦　赵美慧
赵晓荷　周梓豪

纺织科学与工程（纺织化学与染整工程）（5人）
常朱宁子　李建邺　李一飞　黄　敏　姚　帆

纺织科学与工程（服装设计与工程）（1人）
刘　琴

纺织科学与工程（纺织材料与纺织品设计）（3人）
徐玲艺　唐一凡　宋开梅

纺织科学与工程（纺织工程）（3人）
杨富玲　鞠　鑫　张林星

轨道交通学院

测试计量技术及仪器（9人）
陈　赞　黄　瑶　姜　鑫　雷　飘　李仕俊　唐子文　王　旭
夏逸骁　张　曼

车辆工程（7人）
戴光韬　花泽晖　罗秋阳　唐金龙　汪海恩　徐　磊　张诣强

道路与铁道工程（7人）
陈　季　杜　欣　李惠丽　钱林根　施沈杰　谢宇飏　颜　静

交通信息工程及控制（5人）
　　张力文　　刘　倩　　李　典　　赵宇恒　　赵张源

交通运输规划与管理（4人）
　　张　萍　　赵　坡　　翟　慧　　许立凡

载运工具运用工程（2人）
　　余晴阳　　胡蔡飞

金融工程研究中心

金融工程（1人）
　　邱凯婷

苏州医学院

法医学（1人）
　　张晓春

免疫学（9人）
　　马鲲鹏　　孙美云　　孙拾进　　谢金晶　　杨梦楠　　袁柳霞　　张瑞茜
　　郑宇丹　　颛孙雪梅

生物化学与分子生物学（1人）
　　高海婷

细胞生物学（13人）
　　白晓静　　丁丰悦　　黄　莹　　黄正云　　李颖红　　刘　冯　　盛建英
　　苏　晓　　王　静　　魏　迅　　吴　永　　谢文萍　　颜世平

苏州医学院基础医学与生物科学学院

病理学与病理生理学（5人）
　　王楚怡　　胡彩虹　　赵　欣　　任粤湘　　黄梦洁

病原生物学（5人）
　　董科迪　　李　琛　　王　慧　　王　丽　　张亚楠

发育生物学（3人）
　　梁馨尹　　戴泰明　　徐　斌

法医学（8人）
　　马旭莹　　芮同宇　　王　嫚　　谢诗宁　　鄢亚南　　杨　琪　　于　欢
　　张佳欣

免疫学（10人）
　　丁芳芳　　符楠楠　　李慕瑶　　刘　悦　　路青青　　伍诣娴　　叶文龙
　　易　诚　　周兴华　　朱启泰

课程与教学论（1人）
　　朱　磊

神经生物学（4人）
　　汤　顺　　庄　婷　　李艳萍　　王安龙

人体解剖与组织胚胎学（2人）
　　陈　健　　董红晓

生理学（3人）
　　夏　颖　　张　宇　　蒋雯怡

生物化学与分子生物学（21人）
　　白昭炜　　陈　慧　　陈雨婷　　陈泽彪　　代　坤　　代亚萍　　高明辉
　　季鹏翔　　贾琪琦　　李爱卿　　李吴燕　　李　阳　　陆政廷　　孙海静
　　吴超逸　　闫冬悦　　颜　鹏　　张一凡　　张媛媛　　张梓瑶　　赵善悦

生物物理学（2人）
　　赵书祥　　董　璇

水产养殖（1人）
　　吕　昊

水生生物学（4人）
　　倪　沁　　王莹莹　　寇海燕　　刘恩光

微生物学（4人）
　　邵喜喜　　李梦雪　　陈　幸　　王国梁

细胞生物学（5人）
　　樊　高　　汤宏成　　於大春　　方　灵　　赖亚鹏

医学系统生物学（5人）
　　杨　季　　何纪晓　　孙婷婷　　王　帆　　戴晓秋

遗传学（7人）
　　曹满满　　韩军慧　　靳二锁　　刘长红　　时　全　　王珂欣　　张　征

苏州医学院放射医学与防护学院

特种医学（4人）
　　曹　誉　　陈　龙　　顾　媛　　修增赫

放射医学（32人）
　　陈俊畅　　陈玉中　　程丽葳　　顾黎明　　关静雯　　洪　敏　　蒋添燕
　　郎　月　　李　昇　　李圣日　　李仲阳　　梁城瑜　　罗桂冰　　马琳琳
　　毛秋莲　　莫　韦　　施秀敏　　覃皓明　　吴衍娴　　吴卓君　　肖昌浩
　　谢仟仟　　谢荣臻　　徐　冰　　许　琦　　薛惠元　　杨　莹　　鱼文韬
　　张伊静　　张誉荠　　郑艳会　　钟　静

化学（2人）
　　甘　泉　　周　磊

生物医学工程（13人）
　　陈　洁　　雷晓彤　　李道昌　　李　想　　李友云　　刘　强　　史梦柯
　　汤　薇　　吴　春　　谢雪洁　　辛　杰　　袁梦嘉　　赵　睿

苏州医学院公共卫生学院

劳动卫生与环境卫生学（2人）
　　尉淑慧　　孙娇娇

流行病与卫生统计学（10人）
　　顾金成　　钱思凡　　沈苏文　　孙杨华　　卫昕童　　熊苏婷　　徐　青

张敬琪　　章　宏　　章婉琳

儿少卫生与妇幼保健学（1人）
　　李佳钰

社会医学与卫生事业管理（1人）
　　钱雨曦

卫生毒理学（5人）
　　王　伟　　夏海璇　　樊彩云　　欧阳楠　　何梦婷

营养与食品卫生学（5人）
　　张　琳　　堵雅芳　　聂雪菲　　刘　芳　　周欢欢

苏州医学院药学院

生药学（1人）
　　李　冉

微生物与生化药学（3人）
　　王　玥　　章铭辉　　张　响

药剂学（5人）
　　黄沈嘉　　王　钰　　张米娅　　万文俊　　林雪花

药理学（18人）
　　曹惠敏　　曹忠强　　陈　磊　　董顺利　　樊钱海　　高　原　　黄偲偲
　　江朔仪　　李宁宁　　林子玄　　刘　纯　　佘　靖　　孙艳玲　　武　浩
　　徐霞芳　　闫晓玲　　张晶晶　　张　蓉

药物分析学（3人）
　　段泽琳　　陈银霜　　邱飘飘

药物化学（5人）
　　涂佳林　　占林俊　　夏凯江　　徐　晨　　徐庆峰

苏州医学院护理学院

护理学（8人）

朵　冉　　黎梦丽　　李棪臻　　祁金丹　　奚　婧　　许　诺　　杨慧丽
张伊洁

唐仲英血液学研究中心

免疫学（4人）

朱灵江　　何　燕　　陈　悦　　赵雪菲

生物化学与分子生物学（6人）

高雪芹　　宋雪艳　　王逸菲　　徐蓓蓓　　薛　霆　　张亭亭

细胞生物学（5人）

韩志超　　嵇　丽　　孙凯飞　　严小峰　　郑　重

神经科学研究所

神经生物学（13人）

陈　红　　单文琪　　董安琦　　胡其成　　胡　月　　嵇静静　　牟玉洁
宋　敏　　田原青　　涂海跃　　王俊杰　　徐福友　　张江涛

生物医学研究院

免疫学（24人）

陈福贤　　程忠艳　　戴　悦　　高　月　　何婷婷　　黄　帆　　金　荣
李会丽　　梁明龙　　陆金成　　潘晓华　　邵　玉　　宋真玉　　孙文欢
王雯雯　　吴曼曼　　夏楚杰　　余　洁　　张红光　　张宏凯　　张　杰
张谨瑜　　张雨琪　　郑梦歌

苏州医学院第一临床医学院

耳鼻咽喉科学（1人）

陈　纯

妇产科学（6人）

黄跃麟　　李　欢　　施亚君　　苏虹宇　　吴晨婷　　周　瑶

临床检验诊断学（3人）
　　纪逸群　　王　瑶　　宋雅雅

麻醉学（1人）
　　张　俊

免疫学（2人）
　　陈迟迟　　何家辰

内科学（18人）
　　高　安　　李军涛　　刘　吟　　刘莹莹　　吕康康　　梅晓飞　　孙丽丽
　　陶宜莹　　王　隽　　魏　星　　向　鑫　　谢　妍　　虞秀群　　张　锐
　　张若琛　　张伟杰　　张昕悦　　周洁琦

神经病学（2人）
　　陈姝君　　魏　鑫

生物化学与分子生物学（2人）
　　张　磊　　尤鸿基

外科学（15人）
　　边　疆　　葛高然　　胡思涵　　黄晓雄　　季晨晨　　梁天宇　　刘　波
　　路冬冬　　秦绪祯　　武冠廷　　许琮欣　　薛　源　　颜雨新　　张浩楠
　　周鑫烽

眼科学（1人）
　　古　煜

影像医学与核医学（6人）
　　侯忠衡　　刘胜莉　　史慧娟　　陶　青　　田小洁　　张　鹏

中西医结合临床（1人）
　　吴　辉

肿瘤学（3人）
　　周　琳　　毛久昂　　任冰洁

苏州医学院第二临床医学院

妇产科学（2人）
　　刘松婷　　吴泽恩

临床检验诊断学（3人）
　　朱志宸　　付宏煜　　王　曦

内科学（8人）
　　邓水露　　王　渺　　吴华蔓　　徐家骏　　薛小凤　　张淑晨　　张懿恋
　　周　燕

神经病学（6人）
　　晁婧媛　　陈维佳　　牛镜棋　　徐国莉　　张雨婷　　邹钰钿

外科学（11人）
　　柴　颢　　车明刚　　陈　越　　丁奕栋　　龚凛孔　　江旭东　　姜倩倩
　　金　晶　　金煜晓　　吴　数　　张鸣超

眼科学（1人）
　　郭　洋

影像医学与核医学（2人）
　　虞泽鹏　　王焰峰

肿瘤学（5人）
　　李俊彦　　孙冠宇　　谢黎伟　　俞琼珠　　赵培培

苏州医学院儿科临床医学院

儿科学（9人）
　　卞元兮　　黄佳杞　　蒋小露　　靳丹丹　　刘雪姮　　荣书函　　孙喻晓
　　徐　蕾　　朱　赟

苏州医学院第三临床医学院

临床检验诊断学（3人）
　　张艺博　　周　影　　顾　锦

内科学（1人）
　　谢　骏

免疫学（4人）
　　郑盼盼　　李　源　　肖文璐　　毛睿哲

苏州市广济医院

精神病与精神卫生学（1人）
　　邹思蕴

苏州大学附属第六医院

肿瘤学（1人）
　　吕小立

海外教育学院

国际关系（2人）
　　JAMSHIDI AHMAD ZUBAIR　　CAPPARELLI FABIO

行政管理（2人）
　　CHIENGSAVANG BOUNLAM　　LAOTHUM SOULINTHONE

旅游管理（1人）
　　SAI THI THUY LINH

药剂学（2人）
　　AHMED ATEF MOHAMMED QASEM　　RAZZAQ ANAM

药理学（1人）
　　ZEB SALMAN

新能源科学与工程（1人）
　　AHMAD NAZIR

药物分析学（1人）
　　AIN NOOR UL

2021 年专业学位博士生名单

苏州医学院第一临床医学院

临床医学（142 人）

毕永延	蔡鸿宇	常志恒	陈　俊	陈丽韵	陈庆梅	陈　旭
陈友干	陈志明	仇　澜	仇丽敏	崔　丹	代守前	戴君侠
戴　娜	邓如明	丁胜光	丁　娴	丁晓凯	樊　涛	范光磊
冯守界	冯　煜	高　芳	高　飞	管程齐	何建国	何伟伟
衡军锋	季金龙	蒋丽萍	金　厅	蒯　凤	赖年升	李波静
李　博	李　晨	李　鼎	李　晖	李　珉	李丕宝	李　强
李庆鹏	李　祥	李晓君	梁宏伟	刘其成	马洪贵	马　冕
马　宁	马勤运	马　峥	闵晓强	庞训雷	庞雅楠	祁秀敏
钱晓哲	邱冬梅	阮宏云	邵　川	邵春来	申江峰	施　秀
时翠林	宋达玮	宋　浩	宋　磊	苏波峰	孙方浩	孙海云
孙慧婷	孙婧悦	孙　杨	孙云浩	汤国庆	汤晓寅	唐祖雄
陶诗沁	陶新路	王昌国	王　超	王　鼎	王　晋	王　锟
王荣国	王润榕	王世亚	王文毅	王晓华	王晓康	王学建
王　艳	王志翊	文正伟	吴德刚	吴丁烨	吴建忠	吴梦瑶
吴绍宏	奚晓雪	熊　杰	徐德宇	徐海飞	徐　俊	徐仲卿
许旭光	薛海翔	严晓腾	杨碧兰	杨建宇	杨敏燕	杨　宁
杨　仪	杨　翼	姚　雷	姚林亚	叶玉兰	尤小寒	袁　寅
詹琼慧	张江磊	张　锦	张连升	张锁建	张喜娟	张娴娴
张　银	张　妤	张云柯	赵开顺	赵　奇	郑月焕	周　彪
周　成	周国庆	周红兵	周莉莉	周　庆	周焱峰	朱慧静
朱庆云	庄海文					

苏州医学院第二临床医学院

临床医学（73 人）

毕良文	陈　浩	陈伟新	陈　勇	陈湧鸣	成伟男	翟国杰
丁　洋	封　芳	高小康	郭　静	郭　文	杭海峰	胡　兰
黄朝明	黄　婧	黄仁华	黄新华	蒋堪秋	李　帆	李伟伟
李先民	梁双超	刘桂红	刘　雷	刘　亮	刘禄林	娄　慧
鲁小敏	陆剑锋	罗加林	骆晓攀	马　靓	马晓飞	秦呈林
阮志兵	邵国益	邵丽丽	沈晓飞	沈　媛	施兴华	石凡军
史　册	舒　健	唐　鲲	唐志霞	王　刚	王　慧	王　暖

王巧云	王扬剑	王泽爱	王志兵	王　卓	魏　鹏	谢　爽
谢　晔	许新忠	薛雷喜	严　斌	杨家赵	张福全	张　衡
张　俊	张　婷	张阳敏	章雪林	赵佳慧	周小钢	周晔辉
周毅彬	朱建军	朱　健				

苏州医学院儿科临床医学院

临床医学（17人）

陈建雷	陈洁如	付明翠	何　山	侯　慧	胡笑月	黄林林
刘　刚	明葛东	沙　宁	王　波	王美娟	魏文凭	张琴芬
张　田	朱　慧	朱　杰				

苏州医学院第三临床医学院

临床医学（16人）

陈学敏	丁　昀	符圆圆	季旭彪	蒋振兴	李　鹏	李　青
刘　永	马　剑	邵晓梁	孙　军	袁茂玲	袁　岩	岳天华
张京刚	朱　丽					

上海肺科医院

临床医学（1人）

孙成龙

苏州大学附属第六医院

临床医学（1人）

蒋海飞

徐州市中心医院

临床医学（1人）

庞　昆

2021年专业学位硕士生名单

文学院

汉语国际教育（54人）

曹 晨	陈晓宇	陈 轩	池晴晴	戴茜茜	翟思倩	方俊璐
房若山	高丽君	侯新颖	黄诗婷	乐 欣	雷欣宛	李国印
李培培	李思音	李 霞	刘明明	刘思敏	马鹏飞	茅晓娅
牛 艳	彭 婷	钱冰雁	阮辰哲	沈捷莹	孙梦茹	孙梦雨
孙诗砚	孙玉彩	王彬郦	王 春	王思红	王甜甜	王岩玲
王艺洁	吴思梦	熊国敏	徐菡琳	许 畅	薛众坡	严思佳
杨长元	俞 静	袁慧敏	詹晓蓓	张欢欢	张萌毅	张梦圆
张笑雨	周 芮	周文君	周喜星	邹 睿		

学科教学（语文）（47人）

曾 璐	陈小雪	程 静	程 为	崔琳萱	丁 楠	付 倩
高 妍	耿锋婷	贡雅琼	谷雯雯	韩炳艳	和苗苗	蒋佳倩
李 琦	李 雪	李颖莉	梁艳玲	刘 晴	刘 微	刘 希
刘晓岚	柳 叶	谈嘉悦	汤凯茹	唐 凤	王惠莹	王佳鸣
王 曼	王 墨	王心怡	王彦婷	王 焱	王燕飞	夏漩漩
徐英钊	杨倩慧	杨水琴	杨晓琳	叶宏霞	掌明星	郑胡坡
钟梦露	周嘉怡	朱莉莉	朱明明	朱 钰		

传媒学院

出版（12人）

方 硕	顾 羽	林雅茹	刘静薇	石 萱	魏翠云	杨沐宁
杨雨晴	张银虎	张 瑜	赵健强	郑露露		

新闻与传播（64人）

暴子怡	陈 诚	陈梦竹	程 鹏	戴璐瑶	丁芷菡	葛诗凡
顾昌合	关 丽	桂 倩	洪梦琪	胡宜轩	黄安乔	纪诗雨
季群雅	金夏玲	柯 可	赖逸云	乐美真	李佳倩	李佳宜
李 爽	李曦园	凌加胜	刘 畅	刘慧荣	刘静霄	刘 勋
卢浣珊	卢清扬	罗皓菡	孟小力	钱静楠	任 希	邵 纯
施静雯	施梦凡	史梦蕾	宋 敏	宋 悦	唐 璐	陶 然
田 刚	王黎杰	王昕玥	王一凡	王翌旭	王子琦	卫洁芳

吴晨琛	吴晓斐	杨必成	杨晨昱	殷婧娴	殷 莺	恽柔佳
章婷婷	章泽佳	郑皓嘉	郑 欣	钟 婷	周莉冰	周小伟
朱鸿博						

社会学院

社会工作（31人）

卜泓瑄	丁佳文	杜彦灵	范雯娜	方晓华	胡恒隽	胡利萍
黄 洁	贾丽娟	姜梦珊	李 荣	李燕萍	梁嘉雯	林 倩
刘 梦	刘 仪	潘友红	戚华梅	汤雅迪	王千韵	王润华
王 妍	吴洁茹	徐 蕾	易少桐	余茜雅	余姗姗	张贝妮
郑 杰	周晓楠	吴洁茹				

学科教学（历史）（30人）

蔡佳玲	陈冬梅	陈 婧	陈 颖	成志强	丁文文	范程霞
冯佳慧	侯佩林	黄金宇	计 露	纪宣霖	金 晶	刘莹莹
楼吉旺	欧 娜	沈一丹	孙 欣	孙欣欣	汤子辰	王 影
魏雪莲	武 静	杨林杰	姚 翠	岳晨曦	张品海	周鹏青
祝 慧	祝金凤					

政治与公共管理学院

公共管理（229人）

曹 旸	曹 镛	陈 丹	陈 当	陈晓翎	陈 怡	程小豹
褚春娟	崔 璨	戴 彬	戴佳贝	董秋寒	董晓斌	范珑祺
方云卿	费剑伟	冯旻姝	冯 炜	冯 曌	符士源	高 强
葛晨盼	耿 云	龚霞琴	龚宜璐	顾冬冬	顾学芳	郭 璐
郭奕飞	郭宇娴	韩 涛	何 鹏	胡军辉	胡叶平	黄晨开
黄凡容	黄洁纯	黄晓倩	黄 钊	江之浩	姜 波	姜 苏
蒋 金	蒋盛祺	蒋 雯	金壬初	金沈裔	金 韬	金雨菲
金 悦	金震达	李 博	李 莉	李梦婷	李 冉	李思茗
李 恬	李亚琦	李一骏	林 秀	凌崔悦	刘恺悦	刘苗苗
刘 琴	刘 伟	刘雅娜	刘煜倩	刘昀宣	卢曦曦	卢 银
陆箭宇	陆婷婷	陆一枫	骆逸恬	吕 贤	吕悠优	吕悦琪
吕志强	马 佳	马雨虹	毛江容	毛孟杰	毛激昀	梅 欢
苗经纬	倪 佳	倪 婕	倪明仙	倪顺卓	钮晓霞	潘 琼
潘孝伟	潘星岑	钱骏赟	钱 隆	钱沈婷	钱 新	钱新宇
钱雅琴	钱宇阳	钱振涛	钱子嘉	秦 娜	邱小红	任 静
任 滢	邵鑫源	沈绿洲	沈 涛	沈忻怡	沈雪华	施陈剑

施 晶	石 菲	石嫣然	史骏成	宋承珂	宋崇龙	宋 薇
宋晓成	苏 雪	孙梦丹	孙奇尧	孙玉冰	谈玲君	谭 艺
汤 雯	唐从政	唐 晓	王 成	王佳良	王嘉诚	王 杰
王 洁	王 骏	王骏凯	王 珅	王 莉	王莉莉	王梦轩
王旻飞	王 茜	王苏吉	王晓琳	王 兴	王 一	王一宁
王 懿	王 宇	王宙骅	吴澄非	吴丹文	吴佳琦	吴 江
吴 静	吴 琼	吴贻静	吴 义	吴钰馨	吴震华	伍 静
奚 静	夏 静	谢夏敏	徐霜霜	徐亚琴	徐意梦	徐 映
许晨晨	许成康	许涵彧	许宁怡	许 强	宣霁馨	薛 青
薛星辰	严梦旖	杨加友	杨珮梦	杨 仪	杨智勇	姚丽菊
叶 萍	易明磊	殷 利	于 虎	郁晓婷	连燕华	张东篱
张旻翾	张 启	张 茹	张施祎	张 漪	张 勇	张正鹏
赵 峰	赵奕奕	郑金芳	支耀周	周皓清	周 琪	周 炜
周香函	周晓松	周艳君	周 宇	周 宇	周 洲	朱冰纤
朱澄妍	朱 卉	朱 洁	朱静逸	朱立斌	朱利斌	朱泰力
朱文杰	朱 雯	朱一鸣	朱益峰	朱昱潭	朱圆圆	朱云娟
朱志远	诸成杰	祝爱霞	庄亚晨	邹小洁		

马克思主义学院

学科教学（思政）(23人)

段纪发	冯志佳	郭玉洁	韩云敏	金鸿利	琚泽夏	李 聪
李 静	刘乐之	马霞霞	孙 庆	汤景晨	王 翠	王 欢
王 菊	徐 颖	杨欣培	张秀梅	钟丽芳	钟晓雯	周明悦
朱江南	朱丽君					

外国语学院

学科教学（英语）(33人)

陈 婧	陈 琴	何文洁	黄亦秦	惠欣雨	蒋 晴	况 琦
李香香	林飞飞	刘 莉	刘 璐	马文利	裴语昕	秦 璐
孙伟凤	汤 甜	万 晶	汪怡雯	王泽宇	吴佩琴	吴苏媛
徐怀谷	徐思雨	徐 艳	严 镭	杨沫宇	员姣姣	张 丽
张璐璐	张苹苹	章惠宇	赵 璐	左倩倩		

英语笔译（30人）

蔡佳茵	常 芸	陈丽蓉	陈相至	陈 杨	高亚娟	管丽楠
胡梦梦	胡琪童	乐露娟	李子琳	刘安妮	刘思行	牛 童
田 甜	夏心怡	向丽平	晏文锦	杨 玉	张婷华	赵晓霞

郑宏波　郑子怡　周若菡　周雅琪　朱　楚　朱杭慧　朱　琳
朱孟秋　朱珍珍

英语口译（18人）
范诗萌　封　颂　胡晗敏　黄　钲　林锦欣　刘萍郎　毛　咪
孙其兰　汤　君　王丹丹　王　晶　吴坤璟　吴　为　徐　婷
杨　晟　余远会　张云云　张早月

东吴商学院（财经学院）

工商管理（267人）
柏　俊　包爱云　包书生　蔡海洋　蔡璟楠　蔡旷雅　蔡　唯
曹　琦　曹士华　常　建　常雅娅　陈道贵　陈　静　陈　凌
陈　萍　陈　珊　陈姝予　陈夏昕　陈　潇　陈晓丽　陈亚庆
程丽娜　程　威　褚漾敏　崔艺潇　戴　丽　党　莉　邓家有
丁嘉麒　丁玲玲　丁文伟　丁　宇　董驰宇　董李浩　堵智佳
杜靖阳　杜　娟　段心萌　樊洋宏　范一鸣　方　向　费　强
费顺超　冯思嘉　冯　岳　高　强　高伟健　高文婷　葛旻杰
葛颖之　龚江丽　龚　进　龚美群　龚　燕　顾川云　顾　辉
关　越　管　月　郭诗慧　郭臻科　何慧琳　何林霞　何　倩
何　琴　何　沁　何苏丹　胡　琛　胡静珠　胡文静　胡　欣
华青莉　黄春林　黄　娟　黄　澜　黄敏捷　黄　茜　黄　炎
吉立成　季　清　姜　敏　姜少卿　姜亭亭　蒋晨予　金宜文
靳炳蓉　靳伟伟　居成栋　孔令昌　李佰桥　李　宾　李诞午
李　隽　李　敏　李斯斯　李应容　李　苑　李志慧　李治强
李自兵　李自然　梁　丹　梁启鹏　梁晓顺　梁　艳　林庆尧
刘丹丹　刘娜娜　刘启超　刘　桥　刘　琴　刘　全　刘文玲
刘　叶　龙　瑞　卢政文　陆泓含　陆佳怡　陆　婧　陆凯强
陆页诗　陆翙赫　陆振波　路　畅　栾棋雅　吕文建　吕文妍
马菊华　马　丽　马秋亭　毛冕逸　闵科涵　潘　璐　潘文蓉
彭　婷　戚娅婷　祁　建　祁　鹏　钱　祺　钱紫薇　秦　凯
全　真　任华斌　沈　浩　沈　佳　沈　洁　施　盼　施文杰
石静静　史恒琦　史马俊　舒　姝　宋仁武　宋　涛　宋文竹
孙超峰　孙丹璐　孙　迪　孙秋艳　孙鲜润　汤　赟　陶渊龄
田勤燕　田　野　田振华　汪国胜　王端鹏　王　溟　王红星
王建刚　王　凯　王　凯　王坤艳　王　亮　王　林　王明杰
王珮虹　王韦喜　王文娟　王仰霄　王亦舟　王　钰　王泽伟
韦　慧　邬一恺　吴帆帆　吴红玉　吴　菁　吴晶晶　吴　璟
吴秋萍　吴洋洋　武宏伟　夏　静　肖涵方　谢楠楠　谢秋霞

辛　娟　　徐　超　　徐　芬　　徐会清　　徐　静　　徐梦乔　　许广胜
严国铭　　严晓波　　杨海燕　　杨　红　　杨洪军　　杨静静　　杨　璐
杨思佳　　杨院敏　　姚　蓝　　姚　骁　　姚　逍　　殷　勤　　尹继祥
于婷婷　　余可欣　　余　琳　　宇世蜜　　袁文静　　查金鑫　　张爱科
张碧蘅　　张　彬　　张　晨　　张大才　　张大政　　张　华　　张家伟
张洁钰　　张　菁　　张晶晶　　张圣清　　张　薇　　张　琰　　张　艳
张瑜珊　　张　悦　　章志锋　　赵海燕　　赵　菁　　赵　莉　　赵其洋
郑冬青　　仲俊杰　　周　丽　　周瑞珑　　周婷婷　　周文强　　周沿辰
周友旺　　周月圆　　周跃东　　朱楚瑶　　朱海山　　朱　峤　　朱　磊
朱念念　　朱　培　　朱　胜　　朱吴希　　朱　妍　　朱银军　　朱月琴
祝青青

国际商务（2人）
　　吉　靓　　章　岩

会计（133人）
　　柏耀松龄　鲍素娟　　蔡乔钰　　陈凯佳　　陈曼禾　　陈梦璐　　陈　敏
　　陈淑颖　　陈　希　　陈星钰　　陈雅倩　　陈祎翀　　陈紫瑞　　程　前
　　楚丽娟　　戴天立　　丁奇志　　丁　昕　　丁　悦　　葛雪涛　　顾　慧
　　顾洁妤　　顾雪婷　　郭晶晶　　郭舒玮　　韩　舒　　贺　爱　　胡雨叶
　　胡泽宽　　胡子琦　　蒋舒迪　　康　艺　　李　桧　　李　洁　　李娜娜
　　李如伟　　李依雪　　廖思佳　　刘　柳　　刘柳青　　刘　睿　　刘睿哲
　　刘雅方　　刘志超　　陆东昊　　吕世祺　　吕胤达　　门　蒙　　缪同庆
　　缪钟伟　　裴月雯　　彭名慧　　钱逸洲　　秦　钦　　邵冰彦　　沈菲翊
　　沈韶平　　沈哲宇　　盛佳怡　　苏　婷　　苏育华　　孙浩宇　　孙家玮
　　汤　惠　　汤依凡　　陶　冶　　汪　帆　　汪丽君　　汪天祺　　王昌昊
　　王凤馨　　王皓月　　王若浩　　王晓涵　　王阳阳　　王禹翔　　王玉婷
　　王　征　　韦曼琳　　卫雨晨　　魏远娣　　巫婧宇　　吴　凡　　吴函秋
　　吴和俊　　吴凯瑞　　吴　旻　　吴　涛　　吴雪雨　　夏圣楠　　夏旭诚
　　肖　龙　　谢慧渊　　徐　冲　　徐昳然　　徐亚红　　徐　言　　徐雁鸣
　　徐正金　　许程凯　　许凌波　　许智敏　　薛　橄　　颜紫荆　　杨明真
　　杨　楠　　杨　悦　　姚子薇　　游　辰　　俞橙澄　　袁　宁　　查涵雨
　　张晶文　　张婧娴　　张　萌　　张盛楠　　张顺凯　　张卓临　　章钰敏
　　赵　涵　　赵淑情　　郑丹妮　　郑　依　　钟思雨　　周博娟　　周凡凡
　　周　芮　　周思辰　　周　瑶　　周　颖　　朱李婧　　朱满婷　　邹凝文

金融（25人）
　　白秀秀　　陈　静　　陈　璞　　陈泽暑　　戴雁南　　顾　鑫　　侯　杰
　　蒋雪柔　　金　博　　靳善博　　李雨欣　　刘梦悦　　刘真铭　　缪思思

| 沈伶俐 | 屠志刚 | 王　恒 | 王　晖 | 夏　天 | 徐文君 | 徐雨珊 |
| 薛佳梓 | 尹　喆 | 张　昊 | 张　震 | | | |

税务（8人）

| 房　想 | 管　祥 | 刘星辰 | 刘　玥 | 魏锐旗 | 余敏杰 | 张　幼 |
| 周于峰 | | | | | | |

王健法学院

法律（3人）

严加力　张　盈　龚向同

法律（法学）（103人）

陈　红	陈家逸	陈　轲	陈明宇	陈　茜	陈文怡	陈小菁
陈艳丽	陈兆宇	程东晖	程　霞	储伊宁	董　辰	董彦朋
范丽君	冯静雯	付明珠	傅义淞	顾明军	管叙东	韩洪洪
何珈宜	贺　琳	胡　珊	胡玉玲	黄爱东	黄冰冰	黄　冲
姬海涛	金翎晨	蓝　悦	李博文	李辉辉	李林翼	李梦华
李晓晟	李雨铖	李　壮	林　晴	林逸晨	刘佳琪	刘龙娇
刘文豪	刘希希	陆晶晶	罗　亚	骆　奕	吕　涵	毛心怡
潘海龙	潘奕含	秦建波	邱圣瑞	任志贤	邵月月	石　慧
舒凯旋	宋刘艳	孙　悦	唐拂晓	唐嘉伟	万晨阳	王金权
王珂莹	王　琦	王舒月	王思懿	王　雪	王燕婷	王　瑶
王　玥	王　玥	魏　斌	文数芬	翁卫良	吴　钏	吴上佳丽
肖子越	信煜璇	徐　翔	许正一	杨　森	杨世鑫	姚锦杰
姚志沛	臧　莉	詹梦星	张德沐	张格华	张竞宇	张天然
张旭亮	张亚州	张艺馨	章思其	赵　栋	赵伟中	智思华
周超峰	周洛寒	周彦旭	朱运阁	左笑锦		

法律（非法学）（86人）

卞一鸣	陈春旭	陈思宇	陈　欣	陈　壮	程千千	程　阳
戴忠云	刁陈成	丁明健	冯佳男	冯紫榆	高九阳	高　莹
巩金凤	苟雅倩	顾　峰	顾力荣	顾　梦	顾培尧	关亚军
郭　璇	韩少凯	韩　悦	郝　帅	郝思涛	黄　鑫	姜飞菲
蒋　璐	金加伟	鞠　威	冷舒欣	李佳琦	李书燕	李　彤
梁天成	刘　畅	刘　丹	刘　欢	刘琳琳	刘凌君	刘申凡
刘　雯	刘　宇	陆倩童	陆潇娟	倪　茗	聂春阳	潘　湖
潘渊婷	钱红露	邱康平	沙垚垚	邵婷婷	司苗苗	苏一凡
孙瑞良	孙尚雅	孙文文	汪　冰	王　菲	王　娟	王　凯

王　绪　　王志锋　　吴丹凤　　吴　琳　　伍小强　　谢琳琳　　熊华荣
徐佳缘　　徐子棋　　杨　瑞　　尤雪滢　　虞美珍　　袁成女　　袁嘉龙
臧　婧　　张冬琦　　张雨嘉　　张子琪　　周　超　　周慎智　　朱敏佳
朱一平　　庄　乔

教育学院（教育科学研究院）

教育管理（6人）
杨　虹　　贾文雅　　杨　帆　　蒋孝臣　　王　琴　　王超君

应用心理（37人）
曹　蔚　　陈慧欣　　陈　萍　　程　谛　　崔紫悦　　戴文文　　符笑涵
顾佳灿　　郭金红　　郭梦圆　　何静雯　　景梦思　　李义双　　刘人辅
秦　川　　秦智洁　　史琳琳　　汪文怡　　王秦雨　　王廷喜　　王　婷
王　颖　　王　越　　吴虹晓　　吴朋倩　　吴笑非　　幸琪琪　　徐文祺
薛弘霖　　杨玮莹　　杨文媛　　杨怡枫　　杨雨童　　张　琳　　张月娥
张郑敏　　周成星

职业技术教育（22人）
陈　清　　程　聪　　冯卉莹　　韩　晶　　韩冉冉　　胡航玲　　华紫辰
刘　倩　　刘　颖　　马　瑞　　孙　翔　　唐芙蓉　　王　婧　　王　伟
王亚楠　　王　悦　　吴章梅　　肖　霞　　许崇娟　　钟　申　　周　丹
庄思源

艺术学院

工业设计工程（2人）
韩润民　　王露凡

美术（18人）
陈莉娜　　陈　露　　范玮琪　　费嘉昱　　顾志萍　　姜安琪　　刘　静
陆　婷　　马铁亮　　涂雅婷　　王晨露　　辛　宇　　徐香钰　　杨　晴
于烨榕　　张菡雅　　张亦弛　　周鑫璐

艺术设计（100人）
贲雨晴　　曹　可　　曹　琪　　陈文婷　　陈　晓　　陈月菊　　程雨庄
戴雯倩　　刁井达　　范新颖　　方小佳　　费佳琰　　付　帅　　郜玲玉
龚瑜璋　　顾于程　　郭　健　　郭　冉　　郭小凡　　侯绪芳　　胡娅娅

扈 航	黄碧莹	黄 璟	黄乐乐	金添琪	康玉娟	李稼桢
李素馨	李晓宇	李 欣	李 璇	李宗豫	梁宝莹	林 倩
刘露婷	刘淼燕	刘彦希	刘紫薇	罗潇楠	吕 亮	毛金凤
倪前坤	聂玉莹	曲艺彬	邵俊杰	沈 青	石清煊	石 洋
宋美莹	汤 泰	唐 堃	王 芳	王佳帅	王 静	王 岚
王青青	王胜伟	王姝秀	王文杰	王 炎	王依朦	王远远
魏彩芸	吴丽嘉	吴 艳	吴 颖	夏 琪	谢 蕾	熊 洋
徐 敏	徐慕华	徐欣娴	徐宜佳	许灵敏	薛冰洁	杨 珊
杨欣宇	由俊奕	于舒凡	余 露	俞姣姣	袁 猛	岳 满
詹婉佳	张 磊	张 仙	张忻康	张奕卉	张 芸	张 振
赵晓琦	周丹妮	周宏宇	周曼婷	周倩倩	周诗航	周 知
朱琦朝	祝立婷					

音乐学院

音乐（17人）

陈凌云	程方方	冯茹冰	高 楠	黄铭豪	刘星菲	刘 颖
卢文苑	毛瑞洁	施精玲	王薪然	吴婕宁	杨乐天	姚若培
姚 洋	叶晓琳	朱润芝				

体育学院

体育（76人）

曾志英	巢 虎	车金鑫	陈浩然	陈淑媛	程 勋	堵芳芳
杜慧敏	杜 进	范丽娜	范 琳	耿睿男	顾沁文	郭紫娟
胡雨飞	黄 妍	黄 毅	黄镇飞	季 毓	江 雅	姜琰珺
金柳沁	李港萍	李 皓	李 红	李 建	李孟蓉	李其祥
李雪曼	梁国强	刘 军	刘亮亮	刘倩文	刘 涛	刘小慧
刘翊飞	骆 乐	缪 澄	潘凤鹏	彭 勇	齐鹏程	祁 豫
邱莉婷	任思翰	时淑伟	树 扬	宋 锞	孙宏彪	孙 珅
孙 玥	唐梦巍	唐 笑	唐旭斌	陶守年	陶欣雨	王 雷
王少贤	王文镭	王 旭	谢天威	徐安珂	徐子雯	许 程
严加伟	颜晴晴	颜 彦	阳 芳	杨 洁	袁小英	张 磊
张 日	张 晓	张 旭	赵 冉	赵 勇	周 壮	

体育教学（1人）

孙 跃

金螳螂建筑学院

风景园林（35人）

毕昱	曹玲莉	曾敏姿	钞智星	陈颖思	程曲	崔子杨
窦西其	古笑卿	韩雪	姜承利	蒋钰	李锦	李响
李晓婉	李泽琪	李子涵	刘志镜	刘子瑜	宁尚尚	乔启进
瞿树昊	沈宇	石洁	石占成	孙泽宇	王慧	王雪乔
王怡倩	肖霞艳	杨洁	张海强	章敏霞	赵梦霞	赵淼

数学科学学院

学科教学（数学）（21人）

曾润青	陈丽	陈樱	程洁	笪娴	顾燕	胡悦
金宇秋	刘清华	刘秀文	秦瑶	唐丹萍	陶飞宇	王梦宣
谢红霞	徐琳	杨永泽	姚一枝	张诗芸	朱敏	朱雨婷

应用统计（22人）

蔡玥莹	陈怡涵	黄聪	胡莉	黄岩岩	李明	罗强
马思柳	闵嘉诚	钱佳琳	任心晴	申雪瑾	孙雅勤	王旭
王雪涵	王倚江	韦颖璐	杨春	余冰冰	张露	朱柳燕
朱敏						

物理科学与技术学院

学科教学（物理）（26人）

卜声慧	陈林	陈婷婷	陈耀	董丽君	胡苏苏	黄晨
黄婧	蒋馨雅	李晨露	刘倩	孟园	孟苑春	潘佳成
沈艺成	孙飞云	孙凯悦	孙宁波	孙中玲	许月仙	姚雅洁
章雅琹	周彬	周采依	周盼盼	朱伊尼		

光电科学与工程学院

光学工程（47人）

包建	蔡福鑫	陈斌	陈劭同	陈王义博	陈旭	储星宇
戴卓成	洪洋	贾延勋	蒋培	李加慧	李永都	刘放
刘若虚	鲁金超	陆颢文	吕元帅	马鸿晨	彭婉	施佳成
宋志	孙鹏	田野	王宏宇	王杰	王琪	王骁
吴秀梅	吴哲昆	徐立跃	徐青	徐雯雯	许勇	许镇宗
杨富丽	杨惠荣	杨洁	杨子江	于雷	张鹏飞	张遂

赵迪迪　　赵海鹏　　赵瑶瑶　　郑荣红　　朱　晨

材料与化学化工学部

材料工程（13人）
蔡梦莹　　陈　峰　　陈　艳　　堵美军　　樊姚姚　　胡　玥　　黄秀琴
盛　鹏　　司　淼　　吴　双　　熊　欣　　张明明　　赵锁林

化学工程（5人）
鲍　政　　何卫民　　黄元宸　　宁祉恺　　任丹丹

学科教学（化学）（4人）
孙　康　　李苏贵　　朱铭鑫　　周文君

计算机科学与技术学院

计算机技术（71人）
曾　彪　　陈　琳　　陈　琳　　陈　潇　　陈昕宇　　崔斌斌　　代珊珊
戴倩颖　　邓子恒　　翟梦佳　　董　方　　高泽威　　宦　敏　　黄丹镭
黄荣涛　　季佰军　　江婧婷　　敬毅民　　阚双祥　　匡　健　　李昊儒
李　洋　　李志峰　　厉菲菲　　林雅萍　　刘成浩　　刘　洋　　陆嘉猷
陆凯华　　陆　亮　　马　进　　马　俊　　苗教伟　　那幸仪　　潘春雨
钱勤红　　全　俊　　邵　焕　　邵一帆　　史小静　　苏　闻　　孙　雨
孙振华　　田　鑫　　王铭涛　　王启发　　王　习　　王鑫春　　王　哲
卫　梦　　魏文杰　　乌倩倩　　吴　凡　　吴鹏翔　　武　震　　夏　锐
徐牧洲　　徐　石　　徐　婷　　薛擎天　　张　昊　　张建行　　张梦倩
张鹏举　　张诗安　　张　扬　　张宗雷　　赵　静　　朱佳成　　朱朦朦
朱培培

软件工程（28人）
安明慧　　蔡佳润　　曹　振　　陈　果　　陈佳丽　　陈林卿　　成　聪
丁嘉锋　　范静宇　　冯　健　　胡展鹏　　刘星辰　　马　标　　倪佳成
彭　湃　　司博文　　唐竑轩　　汪文靖　　王　昊　　尉桢楷　　徐东钦
严浩冉　　张大雷　　张刘敏　　周新宇　　朱　杰　　朱兴伟　　祝启鼎

电子信息学院

电子与通信工程（95人）

蔡木林　蔡文强　常玉晴　陈国娟　陈　娟　陈　琪　刁逸超
董长军　董忠銮　杜明倩　费　超　冯天翔　耿佳蕾　韩淑莹
洪怡雯　侯亚男　花敏恒　黄从杨　黄璐璐　吉　双　李　萍
李彤辉　李　烨　李昀坤　林　萍　林祥栋　刘　靖　刘仁雨
柳　倩　卢思萌　逯　静　罗高辉　孟　浩　苗建坤　倪成润
倪坤晟　潘巧林　潘声雪　庞宗会　钱丹青　钱志翔　任少强
沙炎平　盛煜炜　施志炀　司元朔　宋国栋　苏金珠　孙飞飞
孙汉轩　孙　尚　孙　玮　汤　骏　陶　烜　陶　媛　仝　科
汪洪晴　汪　磊　汪文杰　王　冬　王　峰　王　晶　王茜雯
吴　钢　吴　倩　夏诗楠　肖雯晔　邢世威　徐相相　许　晋
颜佟佟　杨书豪　姚华清　叶　磊　叶妍青　殷　明　于　宁
于彦朝　于　洋　俞　杰　张万万　张　雨　赵壮志　赵宗雅
周　超　周　瑞　周诗铭　周文康　朱　婧　朱立宇　朱凌君
朱申杰　宗红梅　宗玉莲　邹明宸

集成电路工程（8人）

李　宁　明　鹏　万中强　王泽宁　杨颖慧　殷嘉琳　于一宁
张　涛

机电工程学院

机械工程（87人）

安锦涛　鲍振林　蔡逸凡　陈　龙　陈欣乐　陈岩松　陈俞松
陈　壮　戴辞海　戴伟峰　丁　宁　丁　文　丁智宇　董　荣
樊　炎　耿江军　龚燕琪　顾守华　韩玉杰　胡晨光　黄嘉沛
黄凌峰　李广琪　李国防　李　杰　李茂杉　练　伟　林起航
刘　峰　刘　浩　刘强龙　陆　耀　吕良民　马健溥　倪玉吉
聂建彬　潘一帆　潘　展　庞祎帆　钱蒋忠　乔　健　瞿　志
邵　锐　盛　军　孙柏宇　孙佳明　孙　平　田小雨　仝志昊
涂明会　王陈俊　王加强　王佳乐　王力晓　王明雨　王　鹏
王　耀　王毅青　王在臣　王梓豪　夏邵仇　熊传成　熊　锋
许路佳　许重宝　薛宇程　颜嘉雯　杨　帆　杨家太　杨　网
杨　耀　尤　勇　于帮龙　余司琪　张炳胜　张光源　张健康
张雯霞　张　晓　章晓旗　赵　亮　钟　敏　周小冲　周啸吟
朱　悦　祝春雨　邹家康

控制工程（32人）

曹为玮	陈丁玲	樊钰琳	方一凡	付晓凡	葛开豪	葛 特
郭文康	黄 波	黄 蓉	黄兴龙	贾玉蝶	金 希	凌晨昱
刘旭华	潘 鑫	钱小云	史逸鹏	孙 羽	王 恒	吴 辉
吴宗山	严 欣	杨冰如	杨 慧	杨俊毅	杨 明	姚文进
张 鑫	赵文波	周小亮	朱雯飞			

纺织与服装工程学院

纺织工程（86人）

曹家辉	曹嘉欣	曹丽艳	陈国栋	陈 浩	陈健亮	程 康
程志玲	代丽丽	邓荷丽	翟爱东	丁梦瑶	杜永涛	樊佳佳
范中雯	方翠翠	桂正涛	郭小兰	郝广英	何晓霞	何彦仪
何宇雯	胡会娜	黄 笛	嵇 宇	纪丹丹	蒋恒翔	寇婉婷
李 芳	李建康	李丽艳	李冉冉	李晓敏	李雅娟	李煜炜
廖利民	林 京	刘成志	刘天应	刘 月	骆 宇	吕凯敏
莫晓璇	钱佳敏	乔一帆	邱志通	任 孟	荣义星	施佳赟
宋广州	孙笑笑	汤添艺	汪海仙	汪 涛	汪 屹	王慧云
王小慧	王亚兰	王 颖	吴凤俣	吴沁婷	吴燕祥	吴 优
吴 柱	谢英毫	徐晶晶	徐肖肖	杨成飞	杨伟婷	杨 欣
姚 鑫	查 涛	张翰昱	张慧梅	张 莉	张迁迁	张 旭
张 怡	张 悦	赵俊涛	赵 艳	郑远彬	周倩雯	周 莹
周宇航	朱沛沛					

金融工程研究中心

金融（38人）

蔡雨婷	仇 知	丁盼盼	冯 洁	符婉玲	付易天	韩璧如
洪思远	胡伟贤	黄佳祺	黄松浩	黄智昊	孔纹婧	李凌锋
刘嘉晨	刘圣洁	陆文丹	逯景昊	罗娇娇	马 琪	马燕婷
沈启明	眭晨昕	孙银雨	孙玉康	田术双	王 平	王伟杰
王艳婷	吴明皓	谢世豪	徐 鑫	颜如玉	叶 天	张丁根
张雨晗	周嘉安	朱溟川				

苏州医学院基础医学与生物科学学院

农村与区域发展（1人）

魏 旭

学科教学（生物）（2人）
　　张慧婕　　刘　波

养殖（1人）
　　徐　劲

渔业发展（2人）
　　高　璐　　石瑶瑶

畜牧（3人）
　　方羿龙　　顾宇超　　屈建威

苏州医学院药学院

药学（43人）
　　陈　帆　　陈广乐　　陈曼雨　　陈芷叶　　杜欢欢　　樊　可　　范东光
　　高　峰　　郭丽云　　胡　敏　　柯有亮　　李晶晶　　栗　波　　林　晨
　　刘　宁　　刘瑞卿　　刘　帅　　刘文娟　　刘雅丽　　刘昱辰　　马建婷
　　马　琳　　屈文皓　　申　贝　　孙　杉　　王传申　　王维维　　王一菲
　　武鲁茜　　武莹莹　　许智柔　　颜雪梅　　杨　倩　　姚晓晴　　查正霞
　　张心怡　　张　颖　　张芝英　　赵　颖　　周静雅　　周　琪　　周宇鑫
　　左文青

制药工程（6人）
　　管明星　　李彬芳　　李　芹　　李政洪　　谭广静　　周　黎

苏州医学院护理学院

护理（44人）
　　柏荣伟　　陈建培　　陈　倩　　陈澍婷　　陈星宇　　崔恒梅　　崔伶伶
　　董　贝　　姜　鑫　　解聪艳　　金晓亮　　雷晓庆　　李　灿　　李晨曦
　　李　顺　　李垚虹　　刘超越　　刘闵敬　　刘莹莹　　罗　静　　马　琛
　　马铮铮　　莫圆圆　　齐一澍　　任梦晓　　宋亚亚　　汪　亮　　王金宁
　　王　婷　　卫雯诗　　吴伶慧　　吴燕铭　　徐慧子　　徐丽丽　　闫　妍
　　杨婷婷　　叶晓露　　于晓丽　　张冬婷　　张栌尹　　张　清　　张素梅
　　赵　丹　　周诗诗

苏州医学院第一临床医学院

耳鼻咽喉科学（4人）
  尹德佩 王金鑫 朱梦迪 李 怡

妇产科学（9人）
  卞仕敏 成秋红 顾雨玲 胡吕忠 计一婷 李秋桐 孙芳璨
  吴芳芳 张雅文

急诊医学（5人）
  李应辉 柳 林 齐俊芳 陈 炜 张 克

康复医学与理疗学（2人）
  曹海燕 周容羽

老年医学（2人）
  张 越 吴 琼

麻醉学（4人）
  沈晓阳 叶 红 程 影 吴 风

内科学（64人）
  边 爽 曹 晶 曹裴扬 陈静静 陈艳玲 陈 月 陈越亚
  单 蒙 杜星辰 高青波 高心怡 龚盈盈 顾 洁 洪 浩
  胡铭晟 黄永康 黄子銎 蒋若雨 蒋 钰 鞠怡娇 赖金凤
  黎逢源 刘明明 刘思宁 刘义婷 刘子宁 刘子溢 陆雨桐
  吕 欣 孟桐言 孙北辰 谈辰欢 滕雅杰 田孟丽 王晨烨
  王 珩 王庆亚 王晓飞 王叶敏 魏霄滢 吴 鹏 奚黎婷
  徐陈承 徐 菁 徐圣杰 严力远 言雪佳 杨克西 杨秋分
  杨 婷 杨昕宇 杨 奕 杨振宇 张思越 张文宇 张 圆
  张紫妍 赵诗竹 赵时迪 周美佳 朱京乐 朱丽花 朱 倩
  邹丽荣

皮肤病与性病学（2人）
  郑晓旭 裴 冬

神经病学（11人）
  付 乐 郭效宁 刘 唯 路 悦 芮钱芸 邵 开 王 灿

吴雅雅　　信秀娟　　张陆陆　　张梦玲

全科医学（1人）
　　姜　华

外科学（83人）
　　昂小杰　　蔡旭升　　曹　阳　　陈凯文　　陈乐生　　陈如意　　陈　涛
　　陈伟华　　程　前　　楚家宝　　翟　晃　　傅辰超　　高官壮　　耿新宇
　　郭宗保　　韩　未　　何凯文　　何蒙蒙　　何紫阳　　赫彦明　　侯佳敏
　　胡庭辉　　季逸超　　江　熙　　解祥通　　李斌斌　　李海翔　　李　浩
　　李　宁　　李人杰　　李苏成　　梁　睿　　刘海晨　　刘佳良　　刘江江
　　栾立鹏　　马　璐　　毛益光　　茅於博　　孟　哲　　潘六英　　彭颂洋
　　彭　玮　　彭译澄　　钱　欢　　钱尧轩　　秦万金　　邵云香　　沈强华
　　孙明兵　　唐振州　　田　丽　　王初旭　　王宏志　　王文成　　韦卢鑫
　　魏毅君　　肖飞鹏　　徐诚宁　　徐　帅　　许眙昌　　薛　韬　　严冬冬
　　颜　奇　　姚梦旭　　殷晓晓　　尹浩然　　于家豪　　俞宏杰　　俞淑菲
　　张前进　　张　钦　　张松强　　张韦成　　张　曦　　张小兵　　张　喆
　　郑　恺　　郑培炎　　仲浩舟　　周　奇　　朱天皓　　朱　铁

眼科学（3人）
　　刘元媛　　徐嘉宜　　徐　悦

影像医学与核医学（14人）
　　杜　航　　冯蒙蒙　　胡梦洁　　黄　鹏　　黄　莹　　李　晗　　孙丹琦
　　王　胜　　魏竹馨　　熊　星　　杨　青　　姚紫云　　张　申　　朱　琳

肿瘤学（14人）
　　杜　霄　　冯羽昕　　刘军凤　　陆宇杰　　欧阳维　　陶　丹　　陶慧敏
　　王　蒙　　王雨雯　　尹修平　　袁忆航　　张　慧　　张　梅　　周辛治

苏州医学院第二临床医学院

耳鼻咽喉科学（2人）
　　徐夏媛　　张　雨

妇产科学（7人）
　　冯嵩崴　　葛　格　　李　青　　陆泳铮　　罗山晖　　沈月秋　　张佳莹

急诊医学（2人）
　　刘一畅　　周　贺

老年医学（1人）
　　李林芳

麻醉学（3人）
　　徐珺婕　　邢丽吉　　肖一凡

内科学（22人）
　　郭亚茹　　何效敏　　何苑宁　　黄佳亮　　惠紫雯　　李倩慧　　李馨培
　　李　一　　梁尔敏　　陆敏嘉　　雒　娟　　彭　思　　沈　曼　　唐　潮
　　唐　蕊　　王秋云　　王玮珍　　王朕超　　翁程骅　　徐丽芬　　徐文文
　　杨　慧

皮肤病与性病学（1人）
　　谢一航

神经病学（13人）
　　丁祥云　　顾　聪　　侯　杰　　潘昕佳　　孙加伟　　孙　晓　　汪莉璇
　　王怀舜　　王静怡　　王一鸣　　吴　欢　　吴嘉婧　　武文琦

外科学（35人）
　　贲兴磊　　曹玲聪　　高　诚　　高嘉伟　　耿振翔　　胡刚峰　　胡晓峰
　　黄鸿翔　　江永亮　　柯　聪　　李大明　　李　肖　　李子聪　　柳　凯
　　马　超　　毛晓宇　　钱佳明　　史石磊　　孙建雄　　孙少坤　　唐正宽
　　王苏文　　王文佳　　王哲慧　　王　镇　　魏启启　　吴　涛　　吴雪杰
　　夏　靖　　谢　超　　张　博　　张博文　　张　飞　　张　燊　　郑听雨

眼科学（5人）
　　何　欢　　梁　敏　　王　雪　　王　艺　　游雨虹

影像医学与核医学（13人）
　　丁常伟　　丁　雪　　刘　丽　　宋　馨　　檀双秀　　陶永丽　　王福茹
　　王业青　　徐　秀　　亚　洋　　杨　柳　　杨　鸣　　张明清

肿瘤学（15人）
　　代梦芬　　代　卫　　董晓荷　　范婷娟　　范雅文　　高光宇　　顾思义

李　婷　　李玉琴　　龙玉明　　陆季成　　沈一丹　　许碧纯　　姚　振
周　平

苏州医学院儿科临床医学院

儿科学（61人）
　　陈晴晴　　陈夏秋　　陈　云　　程生钦　　代云红　　戴亚平　　戴　玉
　　杜一鸣　　范政颖　　高振鹏　　耿雅轩　　顾叶琪　　郝　俐　　惠兆芳
　　江　优　　姜　悦　　蒋梦婷　　蒋梦影　　蒋　雪　　靳会杰　　李安荣
　　李程程　　李　倩　　李　娴　　李　宇　　林子云　　刘　勤　　刘　月
　　吕美丽　　茅佳洋　　闵　婕　　莫　鹏　　齐亚茹　　闰珂珂　　施金金
　　石莉娜　　宋　伟　　孙周云　　邰永杰　　谈倩蕾　　王莉莉　　王梦茹
　　王敏敏　　温　晴　　吴晓萌　　夏　秦　　徐儒政　　徐鑫星　　杨琪瑜
　　叶　晶　　印佳慧　　俞　皋　　张佳惠　　张欠文　　张婷婷　　张振乾
　　张钟月　　张兹镇　　赵春秀　　周君玲　　左超平

麻醉学（1人）
　　陈　霞

影像医学与核医学（2人）
　　冯　洁　　陈　伟

苏州医学院第三临床医学院

妇产医学（1人）
　　蔡　巧

急诊医学（1人）
　　柯琦玮

康复医学与理疗学（1人）
　　程　云

麻醉学（1人）
　　耿蒙晰

内科学（12人）
　　曹　翌　　曹圆圆　　陈子俊　　丁莉欣　　黄小丽　　姬广玲　　王　柳

韦玮　　张忍忍　　周丰　　朱欢　　朱南南

皮肤病与性病学（1人）
黎悦

神经病学（3人）
马华宜　　丁佳　　康静文

外科学（17人）
包亚飞　　包永进　　晁策　　邓鹏程　　高振燕　　韩炜　　宋斌
汤天逾　　王宏海　　王卢辉　　王礽　　王振国　　魏小辉　　魏宇翀
于忠贝　　张锦龙　　张凯峰

影像医学与核医学（6人）
陈婧　　陈沁　　付泽辉　　耿薇薇　　刘保　　俞雯吉

肿瘤学（5人）
陈文玉　　关丽萍　　刘兆楠　　王扣　　张磊

海外教育学院

纺织工程（1人）
BILQEES

国际商务（11人）
PAVIEL ALINA
NGUYEN DO PHUONG MY
KHOUNLATSOUVANNAVONG PHOUTPHOUTHONE
CHALEUNSOUK NILAVAN
INDALA CHITSAMAY
HOMPHOUANGPHANH CHANHSAMAY
VU HONG TRANG
KOSS ROMAN
HAYASHI TAKAMASU
VANNAVONG VILAYPHONE
PHU QUE NGAN

汉语国际教育（4人）
  NGUYEN THI DUNG
  MICHEKU DUANGNAPHA
  MALIAVKO VERONIKA
  EVMENCHIK OLGA

金融（1人）
  SUN LI FENG

教务部

临床医学（56人）

曾将萍	常天棋	陈婷	陈晓倩	成希	戴鉴	段玉冰
冯吉	高比昔	葛琪	顾欣	韩康	黄彪	姜斌
郎雨诚	乐悦	李大壮	李家颖	李欣	李学谦	李雪锴
李紫翔	梁展文	刘津毓	刘心旸	龙小敏	马成	米利杰
饶宇宁	任重远	申真	史轶凡	苏芳莹	苏文星	田凯
汪宏斌	王文杰	魏钰倩	吴天梅	武岑颢	徐斌	徐雨东
宣和	杨檬璐	杨雁博	袁桂强	张乘鹏	张稼辛	张冕
张鹏	张晓磊	仲璐婷	周益秀	朱婧菡	朱媛	卓然

2021年毕业的同等学力硕士生名单

王健法学院

宪法学与行政法学（1人）
  徐钰锋

苏州医学院

病理学与病理生理学（2人）
  宋洁 金玲

苏州医学院基础医学与生物科学学院

病理学与病理生理学（1人）
　　杨媛媛

免疫学（7人）
　　曹君　　成婧　　顾莉　　胡玉清　　林春艳　　王群　　吴伟华

病理生物学（1人）
　　管湘玉

医学心理学（3人）
　　苗晓　　徐琳媛　　孙建荣

苏州医学院药学院

药剂学（1人）
　　姝丽雅

药理学（1人）
　　叶茂

临床药学（1人）
　　陈国梅

苏州医学院护理学院

护理学（6人）
　　王丹丹　　王金萍　　王小飞　　范春艳　　柳英　　李立凤

苏州医学院第一临床医学院

耳鼻咽喉科学（3人）
　　周星　　胡磊　　谢彬礼

妇产科学（14人）
　　陈梅　　陈琦　　陈茜茜　　高琴　　韩璐　　李晓红　　凌云
　　刘晓丽　　戚玲玲　　孙利平　　田甜　　张红燕　　张宽　　朱亚芹

急诊医学（3人）
　　张书茵　　陶向宏　　王桂杰

康复医学与理疗学（5人）
　　梁冠军　　赵德福　　梁成盼　　耿姣姣　　何小辉

老年医学（1人）
　　王赟阳

临床检验诊断学（3人）
　　魏　崴　　赵学玲　　肖　燕

麻醉学（13人）
　　卞小林　　曹　娟　　戴慧荣　　丁俊云　　黄海霞　　李荣华　　林　敏
　　苏　丹　　王雪湖　　徐海龙　　杨慧慧　　杨　坤　　杨晓琳

内科学（26人）
　　把一飞　　翟迎和　　杜静怡　　甘云霞　　高　静　　葛　瑾　　顾斌斌
　　何凤莲　　贾屹南　　姜珊珊　　李　苗　　钱　悦　　秦　晖　　沈静静
　　唐爱军　　汪海霞　　王　娟　　王敏捷　　徐淑兰　　徐　杨　　薛　翔
　　袁　敏　　张晨婕　　张　靖　　周　蓓　　朱　江

神经病学（3人）
　　张　敏　　侯锞咪　　来　峰

外科学（18人）
　　翟振州　　丁　芹　　龚旦峰　　龚　杰　　顾晓岚　　黄　新　　蒋　岩
　　李　磊　　林伟栋　　刘浏荣　　刘　瑞　　陆铭溟　　吕俊超　　马伟伟
　　吴　达　　易　辉　　张振杰　　钟　贤

眼科学（1人）
　　顾一帆

影像医学与核医学（11人）
　　蔡　蓉　　蔡　钰　　巢浩强　　丁少华　　顾惠芳　　黄　越　　林晓明
　　祁龙秀　　王田尧　　袁　媛　　朱亚梅

中西医结合临床（3人）
　　崔婧　薛寅　吕莹

肿瘤学（4人）
　　姜卫娟　孙凤艳　杜明珠　任惠铭

苏州医学院第二临床医学院

耳鼻咽喉科学（1人）
　　张志鹏

妇产科学（2人）
　　孙妍　郏柯

急诊医学（1人）
　　孟璐

麻醉学（6人）
　　葛莹　嵇晓阳　李丽　芦秀云　辛卓月　邢海林

内科学（9人）
　　常先松　江振　姜子峰　刘伟　沈可　王婷婷　熊惠
　　许轶明　祝婷婷

皮肤病与性病学（2人）
　　张佳音　毛丽艳

神经病学（4人）
　　孔令胜　殷乐　杨云龙　陈科春

外科学（3人）
　　马银成　邱智泉　张明行

影像医学与核医学（10人）
　　陈洁　储双　邓舒昊　高喜　葛秋燕　蒋培骄　沈龙
　　王美晨　张培培　朱薇萍

肿瘤学（9人）
　　冯春霞　黎思苑　沈锦丽　施　雯　吴　剑　杨桃梅　张佳瑜
　　周小祥　庄淑奇

苏州医学院儿科临床医学院

儿科学（25人）
　　成　胜　董莉莉　耿　华　管　萍　郭小婉　韩　蕊　何慕琰
　　洪　怡　黄　贺　姜晓萍　李大进　李　芹　潘春华　祁　鑫
　　王娟娟　王　寅　武书鸿　肖广艳　肖　奕　许　轩　严　梓
　　张　帆　张海英　张玉凤　郑明霞

影像医学与核医学（1人）
　　董　影

苏州医学院第三临床医学院

儿科学（2人）
　　尤　婧　范　伟

临床检验诊断学（1人）
　　沈　锋

内科学（4人）
　　仲　璟　蒋　鼎　徐　茵　顾丽君

外科学（2人）
　　黄　寅　王建华

影像医学与核医学（4人）
　　储毅威　顾佳希　张　静　周　慧

上海肺科医院

内科学（3人）
　　钟　玲　瞿燕华　冯　波

影像医学与核医学（3人）
　　沈情　潘鑫　殷润

上海第六人民医院

老年医学（1人）
　　赵文娟

外科学（1人）
　　赵　怡

苏州大学附属独墅湖医院

康复医学与理疗学（1人）
　　陆　飞

苏州市广济医院

医学心理学（1人）
　　冯现娜

2021年3月本科毕（结）业学生名单

电子信息学院

电子科学与技术（1人）
　　丁　培

电子信息工程（2人）
　　刘豪杰　陈宇

通信工程（2人）
　　何归林　李子扬

微电子科学与工程（1人）
　　吕昌钰

信息工程（3人）
　　周　沁　　王峣川　　黄德森

东吴商学院（财经学院）

财政学（2人）
　　虎子兴　　徐雨佳

电子商务（2人）
　　孙安琪　　刘　睿

工商管理（1人）
　　王致升

国际经济与贸易（1人）
　　樊思鼎

会计学（1人）
　　李迎辉

金融学（2人）
　　樊浩南　　刘智伟

纺织与服装工程学院

纺织工程（5人）
　　努尔艾力·卡司木　　赵宇航　　高　鑫　　孔　维　　贾博枭

服装设计与工程（1人）
　　涂琢玉

光电科学与工程学院

测控技术与仪器（1人）
　　于浩琛

电子信息科学与技术（1人）
　　董宇韬

光电信息科学与工程（1人）
　　范祎昂

计算机科学与技术学院

计算机科学与技术（4人）
　　杨志远　　于　享　　朱厚澄　　张　欣

软件工程（5人）
　　王　坦　　王子恒　　张　明　　朱明磊　　李健欣

软件工程（嵌入式培养）（2人）
　　顾梦婕　　陈帅鹏

网络工程（2人）
　　陶　寅　　王珂培

信息管理与信息系统（4人）
　　刘　杰　　许钱秋　　陈　月　　吴　限

能源学院

能源与动力工程（2人）
　　周　浩　　唐双双

新能源材料与器件（5人）
　　罗慕齐　　刘春晖　　何腾圣　　郭正义　　施芊如

数学科学学院

金融数学（5人）
　　邹　怡　　郭奕含　　潘　楠　　王宇轩　　苏　同

数学与应用数学（基地）（2人）
　　王　锐　　傅钰倚

数学与应用数学（师范）（4人）
　　李一海　　张　璐　　郑超男　　祝梦洁

统计学（2人）
　　刘易凡　　陈　天

信息与计算科学（5人）
　　李子昂　　沈跃岑　　彭　睿　　倪若禹　　李　喜

体育学院

体育教育（1人）
　　杨　杰

武术与民族传统体育（1人）
　　杨　奇

运动训练（3人）
　　马岩稷　　杨家祺　　任　伟

外国语学院

翻译（1人）
　　高　敏

日语（2人）
　　邹　盈　　董　妍

西班牙语（1人）
　　董佳卉

王健法学院

知识产权（1人）
　　刘　叶

物理科学与技术学院

物理学（8人）
　　万宇恒　　周洪涛　　王成成　　牛苑好　　刘　力　　沈天锐　　刘起霖
　　陈明轩

轨道交通学院

车辆工程（2人）
　　廉雅楠　　赖彬晗

电气工程及其自动化（城市轨道交通控制工程）（1人）
　　祝鸿飞

电气工程与智能控制（2人）
　　杜　鹏　　钱俊杰

建筑环境与能源应用工程（1人）
　　高大志

通信工程（城市轨道交通通信信号）（1人）
　　张晋玉

机电工程学院

材料成型及控制工程（6人）
　　廖志超　　马世月　　曹晓霏　　吴　琦　　王　文　　邓金意

工业工程（1人）
　　蒙绘一

机械工程（4人）
　　覃金朋　　王子祯　　宋　坤　　董瑞昭

沙钢钢铁学院

金属材料工程（2人）
　　王润芝　　王　涛

冶金工程（5人）
　　童安安　　陆明智　　林旭帆　　吴正宏　　柴宗元

材料与化学化工学部

材料化学（2人）
马　壮　　程思远

材料科学与工程（1人）
颜秉康

功能材料（2人）
张　潇　　陈靖伟

化学（5人）
赵路瑶　　汪　杰　　武晓强　　袁　翔　　李　杰

化学工程与工艺（1人）
谢天宇

环境工程（1人）
虞远舸

无机非金属材料工程（1人）
康程南　　韦龙杰

应用化学（2个）
周　鑫　　刘成凯

传媒学院

播音与主持艺术（1人）
刘淑颖

广播电视学（1人）
郭芷君

广告学（2人）
邓寿奇　　陈倚漾

金螳螂建筑学院

历史建筑保护工程（1人）
　　庄徐飞

园林（城市园林）（1人）
　　骆万雄*

纳米科学技术学院

纳米材料与技术（3人）
　　方　珂　　罗显飞　　潮　波

社会学院

社会工作（1人）
　　李　倩

社会学（2人）
　　唐开翔　　李程涛

图书馆学（1人）
　　曹思韵

信息资源管理（1人）
　　薛英豪

文学院

汉语言文学（基地）（1人）
　　白靖宇

秘书学（1人）
　　王妍妍

医学部

护理学（1人）
　　熊鑫凤

临床医学（2人）
　　李　洋　　宋韶康

生物技术（1人）
　　蓝同春

生物科学（1人）
　　付文丰

生物信息学（1人）
　　张秀秀

生物制药（2人）
　　夏　雪　　杨欢平

食品质量与安全（1人）
　　邵　涛

医学检验技术（1人）
　　姚　鑫

中药学（2人）
　　邓可可　　但岷洁

艺术学院

产品设计（1人）
　　王　崛

服装与服饰设计（4人）
　　丁紫薇　　许　烨　　赵闻欣　　杨中华

美术学（2人）
　　钟子钰　　冯　笑

美术学（师范）（1人）
　　沈刘珍

艺术设计学（1人）
　　林嘉彤

音乐学院

音乐学（师范）（2人）
　　唐　杰　　黄雅乐

政治与公共管理学院

城市管理（1人）
　　杨照启

管理科学（1人）
　　刘　浩

思想政治教育（2人）
　　胡楚贤　　吕　洁

物流管理（1人）
　　朱佳文*
　　注：带*者为结业生。

2021年6月本科毕（结）业学生名单

文学院

汉语国际教育（54人）
　　裘翘源　　宋玉梅　　周　雯　　唐　玥　　高敏洁　　贡紫怡　　张文涵
　　朱雅菁　　陈雨欣　　李　寅　　欧炜晨　　庄量剑　　郑韩斌　　樊瑞丽

张　溪	刘涵雨	虞淳婷	姚　如	胡　婷	王　姝	曹祎珺
徐锬蓉	刘振铎	汪天冉	卞谦之	袁合芳	沈浩然	王玉花
杨明澜	边楚凡	贺　阳	陈丽莎	宋春毅	余若思	庄玉华
崔雁琳	李爱玲	梁亚慧	马兰馨	陈晓冉	刘费杨	王贝贝
王　力	潘　玥	蔡卓玲	何　言	程晨昕	郭菲蓉	刘彦含
赵紫悦	蒋若晴	崔小语	苏梦梦	袁成浩		

汉语言文学（基地）（34人）

陆　璐	柯佳祺	谢邱宜	李亦明	顾　晨	李可欣	田家琪
方　心	叶文怡	严子豪	侯宜君	张余璐	颜小凡	范晓烨
杨伊雯	孙祎曼	何逸含	吕煜琳	程　婷	韩子慧	郭婧祎
李　萍	叶静文	李官丽	杨佳嘉	赵方也	商玉娇	王梓锟
杨昕怡	颜丽郦	欧阳思齐	龚淳媛	刘茂林	郭霄旸	

汉语言文学（师范）（82人）

马雨薇	缪　蔚	郭源琪	杨宗妍	杨紫燕	施晓烨	张悠然
方礼蕊	姚陈雅	毛星棋	洪诗怡	解成璐	王紫莹	曹玮婕
吴凌云	董梦桐	郭洁如	袁　清	刘思涵	濮珺珺	陈　熙
任欣怡	谢宇红	刘杨阳	刘承智	汪　楠	王　慧	陈　颖
林菲钒	闫玮萱	王千理	刘　琪	张雨欣	钱湘蓉	林天天
吴佳伊	沈天娇	朱小康	项晶晶	萧格尔	周丽蓉	邵雨萌
李　森	潘欣玥	杨子璇	庞祎静	钱　璐	黄洁怡	蒋文萱
范　伟	黄晓雯	李湘玉	窦梦颖	罗玉菡	姚　宇	雍雨霖
曹文萱	林智乔	彭玉婷	吴一玮	何玉灵	苗惠宁	亚俊萱
罗建梅	马　静	田卉林	廖淑玲	陈香杉	汪　卉	王诗原
黄　宁	向仁苗	施雯雯	郭蔓清	李　银	周雨欣	张华宇
马亚文	吴欣容	程　镜	陆天逸	毛一帆		

秘书学（46人）

季璧莹	唐嘉艺	许　诺	陈羿阳	谢雅龄	王　逸	韦俐汕
姚子烨	马明龙	韦懿芯	李　玥	韦　颖	苏熙雯	郭　颖
潘云伟	缪雨轩	余奉莲	展望未来	吴秋阳	郑宇东	彭春玉
朱丹丹	于坤柔	谢金金	孙　彤	潘美霖	朱君仪	杨　霞
赵祥稀	毛思祺	黄玉璠	王春莲	潘　超	王蓉芳	胡　玥
吴金蔚	吕富利	杨　涵	张　希	邓立飞	高雨萱	李　涵
关　珊	董丁玮	陈　岩	宋莹石			

传媒学院

播音与主持艺术（31人）

王雨轩	王雨昊	鲍文汐	王子涵	孙温惠	王润芯	李陈文都
田玉华	章一宁	董雯青	张瀚文	罗 茜	刘晓文	史凯文
程 然	黄鑫祺	张 震	钟威虎	杨雨晗	陈依柠	陈馨儿
张珂玮	李乐瑶	刘岚清	谢超仪	杨逸楚	王 熠	刘宇涵
黄健怡	赵梦烜	李逸生				

广播电视学（36人）

付小超	崔力丹	朱家辉	翟仲雪	周瑜颖	夏 颖	毛雪妮
张秭萌	张一弛	韩 莉	黄若薇	周紫涵	张尚安	刘娇娇
管 静	周天阳	景海清	李 南	刘志仪	吴叶音	陈湘豫
洪悦庭	扎 加	熊金玲	张熙莹	王 蕾	刘 辉	李书阅
张婉婷	德吉白玛	张密林	吴柚柚	张曾娅	陈逸凝	李思琪
张文雯						

广告学（61人）

周妍伶	张 锐	邱帆帆	宋 冰	朱慧恩	徐 妍	李 想
秦一澜	侯佳怡	汤秀慧	陈志豪	陆雨婷	黄剑波	纪语欣
王心恬	张 煜	朱裕宁	孙 爱	张磊旺	朱熔熔	吕 荃
唐嘉晖	庞中旭	田清清	解志强	张 奕	刘 琳	王倩慧
朱心怡	蔡君清	张 涛	曹 菲	彭湖宁	李媛媛	丁 琰
潘琪瑶	杨 月	李 敏	王月晴	何嘉芙	蔡宜峰	张馨月
盛诗宇	张雨点	陈 晓	张 静	杨崧艺	郑中月婷	陈 演
周陈莹	黎旺平	章歆烨	蒙一凡	谭露露	韩 宾	王雨晨
赵民扬	张 良	张雨晗	刘婧茜	姚倩茹		

网络与新媒体（36人）

辛润珺	张探青	王瑜嘉	王书琳	仝莉莉	杨 柳	毛新玥
韦嘉怡	曹 薇	陈 辉	梁长媛	姚沁怡	陈 轩	陈廷轩
梁婷林	马涵钰	朱佳丽	袁 湘	赵 悦	方 静	陆 灿
刘欣玥	张亦菲	金万善	黄逸达	杨雪琦	郝 婕	李馥彤
胡 萱	陈一诺	李思桐	王思帆	张吴可	王欣悦	俞佳明
罗 珍						

新闻学（46人）

王琦琛	杨璐伊	王 聪	鲍庆坤	瞿雨凡	陈 瑶	秦 悦
陆天艺	蒋雨恬	李荣欢	王雪琪	程彩霞	崔也涵	葛家明

孙梦璐	顾成琪	江　倩	陈涵蕾	何君成	施楚楚	万旭琪
万纯茜	信　馨	邵昱诚	何　婷	董浩燕	刘晓洺	许丽诗
陈茜雨	周　莹	徐锐迪	张姝妍	张梦宇	孙　越	冯倩倩
安珂萱	谭　娅	焦佳星	张光娜	杨　洋	董思彤	吴筱寒
刘歆宜	张子政	鲁文青	张　弛			

社会学院

档案学（37人）

谢妍妍	刘建文	冯宇松	康惠敏	胡　阳	第　尔	陈　恬
汤紫静	尤力俊	杨文菁	杨文慧	毛绮梦	欧阳紫琳	邢　璐
赵泽宇	陆瑜嘉	王瑞锦	薛　文	王　希	赵中睿	赵钰婷
次仁仓决	张凤琴	房艳茹	卢旭梅	葛宇舫	齐佳丽	魏丽红
孙　振	孙淑婷	刘　莉	李冬花	杨美美	陈静雯	奚彧飞
马梓滟	邹莎莎					

劳动与社会保障（37人）

谷　雨	苏　鹏	刘雅娟	熊元铱	李　灿	孙　迪	彭劭琦
陈雨晗	张珺妍	温　珊	王　星	左思敏	李奕婷	项祈芸
雷悦橙	殷小杉	彭羽佳	朱　敏	刘　鹏	石逸子	丁　悦
吕林芳	周炜伟	姚　莹	周　婷	吕镛振	燕婷婷	田　静
陈光兰	卢　洁	周慧芳	朱心语	张舒扬	范昕博	曹　蓉
陈怡蒙	雷　娜					

历史学（师范）（35人）

张　炎	胡艳烯	余　玥	夏逸寒	朱锡澄	叶子佳	王姿倩
黄喜庆	周子仪	李　恒	陆颖涵	张孟安	彭　慧	戴计晨
王　硕	张志勇	范怡萱	袁小丁	吴庆宁	覃子茵	吴秋萍
王　茜	王圣云	韩林西	申心悦	梁靖娴	薛　琳	黄　蜜
乔锦华	苏广新	康文华	高　鑫	殷　湛	吴芷婧	季新雁

旅游管理（37人）

刘方伯	范　轶	吴佳怡	侯泽宇	徐雨晴	宋　慧	徐志琴
韩佳慧	史晨雨	鲍瑞灵	徐嘉怡	陈楚苓	唐金文	王宇轩
刘宇翔	董思思	汤　毓	刘思羽	任雅雯	孙一鸣	张　翠
陈慧敏	苗佳慧	罗琴琴	王　柯	况泽宇	彭钰芊	徐玉玥
钟雪晴	王春花	王璐瑶	彭贤吉	丁可欣	黄圣博	刘　翔
雷思雨	杨　蝶					

社会工作（17人）
　　季佳钰　　朱夏妍　　张建康　　葛若冰　　徐晓灵　　周　雪　　徐钦云
　　李宇晴　　王莉莉　　田会婷　　马婉婷　　刘川淼　　陈艺欣　　陈彦廷
　　邱博文　　王　妞　　宋美成

社会学（26人）
　　胡雨雁　　吴梦婷　　曹　滢　　李芷仪　　周　洁　　蔡　勃　　涂浽浸
　　楼旻安　　徐佩瑶　　王新娅　　闻心怡　　沈嘉成　　曹　原　　杨峥莹
　　户潇赟　　梁释予　　马　骁　　张　虎　　王　爽　　谢青信　　张　玺
　　王钰嘉　　刘家玉　　张皓迪　　赵　琪　　李冬儿

图书馆学（1人）
　　吴　禹

信息资源管理（15人）
　　罗奕初　　宋临风　　邓伊琳　　王　凤　　蒋晓炜　　颜仪天　　刘一畅
　　孙滢琪　　尹静媛　　陈祺瑶　　廖丽萍　　赵锦瑞　　王莎鑫　　李恩乐
　　巫智政

政治与公共管理学院

城市管理（36人）
　　侯舒媛　　缪国华　　唐沁越　　张卉妍　　姜舒琪　　邵平凡　　卢　杰
　　吴云云　　董思薇　　顾云帆　　孙业琳　　蒋　萱　　陈钧超　　严　歆
　　陈丁泽　　耿志欣　　李懿豪　　刘　洁　　潘晨阳　　张　费　　张继尹
　　付婷婷　　李　杨　　季家俊　　王霄旸　　杨　敏　　史云亭　　张　文
　　安　容　　杨碧婧　　张敏敏　　熊雪婷　　李嘉宁　　陈　雨　　李婉婷
　　胡安·叶尔肯

公共事业管理（23人）
　　于　浩　　苏　乐　　吉鸣玥　　丁香予　　胥璐瑶　　茅抒文　　陈　杨
　　杨勇飞　　仲慧敏　　冯宇婷　　陈剑东　　黄　旋　　但怡灵　　叶星星
　　王建玮　　锁　彪　　田依灵　　德青卓嘎　丁岩森　　王竞熠　　张皓铭
　　张玉玺　　帅朝阳

管理科学（39人）
　　周　欢　　陆冰洁　　蒋　理　　谢良涛　　王　霄　　郭欣颖　　杨润磊
　　徐馨雨　　翟钱宇　　陈奕彤　　蔡　昳　　韩青岚　　郑若彤　　田　叶

顾　宁	吴宸祎	任炫夷	刘方正	陈中南	刘秋阳	杜一苇
马润庭	孙　楠	沈晶莹	朱学丽	程逸君	冯家俊	朱正茂
管哲琪	黄　菲	余泽田	邵维婷	陈甜甜	宋文君	陈　越
刘慧芳	罗雨欣	郭旭峰	娜迪莱·艾斯哈尔			

人力资源管理（38人）

张　捷	卫　丹	杨文颖	陆　军	崔佳伊丽	张修亿	张雨凡
孙梦圆	万松艳	曹诗琪	徐子月	朱欣悦	陆家炜	曹　鸿
胡蕴慧	姚　麒	冯　烨	尹虹苏	叶　炜	樊佳莉	刘玲玲
顾　颖	陈郁楠	罗　倩	何　炜	冯佳楠	卞子平	施正颖
徐　莳	龙　昊	易彦知	李京芳	陶　欣	杨　炯	秦艺丹
简亦清	肖　超	曹婧萱				

思想政治教育（20人）

潘　纵	白泰萌	杨长兰	王淑芮	黄璐雪	吴俊儒	崔湘乡
吉敏娴	张　烨	王林宇	王祎鹏	陆绪芹	曾文意	马婧慧
刘佳纯	魏雅宁	聂姗含	唐　建	任家恒	苏星月	

物流管理（123人）

潘一帆	陆海萍	陈倩炜	张黎晖	刘　畅	方芸颖	石若璇
李欣悦	黄梦晨	施　琦	陈　宏	方媛媛	王长武	徐镓焕
邱冰艳	洪天赐	黄菊樱	陆佳烨	张　风	梁　琪	许周洲
王子睿	李淑婷	孙　茭	李易泽	刁杏鑫	夏佳欣	季亚男
张　浚	朱　妍	张菊玲	张寒玥	陆佳娣	何颖珊	李浩瑭
韩登科	崔筱笛	张沁雪	聂　盼	陈　炜	赵洁戎	胡陈圆
顾潇菁	陈梦轩	刘美含	段文利	李宇琦	李卓霖	高璟妍
张天悦	陆美辰	范　扬	向　缘	吴　怡	王芷玥	杨彦羽
邵　睿	滕佩珊	严佳鑫	余东升	徐子欣	李　韵	盛　越
陈芙蓉	徐紫来	田佳君	顾　婕	康欣玮	王唯一	陈　逸
王晨欢	王子川	鞠　婷	蔡　延	杨　焱	张蕴怡	彭雪儿
杨雪飞	肖　妍	刘乐怡	潘昱妗	赵　薇	房昕容	陈　菲
曹宇潇	陶润杰	赵希玉	陈淑一	尹胜青	乔已芫	季铭慧
陆晓涵	王宇祺	周仲玉	华嘉年	谢　锦	陈雪儿	孔隽越
朱季晨	冯斯原	赵　萱	沈子喻	封若兮	江希哲	丁　薇
王心儿	唐朝霞	卢煜宁	王玉怡	严美仑	陈　曦	孔心睿
郭　蕊	韩　婷	黄　瑞	许可园	汪雨欣	路钰浩	李沁蓓
吴仪嵘	陈　晨	王亚峰	刘于安琪			

行政管理（39人）

贺玉璟　俞天娇　王绎淋　黄晓丹　梁艺新　吴　楠　郝　晴
张婷婷　徐雨昕　毛　琳　张　妍　潘慧莹　钮星怡　孟　玲
张　楚　杭华杰　张浩裬　陈千智　范艳君　陈欣怡　李梦妹
李旭光　黄玉玲　曹佳慧　刘云飞　刘天睿　白亚如　朱梦钰
杨　苗　杨　敏　孔雅迪　徐小雯　何佳玲　付　丽　张　姣
王禹苏　吴　徐　贺冰冰　史泽华

哲学（12人）

孔鑫怡　沈炜婷　李博放　冯鑫然　黄惠敏　曹　菁　李冠秋
张心怡　张成芳　王璐璐　原二团　梁幸贤

外国语学院

朝鲜语（19人）

石　宇　张秀妹　陈小娜　秦思佳　袁双双　张影影　倪　佳
高加加　卞佳红　包成阳　王鹏云　冯　霞　李丹妮　陈　鹏
郑斯文　苏　磊　赵云浩　程　晨　李　迪

德语（26人）

李　涵　郑　怡　王佳霖　杭珂竹　陈青云　杨圆圆　王诺贝
蔡煜澩　卢纪元　郭文怡　徐雯尧　孙　艳　全李萌　朱韫婕
林光磊　房佳晖　张　淼　赵伯君　陆佳芬　洪婴文　黄灿灿
何秉熹　郑鹏飞　申丽花　于佳辰　陈子卉

俄语（18人）

付佳琪　孙西艳　赵佳敏　孔祥龙　施赛峰　朱枳锡　吴一波
张恺琦　施佳余　刘东姿　孙雪英　朱　莹　徐　晗　韩如雪
李若薇　陆宣潼　姜　琪　武笑宇

法语（23人）

王　菲　蔡玮晗　袁涵雅　汝　琳　仇香芸　尹　姮　严　榕
张　锡　许　愿　金佳琳　周晓燕　叶丛笑　陈知展　章露萍
周　慧　杨雨晨　张方君　杜　渐　王依涵　孙海藻　袁天姝
刘瑞雪　黄郁婷

翻译（19人）

周明婧　胡　璟　殷雨晴　申芸凡　张东明　吴　君　俞心淼

应　敏	殷子琦	曾若彤	桂子淑	吴佳玮	郁林音	刘航宇
张星雨	尚子涵	陆柯伊	王　琪	王一宁		

日语（49人）

向　豪	孟　洋	林　凤	李　薇	刘　威	张镐宇	朱苏月
柏　芸	王婉婷	张瑞雪	范雨琪	阚红杏	丛季珏	蒋敏钰
宋天恩	张　洁	王萌萌	钱澄之	施冰艳	施心怡	张诗瑶
李　婷	吴倩妮	张雨琪	范鸿铭	白伊宁	王玮绮	徐文成
陈梦谦	李　颖	俞　月	刘梦连	倪佳茜	赵　睿	张爱琳
吴雪君	王欣然	张哲闻	金玲妃	梁　烨	吴子凡	韩　笑
张　玮	谢　磊	范添煜	潘纪儒	高方婷	杨刘晶	程　嫿

西班牙语（25人）

童　诚	宋金璋	赵子琪	李婧逸	郭金欣	杨　思	王小飞
王　恬	李　娜	罗一蒙	朱安琪	薛　颖	李　铮	黄笑可
邱玮晨	李　舜	管璇月	饶晨逸	高雨珊	潘家懿	邱　炼
邱冬尧	陈芝澳	陆成成	许文馨			

英语（28人）

昭　娜	张岚宣	庄宇航	董亚平	凌清雨	朱　鑫	顾　晨
吴周燕	朱镇颖	徐双燕	盛诞杰	徐　帆	孙　澜	陈奕每
尚宇琪	梁钰清	黄文然	唐　朝	丁思云	阮浩蓝	陈　菊
肖冉頔	邓梦媛	陈尔晗	苏雯雯	谢圆圆	陈　燕	吕春阳

英语（师范）（58人）

杨森淋	沈子昂	张　敏	潘可宜	王延雨	邵祎娜	王梦柔
蓝晨镭	仲心仪	庞邵婕	韦燕童	刘芝钰	陆　瑶	邹　忞
陈　赫	许家意	徐志成	陆尚薇	周雨函	张益群	杨佳彤
王　玲	曹镇洲	田熊安	郭佳楠	陆佳玟	于小玉	姚嘉乐
支予吉	董佳慧	夏东南	桑铝洁	江天熠	卫佳玲	宋春生
倪佳瑶	班春莹	袁千惠	彭金旖	姜　盘	张乐馨	张诗韵
高淑涵	毛家明	王翠玲	韩　露	李尚妍	李书琴	魏思宇
黄雪姣	原淑涛	张楚璇	崔羽昕	唐　卓	姚　曳	魏羽佳
易　艳	袁昕彤					

东吴商学院（财经学院）

财务管理（61人）

杜梦洁	索南班措	严鹏宇	陶文倩	徐文静	胡奕璇	潘　倍

张思雯	朱子雯	张双双	游望铭	李柯林	康陈伟	张蔡珣
史浩文	赵珂	陈昊	李东旭	王文昕	冯逸张	杨一帆
吴一凡	王峥	张泽昊	徐礼蓉	束巧莉	王迎新	王心玙
袁子凌	江海鹏	史晨茜	徐韵瑄	濮梦丹	王月	王芙笛
夏星星	李婷婷	相锐敏	高丽兰	成清怡	卢语琦	李雨欣
陈银	李响	饶斯玄	顾沁心	周玲青	汤兴蓓	柏雪
梁婷	鲁荟雨	慕秋妏	李妍	马小萌	董亭亭	张玲
沈雅雯	田祥莎	陈源	吕伟华	朱骞		

财政学（44人）

刘瀚聪	孙霂坤	黄月霞	魏珊珊	贾如	孔云	肖雪
朱甜甜	卓丽	刘佳慧	王亚楠	杨呈磊	魏秋晨	王敏
白文婷	沈鹏宇	黄璐纯	杨嘉乐	王冬梅	袁周华	吕明沿
余中天	杨筱丽	王梦霏	鲁燕	袁可晗	韩健东	卢红梅
周国雯	周卓然	张佳亮	郑宇鑫	樊雯媛	吴紫娟	尹玲
臧旋雯	骆紫桐	张倩倩	赵君巧	张一凡	于世捷	焦祉祎
姚炀滢	房文韬					

电子商务（27人）

臧子夜	蒋袁杰	顾偲艺	杜一鸣	朱明庭	徐晓芸	高嵩
徐雪	王雨婧	尤诗雨	周梦晨	杨奚杰	张展铭	陈成
卢芳靖	朱文慧	马也	刘肖寒	赵阳	卢俊伊	王钧佐
何晨明	赵明	陈蓓尔	幸甜甜	王云林	李玉梅	

工商管理（48人）

王雨欣	陆菲菲	赵文丹	邹文睿	叶成	周贤梅	乔苗苗
陈俊希	高无忧	何熙涛	刘思雨	顾文怡	李美燕	周佳
祝亚文	尤浩洋	陆强	戴小蝶	王睿	骆彦西	黄莉
吴凡	汤海鑫	丁祺	朱文珊	卢叶颖	刘晨希	王如琪
马礼军	陈俊龙	陈琪	白承晔	林淑君	兰晨	杨九九
沈云	郭炎明	陈萌	陈希睿	陈丽	崔亚美	李杨
王冬美	游嘉玲	郭宜承	张书瑄	李文婧	王婉青*	

国际经济与贸易（61人）

潘信羽	戴扬	刘晓彤	梁煜昕	阙嘉涵	周婕宇	王宇
刘敏	张志胜	孙青	韦怡婷	闵继峰	石宇	唐雨婕
陆珂瑶	董可意	郭思婕	耿胞媛	何钰	王浩宇	周文静
朱欣欣	杨立信	王乃民	凌宇欣	胡若涵	杨皓	顾诗逸
施健	陈戎	韩雪庆	张婉月	陈紫嫣	吴维一	黄皓弈

夏天听	卢逸蓉	李梦琪	邱溦钰	朱　珠	郭　琳	唐如珊
张林海	旦　吉	邵　丹	倪雅彤	贺　煜	金珍伊	格桑德吉
许思妤	张书翰	芦光俊	欧阳丹丹	刘　洋	陆凤厅	陈九亦
蒋诺恒	吴筱璠	向旭萩	蒋思宇	杨　桐*		

会计学（105人）

陈思羽	金　涛	陈星元	纪翰平	陆玲波	张曼玉	王树玮
徐晨铠	陈怡雯	张莹莹	袁金雨	徐智羽	李婷婷	赵星宇
蔡倩玥	葛心宇	夏天悦	张　迪	周子岚	吕晓琪	姚聪颖
王　勇	张俊杰	蔡婉婷	闵顾君临	张　宇	程梦迪	陈耀辉
朱雅雯	李子晗	于雯倩	姚　敏	邵天钰	姚舒敏	钮梓榆
胡　捷	张　恬	钱紫雯	丁书灵	樊夏羽芊	曹　彦	郑蓓宁
杨克威	程　可	柏叶欣	钱轶铖	曹李强	高　玥	俞　慧
戴雨桐	黄　徐	吴思奇	胥卓璇	龚欣语	李嘉翔	姚磊磊
江金菁	温丽金	易雪玫	王　昕	李怡婷	夏　雪	周靖婷
吴金铭	周思祺	邵青璇	刘崔明	刘欣然	陈寅晗	徐伯成
薛　可	季　钰	陆　野	黄佳慧	贾雅婷	朱星宇	周　畅
张家煜	钟婉儿	刁静雯	梁家怡	张　颖	辛瑀琪	潘美洲
王滢钦	吴逸群	李　慧	许亚威	夏靖雯	马卓杉	穆婷婷
穆春寒	李超凡	马紫艳	洪薇薇	王　颖	冯雨薇	朱　旭
司马衍哲	陆　翀	张伊杨	王姝涵	肖瑞妮	张　如	徐　捷

金融学（108人）

姜　潇	朱雅婷	费雨欣	曹雅婷	倪晓妍	尚明峰	孙　晨
王　铮	苗秋实	范晨轩	刘雨卓	凌　西	陈子洋	李　馨
黄　莹	张雨祺	王丽华	朱　傲	黄锦程	林超然	朱亦文
曹昕苗	朱澎飞	杨心瑜	杨　航	崔　昂	王欣玥	张　越
严　佳	陆乃菁	解雨田	史佳怡	周圣南	赵思琪	邵子源
陆　晔	冯鑫业	刘　瑶	赵　巍	陆毅凌	白祺超	周锴涛
刘哲辰	梁咏琪	周　烨	陈媛媛	张锦康	冒浩然	李乐颖
谢心怡	蔡张炀	冯怡秋	尹雨昕	薛　巍	王心怡	刘郑耀
孙欣炜	王佳怡	张　丽	周怡廷	徐镇添	刘　炀	魏之畅
杨宇轩	李子桉	林　蕾	刘宇星	郑　敏	钟　源	陈希羽
吴岑烨	徐　静	王剑波	王柔烨	江　林	张　哲	尤其凡
汝心悦	纪国超	周友进	徐家睿	林　玲	王志聃	封英杰
陶　然	薛星宇	吴柏谕	吴忆含	胡于文	李笑宇	邹宇琪
李玥瑶	朱禹萱	吴　仪	罗展鹏	王　晶	李可抒	吴竹格
刘佩玲	唐丹尾	王文清	钱　煕	刘心仪	楚天舒	成　诺
徐文逸	刘中利	张禹鹏				

金融学（中外合作办学）（61人）

陈茗子	王 怡	华子婧	张盛宇	尹 靓	施昕辰	聂意坤
马行健	王 晗	王亦丹	戎元丹	陶渊文	杨丹宁	丁珂珂
黄佳灏	曾 雪	徐镇宇	许恩铭	李明轩	向致远	殷心雨
许寅潇	张佳洁	王俪颖	鞠思琦	郭可钦	吴沁仪	高莹莹
陆泽瑄	李天逸	季晨阳	徐怡菲	钱定坤	陶 卿	宗 宇
梅 濛	袁子芃	侯思源	皇甫思奇	居天放	吴宇童	陆羽琪
袁心钰	宦 玮	李欣怡	胡明阳	施昊声	吴钟慧	许 蓁
钟 巧	周宇轩	安 盟	张月影	钱奕赟	陆文瑄	欧阳艺
许雅淞	张晶晶	王 菁	钱书琪	焦 腾		

经济学（30人）

杨昊笛	孔 俊	成 源	林子晴	周 康	王 涵	朝东阳
鲍栩凡	蔡亚男	丁子梅	袁敏芝	林业莲	汪瀚培	陈雨蒙
姚文秋	莫淇元	陈 洋	张焱燕	陈智鹏	言文滔	曾静文
杨 静	潘啟发	薛红阳	廖嘉琳	杨婷婷	李雯曦	蒲楠昕
施丽娟	李煜栋					

王健法学院

法学（118人）

于 茜	于东浩	殷楷文	孙诣宁	任沁怡	朱瑞杨	卞心怡
徐有加	陈懿琳	潘玲玉	聂梦梦	徐 坚	陈 宁	张梦婕
包馨怡	杨铠丞	梁雨婷	殷 丹	张 由	陈欣逸	陶玮炜
芮立文	陈 媛	胡韬相	曹 可	潘子路	王元林	赵虹霞
王耕硕	张盈颖	陆 岩	王子尧	丁涵淇	王小丽	卫以恒
刘东杭	许亚君	支海宇	仲 言	赵丽君	徐 艳	曹欣叶
陈天然	黄梦娟	王瑞昕	陈源媛	郑雯予	张豪宇	吴心舟
季晓一	刘 会	王佳烨	罗钊泉	汤 颖	孙 昕	沈梓言
吴洋洋	陈朱悦	林佳媚	覃榆沙	陈冠宇	马莹佳	马奕昕
陈智伟	陆梦妍	杨 舒	罗夏鑫	施子星	殷 玥	朱伊人
韩丹枫	汪 彤	纪诗霖	张惠雯	胡安琪	施 琪	赵晶洁
陈加一	沈 晨	戴昕铭	顾心怡	王天浩	王 健	李南希
张若男	张奕伟	方正亮	胡 月	周斌洁	周 睿	王 磊
李晓霞	嵇弈清	王熙愉	周 豪	石佳宁	张龙红	王睿之
董 玉	余 虎	张 弛	张睿阳	何奕江	张 泰	王潇翊
温柔悦	王宇航	李 柚	李 林	毛雨欣	沈夕茹	张紫云
何奕雯	李文娟	吴维晖	罗雪松	闫 蕾	郭起瑄	

法学（法学教改）(5人)

钮　璇　　徐嘉钰　　袁屹欣　　张子文　　曾思佳

知识产权（43人）

周歆琪	葛艳梅	李典睿	聂　磊	叶芷蕙	王　鑫	房楚楚
刘佳丽	李尤嘉	何　晴	夏慎信	周自然	田广慧	胡倩雯
叶羽宸	王雨凡	刘嘉茗	殷　燚	顾植怡	王明月	陆　禹
任　祥	陈思臻	顾晨迪	李　越	杨　沛	马　真	赵　亚
周　筱	孔铖航	倪兴勃	逯寅婕	桂　菲	张传坤	李宜昊
朱盈盈	杨思昀	程　远	李鑫明	杨　珍	任　洪	姚　芳
吕纯顺

教育学院

教育学（师范）(40人)

孔　玉	于　玥	尹钱旭	卓　红	冯超逸	何佳健	杨寅懿
王　佳	刘长福	华韩梅	车　丹	杜　靖	祁晓玲	沙梓琦
陈羽彤	张艺珂	张子系	魏悦悦	谈　靓	蒋松言	李　丹
柏　静	余宗达	肖奕彤	李　越	殷佳旻	王碧茹	陆　彦
夏美茹	孙玉娇	陈　伟	杜升怡	吴大清	马颖杰	蒙　甜
张　月	胡　丽	岳秀月	赵梦丽	徐　菁

应用心理学（56人）

薛景恒	张子玉	陈泽宇	徐琳琰	张　城	陈　颖	陈祉希
孙加文	武俊豪	穆婉婷	唐　珏	陈圆圆	刘佳明	章源源
魏雅乐	高一博	覃　红	朱　悦	袁阡瑜	何诗颖	张紫涵
顾心语	郭富政	王一帆	周汇灵	齐　冉	葛龙成	沈梦娇
陈　璠	吴　冰	吴亚萍	李秀斌	钱　程	陈益涵	林品戎
马心如	廖天宇	夏雯珺	张宇晨	毕智毅	杨紫娴	郭晶铭
徐添钰	唐玉斌	张朱怡	钟思雨	于子淇	赵　越	王姜慧
任俊蓉	马灿萌	韩嘉仪	胡陈蔚葳	苏巴提·吐尔逊
写衣旦·库尔班	西尔艾力·库尔班艾力

艺术学院

产品设计（38人）

魏进强	朴研一	方桐欣	闫璐瑶	钱　婧	丁一凡	金　乐
陈冰雅	石颖琳	陈婉儿	曹佩佩	梁钟强	陈丛汝	王姣惠
姜云超	方可可	郭日恒	龙俊成	邢丽华	林家丽	褚琪琳

郑　威　　罗　毅　　边丽荣　　李雨婷　　郑丹杨　　刘力玮　　李兰芝
高敬瑶　　陈　立　　李芷柔　　刘雪儿　　王　燕　　冯俊伟　　李佳忆
杨梦昕　　朱桂均　　刘子君

服装与服饰设计（37人）

　　许凯莉　　缪彬彬　　顾思捷　　张　宁　　李梁宇　　缪芽沐　　沈　焕
　　杨海楠　　曹　静　　邵恺悦　　宋　云　　曾　巧　　汪书琴　　李缘琳灿
　　林艺涵　　徐悦文　　廖浩源　　范馨月　　赵梓序　　杨雨薇　　邓思梦
　　蔡亦帅　　喻　佳　　左　冉　　张哲文　　裴书苑　　孙玉婷　　石　泉
　　陈心怡　　王金琳　　林凡琪　　张艺莹　　黄一凡　　孙　妍　　李欣然
　　文　丽　　龚雨欣

环境设计（42人）

　　马莹钰　　王丽晶　　郭浩铭　　吴方圆　　吴　同　　刘　钊　　施沁汝
　　梁嘉颖　　姜博瑞　　武　茜　　刘瑜颜　　朱晓雨　　李美晨　　杨子佩
　　何　悦　　林嘉年　　李烨梓　　沈欣睿　　董　珍　　王淳宁　　杨思璇
　　朱森源　　陈锐鲲　　陈诗雨　　杜超君　　李芳芳　　韩　冰　　唐亨达
　　沈佳茜　　何　珊　　王　斐　　刘傲雨　　欧　敏　　戴鹏展　　刘若燕
　　陈俊松　　吴程称　　康舒萍　　马嘉明　　李慧媛　　肖　丹　　彭　馨

美术学（37人）

　　万加成　　陈　璐　　王文圣　　陈億依　　刘媛园　　朱亚敏　　陈韩琪
　　池炎臻　　帅　领　　费晓玲　　沈志恒　　洪　璟　　邱　露　　徐麟嘉
　　陆正昆　　刘海燕　　何易木　　李昌隆　　王　超　　崔琪琪　　姚子杨
　　唐晓萱　　许紫祥　　王　瑛　　韩芷然　　秦艺郗　　郑雨婕　　李井然
　　周昌一　　李松怡　　周　屹　　吴静雅　　陈静怡　　张雅婷　　刘绮雯
　　王菁瑶　　邹佳怡

美术学（师范）（17人）

　　刘芷彤　　李扬意　　蒋海乐　　常　霖　　王以诺　　赵　斌　　石雨檬
　　李逸叶　　叶江楠　　徐俪榕　　吴　琦　　罗涵方　　华嘉宁　　冯璐瑶
　　刘曼媞　　苏芊睿　　欧阳冰洁

视觉传达设计（21人）

　　安　瑶　　梁漾丹　　刘钰祺　　方梦圆　　颜颖瑶　　梁　爽　　刘　苗
　　花婧雯　　叶思彤　　张　涵　　杨奥然　　顾宇轩　　李灵铭　　王　璨
　　张采虹　　赵梅男　　谭梓洋　　陆　垚　　张田田　　陈芝颖　　贺杨柯

数字媒体艺术（21人）

何　超　　张　琪　　陆京琳　　朱欣彤　　罗　丹　　冯妙琪　　陈建琪
于雅淇　　陈　妤　　彭　婧　　李柯宇　　丁　萱　　胡雨薇　　林泽晖
吕吉贺　　张慧子　　张晨航　　秦子茜　　向骞文　　张芷彦　　张家铭

艺术设计学（21人）

周匡旗　　王　珂　　矫宇洋　　李卓璇　　高艺炜　　余彦沁　　李　瑞
张倚恩　　周子钰　　唐九瑞　　钟嘉梅　　张晓琳　　乐新萍　　王熠昕
常凯暄　　谢自清　　王璐寒　　李　星　　李婧子　　欧雅萍　　齐灵灵

音乐学院

音乐表演（36人）

范依文　　魏芸芸　　盛醴正　　韩唯艺　　薛　涛　　罗丹岑　　何润升
祝国宁　　于荣辉　　王依然　　孙璧雯　　李佳怡　　顾航帆　　熊奕然
孟　谦　　姜雨沙　　李小玲　　张温满　　崔晓倩　　韩思怡　　徐金冬
黎可欣　　蒲天培　　阮钰臻　　洪　端　　卢斓可　　尚云柯　　张　琪
魏康瑞　　吴博涵　　徐　哲　　肖启昕　　康致源　　陈俊熹　　彭涵宇
陈思涵

音乐学（师范）（45人）

沈　馨　　誉玮婧　　赵若冰　　高海华　　荀　杰　　宋佳宝　　杨　颖
王　朝　　王可歆　　诸莹琪　　邵润泽　　李　毅　　李梦瑶　　周小迪
王　敏　　王雨涵　　李　全　　陈欣怡　　吕静怡　　熊珊珊　　贺乾前
刘宇钦　　吴晓婧　　林舒仪　　张馨予　　王昭然　　陈鑫宇　　许骆祺
王晨羽　　王德乾　　韩铧震　　武　倩　　栾奕萱　　郭芫辰　　郑铤豪
吴　涵　　杨　帆　　刘宇宸　　颜汝育　　唐　琴　　徐珑语　　林逸阳
赵纪尧　　唐　宇　　彭　芮

体育学院

体育教育（74人）

沈文涛　　周　鑫　　徐　洁　　赵国静　　夏苏庭　　顾恩丽　　何奕霏
潘　磊　　王伟强　　葛力俊　　赵光辉　　苏凤凤　　单云云　　张峰瑞
孙　超　　杨　康　　汪　虎　　王亚萍　　薛势雄　　吴小萌　　赵金海
丁　磊　　许佳怡　　赵婧纯　　苏罗娜　　张家纬　　胡康宁　　尚　梅
郑宇昊　　鲁良超　　张卓越　　黄夕恩　　顾艳超　　伍　鑫　　房　嫚
吉山鹏　　邵　昌　　钱嘉文康　张巧语　　王余利　　张家利　　涂　轩
王兴志　　王新雨　　吴　林　　董晨虎　　阎禄强　　申红梅　　朱晨洋

赵贯乔	武雯雯	任培瑜	杨小蝶	李小洁	徐洪敏	林智慧
侯　鹏	黄　鑫	孙安琪	王亚楠	罗中熠	潘文田	蒋伟鹏
还谷威	章昀昊	陈　昊	陶政杰	张维健	周子祺	郭永慧
纪露露	吴志涛	闫晓飞	朱莹莹			

武术与民族传统体育（19人）

宋　明	王　勇	杨天鉴	王欣钰	陈　凯	张志显	罗嘉奇
高　宇	张文窈	刘秀征	王　君	王武将	赵　睿	王雪颖
张寅郑	魏子凡	李京京	杨昊平	马思恩		

运动康复（17人）

舒楚轩	常惠林	王庆杰	张义楠	朱佳蕙	高　明	庄凌瑞
孙　颖	刘　畅	王丹宁	王静姮	唐兴华	张　燕	王晓逸
吴嘉欣	陈　志	马东龙				

运动训练（45人）

许永武	童文正	丛之力	裴烽帆	郑宗豪	胡晔周	饶明月
陈禹轩	刘峻齐	马占强	李新海	葛轶鼎	赵　淳	丘瑞琪
张天益	徐思雨	刘芳宇	徐　博	刘恩同	黄　鹤	朱贝儿
李文佳	殷叶伟康	季雨聪	张家琛	赵　洁	顾纭竹	刘卓筱
孙小萌	刘旌汉	周美军	朱宝军	郑　楠	丁嘉杰	陈韫予
黄逸超	沈梦婷	张鹏飞	卞　玥	练诗媛	徐　轲	秦　菲
方章定	杜佳妮	沈　俊				

金螳螂建筑学院

城乡规划（33人）

尤　媛	王福清	王济峰	刘歆懿	丁邹洲	陈星伊	蒙晓雨
孙庆颖	孙　溢	刘　彤	吴玉琦	高义轩	朱予楠	宋　科
朱文健	赵　璇	花　旭	付禹潼	崔　静	杨　艺	刘强强
伍小辉	潘俊瑶	朱昕晔	潘始潜	董　沁	李佼洋	罗海瑞
任芝樱	齐成宙	蒋晓涵	鲁荣状	吴伊曼		

风景园林（41人）

王　昊	杨作平	杨艺源	韩　知	汪益娟	赵　越	钱向曦
欧阳静思	郭可为	沈错洛	熊　煜	陈俐聪	唐　令	王新阁
梁逸君	桂博文	孔　捷	东　方	吴恬恬	田　媛	罗雪莹
李佳睿	陈子逸	王　钰	杨亚飞	陈琳茜	彭春雪	付跃兵
杨智慧	孟诗婧	张乃月	谭洽菲	刘娜英	戎天聪	李佳巍

傅宇晨　唐秋楠　刘佳熠　陈　红　赵　钰　刘惠宁

建筑学（76人）
徐子越　李光耀　吴　怡　宗子月　候　鹏　潘　妍　沈梦帆
白江宇　段鹏飞　简金昌　李可澜　周康康　郭斯琦　韦乐樵
胡峻语　姜亦韬　陈　留　刘心远　周景城　康　婷　高　远
王月醒　殷梦瑶　于　航　高　晨　李宝飞　徐　静　陈贝铃
周宇青　张　璐　郭　瑞　陈雨航　赵　晨　倪韵言　朱怡琳
施明月　李静毓　郎烨阳　张丽君　杨　敏　瞿东华　郑轶鸿
翁应彬　曹　畅　王佳琪　成玲萱　陈秋杏　曹　祥　黄　楠
杜楷文　施佳蕙　和　煦　岳志鑫　黄潇娴　郭　琦　卢家旭
韦　洋　倪　明　侯安雅　朱　琳　王　柏　徐津鑫　宋胡霞
秦　爽　姚秉昊　吕晨阳　葛晓静　陆　屹　李香凝　张喻钦
安可欣　韩志宇　孙　浩　亢　媛　唐乔力盼·衣力牙孜　李柏彤

历史建筑保护工程（14人）
周舒桐　常曦雯　还凯洁　王毓烨　施沁怡　陈梦晴　薛曈旭
刘馨怡　高　鑫　赵欣怡　刘映妤　王月千　黄迪琦　赫永皓

园林（城市园林）（1人）
陈春梅

园艺（城市园艺）（2人）
马仁君　柯　壮

数学科学学院

金融数学（33人）
降飞虎　陈杰文　赵威成　陆智超　智星瑞　刘　康　曲恒锐
周　晓　孙精鹏　朱逸舟　朱　璇　陆炳全　高逸涵　史研研
瞿玉成　吉建宇　龚亦陆　钱怡萱　姜瀚成　黄　一　王竞弘
朱昊晖　许　敏　易涵仪　任建斌　佘丹怡　李　可　栗　烨
张晓红　张少坤　史文清　胡咏嘉　王竹君

数学与应用数学（基地）（43人）
顾方涵　孙羿斐　邵苕熙　刘铁凡　高雨倩　陈逸婧　胡誉昊
夏　霁　徐至恒　张钦锐　徐海雯　张可欣　刘博川　丁　力
肖　楠　车雨轩　董守乾　陈　欣　李晴川　熊庄园　吴春媚

黄宇辰	支修荟	魏 寅	洪 悦	龚阅涵	安家成	赵心悦
尹 琦	刘思琪	范紫月	董伊雯	车宗原	刘 铮	陈香颖
张长虹	马越纪	周 啸	李潇桐	王艺儒	潘成路	张 崧
回震一						

数学与应用数学（师范）（43人）

刁文午	夏冰洁	汪家屹	陈慧敏	陈峰炜	戴乐萱	孔雯晴
苏中明	陈璐璇	马心蔚	虞文嘉	成思齐	陈子怡	徐 哲
冯红润	胡 蝶	代路瑶	贺子煊	彭呈宇	钱宇涵	苏慧敏
乔 梦	程泽嘉	戴啸天	刘鹏程	顾一丹	徐敬元	朱方祺
许滢莹	钱昱肇	李宸韬	沈天艺	罗 燊	刘旭宇	沈会文
王 羽	叶昕蕾	胡红菊	杨 钧	阳祎婷	严珮锦	李 晨
俞鸿飞						

统计学（42人）

何靖靖	曹燕红	郑佳伟	周智杰	曹欣怡	孙忠奎	孙宏毅
翁新越	李嘉琦	唐 凯	张君瑶	徐 悦	吴湘媛	顾芯僮
许 锴	闻 捷	朱舒宁	周佳盈	陈宏茹	孙嘉祺	翁 迪
程 韫	周晓静	曾成杰	张煦程	张丽琴	牛牧青	孙子涵
郭怡馨	宋泽睿	冯 双	臧健宁	朱绍巡	王冰冰	于樱奇
赵豪杰	康 慧	张雨星	赵余欣	李艺芊	黄嘉伟	祁设华

信息与计算科学（43人）

过开羽	耿晨皓	陈美欣	徐欣彤	沈 悦	牟玉宇	王 聪
袁书凡	邱文韬	李泽霖	洪一丹	林 澄	丁雨清	莫冬儿
覃铭福	贡嘉宝	徐俊波	李小勇	李旻炜	方雨晔	陈 曦
顾家健	张 华	圣黄旭	毛雪英	袁军翼	何东皓	易源宗
关 昕	徐懿江	战宇轩	陈艳萍	傅真义	黄 祺	朱茂君
李逸凡	王 冉	马晨熙	张益坚	张一哲	段 瑞	高章勇
崔晴华						

物理科学与技术学院

物理学（71人）

刘 伟	杨瀚祥	游忠华	黄凯运	强泽力	袁佳乐	童开兵
贾益初	侍 雯	张 敏	冯亦恒	许天亮	陈文轩	沈凯来
刘晓天	王 敏	宋锡麟	何 弈	滕雨稼	夏体瑞	庄 卓
高一铭	田 鹏	许致文	余博丞	夏 玮	夏月星	张 琦
吴 畏	郭 瑞	杨晓晗	曹 跃	邱其缘	陈中山	胡妍露

周克宇	帅顺旭	陈亚峰	陈亦寅	黄殿程	陆琰洲	单倩雪
杨可凡	杨艺萌	毛丹健	采芸琦	武清锋	顾桓志	张壮壮
刘志坤	周号林	程朋伟	张天一	秦嘉政	钱文元	孙 浩
张宇豪	刘宇皓	李 毅	刘宏芳	谭其勇	尹昱文	杨 斓
王柯童	梁 晨	王廷予	陈彬彬	邓颇礼	郭典典	杨继帅
邓城洁						

物理学（师范）（20人）

纪育昕	何振浩	杨庭妍	徐娇娇	程 锴	陈周艺	许采云
贾元杰	赵宇超	陆秀梅	周珂儿	张雨晴	左涛涛	何家伟
陈志伟	李君涵	毛新千	杨翔宇	田江林	周雨飞	

光电科学与工程学院

测控技术与仪器（25人）

熊代进	洪贵鹏	李子强	陈文展	刘红涛	宋 源	封毓航
丁沛鑫	聂铭初	赵烯钦	张伟强	张哲馨	吴云鹏	高 昂
姚徐峰	张晶晶	姜紫翔	王昌英	刘宗雪	郑萧轩	郑徽羽
黄俊源	郭佳洁	侯佳玲	李 坤			

电子信息科学与技术（27人）

陆俊安	王铭泉	潘浩康	王薪贵	朱智豪	姜茂祥	刘子琪
樊庭冰	梁正鹏	赵登煌	何钰明	蔡继鹏	郑力晨	翁俊权
刘明睿	陈春升	李 振	刘益良	杨梦涛	王晗宇	段冉旭
崔 飞	何浪浪	杨秋月	王兆欣	朱欣程	张子茜	

光电信息科学与工程（41人）

马天行	杨 刚	曹 昕	李可凡	崔元昊	王 禹	张 威
施嘉伟	眭博闻	任卯韫	谭凯钊	刘添裕	刘祎铭	梁怀乐
彭名杰	张幸运	张 聪	黄锦标	曹诗嘉	仲子为	袁子佩
沈贤蒙	徐圣智	王晨阳	雷铵铵	王童讴	张晨玚	韩金晶
乐 猛	姜仁亮	张 晨	黄启贵	刘思彤	王嘉仪	张 毅
张锦艳	张发鸿	吕林焰	黄卫鑫	戴 宏	赖天予	

能源学院

能源与动力工程（51人）

| 马裕铭 | 刘俊成 | 黄 勇 | 赵成雨 | 王佳琪 | 王玉杰 | 杨 斌 |
| 孙 亮 | 张德仲 | 高晟铨 | 王子彦 | 樊 开 | 包晋榕 | 陈 泉 |

华羿斐	单　磊	张嘉鹏	胡莹莹	许　进	李可鑫	范廷慧
陈伟华	李振峰	左　立	郝文祥	陆天华	姜　颖	吴欣宸
许炜炜	刘　畅	王　浩	许正焕	刘帅男	程飞霖	霍思丞
严梦茹	李　朋	毛仟伦	宫啸宇	王讓偈	何贤燊	刘靖靖
李运龙	姚雨柔	秦肖杰	李　鑫	张双威	曹嘉乐	曹世博
赵环宇	杨智慧					

新能源材料与器件（106人）

缪晓明	李嘉民	徐　源	杨益凡	钟轶凡	雍一秋	杜鑫宇
郭　杰	蒋　宇	夏　宇	桑　彧	周　童	陈炉冰	庄俊杰
贾月心	马宗谕	张　为	韦　炜	李周浩	陈金港	郑　欣
叶婉琪	袁宇航	夏　弦	陈祥祯	韦　荟	王　惟	刘珺杰
牛　峥	李海龙	唐佳易	胡雪纯	施　程	张吉璇	马逸凡
张彬彬	陈志辉	张爱琴	汪意文	朱宴磊	李　显	黄　蓉
焦振洋	郭舰阳	曾吉爽	汪士哲	李　响	何耀东	胡元正
赵　威	王佳宁	刘　琦	陆奕霏	晁　铭	沈丹妮	张威涛
梁巍廷	庄轶涵	严辅正	方子舟	施可飞	单晨曦	陈泽锐
陈昊月	许童苇	董孟豪	郭馨蔚	杨　奕	徐洺天	江凯乐
张传奇	江南桦	刘建杰	李　响	席晓柯	苏　惠	马浩宇
邱小桐	曾智涵	李雨竹	张碧腾	景羿翔	杨皓景	凡雨鑫
周舒悦	陈　思	刘泽鹏	孙国杰	张能灿	王鸿志	田子康
庞明硕	成　航	韩佳宝	吴羿汉	皮晋雨	陆俊松	崔玉琛
国　晖	单　镭	杨佳慧	陈淦文	赵戈扬	李自惟	刘翰如
陆　佳						

材料与化学化工学部

材料化学（6人）

林梦晗	刘存银	鲍泳衡	李冬逸	刘得利	田征威

材料科学与工程（64人）

卢林堃	张　弛	裴嘉炜	裴润博	罗　鹏	杨　昊	应涵昕
陈双阳	卫锟锟	邵宇航	吴瑀航	朱书庚	刘嘉美	杨　阳
曹蕴哲	李　威	唐　峰	杨启航	周天一	赵思瑞	陈致霖
罗粮绿	史永建	陈屹婷	汤雄凯	邝俊男	董小乔	孙启文
王稚昊	高敬植	钱　琰	李东洋	樊玥欣	朱帅颖	缪婧琪
王国庆	王李昕宇	张植朝	孙长哲	左珠雄	安　泰	王渝涵
赵慕凡	陈浩然	何晓丽	潘臣玉	贺子娟	雷　姣	肖　榆
肖诗麒	王　涛	许世豪	焦腾飞	李瑶岚	陈治云	梁应绅

崔乃哲　李雨婷　王志颖　袁先荣　王倩倩　邓亚楠　赵　杰
庄雅灵

高分子材料与工程（51人）

王昊玥　吴一奇　王　楷　陆靖秋　李　燏　饶海程　黄雨婷
夏钰莹　王　震　沈艺豪　祁　璐　梅陈俊　宁峰平　高炬鑫
鲁雪松　陈敏铭　胡锦辉　施　歌　沈　童　陈金鑫　吉　波
江析宏　王　睿　曹　杰　林逸之　金永天　权忠南　张　衡
黎新飞　周晟杰　郑　浩　王　琦　韩　奇　施伊秋　陈培东
刘　政　陈　宇　李星星　祁沄飞　李悦鹏　孙天予　史尚雯
许明伟　吴晓晓　胡长昊　吴　涛　曹　颖　兰志多　安姿宇
曾子豪　李俊杰

功能材料（32人）

苏兴宸　许　鹏　周通昊　丁思尧　伍凤刚　刘兵吉　唐　建
弋子淇　蒋　鑫　冯健君　张大佑　杜　毅　杜葛缘　钱鹏程
伍志强　陈　颖　曾　颖　陈樾芃　吴傲凡　郭诗琪　蒋晔楠
严　珅　王志刚　姚昕睿　张鑫宁　巩　栋　周暮兰　张晓娜
敖明锋　刘　峰　李昀航　刘旭东

化学（92人）

李豫祺　袁　梦　王佳欣　葛钰淇　周　权　张才盼　崔泽阳
李淑楠　赵光昊　魏民乾　张　宇　黄昱欣　孟祥鹏　陈奕圳
顾　豪　姚　爽　刘　雨　张胜寒　何万寿　郑力豪　陶嘉逸
张健聪　赵子晗　倪加洁　王睿思　赵天烁　胡　颖　杨金炜
赵沁雨　范晓琳　郑传杰　殷启钊　崔　靖　李远乐　谢琦皓
杨　东　李　磊　曹文韬　李幸佳　张　帆　王舒娴　李海姣
江　豪　牛菁林　陈　杰　季佳鑫　衡胜男　王　伟　魏猷昊
李冯春　张汶萱　丁　恩　张阅帆　卢净宇　黄富邦　王清荷
杨　潇　吕明明　杨茗琛　邓慧慧　程　康　张孙小艺　刘　泓
江吉财　林　琳　高光宇　何梦青　耿星宇　冯琛琛　宋　妍
陶　缘　王灵梅　朱晓莉　张文欣　王亚楠　陈浩东　何　成
刘伟显　张　仪　鲍优卉　刘福浩　邹洋洋　张佳乐　于　淇
赵　爽　黄俊琰　张鸿越　郭少龙　王家霖　韦上雄　陆凯锋*
侯玉峰*

化学工程与工艺（31人）

韩　阳　吴邵茜　孙庆浩　卞翔宇　卓昊瑜　吴宗宇　傅昕怡
张俊杰　吴中天　许　雯　范　磊　黄滢滢　董　钰　周　念

高　洁	蒙文静	施清韵	王　啸	蒋俊辉	王天睿	高一聪
戴佳音	张特为	王皓晴	韦庆娥	顾若凡	张　红	杨菲菲
唐一心	宇文李焰	李超杰				

无机非金属材料工程（5人）

| 周源琦 | 倪苡玮 | 田　浩 | 沈嘉伟 | 夏　琳 |

应用化学（48人）

张灿灿	陈熙宁	王文泽	景粤斌	章江虹	陶欣蔚	张成凤
杨云鹏	钱雨婷	张龙龙	武　毅	张衷硕	王善乐	陈慧娴
李星池	吴　昊	柏云峰	陆　航	唐子媛	马国庆	景思佳
朱筱妍	杨　丹	鞠文杰	吴康妮	张　琦	刘子豪	李俊杰
李嘉辉	许文睿	徐　甜	郭涵铿	戚恩浩	申　展	李　雅
高　进	吴南翔	古熙文	赵娇娇	尹镯澎	方一展	钱伊琳
杜荣嘉	廖华容	周　强	熊联虎	张含笑	周　熙	

纳米科学技术学院

纳米材料与技术（97人）

蒋　姝	周　飞	贺浩阳	张熠姝	杨茜雅	范　成	毕健锋
张佩文	崇　欣	王心悦	文　欣	黄　峥	余子健	盛芳铭
潘茂林	徐　凯	王　成	徐　高	杜文轩	马　欣	胡铮涛
刘文萱	袁　鑫	金少鸿	薛林虎	赵　璁	蒋丰鸾	张弋洲
张思齐	陈钦浩	赵晨宇	胡欣悦	吴锦锋	杨　检	冯耀刚
王　康	周超吾	施云平	冯逸丰	管仑仑	吴佳雯	陈海峰
王嘉璇	高渫非	朱　洁	张裕健	包凯莉	王诗文	李静文
李佳鑫	韩　禹	孙明宇	刘天齐	魏宏伟	李兴隆	郑鑫波
姚君妍	陆荟羽	朱镓颀	王邱珥	葛文烨	李晨阳	周恒宇
江　云	朱佳菲	钱　冲	莫秋祺	李　想	吕乃欣	常师恺
柴　钰	田卓灵	贺提为	龚伟杰	吴瑜哲	张静蕾	阳　洋
王绪言	陈礼达	杜　朗	吴雨谦	蒋雨童	高明哲	肖　艺
任　政	王旖华	师广益	臧　敏	陈　旭	邓露沙	董安邑
孙晓悦	刘博程	胡　浩	徐　榕	倪滟雯	李　杏	

计算机科学与技术学院

计算机科学与技术（210人）

| 邱力杰 | 黄非钒 | 颜道益 | 陈可凡 | 姜　月 | 陈连浩 | 李点点 |
| 王隽月 | 陈　潇 | 漆　虎 | 陈少峰 | 孙鹤玮 | 王　越 | 张加诚 |

张　涵	邓文韬	刘弋嘉	谭雅雯	邹　健	肖子恒	宋典城
倪睿康	李　洋	杨征欣	张思远	郭宸恺	孙济远	蒋　莺
郝吉祥	王　熠	李林钦	蒋　鑫	朱沁钰	叶兆元	朱亚刚
邓致远	陈　聪	陈永峥	韩金龙	张　楠	徐　倩	王子千
邵　敏	孙　志	陈　伟	周文杰	陈月明	缪思睿	罗　琦
季圣祥	窦晨晖	李润泽	李家辉	詹振宇	陈豪伶	张照芃
吴海洋	陈睿佳	戴格玮	董川齐	练爱军	张　琦	徐子亮
司马清华	王　浩	孙　威	徐　婷	张靖菲	王海夏	高雪玲
徐昊哲	龙　超	钟海馨	朱齐轩	姚　雨	印　政	聂　涛
潘富一	万　蓉	缪桑宇	冯子寒	邹　聪	徐嘉诚	蒋俊鹏
严福康	司英杰	曹俊逸	张竹君	马若恒	范瑞蒙	徐艺尹
谢　鹏	诸葛子英	沈欣雨	周京晶	李俊辉	邢　晨	赵飞越
单　凯	陈宇迪	张冠弛	孙　月	王苏鹏	姜　伟	石嘉诚
张易新	罗建勇	余成浩	李天镜	彭思博	徐　炯	徐翊鑫
黄楚文	徐敏飞	谈子昂	张　照	陈嘉琪	潘　洋	李　奇
娄建伟	任建宇	胡正坤	王　晨	孙青云	赵　洁	鲍寒雪
黄家彧	王　娇	韦思义	顾姚怡	徐唐伟	王　杰	江　雪
陈祖洛	平焕钦	张重豪	许嘉成	孙恺祎	黄惠心	赵津艺
唐　诚	黎象初	陈　燕	冼超群	崔秀莲	曾繁胜	张啸宇
张大鑫	孙雷畅	熊　伟	田新宇	陈　健	马慧博	魏　兴
文誉颖	王梓权	娄　陈	李　禹	阿　宗	贺铸媛	赵世玉
张郑宇强	孟祥庆	康欣钰	吴双权	汤婉楠	胥　健	章博雄
徐宏杨	任俊飞	陈　强	李雅文	史伟杰	李长江	岑桐潆
赵汝霞	史文蕊	杨　航	蔡玉林	魏军杰	任仲阳	罗　宁
赵海慧	董建璋	李文豪	刘　杭	常　琦	李昌敏	冯春惠
周　杨	边帅坤	陈　航	刘　雪	费维东	杨俊勇	易荣泰
郑雯馨	沈　杰	王博宇	郭梦琪	郭静文	姜　冰	何昕彦
刘晓璇	佘　栋	崔雨豪	徐鸿渊	耿　皓	赵章虎	李世奇

软件工程（80人）

赵石岩	张律民	戴　彧	路明遥	吴天昊	曾连杰	周怡刚
黄赛豪	章　岳	徐航慈	佘建威	王卢欢	陈宇昂	戴文轩
谢子润	王卓凡	杨俊雯	沈烨东	邝逸伦	肖义胜	赵智立
石梦行	黄皓哲	钱　煜	李　杰	陈昶宇	刘律宁	邓　帆
蔡兴宇	喻小懿	王懿丰	姜若凡	孙　邦	陈奕涵	陈　晨
尤　海	尤逸飞	罗浩程	陶明霞	陈　晨	毛　瑞	刘武微
彭发旋	鲍春生	王建阳	沈政烨	杨东沅	谈正源	余晨洋
袁　桃	耿亚兴	吴忆凡	闻克妍	张　浩	孙哲馨	姜慧玲
王训浩	杨　杰	蔡海林	蒋梦华	高新雨	张　浩	刘安通

王　佩　　张文馨　　袁　蕊　　王忠亿　　禄晔雷　　罗桢妍　　罗程超
李天舒　　赵丹玉　　郭　燕　　郑少辉　　杨　竞　　邹子洋　　王　钰
杨　帆　　钱　能　　肖　振*

软件工程（嵌入式培养）（1人）

张玉峰

软件工程（嵌入式软件人才培养）（3人）

刘天宇　　徐立群*　　邬浩然*

网络工程（2人）

陈　轲　　赵翌铭

信息管理与信息系统（36人）

王堂臻　　张　璨　　罗亚东　　陈雪飞　　张鸣晨　　李鹏程　　郑　玲
陆廷喜　　徐钰涓　　卢蔡周　　刘奇志　　田浩然　　沈佳伟　　徐　玥
王玫璋　　袁　昊　　马云鹤　　农世根　　郑天翼　　戴秋洁　　王箫航
谈川源　　赵发科　　田芳琳　　陈紫馨　　李雪薇　　晏　贝　　淡瑞藩
李　霞　　贾　琪　　于露群　　董文韬　　任鹏瑞　　李　飞　　冯　金
罗　燕

电子信息学院

电子科学与技术（41人）

张家槟　　沈尔伟　　马天舜　　吴琦杰　　王　雯　　王　康　　李亭汶
吴天韵　　梅斯程　　杨泰铭　　许旭晗　　王纪超　　姜旭婷　　黄　宇
刘润民　　史天宇　　魏洪波　　陈信之　　李林林　　陈天尧　　姚晓奕
申秋雨　　吴　闯　　陈　超　　陈志涛　　孟亚婷　　徐　广　　闫　鑫
舒汇贻　　刘　佳　　米　宁　　雷澳飞　　杨玉乾　　程佳鑫　　赵慧瑶
魏　琰　　李文辉　　孙其能　　舒　杰　　吴绍斌　　台来提·吐尔洪

电子信息工程（62人）

莫唯刚　　蒋元娇　　殷子婷　　陈　啸　　张　庆　　朱　磊　　范　译
陈　颖　　邬荣煜　　周　鑫　　黄蕴玮　　马旺健　　赵佳杰　　石　鑫
徐　康　　李衍荣　　蔡太伟　　周靖杰　　倪晓峰　　周洪正　　孙心舒
庄　悦　　李原百　　陆丽雪　　徐　凯　　章晶宇　　徐　馨　　徐晟开
赵伟靖　　刘　晶　　潘嘉晟　　王　通　　庄舒楠　　龚　琪　　燕　南
刘文秀　　何瀚柯　　朱刘健　　朱耀华　　吴李梦　　徐佳晖　　徐万臻

徐圣阳	陈 俊	华宗岳	李 奎	罗志翔	沈周义	李纯硕
陈淏鸣	胡秀眉	肖泓宇	李煜峰	李奥南	张哲豪	高 翔
黄文星	涂飞宇	吴亮鹏	蔡雁翔	刘方彧		
阿布都力艾则孜·阿布来提						

集成电路设计与集成系统（24人）

刘 腾	熊荣清	葛津彤	徐 帅	司大千	王淞艺	沈星月
赵文翔	朱艳青	周长江	熊华伟	袁蒋炜	罗少文	杨绍超
华鑫玮	段昔成	孙 晔	郑 浩	朱书玉	朱瑞凯	曹忠旺
黎昌鹏	杨朝帆	王晨宇				

通信工程（78人）

陈平萍	李耀强	凌寅洲	张佳豪	奚雅楠	车致远	马青静
吉荣华	王心蕊	曹 超	卞豆豆	钱钰玮	王宇飞	郝志芃
李掬成	韩 迪	宋 钦	王 勇	张 焱	邓婷婷	李年广
黎嘉琪	周雨婧	廖春竹	张静静	顾煜琪	石星星	骆 阳
谭广鹏	叶志丹	魏雪鹏	戴丽丽	柏晶晶	刘佳晨	陆添奇
邵 锐	李格格	董小腾	殷筱逸	刘奕言	周 婷	林勋惠
曹非凡	梅双丰	孙晓雨	马一鸣	周星宇	黄世宇	武星辰
彭天阳	陈劲烨	董司娇	谭天义	王耀攀	张世清	蒋馨宁
余金波	郑安安	王 庚	高子烜	许景程	高 珂	田 颖
张雅婷	张豪华	郝旭辰	李 琴	方智和	张鹏鹏	李青卉
刘智先	唐银环	夏榆浩	王 强	陈 敏	赵孝顺	吕诚名
李昊汾						

通信工程（嵌入式培养）（3人）

| 周啸宇 | 潘正根 | 叶雯青 |

微电子科学与工程（37人）

邓小飞	张 蔚	谢家志	戴 祯	王格非	宋沛轩	周 壮
董彦廷	瞿雨彤	周新峰	朱奥辉	陈文旭	倪申艳	刘 杰
许小懿	邓志强	李朱桃	魏兴宇	丁维宇	李 伟	张一楠
刘晨星	房杨政	梁姝璇	王 祥	黄明靖	李 星	王宏颖
周帅阳	郭泽涛	赵 晔	武旺宏	杜 焘	林帝先	周雯娟
罗安宁	韩雪飞					

信息工程（43人）

| 李 帅 | 马玉龙 | 何 猛 | 马玲惠美 | 孙正雄 | 吴宇珂 | 刘芳丽 |
| 冯益民 | 张中尧 | 韩新邦 | 杨翰霖 | 杨国兴 | 包俊杰 | 何心涤 |

鲍 瑞　　张 卿　　张子丞　　李顾凯　　刘 杰　　许丙俊　　汤 慧
张晨瑞　　陈东泉　　谢 浩　　薛 震　　葛 璨　　夏逸凡　　王 旋
张泰杰　　陈岩松　　刘心彤　　杨炳涛　　张皓宇　　许小蕾　　马嘉旭
何 川　　樊高一格　张若琦　　杨志利　　谭志苇　　屈伟业　　蒙笑厴
黄小航

机电工程学院

材料成型及控制工程（32人）

冒壹凡　　朱忠华　　梁龙昊　　上官茂白　冉 聪　　韩士杰　　牛心笛
李根深　　贾小乐　　高逸帆　　薛镇东　　林佳昂　　王亚飞　　郝敬洋
康冬冬　　刘 科　　吴金桥　　陆哲韬　　薛卓奇　　程 煊　　周 涛
王文飞　　张 宁　　冯 伟　　庄博源　　田小青　　章 举　　段永刚
李 阳　　吉胜曦　　邵长旭　　张 军*

电气工程及其自动化（121人）

姜兆龙　　徐枫林　　庄 昆　　沈佳瑜　　徐瑞飞　　韩 帅　　刘智雄
马 驰　　李海诺　　李朝阳　　陈靖宇　　张 昊　　敬诗呈　　黄勃宁
戴晨杰　　陈 智　　朱姝嫕　　王欣玥　　孙 健　　钱津洋　　仇俊炜
张 林　　袁其磊　　李平川　　赵延斌　　刘 晨　　李 灏　　温丽红
陶雨婷　　韩文辉　　潘露洁　　赵晨希　　张鹏生　　潘子豪　　徐 恺
周天睿　　李嘉凡　　宋顾苏　　邹俊杰　　王俣言　　徐梓清　　顾天戎
袁孝鹏　　华国凯　　黄仲文　　陈德顺　　蒋逸廷　　张 帆　　蔡 磊
沈越文　　李 彤　　陈鑫宇　　庞 垒　　何睿哲　　许锦涛　　刘 克
周 权　　朱陈龙　　袁晨曦　　周雨奇　　缪雯雯　　过林浩　　孙 飞
费世杰　　马 健　　沈子薇　　保 渊　　刘 宁　　万思杰　　周 耕
程传鑫　　徐 晶　　李 政　　袁成冉　　李江南　　沈星球　　崔芮羽
施世豪　　杨添宝　　马 强　　周寅岗　　陈伟康　　侯 鸣　　张星辰
王瑄璟　　阚 骏　　孙市伟　　刘明辉　　何俊华　　仲伟龙　　王 震
顾符亦可　周豆敏　　曹钧彦　　束正炜　　张兆芃　　徐江晖　　刘小渤
隆 瑶　　文 晓　　娄 航　　王振国　　周世杰　　李浩振　　任自超
申秉臻　　乔 伟　　娄晨阳　　黄 宸　　骆 萍　　刘 畅　　张 婷
曲泽青　　柴志超　　牟雨亭　　张拯燊　　余秋玉　　黄翼扬　　张昊阳
黄志弘　　钟文泓

工业工程（31人）

杨永德　　衷佳美　　顾浚宝　　唐珉钥　　田 由　　马川生　　邵传杰
韩冬艳　　李淑茵　　陈睿卿　　陈 桥　　钱新宇　　刘 达　　荣 波
刘阳萍　　陈鼎杰　　张宇彤　　张 帆　　文 宁　　王俊杰　　张 弛

| 马澳威 | 陈睿奇 | 朱丽燕 | 周佩玉 | 黎雯馨 | 岳雅欣 | 庞俊杰 |
| 郭俊亨 | 凯斯尔·阿尤普 | 古丽米热·牙生 | | | | |

机械电子工程（58人）

何钧宇	张天宇	乔杰鹏	陆嘉成	潘兴宇	金　鑫	胡　宁
魏敏华	翁智超	段维旺	季　强	孙嘉伟	林继鸿	陈玲凤
窦道远	祝宇恒	秦睿安	何瑶瑶	颜一霄	赵　磊	奚子杰
朱梓渊	陈龙飞	顾天宇	孙俊杰	姜本九	张　奎	傅贤顺
梁业丰	沈文杰	虞雪晴	蒋立伟	沈　涛	崔　琪	孙前杨
徐鼎言	黄志超	张云飞	陈　颖	邱立志	郭安齐	周　浩
张光义	李振雷	王海军	刘文齐	丁浩轩	袁清松	刘　丹
崔鸿福	许彦阳	雷翔宇	冉　龙	王文长	朴玄斌	王甫帅
周建民	唐　慧					

机械工程（67人）

钱智鑫	罗永浩	石浩裕	朱燕金	徐天宇	贾博珅	杨智航
赵英伦	厉国强	巫　雨	徐　伟	隆宝丰	谭道凯	周培清
梁庆熙	谢雨君	陈铭娟	杨元锟	成学栋	李少康	洪思齐
纪广东	杨钰鑫	王　玥	张　镇	张　颖	阚嘉铖	周　锐
陶　威	薛佳彪	章　磊	袁志超	余　琴	阚　鑫	王兴峰
盛昊明	邵　笑	缪宇杰	鞠刘燕	胡雨薇	葛斯杰	曹乾坤
颜克明	王开金	龙　兴	亢鹏宇	李兆兴	王晟宇	张思远
杨金鑫	张治中	王志兴	邓　林	秦嘉遥	谷兴浩	温广燊
寇青明	符俊臣	杨真强	文　武	李俊声	田　远	王　皓
颜　可	谢克军	何俊涵	阿力木·玉山			

沙钢钢铁学院

金属材料工程（34人）

张梦迪	段铮洋	李　博	许　耀	龚林峰	黄　皓	林　苑
张宏成	戴文萱	陈　琦	丁珥睿	游睿智	杨皓文	杨　彬
雷　浩	徐秋兰	张　进	单　洁	蒋文娟	莫君财	辛佳霖
田文皓	杨润琦	孙伟玮	刘一汉	陈文轩	高晓轲	李寅雪
徐　蓉	毛荣辉	张治强	张　恒	陈冬丽		
艾力牙沙尔·阿布都比拉						

冶金工程（45人）

| 陈原同 | 马奇亚 | 刘　枫 | 曾怀周 | 萧以恒 | 温　萍 | 韩承言 |
| 刘玙璠 | 东超山 | 纪　威 | 童仁杰 | 李　亮 | 臧　森 | 卢中阳 |

王远明	朱昊杰	章嘉婕	李承泽	征海欣	李汇民	张元元
顾楠楠	桂瑞倬	叶锦涛	魏贤	赵同贺	刘才原	贺魁
林杰	柳仁灿	廖逸宁	廖宇成	赵梦洁	丁彬程	王佳乐
方欣	徐凯尔	翁灵	王桂林	安腾达	赵子明	史长鑫
沙力·阿达依		阿迪力·艾力		王雪来*		

纺织与服装工程学院

纺织工程（138人）

吴天	陈奕言	刘怡帆	吴刚鹏	冯钰捷	李安阳	武莹珠
郭润函	陆宇晴	王玫霁	汤瑞	沈越越	张天韵	周毅
方语焉	黄慧琴	李晨阳	张哲嫣	黄宇	范昌雯	龚夏怡
陈亚倩	曹怡慧	付丽雯	赵硕	李姝蕙	马俊杰	刘泽宇
叶子青	胡禹伦	李伟超	洪博恩	王一安	成范麒	管杨焱
陈洪瑄	卢竞天	胡子航	殷鉴泽	曹菁英	赵婧媛	何宗函
程伊敏	张子怡	陈飞帆	郭沛	王廷麟	李宗霖	周倩羽
马越	刘昂	王昊	王若瑜	王汐	赵李雨山	徐语童
潘翔宇	林权	金格羽	刘辰宇	于程安	戴芸鹏	姚若彤
雷泽林	闫一欣	段立蓉	王恬	张彤	杨亿斐	林书玥
母童	葛若茵	肖天骏	赵雪颖	杨曜铖	吴学泽	樊婧怡
谢昊天	张瑶	房聪	宋功吉	宋慧	姜舒宁	王宁宁
陈冰雪	张子凡	李冬平	郑翮翩	陈昱欣	陈卓韵	孙嘉琦
李鹏飞	唐誉	俞杨销	郭逍	李翔宇	郭子玉	张艳
徐瑞	张佳敏	杨鑫	唐权	苏歆懿	梁雯宇	赵俊峰
顾梦溪	沈璐璐	张文君	孙纯洁	吴睿琦	张潇允	王瑞莲
王伟健	黄智宇	罗柳	杨丹	浪敬平	房孟琪	沈卓尔
代利花	徐芳丹	赵重后	许思瑶	马琴璎	程远	张羽彤
葛淑慧	朱东	闫亚东	谭郭泓芳	向华菊	赵子健	贾天硕
张轩	帕尔再娜依·肉扎洪		张小涵	杨源源*	柴佳丽*	

非织造材料与工程（38人）

赵宁	王昊	李新育	王志刚	董晨璐	杨杰	李成霞
林夏涛	冯兆奇	李云鹏	卢海樱	肖连营	齐淑媛	毛一龙
朱慧娟	杨廷章	席瑞凡	吴昕蒙	张叶轲	赵欣镭	尹博文
张青	高天翼	宇文小淇	孙琼	余阳阳	刘海涓	周春
汪金典	何宏刚	周玉	邹婷	王天久	尹陈星	余万兴
高诗涵	马胜雨	储帅*				

服装设计与工程（53人）

孙 玥	张雪儿	李清月	圣周华	薛萧昱	侯心悦	谭 微
周玉莹	余宁安	朱 笛	王翊蓉	高巧桥	赵欣蕾	马晓婷
余律安	蒋佩君	杨欣蓓	周 旺	顾倩茹	张 逸	朱哲慧
黄杰茗	王 慧	陈欣然	高新雅	易 萍	安晓燕	马 言
沈星彤	朱 珩	苏 杭	王秋月	贾如杉	季安之	弓 菊
张 烁	刘希望	樊晨昱	叶文静	李晓昕	张晴晴	苏圣哲
李继娴	李上军	陆德敏	郎 琨	康铭月	宫瑞娟	康 妍
何文瑾	徐 鸣	杨谨瑜	唐羽诗			

轻化工程（53人）

郭 瑞	曾庆敏	周 寅	张世超	刘晓童	毛竞尧	阮玉婷
叶 洋	关诗陶	陈 苗	徐文涛	李一凡	刘晓梅	朱 敏
郭隆隆	程凤楚	居爱明	杨欢欢	梁海涛	周谢佳	杨芸宇
孔昱萤	邓 阳	周天铖	白雪菲	王佳乐	王 冲	杜霖真
朱玉芝	王亚博	吴岱琳	李 娟	罗驭雄	张 涵	竺靖怡
李 刚	车 钰	李浩然	蒋茂盛	王睿娜	扎西次仁	刘 莉
曾彤炜	张旭慧	程 瑾	李 杨	李爱景	吴万霞	张 玥
胡子雄	杨劭俊	金川淑	黄芊芊			

轨道交通学院

车辆工程（48人）

吴石磊	周 睿	戴江云	曾 勇	霍佳康	杨立冬	马骏陶
马志刚	杨明宇	王 鑫	陶雨坤	叶志成	姚天义	胡 昊
别玉峰	于祥乐	黄佳庆	卢 畅	张 曦	滕景佳	张轩瑜
于听涛	赵天宇	骆余波	侯天祥	韩时炘	王家宝	王俊杰
张钧杰	薛可钦	许学石	陈梓康	符 杰	孙晓炬	王馨悦
牟洪林	郭瑞龙	官春雷	杨雯雯	王培棋	伍志康	罗星光
何振忠	郭 雄	高旸轲	易 静	杨建航	程 诚	

电气工程及其自动化（1人）

张凯波

电气工程与智能控制（46人）

赵晓枫	瞿治国	郁舒婷	何 飞	史 记	王浩然	林楚迪
马晨阳	陈天智	徐 跃	张江浩	朱天烨	于 谦	朱天杭
孙 俊	吴砚泽	张 晗	陈胜伟	顾美佳	郑 鑫	毛 闯
卜庚龙	许鑫婷	王 瀚	陆剑洲	张英豪	盛洋洋	印 咏

丁　昊	柳叙言	许永恬	高俊鹏	李一凡	于广建	徐义国
尹丽红	赵玉禄	王乾丞	姚　卫	王　奥	刘东奇	由立科
王利冬	陈宗斌	谭仪美	周鑫淼			

轨道交通信号与控制（39人）

糜一楠	钱祥鹏	喻　言	陈子伟	柴永剑	王沁怡	谢东东
马　务	顾　凡	杨轶青	郁佳怡	吴　璇	闵睿朋	黄　锐
王　阳	徐斯曼	丁俊哲	缪　威	缪张雯	管毅诚	杭天一
邱至远	黄子豪	栗诗骅	张译丹	刘　星	牛昕羽	王宵月
郭　睿	郭晴柔	王　祺	李　峥	范　爽	陈泽逸	龚源浩
杜　玥	石一鸣	马喻兵	姜　畅			

建筑环境与能源应用工程（44人）

叶仪凡	王峥洋	薛旖洁	陈　健	周梦龙	沈毅阳	张镡月
吴　敏	何桂仁	崔方成	成　程	周国庆	王元杰	干文涛
费　越	严非凡	何家欢	杨国成	刘　洋	田顺芳	王　超
孙　战	别佳慈	魏荣荣	吴欣阳	陈桂泉	罗永恒	杨金兰
冯靖宇	梅仁春	欧定攀	田万祥	张昀枫	李修齐	文　斌
祁树成	彭欣怡	陈　彬	马博涵	陈祖航	连玉航	董　澳
樊　凡	王晨枫					

交通运输（34人）

杜嘉豪	祝春金	马世威	董亦好	杨福祥	李嘉敏	张容容
邵永成	张高铭	周子达	王子鸣	宋雨菲	李　斌	顾　伟
沈翌成	王郅祺	沈铮玺	吕松莹	刘乔希	黎宇涵	姚田峻
贾国宸	李雨桐	黎怡彤	刘承坤	姜唯炜	袁一鸣	方瀚萱
王　喜	储　鑫	陈　舜	孟繁瑞	王可馨	交海尔·吐鲁洪	

医学部

法医学（20人）

成若菲	田梦婕	潘　冲	薛满全	白钰莹	孙　璐	付晓钰
单甜甜	陈贤翔	郭　欣	伍芳玉	钱心远	高雅萱	王　宇
陈茂敏	马汝琦	龚官科	达美村	杨星宇	全勇兵	

放射医学（99人）

于晓璞	张凤麟	吴　玥	陈　华	孙萧玥	陈　雨	陈荣铮
刘　冲	喻滟翔	周应乾	金　鹏	王　冰	黄　琳	金晓旎
李　达	陈　明	杨　杨	周　岍	王靖雯	孙超萍	张琨岚

赵文玉	桑厚翼	王宏霞	云剑鹏	闫玉洁	钱泽湫	姜文珩
崔适文	张 洵	宋佳音	肖月春	殷瑞琪	肖晓棠	杨志敏
王剑桥	王艺凡	杨斯茗	张 桢	崔星月	任同心	张文越
丁晓峰	杨 旸	孙 婧	朱洁丽	周啸宇	梁茂林	顾 维
赵芳冬	韩健芳	武西瑞	许宇凡	徐一弓	李昭君	孙 冉
许筱炎	张琳梦	林荟娴	周正阳	徐梦婷	杨 宜	李宇奇
高 鹏	吉 莉	王 宇	钱思玉	欧金波	王伊旻	赵 琦
徐 笛	张 建	靳晓娅	胡文蝶	蒋杰栋	邓轩邦	周 健
李 婕	任 娜	袁天测	杨继良	李雪晴	肖羽淇	刘李帆
肖粲然	林龙昕	曾庆连	杭方圆	崔 迅	吕正忠	宋冬梅
胡裕心	郑海萌	吕 璐	安子恒	米博宇	格桑旦增	白玛卓嘎
阿卜杜库杜斯·伊敏尼亚孜						

护理学（45人）

王 芳	祁小洁	赵 丹	陈景姚	周 炜	何露露	陈 莹
边 金	何斗萍	唐燕瑶	韦慧蓝	韩刘媛	欧佳元	吴 琴
吴青青	豆雨鑫	门 宁	林浩东	赖凤霞	张瑜娇	王 晶
冶 芳	姜 伟	白 杰	胡雁飞	朱 倩	李 晶	陈启珍
张继尹	卢向敏	尚大睿	胡 兰	郭欣怡	赵 静	隗冰莹
李文清	谢宗洺	蒲万娇	王文娜	查必禄	刘新源	任彦澈
刘虹云	王秀娜	阿力塔·托列吾				

口腔医学（49人）

张 杰	管佳莹	徐 颖	李广源	冯星雨	张轩宇	郭 菲
焦 盛	钱雨馨	莫龙会	郑璐茜	薛 甜	张嘉豪	韦艳阳
李 炜	金伟秋	陈圆圆	周 轩	顾洲宇	陈昕宇	徐咏欣
金 敏	石 娱	郭佳雯	麦思盼	李雅卓	何梦竹	徐丁鑫
邵嘉懿	谢歆怡	蒋岚欣	王艺润	任露露	陈旭亚	章智宇
牛玉鑫	杨牧宇	王瑞鑫	葛晓丽	张嘉惠	王红兰	任敏仪
王 云	孙思敏	吴悦宁	崔卓雅	郭怡莹	李 晔	李 烨

临床医学（275人）

叶 研	宋佳勋	汪剑桥	张 凡	石宇航	许逸轩	韩 雨
余小敏	王亚丽	常 建	张欣羽	武彪彪	顾沁源	王 馨
谢建昊	程馨仪	李伟鹏	刘龙娇	王颖超	徐晓倩	左文婷
余心童	张 婉	尚金伟	张颖莹	陈烁烁	袁 晨	陈丽尤
周 淼	孙一丹	仲华飞	陈昱灵	魏语佳	庄艳娟	金 鹏
郭沛东	朱海迪	陶镜伊	于晨旸	刘逸枫	钱相儒	顾松庭
宋 婷	杨静怡	余超群	周怡潼	李佳欣	刘 晔	郑 宸

李媛媛	刘汉臣	吴宇璇	尚晓凤	张雅昕	张静宇	汤文奕
陈雨蔓	黄 亮	施雨波	包 超	马宇航	伍鑫晨	何 颖
张子颖	李艳博	王 演	马铖延	翁 凡	王广莲	王怡婷
葛 睿	刘敬轩	贺 伟	毛心齐	周国琴	张 慧	叶倩文
陈聪颖	李静静	李函星	刘雨林	蒲友祺	仲丽晴	顾璎珞
陈谢滔	许 佩	李佳慧	侯一峰	段能亮	邓悦婷	陈必进
陈建澎	陶云雯	陈 杰	葛彩军	赵诣恒	严济仁	张晓晨
史立洲	杨玉琪	谢 柯	张丽君	刘铭轩	何承蕾	陈宇鹏
陈铭佳	张晓芙	段佩辰	臧运霞	东汝娇	师 凡	武勇言
黄 晨	汤岚清	苏靖玥	陈 诚	付支江	李可萌	杨 岚
王一可	李浴萱	王雨晨	达瓦扎西	黄筱琦	吴锐邦	张诗忆
刘芮池	刘长鹏	吴晓彤	祝 青	马亚洲	马佳炜	翁瑜菁
孙 涛	朱弘毅	陈国梁	钱瑞琪	杨正凯	周 亮	徐正辉
谢海峰	张辰阳	胡晶辉	孟嘉皓	肖均喜	陈子凡	过沄杰
李一丹	徐 畅	钱 珃	汤应闯	喻子林	李浩然	徐林宁
刘 鑫	邱 艳	刘 昂	浦 妍	叶一如	徐 畅	王 俊
经成男	李蒙娜	何 静	陈虹霖	颜上程	主云飞	顾 烨
邓子澄	金亦凡	宋子玥	张 瑾	韩 灏	刘炜峰	仇多良
许吴双	周 欣	张宇虹	杨婧怡	许泽峰	陈佳俊	邹宸焘
刘广杰	邢俊晖	昝新全	相柏杨	沈新宇	陆晓婧	郑 禄
索吟轩	朱怿言	刘凌峰	任昀雅	胡静哲	付 芹	李文林
姚灵烨	钟水丽	王嘉豪	朱 琳	方子尧	汪 萍	蒋雅雯
王雨婷	章贵霞	张 羽	郭仕琪	袁子涵	卢思慧	邵汉成
冯涵泳	李 航	贾 邹	褚梦倩	陆浩东	李欣雨	李炜康
王钰吉	李宇璐	苏瑾文	班泉瑶	董 理	曹剑波	宿天虹
王江松	朱路洁	娄竞文	崔宇婕	陈颖杰	常思远	李科儒
陈莉聪	曹威寅	朱濛昕	黎永忠	徐曼灵	林逸楚	吴博宇
周士杰	庄林俊	鄂沁之	薛沁菲	张国能	余 越	钟 溢
顾锦涛	张 楠	符刘松	王坤岳	蔡怡萱	潘倩卿	王程宇
朱元宸	王茹婷	杨 豪	姜思佳	邹嘉缪	许钱苇	刘桂虎
李晓宇	窦镜申	姚少锋	周 静	朱晓航	代 明	陈 璐
杨兴宇	王亚男	封凯文	陈荣璋	彭潇乐	王昱傑	李昱漩
黄 蕾	布马热亚木·艾买提江					

临床医学（儿科医学）（32人）

杜之傲	刘宇智	薛 茹	任 宇	康林钰	丁 思	陈鑫鑫
史忆萌	陈欣林	李秋贤	刘一聪	俞张立	孙 艳	崔毅杰
孙 璇	徐梦柔	相丹丹	刘 露	曹滇誉	王寅佼	王秋雨
吉 奇	陆佳露	李双莲	王书琪	俞可欣	周吉全	冯 特

陈　弘　　梅成镐　　冯星星　　梁　欢

生物技术（78人）

郭　聪	谭玉妹	李希琳	陈可欣	奚佳辰	邱雨莎	刘宗昊
杨佩佩	武　奕	殷　玥	周钰瑞	章佳兰	周佳怡	杨运好
浦可嘉	王文秋	梁洁玲	徐柯钧	苏　雨	朱雨筱	赵建栋
倪瑶瑶	严　敏	杨　京	张　瑞	谢雨森	俞飞阳	王淑颖
郑诗蝶	刘志勇	龚洋桦	杜茜琳	王　琦	朱浩东	薛懋霏
李咏琪	孙久远	李依洋	李夏贞	汤天禹	黄　伟	郑沈钊
余天成	朱顾逸	黄需赟	黄雅凤	严　力	王　瑞	刘馨元
李雨晴	杨欣宇	吕佳昕	韩晓阳	冯海霞	朱沛杰	齐　琪
郭书奕	王奕炜	苏天凤	焦婉儿	王予博	岑雪滢	李玉丽
李林超	李　硕	刘佳艺	彭海祥	张　帅	安　卓	李梦雨
刘欣怡	杜　鹏	陈文清	李　阳	高文欣	王逸婷	

努尔碧雅·买买提　　夏依达古丽·阿不都热苏力

生物科学（3人）

寇文泽　　杜金凤　　杨雅露

生物信息学（32人）

乔一飞	宋昊远	黄鑫鹏	周子筠	罗晓琦	谢陈瑶	王颖娟
裘彧然	韩淑清	黄费凡	黄媛媛	李定洋	朱泽峰	殷　萍
张书凡	郑非凡	丁　凯	邹伟丽	杜　特	张涵养	多璐馨
郭潇楠	王艺博	郑宇翔	马　然	宋　翔	李明珊	刘子炎
李佳宁	张冯琦	陈　雯				

米尔卡米力·吾布力卡斯木

生物制药（40人）

梁定君	吴志武	朱金滟	曹喜童	沈　翠	李佳男	叶怡麟
杨振宇	蒙廣钊	陆元欣	吴优璇	廖园园	刘心畅	周明慧
何瑞华	茆　顺	刘伯卿	周星月	于坤坤	孙若晨	韦　笑
周庆杰	李雨佩	罗荣旭	蔡　佳	李一乐	靳　雅	杨兆红
周　瑜	孙　琪	程亦伟	刘若年	王文傅	刘文月	张婉悦
郭嘉政	李阳婧	聂红梅	李宏诚	张　慧		

食品质量与安全（29人）

朱国锐	薛　源	陆仲逸	成津燕	李孟楠	周　冬	侯　如
刘　韵	张洁黎	郑　娆	张　帆	高姝婷	肖吾措	赵怡君
邢　萌	谢希昊	魏馨怡	黄佩琪	成聪毅	张又丹	胡雪滢
罗臣暮	张丽娜	李心月	孟子靖	孟云鹤		

阿妮发·额斯哈克

赛比努尔·沙比提　　木合甫拉·苏来曼

药学（98人）

张鑫艳	刘小林	武晓夏	黄申华	逯玉英	张星宇	张　娟
杨丹颜	夏　彪	徐　严	林　茜	平　阳	钟晓婷	马　梁
陆飞虎	董知妤	董心怡	王宇平	殷立欣	黄　珊	高桐欣
姜鸿泉	陈芷青	杨海荣	徐心頔	张　舜	沙倩雅	王子璇
姚佳璐	王轶琦	马杰宏	周千备	沈新茹	李　琪	徐敏华
吉兴芳	陶伟杰	赖津松	唐泽群	严　涵	王天泽	丁佳辉
龚黎明	吴海山	季　雯	姜梦琦	陈香芹	王　崴	司　航
倪胡昕	包皓石	陈　卉	刘　涵	潘怡瑶	顾　榕	吴子健
刘依菁	韩晚军	吉严蓉	黄柯嘉	郭芳岑	李　想	刘　志
岳　爽	武梦威	庞梦娟	鲁明权	吴吁侠	翟子铭	顾嘉旭
陈　言	李　清	田梦妍	牛宇清	张栓娟	金皓云雁	曹焰妮
于　顺	刘莹昱	苏亚辉	赵雪晴	陈纨君	刘英卓	罗浩元
尚史蓓蕾	杨惠桐	龙佳沁	高文青	魏军芬	杨丽婷	程文琪
朱慧敏	李文豪	徐浏昉	刘妮娅	王雨桐	吴佳贞	尤　聪

医学检验技术（30人）

董祥玉	张熊劲夫	马思源	邓国雄	吴　艳	郝思妤	王　璐
刘海兰	沈亦扬	奚夏莲	韩智勇	张雨佳	孔晨璐	李佳颖
钱费楠	曹　璇	陈旭蓉	孙嘉阳	严雪婷	丁怡园	李若男
王昊义	朱　林	刘昱淇	李　姝	段廷红	阮婉婉	马紫嘉
陈丽颖	阿卜杜萨拉木·居麦尼亚孜					

医学影像学（43人）

韩宇鑫	欧阳钰沭	徐　敏	刘紫涵	施江南	徐莉萍	毛鑫宇
张晨辰	张静波	朱爽爽	刘娴都	赵嘉煦	王逸豪	谭盈盈
王　娜	陆姝瑞	邱瑜婷	丁　佳	姚茗洁	顾珏如	陈　述
钱雅楠	封　娜	肖洁予	程淇威	茹子牛	刘叶森	张宁贵
杨　晋	倪寅宇	张　森	徐刘炜	沈鹏飞	许　艳	王　瑞
鲁　媛	娄嘉豪	冯　捷	陈天翼	路　珠	郭宇昕	洛桑希偌
罗婉蓉						

预防医学（62人）

王彦博	火　媛	钱　鑫	孙海橦	张莹舒	陈　艳	王嘉祥
刘婕妤	张　悦	曹文珊	鲁嘉楠	郁轻舟	刘楷凡	张　宸
覃敏钰	田仁甫	聂启航	陈雨茜	杨　昊	郭淋莉	董兴璇
夏　鹜	张珊珊	黄天生	季昊阳	李盈辉	邓小东	翟　珂

张　莉	陈秋宇	张倍源	陆颖枫	倪　洁	管梓璇	陆加文
黄董伊	储　莉	耿侯跃	方芊芊	郭楠楠	万方昱	朱雅文
陆　恒	翟羽佳	李如一	李润楷	沈文韬	李书恒	景　钰
刘　言	简国浩	雷雅婷	党　颖	吴昕晟	马陈西南	尤建华
王蕊蕊	施　杨	梁　倩	邓仲意	王　涵	陆烨灵	

中药学（28人）

李新敏	马慧慧	龚梦凯	董　延	钱佳程	熊雨兰	罗　逸
赵　多	杨　琪	金　浩	李　慕	王　璐	黎清华	王婧雯
张梦瑶	孙雪哲	周琪琪	范宇轩	杨双萌	陈　奇	张　冉
裘小檬	苗　一	潘具洁	曾　芝	王瑞敏	冯超桦	李　霞

临床医学（七年制本硕连读本科段）（2人）

匡喆轩　　王潇梵

唐文治书院

汉语言文学（基地）（23人）

吴雨馨	梁　一	许　非	宋子健	徐凯悦	段琪辉	於悠然
潘莉雯	杨远帆	邢文正	戚皓妍	许佳越	宫明璐	蒲婧怡
段晓臻	徐于刁	汪祖康	纪　睿	翟羽瑶	严明轩	张心雨
吴梦晨	鲍　悦					

哲学（6人）

吴昊蕊　　田壮志　　张馨月　　季佳濛　　钱毅珺　　陆心尧

注：带＊者为结业生。

2021年9月本科毕业学生名单

东吴商学院（财经学院）

国际经济与贸易（1人）

武林亚子

体育学院

运动训练（1人）
　　秦文悦

材料与化学化工学部

功能材料（1人）
　　徐子滢

苏州医学院

法医学（2人）
　　邹金鹏　　黄人婕

临床医学（1人）
　　胡晨昕

2021年12月本科毕业学生名单

纺织与服装工程学院

纺织工程（1人）
　　张宇超

计算机科学与技术学院

软件工程（1人）
　　陈　杰

物理科学与技术学院

物理学（1人）
　　张亚东

机电工程学院

机械工程（1人）

蒋泽凡

材料与化学化工学部

化学（1人）

史靖翔

苏州医学院

法医学（1人）

库尔班·吐孙

政治与公共管理学院

物流管理（1人）

邓　涵

2021年6月获第二学士学位学生名单

传媒学院

新闻学（24人）

夏　鹜	李冠秋	王璐璐	盛　越	刘于安琪	余　玥	吴昕蒙
弓　菊	苏圣哲	吴嘉欣	王妮娜	吴　疆	叶蔚琪	杨心乐
奚宝赟	陈泓任	秦诗文	陈静怡	张香惠	赵嘉敏	朱泓粼
张　月	欧佳元	钟威虎

东吴商学院（财经学院）

工商管理（36人）

张　希	任家恒	仲心仪	张乐馨	王翠玲	陈　鹏	张碧腾
陆　航	李　燏	刘博程	刘辰宇	张文豪	梁　磊	何修远
吴莎莎	王　璇	周倩雯	刘　湘	刘梦羽	庄承昊	袁明君

重要资料及统计

| 潘宇城 | 范明媚 | 姚佳惠 | 张　焕 | 方南翔 | 董建璋 | 刘志勇 |
| 黄　伟 | 任彦澈 | 黄子豪 | 叶仪凡 | 王峥洋 | 彭欣怡 | 陈祖航 |
| 陆雨婷 |

国际经济与贸易（63人）

钮　璇	张　锡	张方君	杨紫燕	何逸含	王玉花	王淑芮
陆佳烨	梁　琪	张皓铭	吴宸祎	尹虹苏	曹佳慧	杨彦羽
王子川	曹宇潇	赵希玉	沈子喻	周子仪	吕林芳	胡　阳
宋春生	朱镇颖	张　玮	崔力丹	郑斯文	张　淼	葛轶鼎
陈香颖	王佳琪	刘　琦	江南桦	应涵昕	曾彤炜	黄　宇
洪博恩	胡子航	赵婧媛	郭　沛	王廷麟	戴芸鹏	姚若彤
杨曜铖	张潇允	房孟琪	闫亚东	唐文钰	杨婧雯	丁可茗
沈安妮	严嘉宇	王　钰	潘奕辰	李明睿	岳秀月	邱雨莎
苏　雨	殷　玥	闵睿朋	严非凡	陈　舜	陆天艺	吴筱寒

计算机科学与技术学院

计算机科学与技术（1人）

尤建华

教育学院

教育学（32人）

解成璐	张成芳	张婷婷	赵云浩	朱明明	刘　杨	王乐咏遂
张　怿	孙　荟	刘文茜	张　瑞	黄淑荧	施逸程	任　晖
曹明正	陈家伟	钱昕倩	张心悦	朱孝艳	倪知颖	王昕雅
吴　潇	贺欣宇	曹浥晨	周文烨	石　佳	王文秋	吴　琴
王轶琦	杨金兰	邵永成	刘宇涵

应用心理学（62人）

杨雨晨	方芊芊	张悠然	余奉莲	钱湘蓉	贺　阳	李　银
陈　杨	谢良涛	郭欣颖	刘方正	刘秋阳	朱欣悦	胡蕴慧
邵　睿	陈芙蓉	陈　菲	孔隽越	卢煜宁	路钰浩	孙一鸣
孙淑婷	杨昊平	张鹏飞	陈　思	饶海程	骆彦西	樊雯媛
马　真	阳　洋	赵　硕	易　萍	吴　培	陈美琪	朱依婷
马　尚	徐秋媛	邱朝菊	张容欢	王梦歌	赵康丽	姜顺吉
陈　伊	杨文韬	孙建威	陶潇鲲	孙思成	杨诗伦	张彤彤
王　珏	吴瑞康	李祖赐	孙恺祎	丁维宇	金　鑫	余秋玉
罗荣旭	薛可钦	崔也涵	马涵钰	信　馨	刘婧茜

社会学院

历史学（16人）

侯宜君　吉山鹏　余律安　刘一笑　李甘雨　冯浩然　唐逸彦
周诗雨　黄卓文　高继慈　毛东航　俞嘉源　俞天琪　李　畅
张　奕　杨雪琦

王健法学院

法学（85人）

张　炎　刘方伯　孔祥龙　谢方磊　张珊珊　孙　璐　杨星宇
曹玮婕　窦梦颖　高雨萱　董丁玮　陈奕彤　陈茜雨　余泽田
陈甜甜　陈　越　吴　楠　徐雨昕　李梦妹　范　扬　徐紫来
尹胜青　封若兮　江希哲　汪雨欣　石逸子　郑鹏飞　张星雨
唐晓萱　乔苗苗　刘晨希　肖　雪　赵星宇　张　迪　李超凡
王雨婧　王丽华　殷心雨　袁子芃　许雅淞　李静文　李佳鑫
俞杨销　姚金鹏　马国能　杨　扬　陈姝而　李文静　徐　宁
陈亦洲　张家萌　吴佳佳　林雨佳　张书娴　赵恒鑫　吴亚兰
程韵竹　章其琛　张慧颖　闻　宇　周　萱　路斐然　李宇航
袁　静　陆　凝　郑　苏　王雨薇　孔　菲　徐　爽　冷　卓
王德政　卞嘉傲　阳析睿　丁　宇　程天侠　潘佳敏　赵海慧
张　昊　王　璐　隗冰莹　刘虹云　曹　薇　顾成琪　何　婷
娜迪莱·艾斯哈尔

知识产权（15人）

张余璐　陈欣怡　胡　璟　王雪颖　于世捷　盛芳铭　张静蕾
王睿娜　何宗函　刘希望　朱卯月　蒋山叶　赵　钰　江欣荣
韩　宾

医学部

生物科学（4人）

雷雅婷　谢　圆　黄佩琪　许学石

政治与公共管理学院

行政管理（12人）

汝　琳　许　诺　吴秋阳　朱君仪　胡　蝶　陈庆庆　虞伍峰
沈梦娇　毕智毅　刘　志　鲁明权　李明珊

2021 年 3 月获学士学位留学生名单

医学部

临床医学（4人）

SUNKANAPALLY PRAMOD
SINDHUJA BABUSANKAR
ABISHEK RAJENDIRAN
SHAIK MOHEMMED INAM AL HASAN

2021 年 6 月获学士学位留学生名单

医学部

临床医学（5人）

PREETI SINGH
PATEL JATINKUMAR PRABHATBHAI
CHAVDA AKSHAYRAJ VANRAJBHAI
JAIN ANUJ ASHOK
NAVADIA HARSHIL AMITBHAI

外国语学院

英语（1人）

LI JIA LE

教育学院

教育学（1人）

WANG CUN CHI

计算机科学与技术学院

软件工程（1人）

YANG ZHEN YUAN

文学院

汉语言文学（38人）

　　C HOI SOO JEONG
　　KIM MINJOON
　　LEE YOONHA
　　PARK CHAE KYUNG
　　RHEE NOORY
　　LEE CHAEJUNG
　　KIM YUNHA
　　HA JIHOON
　　KIM GUEYEON
　　LEE JEONGHWA
　　HONG SEOEUN
　　LEE HEEJEE
　　CHOI HEEJI
　　KIM JINHYEOK
　　KO HYUNJI
　　KIM DONGGEON
　　SHIN SANGHOON
　　SHIN HOEUN
　　KIM CHANGSU
　　WOO WONSIK
　　RYU JAEHYUN
　　JEONG MINA
　　KIM DONGKYUN
　　HWANG HYUNJUNG
　　KIM SUYEON
　　OH JONGHYUN
　　LEE YOONJAE
　　YOON JOUNGKYU
　　KIM JIHYE
　　PARK EUNYOUNG
　　LEE KYEONGRAN
　　KWAK JUNSEO
　　KIM SOO HONG
　　ITKEOMANIWONG JANTHANA
　　SILACHANH PHOUXAISANA
　　OH SUKHA

WOO JAYONG
JEONG YEONJU

东吴商学院（财经学院）

国际经济与贸易（17人）
TOULAPHANH PHETSAKHONE
PHOMMACHANH CHANLAKHONE
CHOUNLAMANY THALAVANH
BOUNLOTH PHAYSITH
LO PHONEPADITH
XAVADY CHITTAKONE
KHONGNA PANTIRA
LIU SINGMING
LILIANI
LING WEN HUI JESSIE
JUNG HYOJUN
CHUN JI YOUNG
KEODALAVONG SOULIYA
VONGPHRACHANH AMITA
THEPPHAVONG VILAYPHONE
PHIMVONGTA CHANTHAPHONE
SIHAPANYA APHINANH

2021年9月获学士学位留学生名单

苏州医学院

临床医学（2人）
EFIYE-BRIBENA OYINPRIEBI PREYE
OLAWUYI ADURAGBEMINIYI ISAAC

2021 年 12 月获学士学位留学生名单

苏州医学院

临床医学（18 人）
  APARNA NITIN PATIL
  NAROLA NIRALI JAGDISHBHAI
  PRAJAPAT PAWANKUMAR RAMNIVASH DUNA
  GOVINDASAMY ARUNKUMAR
  RAJARAMAN SATHISHKUMAR
  MURUGAN MEGANATHAN
  SELLAPPAN MANOJKUMAR
  BASKARAN ADHITHYAN
  RAJENDRAN VASANTHRAJ
  KANCHAN CHRISTLEENA ADAM
  SIVAKUMAR POOMAGAL NANDHINI
  KHANDELWAL KAMAL
  NARAYAN ASHUTOSH MANI
  NAGAR DEVENDRA
  BHUPENDRA KUSHWAH
  ILANGOVAN SARAVANAN
  KARUNANIDHI PRIYANKA
  VIKRAMAN MAHALAKSHMI

2021 年 3 月获双学位学生名单

教育学院

教育学（1 人）
  张秀秀

2021 年 6 月七年制本硕连读硕士段毕业学生名单

医学部

临床医学（56 人）

梁展文	顾 欣	马 成	张 鹏	张稼辛	武岑颢	杨檬璐
王文杰	李紫翔	冯 吉	姜 斌	张乘鹏	李学谦	龙小敏
苏文星	李大壮	张晓磊	仲璐婷	陈晓倩	刘津毓	黄 彪
戴 銮	米利杰	任重远	常天棋	郎雨诚	史轶凡	曾将萍
魏钰倩	申 真	周益秀	宣 和	朱婧菡	段玉冰	张 冕
吴天梅	徐 斌	杨雁博	乐 悦	李 欣	朱 媛	袁桂强
成 希	高比昔	李雪锴	卓 然	田 凯	韩 康	陈 婷
刘心旸	饶宇宁	汪宏斌	苏芳莹	李家颖	徐雨东	葛 琪

继续教育学院成教教学点情况（表 16）

表 16 继续教育学院成教教学点一览表

教学点名称	招收专业
沛县开放大学	法学专升本函授、电气工程及其自动化专升本函授、工商管理专升本函授、会计学专升本函授
南京市职工大学	法学专升本函授、电气工程及其自动化专升本函授、机械工程专升本函授、计算机科学与技术专升本函授、工商管理专升本函授、会计学专升本函授、人力资源高起本函授、人力资源管理专升本函授
无锡旅游商贸高等职业技术学校	工商管理专升本函授
常熟开放大学	电气工程及其自动化专升本函授、计算机科学与技术专升本函授
常州市金坛区卫生进修学校	护理学高起本业余、护理学专升本业余
镇江市高等专科学校	护理学专升本业余
张家港市健康促进中心	护理学专升本业余
溧阳市卫生培训中心	护理学专升本业余
昆山市健康促进中心	护理学专升本业余
太仓市卫生培训与健康促进中心	护理学专升本业余
常州市高级职业技术学校	护理学专升本业余、医学影像专升本业余
江苏医药职业学院	医学影像学专升本业余

2021年成人高等学历教育毕业生

电气工程及其自动化专升本函授（23人）

张 伟	单爱山	陈庆荣	周厚石	朱小厂	曹 成	杜甲龙
屠 彬	李 娟	潘海亮	许秋生	刁学伟	刘德凯	侯承明
谭小冬	吴丽君	滕青樾	董洪杰	刘逸峰	秦晓磊	于 江
姜旭方	袁晓华					

电气工程及其自动化专升本业余（104人）

李龙龙	林 俊	彭 飞	郑红金	孙 雷	牛 振	王海涓
陈 奔	吾伟峰	杨世新	季龙飞	孙荣兰	施凯华	戴 振
梁 山	刘培林	毛雪磊	陈少勇	张鹤军	张 果	朱仁南
张 磊	方 然	杨 柳	张新满	王其龙	金 勇	卜晓刚
孙 杰	刘雪江	庄 山	吴蕴良	罗长发	张二虎	吴 瑛
李幸福	贺磊磊	马 圣	侯富刚	周 全	王晓阳	陈家锋
尹如睿	付君勇	陈 勇	訾荣荣	夏 英	韩步军	陈兵兵
韦明余	李 陆	冯 浩	王海龙	张自凯	刘飞贺	张成刚
李海键	章顺爱	吉海洋	刘翠云	胡 秒	黄磊磊	陈有亮
秦林峰	印学伟	顾晓华	刘文涛	陈文华	刘子枫	徐贤达
汤俊华	姚 晨	刘 涛	王 昌	许冬清	胡昱帆	张晓坤
王成刚	饶志斌	顾兴亮	常 凯	朱锦垚	杨晓春	张 超
周庆国	张 俊	朱 华	王晓华	李 刚	吕 骥	王珊珊
邱明明	夏开盟	夏 东	徐 妍	卢 江	聂祝明	陈 涛
朱宏银	孙 伟	吴旭志	陈吉祥	沈 杰	焦蒙阳	

电气工程与自动化专升本业余（9人）

章晓杰	赵兴旺	孙娱乐	汤 辉	秦 伟	陈 冰	余海涛
金红伟	李 旺					

电子信息工程专升本函授（23人）

李春来	李荣荣	付长锐	朱友亮	常超文	刘飞显	孙海艳
吴尚尚	宋宏磊	安 萍	陶怡新	徐亚清	许赛臣	蒋金融
蔡 凯	王 庆	李 伟	陈 威	宗寿岐	李志明	张冬波
施志远	王放文					

电子信息工程专升本业余（103人）

胡忠将	裴增发	王逸飞	彭 昭	丁 旭	吉永飞	王 勇

张 迪	李彦伟	武 润	曹广森	朱栋林	柳小强	程 刚
吴同华	陈亚峰	曹 敏	裴 强	宋新顺	李 君	冯会强
浦 霞	王小奎	吕双平	蒋 正	王日飞	周治国	张 永
巫玉峰	段 磊	陈蛟龙	花刘波	裴文彬	谈安全	徐春杰
谢文龙	谢春林	熊良媛	王 倩	孙 蓓	徐聪颖	邹春华
居佳雨	任忠超	单云霞	滕树军	蒋道川	沈雪芬	曹育才
陈时梁	王 展	胡 凯	张四忍	侯义艳	田 栋	府振贤
张文礼	顾 祺	孔德龙	陆蒋龙	郭庆余	殷志浩	张素青
刘 庆	冯 帅	叶茂盛	谢 飞	曹 平	骆小磊	罗龙鑫
鲍志远	张小峰	沈黎云	吴 平	易诗祺	张建华	杨晓东
李成祥	顾 伟	袁宏飞	潘松涛	厉晋强	杨汉成	郑兆康
冯新闻	张志涛	刘云磊	王志阳	张 影	王书红	袁吉利
孙 飞	朱成俊	蔡明川	王馨兰	陈自强	刘 洋	卢小亮
王 丹	许 敏	李克永	臧千文	江 林		

法学专升本函授（154人）

蒋莹婷	谭玉银	任 佳	刘 伟	周 洁	姚嘉玲	江晟尧
顾艳红	陈景波	陈光伟	张荣丹	陆有为	黄晨雨	孙晓波
李 铭	陆 云	唐济宇	葛 猛	屠春芳	陈 晨	张晓华
杜欣昕	郭 勇	乔 坤	韩玉燕	于 慧	邱岸宇	崔 璨
孙 娇	叶真豪	樊益嘉	钱怡晨	张 悦	刘春敏	倪梦晖
平 源	殷 建	苏 洁	龚 璇	陈 平	丁 伟	裴丽娜
张雨薇	高琴丽	刘 奇	于 悦	梁玉洁	黄 亮	董鹏程
陈丽丽	余巧文	马 先	舒青青	郑尔娜	谢敏倩	陶静如
郁 瑜	陶烨明	刘凤明	王增利	曹 谷	王一诺	姜 丽
朱仟羽	曹 琦	丁 蓉	蒋 雪	凌雨希	刘丹萍	曾亚香
江梦迪	徐 萍	倪 艳	潘 丹	张 欣	缪 军	李晓寒
臧 云	徐 颖	许 佳	黄清政	冯正彬	孙莹莹	王沛滕
王鑫鑫	王吉云	赵乐乐	王 健	张玉龙	刘 敏	邹红祥
潘蔚慈	葛 寒	曹喜佳	唐 兵	殷和平	蒋经纬	周 宇
张文杰	邵扬业	陆 骏	高伊璐	蒋 伟	单小燕	金旭晖
吴 焕	张凤娟	陆辰浩	陈黎沙	顾鸣娟	刘 辰	汪 雨
陆文杰	俞 莉	李 斌	周 川	马丽丽	李连杰	胡 燕
孟艳婷	姚晓慧	徐 乐	苏嘉辉	薛倩婷	陶云青	梅旭强
陈世怡	高燕群	王亚东	孙 馨	石雨烨	孙英杰	盛 园
李晔寒	王惠众	费志翔	曹晨华	肖想南	刘 敏	陆 秋
施 珍	王文雄	潘 烨	钱沈超	张静燕	王宏斌	张 卉
王 实	凌 芸	王幸初	王向东	潘亚明	许晨晨	徐静佳

工程管理专升本函授（54人）

刘诺　钱君星　宋娟　徐庆松　徐金娥　徐政豪　冯茂蔚
韩贺甜　赵静远　张锋锋　陈明明　刘森　李豪　狄转
刘康　马进　周明明　范爱行　李昭　周晓阳　蔡松华
石雯娟　宁强　舒畅　戚志红　王志刚　胡海军　丁煜宸
吴坚意　吴坤　张军　吴广桂　李婷婷　卞明哲　周峰
嵇超　蒋小红　何涛　辛怡秋　刘德俊　许爱忠　高尚
陈江　高仪　邱奈奈　戴彬　刘德一　张益　易潇
郭刚　黄汝佩　张赛龙　王善才　储锦丰

工商管理专升本函授（232人）

纪子凤　陈路路　周明　王皓　牛童　钱薇　张琼芳
白晓凤　朱小燕　张亚琴　祝文　张盈秋　毛贯南　宋超
韩娇　朱佳敏　杨喆　卢红进　朱慧敏　印一范　陈瑶
余路　卞能行　王艾利　周振华　申丹丹　程丽　刘桂芳
张贺　苏良星　单苏霞　钟梦娇　韩雪　王佩洁　罗迎松
王小慧　马海涛　袁涛　杨艺林　蔺娟　刘欠　王康富
梅娟　张宇　黄大威　桑松杰　李想　何寅俊　张迎
韩东雷　史俊峰　张强　冷文双　皮见友　朱怀武　何慧茹
郁和来　刘根　寇中翔　范安平　仝莹　朱文雅　冯伟
徐辉辉　汤晓林　张磊　赵胜华　桑爱领　李丽娟　屠培联
刘翠翠　邱晓江　赵龙江　邵桂香　李岩欢　张莹　杨龙
刘青雯　蔡纯芳　郑晶晶　秦生鑫　马瑞雪　许林伟　王晓
朱鸽　李苏昊　陈艳　肖秋　蔡志豪　查晓江　曹磊磊
刘慧　朱博伦　陈磊　陈璐　陆筱薇　刘佳　牛明辉
杨燕　孙华明　徐晓莹　李磊　崔颖龙　余后海　胡三勇
巩晓　田坤　马君德　王峰　朱羽洁　徐勇　王勇
张洋　李晓娟　姜燕　冯宇　杜艳波　刘广西　武恒磊
冯超　肖莲　盛玲玲　宋进财　闫妮娜　蔡全华　俞石红
黄平　姜楠　曹亚超　唐彪　顾军亚　雍容智　舒寅生
顾中波　祝力　冯荣荣　刘红　马强　冯淑琼　徐丹
韦红星　马和明　程博文　吕超　邹文杰　顾群　周琦
刘寿梅　杨瑞升　王顺顺　单晓庆　张肖　王红蕾　胡勇
沈超　冷鲁林　罗丽云　袁思芸　蔡越虎　夏敏　张芳
孔刚　袁家惠　曾爱勇　王娜　顾冬生　丁远洋　柳萍
陈云峰　张洁　王嘉伟　周俊宇　范晓斌　项建州　毕云强
许友　周杰　刘艳　黄小芳　陆娟　王飞　陈晓波
陈春明　王麟　汤文艳　李志军　焦鹏飞　姚丽娜　黄晓龙
王涛　王聪　钟育超　吴斌　高杰杰　王伟　杨丽

邵小路	祝　瑜	曹黎东	李小伟	徐成功	李吉婷	刘海权
孙　港	丁一凡	许善成	王　蕾	王　慧	唐巧红	张　虎
朱明娅	潘　荦	孙　建	王志中	史云霞	张建磊	王晟杰
潘玲燕	陈　艳	孙　园	汤艳云	刘晓红	苏　磊	赵俊娜
景步荣	杨小坤	赵　童	马益峰	陈亚琴	李　曼	宋徐军
赵小铭						

汉语言文学专升本函授（36人）

张　莉	张　欣	朱凯生	姜晓玮	周虹标	周耀芬	顾　鑫
雷　茜	曹嫣琦	何美玲	孙　玲	黄娜娜	徐　丽	谈媛媛
张晓蓓	仲梓伟	尤芸婷	王慧珍	吴　悦	王愿丽	蒋舒菲
苏　娜	刘能翔	张小云	于海娥	谢　荣	王永梅	陈萍萍
张琪玮	许秀芬	周雅君	徐薛晗	姚大正	罗月柳	李新梅
潘晓磊						

行政管理专升本业余（34人）

陈　冬	李　霞	朱兴敏	龚　慧	杨春月	闵　兰	王　颖
孙玲玲	吴晨欢	杨　锐	赵祥露	朱万明	孙梦娇	王　亚
陈　燕	沈文韬	姚　瑜	任加庆	张晓婷	谈心欢	毛薇晔
卞惠明	何媛芳	王玲玲	钱　平	龚笑笑	姚明霞	王文静
何一凡	宋琳琳	孙彬彬	刘　洋	冯　帅	缪康沅	

护理学本科业余（245人）

朱　玲	卜文婷	陈自谦	赵梦婷	唐佳丽	陆丹妮	陈佳慧
刘婧伶	何　玲	刘丹丹	鲁文艳	郑　琦	肖梦佳	俞韵尔
汤佳怡	吴　怡	孙逸恒	洪玲玉	欧阳佳文	陆燕琪	王　业
倪　妍	魏诗彤	许　洋	陶诗怡	肖　玉	茅甜甜	刘　颖
马丽娜	赵　悦	王於晴	庄叶菲	毛文文	高　颜	刘　慧
王　凌	邓心怡	王欣年	潘陈文熙	张静雨	李　妮	胡　璟
毛雅雯	王珺瑶	罗　瑾	陈子珺	黄　燕	蒋　颖	赵　静
刘　珺	马园园	胡玲燕	张　可	张　周	丁辰琛	史佳琪
刘　月	陈　燕	任　烨	束玉燕	黄　丹	许凌宇	张蕴颖
施雨轩	席宇晴	钱瑜婷	宋　彬	李梦媛	仲　茜	傅高微
吕紫荆	汤倩倩	陈思佳	丁　佳	孟　蓉	何逸宇嘉	顾　倩
沈丽丽	朱见芳	陈　倩	张译丹	常雨婷	万千惠	陈念淇
王许智	陈　晶	王　霞	孔秋云	刘　尘	洪　妍	张　瑾
张　敏	江　雪	徐苗苗	管　乐	肖雨琦	付　鑫	庞梦婷
杭苏阳	戴文星	王紫煊	吴陈露	黄　璐	沈嘉艳	刘雪妍
熊妍妍	洪佳佳	李梦晴	周欣雨	许伊炯	史燕南	王丹丹

陈清清	闫　晓	张晓娟	李婷婷	孙云丽	郑子琴	程　路
黄穆鹰	张　昱	吴运帷	徐艺瑞	谢澄澄	郑毅妍	陆　琴
缪宇清	徐天凤	谢婷婷	张小蕾	周　宁	沈　曦	童　婷
陈云云	刘世雄	陈　阳	吴满莲	李　婷	李　敏	董晓惠
张　佳	陈思思	俞　玮	宋惠勤	王雅婷	吕　云	周慧敏
李佳宇	戴　敏	魏　莎	尹　然	李瑞霞	高婷婷	张丽丽
董　鸽	高彩云	周小红	戴瑜琪	王娇娇	金　银	瞿　苗
王凌燕	李　源	邹　丹	张　钰	张　倩	张玲敏	周佩菁
葛　玮	孙　梦	闫慧娟	耿潋瑜	沈帅伶	童雪梅	邓文倩
于明珠	张　玮	景　丹	杨　洁	贾梦超	王　晶	李　娜
陆　塁	吴雨琪	张智文	李　扬	周　佳	徐　静	陈　倩
张政娇	陈　艳	王　玲	陈　芳	王　舒	徐梦影	陈　慧
陈素珍	徐欣玥	程婕颖	束杨萍	季诗诗	孙鹏晨	蒋星宇
丁文瑾	高　杰	陈慧雅	沙敏敏	曹玮琪	凌佳佳	赵梦辞
花肖琳	毛　蕊	王泽兵	景超群	陈　羽	许沛瑶	张芙蓉
黄　珏	范雨婷	周　惺	孔雯慧	朱佳怡	宣春红	刘玉婷
潘　怡	曹飞扬	吴文雅	潘丽萍	马　慧	陈瑞恩	朱　宇
周轩卉	孙　婷	张　静	周忆萱	黄稚涵	徐秋叶	孔春花
张　婷	夏　迪	周　艳	鲍俊诗	王佳慧	张雨柔	姜　佩

护理学专升本业余（1 483人）

顾静雯	孟　丽	王　琪	张　勇	姜迎利	宗天艺	严　逸
孙媛圆	钟婷婷	李　宁	周登雪	谢　菲	李　双	邹　森
吴益雨	杭雨璐	姚　珊	陈路路	黄　欣	胡　静	刘　珊
张芙荣	丁文秀	许　蒙	谢　洁	吴　音	陈　辰	邵　欣
张小敏	孙　霞	陈　月	周艳云	张铭燕	屈娟娟	李　婷
朱惠子	林嘉裕	朱　洁	王丹雨	杨　信	张佳燕	朱静怡
宋晨晨	李　想	牟荣煜	王鑫月	周　敏	郁雪苑	杨宠嫔
陈雨婷	诸佳慧	吴云云	韩　蓉	顾小花	谈馨怡	俞　程
俞　慧	解安琪	王　静	季　敏	姚　娟	徐　梦	倪　珺
王　婕	符飞飞	曹　欣	季　洁	雷翠雯	李淑芬	顾　涵
于　婷	韩佳华	徐　璇	朱　勤	史　怡	刘　芹	任　成
邹嘉雯	张家希	张可越	郭亚丽	郭海红	田　野	冯秀春
吕　瑞	张　晗	杜晶晶	姜红丽	王　攀	刘学娇	仰志昀
张　芳	计丽花	肖　静	张素真	许志燕	吴佳慧	徐　倩
朱雯婷	高金慧	胡　芳	王圣铱	蔡玲玉	陆雯怡	安　冉
孙晓龙	陶意欣	庄紫仪	瞿珍清	李佳妮	朱怡聪	唐诗扬
林玮淇	余欣悦	朱　烨	张郦莹	富佳婧	胡雯丽	毛　华
邱紫洁	龚伟伟	朱雅琴	赵梦凡	吴海霞	黄渝琳	张　瑜

孔 梅	江 琦	华文倩	马丽怡	郭锦秀	徐亚娇	常宇辰
陈怡雯	吕子涵	朱晓茜	李 娟	何加如	陆晓卿	章昱泓
马坤萍	胡云云	苗玉洁	王晓花	顾炜炜	季 莹	张晨蓓
吕 琳	姚 蓓	叶心怡	魏 薇	朱小凤	钱 进	金 鑫
唐佳园	陈阳琰	金宇纯	顾佳敏	周思渝	张纯燕	刘 丽
肖 瑶	赵肖霞	金 赟	瞿 洁	张蒋鎏煜	吴燕萍	朱 屹
龚晓笛	顾 悦	顾 奕	薛 莹	张 楠	周 霞	嵇 倩
陆佳倩	施梦莹	丁蕾蕾	潘冰倩	郑玉婷	许王莹霜	李 罗
骆婉娥	刘 盼	周文旭	徐月菊	王怡岚	狄筱晗	马思佳
徐佳悦	张琴琴	薛丽君	李 瑾	朱晓岚	吴 娇	李逸梅
赵 丹	沈文意	李 楠	沈嘉良	戴 霞	许晓颖	冯秋圆
平 俊	缪 佳	汤丽凤	戴 燕	王黎君	钱小顺	李 俞
董晨昀	卢珊珊	周洁乐	沈雅丽	姜婕妤	石 娜	王文玉
彭 朵	黄 玮	陈招伢	周怡君	吴 娟	张晨伟	葛顺琪
张 威	杨 帆	苏茹玉	张哲溪	邹晓艳	翁怡纯	胡紫燕
唐宇娜	毛沁瑜	王 冰	于元利	马雯怡	陆昕瑶	姚 希
庄梦婷	姜月影	纪佳玉	吴孟怡	田玉茹	凌宇晨	陆奕婷
袁淑静	胡晓晴	顾华雯	赵 静	谢佳静	孙佳文	徐冬月
吴佳音	许丹丹	毛佳方	王子铭	汪 祺	袁 琼	尹伊炜
蒋夏楠	潘静霞	周路路	王洁兰	刘博宇	程 东	钱梦涓
季敏娟	刘杨晶	潘佳蔚	夏裕琳	周梦玲	何怡秋	夏一丹
邓 静	刘春燕	周紫妍	戴建兰	陈悦晓	杨 慧	梁 雪
金煜岑	周 丹	陈一丹	戴玉莲	季敏洁	蒋 雯	沈 慧
蒋秋艳	梁成凤	华 瑛	江瑶瑶	何鑫瑜	张 欢	丁 夏
李 文	朱佳嘉	钱红燕	谢程尘	付 瑶	徐 初	万 婷
陈 虹	马小玉	徐 艳	沈怡悦	朱玲仙	崔 岑	徐 夏
辛卓佳	金敏珠	林 俐	卜雅婷	吴雅娟	袁思敏	李亚男
薛志华	董 沙	钱雨秋	钱 悦	苏静娅	景新怡	项倩雯
程 惇	王翠翠	周 蕾	陶文洁	陈琳琳	田 盼	吴 珊
钱梦佳	姬玲玲	周 柯	吴 怡	王 丹	戴庆玲	杨丹丽
闫素素	陈 娟	胡 月	刘丹妮	杨静怡	顾 颖	李 盈
张 楠	张长兵	朱琳娟	张朋飞	黄 云	朱曼丽	陶凌漪
冉蒙蒙	陈 雪	张静怡	张雨婷	程 祎	杨 颖	吴 清
孙菲烨	刘 倩	张丝雨	杨 婷	吕 珥	彭晶晶	刘 涛
陈 颖	周 萌	周 柠	肖玉娟	徐烨仪	杨 曼	姚桃亚
毛心怡	赵雪梅	吕 悦	荣 新	马佳静	陶 涛	黄诗怡
章梦青	蒋天骄	潘 旭	张心颖	祁 静	陶心意	朱 颖
鲍 敏	孙 银	吉小玲	吴冰燕	金紫迎	陈晓莉	朱莹洁
陈 迪	崔晨汝	朱敏佳	汤 倩	卢 婷	卞福倩	李 颖

王湘萍	顾美良	王铭晔	钟　韦	彭　珍	鞠　苇	吴玲艳
葛志婷	李秀停	李雨婷	袁　怡	董宏青	戈　炜	高　慧
孙　珺	凌　怡	王　瑛	蒋婉婷	吴晓怡	潘昕怡	张　欣
邢沁兰	赵佩钰	吴婷婷	张晟捷	陆敏欢	马梦娟	汪　静
方存艳	姚怡雯	余　裴	檀芳敏	张宇清	温　丹	毛子轩
范依洁	张栩芯	杨　阳	潘泽清	徐靖怡	刘云青	张　波
王　琴	刘　沙	王蕴文	陈东娇	姜　茜	吕梦婷	王　怡
刁东晓	吕　敏	周沐羽	万雯艳	王晓倚	王晓娟	曹思奕
丁奕杰	陈伊婷	胡杰杰	曹钰琳	赵　超	董小慧	张　睿
陈　蕾	高梦云	陈曼玉	沈秋怡	钱敏洁	莫振清	祁　媛
李雪丽	马　凌	黄　冉	王安安	蒋　玮	徐　婷	薛吉敏
曹红燕	许　峰	周文怡	成妍祺	刘　影	潘灵玫	周　娟
曹梦悦	陈璐璐	张沈梅	宦星星	陆丹妮	钟安旗	蔡怡洁
何东方	颜明月	王春雨	贾彤彤	张　静	李　茹	许根娣
杨婷妍	沈禧兰	苏辰语	周双月	鲍剑萍	卢雅婷	胡晓菲
吴世贤	李先清	车春柳	王佳莉	陈雪梅	张　萍	钱　洁
田　雯	杨　颖	杨俊云	王征东	李　静	袁　慧	申羲文
张　琳	陈　希	高雅洁	沈　力	何　岚	陈　云	孙　叶
王　渊	沈　倩	费　倩	张　睿	黄　程	赵丽萍	顾　宸
杨岑婷	许潇潇	王丽娟	徐　晶	高双双	曹　姗	袁　圆
蒋碧辉	王　悦	邱亚媛	卞红旦	陈亦舒	周　萍	陈星宇
姚　平	秦薪茹	沈佳琪	沈　悦	王粉粉	何　啸	刘贞贞
姜　舒	汤思祺	翟继红	姜　澜	吴晓雯	鞠　芮	朱晓君
陈佳妮	陆歆懿	张雯逸	王　婷	瞿佳雯	钱心怡	石薇琦
苏梦怡	张云梦	严心怡	卜　晨	黄雨馨	冯紫琴	胡小倩
李　巧	孙如梦	王晓敏	杨　洁	沈超峰	陆瑾如	薛颖婷
李瑞华	周梦影	张皎皎	祝春慧	刘素芳	周　玲	孙　晨
蒋心怡	张妍慧	梁　月	李嘉欣	王梦瑶	王　叶	徐百合
吕梦俊	蒋可凡	张丽华	陆紫铱	沈以纯	王颖超	顾　婷
王　霞	黄　燕	王焱钰	路振西	黄耀萱	王　洁	王婷婷
陈巧燕	孙　琰	吴丽萍	丁　锐	李闽明	华俊怡	秦　雅
周　莲	闵　玥	郭心怡	殷　昊	陶　颖	赵文燕	丁　洁
高思兰	冯懿蕾	李　贝	陆　宏	金艺杰	王　韵	严梦雅
郑　顿	金　佳	吴吟秋	周梦芽	李智彦	陈　晨	潘海月
彭　静	高菁菁	胡　倩	夏天蔚	丁芷晴	马　兰	凌　静
张　巧	孙　舒	邢淑娟	汤青文	张　娟	候祥婷	虞玮琦
张　梅	沈　涵	徐捷琳	孙珺枫	谈　雪	陈云超	戴薇薇
马开梅	李阿杰	徐　莉	赵　圆	彭郎君	刘静静	戴丽娜
徐静洁	洪　晔	张明洁	朱育萍	吕婉霞	方奕婷	俞雅芸

陈芸洁	张 意	杜 娟	庄逸婷	徐雯婷	李 杰	顾艳妮
穆 捷	周子翔	王金晶	季 怡	吴思雨	周添翼	顾颖婵
顾建兰	韦庆艳	钱赟琦	孙梦梦	姚丹丹	黄春怡	胡 月
顾晓雯	施亚君	李晓桑	郭思宇	邵璇璇	倪梦倩	邵殷佳
高 晔	杨秀慧	龚义青	冯 芳	陆 晨	姚莉娜	马晨希
殷永鑫	杨晴琪	周宇菲	孙佳一	陆笑薇	景思敏	陆静怡
王 芳	王雯悦	周 媛	陶燕婉	储梦萍	高姗姗	朱 莹
鲍硕硕	陈洁连	汤芸姗	徐 煜	李菊琴	孙 芳	曹 欢
张晶晶	吴 婷	程 芬	柳东月	蒋梅娟	王 虹	尹 京
丁 雪	李文娟	蒋 晶	张 琳	李晓英	高沁怡	张 丽
丁荣荣	孙惠红	林 妤	包灿灿	孙冰雪	屠思雯	盛 越
许 丹	余 琴	陆 茜	田敏慧	潘婷霞	范施佳	朱秋悦
刘子娇	钱怡斓	陈 雪	刘晓云	张佳慧	沈雅静	王秋玉
许荣玉	王晓莉	史书月	殷淑静	杜芳平	孙婷婷	张海珍
王雅茹	顾天蔚	陈蕴怡	刘婷婷	庚晓敏	邵佳玥	池 静
杨 楠	朱 萍	王燕梅	解一迪	张 敏	张 磊	张建聪
宋颖斐	周丽雯	陆 敏	周 莹	王逸飞	邹 洁	曹茱祎
龚晔阳	陶欣怡	张 悦	朱静雯	顾颖洁	朱雨虹	徐佳好
范诗芸	闵英姿	龚寅君	顾怡雯	蒋玉卿	徐羽婷	倪艳秋
殷元珺	邵嘉静	秦广惠	汪颖怡	陈 颖	王照智	耿 欣
翟盼盼	史雪雯	陈 静	孙 晨	郦玲菲	纪婷婷	陈灵昕
李 琰	吴 桐	张晨馨	孙 燕	曾 静	彭贤慧	张榕榕
张佳佳	王 群	吴诗雨	陈思琪	王梦梦	沈佳怡	肖 筱
高海燕	李志萍	胡荣惠	潘嘉怡	张 晴	钱丽芳	朱晨诗
沈彦婷	刘 薇	张 晖	庞黎黎	徐 娟	殷晓亚	袁梦娟
许 凤	平芷聪	施 摇	马佳怡	周 洁	陈腾飞	邹颖娇
王亚楠	钱 蕾	潘泽涛	陈 梦	狄 蝶	沈 鹭	徐佳雯
彭 俊	韩建妹	郑桂红	史敏兰	汪晓芸	戈元妹	盛春红
俞柯希	金璐萍	王 莹	万 丽	顾斐尔	华栩蕴	戴 珂
邓 婕	许 思	史沁怡	王丽智	姚莹莹	杨雯君	邱 悦
史云凤	孙 怡	朱睿文	童伟伟	储锰婷	郭欣欣	邱业聪
蔡真真	程慧佳	黄静燕	辛宇辉	袁 烨	王 磊	黄 倩
倪筱岑	朱 琳	吴亦扬	陈文瑄	骆 晴	王思恬	管利娜
王丹丹	倪 馨	左武静	张 明	宛玉婷	赵梅娟	张 颖
陈文姗	丁 烨	纪君兰	陈婷婷	谈昌婷	苍海靖	方 晗
庄静毅	朱成铭	王玉婷	陈 静	陈静怡	鲁雨鑫	周佳丽
罗 丹	高合荣	邵梦恬	陆淑婷	陆薇佳	陆婷娟	杜陈路
周 萍	杨定娟	许 玉	姚 杰	惠 珊	胡红星	高程琴
徐梦佳	胡 杨	王昀鋆	季叶琪	姜 芬	徐 俊	刘小琴

卢　媛	杨秋芝	唐文仙	谈惠娟	宋丽萍	孟冬玲	周　婷
冯　娟	王彩英	王丽娟	管梦娜	王　茜	陈　茜	孙　静
朱云梅	丁旭初	陈银银	袁　磊	张　玉	陶　月	王莹樱
敖雪琦	张雪丽	刘丽萍	孙国宝	王晓园	胡文文	王欣瑶
程　懿	陈　曼	周思佳	俞代红	吴敏悦	王莹莹	侯思佳
蒋学颖	邵兰兰	王　迪	钱梦婷	白　璐	许徐燕	史超雯
赵瑜静	王　丽	周雯晞	蒋丽婷	吴梦迪	金怡雯	梁　爽
吴妨冰	王　伟	冯素珍	沈谈英	王慧慧	吴总怿	黄杨琳
徐　楠	顾　园	吴惠君	袁　媛	周黎莎	马梦超	毛　含
周　欢	茅　楠	陆　佳	梁小梅	吴美萱	徐雨悦	马敏洁
刘　静	杨　旻	吴　恒	张赛楠	张晶晶	黄　丹	王熙娟
徐安飞	潘佳妮	孔　佩	高星怡	王丽萍	黄月娇	王　叶
邓晓雪	付元元	刘燕春	蒋君妍	刘　敏	朱婷婷	吕　娇
张咪咪	刘　欢	闫雪梅	韩国越	孙　云	缪彩燕	霍晨蕾
陆　颖	蒋晟婷	柳敏瑜	崔晓丽	陶文倩	钱洁茹	袁　莹
黄小芬	包　珍	仇一苗	张汹嘉	石康平	谢云湘	储　煦
李圣婷	陈宇洋	李芷静	葛佳丽	金羽洁	张轶涵	承　琪
李羽希	华其云	花湘烨	李小红	沈璐颖	洪　叶	李梦洁
杨枭伦	施丽华	顾静芳	杜凯莉	邢曹杰	张　寒	徐　剑
俞　倩	曹　洋	陆晨旭	翁鑫宇	王嘉磊	程　璐	沈　袁
沈　珺	王辰珏	屈舞纤	李苑源	王　兰	陈倩文	范佳敏
蔡燕婷	嵇丹丹	沈丽娟	孙淑敏	占　密	缪晨霞	丁　丽
王　洁	吴佩雯	顾佳妮	许美婷	郑海丽	邢佳敏	江　莉
吴　怡	郑佳佳	沈志娟	王凤好	陆雅燕	嵇绍娟	吴顺超
朱　敏	陆雨虹	赵珺逸	戴倩如	王榴红	戴姗姗	卢萍萍
张　静	丁琳丽	张晓蕊	杨思雨	张　欢	周　迪	高仪婷
伍　冬	王梦丽	张玉春	马尘静	孙　伟	吴思静	张　婷
杨　青	沈　燕	孙丹鹤	邱逸飞	闻子君	薛静雅	陈一帆
李　娇	孟　竹	谢佳蕾	沈　婷	朱震霄	杨　倩	陈　冉
夏元钰	王琰君	李　珂	周　颖	杨亚娟	陆　娜	王雪影
霍珺菡	曹　敏	孙涵瑶	朱　烨	徐　欢	王刘蕾	佘晓敏
罗艳芳	黄　祯	汪　群	陈　怡	王玲玉	沈雨婷	鲍　涵
文　梅	刘　璐	何双慧	董园园	杨媛媛	陈　同	顾怡霞
郑可心	陆沁怡	朱玉彩	郭梦媛	张　艺	徐　莉	周雨薇
何田田	陆文珺	朱嘉雯	俞　倩	王子郡	张晓娟	吴姗姗
高悦阳	顾思雨	徐仁宇	黄亚楠	胡丽丽	周耀玉	汤宇佳
徐兰芳	陆　昕	杨　乐	王　洁	杨　阳	陈雪黎	陆雨雯
顾梦佼	陆艳婷	卞丹丹	顾心意	袁志宏	陆蕴樱	吴　珏
陆诗雨	陆双双	陈艳新	温　馨	赵家玉	沈维维	张祎玮

董宸顾	夏吟霜	曹译文	张叶玲	汪 静	沈 洁	杜 娟
顾裕琦	朱晨雨	金飞叶	孙春梅	孙秀芳	沈嘉怡	张静怡
胡婷婷	王 雪	吕佳艳	沈志豪	孙晓丹	钟胜蓝	王 熠
曹 菲	王怡欢	蔡 静	朱秀娟	张 雪	冯 兰	贺晓兰
蒋满义	郁倩倩	张寿双	冯婷婷	魏莉娜	郑 苏	周江燕
陶倩霞	王 雯	周安琪	金 丹	沈倩琳	陈 潇	谢 丽
周 维	童 蓓	张志颖	王馨怡	曹 阳	殷淑贤	戴 萱
周 洁	高云怡	江苗苗	张 婷	陈志伟	姚 芹	蒋鑫鑫
孙佳宁	陶 艳	花 慧	祁晓红	张晓瑞	张雪梅	韩苏霞
刘 娟	张 敏	顾梦姣	薛忆婷	赵金桦	鲁 会	肖 茹
杜亚会	魏 灵	孙 畅	张 玉	姜宇梦	章孺佩	李春燕
邹 颖	唐梦斐	陆明扬	刘晴雯	潘佳纯	赵 婷	郁奕佳
戈艳丽	沈文倩	夏雨晴	徐 姗	翁文兰	何骊扬	王 静
徐红萍	杨柳青	吴先娟	高卓薇	蔡 阳	冯惠华	徐 婕
倪文杰	顾雨婷	单茂雯	王玥玥	左绪涛	仲怡雯	姚益力
胡海荣	房彩云	胡晓蒙	王 堃	史昌萍	程 军	汤 敏
蒋旭佼	黄燕鹏	崔雯昕	李小缓	范 婕	杨咏仙	李明霞
曹银蓝	崔若云	练 香	吉姝雯	吴 霞	程 杰	王婷燕
朱 丹	陈晓雯	韩雅琴	董政哲	张文文	张 洁	杨 赟
王祎倩	叶丽姣	陆 燕	叶舒红	陆雨虹	陈晓燕	仇梦倩
陈莉莉	俞燕华	姚 婧	刘 娟	肖东艳	任 璐	张 虹
王娇玉	宦姝雯	林红丽	马 艳	苏 芬	吕梦芸	蒋 瑜
蔡 舒	禹明秀	张榕容	刘 娟	张 琰	陈 菲	唐汝佳
仲夏子	马思敏	方梦青	韦文婷	薛梦佳	钱宇晴	王敏芳
王宏霞	糜云菊	钱安怡	刘梦侠	张园园	周 童	陈荣荣
王月凤	陶旻丹	俞梅芳	施雨纯	仇佳舒	李 阳	沈钰佳
朱宇轩	戴 洁	朱雁娟	李 艳	郭 唱	王 芳	付彩霞
董自芳	蒿丽敏	赵 晔	居亚俊	彭丽萍	张 颖	史慧敏
潘梅兰	史 虹	杨 婷	王美琴	王爱君	许丽英	殷惠珍
叶秀智	狄伟芬	魏梦佳	卢琛婷	王 浩	庄杨云	董雨凝
葛珉君	宋美方	吴思好	尤思萍	顾心怡	邵 月	顾 萍
王 敏	张馨怡	杨晓雯	沈 翊	戴梦婷	承小玲	袁家驰
陈 颖	徐 宁	钱雨恬	王 晴	沈智萍	王 舰	邵任蕾
仲晓莹	石梦丽	支 晴	苏红芳	陈铭洲	周 红	陈兰芳
黄 静	黄玉佳	邵 佳	曹婷婷	徐佳丽	张倩倩	管珊珊
赵九玲	颜 燕	王依静	孙影影	王 爽	宫 珍	朱佳茜
沈宇飞	孙念念	顾苏芬	张兰兰	王 娟	钱 群	丁 蓉
张海娟	王可歆	朱 洁	陆 妍	薛凯薇	王岱秋	

会计学专升本函授（136人）

戴玲玲	高亚勤	束静鸣	赵 娣	李文娟	邰慧颖	王丹丹
胡春扬	冯钰珺	王 静	徐春柳	徐 苏	马子辰	白家赫
马 娟	徐红娟	朱小丽	缪丹慧	陈晓闻	石礼华	平苏珍
吴 凡	李 杰	袁 琪	魏兆丹	康立新	姚婷婷	石利红
张 瑜	钱晓芳	单妮妮	王玉洁	常琳琳	万 霞	陈丽娜
陶 丹	张伟丽	夏 梅	伍龙月	杜书娟	席亚云	余 霞
周 蓓	王艳萍	付长琴	唐俊燕	金莹莹	吕 丹	顾 菁
蒋 懿	韩 露	王 新	张雨俊	陆 琰	温丽娟	王天钥
刘 娟	姚樱子	燕灵敏	王天晴	秦 阳	朱天舒	唐 轶
孙 芹	张 波	常冬梅	唐艳娇	陈 洁	吴明红	毛玮玮
董改宁	顾海红	张红干	包佳琪	张志利	侯 梅	巩绪迎
陆俏燕	郎娟娟	何 璨	蔡 丽	王 曼	杨轶凡	王家云
殷佳惠	李玲玉	刘娜娜	陈 琴	叶春莲	王爱利	王海艳
杜 楠	陈梅玲	吴梦宇	汤 卉	强佳琪	柏树敏	吴金花
吴美娟	王晓丹	严寒芳	季苏秀	朱艾芳	陈 洁	伍二苗
徐转玲	朱秀清	王园兰	陈 丽	袁 莉	刘春桃	汪 霞
费圆圆	陈海艳	黄小宇	李 花	陆越丹	浦 璇	戴婷婷
李 蒙	尤丽莉	李 嫘	金雪莉	袁倩男	孙 洁	谢嘉雨
张燕燕	张武军	周爱玲	白家瑞	贾会芳	沈爱红	李义娟
黄文婷	顾 涛	陈国华				

机械工程专升本函授（29人）

黄来兄	高 永	易汉辉	曹巧玲	宋丽娟	管 伟	丁 望
陆 超	向红伟	成 龙	石 隆	钱春中	王俊华	蒋 云
张天翼	姜 靖	张志浩	夏凯文	康成军	付 豪	唐 赛
陆贤平	张双双	臧千兴	李飞跃	何若鑫	张 伟	李秀梅
曾 艳						

机械工程专升本业余（97人）

孟习柱	尹桂平	尚印明	郗艳芹	刘雪山	阚璐璐	孙朝军
秦海兵	朱夏军	沈胜利	程 伟	方蔚慈	张 伟	蔡 磊
赵 龙	吴宇凯	孙益林	季苏锋	徐 彬	郑 泽	黎 锋
颜 锋	李有林	马维逸	盛龙海	朱 伟	代先刚	徐 飞
程志朋	孙 正	韩加虎	李 鹏	杨家俊	许董梁	汤烈萍
陈 哲	梅忠华	顾冬妹	赵鹏刚	陈建平	李 凯	张 诚
顾 伟	季俊宇	庞建荣	卞海峰	杨 健	朱宝玉	黄 辉
邹沅芳	项彩娣	纪海霞	周海娟	袁高展	王金阳	钱 魏
徐月明	曾文明	陈永龙	杨桢涛	张君华	陈翠云	刘 佩

仲鹏程	王振刚	王　勇	邬宝加	尹会文	王　帅	钟　珉
吴喜峰	钱益新	邓杰敏	王　锴	陈　云	王世坤	朱　浩
徐　琴	黎　坤	赵一峰	庞　浩	石胜原	杨长千	蔺佳斌
季　雯	年四坡	戴现莹	陈述伟	代建明	潘江波	李　斌
夏金鑫	吴晓飞	邹家辉	李奎兴	黄　波	高　磊	

机械设计制造及其自动化专升本业余（10人）

张同银	张卫卫	查四平	杨　岩	高洁琼	王清章	郭　雷
夏新民	陈　耀	周文俊				

计算机科学与技术专升本业余（79人）

董荣国	龚成祥	段燕廷	周子健	高天天	韩聪聪	王　彬
朱　威	徐　骏	戴乾坤	许祥辉	于家暾	陈子涵	方　乐
夏　刚	杨　丽	吴永清	吴恺军	甄　峰	许　斌	朱　开
谢　莉	周剑祥	徐　赛	鲁镇锦	沈达苏	邱晓华	黄正飞
李　川	章鸿博	高夏莲	杨之奎	汪　梅	叶　剑	陈　飞
张萌子	张玉庆	李学炎	张婷婷	巩　伟	庞　伟	黄　亮
卢万明	曹艳斌	寇冠业	陆　鹏	陈希尧	方跃鹏	何　尧
庄　重	周　力	秦　坤	谷　军	彭　高	张鑫华	郁小磊
牛　嫚	王新宽	吴　琦	任　杰	吴松霖	张　磊	唐　飞
宋子龙	周　卿	金　鑫	朱贵阳	梁强强	朱　均	朱俊杰
周鹏九	吴少康	韩继扬	林　峰	张　强	姚晋杰	胡玉燕
毕速成	施　洋					

建筑环境与能源应用工程专升本函授（4人）

张成杰	吕　雪	蔡正西	吴　朝

建筑环境与设备工程专升本函授（2人）

谢美春	仲　举

交通运输专升本函授（15人）

陈宜轩	杨　振	董　凯	张玉香	徐桂强	郭　振	董　浩
陈　辉	张　猛	张大伟	张紫玲	黄　甲	陆登峰	刘　宁
刘紫薇						

金融学专升本函授（110人）

李　波	孔玫玫	王玉丹	张小英	王摇梦	许雅丽	蔡　硕
冯芳杰	陆安美	陈翠玲	张　敏	闫　欢	郭丽萍	邹明亚

刘　燕	陈　丹	胡　蝶	谢丽莉	刘凤美	温齐林	许　瑾
沈莉莉	刘亚利	封　莎	周志猛	管云华	王　方	单梦楠
王静雯	高珍珠	苗入丹	吕　慧	杨　华	王丽娜	王雯雯
施　敏	夏　宏	刘雅慧	夏　梦	孙翼淑	王志梅	王玉婷
刘　鹏	管晓金	罗旭泽	魏　可	杨秀梅	张传岭	殷婷婷
许艳霞	吴春燕	魏飞飞	韩大杰	王　超	杨威玲	王银平
汪　丹	袁智皓	赵嘉怡	陈　翠	陈明根	闻　洋	吴炜华
马正宇	李朝霞	郑　越	高　燕	田嘉祺	戴蒋南	姚　丽
万冬梅	芦　琴	刘海峰	毛如祥	解科月	茅学兵	司云山
孙　艳	许孝芳	杜　广	笪炳英	刘　敏	丁国强	詹杰寅
方　伟	杨琼琼	薛　婷	朱培培	代召侠	朱祥宾	贾纯兵
蒋建荟	杨博文	司朗坤	张德双	许佳伟	陈泰秀	滕王格
刘春华	何　通	刘　琳	徐宋滢	卢海达	须志恒	尤　益
张顺玲	韩　雪	王　彦	胡从金	樊　慧		

临床医学专升本业余（76人）

曹　蓉	王星宁	季晓宇	陈　丽	单　珍	刘文君	魏龙泽
侯红丽	陈雪倩	邵　誉	朱濮林	袁嘉玲	李　乐	张家伟
蒋苑苑	严鑫涛	钱建东	牛超杰	武艳春	黄逸蕾	奚　娜
谢陈洁	苏届萍	张寒梅	王　成	黄秋红	何雨菲	王　宸
许　多	左茗悦	徐玉芹	李莉珍	陆　伟	袁海燕	张小瑜
顾　洁	张　梅	李士杰	李海粟	洪　超	蒙艳娣	周洪娴
徐慧玲	孙海霞	孟珊珊	朱晓雪	羊建龙	钱晨洁	谢　浩
游金莲	邹欣倩	臧　晓	申丽萍	李亚茹	缪鸣丹	张苗苗
蒋若秋	朱奕阳	叶　桢	母启旺	宋　楠	唐　健	倪梦娜
徐伟峰	陆雨田	朱逊康	卫　泱	翁秀丽	王丽华	敖祖蓉
姜艳涛	谢金霞	颜姝婧	杨　翮	李　宁	李　娟	

人力资源管理本科业余（24人）

董　园	侯　锟	朱　姝	金华芳	赵学娟	潘忠忠	王　欣
李晓飞	仇荣亮	李　平	熊金凤	魏梦幻	梁晓蕊	陆利杰
李　佳	张志敏	邢艳欣	张　芳	付志聊	魏维霞	吴淑桢
黄晓晴	朱　凯	郭佩青				

人力资源管理专升本业余（181人）

郭志英	陈玉思	关秀梦	许　红	张　琴	袁传职	陈　东
张　庆	朱　伟	胡晓华	杨志荣	陈丹蕾	张　远	丁锦雯
周雪萍	刘　丽	薛　亮	丁文娟	李秋丽	黄礼俊	陈永香
王　静	田华丽	谢苏皖	李学凤	李秀秀	薛亚娟	赵　沛

苏子婷	徐 洁	庄 书	宋 蓓	徐 铮	沈 莉	程思雨
叶美娟	任倩茹	陈坤坤	戎艳华	田建设	杨晶晶	雷 红
杨香君	王戴丹	王立星	吴芯怡	陈 悦	杨育芳	张 磊
武成亮	顾丽萍	徐星慧	徐苏娜	周凤伶	谢姣姣	曹刘生
唐 洲	陈 莉	李田一	张宇飞	曾 跑	尤文芬	鲁 鲜
袁文文	岳少倩	王文姣	董 祥	胥明秀	张蓉蓉	金 芳
刘成章	胡可可	周敏敏	钱 琴	余婷婷	曹 英	赵守元
刘丽英	李艳青	苗晨香	姚华艳	王 姚	袁禹琴	俞季菁
张 豪	孙银华	夏 惠	齐 青	汪 航	虞小林	李媛媛
岳春阳	蒋逸飞	张 莉	沈叶新	舒 玲	郑兴佳	许春芳
金 曼	徐 徐	姚向妍	张枫玲	金睿华	王朦华	王 彬
卢 晶	官冰蝶	陈亭亭	刘富荣	王井红	汤海燕	肖兴凤
朱丹丹	徐雨婷	姜月琴	黄 芳	杨宇立	杨晓静	钟 涛
顾龙龙	俞佳静	彭 娜	缪刘艳	张 萍	李小萍	杨雯雯
李欣欣	吴 婷	许翰琦	吴 燕	孙小雅	万文君	陈琳玲
胡媛媛	张 莉	孙玲薇	邓建军	黄斌杰	熊秋平	祝 足
胡艳萍	张迎春	姚向梅	赵月红	魏 静	边 俊	陈亚丽
肖玲玲	李 燕	王翠翠	杨建花	李 琬	王爱玲	陆丽平
孙 波	陈 云	王宁芳	张 燕	李华艳	李西平	包 波
宋春燕	邱文玲	李乃省	陈 燕	王 芳	刘 倩	杨馨岚
黄 琴	郭晶晶	朱松余	宗苗苗	朱晓飞	张美丽	谈 赟
盛义萍	吴 婷	范檬丹	孙翠红	袁昱旻	杨 楠	

食品质量与安全专升本函授（3人）
　　吉 庆　　刘 洋　　胡正正

物流管理专升本业余（42人）

陈 蒙	袁情娇	从 阳	张倩倩	邱 兵	邢心莉	李 婉
高 攒	刘新美	王 娟	程浩鹏	胡琼琼	丛艳艳	周其芬
唐永恺	林慧敏	周 洁	李庆敏	王引弟	王 翔	薛俊杰
王 婷	王 敏	顾 峰	张 璇	魏良博	周方骏	高 蕾
顾 婷	黄婷婷	陈用菊	李闪闪	朱伟堂	刘 群	吉红燕
何 杰	石翔升	张 润	陈允龙	袁思龙	施贤香	王树卫

新能源材料与器件专升本函授（1人）
　　王周剑

信息管理与信息系统专升本函授（5人）
　　许晓贝　　尹诗玲　　张晓娜　　张晓斌　　王 婷

信息管理与信息系统专升本业余（19人）

郭海荣	徐 磊	段展雷	赵 阳	高 杨	裴 忠	刘栋栋
刘 静	卢 杰	夏红娟	曹月婷	颜国文	朱 冬	张连兵
孔里辉	代春香	杨 刚	王 果	章 鹏		

药学本科业余（5人）

杨甜甜	李 扬	高 杨	杨 燕	蔡桂香

药学专升本函授（108人）

季丹阳	朱煜珣	郝仁芳	胡彩莲	仇泽慧	彭晓楚	贾静雯
姜宇玥	马佳煜	陈嘉豪	马苏颖	夏晨莉	钱艺美	曹佳玥
唐光祥	陆 琼	浦宇卫	张梦婷	陈宇乔	朱苏洁	朱银洪
朱春雨	诸梦婷	浦君亮	张晓华	景颖丽	吴红才	沈志琴
黄引科	丁 瑞	张蒙豪	杨 光	姜重元	梁浩捷	窦文建
于汉洋	邢友倩	司艳艳	季 承	赵 丽	李 霆	孙 慧
顾婷婷	李温馨	陈吉荣	冯建银	陈瑛杰	黄 莹	彭 敏
赵合作	李 琴	董 笑	曹小晓	邱家俊	董书明	吴梦娜
章子豪	吴怡娇	丁彬彬	胡 超	程育苗	朱 敏	黄雨婷
叶 缘	陈 颖	蔡冬冬	李姝辰	潘学敏	王晓微	沈欣叶
何文艺	房 娇	仲鸣杰	钱梦乡	黄艳雯	马晨颖	王雨蕙
张新宇	张志豪	王海霞	范盈盈	马巍娟	黄梅娟	夏传阳
徐天兰	王 静	金珮蝶	赵其豪	高 畅	陈 莹	史江珊
张培胜	孙 丽	董泉泉	郑伊婷	华 鑫	胡 祥	周 雯
景桂珍	吴小攀	张 维	仲梦娇	陈振红	章 颖	王 燕
边振书	孙海媛	赵延延				

医学检验技术专升本业余（5人）

邓平平	赵 琛	孙俊芳	许孟艳	吴根现

医学影像学专升本业余（102人）

王唐粉	薛 雨	刘潞桐	李星笛	王倩娜	代凤侠	刘琳丹
薛亮丽	杨浩文	温 馨	李 俊	邵 艳	常玲馨	张 坪
钱明静	孙 明	赵一鸣	赵文怡	常燕勤	张 乐	黄 鹏
田东升	鲜 明	史淑宇	徐滢雯	张宋平	郭梦梦	王海杰
张雪君	姬玉莹	许 野	马春捷	王永宏	刘颖垚	杨 芳
顾 俐	皋 静	张 甜	徐 彤	吴昊阳	孙 硕	孙嘉文
邱士胜	向巧红	徐 阳	王佳佳	施玲玲	蒋哲瑜	王玲玲
陶 圆	姜玉玉	龚新毅	汪 迎	邓奥迪	章宝林	王 月
袁肖辉	马方方	李国全	王小慧	卢春盟	陈 默	刘 敏

邓　楠	孙　超	王　玲	张在吉	何骏杰	徐维刚	孙雅茹
朱云旸	张　文	朱倩倩	彭　政	张　涛	周沁宇	万林林
史丽娟	贾彩琴	徐　丽	吕　晶	周　莉	董玲丽	童华琴
胡艳青	魏　晴	陆晨洋	蒋鹏飞	王文耀	汪晓旭	张　衡
张宪平	章　玲	钱毅恒	陆一彬	叶伟杰	杨　静	周　怡
张亚兰	朱成杰	张德文	孙艳艳			

英语专升本业余（99人）

郑　峰	侍　娟	马小桃	洪义帅	刘　萍	朱云霄	袁　溱
周铭心	倪　倩	顾秋月	邹万胜	成冬梅	张　媛	赵　良
毛小琴	熊　博	刘园园	张茜茜	高　慧	杨　慧	张　鲍
费海娟	张　艳	张　妍	凌　莉	项　娟	刘　刚	王　飞
袁培培	唐友文	费　铖	惠　铮	韦树坤	朱红莲	施　奎
缪小妹	刘柏泉	任小芹	孙苗苗	束　鸿	李蓉玲	孟迎春
李　慧	包磊庆	严建华	李文杰	郁丹燕	乔江涛	高　雪
张志胜	陈倩雅	胡　洋	尤梨琴	刘松军	秦佩佩	王丽娟
王　慧	刘鹏鹏	孙中国	顾　民	张霜霜	严文焕	李　丹
徐　东	江　波	傅鉴洲	李　娟	曾俊丽	庄梦婕	陈留申
沈田昕	李小雪	卞明杰	周　丹	刘　静	蒋　洁	赵南侠
王早霞	赵　静	卞璐璐	马　超	张　颖	赵　静	许林霞
张文静	薛　娣	朱露艳	汪　娟	陈卫华	李益春	齐　飞
朱雯洁	孙媛媛	徐　萍	程　漫	汤晓茜	吴媛媛	刘颜丽
单寅虎						

办 学 层 次

2021年苏州大学博士后流动站及博士生、硕士生学位授权点名单（表17、表18、表19）

表17 2021年苏州大学博士后流动站名单

序号	学科代码	学科名称	序号	学科代码	学科名称
1	101	哲学	16	805	材料科学与工程
2	202	应用经济学	17	812	计算机科学与技术
3	301	法学	18	817	化学工程与技术
4	302	政治学	19	821	纺织科学与工程
5	305	马克思主义理论	20	905	畜牧学
6	401	教育学	21	1001	基础医学
7	403	体育学	22	1002	临床医学
8	501	中国语言文学	23	1004	公共卫生与预防医学
9	502	外国语言文学	24	1007	药学
10	602	中国史	25	1009	特种医学
11	701	数学	26	1305	设计学
12	702	物理学	27	1202	工商管理
13	703	化学	28	812	软件工程
14	714	统计学	29	810	信息与通信工程
15	803	光学工程	30	1011	护理学

表18 苏州大学博士、硕士研究生学位授权点名单

序号	授权类别	一级学科代码	一级学科名称	二级学科代码	二级学科名称	批准时间
1	博士学位授权一级学科点	0101	哲学			2011-03
2	博士学位授权一级学科点	0202	应用经济学			2011-03
3	博士学位授权一级学科点	0301	法学			2011-03
4	博士学位授权一级学科点	0302	政治学			2011-03
5	博士学位授权一级学科点	0305	马克思主义理论			2018-03
6	博士学位授权一级学科点	0403	体育学			2011-03
7	博士学位授权一级学科点	0501	中国语言文学			2003-09
8	博士学位授权一级学科点	0502	外国语言文学			2011-03
9	博士学位授权一级学科点	0602	中国史			2011-08
10	博士学位授权一级学科点	0701	数学			2003-09
11	博士学位授权一级学科点	0702	物理学			2011-03
12	博士学位授权一级学科点	0703	化学			2003-09
13	博士学位授权一级学科点	0714	统计学			2011-08
14	博士学位授权一级学科点	0803	光学工程			2003-09
15	博士学位授权一级学科点	0805	材料科学与工程			2011-03
16	博士学位授权一级学科点	0817	化学工程与技术			2018-03
17	博士学位授权一级学科点	0812	计算机科学与技术			2011-03

续表

序号	授权类别	一级学科代码	一级学科名称	二级学科代码	二级学科名称	批准时间
18	博士学位授权一级学科点	0821	纺织科学与工程			2003-09
19	博士学位授权一级学科点	0835	软件工程			2011-08
20	博士学位授权一级学科点	0905	畜牧学			2018-03
21	博士学位授权一级学科点	1001	基础医学			2003-09
22	博士学位授权一级学科点	1002	临床医学			2011-03
23	博士学位授权一级学科点	1004	公共卫生与预防医学			2011-03
24	博士学位授权一级学科点	1007	药学			2011-03
25	博士学位授权一级学科点	1009	特种医学			2011-08
26	博士学位授权一级学科点	1011	护理学			2011-08
27	博士学位授权一级学科点	1202	工商管理			2018-03
28	博士学位授权一级学科点	1305	设计学			2011-08
29	博士学位授权一级学科点	0401	教育学			2021-10
30	博士学位授权一级学科点	0710	生物学			2021-10
31	博士学位授权一级学科点	0810	信息与通信工程			2021-10
32	硕士学位授权一级学科点	0303	社会学			2011-03
33	硕士学位授权一级学科点	0401	教育学			2011-03
34	硕士学位授权一级学科点	0402	心理学			2011-03
35	硕士学位授权一级学科点	0503	新闻传播学			2006-01

续表

序号	授权类别	一级学科代码	一级学科名称	二级学科代码	二级学科名称	批准时间
36	硕士学位授权一级学科点	0603	世界史			2011-08
37	硕士学位授权一级学科点	0710	生物学			2006-01
38	硕士学位授权一级学科点	0802	机械工程			2006-01
39	硕士学位授权一级学科点	0806	冶金工程			2006-01
40	硕士学位授权一级学科点	0809	电子科学与技术			2011-03
41	硕士学位授权一级学科点	0810	信息与通信工程			2006-01
42	硕士学位授权一级学科点	0811	控制科学与工程			2018-03
43	硕士学位授权一级学科点	0813	建筑学			2015-11
44	硕士学位授权一级学科点	0823	交通运输工程			2016-09
45	硕士学位授权一级学科点	0831	生物医学工程			2003-09
46	硕士学位授权一级学科点	0834	风景园林学			2011-08
47	硕士学位授权一级学科点	1201	管理科学与工程			2006-01
48	硕士学位授权一级学科点	1204	公共管理			2006-01
49	硕士学位授权一级学科点	1205	图书情报与档案管理			2011-03
50	硕士学位授权一级学科点	1302	音乐与舞蹈学			2011-08
51	硕士学位授权一级学科点	1303	戏剧与影视学			2011-08
52	硕士学位授权一级学科点	1304	美术学			2011-08

表19 苏州大学博士、硕士生专业学位授权点名单

序号	授权类别	专业学位类别代码	专业学位类别名称	批准时间
1	博士专业学位授权点	1051	临床医学	2000-10
2	硕士专业学位授权点	0251	金融	2010-10
3	硕士专业学位授权点	0252	应用统计	2010-10
4	硕士专业学位授权点	0253	税务	2010-10
5	硕士专业学位授权点	0254	国际商务	2010-10
6	硕士专业学位授权点	0351	法律	1998-12
7	硕士专业学位授权点	0352	社会工作	2009-07
8	硕士专业学位授权点	0451	教育	2003-09
90	硕士专业学位授权点	0452	体育	2005-05
10	硕士专业学位授权点	0453	汉语国际教育	2009-06
11	硕士专业学位授权点	0454	应用心理	2010-10
12	硕士专业学位授权点	0551	翻译	2009-06
13	硕士专业学位授权点	0552	新闻与传播	2010-10
14	硕士专业学位授权点	0553	出版	2014-08
15	硕士专业学位授权点	0854	电子信息	2018-08
16	硕士专业学位授权点	0855	机械	2018-08
17	硕士专业学位授权点	0856	材料与化工	2018-08
18	硕士专业学位授权点	0857	资源与环境	2020-03
19	硕士专业学位授权点	0858	能源动力	2020-03
20	硕士专业学位授权点	0860	生物与医药	2018-08
21	硕士专业学位授权点	0861	交通运输	2018-08
22	硕士专业学位授权点	0951	农业	2004-06
23	硕士专业学位授权点	0953	风景园林	2014-08
24	硕士专业学位授权点	1051	临床医学	2000-10
25	硕士专业学位授权点	1052	口腔医学	2019-05
26	硕士专业学位授权点	1053	公共卫生	2001-12
27	硕士专业学位授权点	1054	护理	2014-08
28	硕士专业学位授权点	1055	药学	2010-10
29	硕士专业学位授权点	1251	工商管理	2003-09

续表

序号	授权类别	专业学位类别代码	专业学位类别名称	批准时间
30	硕士专业学位授权点	1252	公共管理	2003-09
31	硕士专业学位授权点	1253	会计	2010-10
32	硕士专业学位授权点	1254	旅游管理	2020-03
33	硕士专业学位授权点	1255	图书情报	2020-03
34	硕士专业学位授权点	1351	艺术	2005-05

苏州大学各学院（部）全日制本科专业/专业方向设置情况（表20）

表20 苏州大学各学院（部）全日制本科专业/专业方向设置一览表

学院（部）	学院（部）代码	本科专业/专业方向名称
文学院	01	汉语言文学（基地） 汉语言文学（师范） 汉语国际教育 秘书学
政治与公共管理学院	02	哲学 思想政治教育 行政管理 管理科学 人力资源管理 公共事业管理 物流管理 城市管理 物流管理（中外合作办学项目）
社会学院	03	历史学（师范） 旅游管理 档案学 劳动与社会保障 图书馆学 社会工作 信息资源管理 社会学

续表

学院（部）	学院（部）代码	本科专业/专业方向名称
外国语学院	04	英语 英语（师范） 翻译 日语 俄语 法语 朝鲜语 德语 西班牙语
艺术学院	05	美术学 美术学（师范） 产品设计 艺术设计学 视觉传达设计 环境设计 服装与服饰设计 数字媒体艺术
体育学院	06	体育教育 运动人体科学 武术与民族传统体育 运动训练 运动康复
数学科学学院	07	数学与应用数学（基地） 数学与应用数学（师范） 信息与计算科学 统计学 * 金融数学
材料与化学化工学部	09	无机非金属材料工程 高分子材料与工程 材料科学与工程 环境工程 化学工程与工艺 材料化学 化学 化学（师范） 应用化学 功能材料

续表

学院（部）	学院（部）代码	本科专业/专业方向名称
东吴商学院（财经学院）	10	经济学 国际经济与贸易 财政学 金融学 工商管理 会计学 市场营销 电子商务 财务管理 金融学（中外合作办学项目）
王健法学院	11	法学 知识产权
沙钢钢铁学院	13	冶金工程 金属材料工程
纳米科学技术学院	14	纳米材料与技术
纺织与服装工程学院	15	轻化工程 纺织工程 服装设计与工程 非织造材料与工程 纺织工程（中外合作办学项目）
教育学院	18	教育学（师范） 应用心理学 教育技术学（师范）
音乐学院	21	音乐表演 音乐学（师范） 作曲与作曲技术理论
物理科学与技术学院	22	物理学 物理学（师范）
光电科学与工程学院	23	测控技术与仪器 电子信息科学与技术 光电信息科学与工程

续表

学院（部）	学院（部）代码	本科专业/专业方向名称
能源学院	24	能源与动力工程 新能源材料与器件 新能源材料与器件（中外合作办学项目）
计算机科学与技术学院	27	计算机科学与技术 信息管理与信息系统 软件工程 网络工程 物联网工程 人工智能*
电子信息学院	28	通信工程 信息工程 微电子科学与工程 电子信息工程 电子科学与技术 集成电路设计与集成系统*
机电工程学院	29	电气工程及其自动化 工业工程 机械电子工程* 机械工程 材料成型及控制工程 智能制造工程
苏州医学院	30	生物技术 食品质量与安全 生物科学 生物信息学 放射医学 预防医学 药学 中药学 生物制药 临床医学 临床医学（儿科医学） 临床医学（"5+3"一体化） 临床医学（"5+3"一体化，儿科医学） 法医学 医学影像学 口腔医学 医学检验技术 护理学

续表

学院（部）	学院（部）代码	本科专业/专业方向名称
金螳螂建筑学院	41	建筑学 城乡规划 园艺 风景园林 园林 历史建筑保护工程
轨道交通学院	47	工程管理 车辆工程 交通运输 电气工程与智能控制 建筑环境与能源应用工程 轨道交通信号与控制
传媒学院	48	新闻学 广播电视学 广告学 播音与主持艺术 网络与新媒体

注：带 * 的专业自 2021 级开始划归未来科学与工程学院。
本表统计时间截止到 2021 年 12 月。

苏州大学成人学历教育专业情况

高中起点本科（3 个）

护理学　　　　　　　　　　药学
人力资源管理

专科起点升本科（26 个）

电气工程及其自动化　　　　交通运输
电子信息工程　　　　　　　金融学
法学　　　　　　　　　　　临床医学
工程管理　　　　　　　　　人力资源管理
工商管理　　　　　　　　　食品质量与安全
汉语言文学　　　　　　　　物流管理

护理学
会计学
机械工程
机械设计制造及其自动化
计算机科学与技术
建筑环境与能源应用工程
建筑环境与设备工程

新能源材料与器件
信息管理与信息系统
行政管理
药学
医学检验技术
医学影像学
英语

教学质量与学科实力

国家基础科学研究与教学人才培养基地情况（表21）

表21　国家基础科学研究与教学人才培养基地

归属	基地名称
数学科学学院	数学
文学院	中国语言文学

国家级大学生校外实践教学基地情况（表22）

表22　国家级大学生校外实践教学基地

归属	基地名称
计算机科学与技术学院	苏州大学—方正国际软件有限公式工程实践教育中心

国家创新人才培养示范基地情况（表23）

表23　国家创新人才培养示范基地

归属	基地名称
纳米科学与技术学院	科技部创新人才推进计划—创新人才培养示范基地

苏州大学国家级、省（部）级重点学科，国家一流学科，优势学科，重点实验室，协同创新中心，公共服务平台，工程（技术）研究中心，重点研究基地及实验室教学示范中心

国家级重点学科（4个）

纺织工程
放射医学
内科学（血液病）
外科学（骨外）

国防科工委重点学科（2个）

放射医学
内科学（血液病）

"双一流"建设学科（1个）

材料科学与工程

江苏省优势学科三期建设工程立项学科（20个）

设计学
软件工程
法学
马克思主义理论
体育学
中国语言文学
外国语言文学
数学
化学
光学工程

纺织科学与工程
基础医学
药学
政治学
物理学
计算机科学与技术
化学工程与技术
工商管理
特种医学
临床医学

"十四五"江苏省重点学科（6个）

哲学
应用经济学
教育学
中国史
公共卫生与预防医学
护理学

省部共建国家重点实验室（1个）

放射医学与辐射防护国家重点实验室

国家临床医学研究中心（1个）

国家血液系统疾病临床医学研究中心

国家工程实验室（1个）

现代丝绸国家工程实验室

国家地方联合工程实验室（2个）

新型功能高分子材料国家地方联合工程实验室（江苏）
环保功能吸附材料制备技术国家地方联合工程实验室（江苏）

国家级国际合作联合研究中心（2个）

智能纳米环保新材料及检测技术国际联合研究中心

基因组资源国际联合研究中心

"一带一路"联合实验室（1个）

中国-葡萄牙文化遗产保护科学"一带一路"联合实验室

国家创新人才培养示范基地（1个）

科技部创新人才培养示范基地（苏州大学）

"111"计划创新引智基地（1个）

光功能纳米材料创新引智基地

江苏省高校国家重点实验室培育建设点（1个）

现代光学技术国家重点实验室培育建设点

省部级重点实验室（35个）

省部共建教育部现代光学技术重点实验室
教育部碳基功能材料与器件国际合作联合实验室
江苏省先进光学制造技术重点实验室
卫生部血栓与止血重点实验室
江苏省碳基功能材料与器件重点实验室
江苏省薄膜材料重点实验室
江苏省有机合成重点实验室
江苏省计算机信息处理技术重点实验室
江苏省丝绸工程重点实验室
江苏省现代光学技术重点实验室
江苏省放射医学与防护重点实验室
江苏省新型高分子功能材料工程实验室
江苏省先进功能高分子材料设计及应用重点实验室
江苏省感染与免疫重点实验室
江苏省先进机器人技术重点实验室
江苏省水处理新材料与污水资源化工程实验室
全国石油和化工行业有机废水吸附治理及其资源化重点实验室
工业（化学电源）产品质量控制和技术评价实验室
江苏省重大神经精神疾病诊疗技术重点实验室

江苏省老年病预防与转化医学重点实验室
全国石油化工行业导向生物医用功能的高分子材料设计与合成重点实验室
江苏省网络空间安全工程实验室
全国石油和化工行业颗粒技术工程实验室
江苏省先进碳材料与可穿戴能源技术重点实验室
江苏省临床免疫学重点实验室
江苏省机器人技术及智能制造装备实验室
江苏省大数据智能工程实验室
纺织行业天然染料重点实验室
江苏省水产动物营养重点实验室
纺织行业丝绸功能材料与技术重点实验室
纺织行业医疗健康用蚕丝制品重点实验室
纺织行业纺织材料阻燃整理重点实验室
纺织行业智能纺织服装柔性器件重点实验室
江苏省泥鳅遗传与育种重点实验室
石油和化工行业高比能电池核心技术与关键材料重点实验室

国家"2011计划"协同创新中心（1个）

苏州纳米科技协同创新中心

江苏高校协同创新中心（4个）

纳米科技协同创新中心
血液学协同创新中心
放射医学协同创新中心
新型城镇化与社会治理协同创新中心

国家级公共服务平台（3个）

国家化学电源产品质量监督检测中心
国家纺织产业创新支撑平台
国家技术转移示范机构

国家大学科技园（1个）

苏州大学国家大学科技园

省部级公共服务平台（7个）

江苏省苏州化学电源公共技术服务中心
江苏省苏州丝绸技术服务中心
江苏省苏州医疗器械临床前研究与评价公共技术服务中心
江苏省节能环保材料测试与技术服务中心
江苏省中小企业环保产业公共技术服务平台
江苏省骨科临床医学研究中心
工业废水重金属离子污染物深度处理及资源化利用—公共技术服务平台

省部级工程中心（6个）

数码激光成像与显示教育部工程研究中心
血液和血管疾病诊疗药物技术教育部工程研究中心
江苏省数码激光图像与新型印刷工程技术研究中心
江苏省纺织印染业节能减排与清洁生产工程中心
江苏省新型光纤技术与通信网络工程研究中心
江苏省精准诊疗药物创制工程研究中心

国家级实验教学示范中心（4个）

物理实验教学中心
纺织与服装设计实验教学中心
计算机与信息技术实验教学中心
纺织与服装虚拟仿真实验教学中心

国家级虚拟仿真实验教学课程（项目）（4个）

颅脑损伤法医学鉴定
重大突发自然灾害应急决策课程
乳腺癌组织分子分型的免疫组织化学检测方法项目
抗流感病毒活性药物的设计与筛选项目

江苏省高等学校实验教学示范中心（20个）

电工电子基础课实验教学中心
化学基础课实验教学中心
计算机基础课实验教学中心
物理基础课实验教学中心

基础医学教学实验中心
艺术设计实验教学中心
机械基础实验教学中心
纺织服装实验教学中心
生物基础课实验教学中心
传媒与文学实验教学中心
心理与教师教育实验教学中心
工程训练中心
临床技能实验教学中心
纳米材料与技术实验教学中心
新能源材料与器件实验教学中心
建筑与城市环境设计实践教育中心
药学学科综合训练中心
轨道交通实践教育中心
冶金工程实践教育中心
护理学学科综合训练中心

省级虚拟仿真实验教学课程（项目）（8个）

强激光下材料超快动力学虚拟仿真实验
高端钢铁材料转炉冶炼虚拟仿真实验
聚酯超高速纺丝虚拟仿真实验
基于大数据的智能推荐虚拟仿真教学
职业性有害因素的识别与控制
大肠杆菌中番茄红素的生物合成
服装热舒适性评价及应用虚拟仿真实验
正常与病理嗓音分析识别虚拟仿真实验

教育部人文社会科学重点研究基地（1个）

中国特色城镇化研究中心

国家体育总局体育社会科学重点研究基地（1个）

体育社会科学研究中心

国家体育总局体育产业研究基地（1个）

苏州大学江苏体育健康产业研究院

国家体育总局重点实验室（1个）

机能评定与体能训练重点实验室

江苏省哲学社会科学研究基地（3个）

江苏省吴文化研究基地
苏南发展研究院（培育智库）
江苏当代作家研究基地

江苏高校哲学社会科学重点研究基地（9个）

苏州大学公法研究中心
苏州基层党建研究所
老挝-大湄公河次区域国家研究中心
国际能源法研究中心（培育智库）
东吴智库
江苏体育产业协同创新中心（培育智库）
中国文化翻译与传播研究基地
中国昆曲与戏曲研究中心（培育智库）
红十字运动与慈善文化研究中心（培育智库）

江苏省决策咨询研究基地（2个）

江苏苏南治理现代化研究基地
江苏现代金融研究基地

江苏省教育厅研究中心（1个）

江苏学校美育研究中心

江苏省文化和旅游厅研究基地（1个）

苏州大学非物质文化遗产研究基地

江苏省委宣传部研究基地（2个）

江苏省中国特色社会主义理论体系研究基地
东吴智库（培育智库）

江苏高校哲学社会科学优秀创新团队（3个）

地方政府与社会治理优秀创新团队
传播与社会治理研究创新团队
智慧供应链创新团队

江苏省社会科学院研究院（1个）

大运河文化带建设研究院苏州分院

苏州大学2021年度国家、省教育质量工程项目名单

苏州大学2021年江苏省教学成果奖获奖项目名单

苏教人〔2022〕4号
2022-03-02
苏大教〔2022〕18号
2022-03-16

序号	获奖等级	成果名称	完成人	完成人单位
1	特等奖	综合性项目化科学教育方案实践探索二十年	朱永新　郝京华　王伟群　杨帆　仇丽君　许新海	苏州大学、南京师范大学、海门新教育小学
2	特等奖	深耕内涵促进交叉创新治理——地方综合性大学课程重构与改革的苏大实践	周毅　蒋星红　茅海燕　李慧　李利　唐斌　陆丽　龚政　曹永国　孙倚娜　刘方涛　朱蓉蓉　张志强	苏州大学
3	一等奖	优化素养　强化实践　深化研学：综合性大学卓越教师培养模式探索与实践	蒋星红　秦炜炜　曹永国　张佳伟　陈书洋	苏州大学、苏州市教育局
4	一等奖	三维协同，三制并举，三进并行——纺织类专业人才培养模式的创新与实践	潘志娟　卢业虎　严明　赵伟　卢神州	苏州大学
5	一等奖	新时代高校美育"四位一体、全面育人"模式的探索与实践	吴磊　王鲁沛　胡晓玲　褚玮　刘江峡　陈晶　苗翰初　金豆豆　孟园园	苏州大学
6	一等奖	化学化工类本科"五融合"实验教学体系的构建与探索	姚建林　路建美　姚英明　吴莹　章建东　赵蓓	苏州大学

续表

序号	获奖等级	成果名称	完成人			完成人单位
7	二等奖	医教研协同融通的放射医学卓越人才培养模式研究与实践	柴之芳 王殳凹 俞家华	周光明 胡春洪	高明远 周泉生	苏州大学
8	二等奖	面向智媒时代的新闻传播人才培养模式创新实践	陈 龙 谷 鹏	胡明宇 曾庆江	王 静 张梦晗	苏州大学
9	二等奖	前沿引领，主动适应：电子信息类人才"多元—递进"培养模式探索与实践	胡剑凌 曹洪龙 周鸣籁	陈小平 胡丹峰 黄远丰	刘学观 俞一彪	苏州大学
10	二等奖	健康中国背景下卓越护理人才人文素质培育的研究与实践	李惠玲 吴 茵 王 丽	田 利 孟红燕 侯云英	林 璐 邬 青	苏州大学
11	二等奖	"五+"合力协同创新：构建高质量思政课实践教学体系	田芝健 于潜驰	朱蓉蓉 罗志勇	王慧莹	苏州大学
12	二等奖	立足区域、彰显特色、打造精品：苏州大学吴文化一流课程群建设的探索与实践	王卫平 范莉莉 朱小田	杨旭辉 朱 琳 王玉贵	黄鸿山 张程娟 胡火金	苏州大学
13	二等奖	中国现代文学教学模式的创造性转化	王 尧 房 伟	陈子平 刘阳扬	张 蕾	苏州大学

苏州大学教育部首批新文科研究与改革实践项目名单

教高厅函〔2021〕31号
2021-10-28
苏大教〔2021〕92号
2021-11-18

序号	项目编号	项目名称	负责人	学院
1	2021060034	数字化转型背景下新兴文科专业体系构建与实践探索	周 毅	社会学院
2	2021100038	面向科技创新的"知识产权法+工科"复合型人才培养模式创新与实践	方新军	王健法学院

苏州大学首批江苏高校新文科研究与改革实践省级重点培养项目名单

苏教办高函〔2021〕13号
2021-05-10
苏大教〔2021〕31号
2021-05-25

序号	项目名称	主持人	项目组成员	学院（部）
1	数字化转型背景下新兴文科专业体系构建与实践探索	周毅	廖国琼 茅海燕 陆丽 李慧 黄建洪 徐芳 闵晓平 项文新 李卓卓 白文琳	社会学院
2	面向科技创新的"知识产权法+工科"复合型人才培养模式研究与实践	方新军	刘铁光 李丹 程雪阳 朱春霞 汪维鹏 王穗东 丁汉林 陈小平 钱振明 董寅	王健法学院
3	"一纵四维"新商科课程体系建设实践	冯博	姚建林 王永贵 范英 王重鸣 袁建新 徐涛 王要玉 周中胜 周俊	东吴商学院（财经学院）

苏州大学江苏省高校本科课程思政示范课程名单

苏教办高函〔2021〕11号
2021-04-30
苏大教〔2021〕29号
2021-05-17

序号	学院	课程名称	姓名
1	社会学院	吴文化的精神传承	王卫平
2	计算机科学与技术学院	中文信息处理技术	朱巧明
3	音乐学院	钢琴即兴伴奏	吴磊

苏州大学首批江苏省课程思政示范专业名单

苏教高函〔2021〕13号
2021-12-11
苏大教〔2021〕111号
2021-12-21

序号	学院	专业名称	负责人姓名
1	社会学院	历史学（师范）	黄鸿山
2	计算机科学与技术学院	计算机科学与技术	刘纯平

苏州大学2021年江苏省高校微课教学比赛获奖名单

苏大教〔2021〕109号
2021-12-13

序号	学院（部）	作品名称	作品类型	成员	获奖情况
1	物理科学与技术学院	用光谱探索宇宙的奥秘	微课	蔡田怡	一等奖
2	体育学院	洋务运动对西方体育的引入与传播	微课	王妍	一等奖
3	政治与公共管理学院	中国历代哲学智慧	微课程	朱光磊 骆海飞 刘琳娜	一等奖
4	苏州医学院	解密食品添加剂	微课程	王大慧 卫功元	一等奖
5	文学院	说话之道——会话合作原则	微课	姜晓	二等奖
6	马克思主义学院	道德的起源：一种马克思主义的解释方案	微课	张建晓 林慧平 王晓蕾	二等奖
7	苏州医学院	刀光剑影——主动脉瓣狭窄的外科治疗	微课	陈磊	二等奖
8	政治与公共管理学院	指下玄机：王叔和《脉经》	微课	程雅君	三等奖
9	纺织与服装工程学院	正交表	微课	魏真真	三等奖
10	艺术学院	长河无声奔去，唯爱与信念永存——在舞蹈基本元素体验中感悟信仰的力量	微课	戴岗	三等奖

苏州大学2021年江苏省高等教育教改研究立项课题名单

序号	编号	课题类型	指南编号	课题名称	主持人	课题组成员	单位	备注
1	2021JSJG008	重中之重	1-9	基于多元协同的高素质创新型工程人才培养探索与实践	许宜申	李峰 李呈井 陈煜 黄冠平 张晓俊 叶燕 陈大庆 吴迪 周孝进 姚亦洁	光电科学与工程学院	苏高教会〔2021〕42号 2021-11-09
2	2021JSJG011	重中之重	6-3	智能信息技术视域下高校数字化转型的理论建构与实践探索——以"云中苏大"为例	姚建林	方亮 洪晔 张志升 蔡荣冬 万东升 冯志华 许凯 余庆 付亦宁 黄启兵	教务部 数据资源管理办公室 教育学院	
3	2021JSJG114	重点	2-8	高校思想政治理论课实践教学评价改进研究	田芝健 王慧莹	朱蓉蓉 吉启卫 郝善文 胡小君 宋德孝 李文娟 王雪	马克思主义学院	苏大教〔2021〕107号 2021-11-30
4	2021JSJG675	重点	2-9	以培养高素质、应用创新大学英语为导向的教学模式构建与实践探索	孙倚娜 傅菊芬	钟玲 王彩丽 陈璞 裴丽霞 乔盼盼 孙芸珏 梁婧嫣 王海林 李雪云 高珍 王钰 黄惠文 邓政 朱羽洋 郭塞雪 陈琳 倪越 张晚婷 袁龙	应用技术学院	上海外语教育出版社合作

续表

序号	编号	课题类型	指南编号	课题名称	主持人	课题组成员	单位	备注
5	2021JSJG237	一般	1-7	"新文科"背景下跨学科复合型人才培养体系研究与实践	张 可 陈亦一	麦莉娟 刘传红 王 军 贾新明 元 青 易前良 鲍 曾温娜 莹 格	传媒学院	
6	2021JSJG240	一般	1-11	全球视野创新驱动交叉融合——师范生教育创新能力培养实践与探索	曹永国 付亦宁	余 庆 王本余 查永军 周国强 GaronPereceval 夏 骏	教育学院	2020年国家级一流专业
7	2021JSJG254	一般	1-8	面向工业4.0的CPS跨学科复合型人才培养体系构建与实践	张广泉	樊建席 程宝雷 周经亚 王 岩 李颌治 魏 慧	计算机科学与技术学院	
8	2021JSJG305	一般	2-7	一流专业建设背景下法医学专业课程思政人体育体系的构建与实践	陶陆阳 王 涛	李立娟 罗永良 张明阳 顾芝亚 王祖峰 杨 妮 许弘飞 夏水秀 王 禹 张志湖 陈溪萍 朱少华 高玉振 王江峰	苏州医学院	
9	2021JSJG315	一般	2-9	概率论与数理统计新形态教材建设的探索	顾振华 严继高	曹永罗 陈中文 程东亚 成凤旸 张 健 马学俊 张国圆	数学科学学院	2020年国家级一流专业

续表

序号	编号	课题类型	指南编号	课题名称	主持人	课题组成员	单位	备注
10	2021JSJG338	一般	3-10	"互联网+"时代高校线上线下深度融合式教学模式研究与实践	秦烨烨	李利 刘江岳 魏建业 张志平 周经亚 徐红彩 杨帆 陈小贝	教育学院	
11	2021JSJG356	一般	3-4	新文科背景下文科大学生研究素养评价及提升策略研究	冉云芳 王一涛	张佳伟 黄启兵 严韵致 吴希 侯琮 严纯顺 徐灵波	教育学院	2020年国家级一流专业
12	2021JSJG394	一般	4-3	"卓越引领、创新驱动、产学研协同育人"的大学生创新创业能力培养与探索研究	余雷	陈良 高瑜 黄俊 杨歆豪 李清 黄克亚 陈庆	机电工程学院	
13	2021JSJG395	一般	4-3	时尚类专业创新创业教育三融合模式探索与实践	卢业虎 戴晓群	洪岩 戴宏钦 潘姝雯 严明 赵伟 蒋佳锋 何佳臻 薛哲彬 张丽丽	纺织与服装工程学院	
14	2021JSJG695	一般	3-9	"产出导向法"视域下的大学英语文化教学混合式教学研究与实践	王静 顺卫星	张晔 汤丽娜 丁红云 张立蓉 刘仪 王德春 叶建敏 李亚光	东吴学院	外语教学与研究出版社合作

苏州大学首批江苏省本科优秀培育教材名单

苏教办高函〔2021〕3 号
2021-01-26
苏大教〔2021〕85 号
2021-10-26

序号	教材名称	国际标准书号	出版单位	第一主编（首席专家、作者）	学院（部）
1	球类运动——篮球（第三版）	978-7-04-044497-1	高等教育出版社	王家宏	体育学院
2	比较文化学新编	978-7-303-11523-5	北京师范大学出版社	方汉文	文学院
3	中国现代文学史：1915—2018（第四版）	上册 978-7-04-053322-4 下册 978-7-04-052945-6	高等教育出版社	朱栋霖	文学院
4	服装工业制板（第三版）	978-7-5669-1386-9	东华大学出版社	李 正	艺术学院
5	医学免疫学（第 3 版）	978-7-04-047036-9	高等教育出版社	高晓明	苏州医学院
6	大学物理实验教程（第三版）（上、下册）	上册 978-7-04-055011-5 下册 978-7-04-055012-2	高等教育出版社	江美福	东吴学院
7	综合化学实验（第二版）	978-7-305-13222-3	南京大学出版社	路建美	材料与化学化工学部
8	电磁场与电磁波（第五版）	978-7-5606-4631-2	西安电子科技大学出版社	郭辉萍	电子信息学院
9	嵌入式技术基础与实践：基于 ARM Cortex-M4F 内核的 MSP432 系列微控制器（第五版）	978-7-302-51858-7	清华大学出版社	王宜怀	计算机科学与技术学院

苏州大学 2021 年省重点教材立项建设名单

苏高教会〔2021〕39 号
2021-11-01
苏大教〔2021〕88 号
2021-11-08

序号	教材类别	教材名称	主编姓名	拟出版单位	学院（部）
1	修订	形式化方法导论	张广泉	清华大学出版社	计算机科学与技术学院
2	修订	医学影像解剖学	胡春洪 王冬青	人民卫生出版社	苏州医学院
3	修订	运动损伤与康复	王国祥 王琳	高等教育出版社	体育学院
4	修订	城市轨道交通概论（第二版）	姚林泉 汪一鸣	清华大学出版社	轨道交通学院
5	新编	语言学史	王建军	高等教育出版社	文学院
6	新编	创意、视觉、营销、传播——理解广告	胡明宇	苏州大学出版社	传媒学院
7	新编	Essential University Physics Experiment（大学物理实验英文版）	侯波 须萍	高等教育出版社	物理科学与技术学院
8	新编	服装生产管理	孙玉钗 苏军强 胡洛燕	东华大学出版社	纺织与服装工程学院
9	新编	电子政务概论十讲	王芹	苏州大学出版社	社会学院
10	新编	智能制造导论——技术及应用	王传洋 芮延年	科学出版社	机电工程学院
11	新编	光物理基础	张秀娟	苏州大学出版社	纳米科学技术学院
12	新编	载人航天放射医学	周光明 童建	人民卫生出版社	苏州医学院

苏州大学第九批出版省重点教材名单

苏高教会〔2021〕39号 2021-11-01
苏大教〔2021〕88号 2021-11-08

序号	编号	教材名称	主编姓名	出版社	国际标准书号	备注	学院（部）
1	2018-2-030	高等数学（上、下册）	严亚强	高等教育出版社	978-7-04-050404-0	2018年新编	数学科学学院
2	2018-1-121	基础物理学（上、下册）（第四版）	晏世雷	苏州大学出版社	978-7-5672-3364-5	2018年修订	物理科学与技术学院
3	2018-1-146	人体寄生虫学	夏超明 彭鸿娟	中国医药科技出版社	978-7-5067-8220-3	2018年修订	苏州医学院
4	2019-2-129	数据结构（Python语言描述）——微课视频版	张玉华 吕强	清华大学出版社	978-7-302-57050-9	2019年新编	计算机科学与技术学院
5	2019-2-174	吴文化的精神传承	王卫平 黄鸿山	苏州大学出版社	978-7-5672-3337-9	2019年新编	社会学院
6	2019-2-181	近现代物理实验	方亮 翁雨燕	高等教育出版社	978-7-04-055199-0	2019年新编	物理科学与技术学院
7	2019-1-064	苏州诗咏与吴文化：吴文化视野中的古代苏州诗词研究	杨旭辉	苏州大学出版社	978-7-5672-3562-5	2019年修订	文学院
8	2020-2-029	低温等离子体诊断原理与技术	叶超	科学出版社	978-7-03-055475-8	2020年新编	物理科学与技术学院
9	2020-2-071	中国武术短兵教程	李龙	人民体育出版社	978-7-5009-6061-4	2020年新编	体育学院

苏州大学获首批省级一流本科课程认定名单

苏教高函〔2021〕9号
2021-11-01
苏大教〔2021〕87号
2021-11-08

序号	学院（部）	课程类别	课程名称	课程负责人	课程团队其他主要成员
1	王健法学院	线上一流课程	宪法入门——基本权利篇	上官丕亮	陆永胜　朱中一
2	计算机科学与技术学院	线上一流课程	数据结构	孔　芳　张玉华	唐自立　黄　河
3	计算机科学与技术学院	线上一流课程	Python程序设计	赵　雷　朱晓旭	刘　安　姚望舒　姜小峰
4	材料与化学化工学部	线上一流课程	材料科学与工程基础	张　英	顾嫒娟
5	苏州医学院	线上一流课程	解密食品添加剂	王大慧	卫功元　曹霞敏　白艳洁
6	苏州医学院	线上一流课程	实用医学统计学与SAS应用	裴育芳　沈月平	张明芝　吕大兵　李红美
7	苏州医学院	线上一流课程	药剂学	陈华兵	张学农　崔京浩　曹青日　柯亨特
8	苏州医学院	线上一流课程	妇产科学	陈友国	李　珉　唐修武　郭　艳　徐妍婷
9	政治与公共管理学院	线上一流课程	公共管理学	黄建洪	刘成良　殷　盈　郑红玉
10	教育学院	线上一流课程	"互联网+"时代的教育技术	秦炜炜	李利和汇
11	物理科学与技术学院	虚拟仿真实验教学一流课程	强激光下材料超快动力学虚拟仿真实验	方　亮	杨俊义　宋瑛林　孙宝印　翁雨燕

续表

序号	学院（部）	课程类别	课程名称	课程负责人	课程团队其他主要成员
12	沙钢钢铁学院	虚拟仿真实验教学一流课程	高端钢铁材料转炉冶炼虚拟仿真实验	王德永	屈天鹏 胡绍岩 盛敏奇 王慧华
13	材料与化学化工学部	虚拟仿真实验教学一流课程	聚酯超高速纺丝虚拟仿真实验	戴礼兴	孙 君 秦传香 朱 健 夏雪伟
14	东吴商学院（财经学院）	虚拟仿真实验教学一流课程	基于大数据的智能推荐虚拟仿真教学	冯 博	王要玉 王佐政 沈 怡 王丹萍
15	苏州医学院	虚拟仿真实验教学一流课程	职业性有害因素的识别与控制	张增利	薛 莲 常 杰 童 星 邹雪原
16	苏州医学院	虚拟仿真实验教学一流课程	大肠杆菌中番茄红素的生物合成	王崇龙	朱珋燕 张 园 陈佳敏
17	纺织与服装工程学院	虚拟仿真实验教学一流课程	服装热舒适性评价及应用虚拟仿真实验	戴宏钦	潘姝雯 卢业虎 孙玉钗 陈之戈
18	光电科学与工程学院	虚拟仿真实验教学一流课程	正常与病理嗓音分析识别虚拟仿真实验	陶 智	许宜申 张晓俊 肖仲喆 吴 迪
19	文学院	线下一流课程	中国现代文学（一）（上）、中国现代文学（一）（下）	王 尧 陈子平	张 蕾 房 伟
20	体育学院	线下一流课程	体育科研方法（含体育创新创业）	陶玉流	陆阿明 樊炳有 王家宏
21	艺术学院	线下一流课程	设计美学	李超德	李精明
22	电子信息学院	线下一流课程	电路分析	陈小平	陈雪勤 倪锦根 杨新艳
23	电子信息学院	线下一流课程	数字信号处理	胡剑凌	芮贤义 孙 兵 俞一彪

续表

序号	学院（部）	课程类别	课程名称	课程负责人	课程团队其他主要成员
24	材料与化学化工学部	线下一流课程	有机化学（一）（上）（双语）、有机化学（一）（下）（双语）	赵 蓓	—
25	纺织与服装工程学院	线下一流课程	织物组织学	王国和	眭建华 李 刚 李媛媛
26	苏州医学院	线下一流课程	放射卫生学（一）	涂 彧	孙 亮 陈 娜 万 骏 陈丹丹
27	金螳螂建筑学院	线下一流课程	设计素描与色彩（一）设计素描与色彩（二）设计素描与色彩（三）设计素描与色彩（四）	汤恒亮 张 琦	王 琼 陈卫潭 李 立
28	数学科学学院	线下一流课程	数学分析（Ⅰ）数学分析（Ⅱ）数学分析（Ⅲ）	王志国	卫淑云 赵 云 吴俊德 廖 刚
29	物理科学与技术学院	线下一流课程	量子力学	高 雷 周丽萍	蒋建华
30	纳米科学技术学院	线下一流课程	纳米催化	康振辉	刘 阳 黄 慧 马艳芸 廖 凡
31	计算机科学与技术学院	线上线下混合式一流课程	操作系统原理	李培峰 王红玲	许佳捷 褚晓敏
32	电子信息学院	线上线下混合式一流课程	信号与系统	侯 嘉	朱伟芳 石 霏 胡丹峰
33	纺织与服装工程学院	线上线下混合式一流课程	纺织服装导论（双语）	陈 廷	戴晓群

续表

序号	学院（部）	课程类别	课程名称	课程负责人	课程团队其他主要成员
34	苏州医学院	线上线下混合式一流课程	药理学（一）	张慧灵	王 燕 贾 佳 张 丽 薛 洁
35	文学院	线上线下混合式一流课程	中国现当代通俗小说与网络小说	汤哲声	张学谦
36	传媒学院	线上线下混合式一流课程	创意、视觉、营销、传播——理解广告	胡明宇	王 静 董 博 刘昱希
37	外国语学院	线上线下混合式一流课程	中级英/汉笔译	杨志红	—
38	东吴学院	线上线下混合式一流课程	中国地方文化英语导读	顾卫星 叶建敏	汤丽娜 王德春 刘 仪
39	东吴商学院（财经学院）	线上线下混合式一流课程	创业101：你的客户是谁	李 晶	周中胜 仇国阳
40	王健法学院	社会实践一流课程	法律文书写作	吴 俊	程雪阳 庄绪龙
41	艺术学院	社会实践一流课程	设计市场——大众审美与生活方式考察	郑丽虹	范炜焱 卢 朗 马 双 王 拓

苏州大学首届全国教材建设奖获奖项目

国教材〔2021〕6号
2021-10-09
苏大教〔2021〕71号
2021-10-19

序号	获奖类别	获奖等级	教材名称	主要编者	国内主要编者所在单位
1	全国优秀教材（高等教育类）	二等奖	球类运动——篮球（第三版）	主编：王家宏 副主编：于振峰、杨改生	苏州大学、首都体育学院、河南大学
2	全国优秀教材（高等教育类）	二等奖	中国现代文学史1915—2018（第四版）上册、下册	主编：朱栋霖、朱晓进、吴义勤	苏州大学、南京师范大学、中国作家协会

续表

序号	获奖类别	获奖等级	教材名称	主要编者	国内主要编者所在单位
3	全国优秀教材（高等教育类）	二等奖	地方政府与政治（第二版）	主编：徐勇 副主编：沈荣华、潘小娟	华中师范大学、苏州大学、中国政法大学
4	全国优秀教材（高等教育类）	二等奖	人体解剖学（第四版）	主编：顾晓松 副主编：周国民、刘树伟、张卫光、丁炯、丁文龙、夏春林、吕广明	南通大学、复旦大学、山东大学、北京大学、南京医科大学、上海交通大学、苏州大学
5	全国优秀教材（基础教育类）	二等奖	义务教育教科书数学七年级上、下册	主编：王建磐 副主编：王继延、唐复苏	华东师范大学、苏州大学
6	全国优秀教材（基础教育类）	二等奖	普通高中课程标准实验教科书数学选修2-2	主编：单墫 副主编：李善良、陈永高、王巧林 本册主编：徐稼红	南京师范大学、江苏省中小学教学研究室、江苏凤凰教育出版社、苏州大学
7	全国优秀教材（基础教育类）	二等奖	义务教育教科书英语（三年级起点）四年级上、下册	中方主编：何锋、齐迅 英方主编：牛津大学出版社（中国）有限公司英语教材编写委员会 副主编：许以达、赵雪如、沈峰	江苏省教育科学研究院、苏州市教育科学研究院、苏州第一中学校、苏州大学、南京市玄武区教育局
8	全国优秀教材（基础教育类）	二等奖	义务教育教科书英语（三年级起点）六年级上、下册	中方主编：何锋、齐迅 英方主编：牛津大学出版社（中国）有限公司英语教材编写委员会 副主编：许以达、赵雪如、沈峰	江苏省教育科学研究院、苏州市教育科学研究院、苏州第一中学校、苏州大学、南京市玄武区教育局

苏州大学 2020 年度国家级和省级一流本科专业建设点
暨江苏高校品牌专业建设工程二期项目（二批）名单

教高厅函〔2021〕7 号
2021-02-10
苏大教〔2021〕45 号
2021-07-07

苏州大学 2020 年度国家级一流本科专业建设点（省品牌专业）名单

序号	专业名称	学院（部）
1	法学	王健法学院
2	教育学	教育学院
3	汉语言文学	文学院
4	英语	外国语学院
5	高分子材料与工程	材料与化学化工学部
6	电子信息工程	电子信息学院
7	化学工程与工艺	材料与化学化工学部
8	服装设计与工程	纺织与服装工程学院
9	建筑学	金螳螂建筑学院
10	放射医学	医学部
11	法医学	医学部
12	护理学	医学部
13	档案学	社会学院
14	美术学	艺术学院

苏州大学 2020 年度省级一流本科专业建设点（省特色专业）名单

序号	专业名称	学院（部）
1	哲学	政治与公共管理学院
2	光电信息科学与工程	光电科学与工程学院
3	医学影像学	医学部

苏州大学2021年全日制本科招生就业情况

一、招生情况

（一）招生计划及执行情况

江苏省教育厅核准苏州大学2021年普通本科招生计划6 674名，与2020年持平。学校现设的132个本科专业中，共有109个专业、按101个专业（类）招生，涵盖16种计划类型。最终，学校在31个省（市、自治区）录取高考新生6 690名，包含核准招生计划6 674名，新疆少数民族预科生计划15名、国家民委专项计划1名（不占核准招生计划）。其中，省内录取3 870名，占核准招生计划数的57.99%（2020年为56.92%）。

招生计划主要特点包括：地方专项计划和高校专项计划分别增加7名、10名。省内招生计划在2020年增加112名的基础上，2021年继续增加86名，连续4年共增加招生计划861名。在江苏的高校中，学校公布计划数最多，比南京师范大学多出1 212名。执行学校有关文件确定的动态调整措施，对17个专业（类）分别采取隔年招生、暂停招生、停止招生、减少计划等调整。统筹安排未来科学与工程学院招生计划，"集成电路设计与集成系统"专业恢复招生；满足学院（部）优化生源结构等需要，主要对17个专业（类）的招生计划进行调整。

2021年苏州大学在各省份招生计划执行情况详见表24。

表24 2021年苏州大学在各省份招生计划执行情况一览表

单位：人

省份	公布分省招生计划（不包含不分省招生计划）														录取人数				
	总计	普通类正常	中西部协作	艺术分省	地方专项计划	地方免费医学生	国家专项计划	对口援疆计划	南疆单列计划	民族预科班转入	内地班	高校专项计划	预科班	国家民委专项计划	合计	文史/历史类	理工/物理类	综合改革	其他
总计	6413	4864	657	258	77	40	261	11	3	15	46	165	15	1	6690	1281	4624	280	505
北京	14	11	—	2	—	—	—	—	—	—	—	—	—	1	14	—	—	12	2
天津	38	38	—	—	—	—	—	—	—	—	—	—	—	—	39	—	—	39	—
河北	89	70	—	10	—	—	5	—	—	—	—	4	—	—	107	18	71	—	18
山西	104	48	54	—	—	—	—	—	—	—	—	2	—	—	113	20	89	—	4
内蒙古	50	43	—	—	—	—	5	—	—	—	—	2	—	—	51	11	39	—	1
辽宁	62	58	—	2	—	—	—	—	—	—	—	2	—	—	67	12	49	—	6
吉林	67	60	—	—	—	—	5	—	—	—	—	2	—	—	68	12	55	—	1
黑龙江	57	55	—	—	—	—	—	—	—	—	—	2	—	—	59	10	48	—	1
上海	42	33	—	9	—	—	—	—	—	—	—	—	—	—	47	—	—	36	11
江苏	3851	3599	—	75	77	40	—	—	—	—	—	60	—	—	3870	863	2850	—	157
浙江	88	66	—	14	—	—	—	—	—	—	—	8	—	—	125	—	—	79	46
安徽	72	23	14	25	—	—	3	—	—	—	—	7	—	—	104	10	43	—	51
福建	72	65	—	—	—	—	—	—	—	—	—	7	—	—	79	15	64	—	—
江西	72	37	—	7	—	—	22	—	—	—	—	6	—	—	77	13	50	—	14
山东	92	62	—	23	—	—	—	—	—	—	—	7	—	—	123	—	—	81	42

续表

省份	合计	公布分省招生计划（不包含不分省招生计划）											录取人数			
		普通类正常	中西部协作	艺术分省	地方专项计划	地方免费医学生	国家专项计划	对口援疆计划	南疆单列计划	民族预科班转入	内地班	高校专项计划	预科班	国家民委专项计划	合计	文史/历史类	理工/物理类	综合改革	其他
河南	210	25	126	13	—	—	30	—	—	—	—	16	—	—	231	41	165	—	25
湖北	73	47	—	12	—	—	12	—	—	—	—	2	—	—	82	17	53	—	12
湖南	88	43	—	21	—	—	20	—	—	—	—	4	—	—	116	13	54	—	49
广东	92	61	—	29	—	—	—	—	—	—	—	2	—	—	99	12	52	—	35
广西	113	28	70	—	—	—	12	—	—	—	—	3	—	—	115	21	92	—	2
海南	33	29	—	—	—	—	3	—	—	—	—	1	—	—	34	—	—	33	1
重庆	54	33	—	4	—	—	15	—	—	—	—	2	—	—	71	12	51	—	8
四川	149	75	51	10	—	—	7	—	—	—	—	6	—	—	161	28	120	—	13
贵州	235	20	192	—	—	—	17	—	—	—	—	6	—	—	236	40	195	—	1
云南	106	37	49	—	—	—	17	—	—	—	—	3	—	—	106	19	87	—	—
西藏	14	—	—	—	—	—	—	—	—	—	14	—	—	—	14	5	9	—	—
陕西	63	41	—	—	—	—	20	—	—	—	—	2	—	—	66	12	54	—	—
甘肃	144	29	86	2	—	—	24	—	—	—	—	3	—	—	147	24	118	—	5
青海	65	33	—	—	—	—	30	—	—	—	—	2	—	—	65	13	52	—	—
宁夏	49	43	—	—	—	—	4	—	—	—	—	2	—	—	49	8	41	—	—
新疆	155	52	15	—	—	—	10	11	3	15	32	2	15	—	155	32	123	—	—

(二) 录取新生情况

2021年，全国共有14个省份实施新高考，其中，江苏等8个省份的新高考招生政策第一年落地实施。志愿填报与投档录取模式分为两种：一是"院校专业组"模式，考生投档至其所填报的某个院校专业组，专业调剂录取只能在考生所投档的院校专业组内进行，江苏等9个省份实行这一模式；二是"专业+学校"模式，考生直接投档至其所填报的某个学校的某个专业（类），不存在专业（类）调剂录取，浙江等5个省份实行这一模式。

学校在各省的整体生源数量充足、质量稳定，普通类计划首轮投档志愿满足率均为100%，充分体现了广大考生对苏州大学的认可。在江苏，各类投档线仍保持稳定，体育、艺术类投档线分别位列全省高校第一、第二，普通类主体生源在省内同类高校中的排位保持稳定，普通类本科批全省历史类2 130名以内的新生占15.24%、物理类9 600名以内的新生占11.47%。在江苏省外，普通类本科批次录取考生最低排位整体稳定，且位于各省份前列，未出现大幅度断档现象，考生专业志愿满足率持续提高；在新高考省份，专业间分差拉大，"冷热"程度加剧，部分热门专业组的考生最低排位较往年有所提升；传统高考省份的生源质量优秀，大多数省份的生源质量处于上升趋势。

1. 江苏省内录取情况

体育、艺术类等提前批次投档线保持平稳，较2020年有小幅上升。体育物理类投档线位列全省高校第一，体育历史类位列全省高校第二；美术类、音乐学（声乐）、音乐学（器乐）专业的投档线位列全省高校第二。

表25 江苏省体育、艺术类录取情况汇总

类别	省控线/分	录取分/分			投档线对应考生全省位次	投档线在江苏高校中的排名	
		最低分	平均分	最高分		2021年	2020年
体育历史类	421	526	532.74	565	117	2	2
体育物理类	384	525	533.33	558	61	1	
美术历史类	505	783	800.45	823	239	2	2
美术物理类	483	729	756.50	778	100	2	
声乐历史类	145	215	216.45	221	55	2	2
声乐物理类	145	217	217.00	217	1—11之间	2	
器乐历史类	145	218	218.71	219	92	2	2
器乐物理类	145	214	214.00	214	1—12之间	2	

注：江苏高校指地处江苏省的所有高校。

普通类本科批共设8个专业组，历史类3个专业组、物理类5个专业组，其中，"历史+不限""物理+不限"专业组招生专业数、计划量最多。尽管2021年全国高校在江苏省公布的普通类本科招生计划总数与2020年相比增量很大（其中，历史类计划比2020年的文科类计划多3 330名、物理类计划比2020年的理科类计划多1 103名），学校主体生源在省内同类高校中的排位仍保持稳定，其中，"历史+不限"专业组的投档线在江苏省内高校同类型院校专业组中排列第五，与2020年的文科排位持平；"物理+不限"专业组的投档线在江苏省内高校同类型院校专业组中排列第六，与上年的理科排位持平。

部分高等院校专业组江苏投档线汇总情况见表26。苏州大学在江苏省普通类本科批录取情况汇总见表27。

表26　部分高等院校专业组江苏投档线汇总

学校	历史类	计划数/人	投档线	物理类	计划数/人	投档线
南京大学	不限	140	619	不限	399	628
东南大学	不限	64	608	不限	375	621
南京航空航天大学	不限	105	585	05 不限	239	600
	—	—	—	06 不限	109	601
南京理工大学	不限	37	584	02 不限	175	603
	—	—	—	03 不限	15	598
河海大学	不限	102	583	05 不限	292	595
	—	—	—	06 不限	46	591
南京师范大学	03 不限	224	597	13 不限	174	599
	04 不限	378	589	14 不限	406	584
	—	—	—	15 不限	423	579
苏州大学	不限	693	584	不限	1 545	583

表27　江苏省普通类本科批录取情况汇总

科类	专业组	省控线/分	录取分/分			投档线对应考生全省位次	备注	2020年投档线对应考生全省位次
			最低分	平均分	最高分			
历史类	03 专业组（不限）	533	584	589.99	606	3 956		1261 代号：3346
	05 专业组（生物）	533	566	574.07	584	8 541	护理学专业	
	06 专业组（思想政治）	533	589	590.20	592	3 063		

续表

科类	专业组	省控线/分	录取分/分			投档线对应考生全省位次	备注	2020年投档线对应考生全省位次
			最低分	平均分	最高分			
物理类	15专业组（不限）	501	583	589.19	606	14 933		1261代号：15352 1266代号（生物类等）：28284
	17专业组（化学）	501	572	578.84	612	21 101		
	18专业组（化学或生物）	501	575	579.54	595	19 305		
	19专业组（化学和生物）	501	586	594.33	612	13 459	医学相关专业	
	20专业组（生物）	501	561	566.89	588	28 498	护理学专业	

普通类本科批整体生源分布呈橄榄型，高分段和低分段生源占比小，中间分数段生源占比大。学校录取的历史类考生中，595分（全省位次2 130名）以上有110人（占15.24%），585分（全省位次3 763名）到594分（全省位次2 295名）之间有595人（占82.41%）；学校录取的物理类考生中，595分（全省位次9 600名）以上有286人（占11.47%），575分（全省位次19 305名）到594分（全省位次10 016名）之间有2 087人（占83.72%）（表28）。

表28 江苏省普通类本科批整体生源分布（5分段）

分数段	历史类		物理类	
	人数	占比/%	人数	占比/%
600及以上	21	2.91	70	2.81
595—599	89	12.33	216	8.66
590—594	212	29.36	598	23.99
585—589	383	53.05	794	31.85
580—584	7	0.97	409	16.41
575—579	1	0.14	286	11.47
570—574	5	0.69	100	4.01
565—569	4	0.55	6	0.24
560—564			14	0.56

2. 新高考省份（外省）录取情况

在高考实行"3+3"模式的6个省份中，整体录取情况与2020年基本持平，部分热门专业组的考生最低排位较2020年有所提升。浙江、山东实行"专业+学校"平行志愿，录取平均分继续保持稳定。北京、天津、上海、海南实行"院校专业组"平行志愿，从普通类本科批次考生最低排位来看，海南考生位于全省前8%以内，天津考生位于全市前10%左右，北京、上海考生位于全市前20%左右。部分热门专业组生源优势相当明显，较往年位次有所提升，例如，北京的"物理"专业组提升630多位，海南的"不限"专业组提升750多位（表29）。

表29　"3+3"模式省份普通类本科批次录取情况汇总

省份	模式	专业组	录取分超省控线/分	2021年位次	位次比/%
浙江	专业+学校	平均分	54	9 906	3.91
山东	专业+学校	平均分	91	12 079	2.22
北京	院校专业组	不限	101	5 972	14.21
		化学	88	7 740	18.41
		化学和生物	108	5 112	12.16
		物理	101	5 972	14.21
天津	院校专业组	不限	66	4 779	8.85
		化学	56	6 261	11.59
		化学和生物	75	3 647	6.75
		物理	65	4 916	9.10
		物理或化学或生物	62	5 332	9.87
上海	院校专业组	不限	36	7 329	16.62
		化学	25	9 497	21.54
		化学和生物	49	5 029	11.41
		物理	33	7 896	17.91
		物理或化学或生物	33	7 896	17.91
海南	院校专业组	不限	119	1 825	3.44
		化学	79	4 216	7.96
		化学和生物	127	1 528	2.88
		物理	116	1 946	3.67
		物理或化学或生物	95	3 070	5.79

注：省控线指特殊类型控制线，位次指录取分对应考生全省位次，位次比指录取分对应考生全省位次占同类考生总数的比重。后表同。

河北、辽宁、福建、湖北、湖南、广东、重庆等7个省份也是第一年实施新高考，实行"3+1+2"模式。河北、辽宁、重庆实行"专业+学校"平行志愿，不考虑冷门的护理学专业，录取平均分位次与往年基本持平，生源稳定，但是由于专业"冷热不均"，专业间分差较往年有所增大，冷门专业考生最低排位趋低。其余4个省份实行"院校专业组"平行志愿，"历史+不限"和"物理+不限"专业组对应往年的文理科录取位次基本持平，"物理+化学和生物"专业组是医学类热门专业，位次有所上升（表30）。

表30 "3+1+2"模式省份普通类本科批次录取情况汇总

省份	模式	科类	专业组等	录取分超省控线/分	2021年位次	位次比/%
河北	专业+学校	历史类	平均分	95	1 162	0.57
		物理类	平均分	116	8 163	3.78
辽宁	专业+学校	历史类	平均分	93	720	1.13
		物理类	平均分	118	6 050	5.89
重庆	专业+学校	历史类	平均分	77	1 298	1.57
		物理类	平均分	93	8 219	8.31
福建	院校专业组	历史类	历史+不限	50	1 431	1.84
			历史+生物（护理学）	48	1 572	2.02
		物理类	物理+不限	78	7 409	6.31
			物理+化学	74	8 416	7.16
			物理+化学和生物	81	6 712	5.71
			物理+化学或生物	78	7 409	6.31
			物理+生物（护理学）	23	26 947	22.94
湖北	院校专业组	历史类	历史+不限，01组	59	1 748	1.17
			历史+生物，03组（护理学）	45	3 301	2.21
			历史+思想政治，04组	59	1 748	1.17
		物理类	物理+不限，05组	100	8 987	6.11
			物理+化学，07组	93	11 212	7.62
			物理+化学和生物，10组	106	7 279	4.95
			物理+化学或生物，12组	95	10 529	7.16
			物理+生物，14组（护理学）	55	27 214	18.50

续表

省份	模式	科类	专业组等	录取分超省控线/分	2021年位次	位次比/%
湖南	院校专业组	历史类	历史+不限，1组	81	1 382	0.83
			历史+生物，2组（护理学）	73	2 100	1.27
		物理类	物理+不限，4组	104	8 905	4.32
			物理+化学，5组	101	9 909	4.81
			物理+化学和生物，6组	109	7 422	3.60
			物理+化学或生物，7组	102	9 571	4.65
			物理+生物，8组（护理学）	100	10 259	4.98
广东	院校专业组	历史类	历史+不限，201组	57	2 386	0.89
			历史+不限，212组	55	2 659	0.99
			历史+生物，202组（护理学）	41	5 066	1.88
		物理类	物理+不限，203组	72	16 473	4.87
			物理+不限，214组	78	13 337	3.95
			物理+化学，204组	70	17 588	5.20
			物理+化学，213组	61	23 104	6.84
			物理+化学，215组	71	17 046	5.04
			物理+化学和生物，206组	73	15 919	4.71
			物理+化学或生物，207组	67	19 404	5.74
			物理+生物，208组（护理学）	62	22 482	6.65

3. 传统高考省份录取情况

在实行传统高考的16个省份中，学校生源数量充足，生源质量优秀，各省录取最低分对应考生位次居于前列，大多数省份的生源质量呈上升趋势。13个省份文科首轮投档线超出本一省控线60分及以上，其中，3个省份超出100分以上；12个省份理科首轮投档线超出本一省控线 90 分及以上，其中，8 个省份超出 100 分以上。录取考生的最低位次，文科在 13 个省份位于前 4%以内，理科在 12 个省份位于前 10%以内。与 2020 年相比，文科首轮投档线超出本一省控线的分值上升的省份有 10 个，理科首轮投档线超出本一省控线的分值上升的省份有 13 个。近 3 年，文科考生位次居生源省份前 5%以内的省份数占比保持在 93%以上，理科考生位次居生源省份前 10%的省份数占比保持在 80%以上（表 31）。

表 31　近 3 年录取最低分位次情况

录取最低分位次占同科类高考报名人数的比重	2021 年/个		2020 年/个		2019 年/个	
	文科	理科	文科	理科	文科	理科
前 5%以内	15	4	15	6	14	10
前 5%—10%	—	8	—	6	1	3
10%以下	—	3	—	3	—	2
省份数总计	15	15	15	15	15	15

注：以上为省份数统计，不含未公布高考成绩分段统计数据的省份。

二、就业情况

（一）就业基本情况

2021 届本科毕业生共 6 296 人，本科生初次毕业去向落实率为 80.93%，年终毕业去向落实率为 92.93%，其中，升学率为 32.24%，出国（境）留学率为 8.33%，灵活就业率为 17.03%，就业率为 35.12%，待就业率为 7.07%，自主创业率为 0.21%。

（二）就业工作开展的特色

学校深入贯彻落实中共中央、国务院和江苏省委、省政府"稳就业""保就业"决策部署，坚持将毕业生就业作为立德树人的重要环节，不断健全"就业思政"工作体系，进一步健全"学校主管、学院主抓、部门协同、全员参与"的就业工作机制，多措并举，让毕业生想就业、能就业、就好业。对 2021 届有就业创业意愿的本科毕业生服务率达到 100%，保持初次就业率和年终就业率双双达标，实现稳和进、质和量的有机统一。通过政策引领、岗位拓展、优化指导、服务提升、困难帮扶、结果导向等具体举措，千方百计促进学校 2021 届毕业生更加充分、更高质量就业。

（三）就业工作成绩

《江苏教育工作简报》2021 年第 7 期刊登《苏州大学着力构建三重"联动体系"　扎实推动更充分更高质量就业》推介苏大经验，《中国教育报》头版刊登苏州大学《"双业联"助力学生"毕业即就业"》，全省教育系统在扎实开展"两在两同"建新功行动综述中介绍苏州大学打好大学生就业攻坚战典型做法。学校在 2021 届江苏省普通高校毕业生就业创业工作网络视频会议上做典型发言。

苏州大学科研机构情况(表32)

表32　2021年校级科研机构一览表

序号	机构归属	科研机构名称	负责人	成立时间	批文号
1	苏州大学	放射医学研究所	柴之芳	1983-08-30	核安字〔1983〕136号
2	江苏省卫生厅	江苏省血液研究所	阮长耿	1988-06-18	苏卫人〔1988〕20号
3	苏州大学	蚕桑研究所(原蚕学研究所)	李兵	1989-12-22 2000-11-02	苏蚕委字〔1989〕26号 苏大委〔2000〕59号
4	苏州大学	医学生物技术研究所	居颂光	1990-02-29	核总安发〔1990〕35号
5	苏州大学	中药研究所	秦正红	1991-02-26	核总安发〔1991〕32号
6	中国核工业集团公司	中核总核事故医学应急中心	姜忠	1991-12-07	核总安发〔1991〕213号
7	苏州大学	生化工程研究所(原保健食品研究所)	魏文祥	1993-06-15	核总安发〔1993〕99号
8	苏州大学	比较文学研究中心	吴雨平	1994-04-09	苏大科字〔1994〕16号
9	苏州大学	东吴公法与比较法研究所	王克稳	1994-05-03	苏大科字〔1994〕22号
10	苏州大学	核医学研究所	许玉杰	1994-06-01	核总人组发〔1994〕184号
11	苏州大学	纵横汉字信息技术研究所	钱培德	1994-06-21	苏大科字〔1994〕26号
12	苏州大学	神经科学研究所	刘春风	1995-04-03	核总人组发〔1995〕110号
13	苏州大学	社会与发展研究所	张明	1995-05-10	苏大〔1995〕28号
14	苏州大学	信息光学工程研究所	陈林森	1995-10-30	苏大〔1995〕52号
15	苏州大学	物理教育研究所	桑芝芳	1995-11-02	苏大科字〔1995〕53号

续表

序号	机构归属	科研机构名称	负责人	成立时间	批文号
16	苏州大学	吴文化国际研究中心	王卫平	1996-12-05	苏大〔1996〕28号
17	苏州大学	辐照技术研究所	朱南康	1996-12-19	核总人组发〔1996〕515号
18	江苏省	苏南发展研究院（培育）	高峰	1997-04-07 2009-04-20	苏大科字〔1997〕6号 苏社会科学规划领字〔2009〕11号
19	苏州大学	卫生发展研究中心	徐勇	1998-04-10	核总人组发〔1998〕133号
20	苏州大学	丝绸科学研究院	陈国强	1999-08-23	苏大委〔1999〕35号
21	苏州大学	信息技术研究所	朱巧明	1999-11-25	苏大委〔1999〕55号
22	苏州大学	现代光学技术研究所	王钦华	2000-05-12	苏大科字〔2000〕14号
23	苏州大学	江苏省数码激光图像与新型印刷工程研究中心	陈林森	2000-09-20	苏科技〔2000〕194号 苏财工〔2000〕131号
24	苏州大学	血液研究所	阮长耿	2000-10-16	苏大委〔2000〕53号
25	苏州大学	大分子设计与精密合成重点实验室（原功能高分子研究所）	朱秀林	2001-03-22 2013-12-26	苏大〔2001〕14号 苏大科技〔2013〕48号
26	苏州大学	儿科医学研究所	冯星	2001-03-22	苏大〔2001〕14号
27	苏州大学	数学研究所	夏志宏	2001-12-04	苏大办〔2001〕22号
28	苏州大学	中国昆曲研究中心	周秦	2001-12-12	苏州大学与苏州市政府协议2001-X211-7
29	苏州大学	水产研究所	叶元土	2002-05-14	苏大科〔2002〕18号
30	苏州大学	外语教育与教师发展研究所（英语语言学研究所）	顾佩娅	2003-12-27 2018-06-25	苏大科〔2003〕84号 苏大办复〔2018〕153号
31	江苏省文化厅	苏州大学非物质文化遗产研究中心	卢朗	2006-10-24 2014-11-17	苏大人〔2006〕102号
32	苏州大学	妇女发展研究中心	李兰芬	2006-10-27	苏大办复〔2006〕32号

续表

序号	机构归属	科研机构名称	负责人	成立时间	批文号
33	苏州大学	应用数学研究所	曹永罗	2006-10-29	苏大人〔2006〕126号
34	苏州大学	马克思主义研究院	朱炳元	2007-03-22	苏大人〔2007〕25号
35	苏州大学	东吴书画研究院	华人德	2007-03-23	苏大人〔2007〕27号
36	苏州大学	苏州基层党建研究所	陈建军 周玉玲	2007-06-26 2012-01-11	苏大委〔2007〕26号 苏教社政〔2012〕1号
37	苏州大学	生态批评研究中心	李 勇	2007-07-06	苏大人〔2007〕69号
38	苏州大学	地方政府研究所	沈荣华	2007-07-07	苏大人〔2007〕71号
39	苏州大学	肿瘤细胞与分子免疫实验室	徐 杨	2007-09-30	苏大人〔2007〕90号
40	苏州大学	化学电源研究所	王海波	2007-10-09	苏大人〔2007〕91号
41	苏州大学	人口研究所	马德峰	2007-10-11	苏大人〔2007〕93号
42	苏州大学	金融工程研究中心	姜礼尚	2007-12-13	苏大人〔2007〕121号
43	苏州大学	系统生物学研究中心	胡 广	2007-12-13	苏大人〔2007〕122号
44	苏州大学	生物医用高分子材料实验室	钟志远	2007-12-13	苏大人〔2007〕120号
45	苏州大学	科技查新工作站	徐旭光	2008-01-08	苏大科技〔2008〕1号
46	苏州大学	出版研究所	吴培华	2008-01-21	苏大社科〔2008〕1号
47	苏州大学	人力资源研究所	冯成志	2008-04-09	苏大社科〔2008〕3号
48	苏州大学	唐仲英血液学研究中心	吴庆宇	2008-05-19	苏大〔2008〕28号
49	苏州大学	功能纳米与软物质研究院	李述汤	2008-06-05	苏大科技〔2008〕25号
50	苏州大学	新药研发中心	镇学初	2008-06-25	苏大科技〔2008〕28号
51	苏州大学	教育科学研究院	周 川	2008-06-30	苏大委〔2008〕37号
52	苏州大学	高性能计算与应用研究所	陈国良	2008-12-08	苏大科技〔2008〕62号
53	苏州大学	骨科研究所	唐天驷 杨惠林	2008-12-31	苏大〔2008〕102号

续表

序号	机构归属	科研机构名称	负责人	成立时间	批文号
54	苏州大学	苏州节能技术研究所	沈明荣	2009-01-05	苏大科技〔2009〕1号
55	苏州大学	嵌入式系统与物联网研究所（原嵌入式仿生智能研究所）	王宜怀	2009-04-20 2016-11-24	苏大科技〔2009〕9号 苏大办复〔2016〕342号
56	苏州大学	社会公共文明研究所	芮国强	2009-06-08	苏大〔2009〕21号
57	苏州大学	廉政建设与行政效能研究所	王卓君	2009-06-24	苏大委〔2009〕37号
58	苏州大学	癌症分子遗传学实验室	张洪涛	2009-09-22	苏大科〔2009〕40号
59	苏州大学	生物制造研究中心	卢秉恒	2009-10-27	苏大科技〔2009〕50号
60	苏州大学	健康中国研究院	陈卫昌	2009-10-13 2018-06-22	苏大〔2009〕44号 苏大科技〔2018〕10号
61	苏州大学	软凝聚态物理及交叉研究中心	马余强	2009-10-10 2010-09-21	苏大科〔2009〕46号 苏大办复〔2010〕276号
62	苏州大学	机器人与微系统研究中心	孙立宁	2010-01-05	苏大科〔2010〕3号
63	苏州大学	高技术产业研究院	陈林森	2010-01-12	苏大人〔2010〕6号
64	苏州大学	生物医学研究院	熊思东	2010-01-16	苏大科〔2010〕8号
65	苏州大学	绿色高分子工程和催化技术实验室	潘勤敏	2010-03-30	苏大科〔2010〕10号
66	苏州大学	捷美生物医学工程仪器联合重点实验室	王振明 陶　智	2010-05-26	苏大科〔2010〕13号
67	苏州大学	台商投资与发展研究所	张　明	2010-06-08	苏大科〔2010〕14号
68	苏州大学	国家心血管病中心苏州大学分中心	沈振亚	2010-10-13	苏大科〔2010〕28号
69	苏州大学	交通工程研究中心	汪一鸣	2010-12-29	苏大科〔2010〕46号

续表

序号	机构归属	科研机构名称	负责人	成立时间	批文号
70	苏州大学	农业生物技术与生态研究院	贡成良	2011-04-06	苏大科〔2011〕23号
71	苏州大学	张家港工业技术研究院	郑军伟	2011-04-13	苏大科〔2011〕27号
72	苏州大学	生物钟研究中心	王晗	2011-05-03	苏大科〔2011〕26号
73	苏州大学	人才测评研究所	冯成志	2011-06-08	苏大〔2011〕21号
74	苏州大学	环境治理与资源化研究中心	徐庆锋	2011-06-30	苏大科〔2011〕32号
75	苏州大学	高等统计与计量经济中心	唐煜	2011-07-13	苏大科〔2011〕34号
76	苏州大学	盛世华安智慧城市物联网研究所	朱巧明	2011-09-28	苏大科〔2011〕36号
77	苏州大学	激光制造技术研究所	石世宏	2011-10-28	苏大科〔2011〕43号
78	苏州大学	地方政府与社会管理研究中心	乔耀章	2011-12-31	苏大科〔2011〕57号
79	苏州大学	古典文献研究所	罗时进	2011-12-31	苏大科〔2011〕58号
80	苏州大学	新媒介与青年文化研究中心	马中红	2012-01-10	苏大社科〔2012〕1号
81	苏州大学	智能结构与系统研究所	毛凌锋	2012-01-20	苏大科技〔2012〕8号
82	苏州大学	典籍翻译研究所	王宏	2012-03-02	苏大社科〔2012〕3号
83	苏州大学	汉语及汉语应用研究中心	曹炜	2012-04-01	苏大社科〔2012〕4号
84	苏州大学	检查发展研究中心	李乐平（胡玉鸿）	2012-04-01	苏大社科〔2012〕6号
85	苏州大学	波动功能材料实验室	高雷	2012-04-11	苏大科技〔2012〕20号
86	苏州大学	东吴哲学研究所	李兰芬	2012-04-27	苏大社科〔2012〕8号
87	苏州大学	化工创新重点实验室	陈晓东	2012-05-16	苏大科技〔2012〕24号

续表

序号	机构归属	科研机构名称	负责人	成立时间	批文号
88	苏州大学	放射医学及交叉学科研究院	柴之芳	2012-06-22	苏大科技〔2012〕28号
89	苏州大学	心血管病研究所	沈振亚	2012-07-01	苏大人〔2012〕54号
90	苏州大学	苏州市现代服务业研究中心（原苏州大学邦城未来城市研究中心）	段进军	2012-07-07 2018-12-17	苏大社科〔2012〕10号 苏大办复〔2018〕271号
91	苏州大学	大分子与生物表界面重点实验室	陈红	2012-08-13	苏大科技〔2012〕29号
92	苏州大学	手性化学实验室	杨永刚	2012-09-24	苏大科技〔2012〕34号
93	苏州大学	网络舆情分析与研究中心	周毅	2012-09-21	苏大社科〔2012〕13号
94	苏州大学	唐仲英医学研究院	吴庆宇	2012-10-11	苏大委〔2012〕34号
95	苏州大学	城市·建筑·艺术研究院	吴永发	2012-10-22	苏大社科〔2012〕15号
96	苏州大学	苏州大学-韦仕敦大学同步辐射联合研究中心	T. K. Sham	2012-11-12	苏大科技〔2012〕45号
97	苏州大学	数学与交叉科学研究中心	鄂维南	2012-11-12	苏大科技〔2012〕46号
98	苏州大学	食品药品检验检测中心	秦立强	2012-12-21	苏大科技〔2012〕59号
99	苏州大学	跨文化研究中心	王尧	2013-03-07	苏大社科〔2013〕5号
100	苏州大学	先进树脂基复合材料重点实验	梁国正	2013-04-15	苏大办复〔2013〕125号
101	苏州大学	呼吸疾病研究所	黄建安	2013-05-09	苏大委〔2013〕29号
102	苏州大学	艺术研究院	姜竹松	2013-06-19	苏大社科〔2013〕6号
103	苏州大学	苏州基层统战理论与实践研究所	王卓君	2013-09-27	苏大社科〔2013〕10号

续表

序号	机构归属	科研机构名称	负责人	成立时间	批文号
104	苏州大学	先进数据分析研究中心	周晓方	2013-09-27	苏大科技〔2013〕17号
105	苏州大学	先进制造技术研究院	孙立宁	2014-01-21	苏大科技〔2014〕3号
106	苏州大学	长三角绿色供应链研究院(原现代物流研究院)	李善良	2014-03-11 2020-09-25 2020-10-10	苏大办复〔2014〕60号 苏大办复〔2020〕141号 苏大社科〔2020〕9号
107	苏州大学	新教育研究院	朱永新	2014-03-12	苏大办复〔2014〕61号
108	苏州大学	剑桥—苏大基因组资源中心	徐璎	2014-03-12	苏大科技〔2014〕6号
109	苏州大学	江南文化研究院(原苏州历史文化研究所)	王国平	2014-03-14 2020-06-18	苏大办复〔2014〕62号 苏大社科〔2020〕6号
110	苏州大学	造血干细胞移植研究所	吴德沛	2014-03-18	苏大委〔2014〕9号
111	苏州大学	东吴智库(原东吴智库文化与社会发展研究院)	段进军	2014-04-02 2020-06-01	苏大办复〔2014〕91号 苏大办复〔2019〕67号
112	苏州大学	功能有机高分子材料微纳加工研究中心	路建美	2014-04-14	苏大科技〔2014〕14号
113	苏州大学	江苏省产业技术研究院纺织丝绸技术研究所	陈国强	2014-04-17	苏大科技〔2014〕16号
114	苏州大学	人类语言技术研究所	张民	2014-05-19	苏大科技〔2014〕21号
115	苏州大学	等离子体技术研究中心	吴雪梅	2014-06-17	苏大科技〔2014〕23号
116	苏州大学	电影电视艺术研究所	倪祥保	2014-06-23	苏大办复〔2014〕207号
117	苏州大学	东吴国学院	王锺陵	2014-10-30	苏大办复〔2014〕443号
118	苏州大学	先进光电材料重点实验室	李永舫	2014-11-20	苏大科技〔2014〕46号

续表

序号	机构归属	科研机构名称	负责人	成立时间	批文号
119	苏州大学	苏州市公共服务标准研究中心	江波	2014-12-08	苏大办复〔2014〕484号
120	苏州大学	海外汉学研究中心	季进	2015-01-07	苏大办复〔2015〕3号
121	苏州大学	中国现代通俗文学研究中心	汤哲声	2015-01-20	苏大办复〔2015〕14号
122	苏州大学	转化医学研究院	时玉舫	2015-05-22	苏大委〔2015〕32号
123	苏州大学	放射肿瘤治疗学研究所	田野	2015-05-24	苏大科技〔2015〕22号
124	苏州大学	骨质疏松症诊疗技术研究所	徐又佳	2015-05-24	苏大科技〔2015〕23号
125	苏州大学	能量转换材料与物理研究中心	李亮	2015-06-07	苏大科技〔2015〕24号
126	苏州大学	融媒体发展研究院	陈一	2015-08-04	苏大办复〔2015〕218号
127	苏州大学	国际骨转化医学联合研究中心	杨惠林 Thomas J. Webster	2015-10-13	苏大科技〔2015〕29号
128	苏州大学	语言与符号学研究中心	王军	2015-11-06	苏大办复〔2015〕296号
129	苏州大学	中国历史文化名城（苏州）研究院	吴永发	2015-11-07	苏大办复〔2015〕297号
130	苏州大学	机器学习与类脑计算国际合作联合实验室	李凡长	2016-01-07	苏大科技〔2016〕1号
131	苏州大学	细胞治疗研究院	蒋敬庭	2016-03-11	苏大科技〔2016〕7号
132	苏州大学	儿科临床研究院	冯星	2016-04-13	苏大人〔2016〕28号
133	苏州大学	基础教育研究院	陈国安	2016-09-19	苏大委〔2016〕46号
134	苏州大学	空间规划研究院	严金泉	2016-11-14	苏大办复〔2016〕325号
135	苏州大学	工业测控与设备诊断技术研究所	朱忠奎	2016-12-16	苏大科技〔2016〕20号

续表

序号	机构归属	科研机构名称	负责人	成立时间	批文号
136	苏州大学	能源与材料创新研究院	彭扬	2017-01-13	苏大人〔2017〕10号
137	苏州大学	江苏体育健康产业研究院	王家宏	2017-01-13	苏大社科〔2017〕2号
138	苏州大学	高等研究院	M. Kosterlitz 凌新生	2017-05-19	苏大科技〔2017〕11号
139	苏州大学	生物医学工程研究院	周如鸿	2017-09-11	苏大办复〔2017〕282号
140	苏州大学	高性能金属结构材料研究院	长海博文	2017-09-22	苏大科技〔2017〕19号
141	苏州大学	"一带一路"发展研究院（老挝研究中心）	波松·布帕万（院长）钮菊生（中心主任）	2017-10-12 2018-03-10	苏大社科〔2017〕12号 苏大办复〔2018〕53号
142	苏州大学	人工智能研究院	凌晓峰	2017-11-02	苏大科技〔2017〕21号
143	苏州大学	分子科学研究院	李永舫	2017-12-04	苏大科技〔2017〕24号
144	苏州大学	地方治理研究院（原社会组织与社会治理研究院）	陈进华	2017-12-04 2019-11-25	苏大办复〔2019〕184号 苏大社科〔2017〕13号
145	苏州大学	范小青研究中心	房伟	2017-12-13	苏大办复〔2017〕390号
146	苏州大学	智慧供应链研究中心	赖福军	2018-01-12	苏大人〔2018〕42号
147	苏州大学	动力系统与微分方程研究中心	曹永罗	2018-03-11	苏大人〔2018〕41号
148	苏州大学	药物研究与转化交叉研究所	缪丽燕	2018-06-07	苏大科技〔2018〕8号
149	苏州大学	资本运营与风险控制研究中心	权小锋	2018-06-11	苏大办复〔2018〕136号
150	苏州大学	新时代企业家研究院	黄鹏	2018-07-10	苏大办复〔2018〕172号
151	苏州大学	国家监察研究院	李晓明	2018-08-09	苏大办复〔2018〕190号

续表

序号	机构归属	科研机构名称	负责人	成立时间	批文号
152	苏州大学	国际税收战略研究与咨询中心	周 高	2018-08-19	苏大办复〔2018〕193号
153	苏州大学	微创神经外科研究所	兰 青	2018-09-12	苏大科技〔2018〕15号
154	苏州大学	博雅达空间规划协同创新中心	严金泉	2018-11-30	苏大科技〔2018〕21号
155	苏州大学	中国昆曲评弹研究院	吴 磊	2018-12-26	苏大办复〔2018〕278号
156	苏州大学	阔地智慧教育研究院	冯成志	2018-12-26	苏大办复〔2018〕279号
157	苏州大学	苏州大运河文化带建设研究院	江 涌	2019-01-02	苏大社科〔2018〕4号
158	苏州大学	中国大城市发展研究院	王龙江	2019-01-03	苏大办复〔2019〕2号
159	苏州大学	江苏对外传播研究院	陈 龙	2019-04-04	苏大办复〔2019〕32号
160	苏州大学	自由贸易区综合研究中心	王 俊	2019-05-06	苏大办复〔2019〕61号
161	苏州大学	影像医学研究所	胡春洪	2019-05-13	苏大科技〔2019〕23号
162	苏州大学	运动康复研究中心	王国祥	2019-07-05	苏大办复〔2019〕114号
163	苏州大学	分子酶学研究所	王志新	2019-09-05	苏大人〔2019〕67号
164	苏州大学	交叉医学研究中心	熊思东	2019-10-24	苏大委〔2019〕102号
165	苏州大学	先进材料国际合作联合中心	于吉红	2019-11-07	苏大委〔2019〕111号
166	苏州大学	建设性新闻研究中心	陈 龙	2019-11-12	苏大办复〔2019〕177号
167	苏州大学	金羲智慧幼儿体育研究中心	王家宏	2020-01-10	苏大办复〔2020〕4号 苏大社科〔2020〕5号
168	苏州大学	中医哲学研究中心	程雅君	2020-04-03	苏大办复〔2020〕15号 苏大社科〔2020〕5号
169	苏州大学	心身胃肠病学研究所	曹建新	2020-05-20	苏大科技〔2020〕17号
170	苏州大学	高分子精准合成研究所	张正彪	2020-06-29	苏大科技〔2020〕30号

续表

序号	机构归属	科研机构名称	负责人	成立时间	批文号
171	苏州大学	师范教育科学研究院	张曙	2020-09-02	苏大办复〔2020〕120号
172	苏州大学	泌尿及肾脏病研究所	侯建全	2020-09-03	苏大科技〔2020〕41号
173	苏州大学	退役军人事务研究院	黄学贤	2020-10-09	苏大办复〔2020〕145号 苏大社科〔2020〕8号
174	苏州大学	应急管理研究院	黄建洪	2020-10-10	苏大办复〔2020〕147号 苏大社科〔2020〕11号
175	苏州大学	苏州直播电商研究院	陈龙	2020-11-20	苏大办复〔2020〕165号 苏大社科〔2020〕16号
176	苏州大学	凤凰·苏州大学语言文学研究与出版中心	曹炜 王瑞书	2020-12-09	苏大社科〔2020〕17号
177	苏州大学	文化和旅游发展研究院	黄泰	2021-01-16	苏大办复〔2021〕5号 苏大社科〔2021〕3号
178	苏州大学	消化系统疾病研究所	陈卫昌 李锐	2021-01-16	苏大科技〔2021〕12号
179	苏州大学	体外造血研究中心	王建荣	2021-04-06	苏大科技〔2021〕27号
180	苏州大学	竞争政策与反垄断研究中心	周高 方新军	2021-04-25	苏大办复〔2021〕28号 苏大社科〔2021〕7号
181	苏州大学	民办教育研究中心	王一涛	2021-07-07	苏大办复〔2021〕64号 苏大社科〔2021〕8号
182	苏州大学	信息材料与电子对抗研究中心	羊箭锋	2021-07-15	苏大科技〔2021〕50号
183	苏州大学	麻醉学研究所	嵇富海	2021-08-02	苏大科技〔2021〕54号
184	苏州大学	东亚历史文化研究中心	武向平	2021-10-09	苏大办复〔2021〕90号 苏大社科〔2021〕14号
185	苏州大学	绿色建筑国际研究中心	沈景华	2021-10-11	苏大科技〔2021〕70号
186	苏州大学	离子通道病研究中心	陶金	2021-10-11	苏大科技〔2021〕71号

续表

序号	机构归属	科研机构名称	负责人	成立时间	批文号
187	苏州大学	核医学与分子影像临床转化研究所	王跃涛	2021-10-14	苏大科技〔2021〕72号
188	苏州大学	顾炎武研究中心	周可真 朱光磊	2021-11-10	苏大办复〔2021〕91号 苏大社科〔2021〕17号
189	苏州大学	智能社会与数据治理研究院	周毅	2021-12-01	苏大办复〔2021〕100号 苏大社科〔2021〕19号

科研成果与水平

2021年度苏州大学科研成果情况（表33）

表33 2021年度苏州大学科研成果一览表

单位	获奖成果/个	SCIE/篇	EI/篇	CPCI-S/篇	核心期刊/篇
文学院	2	0	0	0	108
传媒学院	2	0	0	0	75
社会学院	3	0	0	0	41
政治与公共管理学院	2	0	0	0	109
马克思主义学院	3	0	0	0	97
教育学院	9	0	0	0	100
东吴商学院（财经学院）	6	0	0	0	51
东吴学院	0	0	0	0	1
红十字国际学院	0	0	0	0	6
王健法学院	3	0	0	0	49
外国语学院	4	0	0	0	57
体育学院	1	0	0	0	40
艺术学院	1	0	0	0	25
音乐学院	1	0	0	0	5
金螳螂建筑学院	3	9	9	0	0
数学科学学院	1	70	2	0	0
物理科学与技术学院	2	115	6	4	0
光电科学与工程学院	0	59	55	6	0

续表

单位	获奖成果/个	SCIE/篇	EL/篇	CPCI-S/篇	核心期刊/篇
能源学院	2	149	10	4	0
材料与化学化工学部	2	515	0	0	0
计算机科学与技术学院	1	62	75	5	0
电子信息学院	3	96	96	2	0
机电工程学院	6	126	49	0	0
沙钢钢铁学院	1	63	2	0	0
纺织与服装工程学院	11	168	36	3	0
轨道交通学院	4	61	62	2	0
功能纳米与软物质研究院	6	299	145	17	0
苏州医学院	8	672	1	0	0
苏州大学附属第一医院	32	615	0	0	0
苏州大学附属第二医院	12	385	0	0	0
苏州大学附属第三医院	0	209	0	0	0
苏州大学附属儿童医院	19	126	0	0	0
其他单位	4	4	0	0	0
合计	154	3 803	548	43	764

2021年度苏州大学科研成果获奖情况

一、自然科学研究成果获奖情况

1. 江苏省基础研究重大贡献奖（1项）（表34）

表34 江苏省基础研究重大贡献奖获奖情况一览表

序号	人选	获奖等级	完成单位
1	阮长耿	江苏省基础研究重大贡献奖	苏州大学

2. 江苏省科学技术奖（12项）（表35）

表35 江苏省科学技术奖获奖情况一览表

序号	项目名称	主要完成单位	主要完成人	获奖等级
1	出血性脑卒中微创治疗体系的建立及相关神经损伤的关键机制研究	苏州大学附属第一医院	陈罡 惠品晶 尤万春 王伟 李海英 李香 申海涛 王中 朱凤清 周岱 惠国桢	一等奖
2	骨质疏松治疗新靶点和新技术的建立及转化应用	苏州大学附属第一医院、河北工业大学、扬州大学	杨惠林 李斌 杨磊 邹俊 朱雪松 耿德春 施勤 何帆 陈昊 王晟昊 钮俊杰	一等奖
3	自噬/溶酶体通路在心脑缺血性损伤中的同质化作用及其药物干预	苏州大学、苏州科技城医院	张慧灵 乔世刚 王琛 敖桂珍 秦爱萍 朱永铭 周贤用	二等奖
4	丝氨酸蛋白酶Corin与心血管疾病	苏州大学附属第二医院、苏州大学、苏州市独墅湖医院（苏州大学附属独墅湖医院）	周祥 周亚峰 彭浩 钱志远 张欢 胡伟东	二等奖
5	儿童急性髓细胞白血病表观遗传关键靶点的转化应用研究	苏州大学附属儿童医院、中国科学院北京基因组研究所（国家生物信息中心）	胡绍燕 王前飞 陶燕芳 卢俊 肖佩芳 胡映歆 何海龙 王易 李建琴 孙伊娜 凌婧	二等奖
6	低能耗、高性能有机质/石墨复合负极材料的设计与应用	苏州大学、苏州华赢新能源材料科技有限公司	郑洪河 曲群婷 王艳 朱国斌 石强 衡帅 邵杰 张静宇 谭俐 刘尉杰 卢秋建	三等奖
7	多灾害环境下防护服装创新设计关键技术及产业化	苏州大学、北京邦维高科特种纺织品有限责任公司、苏州舒而适纺织新材料科技有限公司、东华大学、江南大学	卢业虎 何佳臻 关晋平 李秀明 李俊 柯莹	三等奖

续表

序号	项目名称	主要完成单位	主要完成人	获奖等级
8	工业级大幅面高速高精光固化增材制造关键技术与成套装备	苏州中瑞智创三维科技股份有限公司、苏州大学	周宏志 邢占文 李文利 梁银生 邵喜明	三等奖
9	基于控深加工技术的超高精度钻孔、铣边工艺研发及装备产业化	苏州维嘉科技股份有限公司、苏州大学	邱四军 常 远 沈海涛 孟凡辉 庞士君 管凌乾 袁 绩 韩轮成 郭旭红 张克栋	三等奖
10	功能性过滤防护纳米纤维膜批量制备的关键技术及产业应用	苏州大学、江苏三丰特种材料科技有限公司、浙江华祥福医用器材有限公司	徐 岚 魏 凯 刘福娟 王 萍 何吉欢 张 岩 姚 明	三等奖
11	基于TGF-β诱导上皮-间质转化（EMT）的非小细胞肺癌侵袭转移的作用机制研究	苏州大学、复旦大学附属华山医院	张洪涛 陈晓峰 雷 哲 李 畅 张慧君 曾园园 刘 霞 周正宇 童 新	三等奖
12	儿童肾损伤早期预警和预后评估体系的建立及关键靶点的干预研究	苏州大学附属儿童医院	李艳红 李晓忠 柏振江 周丽芳 李 刚 金美芳 丁 胜 陈 娇 林 强 王凤英 张文燕	三等奖

3. 中国医疗保健国际交流促进会华夏医学科技奖（5项）（表36）

表36 中国医疗保健国际交流促进会华夏医学科技奖获奖情况一览表

序号	项目名称	主要完成单位	主要完成人	获奖等级
1	缺血性脑卒中二级预防策略及风险预警	苏州大学、华北理工大学附属医院、山东第一医科大学、徐州医科大学附属医院	张永红 仲崇科 朱正保 彭 浩 彭延波 李群伟 耿德勤 王艾丽 许 锬	三等奖
2	基于骨整合的骨修复再生新材料及新技术	苏州大学附属第一医院、苏州大学	李 斌 杨惠林 杨 磊 邹 俊 朱雪松 施 勤 耿德春 王晟昊 钮俊杰 韩凤选 刘慧玲 朱彩虹 过倩萍 白艳洁 袁章琴	三等奖

续表

序号	项目名称	主要完成单位	主要完成人	获奖等级
3	急性早幼粒细胞白血病新维甲酸家族成员融合基因的克隆及致白血病机制研究	苏州大学附属第一医院、苏州大学	陈苏宁 文丽君 姚利 刘天会 徐杨	三等奖
4	结直肠癌相关分子机制理论创新及临床转化研究	苏州大学附属第一医院、苏州大学附属第二医院、苏州大学、常熟市第二人民医院	何宋兵 杨晓东 支巧明 万岱维 吴华 朱新国 周健 周国强	三等奖
5	新型标志物预测接受基于介入治疗的肝细胞癌患者预后的应用与推广	苏州大学附属第一医院、东南大学附属中大医院	倪才方 仲斌演 滕皋军 朱晓黎 李智 王万胜 沈健 杨超 李沛城	三等奖

4. 中国商业联合会科学技术奖（6项）（表37）

表37 中国商业联合会科学技术奖获奖情况一览表

序号	项目名称	主要完成单位	主要完成人	获奖等级
1	大幅面高速高精光固化3D打印关键技术与成套装备	苏州大学、苏州中瑞智创三维科技股份有限公司、湖南理工学院、西安交通大学苏州研究院	邢占文 周宏志 李文利 刘卫卫 石军 张焱 李鹏伟 梁银生 邵喜明 王书蓓	一等奖
2	滨海深厚软弱土层综合加固关键技术研究	苏州大学、常熟理工学院、中铁十局集团第五工程有限公司、中铁十局集团、河海大学、江苏苏州地质工程勘察院、盐城工学院	唐强 居俊 毛佩强 李文闻 章道山 黄钰程 李建军 史培新 杨建新 何稼 高明丽 郝晋序 徐建丰 周俊 房晨	二等奖
3	基于生物质的阻燃多功能高附加值丝绸产品关键技术与产业化	苏州大学、鑫缘茧丝绸集团股份有限公司、海安鑫缘数码科技有限公司	关晋平 程献伟 陈忠立 储呈平 孙道权	二等奖

续表

序号	项目名称	主要完成单位	主要完成人	获奖等级
4	多功能防护服装创新设计与智能化成形关键技术	苏州大学、江南大学、圣华盾防护科技股份有限公司、浙江耐拓机电科技有限公司、江阴芗菲纺织科技有限公司、苏州兴丰强纺织新材料科技有限公司、张家港市宏裕新材料有限公司	卢业虎 柯莹 苏军强 周永洪 陈桂林 张春木 王峰 王方明 徐卫红 李飞	三等奖
5	三维多层立体织物智能织造系统	苏州大学、吴江万工机电设备有限公司	张岩 谢靖 王萍 周玉峰 李媛媛 田秀峰	三等奖
6	基于人工智能的工业智能检测系统开发与应用	苏州大学应用技术学院、苏州富鑫林光电科技有限公司、丹东富田精工机械有限公司、昆山昆博智能感知产业技术研究院有限公司、苏州智能制造产业协会	尤凤翔 黄西士 宋巍 张剑 王海霞 许照林 刘宝林 吕越峰 田川 陈立国 田树杰 唐熠	三等奖

5. 吴文俊人工智能科学技术奖（1项）（表38）

表38 吴文俊人工智能科学技术奖获奖情况一览表

序号	项目名称	主要完成单位	主要完成人	获奖等级
1	面向智能监控的视频行为分析关键技术与应用	苏州大学	龚声蓉 曹李军 刘纯平 李永刚 晋兆龙 沈伟平	三等奖

6. 中国产学研合作促进会产学研合作创新与促进奖（5项）（表39）

表39 中国产学研合作促进会产学研合作创新与促进奖获奖情况一览表

序号	项目名称	主要完成单位	主要完成人	获奖等级
1	高性能有机发光显示与照明技术	苏州大学、江苏集萃有机光电技术研究所有限公司、苏州方昇光电股份有限公司、维思普新材料（苏州）有限公司	廖良生 李述汤 冯敏强 武启飞 陈华 王照奎 蒋佐权 丁磊 祝晓钊 史晓波	中国产学研创新成果奖二等奖
2	智能光伏微电网系统关键技术与应用	苏州大学、西交利物浦大学、苏州市职业大学、江苏固德威电源科技股份有限公司	杨勇 文辉清 樊明迪 汪义旺 肖扬 何立群 陈蓉 方刚 刘滔 徐南	中国产学研创新成果奖二等奖
3	多模态医学影像分析方法研究与应用	苏州大学、苏州比格威医疗科技有限公司、上海市第一人民医院、首都医科大学附属北京同仁医院	陈新建 向德辉 石霏 朱伟芳 田蓓 樊莹 陈中悦	中国产学研创新成果奖优秀奖
4	中国产学研创新奖	苏州大学	王传洋	中国产学研创新奖
5	中国产学研促进奖	苏州大学	沈纲祥	中国产学研促进奖

7. 中国电子学会科学技术奖（1项）（表40）

表40 中国电子学会科学技术奖获奖情况一览表

序号	项目名称	主要完成单位	主要完成人	获奖等级
1	有机发光二极管制造技术	苏州大学、江苏集萃有机光电技术研究所有限公司、苏州方昇光电股份有限公司	廖良生 武启飞 黄稳 祝晓钊 王照奎 冯敏强	二等奖

8. 中国纺织工业联合会科学技术奖（6项）（表41）

表41 中国纺织工业联合会科学技术奖获奖情况一览表

序号	项目名称	主要完成单位	主要完成人	获奖等级
1	功能性纳米纤维纱的宏量制备关键技术及在智能服装中的应用	苏州大学、南通纺织丝绸产业技术研究院、苏州工业园区正大针织有限公司、长胜纺织科技发展（上海）有限公司、江苏鑫缘丝绸科技有限公司	潘志娟　闫　涛　田　龙　李　杰　汪一奇　李　惠	技术发明二等奖
2	生物质家纺面料功能化关键技术及生理信号检测	苏州大学、上海水星家用纺织品股份有限公司、东华大学、南通纺织丝绸产业技术研究院	刘宇清　陈长洁　王　钟　沈守兵　王国和　陈秀苗　梅山标　武亚琼　仇兆波　黄　熠	科技进步二等奖
3	功能性过滤与防护纳米纤维膜批量制备的关键技术及产业应用	苏州大学、中亿丰建设集团股份有限公司、江苏三丰特种材料科技有限公司、浙江华祥福医用器材有限公司、苏州贝彩纳米科技有限公司、现代丝绸国家工程实验室（苏州）	徐　岚　魏　凯　刘福娟　王　萍　张　楠　何吉欢　张　岩　姚　明　汪恩锋　董伊航	科技进步二等奖
4	基于纳米自组装高效抗菌抗病毒多功能纺织品的开发与产业化	苏州大学、南通大学、旷达科技集团股份有限公司、苏州圣菲尔新材料科技有限公司	张德锁　林　红　吴双全　陈宇岳　李　雅　任　煜　王华锋　付　凡　张雨凡	科技进步二等奖
5	生物基阻燃剂的开发及其纺织品改性关键技术与产业化	苏州大学、鑫缘茧丝绸集团股份有限公司、海安鑫缘数码科技有限公司、吴江区鼎盛丝绸有限公司、盛虹集团有限公司、苏州兆海纺织科技有限公司、苏州布丁纺织科技有限公司	关晋平　程献伟　储呈平　陈忠立　孙道权　吴建华　陈　威　钱琴芳　姚海祥　徐奕飞	科技进步二等奖
6	服装用数字化人体图形要求	苏州大学、苏州市质量和标准化研究所	祁　宁　尚笑梅　张克勤　沈俊杰　薛哲彬　赵　兵	科技进步二等奖

9. 中国轻工业联合会科技奖（1项）（表42）

表42 中国轻工业联合会科技奖获奖情况一览表

序号	项目名称	主要完成单位	主要完成人	获奖等级
1	苏罗丝织品染绘及文化艺术用品的制备技术	苏州大学	丁志平 朱立群 苗海青 顾 民 朱啸行 李笑苏	三等奖

10. 中国自动化学会科技奖（1项）（表43）

表43 中国自动化学会科技奖获奖情况一览表

序号	项目名称	主要完成单位	主要完成人	获奖等级
1	工业机器人工艺数字化技术及智能化应用	苏州大学、江苏汇博机器人技术股份有限公司、埃夫特智能装备股份有限公司	孙立宁 陈国栋 游 玮 王振华 肖永强	科技进步一等奖

11. 科学探索奖（1项）（表44）

表44 科学探索奖获奖情况一览表

序号	获奖人	获奖等级	完成单位
1	刘 庄	科学探索奖	苏州大学

12. 山西省科学技术奖（1项）（表45）

表45 山西省科学技术奖获奖情况一览表

序号	项目名称	主要完成单位	主要完成人	获奖等级
1	多功能无机纳米材料在肿瘤放射治疗中的应用基础研究	山西医科大学、中国科学院高能物理研究所、苏州大学	杜江锋 谷战军 晏 亮 张 辉 葛翠翠	自然科学二等奖

13. 山东省科学技术奖（1项）（表46）

表46 山东省科学技术奖获奖情况一览表

序号	项目名称	主要完成单位	主要完成人	获奖等级
1	新型有机光电子器件结构与物理机制的研究	泰山学院、苏州大学	肖　静　王穗东	自然科学二等奖

14. 江苏省高校科学技术研究成果奖（11项）（表47）

表47 江苏省高校科学技术研究成果奖获奖情况一览表

序号	项目名称	主要完成单位	主要完成人	获奖等级
1	自供能感知与智能交互系统	苏州大学	孙立宁　陈　涛　刘会聪　王凤霞　杨　湛	一等奖
2	柔性太阳能电池材料与器件	苏州大学、中国科学院化学研究所	李耀文　李永舫　陈炜杰　许桂英　陈海阳	一等奖
3	二氧化碳还原关键催化材料与器件设计	苏州大学	李彦光　韩　娜　潘斌斌　龚秋芳　丁　攀	二等奖
4	复杂病变医学影像分析方法与应用	苏州大学、首都医科大学附属北京同仁医院	向德辉　陈新建　石　霏　朱伟芳　田　蓓	二等奖
5	绝经后骨质疏松症防治新靶点的发现及推广应用	苏州大学、苏州大学附属第二医院	徐又佳　王　啸　贾　鹏　张　辉　李光飞　陈　斌　郑　苗　魏　祺　刘志鹏	二等奖
6	相交集合系极值理论研究	苏州大学	季利均　汪　馨	二等奖
7	高效柔性可充放金属空气电池的材料与器件研究	苏州大学	邓　昭　彭　扬　马　勇　孙　浩　顾银冬	三等奖
8	超高强汽车用钢激光焊接关键技术及产业化	苏州大学、本钢集团有限公司、昆山宝锦激光拼焊有限公司	王晓南　孙　茜　胡增荣　刘宏亮　李国新　陈夏明	三等奖

续表

序号	项目名称	主要完成单位	主要完成人	获奖等级
9	尘埃等离子体动力学行为机制研究	苏州大学	冯岩 李威 黄栋 卢少瑜	三等奖
10	基于变形控制的围垦区深厚软土路基工程加固处理技术及应用	苏州大学、中铁十局集团第五工程有限公司、江苏苏州地质工程勘察院	史培新 唐强 杨建新 刘维 黄钰程 钟邦耀 虞重庆 周俊	三等奖
11	FLT3在血液肿瘤中的作用机制及临床应用基础研究	苏州卫生职业技术学院、苏州大学附属第一医院	刘松柏 薛胜利 邱桥成 鲍协炳 李正	三等奖

15. 全国妇幼健康科学技术奖（4项）（表48）

表48 全国妇幼健康科学技术奖获奖情况一览表

序号	项目名称	主要完成单位	主要完成人	获奖等级
1	儿童脓毒症早期预警体系的建立及免疫调控转化研究	苏州大学附属儿童医院	汪健 周慧婷 陈正荣 黄洁 柏振江 陈旭勤 赵赫 许云云 李刚 张子木 黄顺根 郭万亮 王谦 桂环 李嫣	二等奖
2	早产儿全程营养与管理策略及其并发症防治的基础与临床研究	苏州大学附属儿童医院、上海交通大学医学院附属上海儿童医学中心、南京医科大学附属儿童医院、苏州大学	朱雪萍 洪莉 程锐 韩淑芬 蒋小岗 朱晓黎 冯星 胡筱涵 肖志辉 武庆斌 俞生林 丁晓春 张芳 盛晓郁 倪志红	二等奖
3	儿童社区获得性肺炎的病原学及其临床特征研究	苏州大学附属儿童医院	王宇清 郝创利 季伟 陈正荣 严永东 顾文婧 邵雪君 张新星 蒋吴君 孙慧明 武敏 朱灿红 范丽萍 陆燕红 戴银芳	三等奖
4	儿童发育性协调障碍早期预防和筛查诊断模式研究	同济大学附属第一妇婴保健院、首都儿科研究所、苏州大学附属儿童医院、英国诺丁汉特伦特大学	花静 关宏岩 戴霄天 古桂雄 杜雯翀 金华 吴美琴 林森然	三等奖

16. 中国交通运输协会科技进步奖（1项）（表49）

表49 中国交通运输协会科技进步奖获奖情况一览表

序号	项目名称	主要完成单位	主要完成人	获奖等级
1	沿海复杂成因深厚软土地基处理设计理论与成套技术研究	苏州大学、中铁十局集团第五工程有限公司、常熟理工学院、中铁十局集团有限公司、江苏苏州地质工程勘察院	史培新 唐 强 毛佩强 居 俊 黄钰程 李文闯 章道山 刘 维 杨建新 周 俊	二等奖

17. 中华护理学会科技奖（1项）（表50）

表50 中华护理学会科技奖获奖情况一览表

序号	项目名称	主要完成单位	主要完成人	获奖等级
1	慢性阻塞性肺疾病精准管理综合体系的建立与临床推广	苏州大学附属第一医院	钮美娥 钱红英 吴振云 韩燕霞 金晓亮 张倍笞 洪福启 陈 群	三等奖

18. 中国康复医学会科学技术奖（1项）（表51）

表51 中国康复医学会科学技术奖获奖情况一览表

序号	项目名称	主要完成单位	主要完成人	获奖等级
1	骨质疏松脉冲振动物理治疗的创新机制研究及应用	苏州大学附属第一医院	罗宗平 邹 俊 杨惠林 施 勤 朱雪松 何 帆 耿德春 陶云霞 张 文 王晟昊 钮俊杰	一等奖

19. 江苏省卫生健康委医学新技术引进奖（32项）（表52）

表52 江苏省卫生健康委医学新技术引进奖获奖情况一览表

序号	项目名称	主要完成单位	主要完成人	获奖等级
1	GC-MS代谢组学技术在血液病中的应用	苏州大学附属第一医院	吴小津 吴德沛 周士源	一等奖

续表

序号	项目名称	主要完成单位	主要完成人	获奖等级
2	基于小视野Zoomit DWI新序列的影像组学在有临床意义前列腺癌精准诊断中的应用	苏州大学附属第一医院	包 婕 王希明 胡春洪	一等奖
3	肾小管上皮细胞分子标记物在慢性肾脏病中的筛选和应用研究	苏州大学附属第一医院	沈 蕾 李建中 卢国元	二等奖
4	围术期加速康复结合非图像依赖型计算机导航辅助全膝关节置换术治疗膝关节病	苏州大学附属第一医院	周 军 李荣群 朱 锋	一等奖
5	胃癌精准诊治综合体系的建立与临床推广	苏州大学附属第一医院	李 锐 史冬涛 周 进	一等奖
6	系列呼吸内镜技术在肺癌诊疗和转化研究中的新应用	苏州大学附属第一医院	陈 成 朱晔涵 黄建安	一等奖
7	严重创伤规范化救治技术体系的建立与临床应用	苏州大学附属第一医院	徐 峰 杨 鹏 李小勤	一等奖
8	脑室肿瘤的锁孔手术	苏州大学附属第二医院	兰 青 李国伟 孙志方	一等奖
9	儿童脓毒症早期诊断和预后判断体系的建立及应用	苏州大学附属儿童医院	柏振江 吴水燕 周慧婷	一等奖
10	儿童慢性咳嗽病因诊断预测模型的建立及相关检查的精准应用	苏州大学附属儿童医院	郝创利 于兴梅 孙惠泉	一等奖
11	浆细胞样树突状细胞预测儿童急性移植物抗宿主病的应用研究	苏州大学附属儿童医院	胡绍燕 李泊涵 金忠芹	一等奖

续表

序号	项目名称	主要完成单位	主要完成人	获奖等级
12	分子影像定量指标提高血液病疗效和预后评估准确性	苏州大学附属第一医院	桑士标 邓胜明 章 斌	二等奖
13	急性缺血性卒中静脉溶栓后出血转化相关预测指标研究及列线图预测模型的建立和应用	苏州大学附属第一医院	方 琪 李 坦 蔡秀英	二等奖
14	抗肿瘤药物全程化精准药学服务技术的构建与应用	苏州大学附属第一医院	黄晨蓉 陈之遥 董 吉	二等奖
15	扩展的目标导向心脏超声检查在危重症患者心脏功能精细化评估中的应用	苏州大学附属第一医院	王佳佳 陈延斌 雷 伟	二等奖
16	免疫调节因子在类风湿关节炎临床诊疗中的应用	苏州大学附属第一医院	王鸣军 程 韬 武 剑	二等奖
17	脑电阿尔法震荡离散度分析技术在特发常压脑积水的认知与自主神经功能精准化监测及微创手术的创新	苏州大学附属第一医院	孙晓欧 吴 瑜 孙春明	二等奖
18	人 ASTN1、DLX1、ITGA4、RXFP3、SOX17、ZNF671基因甲基化检测技术在宫颈癌分子诊断中的应用	苏州大学附属第一医院	郭凌川 陈友国 沈芳荣	二等奖
19	乳腺癌个体化诊疗及预后标志物的研究	苏州大学附属第一医院	段卫明 陈 凯 吴 杰	二等奖
20	右美托咪定复合用药麻醉方案改善骨科患者术后疼痛的临床应用	苏州大学附属第一医院	嵇富海 刘华跃 蔡 姝	二等奖

续表

序号	项目名称	主要完成单位	主要完成人	获奖等级
21	脂蛋白（a）在心血管疾病风险评价中的意义	苏州大学附属第一医院	贺永明 贺阳 蒋廷波	二等奖
22	神经影像学MRI成像技术在可逆性脑病综合征早期诊断中的应用	苏州大学附属儿童医院	汤继宏 曹磊 孔令军	二等奖
23	百日咳鲍特菌ptxA-Pr和IS481基因的实时荧光定量PCR检测方法的建立及应用	苏州大学附属儿童医院	王宇清 邵雪君 武敏	二等奖
24	儿童糖尿病的精准分子诊断及并发症治疗新技术的临床应用	苏州大学附属儿童医院	陈婷 陈临琪 张丹丹	二等奖
25	儿童重症/难治性支原体肺炎早期预警生物标志物体系构建和临床应用	苏州大学附属儿童医院	陈正荣 严永东 王婷	二等奖
26	小儿房间隔缺损封堵术后右心室功能储备的评估方法	苏州大学附属儿童医院	徐秋琴 王辉 侯翠	二等奖
27	个性化精准治疗前交叉韧带损伤的临床研究	苏州大学附属第二医院	徐炜 董启榕 沈磊	二等奖
28	空间—时间相关成像技术评估急性心肌梗死患者心肌做功及预后的研究	苏州大学附属第二医院	李晖 项丽 吴燕妮	二等奖
29	宫颈癌精准放射治疗中肠道副反应预测模型的建立与临床实践	苏州大学附属第二医院	钱建军 郭旗 田野	二等奖

续表

序号	项目名称	主要完成单位	主要完成人	获奖等级
30	基于QuEChERS前处理的液质联用技术用于危重症患者体内药/毒物快速筛查及临床早期诊断的应用	苏州大学附属第二医院	潘 杰　王 蒙　蒋文婷	二等奖
31	母胎免疫耐受因素评估在不明原因复发性流产病因筛查中的应用	苏州大学附属第二医院	张 弘　杨 丽　祁 琳	二等奖
32	脓毒症的早期识别和预警模型建立	苏州大学附属第二医院	刘励军　朱建军　周保纯	二等奖

20. 江苏医学科技奖（12项）（表53）

表53　江苏医学科技奖获奖情况一览表

序号	项目名称	主要完成单位	主要完成人	获奖等级
1	黑国庆	苏州大学	黑国庆	国际合作奖
2	出血性脑卒中相关脑保护关键干预靶点研究	苏州大学附属第一医院	李海英　李 香　申海涛　陈 罡　王 中	青年科学奖
3	造血干细胞移植后GVHD早期诊疗和防治策略研究	苏州大学附属第一医院、苏州大学	吴德沛　马守宝　刘跃均　程 巧　林丹丹　龚欢乐　吴小津　韩晶晶　胡 博	一等奖
4	缺血性脑卒中"苏州模式"诊疗体系的建立和应用	苏州大学附属第一医院、南京市第一医院、江苏省苏北人民医院、上海长海医院、首都医科大学宣武医院	方 琪　朱珏华　惠品晶　苏 敏　王希明　周俊山　李晓波　张永巍　马青峰	二等奖
5	恶性肿瘤放化疗增敏的关键技术创新及临床转化	苏州大学附属儿童医院，苏州大学	朱增燕　王文娟　丁信园　王 龙　梁中琴　王 梅　谭才宏　张 熠　庄文卓	二等奖

续表

序号	项目名称	主要完成单位	主要完成人	获奖等级
6	胶质瘤干细胞筑瘤新机制及干预策略研究	苏州大学附属第二医院、清华大学	董 军　兰 青　王爱东　钱志远　代兴亮　刘国栋　陈延明　黄 强　徐 弢	二等奖
7	糖尿病神经病变的临床特征及神经分子机制研究	苏州大学附属第二医院、苏州大学	胡 吉　张弘弘　徐广银　方 晨　肖文金　黄 韵　郭鹤鸣	三等奖
8	狭长窄蒂皮瓣的基础及临床应用研究	苏州大学附属第二医院	赵天兰　伍丽君　陈红军　孙 卫　陈 琦　于文渊　唐红梅　吴浩荣　唐 勇	三等奖
9	骨质疏松性椎体骨折骨不连的分子机理与诊疗对策	苏州大学附属第一医院、苏州大学	刘 滔　何 帆　刘 昊　李 斌　朱雪松　孟 斌　周 峰　陈 亮　杨惠林	三等奖
10	急性早幼粒细胞白血病新维甲酸家族成员融合基因的克隆及致白血病机制研究	苏州大学附属第一医院、苏州大学	文丽君　姚 利　刘天会　徐 杨　陈苏宁	三等奖
11	新型呼吸内镜技术和免疫检查点分子在肺癌诊疗中的应用	苏州大学附属第一医院、苏州大学	陈 成　黄建安　朱晔涵　瞿秋霞　刘 超　张晓辉　穆传勇　朱卫东　丁 玲	三等奖
12	儿童细菌性脑膜炎的基础和临床应用研究	苏州大学附属儿童医院、苏州永鼎医院	陈旭勤　汪 健　刘 敏　黄丹萍　汤继宏　张兵兵　师晓燕　王浙东	三等奖

21. 周氏科研奖（6项）（表54）

表54　周氏科研奖获奖情况一览表

序号	获奖人	获奖等级	学院（部）
1	蒋建华	优异奖	物理科学与技术学院
2	高明远	优异奖	苏州医学院放射医学与防护学院
3	程 亮	优秀奖	功能纳米与软物质研究院
4	雷署丰	优秀奖	苏州医学院公共卫生学院
5	谌 宁	优胜奖	材料与化学化工学部
6	钟英斌	优胜奖	苏州医学院基础医学与生物科学学院

二、人文社会科学研究成果获奖情况

1. 全国教育科学研究优秀成果奖（3项）（表55）

表55　全国教育科学研究优秀成果奖获奖情况一览表

序号	成果名称	获奖人	学院	获奖等级
1	自我的回归——大学教师自我认同的逻辑	曹永国	教育学院	二等奖
2	叙事德育模式：理念及操作	李西顺	教育学院	二等奖
3	企业参与职业教育办学的成本收益研究	冉云芳	教育学院	三等奖

2. 江苏省高等学校哲学社会科学研究成果奖（14项）（表56）

表56　江苏省高等学校哲学社会科学研究成果奖获奖情况一览表

序号	成果名称	获奖人	学院	获奖等级
1	衔接的认知语用研究	王军	外国语学院	一等奖
2	"我们"从何而来：象征、认同与建构（1978—2018）	张健	传媒学院	一等奖
3	Auditory attentional biases in young males with physical stature dissatisfaction	冯成志	教育学院	二等奖
4	马克思主义权力观视野下党务公开研究	孔川	马克思主义学院	二等奖
5	论苏州弹词"蒋调"流派的创腔特点	吴磊	音乐学院	二等奖
6	儿童道德义愤的发展及其对第三方公正行为的影响	丁芳	教育学院	三等奖
7	公共体育信息服务标准系构建研究	丁青	体育学院	三等奖
8	共生、转译与交互：探索媒介物的中介化	杜丹	传媒学院	三等奖
9	《鲁班经》全集	江牧	艺术学院	三等奖
10	中国纪录片的国际化进程——改革开放以来中外合拍纪录片的文本、传播与影响	邵雯艳	文学院	三等奖
11	面向行政任务的听证程序构造	石肖雪	王健法学院	三等奖

续表

序号	成果名称	获奖人	学院	获奖等级
12	学术集权抑或行政集权——从大学院到教育部的建制及其反思	肖卫兵	教育学院	三等奖
13	中国学生英语词汇联想能力发展研究	张萍	外国语学院	三等奖
14	中美贸易战背景下产业集群与成长型企业的现金持有	周中胜	东吴商学院（财经学院）	三等奖

3. 江苏省教育研究成果奖（2项）（表57）

表57　江苏省教育研究成果奖获奖情况一览表

序号	成果名称	获奖人	学院	获奖等级
1	企业参与职业院校实习是否获利？——基于109家企业的实证分析	冉云芳	教育学院	二等奖
2	"新时代教育十论"（外一篇）系列论文	陈国安	文学院	二等奖

4. 第九届"董必武青年法学成果奖"（1项）（表58）

表58　第九届"董必武青年法学成果奖"获奖情况一览表

序号	成果名称	获奖人	学院	获奖等级
1	合宪性视角下的成片开发征收及其标准认定	程雪阳	王健法学院	提名奖

5. 江苏省社会科学应用研究精品工程奖（5项）（表59）

表59　江苏省社会科学应用研究精品工程奖获奖情况一览表

序号	成果名称	获奖人	学院	获奖等级
1	探索发展夜经济，助力打造宜业宜居的"苏州最舒心"营商环境	屠立峰	东吴商学院（财经学院）	一等奖
2	二语词汇习得研究	张萍	外国语学院	二等奖
3	合宪性视角下的成片开发征收及其标准认定	程雪阳	王健法学院	二等奖
4	国家级贫困县旅游资源优势度与脱贫力耦合分析	汪德根	金螳螂建筑学院	二等奖
5	综合发力减轻人民群众的"指尖负担"	周义程	政治与公共管理学院	二等奖

6. 苏州市"社科应用研究精品工程"优秀成果奖（17项）（表60）

表60　苏州市"社科应用研究精品工程"优秀成果奖获奖情况一览表

序号	成果名称	获奖人	学院部门	获奖等级
1	苏州市文化产业发展问题及对策分析	王　芹	社会学院	一等奖
2	关于引导社会公众参与苏州"运河十景"建设的思考	宋言奇	社会学院	一等奖
3	以区块链技术推动苏州数字经济发展研究	张　斌	东吴商学院（财经学院）	一等奖
4	全域旅游视角下苏州"旅游+"与相关产业融合发展的创新路径研究	张乃禹	外国语学院	二等奖
5	关于推进中小学开展"苏式课堂"的实施对策建议	万东升	教育学院	二等奖
6	档案馆公共影响力评价指标体系构建	谢诗艺	社会学院	二等奖
7	《苏州市儿童友好学校建设指引》调研报告	孙磊磊	金螳螂建筑学院	二等奖
8	推进基层治理现代化的三个建议	刘成良	政治与公共管理学院	二等奖
9	家庭环境是怎样影响小学生学习表现的——基于对新教育实验"家校合作共育"行动效果的调查	杨　帆	教育学院	二等奖
10	苏州市儿童友好医院建设的现状与对策	夏正伟	金螳螂建筑学院	二等奖
11	推进城乡生态治理应发挥民营环境科技企业作用	罗志勇	马克思主义学院	三等奖
12	苏州"三大法宝"：践行中国精神、培育自信文化的鲜活案例	田芝健	马克思主义学院	三等奖
13	把握数字货币新契机，加快苏州经济发展	刘　亮	东吴商学院（财经学院）	三等奖
14	自贸区发展、空间溢出效应与苏南产业区位分异	田国杰	东吴商学院（财经学院）	三等奖

续表

序号	成果名称	获奖人	学院部门	获奖等级
15	支持境外人士移动支付 优化"4S"国际营商服	屠立峰	东吴商学院（财经学院）	三等奖
16	大运河沿线博物馆旅游开发研究——苏州段历史文化的展示与应用	祝 嘉	校哲学社会科学联合会	三等奖
17	现代治理能力培育与高校高质量发展综合考核体系构建——指标、工具与方法	周玉玲	党委组织部	三等奖

2021年度苏州大学科研成果知识产权授权情况（表61）

表61 2021年度苏州大学科研成果知识产权授权情况一览表

序号	申请日	申请号	专利名称	第一发明人	类型	所属学院（部）
1	2014-06-04	2018100455541	野马追倍半萜部位在制备抗乙肝病毒药物中的应用	张 健	发明	医学部药学院
2	2014-06-04	2018100455611	野马追乙醇提取物在制备抗乙肝病毒药物中的应用	张 健	发明	医学部药学院
3	2015-12-09	2015109026622	一种利用酮酸与炔制备4-羟基丁烯内酯的方法	朱 晨	发明	材料与化学化工学部
4	2016-01-26	2018103883550	硫化镉纳米粒子修饰的五氧化二铌纳米棒/氮掺杂石墨烯复合光催化剂与应用	杨 平	发明	材料与化学化工学部
5	2016-05-16	2018107766166	一种铜（Ⅰ）配位聚合物的用途	李红喜	发明	材料与化学化工学部

续表

序号	申请日	申请号	专利名称	第一发明人	类型	所属学院（部）
6	2016-06-15	2018105421429	一种具有互穿网络结构的多孔性锂离子电池隔膜及其应用	张明祖	发明	材料与化学化工学部
7	2016-06-30	201811185536X	具有不对称膜结构的可逆交联生物可降解聚合物囊泡及其制备方法	孟凤华	发明	材料与化学化工学部
8	2016-07-17	2018106920871	基于表面等离子基元的全斯托克斯矢量偏振器的制备方法	胡敬佩	发明	光电科学与工程学院
9	2016-08-19	2016106935596	一种具有室温宽频大磁电容效应的铁氧体材料及其制备方法	汤如俊	发明	物理科学与技术学院
10	2016-08-19	2019104830926	靶向光热治疗联合免疫治疗抗肿瘤复合制剂的制备方法	杨红	发明	医学部药学院
11	2016-08-23	2016107065716	一种基于网络编码的信息论安全多播路由选择方法	王进	发明	计算机科学与技术学院
12	2016-08-25	2019103519075	紫外光介导的纳米颗粒自组装聚集体和应用	史海斌	发明	医学部放射医学与防护学院
13	2016-08-29	2018106915695	全介质像素式全斯托克斯成像偏振器件的制备方法	胡敬佩	发明	光电科学与工程学院
14	2016-09-20	2018105159243	一种稀土咪唑盐化合物作为催化剂的应用	陆澄容	发明	材料与化学化工学部
15	2016-10-09	2019102458017	一种八臂杂臂星形聚合物的制备方法	何金林	发明	材料与化学化工学部
16	2016-10-27	2018105329121	一种三维多孔石墨烯超薄膜及其制备方法	王艳艳	发明	光电科学与工程学院

续表

序号	申请日	申请号	专利名称	第一发明人	类型	所属学院（部）
17	2016-11-14	201611016211X	光降解净化装置及其制造方法与净化方法	苏晓东	发明	物理科学与技术学院
18	2016-11-16	2016110332731	一种体全息元件制作方法	浦东林	发明	光电科学与工程学院
19	2016-12-05	2016111053425	基于用户可靠性的众包任务分配方法	施 战	发明	计算机科学与技术学院
20	2016-12-07	2018112391485	一种醇无受体脱氢反应的方法以及羰基化合物的制备方法	李红喜	发明	材料与化学化工学部
21	2016-12-11	2016111353237	面向整数传输速率的基于网络编码的弱安全多播传输拓扑构建方法	王 进	发明	计算机科学与技术学院
22	2016-12-11	2016111353627	面向多媒体数据流的基于网络编码的弱安全多播速率分配方法	王 进	发明	计算机科学与技术学院
23	2016-12-15	2016111619476	基于粒子滤波的放疗机器人肿瘤运动估计预测系统及方法	郁树梅	发明	机电工程学院
24	2016-12-18	2019103056656	一种含氟聚氨酯的制备方法	李战雄	发明	纺织与服装工程学院
25	2016-12-30	2016112602491	苯并［e］［1，2，4］三嗪-1-氧衍生物及其组合物和应用	郭子扬	发明	医学部放射医学与防护学院
26	2017-01-19	2018107523997	室温下利用循环铁盐催化原子转移自由基聚合制备聚合物的方法	程振平	发明	材料与化学化工学部
27	2017-01-25	2017100607304	蛋白激酶A激活剂在制备治疗血小板数量减少相关疾病药物中的用途	戴克胜	发明	唐仲英血液学研究中心

续表

序号	申请日	申请号	专利名称	第一发明人	类型	所属学院（部）
28	2017-02-22	2017100976258	弹载消热差中长波红外双波段望远成像物镜	李琪	发明	光电科学与工程学院
29	2017-03-16	2017101582215	蛋白激酶A激活剂在血小板保存中的应用及血小板保存方法	戴克胜	发明	唐仲英血液学研究中心
30	2017-03-31	2017102092660	一种三嵌段聚合物胶束的制备方法及其应用	张学农	发明	医学部药学院
31	2017-04-12	2017102377260	基于主动反应型一步法的交联纳米药物的制备方法	钟志远	发明	材料与化学化工学部
32	2017-04-18	201910563322X	一种表面亲疏性可转换的智能型织物整理剂的制备方法	李战雄	发明	纺织与服装工程学院
33	2017-04-26	2017102822610	3D打印系统及3D打印方法	浦东林	发明	光电科学与工程学院
34	2017-05-02	2017103034501	一种基于双语语义映射的事件短语学习方法及装置	熊德意	发明	计算机科学与技术学院
35	2017-05-17	2018114205931	催化剂在合成羧酸氰甲基酯中的应用	孙宏枚	发明	材料与化学化工学部
36	2017-06-13	2017104450167	一种基于GHZ态的动态串行密钥分发方法	姜敏	发明	电子信息学院
37	2017-06-26	2017104967845	生物可降解交联纳米药物冻干粉的制备方法	孟凤华	发明	材料与化学化工学部
38	2017-06-26	2019109366675	还原/pH双重响应性阿霉素前药的制备方法	倪沛红	发明	材料与化学化工学部

续表

序号	申请日	申请号	专利名称	第一发明人	类型	所属学院（部）
39	2017-06-26	2019108337336	一种工业废弃物基地质聚合物	田 俊	发明	沙钢钢铁学院
40	2017-07-20	2017105938093	一种用于催化极性共轭烯烃聚合的催化剂体系	徐 信	发明	材料与化学化工学部
41	2017-07-24	2019110473998	一种可降解单分散聚合物微球的制备方法	陆伟红	发明	医学部放射医学与防护学院
42	2017-07-31	2017106428721	基于阿霉素前药和基因共载的混合胶束药物及其制备方法	倪沛红	发明	材料与化学化工学部
43	2017-07-31	2017106374238	基于统计机器翻译的语言生成方法	李军辉	发明	计算机科学与技术学院
44	2017-08-31	2017107740481	一种语音分类识别的方法及装置	张 莉	发明	计算机科学与技术学院
45	2017-09-05	2017107907367	基于序列标注建模的多粒度分词方法及系统	张 民	发明	计算机科学与技术学院
46	2017-09-08	2019104361745	一种制备 β-巯基膦酰类衍生物的方法	邹建平	发明	材料与化学化工学部
47	2017-09-08	2019104361730	一种制备 β-磺酸基膦酰类衍生物的方法	邹建平	发明	材料与化学化工学部
48	2017-09-11	2019102458229	四层结构树脂基复合材料	梁国正	发明	材料与化学化工学部
49	2017-09-11	2019104362362	三层结构树脂基复合材料用前驱体及其制备方法	梁国正	发明	材料与化学化工学部
50	2017-09-13	2017108223232	一种全光数据中心网络交换系统	沈纲祥	发明	电子信息学院

续表

序号	申请日	申请号	专利名称	第一发明人	类型	所属学院（部）
51	2017-09-14	2017108296591	一种鲁棒样条自适应滤波器	倪锦根	发明	电子信息学院
52	2017-09-18	2017108423968	一种路径推荐方法与装置	许佳捷	发明	计算机科学与技术学院
53	2017-09-20	201710853667X	一种太赫兹波吸收结构	赖耘	发明	物理科学与技术学院
54	2017-09-27	2017108918994	血清16SrDNA作为糖尿病肾病的生物标志的应用	董晨	发明	医学部公共卫生学院
55	2017-10-12	201710975453X	随机网格的设计方法、导电膜的制备方法、导电膜及显示装置	周小红	发明	光电科学与工程学院
56	2017-10-16	2017109627445	具有刺猬通路拮抗剂活性的1,3,4-噻二唑杂环化合物	张小虎	发明	医学部药学院
57	2017-10-17	2017109649853	一种丁烷催化脱氢制备丁烯和丁二烯的方法	张桥	发明	纳米科学技术学院
58	2017-10-17	2017109650460	一种低碳烷烃脱氢催化剂及制备低碳烯烃的方法	张桥	发明	纳米科学技术学院
59	2017-10-18	2017109728234	一种硒化铅纳米棒、制备方法及在场效应晶体管中的应用	马万里	发明	纳米科学技术学院
60	2017-10-23	2017109953001	一种快速提取果实果肉中细胞壁酸性转化酶的方法	王利芬	发明	金螳螂建筑学院
61	2017-10-23	2017109917471	一种光子晶体彩色墨水及应用	何乐	发明	纳米科学技术学院
62	2017-10-30	2017110343656	一种运动状态的检测方法及装置	李春光	发明	机电工程学院

续表

序号	申请日	申请号	专利名称	第一发明人	类型	所属学院（部）
63	2017-11-01	2020104782713	快速氧化/还原双重响应性含双硒键的嵌段共聚物的制备方法	倪沛红	发明	材料与化学化工学部
64	2017-11-08	2017110914578	一种基于词向量连接技术的神经机器翻译方法及装置	熊德意	发明	计算机科学与技术学院
65	2017-11-13	2017111165707	一种可扩展多用户集量子密钥共享方法	姜 敏	发明	电子信息学院
66	2017-11-14	2017111220437	基片的预对准方法	朱鹏飞	发明	光电科学与工程学院
67	2017-11-15	2017111294619	具有平面结构的橙光—红光材料、制备方法及其在有机电致发光器件中的应用	张晓宏	发明	纳米科学技术学院
68	2017-11-16	2017111402543	一种诱导式非负投影半监督数据分类方法及系统	张 召	发明	计算机科学与技术学院
69	2017-11-20	2017111563028	含硒壳聚糖水凝胶及其制备、降解方法和应用	潘向强	发明	材料与化学化工学部
70	2017-11-22	2017111763274	一种磁悬浮风力驱动激光扫描雷达	魏 巍	发明	光电科学与工程学院
71	2017-11-23	2017111817861	一种苯并噁唑-2-乙基肼衍生物、其制备方法及应用	李环球	发明	医学部药学院
72	2017-11-24	2017112000148	一种全介质偏振无关的角度滤波器	钱沁宇	发明	光电科学与工程学院
73	2017-11-26	2017111989209	全无机钙钛矿量子点$CsPbBr_3$电存储器件及其制备方法	路建美	发明	材料与化学化工学部

续表

序号	申请日	申请号	专利名称	第一发明人	类型	所属学院（部）
74	2017-11-27	2017112029216	噻蒽-S，S-四氧化物衍生物及制备方法及在有机电致发光器件的应用	张晓宏	发明	功能纳米与软物质研究院
75	2017-12-01	2017112477373	一种n型掺杂电子传输层和TiO2层的钙钛矿电池的制备方法	王照奎	发明	纳米科学技术学院
76	2017-12-06	2017112745269	一种基于能量耗散的溶血经验预测方法及装置	吴鹏	发明	机电工程学院
77	2017-12-07	2017112870729	碳负载的钌纳米材料在催化芳香胺和芳香甲醇反应中的应用	李红喜	发明	材料与化学化工学部
78	2017-12-07	201711289279X	碳负载的钌纳米材料在制备N-烷基芳香胺化合物中的应用	李红喜	发明	材料与化学化工学部
79	2017-12-07	2017112892802	碳负载的钌纳米材料及其制备方法与在催化醇与芳香二胺反应中的应用	李红喜	发明	材料与化学化工学部
80	2017-12-07	201711282996X	一种数据增强方法、系统、装置及计算机可读存储介质	熊德意	发明	计算机科学与技术学院
81	2017-12-08	2019107459694	离子型铁（Ⅲ）配合物在制备烯丙基胺类化合物中的应用	孙宏枚	发明	材料与化学化工学部
82	2017-12-11	2017113083063	一种锥体表面光洁度检测方法及装置	邹快盛	发明	光电科学与工程学院
83	2017-12-11	2017113076924	一种Web服务组合的建模与概率验证方法及装置	张广泉	发明	计算机科学与技术学院

续表

序号	申请日	申请号	专利名称	第一发明人	类型	所属学院（部）
84	2017-12-12	2017113156613	基于预测校验的图像插值方法及系统	钟宝江	发明	计算机科学与技术学院
85	2017-12-13	2017113331576	一种提高家蚕消化率的方法	李 兵	发明	医学部基础医学与生物科学学院
86	2017-12-14	2017113365036	基于纳米线表面等离激元的折射率测量方法及传感器系统	詹耀辉	发明	光电科学与工程学院
87	2017-12-15	2017113526659	一种单样本人脸识别方法、系统、设备及可读存储介质	张 莉	发明	计算机科学与技术学院
88	2017-12-18	2017113665098	一种铝纳米粒子阵列、制备方法及其应用	江 林	发明	纳米科学技术学院
89	2017-12-19	201711375723X	数字光刻方法及系统	朱鹏飞	发明	光电科学与工程学院
90	2017-12-19	2017113933015	复合型地下防渗膨润土墙的施工方法	唐 强	发明	轨道交通学院
91	2017-12-19	2017113773872	新型复合型地下防渗膨润土墙及其施工方法	唐 强	发明	轨道交通学院
92	2017-12-21	2017113966254	氧化铜纳米晶及银/氧化铜异质结构的制备方法	吴继红	发明	材料与化学化工学部
93	2017-12-21	2017113939187	无线自组织网络汇聚方法、装置、系统及存储介质	吉 毅	发明	计算机科学与技术学院
94	2017-12-21	2017113939420	一种基于结构化分析字典的人脸识别方法、装置及设备	张 召	发明	计算机科学与技术学院

续表

序号	申请日	申请号	专利名称	第一发明人	类型	所属学院（部）
95	2017-12-21	2017113953610	一种基于近邻保持低秩表示的人脸识别方法、装置及设备	张召	发明	计算机科学与技术学院
96	2017-12-22	2017114089809	一种少层结构ZnO二维纳米片及其制备方法	张晓宏	发明	功能纳米与软物质研究院
97	2017-12-22	2017114073800	基于时间信息集成模型的广告转化率预估方法	严建峰	发明	计算机科学与技术学院
98	2017-12-22	2017114146708	固支圆板极限荷载安全评估方法	章顺虎	发明	沙钢钢铁学院
99	2017-12-25	2017114222330	基于位置社交网络的用户关系强度预测方法、装置及设备	徐彩旭	发明	计算机科学与技术学院
100	2017-12-26	2017114324141	一种在线对战游戏的辅助决策方法、装置及存储介质	洪敏杰	发明	计算机科学与技术学院
101	2017-12-27	2017114413395	带有复制机制的神经机器翻译方法	熊德意	发明	计算机科学与技术学院
102	2017-12-30	2017114931125	一种Mn^{2+}离子掺杂的硅酸盐红色荧光粉、制备方法及应用	秦杰	发明	材料与化学化工学部
103	2018-01-04	2018100077336	在众包数据上进行对抗学习的命名实体识别方法、设备及可读存储介质	陈文亮	发明	计算机科学与技术学院
104	2018-01-04	2018100078771	单样本人脸识别方法、装置、设备及计算机可读存储介质	张朦	发明	计算机科学与技术学院
105	2018-01-08	2019105639156	具有高效药物负载性能的聚合物的制备方法	殷黎晨	发明	纳米科学技术学院

续表

序号	申请日	申请号	专利名称	第一发明人	类型	所属学院（部）
106	2018-01-10	2018100209706	一种聚3,4-乙烯二氧噻吩包覆氧化钨纳米棒、制备方法及其应用	冯莱	发明	能源学院
107	2018-01-12	2018100316892	一种可变光片厚度和长度的光片照明显微镜的照明系统	曾春梅	发明	光电科学与工程学院
108	2018-01-15	201810035167X	有机无机复合自驱动光电探测器及其制备方法	田维	发明	物理科学与技术学院
109	2018-01-19	2018100568484	一种应用于窄带物联网的人机接口通信方法和系统	王宜怀	发明	计算机科学与技术学院
110	2018-01-25	201810075067X	一种钙钛矿太阳能电池及其制备方法	马万里	发明	纳米科学技术学院
111	2018-01-30	2018100902653	一种SRAM存储器	王子欧	发明	电子信息学院
112	2018-01-30	2018100916181	金属化物/钯化合物催化还原体系在脱苄基反应及氘代反应中的应用	张士磊	发明	医学部药学院
113	2018-02-01	2018101038502	一种基于α-氰基二苯乙烯基小分子的超分子聚合物及其制备方法	陈小芳	发明	材料与化学化工学部
114	2018-02-01	2018101008070	酰胺键连接的聚合物的制备方法	张伟	发明	材料与化学化工学部
115	2018-02-05	2018101113132	一种众包测试报告的文本描述生成方法、系统及装置	章晓芳	发明	计算机科学与技术学院

续表

序号	申请日	申请号	专利名称	第一发明人	类型	所属学院（部）
116	2018-02-05	2018101137781	PI3K抑制剂在制备治疗血小板数量减少相关疾病药物中的用途	戴克胜	发明	唐仲英血液学研究中心
117	2018-02-05	2018101138017	Akt抑制剂在制备治疗血小板数量减少相关疾病药物中的用途	戴克胜	发明	唐仲英血液学研究中心
118	2018-02-05	2018101124137	磷脂酰丝氨酸阻断剂在制备治疗血小板数量减少相关疾病药物中的用途	戴克胜	发明	唐仲英血液学研究中心
119	2018-02-06	2018101170309	干涉光刻系统、打印装置和干涉光刻方法	袁晓峰	发明	光电科学与工程学院
120	2018-02-07	2018101242203	一种香豆素并[4,3-d]吡唑并[3,4-b]吡啶衍生物及其合成方法	史达清	发明	材料与化学化工学部
121	2018-02-07	2018101234086	一种提高多能干细胞定向分化为心肌细胞的诱导方法	胡士军	发明	心血管病研究所
122	2018-02-22	2018101546340	一种分布式的气象数据采集系统	王宜怀	发明	计算机科学与技术学院
123	2018-02-28	2018101665104	一种基于多重流形的手写数据分类方法及系统	黄舒宁	发明	计算机科学与技术学院
124	2018-03-01	2019107809147	末端含硫辛酰基的星型聚合物的制备方法及聚合物纳米粒子的制备方法	程茹	发明	材料与化学化工学部
125	2018-03-01	2019105632053	铜催化剂在催化1-吡啶基吲哚化合物、亚硝酸叔丁酯反应中的应用	邹建平	发明	材料与化学化工学部

续表

序号	申请日	申请号	专利名称	第一发明人	类型	所属学院（部）
126	2018-03-05	201810178640X	一种图像标签标注方法、系统、设备及可读存储介质	吴新建	发明	计算机科学与技术学院
127	2018-03-06	2018101837191	基于无数据辅助的KNN算法的光纤非线性均衡方法	高明义	发明	电子信息学院
128	2018-03-12	2018101991156	基于深度Q网络配送小车的自动行驶控制方法	朱 斐	发明	计算机科学与技术学院
129	2018-03-13	2019104880624	有机硅压敏胶黏剂的制备方法	李战雄	发明	纺织与服装工程学院
130	2018-03-15	2018102138461	基于邻域高斯微分分布的图像关键点特征描述符提取方法、系统	林 睿	发明	机电工程学院
131	2018-03-20	201810232207X	一种可控制备氟磷酸锰钠正极材料的方法	伍 凌	发明	沙钢钢铁学院
132	2018-03-27	2018102569975	负载在纳米纤维膜上的CuO/ZnO异质结构及其制备方法	於 亮	发明	纺织与服装工程学院
133	2018-03-28	2018102649819	一种图像检索方法、系统及装置	张 莉	发明	计算机科学与技术学院
134	2018-03-29	201810274834X	车辆检测方法中激光雷达背景数据滤除方法	郑建颖	发明	轨道交通学院
135	2018-03-29	2018102715914	一种基于社交网络的人物兴趣标签提取方法	韩月辉	发明	计算机科学与技术学院
136	2018-03-30	201810288440X	一种含噻唑的有机小分子及其制备方法和应用	张茂杰	发明	材料与化学化工学部

续表

序号	申请日	申请号	专利名称	第一发明人	类型	所属学院（部）
137	2018-03-30	2018102796555	CLEC-2在制备治疗颅脑损伤药物中的应用	陶陆阳	发明	医学部基础医学与生物科学学院
138	2018-04-08	2018103084079	水溶性内嵌钍富勒烯及其制备方法与应用	谌宁	发明	材料与化学化工学部
139	2018-04-10	2018103174605	金掺杂纳米氧化锌复合材料及其制备方法与在光催化降解四环素中的应用	路建美	发明	材料与化学化工学部
140	2018-04-10	2018103156626	核壳结构的银纳米颗粒/碳/二氧化钛纳米复合物的制备方法	赖跃坤	发明	纺织与服装工程学院
141	2018-04-10	2018103167921	一种金属薄膜及其制作方法	周小红	发明	光电科学与工程学院
142	2018-04-10	2018103156185	有机发光材料、有机发光材料的应用及有机电致发光器件	廖良生	发明	纳米科学技术学院
143	2018-04-11	2018103205105	热塑性聚氨酯弹性体及其制备方法	黄鹤	发明	材料与化学化工学部
144	2018-04-11	2018103230376	基于多巴胺的自聚电存储材料及其制备方法与在电存储器件中的应用	路建美	发明	材料与化学化工学部
145	2018-04-11	2018103205251	苯甲酸利扎曲普坦原位凝胶鼻喷剂	崔京浩	发明	医学部药学院
146	2018-04-12	2018103258189	将句子权重融入神经机器翻译的领域适应方法	熊德意	发明	计算机科学与技术学院
147	2018-04-18	2018103478738	一种服装用数字化人体图形的检查方法	祁宁	发明	纺织与服装工程学院

续表

序号	申请日	申请号	专利名称	第一发明人	类型	所属学院（部）
148	2018-04-18	2018103513074	一种大尺度室内环境下多清洁机器人任务分配方法	孙荣川	发明	机电工程学院
149	2018-04-19	2018103562511	基于一维有机无机杂化聚合物链的电存储器件及其制备方法	路建美	发明	材料与化学化工学部
150	2018-04-19	2019108337726	一种疏水型聚己内酯的制备方法	李战雄	发明	纺织与服装工程学院
151	2018-04-23	2018103712453	并条机及包芯纱的加工方法	张岩	发明	纺织与服装工程学院
152	2018-04-23	2018103667937	基于模式嵌入的自动树库转化方法及系统	李正华	发明	计算机科学与技术学院
153	2018-04-28	2018104030042	蜂窝状同型异质结氮化碳复合材料及其制备方法与在废气催化处理中的应用	路建美	发明	材料与化学化工学部
154	2018-04-28	2018104001887	一种卡洛丝纤维改性处理工艺	李刚	发明	纺织与服装工程学院
155	2018-05-02	2018104094792	指纹及静脉双重生物特征提取光学成像系统	季轶群	发明	光电科学与工程学院
156	2018-05-03	2018104141346	一种4-氮杂芳基烷醇化合物及其合成方法	朱晨	发明	材料与化学化工学部
157	2018-05-03	201810413856X	一种激光增材制造在线监测方法	陈长军	发明	机电工程学院
158	2018-05-03	2018104138432	一种激光增材制造在线监测方法	张敏	发明	机电工程学院
159	2018-05-04	2018104216709	一种复杂行为识别方法	杨剑宇	发明	轨道交通学院

续表

序号	申请日	申请号	专利名称	第一发明人	类型	所属学院（部）
160	2018-05-07	2018104266290	一种多壳层中空微球形 $\alpha\text{-}Fe_2O_3$ 材料、制备方法及其应用	江林	发明	纳米科学技术学院
161	2018-05-10	2018104417322	低阻高滤透气纤维膜的制备方法	刘艳清	发明	纺织与服装工程学院
162	2018-05-11	2018104478769	多肽、重组DNA分子、重组载体、外泌体及其应用	李杨欣	发明	心血管病研究所
163	2018-05-14	201810455802X	丙烯酰胺透明导电凝胶的制备方法	赖跃坤	发明	纺织与服装工程学院
164	2018-05-14	2018104543876	基于自供电六轴传感器的六轴方位检测方法	陈涛	发明	机电工程学院
165	2018-05-14	2018104551158	肿瘤细胞糖摄取抑制剂及其应用	祁小飞	发明	唐仲英血液学研究中心
166	2018-05-17	2018104760219	一种基于接枝共聚物的聚苯醚-聚硅氧烷光交联薄膜及其制备方法	梁国正	发明	材料与化学化工学部
167	2018-05-17	2018104741097	快速制备硬组织切片的方法及其应用	陈建权	发明	骨科研究所
168	2018-05-22	201810493367X	无源RFID标签快速检测设备	刘学观	发明	电子信息学院
169	2018-05-23	2018105022607	锌配位聚合物及环丁烷衍生物的制备方法	郎建平	发明	材料与化学化工学部
170	2018-05-24	2018105073581	激基复合物在有机发光二极管中的应用	廖良生	发明	纳米科学技术学院
171	2018-05-24	2018105107183	针对DJ-1基因编辑的sgRNA筛选及其载体与应用	孙万平	发明	医学部药学院

续表

序号	申请日	申请号	专利名称	第一发明人	类型	所属学院（部）
172	2018-05-25	2018105608755	真丝印花织物及其制备方法	陈国强	发明	纺织与服装工程学院
173	2018-05-28	201810519524X	药物控释装置及其方法	魏良医	发明	苏州大学附属第一医院
174	2018-05-29	2018105296062	一种兴趣点推荐方法、系统、设备及计算机可读存储介质	赵朋朋	发明	计算机科学与技术学院
175	2018-05-29	2018105344579	一种基于杆状病毒载体的鲤疱疹病毒Ⅱ型DNA疫苗及其构建方法与应用	贡成良	发明	医学部基础医学与生物科学学院
176	2018-05-30	2018105398795	一种应用于群智感知的隐私保护方法及系统	张书奎	发明	计算机科学与技术学院
177	2018-05-31	2018105477960	负载微生物的石墨烯气凝胶金属有机框架复合材料及其制备方法与在偶氮染料处理中的应用	路建美	发明	材料与化学化工学部
178	2018-05-31	2018105474125	毛细管静电纺丝装置及纺丝方法	何吉欢	发明	纺织与服装工程学院
179	2018-05-31	2018105566860	一种共生图像模式挖掘方法	杨剑宇	发明	轨道交通学院
180	2018-05-31	2018105567011	一种共生模式图像挖掘方法	杨剑宇	发明	轨道交通学院
181	2018-06-01	2018105609809	基于卵母细胞弹性模量的压电超声显微注射方法	黄海波	发明	机电工程学院
182	2018-06-08	2018105861908	一种基于超临界CO_2流体技术使纤维素纤维具有驱虫功能的加工方法	朱维维	发明	纺织与服装工程学院

续表

序号	申请日	申请号	专利名称	第一发明人	类型	所属学院（部）
183	2018-06-08	2018105867919	一种基于超临界CO_2流体技术使纤维素纤维具有瘦身功能的加工方法	朱维维	发明	纺织与服装工程学院
184	2018-06-08	2018105873144	一种基于超临界CO_2流体技术使纤维素纤维具有抗菌功能的加工方法	朱维维	发明	纺织与服装工程学院
185	2018-06-08	2018105890402	一种基于超临界CO_2流体技术使纤维素纤维具有美白功能的加工方法	朱维维	发明	纺织与服装工程学院
186	2018-06-08	2018106071687	一种基于超临界CO_2流体技术使纤维素纤维具有抗氧化功能的加工方法	朱维维	发明	纺织与服装工程学院
187	2018-06-08	201810587747X	一种基于超临界CO_2流体技术使纤维素纤维具有保湿功能的加工方法	朱维维	发明	纺织与服装工程学院
188	2018-06-08	2018105888949	一种基于超临界CO_2流体技术使纤维素纤维具有抗皱功能的加工方法	朱维维	发明	纺织与服装工程学院
189	2018-06-08	2018105885118	一种基于超临界CO_2流体技术使纤维素纤维具有抗炎功能的加工方法	朱维维	发明	纺织与服装工程学院
190	2018-06-08	2018105862737	一种智能光学材料及其制备方法以及应用	何乐	发明	纳米科学技术学院
191	2018-06-13	2018106077518	一种抗鲤疱疹病毒Ⅱ型ORF72的卵黄抗体及其制备方法	宋学宏	发明	医学部基础医学与生物科学学院

续表

序号	申请日	申请号	专利名称	第一发明人	类型	所属学院（部）
192	2018-06-14	2018106157442	一种基于荧光胶体粒子溶液的指纹显现剂、制备方法及应用	范丽娟	发明	材料与化学化工学部
193	2018-06-14	2018106162830	碘掺杂碳酸氧铋包覆的碳布材料及其制备方法与在油水分离中的应用	路建美	发明	材料与化学化工学部
194	2018-06-14	201810614129X	一种向心型动态太阳模拟器	马韬	发明	光电科学与工程学院
195	2018-06-19	2018106311708	一种超仿棉涤锦空喷变形混纤丝及其制备方法	张欢嘉	发明	纺织与服装工程学院
196	2018-06-19	2018106311695	一种采用高速拉伸空喷变形工艺制备涤锦空喷变形混纤丝的方法	管新海	发明	纺织与服装工程学院
197	2018-06-20	201911168075X	一种芳纶纤维电化学电容器	梁国正	发明	材料与化学化工学部
198	2018-06-20	2019114009292	一种芳纶纤维电极	顾嫒娟	发明	材料与化学化工学部
199	2018-06-20	2018106376365	一种空间众包中隐私保护的任务分配方法	刘安	发明	计算机科学与技术学院
200	2018-06-20	2018106356319	一种基于边缘计算环境的编码分布式计算方法及装置	王进	发明	计算机科学与技术学院
201	2018-06-21	2018106435768	基于结构网络模型的蛋白质功能位点预测方法	严文颖	发明	医学部基础医学与生物科学学院
202	2018-06-22	2018106535770	一种含海生菊苷的雪菊提取物的制备方法及其应用	李雅丽	发明	医学部药学院

续表

序号	申请日	申请号	专利名称	第一发明人	类型	所属学院（部）
203	2018-06-25	2018106638654	一种具有多生物功能的医用复合凝胶、制备方法及其应用	林潇	发明	骨科研究所
204	2018-06-27	2018106755126	用于制备有序纤维的静电纺丝方法	胡建臣	发明	纺织与服装工程学院
205	2018-06-28	2018106928318	一种苯甲酰对位二氟烷基化衍生物的制备方法	赵应声	发明	材料与化学化工学部
206	2018-06-28	2018106906978	一种速度预测的方法、装置和计算机可读存储介质	许佳捷	发明	计算机科学与技术学院
207	2018-06-29	2018106950932	一种金核钌铂铜壳四元光电复合物、其制备方法和应用	杜玉扣	发明	材料与化学化工学部
208	2018-06-29	2018107136532	基于机器学习的智能自适应均衡器及均衡解调方法	高明义	发明	电子信息学院
209	2018-07-02	2018107202233	一种制备环碳酸酯的方法	姚英明	发明	材料与化学化工学部
210	2018-07-02	201810707382X	基于大脑血红蛋白信息的休息态和运动态的识别方法	李春光	发明	机电工程学院
211	2018-07-02	2018107096499	修复受损神经的非侵入式近红外光控的纳米材料	刘坚	发明	神经科学研究所
212	2018-07-03	2018107115432	一种能光降解染料微流控制备载铜纳米二氧化钛壳聚糖复合微球的方法	张雨凡	发明	纺织与服装工程学院
213	2018-07-03	2018107115979	一种能光降解染料微流体制备载银纳米二氧化钛PVP纤维的方法	张雨凡	发明	纺织与服装工程学院

续表

序号	申请日	申请号	专利名称	第一发明人	类型	所属学院（部）
214	2018-07-03	2018107115748	改性二氧化钛印花工艺以及改性二氧化钛印料的制备方法	付　凡	发明	纺织与服装工程学院
215	2018-07-03	201810712045X	一种抗β-受体激动剂簇特异性单克隆抗体杂交瘤细胞株及其分泌的单抗和应用	吴　康	发明	医学部基础医学与生物科学学院
216	2018-07-05	2018107304171	一种钢轨电位抑制系统及方法	杜贵府	发明	轨道交通学院
217	2018-07-12	2018107631065	双轮差速移动机器人定位方法及系统	林　睿	发明	机电工程学院
218	2018-07-13	2018107742782	用于复合型数字微流控芯片的液滴驱动方法及装置	黄海波	发明	机电工程学院
219	2018-07-16	2018107803729	基于窄带物联网的加密通信方法及其加密通信装置	王宜怀	发明	计算机科学与技术学院
220	2018-07-18	2018107891700	一种Tat-SPK2肽防治心肌肥厚或心力衰竭的应用	盛　瑞	发明	医学部药学院
221	2018-07-19	2018107969457	一种判别混沌信号几何特征的级联压缩方法及装置	李文石	发明	电子信息学院
222	2018-07-19	2018107978812	提高真丝印花织物印制性能的方法	陈国强	发明	纺织与服装工程学院
223	2018-07-19	2018107936364	一种高温用石墨负极材料的制备方法	郑洪河	发明	能源学院
224	2018-07-19	2018107936203	一种硼酸化合物修饰锂离子电池硅负极及其制备方法	郑洪河	发明	能源学院

续表

序号	申请日	申请号	专利名称	第一发明人	类型	所属学院（部）
225	2018-07-20	2018108031152	一种基于四比特Cluster态的远距离隐形传态方法	姜　敏	发明	电子信息学院
226	2018-07-20	2018108024182	超立方体线图结构数据中心网络的信息广播方法及系统	程宝雷	发明	计算机科学与技术学院
227	2018-07-24	2018108203356	一种缓释外泌体的多肽纳米纤维水凝胶及其制备方法与应用	李杨欣	发明	心血管病研究所
228	2018-07-26	2018108329299	一种激光点焊拼版方法	朱昊枢	发明	光电科学与工程学院
229	2018-07-30	201810854719X	环戊二烯并[c]色烯化合物及其制备方法	徐　凡	发明	材料与化学化工学部
230	2018-07-31	2018108592072	一种制备草酸酯的方法	万小兵	发明	材料与化学化工学部
231	2018-08-01	2018108615267	耐久性高回弹PTT纤维及其制备方法	孙　君	发明	材料与化学化工学部
232	2018-08-01	2018108749098	Eu3+离子激活的荧光材料及其制备和应用	黄彦林	发明	材料与化学化工学部
233	2018-08-03	201810879004X	一种表面修饰的润滑油用纳米铜的制备方法	曾润生	发明	材料与化学化工学部
234	2018-08-03	2018108763292	一种粒径均一的多级梯度孔碳基磺酸微球、其制备方法及其应用	吴张雄	发明	材料与化学化工学部
235	2018-08-06	2018108851471	一种水滴铺展时间可控的亲水-疏油涂层及其制备方法	赵　燕	发明	纺织与服装工程学院

续表

序号	申请日	申请号	专利名称	第一发明人	类型	所属学院（部）
236	2018-08-06	2018108852169	基于β相聚偏氟乙烯的压电复合材料及其制备方法	胡志军	发明	光电科学与工程学院
237	2018-08-15	2018109304373	基于交联与线形聚合物的多孔性锂离子电池隔膜及其制备方法与应用	张明祖	发明	材料与化学化工学部
238	2018-08-15	201810930441X	适用于空中飞鼠的姿态解算方法	窦玉江	发明	电子信息学院
239	2018-08-16	2018109333022	一种4-环烷基苯乙酮衍生物的制备方法	曾润生	发明	材料与化学化工学部
240	2018-08-21	2018109516521	一种船舶干舷高度测量系统及其测量方法	羊箭锋	发明	电子信息学院
241	2018-08-21	2018109554701	一种智能互动音乐童装及其互动方法	薛哲彬	发明	纺织与服装工程学院
242	2018-08-29	2018109980056	一种负载光催化剂的微纳复合纤维材料及其制备方法	秦传香	发明	材料与化学化工学部
243	2018-08-29	2018109976417	一种氧化锌基纳米颗粒稳定分散液的制备方法	张茂杰	发明	材料与化学化工学部
244	2018-08-30	2018110064648	一种光固化丝素蛋白水凝胶及其制备方法	卢神州	发明	纺织与服装工程学院
245	2018-08-30	2018110064633	一种丝素蛋白光固化水凝胶及其制备方法	卢神州	发明	纺织与服装工程学院
246	2018-08-31	2018110078138	基于深度特征和双向KNN排序优化的行人再识别方法	包宗铭	发明	计算机科学与技术学院
247	2018-09-04	201811023737X	一种柔性P3HB4HB/PLA共混纤维及其制备方法	赵作显	发明	纺织与服装工程学院

续表

序号	申请日	申请号	专利名称	第一发明人	类型	所属学院（部）
248	2018-09-07	2018110425487	一种基于条件生成对抗网络的OCT成像中散斑去噪方法	陈新建	发明	电子信息学院
249	2018-09-07	2018110439386	一种基于去中心化矩阵分解的服务质量预测方法	刘安	发明	计算机科学与技术学院
250	2018-09-08	2018110465094	基于机器学习的盲信号格式识别方法	高明义	发明	电子信息学院
251	2018-09-10	2018110490170	一种自旋晶格弛豫时间测定方法及装置	舒婕	发明	分析测试中心
252	2018-09-10	2018110517440	一种用于类风湿性关节炎诊断的microRNA生物标志物及其应用	雷署丰	发明	医学部公共卫生学院
253	2018-09-12	2018110602528	一种基于联合学习的静态图像人群计数方法	燕然	发明	计算机科学与技术学院
254	2018-09-12	2018110641289	3,3-二取代氧化吲哚及其制备方法	张士磊	发明	医学部药学院
255	2018-09-12	201811064126X	烯基活泼亚甲基化合物的还原方法及还原产物	张士磊	发明	医学部药学院
256	2018-09-12	2018110641274	金属氢化物/钯化合物催化还原体系在烯基活泼亚甲基化合物还原中的应用及还原方法	张士磊	发明	医学部药学院
257	2018-09-13	2018110692261	金属氢化物/钯化合物体系在缺电子烯化合物串联反应制备1,3-二羰基化合物中的应用	张士磊	发明	医学部药学院

续表

序号	申请日	申请号	专利名称	第一发明人	类型	所属学院（部）
258	2018-09-13	2018110706071	基于金属氢化物/钯化合物体系制备1,3-二羰基化合物的方法	张士磊	发明	医学部药学院
259	2018-09-17	2018110808145	一种基于改进Faster R-CNN的黄斑定位方法	陈新建	发明	电子信息学院
260	2018-09-18	2018110902630	一种制备全氟烷基亚磺酸酯的方法	万小兵	发明	材料与化学化工学部
261	2018-09-19	2018110962311	一种基于七比特量子信道的三方通信方法	吴娜娜	发明	电子信息学院
262	2018-09-20	2018111005168	一种类风湿性关节炎的外泌体miRNA标志物及试剂盒	雷署丰	发明	医学部公共卫生学院
263	2018-09-25	2018111141656	基于非最大纠缠链式信道的多跳无损隐形传态方法	付粉香	发明	电子信息学院
264	2018-09-25	2018111189138	液态金属电致驱动小车及其运动控制方法	李相鹏	发明	机电工程学院
265	2018-09-25	2018111125437	恒压源转变为恒流源控制液态金属运动的装置及方法	李相鹏	发明	机电工程学院
266	2018-09-27	201811133199X	苯胺基锂在催化亚胺和硼烷硼氢化反应中的应用	薛明强	发明	材料与化学化工学部
267	2018-09-27	2018111344650	2,6-二异丙基苯胺基锂在催化亚胺和硼烷硼氢化反应中的应用	薛明强	发明	材料与化学化工学部
268	2018-09-27	2018111344646	邻甲氧基苯胺基锂在催化亚胺和硼烷硼氢化反应中的应用	薛明强	发明	材料与化学化工学部

续表

序号	申请日	申请号	专利名称	第一发明人	类型	所属学院（部）
269	2018-09-27	201811129941X	一种基于二维花状材料二硫化钼制备钙钛矿太阳能电池的方法	王照奎	发明	纳米科学技术学院
270	2018-09-27	2018111283144	一种共结晶纳米片的制备方法、共结晶纳米片及其应用	冯莱	发明	能源学院
271	2018-09-27	2018111334502	采用自组装RGO薄膜制备锂电极保护层的方法	姚远洲	发明	能源学院
272	2018-09-28	201811136880X	氧化型1,4-β-D-葡萄糖醛酸寡糖在制备治疗阿尔茨海默病的药物中的应用	张真庆	发明	医学部药学院
273	2018-09-28	2018111368960	一种离心超滤样品处理装置及其使用方法	李笃信	发明	医学部药学院
274	2018-09-29	2018111468672	一种基于扩展立方体架构的数据中心网络及其服务器容错广播方法	程宝雷	发明	计算机科学与技术学院
275	2018-09-30	2018111590477	一种多肽-银纳米团簇复合物及其制备方法与应用	马晓川	发明	医学部放射医学与防护学院
276	2018-10-10	2018111764375	一种携带分子开关的抗CD79b嵌合抗原受体及其修饰的免疫细胞和应用	储剑虹	发明	造血干细胞移植研究所
277	2018-10-11	2018111861426	一种掺杂铌、钒的钽酸钛基光催化剂、制备方法及应用	黄彦林	发明	材料与化学化工学部
278	2018-10-11	2018111855815	含氟偶氮苯两亲性聚合物、可见光响应的聚合物纳米管及其制备方法	周年琛	发明	材料与化学化工学部

续表

序号	申请日	申请号	专利名称	第一发明人	类型	所属学院（部）
279	2018-10-15	2018111949437	一种耐超低温锂电池电解液	晏成林	发明	能源学院
280	2018-10-17	2018112087574	基于弱监督定位和子类别相似性度量的细粒度车型识别方法	戴兴华	发明	计算机科学与技术学院
281	2018-10-22	2018112319603	一种制备苄基胺类化合物的方法	孙宏枚	发明	材料与化学化工学部
282	2018-10-22	2018112319533	离子型铁（Ⅲ）配合物作为催化剂在制备苄基胺类化合物中的应用	孙宏枚	发明	材料与化学化工学部
283	2018-10-22	2018112320371	一种磁性纳米材料及其制备方法与在放射性元素处理中的应用	潘越	发明	材料与化学化工学部
284	2018-10-22	2018112305102	基于未知参数GHZ信道的概率远程实系数量子态制备方法	姜敏	发明	电子信息学院
285	2018-10-22	2018112317275	基于未知参数GHZ信道的概率远程复系数量子态制备方法	姜敏	发明	电子信息学院
286	2018-10-22	201811231728X	基于未知参数四比特团簇态的隐形传送方法	姜敏	发明	电子信息学院
287	2018-10-22	2018112282346	一种有效应力变化效应的演示装置	江建洪	发明	轨道交通学院
288	2018-10-24	2018112401082	一种基于改进的U-net网络的OCT图像脉络膜分割方法	陈新建	发明	电子信息学院
289	2018-10-26	201811255066X	一种体现情感细节信息的情感语料库构建方法	肖仲喆	发明	光电科学与工程学院

续表

序号	申请日	申请号	专利名称	第一发明人	类型	所属学院（部）
290	2018-10-29	2018112695565	一种主链含环状结构的双接枝聚合物及其制备方法	张伟	发明	材料与化学化工学部
291	2018-10-29	2018112707596	一种阻燃蚕丝及其制备方法和应用	唐人成	发明	纺织与服装工程学院
292	2018-10-30	2018112813082	一种基于地址空间的树型网络地址方法	林政宽	发明	计算机科学与技术学院
293	2018-11-01	2018112946455	一种泡沫镍基Co-Mo-S双功能纳米复合材料及其制备方法和应用	郎建平	发明	材料与化学化工学部
294	2018-11-02	2018113052430	高炉渣余热回收热解一体化装置	国宏伟	发明	沙钢钢铁学院
295	2018-11-06	201811314978X	一种聚咔唑负载纳米钯材料及其制备方法与应用	李红喜	发明	材料与化学化工学部
296	2018-11-06	201811314417X	TMX1的用途	武艺	发明	唐仲英血液学研究中心
297	2018-11-12	2018113402699	基于CoMP的异构网络信道及功率资源联合分配方法	马冬	发明	轨道交通学院
298	2018-11-12	2018113368683	一种新型抗癌免疫佐剂及其制备方法	张卫东	发明	物理科学与技术学院
299	2018-11-13	2018113465607	基于金属表面的通用性非接触式手势识别装置	赵品辉	发明	光电科学与工程学院
300	2018-11-15	2018113590310	一种具备振镜校验功能的激光打印系统	魏国军	发明	光电科学与工程学院
301	2018-11-15	2018113590166	一种激光打印系统及其打印方法	魏国军	发明	光电科学与工程学院

续表

序号	申请日	申请号	专利名称	第一发明人	类型	所属学院（部）
302	2018-11-16	2018113637340	一种诱导钙钛矿晶体抗拉伸弯折的柔性光伏器件的制备方法	王照奎	发明	纳米科学技术学院
303	2018-11-19	201811379406X	一种聚甲基三唑甲酸酯及其制备方法与应用	李红坤	发明	材料与化学化工学部
304	2018-11-20	2018113831745	基于血红蛋白信息的多种行走步态调整意图的识别方法	李春光	发明	机电工程学院
305	2018-11-20	2018113832269	一种用于骨质疏松症诊断的蛋白质生物标志物及其应用	邓飞艳	发明	医学部公共卫生学院
306	2018-11-21	2018113938352	一种半导体异质结光催化材料及其制备方法和应用	黄彦林	发明	材料与化学化工学部
307	2018-11-21	2018113913355	一种机器人移动控制的方法、系统及设备	章晓芳	发明	计算机科学与技术学院
308	2018-11-21	2018113907617	一种基于极化的铁电钙钛矿太阳能电池及其制备方法	王照奎	发明	纳米科学技术学院
309	2018-11-28	2018114342962	一种轴向变化的隧道磁阻加速度测量系统及其测量方法	徐大诚	发明	电子信息学院
310	2018-11-28	2018114366863	一种天然长效抗菌功能涤纶拉舍尔毛毯的制备方法	李 刚	发明	纺织与服装工程学院
311	2018-11-30	2018114548819	一种离子型微孔聚合物催化剂及其制备方法和应用	徐 丹	发明	材料与化学化工学部
312	2018-11-30	2018114549120	一种隧道磁阻效应传感器的低频噪声抑制装置及方法	石明慧	发明	电子信息学院

续表

序号	申请日	申请号	专利名称	第一发明人	类型	所属学院（部）
313	2018-11-30	2018114556425	一种基于用户行为序列特征的跨领域推荐方法及装置	赵朋朋	发明	计算机科学与技术学院
314	2018-12-03	2018114679622	黑磷/钨酸铋纳米复合材料及其制备方法与在废气处理中的应用	路建美	发明	材料与化学化工学部
315	2018-12-03	2018114679482	一种可见光响应的三维复合材料 Bi2MoO6/ZnO 及其制备方法与应用	路建美	发明	材料与化学化工学部
316	2018-12-07	201811497406X	一种阻燃型耐紫外芳纶纤维	梁国正	发明	材料与化学化工学部
317	2018-12-10	2018115068679	芳纶纤维增强氰酸酯复合材料	梁国正	发明	材料与化学化工学部
318	2018-12-10	2018115068683	环氧/氰酸酯基复合层压板	梁国正	发明	材料与化学化工学部
319	2018-12-10	201811504321X	一种实现卤素钙钛矿纳米晶体可逆转化的方法	张桥	发明	纳米科学技术学院
320	2018-12-13	2018115276972	负载微生物的酸改性海泡石生物纳米复合材料及其制备方法与应用	路建美	发明	材料与化学化工学部
321	2018-12-13	2018115267329	一种小分子作为赖氨酰 tRNA 合成酶的抑制剂的用途	许维岸	发明	医学部基础医学与生物科学学院
322	2018-12-17	2018115443195	内嵌钍富勒烯衍生物及其制备方法和应用	谌宁	发明	材料与化学化工学部
323	2018-12-17	2018115441005	应用于 3D 打印设备的数据处理方法和 3D 打印设备	朱鸣	发明	光电科学与工程学院

续表

序号	申请日	申请号	专利名称	第一发明人	类型	所属学院（部）
324	2018-12-18	2018115555788	基于苯胺基锂化合物制备硼酸酯的方法	薛明强	发明	材料与化学化工学部
325	2018-12-18	2018115493118	基于大脑血红蛋白信息的行走调节意图的识别方法	李春光	发明	机电工程学院
326	2018-12-19	2018115533401	一种碳纳米管纤维的制备方法	刘宇清	发明	纺织与服装工程学院
327	2018-12-19	2018115573644	电缆绝缘层剥离系统	陈国栋	发明	机电工程学院
328	2018-12-21	2018115715895	一种含硒马来酰亚胺聚合物及其制备方法和应用	朱健	发明	材料与化学化工学部
329	2018-12-24	2018115854351	环氧改性氰酸酯预聚料	梁国正	发明	材料与化学化工学部
330	2018-12-25	2018115944540	利用苯胺基锂化合物为催化剂制备醇化合物的方法	薛明强	发明	材料与化学化工学部
331	2018-12-25	2018115955795	阻燃氰酸酯热压板	梁国正	发明	材料与化学化工学部
332	2018-12-25	2018115956834	基于正丁基锂的芳香族羧酸制备醇化合物的方法	薛明强	发明	材料与化学化工学部
333	2018-12-25	2020108889974	基于过二硫酸钠制备3-硝基吡咯的方法	邹建平	发明	材料与化学化工学部
334	2018-12-25	2018115949559	一种抗菌肽、抗菌肽水凝胶及其制备方法	李永强	发明	医学部
335	2018-12-26	2018115999416	一种用于类风湿性关节炎诊断的生物标志物及其应用	邓飞艳	发明	医学部公共卫生学院

续表

序号	申请日	申请号	专利名称	第一发明人	类型	所属学院（部）
336	2018-12-27	2018116076653	苯并恶唑衍生物及其制备方法和应用	李环球	发明	医学部药学院
337	2018-12-28	2018116253605	一种五轴机床的标定方法	陈国栋	发明	机电工程学院
338	2018-12-29	2018116431725	基于正丁基锂制备脂肪族醇的方法	薛明强	发明	材料与化学化工学部
339	2018-12-29	2018116479245	改性氰酸酯浇注板材	梁国正	发明	材料与化学化工学部
340	2018-12-29	201811643173X	室温制备脂肪族醇的方法	薛明强	发明	材料与化学化工学部
341	2018-12-29	2018116334068	一种高能量密度的平板碳电极	高建峰	发明	工程训练中心
342	2018-12-29	2018116390231	一种铅碳超级电容器	高建峰	发明	工程训练中心
343	2018-12-29	2018116334091	一种黏结式铅碳复合负极	高建峰	发明	工程训练中心
344	2018-12-29	2018116427965	人源 OAT1-MRP2-UGT2B7 三重稳定转染细胞株及其构建方法	张洪建	发明	医学部药学院
345	2018-12-31	201811651020X	一种用于涤纶和锦纶织物的有机硅拒水剂、制备方法及应用	周向东	发明	纺织与服装工程学院
346	2018-12-31	2018116509274	紧凑型折反式无热化成像光谱仪	朱嘉诚	发明	光电科学与工程学院
347	2019-01-08	2019100154375	激光熔覆装置及激光熔覆成形方法	石世宏	发明	激光制造技术研究所
348	2019-01-09	2019100213231	基于激光透射焊接塑料的熔池处理方法	王传洋	发明	机电工程学院

续表

序号	申请日	申请号	专利名称	第一发明人	类型	所属学院（部）
349	2019-01-10	2019100244564	大面积纳米光刻系统及其方法	浦东林	发明	光电科学与工程学院
350	2019-01-11	201910026075X	用于临床骨骼体内成像的量子点的制备方法及成像方法	车艳军	发明	电子信息学院
351	2019-01-11	2019100272441	一种耐高温石花菜的培育方法	沈颂东	发明	医学部基础医学与生物科学学院
352	2019-01-15	2019100372327	三层结构树脂基复合材料及其应用	顾嫒娟	发明	材料与化学化工学部
353	2019-01-15	2019100344543	用于增强碳纤维与树脂基体的复合性能的方法	徐岚	发明	纺织与服装工程学院
354	2019-01-16	2019100389737	NaTaO3和PCBM作为双电子传输层制备钙钛矿太阳能电池的方法	王照奎	发明	纳米科学技术学院
355	2019-01-16	2019100390452	NaTaO3作为电子传输层制备钙钛矿太阳能电池的方法	王照奎	发明	纳米科学技术学院
356	2019-01-18	2019100511495	基于琼脂膜和水凝胶的压力响应智能玻璃及其制备方法和应用	王鑫	发明	纳米科学技术学院
357	2019-01-21	2019100538093	一种超疏水抗紫外阻燃蚕丝织物及其制备方法	邢铁玲	发明	纺织与服装工程学院
358	2019-01-22	201910060590X	一种热适性形状记忆聚合物及其应用方法	顾嫒娟	发明	材料与化学化工学部
359	2019-01-22	2019100595823	传感元件与弹性敏感元件加工一体化的传感器及其制备	刘涛	发明	材料与化学化工学部

续表

序号	申请日	申请号	专利名称	第一发明人	类型	所属学院（部）
360	2019-01-28	2019100826762	一种低成本镁处理微合金钢及其制备方法	王德永	发明	沙钢钢铁学院
361	2019-01-29	2019100867565	一种混合发光二极管及其制作方法	廖良生	发明	纳米科学技术学院
362	2019-01-30	2019100935191	双茂基稀土金属配合物在催化胺硼烷脱氢偶联中的应用	徐 信	发明	材料与化学化工学部
363	2019-01-30	2019100924572	一种衍射效率渐变的光栅耦合器制备装置和制备方法	蔡志坚	发明	光电科学与工程学院
364	2019-01-30	2019100924657	白头翁皂苷 B4 在制备抗炎症性肠病药物中的应用	刘艳丽	发明	医学部药学院
365	2019-01-31	2019100951866	一种丝素/石墨烯复合导电薄膜及其制备方法	邢铁玲	发明	纺织与服装工程学院
366	2019-01-31	2019101001362	高回弹丝素蛋白气凝胶及其制备方法	卢神州	发明	纺织与服装工程学院
367	2019-02-01	2019101039232	杂核金属配合物及其催化的环碳酸酯的制备方法	姚英明	发明	材料与化学化工学部
368	2019-02-01	2019101039868	面向虚拟光网络的频谱资源交易方法及系统	沈纲祥	发明	电子信息学院
369	2019-02-01	2019101039196	一种格拉司琼缓释微球及其制备方法	曹青日	发明	医学部药学院
370	2019-02-03	2019101090949	一种抗菌防过敏成人用纸尿裤及其制备方法	赵荟菁	发明	纺织与服装工程学院

续表

序号	申请日	申请号	专利名称	第一发明人	类型	所属学院（部）
371	2019-02-15	2019101157614	一步法纳米纤维纱增强方法及一种亲水化纤织物	田龙	发明	纺织与服装工程学院
372	2019-02-18	2019101192001	一种新型钢轨修复用合金丝材及钢轨表面损伤修复的方法	夏志新	发明	沙钢钢铁学院
373	2019-02-18	2019101192020	一种新型钢轨修复用合金粉末及钢轨表面损伤修复的方法	夏志新	发明	沙钢钢铁学院
374	2019-02-20	2019101253819	一种固态锂离子电池用聚合物电解质及其制备方法	严锋	发明	材料与化学化工学部
375	2019-02-20	2019101268636	一种含一氧化氮供体的纳米片及其制备方法与应用	刘庄	发明	纳米科学技术学院
376	2019-02-22	2019101314009	一种基于社交网络的去中心化矩阵分解的兴趣点推荐方法	刘安	发明	计算机科学与技术学院
377	2019-02-22	2019101333565	基于过滤门机制的用户法条预测方法	夏鹏	发明	计算机科学与技术学院
378	2019-02-27	2019101459629	多通道、高通量的复合电离装置	李晓旭	发明	机电工程学院
379	2019-02-28	2019101489624	一种基于生物质的阻燃真丝织物及其制备方法	关晋平	发明	纺织与服装工程学院
380	2019-02-28	201910152236X	一种复合电离源装置	李晓旭	发明	机电工程学院
381	2019-02-28	2019101522374	一种电离源装置	李晓旭	发明	机电工程学院

续表

序号	申请日	申请号	专利名称	第一发明人	类型	所属学院（部）
382	2019-03-05	2019101655840	掺磷管状氮化碳微纳米材料及其在废气催化处理中的应用	路建美	发明	材料与化学化工学部
383	2019-03-06	2019101684928	基于酪蛋白磷酸肽的蚕丝耐久性阻燃整理方法及阻燃蚕丝	唐人成	发明	纺织与服装工程学院
384	2019-03-06	2019101692002	阻燃整理液及阻燃整理方法	唐人成	发明	纺织与服装工程学院
385	2019-03-08	2019101762749	用于测量电离辐射剂量的水凝胶纳米颗粒及其制备方法	胡 亮	发明	医学部放射医学与防护学院
386	2019-03-11	2019101818689	锂离子固态电解质薄膜及其应用	金 超	发明	能源学院
387	2019-03-12	2019101857240	一种光学镜头中心偏差测量装置及方法	牛文静	发明	光电科学与工程学院
388	2019-03-12	2019101854543	一种全自动工业射线胶片读片机机构	匡绍龙	发明	机电工程学院
389	2019-03-14	201910193690X	TERT激活剂在制备治疗神经损伤药物中的应用	赛吉拉夫	发明	骨科研究所
390	2019-03-15	2019101991786	一种多功能真丝面料的制备方法	关晋平	发明	纺织与服装工程学院
391	2019-03-15	2019101991841	一种多功能有色真丝或羊毛面料的制备方法	关晋平	发明	纺织与服装工程学院
392	2019-03-15	2019101983582	一种吸盘式全自动工业射线胶片读片机机构	匡绍龙	发明	机电工程学院
393	2019-03-15	2019101959371	激光熔覆轨迹规划方法	石世宏	发明	激光制造技术研究所

续表

序号	申请日	申请号	专利名称	第一发明人	类型	所属学院（部）
394	2019-03-15	2019101997570	道路雨水导口预制砼及其制备方法与应用	翟俊	发明	金螳螂建筑学院
395	2019-03-15	2019101979341	一种促进人多能干细胞定向分化为内皮细胞的方法	胡士军	发明	心血管病研究所
396	2019-03-18	2019102038576	白色有机发光二极管，其制备方法以及有机发光显示器	廖良生	发明	纳米科学技术学院
397	2019-03-19	2019102101777	基于甲基丙烯酸缩水甘油酯的高性能基因载体及其应用	倪沛红	发明	材料与化学化工学部
398	2019-03-21	2019102173544	基于多摄像头数据融合的船舶环境感知与预警系统	胡剑凌	发明	电子信息学院
399	2019-03-22	2019102211917	钙钛矿复合材料及其制备方法	张茂杰	发明	材料与化学化工学部
400	2019-03-25	2019102285323	一种预混合粉末3D打印分离调控方法	王呈栋	发明	机电工程学院
401	2019-03-25	2019102278090	一种预混合粉末3D打印分离检测方法	王呈栋	发明	机电工程学院
402	2019-03-25	2019102271710	一种利用光束空间相干结构实现角锥场整形的方法和系统	王海云	发明	物理科学与技术学院
403	2019-03-26	2019102301345	一种离子交换织物膜的制备方法	朱新生	发明	纺织与服装工程学院
404	2019-03-27	2019102396114	含吡咯并吡咯烷酮构筑单元的荧光共轭高分子、制备方法及应用	范丽娟	发明	材料与化学化工学部

续表

序号	申请日	申请号	专利名称	第一发明人	类型	所属学院(部)
405	2019-03-28	2019102452716	一种可降解脂肪族共聚酯的制备方法	屠迎锋	发明	材料与化学化工学部
406	2019-03-28	2019102410639	一种基于静电纺纳米纤维织物的湿度传感器	田 龙	发明	纺织与服装工程学院
407	2019-03-29	2019102485298	一种使用N-甲氧基酰胺作为氮源合成新型生物活性分子的实用方法	赵应声	发明	材料与化学化工学部
408	2019-04-04	2019102722109	聚三甲基硅基三氮唑及其制备方法和应用	李红坤	发明	材料与化学化工学部
409	2019-04-09	2019102802847	四苯基乙烯基桥联的聚倍半硅氧烷及其制备方法和应用	杨永刚	发明	材料与化学化工学部
410	2019-04-09	2019102819091	一种基于摩擦电式压力传感器的计步系统	陈小平	发明	纳米科学技术学院
411	2019-04-09	2019102785076	Semaphorin7A单克隆抗体及其在制备用于治疗炎症疾病药物方面的应用	董春升	发明	生物医学研究院
412	2019-04-11	2019102899999	一种车联网的数据发送方法及相关装置	侯 嘉	发明	电子信息学院
413	2019-04-11	2019102904291	一种多功能涤纶面料及其制备方法	赵 燕	发明	纺织与服装工程学院
414	2019-04-12	201910294226X	丝素蛋白微针电极及其制备和应用	卢神州	发明	纺织与服装工程学院
415	2019-04-12	2019102949235	应用于激光熔覆中的激光断丝方法	傅戈雁	发明	机电工程学院
416	2019-04-15	201910299496X	有机电致发光化合物及其应用	冉 佺	发明	分析测试中心

续表

序号	申请日	申请号	专利名称	第一发明人	类型	所属学院（部）
417	2019-04-15	2019102990920	多碘修饰的氟硼二吡咯类衍生物及其制备方法和应用	郭正清	发明	医学部放射医学与防护学院
418	2019-04-16	2019103037138	一种活性丝素蛋白多孔材料或活性丝素蛋白膜及其制备方法	王建南	发明	纺织与服装工程学院
419	2019-04-16	2019103037123	一种具有调控血管细胞生长作用的功能丝素材料及其制备方法	王建南	发明	纺织与服装工程学院
420	2019-04-16	2019103040817	一种活性丝素多孔材料或活性丝素膜及其制备方法	王建南	发明	纺织与服装工程学院
421	2019-04-16	2019103040662	一种功能丝素蛋白多孔材料或功能丝素蛋白膜及其制备方法	王为华	发明	纺织与服装工程学院
422	2019-04-16	2019103040836	一种功能丝素多孔材料或功能丝素膜及其制备方法	王建南	发明	纺织与服装工程学院
423	2019-04-19	2019103199819	一种过氯乙烯衍生物及其应用	徐冬梅	发明	材料与化学化工学部
424	2019-04-19	2019103189677	基于吡嗪-2-羧酸酯单元的共轭聚合物及其制备方法和应用	张茂杰	发明	材料与化学化工学部
425	2019-04-19	2019103199823	一种荧光过氯乙烯大分子及其应用	徐冬梅	发明	材料与化学化工学部
426	2019-04-19	2019103182216	基于极化码辅助的概率类PAPR抑制的方法	高明义	发明	电子信息学院
427	2019-04-22	2019103252079	全氟烷基四氟硫甲撑苯乙烯共聚物及其应用	李战雄	发明	纺织与服装工程学院

续表

序号	申请日	申请号	专利名称	第一发明人	类型	所属学院（部）
428	2019-04-22	2019103252098	一种全氟烷基苯乙烯及其应用	李战雄	发明	纺织与服装工程学院
429	2019-04-22	2019103239021	一种制备金属/金属氧化物复合电催化剂的方法	王显福	发明	机电工程学院
430	2019-04-23	2020107266849	基于端炔制备多取代吡唑的方法	李海燕	发明	分析测试中心
431	2019-04-28	2019103514902	四氧化三钴十二面体/氮化碳纳米片复合物及其在废气处理中的应用	路建美	发明	材料与化学化工学部
432	2019-04-28	2019103519003	一种超细绒毛状氧化铜纳米线、制备方法及在功能面料上的应用	王作山	发明	材料与化学化工学部
433	2019-04-28	2019103514457	一种制备草酰胺酯的方法	王航航	发明	材料与化学化工学部
434	2019-04-29	2019103558455	光照RAFT聚合法制备不同活性单体的嵌段共聚物	程振平	发明	材料与化学化工学部
435	2019-04-29	2019103552213	分层自组装的Fe-MoS2/Ni3S2/NF复合纳米材料及其制备方法与应用	郎建平	发明	材料与化学化工学部
436	2019-04-29	2019103552251	光控原位溴-碘转换RDRP-PISA反应一步法合成聚合物纳米粒子	张丽芬	发明	材料与化学化工学部
437	2019-04-29	2019103569197	一种表面修饰油溶性氧化石墨烯的制备方法	曾润生	发明	材料与化学化工学部

续表

序号	申请日	申请号	专利名称	第一发明人	类型	所属学院（部）
438	2019-04-30	201910363482X	一种人体动作识别方法	杨剑宇	发明	轨道交通学院
439	2019-04-30	2019103619092	一种人体动作识别方法	杨剑宇	发明	轨道交通学院
440	2019-04-30	2019103638553	一种动作识别方法	杨剑宇	发明	轨道交通学院
441	2019-05-05	2019103690957	融合依存关系与篇章修辞关系的事件时序关系识别方法	孔芳	发明	计算机科学与技术学院
442	2019-05-05	2019103667414	波导装置及信号传输装置	罗杰	发明	物理科学与技术学院
443	2019-05-08	2019103806614	金银合金纳米粒子修饰的硅纳米线及其制备和应用	袁琳	发明	材料与化学化工学部
444	2019-05-08	2019103814945	一种磁传感器实时标定方法	徐大诚	发明	电子信息学院
445	2019-05-08	2019103806578	一种基于极大似然估计算法的MEMS三轴加速度计标定方法	徐大诚	发明	电子信息学院
446	2019-05-09	2019103860638	原位三维树脂复合材料及其应用	袁莉	发明	材料与化学化工学部
447	2019-05-10	2019103892709	门限值可调的任意未知n粒子最优受控量子隐形传态方法	王宏基	发明	电子信息学院
448	2019-05-10	2019103876354	一种人体动作识别方法	杨剑宇	发明	轨道交通学院
449	2019-05-10	2019103891424	多轴研磨装置的同轴度自动标定方法、装置和系统	陈国栋	发明	机电工程学院

续表

序号	申请日	申请号	专利名称	第一发明人	类型	所属学院（部）
450	2019-05-13	2019103952610	基于偶氮还原酶响应的两亲性嵌段聚合物近红外荧光探针及应用	周年琛	发明	材料与化学化工学部
451	2019-05-14	2019103998879	一种杂交桑快速建园的方法	潘中华	发明	医学部基础医学与生物科学学院
452	2019-05-15	2019104049077	一种基于塔姆结构的彩色辐射降温器	李孝峰	发明	光电科学与工程学院
453	2019-05-15	2019104004786	满足节点差分隐私的度分布直方图发布方法	钱 晴	发明	计算机科学与技术学院
454	2019-05-16	2019104117943	一种制备螺［环丙烷-1,2'-茚］-1',3'-二酮化合物的方法	徐 凡	发明	材料与化学化工学部
455	2019-05-16	2019104118363	一种具有可见光催活性的 In-NH2/g-C3N4 复合材料及其应用	路建美	发明	材料与化学化工学部
456	2019-05-16	2019104079903	具有局域表面等离子体共振吸收的金属氧化物纳米晶及其制备方法	马万里	发明	纳米科学技术学院
457	2019-05-16	2019104052489	RPRM 基因敲除小鼠模型及其构建方法与应用	杨红英	发明	医学部放射医学与防护学院
458	2019-05-17	2019104129620	融合局部特征与深度学习的事件联合抽取方法	孔 芳	发明	计算机科学与技术学院
459	2019-05-17	2019104150890	一种诱导造血干细胞向前T系细胞分化的方法和试剂盒	时玉舫	发明	转化医学研究院

续表

序号	申请日	申请号	专利名称	第一发明人	类型	所属学院（部）
460	2019-05-21	2019104245693	基于CompactRIO的磁阀式可控电抗器测控系统及测控方法	童 力	发明	轨道交通学院
461	2019-05-23	2019104317795	一种应用于水波的波导隐身装置及其设计方法	王振宇	发明	物理科学与技术学院
462	2019-05-24	201910441889X	一种非虹彩结构色织物及其制备方法	邢铁玲	发明	纺织与服装工程学院
463	2019-05-27	2019104470507	一种二氧化硅纳米纤维基凝胶复合电解质及其制备方法	李 艺	发明	材料与化学化工学部
464	2019-05-27	201910446326X	亲水疏油性多孔聚合物及其制备方法	赵 燕	发明	纺织与服装工程学院
465	2019-05-27	2019104482896	光刻方法	邵仁锦	发明	光电科学与工程学院
466	2019-05-28	2019104506551	磁阀式可控电抗器无线温度状态监测系统及方法	童 力	发明	轨道交通学院
467	2019-05-29	2019104595659	一种多功能织物整理剂及其制备方法与应用	周向东	发明	纺织与服装工程学院
468	2019-05-29	2019104595644	一种用于活性染料的固色剂及其制备方法	周向东	发明	纺织与服装工程学院
469	2019-05-30	2019104641182	多功能油水分离材料及其制备方法和应用	程 丝	发明	纺织与服装工程学院
470	2019-05-30	2019104634121	一种基于大数据分析的石墨烯指纹峰分析方法	肖仲喆	发明	光电科学与工程学院
471	2019-06-01	2019104738421	改性内嵌金属富勒烯及其制备方法与应用	尹秀华	发明	医学部放射医学与防护学院

续表

序号	申请日	申请号	专利名称	第一发明人	类型	所属学院（部）
472	2019-06-04	201910482398X	两亲性三嵌段含氟交替共聚物及其制备和应用	程振平	发明	材料与化学化工学部
473	2019-06-04	201910480760X	一种复合支架及其制备方法	邵云菲	发明	纺织与服装工程学院
474	2019-06-04	2019104813174	一种双溶剂结合中压液相色谱分纯化高纯度斑蝥黄的方法	李笃信	发明	医学部药学院
475	2019-06-11	2019105030398	可用于低浓度二氧化氮的方酸菁聚合物传感器及其应用	路建美	发明	材料与化学化工学部
476	2019-06-12	2019105081510	碱性磷酸酶响应型分子探针及其应用	史海斌	发明	医学部放射医学与防护学院
477	2019-06-13	2019105102644	一种聚烯丙基醚酯及其制备方法与应用	李红坤	发明	材料与化学化工学部
478	2019-06-14	2019105165323	光控水溶液可逆络合聚合及聚合物纳米粒子的制备	程振平	发明	材料与化学化工学部
479	2019-06-17	2020108459410	苯磺酰基含硫小分子化合物的应用	路建美	发明	材料与化学化工学部
480	2019-06-17	201910522570X	一种基于结构光扫描的脊柱多阶段配准系统	张峰峰	发明	机电工程学院
481	2019-06-19	2019105308312	一种龙脚叶总黄酮的制备方法	张健	发明	医学部药学院
482	2019-06-20	2019105394835	一种芳甲基膦酰化物的制备方法	邹建平	发明	材料与化学化工学部
483	2019-06-20	201910539484X	一种制备芳基酮衍生物的方法	邹建平	发明	材料与化学化工学部

续表

序号	申请日	申请号	专利名称	第一发明人	类型	所属学院（部）
484	2019-06-20	2019105387210	一种由过氧化物制备烷基膦酰化物的方法	邹建平	发明	材料与化学化工学部
485	2019-06-20	2019105387102	一种制备芳基氧膦衍生物的方法	邹建平	发明	材料与化学化工学部
486	2019-06-24	201910551216X	透明质酸-g-叶酸两亲性聚合物及其应用	孙欢利	发明	材料与化学化工学部
487	2019-06-25	2019105535049	制备L-丙交酯和ε-己内酯无规共聚物的方法	姚英明	发明	材料与化学化工学部
488	2019-06-25	2019105535034	纤维素基多孔聚合物及其制备方法	张涛	发明	纺织与服装工程学院
489	2019-06-27	2019105646342	基于铁氧体膜的柔性电感式压力传感器阵列及其制备方法	陈新建	发明	电子信息学院
490	2019-06-27	2019105682283	提高相关性的神经问题生成方法	熊德意	发明	计算机科学与技术学院
491	2019-07-02	2019105910203	一种分纤细化羽毛纤维及其制备方法与应用	杨旭红	发明	纺织与服装工程学院
492	2019-07-04	201910598714X	一种声纹识别中录音回放攻击检测的声学特征提取方法	俞一彪	发明	电子信息学院
493	2019-07-08	2019106110277	一种基于多腔亚波长光栅结构的偏振器件	王钦华	发明	光电科学与工程学院
494	2019-07-08	2019106103983	一种圆偏振二向色性超透镜和包括该超透镜的光路系统	何存	发明	光电科学与工程学院
495	2019-07-08	2019106095031	磁性类普鲁士蓝材料及其制备和吸附铯离子的应用	华道本	发明	医学部放射医学与防护学院

续表

序号	申请日	申请号	专利名称	第一发明人	类型	所属学院（部）
496	2019-07-09	201910614255X	一种连接结构及客车铝合金骨架	左克生	发明	沙钢钢铁学院
497	2019-07-10	2019106200254	一种光波分复用装置	陈成	发明	光电科学与工程学院
498	2019-07-11	2019106255789	一种醋酸曲安奈德缓释微球及其制备方法	曹青日	发明	医学部药学院
499	2019-07-15	2019106356826	亲水-疏油的纤维素/硅烷偶联剂复合气凝胶的制备方法	赵燕	发明	纺织与服装工程学院
500	2019-07-16	2019106416348	一种智能助眠眼罩	潘梦娇	发明	纺织与服装工程学院
501	2019-07-17	2019106458497	一种视网膜黄斑水肿多病变图像分割方法	朱伟芳	发明	电子信息学院
502	2019-07-19	2019106555849	基于偶氮还原响应的聚合物凝胶荧光探针的制备及应用	周年琛	发明	材料与化学化工学部
503	2019-07-19	2019106541653	一种丝素蛋白高吸水材料及其制备方法	卢神州	发明	纺织与服装工程学院
504	2019-07-19	2019106555139	一种放射性核素沾染去污的水凝胶、制备方法及应用	崔凤梅	发明	医学部放射医学与防护学院
505	2019-07-22	2019106613505	基于大数据的水声目标智能识别方法	江均均	发明	光电科学与工程学院
506	2019-07-26	2019106842970	二环内酯聚合物及其制备和应用	潘向强	发明	材料与化学化工学部
507	2019-07-28	2019106860146	含双噁唑啉衍生的氮杂环卡宾配体和亚磷酸酯配体的混配型镍（Ⅱ）配合物的制备及应用	孙宏枚	发明	材料与化学化工学部

续表

序号	申请日	申请号	专利名称	第一发明人	类型	所属学院（部）
508	2019-07-29	2019106881566	一种新型大分子光引发剂及其合成方法	梁宗琦	发明	材料与化学化工学部
509	2019-07-30	2019106975116	双马来酰亚胺树脂预聚体及其应用	梁国正	发明	材料与化学化工学部
510	2019-07-30	2019106969609	可重塑双马来酰亚胺树脂用预聚体及其应用	梁国正	发明	材料与化学化工学部
511	2019-07-30	2019106969505	可重塑形状记忆双马来酰亚胺树脂及其应用	顾嫒娟	发明	材料与化学化工学部
512	2019-07-30	2019106969651	可重塑双马来酰亚胺树脂及其应用	顾嫒娟	发明	材料与化学化工学部
513	2019-08-03	2019107144016	碳基纳米材料及其应用	杨再兴	发明	医学部放射医学与防护学院
514	2019-08-05	2019107166706	真丝纱罗织物的织造方法	丁志平	发明	纺织与服装工程学院
515	2019-08-06	2019107226393	一种高雾度聚酰亚胺薄膜及其制备方法	唐建新	发明	纳米科学技术学院
516	2019-08-09	201910737447X	亚波长金属超构光栅及中红外可调控回射器	金霞	发明	物理科学与技术学院
517	2019-08-12	2019107410940	长寿命锂离子电池三元正极材料及其制备方法和应用	郑洪河	发明	能源学院
518	2019-08-12	201910740374X	三聚氰胺交联聚乙烯醇水凝胶在锂电池硅负极材料中的应用	郑洪河	发明	能源学院
519	2019-08-12	2019107405938	一种基于石墨烯的光操控系统及光操控方法	侯校冉	发明	物理科学与技术学院

续表

序号	申请日	申请号	专利名称	第一发明人	类型	所属学院（部）
520	2019-08-19	2019107623186	一种基于GCS-Net进行OCT图像脉络膜自动分割方法	石霏	发明	电子信息学院
521	2019-08-20	2019107671616	一种锂离子电池隔膜及其制备方法	魏真真	发明	纺织与服装工程学院
522	2019-08-21	201910775050X	移动通信信号自适应混合压缩方法	胡剑凌	发明	电子信息学院
523	2019-08-22	2019107805216	聚乙烯基硫醚酯及其制备方法与应用	李红坤	发明	材料与化学化工学部
524	2019-08-22	201910780919X	一种抗肿瘤铂类药物矿化蛋白纳米粒及其制备方法和应用	陈华兵	发明	医学部药学院
525	2019-08-26	2019107930860	钢渣回收方法	陈栋	发明	沙钢钢铁学院
526	2019-08-29	2019108110483	一种对细胞多角度力学测量的微流控芯片及其制作方法	杨浩	发明	机电工程学院
527	2019-08-30	2019108113640	一种数据安全分发方法	陈果	发明	计算机科学与技术学院
528	2019-08-30	2019108169542	咔唑类衍生物及其在电致发光器件中的应用	廖良生	发明	纳米科学技术学院
529	2019-08-30	2019108179614	具有高效基因递送能力的三维球形α螺旋阳离子聚多肽及其制备方法与应用	殷黎晨	发明	纳米科学技术学院
530	2019-08-30	2019108184699	一种实现部分相干光紧聚焦的快速计算方法	童瑞寰	发明	物理科学与技术学院

续表

序号	申请日	申请号	专利名称	第一发明人	类型	所属学院（部）
531	2019-09-02	201910824155X	非最大纠缠两能级bell态的量子对话方法	李华阳	发明	电子信息学院
532	2019-09-04	2019108314851	一种聚合物光纤及发光织物	刘宇清	发明	纺织与服装工程学院
533	2019-09-11	2019108600393	彩色编码超分子水凝胶及其制备方法	郭明雨	发明	材料与化学化工学部
534	2019-09-11	2019108610465	促进热喷涂涂层膜基界面间机械和冶金结合的处理方法	张克栋	发明	机电工程学院
535	2019-09-12	2019108670362	基于四粒子X态的多方量子密钥协商方法	李太超	发明	电子信息学院
536	2019-09-15	2019108679723	一种应对水文变化的消落带生态护坡系统	翟　俊	发明	金螳螂建筑学院
537	2019-09-20	2019108953643	高稳定性近红外二区小分子荧光探针及其制备方法和应用	史海斌	发明	医学部放射医学与防护学院
538	2019-09-23	2019108990708	混合云服务流程调度方法	梁合兰	发明	计算机科学与技术学院
539	2019-09-24	2019109064919	血管性血友病因子的结构敏感多肽抗原的序列	邓　巍	发明	唐仲英血液学研究中心
540	2019-09-25	2019109100239	一种新型表面活性剂的合成及由其制备稳定的液态金属纳米液滴	常广涛	发明	纺织与服装工程学院
541	2019-09-26	2019109206318	一种高效晶硅太阳电池及其制备方法	张树德	发明	纳米科学技术学院

续表

序号	申请日	申请号	专利名称	第一发明人	类型	所属学院（部）
542	2019-09-27	2019109204223	一种基于毫米波通信的主动窃听环境下波束成形优化方法	芮贤义	发明	电子信息学院
543	2019-09-29	2019109312209	一种基于嵌入式光栅结构的窄带近红外热电子光电探测器	张程	发明	光电科学与工程学院
544	2019-09-30	201910944508X	一种自聚焦透镜的数值孔径测量装置及方法	邢春蕾	发明	光电科学与工程学院
545	2019-09-30	2019109458395	具有高效基因递送能力的UV光响应性超支化聚β-氨基酯及其制备方法与应用	殷黎晨	发明	纳米科学技术学院
546	2019-10-12	2019109702426	一种蚕丝绳编织粉扑及其制备方法	董璇	发明	医学部基础医学与生物科学学院
547	2019-10-17	2019109882382	一种组织工程化神经移植体及其制备方法	张锋	发明	纺织与服装工程学院
548	2019-10-17	2019109905191	基于强化学习的LTE-R切换参数选择方法	吴澄	发明	轨道交通学院
549	2019-10-17	2019109877793	一种微型非对称超级电容器的制备方法、微型非对称超级电容器及其应用	孙靖宇	发明	能源学院
550	2019-10-17	2019109888069	一种诱导皮肤成纤维细胞直接向神经元转分化的小分子化合物组合及应用	胡雅楠	发明	医学部基础医学与生物科学学院
551	2019-10-18	2019105077303	方酰胺聚合物、基于方酰胺聚合物的VOC传感器及其制备方法	路建美	发明	材料与化学化工学部

续表

序号	申请日	申请号	专利名称	第一发明人	类型	所属学院（部）
552	2019-10-21	2019110011838	一种基于共面双向叉指贴片结构的人工电介质表面	杨歆汨	发明	电子信息学院
553	2019-10-21	2019109972800	一种基于动量梯度下降法的相干光通信系统光信噪比监测方法	王　峰	发明	电子信息学院
554	2019-10-23	2019110122169	基于2,5-二（2-噻吩基）噻唑并[5,4-d]噻唑基三元无规共轭聚合物	张茂杰	发明	材料与化学化工学部
555	2019-10-25	2019110275770	废铝的回收利用方法	李　鹏	发明	沙钢钢铁学院
556	2019-10-28	2019110327192	硫化铟锌纳米片/管状氧化锡异质结及其制备方法与在降解去除水体污染物中的应用	路建美	发明	材料与化学化工学部
557	2019-10-28	2019110337550	稠环方酰胺聚合物、基于稠环方酰胺聚合物的湿敏传感器及其制备方法	路建美	发明	材料与化学化工学部
558	2019-10-28	2019110337635	二氨基蒽醌方酰胺聚合物、基于该方酰胺聚合物的湿敏传感器及其制备方法	路建美	发明	材料与化学化工学部
559	2019-10-28	2019110292511	一种抑制纳米银产生的方法	林根仙	发明	医学部药学院
560	2019-10-29	2019110350466	基于双向GRU网络的肿瘤呼吸运动预测方法	郁树梅	发明	机电工程学院

续表

序号	申请日	申请号	专利名称	第一发明人	类型	所属学院（部）
561	2019-10-29	2019110392168	一种以细菌为模板生长MOF制备多级多孔碳材料的方法及其在储能器件中的应用	邓昭	发明	能源学院
562	2019-10-30	2019110456117	一种人工电介质	杨歆汨	发明	电子信息学院
563	2019-10-30	201911048279X	基于多孔陶瓷复合锂金属负极的锂金属二次电池及其制备方法	金超	发明	能源学院
564	2019-10-30	2019110474488	一种多孔陶瓷复合锂金属负极及其制备方法	金超	发明	能源学院
565	2019-11-01	2019110596502	阵列式MEMS磁传感器实时标定方法	白春风	发明	电子信息学院
566	2019-11-01	2019110601229	具有疏油性和pH响应性的多孔聚合物及其制备和应用	李晓敏	发明	纺织与服装工程学院
567	2019-11-01	2019110634684	基于视觉的机器人自动标定方法、设备和存储介质	谢小辉	发明	机电工程学院
568	2019-11-01	2019110596517	石墨烯气凝胶及其制备方法	朱巍	发明	能源学院
569	2019-11-04	2019110675595	基于七比特量子信道的联合远程态制备方法	钱盈家	发明	电子信息学院
570	2019-11-04	2019110642553	一种适配于油性黏结剂的高性能硅负极材料及其制备方法	黄韦博	发明	能源学院
571	2019-11-04	2019110680589	一种均匀化6系铝合金及其制备方法	刘方镇	发明	沙钢钢铁学院

续表

序号	申请日	申请号	专利名称	第一发明人	类型	所属学院（部）
572	2019-11-05	2019110707806	多纤芯频谱灵活光网络专用保护方法与系统	陈伯文	发明	电子信息学院
573	2019-11-05	2019110712804	pH响应性疏水疏油-亲水疏油可逆转变材料的制备和应用	赵 燕	发明	纺织与服装工程学院
574	2019-11-06	201911077041X	基于多分布测试数据融合的多层感知器快速调制识别方法	朱哲辰	发明	电子信息学院
575	2019-11-06	2019110770176	一种低晶丝蛋白支架及其制备方法	张 锋	发明	纺织与服装工程学院
576	2019-11-06	2019110785769	一种Offner型光谱成像光学系统的快速装调方法	陈新华	发明	光电科学与工程学院
577	2019-11-06	201911075132X	基于SLM技术的3D陶瓷打印设备	范立成	发明	机电工程学院
578	2019-11-08	2019110897849	碘氧化铋/氧化锌复合材料及其制备方法与在压电-光催化去除有机污染物中的应用	路建美	发明	材料与化学化工学部
579	2019-11-09	2019110921123	大幅面DLP型3D打印机错位均摊接缝消除方法及系统	韩月娟	发明	计算机科学与技术学院
580	2019-11-11	201911094886X	一种聚氨基酸水凝胶敷料及其制备方法与应用	潘向强	发明	材料与化学化工学部
581	2019-11-12	2019111002944	双面疏油的超疏水-超亲水Janus型材料的制备方法及应用	赵 燕	发明	纺织与服装工程学院
582	2019-11-12	2019111017511	一种连铸坯组合压下方法	董其鹏	发明	沙钢钢铁学院

续表

序号	申请日	申请号	专利名称	第一发明人	类型	所属学院（部）
583	2019-11-13	2019111072078	一种可光交联且交联后热可塑的PET共聚酯及其制备和应用	屠迎锋	发明	材料与化学化工学部
584	2019-11-13	2019111082652	铁电薄膜三元复合光电极及其制备方法	方亮	发明	物理科学与技术学院
585	2019-11-14	201911112709X	变锭编织法制备多通道抗菌神经导管的方法	许建梅	发明	纺织与服装工程学院
586	2019-11-14	2019111141909	水面连续下杆系统及水面连续下杆方法	陈大友	发明	轨道交通学院
587	2019-11-14	2019111132789	铝掺杂石墨烯材料的制备方法	马克如姆里	发明	能源学院
588	2019-11-15	2019111197745	透明电极、光伏电池、电子器件及透明电极的制备方法	罗杰	发明	光电科学与工程学院
589	2019-11-18	2019111293757	基于生成对抗网络的机械异常检测方法	王俊	发明	轨道交通学院
590	2019-11-21	2019111463122	一种异香豆素衍生物的制备方法	赵应声	发明	材料与化学化工学部
591	2019-11-27	2019111836490	基于参数未知的非最大纠缠Bell态的多方量子密钥协商方法	李太超	发明	电子信息学院
592	2019-11-27	2019111820806	基于参数已知的非最大纠缠Bell态的多方量子密钥协商方法	李太超	发明	电子信息学院
593	2019-11-29	2019112076767	一种制备β-羰基砜的方法	万小兵	发明	材料与化学化工学部
594	2019-12-02	2019112122430	一种基于NB-IoT通信的综合气象数据采集系统	王宜怀	发明	计算机科学与技术学院

续表

序号	申请日	申请号	专利名称	第一发明人	类型	所属学院（部）
595	2019-12-02	2019112126484	一种3D打印高强度石墨烯—酸化碳纳米管电极的方法、石墨烯—酸化碳纳米管电极及其应用	江　林	发明	纳米科学技术学院
596	2019-12-02	2019112145377	一种双模板多级多孔碳基材料及其制备方法与应用	赵晓辉	发明	能源学院
597	2019-12-04	2019112275563	装载疏水药物的丝素蛋白微纳米颗粒缓释制剂及制备方法	郑兆柱	发明	纺织与服装工程学院
598	2019-12-04	2019112296606	一种基于边缘计算的智慧垃圾监控清运方法及装置	王　进	发明	计算机科学与技术学院
599	2019-12-04	2019112296593	一种在边缘计算环境中针对污染攻击的计算验证的方法	王　进	发明	计算机科学与技术学院
600	2019-12-04	2019112251361	一种二硫化钼/石墨烯非对称微型超级电容器的制备方法	邵元龙	发明	能源学院
601	2019-12-10	2019112615495	一种铠装电缆外半导电层自动切割装置	陈国栋	发明	机电工程学院
602	2019-12-11	2019112670524	基于视觉及激光传感器的机器人抓取位姿纠正方法	谢小辉	发明	机电工程学院
603	2019-12-11	2019112649044	铝合金废料中Fe元素的分离方法	王东涛	发明	沙钢钢铁学院
604	2019-12-11	2019112649379	铝合金废料熔体中Fe元素的沉降分离方法	王东涛	发明	沙钢钢铁学院
605	2019-12-13	2019112829117	防止基于人工智能的传输质量预测失败的保护方法及系统	沈纲祥	发明	电子信息学院

续表

序号	申请日	申请号	专利名称	第一发明人	类型	所属学院（部）
606	2019-12-15	2019112879826	一种具有分相结构的环氧树脂体系及其制备方法与应用	袁 莉	发明	材料与化学化工学部
607	2019-12-15	2019112879756	一种苝酰亚胺及其复合光催化材料、制备方法与在去除水体有机污染物中的应用	路建美	发明	材料与化学化工学部
608	2019-12-18	2019113119026	一种缓解肠易激综合征慢性内脏痛敏的寡脱氧核糖核苷酸	徐广银	发明	神经科学研究所
609	2019-12-24	2019113482240	一种空心板梁下表面张拉裂缝注浆观测与强度检测的方法	杨建新	发明	轨道交通学院
610	2019-12-25	2019113563835	一种大口径非球面镜数控铣磨成形抛光方法及装置	郭培基	发明	光电科学与工程学院
611	2019-12-25	2019113578915	基于自驱动胶体体系的非平衡自组装系统及方法	张天辉	发明	物理科学与技术学院
612	2019-12-25	2019113583025	肌肉干细胞在制备抗炎药物中的应用	时玉舫	发明	转化医学研究院
613	2019-12-26	201911365595X	一种球形电机的滑模控制方法	刘吉柱	发明	机电工程学院
614	2019-12-26	2019113697420	一种制备二氮嗪的方法	乔春华	发明	医学部药学院
615	2019-12-28	2019113843874	一种刀具切削颤振控制方法、装置以及设备	张 略	发明	机电工程学院
616	2019-12-31	2019114108194	基于逐次交叉极化的固体核磁共振定量检测方法和装置	舒 婕	发明	分析测试中心

续表

序号	申请日	申请号	专利名称	第一发明人	类型	所属学院（部）
617	2020-01-02	2020100014315	基于稀疏贝叶斯学习的稳态诱发响应脑源定位方法	胡 南	发明	电子信息学院
618	2020-01-06	2020100113151	稠环方酰胺聚合物二氧化氮传感器及其制备方法和用途	路建美	发明	材料与化学化工学部
619	2020-01-11	2020100285073	一种多功能牛角瓜纤维混纺纱线的制备方法	李 刚	发明	纺织与服装工程学院
620	2020-01-13	2020100292749	一种漏液自修复锂金属电池电解液及其制备方法和应用	钱 涛	发明	能源学院
621	2020-01-15	2020100410251	一种48V混合动力汽车热管理系统及混合动力汽车	赵 舟	发明	材料与化学化工学部
622	2020-01-16	2020100492497	制备杂环砜类有机化合物的方法	钟胜奎	发明	材料与化学化工学部
623	2020-01-16	2020100482781	基于稀土掺杂上转换纳米材料的荧光纤维及其制备方法	赵 兵	发明	纺织与服装工程学院
624	2020-01-16	2020100493752	一种负载石墨烯的聚氨酯海绵吸附材料及其制备方法	赵 兵	发明	纺织与服装工程学院
625	2020-01-16	202010049370X	一种金属纳米线柔性导电薄膜及其制备方法	赵 兵	发明	纺织与服装工程学院
626	2020-01-17	2020100552642	JAK-1信号通路抑制剂在制备治疗脑损伤药物中的应用	陶陆阳	发明	医学部基础医学与生物科学学院
627	2020-02-07	202010082606X	含氟液晶弹性体及其制备方法和应用	程振平	发明	材料与化学化工学部

续表

序号	申请日	申请号	专利名称	第一发明人	类型	所属学院（部）
628	2020-02-14	2020100921064	一种弹跳装置	钟博文	发明	机电工程学院
629	2020-02-14	2020100935508	含锡阵列结构的电极的制备及应用	倪江锋	发明	物理科学与技术学院
630	2020-02-21	2020101074722	一种双视场光相干断层扫描成像系统及材料厚度检测法	莫建华	发明	电子信息学院
631	2020-02-21	2020101067080	一种基于阴极析氢强化电解加工微间隙内传质效率的方法及控制系统	贺海东	发明	机电工程学院
632	2020-02-23	2020101101880	一种可见光诱导芳胺化合物硫氰化的方法	钟胜奎	发明	材料与化学化工学部
633	2020-02-23	2020101101908	二水合二氯化铜在光催化吲哚类化合物与硫氰酸盐化合物反应中的应用	李红喜	发明	材料与化学化工学部
634	2020-02-24	2020101131053	一种纳米球光场的前向零散射调控方法	张允晶	发明	电子信息学院
635	2020-02-25	2020101177790	基于含氮杂环的中性线粒体荧光标记物及其制备方法与应用	葛健锋	发明	材料与化学化工学部
636	2020-02-28	2020101314637	基于液滴镊子的微反应器及方法	黄海波	发明	机电工程学院
637	2020-03-03	2020101397748	螺芴三苯胺衍生物及其在有机电致发光器件中的应用	廖良生	发明	纳米科学技术学院
638	2020-03-04	2020101445366	高效窄半峰宽的聚集态发光材料	张晓宏	发明	纳米科学技术学院

续表

序号	申请日	申请号	专利名称	第一发明人	类型	所属学院（部）
639	2020-03-05	2020101482806	可见光催化的脂肪族烯烃的双氯加成产物的制备方法	万小兵	发明	材料与化学化工学部
640	2020-03-09	2020101588228	一种零功耗压力传感器的制备方法及可穿戴电子设备	文震	发明	纳米科学技术学院
641	2020-03-09	2020101579873	一种零功耗压力传感器的制备方法	孙旭辉	发明	纳米科学技术学院
642	2020-03-12	2020101726336	基于模型预测控制的室内空调通风系统	邓业林	发明	轨道交通学院
643	2020-03-12	2020101705096	磁性纳米流体与织构刀具协同切削提高加工精度的方法	郭旭红	发明	机电工程学院
644	2020-03-16	2020101830984	一种利用人工微结构调控光束相干性的方法	刘磊鑫	发明	物理科学与技术学院
645	2020-03-16	2020101822085	一种人工微结构构建方法及包含该人工微结构的光学系统	刘磊鑫	发明	物理科学与技术学院
646	2020-03-18	2020101930751	基于机器学习和OFDM的室内可见光通信定位方法及系统	倪坤晟	发明	电子信息学院
647	2020-03-25	2020102188805	基于PTFE的血管支架的制备方法及其应用	赵荟菁	发明	纺织与服装工程学院
648	2020-03-25	2020102175792	一种在工件表面形成微结构的加工方法及控制系统	贺海东	发明	机电工程学院
649	2020-03-25	2020102173250	一种在工件表面形成微结构的加工方法及控制系统	贺海东	发明	机电工程学院

续表

序号	申请日	申请号	专利名称	第一发明人	类型	所属学院（部）
650	2020-04-01	2020102510697	微纳米尺寸图形化薄膜阵列的介电测试系统及方法	汤如俊	发明	物理科学与技术学院
651	2020-04-09	2020102759430	一种利用电弧炉处理不锈钢除尘灰的方法	胡绍岩	发明	沙钢钢铁学院
652	2020-04-09	2020102759445	利用浸入式水口喷吹镁粉细化连铸坯凝固组织的方法	胡绍岩	发明	沙钢钢铁学院
653	2020-04-14	2020102912036	基于Brown态和网络编码的双向单比特态制备方法	姜敏	发明	电子信息学院
654	2020-04-16	2020102987297	一种靶向免疫节点PD-1与SHP-2互作的先导化合物及其应用	秦樾	发明	生物医学研究院
655	2020-04-20	2020103135735	负载于泡沫镍表面的P-N异质结复合材料及其制备方法与应用	路建美	发明	材料与化学化工学部
656	2020-04-24	2020103337559	基于电磁互易的负折射材料、制备方法及应用	罗杰	发明	物理科学与技术学院
657	2020-04-24	2020103335303	哌嗪类化合物及其在制备趋化因子受体CCR2拮抗剂中的应用	龙亚秋	发明	医学部药学院
658	2020-04-24	2020103335290	咪唑并[1,5-a]喹唑啉-5（4H）-酮类衍生物及其制备方法和用途	龙亚秋	发明	医学部药学院
659	2020-04-27	2020103421991	一种RFID标签数量的估计系统、方法和处理器可读介质	李喆	发明	电子信息学院

续表

序号	申请日	申请号	专利名称	第一发明人	类型	所属学院（部）
660	2020-04-28	2020103507916	益生菌在制备治疗肝脏疾病制剂中的应用	龙乔明	发明	剑桥—苏大基因组资源中心
661	2020-05-08	2020103846722	燃气喷射速率的测量装置及方法	赵舟	发明	能源学院
662	2020-05-11	2020103947422	高光学稳定性细胞膜荧光标记物及其制备方法与应用	葛健锋	发明	材料与化学化工学部
663	2020-05-11	2020103928879	耐溶剂聚合物纳滤膜及其制备方法和应用	靳健	发明	材料与化学化工学部
664	2020-05-15	2020104137704	基于非最大纠缠信道N方控制的联合循环远程态制备方法	张佳慧	发明	电子信息学院
665	2020-05-18	2020104173823	一种耐穿刺纤维复合膜及其制备方法	魏真真	发明	纺织与服装工程学院
666	2020-05-21	2020104364286	免水洗活性染料印花处理液及其应用	陈国强	发明	纺织与服装工程学院
667	2020-05-21	2020104364483	一种隐藏式立体成像薄膜	申溯	发明	光电科学与工程学院
668	2020-05-21	2020104374076	多领域实体识别方法	陈文亮	发明	计算机科学与技术学院
669	2020-05-22	2020104392642	一种实时等搭接率激光熔覆方法和系统	石拓	发明	光电科学与工程学院
670	2020-05-22	2020104422934	一种中空球体黑铅铜矿相金属氧化物电催化剂的制备方法、电催化剂及其应用	杨瑞枝	发明	能源学院

续表

序号	申请日	申请号	专利名称	第一发明人	类型	所属学院（部）
671	2020-05-23	2020104448544	一种基于生物质苯并噁嗪的形状记忆树脂及其制备方法与应用	顾嫒娟	发明	材料与化学化工学部
672	2020-05-23	202010444853X	生物质苯并噁嗪形状记忆树脂用单体及其制备方法与应用	梁国正	发明	材料与化学化工学部
673	2020-05-23	2020104445601	防油防污自清洁功能性复合柔性材料及其制备方法	李战雄	发明	纺织与服装工程学院
674	2020-05-25	2020104507576	动态光场有效空间相干分布的测量方法及测量系统	陈亚红	发明	物理科学与技术学院
675	2020-05-25	202010449530X	测量矢量随机电磁光场二维空间相干结构分布的方法	董震	发明	物理科学与技术学院
676	2020-05-26	2020104533299	反应性含硼阻燃剂的制备方法及其应用	程献伟	发明	纺织与服装工程学院
677	2020-05-26	202010453327X	焦糖阻燃液的制备方法及阻燃整理羊毛纤维制品的方法	程献伟	发明	纺织与服装工程学院
678	2020-05-26	2020104544166	一种微花结构黑铅铜矿相金属氧化物电催化剂的制备方法、电催化剂及其应用	田景华	发明	能源学院
679	2020-05-26	2020104571500	纳米片有序堆叠的宏观高导电性MXene带状纤维及其制备方法与应用	耿凤霞	发明	能源学院
680	2020-05-26	2020104539187	一种训练空间定向能力的装置	张庆	发明	体育学院

续表

序号	申请日	申请号	专利名称	第一发明人	类型	所属学院（部）
681	2020-05-27	2020104632557	基于片状银纳米粒子的物理色纤维及其制备方法	张克勤	发明	纺织与服装工程学院
682	2020-05-27	2020104620348	基于片状银纳米粒子的物理色纤维的改性方法	张克勤	发明	纺织与服装工程学院
683	2020-05-29	2020104759596	适用于宽温度范围的低温度系数带隙基准源	吴晨健	发明	电子信息学院
684	2020-05-29	2020104768928	一种车流量检测方法、装置、设备及介质	张莉	发明	计算机科学与技术学院
685	2020-05-30	2020104809364	一种牛角瓜纤维微波提取装置	李刚	发明	纺织与服装工程学院
686	2020-06-02	2020104903116	一种基于车牌识别数据的区域行停车辆的监测方法	王翔	发明	轨道交通学院
687	2020-06-02	2020104902876	基于摩擦纳米发电机的生化液滴反应装置及反应方法	黄海波	发明	机电工程学院
688	2020-06-08	2020105115558	一种异质界面结合用CrCuV固溶体及其制备方法与应用	夏志新	发明	沙钢钢铁学院
689	2020-06-09	2020105166460	面向突破发育阻滞的早期胚胎拟输卵管环境体外培养芯片	黄海波	发明	机电工程学院
690	2020-06-15	2020105442634	基于PISA方法制备的偶氮还原酶响应性的近红外聚合物荧光探针及其应用	周年琛	发明	材料与化学化工学部
691	2020-06-15	2020105447040	一种STL模型切片方法和装置	王宜怀	发明	计算机科学与技术学院

续表

序号	申请日	申请号	专利名称	第一发明人	类型	所属学院（部）
692	2020-06-17	202010554847X	调控可逆加成—断裂链转移聚合法的产物的分散度的方法	黄智豪	发明	材料与化学化工学部
693	2020-06-17	2020105568562	基于逆向强化学习的移动机器人拟人化路径规划方法	迟文政	发明	机电工程学院
694	2020-06-17	2020105546440	电子受体片段由碳氢原子组成的热活化荧光材料及其应用	张晓宏	发明	纳米科学技术学院
695	2020-06-17	2020105565691	乏氧响应性化学修饰蛋白及其制备方法和应用	殷黎晨	发明	纳米科学技术学院
696	2020-06-22	2020105709630	一种3D打印基于石墨烯的水蒸发发电器件及其制备方法与应用	江林	发明	纳米科学技术学院
697	2020-06-24	2020105868868	复合纳米线及其制备方法	陈宇岳	发明	纺织与服装工程学院
698	2020-06-27	2020105936969	一种提升钙钛矿太阳能电池稳定性的方法	唐建新	发明	纳米科学技术学院
699	2020-06-30	2020106127410	一种法线重合配准系统	张峰峰	发明	机电工程学院
700	2020-06-30	2020106132245	一种基于插层式赝电容的有机纳米负极及其制备方法和应用	张力	发明	能源学院
701	2020-07-08	2020106523785	一种提高CRISPR-Cas9基因编辑中同源重组修复效率的方法	俞家华	发明	医学部放射医学与防护学院
702	2020-07-15	2020106783138	液滴无损转移装置及方法、液滴微反应方法	黄海波	发明	机电工程学院

续表

序号	申请日	申请号	专利名称	第一发明人	类型	所属学院（部）
703	2020-07-16	2020106882082	一种基于自适应流形嵌入动态分布对齐的故障诊断方法	雷飘	发明	轨道交通学院
704	2020-07-21	2020107047324	一种北沙参多糖及其制备方法和应用	张真庆	发明	医学部药学院
705	2020-07-22	2020107095756	一种用于油水乳液分离的复合纤维膜及其制备方法	成晨	发明	纺织与服装工程学院
706	2020-07-23	202010717513X	基于业务安全等级的量子密钥分发保护方法及系统	陈伯文	发明	电子信息学院
707	2020-07-23	2020107170545	负极活性材料及其制备及应用	隋裕雷	发明	沙钢钢铁学院
708	2020-07-28	202010739986X	云边协同网络资源平滑迁移与重构方法及系统	陈伯文	发明	电子信息学院
709	2020-07-29	2020107451197	酞菁锌类染料作为近红外光催化剂的活性自由基聚合方法	程振平	发明	材料与化学化工学部
710	2020-07-29	2020107450993	碱性磷酸酶诱导蚕丝蛋白溶液凝胶化和仿生矿化的方法	李新明	发明	材料与化学化工学部
711	2020-07-29	2020107466972	具有细菌絮凝和抗菌性能的自组装多肽分子及其应用	李新明	发明	材料与化学化工学部
712	2020-07-30	2020107519240	一种极区格网坐标系动基座粗对准方法	徐祥	发明	电子信息学院
713	2020-08-06	202010783023X	一种丝素丝胶蛋白复合膜及其制备方法	王建南	发明	纺织与服装工程学院

续表

序号	申请日	申请号	专利名称	第一发明人	类型	所属学院（部）
714	2020-08-06	2020107829976	一种复合蛋白膜及其制备方法	王建南	发明	纺织与服装工程学院
715	2020-08-06	2020107825763	一种仿生复合骨支架及其制备方法	王建南	发明	纺织与服装工程学院
716	2020-08-11	2020108005935	一种可视化复杂磁场的方法	何乐	发明	纳米科学技术学院
717	2020-08-11	2020108032491	红外Ⅱ区荧光金纳米团簇及其制备和应用	李瑞宾	发明	医学部放射医学与防护学院
718	2020-08-11	2020107997948	DDRGK1作为预测胃癌患者使用铂类化疗药物预后的分子标志物的应用	胡展红	发明	医学部药学院
719	2020-08-21	2020108504134	移动无线光通信系统的容量优化方法、通信方法及系统	由骁迪	发明	电子信息学院
720	2020-08-24	2020108588534	一种环形磁瓦拼接的模具及拼接方法	邓伟峰	发明	能源学院
721	2020-08-26	2020108699804	一种具有瑞士卷结构的压电纤维及其制备方法和应用	刘宇清	发明	纺织与服装工程学院
722	2020-09-01	2020109048586	一种脉管制冷器及其装配方法	邓伟峰	发明	能源学院
723	2020-09-08	2020109374617	手性热激活延迟荧光材料及其制备方法	唐建新	发明	纳米科学技术学院
724	2020-09-08	202010937459X	基于手性热激活延迟荧光材料的电致发光器件及其制备方法	李艳青	发明	纳米科学技术学院

续表

序号	申请日	申请号	专利名称	第一发明人	类型	所属学院（部）
725	2020-09-09	2020109431963	一种γ-丁内酯并异恶唑啉双环骨架化合物的制备方法	万小兵	发明	材料与化学化工学部
726	2020-09-09	202010938660X	一种用于精苯深度脱硫的串珠形Pd-Ni吸附剂	王亚涛	发明	材料与化学化工学部
727	2020-09-10	2020109479553	光控原位溴-碘转换RDRP法合成星形聚合物及单分子胶束	张丽芬	发明	材料与化学化工学部
728	2020-09-15	2020109679456	碳酸钙基复合物微粒及其制备和应用	刘庄	发明	纳米科学技术学院
729	2020-09-15	2020109679140	聚乳酸-羟基乙酸碳酸钙微粒及其制备方法与应用	刘庄	发明	纳米科学技术学院
730	2020-09-15	2020109679390	碳酸钙聚（乳酸-羟基乙酸）复合物微粒及其制备和应用	刘庄	发明	纳米科学技术学院
731	2020-09-16	2020109705164	复合式能量收集装置	刘会聪	发明	机电工程学院
732	2020-09-25	2020110238204	镍钨合金镀层的形成方法	徐英君	发明	沙钢钢铁学院
733	2020-09-28	2020110439398	一种聚氨基酸接枝改性拒水织物及其制备方法	吴优	发明	纺织与服装工程学院
734	2020-09-29	2020110544943	一种基于GHZ态和Bell态的长距离远程量子态制备方法	许智航	发明	电子信息学院
735	2020-09-29	2020110510256	共价有机纳米片材料的应用	王殳凹	发明	医学部放射医学与防护学院

续表

序号	申请日	申请号	专利名称	第一发明人	类型	所属学院(部)
736	2020-10-08	2020110683486	一种耐磨超疏水复合材料及其制备方法	袁莉	发明	材料与化学化工学部
737	2020-10-09	2020110746038	基于GHZ态和Bell态的长距离远程量子态制备方法	许智航	发明	电子信息学院
738	2020-10-10	2020110797010	基于多级词典的分词方法、装置、设备及可读存储介质	李正华	发明	计算机科学与技术学院
739	2020-10-12	2020110867371	基于STAT5A基因插入缺失多态性位点的心源性猝死易感性检测试剂盒	何艳	发明	医学部公共卫生学院
740	2020-10-13	2020110925447	甲氧喹酸在制备用于治疗和/或预防以T-型钙通道为治疗靶点的疾病的药物中的应用	陶金	发明	医学部基础医学与生物科学学院
741	2020-10-20	2020111255033	红细胞在制备光热转换材料中的应用	汪超	发明	纳米科学技术学院
742	2020-10-20	2020111274142	靶向蛋白降解c-Met降解剂及其制备方法与应用	龙亚秋	发明	医学部药学院
743	2020-10-27	2020111667777	传感器在膝关节假体垫片上的布局方法	匡绍龙	发明	机电工程学院
744	2020-11-09	2020112406685	波数线性色散光学系统的设计方法及成像光谱仪	包建	发明	光电科学与工程学院
745	2020-11-09	2020112407207	永磁同步电机矢量控制方法、设备及存储介质	樊明迪	发明	轨道交通学院

续表

序号	申请日	申请号	专利名称	第一发明人	类型	所属学院（部）
746	2020-11-09	2020112422033	带有电流误差校正的永磁同步电机直接转矩控制方法	樊明迪	发明	轨道交通学院
747	2020-11-11	2020112549848	防伪粘胶纤维、制备方法及防伪方法	刘宇清	发明	纺织与服装工程学院
748	2020-11-11	2020112569451	防伪莫代尔纤维、制备方法及防伪方法	刘宇清	发明	纺织与服装工程学院
749	2020-11-11	2020112549617	防伪莱赛尔纤维、制备方法及防伪方法	刘宇清	发明	纺织与服装工程学院
750	2020-11-13	202011271421X	锂硫电池正极的制备方法	张亮	发明	纳米科学技术学院
751	2020-11-20	202011311308X	复值信道均衡器的设计方法	黄鹤	发明	电子信息学院
752	2020-11-20	2020113146242	弯曲狭缝成像光谱仪	朱嘉诚	发明	光电科学与工程学院
753	2020-11-23	2020113241919	一种半导体聚合物纳米颗粒及其制备方法和应用	朱然	发明	医学部放射医学与防护学院
754	2020-11-24	2020113280237	多硫化物氧化还原催化剂及锂硫电池用改性隔膜	张亮	发明	纳米科学技术学院
755	2020-11-25	2020113383727	一种砹211标记的半导体聚合物纳米颗粒及其制备方法和应用	朱然	发明	医学部放射医学与防护学院
756	2020-11-30	202011374339X	一种电催化制备偶氮苯和氧化偶氮苯类化合物的方法	乔玮	发明	能源学院
757	2020-12-02	202011390552X	三维力柔性触觉传感器及其制备方法与解耦方法	聂宝清	发明	电子信息学院

续表

序号	申请日	申请号	专利名称	第一发明人	类型	所属学院（部）
758	2020-12-09	2020114498696	多孔聚合物修饰的金属碳纳米管复合膜及其制备方法与应用	路建美	发明	材料与化学化工学部
759	2020-12-10	2020114550924	一种氢氧化镍/镍网复合析氢析氧电极、制备方法及其应用	沈明荣	发明	物理科学与技术学院
760	2020-12-15	2020114736641	一种钌、铁共掺杂氧化钨及其制备方法和应用	冯 莱	发明	能源学院
761	2020-12-21	2020115158827	基于空间相干结构调控的光学成像系统及成像方法	彭德明	发明	物理科学与技术学院
762	2020-12-23	2020115362674	裸眼三维显示装置	乔 文	发明	光电科学与工程学院
763	2020-12-25	2020115668800	一种制备羧酸酯化合物的方法	万小兵	发明	材料与化学化工学部
764	2020-12-25	2020115570569	一种可拆卸、可重复使用的疏水或超疏水微流控器官芯片	张秀莉	发明	医学部药学院
765	2021-01-15	2021100563247	基于深度学习的人脸特征点检测方法	黄 鹤	发明	电子信息学院
766	2021-01-25	2021101095403	硫代二甲基胂酸致人角质形成细胞恶性转化细胞株及其应用	安 艳	发明	医学部公共卫生学院
767	2021-01-26	2021101031524	底喷粉转炉炉底和底吹砖协同热更换的长炉龄服役方法	朱 荣	发明	沙钢钢铁学院
768	2021-01-27	202110113461X	氘气制备方法及以其作为氘源参与的氘代反应	郎建平	发明	材料与化学化工学部

续表

序号	申请日	申请号	专利名称	第一发明人	类型	所属学院（部）
769	2021-02-01	2021101369121	一种氧化石墨烯/银纳米复合杂化抗菌材料的制备方法、材料、应用及产品	张睿	发明	纺织与服装工程学院
770	2021-02-02	2021101424773	一种医用放射性二氧化硅微球及其制备方法与应用	王广林	发明	医学部放射医学与防护学院
771	2021-02-07	2021101777281	应用于光学相干弹性成像的传感器、成像系统及成像方法	莫建华	发明	电子信息学院
772	2021-02-18	2021101878085	螺环吲哚啉衍生物及其制备方法和应用	纪顺俊	发明	材料与化学化工学部
773	2021-02-25	2021102113216	服务质量感知的并行柔性Skyline服务发现方法	梁合兰	发明	计算机科学与技术学院
774	2021-03-08	2021102485878	AR抑制剂和/或HIF-1α抑制剂在制备药物中的应用	周翊峰	发明	医学部基础医学与生物科学学院
775	2021-03-11	2021102641452	干细胞分泌物及其制备方法、生物活性骨水泥及制备方法和应用	邵文珺	发明	医学部放射医学与防护学院
776	2021-03-12	2021102722479	自适应调光的可见光通信系统及调制解调方法	熊超然	发明	电子信息学院
777	2021-03-12	2021102707515	激光直写光刻机制作的三维微纳形貌结构及其制备方法	陈林森	发明	光电科学与工程学院
778	2021-03-19	2021102961094	光谱选择性热辐射器及其设计方法	蔡琦琳	发明	轨道交通学院

续表

序号	申请日	申请号	专利名称	第一发明人	类型	所属学院（部）
779	2021-03-19	2021103053231	二甲基亚胂酸致人角质形成细胞恶性转化细胞株及其应用	安 艳	发明	医学部公共卫生学院
780	2021-03-26	2021103260852	光通道性能保证下的OSNR感知频谱分配方法及系统	沈纲祥	发明	电子信息学院
781	2021-03-30	2021103419430	2-（4,4-二氯-1-（8-喹啉基）-2-氮杂环丁基）羧酸酯衍生物的制备方法	曾润生	发明	材料与化学化工学部
782	2021-03-31	2021103492120	可见光通信频谱感知系统及方法	由骁迪	发明	电子信息学院
783	2021-03-31	2021103471783	多层微流控芯片封装器件、多层微流控芯片及其应用	张秀莉	发明	医学部药学院
784	2021-04-02	2021103637793	一种尼龙6原位着色切片及其制备方法	李若欣	发明	纺织与服装工程学院
785	2021-04-02	2021103634954	一种基于水性炭黑纳米色浆的尼龙6原位着色切片及其制备方法	李若欣	发明	纺织与服装工程学院
786	2021-04-13	2021103938343	一种光纤部署方法、存储介质、电子设备及系统	沈纲祥	发明	电子信息学院
787	2021-04-28	2021104641122	有机半导体器件原位电学性能监测设备	申学礼	发明	纳米科学技术学院
788	2021-04-29	2021104707666	心脏芯片及其检测方法与应用	张秀莉	发明	医学部药学院
789	2021-05-24	2021105653112	一种介电弹性体驱动的刚性折纸式灵巧手指节的驱动模型	张 庭	发明	机电工程学院

续表

序号	申请日	申请号	专利名称	第一发明人	类型	所属学院（部）
790	2021-05-28	2021105944546	一种全耦合假肢手臂	张庭	发明	机电工程学院
791	2021-06-07	2021106293773	基于随机光场空间结构调控的光学成像系统及方法	彭德明	发明	物理科学与技术学院
792	2021-06-10	2021106480854	双极性调制360°电力潮流控制器及其工作方法	张友军	发明	机电工程学院
793	2021-06-15	2021106623025	一种化学交联透明质酸水凝胶及其制备方法与应用	郑兆柱	发明	纺织与服装工程学院
794	2021-06-16	2021106659915	基于融合模态内和模态间关系的数据处理方法及系统	李寿山	发明	计算机科学与技术学院
795	2021-06-22	202110692599X	一种垂摆升频式波浪能收集装置及搭载设备	刘会聪	发明	机电工程学院
796	2021-08-02	2021108793618	基于卷积神经网络的陶瓷热冲击损伤程度检测方法及系统	齐菲	发明	机电工程学院
797	2021-08-06	2021109042086	一种可重塑与降解生物质苯并噁嗪树脂及其制备方法	顾嫒娟	发明	材料与化学化工学部
798	2021-09-09	2021110535455	基于双向光相位调制器的微波源相位噪声测量装置	周沛	发明	光电科学与工程学院
799	2018-11-01	2018217886460	电致变色显示面板及电子纸	浦东林	实用新型	光电科学与工程学院
800	2018-11-01	2018217883566	电致变色显示面板及电子纸	浦东林	实用新型	光电科学与工程学院

续表

序号	申请日	申请号	专利名称	第一发明人	类型	所属学院（部）
801	2018-11-01	2018217884817	电致变色显示面板及电子纸	浦东林	实用新型	光电科学与工程学院
802	2018-11-01	2018217885788	电致变色显示面板及电子纸	浦东林	实用新型	光电科学与工程学院
803	2018-11-01	2018217954805	电致变色显示面板及电子纸	浦东林	实用新型	光电科学与工程学院
804	2018-11-01	2018217882953	电致变色显示面板及电子纸	浦东林	实用新型	光电科学与工程学院
805	2018-11-01	2018217955085	电致变色显示面板及电子纸	浦东林	实用新型	光电科学与工程学院
806	2018-11-01	2018217886051	电致变色显示面板及电子纸	浦东林	实用新型	光电科学与工程学院
807	2019-03-15	2020200125864	人行道雨水导口及绿化带雨水导口	翟俊	实用新型	金螳螂建筑学院
808	2019-08-01	2019212317716	一种移动机器人的固定机构	张婷	实用新型	机电工程学院
809	2019-11-29	2019221076278	用于测试啮齿动物认知功能的一体式培养箱	万忠晓	实用新型	医学部公共卫生学院
810	2019-12-17	202020273603X	一种激光打印系统	魏国军	实用新型	光电科学与工程学院
811	2019-12-30	2019224386755	一种装饰薄膜及装饰玻璃	朱昊枢	实用新型	光电科学与工程学院
812	2020-02-08	2020201558656	小鼠尾静脉注射温浴照明辅助装置	王楚怡	实用新型	医学部基础医学与生物科学学院
813	2020-02-28	2020202244497	多凹面细胞培养片	张乐帅	实用新型	医学部放射医学与防护学院

续表

序号	申请日	申请号	专利名称	第一发明人	类型	所属学院（部）
814	2020-03-17	2020203292322	一种可用于三维正交织物织造的纺织装置	张岩	实用新型	纺织与服装工程学院
815	2020-04-07	2020204898823	一种辅助无声发音贴片和设备	刘会聪	实用新型	机电工程学院
816	2020-04-13	202020536560X	一种用于日盲紫外告警的光学镜头	谭奋利	实用新型	光电科学与工程学院
817	2020-04-16	2020205692160	城市雨水智能处理装置及城市雨水智能处理分析系统	翟俊	实用新型	金螳螂建筑学院
818	2020-04-17	2020205752301	一种医疗用辅助行走装置	张馨文	实用新型	医学部
819	2020-04-21	2020206057235	一种雏鸡声音印记行为检测装置	车轶	实用新型	医学部基础医学与生物科学学院
820	2020-04-24	2020206456470	一种哺乳文胸	李琼舟	实用新型	艺术学院
821	2020-04-28	2020206755858	一种基于石墨烯等离子体的宽带透射式红外光调制器	王钦华	实用新型	光电科学与工程学院
822	2020-05-07	2020207334485	一种小鼠粪尿分离及收集装置	安艳	实用新型	医学部公共卫生学院
823	2020-05-11	2020207715491	一种脚踩式酒精喷壶	肖呈琦	实用新型	医学部公共卫生学院
824	2020-05-21	2020208610158	一种折衍式微型投影镜头	许峰	实用新型	光电科学与工程学院
825	2020-05-25	2020208928688	用以降低溶液黏度的凹槽式静电纺丝装置	徐缓缓	实用新型	纺织与服装工程学院

续表

序号	申请日	申请号	专利名称	第一发明人	类型	所属学院（部）
826	2020-05-25	2020208994247	一种易于批量清洗移液管的转换器	安 艳	实用新型	医学部公共卫生学院
827	2020-05-27	2020209201384	一种超临界二氧化碳流体闪爆装置	龙家杰	实用新型	纺织与服装工程学院
828	2020-05-28	2020209389586	一种用于隧道衬砌的机械臂及机械臂	张峰峰	实用新型	机电工程学院
829	2020-05-28	2020209394033	一种用于隧道衬砌的手爪	张峰峰	实用新型	机电工程学院
830	2020-05-29	2020209435866	可批量制备纳米纤维的核壳结构的纺丝装置	潘 璐	实用新型	纺织与服装工程学院
831	2020-05-29	2020209513738	一种智能台车	张峰峰	实用新型	机电工程学院
832	2020-05-29	202020949492X	一种六自由度装配机械手	张峰峰	实用新型	机电工程学院
833	2020-05-29	2020209506490	一种带起泡网的包装瓶	包文欣	实用新型	医学部
834	2020-05-29	2020209484114	一种挤压式瓶盖固定装置	钱 一	实用新型	医学部
835	2020-06-01	2020209699703	小蚕收集器具	李 兵	实用新型	医学部基础医学与生物科学学院
836	2020-06-02	2020209844478	一种生态截流岛	赵华菁	实用新型	轨道交通学院
837	2020-06-07	2020210225093	一种新型环卫工作服	何佳臻	实用新型	纺织与服装工程学院
838	2020-06-08	202021031555X	可升降式大批量制备取向纤维的自由液面纺丝装置	汪 屹	实用新型	纺织与服装工程学院

续表

序号	申请日	申请号	专利名称	第一发明人	类型	所属学院（部）
839	2020-06-08	2020210309012	中深层套管式地埋管换热器	沈俊勇	实用新型	能源学院
840	2020-06-12	2020210907834	一种新型带运放弱管的分压电路	李富华	实用新型	电子信息学院
841	2020-06-12	202021083071X	一种学生用实习昆虫标本采集箱	戈志强	实用新型	医学部基础医学与生物科学学院
842	2020-06-12	2020210896469	一种新型口腔镜	黄瑶	实用新型	医学部
843	2020-06-15	2020210996467	一种生物解剖用便于清洗的操作台	朱琍燕	实用新型	医学部基础医学与生物科学学院
844	2020-06-15	2020211026171	病理切片梯度脱水装置	朱琍燕	实用新型	医学部基础医学与生物科学学院
845	2020-06-16	2020211095843	一种石墨烯掩膜法生长氮化镓的半导体结构	陈王义博	实用新型	光电科学与工程学院
846	2020-06-16	2020211071406	一种基于口腔护理的口腔刷	黄瑶	实用新型	医学部
847	2020-06-18	2020211402108	一种水运航船的链轨齿扦拉船机拘的加强装置	胡子刚	实用新型	金螳螂建筑学院
848	2020-06-19	202021150781X	一种液体滚压泵	张柳笛	实用新型	机电工程学院
849	2020-06-22	2020211676752	一种病理实验用活体白鼠经颅直流电刺激固定的支架	徐广银	实用新型	神经科学研究所
850	2020-06-22	2020211677276	一种用于动物实验的胃部球囊装置	徐广银	实用新型	神经科学研究所

续表

序号	申请日	申请号	专利名称	第一发明人	类型	所属学院（部）
851	2020-06-23	2020211759882	测量极低温下纳米谐振器振动模式的装置	徐凡颀	实用新型	光电科学与工程学院
852	2020-06-23	2020211825047	一种高效杀菌消毒新风装置	辛 煜	实用新型	物理科学与技术学院
853	2020-06-24	2020212070330	C型臂X光机	张峰峰	实用新型	机电工程学院
854	2020-06-29	2020212204532	柔性压电发电器件	胡建臣	实用新型	纺织与服装工程学院
855	2020-06-30	2020212575778	一种激光签注系统	魏国军	实用新型	光电科学与工程学院
856	2020-07-01	2020212586109	一种用于动物实验侧脑室稳定注射的装置	张明阳	实用新型	医学部基础医学与生物科学学院
857	2020-07-01	2020212450700	一种服装设计描线装置	李奕霖	实用新型	艺术学院
858	2020-07-01	2020212450698	用于服装的压烫装置	李奕霖	实用新型	艺术学院
859	2020-07-02	2020212790172	一种扭转弹性元件及中空柔性关节	臧 妍	实用新型	机电工程学院
860	2020-07-02	2020212619117	一种可调节服装设计打孔钳	翟嘉艺	实用新型	艺术学院
861	2020-07-02	2020212594730	一种服装设计用陈列架	李奕霖	实用新型	艺术学院
862	2020-07-04	2020212911247	一种同步可逆加减计数器	李富华	实用新型	电子信息学院
863	2020-07-04	2020212911228	一种可约束范围的计数器	李富华	实用新型	电子信息学院

续表

序号	申请日	申请号	专利名称	第一发明人	类型	所属学院（部）
864	2020-07-06	2020213039725	基于二元超构表面的不对称电磁波分离器	徐亚东	实用新型	物理科学与技术学院
865	2020-07-08	2020213293834	一种石墨烯纤维的制备装置	张德锁	实用新型	纺织与服装工程学院
866	2020-07-09	202021342781X	一种二原型根茎过渡区模型教具	吴均章	实用新型	医学部基础医学与生物科学学院
867	2020-07-09	2020213424648	一种沙蚕头部结构模型教具	朱玉芳	实用新型	医学部基础医学与生物科学学院
868	2020-07-10	2020213518077	智能安全座椅及控制系统	江星星	实用新型	轨道交通学院
869	2020-07-14	2020213712429	一种可净水的组合式植物种植盆	马建武	实用新型	金螳螂建筑学院
870	2020-07-15	2020213889927	一种基于激光器相控阵列的线性啁啾微波信号产生装置	李念强	实用新型	光电科学与工程学院
871	2020-07-16	2020213996793	吹尘式激光清洗头	郭敏超	实用新型	机电工程学院
872	2020-07-16	2020213995625	一种手持式吹尘激光头	王贤宝	实用新型	机电工程学院
873	2020-07-20	2020214299861	一种基于数字图像的电子产品屏幕缺陷自动检测装置	刘纯平	实用新型	计算机科学与技术学院
874	2020-07-20	2020214235357	一种室内多功能康健箱庭	郑丽	实用新型	金螳螂建筑学院
875	2020-07-20	2020214317164	基于3He正比计数管的中子测量系统	辛杰	实用新型	医学部放射医学与防护学院

续表

序号	申请日	申请号	专利名称	第一发明人	类型	所属学院（部）
876	2020-07-21	2020214494900	可穿戴生理监测装置	王丽荣	实用新型	电子信息学院
877	2020-07-21	202021444737X	一种静脉连续采血输液留置针	田盛	实用新型	医学部药学院
878	2020-07-22	2020214649333	一种用于湖泊消浪的竹钢排桩	赵华菁	实用新型	轨道交通学院
879	2020-07-23	2020214701741	一种大视场投影系统	曾春梅	实用新型	光电科学与工程学院
880	2020-07-24	2020214780565	一种离子色谱-质谱联用在线检测保护装置	张真庆	实用新型	医学部药学院
881	2020-07-27	2020215081498	一种电子工程电源保护装置	冉龙	实用新型	机电工程学院
882	2020-07-27	2020215049806	一种电子工程大气采样器	冉龙	实用新型	机电工程学院
883	2020-07-28	2020215173860	一种内置宽肋的圆筒状塑料外壳	于晓东	实用新型	机电工程学院
884	2020-08-03	2020215820112	微振动信号敏感元件、检测机构及磨床对刀精准检测装置	张雷	实用新型	机电工程学院
885	2020-08-03	2020215820146	集成机械能收集与振动检测功能的微器件	王可军	实用新型	机电工程学院
886	2020-08-11	2020216556297	一种基于辐射制冷的自动通断装置及路灯	詹耀辉	实用新型	光电科学与工程学院
887	2020-08-13	2020216856770	一种仿生保暖透气型睡袋	尹翌凤	实用新型	纺织与服装工程学院
888	2020-08-13	2020216802906	背光模组	张恒	实用新型	光电科学与工程学院

续表

序号	申请日	申请号	专利名称	第一发明人	类型	所属学院（部）
889	2020-08-13	2020216803326	背光模组	方宗豹	实用新型	光电科学与工程学院
890	2020-08-14	2020216964205	一种磨边驱动装置	匡绍龙	实用新型	机电工程学院
891	2020-08-14	2020216936690	一种适用于乡村旅游的景观座椅	谈建中	实用新型	金螳螂建筑学院
892	2020-08-14	2020216984923	一种自动脱钩装置	徐志坤	实用新型	沙钢钢铁学院
893	2020-08-17	2020217053670	一种风琴式色谱柱收纳包	张真庆	实用新型	医学部药学院
894	2020-08-19	2020217404889	一种引入非球面的大视场凝视型成像系统	曾晨欣	实用新型	光电科学与工程学院
895	2020-08-19	2020217416903	一种机器人主动变刚度关节	刘强龙	实用新型	机电工程学院
896	2020-08-19	2020217405701	一种细胞爬片培养配套装置	穆旭	实用新型	医学部基础医学与生物科学学院
897	2020-08-20	2020217498814	自动叠衣装置	张元博	实用新型	机电工程学院
898	2020-08-21	2020217676116	一种利用石墨烯耦合的近红外宽波段光开关装置	王钦华	实用新型	光电科学与工程学院
899	2020-08-27	2020218291549	一种防摔防滑的眼镜镜架和眼镜	李安阳	实用新型	纺织与服装工程学院
900	2020-08-28	202021849892X	一种绿色建筑的集成节能屋	肖湘东	实用新型	金螳螂建筑学院
901	2020-08-31	2020218649192	一种万向去毛刺用光头装置	郭敏超	实用新型	机电工程学院

续表

序号	申请日	申请号	专利名称	第一发明人	类型	所属学院（部）
902	2020-09-02	2020218849907	精密磨床自动上下料装置	缪宇杰	实用新型	机电工程学院
903	2020-09-02	202021882282X	转炉喷粉用旋转接头	胡绍岩	实用新型	沙钢钢铁学院
904	2020-09-04	2020219161839	一种基于导模共振原理的超窄带波长可调光学滤波器	彭婉	实用新型	光电科学与工程学院
905	2020-09-04	2020219092398	一种集穴位按摩、热敷、音乐三维一体的便秘腹部按摩仪	孟红燕	实用新型	医学部护理学院
906	2020-09-07	2020219311323	基于表面等离子体共振的纳米金光栅透射型微流控传感器	金越	实用新型	光电科学与工程学院
907	2020-09-08	2020219487316	一种导光板抛光治具	张恒	实用新型	光电科学与工程学院
908	2020-09-08	2020219537550	一种导光板抛光治具及导光板抛光设备	张恒	实用新型	光电科学与工程学院
909	2020-09-09	2020219556689	一种折反式 Golay3 稀疏孔径光学系统	陈斌	实用新型	光电科学与工程学院
910	2020-09-10	2020219677734	一种丝绸设计用丝绸晾晒装置	李海明	实用新型	艺术学院
911	2020-09-10	2020219677715	一种丝绸设计用面料切断装置	李海明	实用新型	艺术学院
912	2020-09-14	2020220054433	用于脉冲管制冷机的功回收装置和脉冲管制冷机系统	邓伟峰	实用新型	能源学院
913	2020-09-14	2020219990536	一种服装设计用量衣尺	李海明	实用新型	艺术学院

续表

序号	申请日	申请号	专利名称	第一发明人	类型	所属学院（部）
914	2020-09-16	2020220301407	一种气瓶快速释放装置	高 强	实用新型	机电工程学院
915	2020-09-17	2020220474266	一种复合材料的加工装置	王 萍	实用新型	纺织与服装工程学院
916	2020-09-22	2020220876902	一种基于步进电机的纳米谐振器振动模式可视化装置	卢 恒	实用新型	光电科学与工程学院
917	2020-09-24	2020221246568	基于双振镜系统的激光熔覆头	王贤宝	实用新型	机电工程学院
918	2020-09-24	2020221151591	基于简易叶轮和光电编码器的潮气量实时监测装置	敬诗呈	实用新型	机电工程学院
919	2020-09-24	2020221151958	基于简易单向阀分流气体的潮气量实时监测装置	敬诗呈	实用新型	机电工程学院
920	2020-09-25	2020221287106	一种带有微电流刺激功能的细胞培养装置	李 刚	实用新型	纺织与服装工程学院
921	2020-09-29	2020221795781	一种基于阻类存储器的D触发器电路及寄存器	张文海	实用新型	电子信息学院
922	2020-09-30	2020221929729	一种多柱连续上样纯化装置	李笃信	实用新型	医学部药学院
923	2020-10-09	2020222328086	一种多功能服装	洪 岩	实用新型	纺织与服装工程学院
924	2020-10-13	202022268840X	一种自供电鞋垫	刘会聪	实用新型	机电工程学院
925	2020-10-16	2020223034395	用于圆柱形液压油缸内壁的清洗熔覆复合加工设备	张胜江	实用新型	机电工程学院

续表

序号	申请日	申请号	专利名称	第一发明人	类型	所属学院（部）
926	2020-10-16	2020223034380	圆柱形液压油缸外壁清洗熔覆复合加工设备	徐悠源	实用新型	机电工程学院
927	2020-10-20	2020223367660	一种果蔬干燥实时形貌监测装置	陈晓东	实用新型	材料与化学化工学部
928	2020-10-20	2020223394757	一种基于体布拉格光栅的双波长谐振腔	张翔	实用新型	光电科学与工程学院
929	2020-10-22	2020223645933	一种腔式光子晶体选择性吸收辐射器	蔡琦琳	实用新型	轨道交通学院
930	2020-10-23	202022394014X	多维电化学检测装置	屠一锋	实用新型	材料与化学化工学部
931	2020-10-23	2020223923341	一种导光板及生产该导光板的设备	张恒	实用新型	光电科学与工程学院
932	2020-10-26	2020224017698	一种便于调节的计算机底座	朱泽楷	实用新型	计算机科学与技术学院
933	2020-10-27	2020224159627	一种结合虚拟现实技术的减重步行训练设备	张庆	实用新型	体育学院
934	2020-10-28	202022437928X	循环流体动力纺丝装置	孟凯	实用新型	纺织与服装工程学院
935	2020-10-30	202022469579X	一种低温下光学与射频耦合测量纳米谐振器振动的装置	卢恒	实用新型	光电科学与工程学院
936	2020-10-30	2020224697210	一种高黏度流体的承载力性能测试装置	付春青	实用新型	轨道交通学院
937	2020-11-02	2020224926328	一种用于快照式成像光谱仪的分光成像系统	谭奋利	实用新型	光电科学与工程学院

续表

序号	申请日	申请号	专利名称	第一发明人	类型	所属学院（部）
938	2020-11-02	2020224937731	一种装配在托卡马克上的立体成像系统	冯 岩	实用新型	物理科学与技术学院
939	2020-11-02	2020224963191	一种带电击功能的蛇夹	戈志强	实用新型	医学部基础医学与生物科学学院
940	2020-11-03	2020224994838	回字形VC基板散热模组	徐玉亭	实用新型	光电科学与工程学院
941	2020-11-03	202022500942X	一种迷宫式电子设备防回流散热盖板	严 威	实用新型	光电科学与工程学院
942	2020-11-03	2020224992387	硬盘高效热管均温型一体化托架	蔡嘉恒	实用新型	光电科学与工程学院
943	2020-11-05	2020225399793	一种可精准调节升降高度的排球架	宋元平	实用新型	体育学院
944	2020-11-05	2020225364188	一种新型电位滴定仪	王殳凹	实用新型	医学部放射医学与防护学院
945	2020-11-06	2020225444943	基于忆阻元件和蕴含逻辑的非易失性存储器	王子欧	实用新型	电子信息学院
946	2020-11-06	2020225459953	一种对系综量子比特进行高保真度操控的系统	王嘉仪	实用新型	光电科学与工程学院
947	2020-11-09	2020225590047	一种适用于军服生产的裁剪装置	王 巧	实用新型	艺术学院
948	2020-11-10	2020225849140	一种军用衣帽箱	李海明	实用新型	艺术学院
949	2020-11-10	2020225823193	一种军用服装熨烫台	李海明	实用新型	艺术学院

续表

序号	申请日	申请号	专利名称	第一发明人	类型	所属学院（部）
950	2020-11-12	2020226134592	一种电动牙刷	武婧	实用新型	医学部公共卫生学院
951	2020-11-12	2020226076347	一种军用服装定型装置	王巧	实用新型	艺术学院
952	2020-11-13	2020226293090	破碎机	魏国军	实用新型	光电科学与工程学院
953	2020-11-17	2020226577285	一种基于纳米材料实现的单色光多进制传输的装置	廖良生	实用新型	纳米科学技术学院
954	2020-11-17	2020226646001	一种训练用跨栏栏架	张宝峰	实用新型	体育学院
955	2020-11-18	2020226708084	气泡静电纺丝装置	高璐璐	实用新型	纺织与服装工程学院
956	2020-11-18	2020226745469	一种轨道车辆轴承振动测试装置	陈博戬	实用新型	轨道交通学院
957	2020-11-19	202022689186X	一种连续制备纳米纤维的静电纺丝设备	殷妮	实用新型	纺织与服装工程学院
958	2020-11-23	2020227266527	一种喷洒式污水处理箱	顾梦溪	实用新型	纺织与服装工程学院
959	2020-11-23	2020227292184	一种节约空间的污水净化机构	顾梦溪	实用新型	纺织与服装工程学院
960	2020-11-23	2020227266442	一种纤维污水净化弯管机构	顾梦溪	实用新型	纺织与服装工程学院
961	2020-11-23	2020227282017	一种水泥土泥浆侧向压力的测试装置	陈甦	实用新型	轨道交通学院
962	2020-11-23	202022718104X	可移动式雨水净化利用植物种植箱	马建武	实用新型	金螳螂建筑学院

续表

序号	申请日	申请号	专利名称	第一发明人	类型	所属学院（部）
963	2020-11-23	2020227229180	一种物料快速烘干装置	周建芹	实用新型	医学部药学院
964	2020-11-24	2020227409501	可控旋转静电纺丝装置	徐缓缓	实用新型	纺织与服装工程学院
965	2020-11-24	2020227429721	多功能暖手宝	薛如晶	实用新型	纺织与服装工程学院
966	2020-11-25	2020227600537	一种高效产氧的微藻固定装置及一种空气净化器	符宇航	实用新型	纺织与服装工程学院
967	2020-11-27	2020227947468	一种称重给药机	武婧	实用新型	医学部公共卫生学院
968	2020-11-27	2020228075813	移液枪头放置台	武婧	实用新型	医学部公共卫生学院
969	2020-11-30	2020228188671	一种反射式微成像镜头	任建锋	实用新型	光电科学与工程学院
970	2020-11-30	2020228274747	一种疲劳试验用电阻电焊试样	张宇航	实用新型	物理科学与技术学院
971	2020-11-30	202022824830X	一种神经细胞生长锥模型教具	曹广力	实用新型	医学部基础医学与生物科学学院
972	2020-12-03	202022874014X	一种近中场射频识别阅读器天线	刘学观	实用新型	电子信息学院
973	2020-12-03	202022866488X	一种高增益圆极化的RFID阅读器天线	刘学观	实用新型	电子信息学院
974	2020-12-03	202022894017X	一种真菌细胞囊泡粘连于目的区室的模型教具	曹广力	实用新型	医学部基础医学与生物科学学院

续表

序号	申请日	申请号	专利名称	第一发明人	类型	所属学院（部）
975	2020-12-05	202022887501X	一种城市雨水收集调蓄控制装置	杨维旭	实用新型	金螳螂建筑学院
976	2020-12-07	2020229116810	一种基于视觉识别的多色纱管分选机构	倪俊芳	实用新型	机电工程学院
977	2020-12-08	2020229132832	一种服装设计用裁剪台	张婕	实用新型	艺术学院
978	2020-12-14	2020229862746	导光板模具、导光板及背光模组	张恒	实用新型	光电科学与工程学院
979	2020-12-14	2020229931021	一种分光计用可电动微调的双光栅	孙宝印	实用新型	物理科学与技术学院
980	2020-12-14	2020229931093	一种弱导热性物质比热容测定仪	孙宝印	实用新型	物理科学与技术学院
981	2020-12-15	2020230005289	锯齿槽-齿轮滚动式静电纺丝装置	徐缓缓	实用新型	纺织与服装工程学院
982	2020-12-15	2020230005433	可旋转升降式锯齿静电纺丝装置	徐缓缓	实用新型	纺织与服装工程学院
983	2020-12-15	2020230209676	一种基于热释光的辐射剂量测量装置	屈卫卫	实用新型	医学部放射医学与防护学院
984	2020-12-16	2020230544960	一种蓝牙天线	陈鸿海	实用新型	电子信息学院
985	2020-12-16	2020230275150	磁控仿生机器人	杨浩	实用新型	机电工程学院
986	2020-12-16	2020230258386	一种乒乓球练习用可伸缩移动的辅助装置	李木子	实用新型	体育学院
987	2020-12-17	2020230567125	一种多频段组合天线	刘学观	实用新型	电子信息学院

续表

序号	申请日	申请号	专利名称	第一发明人	类型	所属学院（部）
988	2020-12-17	2020230582820	一种智能识别婴儿哭声的多功能音乐播放装置	张晓俊	实用新型	光电科学与工程学院
989	2020-12-22	2020231175234	一种印花纳米纤维滤膜的制备装置	殷 妮	实用新型	纺织与服装工程学院
990	2020-12-22	2020231135326	使用蓝光控制PTR玻璃中氟化钠析晶的系统	张 翔	实用新型	光电科学与工程学院
991	2020-12-22	2020231374416	一种压印设备	魏国军	实用新型	光电科学与工程学院
992	2020-12-23	2020231358451	一种喷吹高温氧化性气体的水冷式喷枪	胡绍岩	实用新型	沙钢钢铁学院
993	2020-12-24	2020231595438	一种基于两曼金镜的折反光学镜头	周建康	实用新型	光电科学与工程学院
994	2020-12-24	2020231619409	一种活动夹爪及搬运机器人	谢小辉	实用新型	机电工程学院
995	2020-12-24	2020231489072	一种带吸气功能的烟灰缸	申邵杰	实用新型	金螳螂建筑学院
996	2020-12-25	2020232026307	一种导光板及背光模组	方宗豹	实用新型	光电科学与工程学院
997	2020-12-25	2020231794624	一种可变光阑	方宗豹	实用新型	光电科学与工程学院
998	2020-12-25	2020232045948	一种取料装置和取料单元	方宗豹	实用新型	光电科学与工程学院
999	2020-12-25	2020232027121	一种抛光固定装置及抛光系统	张 恒	实用新型	光电科学与工程学院
1000	2020-12-25	2020232045435	一种撕膜单元和撕膜设备	张 恒	实用新型	光电科学与工程学院

续表

序号	申请日	申请号	专利名称	第一发明人	类型	所属学院（部）
1001	2020-12-25	2020232012592	一种双通道波导镜片模组及AR显示装置	张恒	实用新型	光电科学与工程学院
1002	2020-12-25	2020231990051	一种板材定位固定装置和板材端面自动处理单元	方宗豹	实用新型	光电科学与工程学院
1003	2020-12-25	2020231795434	一种板材端面自动加工设备	张恒	实用新型	光电科学与工程学院
1004	2020-12-25	2020232026684	一种带自动升降平台的储料架和撕膜设备	方宗豹	实用新型	光电科学与工程学院
1005	2020-12-26	2020231910517	一种拼音田字格黑板磁力贴	杨娜	实用新型	轨道交通学院
1006	2020-12-28	2020232154428	双通道同步复装载脉冲发生装置	吴迪	实用新型	光电科学与工程学院
1007	2020-12-28	2020232154201	一种可食用胶囊	袁振	实用新型	体育学院
1008	2020-12-29	2020232417353	一种基于光泵自旋VCSEL的储备池计算装置	李念强	实用新型	光电科学与工程学院
1009	2020-12-29	2020232559689	一种妇科检查床床垫置换装置	钱一	实用新型	医学部
1010	2020-12-30	2020232873676	充绒空气服	苏文帧	实用新型	纺织与服装工程学院
1011	2020-12-31	2020233511780	一种重力感应滚轴出料装置	方宗豹	实用新型	光电科学与工程学院
1012	2020-12-31	2020233241705	一种加湿扩散器及流水线加湿系统	张恒	实用新型	光电科学与工程学院
1013	2020-12-31	2020232954955	一种复合量程微力传感器	陈涛	实用新型	机电工程学院

续表

序号	申请日	申请号	专利名称	第一发明人	类型	所属学院（部）
1014	2020-12-31	2020233371516	一种基于柔性腕结构的电磁驱动微夹持器	陈涛	实用新型	机电工程学院
1015	2020-12-31	2020233160801	一种分体式脉管制冷机	吴炜民	实用新型	能源学院
1016	2021-01-06	2021200211493	一种连续视野无障碍的景深镜片及其制备模具	任建锋	实用新型	光电科学与工程学院
1017	2021-01-08	2021200440986	可批量制备核壳结构纳米纤维的静电纺丝装置	潘璐	实用新型	纺织与服装工程学院
1018	2021-01-08	2021200466011	日本血吸虫尾蚴标本个体采集装置	吕大兵	实用新型	医学部公共卫生学院
1019	2021-01-08	202120042939X	一种基于真空泵吸的生物流体与组织分离的装置	杨霜	实用新型	医学部药学院
1020	2021-01-11	2021200640287	一种口腔治疗用辅助器	武婧	实用新型	医学部公共卫生学院
1021	2021-01-11	2021200603790	裸眼三维显示装置	乔文	实用新型	光电科学与工程学院
1022	2021-01-12	2021200752367	一种支持电力需求侧响应的光伏发电系统	周鸣籁	实用新型	电子信息学院
1023	2021-01-12	2021200733436	可滑动调控距离的静电纺丝装置	樊培志	实用新型	纺织与服装工程学院
1024	2021-01-13	2021200879033	一种耳廓矫形器	余嘉	实用新型	骨科研究所
1025	2021-01-13	2021200830718	应用于更换造口袋的辅助防漏装置	张露	实用新型	医学部护理学院

续表

序号	申请日	申请号	专利名称	第一发明人	类型	所属学院（部）
1026	2021-01-14	2021200997487	基于透射式机械调制的光束光轴自稳装置及光学系统	张翔	实用新型	光电科学与工程学院
1027	2021-01-14	2021200978363	基于反射式机械调制的光束光轴自稳装置及光学系统	张翔	实用新型	光电科学与工程学院
1028	2021-01-14	202120099742X	融合结构光扫描仪和光学位置跟踪器的手术灯	罗鹤飞	实用新型	机电工程学院
1029	2021-01-19	2021201380323	一种中心体结构模型教具	郑小坚	实用新型	医学部实验中心
1030	2021-01-21	2021201680309	一种防抖拐杖	王杰龙	实用新型	体育学院
1031	2021-01-22	2021201764145	一种基于双光注入半导体激光器的微波频率梳产生装置	周沛	实用新型	光电科学与工程学院
1032	2021-01-22	2021201735049	一种用于语音增强唤醒的可穿戴智能手环	张晓俊	实用新型	光电科学与工程学院
1033	2021-01-22	2021201771204	基于嵌套双螺旋面形的圆二色性超透镜结构	王晨乾	实用新型	光电科学与工程学院
1034	2021-01-22	2021201823980	一种用于抵抗倾覆力矩的桥梁抗拔组件	杨娜	实用新型	轨道交通学院
1035	2021-01-22	2021201816277	一种用于钢梁上抵抗倾覆力矩的抗拔结构件	杨娜	实用新型	轨道交通学院
1036	2021-01-22	2021201824269	一种用于独柱墩桥梁抵抗倾覆力矩的限位结构	杨娜	实用新型	轨道交通学院

续表

序号	申请日	申请号	专利名称	第一发明人	类型	所属学院（部）
1037	2021-01-22	2021201824273	一种用于独柱墩桥梁抵抗倾覆力矩的抗拔组件	杨娜	实用新型	轨道交通学院
1038	2021-01-22	2021201816281	一种用于花瓶墩箱梁桥抵抗倾覆力矩的限位组件	杨娜	实用新型	轨道交通学院
1039	2021-01-26	2021202130842	一种双极化5G基站天线	刘昌荣	实用新型	电子信息学院
1040	2021-01-27	202120228197X	一种用于矩形钢顶管施工的牵引及纠偏装置	贾鹏蛟	实用新型	轨道交通学院
1041	2021-01-28	2021202453196	一种实验室用试剂摇匀装置	张洁	实用新型	医学部公共卫生学院
1042	2021-01-28	2021202453533	一种化学实验室用化学试剂干燥装置	张洁	实用新型	医学部公共卫生学院
1043	2021-01-28	2021202432931	一种实验室便捷式液体试剂取样器	张洁	实用新型	医学部公共卫生学院
1044	2021-01-29	2021202560272	一种化学实验新型试剂盒	陶莎莎	实用新型	医学部公共卫生学院
1045	2021-01-29	202120256015X	一种实验试剂新型离心装置	陶莎莎	实用新型	医学部公共卫生学院
1046	2021-01-29	2021202576035	一种实验室安全智能试剂柜	陶莎莎	实用新型	医学部公共卫生学院
1047	2021-01-29	2021202757971	一种改进型实验室试剂架	陶莎莎	实用新型	医学部公共卫生学院
1048	2021-01-31	2021202716238	一种剪草机可调节剪草高度的驱动转向系统	刘怡明	实用新型	机电工程学院

续表

序号	申请日	申请号	专利名称	第一发明人	类型	所属学院(部)
1049	2021-02-01	2021202803626	一种锯齿式公交站台	凌晨宇	实用新型	轨道交通学院
1050	2021-02-01	2021202837938	一种吸头	陈立国	实用新型	机电工程学院
1051	2021-02-03	2021203096092	一种RFID阅读器阵列天线	刘学观	实用新型	电子信息学院
1052	2021-02-03	2021203077890	一种多格营养液配置浇灌壶	申绍杰	实用新型	金螳螂建筑学院
1053	2021-02-04	2021203166894	一种用于观察万能材料试验机刺破性能的探测装置	胡嘉赟	实用新型	纺织与服装工程学院
1054	2021-02-04	2021203166875	一种仿蚕吐丝的纺丝装置	胡嘉赟	实用新型	纺织与服装工程学院
1055	2021-02-04	2021203271937	一种电信号直接读出的光学传感装置	吴绍龙	实用新型	光电科学与工程学院
1056	2021-02-04	2021203422180	一种电能质量监测装置	陈蓉	实用新型	轨道交通学院
1057	2021-02-04	2021203206533	一种western blot抗体洗脱装置	雷婧	实用新型	医学部公共卫生学院
1058	2021-02-05	2021203350483	一种形状记忆合金丝的定型装置	王丽君	实用新型	纺织与服装工程学院
1059	2021-02-05	2021203323081	一种热敏型形状记忆非织造织物	潘梦娇	实用新型	纺织与服装工程学院
1060	2021-02-05	2021203320647	基于蚕吐丝设计生成带皮双芯的纺丝装置	胡嘉赟	实用新型	纺织与服装工程学院
1061	2021-02-05	2021203442080	一种热敏型形状记忆针织物	潘梦娇	实用新型	纺织与服装工程学院

续表

序号	申请日	申请号	专利名称	第一发明人	类型	所属学院（部）
1062	2021-02-08	2021203510887	一种水车式气泡纺丝装置	殷妮	实用新型	纺织与服装工程学院
1063	2021-02-08	2021203522437	一种辐射式制冷制热的被动房	吴捷	实用新型	金螳螂建筑学院
1064	2021-02-08	202120364555X	一种柔和送风的置换通风式建筑物	沈景华	实用新型	金螳螂建筑学院
1065	2021-02-08	2021203647343	避免浊气自锁于室内的置换通风式建筑物及室内表面材料	吴捷	实用新型	金螳螂建筑学院
1066	2021-02-08	2021203522460	一种通过室内浊气管控避免交叉感染的建筑物	沈景华	实用新型	金螳螂建筑学院
1067	2021-02-08	2021203670000	一种网格化送风的置换通风式建筑物	陈守恭	实用新型	金螳螂建筑学院
1068	2021-02-08	2021203648469	一种置换通风式被动房	沈景华	实用新型	金螳螂建筑学院
1069	2021-02-09	2021203664071	用于手指手掌锻炼的握力装置	殷瞳瞳	实用新型	医学部护理学院
1070	2021-02-09	2021203755920	手指手掌握力器	殷瞳瞳	实用新型	医学部护理学院
1071	2021-02-18	2021203751648	一种多角度焊接夹具	张功达	实用新型	机电工程学院
1072	2021-02-19	2021203761033	一种导光板测试治具	方宗豹	实用新型	光电科学与工程学院
1073	2021-02-23	2021203977659	一种分析天平称量配件组合收纳装置	张真庆	实用新型	医学部药学院
1074	2021-02-25	2021204128391	一种变姿态激光熔覆加工装置	朱刚贤	实用新型	机电工程学院

续表

序号	申请日	申请号	专利名称	第一发明人	类型	所属学院（部）
1075	2021-02-25	2021204161597	一种用于自激发光材料光学性质评估的装置	王亚星	实用新型	医学部放射医学与防护学院
1076	2021-03-01	2021204384152	标定组件及体Bragg光栅的制备装置	袁 孝	实用新型	光电科学与工程学院
1077	2021-03-02	2021204478893	气泡静电纺丝装置	薛如晶	实用新型	纺织与服装工程学院
1078	2021-03-02	2021204500492	光泵自旋VCSEL周期振荡毫米波信号产生装置	李念强	实用新型	光电科学与工程学院
1079	2021-03-02	202120450809X	一种针筒式滤膜过滤器收纳盒	张真庆	实用新型	医学部药学院
1080	2021-03-02	2021204515394	一种用于吸水率测定的离心管	徐乃玉	实用新型	医学部药学院
1081	2021-03-02	2021204461445	用于足部中药理疗的鞋垫套	毛芳莹	实用新型	医学部
1082	2021-03-03	202120459093X	光驱动降解制氢的双功能装置	乌心怡	实用新型	物理科学与技术学院
1083	2021-03-04	202120465627X	一种低功耗芯片的过温保护电路	黄祥林	实用新型	电子信息学院
1084	2021-03-05	2021204789962	一种超宽基坑围护结构温度附加变形的监测与预警装置	尹 鹏	实用新型	轨道交通学院
1085	2021-03-05	2021204789159	一种基于实时降雨量的基坑降水自动控制装置	尹 鹏	实用新型	轨道交通学院
1086	2021-03-05	2021204782910	一种防抖勺	薛 豪	实用新型	体育学院

续表

序号	申请日	申请号	专利名称	第一发明人	类型	所属学院（部）
1087	2021-03-06	2021204823183	一种无源抗金属RFID标签天线	刘学观	实用新型	电子信息学院
1088	2021-03-08	2021204867209	包覆纱纺纱装置	刘宇清	实用新型	纺织与服装工程学院
1089	2021-03-08	2021204906044	斑马鱼卵收集盒	聂继华	实用新型	医学部公共卫生学院
1090	2021-03-09	2021205007888	电磁波吸收结构和吸波装置	周云	实用新型	光电科学与工程学院
1091	2021-03-09	2021205045678	一种口腔支撑器	黄瑶	实用新型	医学部
1092	2021-03-10	2021205042519	一种钢木组合柱	张晓峰	实用新型	金螳螂建筑学院
1093	2021-03-11	2021205142856	一种可批量制备核壳结构纳米纤维的静电纺丝装置	潘璐	实用新型	纺织与服装工程学院
1094	2021-03-11	2021205177075	自由活塞式斯特林发电机	王吉	实用新型	能源学院
1095	2021-03-11	2021205188366	一种课堂实验桌	李强	实用新型	医学部基础医学与生物科学学院
1096	2021-03-16	2021205441097	一种方便安装的接地装置	范红梅	实用新型	工程训练中心
1097	2021-03-16	2021205443270	一种可进行高度微调的接地装置	范红梅	实用新型	工程训练中心
1098	2021-03-16	2021205452710	搅拌器	花艳丽	实用新型	医学部公共卫生学院
1099	2021-03-19	2021205629532	气泡静电纺丝装置	高璐璐	实用新型	纺织与服装工程学院

续表

序号	申请日	申请号	专利名称	第一发明人	类型	所属学院（部）
1100	2021-03-19	2021205723498	一种AR/VR可切换调光模组及显示装置	罗明辉	实用新型	光电科学与工程学院
1101	2021-03-19	2021205659881	一种服装打版用可折叠展示装置	张婕	实用新型	艺术学院
1102	2021-03-22	202120574543X	扩散片及背光模组	方宗豹	实用新型	光电科学与工程学院
1103	2021-03-22	2021205802589	一种管土界面剪切试验装置	王社江	实用新型	轨道交通学院
1104	2021-03-22	2021205813899	一种双气浮活塞结构的直线振荡压缩式制冷机	邓伟峰	实用新型	能源学院
1105	2021-03-23	2021205898007	分类垃圾桶	李娟娟	实用新型	电子信息学院
1106	2021-03-23	202120589844X	配送无人机	李娟娟	实用新型	电子信息学院
1107	2021-03-23	2021205870779	静电纺丝装置	高璐璐	实用新型	纺织与服装工程学院
1108	2021-03-25	202120606276X	静电纺丝装置	尹静	实用新型	纺织与服装工程学院
1109	2021-03-25	2021206064534	伞状多喷头静电纺丝装置	高璐璐	实用新型	纺织与服装工程学院
1110	2021-03-25	2021206107756	耐磨防腐蚀复合镀层及电子接口	韩小燕	实用新型	分析测试中心
1111	2021-03-25	2021206082053	包装盒智能仓储自动化上料流水线	吴华	实用新型	医学部基础医学与生物科学学院
1112	2021-03-25	2021206083075	一种仓储装置的自动化上料装配设备	吴华	实用新型	医学部基础医学与生物科学学院

续表

序号	申请日	申请号	专利名称	第一发明人	类型	所属学院（部）
1113	2021-03-25	2021206111234	载物台玻片适配器	王文洁	实用新型	唐仲英血液学研究中心
1114	2021-03-26	2021206119166	一种桥墩冲刷监测装置	梅健	实用新型	轨道交通学院
1115	2021-03-26	2021206146303	一种钢木组合景观灯柱	张晓峰	实用新型	金螳螂建筑学院
1116	2021-03-26	2021206172399	一种适应湖泊水位变化的水上浮升亭	马建武	实用新型	金螳螂建筑学院
1117	2021-03-28	2021206221605	一种医用离轴大视场微型内窥镜光学系统	季轶群	实用新型	光电科学与工程学院
1118	2021-03-29	2021206363235	用于低功耗芯片的过温保护电路	黄祥林	实用新型	电子信息学院
1119	2021-03-29	2021206309160	用于制取芯-壳结构纳米纤维的静电纺丝装置	隗冬	实用新型	纺织与服装工程学院
1120	2021-03-29	2021206372906	一种牙线棒	武婧	实用新型	医学部公共卫生学院
1121	2021-03-29	2021206351115	增强现实显示的光学结构	罗明辉	实用新型	光电科学与工程学院
1122	2021-03-29	2021206336327	一种斗拱榫卯桌	钱晓冬	实用新型	金螳螂建筑学院
1123	2021-03-30	2021206414326	蘑菇用采摘机构	王蓬勃	实用新型	机电工程学院
1124	2021-03-30	2021206424633	多功能握力器	赵治	实用新型	医学部护理学院
1125	2021-03-31	2021206514998	一种石墨烯掩膜生长氮化镓的衬底	陈王义博	实用新型	光电科学与工程学院

续表

序号	申请日	申请号	专利名称	第一发明人	类型	所属学院（部）
1126	2021-03-31	202120648984X	一种便于调节的全息波导镜片安装结构	吴宗庆	实用新型	光电科学与工程学院
1127	2021-03-31	2021206591477	混合级联型AC-AC变换器	张友军	实用新型	机电工程学院
1128	2021-03-31	2021206554656	四连杆机械夹爪	张奎	实用新型	机电工程学院
1129	2021-04-06	2021206956739	基于蚕茧结构的防刺复合材料	郝家庆	实用新型	纺织与服装工程学院
1130	2021-04-07	2021207060704	一种太阳能分波段利用装置	蔡琦琳	实用新型	轨道交通学院
1131	2021-04-09	2021207256090	基于折叠同心结构的紧凑型宽视场凝视成像系统	季轶群	实用新型	光电科学与工程学院
1132	2021-04-09	2021207283083	一种软开关交流变换器	张友军	实用新型	机电工程学院
1133	2021-04-09	2021207171285	一种去白细胞富血小板血浆装置	刘安	实用新型	计算机科学与技术学院
1134	2021-04-10	2021207261296	一种稳定安全的护坡式生态堤岸	杨维旭	实用新型	金螳螂建筑学院
1135	2021-04-12	2021207376124	一种具有防盗功能的红外摄像装置	戈志强	实用新型	医学部基础医学与生物科学学院
1136	2021-04-13	2021207443805	散流式迷宫混合器	封其都	实用新型	纺织与服装工程学院
1137	2021-04-13	2021207633424	一种测量井深的装置	詹耀辉	实用新型	光电科学与工程学院
1138	2021-04-13	2021207446343	一种溢流自清洁养殖缸	景楠	实用新型	医学部公共卫生学院

续表

序号	申请日	申请号	专利名称	第一发明人	类型	所属学院（部）
1139	2021-04-14	2021207547768	冷凝除湿水自动养花系统	郑丽	实用新型	金螳螂建筑学院
1140	2021-04-14	2021207638786	一种显示器件及使用该显示器件的车窗	廖良生	实用新型	纳米科学技术学院
1141	2021-04-15	2021207815831	一种用于冠心病患者PCI术后的桡动脉止血器	胡尧尧	实用新型	医学部第一临床医学院
1142	2021-04-15	2021207729200	一种消除飞线疲劳的动圈式直线对置振荡压缩机	邓伟峰	实用新型	能源学院
1143	2021-04-15	2021207729272	基于脉冲形状甄别的α/β表面污染仪	杨悦	实用新型	医学部放射医学与防护学院
1144	2021-04-15	2021207750555	一种实验用移液装置	武婧	实用新型	医学部公共卫生学院
1145	2021-04-15	2021207684657	一种舐吸式口器模型教具	曹广力	实用新型	医学部基础医学与生物科学学院
1146	2021-04-16	202120778339X	静电纺丝装置	高璐璐	实用新型	纺织与服装工程学院
1147	2021-04-19	2021207981780	全息波导镜片及增强现实显示装置	罗明辉	实用新型	光电科学与工程学院
1148	2021-04-19	2021207967853	一种氚过滤防毒面罩滤毒罐	刘汉洲	实用新型	医学部放射医学与防护学院
1149	2021-04-21	2021208238189	一种办公室多功能分类垃圾桶	郑丽	实用新型	金螳螂建筑学院
1150	2021-04-21	2021208273727	一种便于使用的手指型指甲锉	鲁春梅	实用新型	医学部公共卫生学院

续表

序号	申请日	申请号	专利名称	第一发明人	类型	所属学院（部）
1151	2021-04-21	2021208261819	脾脏组织的单细胞悬液制作器	何艳	实用新型	医学部基础医学与生物科学学院
1152	2021-04-22	2021208401617	一种基于液晶的芯片化滤波器	吴佳辰	实用新型	光电科学与工程学院
1153	2021-04-22	2021208399640	一种基于液晶的可调谐激光器	张新君	实用新型	光电科学与工程学院
1154	2021-04-22	2021208385192	用于水钻的可调节肩托	刘吉柱	实用新型	机电工程学院
1155	2021-04-25	2021208642793	一种全息透镜的拼接加工装置	邹文龙	实用新型	光电科学与工程学院
1156	2021-04-25	202120859662X	基于偏振复用的双通道微波源相位噪声测试装置	谢溢锋	实用新型	光电科学与工程学院
1157	2021-04-26	2021208654803	一种高层建筑太阳能烟囱通风发电系统	王彪	实用新型	金螳螂建筑学院
1158	2021-04-28	2021208948614	一种方便扩大视场角的全息波导镜片显示装置	鲁金超	实用新型	光电科学与工程学院
1159	2021-04-28	2021208966006	一种基于磁性液态金属的微夹持器	王凯威	实用新型	机电工程学院
1160	2021-04-28	2021209025315	一种易穿脱病号服	张静	实用新型	能源学院
1161	2021-04-28	2021209000360	具有复合结构的硅微针	邹帅	实用新型	物理科学与技术学院
1162	2021-04-30	202120939424X	避障无人机系统	吴晨健	实用新型	电子信息学院

续表

序号	申请日	申请号	专利名称	第一发明人	类型	所属学院（部）
1163	2021-04-30	2021209312517	一种可组装模块化绿色室外晾晒装置	付晓渝	实用新型	金螳螂建筑学院
1164	2021-04-30	2021209251072	一种可净水的多生境植物种植盆	郑丽	实用新型	金螳螂建筑学院
1165	2021-04-30	2021209334126	一种变温磁电测试装置	汤如俊	实用新型	物理科学与技术学院
1166	2021-04-30	2021209312269	一种虹吸式口器模型教具	曹广力	实用新型	医学部基础医学与生物科学学院
1167	2021-05-06	2021209526520	一种反激式AC/DC开关电源的线电压补偿电路	宋爱武	实用新型	电子信息学院
1168	2021-05-06	2021209536838	一种低功耗芯片的欠压保护电路	李富华	实用新型	电子信息学院
1169	2021-05-06	2021209488340	一种夹持高度快速调节夹具及夹具组	宋滨娜	实用新型	沙钢钢铁学院
1170	2021-05-06	2021209487780	一种可调节夹具及旋转夹持设备	宋滨娜	实用新型	沙钢钢铁学院
1171	2021-05-07	2021209636484	一种基于FPGA的可见光红外交替通信发射装置	熊超然	实用新型	电子信息学院
1172	2021-05-07	2021209612738	一种狭缝式静电纺丝装置	隗冬	实用新型	纺织与服装工程学院
1173	2021-05-10	2021209863416	用于织物刺破测试的冲头	张岩	实用新型	纺织与服装工程学院
1174	2021-05-10	2021209784452	一种人工湿地安全净化用组合式生态浮岛	杨维旭	实用新型	金螳螂建筑学院

续表

序号	申请日	申请号	专利名称	第一发明人	类型	所属学院（部）
1175	2021-05-11	2021209954398	一种环形中空偏焦激光熔覆装置	张荣伟	实用新型	光电科学与工程学院
1176	2021-05-11	2021209927808	立体种植视频监控系统	田霞	实用新型	机电工程学院
1177	2021-05-11	202120998919X	一种多功能衣帽架	钱晓冬	实用新型	金螳螂建筑学院
1178	2021-05-12	2021210085976	自然杀伤细胞"丢失自我"杀伤模式模型教具	赵英伟	实用新型	医学部基础医学与生物科学学院
1179	2021-05-14	2021210337750	一种顺序旋转馈电的圆极化阵列天线	刘学观	实用新型	电子信息学院
1180	2021-05-17	2021210528936	一种乒乓球击球训练拍	潘立成	实用新型	体育学院
1181	2021-05-18	2021210655772	一种包含自由曲面的成像光谱仪	季轶群	实用新型	光电科学与工程学院
1182	2021-05-19	2021210780467	一种乒乓球悬停发球机	徐思雨	实用新型	体育学院
1183	2021-05-21	2021210956040	一种基于交指结构的电可调反射式移相器	刘学观	实用新型	电子信息学院
1184	2021-05-24	202121123535X	一种应用于样液管的取料机构	陈涛	实用新型	机电工程学院
1185	2021-05-25	2021211337122	一种乒乓球收纳装置	李木子	实用新型	体育学院
1186	2021-05-26	2021211530859	一种应用于列车的双频段天线	刘学观	实用新型	电子信息学院
1187	2021-05-28	2021211718069	一种高度便于调节的全息波导镜片检测用夹持支架	吴宗庆	实用新型	光电科学与工程学院

续表

序号	申请日	申请号	专利名称	第一发明人	类型	所属学院（部）
1188	2021-05-31	2021211812465	一种基于人工传输线结构的小型RFID抗金属标签天线	刘学观	实用新型	电子信息学院
1189	2021-05-31	2021211940001	基于过渡金属膜层的可见光宽带完美吸收器	张 程	实用新型	光电科学与工程学院
1190	2021-05-31	2021211850626	一种用于工件定位的夹具	周 响	实用新型	光电科学与工程学院
1191	2021-06-02	2021212218690	一种基于光学位相元件的结构光三维形貌测量装置	马锁冬	实用新型	光电科学与工程学院
1192	2021-06-03	2021212282235	一种激光焊接送丝机构	胡增荣	实用新型	轨道交通学院
1193	2021-06-03	2021212391622	一种可多角度摄像的腹腔内窥镜	江 源	实用新型	医学部放射医学与防护学院
1194	2021-06-09	2021212895766	一种可移动式管控交通的阻车花坛	丁亚兰	实用新型	金螳螂建筑学院
1195	2021-06-10	2021213040163	一种一次性连体医用防护服	张雪原	实用新型	纺织与服装工程学院
1196	2021-06-10	2021212999182	一种一次性连体医用防护服	夏媛媛	实用新型	纺织与服装工程学院
1197	2021-06-10	2021213025110	一种数控转台	叶建根	实用新型	机电工程学院
1198	2021-06-11	202121313390X	一种Micro LED芯片单体器件、显示模块及显示装置	杨 帆	实用新型	光电科学与工程学院
1199	2021-06-11	2021213087456	一种电梯按钮棒	朱玉芳	实用新型	医学部基础医学与生物科学学院

续表

序号	申请日	申请号	专利名称	第一发明人	类型	所属学院（部）
1200	2021-06-24	2021214100621	用于青少年近视控制的非对称多点周边近视离焦眼镜片	任建锋	实用新型	光电科学与工程学院
1201	2021-06-30	2021214801335	一种智能镜子	王梓荻	实用新型	机电工程学院
1202	2021-07-02	202121497866X	一种土体压力及孔隙水压力的测量装置	高荣环	实用新型	轨道交通学院
1203	2021-07-06	2021215465717	一种用于透明塑料连接的热压固粉装置	龙庆	实用新型	机电工程学院
1204	2021-07-07	2021215301558	一种人体行为监测用红外传感器	黄健	实用新型	苏州医学院基础医学与生物科学学院
1205	2021-07-14	2021216027226	一种低功耗电压基准电路	李富华	实用新型	电子信息学院
1206	2021-07-14	2021216011514	一种基于衍射光学元件的条纹投影三维形貌测量装置	马锁冬	实用新型	光电科学与工程学院
1207	2021-07-19	2021216398029	一种胫骨前肌辅助训练装置	牛子孺	实用新型	体育学院
1208	2021-07-20	2021216489795	一种健身椅	徐晶晶	实用新型	体育学院
1209	2021-07-22	2021216780282	一种用于监测破除地下连续墙施工变形的结构	刘维	实用新型	轨道交通学院
1210	2021-07-26	2021217043048	一种微振动感测模块及微振动检测传感器件	戚宏梓	实用新型	机电工程学院

续表

序号	申请日	申请号	专利名称	第一发明人	类型	所属学院（部）
1211	2021-07-27	202121725667X	自由液面静电纺丝装置	樊培志	实用新型	纺织与服装工程学院
1212	2021-08-02	2021217821627	一种腘绳肌辅助训练装置	徐晶晶	实用新型	体育学院
1213	2021-08-03	2021217948543	一种微波源相位噪声测量装置	周沛	实用新型	光电科学与工程学院
1214	2021-08-03	2021217935609	一种基于位相编码元件的三维结构光检测装置	许峰	实用新型	光电科学与工程学院
1215	2020-08-13	2020304606820	面料	曹广力	外观设计	医学部基础医学与生物科学学院
1216	2020-09-11	2020305378395	织物	朱越雄	外观设计	医学部基础医学与生物科学学院
1217	2020-11-05	2020306684576	手提袋（苏城印象）	王孝林	外观设计	艺术学院
1218	2020-11-17	2020306946282	丝巾（玫瑰锦鲤）	张婕	外观设计	艺术学院
1219	2020-11-20	2020307064566	书签（印象古镇）	申绍杰	外观设计	金螳螂建筑学院
1220	2020-11-20	2020307043644	手提袋（印象古镇）	申绍杰	外观设计	金螳螂建筑学院
1221	2020-11-30	2020307307125	神经细胞生长锥模型教具	曹广力	外观设计	医学部基础医学与生物科学学院

续表

序号	申请日	申请号	专利名称	第一发明人	类型	所属学院（部）
1222	2020-12-03	2020307412047	真菌细胞囊泡粘连于目的区室的模型教具	曹广力	外观设计	医学部基础医学与生物科学学院
1223	2020-12-16	2020307787584	垃圾桶（苏式）	徐一帆	外观设计	政治与公共管理学院
1224	2020-12-30	2020308230050	便携式训练杆固定件（1）	袁振	外观设计	体育学院
1225	2021-02-24	2021301051463	内衣套装	王胜伟	外观设计	艺术学院
1226	2021-03-09	2021301256410	连衣裙	景阳蓝	外观设计	艺术学院
1227	2021-03-15	2021301365634	景观柱（圆钢管原木生态环保）	张晓峰	外观设计	金螳螂建筑学院
1228	2021-03-17	2021301427664	面料	朱越雄	外观设计	医学部基础医学与生物科学学院
1229	2021-03-17	2021301427630	面料	朱越雄	外观设计	医学部基础医学与生物科学学院
1230	2021-03-18	2021301460037	面料（XT-4）	赵英伟	外观设计	医学部基础医学与生物科学学院
1231	2021-03-18	2021301459947	面料（XT-3）	赵英伟	外观设计	医学部基础医学与生物科学学院
1232	2021-03-29	202130172323X	斗拱洗手盆架	钱晓冬	外观设计	金螳螂建筑学院
1233	2021-03-29	2021301719766	办公桌（斗拱）	钱晓冬	外观设计	金螳螂建筑学院

续表

序号	申请日	申请号	专利名称	第一发明人	类型	所属学院（部）
1234	2021-04-06	2021301898198	心率血氧仪外壳（爱心型）	王佳宝	外观设计	电子信息学院
1235	2021-04-15	2021302133437	面料（XT-6）	曹广力	外观设计	医学部基础医学与生物科学学院
1236	2021-04-15	2021302133456	面料（XT-5）	曹广力	外观设计	医学部基础医学与生物科学学院
1237	2021-05-06	2021302664775	辐射剂量测量的仿真人体模型（3D打印）	韩雅琪	外观设计	医学部放射医学与防护学院
1238	2021-05-12	2021302832554	带会议成本控制与分析图形用户界面的平板电脑	王凯威	外观设计	机电工程学院
1239	2021-05-20	202130303201X	三维环保吸音装饰墙板（邮政信封二）	汤恒亮	外观设计	金螳螂建筑学院
1240	2021-05-20	2021303030777	三维环保吸音装饰墙板（沙丘）	汤恒亮	外观设计	金螳螂建筑学院
1241	2021-05-20	2021303031939	吸音装饰墙板（三维环保邮政信封一）	汤恒亮	外观设计	金螳螂建筑学院
1242	2021-05-20	2021303030796	吸音装饰墙板（三维环保庄周蝶梦）	汤恒亮	外观设计	金螳螂建筑学院
1243	2021-06-07	202130348068X	运动装（创意时尚）	林艺涵	外观设计	艺术学院
1244	2021-07-01	2021304138346	吧台（直线莫环艺术）	薛朝阳	外观设计	金螳螂建筑学院
1245	2021-07-06	2021304251673	吧台（莫比乌斯环）	王思宁	外观设计	金螳螂建筑学院

续表

序号	申请日	申请号	专利名称	第一发明人	类型	所属学院（部）
1246	2021-07-16	202130453215X	心电监测仪（穿戴式）	王丽荣	外观设计	电子信息学院
1247	2021-08-13	2021305251670	景观柱（方钢管原木生态环保）	张晓峰	外观设计	金螳螂建筑学院
1248	2018-07-10	16069160	一种微/纳米银负载的钛酸钡泡沫陶瓷及其制备方法	梁国正	美国专利	材料与化学化工学部
1249	2020-08-14	16993362	一种制备咪唑啉-2酮化合物的方法	张士磊	美国专利	材料与化学化工学部
1250	2019-06-03	16466111	一种改性双马来酰亚胺树脂及其制备方法	顾嫒娟	美国专利	材料与化学化工学部
1251	2019-01-31	16264604	基于方酸菁聚合物的氨气/一氧化氮双组份传感器及其制备方法和应用	路建美	美国专利	材料与化学化工学部
1252	2019-05-30	16427095	功能化杂化纳米管C@MoS2/SnS2及其制备方法与应用	路建美	美国专利	材料与化学化工学部
1253	2020-10-11	17067721	氟硅树脂及其制备方法	李战雄	美国专利	纺织与服装工程学院
1254	2019-09-09	16564802	一种热适性形状记忆聚合物及其应用方法	顾嫒娟	美国专利	材料与化学化工学部
1255	2018-12-21	16231263	骨干网中超低损耗光纤替换调度方法及系统	沈刚祥	美国专利	电子信息学院
1256	2019-11-05	16611086	连续光泵浦的聚合物激光器及其制备方法	胡志军	美国专利	光电科学与工程学院
1257	2019-05-13	16349307	一种隧道土压力荷载计算方法	李攀	美国专利	轨道交通学院

续表

序号	申请日	申请号	专利名称	第一发明人	类型	所属学院（部）
1258	2018-10-25	16171317	基于碘掺杂碳酸氧铋纳米片和二硫化钼修饰的纳米碳纤维复合材料及其制备方法与应用	路建美	美国专利	材料与化学化工学部
1259	2019-04-26	16396607	一种三维复合材料、其制备方法及在水污染物可见光催化降解去除中的应用	路建美	美国专利	材料与化学化工学部
1260	2019-04-26	16396611	蜂窝状同型异质结氮化碳复合材料及其制备方法与在废气催化处理中的应用	路建美	美国专利	材料与化学化工学部
1261	2019-10-21	16659068	二维氮掺杂碳基二氧化钛复合材料及其制备方法与在降解去除水中有机污染物中的应用	路建美	美国专利	材料与化学化工学部
1262	2020-03-12	16817547	一种具有可见光催活性的 In-NH2/g-C3N4 复合材料及其应用	路建美	美国专利	材料与化学化工学部
1263	2020-04-25	16759327	一种可逆自修复环氧树脂及其制备与回收重塑方法	梁国正	美国专利	材料与化学化工学部
1264	2021-03-16	17203097	基于金属氢化物/钯化合物体系制备 13-二羰基化合物的方法	张士磊	美国专利	医学部药学院
1265	2019-01-24	11145850	基于三维多孔石墨烯材料的神经电极及三维多孔石墨烯材料在制备骨缺损填充物中的应用	罗居东	美国专利	医学部

续表

序号	申请日	申请号	专利名称	第一发明人	类型	所属学院（部）
1266	2018-11-03	11072740	含铀化合物作为闪烁体的应用	王殳凹	美国专利	医学部放射医学与防护学院
1267	2019-01-18	11193024	超临界 CO_2 流体中天然纤维无水染色专用偶氮染料及其制备方法	龙家杰	美国专利	纺织与服装工程学院
1268	2019-01-11	11201815	基于朴素贝叶斯分类器的最小负载路由选择方法及系统	沈纲祥	美国专利	电子信息学院
1269	2019-01-02	11120930	通过多级结构设计制备高敏感度压阻式传感器的方法	刘涛	美国专利	材料与化学化工学部
1270	2019-04-30	10968553	一种适用于混合流体介质的无水纤染染色机	龙家杰	美国专利	纺织与服装工程学院
1271	2019-07-08	10988814	一种翘嘴鳜IL-6基因及其抗病SNP标记的检测方法	黄鹤忠	美国专利	医学部基础医学与生物科学学院
1272	2020-09-27	11121775	一种光纤升级后弹性光网络的光放大器重排列方法	沈纲祥	美国专利	电子信息学院
1273	2020-08-06	10927093	2-亚苄基四氢噻吩衍生物的合成方法	汪顺义	美国专利	材料与化学化工学部
1274	2020-09-03	11177876	量子通信网络中的冗余路径的设置和工作方法	姜敏	美国专利	电子信息学院
1275	2016-07-20	6807086	一种超临界流体无水染色的万能打样机	龙家杰	日本专利	纺织与服装工程学院
1276	2021-01-25	212018000419	一种缓解腿部痉挛的束缚带	安艳	德国实用	医学部公共卫生学院

续表

序号	申请日	申请号	专利名称	第一发明人	类型	所属学院（部）
1277	2020-08-05	LU101971	一种炼钢全流程模拟实验系统及方法	屈天鹏	卢森堡专利	沙钢钢铁学院
1278	2020-09-24	LU102080	光伏电池组件	郑分刚	卢森堡专利	物理科学与技术学院
1279	2020-09-17	LU102079	一种太阳能电池组件	郑分刚	卢森堡专利	物理科学与技术学院
1280	2020-07-29	LU101962	一种具有周期性带隙结构的传感器结构	羊箭锋	卢森堡专利	电子信息学院

2021年度苏州大学软件著作权授权情况（表62）

表62 2021年度苏州大学软件著作权授权情况一览表

序号	软著名称	登记号	证书日期	完成人1	所在学院（部）
1	高精度LCR数字电桥测量控制软件V1.0	2021SR0006292	2021-01-04	陈大庆	光电科学与工程学院
2	基于MQXLite和KW01的电子门禁模型系统	2021SR0025837	2021-01-06	曹金华	计算机科学与技术学院
3	3D打印控制程序软件	2021SR0025876	2021-01-06	陈琳	计算机科学与技术学院
4	基于OpenGL的STL模型切片软件	2021SR0025794	2021-01-06	陈琳	计算机科学与技术学院
5	APP网上投票系统	2021SR0025793	2021-01-06	凌云	计算机科学与技术学院
6	在线订餐系统	2021SR0025850	2021-01-06	凌云	计算机科学与技术学院

续表

序号	软件名称	登记号	证书日期	完成人1	所在学院（部）
7	苏大基于Bi-LSTM-CRF的产品属性描述语识别系统V1.0	2021SR0045840	2021-01-11	高晓雅	计算机科学与技术学院
8	校园一卡通消费数据分析系统V1.0	2021SR0045754	2021-01-11	杨哲	计算机科学与技术学院
9	苏州大学快速算计算器软件V1.0	2021SR0045841	2021-01-11	金睿阳	计算机科学与技术学院
10	苏州大学简单计记账本软件V1.0	2021SR0045753	2021-01-11	赵嘉宁	计算机科学与技术学院
11	基于OCR与NER的店铺名识别系统	2021SR0060069	2021-01-12	徐邵洋	计算机科学与技术学院
12	基于ResNet-50时间压缩的胃镜图片分类系统V1.0	2021SR0055155	2021-01-12	李雅梦	计算机科学与技术学院
13	刀具质量控制及管理系统	2021SR0065388	2021-01-13	刘浩	医学部药学院
14	无线火灾探测系统	2021SR0063529	2021-01-13	曲波	电子信息学院
15	消防疏散引导系统配置软件	2021SR0063530	2021-01-13	曲波	电子信息学院
16	消防疏散引导系统	2021SR0066152	2021-01-13	曲波	电子信息学院
17	基于前向迭代拉普拉斯无监督特征选择的多分类仿真平台软件	2021SR0070269	2021-01-14	张莉	计算机科学与技术学院
18	基于半监督邻域判别指数特征选择的多分类仿真平台软件	2021SR0077557	2021-01-14	张莉	计算机科学与技术学院
19	基于邻域关系协同过滤算法的电影推荐仿真平台软件	2021SR0074064	2021-01-14	张莉	计算机科学与技术学院

续表

序号	软件名称	登记号	证书日期	完成人1	所在学院（部）
20	机器人主动安全系统软件 V1.0	2021SR0086793	2021-01-15	陈国栋	机电工程学院
21	用于托卡马克等离子体物理实验研究的坐标转换器	2021SR0108433	2021-01-20	冯 岩	物理科学与技术学院
22	单目SLAM尺度恢复	2021SR0112298	2021-01-21	郁树梅	机电工程学院
23	虹膜造影图像处理与分析软件 V1.0	2021SR0117377	2021-01-21	朱伟芳	电子信息学院
24	蟋蟀跳跃轨迹动态分析软件	2020SR0121236	2021-01-22	郑小坚	医学部实验中心
25	雄性龙虱前足形态分析软件	2020SR0121238	2021-01-22	许雅香	医学部实验中心
26	鲨鱼皮鳞片结构形态分析软件	2020SR0121239	2021-01-22	许雅香	医学部实验中心
27	蝴蝶翅鳞片微结构形态分析软件	2020SR0121237	2021-01-22	郑小坚	医学部实验中心
28	十二指肠单图片少样本分类系统 V1.0	2021SR0122184	2021-01-22	陆靓倩	计算机科学与技术学院
29	基于图神经网络的近似子图查询系统	2021SR0138664	2021-01-26	汪文靖	计算机科学与技术学院
30	苏州大学便捷图像处理软件	2021SR0166853	2021-01-29	徐子昂	计算机科学与技术学院
31	基于图嵌入技术的近似图匹配系统	2021SR0173027	2021-02-01	汪文靖	计算机科学与技术学院
32	基于多图片预训练的胃镜图片分类系统 V1.0	2021SR0181314	2021-02-02	冯仁杰	计算机科学与技术学院
33	基于危险经验规划的游戏智能学习软件	2021SR0199006	2021-02-04	彭 湃	计算机科学与技术学院

续表

序号	软件名称	登记号	证书日期	完成人1	所在学院（部）
34	基于环境理解机制的深度强化学习软件	2021SR0194468	2021-02-04	彭湃	计算机科学与技术学院
35	用于加工离轴非球面的数控代码生成软件V1.0	2021SR0040196	2021-02-05	陈曦	光电科学与工程学院
36	基于多特征实体消歧的知识图谱问答系统	2021SR0236223	2021-02-09	张鹏举	计算机科学与技术学院
37	阵列传感器测量系统软件	2021SR0233884	2021-02-09	徐祥	电子信息学院
38	基于Android的心跳检测及数据显示平台V1.0	2021SR0241851	2021-02-09	任哲峰	电子信息学院
39	深度强化学习实验平台软件	2021SR0236173	2021-02-09	范静宇	计算机科学与技术学院
40	基于随机加权三重Q学习的软行动者评论家算法软件	2021SR0236247	2021-02-09	范静宇	计算机科学与技术学院
41	基于最大熵模型的异策略分层强化学习算法软件	2021SR0236465	2021-02-09	李洋	计算机科学与技术学院
42	基于利普西茨连续性的异策略分层强化学习算法软件	2021SR0238089	2021-02-09	李洋	计算机科学与技术学院
43	苏州大学宿舍管理系统V1.0	2021SR0276915	2021-02-23	徐子昂	计算机科学与技术学院
44	GPS模块可靠性测试软件V1.0	2021SR0291097	2021-02-24	周鸣籁	电子信息学院
45	基于深度强化学习的游戏智能学习软件	2021SR0291720	2021-02-24	彭湃	计算机科学与技术学院

续表

序号	软件名称	登记号	证书日期	完成人1	所在学院（部）
46	线图中完全独立生成树的构造实验平台V1.0	2021SR0284537	2021-02-24	程宝雷	计算机科学与技术学院
47	基于网络搜索用户行为的产品精准推荐软件V1.0	2021SR0297173	2021-02-25	周夏冰	计算机科学与技术学院
48	基于不完整专家示范数据的模仿学习软件	2021SR0324068	2021-03-02	徐大勇	计算机科学与技术学院
49	基于模仿学习的用户游戏策略生成软件	2021SR0324067	2021-03-02	徐大勇	计算机科学与技术学院
50	基于WIFI的云侦听软件	2021SR0337144	2021-03-04	崔斌斌	计算机科学与技术学院
51	金葫芦终端模型生成系统	2021SR0337143	2021-03-04	胡展鹏	计算机科学与技术学院
52	金葫芦物体图像数据采集系统	2021SR0337142	2021-03-04	胡展鹏	计算机科学与技术学院
53	稠密化单目SLAM肠道特征点地图软件	2021SR0349801	2021-03-08	郁树梅	机电工程学院
54	机器视觉的轨道列车客流估计软件	2021SR0418404	2021-03-18	陶砚蕴	轨道交通学院
55	音频频谱分析仪系统软件	2021SR0418402	2021-03-18	邓晶	电子信息学院
56	基于MF RC522 RFID读写器软件	2021SR0418400	2021-03-18	邓晶	电子信息学院
57	基于S3C44B0X的嵌入式音频系统软件	2021SR0418399	2021-03-18	邓晶	电子信息学院
58	基于ZigBee的智能家居环境监测系统软件	2021SR0418398	2021-03-18	邓晶	电子信息学院
59	基于CC2530的PM2.5实时监测节点软件	2021SR0418397	2021-03-18	邓晶	电子信息学院

续表

序号	软件名称	登记号	证书日期	完成人1	所在学院（部）
60	基于 CC2530 及 ZigBee 协议栈的温湿度监测系统软件	2021SR0418396	2021-03-18	邓晶	电子信息学院
61	基于 HLK-RM04 无线接入点 AP 软件	2021SR0418395	2021-03-18	邓晶	电子信息学院
62	苏大甄暖健康智眠数据分析系统	2021SR0430511	2021-03-22	张天阳	金融工程研究中心
63	基于 STM32F407 的音频信号分析仪软件 V1.0	2021SR0426492	2021-03-22	陈小平	电子信息学院
64	学科竞赛组织管理平台后台管理软件 V1.0	2021SR0426496	2021-03-22	胡沁涵	计算机科学与技术学院
65	学科竞赛组织管理平台移动版软件 V1.0	2021SR0426491	2021-03-22	胡沁涵	计算机科学与技术学院
66	虚拟数字电路设计平台系统 V1.0	2021SR0433526	2021-03-23	王宜怀	计算机科学与技术学院
67	直播卫星广播信号质量监测系统 V1.0	2021SR0437725	2021-03-23	刘学观	电子信息学院
68	车辆定位导航系统 V1.0	2021SR0434216	2021-03-23	贾俊铖	计算机科学与技术学院
69	车位管家软件 V1.5	2021SR0434217	2021-03-23	贾俊铖	计算机科学与技术学院
70	故事博物馆 V1.0	2021SR0434218	2021-03-23	贾俊铖	计算机科学与技术学院
71	苏州大学 GPS 签到小程序软件 V1.0	2021SR0434219	2021-03-23	贾俊铖	计算机科学与技术学院
72	基于树莓派的小车避障系统软件 V1.0	2021SR0439449	2021-03-23	贾俊铖	计算机科学与技术学院

续表

序号	软件名称	登记号	证书日期	完成人1	所在学院（部）
73	人脸智能识别微信小程序V1.0	2021SR0439451	2021-03-23	贾俊铖	计算机科学与技术学院
74	盆栽智能温湿度保持装置软件V1.0	2021SR0434220	2021-03-23	贾俊铖	计算机科学与技术学院
75	智能窗帘控制小程序V1.0	2021SR0438152	2021-03-23	贾俊铖	计算机科学与技术学院
76	智能垃圾分类小程序V1.0	2021SR0439450	2021-03-23	贾俊铖	计算机科学与技术学院
77	智能盆栽小程序V1.0	2021SR0434224	2021-03-23	贾俊铖	计算机科学与技术学院
78	智能水杯温湿度监测APP V1.0	2021SR0434221	2021-03-23	贾俊铖	计算机科学与技术学院
79	智能药盒小程序V1.0	2021SR0434223	2021-03-23	贾俊铖	计算机科学与技术学院
80	基于物联网的智能衣柜系统V1.0	2021SR0434222	2021-03-23	贾俊铖	计算机科学与技术学院
81	IPv6物联网数字仪表自动识别系统	2021SR0447522	2021-03-25	李领治	计算机科学与技术学院
82	网上服装销售系统	2021SR0467913	2021-03-30	凌云	计算机科学与技术学院
83	服装热舒适性（生理评价）预测软件V1.0	2021SR0518732	2021-04-09	王燚若男	纺织与服装工程学院
84	高分辨率图像融合软件V1.0	2021SR0518612	2021-04-09	胡剑凌	电子信息学院
85	图像特征点检测与匹配系统V1.0	2021SR0518613	2021-04-09	胡剑凌	电子信息学院
86	小当家APP软件V1.0	2021SR0518615	2021-04-09	韩冬	计算机科学与技术学院

续表

序号	软件名称	登记号	证书日期	完成人1	所在学院（部）
87	医学内窥镜影像去噪软件V1.0	2021SR0518704	2021-04-09	胡剑凌	电子信息学院
88	圆柱面投影变换软件V1.0	2021SR0518703	2021-04-09	胡剑凌	电子信息学院
89	细胞机械特性自动化测量控制系统	2021SR0516508	2021-04-09	杨 浩	机电工程学院
90	超分辨率视频生成软件V1.0	2021SR0520001	2021-04-12	胡剑凌	电子信息学院
91	基于AI的图片编辑处理信息系统	2021SR0524376	2021-04-12	余 雷	计算机科学与技术学院
92	基于ros平台和激光雷达的智能车避障系统	2021SR0504048	2021-04-12	余 雷	计算机科学与技术学院
93	采摘机器人手眼标定系统	2021SR0531899	2021-04-13	王蓬勃	机电工程学院
94	毕业设计管理系统	2021SR0525698	2021-04-13	孙向丽	金螳螂建筑学院
95	毕业实习信息管理系统	2021SR0525744	2021-04-13	孙向丽	金螳螂建筑学院
96	单导心电显示与检测软件	2021SR0525699	2021-04-13	王丽荣	电子信息学院
97	心冲击信号显示与标注软件	2021SR0525700	2021-04-13	王丽荣	电子信息学院
98	宿舍管理系统	2021SR0533086	2021-04-14	成 明	轨道交通学院
99	城市地铁查询系统	2021SR0533244	2021-04-14	成 明	轨道交通学院
100	奖学金评定系统	2021SR0533250	2021-04-14	成 明	轨道交通学院
101	校园体育器材预订系统	2021SR0533251	2021-04-14	成 明	轨道交通学院
102	高校学生请假管理系统	2021SR0533252	2021-04-14	成 明	轨道交通学院

续表

序号	软件名称	登记号	证书日期	完成人1	所在学院（部）
103	城市天然气可视化平台软件 V1.0	2021SR0537646	2021-04-14	贾俊铖	计算机科学与技术学院
104	气敏材料分析仪温度控制及采集系统软件	2021SR0546636	2021-04-15	徐大诚	电子信息学院
105	便携式生理数据采集系统软件	2021SR0546635	2021-04-15	李娟娟	电子信息学院
106	垃圾分类智能管理系统软件	2021SR0546634	2021-04-15	李娟娟	电子信息学院
107	角膜图像的去噪和增强系统	2021SR0546633	2021-04-15	李梓正	电子信息学院
108	大气压力采集系统软件	2021SR0546625	2021-04-15	李娟娟	电子信息学院
109	气敏材料参数提取及特性评估系统软件	2021SR0546624	2021-04-15	徐大诚	电子信息学院
110	体表温湿度采集系统	2021SR0546576	2021-04-15	李娟娟	电子信息学院
111	温湿度采集系统软件	2021SR0546575	2021-04-15	李娟娟	电子信息学院
112	温湿度采集系统软件	2021SR0546574	2021-04-15	李娟娟	电子信息学院
113	基于磁阻加速度计实时温度补偿系统软件	2021SR0546573	2021-04-15	徐大诚	电子信息学院
114	基于压电振动能量采集器的信息感知与模式识别系统软件	2021SR0546572	2021-04-15	徐大诚	电子信息学院
115	基于多范式嵌入式图像识别系统软件	2021SR0549217	2021-04-16	韦雪婷	计算机科学与技术学院
116	MSP432 串口烧写	2021SR0549218	2021-04-16	陈浪	计算机科学与技术学院
117	基于 NB-IoT 的数据交互微信小程序	2021SR0549219	2021-04-16	张雯	计算机科学与技术学院

续表

序号	软件名称	登记号	证书日期	完成人1	所在学院（部）
118	计算机数据编码与转换微信小程序	2021SR0549227	2021-04-16	张雯	计算机科学与技术学院
119	BP神经网络非线性回归系统	2021SR0549228	2021-04-16	徐婷婷	计算机科学与技术学院
120	苏州大学科技园后台服务管理系统V1.0	2021SR0556987	2021-04-19	杨哲	计算机科学与技术学院
121	苏州大学科技园企业智能交互服务系统V1.0	2021SR0556936	2021-04-19	杨哲	计算机科学与技术学院
122	面向物联网开发的Web数据交互系统	2021SR0556365	2021-04-19	刘中华	计算机科学与技术学院
123	智能出行车载APP	2021SR0557051	2021-04-19	刘中华	计算机科学与技术学院
124	基于4G的短消息工厂设备故障预警系统软件	2021SR0556360	2021-04-19	王浩波	计算机科学与技术学院
125	通用嵌入式程序编译与烧写软件	2021SR0556386	2021-04-19	姜家乐	计算机科学与技术学院
126	STM32-WIFI数据采集软件	2021SR0556385	2021-04-19	姜家乐	计算机科学与技术学院
127	图形化基础模块编程软件	2021SR0556384	2021-04-19	董迎秋	计算机科学与技术学院
128	基于RISC-V的串口更新软件著作权	2021SR0556382	2021-04-19	贾长庆	计算机科学与技术学院
129	RISC-V-Studio-IDE软件著作权	2021SR0556383	2021-04-19	贾长庆	计算机科学与技术学院
130	节点系统配置系统软件	2021SR0556381	2021-04-19	郁文	计算机科学与技术学院
131	嵌入式Linux集成开发环境系统	2021SR0556380	2021-04-19	叶柯阳	计算机科学与技术学院

续表

序号	软件名称	登记号	证书日期	完成人1	所在学院（部）
132	苏州大学AAGO软件V1.0	2021SR0557565	2021-04-20	陶宗源	计算机科学与技术学院
133	苏州大学多层次适应性无人驾驶视觉系统V1.0	2021SR0558165	2021-04-20	刘至渊	计算机科学与技术学院
134	通用数据爬虫软件V1.0	2021SR0560859	2021-04-20	胡洋	计算机科学与技术学院
135	基于Cat.1的数据采集系统	2021SR0558293	2021-04-20	汪恒	计算机科学与技术学院
136	基于图形构件化的NB-IoT通信系统	2021SR0558143	2021-04-20	董迎秋	计算机科学与技术学院
137	基于TCP协议的上位机图像数据接收系统	2021SR0563250	2021-04-20	韦雪婷	计算机科学与技术学院
138	工业互联数据显示系统软件	2021SR0558142	2021-04-20	郁文	计算机科学与技术学院
139	基于4G的智能终端固件远程更新系统	2021SR0563281	2021-04-20	刘肖	计算机科学与技术学院
140	NB-IoT技术基础	2021SR0563282	2021-04-20	陈浪	计算机科学与技术学院
141	基于motif推测直系蛋白的共进化软件	2021SR0558285	2021-04-20	黄茉莉	计算机科学与技术学院
142	文件处理小程序	2021SR0567305	2021-04-21	吴可旸	轨道交通学院
143	基于STM32单片机的带PWM调制功能多路LED控制软件	2021SR0571480	2021-04-21	胡丹峰	电子信息学院
144	面向多模态场景的社交网络用户抑郁症检测系统	2021SR0570925	2021-04-21	曾雨豪	计算机科学与技术学院

续表

序号	软件名称	登记号	证书日期	完成人1	所在学院（部）
145	新能源汽车铝合金电池托盘焊斑清洗软件V1.0	2021SR0567158	2021-04-21	王明娣	机电工程学院
146	服装热舒适性评价及应用虚拟仿真实验软件V1.0	2021SR0581739	2021-04-23	戴宏钦	纺织与服装工程学院
147	基于机器学习算法的数据分析软件V1.0	2021SR0581801	2021-04-23	徐良奎	计算机科学与技术学院
148	道路场景物体语义分割软件V1.0	2021SR0581802	2021-04-23	卜子渝	计算机科学与技术学院
149	图像语义分割结果不确定性评估软件V1.0	2021SR0581803	2021-04-23	陈祎鹏	计算机科学与技术学院
150	织物组织数据库管理系统	2021SR0581831	2021-04-23	眭建华	纺织与服装工程学院
151	组合法开发织物组织软件	2021SR0587357	2021-04-23	眭建华	纺织与服装工程学院
152	翻转法开发织物组织软件	2021SR0587356	2021-04-23	眭建华	纺织与服装工程学院
153	织物组织图绘制软件	2021SR0602877	2021-04-23	眭建华	纺织与服装工程学院
154	基于小波变换的多通道信息隐藏系统软件	2021SR0614200	2021-04-28	李娟娟	电子信息学院
155	基于云—边融合的智能垃圾清运管理系统	2021SR0618541	2021-04-28	周经亚	计算机科学与技术学院
156	织物组织格式转换系统	2021SR0618950	2021-04-29	眭建华	纺织与服装工程学院
157	精议软件V1.0	2021SR0625377	2021-04-29	李相鹏	机电工程学院
158	e鑫数据后台管理系统软件V1.0	2021SR0638246	2021-05-07	陶宗源	计算机科学与技术学院

续表

序号	软件名称	登记号	证书日期	完成人1	所在学院（部）
159	基于高斯模版的物体检测识别系统V1.0	2021SR0638425	2021-05-07	苏肇辰	计算机科学与技术学院
160	苏大校园失物招领系统	2021SR0638434	2021-05-07	甘占瑞	计算机科学与技术学院
161	小智识花软件	2021SR0638435	2021-05-07	孙泽辰	计算机科学与技术学院
162	尺蠖攀爬轨迹动态分析软件	2021SR0642959	2021-05-07	郑小坚	医学部实验中心
163	白蚁巢穴结构形态分析软件	2021SR0641490	2021-05-07	郑小坚	医学部实验中心
164	计算机学院社团事务管理系统	2021SR0648760	2021-05-08	宋则铭	计算机科学与技术学院
165	竹节虫行走轨迹动态分析软件	2021SR0649437	2021-05-08	郑小坚	医学部实验中心
166	蟑螂尾须形态分析软件	2021SR0649436	2021-05-08	郑小坚	医学部实验中心
167	螳螂前足形态分析软件	2021SR0646678	2021-05-08	郑小坚	医学部实验中心
168	一种快速重建导航智能车系统	2021SR0657613	2021-05-10	余雷	计算机科学与技术学院
169	看房机器人自动控制系统	2021SR0658199	2021-05-10	余雷	计算机科学与技术学院
170	蝗虫跳跃轨迹动态分析软件	2021SR0651427	2021-05-10	郑小坚	医学部实验中心
171	基因型—表型查询系统	2021SR0656993	2021-05-10	黄茉莉	计算机科学与技术学院
172	通用JS逆向爬虫软件V1.0	2021SR0660775	2021-05-11	杨哲	计算机科学与技术学院

续表

序号	软件名称	登记号	证书日期	完成人1	所在学院（部）
173	一种基于树莓派的ros工具软件	2021SR0662217	2021-05-11	余 雷	计算机科学与技术学院
174	基于多台深度相机协同的图像扫描软件系统	2021SR0662549	2021-05-11	余 雷	计算机科学与技术学院
175	面向点云数据配准的优化ICP系统V1.0	2021SR0675441	2021-05-12	戴 彧	计算机科学与技术学院
176	基于自然语言处理和眼动技术的阅读能力训练系统V1.0	2021SR0697418	2021-05-17	苏肇辰	计算机科学与技术学院
177	基于用户心理变化的情绪缓解推送系统	2021SR0697462	2021-05-17	何晓非	计算机科学与技术学院
178	苏州市智能垃圾分类系统软件	2021SR0710165	2021-05-18	李娟娟	电子信息学院
179	声纹识别系统软件	2021SR0710114	2021-05-18	李娟娟	电子信息学院
180	工件管理系统	2021SR0710113	2021-05-18	陈再良	机电工程学院
181	苏州大学会议室预约管理系统V3.0	2021SR0707345	2021-05-18	杨 哲	计算机科学与技术学院
182	基于特征解纠缠表示的无参考图像质量评价系统V1.0	2021SR0707343	2021-05-18	胡剑凌	电子信息学院
183	品种数据库管理系统V1.0	2021SR0720014	2021-05-19	眭建华	纺织与服装工程学院
184	电子信息类基础课程群一体化综合实验平台	2021SR0722623	2021-05-19	许宜申	光电科学与工程学院
185	基于导频分配的导频污染抑制算法仿真软件	2021SR0725151	2021-05-20	侯 嘉	电子信息学院
186	英文单词听写软件	2021SR0725152	2021-05-20	徐 伟	计算机科学与技术学院

续表

序号	软件名称	登记号	证书日期	完成人1	所在学院（部）
187	基于生成对抗网络的书法字体创作系统 V1.0	2021SR0744943	2021-05-24	张 扬	计算机科学与技术学院
188	医学眼底图像配准标注软件 V1.0	2021SR0744942	2021-05-24	朱伟芳	电子信息学院
189	眼底 OCT 图像脉络膜分析软件 V1.0	2021SR0744919	2021-05-24	石 霏	电子信息学院
190	荧光素虹膜血管造影图像自动分析软件 V2.0	2021SR0744920	2021-05-24	朱伟芳	电子信息学院
191	自聚焦透镜折射率分布测试软件	2021SR0761795	2021-05-25	林 槟	光电科学与工程学院
192	小微企业数据定时备份软件	2021SR0764266	2021-05-26	徐 一	计算机科学与技术学院
193	豇豆栽培技术与病虫害防治系统	2021SR0764270	2021-05-26	曲春香	医学部基础医学与生物科学学院
194	苏州大学人才招聘数据可视化系统	2021SR0764277	2021-05-26	崔耘旗	计算机科学与技术学院
195	转录本鉴别和基因组映射自动批处理软件	2021SR0764278	2021-05-26	张高川	医学部基础医学与生物科学学院
196	设备故障预测软件	2021SR0764282	2021-05-26	范建伟	机电工程学院
197	青菜栽培技术与病虫害防治系统	2021SR0764283	2021-05-26	王 林	计算机科学与技术学院
198	苏州大学 ACM 集训队 codeforces 积分管理系统	2021SR0764295	2021-05-26	罗 峰	计算机科学与技术学院
199	SOP 系统人机交互界面	2021SR0764313	2021-05-26	张浩然	机电工程学院
200	流星工厂运维管理系统	2021SR0764314	2021-05-26	马 翔	机电工程学院

续表

序号	软件名称	登记号	证书日期	完成人1	所在学院（部）
201	苏州大学校内搜索引擎系统	2021SR0764265	2021-05-26	汤添文	计算机科学与技术学院
202	聚酯超高速纺丝虚拟仿真实验软件	2021SR0775694	2021-05-27	孙　君	材料与化学化工学部
203	实现Wi-Fi通信的Zigbee协调器软件	2021SR0781417	2021-05-27	邓　晶	电子信息学院
204	实验室配料系统	2021SR0780204	2021-05-27	吕　凡	沙钢钢铁学院
205	医用注射药瓶标签图像矫正与识别系统V1.0	2021SR0797368	2021-05-31	贾俊铖	计算机科学与技术学院
206	制造执行系统	2021SR0824052	2021-06-03	陈再良	机电工程学院
207	红绿灯及交通标志自动识别系统	2021SR0834757	2021-06-04	刘纯平	计算机科学与技术学院
208	基于OCT图像的AMD早期筛查软件V1.0	2021SR0833934	2021-06-04	石　霏	计算机科学与技术学院
209	基于CNN的语音情感分类系统V1.0	2021SR0833877	2021-06-04	李林钦	计算机科学与技术学院
210	基于Wav2vec的语音情感分类系统V1.0	2021SR0834002	2021-06-04	李林钦	计算机科学与技术学院
211	视频会议实时质量评价系统V1.0	2021SR0833957	2021-06-04	胡剑凌	计算机科学与技术学院
212	面向早期癌症风险评估的细胞机械特性大数据分析软件	2021SR0840943	2021-06-04	杨　浩	机电工程学院
213	基于Web的房屋出租管理系统	2021SR0840220	2021-06-04	凌　云	计算机科学与技术学院
214	苏大学生信息管理系统	2021SR0849654	2021-06-07	李璟岳	计算机科学与技术学院

续表

序号	软件名称	登记号	证书日期	完成人1	所在学院（部）
215	非球面眼镜设计软件	2021SR0850720	2021-06-08	李春琦	光电科学与工程学院
216	制造执行报表系统	2021SR0859032	2021-06-09	陆晓婷	机电工程学院
217	苏州大学基于神经网络与Line算法的同名作者消歧义软件V1.0	2021SR0868075	2021-06-10	陈伟	计算机科学与技术学院
218	基于深度学习的人脸特征点检测系统	2021SR0885440	2021-06-15	黄鹤	电子信息学院
219	基于生成对抗网络的人脸矫正系统	2021SR0885439	2021-06-15	黄鹤	电子信息学院
220	基于生成对抗网络的对抗样本生成系统	2021SR0885438	2021-06-15	黄鹤	电子信息学院
221	年度报告收集系统	2021SR0893925	2021-06-15	孔芳	计算机科学与技术学院
222	信息录入小程序软件	2021SR0893926	2021-06-15	吴可旸	轨道交通学院
223	一种基于最短路径算法和通路分析的药靶识别软件V1.0	2021SR0891625	2021-06-15	胡广	系统生物学研究中心
224	苏州大学基于Word2vec模型与神经网络的同名作者消歧义软件V1.0	2021SR0899826	2021-06-16	陈伟	计算机科学与技术学院
225	一种基于先验知识的蛋白质网络药物靶标模块预测软件V1.0	2021SR0895294	2021-06-16	胡广	系统生物学研究中心
226	基于Python的知识图谱智能构建软件V1.0	2021SR0899775	2021-06-16	赵雷	计算机科学与技术学院
227	大肠杆菌中番茄红素生物合成的虚拟仿真实验项目系统	2021SR0911861	2021-06-17	朱琍燕	医学部实验中心

续表

序号	软件名称	登记号	证书日期	完成人1	所在学院（部）
228	信息化后台集成管理系统	2021SR0911590	2021-06-17	凌兴宏	计算机科学与技术学院
229	基于预训练技术的中文新闻分类系统	2021SR0939373	2021-06-23	赵怡博	计算机科学与技术学院
230	需求管理系统	2021SR0932484	2021-06-23	赵怡博	计算机科学与技术学院
231	后台大数据采集管理系统	2021SR0945040	2021-06-24	孔 芳	计算机科学与技术学院
232	紫卿数据库软件V1.0	2021SR0950984	2021-06-25	眭建华	纺织与服装工程学院
233	基于Kinect Azure的目标托盘检测系统	2021SR0946803	2021-06-25	余 雷	机电工程学院
234	面向物流行业应用的托盘位置测量系统	2021SR0946810	2021-06-25	余 雷	机电工程学院
235	工厂智慧管理系统	2021SR0953152	2021-06-28	杨 林	机电工程学院
236	基于DBLP知识图谱的文献索引推荐软件	2021SR0959638	2021-06-28	赵 雷	计算机科学与技术学院
237	基于递归特征保留半监督特征选择的多分类仿真平台软件	2021SR0959849	2021-06-28	张 莉	计算机科学与技术学院
238	基于递归特征消除无监督特征选择的多分类仿真平台软件	2021SR0959833	2021-06-28	张 莉	计算机科学与技术学院
239	McMsCNN人群计数平台系统	2021SR0959834	2021-06-28	张 莉	计算机科学与技术学院
240	基于邻域关系协同过滤算法的电影推荐仿真平台软件V2.0	2021SR0959897	2021-06-28	张 莉	计算机科学与技术学院

续表

序号	软件名称	登记号	证书日期	完成人1	所在学院（部）
241	基于特征选择方法的仿真平台软件	2021SR0959835	2021-06-28	张莉	计算机科学与技术学院
242	小恐龙文字识别软件V1.0	2021SR0959637	2021-06-28	王进	计算机科学与技术学院
243	基于机器学习的学生消费数据分析软件V1.0	2021SR0958113	2021-06-28	杨哲	计算机科学与技术学院
244	压铸机自适应取件控制系统V1.0	2021SR0983184	2021-07-05	胡增荣	轨道交通学院
245	液体物料供料台监控系统V1.0	2021SR0983098	2021-07-05	胡增荣	轨道交通学院
246	压铸机烟尘智能净化系统V1.0	2021SR0983310	2021-07-05	胡增荣	轨道交通学院
247	保温炉温度自动控制系统V1.0	2021SR0983099	2021-07-05	胡增荣	轨道交通学院
248	铝合金半固态制浆机智能调控系统V1.0	2021SR0983312	2021-07-05	胡增荣	轨道交通学院
249	多语言姓名生成器软件	2021SR0986728	2021-07-05	王海光	计算机科学与技术学院
250	车辆管理及车牌识别系统	2021SR0980189	2021-07-05	金昊阳	机电工程学院
251	基于离散余弦变换的数字水印系统	2021SR0980190	2021-07-05	邹玮	电子信息学院
252	图像压缩系统	2021SR0980191	2021-07-05	邹玮	电子信息学院
253	压铸件自适应去毛刺控制系统V1.0	2021SR0992566	2021-07-06	胡增荣	轨道交通学院
254	智能喷淋除尘降温系统控制软件V1.0	2021SR0993296	2021-07-06	胡增荣	轨道交通学院

续表

序号	软件名称	登记号	证书日期	完成人1	所在学院（部）
255	激光填丝焊智能送丝系统 V1.0	2021SR0992284	2021-07-06	胡增荣	轨道交通学院
256	胡萝卜栽培技术与病虫害防治系统	2021SR0993502	2021-07-06	曲春香	医学部基础医学与生物科学学院
257	大葱栽培技术与病虫害防治系统	2021SR0993501	2021-07-06	曲春香	医学部基础医学与生物科学学院
258	番茄栽培技术与病虫害防治系统	2021SR0993445	2021-07-06	曲春香	医学部基础医学与生物科学学院
259	辣椒栽培技术与病虫害防治系统	2021SR0993444	2021-07-06	王林	计算机科学与技术学院
260	萝卜栽培技术与病虫害防治系统	2021SR0993443	2021-07-06	王林	计算机科学与技术学院
261	苏州大学基于Word2vec与聚类模型的同名作者消歧义软件 V1.0	2021SR0993346	2021-07-06	陈伟	计算机科学与技术学院
262	增广立方体网络顶点独立生成树演示软件 V1.0	2021SR0989077	2021-07-06	程宝雷	计算机科学与技术学院
263	项目管理系统 V1.0	2021SR0989076	2021-07-06	姚望舒	计算机科学与技术学院
264	河道水质监测系统 V1.0	2021SR0993348	2021-07-06	杨哲	计算机科学与技术学院
265	基于视频流的无人驾驶视觉系统 V1.0	2021SR0993347	2021-07-06	杨哲	计算机科学与技术学院
266	模具状态自动监控软件 V1.0	2021SR0997008	2021-07-07	胡增荣	轨道交通学院

续表

序号	软件名称	登记号	证书日期	完成人1	所在学院（部）
267	铸件喷丸智能监控系统V1.0	2021SR0996937	2021-07-07	胡增荣	轨道交通学院
268	项目管理系统V1.0	2021SR0996217	2021-07-07	姚望舒	计算机科学与技术学院
269	Job APP软件V1.0	2021SR0996261	2021-07-07	余潭	计算机科学与技术学院
270	超立方体线图上边不相交树演示软件V1.0	2021SR0996197	2021-07-07	程宝雷	计算机科学与技术学院
271	面向IPv6的远程智能控制系统	2021SR1011119	2021-07-09	李领治	计算机科学与技术学院
272	在线录直播上课系统V1.0	2021SR1018417	2021-07-12	陈雪勤	电子信息学院
273	依图制非标自牌报价系统V1.0	2021SR1018416	2021-07-12	熊福松	计算机科学与技术学院
274	面向微创核移植显微操作的目标识别与追踪系统	2021SR1020812	2021-07-12	黄海波	机电工程学院
275	基于卵母细胞透明带图像信息的卵细胞质量评价系统	2021SR1020811	2021-07-12	黄海波	机电工程学院
276	基于视觉里程计的机器人定位系统	2021SR1028368	2021-07-13	余雷	机电工程学院
277	基于视觉里程计的三维重建系统	2021SR1028367	2021-07-13	余雷	机电工程学院
278	苏州大学工业互联网自设计计算器系统	2020SR1037998	2021-07-14	胡昕彤	计算机科学与技术学院
279	"关爱老人，辅助诊疗"系统	2021SR1037921	2021-07-14	杨洋	计算机科学与技术学院

序号	软件名称	登记号	证书日期	完成人1	所在学院(部)
280	家禽类非编码RNA知识库平台	2021SR1037922	2021-07-14	杨洋	计算机科学与技术学院
281	苏州大学个性化服装设计订购移动商城系统	2021SR1037923	2021-07-14	曾宇	计算机科学与技术学院
282	触觉传感器软件V1.0	2021SR0368580	2021-07-14	陈国栋	机电工程学院
283	基于IIS音频总线的嵌入式语音录放系统	2021SR1039529	2021-07-14	邓朋	电子信息学院
284	基于nRF905的无线通信网络节点软件	2021SR1039530	2021-07-14	邓朋	电子信息学院
285	基于金融领域的中文事件及其关系标注系统	2021SR1037354	2021-07-14	李寿山	计算机科学与技术学院
286	苏瓷绝缘子语音检测系V1.0	2021SR1034962	2021-07-14	李相鹏	机电工程学院
287	蚯蚓活动识别系统	2021SR1068650	2021-07-20	许维岸	苏州医学院基础医学与生物科学学院
288	基于深度卷积网络的水体养殖水体监测系统	2021SR1066485	2021-07-20	许维岸	苏州医学院基础医学与生物科学学院
289	基于深度卷积网络的水蚯蚓养殖系统	2021SR1068603	2021-07-20	韩宏岩	苏州医学院基础医学与生物科学学院
290	基于深度卷积网络的水蚯蚓养殖水体监测系统	2021SR1064767	2021-07-20	韩宏岩	苏州医学院基础医学与生物科学学院
291	基于深度学习的学生出勤统计系统	2021SR1067848	2021-07-20	韩宏岩	苏州医学院基础医学与生物科学学院
292	基于深度学习的学生上课原量分析平台	2021SR1076069	2021-07-21	韩宏岩	苏州医学院基础医学与生物科学学院

续表

序号	软件名称	登记号	证书日期	完成人1	所在学院（部）
293	基于移动平台的水蛭素含量检控系统	2021SR1075997	2021-07-21	许维岸	苏州医学院基础医学与生物科学学院
294	基于移动平台的水蛭素生产监控系统	2021SR1075453	2021-07-21	许维岸	苏州医学院基础医学与生物科学学院
295	基于移动平台的水蛭素提纯专家远程指导系统	2021SR1072651	2021-07-21	许维岸	苏州医学院基础医学与生物科学学院
296	晴天盒子管理系统软件V1.0	2021SR1081472	2021-07-22	李欣雨	计算机科学与技术学院
297	自适应回声消除系统	2021SR1081427	2021-07-22	芮贤义	电子信息学院
298	增强多权重向量投影支持向量机分类仿真平台软件	2021SR1090246	2021-07-23	张莉	计算机科学与技术学院
299	闰年计算小程序软件	2021SR1090253	2021-07-23	吴可旸	轨道交通学院
300	三极管工作状态及总谐波失真的测量系统	2021SR1090248	2021-07-23	孙兵	电子信息学院
301	身体质量指数测量软件	2021SR1090252	2021-07-23	吴可旸	轨道交通学院
302	限价指令量趋势预测系统	2021SR1090247	2021-07-23	张莉	计算机科学与技术学院
303	基于跨领域用户推荐的元学习系统	2021SR1090245	2021-07-23	许佳捷	计算机科学与技术学院
304	基于匿名用户session推荐的元学习系统	2021SR1090091	2021-07-23	许佳捷	计算机科学与技术学院
305	快速寻找近邻用户推荐系统的仿真平台软件	2021SR1094012	2021-07-26	张莉	计算机科学与技术学院
306	无线电频谱检测软件	2021SR1102754	2021-07-27	周鸣籁	电子信息学院
307	校园订餐系统	2021SR1124397	2021-07-29	唐灯平	计算机科学与技术学院

续表

序号	软件名称	登记号	证书日期	完成人1	所在学院（部）
308	校园网新闻发布系统	2021SR1124366	2021-07-29	唐灯平	计算机科学与技术学院
309	论文投稿系统	2021SR1124357	2021-07-29	唐灯平	计算机科学与技术学院
310	小区物业管理系统	2021SR1124356	2021-07-29	唐灯平	计算机科学与技术学院
311	人事信息管理系统	2021SR1124355	2021-07-29	唐灯平	计算机科学与技术学院
312	校园招聘系统	2021SR1124354	2021-07-29	唐灯平	计算机科学与技术学院
313	毕业生就业跟踪管理系统	2021SR1132295	2021-07-30	唐灯平	计算机科学与技术学院
314	基于退火模拟算法的多周期超低损耗光纤升级调度规划软件	2021SR1132294	2021-07-30	李泳成	计算机科学与技术学院
315	局域网聊天系统	2021SR1132293	2021-07-30	唐灯平	计算机科学与技术学院
316	学生选课管理系统	2021SR1132292	2021-07-30	唐灯平	计算机科学与技术学院
317	教师个人教学管理系统	2021SR1132291	2021-07-30	马若恒	计算机科学与技术学院
318	考勤信息管理系统V1.0	2021SR1126235	2021-07-30	熊福松	计算机科学与技术学院
319	基于PSO算法的八自由度仿人臂逆解求取软件	2021SR1139599	2021-08-03	姜瑞卿	机电工程学院
320	基于大数据的汽车智能驾驶云平台	2021SR1154071	2021-08-05	李泳成	电子信息学院

续表

序号	软件名称	登记号	证书日期	完成人1	所在学院（部）
321	销售管理系统	2021SR1158277	2021-08-05	姚望舒	计算机科学与技术学院
322	项目管理系统	2021SR1158278	2021-08-05	姚望舒	计算机科学与技术学院
323	电子元件管理系统	2021SR1158279	2021-08-05	姚望舒	计算机科学与技术学院
324	超声波测距智能车位检测无线传感系统软件	2021SR1158280	2021-08-05	高明义	电子信息学院
325	社区团购管理后台系统V1.0	2021SR1167327	2021-08-09	羊箭锋	电子信息学院
326	"莘莘校园助手"网站软件V1.0	2021SR1172181	2021-08-09	金晗昕	计算机科学与技术学院
327	迹忆APP V1.0	2021SR1172105	2021-08-09	苏比努尔·阿布里孜	计算机科学与技术学院
328	那年今日APP V1.0	2021SR1172184	2021-08-09	杨佳佳	计算机科学与技术学院
329	sy-kill游戏软件V1.0	2021SR1172293	2021-08-09	茆天辰	计算机科学与技术学院
330	公交大数据可视化软件V1.0	2021SR1172180	2021-08-09	孔宇航	计算机科学与技术学院
331	公交大数据清洗及建模软件V1.0	2021SR1172178	2021-08-09	杨哲	计算机科学与技术学院
332	人工智能云网络监测管理系统V1.0	2021SR1186718	2021-08-11	卞志鹏	计算机科学与技术学院
333	结合Excel的owl文件生成软件	2021SR1182835	2021-08-11	刘安	计算机科学与技术学院

续表

序号	软件名称	登记号	证书日期	完成人1	所在学院（部）
334	网络故障概率和负载均衡优化分析软件	2021SR1195698	2021-08-12	陈伯文	电子信息学院
335	基于Socket的局域网内音频接收、采集、保存、收发系统	2021SR1217967	2021-08-17	徐清源	电子信息学院
336	人工智能算法推荐管理系统	2021SR1214202	2021-08-17	周夏冰	计算机科学与技术学院
337	智能车间布局建模与仿真软件	2021SR1223693	2021-08-18	陈　良	机电工程学院
338	基于图像的水泥基材料裂缝智能识别系统V1.0	2021SR1224400	2021-08-18	孙向丽	金螳螂建筑学院
339	深开挖工程周边位称沉降综合监测管理系统V1.0	2021SR1230331	2021-08-19	孙向丽	金螳螂建筑学院
340	基于图像识别的地表摄影测量沉降分析计算软件V1.0	2021SR1230332	2021-08-19	孙向丽	金螳螂建筑学院
341	文语转换软件V1.0	2021SR1246396	2021-08-23	陈雪勤	电子信息学院
342	同行志愿者系统	2021SR1246641	2021-08-23	周夏冰	计算机科学与技术学院
343	基于微信的农家食品溯源软件	2021SR1246639	2021-08-23	张宏斌	计算机科学与技术学院
344	基于微信平台的教学互助软件	2021SR1246642	2021-08-23	张宏斌	计算机科学与技术学院
345	冬奥会智能问答系统	2021SR1251566	2021-08-24	周夏冰	计算机科学与技术学院
346	基于Springboot的学校宿管软件	2021SR1251714	2021-08-24	张宏斌	计算机科学与技术学院

续表

序号	软件名称	登记号	证书日期	完成人1	所在学院（部）
347	基于安卓的快递物流信息APP软件	2021SR1251713	2021-08-24	张宏斌	计算机科学与技术学院
348	基于移动端的车辆违章查询软件	2021SR1252385	2021-08-24	张宏斌	计算机科学与技术学院
349	面向移动边缘计算的分布式专用保护业务调度技术软件	2021SR1255913	2021-08-24	李泳成	电子信息学院
350	基于SPC的车间生产监管系统	2021SR1556906	2021-08-24	杨洋	计算机科学与技术学院
351	基于SPC的仓储质量管理系统	2021SR1556907	2021-08-24	杨洋	计算机科学与技术学院
352	液态金属引擎操控系统V1.0	2021SR1251929	2021-08-24	李相鹏	机电工程学院
353	基于多模数据源的人脸识别安防系统	2021SR1264215	2021-08-25	王邦军	计算机科学与技术学院
354	水泥基材料裂缝监测及检测管理系统V1.0	2021SR1265181	2021-08-25	孙向丽	金螳螂建筑学院
355	基于决策树的西瓜分类器系统	2021SR1280035	2021-08-27	常晋豪	计算机科学与技术学院
356	SU高校体育场馆预约管理软件	2021SR1280036	2021-08-27	熊万权	机电工程学院
357	工厂可视化设备数据管理软件V1.0	2021SR1223694	2021-08-27	陈良	机电工程学院
358	数字孪生设备在线监控软件V1.0	2021SR1223673	2021-08-27	陈良	机电工程学院
359	基于多特征的流级别DDOS攻击检测系统	2021SR1274345	2021-08-27	杜扬	计算机科学与技术学院

续表

序号	软件名称	登记号	证书日期	完成人1	所在学院（部）
360	信号频谱分析信息统计监测系统 V1.0	2021SR1280340	2021-08-27	鲍温霞	光电科学与工程学院
361	猫叫情绪进行识别智能分析处理系统 V1.0	2021SR1300392	2021-09-01	黄敏	光电科学与工程学院
362	心电检测仪智能化诊疗辅助系统 V1.0	2021SR1305636	2021-09-01	黄敏	光电科学与工程学院
363	深度学习信息采集软件	2021SR1309456	2021-09-02	王中卿	计算机科学与技术学院
364	非对称权力下的正则空间合作博弈策略演化仿真软件	2021SR1309426	2021-09-02	张宏斌	计算机科学与技术学院
365	基于传染病的SIR修正模型中易感人群卫生条例遵守策略仿真软件	2021SR1309427	2021-09-02	张宏斌	计算机科学与技术学院
366	基于安卓的时间管理软件	2021SR1309428	2021-09-02	张文哲	计算机科学与技术学院
367	基于安卓的小区物业APP	2021SR1309876	2021-09-02	张文哲	计算机科学与技术学院
368	基于安卓的公交查询APP	2021SR1309877	2021-09-02	张文哲	计算机科学与技术学院
369	基于安卓的旅游向导APP	2021SR1309425	2021-09-02	张文哲	计算机科学与技术学院
370	基于六轴陀螺仪的智能车pid参数整定系统	2021SR1311119	2021-09-02	张天泽	机电工程学院
371	基于神经网络和混沌理论的多模型预测系统软件 V1.0	2021SR1309647	2021-09-02	孙琦颖	计算机科学与技术学院
372	基于预训练语言模型的中文新闻分类系统 V1.0	2021SR1309648	2021-09-02	华玥莹	计算机科学与技术学院

续表

序号	软件名称	登记号	证书日期	完成人1	所在学院（部）
373	冬虫夏草检索器数据采集分析系统 V1.0	2021SR1308193	2021-09-02	黄敏	光电科学与工程学院
374	基于安卓的小学生错题本 APP	2021SR1330819	2021-09-07	张文哲	计算机科学与技术学院
375	基于安卓的天气预报 APP	2021SR1335509	2021-09-07	张文哲	计算机科学与技术学院
376	党费计算小程序软件	2021SR1330656	2021-09-07	吴可旸	轨道交通学院
377	考虑额外预算的空间众包静态任务分配软件	2021SR1335510	2021-09-07	张得天	计算机科学与技术学院
378	考虑额外预算的空间众包在线任务分配软件	2021SR1335511	2021-09-07	张得天	计算机科学与技术学院
379	你懂我酒店分析系统	2021SR1330655	2021-09-07	凌晓峰	计算机科学与技术学院
380	去哪儿吃软件	2021SR1330654	2021-09-07	凌晓峰	计算机科学与技术学院
381	基于表达谱预测肿瘤复发风险高低的软件	2021SR1332025	2021-09-07	黄茉莉	苏州医学院基础医学与生物科学学院
382	依图制管理系统	2021SR1333337	2021-09-07	熊福松	东吴学院
383	落料薄板件自动转运系统 V1.0	2021SR1339749	2021-09-08	胡增荣	轨道交通学院
384	金属薄板真空吸盘转运辅助分离控制系统 V1.0	2021SR1341322	2021-09-08	胡增荣	轨道交通学院
385	薄板焊缝自动对齐控制系统 V1.0	2021SR1341321	2021-09-08	胡增荣	轨道交通学院
386	拼焊板划痕自动识别系统 V1.0	2021SR1341328	2021-09-08	胡增荣	轨道交通学院

续表

序号	软件名称	登记号	证书日期	完成人1	所在学院（部）
387	拼焊薄板焊缝质量在线视觉检测系统V1.0	2021SR1341329	2021-09-08	胡增荣	轨道交通学院
388	激光焊接光斑自适应控制系统V1.0	2021SR1342423	2021-09-08	胡增荣	轨道交通学院
389	焊缝气孔在线探测控制系统V1.0	2021SR1342348	2021-09-08	胡增荣	轨道交通学院
390	压铸磨具管理系统V1.0	2021SR1342383	2021-09-08	胡增荣	轨道交通学院
391	微细金属丝钎焊拉力测试控制软件V1.0	2021SR1350075	2021-09-09	胡增荣	轨道交通学院
392	焊接保护气自动调控系统V1.0	2021SR1350076	2021-09-09	胡增荣	轨道交通学院
393	股票数据相似度比较器软件	2021SR1400212	2021-09-17	芮贤义	电子信息学院
394	视网膜OCT图像积液分割软件V1.0	2021SR1409993	2021-09-22	朱伟芳	电子信息学院
395	基于多图特征融合的中药推荐软件V1.0	2021SR1409992	2021-09-22	马小虎	计算机科学与技术学院
396	基于深度学习的多肉植物图鉴软件	2021SR1426289	2021-09-24	黄鹤	电子信息学院
397	基于生成对抗网络的动漫风格游戏背景生成软件	2021SR1426286	2021-09-24	王逸勉	计算机科学与技术学院
398	智能语音识别垃圾桶软件	2021SR1441016	2021-09-27	李娟娟	电子信息学院
399	苏州大学显微自动化系统控制软件V1.0	2021SR1489362	2021-10-12	贺海东	机电工程学院

续表

序号	软件名称	登记号	证书日期	完成人1	所在学院（部）
400	苏州大学移动机器人导航仿真系统V1.0	2021SR1489547	2021-10-12	陈逸阳	机电工程学院
401	苏州大学多维数据分析平台V1.0	2021SR1489548	2021-10-12	陈逸阳	机电工程学院
402	面积计算软件	2021SR1489791	2021-10-12	吴可旸	轨道交通学院
403	新闻分类系统	2021SR1489809	2021-10-12	王中卿	计算机科学与技术学院
404	基于BERT的新闻文本分类平台系统	2021SR1489808	2021-10-12	张莉	计算机科学与技术学院
405	织机纱线强力检测仪软件	2021SR1489792	2021-10-12	陆晓峰	计算机科学与技术学院
406	基于IP over Quasi-CWDM网络的负载均衡流量疏导技术软件	2021SR1502208	2021-10-13	李泳成	电子信息学院
407	基于PET图像的肺肿瘤自动分割软件	2021SR1527373	2021-10-19	向德辉	电子信息学院
408	教材征订系统	2021SR1549735	2021-10-22	成明	轨道交通学院
409	基于字词粒度数据增强的语法纠错软件	2021SR1546820	2021-10-22	汤泽成	计算机科学与技术学院
410	课堂考勤系统	2021SR1549734	2021-10-22	成明	轨道交通学院
411	图书在线借阅系统	2021SR1549733	2021-10-22	成明	轨道交通学院
412	学生选课系统	2021SR1549732	2021-10-22	成明	轨道交通学院
413	视网膜OCT图像条纹损伤分割软件V1.0	2021SR1554902	2021-10-25	朱伟芳	电子信息学院
414	基于Python的众包数据收集系统	2021SR1562667	2021-10-26	杜扬	计算机科学与技术学院
415	基于Spring的网络流量可视化系统	2021SR1562668	2021-10-26	杜扬	计算机科学与技术学院

续表

序号	软件名称	登记号	证书日期	完成人1	所在学院（部）
416	膜结构辐射声特性分析软件	2021SR1562699	2021-10-26	王 刚	机电工程学院
417	膜结构隔声特性分析软件	2021SR1562724	2021-10-26	王 刚	机电工程学院
418	文件整理软件	2021SR1562725	2021-10-26	杨 洋	计算机科学与技术学院
419	AI基坑测斜监测微信小程序V1.0	2021SR1586157	2021-10-28	赵华菁	轨道交通学院
420	基于图像分割的工业图像缺陷检测软件V1.0	2021SR1586044	2021-10-28	杨煜戎	计算机科学与技术学院
421	自动化调参工业视觉图像处理软件V1.0	2021SR1586000	2021-10-28	贾景鸿	计算机科学与技术学院
422	自适应镭雕缺陷检测软件V1.0	2021SR1586046	2021-10-28	沈锦添	计算机科学与技术学院
423	无人驾驶辅助系统	2021SR1616813	2021-11-02	邓 仪	计算机科学与技术学院
424	面向智能工厂的SOP系统	2021SR1616812	2021-11-02	黄 俊	机电工程学院
425	真空系统控制上位机软件	2021SR1616811	2021-11-02	王丽荣	电子信息学院
426	面向云计算的频谱灵活光网络资源优化软件	2021SR1616810	2021-11-02	陈伯文	电子信息学院
427	飞易云盘软件V1.0	2021SR1649922	2021-11-05	肖 飞	苏州医学院基础医学与生物科学学院
428	电力负荷数据的实时诊断软件V1.0	2021SR1650014	2021-11-05	陈 良	机电工程学院

续表

序号	软件名称	登记号	证书日期	完成人1	所在学院（部）
429	一种老路建渣分类辅助及综合管理系统V1.0	2021SR1664392	2021-11-08	唐强	轨道交通学院
430	一种深基坑风险源在线识别分析及防控系统V1.0	2021SR1664391	2021-11-08	唐强	轨道交通学院
431	一种自动进行防渗混凝土配合比分析软件V1.0	2021SR1664390	2021-11-08	唐强	轨道交通学院
432	建渣碎石土路基动态回弹模量计算软件V1.0	2021SR1664393	2021-11-08	唐强	轨道交通学院
433	伽马荧光双模图像处理系统软件	2021SR1660067	2021-11-08	王璐瑶	苏州医学院放射医学与防护学院
434	地层注浆实验装置指标采集管理系统V1.0	2021SR1677732	2021-11-09	唐强	轨道交通学院
435	可穿戴心电监护系统V1.0	2021SR1668522	2021-11-09	王丽荣	电子信息学院
436	基于同源搜索的基因结构建模自动批处理软件	2021SR1692652	2021-11-10	张高川	苏州医学院基础医学与生物科学学院
437	一种水岩化学腐蚀环境的岩体力学指标监测管理系统V1.0	2021SR1708242	2021-11-11	唐强	轨道交通学院
438	基于End2End的中药推荐软件	2021SR1715288	2021-11-12	马小虎	计算机科学与技术学院
439	虚拟隔声测量室声学特性分析软件	2021SR1728996	2021-11-15	王刚	机电工程学院
440	电子信息技术服务综合咨询管理平台系统	2021SR1727196	2021-11-15	吴继恒	电子信息学院
441	视频下载小程序软件	2021SR1726151	2021-11-15	吴可旸	轨道交通学院

续表

序号	软件名称	登记号	证书日期	完成人1	所在学院（部）
442	组织手动拼装设计软件	2021SR1730192	2021-11-15	陈健亮	纺织与服装工程学院
443	组织数字化拼装设计软件	2021SR1730255	2021-11-15	陈健亮	纺织与服装工程学院
444	一种基于微裂隙图像识别的判断岩石劣化程度系统V1.0	2021SR1753794	2021-11-16	唐强	轨道交通学院
445	一种基于水化学参数动态变化的水岩反应速率在线分析软件V1.0	2021SR1772918	2021-11-17	唐强	轨道交通学院
446	一种隧道开挖风险分析系统V1.0	2021SR1774512	2021-11-17	唐强	轨道交通学院
447	砂土注浆加固浆液配合比设计计算软件V1.0	2021SR1774420	2021-11-17	唐强	轨道交通学院
448	农业温湿度环境监测系统	2021SR1769296	2021-11-17	杨歆豪	机电工程学院
449	百叶箱环境监控系统	2021SR1768514	2021-11-17	杨歆豪	机电工程学院
450	基于NB通信模组的远程更新软件	2021SR1764969	2021-11-17	王浩波	计算机科学与技术学院
451	基于Wi-Fi和WSCN的室内数据采集系统软件	2021SR1764968	2021-11-17	金珊	计算机科学与技术学院
452	基于CAT的智能远程更新系统软件	2021SR1764959	2021-11-17	芮俊	计算机科学与技术学院
453	目标检测神经网络模型训练软件	2021SR1764937	2021-11-17	王庭琛	计算机科学与技术学院
454	一种基于双目的包裹体积测量系统软件	2021SR1773224	2021-11-17	邓伟业	电子信息学院
455	教材征订系统	2021SR1774556	2021-11-17	王晓玲	电子信息学院

续表

序号	软件名称	登记号	证书日期	完成人1	所在学院（部）
456	实验室预约系统	2021SR1774557	2021-11-17	王晓玲	电子信息学院
457	基于5G的终端更新系统软件	2021SR1780342	2021-11-18	王浩波	计算机科学与技术学院
458	基于深度学习的新冠肺炎CT影像辅助检测软件	2021SR1786921	2021-11-18	魏巍	光电科学与工程学院
459	基于中心区域的人脸修复系统V1.0	2021SR1804342	2021-11-19	马小虎	计算机科学与技术学院
460	SAR经验公式计算软件V1.0	2021SR1804218	2021-11-19	曹洪龙	电子信息学院
461	数字信号处理仿真软件V1.0	2021SR1804288	2021-11-19	曹洪龙	电子信息学院
462	基于Transformer的中药推荐软件V1.0	2021SR1804217	2021-11-19	马小虎	计算机科学与技术学院
463	多周期光缆测试站点规划系统	2021SR1809361	2021-11-19	李泳成	电子信息学院
464	基于E-SOP的智慧工厂管理系统	2021SR1824144	2021-11-22	黄俊	机电工程学院
465	通用质谱解码器（UNIVERSAL TANDEM MASS DECODER）	2021SR1856623	2021-11-23	朴明浩	计算机科学与技术学院
466	滴答清单软件	2021SR1856622	2021-11-23	宋沁洋	计算机科学与技术学院
467	飞光教育直播软件	2021SR1849464	2021-11-23	杜扬	计算机科学与技术学院
468	面向酒店评论的意见信息抽取系统V1.0	2021SR1849463	2021-11-23	付国宏	人工智能研究院
469	基于API的多功能语音文字识别转换系统	2021SR1849481	2021-11-23	陈小平	电子信息学院

续表

序号	软件名称	登记号	证书日期	完成人1	所在学院（部）
470	双曲微穿孔板吸声特性分析软件	2021SR1849409	2021-11-23	王刚	机电工程学院
471	面向酒店服务的意见挖掘系统	2021SR1849411	2021-11-23	付国宏	人工智能研究院
472	意见解释分析系统	2021SR1849410	2021-11-23	凌晓峰	计算机科学与技术学院
473	RedSpy眼红分析软件	2021SR1865866	2021-11-24	黄弘杰	计算机科学与技术学院
474	基于机器视觉的蚕茧荧光分拣系统软件	2021SR1883597	2021-11-25	王崇龙	苏州医学院基础医学与生物科学学院
475	星际链分布式存储系统移动端软件（通用版）	2021SR1915118	2021-11-26	张维娜	计算机科学与技术学院
476	医学图像处理系统V1.0	2021SR1924863	2021-11-29	杨新艳	电子信息学院
477	医学图像检索系统V1.0	2021SR1924864	2021-11-29	杨新艳	电子信息学院
478	医学图像采集系统V1.0	2021SR1924862	2021-11-29	杨新艳	电子信息学院
479	单曲微穿孔板吸声特性分析软件	2021SR1970247	2021-12-02	王刚	机电工程学院
480	大学生宿舍垃圾分类智能管理系统软件	2021SR2005931	2021-12-06	李娟娟	电子信息学院
481	基于Android的声纹门禁系统软件	2021SR2005933	2021-12-06	李娟娟	电子信息学院
482	校园智能垃圾分类系统软件	2021SR2005934	2021-12-06	李娟娟	电子信息学院

续表

序号	软件名称	登记号	证书日期	完成人1	所在学院（部）
483	NLP标注系统	2021SR2024508	2021-12-08	刘泽洋	计算机科学与技术学院
484	组合导航定位软件	2021SR2024517	2021-12-08	徐　祥	电子信息学院
485	基于串口触摸屏和物联网技术的LED植物灯控制器设计软件	2021SR2035675	2021-12-10	蒋志坤	机电工程学院
486	基于Java的正方教务管理系统的便捷选课工具	2021SR2049391	2021-12-13	杨德印	苏州医学院基础医学与生物科学学院
487	基于空间映射算法并结合遗传算法的体声波磁电天线快速仿真设计平台	2021SR2051830	2021-12-14	刘学观	电子信息学院
488	预测固体电解质界面的原子模拟的软件	2021SR2063219	2021-12-15	程　涛	功能纳米与软物质研究院

2021 年度苏州大学国家标准发布情况（表63）

表63　2021年度苏州大学国家标准发布情况一览表

序号	起草人	标准名称	类型	标准编号	所在单位	发布日期
1	邹翼波	机器人 服务机器人模块化 第1部分：通用要求	国际标准	ISO 22166-1：2021	光电科学与工程学院	2021年2月
2	王海波	原电池 第1部分：总则	国际标准	IEC 60086-1：2021	能源学院	2021年6月
3	王海波	原电池 第2部分：外形尺寸和电性能	国际标准	IEC 60086-2：2021	能源学院	2021年6月
4	马扣祥	原电池 第3部分：手表电池	国际标准	IEC 60086-3：2021	能源学院	2021年6月
5	马扣祥	原电池 第5部分：水溶液电解质的安全	国际标准	IEC 60086-5：2021	能源学院	2021年10月
6	王海波	锌负极原电池汞镉铅含量的限制要求	国家标准	GB 24427：2021	能源学院	2021年4月
7	王海波	原电池 第1部分：总则	国家标准	GB/T 8897.1-2021	能源学院	2021年5月
8	马扣祥	原电池 第2部分：外形尺寸和电性能	国家标准	GB/T 8897.2-2021	能源学院	2021年5月
9	马扣祥	原电池 第3部分：手表电池	国家标准	GB/T 8897.3-2021	能源学院	2021年5月
10	叶元土	饲料原料 鱼粉	国家标准	GB/T19164-2021	苏州医学院	2021年10月
11	马扣祥	碱性锌-二氧化锰电池用电解二氧化锰	行业标准	QB/T 2629-2021	能源学院	2021年5月

2021年度苏州大学承担的省（部）级以上项目

一、自然科学科技项目情况

国家自然科学基金项目（338项）（表64）

表64 国家自然科学基金项目情况一览表

序号	项目批准号	项目名称	负责人	承担单位	项目类别	获批经费/万元	开始日期	结题日期
1	12125504	非平衡统计物理在凝聚态与光学系统中的应用	蒋建华	物理科学与技术学院	国家杰出青年科学基金	400	2022-01-01	2026-12-31
2	82125027	肿瘤学	周湖峰	苏州医学院基础医学与生物科学学院	国家杰出青年科学基金	400	2022-01-01	2026-12-31
3	52125304	生物医用高分子材料	陈华兵	苏州医学院药学院	国家杰出青年科学基金	400	2022-01-01	2026-12-31
4	32125016	固有免疫响应的调控与机制	周芳	生物医学研究院	国家杰出青年科学基金	400	2022-01-01	2026-12-31
5	82192883	航天极端环境致机体损伤的风险评价与健康监测研究	周光明	苏州医学院放射医学与防护学院	重大项目—课题申请	370	2022-01-01	2026-12-31

续表

序号	项目批准号	项目名称	负责人	承担单位	项目类别	获批经费/万元	开始日期	结题日期
6	82130059	超小磁性氧化铁纳米多功能对比剂相关基础研究	高明远	苏州医学院放射医学与防护学院	重点项目	290	2022-01-01	2026-12-31
7	52130304	高效、高色纯度的热活化延迟荧光有机电致发光材料及器件	张晓宏	功能纳米与软物质研究院	重点项目	300	2022-01-01	2026-12-31
8	32130059	基于组织精准解析和材料力学微环境时空调控的椎间盘再生	李斌	苏州大学附属第一医院	重点项目	274	2022-01-01	2026-12-31
9	92168203	心肌梗死再修复的有序调控与复合干预策略	沈振亚	苏州大学附属第一医院	重大研究计划—重点支持项目	300	2022-01-01	2025-12-31
10	62120106001	室温自驱动红外光电探测材料、机理与器件联合研究	李孝峰	光电科学与工程学院	国际（地区）合作与交流项目—国际（地区）合作研究项目	252	2022-01-01	2026-12-31
11	82120108017	仿生拓扑结构代谢重编程调控巨噬细胞功能及其在脊髓损伤的作用和机制研究	陈亮	苏州大学附属第一医院	国际（地区）合作与交流项目—国际（地区）合作研究项目	250	2022-01-01	2026-12-31

续表

序号	项目批准号	项目名称	负责人	承担单位	项目类别	获批经费/万元	开始日期	结题日期
12	U21A20332	高离子电导率和耐高压固态锂金属电池的构筑及原位表征新方法研究	晏成林	能源学院	联合基金项目—重点支持项目	260	2022-01-01	2025-12-31
13	U2167222	新型双功能铀促排剂研究	第五娟	苏州医学院放射医学与防护学院	联合基金项目—重点支持项目	255	2022-01-01	2025-12-31
14	12122113	微分动力系统与遍历论	廖刚	数学科学学院	优秀青年科学基金项目	200	2022-01-01	2024-12-31
15	22122407	活体成像分析	汪勇	苏州医学院放射医学与防护学院	优秀青年科学基金项目	200	2022-01-01	2024-12-31
16	82122059	近视防控研究	潘臣炜	苏州医学院公共卫生学院	优秀青年科学基金项目	200	2022-01-01	2024-12-31
17	82150106	肿瘤内皮细胞免疫检查点的作用机制与精准免疫治疗策略	黄玉辉	唐仲英血液学研究中心	专项项目—原创探索计划项目	260	2022-01-01	2024-12-31
18	62150710547	Magnetic resonance force microscopy with graphene nanoribbon mechanical resonators	Joel Moser	光电科学与工程学院	外国资深学者研究基金项目	160	2022-01-01	2023-12-31

续表

序号	项目批准号	项目名称	负责人	承担单位	项目类别	获批经费/万元	开始日期	结题日期
19	52150710539	Designed 2D materials synthesis; from synthesis, to engineering and electrical device fundamentals.	Mark Hermann Rummeli	能源学院	外国资深学者研究基金项目	160	2022-01-01	2023-12-31
20	52150710544	高性能铝合金组织与性能调控	长海博文	沙钢钢铁学院	外国资深学者研究基金项目	160	2022-01-01	2023-12-31
21	32150710523	Redox regulation in tissue microenvironment	邵常顺	转化医学研究院	外国资深学者研究基金项目	160	2022-01-01	2023-12-31
22	22150610468	Charge-density management at hybrid organic-inorganic interfaces for optoelectronic applications	Steffen Duhm	功能纳米与软物质研究院	外国优秀青年学者研究基金项目	80	2022-01-01	2023-12-31
23	72174136	大气污染治理的环境规制效应研究：基于控制权调配与信息公开的视角	孟晓华	政治与公共管理学院	面上项目	48	2022-01-01	2025-12-31
24	42101253	苏锡常地区生态系统服务供需关系的时空演变特征与驱动机制研究	付奇	政治与公共管理学院	青年科学基金项目	30	2022-01-01	2024-12-31

续表

序号	项目批准号	项目名称	负责人	承担单位	项目类别	获批经费/万元	开始日期	结题日期
25	72104169	城市存量土地混合利用的空间模式、微观机理与管制体系	郑红玉	政治与公共管理学院	青年科学基金项目	30	2022-01-01	2024-12-31
26	32171048	视听跨通道信息整合与注意相互作用的神经机制	冯文锋	教育学院	面上项目	58	2022-01-01	2025-12-31
27	32171049	视觉P和M通路对返回抑制影响的认知神经机制研究	张阳	教育学院	面上项目	58	2022-01-01	2025-12-31
28	32100875	消费情境中基于产品搜索经验的联想学习的行为与神经机制	黄建平	教育学院	青年科学基金项目	30	2022-01-01	2024-12-31
29	72172101	共享经济中人工智能算法歧视的形成机理及应对策略研究	沈怡	东吴商学院(财经学院)	面上项目	48	2022-01-01	2025-12-31
30	72102160	平台垄断下在线零售市场的潜在商家进入策略研究	宋雯	东吴商学院(财经学院)	青年科学基金项目	30	2022-01-01	2024-12-31
31	72102161	企业嵌入涉乡村助推行为的选择机理与优化机制研究	王诗雨	东吴商学院(财经学院)	青年科学基金项目	30	2022-01-01	2024-12-31

续表

序号	项目批准号	项目名称	负责人	承担单位	项目类别	获批经费/万元	开始日期	结题日期
32	72150410447	Redesigning supply network: supply network risk management strategy and its impact on financial, innovation, agility	Hyojin Kim	东吴商学院（财经学院）	外国青年学者研究基金项目	40	2022-01-01	2023-12-31
33	52178046	基于局部气候区尺度下的植物景观应对热岛效应机制和优化设计研究——以长三角城市为例	肖湘东	金螳螂建筑学院	面上项目	58	2022-01-01	2025-12-31
34	32100302	基于种间渐渗发掘辣椒近缘生野种（Capsicum chacoense）耐旱基因	庞欣	金螳螂建筑学院	青年科学基金项目	30	2022-01-01	2024-12-31
35	52108022	数字孪生导向下装配式建筑"信息模型—物理实体"动态交互机理与方法研究	韩冬辰	金螳螂建筑学院	青年科学基金项目	30	2022-01-01	2024-12-31
36	52108058	居民福祉视角下历史文化街区保护规划的绩效分异与影响机理研究	陈月	金螳螂建筑学院	青年科学基金项目	30	2022-01-01	2024-12-31

续表

序号	项目批准号	项目名称	负责人	承担单位	项目类别	获批经费/万元	开始日期	结题日期
37	12171344	狄拉克系列的分类	童超平	数学科学学院	面上项目	50	2022-01-01	2025-12-31
38	12171345	双曲环面上的闭测地线的几何拓扑	张影	数学科学学院	面上项目	51	2022-01-01	2025-12-31
39	12171346	拟共形映射理论中的调和分析	沈玉良	数学科学学院	面上项目	51	2022-01-01	2025-12-31
40	12171347	单调回复系的旋转集与动力学	秦文新	数学科学学院	面上项目	51	2022-01-01	2025-12-31
41	12171348	有奇点向量场的遍历理论	杨大伟	数学科学学院	面上项目	51	2022-01-01	2025-12-31
42	12171349	关于管道中Leray问题的一些研究	王云	数学科学学院	面上项目	48	2022-01-01	2025-12-31
43	12171350	基于神经动力学的新型储备池计算及在若干生物动态系统重构中的应用	马欢飞	数学科学学院	面上项目	51	2022-01-01	2025-12-31
44	12101439	海量数据参数模型的统计推断及其应用	马学俊	数学科学学院	青年科学基金项目	30	2022-01-01	2024-12-31
45	12174277	量子材料电中性自由度的霍尔热效应研究	支振中	物理科学与技术学院	面上项目	62	2022-01-01	2025-12-31

续表

序号	项目批准号	项目名称	负责人	承担单位	项目类别	获批经费/万元	开始日期	结题日期
46	12174278	新型镍基超导体的有效模型的计算探索研究	蒋密	物理科学与技术学院	面上项目	62	2022-01-01	2025-12-31
47	12174279	动态可调扭曲部分相干光场的产生、测量及应用	刘琳	物理科学与技术学院	面上项目	61	2022-01-01	2025-12-31
48	12174280	特殊相干结构部分相干光在相干衍射成像中的应用	赵承良	物理科学与技术学院	面上项目	61	2022-01-01	2025-12-31
49	12174281	亚波长干下光征系的光操控和远场调制光检测研究	高东梁	物理科学与技术学院	面上项目	56	2022-01-01	2025-12-31
50	12175159	尘埃等离子体下调制响应机制的研究	冯岩	物理科学与技术学院	面上项目	61	2022-01-01	2025-12-31
51	12175160	基于螺旋等离子体的W/Cu偏滤器材料辐照损伤机理及控制研究	吴雪梅	物理科学与技术学院	面上项目	64	2022-01-01	2025-12-31
52	22171202	基于C-N键可逆断裂的新型可控自由基聚合构建	张卫东	物理科学与技术学院	面上项目	60	2022-01-01	2025-12-31
53	22171203	基于铜负载催化的蛋白—糖适配聚合及特异性高分子合成	陈高健	物理科学与技术学院	面上项目	60	2022-01-01	2025-12-31

续表

序号	项目批准号	项目名称	负责人	承担单位	项目类别	获批经费/万元	开始日期	结题日期
54	52172219	二氧化钛序构的化学键调控及储钠性能	倪江锋	物理科学与技术学院	面上项目	58	2022-01-01	2025-12-31
55	52172220	基于光谱调控的高效稳定钙钛矿太阳能电池研究	邓楷模	物理科学与技术学院	面上项目	58	2022-01-01	2025-12-31
56	12104331	金属超构颗粒的异常电磁散射特性及物理机制研究	曹燕燕	物理科学与技术学院	青年科学基金项目	20	2022-01-01	2023-12-31
57	12105198	基于拓扑顶点与量子环面代数对超对称规范场论的可积性与对偶性的研究	朱睿东	物理科学与技术学院	青年科学基金项目	30	2022-01-01	2024-12-31
58	12105199	托卡马克中尘埃与离子相互作用的模拟研究	刘壮	物理科学与技术学院	青年科学基金项目	30	2022-01-01	2024-12-31
59	62105229	高通量单颗粒等离子激元纳米传感器及其对稠密环境下多种分子结合常数的频谱分析检测	叶巍翔	物理科学与技术学院	青年科学基金项目	30	2022-01-01	2024-12-31
60	12147126	三维量子霍尔效应中的无序效应	张智强	物理科学与技术学院	专项项目	18	2022-01-01	2022-12-31

续表

序号	项目批准号	项目名称	负责人	承担单位	项目类别	获批经费/万元	开始日期	结题日期
61	52142207	无机非金属材料交叉基础前沿和学科树战略研讨会	李 亮	物理科学与技术学院	专项项目	10	2022-01-01	2022-12-31
62	62171305	基于自旋VCSELs产生毫米波信号的机理与关键技术研究	李念强	光电科学与工程学院	面上项目	57	2022-01-01	2025-12-31
63	62173239	激光内送粉变斑熔覆成形闭环控形控性方法研究	石 拓	光电科学与工程学院	面上项目	57	2022-01-01	2025-12-31
64	62175170	双光子诱导晶配向机理与关键技术研究	黄文彬	光电科学与工程学院	面上项目	58	2022-01-01	2025-12-31
65	62175172	基于域变换的微光场重构特性研究	申 溯	光电科学与工程学院	面上项目	60	2022-01-01	2025-12-31
66	62175173	基于相干位相调制三维超结构的分子手性检测技术	王钦华	光电科学与工程学院	面上项目	60	2022-01-01	2025-12-31
67	62175174	基于相变材料的自适应光偏振光场检测研究	詹耀辉	光电科学与工程学院	面上项目	58	2022-01-01	2025-12-31
68	52102185	钙钛矿纳米晶/介孔硅球复合体系的可控制备及应用研究	黄 河	光电科学与工程学院	青年科学基金项目	30	2022-01-01	2024-12-31

续表

序号	项目批准号	项目名称	负责人	承担单位	项目类别	获批经费/万元	开始日期	结题日期
69	52105197	基于三维特征分析的激光增材制造表面表征方法的研究	邹翼波	光电科学与工程学院	青年科学基金项目	30	2022-01-01	2024-12-31
70	62104165	基于石墨烯三元异质结的红外光电探测的研究	陈泽锋	光电科学与工程学院	青年科学基金项目	30	2022-01-01	2024-12-31
71	62105230	面向高精度定量化成像光谱仪的超表面衍射光栅的研究	朱嘉诚	光电科学与工程学院	青年科学基金项目	30	2022-01-01	2024-12-31
72	62105231	基于钙钛矿原位卤素离子交换制备高性能光泵深蓝光发光二极管的研究	任振伟	光电科学与工程学院	青年科学基金项目	30	2022-01-01	2024-12-31
73	6211530301	VCSEL系统中的信号放大和随机性增强	李念强	光电科学与工程学院	国际(地区)合作与交流项目—合作交流项目	20	2022-01-01	2023-12-31
74	22179089	基于烯碳甲铝锂的锂硫电池异质结电催化剂的构建及其稳定性机制研究	孙靖宇	能源学院	面上项目	61	2022-01-01	2025-12-31
75	22179090	活性材料表面功能分子嫁接与原位转化降低锂电对电解液和添加剂的依赖性	郑洪河	能源学院	面上项目	60	2022-01-01	2025-12-31

续表

序号	项目批准号	项目名称	负责人	承担单位	项目类别	获批经费/万元	开始日期	结题日期
76	52172050	富勒烯微纳晶态材料的可控制备及其发光机理研究	冯 杲	能源学院	面上项目	58	2022-01-01	2025-12-31
77	52173288	二维过渡金属氧化物材料的层间结构调控及多价离子电化学存储特性研究	耿凤霞	能源学院	面上项目	58	2022-01-01	2025-12-31
78	62174114	高性能过渡金属氮氧化物钝化接触及其在晶硅太阳电池中的应用	杨新波	能源学院	面上项目	60	2022-01-01	2025-12-31
79	22109112	电活性共轭羧酸桥连纳米硅元黏结剂的精准构筑及协同增效研究	王 艳	能源学院	青年科学基金项目	30	2022-01-01	2024-12-31
80	52103226	主−客体作用构建高稳定性热−电双重变色薄膜研究	王 赛	能源学院	青年科学基金项目	30	2022-01-01	2024-12-31
81	52103306	基于杂化透明电极的高效柔性光充电系统	刘瑞远	能源学院	青年科学基金项目	30	2022-01-01	2024-12-31
82	12147121	基于晶体配位的光伏半导体缺陷性质研究与结构设计	王 静	能源学院	专项项目	18	2022-01-01	2022-12-31

续表

序号	项目批准号	项目名称	负责人	承担单位	项目类别	获批经费/万元	开始日期	结题日期
83	22171197	瞬态配位调控策略在对位碳氢键官能团化反应中的应用	赵应声	材料与化学化工学部	面上项目	60	2022-01-01	2025-12-31
84	22171198	铁催化的含硼烯烃对1,3-二烯烃官能团氢化烯基化反应	李亚红	材料与化学化工学部	面上项目	60	2022-01-01	2025-12-31
85	22171199	手性草酰胺骨架配体的设计、合成及其金属配合物催化的不对称反应研究	王兴旺	材料与化学化工学部	面上项目	60	2022-01-01	2025-12-31
86	22171201	基于远端官能团迁移的碳氢键自由基官能化反应	朱晨	材料与化学化工学部	面上项目	60	2022-01-01	2025-12-31
87	22171204	可重复擦写数字高分子的精准化学构建	黄智豪	材料与化学化工学部	面上项目	60	2022-01-01	2025-12-31
88	22172109	微纳粒子碰撞及其限域催化反应的"可视化"研究	姚建林	材料与化学化工学部	面上项目	60	2022-01-01	2025-12-31
89	22175125	"自适应"性干扰细菌群体感应的抗生物被膜表面的构建	于谦	材料与化学化工学部	面上项目	60	2022-01-01	2025-12-31

续表

序号	项目批准号	项目名称	负责人	承担单位	项目类别	获批经费/万元	开始日期	结题日期
90	22175126	高强度水凝胶/分子铁电体原位结晶诱导透明、可拉伸压电弹性体复合材料	郭明雨	材料与化学化工学部	面上项目	60	2022-01-01	2025-12-31
91	22178239	喷雾干燥塔内液滴动态传热传质过程中乳酸菌失活历程与机理研究	傅 楠	材料与化学化工学部	面上项目	60	2022-01-01	2025-12-31
92	52172051	新型锕系锕系混合金属内嵌富勒烯的合成、价键结构与材料特性研究	谌 宁	材料与化学化工学部	面上项目	58	2022-01-01	2025-12-31
93	22101195	机械力调控酶催化聚合	王 召	材料与化学化工学部	青年科学基金项目	30	2022-01-01	2024-12-31
94	22101196	基于潜在引发剂/调控试剂调节聚合物分子量分布策略的构建	李佳佳	材料与化学化工学部	青年科学基金项目	20	2022-01-01	2023-12-31
95	22102111	基于固/液/气三相氧化酶生物阳极的高效电解水产氢研究	张 军	材料与化学化工学部	青年科学基金项目	30	2022-01-01	2024-12-31

续表

序号	项目批准号	项目名称	负责人	承担单位	项目类别	获批经费/万元	开始日期	结题日期
96	22104104	核酸程序化组装介导的聚集诱导发光及其对活细胞内微量microRNA的精准智能检测	何学文	材料与化学化工学部	青年科学基金项目	30	2022-01-01	2024-12-31
97	22105141	水凝胶中封闭微通道的激光诱导反射直写及其多功能传感的研究	姚艳波	材料与化学化工学部	青年科学基金项目	30	2022-01-01	2024-12-31
98	22109110	分子筛限域超小尺寸非贵金属磷化物的合成及其在氨硼烷水解制氢中的应用	孙启明	材料与化学化工学部	青年科学基金项目	30	2022-01-01	2024-12-31
99	32101110	核壳结构纳米探针用于增强脑胶质瘤放化疗疗效的机制研究	张 浩	材料与化学化工学部	青年科学基金项目	30	2022-01-01	2024-12-31
100	52102287	基于刮涂方法的籽晶诱导高效稳定准二维钙钛矿Ruddlesden-Popper型太阳能电池研究	杨 甫	材料与化学化工学部	青年科学基金项目	30	2022-01-01	2024-12-31
101	52103227	具有"半导体"特性弹性体分子设计合成及其在柔性钙钛矿太阳能电池中的应用	许桂英	材料与化学化工学部	青年科学基金项目	20	2022-01-01	2023-12-31

续表

序号	项目批准号	项目名称	负责人	承担单位	项目类别	获批经费/万元	开始日期	结题日期
102	62172291	以服务器为中心的数据中心网络的高可靠性问题研究	樊建席	计算机科学与技术学院	面上项目	59	2022-01-01	2025-12-31
103	62176172	李群遍历元学习研究	李凡长	计算机科学与技术学院	面上项目	57	2022-01-01	2025-12-31
104	62176173	融合多源知识的跨领域汉语句子简化语义分析	李正华	计算机科学与技术学院	面上项目	57	2022-01-01	2025-12-31
105	62176174	基于多层次语义的属性化情感分析研究	周夏冰	计算机科学与技术学院	面上项目	57	2022-01-01	2025-12-31
106	62102275	基于用户参数学习的移动群智感知关键技术研究	高国举	计算机科学与技术学院	青年科学基金项目	30	2022-01-01	2024-12-31
107	62102276	基于远程监督的多元关系抽取研究	瞿剑峰	计算机科学与技术学院	青年科学基金项目	30	2022-01-01	2024-12-31
108	62102277	基于路网的实时轨迹数据预处理技术研究	兆平复	计算机科学与技术学院	青年科学基金项目	30	2022-01-01	2024-12-31
109	62106165	高忠实度的生成式摘要关键技术研究	曹自强	计算机科学与技术学院	青年科学基金项目	30	2022-01-01	2024-12-31

续表

序号	项目批准号	项目名称	负责人	承担单位	项目类别	获批经费/万元	开始日期	结题日期
110	62106166	情绪驱动的开放式观点摘要研究	朱苏阳	计算机科学与技术学院	青年科学基金项目	30	2022-01-01	2024-12-31
111	62106167	具隐私保护的可穿戴传感个性化人体行为识别的研究	冯思为	计算机科学与技术学院	青年科学基金项目	30	2022-01-01	2024-12-31
112	62171306	多波段光交换网络关键技术研究	沈纲祥	电子信息学院	面上项目	57	2022-01-01	2025-12-31
113	62101371	面向高程反演的高分InSAR图像的复数卷积稀疏表示去噪方法研究	康健	电子信息学院	青年科学基金项目	30	2022-01-01	2024-12-31
114	62101372	面向B5G光接入网低时延保障方法与资源分配策略	李军	电子信息学院	青年科学基金项目	30	2022-01-01	2024-12-31
115	62101373	面向网络安全的异构车载网络数据建模与入侵检测研究	于天琪	电子信息学院	青年科学基金项目	30	2022-01-01	2024-12-31
116	52175429	面向长效缓释的钛药功能表面激光Ti/HA储能颌骨增减材适配机制	王呈栋	机电工程学院	面上项目	58	2022-01-01	2025-12-31

续表

序号	项目批准号	项目名称	负责人	承担单位	项目类别	获批经费/万元	开始日期	结题日期
117	52175541	面向生化检测的压电协控高动态显微自动对焦方法研究	钟博文	机电工程学院	面上项目	58	2022-01-01	2025-12-31
118	62173240	面向克隆微操作中卵母细胞外环境检测的自解耦FET阵列感知方法研究	王凤霞	机电工程学院	面上项目	59	2022-01-01	2025-12-31
119	52105387	激光立体成形钛合金局部组织均匀化调控机理及阳极溶解行为研究	李加强	机电工程学院	青年科学基金项目	30	2022-01-01	2024-12-31
120	62103293	面向高精度低耗水线流路径跟随策略的多目标迭代学习控制研究	陈逸阳	机电工程学院	青年科学基金项目	30	2022-01-01	2024-12-31
121	62103294	面向靶向给药的磁性螺旋微纳机器人制备与集群控制研究	范新建	机电工程学院	青年科学基金项目	30	2022-01-01	2024-12-31
122	62103295	不确定非齐次semi-Markov跳变系统的约束预测控制研究	韦月圆	机电工程学院	青年科学基金项目	30	2022-01-01	2024-12-31
123	52171043	V-Cr-Al单晶外延生长Mo2C催化膜的可控制备及协同氢分离机制	李新中	沙钢钢铁学院	面上项目	58	2022-01-01	2025-12-31

续表

序号	项目批准号	项目名称	负责人	承担单位	项目类别	获批经费/万元	开始日期	结题日期
124	52174280	基于Si复合—碳纳米管限域的[MTMPs-Si]@CNTs-CC自支撑电极材料的设计、制备及电催化HER过程动力学研究	盛敏奇	沙钢钢铁学院	面上项目	58	2022-01-01	2025-12-31
125	52174321	Mg-Ti协同处理包晶钢凝固诱导异形核机制与微观解析研究	屈天鹏	沙钢钢铁学院	面上项目	58	2022-01-01	2025-12-31
126	52174367	低压缩比大/厚规格结构用钢组织细化和组织均匀化研究	丁汉林	沙钢钢铁学院	面上项目	58	2022-01-01	2025-12-31
127	52174368	拉拔成形高强珠光体钢丝的组织结构形成机制和形变强化机制研究	周健	沙钢钢铁学院	面上项目	58	2022-01-01	2025-12-31
128	52101048	水平铸轧难混溶Cu-Fe合金组织调控与电磁屏蔽性能研究	刘仕超	沙钢钢铁学院	青年科学基金项目	30	2022-01-01	2024-12-31
129	52101147	超点阵层错和位错演变对镍基高温合金低温应力应变二—三阶段性能影响机制	吴小春	沙钢钢铁学院	青年科学基金项目	30	2022-01-01	2024-12-31

续表

序号	项目批准号	项目名称	负责人	承担单位	项目类别	获批经费/万元	开始日期	结题日期
130	52101148	纳米相强化双相钢中框架微结构及其变形机制研究	许松松	沙钢钢铁学院	青年科学基金项目	30	2022-01-01	2024-12-31
131	52104336	高炉内高还原性钒钛磁铁矿含碳复合炉料演变行为及耦合机制	赵 伟	沙钢钢铁学院	青年科学基金项目	30	2022-01-01	2024-12-31
132	52104337	转炉炼钢底吹 CO_2-O_2-石灰粉的脱磷反应机理研究	胡绍岩	沙钢钢铁学院	青年科学基金项目	30	2022-01-01	2024-12-31
133	52170113	具有空气 CO_2 捕集利用双功能的气—水凝胶体系构建及应用	王晓沁	纺织与服装工程学院	面上项目	58	2022-01-01	2025-12-31
134	52173059	微/纳米纤维复合结构涂层纱线能量转换效率提升机理及调控研究	方 剑	纺织与服装工程学院	面上项目	58	2022-01-01	2025-12-31
135	52172406	复杂多源激扰下谐结构参数化诱导对轴承服役状态评估方法研究	江星星	轨道交通学院	面上项目	63	2022-01-01	2025-12-31
136	52175056	多振源下高铁齿轮箱轴承故障特征演化及自适应匹配提取研究	石娟娟	轨道交通学院	面上项目	58	2022-01-01	2025-12-31

续表

序号	项目批准号	项目名称	负责人	承担单位	项目类别	获批经费/万元	开始日期	结题日期
137	22105140	羟基增强聚芳烃聚碱性阴离子交换聚合物膜的研制及材料基因组的构建	潘 军	轨道交通学院	青年科学基金项目	30	2022-01-01	2024-12-31
138	52108380	开挖卸荷下管廊结构横纵向耦联变形机理及支护效果研究	贾鹏蛟	轨道交通学院	青年科学基金项目	30	2022-01-01	2024-12-31
139	62103292	非完全智能网联环境下路网耦联通流效率与安全协同研究	卢维科	轨道交通学院	青年科学基金项目	30	2022-01-01	2024-12-31
140	32170032	细菌持留抵御致死性压力的分子机理研究	洪宇植	苏州医学院基础医学与生物科学学院	面上项目	58	2022-01-01	2025-12-31
141	32170786	CD36泛素化的调节与代谢功能	苏 雄	苏州医学院基础医学与生物科学学院	面上项目	58	2022-01-01	2025-12-31
142	32172794	基于昼夜节律基因Period敲除突变体蚕的生物钟与内分泌激素协同调控滞育的机制研究	徐世清	苏州医学院基础医学与生物科学学院	面上项目	58	2022-01-01	2025-12-31

续表

序号	项目批准号	项目名称	负责人	承担单位	项目类别	获批经费/万元	开始日期	结题日期
143	32172795	基于细胞内 Ca^{2+} 稳态研究 20E 调控核受体基因 ftz-f1 表达的作用机制	李兵	苏州医学院基础医学与生物科学学院	面上项目	58	2022-01-01	2025-12-31
144	82171689	三氯乙烯致心病中 AhR 激活途径及作用机制	姜岩	苏州医学院基础医学与生物科学学院	面上项目	55	2022-01-01	2025-12-31
145	82171871	线粒体源外泌体参与阿霉素诱导的心肌毒性分子机制研究	朱少华	苏州医学院基础医学与生物科学学院	面上项目	55	2022-01-01	2025-12-31
146	82171874	TGF-β 信号通路关键基因在冠心病猝死中的分子遗传学机制研究	高玉振	苏州医学院基础医学与生物科学学院	面上项目	55	2022-01-01	2025-12-31
147	82172294	基于固有免疫以 ICOS/ICOSL 为免疫卡控点调节 ILC2s 介导血吸虫病早期肝纤维化形成的分子机制	夏超明	苏州医学院基础医学与生物科学学院	面上项目	55	2022-01-01	2025-12-31
148	32101026	高通量精准定量不同转移潜能癌细胞表面聚糖动态	方盼	苏州医学院基础医学与生物科学学院	青年科学基金项目	30	2022-01-01	2024-12-31

续表

序号	项目批准号	项目名称	负责人	承担单位	项目类别	获批经费/万元	开始日期	结题日期
149	32102608	家蚕后部丝腺异位表达Sericin 3基因对丝素蛋白质合成和组装的影响机制	王永峰	苏州医学院基础医学与生物科学学院	青年科学基金项目	20	2022-01-01	2023-12-31
150	42106099	基因LOV1参与泮苔响应高温胁迫的分子机制	何渊	苏州医学院基础医学与生物科学学院	青年科学基金项目	20	2022-01-01	2023-12-31
151	82101452	基于铁死亡的脑外伤模型研究TRAP在脑外伤致神经功能障碍中的作用及机制	高诚	苏州医学院基础医学与生物科学学院	青年科学基金项目	30	2022-01-01	2024-12-31
152	82101972	基于复合损伤模型认知功能障碍时间依赖性生物筛选及相关机制研究	高原	苏州医学院基础医学与生物科学学院	青年科学基金项目	30	2022-01-01	2024-12-31
153	82103121	去泛素化酶UCHL1调控PD-L1蛋白稳定性促进HPV相关头颈癌肿瘤发生的分子机制研究	索超	苏州医学院基础医学与生物科学学院	青年科学基金项目	30	2022-01-01	2024-12-31
154	82103263	LINC00887通过编码微肽调控的脂肪酸代谢重编程在透明肾细胞癌发生发展中的作用机制研究	吴思奇	苏州医学院基础医学与生物科学学院	青年科学基金项目	30	2022-01-01	2024-12-31

续表

序号	项目批准号	项目名称	负责人	承担单位	项目类别	获批经费/万元	开始日期	结题日期
155	12175162	辐射响应性聚前药纳米载体的肿瘤放射免疫治疗研究	王杨云	苏州医学院放射医学与防护学院	面上项目	64	2022-01-01	2025-12-31
156	22176137	基于分子模拟和大数据分析的氢捕获MOFs材料的理性设计与筛选及实验验证研究	杨再兴	苏州医学院放射医学与防护学院	面上项目	60	2022-01-01	2025-12-31
157	22176138	富含柔性位点膨胀型有机多孔骨架吸附与固定放射性碘的研究	徐美芸	苏州医学院放射医学与防护学院	面上项目	60	2022-01-01	2025-12-31
158	32171403	基于微接触印刷技术的细胞包背设计及其在肿瘤免疫治疗中的应用	张乐帅	苏州医学院放射医学与防护学院	面上项目	58	2022-01-01	2025-12-31
159	82172003	易损性动脉粥样硬化斑块的早期预警及动态可视化评估	曾剑峰	苏州医学院放射医学与防护学院	面上项目	55	2022-01-01	2025-12-31
160	12175161	基于神经网络的微剂量学径迹结构分析模型构建及其初步应用研究	孙亮	苏州医学院放射医学与防护学院	面上项目	61	2022-01-01	2025-12-31

续表

序号	项目批准号	项目名称	负责人	承担单位	项目类别	获批经费/万元	开始日期	结题日期
161	12175163	放射性铼肿瘤靶向复方脂质体用于组合化学放射治疗研究	李世红	苏州医学院放射医学与防护学院	面上项目	61	2022-01-01	2025-12-31
162	22176139	富氮型共价有机框架材料的设计合成及其对碘的高效吸附研究	陈 龙	苏州医学院放射医学与防护学院	面上项目	60	2022-01-01	2025-12-31
163	32171234	电离辐射诱导胶质瘤干细胞免疫原性细胞死亡激活CAR-T细胞免疫治疗胶质瘤	杨 魏	苏州医学院放射医学与防护学院	面上项目	58	2022-01-01	2025-12-31
164	32171382	基于细菌载体的肿瘤放射免疫联合治疗的应用基础研究	杨 凯	苏州医学院放射医学与防护学院	面上项目	59	2022-01-01	2025-12-31
165	32171383	线粒体靶向性多功能光敏纳米胶束的构建及肿瘤协同治疗研究	郭正清	苏州医学院放射医学与防护学院	面上项目	58	2022-01-01	2025-12-31
166	82173455	FLASH光子照射调控PD-L1敲除型小鼠肠道辐射损伤的机制研究	张昊文	苏州医学院放射医学与防护学院	面上项目	55	2022-01-01	2025-12-31

续表

序号	项目批准号	项目名称	负责人	承担单位	项目类别	获批经费/万元	开始日期	结题日期
167	82173465	电离辐射通过YAP/TAZ和SWI/SNF复合物调控早期胚胎发育的研究	杨 磊	苏州医学院放射医学与防护学院	面上项目	55	2022-01-01	2025-12-31
168	22106114	阳离子型金属有机框架材料去除99TcO4⁻构效关系的理论研究	刘胜堂	苏州医学院放射医学与防护学院	青年科学基金项目	30	2022-01-01	2024-12-31
169	12105200	秀丽隐杆线虫真实模型构建及其剂量学应用研究	王一迪	苏州医学院放射医学与防护学院	青年科学基金项目	30	2022-01-01	2024-12-31
170	22104105	新型近红外响应性纳米酶的设计及其肿瘤多模态成像研究	崔家斌	苏州医学院放射医学与防护学院	青年科学基金项目	30	2022-01-01	2024-12-31
171	22106115	智能化诊疗一体探针的构建与应用研究	李 庆	苏州医学院放射医学与防护学院	青年科学基金项目	30	2022-01-01	2024-12-31
172	22106116	多金属氧酸盐（POMs）新型促排剂对内污染铀促排的研究	王晓梅	苏州医学院放射医学与防护学院	青年科学基金项目	30	2022-01-01	2024-12-31
173	22106117	宽能谱中子探测用的含硼共价有机框架材料研究	李振宇	苏州医学院放射医学与防护学院	青年科学基金项目	20	2022-01-01	2023-12-31

续表

序号	项目批准号	项目名称	负责人	承担单位	项目类别	获批经费/万元	开始日期	结题日期
174	82101927	可降解仿生纳米疫苗用于脑胶质瘤放射-免疫治疗研究	王婷婷	苏州医学院放射医学与防护学院	青年科学基金项目	30	2022-01-01	2024-12-31
175	82103057	上转换纳米探针介导的靶向细胞膜蛋白降解技术在肿瘤治疗中的应用	段瑞雪	苏州医学院放射医学与防护学院	青年科学基金项目	30	2022-01-01	2024-12-31
176	82103786	I型胶原蛋白通过调节细胞外基质重塑参与空间辐射致肺癌发生的机制研究	裴烊烊	苏州医学院放射医学与防护学院	青年科学基金项目	30	2022-01-01	2024-12-31
177	32170670	蛋白质和基因组数据整合分析揭示遗传性肥胖症致病机制的方法及应用研究	裴育芳	苏州医学院公共卫生学院	面上项目	58	2022-01-01	2025-12-31
178	82173502	乳铁蛋白通过胆汁酸和肠源性5-羟色胺改善非酒精性脂肪肝对肠肝的研究	秦立强	苏州医学院公共卫生学院	面上项目	55	2022-01-01	2025-12-31
179	82173529	单细胞测序技术解析免疫细胞在绝经后女胃骨质疏松症中的细胞与分子致病机制研究	雷署丰	苏州医学院公共卫生学院	面上项目	55	2022-01-01	2025-12-31

续表

序号	项目批准号	项目名称	负责人	承担单位	项目类别	获批经费/万元	开始日期	结题日期
180	82173594	促炎症消退脂类介质与2型糖尿病发病的关联性研究	董晨	苏州医学院公共卫生学院	面上项目	55	2022-01-01	2025-12-31
181	82173596	缺血性脑卒中病后神经功能恢复相关的表观遗传标志物的研究	张明芝	苏州医学院公共卫生学院	面上项目	55	2022-01-01	2025-12-31
182	82173597	单细胞转录组测序鉴定高血压相关的PBMC亚群及关键分子	张欢	苏州医学院公共卫生学院	面上项目	55	2022-01-01	2025-12-31
183	82173598	血浆外泌体蛋白质与骨质疏松症疾病风险关联评价及其机制研究	邓飞艳	苏州医学院公共卫生学院	面上项目	55	2022-01-01	2025-12-31
184	82103818	对香豆酸/乳铁蛋白/谷胱甘肽纳米复合物预防缺氧性认知功能障碍的作用及机制	李云虹	苏州医学院公共卫生学院	青年科学基金项目	30	2022-01-01	2024-12-31
185	82103917	四种神经营养因子与缺血性脑卒中后认知功能障碍关系的队列研究	朱正保	苏州医学院公共卫生学院	青年科学基金项目	30	2022-01-01	2024-12-31

续表

序号	项目批准号	项目名称	负责人	承担单位	项目类别	获批经费/万元	开始日期	结题日期
186	82103922	T细胞来源外泌体miRNA与骨质疏松症疾病风险的关联及其机制研究	何培	苏州医学院公共卫生学院	青年科学基金项目	30	2022-01-01	2024-12-31
187	82150410453	The association between markers of meat and dairy intake and incident metabolic syndrome	KHEMAYANTO HIDAYAT	苏州医学院公共卫生学院	外国青年学者研究基金项目	20	2022-01-01	2022-12-31
188	22171200	碳自由基亚磺酰化反应研究	刘峰	苏州医学院药学院	面上项目	60	2022-01-01	2025-12-31
189	22177085	抗素修饰蛋白及其探针的化学合成	李佳斌	苏州医学院药学院	面上项目	63	2022-01-01	2025-12-31
190	22177086	抗脱敏G蛋白偏向性5-HT2C受体激动剂的设计合成及其活性研究	叶娜	苏州医学院药学院	面上项目	63	2022-01-01	2025-12-31
191	32170975	泛素连接酶底物受体Cereblon调控小胶质细胞吞噬功能及老年小鼠学习、记忆的作用、机制研究	周亮	苏州医学院药学院	面上项目	58	2022-01-01	2025-12-31

续表

序号	项目批准号	项目名称	负责人	承担单位	项目类别	获批经费/万元	开始日期	结题日期
192	32170987	内质网应激和自噬异常及其串扰关联效应在NgBR缺失导导的多巴胺能神经退变中的作用及其机制	任海刚	苏州医学院药学院	面上项目	58	2022-01-01	2025-12-31
193	32171381	修复血脑屏障Aβ清除功能的纳米他汀用于阿尔茨海默病治疗的研究	韩亮	苏州医学院药学院	面上项目	58	2022-01-01	2025-12-31
194	32171437	泛素连接酶底物受体DCAF15介导胃癌细胞凋亡的机制及靶向药物研究	汪国强	苏州医学院药学院	面上项目	58	2022-01-01	2025-12-31
195	52173135	生物可降解共轭聚合物材料设计及其在脑胶质瘤靶向近红外二区可视化诊疗研究	李盛亮	苏州医学院药学院	面上项目	58	2022-01-01	2025-12-31
196	82173811	TIGAR调节内质网—线粒体—核通讯在脑缺血中产生神经保护的作用及机制	盛瑞	苏州医学院药学院	面上项目	55	2022-01-01	2025-12-31
197	82173880	小分子别构调节转运体OATP1B1/1B3分子机制的研究	黄春山	苏州医学院药学院	面上项目	55	2022-01-01	2025-12-31

续表

序号	项目批准号	项目名称	负责人	承担单位	项目类别	获批经费/万元	开始日期	结题日期
198	22107083	筛选并应用模拟核酸酶A的生物稳定的核酸催化剂实现靶标和等位基因特异性的RNA敲除	王维俊	苏州医学院药学院	青年科学基金项目	30	2022-01-01	2024-12-31
199	82150410455	Metabolic glycoengineering and targeted immune modulation of CAR-T cells for lung cancer treatment	Zheng Yiran	苏州医学院药学院	外国青年学者研究基金项目	40	2022-01-01	2023-12-31
200	82103921	吞噬细胞异性促炎蛋白S100/Calgranulins与缺血性脑卒中预后关系的前瞻性队列研究	郭道退	苏州医学院护理学院	青年科学基金项目	30	2022-01-01	2024-12-31
201	32170003	应用古代DNA直接测序研究口腔微生物遗传变异及与人类历史的相互影响	周哲敏	巴斯德学院	面上项目	58	2022-01-01	2025-12-31
202	12174276	基于表面电荷转移掺杂的高性能二维热电材料设计	熊世云	功能纳米与软物质研究院	面上项目	62	2022-01-01	2025-12-31
203	22173066	基于多尺度模拟建立固体电解质界面原子模型	程 涛	功能纳米与软物质研究院	面上项目	60	2022-01-01	2025-12-31

续表

序号	项目批准号	项目名称	负责人	承担单位	项目类别	获批经费/万元	开始日期	结题日期
204	22173067	电解水析氢催化材料的多尺度模拟和智能筛选	李有勇	功能纳米与软物质研究院	面上项目	60	2022-01-01	2025-12-31
205	22173068	基于"光-热-汽化-形变"原理的复合材料水凝胶的快速驱动	董彬	功能纳米与软物质研究院	面上项目	60	2022-01-01	2025-12-31
206	22175124	基于敏化荧光机制的近红外OLED材料研究	蒋佐权	功能纳米与软物质研究院	面上项目	60	2022-01-01	2025-12-31
207	22179088	高选择性和高单程转化率的酸性二氧化碳电还原	王至沅	功能纳米与软物质研究院	面上项目	60	2022-01-01	2025-12-31
208	52172221	MXene负载金属团簇高效光热催化逆水煤气变换的研究	何乐	功能纳米与软物质研究院	面上项目	60	2022-01-01	2025-12-31
209	52173176	基于多孔结构薄膜的有机电化学晶体管及其传感应用研究	黄丽珍	功能纳米与软物质研究院	面上项目	58	2022-01-01	2025-12-31
210	52173177	基于高性能单晶回音壁激光器的有机半导体增益材料设计合成及其定向耦合输出研究	王雪东	功能纳米与软物质研究院	面上项目	58	2022-01-01	2025-12-31

续表

序号	项目批准号	项目名称	负责人	承担单位	项目类别	获批经费/万元	开始日期	结题日期
211	52173178	晶种诱导外延生长可控制备结晶取向均一的有机单晶阵列及其场效应器件研究	张秀娟	功能纳米与软物质研究院	面上项目	58	2022-01-01	2025-12-31
212	62174115	新型叠层摩擦电压力传感器及其力电耦合与电荷调控机制研究	文震	功能纳米与软物质研究院	面上项目	60	2022-01-01	2025-12-31
213	62175171	叠层杂化发光二极管	廖良生	功能纳米与软物质研究院	面上项目	60	2022-01-01	2025-12-31
214	12105201	铜—溶液界面双电层效应对Volmer反应影响的原位同步辐射谱学研究	张浩	功能纳米与软物质研究院	青年科学基金项目	30	2022-01-01	2024-12-31
215	22101194	N-羧酸酐协同共价聚合的动力学和聚合机理研究	宋子元	功能纳米与软物质研究院	青年科学基金项目	30	2022-01-01	2024-12-31
216	22102109	原子尺度上共轭聚合物导电性的研究	尤思见	功能纳米与软物质研究院	青年科学基金项目	20	2022-01-01	2023-12-31
217	22102110	单层二维共价有机骨架材料在共价绝缘体表面的合成和原位表征策略	方国	功能纳米与软物质研究院	青年科学基金项目	30	2022-01-01	2024-12-31

续表

序号	项目批准号	项目名称	负责人	承担单位	项目类别	获批经费/万元	开始日期	结题日期
218	22103054	铜基高熵合金二氧化碳还原催化剂理性设计	杨昊	功能纳米与软物质研究院	青年科学基金项目	30	2022-01-01	2024-12-31
219	22105139	基于ESDPT机制的有机小分子激光材料的设计、合成及微晶体激光研究	闫长存	功能纳米与软物质研究院	青年科学基金项目	20	2022-01-01	2023-12-31
220	22109111	给电子型氮杂环聚合物有机电池正极材料的设计、制备和性能研究	戴高乐	功能纳米与软物质研究院	青年科学基金项目	30	2022-01-01	2024-12-31
221	32101070	基于可注射高分子水凝胶的CAR-T细胞支架及其在恶性脑胶质瘤治疗中的应用	巢宇	功能纳米与软物质研究院	青年科学基金项目	30	2022-01-01	2024-12-31
222	52103347	新型生物活性小分子基超分子水凝胶用于增效肿瘤免疫治疗	张晗	功能纳米与软物质研究院	青年科学基金项目	30	2022-01-01	2024-12-31
223	62104166	基于新型FAPbI3量子点的表面配体工程及光伏器件应用的机理研究	李方超	功能纳米与软物质研究院	青年科学基金项目	20	2022-01-01	2023-12-31

续表

序号	项目批准号	项目名称	负责人	承担单位	项目类别	获批经费/万元	开始日期	结题日期
224	2216113026	跨平台分子手性界面的制备与稳定化的研究	迟力峰	功能纳米与软物质研究院	国际（地区）合作与交流项目—组织间合作研究项目	200	2022-01-01	2024-12-31
225	2216114003	高效大面积量子点太阳能电池	马万里	功能纳米与软物质研究院	国际（地区）合作与交流项目—组织间合作研究项目	200	2021-01-01	2023-12-31
226	5216116031	基于钯基合金纳米材料的二氧化碳还原协同催化效应研究	李彦光	功能纳米与软物质研究院	国际（地区）合作与交流项目—组织间合作研究项目	98	2022-01-01	2025-12-31
227	92163114	量子点太阳能电池中的序构研究	马万里	功能纳米与软物质研究院	重大研究计划—培育项目	65	2022-01-01	2024-12-31
228	52142206	纳米生物材料在肿瘤治疗领域应用探索的战略研究	刘庄	功能纳米与软物质研究院	专项项目	30	2022-01-01	2022-12-31
229	32171112	心脏蛋白酶corin在糖脂代谢中的作用及机制研究	董宁征	唐仲英血液学研究中心	面上项目	58	2022-01-01	2025-12-31

续表

序号	项目批准号	项目名称	负责人	承担单位	项目类别	获批经费/万元	开始日期	结题日期
230	82170119	FBXO11 靶向转录因子 GTF2A1 对红细胞生成的调控作用及机制研究	徐 鹏	唐仲英血液学研究中心	面上项目	55	2022-01-01	2025-12-31
231	82170129	纤维蛋白原介导血栓形成的功能性二硫键的调控机制	武 艺	唐仲英血液学研究中心	面上项目	55	2022-01-01	2025-12-31
232	82170227	线粒体自噬调控血小板保存寿命的作用和机制研究	王建荣	唐仲英血液学研究中心	面上项目	54	2022-01-01	2025-12-31
233	82170466	轴突导向分子 Sema3G 调控动脉粥样硬化斑块形成的机制和转化的实验研究	朱 力	唐仲英血液学研究中心	面上项目	55	2022-01-01	2025-12-31
234	82171251	Stat1 介导的 Ulk1 转录调控在小胶质细胞自噬及帕金森病发病中的作用	胡丽芳	神经科学研究所	面上项目	55	2022-01-01	2025-12-31
235	82171376	脊髓损伤后靶向神经重建脑—脊髓—肌肉神经环路的机制研究	刘耀波	神经科学研究所	面上项目	55	2022-01-01	2025-12-31
236	82171414	基于线粒体稳态调控在帕金森病 α-突触核蛋白聚集中的机制研究	孟红蕊	神经科学研究所	面上项目	55	2022-01-01	2025-12-31

续表

序号	项目批准号	项目名称	负责人	承担单位	项目类别	获批经费/万元	开始日期	结题日期
237	82171461	基于PSD95-Gαi1/3信号抗小鼠抑郁样行为的作用和机制研究	曹 聪	神经科学研究所	面上项目	54	2022-01-01	2025-12-31
238	82104190	基于线粒体自噬研究硫化氢缓释供体对小胶质细胞介导的帕金森病炎症调控作用	侯晓鸥	神经科学研究所	青年科学基金项目	30	2022-01-01	2024-12-31
239	32170142	Hedgehog通路抑制剂HhAntag的抗病毒作用及分子机制的研究	戴建锋	生物医学研究院	面上项目	58	2022-01-01	2025-12-31
240	32170148	去类泛素化酶SENP1在HIV-1感染复制中的作用及机制研究	董春升	生物医学研究院	面上项目	58	2022-01-01	2025-12-31
241	32170690	上皮细胞黏着结构半桥粒新结合蛋白的鉴定及调控细胞内稳态的功能研究	张惠敏	生物医学研究院	面上项目	58	2022-01-01	2025-12-31
242	32170914	zbtb24对CD8+T细胞代谢和抗肿瘤免疫能力的影响及机制研究	王 俊	生物医学研究院	面上项目	58	2022-01-01	2025-12-31

续表

序号	项目批准号	项目名称	负责人	承担单位	项目类别	获批经费/万元	开始日期	结题日期
243	32170927	去泛素化酶 OTUD6B 调控 I 型干扰素产生的作用及机制研究	熊思东	生物医学研究院	面上项目	59	2022-01-01	2025-12-31
244	82171807	胰腺 IL-17/IL-17RA 通路调控巨噬细胞 STING/IRF3/IFNb 通路在 CVB3 病毒性胰腺炎发病中的作用及其机制	徐薇	生物医学研究院	面上项目	54	2022-01-01	2025-12-31
245	82171813	心肌成纤维细胞表达 TRIM21 调控 Ly6Chigh 单核细胞极化浸润促进小鼠 EAM 发病的分子机制研究	李敏	生物医学研究院	面上项目	56	2022-01-01	2025-12-31
246	32100523	单细胞转录组数据的物种间比较和在肿瘤免疫微环境研究中的应用	阮航	生物医学研究院	青年科学基金项目	30	2022-01-01	2024-12-31
247	32100568	OGT 调控 STAT1 糖基化修饰及 IFN 介导的抗病毒功能的机制研究	左宜波	生物医学研究院	青年科学基金项目	30	2022-01-01	2024-12-31

续表

序号	项目批准号	项目名称	负责人	承担单位	项目类别	获批经费/万元	开始日期	结题日期
248	32100699	去乙酰化酶SIRT1调控抗病毒免疫的作用及机理研究	代通	生物医学研究院	青年科学基金项目	30	2022-01-01	2024-12-31
249	82101848	结核杆菌蛋白Mce1F介导细菌免疫逃逸及新机制的研究	张唯	生物医学研究院	青年科学基金项目	30	2022-01-01	2024-12-31
250	92169122	基于ACE2转录后调控机制的研究和冠状病毒抗策略的研发	谢枫	生物医学研究院	重大研究计划—培育项目	80	2022-01-01	2024-12-31
251	82170364	利用患者特异iPSC模型研究TNNT2突变引发线粒体动态失衡的扩张型心肌病分子机制	胡士军	心血管病研究所	面上项目	53	2022-01-01	2025-12-31
252	32170797	非经典BAF（non-canonical BAF，ncBAF）复合物在小鼠胚胎干细胞中功能及其分子机理的研究	张文胜	剑桥—苏大基因组资源中心	面上项目	58	2022-01-01	2025-12-31
253	32100931	高通量识别昼夜节律参数算法的开发和运用	张陶	剑桥—苏大基因组资源中心	青年科学基金项目	30	2022-01-01	2024-12-31

续表

序号	项目批准号	项目名称	负责人	承担单位	项目类别	获批经费/万元	开始日期	结题日期
254	32100944	Prmt5调控白色脂肪细胞脂合成代谢性别差异的研究	贾志浩	剑桥—苏大基因组资源中心	青年科学基金项目	30	2022-01-01	2024-12-31
255	32100957	IL-22通过YAP促进受损肠上皮细胞修复的机制研究	李华善	剑桥—苏大基因组资源中心	青年科学基金项目	30	2022-01-01	2024-12-31
256	82173108	中性粒细胞脂肪代谢重编程重塑免疫抑制性肿瘤微环境的作用和机制研究	李培山	转化医学研究院	面上项目	55	2022-01-01	2025-12-31
257	32171321	载荷作用下骨软骨双相支架/邻近组织动态内应力的调控及其在骨软骨缺损修复中的作用机制研究	林潇	苏州大学附属第一医院	面上项目	58	2022-01-01	2025-12-31
258	32171350	改善细胞应对微环境中ROS能力并调动内源性修复机制的复合水凝胶促进退变椎间盘的修复	韩凤选	苏州大学附属第一医院	面上项目	58	2022-01-01	2025-12-31
259	82170158	维甲酸分化综合征的发病机制及靶向治疗研究	陈苏宁	苏州大学附属第一医院	面上项目	54	2022-01-01	2025-12-31

续表

序号	项目批准号	项目名称	负责人	承担单位	项目类别	获批经费/万元	开始日期	结题日期
260	82170222	MIF-PRDX1信号调节NK细胞功能在AML中的作用及机制研究	吴小津	苏州大学附属第一医院	面上项目	54	2022-01-01	2025-12-31
261	82171159	听中枢GABA能抑制环路——老年性耳聋听觉掩蔽释放调控新靶点	刘济生	苏州大学附属第一医院	面上项目	53	2022-01-01	2025-12-31
262	82171282	Botch协同Ascl1诱导星形胶质细胞向γ氨基丁酸能神经元转分化重塑脑桥梗死后神经网络	朱珏华	苏州大学附属第一医院	面上项目	54	2022-01-01	2025-12-31
263	82171294	FTO介导m6A去甲基化调控AQP4/Lamin B2抑制蛛网膜下腔出血后神经元铁死亡的作用及机制研究	吴江	苏州大学附属第一医院	面上项目	54	2022-01-01	2025-12-31
264	82171309	ATP11C mRNA的m6A修饰调控脑出血后神经元phagoptosis的作用及机制研究	王中	苏州大学附属第一医院	面上项目	55	2022-01-01	2025-12-31

续表

序号	项目批准号	项目名称	负责人	承担单位	项目类别	获批经费/万元	开始日期	结题日期
265	82171834	突变型锌指蛋白 ZNF717 通过调控 NK 细胞表面 TIGIT 致肝癌干细胞免疫逃逸的机制研究	朱 虹	苏州大学附属第一医院	面上项目	58	2022-01-01	2025-12-31
266	82172044	磁热-铁死亡可视化栓塞微球在中晚期肝癌 TACE 介入治疗中的实验研究	文 玲	苏州大学附属第一医院	面上项目	55	2022-01-01	2025-12-31
267	82172387	生酮饮食通过 β-羟丁酸抑制 NLRP3/Caspase-1 信号通路缓解炎症性骨溶解的作用与机制研究	林 俊	苏州大学附属第一医院	面上项目	55	2022-01-01	2025-12-31
268	82172485	成骨细胞 Hedgehog 信号持续活化调控髓源性抑制细胞参与骨质疏松症形成的作用机制及干预策略	施 勤	苏州大学附属第一医院	面上项目	56	2022-01-01	2025-12-31
269	82172487	RANK 三聚体激活 RANKL 逆向信号双向调控骨代谢和 CD4+T 细胞应答环路协同促进骨形成的机制及应用	孙 杰	苏州大学附属第一医院	面上项目	53	2022-01-01	2025-12-31

续表

序号	项目批准号	项目名称	负责人	承担单位	项目类别	获批经费/万元	开始日期	结题日期
270	82172506	Ndst2通过调控肥大细胞活化及脱颗粒对椎间盘退变影响的机制研究	邹 俊	苏州大学附属第一医院	面上项目	55	2022-01-01	2025-12-31
271	82172609	靶向SIK2增强卵巢癌对PARP抑制剂敏感性的机制研究	周全华	苏州大学附属第一医院	面上项目	55	2022-01-01	2025-12-31
272	82172613	基于氧化铁纳米颗粒修饰MGMT多肽单靶抗增强TMZ精准靶向胶质母细胞瘤的治疗策略	周幽心	苏州大学附属第一医院	面上项目	55	2022-01-01	2025-12-31
273	32101103	周期性张应力调控YAP/TAZ促进纤维环再生作用及机制研究	褚胜磊	苏州大学附属第一医院	青年科学基金项目	30	2022-01-01	2024-12-31
274	72104168	自我损耗理论视角下脑卒中患者健康行为表现退化的机制及关键路径识别研究	潘 习	苏州大学附属第一医院	青年科学基金项目	30	2022-01-01	2024-12-31
275	82100109	STAT4/Epac1信号介导的线粒体代谢功能障碍在睡眠呼吸暂停相关肺血管重构中的作用及机制研究	符翠萍	苏州大学附属第一医院	青年科学基金项目	30	2022-01-01	2024-12-31

续表

序号	项目批准号	项目名称	负责人	承担单位	项目类别	获批经费/万元	开始日期	结题日期
276	82100170	FUS-ERG 融合蛋白协同 PTPN11 突变致白血病机制研究	许小宇	苏州大学附属第一医院	青年科学基金项目	30	2022-01-01	2024-12-31
277	82100175	JAK2 融合基因在费城染色体样急性淋巴细胞白血病中的致病机制研究	徐 溢	苏州大学附属第一医院	青年科学基金项目	30	2022-01-01	2024-12-31
278	82100231	肠道菌群 T6SS 在 GVHD 过程中的作用及机制探究	李鹏飞	苏州大学附属第一医院	青年科学基金项目	30	2022-01-01	2024-12-31
279	82100267	UMSC-Exo 通过 PFKFB3 调控心梗后巨噬细胞代谢重编程的机制研究	邵联波	苏州大学附属第一医院	青年科学基金项目	30	2022-01-01	2024-12-31
280	82100268	MST1 通过脂质代谢产物 LTB4 调控心肌梗死后炎症修复的分子机制研究	阎 萌	苏州大学附属第一医院	青年科学基金项目	30	2022-01-01	2024-12-31
281	82101120	基质硬化调控血管形成在青光眼滤过性手术后滤泡功能管控中的作用及机制	殷 雪	苏州大学附属第一医院	青年科学基金项目	30	2022-01-01	2024-12-31
282	82101215	FAM134B 介导的自噬在顺铂致感音性聋中的作用机制研究	杨倩倩	苏州大学附属第一医院	青年科学基金项目	30	2022-01-01	2024-12-31

续表

序号	项目批准号	项目名称	负责人	承担单位	项目类别	获批经费/万元	开始日期	结题日期
283	82101386	SEMA4C/PlexinB2 在脑出血后神经元损伤中的作用及机制研究	徐 祥	苏州大学附属第一医院	青年科学基金项目	30	2022-01-01	2024-12-31
284	82101761	ET-1 介导 CX3CL1 信号通路在重度子痫前期胎盘血管异常中的作用及机制	汤佳奇	附属第一医院	青年科学基金项目	30	2022-01-01	2024-12-31
285	82101793	miR-377-3p 调控 Zfp462/Pbx1 信号通路参与孕期缺氧子代焦虑样行为	王 彬	苏州大学附属第一医院	青年科学基金项目	30	2022-01-01	2024-12-31
286	82101887	消退素 D1 通过 circ-0006779/miR-338-3p/ETS1 轴抑制 Tfh 分化缓解 SLE 的机制研究	程 韬	苏州大学附属第一医院	青年科学基金项目	30	2022-01-01	2024-12-31
287	82101893	IL-33 通过糖酵解促进 Tfh 分化在原发性干燥综合征的作用和机制研究	龙现明	苏州大学附属第一医院	青年科学基金项目	30	2022-01-01	2024-12-31
288	82102589	调控脊髓损伤炎症微环境动态平衡促进神经再生的作用和机制研究	郗 焜	苏州大学附属第一医院	青年科学基金项目	30	2022-01-01	2024-12-31

续表

序号	项目批准号	项目名称	负责人	承担单位	项目类别	获批经费/万元	开始日期	结题日期
289	82102606	外泌体 miR-26b-5p 靶向 TLR3/COL10A1 调控巨噬细胞极化和软骨细胞肥大化在骨关节炎中的作用与机制研究	周 峰	苏州大学附属第一医院	青年科学基金项目	30	2022-01-01	2024-12-31
290	82102609	羟基胆固醇通过调控 Hedgehog 信号通路干预老年性骨质疏松的作用及机制研究	李 坤	苏州大学附属第一医院	青年科学基金项目	30	2022-01-01	2024-12-31
291	82102619	粘弹性力学微环境通过 YAP/TAZ 调控椎间盘退变中纤维环细胞炎症反应的机制研究	王晟昊	苏州大学附属第一医院	青年科学基金项目	30	2022-01-01	2024-12-31
292	82103362	FGFRL1/ENO1 复合体调控 AMPK/YAP 通路促进结直肠癌发生发展的机制研究	孙 亮	苏州大学附属第一医院	青年科学基金项目	30	2022-01-01	2024-12-31
293	82103756	基于氧化应激活化 NLRP3 炎症小体液在大炎症环路在寻常痤疮发生中的作用及机制研究	朱婷婷	苏州大学附属第一医院	青年科学基金项目	30	2022-01-01	2024-12-31

续表

序号	项目批准号	项目名称	负责人	承担单位	项目类别	获批经费/万元	开始日期	结题日期
294	82103772	Wnt3a 通过跨膜蛋白 MA-RVELD3 调控膜完整性影响细胞焦亡在放射性皮肤损伤中的作用及机制研究	曹津铭	苏州大学附属第一医院	青年科学基金项目	30	2022-01-01	2024-12-31
295	82104318	同位素动态示踪 PD-L1/CD47 双抗免疫疗法介导 CD8+T 细胞肿瘤组织浸润及药效相关性研究	王 燕	苏州大学附属第一医院	青年科学基金项目	30	2022-01-01	2024-12-31
296	82111530157	基于生物 3D 打印的具有分级血管网络的工程化胃组织构建	李 斌	苏州大学附属第一医院	国际（地区）合作与交流项目—合作交流项目	10	2021-04-01	2023-03-31
297	82170831	PGE2/EP4 通路介导的 m6A 修饰改善糖尿病心肌病的机制研究	吉小松	苏州大学附属第二医院	面上项目	55	2022-01-01	2025-12-31
298	82170836	PD-L1/PD-1 信号减弱诱导 TRPA1 可塑性变化在糖尿病神经病理性疼痛中的作用及机制研究	胡 吉	苏州大学附属第二医院	面上项目	54	2022-01-01	2025-12-31

续表

序号	项目批准号	项目名称	负责人	承担单位	项目类别	获批经费/万元	开始日期	结题日期
299	82171296	Wnt5a/Ryk 信号通路参与放射治疗后颈动脉粥样硬化进展的关键调控机制研究	曹勇军	苏州大学附属第二医院	面上项目	55	2022-01-01	2025-12-31
300	82171828	放射治疗联合 GM-CSF 提高 PD-1 抑制剂疗效的机制研究	张力元	苏州大学附属第二医院	面上项目	54	2022-01-01	2025-12-31
301	82172076	S100A8/A9 siRNA 纳米递送系统调控巨噬细胞极化在逆转胸主动脉瘤血管平滑肌细胞表型转化中的作用及机制研究	陈勇兵	苏州大学附属第二医院	面上项目	55	2022-01-01	2025-12-31
302	82172332	肺炎克雷伯菌 RpoE 通过 NreT 负向调控外排泵 OqxAB 介导替加环素耐药的分子机制	张海方	苏州大学附属第二医院	面上项目	54	2022-01-01	2025-12-31
303	82172425	神经连接蛋白 3 通过 Gαi 介导受体酪氨酸激酶信号通路促进脊髓损伤修复	周晓中	苏州大学附属第二医院	面上项目	55	2022-01-01	2025-12-31

续表

序号	项目批准号	项目名称	负责人	承担单位	项目类别	获批经费/万元	开始日期	结题日期
304	82173879	Bacteroides-GUDCA-FXR 轴在胆汁酸差异代谢介导氟喹诺酮类药物诱发血糖紊乱差异中的作用及机制	俞蕴莉	苏州大学附属第二医院	面上项目	55	2022-01-01	2025-12-31
305	82100251	环状 RNA CHACR 通过促进 CPT1b 表达抑制心肌肥厚的机制研究	王文静	苏州大学附属第二医院	青年科学基金项目	30	2022-01-01	2024-12-31
306	82100881	调节性 T 细胞表面 Tim4 分子通过 AMPK/TET2 途径介导 Foxp3 基因去甲基化在 1 型糖尿病发病中的作用及机制研究	郭鹤鸣	苏州大学附属第二医院	青年科学基金项目	30	2022-01-01	2024-12-31
307	82101331	TFEB 通过 lncRNA CLSTN2-AS1 调控神经元焦亡在帕金森病中的作用机制	徐得菜	苏州大学附属第二医院	青年科学基金项目	30	2022-01-01	2024-12-31
308	82101333	SNAREs 复合体介导星形胶质细胞输出线粒体在帕金森病中的保护作用及分子机制研究	程筱雨	苏州大学附属第二医院	青年科学基金项目	30	2022-01-01	2024-12-31

续表

序号	项目批准号	项目名称	负责人	承担单位	项目类别	获批经费/万元	开始日期	结题日期
309	82102486	基于信号扩增的外泌体蛋白和miRNA共检测新方法建立及在胰腺癌诊断中的应用评价	项锋	苏州大学附属第二医院	青年科学基金项目	30	2022-01-01	2024-12-31
310	82102611	Gαi1/3蛋白介导Wnt/β-catenin信号转导促成胃癌作用及机制研究	白进玉	苏州大学附属第二医院	青年科学基金项目	30	2022-01-01	2024-12-31
311	82102824	TET2/Sp4/Arl4D通路在电离辐射诱导神经发生障碍中的作用与机制研究	张军军	苏州大学附属第二医院	青年科学基金项目	30	2022-01-01	2024-12-31
312	82102826	DCA激活FXR增强直肠癌细胞放射抗能力的机制研究	李叶骋	苏州大学附属第二医院	青年科学基金项目	30	2022-01-01	2024-12-31
313	82170012	E3泛素连接酶DTX3L在巨噬细胞抗RSV感染中的作用及分子机制研究	陈正荣	苏州大学附属儿童医院	面上项目	54	2022-01-01	2025-12-31
314	82170218	抑制受体相互作用蛋白激酶1的激酶活性在保护移植物抗宿主病的作用机制研究	胡绍燕	苏州大学附属儿童医院	面上项目	55	2022-01-01	2025-12-31

续表

序号	项目批准号	项目名称	负责人	承担单位	项目类别	获批经费/万元	开始日期	结题日期
315	82171441	NLRC4炎症小体在颞叶癫痫形成中的作用及其调控机制研究	陈旭勤	苏州大学附属儿童医院	面上项目	55	2022-01-01	2025-12-31
316	82171703	锌指蛋白Rp58调节缺氧缺血后松果体影响节律紊乱的作用机制研究	冯星	苏州大学附属儿童医院	面上项目	54	2022-01-01	2025-12-31
317	82171797	靶向去泛素化酶USP5调控冠脉内皮细胞中钙蛋白受体RAGE信号通路干预川崎病血管炎性损伤的机制和策略研究	钱光辉	苏州大学附属儿童医院	面上项目	54	2022-01-01	2025-12-31
318	82172132	训练免疫诱导单核细胞向Ly6cloF4/80hi记忆表型分化在新生儿脓毒症中的作用及机制研究	周慧婷	苏州大学附属儿童医院	面上项目	54	2022-01-01	2025-12-31
319	82172520	外泌体膜蛋白ITGB1在儿童缺血性股骨头坏死中的早期诊断作用及其机制	甄允方	苏州大学附属儿童医院	面上项目	55	2022-01-01	2025-12-31

续表

序号	项目批准号	项目名称	负责人	承担单位	项目类别	获批经费/万元	开始日期	结题日期
320	82172840	去泛素化酶USP5调控胶质瘤干细胞干性维持致胶质母细胞瘤放化疗抵抗的作用及机制研究	王文娟	苏州大学附属儿童医院	面上项目	55	2022-01-01	2025-12-31
321	72104167	基于生态瞬时评估的急性淋巴细胞白血病化疗患儿症状群变化轨迹及多阶段优化策略研究	李蓉蓉	苏州大学附属儿童医院	青年科学基金项目	30	2022-01-01	2024-12-31
322	82100026	DCs源外泌体中miR-493-5p靶向FOXO1调控Th9细胞分化促进哮喘发生的机制研究	董贺婷	苏州大学附属儿童医院	青年科学基金项目	30	2022-01-01	2024-12-31
323	82100229	免疫抑制性PDL1+LILRB4+pDCs调控移植物抗宿主病的机制及干预策略研究	田圆圆	苏州大学附属儿童医院	青年科学基金项目	30	2022-01-01	2024-12-31
324	82100534	先天性巨结肠中lncRNA-CARMN调控ARP2/3复合体致肠神经嵴细胞迁移增殖障碍的分子机制研究	蔡鹏	苏州大学附属儿童医院	青年科学基金项目	30	2022-01-01	2024-12-31

续表

序号	项目批准号	项目名称	负责人	承担单位	项目类别	获批经费/万元	开始日期	结题日期
325	82103812	铁蛋白乳铁蛋白抑制PD-L1/PD-1轴促进CD8+T细胞抗肿瘤活性的机制研究	张峥	苏州大学附属儿童医院	青年科学基金项目	30	2022-01-01	2024-12-31
326	82104210	靶向Gli3 processing调控Shh信号通路的新型抑制剂治疗儿童髓母细胞瘤及相关作用机制研究	丰涛	苏州大学附属儿童医院	青年科学基金项目	30	2022-01-01	2024-12-31
327	82141110	核心转录调控网络异常在神经母细胞瘤中的致病作用及机制研究	潘健	苏州大学附属儿童医院	专项项目	60	2022-01-01	2024-12-31
328	82170356	P53-LncPostn-EP300信号轴调控心脏纤维化的分子机制研究	陶丽婵	苏州大学附属第三医院	面上项目	56	2022-01-01	2025-12-31
329	82171901	基于组织氧合作用的肾缺血再灌注损伤预处理的MRI定量研究	邢伟	苏州大学附属第三医院	面上项目	55	2022-01-01	2025-12-31
330	82172689	IL33调控肠癌组织驻留CD8+T细胞介导抗肿瘤免疫应答的作用及机制研究	陈陆俊	苏州大学附属第三医院	面上项目	55	2022-01-01	2025-12-31

续表

序号	项目批准号	项目名称	负责人	承担单位	项目类别	获批经费/万元	开始日期	结题日期
331	82100328	SNP rs67302319 通过超级增强子远程调控 DYNLT1/Caspase-3/GSDME 通路参与房颤心肌细胞焦亡的机制研究	蒋 奇	苏州大学附属第三医院	青年科学基金项目	30	2022-01-01	2024-12-31
332	82101533	δ-和 μ-阿片受体对阿尔茨海默样病变时小胶质细胞 M1/M2 型转换的不同干预作用	徐 媛	苏州大学附属第三医院	青年科学基金项目	30	2022-01-01	2024-12-31
333	82102473	USP4 调控 DNA 损伤介导的固有免疫活化在 NAFLD 炎症发生中的机制研究	周 国	苏州大学附属第三医院	青年科学基金项目	30	2022-01-01	2024-12-31
334	82173279	miRNA 簇激活 KCNA1 增强子调控胶质母细胞瘤线粒体活性介导肿瘤细胞侵袭的机制研究	黄煜伦	苏州大学附属独墅湖医院	面上项目	54.7	2022-01-01	2025-12-31
335	82102770	EZH2/miR-101 正反馈环路通过调控 ATRX 影响 GBM 对 TMZ 化疗敏感性的机制研究	李学涛	苏州大学附属独墅湖医院	青年科学基金项目	30	2022-01-01	2024-12-31

续表

序号	项目批准号	项目名称	负责人	承担单位	项目类别	获批经费/万元	开始日期	结题日期
336	82104956	基于ALKBH5调控FOXM1诱导铁死亡探讨仙连解毒方抑制肠癌的作用机制	沈政洁	苏州大学附属张家港医院	青年科学基金项目	30	2022-01-01	2024-12-31
337	82172252	HBsAg泛素化降解的机制及其与抗病毒应答关系的研究	朱传武	苏州大学附属传染病医院	面上项目	54	2022-01-01	2025-12-31
338	J2124011	国家自然科学基金依托单位基金工作管理政策研究	刘开强	科学技术研究部	专项项目	30	2021-07-01	2022-12-31

国家重点研发计划项目（7项）（表65）

表65 国家重点研发计划项目一览表

序号	项目批准号	项目名称	项目负责人	承担单位	资助经费/万元	完成时间
1	2021YFE0200100	中国—葡萄牙文化遗产保护科学"一带一路"联合实验室建设与联合研究	吴永发	金螳螂建筑学院	374	2021-01—2023-12
2	2021YFB3200400	有机框架材料及气体传感技术	王殳凹	苏州医学院放射医学与防护学院	800	2021-11—2024-10
3	2021YFE0206000	靶向Sigma-1受体的抗阿尔兹海默症药物的发现和机制研究	镇学初	苏州医学院药学院	160	2021-01—2023-12
4	2021YFB4001200	低成本长寿命碱性膜燃料电池电堆研制	严锋	材料与化学化工学部	2 000	2022-01—2025-12
5	2021YFF0701800	近红外二区活体荧光成像试剂研发与生物医学应用验证	刘庄	功能纳米与软物质研究院	1 500	2021-12—2024-11
6	2021YFF0502600	用于核医学成像的钙钛矿半导体探测基元研究	何亦辉	苏州医学院放射医学与防护学院	350	2021-10—2026-09
7	2021YFB3601700	电场驱动的高性能纳米像元量子点发光器件	陈崧	材料与化学化工学部	300	2021-12—2025-11

国家重点研发计划课题（7项）（表66）

表66　国家重点研发计划课题一览表

序号	项目批准号	项目名称	项目负责人	承担单位	资助经费/万元	完成时间
1	2021YFB3200301	人体能量收集及电源管理模块设计制备研究	文震	功能纳米与软物质研究院	180.00	2021-11—2024-10
2	2021YFB3201503	微型高性能加速度传感器集成与封装技术研究	王阳俊	机电工程学院	120.00	2021-11—2024-10
3	2021YFA1500803	光生电荷介观有序化的微纳光催化剂体系的构筑	李亮	物理科学与技术学院	504.00	2022-01—2026-12
4	2021YFB3600501	大面积微纳结构的光场调控技术与器件	乔文	光电科学与工程学院	450.00	2021-12—2025-11
5	2021YFB3800902	抗体类药物输送系统的构筑与性能评价	钟志远	材料与化学化工学部	586.50	2021-12—2025-11
6	2021YFA1100602	特定谱系颅颌干细胞和免疫微环境交互调控	邵常顺	转化医学研究院	586.00	2021-12—2026-06
7	2021ZD0203403	节律调控睡眠觉醒的分子机制	张勇	剑桥—苏大基因组资源中心	1 125.00	2021-12—2026-11

科技部国际合作司科技人员交流项目（3项）（表67）

表67　科技部国际合作司科技人员交流项目一览表

序号	项目批准号	项目名称	项目负责人	承担单位	资助经费/万元	完成时间
1	国科外〔2021〕1号	基于钙钛矿纳米晶的新型太阳能电池研究	刘泽柯	功能纳米与软物质研究院	9	2021-01—2022-12
2	国科外〔2021〕1号	新型超选择性单胺氧化酶B（MAO-B）抑制剂治疗帕金森病研究	刘春风	神经科学研究所	9	2021-01—2022-12
3	国科外〔2020〕15号	CTC研究应用于个性化医疗的双边交流互访项目	刘坚	功能纳米与软物质研究院	9	2021-01—2022-12

江苏省自然科学基金项目（64项）（表68）

表68 江苏省自然科学基金项目一览表

序号	项目批准号	项目名称	项目负责人	学院（部）	项目类别	获批经费/万元	开始日期	截止日期
1	BK20211545	纳米—生物界面作用规律的解析及类酶催化性能的研究	李瑞宾	苏州医学院放射医学与防护学院	杰出青年基金	100	2021-07-01	2024-06-30
2	BK20211546	面向放射性废物资源化的铜系元素固体化学研究	王亚星	苏州医学院放射医学与防护学院	杰出青年基金	100	2021-07-01	2024-06-30
3	BK20211544	功能纳米材料在肿瘤诊疗中的应用探索	程亮	功能纳米与软物质研究院	杰出青年基金	100	2021-07-01	2024-06-30
4	BK20211542	自身DNA对银屑病患者CD4 T细胞分化异常的调控与机制	温振科	生物医学研究院	杰出青年基金	100	2021-07-01	2024-06-30
5	BK20211543	中性粒细胞脂代谢重编程在呼吸系统炎性反应中的作用及机制	李培山	转化医学研究院	杰出青年基金	100	2021-07-01	2024-06-30
6	BK20211595	微分动力系统的统计分析	廖刚	数学科学学院	优秀青年基金	50	2021-07-01	2024-06-30
7	BK20211597	生物膜作用下土体阻渗机理及调控机制研究	唐强	轨道交通学院	优秀青年基金	50	2021-07-01	2024-06-30

续表

序号	项目批准号	项目名称	项目负责人	学院(部)	项目类别	获批经费/万元	开始日期	截止日期
8	BK20211596	新型碳基纳米酶的构建及其辐射防护效应研究	崔羽	苏州医学院放射医学与防护学院	优秀青年基金	50	2021-07-01	2024-06-30
9	BK20211598	有机/纳米晶杂化光伏材料与器件	袁建宇	功能纳米与软物质研究院	优秀青年基金	50	2021-07-01	2024-06-30
10	BK20211315	城市老旧社区小微公共空间特征解析、绩效评估与优化——基于老幼户外健康活动视角	夏正伟	金螳螂建筑学院	面上项目	10	2021-07-01	2024-06-30
11	BK20211305	有理直线上曲面纤维化的几何与算术	桑成	数学科学学院	面上项目	10	2021-07-01	2024-06-30
12	BK20210728	面向分布式智能设备的钙钛矿室内光伏器件构建	孙浩轩	物理科学与技术学院	青年基金	20	2021-07-01	2024-06-30
13	BK20210712	基于原位阳离子交换制备高效、光谱稳定深蓝光钙钛矿发光二极管的研究	任振伟	光电科学与工程学院	青年基金	20	2021-07-01	2024-06-30
14	BK20210713	基于二维材料异质结层间激子的红外电光调制器	陈泽锋	光电科学与工程学院	青年基金	20	2021-07-01	2024-06-30

续表

序号	项目批准号	项目名称	项目负责人	学院（部）	项目类别	获批经费/万元	开始日期	截止日期
15	BK20210719	银纳米线/导电聚合物复合电极在柔性太阳能电池和超级电容器集成中的研究	刘瑞远	能源学院	青年基金	20	2021-07-01	2024-06-30
16	BK20211306	金属有机框架MOFs导电化策略及其CO_2资源化利用	彭 扬	能源学院	面上项目	10	2021-07-01	2024-06-30
17	BK20210698	分子筛封装金属团簇催化剂的合成及其产氢活性研究	孙启明	材料与化学化工学部	青年基金	20	2021-07-01	2024-06-30
18	BK20210701	应用于活细胞内肿瘤标志物原位精准检测的高性能荧光探针的开发	何学文	材料与化学化工学部	青年基金	20	2021-07-01	2024-06-30
19	BK20210731	单晶诱导刮涂高稳定准二维钙钛矿薄膜的机制研究	杨 南	材料与化学化工学部	青年基金	20	2021-07-01	2024-06-30
20	BK20210732	压电酶催化聚合	王 召	材料与化学化工学部	青年基金	20	2021-07-01	2024-06-30
21	BK20211316	面向氧气还原反应的介稳相铂基合金催化剂的研究	邵 琪	材料与化学化工学部	面上项目	10	2021-07-01	2024-06-30

续表

序号	项目批准号	项目名称	项目负责人	学院（部）	项目类别	获批经费/万元	开始日期	截止日期
22	BK20210703	基于交通轨迹数据的分布式实时处理技术研究	冼平复	计算机科学与技术学院	青年基金	20	2021-07-01	2024-06-30
23	BK20210704	无先验知识的群智感知系统关键技术研究	高国举	计算机科学与技术学院	青年基金	20	2021-07-01	2024-06-30
24	BK20210705	通用领域实体间多元知识抽取研究	瞿剑峰	计算机科学与技术学院	青年基金	20	2021-07-01	2024-06-30
25	BK20210706	基于片上/片下混合存储的高速网络流量测量技术研究	杜扬	计算机科学与技术学院	青年基金	20	2021-07-01	2024-06-30
26	BK20211307	数据驱动的空间众包任务分配关键技术研究	刘安	计算机科学与技术学院	面上项目	10	2021-07-01	2024-06-30
27	BK20210707	城市遥感场景图像分类与检索的小样本深度学习方法研究	康健	电子信息学院	青年基金	20	2021-07-01	2024-06-30
28	BK20210708	基于介质波导的毫米波高速传输技术研究	孔令辉	电子信息学院	青年基金	20	2021-07-01	2024-06-30
29	BK20211308	基于多级多孔弹性体的三维力传感技术及触觉感知应用	聂宝清	电子信息学院	面上项目	10	2021-07-01	2024-06-30

续表

序号	项目批准号	项目名称	项目负责人	学院（部）	项目类别	获批经费/万元	开始日期	截止日期
30	BK20210709	基于迭代学习控制的高精高效流水线路径跟踪策略研究	陈逸阳	机电工程学院	青年基金	20	2021-07-01	2024-06-30
31	BK20210717	面向显微手术磁性螺旋微米机器人的运动控制研究	范新建	机电工程学院	青年基金	20	2021-07-01	2024-06-30
32	BK20210718	面向陶瓷膝关节低损伤加工的磁控激光诱导等离子体织构刀具减磨机理研究	刘亚运	机电工程学院	青年基金	20	2021-07-01	2024-06-30
33	BK20210727	面向选区激光熔化高强高韧铝合金的多尺度异构组织设计反强韧化机制研究	贾清波	机电工程学院	青年基金	20	2021-07-01	2024-06-30
34	BK20211309	一类切换系统的区间观测器与反馈输出控制研究	黄俊	机电工程学院	面上项目	10	2021-07-01	2024-06-30
35	BK20210723	铝合金半连续铸造浮游晶诱导中心负偏析与弥散相不均匀析出机制研究	董其鹏	沙钢钢铁学院	青年基金	20	2021-07-01	2024-06-30
36	BK20210724	基于水平铸轧的难熔混溶Cu-Fe合金组织与性能调控研究	刘仕超	沙钢钢铁学院	青年基金	20	2021-07-01	2024-06-30

续表

序号	项目批准号	项目名称	项目负责人	学院(部)	项目类别	获批经费/万元	开始日期	截止日期
37	BK20210725	纳米相强化双相钢结构的微结构调控及其变形机制研究	许松松	沙钢钢铁学院	青年基金	20	2021-07-01	2024-06-30
38	BK20210726	镍基高温合金低温高应力条件下的蠕变断裂机理研究	吴小香	沙钢钢铁学院	青年基金	20	2021-07-01	2024-06-30
39	BK20210722	多级层次结构纤维水凝胶骨组织工程材料的构建及其修复机理研究	高颖俊	纺织与服装工程学院	青年基金	20	2021-07-01	2024-06-30
40	BK20210738	基于化纤纬纱表面改性的喷气织造增效降耗机理研究	刘帅	纺织与服装工程学院	青年基金	20	2021-07-01	2024-06-30
41	BK20211317	各向异性仿生多层结构的可控构建及细胞定向诱导控制机制研究	王井	纺织与服装工程学院	面上项目	10	2021-07-01	2024-06-30
42	BK20210710	基于无网格法的钛合金切削过程数值建模与参数优化	牛伟龙	轨道交通学院	青年基金	20	2021-07-01	2024-06-30
43	BK20210720	基于大豆脲酶的城市生活垃圾焚烧炉渣改性机理和调控机制研究	黄钰程	轨道交通学院	青年基金	20	2021-07-01	2024-06-30

续表

序号	项目批准号	项目名称	项目负责人	学院（部）	项目类别	获批经费/万元	开始日期	截止日期
44	BK20210721	地下管幕结构横纵向协同变形机理及支护效果研究	贾鹏蛟	轨道交通学院	青年基金	20	2021-07-01	2024-06-30
45	BK20211312	内膜转运蛋白FAM45A调控外泌体发生与肿瘤迁移的机制研究	张艳岭	苏州医学院基础医学与生物科学学院	面上项目	10	2021-07-01	2024-06-30
46	BK20210702	多功能近红外纳米探针的设计及肿瘤微环境的可视化成像	崔家斌	苏州医学院放射医学与防护学院	青年基金	20	2021-07-01	2024-06-30
47	BK20210711	新型卤化物钙钛矿材料的制备及其器件的高能伽马射线能谱测量	何亦辉	苏州医学院放射医学与防护学院	青年基金	20	2021-07-01	2024-06-30
48	BK20210736	多金属氧酸盐（POMs）促排剂对体内铀污染促排效果和促排机制的研究	王晓梅	苏州医学院放射医学与防护学院	青年基金	20	2021-07-01	2024-06-30
49	BK20211318	大尺寸新型金属有机框架闪烁体的制备及性能研究	刘汉洲	苏州医学院放射医学与防护学院	面上项目	10	2021-07-01	2024-06-30
50	BK20210730	气体介导的新型铁基声敏剂用于肿瘤时序性启动力—免疫联合治疗研究	仲晓燕	苏州医学院公共卫生学院	青年基金	20	2021-07-01	2024-06-30

续表

序号	项目批准号	项目名称	项目负责人	学院（部）	项目类别	获批经费/万元	开始日期	截止日期
51	BK20210737	饮用水中高毒性芳香族消毒副产物环戊二烯的识别、定量及调控	李加付	苏州医学院公共卫生学院	青年基金	20	2021-07-01	2024-06-30
52	BK20210716	基于炎症—动脉粥样硬化信号通路的S100A12与缺血性脑卒中预后关系的队列研究	郭道逞	苏州医学院护理学院	青年基金	20	2021-07-01	2024-06-30
53	BK20211311	基于宏基因组的微生物混合感染生信检测流程	周哲敏	巴斯德学院	面上项目	10	2021-07-01	2024-06-30
54	BK20210699	高转化率的电催化二氧化碳还原	王昱沉	功能纳米与软物质研究院	青年基金	20	2021-07-01	2024-06-30
55	BK20210700	通过动态共价化学在绝缘表面进行二维共轭聚合物的制备	方圆	功能纳米与软物质研究院	青年基金	20	2021-07-01	2024-06-30
56	BK20210729	基于电子显微学的单层MoS2表面电场调控及催化机制研究	许杰	功能纳米与软物质研究院	青年基金	20	2021-07-01	2024-06-30
57	BK20210733	N-羧酸酐环内酸酐协同共价聚合的加速现象研究及其在聚多肽材料合成中的应用	宋子元	功能纳米与软物质研究院	青年基金	20	2021-07-01	2024-06-30

续表

序号	项目批准号	项目名称	项目负责人	学院（部）	项目类别	获批经费/万元	开始日期	截止日期
58	BK20210734	基于氮杂环聚合物有机高压正极材料的研究	戴高乐	功能纳米与软物质研究院	青年基金	20	2021-07-01	2024-06-30
59	BK20210735	铂基金属间化合物/氮掺杂双核复合体系的原位构筑及电催化氧还原性能研究	陈子亮	功能纳米与软物质研究院	青年基金	20	2021-07-01	2024-06-30
60	BK20211314	基于光电场调控的钙钛矿薄膜及室内光伏应用	王照奎	功能纳米与软物质研究院	面上项目	10	2021-07-01	2024-06-30
61	BK20210714	磷酸化修饰抑制BAHD1降解对红细胞生成作用及意义	徐鹏	唐仲英血液学研究中心	青年基金	20	2021-07-01	2024-06-30
62	BK20211313	白血病中酪氨酸激酶调控铜转运体机制的研究	陈冬	唐仲英血液学研究中心	面上项目	10	2021-07-01	2024-06-30
63	BK20211310	Hedgehog信号通路在病毒感染过程中的作用及机制研究	戴建锋	生物医学研究院	面上项目	10	2021-07-01	2024-06-30
64	BK20210715	短链脂肪酸通过诱导脂肪细胞自噬促进肥胖发生的研究	贾志浩	剑桥—苏大基因组资源中心	青年基金	20	2021-07-01	2024-06-30

江苏省重点研发计划（社会发展）项目（2项）（表69）

表69　江苏省重点研发计划（社会发展）项目一览表

序号	项目批准号	项目名称	项目负责人	承担单位	资助经费/万元	完成时间
1	BE2021642	肿瘤人工靶标技术在食管癌全身肿瘤成像、手术影像导航及靶向化疗中的应用研究	殷黎晨	功能纳米与软物质研究院	50	2021-07—2024-06
2	BE2021643	新一代可穿戴可视化智能听诊器急性下呼吸道感染肺炎诊断技术	黄　程	能源学院	100	2021-07—2024-06

江苏省重点研发计划（产业前瞻与关键核心技术）项目（5项）（表70）

表70　江苏省重点研发计划（产业前瞻与关键核心技术）项目一览表

序号	项目批准号	项目名称	项目负责人	承担单位	资助经费/万元	完成时间
1	BE2021048	事件知识图谱构建的关键技术研发	朱巧明	计算机科学与技术学院	60	2021-07—2024-06
2	BE2021049	结构/功能一体化金属与玻璃的双波长激光封接成套装备与关键技术研发	陈长军	机电工程学院	120	2021-07—2024-06
3	BE2021008-3	面向显示与通信融合应用—激光照明与通信融合应用关键技术研究	曹　冰	光电科学与工程学院	200	2021-07—2025-06
4	BE2021009-2	机器人工具模型及应用研发	王振华	机电工程学院	200	2021-07—2025-06
5	BE2021010-3	基于衍射波导的混合现实近眼显示机理研究	浦东林	光电科学与工程学院	200	2021-07—2025-06

江苏省政策引导类计划（国际科技合作）项目（2项）（表71）

表71　江苏省政策引导类计划（国际科技合作）项目一览表

序号	项目批准号	项目名称	项目负责人	承担单位	资助经费/万元	完成时间
1	BZ2021015	建筑遗产新型修缮材料与保护技术合作研发	吴尧	金螳螂建筑学院	100	2021-06—2024-05
2	BZ2021016	多模态复合微能源器件及其集成应用的合作研发	陈涛	机电工程学院	100	2021-06—2024-05

江苏省政策引导类计划（软科学研究）项目（1项）（表72）

表72　江苏省政策引导类计划（软科学研究）项目一览表

序号	项目批准号	项目名称	项目负责人	承担单位	资助经费/万元	完成时间
1	BR2021017	以自贸试验区建设推动江苏创新国际化研究	田国杰	东吴商学院（财经学院）	5	2021-08—2022-05

江苏省产学研合作项目（3项）（表73）

表73　江苏省产学研合作项目一览表

序号	项目批准号	项目名称	项目负责人	承担单位	资助经费/万元	完成时间
1	BY2021254	电诱导氮化镓超精密抛光技术及装备研发	王永光	机电工程学院	0	2021-01—2021-12
2	BY2021256	单像素激光成像理论研究与系统设计	马欢飞	数学科学学院	0	2021-01—2021-12
3	BY2021272	齿轮高温渗碳组织演变数值模拟及实验研究	王晓南	沙钢钢铁学院	0	2021-01—2021-12

中国纺织工业联合会科技指导性项目（7项）（表74）

表74　中国纺织工业联合会科技指导性项目一览表

序号	项目批准号	项目名称	项目负责人	承担单位	资助经费/万元	完成时间
1	2021059	大规模定制背景下基于物联网RFID的高端针织智能工厂系统的研发与应用	洪岩	纺织与服装工程学院	0	2021-07—2022-07
2	2021064	基于充气面料的防寒服生态设计及调温机理	卢业虎	纺织与服装工程学院	0	2021-07—2022-12
3	2021016	真丝类宣纸的工艺技术研究	苗海青	艺术学院	0	2021-06—2024-06
4	2021036	基于计算智能的超细纤维非织造材料性能预报	吴丽莉	纺织与服装工程学院	0	2021-09—2024-08
5	2021015	丝绸产品全生命周期模块化构建与碳足迹核算研究	许建梅	纺织与服装工程学院	0	2021-09—2023-09
6	2021003	功能聚酯工业丝的力学性能提升及多层次结构调控机制研究	于金超	纺织与服装工程学院	0	2021-07—2024-07
7	2021035	电纺聚四氟乙烯覆膜的性能研究与应用	张克勤	纺织与服装工程学院	0	2021-06—2022-12

二、人文社会科学项目情况

国家社会科学科研项目（47项）（表75）

表75 国家社会科学科研项目一览表

序号	项目名称	学院（部）	主持人	项目批准号	项目类别
1	中国品牌形象设计与国际化发展研究	艺术学院	方 敏	21ZD27	艺术学重大项目
2	域外鲁迅传播和研究文献的搜集、整理与研究（1909—2019）	文学院	汪卫东	20&ZD339	重大项目
3	多维视域下的俄罗斯文化符号学研究	外国语学院	赵爱国	21&ZD276	重大项目
4	数字化时代弘扬科学精神和传播工匠精神的长效机制研究	传媒学院	贾鹤鹏	21AZD013	十九届五中全会专项重点项目
5	苏州与徽州——16—20世纪两地互动与社会变迁的比较研究	外国语学院	陆 洵	20WZSB00	外译项目
6	价值观教育的分学段评价研究	教育学院	余 庆	BEA210114	教育学一般项目
7	民国戏曲同业组织与戏曲生态之关系研究	文学院	艾立中	21BB034	艺术学一般项目
8	清代皇家仪仗用具研究	文学院	束霞平	21BG106	艺术学一般项目
9	江浙沪高校博物馆馆藏清代苏绣服饰研究	艺术学院	李海明	21BG124	艺术学一般项目
10	习近平新时代中国特色社会主义思想坚持和发展历史唯物主义研究	马克思主义学院	宋德孝	21BKS002	一般项目
11	海德格尔与中国哲学：一种哲学诠释学的比较研究	政治与公共管理学院	李红霞	21BZX093	一般项目

续表

序号	项目名称	学院（部）	主持人	项目批准号	项目类别
12	智能时代长三角乡村建设中的空间正义性风险及应对研究	政治与公共管理学院	吴莉娅	21BZZ050	一般项目
13	《民法典》中不当得利制度的调整范围研究	王健法学院	娄爱华	21BFX080	一般项目
14	中国法律在域外法院的适用研究	王健法学院	卜璐	21BFX159	一般项目
15	知识产权民刑保护之法域冲突及其化解研究	王健法学院	刘铁光	21BFX197	一般项目
16	苏南地区生态转型中的社会"自组织"研究	社会学院	宋言奇	21BSH160	一般项目
17	当代印度英语小说的城镇化书写研究	外国语学院	黄芝	21BWW032	一般项目
18	网格化传播下情感茧房的形成机制及社会情绪风险控制研究	传媒学院	刘英杰	21BXW078	一般项目
19	网络信息内容生态安全风险治理模式建构与实现研究	社会学院	周毅	21BTQ013	一般项目
20	电子档案"单套制"管理施行条件与技术研究	社会学院	张照余	21BTQ091	一般项目
21	大数据促进全民健身公共服务创新治理和转型发展研究	体育学院	樊炳有	21BTY014	一般项目
22	新时代体育强国建设中财政政策设计及效果评估研究	东吴商学院（财经学院）	邵伟钰	21BTY055	一般项目
23	中华传统武术融入体育强国建设的理论与路径研究	体育学院	李龙	21BTY108	一般项目
24	法定数字货币的用户认知与行为机理研究	东吴商学院（财经学院）	车通	21BGL086	一般项目

续表

序号	项目名称	学院（部）	主持人	项目批准号	项目类别
25	制造企业数字化转型动态演化机制与路径研究	东吴商学院（财经学院）	庞博慧	21BGL105	一般项目
26	我国核应急管理政策优化及快速响应机制研究	苏州大学附属第二医院	刘玉龙	21BGL300	一般项目
27	数字技术驱动城市基层治理效能的生成机理与提升路径研究	政治与公共管理学院	吴新星	21CZZ023	青年项目
28	基于政策与科学共演过程的循证决策机制研究	传媒学院	程曦	21CSH074	青年项目
29	社会支持对家庭贫困青少年亲社会行为的作用和影响机制研究	教育学院	姚卓君	21CSH089	青年项目
30	跨媒介视域下法国当代小说中的影像叙事与视觉修辞研究	外国语学院	陆一琛	21CWW022	青年项目
31	社交机器人对国际传播中虚假意见气候的影响研究	传媒学院	张梦晗	21CXW028	青年项目
32	智能制造背景下我国工业机器人使用对企业财务行为的影响及应对策略研究	东吴商学院（财经学院）	贺超	21CGL010	青年项目
33	新时代高校思想政治理论课协同改革的理论与实践研究	马克思主义学院	祁文博	21VSZ054	高校思政课研究专项一般项目
34	近代中国铁路体制的早期探索	社会学院	朱从兵	21FZSA003	后期资助重点项目
35	近代江南隐逸文化研究	社会学院	邹桂香	21FZSB012	后期资助一般项目
36	民国时期海关税款的保管与分配（1912—1945）	社会学院	傅亮	21FZSB017	后期资助一般项目

续表

序号	项目名称	学院（部）	主持人	项目批准号	项目类别
37	美国反国际恐怖主义政策研究	社会学院	张 杨	21FSSB020	后期资助一般项目
38	明清诗文史料述略	文学院	周生杰	21FZWB016	后期资助一般项目
39	中国与朝鲜半岛近现代文学关系研究（1894—1949）	外国语学院	张乃禹	21FZWB097	后期资助一般项目
40	生物语言学视域下语用能力整合模型多维建构与实验研究	外国语学院	毛眺源	21FYYB011	后期资助一般项目
41	基于使用的语言观下汉语构式中的频率效应研究	文学院	杨黎黎	21FYYB029	后期资助一般项目
42	数字时代用户媒介采纳与使用研究	传媒学院	张 可	21FXWB019	后期资助一般项目
43	基于危机生命周期的企业竞争情报机制研究	社会学院	徐 芳	21FTQB002	后期资助一般项目
44	专利分析和TRIZ进化理论的产品预测研究	艺术学院	张 欣	21FYSB043	后期资助一般项目
45	德国地方自治研究	马克思主义学院	汤葆青	21FZZB003	后期资助一般项目
46	盖尤斯《法学阶梯》释义	王健法学院	柯伟才	21FFXB06	后期资助一般项目
47	攻击性紧急避险的正当化依据及其运用	王健法学院	魏 超	21FYB030	后期资助优博项目

教育部科研项目（11项）（表76）

表76 教育部科研项目一览表

序号	项目名称	学院（部）	主持人	项目批准号	项目类别
1	新时代博物馆思想政治教育功能及其实现研究	马克思主义学院	林慧平	20JDSZK129	高校思想政治理论课教师研究专项——一般项目：优秀中青年思政课教师择优资助项目
2	大学生党史教育长效机制研究	马克思主义学院	胡绿叶	21SZK10285003	高校思想政治理论课教师研究专项——一般项目：优秀中青年思政课教师择优资助项目
3	延安时期中国共产党对外交往的资料整理与研究	马克思主义学院	朱蓉蓉	21YJA710062	规划基金项目
4	新时代体育学研究生教育高质量发展研究	体育学院	陶玉流	21YJA890028	规划基金项目
5	梵、巴、藏、汉律藏僧残法的比较研究	政治与公共管理学院	李薇	21YJC730002	青年基金项目
6	中国人文社会科学学者汉英双语学术写作实践研究	外国语学院	陈宁阳	21YJC740005	青年基金项目
7	"全国文明城市"对企业子公司投资吸引效应及其作用机制研究	东吴商学院（财经学院）	刘佳伟	21YJC630078	青年基金项目
8	空间关联下知识源化对区域绿色创新生态系统共生的影响效应与提升对策研究	政治与公共管理学院	林周周	21YJC630075	青年基金项目

续表

序号	项目名称	学院（部）	主持人	项目批准号	项目类别
9	多灾种灾害联合防控体系的立体化协同配置机制研究	政治与公共管理学院	滕辰妹	21YJC630126	青年基金项目
10	"四新"背景下高职新兴专业"集群化"建设的实施路径研究	马克思主义学院	刘晓宁	21YJC880051	青年基金项目
11	高校新生网络使用障碍与心理健康：模型与实验研究	教育学院	杨泽旸	21YJCZH200	青年基金项目

江苏省社会科学科研项目（27项）（表77）

表77 江苏省社会科学科研项目一览表

序号	项目名称	所属单位	主持人	项目批准号	项目类别
1	中医哲学思想传承与江苏中医药文化发展研究	政治与公共管理学院	程雅君	21ZD017	重大项目
2	基于数字人文的大运河苏州段文化资源挖掘与利用研究	图书馆	张云坤	20XZB007	省市协作项目
3	以"苏式设计"推动江南文化传播的理论与路径研究	哲学社会科学联合会秘书处	祝 嘉	—	省市协作项目
4	当代江苏学者型作家研究	文学院	朱钦运	20JD010	基地项目
5	日常生活史视野的吴地知识人研究（1465—1566）	社会学院	范莉莉	20JD011	基地项目
6	放管服改革背景下基层自然人政务服务供给侧优化路径研究	政治与公共管理学院	周义程	21ZKB018	智库专项
7	苏南自主创新示范区机制创新研究	东吴商学院（财经学院）	段进军	21ZKB017	智库专项
8	促进江苏高水平大学建设的政策研究	校长办公室	周 高	21JZA001	经济专项重点课题

续表

序号	项目名称	所属单位	主持人	项目批准号	项目类别
9	江苏国有企业在"一带一路"沿线国家海外投资和海外资产的国家监管研究	东吴商学院（财经学院）	周中胜	21JZB003	经济专项一般课题
10	江苏自贸试验区财税政策的创新突破研究	东吴商学院（财经学院）	屠立峰	21JZB004	经济专项一般课题
11	新时代高校思想政治理论课高质量建设研究	马克思主义学院	张建晓	21MLC004	青年项目
12	江苏现代金融和产业深度融合的动力机制和策略研究	东吴商学院（财经学院）	刘 亮	21EYB009	一般项目
13	江苏先进制造业集群的知识协同驱动机制及创新效应研究	政治与公共管理学院	朱晓亚	21GLC012	青年项目
14	江苏社区公共服务多元供给的合作机制及优化研究	社会学院	朱志伟	21SHC012	青年项目
15	《商标法》中"商标使用"制度体系的解释	王健法学院	刘铁光	21FXB010	一般项目
16	中国大运河江苏段沿运重点城市历史景观文脉地图表达及保护研究	金螳螂建筑学院	单 超	21LSC007	青年项目
17	瞿秋白与马克思主义文艺理论的中国化研究	文学院	陈 朗	21ZWB001	一般项目
18	基于大数据的网络视频成瘾机制与心理健康研究	教育学院	杨泽旸	21XWC005	青年项目
19	疫情防控常态化下图书馆数字资源认知推荐研究	社会学院	李 洁	21TQC001	青年项目
20	教师情感劳动的叙事性评价体系研究	教育学院	李西顺	21JYA004	重点项目
21	江苏流动儿童学情追踪与政策回应机制研究	教育学院	张佳伟	21JYB019	一般项目

续表

序号	项目名称	所属单位	主持人	项目批准号	项目类别
22	民国时期私立大学治理研究	教育学院	金 国	21JYB020	一般项目
23	江南渔民口传文艺的调查整理与研究	文学院	裴兆远	21YSC008	青年项目
24	长江文化的内涵、特征与价值研究	文学院	罗时进	21CJB001	长江文化专项一般项目
25	基于参与式设计的苏州老旧住宅的改造路径与治理机制研究	金螳螂建筑学院	王思宁	21SHD001	自筹项目
26	江苏坚持和完善共建共治共享社会治理制度研究	政治与公共管理学院	李慧凤	21ZZD003	自筹项目
27	国际制度竞争背景下中国的国际组织战略研究	政治与公共管理学院	张 雪	21ZZD004	自筹项目

其他省部级项目（11项）（表78）

表78　其他省部级项目一览表

序号	项目名称	所属单位	主持人	项目批准号	项目类别
1	体医融合复合型人才培养模式构建研究	体育学院	陆阿明	2021-C-13-01	国家体育总局决策咨询研究一般项目
2	现代学术思潮与多学科视野下的《穆天子传》研究	社会学院	周书灿	20GZGX16	贵州省社会科学国学单列一般项目
3	监检衔接机制研究——以职务犯罪调查制度为重点	王健法学院	邵 聪	CLS（2021）D65	中国法学会自选课题
4	"科创中国"建设典型案例研究	政治与公共管理学院	叶继红	—	中国科协一般项目
5	我国宗教中国化的理论认知、重点问题及实践创新	社会学院	朱志伟	2021JSTZD0018	江苏省统一战线工作重点课题

续表

序号	项目名称	所属单位	主持人	项目批准号	项目类别
6	中欧数字人文与数字产业学术交流	传媒学院	陈 龙	—	江苏省委宣传部中华文化走出去重点项目
7	国家公派出国留学体制机制改革研究	国际合作交流处	熊思东	—	国家留学基金管理委员会项目
8	中国红十字会发挥桥梁和纽带作用的基本内涵、实践要求和关键举措研究	红十字国际学院	郑 庚	—	中国红十字总会课题
9	"红十字是一种精神，更是一面旗帜"的深刻内涵和实践价值研究	红十字国际学院	郑 庚	—	中国红十字总会课题
10	中国红十字会组织体系建设的重点难点和关键举措研究	红十字国际学院	郑 庚	—	中国红十字总会课题
11	红十字应急救护工作提质增效扩面的进展成效、重点难点和关键举措研究	红十字国际学院	郑 庚	—	中国红十字总会课题

教职工队伍结构

教职工人员情况（表79）

表79　2021年苏州大学教职工人员情况一览表　　　单位：人

类别	合计	其中：女
专任教师	3 577	1 431
行政人员	757	372
教辅人员	689	415
科研机构人员	16	7
工勤人员	172	15
校办工厂、农（林）场职工	71	20
其他附设机构人员	32	24
编外合同	46	27
科研助理	184	100
劳务派遣	258	189
合计	5 802	2 600

专任教师学历结构情况（表80）

表80　2021年苏州大学专任教师学历结构情况一览表　　　单位：人

类别	总计	其中：女	正高级	副高级	中级	初级	无职称
博士生	2 612	933	962	944	706	0	0
硕士生	611	333	44	175	339	23	30
未获博士、硕士学位	0	0	0	0	0	0	0

续表

类别	总计	其中：女	正高级	副高级	中级	初级	无职称
学士	343	158	36	168	130	6	3
研究生肄业	7	5	0	5	2	0	0
未获学士学位	0	0	0	0	0	0	0
高等学校专科毕业及本科肄业两年以上	4	2	2	0	1	1	0
高等学校本科、专科肄业未满两年及以下	0	0	0	0	0	0	0
总计	3 577	1 431	1 044	1 292	1 178	30	33

专任教师年龄结构情况（表81）

表81　2021年苏州大学专任教师年龄结构情况一览表　　单位：人

年龄段	总计	其中：女	正高级	副高级	中级	初级	无职称
30岁以下	301	141	3	13	241	12	32
31—35岁	628	246	46	199	375	8	0
36—40岁	625	272	146	288	185	5	1
41—45岁	634	288	186	293	154	1	0
46—50岁	501	235	183	193	122	3	0
51—55岁	379	141	180	134	64	1	0
56—60岁	437	94	230	171	35	1	0
61岁以上	72	14	70	1	1	0	0
总计	3 577	1 431	1 044	1 292	1 177	31	33

2021年获副高级及以上技术职称人员名单

教师系列：

一、聘任教授职务人员名单

社会学院
　　周永博　徐　翀
政治与公共管理学院
　　张笑秋　谢　岳
马克思主义学院
　　张建英　胡小君　方　文　张才国
教育学院
　　李莹丽　万东升
外国语学院
　　孟祥春　陆　洵
东吴学院
　　王　政
能源学院
　　娄艳辉　张晓晖　刘瑞远
物理科学与技术学院
　　蔡田怡　田文得　朱成杰　史振中　俞颉翔　蒋　密
光电科学与工程学院
　　许宜申　龚文林　黄　河
材料与化学化工学部
　　何金林　李红坤　王作山　王　召　何学文　王　炯
功能纳米与软物质研究院
　　黄丽珍　王雪东　方　园　都　薇　申博渊　宋子元
计算机科学与技术学院
　　李正华
电子信息学院
　　钱　敏　蔡　轶
沙钢钢铁学院
　　屈天鹏

轨道交通学院
　　　沈长青
体育学院
　　　岳春林　张宗豪
苏州医学院基础医学与生物科学学院
　　　吴　华
苏州医学院放射医学与防护学院
　　　郭正清　崔家斌　何亦辉　葛翠翠
苏州医学院公共卫生学院
　　　裴育芳
苏州医学院药学院
　　　曹青日　任海刚　李盛亮
转化医学研究院
　　　李培山
神经科学研究所
　　　丛启飞
巴斯德学院
　　　周哲敏　吴小惠
苏州医学院第一临床医学院
　　　何宋兵　秦颂兵
苏州医学院第二临床医学院
　　　施敏骅
苏州医学院儿科临床医学院
　　　柏振江

二、聘任研究员职务人员名单

北京研究院
　　　庞清辉　许元荣
功能纳米与软物质研究院
　　　袁建宇

三、聘任副教授职务人员名单

文学院
　　　曹晓燕　李　晨　张春晓　朱　玲　刘阳扬
传媒学院
　　　刘英杰　张　可　王素芳

政治与公共管理学院
　　刘成良　刘琳娜　张　亮　谭力扬
马克思主义学院
　　孔　川　昝金生
教育学院
　　陈庭继　冉云芳
东吴商学院（财经学院）
　　陈西婵　张　敏
王健法学院
　　柯伟才　庄绪龙
东吴学院
　　高燕红　王承富　李海燕　刘立华　沈卫林
金螳螂建筑学院
　　田雅丝
数学科学学院
　　蔡延安
金融工程研究中心
　　穆　蕊
物理科学与技术学院
　　陈亚红　赵永峰
能源学院
　　惠静姝
功能纳米与软物质研究院
　　邓　巍　陈子亮　陈金星　王　凯　黄　伟　韩　娜
计算机科学与技术学院
　　陈　伟　吴庭芳　周夏冰　曹自强
机电工程学院
　　贺海东　李　轩
沙钢钢铁学院
　　隋裕雷
纺织与服装工程学院
　　罗晓刚　陈鹤予
轨道交通学院
　　杜贵府
体育学院
　　王荷英
艺术学院
　　徐　宾　张　婷

音乐学院
　　李长松
材料与化学化工学部
　　宣孙婷　杨　甫　张慎祥　沈　行
唐仲英血液学研究中心
　　陈　冬
苏州医学院基础医学与生物科学学院
　　董　宁　代馥虹
苏州医学院放射医学与防护学院
　　段瑞雪　刘春毅　陈　娜
苏州医学院药学院
　　陆朦辰　邬珺超
生物医学研究院
　　袁玉康
苏州医学院第一临床医学院
　　陈祖涛　华　菲　钱红英　周　军
苏州医学院儿科临床医学院
　　蔡世忠
苏州大学附属独墅湖医院
　　张　强　王之敏　蒋彩凤
苏州大学附属第三医院
　　刘　宁　周曙俊
苏州大学附属张家港医院
　　丁　政
苏州大学附属太仓医院
　　周锦桃
苏州大学附属广济医院
　　杜向东
苏州大学附属传染病医院
　　沈兴华　张建平

四、聘任副研究员职务人员名单

社会学院
　　丁家友　王　赟
光电科学与工程学院
　　石震武　石　拓

功能纳米与软物质研究院
　　曹暮寒　陈敬德
电子信息学院
　　徐　祥
苏州医学院放射医学与防护学院
　　张海龙　张仕通　高　梦　李　辉　刘　腾
苏州医学院药学院
　　康乃馨

实验系列：

一、聘任正高级实验师职务人员名单

物理科学与技术学院
　　杨俊义
苏州医学院公共卫生学院
　　王艾丽

二、聘任高级实验师职务人员名单

分析测试中心
　　陈健英　朱　兴
能源学院
　　赵　亮
苏州医学院放射医学与防护学院
　　刘春梦
苏州医学院实验中心
　　童　星　王亚荣
骨科研究所
　　过倩萍
神经科学研究所
　　苗志刚

教育管理研究系列：

一、聘任研究员职务人员名单

人文社会科学处
　　徐维英

二、聘任副研究员职务人员名单

学科建设办公室
　　杨凝晖
招生就业处
　　靳　葛
文学院
　　赵　曜

学生思想政治教育系列：

一、聘任副教授职务人员名单

文正学院
　　卞海勇

无评审权系列：

一、聘任编审职务人员名单

学报编辑部
　　赵　强
苏州大学出版社有限公司
　　刘　海

二、聘任副编审职务人员名单

学报编辑部
　　杨雅婕
苏州大学出版社有限公司
　　刘诗能　薛华强

三、聘任副研究馆员职务人员名单

博物馆
　　朱　兰
图书馆
　　李菲菲
王健法学院
　　高　颖
应用技术学院
　　周柏海

四、聘任高级工程师职务人员名单

基本建设处
　　张宏春
信息化建设与管理中心
　　张建明
分析测试中心
　　贾　俊
机电工程学院
　　张　炜

五、聘任高级会计师职务人员名单

财务处
　　王一乐　朱学鸿

六、聘任副主任医师职务人员名单

校医院
　　周　倩

2021年聘请讲座教授、客座教授、兼职教授名单

讲座教授

马克思主义学院
　　王永贵（续聘）　南京师范大学教授

传媒学院
　　尹韵公（续聘）　中国社会科学院新闻与传播研究所教授
　　唐润华（续聘）　大连外国语大学中华文化海外传播研究中心首席研究员
　　隋　岩（续聘）　中国传媒大学新闻学院院长

政治与公共管理学院
　　程竹汝　复旦大学教授、博士生导师
　　赵穗生　美国丹佛大学终身正教授
　　吕晓波　美国哥伦比亚大学教授
　　郭熙铜　哈尔滨工业大学教授

东吴商学院（财经学院）
　　彭小松（续聘）　美国休斯敦大学副教授
　　高自友　北京交通大学教授

外国语学院
　　罗国祥（续聘）　武汉大学教授、基金项目学科组评审委员、国际马尔罗研究会理事
　　刘　骏（续聘）　澳门城市大学校长

材料与化学化工学部
　　樊卫斌　中国科学院山西煤炭化学研究所研究员
　　李兰冬　南开大学研究员
　　Barry Sharpless　美国斯普利克特研究所研究员

计算机科学与技术学院
　　王大进（续聘）　美国蒙特克莱尔州立大学教授
　　周晓方　香港科技大学

音乐学院
　　尹爱青（续聘）　东北师范大学

苏州医学院放射医学与防护学院
　　宋明涛　中国科学院近代物理研究所

客座教授

社会学院
  韩卫兵 苏州市文化广电和旅游局党组书记、局长

苏州医学院护理学院
  江 程 中国药科大学药学院教授、教务处副处长

红十字国际学院
  王汝鹏 中国红十字会前党组成员、副会长

艺术教育中心
  姚建萍 中国文联委员、中国文艺志愿者协会副主席

兼职教授

社会学院
  柴念东 澳门科技大学教授

东吴商学院（财经学院）
  尚广志 美国佛罗里达州立大学副教授

能源学院
  钟 涛 海军装备部重大专项装备项目中心母舰总体室主任、高级工程师

光电科学与工程学院
  朱 忻（续聘） 苏州矩阵光电有限公司
  张 新 中国科学院遥感与数字地球研究所研究员
  沈占锋 中国科学院空天信息创新研究院研究员

材料与化学化工学部
  陈 鹏（Chen Peng） 新加坡南洋理工大学教授

音乐学院
  祝爱兰（续聘） 国际著名女高音歌唱家

巴斯德学院
  陈昌斌 中国科学院上海巴斯德研究所研究员

红十字国际学院
  金锦萍 北京大学副教授

院士名单（表82）

表82　苏州大学院士情况一览表

序号	姓名	性别	出生年月	从事专业	备注
1	阮长耿	男	1939年8月	内科学（血液病学）	中国工程院院士
2	潘君骅	男	1930年10月	光学工程	中国工程院院士
3	詹启敏	男	1959年1月	肿瘤分子生物学	中国工程院院士
4	李述汤	男	1947年1月	材料化学	中国科学院院士 第三世界科学院院士
5	柴之芳	男	1942年9月	放射医学	中国科学院院士
6	刘忠范	男	1962年10月	物理化学	中国科学院院士 第三世界科学院院士
7	李永舫	男	1948年8月	材料学	中国科学院院士
8	王志新	男	1953年8月	分子酶	中国科学院院士 第三世界科学院院士
9	于吉红	女	1967年1月	无机化学	中国科学院院士 欧洲科学院外籍院士
10	迟力峰	女	1957年10月	物理化学	中国科学院院士 欧洲科学院外籍院士
11	陈晓东	男	1965年2月	应用化学	澳大利亚工程院院士 新西兰皇家科学院院士
12	郎建平	男	1964年6月	无机化学	欧洲科学院外籍院士
13	凌晓峰	男	1963年5月	人工智能	加拿大工程院院士
14	时玉舫	男	1960年10月	转化医学	欧洲科学院院士
15	路建美	女	1960年10月	化学工程与技术	俄罗斯工程院外籍院士
16	John Michael Kosterlitz	男	1943年6月	物理拓扑相和冷凝聚态	美国国家科学院院士

2021年入选省级及以上人才工程人员名单(表83、表84)

表83 2021年省级人才头衔获得者名单

序号	学院（部）	姓名	人才头衔
1	物理科学与技术学院	陈垂针	双创人才
2	光电科学与工程学院	李念强	双创人才
3	沙钢钢铁学院	李新中	双创人才
4	苏州医学院放射医学与防护学院	高明远	双创人才
5	能源学院	邵元龙	双创人才
6	能源学院	韩东麟	双创人才
7	计算机科学与技术学院	付国宏	双创人才
8	社会学院	武向平	双创人才
9	心血管病研究所	韩延超	双创人才
10	材料与化学化工学部	陈冬赟	江苏特聘教授
11	苏州医学院药学院	季兴跃	江苏特聘教授
12	材料与化学化工学部	孙启明	江苏特聘教授
13	功能纳米与软物质研究院	王昱沆	江苏特聘教授
14	能源学院	杨新波	江苏特聘教授
15	轨道交通学院	徐向阳	江苏特聘教授
16	苏州医学院基础医学与生物科学学院	洪宇植	江苏特聘教授
17	苏州医学院放射医学与防护学院	畅磊	江苏特聘教授
18	电子信息学院	蔡轶	江苏省"外专百人计划"人才
19	功能纳米与软物质研究院	张晓宏	省"333工程"第一层次人才
20	材料与化学化工学部	严锋	省"333工程"第一层次人才
21	苏州医学院基础医学与生物科学学院	吴嘉炜	省"333工程"第一层次人才
22	功能纳米与软物质研究院	唐建新	省"333工程"第二层次人才
23	机电工程学院	王传洋	省"333工程"第二层次人才

续表

序号	学院（部）	姓名	人才头衔
24	电子信息学院	沈纲祥	省"333工程"第二层次人才
25	东吴商学院（财经学院）	权小锋	省"333工程"第二层次人才
26	功能纳米与软物质研究院	揭建胜	省"333工程"第二层次人才
27	苏州医学院放射医学与防护学院	李桢	省"333工程"第二层次人才
28	物理科学与技术学院	冯岩	省"333工程"第二层次人才
29	社会学院	黄鸿山	省"333工程"第二层次人才
30	教育学院	李西顺	省"333工程"第二层次人才
31	功能纳米与软物质研究院	何乐	省"333工程"第二层次人才
32	轨道交通学院	史培新	省"333工程"第二层次人才
33	政治与公共管理学院	程雅君	省"333工程"第二层次人才
34	能源学院	晏成林	省"333工程"第三层次人才
35	体育学院	陶玉流	省"333工程"第三层次人才
36	生物医学研究院	周芳芳	省"333工程"第三层次人才
37	文学院	张蕾	省"333工程"第三层次人才
38	东吴商学院（财经学院）	王要玉	省"333工程"第三层次人才
39	艺术学院	张蓓蓓	省"333工程"第三层次人才
40	物理科学与技术学院	丁泓铭	省"333工程"第三层次人才
41	功能纳米与软物质研究院	王穗东	省"333工程"第三层次人才
42	计算机科学与技术学院	许佳捷	省"333工程"第三层次人才
43	沙钢钢铁学院	伍凌	省"333工程"第三层次人才
44	剑桥—苏大基因组资源中心	何伟奇	省"333工程"第三层次人才
45	转化医学研究院	李培山	省"333工程"第三层次人才
46	功能纳米与软物质研究院	王照奎	省"333工程"第三层次人才
47	计算机科学与技术学院	王进	省"333工程"第三层次人才
48	苏州医学院放射医学与防护学院	曾剑峰	省"333工程"第三层次人才
49	传媒学院	陈一	省"333工程"第三层次人才
50	社会学院	周永博	省"333工程"第三层次人才

续表

序号	学院(部)	姓名	人才头衔
51	政治与公共管理学院	朱光磊	省"333工程"第三层次人才
52	教育学院	冉云芳	省"333工程"第三层次人才
53	东吴商学院(财经学院)	孙加森	省"333工程"第三层次人才
54	物理科学与技术学院	徐亚东	省"333工程"第三层次人才
55	光电科学与工程学院	龚文林	省"333工程"第三层次人才
56	机电工程学院	余 雷	省"333工程"第三层次人才
57	轨道交通学院	唐 强	省"333工程"第三层次人才
58	体育学院	李燕领	省"333工程"第三层次人才
59	苏州医学院公共卫生学院	潘臣炜	省"333工程"第三层次人才
60	苏州医学院药学院	韩 亮	省"333工程"第三层次人才
61	生物医学研究院	戴建锋	省"333工程"第三层次人才
62	骨科研究所	何 帆	省"333工程"第三层次人才
63	外国语学院	黄 洁	"青蓝工程"优秀青年骨干教师
64	光电科学与工程学院	吴绍龙	"青蓝工程"优秀青年骨干教师
65	材料与化学化工学部	刘小莉	"青蓝工程"优秀青年骨干教师
66	沙钢钢铁学院	夏志新	"青蓝工程"优秀青年骨干教师
67	苏州医学院基础医学与生物科学学院	罗承良	"青蓝工程"优秀青年骨干教师
68	金螳螂建筑学院	雷 诚	"青蓝工程"中青年学术带头人
69	数学科学学院	赵 云	"青蓝工程"中青年学术带头人
70	苏州医学院药学院	张 熠	"青蓝工程"中青年学术带头人
71	计算机科学与技术学院:程序设计课程群教学团队	赵 雷	"青蓝工程"优秀教学团队
72	东吴商学院(财经学院)	Hyojin Kim(金孝真)	双创博士
73	光电科学与工程学院	包华龙	双创博士
74	外国语学院	毕 鹏	双创博士
75	材料与化学化工学部	蔡忠建	双创博士

续表

序号	学院（部）	姓名	人才头衔
76	计算机科学与技术学院	曹　敏	双创博士
77	政治与公共管理学院	陈广辉	双创博士
78	物理科学与技术学院	陈雅卉	双创博士
79	机电工程学院	陈逸阳	双创博士
80	光电科学与工程学院	陈泽锋	双创博士
81	数学科学学院	董超平	双创博士
82	计算机科学与技术学院	冯思为	双创博士
83	体育学院	付　冰	双创博士
84	生物医学研究院	傅　容	双创博士
85	计算机科学与技术学院	高国举	双创博士
86	苏州医学院护理学院	郭道遐	双创博士
87	金螳螂建筑学院	韩冬辰	双创博士
88	音乐学院	韩　瑜	双创博士
89	生物医学研究院	胡　林	双创博士
90	传媒学院	黄戈骏	双创博士
91	教育学院	黄建平	双创博士
92	机电工程学院	贾清波	双创博士
93	电子信息学院	康　健	双创博士
94	功能纳米与软物质研究院	李超然	双创博士
95	音乐学院	李　春	双创博士
96	金螳螂建筑学院	李春晓	双创博士
97	巴斯德学院	李　恒	双创博士
98	计算机科学与技术学院	李俊涛	双创博士
99	艺术学院	李欣麟	双创博士
100	社会学院	林　展	双创博士
101	苏州医学院放射医学与防护学院	刘春梦	双创博士
102	东吴商学院（财经学院）	刘敬洋	双创博士

续表

序号	学院（部）	姓名	人才头衔
103	电子信息学院	刘 宁	双创博士
104	文学院	刘芊玥	双创博士
105	物理科学与技术学院	刘晓佳	双创博士
106	政治与公共管理学院	吕晓慧	双创博士
107	计算机科学与技术学院	瞿剑峰	双创博士
108	生物医学研究院	阮 航	双创博士
109	政治与公共管理学院	赏一卿	双创博士
110	苏州医学院	舒 鹏	双创博士
111	物理科学与技术学院	孙浩轩	双创博士
112	马克思主义学院	汤葆青	双创博士
113	材料与化学化工学部	唐康健	双创博士
114	政治与公共管理学院	田晨阳	双创博士
115	数学科学学院	汪 馨	双创博士
116	金螳螂建筑学院	王 彪	双创博士
117	王健法学院	王 俊	双创博士
118	艺术学院	王 拓	双创博士
119	计算机科学与技术学院	王中卿	双创博士
120	沙钢钢铁学院	王子健	双创博士
121	苏州医学院基础医学与生物科学学院	卫 静	双创博士
122	材料与化学化工学部	魏建业	双创博士
123	东吴商学院（财经学院）	翁惠斌	双创博士
124	政治与公共管理学院	吴 攀	双创博士
125	心血管病研究所	肖 森	双创博士
126	轨道交通学院	肖 扬	双创博士
127	生物医学研究院	谢 枫	双创博士
128	唐仲英血液学研究中心	徐 鹏	双创博士
129	政治与公共管理学院	杨丙乾	双创博士

续表

序号	学院（部）	姓名	人才头衔
130	苏州医学院放射医学与防护学院	杨光保	双创博士
131	电子信息学院	杨涵菲	双创博士
132	唐仲英血液学研究中心	杨华乾	双创博士
133	苏州医学院药学院	杨霜	双创博士
134	教育学院	杨泽旸	双创博士
135	教育学院	姚卓君	双创博士
136	苏州医学院放射医学与防护学院	叶才勇	双创博士
137	苏州医学院药学院	易琳	双创博士
138	沙钢钢铁学院	于佳敏	双创博士
139	骨科研究所	袁章琴	双创博士
140	光电科学与工程学院	张丙昌	双创博士
141	材料与化学化工学部	张军	双创博士
142	机电工程学院	张克栋	双创博士
143	计算机科学与技术学院	周夏冰	双创博士
144	物理科学与技术学院	朱睿东	双创博士
145	政治与公共管理学院	朱毅	双创博士
146	电子信息学院	朱占宇	双创博士
147	苏州医学院公共卫生学院	朱正保	双创博士

表84　2021年国家级人才头衔获得者一览表

序号	姓名	学院（部）	人才头衔
1	詹启敏	苏州医学院	中国工程院院士
2	迟力峰	功能纳米与软物质研究院	中国科学院院士
3	李孝峰	光电科学与工程学院	国家级领军人才
4	蔡 轶	电子信息学院	国家级领军人才
5	马万里	功能纳米与软物质研究院	国家级领军人才
6	晏成林	能源学院	国家级领军人才
7	陈苏宁	苏州医学院第一临床医学院	国家级领军人才
8	张 民	计算机科学与技术学院	国家级领军人才
9	蒋建华	物理科学与技术学院	国家级领军人才
10	周翊峰	苏州医学院基础医学与生物科学学院	国家级领军人才
11	周芳芳	生物医学研究院	国家级领军人才
12	陈华兵	苏州医学院药学院	国家级领军人才
13	蒋佐权	功能纳米与软物质研究院	国家级青年人才
14	马欢飞	数学科学学院	国家级青年人才
15	程雪阳	王健法学院	国家级青年人才
16	第五娟	苏州医学院放射医学与防护学院	国家级青年人才
17	张 伟	材料与化学化工学部	国家级青年人才
18	何学文	材料与化学化工学部	国家级青年人才
19	王昱沆	功能纳米与软物质研究院	国家级青年人才
20	方 园	功能纳米与软物质研究院	国家级青年人才
21	宋子元	功能纳米与软物质研究院	国家级青年人才
22	都 薇	功能纳米与软物质研究院	国家级青年人才
23	彭 军	功能纳米与软物质研究院	国家级青年人才
24	邵元龙	能源学院	国家级青年人才
25	游 陆	物理科学与技术学院	国家级青年人才
26	崔家斌	苏州医学院放射医学与防护学院	国家级青年人才
27	赵应声	材料与化学化工学部	国家级青年人才
28	张 翔	光电科学与工程学院	国家级青年人才
29	廖 刚	数学科学学院	国家级青年人才
30	汪 勇	苏州医学院放射医学与防护学院	国家级青年人才
31	潘臣炜	苏州医学院公共卫生学院	国家级青年人才

2021年博士后出站、进站和在校人数情况（表85）

表85　2021年博士后出站、进站和在校人数情况一览表

博士后流动站名称	出站人数	进站人数	2021年年底在站人数
材料科学与工程	31	39	100
畜牧学	3	3	9
法学	3	2	12
纺织科学与工程	10	18	45
工商管理	4	1	7
公共卫生与预防医学	6	1	12
光学工程	14	18	51
化学	10	15	57
化学工程与技术	1	5	13
基础医学	10	30	64
计算机科学与技术	8	13	38
教育学	4	3	7
临床医学	7	8	35
马克思主义理论	2	3	11
软件工程	3	2	12
设计学	3	8	12
数学	1	5	8
特种医学	6	5	34
体育学	1	2	14
统计学	2	3	3
外国语言文学	0	4	8
物理学	5	12	34
信息与通信工程	2	2	21

续表

博士后流动站名称	出站人数	进站人数	2021年年底在站人数
药学	6	8	18
应用经济学	0	4	7
哲学	2	1	8
政治学	1	3	8
中国史	1	2	3
中国语言文学	4	3	15
护理学	0	0	4
合计	150	223	670

2021年博士后在站、出站人员情况（表86）

表86 2021年博士后在站、出站人员情况一览表

流动站名称	在站人员	出站人员
哲学	李红霞　陈　挺　王一成　苏培君　顾梦婷 张建晓　刘明亮　于　佳	刘琳娜　田　健
应用经济学	蒋薇薇　李从刚　李瑞玟　李　超　张　婉 杨明泽　袁　杨	—
法学	蒋　莉　卜　璐　蒋　超　邵　聪　何　驰 罗　冲　谭渝丹　唐冬平　陈　虎　魏　超 区树添　马　勤	熊瑛子　卢　然 蔡　仙
政治学	朱晓亚　张　雪　李　洁　滕辰妹　丁梦丽 张延静　柴李梦　胡　森	郑红玉
马克思主义理论	谭志坤　王慧莹　吉启卫　祁文博　张洋阳 司开玲　刘晓宁　李亚熙　金　鑫　宋辰熙 姜颖鹏	郑善文　佘明薇
教育学	管贤强　余　庆　王依然　杨琬璐　朱乐平 洪　颐　孙梦丹	李西顺　王　云 侯小兵　秦炜炜

续表

流动站名称	在站人员	出站人员
体育学	方千华 李留东 赵 毅 高 亮 韩红雨 张 磊 白 杨 王立军 叶小瑜 刘广飞 RASHID MENHAS 董 宏 张 栋 柳舒扬	邱 林
中国语言文学	马林刚 刘 霞 曹 然 徐亦舒 潘 莉 程 曦 王 振 顾圣琴 曹晓雪 梁新军 陈晓峰 徐文泰 陈秋心 高树青 王 吉	杨黎黎 刘英杰 缑 赫 孙连五
外国语言文学	魏 维 贡希真 陈宁阳 宗 聪 赵 凡 POLITOVA ANASTASIA 赵 松 彭玉洁	—
中国史	李欣栩 蔡梦玲 李 璐	于明波
数学	王 奎 刘雷艮 石路遥 王之程 沈中宇 林杨珺 张庆宇 陈宇轩	矫立国
物理学	马玉龙 汤如俊 吴绍龙 虞一青 赵晓辉 陆永涛 王 涛 崔 巍 翁雨燕 乔 玮 蒋澄灿 叶 庆 邓伟峰 刘 玉 王书昶 范荣磊 朱国斌 吴世巧 杨先中 刘冰之 刘 壮 罗 杰 薛载坤 孔凡军 谭海云 李 帅 唐道胜 毛 杰 邹 帅 杨 智 周凯旋 蔡琦琳 苗 情 吴幸智	罗明辉 陈亚红 MUHAMMAD FAROOQ SALEEM KHAN 张笑瑞 慈海娜
化学	靳奇峰 张 伟 邹 丽 黎泓波 王 莲 AISHA BIBI 张 强 郭江娜 陈 丰 邵 琪 袁建宇 谢 淼 卫运龙 周少方 张 浩 卓明鹏 闫长存 PIRZADO AZHAR ALI AYAZ 马志刚 宋 蕊 邱金晶 梁文凯 黄智豪 刘晶晶 李方超 刘 朋 陈 婧 徐超捷 陈洪霞 叶翠翠 许桂英 赵婧馨 李 霞 王金文 李宏泰 刘 越 潘斌斌 吴丽敏 冯 坤 彭美文 庞成才 李旭东 严 俊 陈炜杰 万海波 吴之怡 巩 飞 胡永攀 邹思宇 刘 成 万隽永 陈 磊 陈宇祥 姚媛媛 POE EI PHYU WIN 江 力 张思奇	王 翔 王正宫 王 凯 程亚娟 聂开琪 孙乐乐 陆焕钧 郭思宇 刘 夏 刘培松
统计学	侯 康 徐 栋 鲁媛媛	顾莉洁 梁 淼

续表

流动站名称	在站人员	出站人员
光学工程	季爱明 郭开波 张 翔 刘艳花 楼益民 董一鸣 高东梁 朱时军 王 洁 黄 敏 李 冲 霍大云 高 旭 刘同舜 葛阳 郭振东 王可军 徐泽文 迟 倩 范政文 李加强 潘 俏 王 静 陈 成 王 赛 邹翼波 章月圆 程 健 朱嘉诚 蒋新晨 曹燕燕 陈 昕 贾清波 许 晴 范新建 穆鹏华 季佩宇 陈竹书 王浩聪 张智强 王梦凡 吴桂青 李 特 王思聪 石 拓 卢兴园 贺海东 刘庆升 连跃彬 孙海振 孙 茜	石震武 伍锡如 王文明 王晓南 贺海东 黄耀松 李 轩 林书玮 季浩卿 孙中体 魏超慧 周 云 王呈栋 田 萌
材料科学与工程	邢占文 刘 永 DEBABRATA MAITI 文 震 冯良珠 魏怀鑫 王亚楠 ABHISEK CHAKRABOR 陶惠泉 李 罂 左克生 曹暮寒 陈敬德 林 潇 史益忠 王东涛 杜 慧 韦 婷 闫 涛 尹秀华 曾 攀 李成坤 王玉生 邬赟羚 张环宇 沈孔超 胡绍岩 周 骏 赵 伟 赵 银 周 锋 张 晗 陈琦峰 张石愚 刘 昭 SHOBERU ADEDAMOLA SIJUADE 于 怡 许松松 成雪峰 李佳佳 王丹丹 周俊贵 周赟杰 巢 宇 方华攀 许 方 刘亚运 薛 辉 郜杰昌 储彬彬 李向龙 刘仕超 晏 晶 邓 正 蒋红娟 丁召召 徐 骏 周金利 何乐为 王 琪 王来兵 王亚坤 杨 迪 侯 栋 韩停停 顾晓丹 张顾平 张梦玲 葛成龙 吴玉敏 郭瑞琪 于云鹤 梁志强 王 莉 刘泽柯 吴子彬 MD SHIPAN MIA 赵 东 蔡木锦 梁 骁 罗树林 牛伟龙 肖友华 王 刚 曹天天 尹 奎 蔡忠建 王正宫 苏 振 金英芝 史国钲 赵广震 沈 行 杜艳秋 郭强胜 姜孝武 张明玉 丁倩倩 陈冬阳 周 波	李红坤 周言根 钱玉敏 祝英忠 陈建美 周 峰 李雪姣 LUIS FRANCISCO PORTILLA BERLANGA 张树德 IGBARI OMOBOYEDE FEMI 董其鹏 黄 伟 吕奉磊 郁李胤 陈 蕊 刘 寻 李雅娟 隋裕雷 史金辉 陈金星 丁以民 韩 娜 陈嘉雄 张广亮 JAHANGEERKHAN 赵 舟 秦 简 何 呈 杨 昊 李 鑫 史国钲
计算机科学与技术	季 怡 盛 洁 戴 欢 陈 蓉 俄文娟 陶砚蕴 陈 伟 许粲昊 柏余杰 王晶晶 金 辉 夏 超 谷 飞 王 刚 荣 侠 宗维烟 张 栋 朱苏阳 王房俊 贾鹏蛟 夏开建 邓业林 施连敏 钟 珊 余耀耀 肖 扬 卢爱红 谢凯旋 李浩洋 张贵阳 丁传仓 赵 露 陶宇帆 林世荣 周 宇 王晓杰 王子龙 陈 浩	李直旭 成 明 陈 良 周经亚 季 清 黄 鑫 周夏冰 蔡琦琳

续表

流动站名称	在站人员					出站人员
化学工程与技术	王洋 陈重军 张启建	王崇龙 尹全义 张弓	刘玉超 尤思凡 谭睿	安静 余林颇	王晓宁 郁李胤	顾培洋
纺织科学与工程	任煜 姚晓凤 王曙东 高颖俊 冒海文 张广宇 张伟 钟文婷 曹机良	马瑶 徐玉康 徐安长 胡建臣 张克栋 张寅江 侯学妮 刘雨 孙哲	黄俊 张涛 徐思峻 祁宁 魏真真 刘金鑫 张鹏 许静娴 张骏	周国强 杨勇 陶金 程献伟 杜佳 姚平 薛哲彬 张颖 董雪	周春晓 潘刚伟 卢业虎 朱维维 艾丽 李媛媛 瞿静 李义臣 何俊	杨歆豪　何佳臻 戴沈华　刘帅 赵荟菁　王钟 王卉　洪岩 邢剑　于金超
畜牧学	张星 邱剑丰	朱敏 胡雅楠	李威 王艺蓉	王永峰 苗迎	王佳	刘同欣　李凡池 何渊
基础医学	周进 周围 王雪枫 汪琴 赵刚 屈振 周鹏 熊飞 胡慧芳 孟凡义 张雯婷 赵珍珍 ABBASI ADEEL AHMED MISHRA SHITAL KUMAR 王平	黄一帆 谢攀成 曹婷 SEYEDEH 郝宗兵 蒋天伟 杨敏 梁子 廖乐祺 曹阳 陈陆俊 吕金鹏 肖淼	常新 袁玉康 缪小牛 RAMOUNA 俞心愉 周华 褚耿磊 迟昊 胡佳 徐亚文 张大川 符圆圆 朱永铭	孙玉芳 程侠菊 孙莎 VOSHTANI 李保玉 王威力 张陶 代通 张海龙 顾敏 叶杨慧 周舟 张悦 陈磊	薛蓉 徐婷 张唯 左宜波 蒋奇莉 倪陶 张立峰 吴书伟 邵英杰 丁琳 倪华栋	赵鑫　梁婷 王琳辉　李扬 倪萱　吴玉敏 岳吉成　傅煜轩 赵丹丹　陈光
临床医学	刘光旺 徐人杰 陶丽婵 王宗启 万岱维 房建凯 王燕丽	贾鹏 冯锦 王惠 龚欢乐 陆云杰 孙亨 王鑫鑫	袁野 汤晓晨 张雪琨 金雪梅 虞游 赵润泽 陈思予	张兴杨 方欣 赵杰 郑锐 孙游凤涛 郑晓 周峰	张柳笛 方成 赵阿曼 郑卓军 田园园 叶领群 李克	韩庆东　张连方 王斌　赵琳 安勇　庄乾锋 闫欣欣

续表

流动站名称	在站人员	出站人员
公共卫生与预防医学	武龙飞　尹洁云　柯朝甫　邳雪原　黄小琳 李云虹　何　培　李晓东 KHEMAYANTO HIDAYAT　陈婧司　仲晓燕 石梦瑶	常　杰　万忠晓 陶莎莎　白艳洁 刘陶乐 MISHRA SHITAL KUMAR
药学	周　亮　王　涛　邱实泓　张谷芳　孙元军 方艺璇　蔡嘉怡　康乃馨　李华善　徐明明 李光英　王　玉　张　斌 MORGANE ELEOUET　　　　杨乾磊　黄钟明 罗光明　刘　姝	李笃信　张平安 倪　江　马永浩 冷　钢　李成国
特种医学	秦粉菊　王璐瑶　杨燕美　焦　旸　王仁生 胡文涛　王真钰　李新良　余道江 AFSHIN KHAYAMBASHI　　SURESH ANNAM 方　舸　崇　羽　傅罗琴　王子昱　李振宇 陈　斌　王晓梅　马付银　金爱平　李　凯 裴炜炜　段广新　陈黎熙　王婷婷　高　原 高　诚　潘　靓　丁玖乐　李　杰　杨　利 苏　彤　张明星　伍丽君	王广林　马晓川 张仕通　申南南 陆伟红　曹春艳
设计学	胡小燕　胡　扬　章心怡　王诗若　谭　立 王思宁　钟誉嘉　于文婷　毛一山　余　飞 姜佳怡　宋　健	王洪羿　刘韩昕 田雅丝
工商管理	陈荣莹　陈西婵　刘佳伟　邹　纯　屠立峰 蔡文武　蔡婧璇	王要玉　陈冬宇 贺　超　余瑛婷
软件工程	王　喜　周　信　刘　钊　韩月娟　尤澜涛 褚晓敏　李　成　周东仿　李　泽　杜　扬 傅启明　熊壬浩	程宝雷　贾俊铖 邹博伟
信息与通信工程	胡　广　白春凤　樊明迪　陈中悦　陈伯文 杨　勇　李　喆　何远彬　何兴理　张允晶 窦玉江　沈长青　孔令辉　胡春凤　石娟娟 江星星　杜贵府　王　俊　汪义旺　李泳成 李　军	王　波　杨歆泪
护理学	薛依婷　郭道遐　张　杰　王明梅	—

2021年人员变动情况（表87、表88、表89）

表87　2021年苏州大学教职工调进人员一览表

序号	姓名	性别	调进工作部门、院（部）	调进时间
1	韩玉洁	女	功能纳米与软物质研究院	2021年1月
2	李　子	女	功能纳米与软物质研究院	2021年1月
3	孙启华	男	文学院	2021年1月
4	李金阳	男	马克思主义学院	2021年1月
5	姚　远	男	后勤管理处/校医院	2021年1月
6	卢杏生	男	苏州大学附属独墅湖医院	2021年1月
7	朱成杰	男	物理科学与技术学院	2021年1月
8	李培山	男	苏州大学转化医学研究院	2021年1月
9	沈　罡	男	苏州大学附属独墅湖医院	2021年1月
10	张　强	男	苏州大学附属独墅湖医院	2021年1月
11	董瑞庆	男	苏州大学附属独墅湖医院	2021年1月
12	史胜瑞	男	政治与公共管理学院	2021年1月
13	茅佳欢	女	教务处	2021年1月
14	阙　梦	女	唐仲英血液学研究中心	2021年1月
15	王　晓	女	教务处	2021年1月
16	胡轶华	女	继续教育学院	2021年1月
17	潘　萌	女	苏州医学院公共卫生学院	2021年1月
18	庄倩雯	女	继续教育学院	2021年1月
19	高怡君	女	红十字国际学院	2021年1月
20	曹小倩	女	材料与化学化工学部	2021年1月
21	周彦池	女	东吴学院	2021年1月
22	黄海博	男	国际合作交流处	2021年2月
23	庞清辉	女	苏州大学北京研究院	2021年2月
24	许元荣	男	苏州大学北京研究院	2021年2月

续表

序号	姓名	性别	调进工作部门、院（部）	调进时间
25	胡丹	女	后勤管理处	2021年2月
26	方文	男	马克思主义学院	2021年2月
27	张笑秋	女	政治与公共管理学院	2021年2月
28	李精明	男	艺术学院	2021年2月
29	周生儒	女	苏州大学附属独墅湖医院	2021年2月
30	姜雅斯	女	苏州大学附属独墅湖医院	2021年2月
31	邓冰清	女	苏州大学附属独墅湖医院	2021年2月
32	韩清珍	女	苏州大学附属独墅湖医院	2021年2月
33	姜飞洲	男	苏州大学附属独墅湖医院	2021年2月
34	徐进卿	男	人力资源处	2021年2月
35	龚文林	男	光电科学与工程学院	2021年3月
36	曹自强	男	计算机科学与技术学院	2021年3月
37	侯文杰	男	苏州大学附属独墅湖医院	2021年3月
38	黄心怡	女	后勤管理处/幼儿园	2021年3月
39	孟玥	女	党委保卫部（保卫处）	2021年3月
40	沈舒明	女	校长办公室	2021年3月
41	刘禹	男	骨科研究所	2021年3月
42	葛玉涵	女	巴斯德学院	2021年3月
43	乐洪发	男	研究生院	2021年3月
44	姜自云	女	心血管病研究所	2021年3月
45	张心宇	女	科学技术研究院、科技党委	2021年3月
46	杨洁	女	党委保卫部（保卫处）	2021年3月
47	卢雅静	女	材料与化学化工学部	2021年3月
48	解晶	女	东吴学院	2021年3月
49	吕冰清	女	党委保卫部（保卫处）	2021年3月
50	王山月	女	外国语学院	2021年3月
51	胡冲	男	科学技术研究院、科技党委	2021年3月
52	石超	男	神经科学研究所	2021年3月

续表

序号	姓名	性别	调进工作部门、院（部）	调进时间
53	袁 妮	女	人力资源处	2021年3月
54	许 元	女	后勤管理处/幼儿园	2021年3月
55	夏依晴	女	神经科学研究所	2021年3月
56	张灿宇	男	外国语学院	2021年3月
57	杨 敏	女	科学技术研究院、科技党委	2021年3月
58	张 凡	女	党委保卫部（保卫处）	2021年3月
59	张翠婷	女	生物医学研究院	2021年3月
60	任华勇	男	人力资源处	2021年3月
61	高利娟	女	苏州医学院	2021年4月
62	黄孟杰	女	人力资源处	2021年4月
63	黄献琛	男	苏州大学附属独墅湖医院	2021年4月
64	谭力扬	男	政治与公共管理学院	2021年4月
65	王之敏	男	苏州大学附属独墅湖医院	2021年4月
66	万东升	男	教育学院	2021年4月
67	谢 岳	男	政治与公共管理学院	2021年4月
68	陈海燕	女	后勤管理处/幼儿园	2021年4月
69	彭安妮	女	研究生院	2021年4月
70	余思奇	男	艺术学院	2021年5月
71	齐文彦	女	后勤管理处/校医院	2021年5月
72	苗翰初	男	艺术教育中心	2021年5月
73	牛庆欣	女	材料与化学化工学部	2021年5月
74	解 宇	男	纺织与服装工程学院	2021年5月
75	郑师慧	女	材料与化学化工学部	2021年5月
76	石 惠	女	苏州医学院实验中心	2021年5月
77	黄金枝	女	数学科学学院	2021年5月
78	张才国	男	马克思主义学院	2021年5月
79	张梦窈	女	苏州医学院实验动物中心	2021年5月
80	石 超	男	后勤管理处	2021年5月

续表

序号	姓名	性别	调进工作部门、院（部）	调进时间
81	王雪梅	女	艺术学院	2021年5月
82	朱宁	男	继续教育学院	2021年5月
83	相阳	女	继续教育学院	2021年5月
84	朱蓓琪	女	继续教育学院	2021年5月
85	李诗怡	女	继续教育学院	2021年5月
86	王钰琦	女	继续教育学院	2021年5月
87	薛旭宁	女	机电工程学院	2021年5月
88	王俊帝	男	金螳螂建筑学院	2021年6月
89	戚玉	女	纺织与服装工程学院	2021年6月
90	厉鹏	男	材料与化学化工学部	2021年6月
91	王远鹏	男	轨道交通学院	2021年6月
92	鲁希	女	苏州医学院实验动物中心	2021年6月
93	曹慧茹	女	后勤管理处/校医院	2021年6月
94	杜晓妮	女	材料与化学化工学部	2021年6月
95	王素芳	女	传媒学院	2021年6月
96	王炯	男	材料与化学化工学部	2021年6月
97	陆朦辰	女	苏州医学院药学院	2021年6月
98	何罕亮	男	苏州大学附属独墅湖医院	2021年6月
99	吴小惠	女	巴斯德学院	2021年6月
100	蒋彩凤	女	苏州大学附属独墅湖医院	2021年6月
101	鲁喆	女	后勤管理处	2021年6月
102	吴双	女	继续教育学院	2021年6月
103	芮雪	女	造血干细胞移植研究所	2021年6月
104	汪思佳	女	实验室与设备管理处	2021年6月
105	袁梦瑢	女	继续教育学院	2021年6月
106	任倩	女	苏州医学院实验动物中心	2021年7月
107	卢磊	男	机电工程学院	2021年7月
108	李蕾	女	苏州医学院	2021年7月

续表

序号	姓名	性别	调进工作部门、院（部）	调进时间
109	徐 浩	男	苏州大学附属独墅湖医院	2021年7月
110	刘春毅	男	苏州医学院放射医学与防护学院	2021年7月
111	王靖思	女	后勤管理处	2021年7月
112	胡 斌	男	艺术学院	2021年8月
113	邓扬麒	女	马克思主义学院	2021年8月
114	王 津	女	纳米科学技术学院	2021年9月
115	罗 敏	女	功能纳米与软物质研究院	2021年9月
116	邹 帅	男	物理科学与技术学院	2021年9月
117	厉 文	女	数据资源与信息化建设管理处	2021年9月
118	陈 杰	女	苏州大学附属独墅湖医院	2021年9月
119	陈必坤	男	社会学院	2021年9月
120	蔡晓荣	男	王健法学院	2021年9月
121	谢艳群	女	后勤管理处	2021年9月
122	孙 元	男	苏州大学附属独墅湖医院	2021年9月
123	范尧尧	女	东吴商学院（财经学院）	2021年9月
124	熊贤品	男	社会学院	2021年9月
125	臧 政	男	马克思主义学院	2021年9月
126	薛雨齐	女	博物馆	2021年10月
127	张 颖	女	纺织与服装工程学院	2021年10月
128	宋绍永	男	苏州大学附属独墅湖医院	2021年10月
129	裴秀红	女	社会学院	2021年11月
130	张卫兵	男	苏州大学附属独墅湖医院	2021年11月
131	彭玉洁	女	外国语学院	2021年11月
132	李 磊	男	纺织与服装工程学院	2021年11月
133	薛艳华	女	王健法学院	2021年12月
134	陈浩文	女	文学院	2021年12月
135	陶 可	女	物理科学与技术学院	2021年12月
136	吴 凯	男	王健法学院	2021年12月
137	罗勇骏	男	苏州大学附属独墅湖医院	2021年12月

表88　2021年苏州大学教职工调出、离职人员一览表

序号	姓名	性别	离校前工作部门、院（部）	离校时间	调往工作单位
1	李锐	男	东吴商学院（财经学院）	2021年1月	离职
2	李攀	男	轨道交通学院	2021年1月	离职
3	潘潇漾	女	艺术学院	2021年2月	离职
4	唐吉明	女	苏州医学院护理学院	2021年2月	离职
5	吕美红	女	神经科学研究所	2021年2月	离职
6	罗琪	女	音乐学院	2021年2月	离职
7	张骥	男	电子信息学院	2021年2月	离职
8	张力	男	能源学院	2021年2月	离职
9	胡筱	女	博物馆	2021年2月	离职
10	尚增甫	男	苏州医学院放射医学与防护学院	2021年2月	离职
11	周圣高	男	数学科学学院	2021年2月	上海交通大学
12	戴晓	男	能源学院	2021年2月	离职
13	瞿静	女	纺织与服装工程学院	2021年3月	离职
14	郝振宇	男	唐仲英血液学研究中心	2021年4月	离职
15	严建峰	男	计算机科学与技术学院	2021年4月	离职
16	钱涛	男	能源学院	2021年5月	离职
17	叶巍翔	男	物理科学与技术学院	2021年5月	离职
18	吴涛	男	材料与化学化工学部	2021年5月	离职
19	刘勇	男	功能纳米与软物质研究院	2021年5月	离职
20	刘韩昕	男	金螳螂建筑学院	2021年5月	离职
21	彭天庆	男	生物医学研究院	2021年5月	离职
22	缑赫	女	传媒学院	2021年6月	离职
23	赵秀玲	女	金螳螂建筑学院	2021年6月	离职
24	何渊	男	苏州医学院基础医学与生物科学研究院	2021年6月	离职
25	白艳洁	女	苏州医学院公共卫生学院	2021年7月	离职

续表

序号	姓名	性别	离校前工作部门、院（部）	离校时间	调往工作单位
26	田景华	男	能源学院	2021年7月	离职
27	程建军	男	功能纳米与软物质研究院	2021年7月	离职
28	田 真	男	金螳螂建筑学院	2021年7月	离职
29	李直旭	男	计算机科学与技术学院	2021年7月	离职
30	李 佳	女	苏州医学院放射医学与防护学院	2021年7月	离职
31	游善红	女	电子信息学院	2021年7月	离职
32	陈丽华	女	苏州医学院公共卫生学院	2021年7月	离职
33	杨歔泪	男	电子信息学院	2021年8月	离职
34	张一嘉	男	音乐学院	2021年8月	离职
35	付雪杰	女	骨科研究所	2021年8月	离职
36	周 瑞	女	东吴学院	2021年8月	离职
37	周玉玲	女	党委组织部	2021年8月	离职
38	高 雷	男	物理科学与技术学院	2021年8月	离职
39	郝苇苇	女	材料与化学化工学部	2021年9月	离职
40	刘玉龙	男	艺术学院	2021年9月	离职
41	王 璐	男	艺术学院	2021年9月	离职
42	曹慧茹	女	校医院	2021年9月	离职
43	胡剑凌	男	电子信息学院	2021年9月	离职
44	元 冰	女	物理科学与技术学院	2021年10月	离职
45	陈重阳	女	东吴商学院（财经学院）	2021年10月	离职
46	陈鹤予	男	纺织与服装工程学院	2021年10月	离职
47	高 帆	男	光电科学与工程学院	2021年10月	离职
48	熊世云	男	功能纳米与软物质研究院	2021年10月	离职
49	王 健	男	保卫处	2021年10月	离职
50	崔苏妍	女	团委	2021年10月	离职
51	李 丹	女	材料与化学化工学部	2021年11月	离职

续表

序号	姓名	性别	离校前工作部门、院（部）	离校时间	调往工作单位
52	孙枝俏	女	政治与公共管理学院	2021年11月	离职
53	朱鑫峰	男	轨道交通学院	2021年11月	离职
54	张仕通	男	苏州医学院放射医学与防护学院	2021年11月	离职
55	戴高乐	男	功能纳米与软物质研究院	2021年11月	离职
56	孟会敏	女	唐仲英血液学研究中心	2021年11月	离职
57	李图帅	男	生物医学研究院	2021年11月	离职
58	付忠琳	女	转化医学研究院	2021年11月	离职
59	陈新宇	男	材料与化学化工学部	2021年11月	离职
60	李青	男	功能纳米与软物质研究院	2021年12月	离职
61	林海平	男	功能纳米与软物质研究院	2021年12月	离职
62	徐来	女	海外教育学院	2021年12月	离职
63	陈景润	男	数学科学学院	2021年12月	离职
64	韩淑芬	女	苏州医学院公共卫生学院	2021年12月	离职
65	李丛芹	女	艺术学院	2021年12月	安徽师范大学
66	刘诗能	男	苏州大学出版社有限公司	2021年12月	安徽师范大学
67	李婧	女	传媒学院	2021年12月	离职
68	陈建权	男	骨科研究所	2021年12月	离职
69	俞映辉	女	后勤工作处	2021年12月	离职
70	郑计岳	男	苏州医学院药学院	2021年12月	离职
71	马楠	男	材料与化学化工学部	2021年12月	离职
72	徐舜	男	沙钢钢铁学院	2021年12月	离职
73	窦玉江	男	电子信息学院	2021年12月	离职
74	张亚楠	女	苏州医学院放射医学与防护学院	2021年12月	离职
75	李金溪	男	东吴商学院（财经学院）	2021年12月	离职
76	庞昊强	男	能源学院	2021年12月	离职
77	储昭昉	男	东吴商学院（财经学院）	2021年12月	离职

表89 2021年度教职工去世人员名单

序号	姓名	性别	出生年月	工作单位	原职称	原职务	去世时间	备注
1	江村	男	1930年10月	纪委、监察处	—	副厅级	2021年1月	离休
2	尤长华	男	1928年12月	统战部	—	副处级	2021年1月	离休
3	刘涤民	男	1930年2月	传媒学院（原教育中心）	副教授	—	2021年1月	退休
4	孙海金	男	1938年2月	应用技术学院（挂靠群直工委）	经济师	—	2021年1月	退休
5	梅士英	女	1938年10月	纺织与服装工程学院	教授	—	2021年1月	退休
6	毛坤友	男	1941年11月	体育学院	副教授	—	2021年1月	退休
7	王英志	男	1944年11月	苏州大学出版社有限公司	编审	—	2021年1月	退休
8	沈德林	男	1949年9月	阳澄湖校区	会计师	—	2021年1月	退休
9	蔡福泉	男	1933年11月	后勤管理处（原教服集团）	高级工	—	2021年1月	退休
10	肖元何	男	1974年10月	学生工作部（处）	—	正科级	2021年1月	在职
11	奚浒宁	男	1962年3月	后勤管理处	—	正科级	2021年1月	在职
12	黄健	男	1930年12月	苏州医学院基础医学与生物科学学院	—	正处级	2021年2月	离休
13	王春飞	男	1929年12月	后勤管理处（原教服集团）	中级工	—	2021年2月	退休
14	杨效山	男	1930年3月	电子信息学院	副教授	—	2021年2月	退休
15	石恂如	男	1935年9月	东吴商学院（财经学院）	研究员	—	2021年2月	退休
16	王明	男	1937年10月	物理科学与技术学院	副教授	—	2021年2月	退休
17	徐子贤	男	1928年10月	东吴饭店	—	正科级	2021年2月	退休
18	王达云	男	1927年6月	外国语学院	副高	—	2021年2月	退休

续表

序号	姓名	性别	出生年月	工作单位	原职称	原职务	去世时间	备注
19	王岩	男	1939年4月	苏州医学院第二临床医学院	副高	—	2021年2月	退休
20	张玮	女	1929年12月	后勤管理处（原教服集团）	中级工	—	2021年2月	退休
21	李仲道	男	1927年1月	科学技术研究部	—	副处级	2021年3月	退休
22	周志刚	男	1926年5月	后勤管理处（科教厂）	—	—	2021年3月	退休
23	杜午初	男	1932年6月	数学科学学院	副教授	—	2021年3月	退休
24	王善祥	男	1933年1月	王健法学院	馆员	—	2021年3月	退休
25	郑於桢	女	1949年8月	应用技术学院（挂靠群直工委）	科员	—	2021年3月	退休
26	张修龄	男	1951年3月	文学院	副教授	—	2021年3月	退休
27	沈时雄	男	1928年1月	阳澄湖校区	馆员	—	2021年3月	退休
28	龚尧清	男	1926年8月	财务处	中级	—	2021年3月	退休
29	巫克俭	男	1925年10月	应用技术学院（挂靠群直工委）	—	副科级	2021年3月	退休
30	陈永元	男	1939年8月	实验材料与设备管理中心	—	副科级	2021年3月	退休
31	王允贤	女	1935年12月	图书馆	科员	—	2021年4月	退休
32	张法元	男	1932年8月	社会学院	副教授	—	2021年4月	退休
33	施惠彬	男	1933年11月	体育学院	副教授	—	2021年4月	退休
34	丁荫藩	男	1938年1月	机电工程学院	副教授	—	2021年4月	退休
35	沈福伟	男	1935年2月	社会学院	教授	—	2021年4月	退休
36	钱若华	女	1953年8月	材料与化学化工学部	高级工	—	2021年4月	退休
37	刘剑	男	1944年12月	东吴商学院（财经学院）	副教授	—	2021年4月	退休

续表

序号	姓名	性别	出生年月	工作单位	原职称	原职务	去世时间	备注
38	何飞霞	女	1936年1月	阳澄湖校区	馆员	—	2021年4月	退休
39	沈文炳	男	1935年8月	应用技术学院（挂靠群直工委）	副高	—	2021年4月	退休
40	葛维方	女	1926年2月	苏州医学院第一临床医学院	正高	—	2021年4月	退休
41	张立中	男	1930年6月	苏州医学院第二临床医学院	—	—	2021年5月	离休
42	唐剑芬	女	1935年5月	后勤管理处（校医院）	主管护师	—	2021年5月	退休
43	杜莉平	女	1936年4月	外国语学院	副教授	—	2021年5月	退休
44	朱子南	男	1932年11月	文学院	教授	—	2021年5月	退休
45	王连喜	男	1946年2月	东吴饭店	—	—	2021年5月	退休
46	陈菊珍	女	1934年3月	后勤管理处（原教服集团）	中级工	—	2021年5月	离休
47	滕金甲	男	1929年6月	材料与化学化工学部	副高	—	2021年5月	退休
48	陆雍华	女	1937年8月	材料与化学化工学部	副教授	—	2021年6月	退休
49	王伯文	男	1935年4月	数学科学学院	副教授	—	2021年6月	退休
50	应启后	男	1933年7月	文学院	教授	—	2021年6月	退休
51	毛伟康	男	1949年4月	光电科学与工程学院	高级工程师	—	2021年6月	退休
52	钱　铮	男	1960年4月	物理科学与技术学院	讲师	—	2021年6月	退休
53	蔡宝仙	女	1933年1月	图书馆	中级	正科级	2021年6月	退休
54	陈起亮	男	1936年6月	苏州医学院基础医学与生物科学学院	副高	—	2021年6月	离休

续表

序号	姓名	性别	出生年月	工作单位	原职称	原职务	去世时间	备注
55	冯树一	男	1938年3月	苏州医学院基础医学与生物科学学院	副高	—	2021年6月	退休
56	王谨	男	1929年2月	苏州医学院公共卫生学院	副高	—	2021年6月	退休
57	司马文华	男	1979年5月	材料与化学化工学部	中级	—	2021年6月	在职
58	周旭辉	男	1932年5月	苏州医学院基础医学与生物科学学院	—	正科级	2021年7月	离休
59	徐桂英	女	1934年9月	后勤管理处（原教服集团）	中级工	—	2021年7月	退休
60	王汉章	男	1931年4月	材料与化学化工学部	教授	—	2021年7月	退休
61	姚乾新	男	1936年2月	后勤管理处	高级工程师	—	2021年7月	退休
62	陈必胜	男	1942年11月	数学科学学院	副教授	—	2021年7月	退休
63	查斌	男	1948年9月	后勤管理处（原教服集团）	高级工	—	2021年7月	退休
64	沈文文	女	1946年9月	阳澄湖校区	实验师	—	2021年7月	退休
65	朱锦祥	男	1930年9月	苏州医学院儿科临床医学院	正高	—	2021年7月	退休
66	陈瑞琦	男	1937年3月	王健法学院	副教授	—	2021年8月	退休
67	朱冬琴	女	1970年12月	东吴商学院（财经学院）	副教授	—	2021年8月	在职
68	王金妹	女	1949年10月	后勤管理处（原教服集团）	中级工	—	2021年9月	退休
69	朱继章	女	1924年6月	后勤管理处（原教服集团）	中级工	—	2021年9月	退休
70	陆志祥	男	1935年11月	后勤管理处	—	正处级	2021年9月	退休

续表

序号	姓名	性别	出生年月	工作单位	原职称	原职务	去世时间	备注
71	陈禾勤	女	1931年12月	后勤管理处	—	正科级	2021年10月	离休
72	平醒民	男	1925年9月	阳澄湖校区	—	副处级	2021年10月	离休
73	顾汉炎	男	1933年10月	物理科学与技术学院	副教授	—	2021年10月	退休
74	袁振武	男	1942年5月	外国语学院	副教授	—	2021年10月	退休
75	边永德	男	1941年6月	纺织与服装工程学院	技师（工人）	—	2021年10月	退休
76	戴国梁	男	1947年2月	图书馆	实验师	—	2021年10月	退休
77	姚长相	女	1939年8月	后勤管理处	高级工	—	2021年10月	退休
78	朱兆基	男	1933年2月	后勤管理处	—	副处级	2021年10月	退休
79	林冈	男	1923年8月	教务部	—	副厅级	2021年11月	离休
80	徐锡华	男	1937年4月	电子信息学院	副教授	—	2021年11月	退休
81	蒋滢	女	1935年11月	苏州医学院基础医学与生物科学学院	教授	—	2021年11月	退休
82	汪洋	男	1938年1月	苏州医学院基础医学与生物科学学院	副教授	—	2021年11月	退休
83	张志德	男	1933年8月	苏州医学院第一临床医学院	主任医师	—	2021年11月	退休
84	芦海棠	女	1937年6月	东吴饭店	—	副科级	2021年11月	退休
85	孟宪茹	女	1936年6月	纺织与服装工程学院	科员	—	2021年11月	退休
86	朱方达	男	1937年2月	离退休工作部（处）	—	副处级	2021年11月	退休
87	沈学乾	男	1940年12月	后勤管理处	—	正科级	2021年11月	退休
88	陆家祥	男	1942年7月	后勤管理处（原教服集团）	高级工	—	2021年12月	退休
89	崔诣	男	1969年2月	计算机科学与技术学院	高级技师	—	2021年12月	在职

续表

序号	姓名	性别	出生年月	工作单位	原职称	原职务	去世时间	备注
90	张大庆	男	1964年9月	苏州医学院基础医学与生物科学学院	副教授	—	2021年12月	在职
91	程家钧	男	1941年12月	外国语学院	正高	—	2021年12月	退休
92	李晋荃	男	1935年9月	文学院	正高	—	2021年12月	退休
93	陈桂兴	男	1947年5月	苏州医学院第一临床医学院	高级工	—	2021年12月	退休
94	沈其璋	男	1933年3月	苏州医学院	正高	—	2021年12月	退休

2021年离休干部名单

陈菊珍	陈克潜	李绍元	邱　光	牟　琨	江　村	陈禾勤
郑玠玉	姜宗尧	王永光	赵经涌	程　扬	袁　涛	迟秀梅
张　枫	周振泰	朱文君	黄凤云	陆振岳	曹积盛	蒋　璆
李世达	李秀贞	何孔鲁	蒋　麟	李振山	倪　健	吴奈夫
仲济生	章祖敏	曹学明	张佩华	林　冈	杨宗晋	任　志
钟　枚	余广通	杨康为	李　贤	王亚平	沈　毅	何　践
陈文璋	尤长华	赵　琪	赵梅珍	赵爱科	袁海观	鲍洪贤
鞠竞华	封　兰	姜新民	张德初	张淑庆	于培国	刘涉洛
李维华	徐桂森	沈淑能	陶不敏	唐月清	陈德新	朱　燕
黄德珍	周　鸣	樊志成	闻宇平	熊重廉	龚　辉	裘　申
丁志英	冷墨林	张立中	姚群铨	刘汉祥	吕玉功	戴立干
刘爱清	祝仰进	马云芬	纪一农	黄文锦	赵爱菊	孙　玲
李惠章	宗　洛	翁春林	刘兴亚	刘延祖	陈守谦	吕去癖
魏振文	黄宗湘	周旭辉	陆明强	许绍基	徐　利	李　馨
耿　杰	嵇佩玉	陈巾范	严荣芬	雷在春	黄　健	平醒民

2021年退休人员名单

郝丽莉	石秀蓉	陆树程	范　荣	王　琼	王廖沙	王文俊
纪义辉	邹　容	龚伟申	杨一心	汪一鸣	邢　岚	杨　思
蒋莲艳	任益芳	翁彦康	严唯敏	顾勤雄	刘春宇	孙春红
王培玉	周建屏	钱　侬	梁国正	戴　英	钮菊生	邵国富
周　星	濮文彬	金亮荣	潘小农	沈钧毅	魏晓红	龚　珊
朱越雄	明志君	李玉珍	王海英	顾宗江	张　林	张克平
卢新焰	王凤英	卫　岭	姚菊霞	张丹红	符根荣	吴天顺
丁晓林	胡学武	王　敏	王　元	谭　琪	杨思基	徐　晓
张雪芬	吴　捷	徐　燕	傅　筠	董启榕	乔桂明	童辉杰
周永培	刘天石	袁　牧	姜国强	蒋耀兴	王建昌	潘小祥
李小伟	石　健	张　苏	季建红	陈晓红	吴　琛	王　坚
姜天伟	顾佩娅	马树芝	熊丽琴	吴世慧	朱建平	王　宏
陈劲松	林德华	胡亚球	杜　立	李文俊	吴建华	王全法
罗　虹	邹学海	潘洪亮	周红康	陈韶华	徐桂华	陈　明
黄　兴	史全良	林　红	马智英	高芳英	丁　洁	张金华
吴晓兵	程红梅	徐　萍	邢建国	陈青萍	张文宝	徐稼红
吴建明	沈钧康	汤哲声	陈丽红	徐汇音	姚会芹	周竹发
谢志余	陈明中	金　华				

办 学 条 件

苏州大学办学经费投入与使用情况（表90、表91、表92）

表90　2021年苏州大学总收入情况一览表　　　　　　　　　　　　单位：万元

序号	资金来源	部门决算	部门预算	增减数
1	财政拨款收入	180 356.98	142 032.51	38 324.47
2	上级补助收入	—	—	—
3	事业收入	159 713.43	117 186.11	42 527.32
4	经营收入	—	—	—
5	附属单位上缴收入	—	—	—
6	其他收入	105 482.01	69 201.00	36 281.01
	合计	445 552.42	328 419.62	117 132.80

表91　2021年苏州大学总支出情况一览表　　　　　　　　　　　　单位：万元

序号	项目	部门决算	部门预算	增减数
1	工资福利支出	189 716.94	171 194.73	18 522.21
2	商品和服务支出	157 169.12	106 906.21	50 262.91
3	对个人和家庭补助支出	36 121.06	21 722.68	14 398.38
4	基本建设支出	—	—	—
5	其他资本性支出	66 518.54	24 276.00	42 242.54
6	债务利息支出	6 806.39	4 320.00	2 486.39
7	经营支出	—	—	—
	合计	456 332.05	328 419.62	127 912.43

表92　苏州大学2021年与2020年总支出情况对比表　　　　单位：万元

序号	项目	2021年	2020年	增减数	增减率
1	工资福利支出	189 716.94	154 870.63	34 846.31	22.50%
2	商品和服务支出	157 169.12	119 093.76	38 075.36	31.97%
3	对个人和家庭补助支出	36 121.06	34 190.52	1 930.54	5.65%
4	基本建设支出	—	—	—	—
5	其他资本性支出	66 518.54	79 114.03	-12 595.49	-15.92%
6	债务利息支出	6 806.39	4 572.88	2 233.51	48.84%
7	经营支出	—	696.12	-696.12	-100.00%
	合计	456 332.05	392 537.94	63 794.11	16.25%

2021年苏州大学总资产情况（表93）

表93　2021年苏州大学总资产情况一览表　　　　单位：万元

序号	项目	年初数（原值）	年初数（净值）	年末数（原值）	年末数（净值）
1	流动资产	272 781.47	272 781.47	269 915.67	269 915.67
2	固定资产	672 973.30	364 324.37	694 701.54	354 972.61
	（1）房屋及构筑物	361 822.61	254 851.79	353 632.44	238 604.26
	（2）专用设备	45 323.89	11 273.96	49 448.77	11 937.05
	（3）通用设备	216 476.47	61 221.37	237 540.45	63 525.19
	（4）文物和陈列品	1 247.29	1 247.29	1 277.49	1 277.49
	（5）图书、档案	31 310.34	31 310.34	33 966.34	33 966.34
	（6）家具、用具、装具及动植物	16 792.70	4 419.62	18 836.05	5 662.28
3	无形资产	—	—	31 547.16	31 545.37
4	长期投资	25 799.95	25 799.95	30 196.55	30 196.55
5	在建工程	52 064.28	52 064.28	45 920.77	45 920.77
6	工程物资	105.35	105.35	105.35	105.35
7	待处置财产损溢	—	—	25.98	25.98
8	受托代理资产	8 873.41	8 873.41	10 434.50	10 434.50
	合计	1 032 597.76	1 088 273.20	1 777 549.06	1 098 089.41

苏州大学土地面积和已有校舍建筑面积

苏州大学土地面积（表94）

表94　苏州大学各校区土地面积一览表　　　　单位：平方米

校区	土地面积
独墅湖校区	987 706.44
本部	344 451.65
北校区	185 383.40
南校区	4 158.00
东校区	271 821.90
阳澄湖校区	597 291.00
未来校区	666 666.67
合计	3 057 479.06

苏州大学已有校舍建筑面积（表95）

表95　苏州大学已有校舍建筑面积一览表　　　　单位：平方米

序号	校舍	建筑面积
1	教室	214 202.44
2	实验实习用房	420 599.98
3	专职科研机构办公及研究用房	34 946.79
4	图书馆	80 831.28
5	室内体育用房	23 183.16
6	师生活动用房	1 655.00
7	会堂	14 209.36
8	继续教育用房	5 908.51
9	校行政办公用房	26 127.78
10	院系及教师办公用房	64 476.90
11	学生宿舍（公寓）	466 859.80
12	食堂	65 248.18
13	单身教师宿舍（公寓）	26 014.56
14	后勤及辅助用房	48 315.90
15	教工住宅	30 725.11
16	其他用房	82 048.55
	合计	1 605 353.30

苏州大学实验教学示范中心情况（表96）

表96 苏州大学实验教学示范中心情况一览表

单位	实验教学示范中心 总数	国家级	部级	省级	实验教学示范中心	国家级	部级	省级
文学院 传媒学院	1	0	0	1	传媒与文学实验教学中心	—	—	传媒与文学实验教学中心
教育学院	1	0	0	1	心理与教师教育实验教学中心	—	—	心理与教师教育实验教学中心
艺术学院	1	0	0	1	艺术设计实验教学中心	—	—	艺术设计实验教学中心
物理科学与技术学院	2	1	0	1	物理实验教学中心 物理基础课实验教学中心	物理实验教学中心	—	物理基础课实验教学中心
能源学部	1	0	0	1	新能源材料与器件实验教学中心	—	—	新能源材料与器件实验教学中心
材料与化学化工学部	1	0	0	1	化学基础课实验教学中心	—	—	化学基础课实验教学中心
纳米科学技术学院	1	0	0	1	纳米材料与技术实验教学中心	—	—	纳米材料与技术实验教学中心
纺织与服装工程学院	3	2	0	1	纺织与服装设计实验教学中心 纺织与服装虚拟仿真实验教学中心 纺织服装实验教学中心	纺织与服装设计实验教学中心 纺织与服装虚拟仿真实验教学中心	—	纺织服装实验教学中心
计算机科学与技术学院	2	1	0	1	计算机与信息技术实验教学中心 计算机基础课实验教学中心	计算机与信息技术实验教学中心	—	计算机基础课实验教学中心

续表

单位	实验教学示范中心 总数	国家级	部级	省级	实验教学示范中心	国家级	部级	省级
电子信息学院	1	0	0	1	电工电子实验教学中心	—	—	电工电子实验教学中心
机电工程学院	1	0	0	1	机械基础实验教学中心	—	—	机械基础实验教学中心
沙钢钢铁学院	1	0	0	1	冶金工程实践教育中心	—	—	冶金工程实践教育中心
苏州医学院基础医学与生物科学学院	3	0	0	3	基础医学实验教学中心 临床技能实验教学中心 生物基础课实验教学中心	—	—	基础医学实验教学中心 临床技能实验教学中心 生物基础课实验教学中心
苏州医学院药学院	1	0	0	1	药学学科综合训练中心	—	—	药学学科综合训练中心
苏州医学院护理学院	1	0	0	1	护理学科综合训练中心	—	—	护理学科综合训练中心
金螳螂建筑学院	1	0	0	1	建筑与城市环境设计实践教育中心	—	—	建筑与城市环境设计实践教育中心
城市轨道交通学院	1	0	0	1	轨道交通实践教育中心	—	—	轨道交通实践教育中心
工程训练中心	1	0	0	1	工程训练中心	—	—	工程训练中心
小计	24	4	0	20	—	—	—	—

苏州大学图书馆馆藏情况（表97）

表97　2021年苏州大学图书馆馆藏情况一览表

类别	单位	上年积累	本年实增	本年实减	本年积累
中文图书（印刷本）	册	3 642 141	71 051	0	3 713 192
古籍	册	145 357	0	0	145 357
善本	册	7 217	0	0	7 217
中文图书（电子本）	册	2 008 850	139 207	0	2 148 057
外文图书（印刷本）	册	238 188	2 716	0	240 904
外文图书（电子本）	册	143 295	12 745	0	156 040
中文报纸（电子本）	种	1 095	0	152	943
中文期刊（电子本）	种	58 997	3411	0	62 408
外文期刊（电子本）	种	30 578	676	0	31 254
中文期刊合订本	册	272 889	6519	0	279 408
外文期刊合订本	册	98 061	419	0	98 480
音像资料	种	20 296	0	0	20 296
缩微资料	册	573	0	0	573
网络数据库	个	145	15	0	160
赠书	册	25 646	900	0	26 546
本馆纸质图书累计	册	4 058 549	74 667	0	4 133 216

注：
1. 减少的数字指本年度图书剔旧及援藏的数字，电子图书和期刊包括数据库内容的自然增减。
2. 2021年积累的中文图书包含阳澄湖并馆的31.5万册图书。
3. 2021年纸质图书总量为4 133 216册，中外文期刊合订本为377 888册，总量为4 511 104册。
4. 网络数据库的数量根据2018年制定的标准更新，包括本馆内自购数据库103个和自建数据库7个。
5. 期刊合订本数量包括未入库期刊和汇文系统期刊累计（以期刊合订本说明为准），目前在汇文系统统计新增数据并累加。

海外交流与合作

2021年公派出国（境）人员情况（表98—表102）

表98 2021年教职工长期出国（境）情况一览表

序号	单位	姓名	任务	类别	前往学校或机构	派出日期	回国日期	备注
1	功能纳米与软物质研究院	沈孔超	访问学者	国家公派	德国慕尼黑工业大学	2021-04-06	2022-03-29	
2	功能纳米与软物质研究院	陈子亮	访问学者	校公派	德国柏林工业大学	2021-06-07	2023-06-06	
3	功能纳米与软物质研究院	李雅娟	访问学者	国家公派	德国慕尼黑工业大学	2021-06-09	2022-05-19	
4	功能纳米与软物质研究院	周俊贵	访问学者	国家公派	德国慕尼黑工业大学	2021-06-09	2022-06-09	
5	功能纳米与软物质研究院	王亚坤	访问学者	自费公派	加拿大多伦多大学	2021-06-18	2022-06-18	
6	纺织与服装工程学院	李刚	访问学者	省公派	美国塔夫茨大学	2021-08-13	2022-08-12	
7	外国语学院	彭硕	访问学者	国家公派	西班牙庞培法布拉大学	2021-10-01	2022-07-31	
8	骨科研究所	余嘉	访问学者	省公派	美国哈佛大学	2021-12-15	2022-12-14	

表99　2021年教职工因公赴港澳台地区情况一览表

序号	姓名	院（部）、部门	类别	前往学校或机构	外出期限
1	张晓宏	校长办公室	校际交流	澳门科技大学	2021-02-01—2021-02-05
2	熊思东	校长办公室	校际交流	澳门大学、澳门城市大学	2021-03-27—2021-03-30
3	吴鹏	校长办公室	校际交流	澳门大学、澳门城市大学	2021-03-27—2021-03-30
4	方新军	王健法学院	校际交流	澳门科技大学	2021-04-14—2021-04-17
5	许凯	教务部	校际交流	（澳门相关高校）	2021-07-12—2021-07-25

表100　2021年学生长期出国交流情况一览表

序号	姓名	学生人数/人	类别	去往国家（地区）及院校	交流期限
1	郭可欣　谈至元　张珈源　李姝蓓　王艺润　傅辰熙　祁凯　吴兰兰	8	"2+2"联合培养	英国曼彻斯特大学	2021-09—2023-06
2	杨思哲　孟繁斌　刘晓同　施善达　许子豪　蒋钟澜　徐奕成　何逸辰　汤星辉　范宸逸　卞启航　王愚澈　陈欣怡　王蒋翼　姚好菡　刘天宇　瞿安越　宋明智	18	"3+2"联合培养	新加坡国立大学	2021-09—2023-06
3	葛熙蕊	1	"3+2"联合培养	加拿大维多利亚大学	2021-07—2022-04
4	叶文扬	1	"3+2"联合培养	法国SKEMA商学院	2021-09—2023-06

重要资料及统计

表101 2021年学生长期赴港澳台交流情况一览表

序号	姓名	学生人数/人	类别	交流院校	交流期限
1	包 含 鞠婉婷 陈 涛	3	学生交换	澳门城市大学	2021-01-01—2021-07-01
2	闵昕睿 于晓卉	2	学生交换	澳门科技大学	2021-08-30—2022-02-01

表102 2021年学生公派短期赴港澳台交流情况一览表

序号	项目名称	地区	人数/人	交流期限
1	2021年江苏高校学生境外学习政府奖学金项目	澳门	20	2021-07-11—2021-07-14

2021年在聘语言文教专家和外籍教师情况（表103）

表103 2021年在聘语言文教专家和外籍教师情况一览表

序号	姓名	性别	国籍	来校年月
1	秦正红	男	美国	2003年5月
2	潘勤敏	女	加拿大	2009年1月
3	周泉生	男	美国	2009年2月
4	王雪峰	男	加拿大	2009年7月
5	王晗	男	美国	2009年9月
6	朱力	男	加拿大	2009年7月
7	张小虎	男	美国	2012年2月
8	郭军	女	新加坡	2012年5月
9	STEFFEN DUHM	男	德国	2012年6月
10	洪澜	女	澳大利亚	2013年2月
11	CLARA NOVAKOVA	女	意大利	2013年8月

续表

序号	姓名	性别	国籍	来校年月
12	ANGELA CHOLAKIAN	女	美国	2013年8月
13	宋歆予	女	美国	2013年9月
14	李杨欣	女	美国	2013年12月
15	夏利军	男	美国	2014年4月
16	龙乔明	男	美国	2014年4月
17	JUAN MANUEL GARCIA-CANO	男	西班牙	2014年9月
18	魏正启	男	法国	2015年3月
19	LEE SHIN KANG	男	新加坡	2015年9月
20	JOEL MOSER	男	法国	2015年9月
21	MARK. H. RUMMELI	男	英国	2015年9月
22	刘涛	男	美国	2016年1月
23	ALEXANDER DAVID BRANDT	男	美国	2016年2月
24	VINCENZO PECUNIA	男	意大利	2016年4月
25	VLADIMIR KREMNICAN	男	斯洛伐克	2016年5月
26	WONMIN KIM	女	美国	2016年9月
27	VALENTIN LANZREIN	男	美国	2016年9月
28	邵常顺	男	美国	2017年6月
29	SAARTJE HERNALSTEENS	女	巴西	2017年9月
30	JIN-HO CHOI	男	韩国	2017年10月
31	MISHRA SHITAL KUMAR	男	印度	2018年1月
32	IGBARI OMOBOYEDE FEMI	男	尼日利亚	2018年2月
33	李若欣	男	美国	2018年4月
34	AFSHIN KHAYAMBASHI	男	伊朗	2018年8月
35	ANTHONY RICHARD LITTLE	男	英国	2018年9月
36	DAWOON JUNG	女	韩国	2018年9月
37	SURESH ANNAM	男	印度	2018年11月
38	JAHANGEERKHAN	男	巴基斯坦	2019年1月

续表

序号	姓名	性别	国籍/地区	来校年月
39	SHAHID IQBAL	男	巴基斯坦	2019年1月
40	DAWN BUCKLEY	女	爱尔兰	2019年1月
41	SARAH E. DORSEY	女	美国	2019年3月
42	PERCEVAL GARON	男	澳大利亚	2019年4月
43	ORJILFEYINWA	女	尼日利亚	2019年4月
44	MANUEL E. BRITO	男	委内瑞拉	2019年5月
45	MATTHEW SHERIDAN	男	美国	2019年6月
46	PIRZADO AZHAR ALI AYAZ	男	巴基斯坦	2019年9月
47	郑毅然	男	新加坡	2019年9月
48	RASHID MENHAS	男	巴基斯坦	2019年10月
49	GUILLAUME RICHARD PATRICK MOLKO	男	法国	2019年11月
50	RANA MUHAMMAD IRFAN	男	巴基斯坦	2019年12月
51	沈景华	男	德国	2019年12月
52	KHEMAYANTO HIDAYAT	男	印度尼西亚	2019年12月
53	SHOBERU ADEDAMOLA SIJUADE	男	尼日利亚	2019年12月
54	陈雅卉	女	新加坡	2020年1月
55	XU WANG	女	美国	2020年7月
56	ANJA SPILLER	女	德国	2020年9月
57	RICHEUX AMÉLIE	女	法国	2020年9月
58	吴希	女	加拿大	2020年12月
59	HYOJIN KIM	女	韩国	2020年12月
60	JOSEPH BRETT WEINMAN	男	美国	2012年9月
61	MICHAEL C HSU	男	美国	2017年2月
62	MATTHEW CLAYTON WILKS	男	美国	2017年9月
63	YOUSEFI ODERJI HASSAN	男	伊朗	2018年9月
64	SAEED IDREES	男	巴基斯坦	2019年2月
65	ZAIN SAIMA	女	巴基斯坦	2019年2月

续表

序号	姓名	性别	国籍/地区	来校年月
66	ANA HORVAT	女	克罗地亚	2019年9月
67	PAUL MAURICE POITRAS	男	美国	2019年9月
68	ZHANG YIQIAO	男	加拿大	2004年9月
69	BOWN SEAN PATRICK	男	法国	2019年2月
70	WAN GEE TEO	女	新加坡	2021年8月
71	蔡 轶	男	美国	2021年1月
72	MD SHIPAN MIA	男	孟加拉国	2021年8月
73	彭 杨	女	美国	2015年10月
74	LEON HILLEBRANDS	男	德国	2021年2月
75	JEFFREY WAYNE HAINES	男	美国	2021年9月
76	MOHAMMAD YOUNES YASSIN	男	加拿大	2021年7月
77	JACQUES ANDER BROUILLETTE	男	美国	2021年7月
78	张轶乔	男	加拿大	2006年4月
79	ALEXANDER LOUIS ANDRE MARCELLIN SALANON	男	法国	2011年9月
80	NATHALIE ANDREE BRAZIER EP CHIANALE	女	法国	2013年9月
81	ATSUO OHTA	男	日本	2019年9月
82	YUKARI MORIOKA	女	日本	2019年9月
83	ANASTASIA POLITOVA	女	俄罗斯	2021年9月
84	杨 霜	男	美国	2020年3月
85	ADEEL AHMED ABBASI	男	巴基斯坦	2021年8月
86	ELENA JIMENEZ LAGO	女	西班牙	2017年9月
87	MOHAN GANESH CHATURREDI GOGINENI	男	印度	2017年9月
88	JIHUI JEONG	女	韩国	2019年9月
89	SUNGJAE PARK	男	韩国	2019年3月
90	ABHISEK CHAKRABORTY	男	巴基斯坦	2018年7月

2021年苏州大学与国(境)外大学交流合作情况(表104)

表104　2021年苏州大学与国(境)外大学交流合作情况一览表

序号	国家或地区	学校名称	协议名称	协议签订时间	期限
1	台湾	东海大学	苏州大学与东海大学教育学术合作交流协议书、苏州大学与东海大学学生交流项目协议书	2021年1月12日	5年
2	美国	纽约州立大学	苏州大学与纽约州立大学石溪分校学生交流协议意向书的补充附录	2021年2月19日	5个月10天
3	尼日利亚	拉各斯大学	中国苏州大学与尼日利亚拉各斯大学合作备忘录—中国学项目	2021年3月2日	3年
4	新加坡	新加坡国立大学	苏州大学(机电工程学院)和新加坡国立大学关于合作举办"3+1+1"联合培养项目框架协议	2021年3月15日	5年
5	英国	伦敦大学学院	伦敦大学学院与苏州大学合作备忘录	2021年3月24日	5年
6	澳门	澳门大学	澳门大学—苏州大学教育和科学合作备忘录、澳门大学—苏州大学学生交换协议	2021年3月28日	3年
7	俄罗斯	俄罗斯科学院	俄罗斯科学院A.N.弗鲁姆金物理化学和电化学研究所与中国苏州大学合作备忘录	2021年4月6日	5年

续表

序号	国家或地区	学校名称	协议名称	协议签订时间	期限
8	新加坡	新加坡国立大学	苏州大学（物理科学与技术学院）和新加坡国立大学关于合作举办"3+1+1"联合培养项目框架协议	2021年4月7日	5年
9	波黑	萨拉热窝大学	苏州大学与波黑东萨拉热窝大学学术合作协议	2021年4月13日	5年
10	西班牙	巴塞罗那大学	中国苏州大学与西班牙巴塞罗那大学学生交流合作协议	2021年4月16日	4年
11	美国	罗彻斯特大学	苏州大学与美国罗彻斯特大学伊斯曼音乐学院合作谅解备忘录	2021年5月8日	1年
12	美国	纽约州立大学宾汉姆顿分校	纽约州立大学宾汉姆顿分校与苏州大学学生交流协议补充协议	2021年5月11日	1年
13	日本	早稻田大学	苏州大学国际合作交流处与早稻田大学日本语教育中心"日语学习项目"和"短期日语项目"学生交流协议	2021年5月15日	5年
14	美国	圣约翰大学	苏州大学王健法学院与美国圣约翰大学法学院谅解备忘录	2021年5月21日	5年
15	日本	兵库县立大学	日本兵库县立大学与中国苏州大学学术交流协议和学术交流实施纲要	2021年5月22日	5年
16	澳门	澳门科技大学	苏州大学王健法学院与澳门科技大学法学院合作备忘录	2021年6月15日	3年

续表

序号	国家或地区	学校名称	协议名称	协议签订时间	期限
17	英国	曼彻斯特大学	苏州大学与英国曼彻斯特大学学术及研究合作谅解备忘录	2021年6月18日	5年
18	新加坡	新加坡国立大学	新加坡国立大学理学院与中国苏州大学本科生交流协议	2021年7月27日	5年
19	新加坡	新加坡国立大学	苏州大学（数学科学学院）和新加坡国立大学关于合作举办"3+1+1"联合培养项目框架协议	2021年8月1日	5年
20	澳大利亚	蒙纳士大学	苏州大学与澳大利亚蒙纳士大学苏州校区签署博士联合培养协议	2021年8月19日	5年
21	爱尔兰	爱尔兰都柏林圣三一大学	苏州大学与都柏林圣三一大学"4+1"本硕联合培养项目协议	2021年10月8日	3年
22	泰国	泰国诗纳卡宁威洛大学	苏州大学与泰国诗纳卡宁威洛大学（SWU）合作备忘录	2021年10月26日	5年
23	美国	阿克伦大学	阿克伦大学和苏州大学"3+2"项目合作协议	2021年11月9日	5年52天
24	意大利	都灵理工大学	苏州大学和都灵理工大学合作谅解备忘录	2021年11月29日	5年
25	美国	佛罗里达理工学院	美国佛罗里达理工学院与中国苏州大学合作备忘录	2021年12月9日	3年
26	波黑	巴尼亚卢卡大学	巴尼亚卢卡大学与苏州大学学术合作协议	2021年12月15日	5年
27	美国	代顿大学	苏州大学和代顿大学关于团体交换生的协议	2021年12月20日	6个月11天

2021年苏州大学举办各类短期汉语培训班情况(表105)

表105　2021年苏州大学举办各类短期汉语培训班情况一览表

序号	期限	班级名称	人数/人
1	2021-02-18—2021-03-16	日本宫崎公立大学短期班	33
2	2021-11-15—2021-11-19	越南河内国家大学短期班	55
3	2021-01-23—2021-05-06	巴西短期班	13
4	2021-01-05—2021-04-23	法国SKEMA项目	173
5	2021-09-01—2021-12-05	法国SKEMA项目	50

2021年各类外国留学生人数情况(表106)

表106　2021年各类外国留学生人数情况

单位：人

总人数	男	女	国家、地区数	高级进修生	普通进修生	本科生	硕士研究生	博士研究生	短期生
1 271	581	690	73	0	20	504	118	97	532

2021年港澳台地区各类学生人数情况(表107)

表107　2021年港澳台地区各类学生人数情况

单位：人

总人数	男	女	地区数	交换生	本科生	硕士生	博士生
162	95	67	3	4	94	28	40

2021年港澳台地区各类单位校际来访情况（表108）

表108　2021年苏州大学港澳台地区各类单位校际来访情况一览表

序号	来访日期	来访单位	来访人员名单（含职务、职称）	来访人数/人	来访目的及成果
1	2021-01-27	台湾东吴大学大陆地区校友会	林元达（会长）等	2	商谈合作
2	2021-03-13	澳门科技大学	李行伟（校长）等	2	推进两校科研合作
3	2021-03-28	台湾东吴大学大陆地区校友会	林元达（会长）等	3	筹备"同根同源同梦想"台湾东吴大学校友寻根之旅活动
4	2021-05-28	港澳台学生交流营	省教育厅港澳台学生交流营	75	参访纳米科学技术学院
5	2021-05-31	南京大学港澳学生国情考察团	南京大学港澳学生国情考察团	39	参观校园、聆听讲座
6	2021-06-01	澳门大学	朱寿桐（教授）	1	王宽诚基金会学术讲座
7	2021-06-26	台湾东吴大学大陆地区校友会	林元达（会长）等	13	调研"云中苏大"项目
8	2021-09-17	澳门科技大学	李行伟（校长）等	3	合作共建"苏澳（澳苏）先进功能材料联合研究中心"
9	2021-09-17	澳门城市大学	刘骏（校长）	1	推进两校合作交流
10	2021-12-11	台湾东吴大学大陆地区校友会	校友会成员	27	参加"同根同源同梦想"台湾东吴大学校友寻根之旅活动

2021年各类国外单位校际来访情况（表109）

表109　2021年各类国外单位校际来访情况一览表

序号	来访日期	来访单位	来访人员名单（含职务、职称）	来访人数/人	来访目的及成果
1	2021-03-21	法国驻沪领馆	总领事纪博伟等	3	友好访问和会晤校长
2	2021-07-21	法国驻沪领馆	总领事纪博伟等	4	友好访问和会晤校长
3	2021-06-18	丹麦驻沪领事馆	创新领事禾穆等	2	参加苏大—丹麦技术大学建筑学院路演活动
4	2021-10-13	美国匹兹堡大学	机械学院邱民京教授等	5	项目洽谈
5	2021-11-09	澳大利亚蒙纳士大学	苏州校区余艾冰校长等	5	项目洽谈
6	2021-03-11	西澳大学	副校长 TAYYEB SHAH	1	视频会晤
7	2021-10-08	意大利都灵理工大学	副校长 MICHELE BONINO 等	3	视频会晤

2021年教师出版书目（表110）

表110 2021年苏州大学教师出版书目一览表

序号	专著名称	类别	编（译）者	著作形式	出版单位、时间
1	汉语虚词史研究	专著	曹炜	著	暨南大学出版社，2021年6月
2	宋代文学评论（第五辑）文本的生成与传播专辑	编著	曾维刚 刘京臣	主编	人民出版社，2021年10月
3	*全清词·嘉道卷（上编第十一册）	编著	张宏生	主编	南京大学出版社，2020年5月
			陈昌强	整理	
4	中外电视剧赏析新编	编著	陈子平	主编	苏州大学出版社，2021年10月
5	近思录解义	解义	程水龙 姚莺歌	整理	上海古籍出版社，2021年9月
6	*语料库与SPSS统计分析方法	专著	高永奇	著	苏州大学出版社，2020年11月
7	*现代汉语动作动词及其动作性研究	专著	何薇	著	苏州大学出版社，2020年12月
8	文学赤子——刘再复先生八秩寿庆文集	编著	王德威 季进 刘剑梅	主编	香港三联书店，2021年8月
9	夏志清夏济安书信集（卷五：1962—1965）	编著	王洞	主编	上海人民出版社，2021年3月
			季进	编	
10	*风雨鸣鸡识此音：汪荣宝诗歌论稿	专著	李晨	著	苏州大学出版社，2020年12月

续表

序号	专著名称	类别	编（译）者	著作形式	出版单位、时间
11	诗坛点将录	编著	钱仲联	著	生活书店出版有限公司，2021年7月
			罗时进	编	
12	词学与词心	编著	杨海明	述	中华书局，2021年11月
			钱锡生	编	
13	*宋词趣谈（杨海明词学文集·第八卷）	专著	杨海明	著	江苏大学出版社，2020年7月
14	*宋词三百首新注（杨海明词学文集·第十卷）	专著	杨海明	著	江苏大学出版社，2020年7月
15	*唐宋词风格论（杨海明词学文集·第一卷）	专著	杨海明	著	江苏大学出版社，2020年7月
16	*唐宋词论稿续编（杨海明词学文集·第六卷）	专著	杨海明	著	江苏大学出版社，2020年7月
17	*唐宋词论稿（杨海明词学文集·第五卷）	专著	杨海明	著	江苏大学出版社，2020年7月
18	*唐宋词美学（杨海明词学文集·第三卷）	专著	杨海明	著	江苏大学出版社，2020年7月
19	*唐宋词史（杨海明词学文集·第二卷）	专著	杨海明	著	江苏大学出版社，2020年7月
20	*唐宋词与人生（杨海明词学文集·第四卷）	专著	杨海明	著	江苏大学出版社，2020年7月
21	*唐宋词纵横谈（杨海明词学文集·第七卷）	专著	杨海明	著	江苏大学出版社，2020年7月
22	*张炎词研究（杨海明词学文集·第九卷）	专著	杨海明	著	江苏大学出版社，2020年7月
23	新编影视艺术基础	编著	邵雯艳	主编	苏州大学出版社，2021年9月

续表

序号	专著名称	类别	编（译）者	著作形式	出版单位、时间
24	自得的诗学：陈白沙文学研究	专著	孙启华	著	南方日报出版社，2021年7月
25	别见外——中高级汉语视听说教程Ⅰ	编著	陶家骏 柴冬临 马鹏飞	编著	北京大学出版社，2021年11月
26	현장철도교통중국어 제1권（《体演轨道交通汉语教程》第一册）	编著	陶家骏 柴冬临 金孝真	主编	（韩国）중문출판사，2021年3月
27	현장철도교통중국어 제2권（《体演轨道交通汉语教程》第二册）	编著	陶家骏 柴冬临 金孝真	主编	（韩国）중문출판사，2021年3月
28	현장철도교통중국어 제3권（《体演轨道交通汉语教程》第三册）	编著	陶家骏 柴冬临 金孝真	主编	（韩国）중문출판사，2021年3月
29	姑苏语林何其芳——纪念苏州市语言学会成立30周年	编著	王建军 高 群 李建邡	主编	苏州大学出版社，2021年7月
30	老子原义	专著	徐 山	著	齐鲁书社，2021年5月
31	*港影魔方：转动文化的六个面向	专著	张春晓 刘金平	著	复旦大学出版社，2020年12月
32	天公见我流涎甚 遣向崖州吃荔枝——贬琼著名诗僧惠洪	专著	王素芳 曾庆江	著	南方出版社，2021年7月
33	*因疏离而贴近：跨世纪文学的个人印象	专著	陈 霖	著	江苏凤凰文艺出版社，2020年11月
34	粉丝媒体：越界与展演的空间	专著	陈 霖等	著	苏州大学出版社，2021年6月
35	网络涂鸦：拼贴与戏谑之舞	专著	杜 丹	著	苏州大学出版社，2021年6月

续表

序号	专著名称	类别	编（译）者	著作形式	出版单位、时间
36	微博：喧哗与狂欢	专著	杜志红 史双绚	著	苏州大学出版社，2021年6月
37	解码深圳：粤港澳大湾区青年创新文化研究	编著	马中红	主编	北京大学出版社，2021年1月
38	*新亚洲视域下的当代印度电影及其启示	专著	汪许莹	著	东南大学出版社，2020年11月
39	*"我们"从何而来：象征、认同与建构（1978—2018）	专著	张健	著	上海三联书店，2020年12月
40	网络广告设计	编著	赵丁丁	编著	华东师范大学出版社，2021年2月
41	生存之道：毛乌素沙地南缘伙盘地研究	专著	王晗	著	中国社会科学出版社，2021年8月
42	数字图书馆用户体验研究	专著	徐芳	著	社会科学文献出版社，2021年11月
43	昆山史纪	编著	王卫平	主编	苏州大学出版社，2021年10月
44	百年苏州经济简史	编著	王玉贵	编著	苏州大学出版社，2021年8月
45	红色记忆·少年英雄传	编著	王玉贵	主编	苏州大学出版社，2021年3月
46	古代历史文化研究辑刊·二六编·第六册·东汉官僚的地域构成研究	专著	冯世明	著	花木兰文化事业有限公司，2021年9月
47	信息检索	编著	高俊宽	主编	合肥工业大学出版社，2021年4月
48	魏玛德国的社会政策研究	专著	孟钟捷 王琼颖	著	中国社会科学出版社，2021年9月

续表

序号	专著名称	类别	编（译）者	著作形式	出版单位、时间
49	剑桥古代史 希腊化世界	译著	杨巨平 张井梅 孙艳萍等	译	中国社会科学出版社，2021年1月
50	*吴文化的精神传承	编著	王卫平 黄鸿山等	编著	苏州大学出版社，2020年10月
51	陌生人社会：价值基础与社会治理	专著	龚长宇	著	中国人民大学出版社，2021年1月
52	复合化治理——城市韧性的中国之治	专著	谢 岳等	著	苏州大学出版社，2021年12月
53	当代中国马克思主义哲学创新学术史研究	专著	任 平等	著	人民出版社，2021年7月
54	马克思主义国际关系理论及其当代价值	专著	钮菊生等	著	开明书店，2021年2月
55	基层政府购买农村公共服务的理论与实践——过程、风险与评估	专著	施从美 江亚洲	著	社会科学文献出版社，2021年12月
56	天台止观与唐宋道教修持	专著	吴忠伟 徐明生 骆海飞	著	宗教文化出版社，2021年2月
57	华严发菩提心思想研究	专著	田 健	著	花木兰文化事业有限公司，2021年9月
58	蒋国保新儒学论文精选集	专著	蒋国保	著	台湾学生书局，2021年8月
59	中国城市基层治理：路径、方式与转型	专著	李慧凤	著	中国社会科学出版社，2021年7月
60	月西法师评传	专著	骆海飞	著	上海书店出版社，2021年3月

续表

序号	专著名称	类别	编（译）者	著作形式	出版单位、时间
61	马克思恩格斯哲学思想研究2020	编著	任 平 庄友刚 桑明旭	主编	中国社会科学出版社，2021年10月
62	人力资源管理（第二版）	编著	宋 典 华冬萍	主编	苏州大学出版社，2021年3月
63	卡特政府对华政策与中美建交	专著	宋辰熙	著	开明书店，2021年12月
64	马克思人与自然关系思想研究	专著	方世南	著	苏州大学出版社，2021年5月
65	40年40村看乡村振兴——改革开放鲜活实践案例进思政课堂	编著	田芝健 吕宇蓝	主编	苏州大学出版社，2021年9月
			李文娟 毛瑞康 尚晨靖	副主编	
66	新时代乡村振兴的理论与实践	专著	田芝健 杨建春 吉启卫	著	苏州大学出版社，2021年8月
67	近代科学兴起的人文情境	专著	杨渝玲	著	科学出版社，2021年10月
68	未来因你而来：我与新教育人的故事	专著	朱永新	著	华东师范大学出版社，2021年1月
69	朱永新与新教育实验	专著	朱永新	著	北京师范大学出版社，2021年4月
70	每朵乌云背后都有阳光：朱永新自选集	专著	朱永新	著	人民文学出版社，2021年5月
71	当代中国教育：走在建设教育强国的路上	编著	朱永新	主编	中国人民大学出版社，2021年5月

续表

序号	专著名称	类别	编（译）者	著作形式	出版单位、时间
72	教育，从看见孩子开始	专著	朱永新	著	青岛出版社，2021年6月
73	生活与教育——朱永新对话陶行知	编著	朱永新	编著	商务印书馆，2021年9月
74	家庭教育何为：全国政协委员谈	编著	朱永新 贺春兰	主编	中国文史出版社，2021年9月
75	大学生创业人才测评与培养	专著	疏德明	著	福建教育出版社，2021年11月
76	*皮亚杰文集（第四卷）	编著	丁芳	主编	河南大学出版社，2020年12月
77	日常生活中诚信价值观的培育与践行研究	专著	吴继霞	著	中国社会科学出版社，2021年4月
78	基础会计学	编著	龚菊明	主编	苏州大学出版社，2021年7月
79	基础会计学学习指导与习题集	编著	龚菊明	主编	苏州大学出版社，2021年7月
80	管理会计学	编著	何艳 张薇	主编	苏州大学出版社，2021年8月
81	会计英语	编著	蒋海晨 黄钟颖	主编	苏州大学出版社，2021年8月
82	税法	编著	茆晓颖	编著	苏州大学出版社，2021年7月
83	人民币有效汇率指数优化与均衡汇率研究	专著	屠立峰	著	光明日报出版社，2021年7月
84	企业战略管理教程	编著	李晓峰 魏文斌 杨传明 朱天一	编著	苏州大学出版社，2021年7月

续表

序号	专著名称	类别	编（译）者	著作形式	出版单位、时间
85	苏州制造品牌建设十佳案例（2021）	编著	魏文斌 戴勤	主编	苏州大学出版社，2021年12月
86	财务管理学	编著	俞雪华 王雪珍 滕青 孙舟天洋	编著	苏州大学出版社，2021年8月
87	企业间合同治理研究前沿探析	专著	周俊	著	苏州大学出版社，2021年9月
88	产业结构调整对人民币汇率的影响研究	专著	徐涛	著	苏州大学出版社，2021年7月
89	侵权责任利益保护的解释论	专著	方新军	著	法律出版社，2021年4月
90	*过失犯中的结果避免可能性研究	专著	蔡仙	著	法律出版社，2020年12月
91	德国不动产关系法	译著	章正璋	译	中国政法大学出版社，2021年7月
92	自然资源特许权有偿出让研究	专著	王克稳	著	北京大学出版社，2021年11月
93	国际投资仲裁程序问题研究	专著	陈辉萍 朱明新等	著	法律出版社，2021年5月
94	*欧盟环境法经典判例与评析	专著	李雪	著	中国政法大学出版社，2020年3月
959	塞利纳互文诗学研究	专著	段慧敏	著	江苏人民出版社，2021年3月
96	温柔的存储	译著	段慧敏	译	南京大学出版社，2021年3月

续表

序号	专著名称	类别	编（译）者	著作形式	出版单位、时间
97	중화 지모 이야기中华传统文化故事	译著	洪艺花	译	延边人民出版社，2021年8月
98	피카 형제 4: 피아노여, 안녕히皮卡兄弟4：再见，钢琴	译著	洪艺花	译	延边人民出版社，2021年9月
99	局外人	译著	陆洵	译	生活·读书·新知三联书店，2021年1月
100	普罗旺斯：骑士与薰衣草	译著	陆洵	译	海天出版社，2021年10月
101	绿眼睛：杜拉斯与电影	译著	陆一琛	译	民主与建设出版社，2021年1月
102	新发展跨文化商务交际英语教程	编著	毛眺源	主编	北京理工大学出版社，2021年9月
103	Intertextuality in the English Translations of San Guo Yan Yi	译著	彭文青	译	上海外语教育出版社，2021年8月
104	大江歌罢掉头东——清末留日学生留学实态研究	专著	邵宝	著	郑州大学出版社，2021年5月
105	典籍英译新发展研究	专著	王宏 沈洁 王翠 刘性峰	著	清华大学出版社，2021年8月
106	Portraits of the COVID-19 Fighters in China	译著	王金华	译	湖南电子音像出版社，2021年9月
107	清末日语教科书研究	专著	魏维	著	浙江工商大学出版社，2021年6月
108	俄罗斯概况（第2版）	编著	赵爱国 姜宏 季小军	编著	上海外语教育出版社，2021年11月

续表

序号	专著名称	类别	编（译）者	著作形式	出版单位、时间
109	Dai Weina（戴潍娜）	译著	周春霞	译	西班牙莱里达大学出版社，2021
110	*现代建筑理论词语比较	专著	吴永发 戴叶子	著	中国建筑工业出版社，2020年12月
111	时光机器：荷兰建筑再研究	专著	孙磊磊	著	东南大学出版社，2021年12月
112	走向交互设计的养老建筑	专著	王洪羿	著	江苏凤凰科学技术出版社，2021年5月
113	街道网络模式对路径选择行为的影响——步行者个体差异视角解读	专著	胡扬	著	东南大学出版社，2021年12月
114	南侗风土建筑谱系研究	专著	巨凯夫	著	东南大学出版社，2021年12月
115	*诗情"花"意——徐莹绘画作品集	专著	徐莹	著	陕西人民美术出版社，2020年11月
116	园林绿地规划	编著	马建武	编著	中国建筑工业出版社，2021年9月
117	园林花卉文化	编著	顾翠花 季梦成 杨丽媛	主编	浙江大学出版社，2021年10月
			付建新 赵冰 孙向丽等	副主编	
118	薄膜材料与技术导论	编著	汤如俊	编著	苏州大学出版社，2021年8月
119	原位电化学表征原理、方法及应用	编著	晏成林	编著	化学工业出版社，2021年4月

续表

序号	专著名称	类别	编(译)者	著作形式	出版单位、时间
120	简明化学史	编著	王伟群 陆 真	主编	上海教育出版社，2021年8月
121	大学化学实验	编著	朱琴玉 曹 洋	主编	化学工业出版社，2021年7月
122	高校实验室安全通用教程	编著	黄志斌 赵应声	主编	南京大学出版社，2021年7月
123	纳米催化化学	编著	康振辉 刘 阳	主编	苏州大学出版社，2021年8月
			黄 慧	副主编	
124	二氧化碳的故事：小分子，大世界	译著	[加]杰弗里·厄津 [加]米雷耶·古苏布	著	科学出版社，2021年6月
			孙 威 何 乐	译	
125	深度强化学习：原理、算法与PyTorch实战：微课视频版	编著	刘 全 黄志刚	编著	清华大学出版社，2021年8月
126	嵌入式实时操作系统——基于RT-Thread的EAI&IoT系统开发	专著	王宜怀 史洪玮 孙锦中 罗喜召	著	机械工业出版社，2021年7月
127	嵌入式技术基础与实践（第6版）——基于STM32L431微控制器（微课视频版）	编著	王宜怀	主编	清华大学出版社，2021年8月
			李跃华 徐文彬 施连敏	副主编	
128	传感器原理与应用	编著	陈 庆	编著	清华大学出版社，2021年8月

续表

序号	专著名称	类别	编（译）者	著作形式	出版单位、时间
129	先进非织造材料	译著	［英］乔治·凯利	编著	中国纺织出版社有限公司，2021年1月
			刘宇清	译	
130	长三角体育公共服务一体化战略目标及推进策略研究	专著	刘昌亚	著	苏州大学出版社，2021年12月
131	放飞自我——健身走跑运动	编著	徐建荣 刘昌亚	主编	苏州大学出版社，2021年3月
132	幼儿智慧体育教程	编著	王家宏 陆阿明	主编	苏州大学出版社，2021年7月
133	运动技能学导论（第3版）	编著	宋元平 陆阿明	主编	苏州大学出版社，2021年12月
134	我国职业足球青训与校园足球深度融合研究	专著	邱 林	著	苏州大学出版社，2021年11月
135	由自治到善治：国际体育纠纷的仲裁实践与司法干预研究	专著	熊瑛子	著	人民体育出版社，2021年12月
136	体育赛事评价指标体系构建与应用研究	专著	雍 明 徐建荣 任 浩	著	南京大学出版社，2021年12月
137	叙事性设计的修辞	专著	江 牧	著	中国建筑工业出版社，2021年5月
138	丝绸之路古代西域艺术	专著	沈爱凤 董 波 张 鹰 杨 静 王 昀 周 鹤等	著	四川美术出版社，2021年7月
139	高贵的单纯——艺术美学古今谈	专著	李超德	著	江苏凤凰美术出版社，2021年4月

续表

序号	专著名称	类别	编（译）者	著作形式	出版单位、时间
140	设计五境	专著	张大鲁	著	苏州大学出版社，2021年9月
141	尚古奕世——明中叶无锡华氏家族古书画鉴藏研究	专著	王照宇	著	中国美术学院出版社，2021年8月
142	鲁班经图说	注释	午荣	汇编	山东画报出版社，2021年6月
142	鲁班经图说	注释	江牧 冯律稳	注释	山东画报出版社，2021年6月
143	历代名家长卷作品析览：宋代山水画长卷	编著	王照宇	编著	浙江人民美术出版社，2021年7月
144	趣味狗狗绘	编著	吴晓兵	编著	中国纺织出版社，2021年3月
145	趣味猫咪绘	编著	吴晓兵	编著	中国纺织出版社，2021年3月
146	服装结构设计与应用	编著	唐甜甜 龚瑜璋 杨妍	编著	化学工业出版社，2021年9月
147	时装画技法入门与提高	编著	吴艳 杨予 李潇鹏	编著	化学工业出版社，2021年5月
148	服装立体裁剪与设计	编著	杨妍 唐甜甜 吴艳	编著	化学工业出版社，2021年4月
149	服装款式创意设计	编著	岳满 陈丁丁 李正	编著	化学工业出版社，2021年6月
150	服装缝制工艺基础	编著	王胜伟 程钰 路萃	编著	化学工业出版社，2021年8月

续表

序号	专著名称	类别	编（译）者	著作形式	出版单位、时间
151	服装面料基础与再造	编著	陈丁丁 岳 满 李 正	编著	化学工业出版社，2021年7月
152	职业装设计与案例精析	编著	徐慕华 陈 颖 李潇鹏	编著	化学工业出版社，2021年5月
153	刺绣技法从入门到精通	编著	李 静	编著	化学工业出版社，2021年3月
154	*藻绘凝姿——王鹭油画作品集	画册	孙 俊 王 鹭	主编 著	江苏凤凰美术出版社，2020年12月
155	自弹自唱教程（中学篇）	编著	吴 磊 冒小瑛	编著	苏州大学出版社，2021年11月
156	自弹自唱教程（小学篇）	编著	吴 磊 冒小瑛	编著	苏州大学出版社，2021年11月
157	视唱基础教程（小学篇）	编著	唐 荣	编著	苏州大学出版社，2021年11月
158	视唱基础教程（中学篇）	编著	唐 荣	编著	苏州大学出版社，2021年11月
159	杨立青音乐创作研究	专著	唐 荣	著	厦门大学出版社，2021年8月
160	法医学	编著	陶陆阳	主编	人民卫生出版社，2021年1月
161	法医眼科学	编著	陈溪萍	主编	人民卫生出版社，2021年3月
162	*Medical Parasitology 医学寄生虫学	编著	彭鸿娟 夏超明 周怀瑜	主编	郑州大学出版社，2020年12月

续表

序号	专著名称	类别	编(译)者	著作形式	出版单位、时间
163	人体寄生虫学(第2版)	编著	夏超明 彭鸿娟	主编	中国医药科学技术出版社,2021年4月
164	*食品微生物学实验指导	编著	王远亮 宁喜斌	主编	中国轻工业出版社,2020年12月
			王 坤 王大慧 张娟梅	副主编	
165	*Biochemistry 生物化学	编著	李 凌 喻 红	主编	郑州大学出版社,2020年12月
			李冬民 王华芹 苏雄等	副主编	
166	药理学	编著	张慧灵 HELENA KELLY 镇学初 王光辉	主编	科学出版社,2021年11月
			任海刚 许国强 张雪梅 张宏伟 朱 玲 高 博	副主编	
167	药物化学	编著	孟繁浩 李念光	主编	中国医药科技出版社,2021年7月
			王佩琪 胡延维 刘 毅 梁泰刚	副主编	
168	临床药物治疗学	编著	孙国平	主编	人民卫生出版社,2021年3月
			吴德沛 蔡广研 赵荣生等	副主编	

续表

序号	专著名称	类别	编（译）者	著作形式	出版单位、时间
169	颅脑与头颈部影像图解	编著	汪文胜 胡春洪	主编	人民卫生出版社，2021年7月
170	胸腹部影像图解	编著	胡春洪 方向明	主编	人民卫生出版社，2021年1月
171	脊柱四肢影像图解	编著	胡春洪 龚沈初	主编	人民卫生出版社，2021年1月
172	钚元素在环境中的迁移分布和模拟预测	编著	刘志勇	编著	科学出版社，2021年5月
173	*阿尔茨海默病早期预防实用技术研究	专著	徐 勇 谭 琪	著	华龄出版社，2020年7月
174	*公共卫生领域标准化范例荟萃 学校卫生分册	编著	马 军	主编	中国标准出版社，2020年9月
			徐 勇 潘德鸿	副主编	
175	物理性环境有害因素健康损害及风险评估	编著	张青碧 曹 毅	主编	湖北科学技术出版社，2021年9月
176	解码基因秘密的宠儿——小鼠	编著	刘志玮 张 洁 朱文静	编著	苏州大学出版社，2021年6月
177	医学人文关怀	编著	李惠玲 周晓俊	主编	北京大学医学出版社，2021年10月
			陈 诚 方 晨 罗二平等	副主编	
178	从"核"而来	编著	屈卫卫 高明远	主编	苏州大学出版社，2021年7月
179	电离辐射从哪来	编著	王杨云 汪 勇	主编	苏州大学出版社，2021年7月

续表

序号	专著名称	类别	编（译）者	著作形式	出版单位、时间
180	辐射对健康的影响	编著	曹建平 朱巍	主编	苏州大学出版社，2021年7月
181	"核"工业应用	编著	孙亮 万骏	主编	苏州大学出版社，2021年7月
182	核能的奥秘	编著	陈娜 陈丹丹	主编	苏州大学出版社，2021年7月
183	核与辐射事故	编著	崔凤梅 许玉杰	主编	苏州大学出版社，2021年7月
184	我身边的辐射	编著	徐加英 赵琳	主编	苏州大学出版社，2021年7月
185	医用辐射那些事	编著	涂彧 闫聪冲	主编	苏州大学出版社，2021年7月
186	The Rome Statute as Evidence of Customary International Law	专著	谭渝丹	著	Koninklijke Brill NV Leiden，2021
187	中国红十字运动知识丛书（第二辑）	编著	池子华	总主编	合肥工业大学出版社，2021年3月
188	红十字运动研究2021年卷	编著	池子华	总主编	合肥工业大学出版社，2021年8月
189	江苏红十字运动百年史（三卷）	编著	池子华	总主编	合肥工业大学出版社，2021年6月
190	魔法拼音名家经典系列《啰里啰唆的猫》	专著	苏梅	著	浙江少年儿童出版社，2021年6月
191	满洲交通史稿补遗（全八卷）	编著	武向平 孙彤	主编	社会科学文献出版社，2021年12月
192	Dementia Research Based on Evidences	编著	徐勇 林璐	主编	Scientific Research Publishing，2021年2月

续表

序号	专著名称	类别	编（译）者	著作形式	出版单位、时间
193	护理专家教你坐月子	编著	李惠玲 万慎娴 张 芳 蒋 玲	主编	苏州大学出版社，2021年9月
			姚文英 沈 谦 王 伟 潘秀娟 丁燕琴	副主编	
194	国医名师肾病诊治绝技	编著	何伟明 骆建平 魏明刚 蒋春波	主编	科学技术文献出版社，2021年12月
195	外科学见习指导	编著	赵 鑫 毛海青 余云生 魏雪栋 孙 青	主编	苏州大学出版社，2021年12月
			吴永友 陆小军 王 进 段云飞 吴世乐	副主编	
196	当代护理实践与心理咨询技能	编著	吴玉玲 魏国平 魏雨濛 李梦雪 潘旭玲等	主编	天津科学技术出版社，2021年6月
197	神经外科锁孔手术原则与应用	译著	CHARLES TEO MICHAEL E. SUGHRUE	主编	上海科学技术出版社，2021年1月
			张建民 兰 青 康德智	主译	

续表

序号	专著名称	类别	编（译）者	著作形式	出版单位、时间
198	护理学理论与临床实践	编著	李　敏　张晓芸　陈艳芳　于　从　黄金梅	主编	天津科学技术出版社，2021年9月
199	实用临床护理学	编著	王艳华　吴雪玲　彭粤铭　刘士娟	主编	天津科学技术出版社，2021年5月
200	风湿免疫病临床诊治手册	编著	刘志纯　刘　磊	主编	苏州大学出版社，2021年7月
201	实用临床检验技术与诊断	编著	杜　鸿　陆丽娜　孔　萍　张　龙　马　莉	主编	科学技术文献出版社，2021年8月
202	临床护理实践指南	编著	周　磊　马梦晖　程孝惠等	主编	湖北科学技术出版社，2021年8月
203	临床常见疾病护理实践与管理	编著	李振兴　杜美芳　黄庆红　程晓磊　覃继英	主编	科学技术文献出版社，2021年4月
204	临床护理理论与护理管理	编著	王维娜　王永妮　江泽莹　李小珍　王　丽	主编	科学技术文献出版社，2021年4月
205	儿童护理指导手册	编著	姚文英　倪志红　王　新　沈　闽	主编　副主编	人民卫生出版社，2021年9月

注：标"*"者为《苏州大学年鉴2021》未列的书目。

2021年苏州大学规章制度文件目录（表111）

表111　2021年苏州大学规章制度文件目录一览表

序号	文号	题名	日期
1	苏大委〔2021〕60号	苏州大学思想政治理论课教师发展中心建设与管理办法	2021-03-25
2	苏大委〔2021〕97号	苏州大学实验学校校级干部管理暂行办法	2021-05-31
3	苏大委〔2021〕112号	苏州大学关于深化后勤社会化改革的实施意见	2021-07-16
4	苏大委〔2021〕132号	苏州大学铸牢中华民族共同体意识教育实践活动实施办法	2021-09-09
5	苏大委〔2021〕136号	关于在全校党员干部中开展"两在两同"建新功行动的实施方案	2021-09-16
6	苏大委〔2021〕153号	苏州大学网络安全责任制实施细则	2021-10-18
7	苏大委〔2021〕154号	苏州大学网络安全责任制落实考核评价办法	2021-10-18
8	苏大委〔2021〕164号	中共苏州大学纪律检查委员会落实全面从严治党监督责任清单（2021年修订）	2021-11-04
9	苏大委〔2021〕172号	苏州大学"一站式"学生社区综合管理模式建设实施方案	2021-12-01
10	苏大委〔2021〕174号	苏州大学2021年机关部门、群直单位领导班子集中任聘工作实施方案	2021-12-09
11	苏大委〔2021〕180号	苏州大学党政管理部门和直属单位等机构改革方案	2021-12-23

续表

序号	文号	题名	日期
12	苏大委办〔2021〕1号	苏州大学总值班工作管理办法（暂行）	2021-01-27
13	苏大委办〔2021〕9号	苏州大学关心下一代工作委员会委员单位工作要求和职责	2021-11-29
14	苏大委教师〔2021〕2号	苏州大学"高尚师德奖教金"实施办法	2021-05-31
15	苏大委教师〔2021〕3号	苏州大学师德专题教育实施方案	2021-07-02
16	苏大委教师〔2021〕4号	苏州大学师德考核评价实施办法	2021-07-02
17	苏大委武〔2021〕1号	苏州大学征兵工作办法	2021-04-30
18	苏大〔2021〕32号	苏州大学规范性文件管理暂行办法	2021-11-08
19	苏大人〔2021〕6号	苏州大学教师岗位供给侧结构性改革试点细则	2021-01-14
20	苏大人〔2021〕7号	苏州大学服务型机构和非自由支配学院（部）社会服务工作奖励暂行办法	2021-01-09
21	苏大人〔2021〕16号	2021年度苏州大学教师专业技术职务评聘工作实施细则	2021-04-19
22	苏大人〔2021〕17号	2021年度苏州大学实验技术人员专业技术职务评聘工作实施细则	2021-04-19
23	苏大人〔2021〕18号	2021年度苏州大学学生思想政治教育教师、教育管理研究人员专业技术职务评聘工作实施细则	2021-04-19
24	苏大人〔2021〕19号	2021年度苏州大学无评审权的相关系列专业技术职务推荐工作实施细则	2021-04-19
25	苏大人〔2021〕28号	苏州大学关于教师延长退休年龄暂行规定	2021-05-31
26	苏大人〔2021〕36号	苏州大学顶尖人才（自然学科）培育工程实施办法（试行）	2021-08-19
27	苏大人〔2021〕45号	苏州大学"仲英青年学者"项目实施办法（2021年修订）	2021-10-15
28	苏大人〔2021〕46号	苏州大学讲座教授和兼职教授管理办法（2021年修订）	2021-10-14

续表

序号	文号	题名	日期
29	苏大人〔2021〕47号	苏州大学特邀文化名家管理办法	2021-10-14
30	苏大人〔2021〕48号	苏州大学驻校学者管理办法	2021-10-21
31	苏大人〔2021〕50号	苏州大学人事代理制人员管理办法	2021-11-22
32	苏大人〔2021〕51号	苏州大学劳务派遣制人员管理办法	2021-11-26
33	苏大学〔2021〕23号	苏州大学"美德学生奖学金"实施办法	2021-06-25
34	苏大学〔2021〕29号	苏州大学立德树人之本科生成长陪伴计划指导方案	2021-07-09
35	苏大研〔2021〕13号	苏州大学师范生免试认定中小学教师资格教育教学能力考核实施方案（试行）	2021-03-15
36	苏大研〔2021〕159号	苏州大学全面推进一流研究生教育实施意见	2021-05-08
37	苏大研〔2021〕160号	苏州大学研究生导师指导行为规范	2021-05-08
38	苏大研〔2021〕161号	苏州大学研究生学业行为规范	2021-05-08
39	苏大研〔2021〕162号	苏州大学国（境）外博士生联合培养管理办法（2021年修订）	2021-05-08
40	苏大教〔2021〕60号	《苏州大学本科生出国（境）交流经费资助实施细则（2017年修订）》的补充规定	2021-07-17
41	苏大教〔2021〕65号	苏州大学推荐优秀应届本科毕业生免试攻读研究生工作实施办法（2021年修订）	2021-09-09
42	苏大教〔2021〕106号	苏州大学本科人才培养质量评价实施办法（试行）	2021-11-18
43	苏大审〔2021〕1号	苏州大学内部审计工作规定（2021年修订）	2021-05-31
44	苏大审〔2021〕2号	苏州大学领导干部经济责任审计办法（2021年修订）	2021-05-31
45	苏大审〔2021〕3号	苏州大学审计整改工作实施办法（2021年修订）	2021-05-31

续表

序号	文号	题名	日期
46	苏大继教〔2021〕75号	苏州大学继续教育合作办学合同管理细则	2021-11-29
47	苏大学位〔2021〕10号	苏州大学学位评定委员会章程（2021年修订）	2021-06-21
48	苏大学位〔2021〕28号	苏州大学学位评定委员会章程（2021年12月修订）	2021-12-30
49	苏大科技〔2021〕19号	苏州大学国家知识产权试点高校工作方案	2021-03-18
50	苏大科技〔2021〕32号	苏州大学关于支持科研团队建设新型研发机构管理办法	2021-05-18
51	苏大科技〔2021〕33号	苏州大学校地共建产业技术研究院管理办法	2021-05-18
52	苏大社科〔2021〕18号	国家社会科学基金项目资金管理办法	2021-11-22
53	苏大实验〔2021〕1号	苏州大学实验室危险化学品使用安全专项治理行动实施方案（2020—2022年）	2020-12-30
54	苏大实验〔2021〕4号	苏州大学深化实验室安全综合治理实施方案	2021-06-08
55	苏大实验〔2021〕6号	苏州大学深入推进实验室安全隐患排查整改工作方案	2021-11-11
56	苏大实验〔2021〕8号	苏州大学实验室安全工作责任制实施办法	2021-12-16
57	苏大实验〔2021〕9号	苏州大学实验室违法、违规、违章和冒险操作责任追究实施细则（试行）	2021-12-16
58	苏大合作〔2021〕1号	苏州大学实验学校专项资金管理暂行办法	2021-11-01
59	苏大基建〔2021〕1号	苏州大学基本建设管理办法（试行）	2021-11-30
60	苏大基建〔2021〕2号	苏州大学基本建设工程变更及签证实施细则（试行）	2021-11-30
61	苏大基建〔2021〕3号	苏州大学基建项目竣工结算审核实施细则（试行）	2021-11-30

续表

序号	文号	题名	日期
62	苏大招就〔2021〕1号	苏州大学关于促进2021届本科毕业生就业创业的意见	2021-01-19
63	苏大招就〔2021〕6号	苏州大学关于促进2022届本科毕业生就业创业实施意见	2021-12-07
64	苏大外〔2021〕1号	苏州大学举办国际会议管理办法	2021-01-21
65	苏大外〔2021〕26号	苏州大学国际化战略实施协调小组议事规则	2021-12-30
66	苏大财〔2021〕1号	苏州大学社会服务管理和收益分配暂行办法	2021-01-18
67	苏大财〔2021〕36号	苏州大学预算绩效管理暂行办法	2021-12-13
68	苏大工〔2021〕5号	苏州大学教职工申诉处理暂行办法	2021-07-09
69	苏大工〔2021〕12号	苏州大学教职工医疗爱心互助基金管理办法（2021年修订）	2021-12-07

2021年市级及以上媒体关于苏州大学的报道部分目录（表112）

表112 2021年市级及以上媒体关于苏州大学的报道部分目录一览表

新闻标题	刊载媒介	刊发时间
为他点赞！脑瘫博士研发无障碍地图软件	央视新闻	2021-02-22
如何让乡村医生"下得去、留得住"	新华每日电讯	2021-03-06
苏州大学与吴江平望深化文创校地合作	新华社江苏分社	2021-04-27
万名毕业生同上最后一课！苏州大学举行2021毕业典礼	新华社江苏分社	2021-06-23
为沪苏同城化发展构建新支点！第三届长三角一体化战略研讨会在苏州举办	新华社江苏分社	2021-06-26
上海大学副校长汪小帆：我是在母校长大成人的！	《人民政协报》	2021-09-01
苏州大学校长熊思东代表：让各类人才找到最适合自己的"坐标"	《光明日报》	2021-03-03
话剧《丁香，丁香》一堂鲜活的信仰公开课	《光明日报》	2021-04-06
铸魂立心 弘道立身——第二十七次全国高校党的建设工作会议经验发言摘登	《光明日报》	2021-08-18
全国首家昆曲考级机构落户苏州	《光明日报》	2021-08-19
解放医护双手 苏州大学联合发明新冠核酸检测样本移液自动化设备	《光明日报》	2021-11-30
在生活现场捕捉诗情——读诗集《天赐情怀》	《光明日报》	2021-12-15
苏州大学：依托美育涵养校园文化土壤	《中国教育报》	2021-02-01
苏州大学多措并举推动毕业生更充分更高质量就业 "双业联"助力学生"毕业即就业"	《中国教育报》	2021-07-21

续表

新闻标题	刊载媒介	刊发时间
苏州大学联合发明新冠核酸检测样本移液自动化设备	《中国教育报》	2021-12-01
这所高校在新生中启动了"21天晨跑习惯养成计划"	《中国青年报》	2021-12-16
体—旋错对应关系首次在实验上被证实	《中国科学报》	2021-01-28
区域高等教育如何跨越"马太效应"陷阱	《中国科学报》	2021-03-09
熊思东代表：加快打造长三角科技创新共同体	《中国科学报》	2021-03-09
熊思东：加大地方高校"双一流"建设	《中国科学报》	2021-03-09
创新实验助学生敲开物理学大门	《中国科学报》	2021-03-17
"花式"录取通知书上热搜	《中国科学报》	2021-07-06
长三角一体化战略研讨会举办	《中国科学报》	2021-07-06
实施20年依然在探索 谁阻止了教授们的"学术休假"？	《中国科学报》	2021-08-10
苏州大学等研发出新冠核酸检测样本移液自动化设备	《中国科学报》	2021-12-03
迟力峰院士：探索世"界"无限可能	《中国化工报》	2021-12-17
苏州大学—汇川技术未来智能制造研究院揭牌	《中国纺织报》	2021-11-15
吴政隆在苏州大学调研时强调：深入落实立德树人根本任务 为"争当表率争做示范走在前列"提供有力支撑	《新华日报》	2021-03-18
亚太地区自然指数出炉：南大、苏大进入TOP20	《新华日报》	2021-03-24
我省高校掀起党史学习教育热潮：从百年党史中汲取智慧和力量	《新华日报》	2021-04-27
"天问"成功"落火" "江苏力量"持续守护	《新华日报》	2021-05-16
乐于泓日记捐赠苏州大学——"情眷眷，唯将不息斗争"	《新华日报》	2021-07-05
苏州：交汇点上再起宏图	《新华日报》	2021-07-21
苏大光电人才基地落户玄武门街道	《新华日报》	2021-08-30

续表

新闻标题	刊载媒介	刊发时间
苏州海归医生：不走寻常路，创新摘星辰	《新华日报》	2021-09-29
苏大附二院浒关院区二期工程开工	《新华日报》	2021-09-30
17所高校入选江苏高水平大学建设高峰计划	《新华日报》	2021-10-08
苏州大学未来校区首期启用	《新华日报》	2021-11-09
沈振亚：干细胞治疗，重症心脏病患者的曙光	《新华日报》	2021-11-10
迟力峰院士：始终保持探索世界的原始好奇心	《新华日报》	2021-11-24
"光辉党程齐歌颂，笔刀刻画中国梦"——苏州大学电子信息学院举办主题书法篆刻活动	《扬子晚报》	2021-04-16
苏大学子七上央视献礼"五四"晚会 24位"小娘鱼"唯美演绎苏州评弹	《扬子晚报》	2021-05-12
苏大电子信息学院毕业生这样上"最后一课"	《扬子晚报》	2021-06-30
苏州大学：把党史学习教育融入立德树人大课堂	《扬子晚报》	2021-06-30
苏州大学获捐革命家老校友乐于泓日记	《扬子晚报》	2021-07-02
苏州大学"有鹿来"公益团16名师生远赴贵州铜仁支教	《扬子晚报》	2021-08-27
"我心向党"——庆祝中国共产党成立100周年全国诗歌大赛 苏州大学大学生诗歌选登	《扬子晚报》	2021-09-10
江苏16人增选为两院院士	《扬子晚报》	2021-11-19
苏州大学：高质量推进党史学习教育见行见效	《扬子晚报》	2021-11-19
校企合作 共赢未来 "安美森"电子信息技术专业人才大赛颁奖暨2022校企平台启动	《扬子晚报》	2021-11-26
苏州大学电子信息学院开展书画大赛活动	《扬子晚报》	2021-12-01
苏州大学举办"同心圆" 宿舍安全文明主题党日活动	《扬子晚报》	2021-12-08
苏大本科生以第一作者身份在国际顶尖期刊发表论文	《扬子晚报》	2021-12-08
苏州大学EE校企合作联盟年会聚焦人才培养	《扬子晚报》	2021-12-31

续表

新闻标题	刊载媒介	刊发时间
江苏4位青年科学家获第三届"科学探索奖"	《江苏科技报》	2021-09-15
勇担创新使命　引领自立自强　两院院士增选结果揭晓，江苏16人当选	《江苏科技报》	2021-11-24
"小纳米"展现"大作为"	《江苏教育报》	2021-04-21
苏州大学"双业联"促大学生毕业就业无缝对接	《江苏教育报》	2021-07-07
苏大"智能+"打通报销"最后一公里"	《江苏教育报》	2021-10-08
以高质量学生工作助力高质量人才培养	《江苏教育报》	2021-10-22
铸魂逐梦　涵育新人	《江苏教育报》	2021-12-22
省市四方共建　苏州大学苏州医学院昨揭牌	《现代快报》	2021-07-08
苏大党委书记化身"快递小哥"，送出0001号录取通知书	《现代快报》	2021-07-20
苏大16名师生赴贵州支教	《现代快报》	2021-08-26
苏州大学应用技术学院喜迎2 897名新生	《现代快报》	2021-10-21
苏大开学典礼，校长熊思东演讲"大学的色彩"：青春写"五色"，做"最出色"一个	《现代快报》	2021-10-26
两院增选院士，江苏16人当选	《现代快报》	2021-11-19
苏大材化部高分子系举行开放式主题党日	《现代快报》	2021-12-03
苏州大学送给师生200万数字人民币	《现代快报》	2021-12-13
苏大应用获苏大新生舞蹈大赛一等奖	《现代快报》	2021-12-15
苏大应用学子获全国性大赛二等奖	《现代快报》	2021-12-16
苏州大学应用技术学院举办青春校园演讲比赛	《现代快报》	2021-12-17
苏州大学第十九届新生英语短剧大赛决赛　苏大应用短剧《中国机长》获特等奖	《现代快报》	2021-12-20
以"新制造"构筑品牌新优势	《现代快报》	2021-12-20
善耕教育集团与苏大教育学院携手　打造儿童成长与教师发展研究室	《现代快报》	2021-12-23
科技创新助力鸟类保护　苏大学子研发手游受到众多好评	《现代快报》	2021-12-23

续表

新闻标题	刊载媒介	刊发时间
苏州大学：学习党史守初心，立德树人勇担当	《现代快报》	2021-12-27
苏州大学未来校区首期启用	《江南时报》	2021-11-10
"菁英姑苏智汇营"举办　上百苏大学子名企游学	《江南时报》	2021-11-15
江苏16人当选2021年两院院士	《江南时报》	2021-11-19
老党员牵手新青年　一堂与信仰对话的公开课在苏大开讲	《江南时报》	2021-11-19
姑苏区千方百计促进高校毕业生就业	《江南时报》	2021-12-10
苏大上线数字人民币多场景应用	《江南时报》	2021-12-13
"策略+养成"构建人与自然的"共栖"　苏大学子研发游戏APP呼吁保护大自然	《江南时报》	2021-12-23
吴政隆在苏州大学调研时强调：深入落实立德树人根本任务　为"争当表率争做示范走在前列"提供有力支撑	江苏卫视	2021-03-19
苏州大学推出超暖举措：为返乡学生集中提供免费核酸检测	《苏州日报》	2021-02-08
教育部公布一流本科专业建设点名单　苏大、苏科大均有专业入选	《苏州日报》	2021-03-04
为民情怀暖人心增信心　在苏全国人大代表、政协委员热议政府工作报告	《苏州日报》	2021-03-06
吴政隆在苏州大学调研时强调：深入落实立德树人根本任务，为"争当表率争做示范走在前列"提供有力支撑，努力建设中国特色世界一流大学	《苏州日报》	2021-03-18
一起来上好这堂不一样的"田间大课"	《苏州日报》	2021-03-18
"最强大脑"苏州挑战者从苏大到耶鲁	《苏州日报》	2021-03-22
上好"信仰公开课"原创话剧《丁香，丁香》将在高校巡演	《苏州日报》	2021-03-25
花开两地再携手：苏大与我驻波黑大使馆开展党支部共建	《苏州日报》	2021-03-25

续表

新闻标题	刊载媒介	刊发时间
苏大师生同台唱响红歌　感悟党的百年征程	《苏州日报》	2021-04-12
展现新时代大学生风貌　苏大举行研究生学术科技文化节项目展	《苏州日报》	2021-04-29
丰富校园公共活动空间　苏大独墅湖校区体育馆与学生中心项目开工	《苏州日报》	2021-04-30
科技报国　用青春书写人生华章	《苏州日报》	2021-05-18
"体验'非遗'技艺，献礼建党百年"苏州大学敬文书院迎来10周年院庆	《苏州日报》	2021-06-05
苏州大学高清修复校友捐赠老照片，再现烈士丁香、革命家乐于泓革命风采	《苏州日报》	2021-08-04
格桑花开又一年　苏大敬文书院师生赴青海藏区支教	《苏州日报》	2021-08-29
推动红十字事业高质量发展　红十字国际学院第二期人道事务高级研修班开班	《苏州日报》	2021-10-20
苏大学子上卫视露了手"非遗"绝活　700多年的南京白局焕发青春活力	《姑苏晚报》	2021-03-23
八易其稿《打工人》开唱啦：歌曲初样公布，让更多人试听试唱	《姑苏晚报》	2021-04-01
提升区域儿科医疗服务能力　苏大附儿院常熟医学中心签约成立	《姑苏晚报》	2021-04-01
大型原创锡剧《泰伯》亮相苏大	《姑苏晚报》	2021-04-07
戏曲大咖走进大学校园：成为"00后"心中"明星"	《姑苏晚报》	2021-04-15
苏大海外教育学院携手吴中博物馆共建国际生文化交流活动基地	《姑苏晚报》	2021-06-12
"教学之星"江苏赛区决赛27团队逐鹿苏大	《姑苏晚报》	2021-06-15
告白星空月下　奔赴心之所向：万名苏大毕业生获授学位证书	《姑苏晚报》	2021-06-23

续表

新闻标题	刊载媒介	刊发时间
跨越时间，传递信念　苏大学子演绎原创话剧《丁香，丁香》	《姑苏晚报》	2021-06-24
苏大"双业联"为毕业生送上就业大礼包	《姑苏晚报》	2021-06-25
"姑苏星火映初心"苏大毕业生上"大学最后一堂党课"	《姑苏晚报》	2021-06-28
"优质生源地"挂牌榆次一中　苏大招生宣传走进山西晋中	《姑苏晚报》	2021-06-28
苏州大学苏州医学院揭牌	《姑苏晚报》	2021-07-08
建设大医学体系　续写百年辉煌	《姑苏晚报》	2021-07-10
七一寻梦，赓续百年　苏大敬文书院学子走进枫桥铁铃关	《姑苏晚报》	2021-07-14
苏大送出首份录取通知书	《姑苏晚报》	2021-07-20
苏大第二实验学校党员志愿者为民解忧　暑期将开展社区服务30余次	《姑苏晚报》	2021-07-22
让老人就医更便捷　苏大附一院"智慧助老"	《姑苏晚报》	2021-07-24
颁发录取通知书，39名星海学子圆梦苏大	《姑苏晚报》	2021-08-02
修复苏大校友遗属捐赠的老照片　丁香、乐于泓革命风采再现	《姑苏晚报》	2021-08-04
苏大青荼支教走进泗水　给予孩子们心灵陪伴和疏导	《姑苏晚报》	2021-08-07
在社区防疫一线　活跃着一群"00后"志愿者	《姑苏晚报》	2021-08-10
20天跨越9 530公里，苏大师生辗转14地寻访红色足迹	《姑苏晚报》	2021-08-23
"老师，你走之后我会想你的"　大学生暑假走进贵州乡村支教	《姑苏晚报》	2021-08-23
格桑花开又一年　苏大敬文书院师生赴青海藏区支教	《姑苏晚报》	2021-08-29

续表

新闻标题	刊载媒介	刊发时间
为山区儿童铺建知识道路 苏大公益团赴铜仁支教	《姑苏晚报》	2021-09-01
传承革命精神 苏大学子拍摄党史宣讲视频	《姑苏晚报》	2021-09-03
苏州大学昨日"线上开学" 9月、10月分批错峰返校报到	《姑苏晚报》	2021-09-07
早发现早治疗 苏大附二院设儿童发育门诊	《姑苏晚报》	2021-09-13
不一样的超长"暑假"中 苏大新生为抗疫助力	《姑苏晚报》	2021-09-30
展示138年的"压箱底" 苏大附一院院史陈列馆开馆	《姑苏晚报》	2021-10-10
1.3万苏大新生报到	《姑苏晚报》	2021-10-10
一个迎新礼包,一张定格照片 高校新生陆续报到	《姑苏晚报》	2021-10-12
激发学生科研兴趣 苏大教授捐赠"海百合"化石	《姑苏晚报》	2021-10-23
续写色彩史,点缀千色面 苏大"最晚"开学典礼来了	《姑苏晚报》	2021-10-26
从苏州看绿色发展路 苏大外籍师生探索中国、感知中国	《姑苏晚报》	2021-10-26
踏访8座古城门 苏大新生探寻姑苏文化	《姑苏晚报》	2021-10-30
苏大附儿院多学科专家将走进光福	《姑苏晚报》	2021-11-03
苏大未来校区首期正式启用	《姑苏晚报》	2021-11-09
服务建设重要人才中心和创新高地 苏州工行与苏州大学签署全面战略合作协议	《姑苏晚报》	2021-11-09
国际大学生新媒体节在苏大启幕 百所高校学生踊跃参与	《姑苏晚报》	2021-11-22
提高对帕金森的认知 苏大附二院专家社区义诊	《姑苏晚报》	2021-11-22
闪耀苍穹的苏州院士 216331号小行星被命名为"潘君骅星"	《姑苏晚报》	2021-12-01
社会责任是企业第一责任 苏大理想眼科医院践行公益事业	《姑苏晚报》	2021-12-07

续表

新闻标题	刊载媒介	刊发时间
苏大上线数字人民币	《姑苏晚报》	2021-12-14
以赛促学，培养医学生"仁心仁术"	《姑苏晚报》	2021-12-14
苏州大学对口支援拉萨师范高等专科学校生物学科建设	《西藏日报》	2021-04-14
十三届全国人大四次会议在北京隆重开幕　江苏代表：众志成城聚伟力　接续奋斗开新局	荔枝新闻	2021-03-05
全国政协委员吴德沛：暖心服务患者，守好健康之门丨两会日记	荔枝新闻	2021-03-07
苏州大学附属吴江学校、附属吴江幼儿园签约揭牌　9月与苏大未来校区同步招生	荔枝新闻	2021-04-19
第三届长三角一体化战略研讨会举办	荔枝新闻	2021-06-26
苏州大学师生志愿黔行　用青春力量赋能乡村振兴	荔枝新闻	2021-08-20
苏大敬文师生走进青海红庄沟村　开启一场双向奔赴的支教接力	荔枝新闻	2021-08-23
苏大学子远程支教　暑期进行线上教学	荔枝新闻	2021-08-28
苏大学子走访红色基地　通过沉浸式体验讲述党史故事	荔枝新闻	2021-09-01
老党员牵手新青年　一堂与信仰对话的公开课在苏州大学开讲	荔枝新闻	2021-11-19
建造人与自然的共同乐园！苏大学子研发游戏APP呼吁保护大自然	荔枝新闻	2021-12-22
学霸过年！吃完免费年夜饭回到实验室过除夕，苏大学霸自律每一天：做科研是我最充实的留校方式	紫牛新闻	2021-02-12
苏大学子传承"非遗"，让700多年历史的南京白局焕发青春活力	紫牛新闻	2021-03-22
"线上+线下"混合式教学　苏州大学材料与化学化工学部探索实验教学新模式	紫牛新闻	2021-03-24

续表

新闻标题	刊载媒介	刊发时间
"大手"拉"小手" 苏大学生送朋辈党课进中学	紫牛新闻	2021-03-25
追忆校友丁香烈士 苏州大学开展"学党史·祭英烈"主题活动	紫牛新闻	2021-04-02
苏州大学师生同台唱响红歌 特别思政课献礼建党百年	紫牛新闻	2021-04-08
苏州大学附属吴江学校、附属吴江幼儿园签约揭牌	紫牛新闻	2021-04-19
苏州大学图书馆馆藏红色文献 展示建党百年风华	紫牛新闻	2021-04-30
苏州大学成立学校首个学生会（研究生会）功能型党支部	紫牛新闻	2021-05-02
苏州大学王殳凹教授荣获"中国青年五四奖章"	紫牛新闻	2021-05-04
超炫！苏州大学首次在星空下举办户外毕业典礼	紫牛新闻	2021-06-23
如何打通沪苏同城的"任督二脉" 第三届长三角一体化战略研讨会在苏州举办	紫牛新闻	2021-06-26
苏州大学举办"书信鉴党史"诵演活动 打造红色思政课堂	紫牛新闻	2021-06-26
苏州大学获捐革命家老校友乐于泓日记	紫牛新闻	2021-06-30
用创新为党建助力赋能 苏州大学开发建设学校"红色党建网络"	紫牛新闻	2021-07-02
全国首份！苏州大学党委书记送出第一份录取通知书	紫牛新闻	2021-07-19
苏州大学"青履"实践团把文章写在高原上	紫牛新闻	2021-07-20
苏大学子高清修复老照片 再现西藏和平解放瞬间	紫牛新闻	2021-08-03
苏大师生志愿黔行，用青春力量赋能乡村振兴	紫牛新闻	2021-08-19
将党史学习从课堂搬到历史发生地！苏大师生跨越11省14市，追寻中国共产党百年历程	紫牛新闻	2021-08-22
苏州大学"蓝精灵"支教团暑期开展线上实践活动	紫牛新闻	2021-08-28

续表

新闻标题	刊载媒介	刊发时间
老党员牵手新青年 一堂与信仰对话的公开课在苏大开讲	紫牛新闻	2021-11-19
倒计时10天！苏州大学为考研学子送上专属加油包	紫牛新闻	2021-12-15
建造人与自然的共同乐园 苏大学子研发游戏APP呼吁保护大自然	紫牛新闻	2021-12-22
人大代表熊思东：应注重性别差异教育，让"男孩更像男孩"	澎湃新闻	2021-03-03
熊思东代表：建议加强农村独生子女家庭养老保障，提高补助	澎湃新闻	2021-03-05
全国人大代表熊思东：加强外卖员等新业态从业人员的劳动保障	澎湃新闻	2021-03-05
长三角首届播音与主持艺术专业人才教育研讨会在苏州召开	央广网	2021-04-26
长三角首届播音与主持艺术专业人才教育研讨会召开	光明网	2021-04-26
一所大学的温情：苏州大学为毕业生上好最后一堂思政课	光明网	2021-06-28
探索沪苏同城化发展新路径——第三届长三角一体化战略研讨在苏州举办	光明网	2021-06-27
长三角一体化战略研讨会举办	科学网	2021-06-26
"脑瘫博士"创业研发无障碍地图方便残障人士出行	《中国青年报》客户端	2021-03-20
熊思东代表：建议补齐公共卫生和疫情防控的乡村短板	《人民日报》客户端	2021-03-06
苏州大学为春节返乡学生集中安排免费核酸检测	新华网	2021-02-04
苏大学子传承"非遗" 南京白局焕发青春活力	江南时报网	2021-03-23

续表

新闻标题	刊载媒介	刊发时间
大学生进中学 以朋辈教育带动青年学生学习党史	江南时报网	2021-03-26
苏州大学附属吴江学校和幼儿园揭牌	江南时报网	2021-04-19
苏州大学图书馆藏红色文献展开展	江南时报网	2021-04-30
苏州大学成立学校首个学生会（研究生会）功能型党支部	江南时报网	2021-05-02
苏大2021年毕业典礼暨学位授予仪式首次户外举行 400台无人机点亮前程路	江南时报网	2021-06-23
第三届长三角一体化战略研讨会在苏州举办专家：沪苏同城化发展要打通"六脉"	江南时报网	2021-06-26
用创新为党建助力赋能 苏州大学开发建设学校"红色党建网络"	江南时报网	2021-07-05
苏州大学送出今年第一份录取通知书	江南时报网	2021-07-20
苏大敬文书院支教服务团再次走进青海省	江南时报网	2021-08-23
苏大"蓝精灵"支教团队开展暑期线上实践活动	江南时报网	2021-08-29
"00后"新兵入伍3个月荣立三等功！入伍前为苏州大学体育学院学院尖子生	现代快报网	2021-02-09
全国人大代表熊思东建议：建立外卖骑手等新就业群体专项保障制度	现代快报网	2021-03-02
犇腾2021·校长说｜苏大校长熊思东：问天下谁执牛耳，愿你们独占鳌头！	现代快报网	2021-03-08
苏大学子表演南京白局，已公益演出20余场	现代快报网	2021-03-22
行走的"信仰公开课"，苏大原创话剧《丁香，丁香》即将开启高校巡演	现代快报网	2021-03-25
苏州大学图书馆藏红色文献，展示建党百年风华	现代快报网	2021-04-30
苏州大学成立学校首个学生会（研究生会）功能型党支部	现代快报网	2021-05-02
愿每一个人都闪闪发光，苏州大学在"星空下"举办毕业典礼	现代快报网	2021-06-23

续表

新闻标题	刊载媒介	刊发时间
沪苏同城要打通"六脉",专家建议构建"大浦东、大虹桥、大苏州"新格局	现代快报网	2021-06-26
探索沪苏同城化发展新路径,第三届长三角一体化战略研讨会在苏州举行	新江苏	2021-06-26
返家乡,寻历史:苏大学子赴京开展党史学习实践活动	江苏共青团	2021-07-30
超暖!苏州大学为春节返乡学生集中安排免费核酸检测	交汇点	2021-02-03
两会云访谈丨强化原始创新,培养科技人才"后备军"	交汇点	2021-03-06
苏大学子传承"非遗",南京白局焕发青春活力	交汇点	2021-03-22
"线上+线下"混合式教学破解化学实验教学难题——苏州大学材料与化学化工学部探索实验教学新模式	交汇点	2021-03-24
业内专家学者齐聚苏州,共同探讨新时代播音主持人才教育培养问题	交汇点	2021-04-26
苏州大学:创新形式,发挥优势,推动党史学习教育走深走实	交汇点	2021-04-26
苏州大学图书馆藏红色文献,展示建党百年风华	交汇点	2021-04-30
青春永向党,丹心建新功,苏州大学成立学校首个学生会功能型党支部	交汇点	2021-05-02
我省高校师生自编自导自演音乐剧、校史剧——小小舞台上,跳动着青春理想	交汇点	2021-06-22
超燃灯光秀+定制伴手礼 苏大毕业典礼上演"星空下的浪漫"	交汇点	2021-06-23
从红色根脉到苏州精神,苏大新老党员师生同讲"大学最后一堂党课"	交汇点	2021-06-24
探索沪苏同城化发展新路径,第三届长三角一体化战略研讨会在苏州举行	交汇点	2021-06-26

续表

新闻标题	刊载媒介	刊发时间
乐于泓家人捐赠日记：情眷眷，唯将不息斗争	交汇点	2021-06-30
全国首份！苏州大学党委书记送出第一份录取通知书	交汇点	2021-06-30
用创新为党建助力赋能 苏州大学开发建设学校"红色党建网络"	交汇点	2021-07-02
苏大学子走进秦岭深处 助力山区孩子点亮科创梦想	交汇点	2021-07-27
苏大敬文师生走进青海红庄沟村 开启一场双向奔赴的支教接力	交汇点	2021-08-23
苏大学子走访红色基地 通过沉浸式体验讲述党史故事	交汇点	2021-09-01
思政教育引领开学第一课 苏州大学举行万人新生开学典礼	交汇点	2021-10-25
老党员牵手新青年 一堂与信仰对话的公开课在苏大开讲	交汇点	2021-11-19
倒计时10天！苏大管院为学院考研人送上专属加油包	交汇点	2021-12-15
建造人与自然的共同乐园 苏大学子研发游戏APP呼吁保护大自然	交汇点	2021-12-22
在歌声中学习党史 苏大师生同台唱响红歌	荔枝网	2021-04-08
超燃无人机秀！苏州大学为2021届毕业生送上最美祝福	荔枝网	2021-06-23
一场跨越千里的招生宣讲 苏州大学校长带队走进山西榆次一中	荔枝网	2021-06-27
苏州大学：暖心！留校学子专属年夜饭，免费预订	学习强国	2021-02-11
经验典型丨苏州大学：依托美育涵养校园文化土壤	学习强国	2021-02-16
缅怀先烈传承红色基因 苏州大学深入开展党史学习教育	学习强国	2021-04-10

续表

新闻标题	刊载媒介	刊发时间
"伟大征程——苏州大学庆祝中国共产党成立100周年交响音乐会"上演	学习强国	2021-07-10
校党委召开学习贯彻习近平总书记在庆祝中国共产党成立100周年大会上的重要讲话精神师生座谈会	学习强国	2021-07-10
苏州大学党委常委会专题学习习近平总书记"七一"重要讲话精神	学习强国	2021-07-10
苏州大学庆祝中国共产党成立100周年表彰大会召开	学习强国	2021-07-10
我校组织召开学生代表学习座谈会 学习贯彻习近平总书记在庆祝中国共产党成立100周年大会上重要讲话精神	学习强国	2021-07-10
江苏省教育厅、江苏省卫生健康委员会、苏州市与苏州大学签约 四方共建苏州大学苏州医学院及附属医院	学习强国	2021-07-10
苏州大学党委在第二十七次全国高校党的建设工作会议上作交流发言	学习强国	2021-08-25
苏州大学党委书记江涌、校长熊思东为新生开讲"大学第一课"	学习强国	2021-09-15
苏州大学:开学典礼上,"万人思政课"砥砺学子强国志	学习强国	2021-10-26
苏州大学未来校区首期正式启用	学习强国	2021-11-9
苏州大学迟力峰教授当选中国科学院院士	学习强国	2021-12-28
献礼建党百年,苏大师生上了一堂特别的思政课	看苏州	2021-04-08
学党史 悟思想 办实事 开新局丨缅怀先烈传承红色基因 苏州大学深入开展党史学习教育	看苏州	2021-04-09
苏大荣光,由你来续!首次夜空下的这场毕业礼,给最耀眼的你!	看苏州	2021-06-23
"脑瘫博士"李麟青,你才不是没有故事的男同学!	看苏州	2021-06-23

续表

新闻标题	刊载媒介	刊发时间
张家港高新区与苏州大学联合办学，建设十五年一贯制公办学校	引力播	2021-01-27
引领苏南、影响江苏、辐射全国　苏州大学英语教学亮出"品牌"	引力播	2021-01-29
牛！苏州大学新增14个国家级一流本科专业建设点	引力播	2021-03-03
全国第一所红十字国际学院落户苏州大学	引力播	2021-03-12
今天，苏大为10名新入伍男兵送行！	引力播	2021-03-15
吴政隆省长调研苏州大学：努力建设中国特色一流大学	引力播	2021-03-17
苏州大学以原创话剧《丁香，丁香》上好"信仰公开课"	引力播	2021-03-24
苏州大学开展"学党史·祭英烈"主题活动	引力播	2021-04-02
知行合一跟党走　苏州大学特别思政课献礼建党百年	引力播	2021-04-07
苏大附属吴江学校及幼儿园签约揭牌　吴江实现苏州大学从学前到高等教育布局全覆盖	引力播	2021-04-19
苏州大学首次举行江苏优质企业——研究生专场就业创业洽谈会	引力播	2021-04-21
东吴学术续薪火　苏州大学第十八届研究生学术科技文化节开幕	引力播	2021-04-28
苏州大学独墅湖校区体育馆与学生中心建设项目启动	引力播	2021-04-29
苏州大学成立学校首个学生会（研究生会）功能型党支部	引力播	2021-05-02
苏州大学在全省综合考核中获"第一等次"	引力播	2021-05-06
教育部"国培计划"骨干教师研修项目基地揭牌	引力播	2021-05-13

续表

新闻标题	刊载媒介	刊发时间
光荣在党50年！苏州大学为老党员颁发纪念章	引力播	2021-06-22
万人出席！苏州大学首次尝试夜晚户外毕业典礼	引力播	2021-06-23
50年党龄老党员为苏大毕业生上"大学最后一堂党课"	引力播	2021-06-25
沪苏同城化如何提质增效？第三届长三角一体化战略研讨会举办	引力播	2021-06-26
苏大群直工委沉浸式党史学习教育重温百年历程	引力播	2021-06-29
这里有丁香故事！苏大获捐老校友乐于泓日记	引力播	2021-06-30
用创新为党建助力赋能　苏州大学开发建设学校"红色党建网络"	引力播	2021-07-03
今天下午！苏大发出今年首份录取通知书！	引力播	2021-07-19
苏大"朵儿计划"点亮大山留守儿童七彩夏日	引力播	2021-07-20
苏大"科学背包"团：在秦岭深处点亮孩子科创梦想	引力播	2021-07-27
苏大高清修复校友遗属捐赠老照片　再现西藏和平解放历史和先烈故事	引力播	2021-08-03
苏大师生志愿"黔"行　用青春力量赋能乡村振兴	引力播	2021-08-19
跨越14地！苏大师生暑期追寻百年党史	引力播	2021-08-22
在青海，苏大敬文师生开启一场双向奔赴的支教接力	引力播	2021-08-24
走访7市8个红色基地　苏大学子自制党史宣讲系列小视频	引力播	2021-09-01
展陈18件高文彬先生生前物品　苏大博物馆开设"东京审判"专题展区	引力播	2021-09-06
新青年对话老党员，苏州大学学生致敬奋斗者	引力播	2021-11-10
老党员牵手新青年　苏大开讲一堂与信仰对话的公开课	引力播	2021-11-19

续表

新闻标题	刊载媒介	刊发时间
微纳制造，向光而行　陈林森引领微纳光制造走向世界	引力播	2021-11-25
娄葑幼教管理中心：携手苏大走基地，红色文化共传承	引力播	2021-11-26
国内首家！应用场景全覆盖！苏大启用数字人民币	引力播	2021-12-13
倒计时10天！苏大管院为考研学子送上专属加油包	引力播	2021-12-15
你玩过《共栖》了吗？苏大学子研发手游传播环保理念	引力播	2021-12-22

后 记

《苏州大学年鉴2022》将2021年学校的各种信息汇编成集,力求全面地记载学校一年来的主要工作、重大事件、发展特色,全面反映学校各方面发展的成果,供学校各方面查考、借鉴、比较。

《苏州大学年鉴2022》编写体例与往年基本相同,记载的内容主要是2021年学校各方面的工作,主要数据截至2021年12月31日。

《苏州大学年鉴2022》的顺利出版,主要是在学校各单位的大力支持下完成的,在此谨表示衷心的感谢。

《苏州大学年鉴2022》在编写过程中,除编委以外,档案馆的付双双、程利冬、张亮、於建华、张娟、朱明、钱昆、周佩佩等同志都参加了编写工作,并为此付出了辛勤的劳动。

特别值得一提的是,苏州大学出版社对《苏州大学年鉴》的出版,数十年如一日,给予大力支持,在此表示衷心的感谢!

在编写过程中,我们力求资料翔实、数据准确,但由于面广量大,可能仍有疏漏之处,敬请广大读者批评指正。

编 者

2022年12月